西樵歷史文化文獻叢書

增補嶺海名勝志（十二）

（明）郭棐 編
（清）陳蘭芝 增輯

廣西師範大學出版社
GUANGXI NORMAL UNIVERSITY PRESS
·桂林·

明光祿卿嶺南郭棐周先生著

嶺海名勝記

香山後學陳蘭芝增輯

哥甸

五指山圖

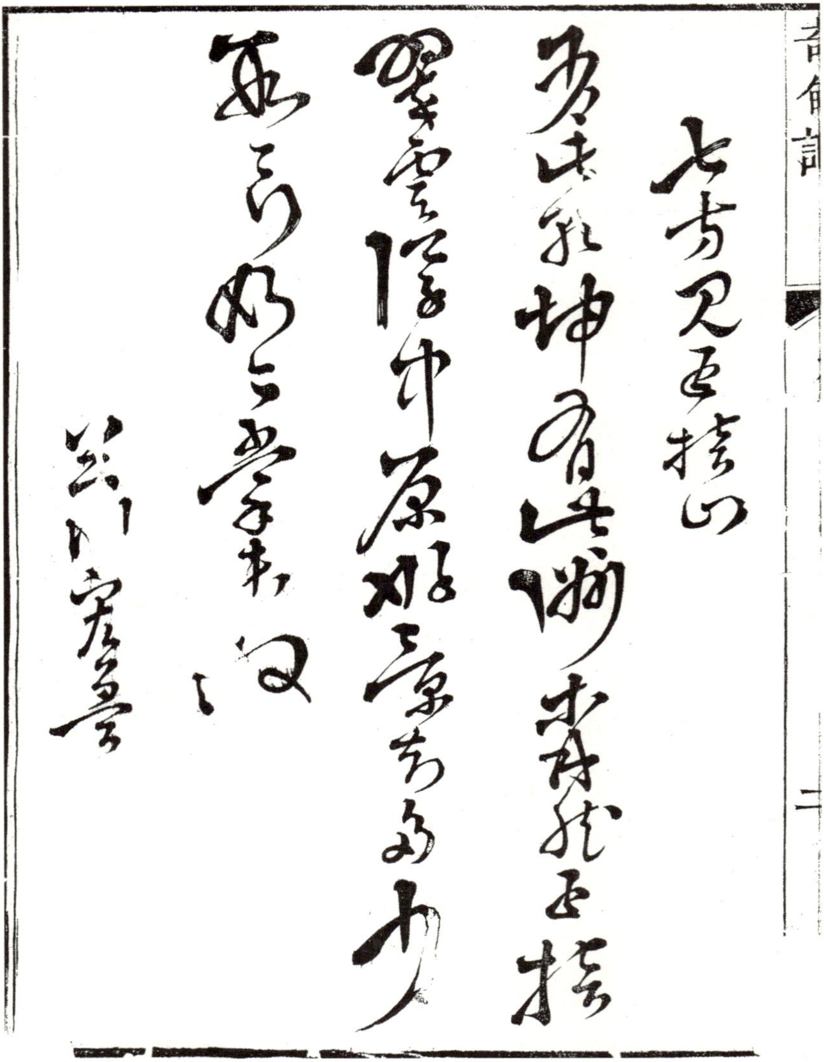

奇甸記

香山陳蘭芝擷霞輯存

南溟奇甸記

謹考瓊古雕題離耳二國地漢武帝平南越始置珠厓儋耳二郡屬交州昭帝初罷儋耳并入珠厓元帝初元中棄珠厓改隸合浦用賈捐之之議也東漢以后置罷不一唐貞觀初因瓊山改名瓊州貞元初置都督府宋熙寧中置瓊管安撫司元置路屬海北海南道宣慰司本朝改瓊州尋陞爲府

奇甸記

我　太祖高皇帝賜海南衛指揮勅有南溟浩瀚中有奇甸之語大哉皇言山若增高水若增深地靈人傑益增而奇豪傑之興後先相望豈非　高皇爲之濬發其祥哉今採其槩錄之並王禮書所居筆峰金雞馬鞍橋溪四景凡諸鴻碩之所題咏綴次之授諸剞劂以標瓊海之勝作南溟奇甸記

奇甸記

文類

香山陳蘭芝樹馥輯梓

南溟奇甸賦

大學士邱　濬本州人

伏讀太皇高皇帝御製文集其勞海南衛指揮勅有曰南溟之浩瀚中有奇甸數千里地居炎方多熱少寒是時瓊郡入職方僅再朞其地在炎天漲海之外荒僻鄙陋而我　聖祖即視之以畿甸而褒之以奇之一言豈無意哉謹按文集凡若干卷其中勞天下軍衛詔勅何啻百數大率敘其邊徼

險遠將領勤勞征戍艱苦而已未始有褒美疆域若此者噫　聖人之心與天通物之美惡必豫有以知其後之所必然於千百載之前則夫吾郡之在今日民物繁庶風俗淳美賢才彙與無以異乎神州赤縣之間且復俊邁奇詭迥異常儔有由然哉濬世家于海南北學於中國偶有所見謹拜手稽首而爲之賦曰爰有奇甸在南溟中邈與圖之垂盡緜地脉以潛通山別起而爲崑崙水畢歸以爲溟渤氣以直達而專勢以不分而足萬山緜亘

兹其獨也百川瀰茫兹兹其谷也豈非員嶠瀛洲方丈之
別區神州赤縣之在異域者邪有奇一士全鍾其
氣北學於中國頡頏之士於是呌閶闔呈
瓌玕翺翔乎玉堂徘徊乎道山肆言六合之外馳
騁百氏之間自詫所生之奇勝敢爲高論恣爲大
言翰林主人聞之駭而訝焉曰吁子來前子生寰
區之外漲海之邊學何所受道何所傳何所從而
至何所見而云云然試爲我一一言之吾將即子之
所云云者以紀載於簡編士曰唯唯乃作而言曰

自夫天一生水融而爲川地十成土結而爲山川者天地之血脉山者天地之肌骨血脉流行於肌骨之中浹洽於中而外出出乎外而環其中是爲一大堪輿也具元氣之渾淪容日月之出没然而大堪輿之外突起於浩渶之中而爲小堪輿者又不知其凡幾窟穴也是故其大而顯者爲帝王之宇其小而幽者爲神仙之邸帝王之宇是爲神州赤縣神仙之邸是爲員嶠瀛洲一則非骨蜕羽化莫能到而非常理一則雖聲明文物之所萃而非

眞游惟走所居之地介乎仙凡之間類乎島夷而
不夷有如仙境而匪仙以衣冠禮樂之俗居閬風
糸圃之壖勢盡而氣脉不斷域小而結局斯全九
州一大宇茲爲其奧四海一通川茲爲其竅上至
北極僅十九度於天爲近遠至神京幾一萬里於
地爲大茫茫巨浸兮與天爲界漠漠平川兮壯地
之介豈非天造地設藏此奇勝於遼絶之域用以
見天聽之孔卑表王化之無外邪其爲甸也可謂
奇矣然奇而不怪焉翰林主人曰子之言辯矣豈

其然歟載考諸古兹地禹貢之所不載職方之所不書郡縣始漢武之世分野僅星紀之餘在漢七世固嘗棄之盍不以之爲有無也且甸者王畿之名非所以爲遐外之域奇者殊常之稱不可以加寂寞之墟子之言胡所據而云乎士曰兹豈走之言哉於是惕然興悚然懼舉手加額北望向天百拜稽首而颺言曰此我太祖聖神文武統天大孝高皇帝金口之所宣也大哉皇言乎自吾兹地而得兹言地若增而高物若加而姸山林草木濯濯

然如在昆吾御宿之近封疆畛域整整然如與侯服邦畿以相連嗟夫地以人勝從昔則然蘭渚以羲之而著天台以孫綽而傳夫以殘山剩水之勝一經騷人墨客之所賞詠尚揚芳於四外流美於當年矧茲奇甸環海以爲疆者餘二千里縱步以行兮地雖甚遐俯首而觀兮天則伊邇一經大聖人之所品題山勢駸駸而內向波流躍躍而立起物則且然人可知已然則走所言者豈無所以邪主人乃俯焉而思俯焉而嘆曰良有以也願聞其

所以士曰走也少而游庠序壯而走四方雖生於是甸之中而甸之所以爲奇也容有所不能詳葢嘗歷考夫禹益之所記緬想夫章亥之所步古往今來之宙上下四方之宇天左舒而起牽牛地右闢而起鼎畢天有四維地有四極東至於泰遠西踰於邠國南訖於濮鉛北底於祝栗管子言名山三千墨氏云名川三百三百之川總歸匯於東南三千之山皆發原於西北是則海者川之所委嶺者山之所積兹甸也居嶺海之盡處又越其涯而

獨出别開絶島千里之疆總收中原百道之脉者也原夫天下之山皆自夫崑崙而來越戎而夏出險郇夷分爲兩戒析爲三支其中一支自中條經淮越江而極於衡霍遂散流而分披至此而地勢將盡乃益險巇嶄巖矗犇嵂萃嵲嵉孰知一脈透出於瀛海之外其地可畫而井無以異於秦晉之近圻觀夫天下之川皆至於溟渤而止滔滔汩汩雖日趨於東然皆折於南西而後巳大起而爲國都小起而爲洲坻其尾閭收萬水而瀦衆流遂浩

溔而無涯矣自此而水勢益下弱莫能起漻潟沆
瀁渺沔瀇泱孰知一島孤峙於瀛海之中其地可
葦而航無以異於湖江之流水可度兮不踰百里
山可登兮不踰尋丈舟之行也朝斯往而夕斯返
人之游也足可屐而手可杖意其磈磈磈磈乃爾
坦然夷曠意其汗汗沺沺乃爾悠然平漫蕞爾小
方外之封疆宛然大域中之氣象陽明勝而氣之
運也無息機土產殊而物之生也多奇相草終冬
而不零花非春而亦放境臨乎極邊而匪塞海洩

其菀氣而無瘴地四平以受敵無固可負歲三穫以常穰有積可仰通衢絕乞丐之夫幽谷多耇老之丈古無戰塲軾語信乎有徵地爲頗善符言斷乎非妄民生存古朴之風物彙有瑰奇之狀其植物則郁乎其文采馥乎其芬馨陸擿水挂異類殊名其動物則彪炳而有文馴和而善鳴陸産川游詭象奇形凡夫天下之所常有者兹無不有而又有其所素無者於兹生焉歲有八蠶之繭田有數種之禾山富蓍芋水廣鼈瀛所生之品非一可食

之物孔多兼華夷之所産備南北之所有木有生水樹或出酎麪苞于椰豆筴于柳竹或肖人之面果或像人之手蠏出沒兮凝石鰌橫港兮堆阜小鳳集而色五並鸑遊而數偶脩蝦而龍鬚文魚而鸚噣鱗登陸兮或變火鳩樹垂根兮乃攢金狗鼪緣樹杪而飛馬乘果下而走魚之皮可以容刀蚌之殼用以盛酒波底之砂行如郭索海滋之貝大如玉斗花梨靡刻而文烏構不楻而黝椰一物而十用俱宜椰三合而四德可久木之精液爇之可

通神明鳥之氄毛製之可飾容首有自然之器具有粲然之文繡天下皆有於莬茲獨無之豈天欲居民之蕃息於此常夜戶不閉而無觸藩之虞乎江南皆無蛜蝛茲獨有之豈天欲寓公之久居於此使照壁見喜而無北風之思乎噫斯地也近隔雷廉僅一水耳而物之生也乃爾不同遠去齊晉殆萬里兮而氣之通也胡爲無異若是者雖云生物之偶然安知造物者之無深意也然則茲甸之所以爲甸而奇之所以奇者庸有在於是主人曰

然此物之奇爾如人何無乃奇之爲奇獨鍾於物而遺於人邪士曰不然天地盛大流行之氣始於北而行於南始也黄帝北都涿鹿中而堯舜漸南而都於河東其後成周之盛乃自豐鎬又南而宅於洛中蓋自北而漸南非獨天地之氣爲然而帝王之治亦循是以爲始終蓋水生天一而坎位於北而艮之爲山又介乎東北之間自北而東折歸於南其氣之所以融結而流行者非止乎一水一山山之餘而爲嶺水之委而爲海而是甸居乎嶺海

之外收其散而一之透其餘而出之所以通其鬱
而解其結其域最遠其勢最下其脈最細是以開
闢以來天地盛大流行之氣獨後其至至遲而發
也遲固其理也亦其勢焉是以三代以前茲地在
荒服之外而爲駱越之域至于有漢之五葉始偕
七郡而入於中國曼胡之纓未易也椎結卉服之
風未革也特章甫而適之尚懵而未之識也魏晉
以後中原多故衣冠之族或宦或商或遷或戍紛
紛日來聚廬託處薫染過化歲異而月或不同世

變風移久假而客反爲主劘懭悍以仁柔易介鱗而布縷今則禮義之俗日新矣絃誦之聲相聞矣衣冠禮樂彬彬然盛矣北仕於中國而與四方髦士相後先矣策名天府列迹縉紳其表表者葢巳冠冕佩玉立於天子殿陛之間行道以濟時而堯舜其君民矣孰云所謂奇者顧在物而不在人哉主人乃離席而立拱手而言曰神矣哉聖神之見乎其所謂奇者葢至是乎驗矣士曰不然何地不生才而才生不擇地人才之生何地無之奇哉奇

哉豈止是哉當我聖祖肇基之初輿圖際天地兵衞極邊鄙絲綸之音雲漢之章無日而不下無處而不至然而奇甸之言乃獨以專美乎玆地非甸而謂之甸未奇而豫期以奇豈無意哉蓋帝王之言代乎上帝聖人之心通乎天地故能握乾符而妙奪神功闡坤珍而斡旋厚勢遠移而近書軌合以皆同質變以文聲教曁而靡異咫尺之間振舉乎萬里斯須之頃流通乎百世化庸腐以爲神奇變雜駁以爲精粹遐兮如邇未焉如旣凡其所期

兮罔或不遂引而弗替兮終萬古而勢常如是是則斯地之所以爲甸而甸之所以爲奇雖造設於天地然所以表而章之昭示於萬世者實本乎奉天啓運宰制山河之聖帝翰林主人聆茲言也囅然以咍憮然以喟曰秘矣哉天之藏茲地也遠矣哉聖人之期此地也自夫天開地闢以至今日不知凡幾運幾世矣自夫開疆闢土以建此區不知凡幾王幾帝矣然而多覩之以窮荒或遂至於遐棄孰謂其今日有是哉不假詞臣之代言不出輔

臣之建議一旦無上事發淵衷運睿思形之於言以爲綵綸之製夫豈無所爲哉皇之言天之意也士言及此亦奇士哉於是三復士言而繼之以歌曰明明我聖祖兮載闢地而開天上帝眷顧兮付以其所覆之全仁周八表兮顧獨惓惓於窮海之一堧奇哉斯甸兮何幸得聖人品題之言千秋萬祀兮長炳炳琅琅乎天地之間

南溟奇甸序

宮保尚書王宏誨本州人

吾瓊爲古朱厓郡四面環大海而五指山据其中

爲一郡領袖先達邱文莊公南溟奇甸賦及五指叅天峰詩紀之詳矣自五指山之外其間三州十邑爲山川秀異未易縷數而在定安者若文筆以峰勝金雞以嶺勝馬鞍以石勝橋頭以泉勝其尤著者也四景皆環予居龍梅鄉四五里內予少嘗登覽各有題咏繫官於朝每繪圖懸小齋中以當少文臥遊而屬一二同志者見之迭傳賡和駸駸遂成巨帙乃出文莊五指詩並邀題咏冠以南溟奇甸賦共爲一集刻之葢予覬自古名山奧區非

特其地勝也抑亦以人傳焉今夫姑錮潭小邱爲
勝幾何徒以柳子厚之文在遂令昔之遠棄是州
農夫漁父過而陋焉者後人想像其盛至欲埒之
灃鎬鄠杜間故書于石以賀茲邱之遭子厚當日
固已言之矣吾瓊海岳盤廻山川挺特居然蓬島
之在人世自昔蘇子瞻來遊嘗有奇絕冠平生之
嘆假今得列於通都大國舟車冠裳之萃止風晨
月夕之往來吳姬越女之嬉遊鴻生鉅儒之咏賞
吾不知其視灃鎬鄠杜間孰爲軒輊第就耳目所

覩記卽蘭亭西湖鳳臺燕磯寧多讓哉徒以僻在炎天漲海之外卽有一二抱靈含異大都沈淪於荒煙野艸灌莽荆棘中其不爲農夫漁父過而陋焉者幾何夫世之奇偉瑰怪非常之觀常在於險遠人所罕至之地而惟其險遠難至故非有力者不能傳也非藉文詞卽傳之不能遠也是集也倘亦有子厚小邱之思乎集中爲詩凡數十家多海內鴻碩文藻之彥豈惟鋪張景物備極作者苦思而曠朗幽絕之觀一展卷閒猶可想見一二固吾

鄉一時之遭艮可賀也爰授梓人漫綴數語以序其端庶俾後之覽者尚有稽焉

伏波廟記此下三章自海外集選出　蘇軾

漢有兩伏波皆有功德於嶺南之民前伏波邳離路侯也後伏波新息馬侯也南越自三代不曾有秦雖遠通置吏旋復爲夷邳離始伐滅其國開九郡然至東漢二女側貳叛海南振動六十餘城其世祖初年天下民勞厭兵方閉玉關謝西域況南荒不足以辱王師非新息苦戰則九郡梗化至今

矣由此論之兩伏波廟食於嶺南均矣古今所傳莫能定於一自徐聞渡海適朱崖南望連山若無若有杳一髮耳艤舟將濟股栗喪魄海上有伏波祠元豐中詔封忠顯王凡濟者必卜焉某日可濟乎必告然後敢濟使人信之如度量衡平必不吾欺者嗚呼非盛德孰能如此自漢以來朱崖儋萬或置或否楊雄有言朱崖之棄捐之力也否則介鱗易我衣裳此言施於當時可也自五代中原避亂之人多家於此今衣冠禮樂班班然矣其可復

言棄乎四州之地以徐聞爲咽喉南北之濟者以伏波爲指南事神其可不恭某以罪謫儋耳三年今獲還海北往返皆順風無不答神貺乃碑而銘曰至險莫測海與風至幽不仁此魚龍至信可恃漢兩公寄命一葉萬仞中自南而北洗汝胷撫循民夷必精通自南而北端汝躬屈伸窮達正直忠生爲人英沒愈雄神雖無言我意同

瓊州惠通泉記　蘇軾

禹貢濟水入於河溢爲滎河南曰滎陽河北曰滎

澤沱潛本梁州二水亦見於荆州水行地中出没數千里外雖河海不能絶也唐相李文饒好飲惠山泉置驛以取水有僧言長安昊天觀井與惠山泉通雜以他水十餘缶試之僧獨指其一曰此惠山泉也文饒爲罷水驛瓊州之東五十餘里有三山菴下有泉味類惠山泉東坡居士過瓊菴僧惟德以水餉焉且求爲名之曰惠通元符三年六月十七日記

峻靈王廟碑

蘇軾

古者王室及大諸侯國皆有寶周有琬琰大玉魯有夏后氏之璜皆所以守其社稷鎮撫其民人也唐代宗之世有比邱尼若夢恍惚見上帝者賜八寶以獻諸朝且傳帝命曰中原兵久不解腥聞于天故以此寶鎮之則改元寶應以是知天亦分寶以鎮世也自徐聞渡海歷瓊至儋耳又西至昌化縣西北二十里有山秀峙海上石峰巉然若巨人冠帽西南向而坐者俚人謂之山胳膊而僞漢之世封其山神爲鎮海廣德王五代之末南夷有望

氣者曰是山有寶氣上達於天艤舟其下斷山發石以求之夜半大風浪駕其舟空中碎之石峰之石夷皆溺死儋之父老猶有及見敗舟山上者今獨有礪石存焉耳天地之寶非人所得睥睨者晉張華使其客雷煥發豐城獄取寶劍佩之終以忠遇禍坐此也夫今此山之上上帝賜寶以奠南極而貪冒無知之夷欲以力取而已有之其誅死宜矣元豐五年七月詔封山神爲峻靈王用部使者承議郎彭次雲之請也紹聖四年七月瓊州别駕

蘇某以罪遣於儋至元符三年五月有詔徙廉州自念謫居海南三載飲鹹食腥凌暴颶霧而得生還者山川之神實相之謹再拜稽首西向而辭焉且書其事碑而銘之山有石池產紫鱗魚民莫敢犯石峰之側有荔枝黃柑得就食持去則有風霆之變銘曰瓊崖千里塊海中民夷錯居古相蒙方壺蓬萊此別宮峻靈獨立秀且雄爲帝守寶甚嚴恭庇廕嘉穀歲屢豐大小逍遥遂鰕龍鶢鶋安棲不避風我浮而西今復東碑銘赫然昭無窮

邱文莊公集序

世稱文章爲經國大業經國之文其大者莫過於周官蓋姬公身爲宰相手自擘畫見諸行事筆之於書以爲一代不刊之典然其間亦多繁瑣冗雜用之或苦按而行之必不能久遠而不廢故說者以爲出於漢儒之僞筆此雖未必然乃後世之摹倣周官者無一不敗固其人非哉要亦時勢難沿即姬公之於三王已有不合而待仰思者矣況其下乎三代以後以經國之業爲文者寥寥罕見而

相臣以文經國者尤不多得至昭代而有邱文莊公所著大學衍義補於治國平天下之道纖悉畢具皆參酌前代折衷時宜人主行其說可以萬世而無弊公又遭逢柄用於熙洽之朝言雖不必盡行然而黼座之經綸諸曹之展設率不能出公所條列薀犂然炳然眞爲經國之文善得周官之遺意者矣而其時又去國初未久習尚渾樸文取明白曉暢不爲雕鏤剽竊以見奇間取公他所爲詩文讀之率春容恬適意盡辭止根本盛而枝葉衰

事情多而聲悅少近擬金華烏傷遠追廬陵南豐郎邇來以著作自命雄視詞場者或以臺閣體目公而要之于修辭立誠言近指遠竟未能逾勝公也自公後而臺閣之文浸明浸昌長沙內江華亭新鄭江陵接踵繼起近則吳門太倉東阿晉江南北兩山陰皆斐然成一家言遂令文章操柄不在韋布不在他曹而在綸扉尺地爲千載政事堂生色而要之于博古綜今明體適用亦未能逾勝公也盖公起孤貧力學既選居中秘復博極群書經

史百家旁及醫卜老釋無不覽觀嘗彙朱子微言倣論語作學的稽世運升降治亂大端與國統徧全作世史正綱皆有裨於學問經濟與衍義補相表裏至輔政日又疏陳時政十餘萬言論天變可畏修省所宜先皆鑿鑿中窾孝陵十八年之治平實自公啓之經國大業舍公將誰歸哉公嘗論我朝相業于三楊多不滿謂當其時南交叛逆軒龍易位勅使西洋權歸常侍釀成土木之變誰實爲之然則公之自負實深惟是衰暮登庸設施未究

經濟之志徒托之著述而功業不無少讓此余之所以爲公惜巳公詩文有曾孫郭槩男效光巳刻行於世至子孫爾穀爾懿重編合刻來乞余序余濫叨政地於公不勝高山景行之仰其爲文取明白曉暢意頗與公同至于博綜有用則遠不及公乃得以姓名附公牘末亦云厚幸鄭端簡稱公好議論上下千古尤熟國家典故政事可否反覆與大臣言官爭是非其風槩如此今政歸六曹權操臺省輔臣緘默充位而巳不能出半語然則余之

愧公不獨文矣不獨文矣賜進士出身光祿大夫
柱國少師兼太子太師吏部尚書建極殿大學士
知經筵日講制誥寻告存問奉詔特起實錄玉牒
總裁官後學福清葉向高撰

邱文莊公集序

今天下學士大夫以及經生家無不知有瓊山邱
文莊先生也者先生生平殫精學問於墳籍無所
不博於國典朝常民情物理無所不諳會出其全
力能以述兼作所著撰特甚富如世史正綱家

奇甸巳　卷十六　集序　七

儀節朱子學的諸書皆卓然有裨世教其最著者補西山氏大學衍義一書自客勿禔繕以迄功化治平綱緒犁然洵足稱黼座之箴銘睿修之津筏焉蓋上下百餘年間屈指詞苑先哲其力學有得而以經世之文表其名世之業者如先生未易一二數也先生向有瓊臺吟稿類稿會稿行於世茲其裔孫爾穀復取而合刻之曰重編會稿屬余一言余惟先生之鉅懿不僅以文章見先生之文章不僅以茲集見而是編也烏足以盡先生第余小

子景行有夙而茲且得其詩書而誦讀之益即是編有可以得先生者則以先生之文非文人之文而皆本之實學出自神理之文也夫文人之文豈不能新能古能博能奇以爲工然中無眞諦識歟管闚終不過凌厲呌跳掇拾剽襲之伎耳即夙號登壇樹高幟者往往其病正中於所長今讀先生集而欲舉所稱奇與博古與新以名之不可得至如凌厲呌跳掇拾剽襲之病先生有一於是乎大而入告之箋昌言之牘小而賦物攄懷之牒記識

贈酬之篇靡不融如灝如一歸渾雅蓋先生之濬源遠用物宏根柢六經而貫穿百氏翔洽至意而掃脫蕪支故有渾金璞玉之容無鏤冰琢瓊之迹有清磬朱絃之韻無繁音促節之囂所謂本之實學而出自神理者誠如是也先生自詞林踐揆席歷官四十年其久而遭時在英憲孝三朝之際景運懿爍文命誕敷先生之文正與國家氣數之盛相湊而互應豈偶然哉嘗溯嶺南自唐張文獻公起曲江以名相著其受知人主至每取士輒問風

度如九齡否意其當時所以感孚而使人主起敬
之故必自有在而後世輒侈談金鏡録一書夫此
録倘亦藎懷格君之一端耳以先生之進書啓沃
不下金鏡而立朝風度於曲江詎多遜焉曲江有
集久已湮閟而先生從六百餘年後發而敘之爲
廣其傳足爲功臣今先生之文已盛行宇内矣而
余以後學淺尠而謦欬之所謂繪川摹嶽莫能測
其崇深者非歟賜進士及第右春坊右中允兼翰
院編脩兩朝實録纂脩官義興後學周延儒譔

瓊臺類稿序

太子太保禮部尚書兼文淵閣大學士瓊臺邱先生嘗出其平生所作詩文曰瓊臺類稿者屬予校閱而定其可傳者予讀之數月而后畢因定其灼然可傳者凡若干卷適都憲吳興閔公出鎮兩廣見之歎曰此名世之文也當爲刻之以傳於天下後世先生因諉予序之予辭謝不獲已及予致仕南歸又以書速之乃序之曰文者道之英華也得於道者精以深則發於文者宏以博唐虞三代之

世士君子未有以文名者葢其人皆深於道其見於文辭皆發其心之所得者也自漢以來士始以文名然皆因其見以爲文而於道無聞焉故作者多而傳者鮮唐宋之盛以文名世者百家而君子所取者惟韓氏歐陽氏曾氏三家之文而已以其頗得於經而有見於道也至濂洛關閩諸大儒出窮經明道而後其文粹然一出於正論者謂周似經程張似子豈非有得於道故邪先生生嶺海之間又當理學大明之後天分過人沉酣六經蒐獵

諸史百氏務求所謂道者而體之身宣之文而不苟焉自其少時科試之文已爲同舍生所推服間發於歌詩論議長老見之皆驚歎以爲有作者風弱冠魁鄉選卒業大學所交皆天下賢俊旣而登士第官翰林得盡讀中秘書錄是所學益博其文益不可及蓋先生之文本濂洛之淵源而不失韓歐之矩矱其粹然純正若宏璧琬琰陳於周廟其漾然泓深若沅漸西灃匯於洞庭其雄瑋縟麗若龍盾鳥旟馳騁疆場之間珠槃玉敦周旋壇坫之上

嗚呼盛哉非有得於道而能然哉自漢以來作者文與道爲二故淺陋而不傳先生之文一本於道足以追踪濂洛諸名儒而無愧非韓氏歐陽氏曾氏因學文而見道者之可擬是宜閔公欲刻而傳之也先生所論著甚多其大學衍義補藏於秘閣世史正綱家禮儀節傳于學者皆別爲卷不在集中宏治五年歲在壬子夏六月庚子朔賜進士第資政大夫刑部尚書盱江何喬新撰

瓊臺邱先生文集序

文之說何昉乎葢嘗考諸古矣凡物之粲然可指者謂之文文者道之所在也故見於上曰天文見於下曰人文見於世煥乎其有迹者曰文治曰文教非若中古以來指操觚染翰者謂之文也夫文固非操觚染翰者可盡然詩書所載詞命之作雅頌之篇類非偶然率爾者可辨而孔門亦有文學之科葢道術未裂言與行俱本厚而末茂詞出而文成正大光明敷鬯條達見於治則民格著於教則民孚所謂吐詞爲經而文之盛不可及也漢毛

公董子之徒始以經術名而鄒陽枚乘之流乃專以文顯遷固亦岐而稱之葢以操觚染翰爲文而別於經術昉此日寖以盛而瀾倒乎隋唐之間雖一二名世鉅公知文之不止乎是亦畧見道之彷彿矣顧一時談經者專訓詁爲文者尚聲律而上之人又以經義詞賦更迭取士其遠於道一也至宋而程朱大儒者出斯道復明曉然示人以徒文之不足濟物然不得任道揆之重於斯世則亦安能盡刋其故習而卒反之一旦哉葢經術文章之

流弊甚矣不得已而爲說以通則若之何亦獨曰爲毛董而不爲鄒枚爲韓李而不爲燕許爲歐曾而不爲楊劉爲陶杜而不爲徐庾溫李則亦庶幾可以廣道術求不倍於孔門而後可乎走不佞甞以此質之瓊山邱公先生先生是其言以爲知道然走實不足與於斯也先生門人內翰蔣君冕及其嗣子太學生敦輯先生平日詩文爲若干卷間奉以示走請序其首簡走讀之累日得其大端而嘆曰何其養之深而出之霈然一至此哉先生甞

爲走言世之作文者類喜假煉爲奇不究孔子詞
達之旨或剽竊以爲功不識周子文以載道之說
雖有言無補於世無補於世縱工奚益故予平日
不欲以詩文語學者其言如此葢先生懼學者之
無本也則有學的之編懼學者之不知變也則有
世史正綱之作懼學者之明體而不適於用也則
有大學衍義之補其言鑿鑿乎必可見之於行行
之必可以興文治洽文敎而致吾君於堯舜三代
之上流聲實於兩間作楷模於來世使道不爲空

言蓋先生之志如此而文亦足以發之不可誣也顧此集雖出於所學之緒餘然閎肆而精醇明潤而雅潔究本之論扶世立教之意郁乎粲然將上班於毛董韓李歐曾陶杜之間視世所謂訓詁之陋聲律之卑殆將揮遠之而以爲羞道者矣所謂一代之豪傑若先生豈多得哉先生名濬字仲深世居瓊山起進士甲科歷官翰林學士國子祭酒累進禮部尚書掌詹事府事名位之崇聲華之美固不可謂之不遇而士望猶未滿焉然則天下後

世求以知先生者著述具在而此編輔行亦不可少也走辱知先生也深又同事經筵史局獲副詹事與僚寀之末故因晃與敦之請序先生之集而極論文之所以爲文者如此大明宏治已酉仲冬穀旦賜進士及第中順大夫詹事府少詹事新安程敏政謹序陳蘭芝曰廣輿記謂文莊公明朝一代大臣著作無有能出其右者

重刻瓊臺類稿序

夫儒者脩百王之瀍若辨白黑應當世之務若數一二其體經術而服仁義也見以爲道而莫非文

也其咀英華而吐性靈也見以爲文而莫非道也其行詳於孔子而其效著於荀卿大義炳如可考而知已後世學絶道喪抑何其多岐矣乎嘗閱遷固以來諸史迨脫脫宋史上下千年之間大率儒林文苑道學判而爲三夫儒與文二是見儒於六經而不見儒於文章猶可言也道與儒二是見道於六經之外而又見儒於道之外不可言也其爲不知儒一也葢古無不文之儒而今有儒而不文者矣古無不儒之文而今有爲文詆儒者矣古無

道外之儒亦無道外之文而今也道其所道卽儒非醇儒矣孔子曰衆人之命儒也妄常以儒相詬病詎不信乎吾嘗持是說以槩古人而於吾鄉先達邱文莊先生實獲我心焉先生博極羣書牛毛繭絲無不囊括猶以不獲盡讀天下書爲恨平生著述甚富一時海內作者翕然推之若大學衍義補一書固已藏之大內頒行天下爲談經濟者之宗可謂親見其道之行矣至言以明道若世史正綱若朱子學的若家禮儀節與夫瓊臺類稿唫稿

遺稿諸書不一而足皆其緒餘吾嘗謂其羽翼六經則儒林之赤幟也經緯萬象則文苑之白眉也折衷羣言則道學之蓍龜也兼總史家以來三傳之長而一洗末學不該不純之陋先生其人也已說者謂嶺南人物張文獻有聲于唐崔清獻有聲于宋明興迨公而三良非虛語乃夷考二獻著述似不如公而清獻終老南海相業尚輸公一籌未知孰爲軒輊嗟夫是豈可以易言哉爰先生自蚤歲即有志於聖賢之道嘗著論謂許文正仕元無

能改於其德不仕可也談者韙之其爲文若布帛菽粟有關世教眞得吾夫子辭達之旨立朝勳業未易僂數而名臣言行錄信而有徵其在吾鄉則私淑景行其最先者也愚生也晚誦其詩讀其書爲之執鞭所欣慕焉奚容置喙於其間哉先生舊有會稿爲吾鄉前輩鄭■溪黃文裕二公所表章學者尚以未得覩全書爲歉今公之聞孫文學郯始鳩工翻刻問序於予予惟魯國之儒一人乃其遺書得其孫子思而益顯是書出而先生之後有

人俾後世得覩儒效之大全予言非阿私矣因不揆謭陋而爲之序明萬曆三十三年歲在乙巳嘉平月之吉賜進士第資政大夫南京禮部尚書前太子賓客兩京吏禮二部左右侍郎兼翰林院侍讀學士掌詹事府事會典副總裁經筵講官同里後學王宏誨頓首拜謹序

邱瓊臺吟稿序

昔人謂必行萬里道讀萬卷書乃能讀杜詩葢杜之爲詩也悉人情該物理以極乎政事風俗之大

無所不備故能成一代之制作以傳後世非惟不易學亦不易讀也禮部尚書瓊臺邱公蚤能詩信口縱筆若不經意而思味雋永援據該博平生所得近萬篇往往爲好事者取去晚乃掇其存者分類爲編殆二十之一而已東陽在翰林從公久近見其所爲編者如探寶藏入武庫心悸目眩應接不暇蓋於此得大觀焉公自嶺海踰江淮以入京師其遠則萬里也自稱官野錄以至金縢玉局縹囊汗簡之書未始不讀其多殆不下萬卷也故出

其所得爲劇談高論如繅絲炙轂竟日不竭議古今成敗天下之地里風俗夷險美惡如畫圖指掌歷歷可槩見著而爲文如鼇負山鵬運海氣勢軒揭莫之與抗而不獨詩也然公之學亦於詩焉見之夫去古既遠至唐以詩賦取士士專門而久業句鍛而月煉乃有以一句合格篇未成而傳誦人口者此詩之盛亦詩之弊也公之學於詩固有所不屑專而實專門者所不逮彼膚見謭識管窺蠡測豈復能盡其玅哉論詩者以氣運爲主亦或以

江山爲助國朝熙平百年禮樂方作氣運之盛固有攸徵而嶺海之靈秀又水銀丹砂靈芝赤箭所不能當者是詩之成固公學力所就抑亦豈偶然之故哉公雖欲辭一代制作之名以蘄於後世有不可得者矣公所著有大學衍義補已上進世史正綱朱子學的諸書多梓行于世而雜文尤多則別刻以傳茲特其詩集云賜進士出身奉議大夫左春坊左庶子兼翰林院侍講學士長沙李東陽序

邱瓊臺吟稿序

自余束髮游庠時則聞海南瓊山文莊邱先生以文學官學士淸德邃抱流譽詞林私心實切嚮往比叨守瓊州登景賢祠瞻先生像徘徊顧眺懸望依依令人欲執鞭以從無繇也茲秋九月同寅董大夫望峰君以瓊臺吟稿示予且屬以序余讀之卒業歛手而嘆曰是稿也温柔敦厚其渢渢三百篇之遺乎而何其大雅不群如此也夫言爲心聲而詩又言之精者也曲引旁探可以眩觀以之抒

情則悖崇奇尚譎可以駭聽以之議道則疎譬之妖冶成製餖飣登筵其視黼黻之章大烹之味則旣遠矣玩先生之詩則見其牢籠百氏出入六經主持綱常翊扶世道昔陳伯玉作感遇詩王通見之曰必爲海內文宗席豫和聖製詩文皇謂爲詩人冠冕先生之詩謂文之宗詩之冠冕非耶蓋公之生也實鍾瓊臺之秀秉五指之英故時處熙洽遭際聖明歷金馬上玉堂其所讀者奚啻萬卷以之潤色皇猷贊襄昌運以成一代大制作豈若鈎

棘以爲工險怪以爲異研揣聲律以爲能者倫哉雖然先生之聲華節槩載諸國史郡乘耿耿如存其不朽者固自有在茲稿也特摘而爲詩集耳由先生之詩而遍觀先生之文直逼先秦而追兩漢宋蘇子有曰韓子之文如長江大河渾浩流轉雖抑遏掩蔽不使自露而人自畏避不敢逼視歐陽子之文簡而明信而通引物連類而折之於至理故天下翕然師尊之蓋必合二子而觀之始可以盡先生之制賢生也晚步驟未能豈敢序公哉特

以後學得至是邦得遂仰止之私爲幸云爾萬曆戊子仲春之吉賜進士出身中憲大夫知瓊州府事福建莆田任台周希賢序

邱瓊臺會稿序

佐嘗讀書至夏后氏揆文敎史臣贊以文命敷於四海輙掩卷嘆曰嗟夫帝王之治未嘗一日而無文也堯之文思舜之文明迄禹而祗承益至凡其陳謨範而貽典則豈徒尚忠而已哉葢道之在天下彰諸事物固粲然殊而其綂諸身心則渾然一

也周衰文弊異端起而橫議作孔孟立教貫而約之亦必學文焉先匪是弗治故爾漢唐以來詞章之習勝始有無用之文虛寂之說勝始有無文之學逮宋程朱輩出而後貫道之文復明於世我聖祖高皇帝崇重儒道尤慎選翰苑之臣論文則以明道德通世務爲賢以華藻恠險爲戒百餘年來式克欽承以永有辭者瓊臺邱文莊公其人哉時則諸鉅公敘其所爲文若何椒邱則謂一本於道足以追踪濂洛而無愧程篁墩則謂究本之論扶

世立教之意行之可興文治楊石淙則謂隨地輿人論天下之事如指諸掌譬諸五穀療饑藥石伐病種種有益鑿鑿可行是皆天下之公言也顧吟稿類稿各自爲帙同鄉學憲鄭君廷鵠乃彙輯合爲十二卷梓之以傳名之曰瓊臺會稿云夫瓊之去畿輔遠矣而聖祖嘗稱爲南溟奇甸比公出而輿人誦之不啻神州至誠前知亦神矣哉禹貢之紀山川也終之以聲教所至各以地言惟南獨言其方以離明之象愈遠則愈光也數千載後名世

者有待於明典焉奮于淮海之外可豫占也已斯二者公嘗言之蓋自任人文之重也故其經筵之啟沃聖心國史之闡揚謨烈奏議章表之論思獻納經綸匡濟可謂麗正之臣矣詩賦頌箴記序論說誌銘之作則出其緒餘者也至於柄文衡造多士詞章騁浮靡者必斥虛寂立門戶者必辯一時士風翕然頓變學的家禮儀節先行於世及受知孝廟晚登政府取其所著書於大內用以權衡百度則大學衍義補經進者也又有世史正綱以紀

世變明正統二書論議多前所未發皆別行之故集中弗採焉嘉靖壬子季冬吉日前進士中順大夫詹事府少詹事兼翰林院侍讀學士南京國子祭酒經筵講官同修國史玉牒鐵城後學黃佐撰

二蘇雷儋集序

林齊聖

宋室諸君子以謫而后先至海南北者多矣獨蘇家兄弟同時而至當其相逢瘴霧中蕭然洒別各携一幼子間關百罹狠狽萬狀顧乃以娛憂紓悲之言發洩於風晨月夕之下伯唱仲酬嘯歌自得

若視向者登大科步天衢兄弟優游於金馬玉堂間未必有此喜者異哉假非生平學道之深何以遇困窮不戚戚乃爾即嘗讀子瞻詩云海南萬里眞吾鄉而子由亦云故國田園少何須恨海涯子瞻詩云莫嫌兄弟隔雲海聖恩猶許遥相望而子由亦云幸賴吾君仁議止海濱黜則又歎二君忠厚愛君之至擯九死以無忘匪直其詩之精深華妙相爲伯仲已也至于海上之文片楮尺幅俱是膾炙人間寻小子祕而珍之久矣一行作吏渡海

而南既經子瞻舊遊今徙而北復得子由故居跨海清光二公當日所分受之者余小子得而合領之則茲遊實不負余余安可負茲遊哉每山窮水絕處往往有二公題詠余因而漫題其後以託尚友之意於千載或庶幾焉

白玉蟾自號海瓊子說

白玉蟾者本姓葛字長庚以母夢故號白玉蟾也其族出於閩實瓊產也曷產乎瓊以祖仕瓊也幼具雋才周紀舉童子科得丹訣於黎母山山在玳瑁國中遂修煉於儋耳而結廬松林嶺焉後居武夷嘉定間詔徵赴闕奏對稱旨命館太乙宮後不知所之蓋羽化去云服氣飡霞不求聞達或

跣足蓬頭竟入城市旁若無人而入水不溺善飲不醉尤其奇者著有上清武夷等集並書畫傳詔封紫清明道眞人而自號頗多如南海翁瓊山道人蠙庵武夷散人神霄散吏皆是又不獨白玉蟾也而海瓊子之號最著予觀其行事悉其大概因爲之

說

侍郎 唐胄 瓊山

海之大不知其幾也其中珊瑚明珠瑇瑁之屬實繁產焉然或被折於鐵網或見利於漁人或終傷乎蚌腹雖未嘗不爲世之所寶也而不能自寶其寶能自寶其寶者其惟瓊玉乎夫瓊生於海中寶之惟龍雖獻之王家而五寸光彩圓團如璧終不

損也捐於水而虹蜺自現其用神也光不損則其全眞也大矣爲用神則其備道也深矣白玉蟾之自號海瓊子也其有取諸此乎抑聞之海島之中有藏玉焉方一尺四寸埋六千年光華不求人知白玉蟾之養眞悟道於儋耳者得毋類是噫此白玉蟾之所以仙也或曰號海瓊志所產也

乳泉賦 續選　　蘇軾

陰陽之化天一爲水六者其壯一其穉也夫物老死於坤而萌芽於復故水者物之終始也意水之

在人也如山川之蓄雲草木之含滋漠然無形而爲往來之氣也爲氣者水之生而有形者其死也死者鹹而生者甘甘者能往能來而鹹者一出而不復返此陰陽之理也吾何以知之葢嘗求之於身而得其說凡水之在人者爲汗爲涕爲洟爲血爲溲爲淚爲涎爲沫此數者皆水之去人而外鶩然後肇形如有物皆鹹而不能返故鹹者九而甘者一一者何也泰華池之眞液下湧於舌底而上流於牙頰甘而不壞清而不濁宜古之仙者以是

爲金丹之祖長生不死之藥也今夫水在天地之間者下則爲江湖井泉上則爲雨露霜雪皆同一味之甘是以變化往來有逝而無竭故海洲之泉必甘而海雲之雨不鹹者如涇渭之不相亂河濟之不相涉也若夫四海之水與凡出鹽之泉皆天地之死氣也故能殺而不能生能槁而不能浹也豈不然哉賦曰吾謫居儋耳卜築城南鄰於司命之宮百井皆鹹而醪醴鍾乳獨發於宮中給吾酒茗飲食之用益沛然而無窮吾嘗中夜而起挈瓶

而東有落月之相隨無一人而我同汲者未動夜氣方歸鏘瓊珮之落谷灩玉池之生肥吾三啜而遄返懼守神之訶譏却五味而謝六塵悟一眞而失百非信飛仙之有藥中無主而何依渺喬松之安在猶想像於庶幾

檳榔賦古學試作　　　　庾泰鈞

維楚庭之絕域俯馮夷之幽宮市接蠻烟人鮮栽花之俗地迷瘴雨家傳植木之風望桄榔之萬樹覩椰子之千叢則見形似金囊挺出獠村之外狀

如白蔻蕃生夷島之中原夫色譬青桐不生空井
形均綠竹詎埽山祠聳直幹于雲間豈受烟嵐之
染竪高枝于澤畔何來霜雪之欺葉聚林端幹無
柯而森秀子結房外苞有寔而參差既蕭疎之可
愛亦磊落而多奇爾乃花開三月之天樹蔭九真
之洞維山有木亦可棲鵷疾用無支何堪引鳳祗
蔽日以陰凝復臨風而影弄籜堪爲扇蒲葵自遜
其香華發於房蛺蝶應迷其夢夫其成寔也莖客
綴而乍垂棘重累而不斷翠衣爲裏色怪類于螺

文紫穗成成懸寔大同于雞卵千山鱗甲蠻女拾顆成羣萬谷笙鐘猺童攀枝結伴豈一檐之不盈洵傾筐之能滿於是海客齊來夷人畢集入待請湖咸跂望於仁風奉貢獻琛亦仰沾於化雨數朱櫻之十斛何羨顆顆初黃貯紫柰之一函尤怪圓圓未剖何似紀從坡老刺禦顔堅底須賜彼梁王充庵盈府彼夫劉基初啖猶來刺頰之驚任昉不嘗留作終身之憾覽其篇什尚欲貽之友朋溯厥孝思夫豈等於愚暗蠡解瘴之是甘亦適口之不濫

乃若考萍實之呈奇羨輕舟於似鷁望荔支之入貢嘆飛騎以如龍何若貯以金盤既固齒之可愛劈其朱實尤餉客之堪供豈其杖彼血唇頓興飲食之訟尤見潮來紅頰足爲酒醴之從於是擬以瓊漿比爲玉乳吸津始得其甘着齒原無所苦婚姻禮重名傳諸夏之遙瘴癘病消香滿海南之浦既博物而窮交廣之書爰載筆而補羣芳之譜

瓊山吳氏重脩祠堂記

大學士 邱濬 瓊山

瓊山吳氏世居其邑東南之陶公山下道書福地村居

皆吳姓也吳之先當有宋盛時搆屋數楹以爲族人總會之所名以都廳又於廳之東建祠堂祀其始遷祖贈承事郎昱及其子海豐令新之處士輝之益數百年於兹矣子姓環祠而居者毋慮數百家世遠而泒分歲時祭薦雖各於其寢室至於報本反始之祭咸必會於斯焉歷宋元迄於 國初屢脩屢壞至承事公十一世孫德平乃慨然撤其舊而新之木石工作之費一出諸己而族人弗與焉時正統己巳歲冬十月畢工則明年夏五月也

規制位設一如其舊既成釁而祀焉自是歲事有常朔望必祭族人畢來序列以禮秩秩以恭衎衎以和僾然眞若見其神之顧歆翕然咸與其尊祖敬宗睦族之心人不以居異而疏情不以服盡而遷數千有百人皆曉然知其出於一世一人之身也嗚呼懿哉德平公既捐館舍若干年矣未有爲之記者今其孫詹事府少詹事兼翰林院學士孟時述其成之歲月俾予記之惟昔聖人作易於萃於渙皆係以假有廟之辭蓋以萃聚人心而收其

渙散俾咸惟一本之歸莫有要於廟祀者故古昔盛時天子至於官師皆得立廟以祀其先天子以萃天下之人心諸侯以萃一國之人心大夫以下則萃其一家一族之人心也自封建廢而世祿族居無常制私家之廟議卒莫定宋儒始殺廟制以爲影堂既而又以祀影非禮而更爲祠堂然其祀止於四代世固已罕行之又況能推原所自來以及其始遷之祖如吳氏斯祠也哉夫當世數久遠之後族屬分散之多情與服而俱盡泛然相過而

適然相值蕩然如途路之人渙散而不可約束一旦凝心固志聯絡親比尊卑以世長幼以齒咸遡流以徂源循枝以返根是孰使之然哉茲蓋有功於世教甚大非但一家一族之事而已也或曰古者廟數官師一士二大夫三宋人始有四代之祭泥古者猶謂其踰禮况又推而上之也哉嗚呼古者一家受田百畝今世營利殖產者乃至十百倍於古舉世安之顧於反本始序昭穆之舉而獨以爲非古政昔人所謂寧去小違古而就大違古者

也豈非惑與予因學士君之請勉爲書此以示其
後人且以解或人之疑

奇甸記

蘇文忠詩選　香山陳蘭芝拂霞輯梓

丁丑歲予謫南海子由亦貶雷州五月十一日相遇于藤同行至雷六月十一日相別渡海余時病痔呻吟子由亦終夕不寐因誦淵明詩勸余止酒乃和原韻因以贈別庶幾眞止矣　宋學士蘇軾嵋山

時來與物逝路窮非我止與子各意行同落百蠻裏蕭然兩別駕各擕一穉子子室有孟光我室惟

法喜相逢山谷間一月同臥起茫茫海南北粗亦足生理勸我師淵明力薄且爲已微疴坐杯酌止酒則瘳矣望道雖未濟隱約見津涘從今東坡室不立杜康祀

行瓊儋間肩輿坐睡夢中得句云千山動鱗甲萬谷酣笙鐘覺而遇淸風急雨戲作此數句

四州環一島百洞蟠其中我行西北隅如度月半弓登高望中原但見積水空此生當安歸四顧眞

途窮眇觀大瀛海坐咏談天翁茫茫太倉中一本作區區魏中梁一米誰雌雄幽懷忽破散咏嘯來天風千山動鱗甲萬谷酣笙鐘安知非羣仙鈞天宴未終喜我歸有期舉酒屬青童急雨豈無意催詩走羣龍夢雲忽變色笑電亦改容應怪東坡老顏衰語徒工久矣此妙聲不聞蓬萊宮

次前韻寄子由

我少即多難邅回一生中百年不易滿寸寸彎強弓老矣復何言榮辱今兩空泥洹尚一路公自注古語云

什方薄伽梵一路涅槃門梵語泥洹此云涅槃所向餘皆窮似聞崆峒西仇池迤此翁胡爲適南海復駕垂天雄下視九萬里浩浩皆積風回望古合州屬此琉璃鐘離別何足道我生豈有終渡海十年歸方鏡照兩童還鄉亦何有暫假壺公龍峨眉向我笑錦水爲君容天人巧相勝不獨數子工指點昔遊處蒿萊生故宮

安期生

安期生世知其爲仙者也然太史公曰蒯通善齊人安期生生嘗以策干項羽羽不能用羽欲封此兩人兩人終不肯受亡去予每讀此未嘗不廢書而嘆嗟乎仙者非斯人而誰爲之故意戰國之士如魯連虞卿皆得道者歟

安期本策士平日交蒯通嘗干重瞳子不見隆準公一作翁應如魯仲連抵掌吐長虹難堪踞牀洗寧挹疑當作揖扛鼎雄事既兩大繆飄一作漂然篇爾遺風乃知經世士出世或乘龍豈比山澤臞忍飢噉栢松縱使偶不死正堪爲僕僮茂陵秋風客望祖別本作祀者訛猶蟻蠶海上如瓜棗可聞不可逢

夢歸惠州白鶴山居作

癡人常念起夫我豈忘歸不敢夢故山恐與墳墓悲生世本暫寓此身念念非鷄城亦何有偶拾一作

拾詑鶴氅遺窮魚守故沼聚沫猶相依大兒當門戶
時節供丁推夢與鄰翁言憫然憐我衰往來付造
物未用相招麾

和陶贈劉柴桑韻

萬刦互起滅百年一踟躕漂流四十年今乃言卜
居且喜天壤間一席亦吾廬稍理蘭桂叢盡平狐
兎墟黃橼出舊枿紫茗抽新畬我本早衰人不謂
老更劬邦君助畚鍤鄰里通有無竹屋從低深山
窗自明疎一飽便終日高眠忘百須自笑四壁空

無妻老相如

和陶九日閒居（明日重九雨甚展轉不能寐起索酒和淵明一篇醉熟昏然殆不能佳也）

九日獨何日欣然愜平生四時靡不佳樂此古所名龍山憶孟子栗里懷淵明鮮鮮霜菊豔溜溜糟牀聲閒居知令節樂事滿餘齡登高望雲海醉覺三山傾長歌振履商起舞帶索榮坎坷識天意淹留見人情但願飽秫餘年年樂秋成

次韻子由浴罷

理髮千梳淨風晞勝湯沐閉息萬竅通霧散名乾浴頽然語默喪靜見天地復時令具薪水漫欲濯腰腹陶匠不可求盆斛何由足公自注海南無浴器故常乾浴而已老雞臥糞土振羽雙瞑目倦馬驟風沙奮鬣一噴玉垢淨各殊性快愜聊自沃雲母透蜀紗琉璃瑩蘄竹稍能夢中覺漸使生處熟楞嚴在牀頭妙偈時仰讀返流歸照性獨立遺所矚未知仰山禪已就季主卜安心會自得助長毋相督

海南人不作寒食而以上巳上冢予攜一瓢

酒尋諸生皆出矣獨老符秀才在因與飲

至醉符蓋儋人之安貧守靜者也

老鴉銜肉紙飛灰萬里家山安在哉蒼耳林中太
白過鹿門山下德公回管寧投老終歸去王式當
年本不來記取南城上巳日木棉花落刺桐開

新居

朝陽入北林竹樹散疎影短籬尋丈間寄我無窮
境舊居無一席逐客猶遭屏結茅得茲地翳翳村
巷永數朝風雨凉畦菊發新潁俯仰可卒歲何必

謀二頌東坡至儋耳軍使張中請館於行衙又別飾官舍爲安居計朝廷命湖南提舉常平董必者察訪廣西遣使臣過海逐出之中坐黜死雷州監司悉鐫秩買地築室爲屋五間潮人王介石爲客於儋躬泥水之役其勞甚於家隸故詩有逐客猶遭屏句

次子由韻贈吳子野先生二絕句吳子野名復古字遠遊潮州人東坡與一見論出世法嘗著養生論一篇爲子野作也與遊二十餘年南遷至眞揚間見子野無一語及得喪休戚事獨告坡曰邯鄲之夢猶足破妄而歸眞目見而身履之亦可以悟矣未幾南歸訪東坡於惠過子由於循坡徙儋耳子野又從之爲作遠遊菴銘送坡北歸遇疾而殂以文祭之曰嗚呼子野道與世違寂然自求闔門垂幃兀爾坐忘有似子微或似壺子杜氣發機急人緩己忘其渴饑送我北

還中道弊衣有疾不藥但郤甘肥問
以後事一笑而麾可以知其人矣

馬跡車輪滿四方若爲閉暑小茆堂仙心欲捉左元放左慈字癡疾還同顧長康顧愷字江令蒼苔圍故宅謝家語燕染華堂先生笑說江南事祇有青山繞建康江令江總也

被酒獨行遍至子雲威徽先覺四黎之舍

半醒半醉問諸黎竹刺藤稍步步迷但尋牛矢覓歸路家在牛欄西復西

總角黎家三四童口吹葱葉送迎翁莫作天涯萬

里意谿邊自有舞雩風

符老風情奈老何朱顏減盡鬢絲多投梭每困東鄰女換扇惟逢春夢婆公自注是日復見符林二秀才言換扇事○東坡在昌化嘗負大瓢行歌田畝間○又姜唐佐瓊山人公與之遊嘗稱之黃門曰不謂南海有此佳士

奇甸記

名人詩

香山陳蘭芝拂霞輯梓

五指參天峰

謹按五指峯居瓊海中亭亭直立儼然參峙霄漢若端人正笏峩冠之象以故瓊山諸邑多出瓌瑋卓特之士地靈人傑豈偶然哉自邱文莊公援毫題咏以來兹山名勝遂聞于天下近日禮書忠銘王先生鴻題瑋什與文莊之作後先晻映諸名公從而和之兹山有遭豈不卓越千古哉因次而剞劂之以詔于世

大學士邱濬　瓊山

五峰如指翠相連撑起炎州半壁天夜盥銀河摘星斗朝探碧落弄雲烟雨餘玉筍空中現月出明

珠掌上懸豈是巨靈伸一臂遥從海外數中原

五指叅天峯　尚書　王宏誨定安

地盡南溟氣復連五峰如指勢擎天浴光應捧咸池日染翠疑探太乙烟瑤島露分仙掌湛寶輪花傍佛支懸寰中諸嶽紛羅立誰向鴻濛握化原

一柱波心五嶽連高標削翠界南天誰將赤手排滄海直上丹霄拾紫烟鈎弋曉穿雲錦出神符宵握斗樞懸最憐建水揮文筆卓立乾坤判道原

前題　尚書　王世貞吳郡

東南欲盡覺天寬矗立高寨障海瀾掩日脩羅雲
外掌摩空銅狄露中盤劖成華嶽峰峰秀寫出郇
公朶朶寒寄語地靈王學士九重今借指南看

前題　　編修郭正域江夏

芙蓉紫翠與雲連一掌分明插遠天曉霽摩空如
指□餘揮手欲淩煙幾經劫運何曾屈爲撫輿
圖□懸借問山靈應有意遥扶五嶽鎮平原
五峰縹緲相連五指撑持海上天露下金莖承
玉屑雲間仙掌吐青烟摩挲日月雙輪轉摶弄星

辰百寶懸應有股肱橫地軸遥從粤嶺握中原

五指叅天峰　翰林修撰焦竑北海

巨靈仙掌與雲連撑拄東南半壁天海色幾年寒捧日嶽形千丈畫凌煙爲誰指點鴻濛破何處躋攀鳥道懸一眺山川眞膴膴望中無地不周原

前題　翰林編修黃輝順慶

炎洲垂盡數峯連小豁靈胡半臂天耐可掌中行日月直從河畔拂雲烟東還鳥爪霞齊削西去獅光海倒懸指點嶽形堪一笑平分鼇極奠中原

前題　參政　吳國倫　武昌

五峰森削指南天學士詩成萬里傳只自彩毫分氣象俄令虛几落雲烟高擎佛手珠花錯俯揖神山海色連安得從君躋絕頂摩挲日月枕星眠

前題　副使　周夢暘　襄陽

五指參差勢欲連誰將伸出海南天嵯峨高壓仙人掌杳靄長浮玉燭烟徧數星辰霄漢麗雙擎日月古今懸縱令瓊甸多奇勝何似茲峰瞰太原

巨靈高掌與雲連削就芙蓉映遠天百尺藤蘿應

礙日千年蒼翠欲含烟虛傳海外三山勝恍見人
間五嶽懸定是神生申及甫手調周鼎爕中原

五指參天峯　光祿寺卿郭棐番禺

峰撐五指翠華連共拄東南倚碧天金暈無雲晴
浴日銀河如水紫生烟影騰玉宇三千廻光射瓊
樓十二懸知是地靈人並傑直從炎海冠中原

前題　主事湯顯祖臨川

遙遙五指峰嶄絕朱崖右纖聳佛輪光嵌空巨靈
手疊嶂開辰巳脊巒露申酉天霄烟霧中海氣晴

明後一峰時出雲四州紛矯首主人毓靈秀面峰
鑿虛牖嵐翠古森蕭揮弄亦已久時從吴會間離
離望南斗

前題　　給事兼行人　許子偉　瓊山

翠壁崚嶒五嶽連恍疑神掌出扶天迴環總鎮千
溟浪騣鬣長浮百瑞烟似鼓群山來北拱已標奇
甸正南懸陽春調美應相續俊羽淸商起太原

前題　　同知　黄在裘　順德

炎州南去水雲連並峙鼇峰翠插天玉笥曉浮波

浴日金莖晴滴露和烟十洲半似神仙列五嶽全疑海岱懸指點地靈元不偶群公支笏障中原

文筆峯

峯在定安近境由五指峯迤邐而來平地特起石筍參雲霄中高可數千仞世傳白海瓊葛長庚諸仙人曾此脩煉石洞丹井具存每天色晴霽遙望蒼烟一道界破碧空若天門華表其山神多靈水旱有禱輒應歲多科第則峯吐光燄如炬其下爲學士王公所居東南之勝於是爲最云　尚書王宏誨定安

炎洲窮減沒岡巒互參次卓矣文筆峰崚嶒拔平地壁立無因援絕巘削如刺丹梯入鳥道秀色天門侍始歷尚逶迤望望轉穹邃陰洞引奎芒石几

繡霞帔含毫日五色點染氤氳賁滄海環墨池奇甸標靈閟遙憶鴻濛初妙有分萬類高下還淸濁川嶽界姝位不知浩渼中地脉潛何寄突然五指伸復此擘一臂巨靈不可測淸淑羨含異嶽降豈偶然作者誰當畀我本山中人微尚躭仁智竭來俯八極覽化窺元始顧已慚鉛鍔叨名厠簪珥斯文誠在兹吾黨責誰諉夙希靑鏤管願授紫庭秘稽首祈山靈浩歌發幽致

文筆峰　尚書畢鏘池陽

少年學士耗巖居孤峙高峰千仞餘雨過山花添爛漫雲消海樹益扶疎文章隱處期成豹鱗甲騰時起釣魚藻思豈徒光史冊絲綸端擬拜中書

文筆峯　　尚書　于慎行　魯郡

文筆孤峰入紫霞管城湯沐屬誰家炎風吹散江淹夢灑作仙人掌上花

岧嶤斗壁倚空懸春日晴薰五色烟不是彩毫干氣象斷鼇一柱欲承天

前題　　尚書　王世貞　吳郡

五指冠國琛一筆幟文苑嬌嬌中書君不產中山產瓊管黑雲堆墨蘸峰端橫寫南天萬行滿東亭旦莫夢如椽丹紙黃麻好細傳更聞欲續司空志大賚君王側理箋

前題　祭酒戴洵四明

誰從瓊島坐題詩卓管遲回未下時淨掃碧空鋪作紙滿傾滄海貯爲池雲霞絢綵花生夢艸樹蒙茸頴露奇千載斯文應有屬天教文具鎮如斯

前題　尚書趙用賢吳郡

繚沉青鏤澤雉鋼截玉新封重管城何如海上一峰立含煙吐霧開南溟東亭莫道夢如椽文筆王家世象賢尚書搦管振南服茫茫元氣相鈎連峰頭日日烟霞起黛墨掃天天可補須臾觸石寸雲生一洒商霖遍天宇

文筆峯　　右諭德　陸可敎　蘭谿

峭壁如椽削不成寒芒萬丈入雲生烟霞縹緲晴常鎖似爲中書護管城

前題　　太常少卿　尹　瑾　東莞

縹緲雲中絢縩標九天晴色散岧嶤高峰兩度來春雁中巘人文翊聖朝

前題　　右諭德馮琦北海

何物中書君矗矗百餘尺石髮龍葱散彩毫墨花亂落芙蓉碧銅標華表若爲扶去天一握秋雲孤好將學士如椽筆爲寫君王赤縣圖

前題　　翰林編修陶望齡會稽

聞說瓊南障海涯孤標拔地接仙家雲烟五色時來往千尺峯頭自吐花

文筆峰　　翰林編修　郭正域　江夏

晴峯百丈揷溟濛點染星文照紫宮怪得字成天
雨粟由來彩筆已凌空

前題　　翰林修撰　焦竑　北海

五山散餘支矯矯一峰矗峭削如含毫飛雲不可
宿千年銀管壓崔嵬錦字霜輝誰爲裁願回學士
摩空手一灑皇恩徧九垓

前題　　王顯先　會同

誰將文筆聳江臯萬丈崚嶒奠巨鼇秀出海門龍

潑墨光搖月窟兎含毫管城烟接丹霄近秘簡晴揮碧落高一自龍梅分彩色乾坤今古幾人豪

前題　　參政　吳國倫　武昌

天削孤峯粵道遙峰紋幻作五花飄怪來眞氣藏雲笈時吐靈光燭斗杓鼇脊烟生黎婺降蜃樓波噴海神朝分明萬仞南天柱何用稱兵植漢標

前題　　郎中　歐大任　順德

海上山高已挿天孤峰頴出更凌烟玉堂學士曾持槖奏對行趨御陛前

文筆峯　主事唐伯元　澄海

五色誰相贈奇峰萬丈光著書心意懶一畫到羲
皇

前題　運使張廷臣　番禺

五峯天上碧參差滄海迴環染翰池嶺表百年興
相業明光起艸贊明時

前題　山人鄧時雨　從化

千仞孤根起瓊臺兀立雄側成如卓拔出穎欲凌
空墨灑煙雲上毫麾畫幅中管城封有日恩寵獨

爲隆
崒嵂孤高類削成彩霞晴散碧空明毫端盡掃胸中
天障好向凌烟紀令名

前題　　郎中梁桂臣　順德

萬丈文峰插海隅蒼茫五色絢蓬壺怪來仙客揮
神筆幻作南天砥柱孤

前題　　行人給事中許子偉　瓊山

憑誰竪羲畫插破古天荒雲錦毫端彩。星芒筆底
光。頡臨千嶂俯翰灑八埏香對此心緣正依稀首

欲昂

文筆峯　太學生　黎民懷　從化

彤筆高天柱時時絢彩雲獨將經國思睿藻讚龍
文

前題　光祿寺卿　郭　棐　番禺

崢嶸海上羅千峰偉兹卓筆尤巃嵸直聳天門作
華表高騰瓊島翔飛虹雨餘爛漫花千疊日映婆
娑樹萬叢麗藻已覘饒五色温綸仍擬拜三公

前題　庠生　梁紹裘　番禺

毓秀分明五指連孤高雄峙斗牛前詞臣視艸金閨曉學士封題紫閣年述作千秋藏石室崢嶸常日帶緋烟非關夢彩方能賦賡和長依尺五天

前題　翰林庶吉士　區大相　高明

雲表岧嶤玉毫吐點畫鴻濛掃烟雨豐狐老兎愁鋒芒象齒文犀安足數長空一柱礙奎躔明霞萬里飛濤濺泚墨欲乾溟海水筆勢撑拄東南天早晩風雲殊變態山靈握管有何意紫閣絲綸翼帝功六七經成照天地

古今詩

文筆峯　　御史　姚光泮　南海

海上扶輿淑氣融筆峰晴削倚層空彩烟時拂彤雲裏黼黻裁成總化工

前題　　同知　黃在裘　順德

文星耀瓊海崔崒化爲峰捧日窿千仞。凝煙鎖四封。壯同天柱崎秀以嶽靈鍾挺彼含毫匠揮揚擅秇宗

前題　　縣尹　黃鏊　番禺

桂石稜稜倚絳霄筆峰東控海門潮常濡雨露驚

濤壯迅掃風雲淡墨嬌舞鳳乍疑秦玉管落鴻還
擬漢銅標晴煙荏苒長安路猶接龍飛萬里橋

前題　　庠生　梁子壽　南海

何年彤管插雲霄域內群峰夜自朝望去乍疑青
玉案坐來堪與赤霞標春深雪纈流雲影日下文
光燭斗杓一自長卿題柱後千秋彩色滿岧嶢

金雞嶺　金雞嶺者由文筆渡清溪而西昔有
金雞飛鳴于上故名其山綿亘蜿蜒
堪輿家目爲掛榜山學士王忠銘公所居
前六里而諸峯紫翠交映宛若圖畫昔蘇
子瞻留題其上有人間文筆無雙士天上
金雞第一星之句其後文士發科者多在

酉科蓋應金雞之勝云

王宏誨

昔聞金雞鳴，天子當肆赦。何年現此山，千古名猶借。前村數畝陰，禾黍連桑柘。主人有敝廬，婆娑在其下。雞鳴深樹巔，犬吠衡門夜。何必減桃都，朝暉唱咿啞。長憐抱膝辰，曉牕風雨暇。棲遲翰音翼，鄭重雞林價。俯仰蘧廬中，烏兎紛代謝。平旦幾人存，汩汩隨物化。自失紀渻養，甘襲函關詐。吾聞子輿言，放心知求寡。孳孳舜蹠間，請希先覺者。

金雞嶺

畢鏘

舊業金雞獨對奇春來瓊海曉雲披斗邊色映蒼

龍動嶺外聲聞丹鳳儀榜列煙霄標館閣屏開錦

繡接茅茨元符西歲登豪傑鍾鼎勛名定有期

前題　　于慎行

星精海上舊飛來一曲雲屏紫翠開萬里不須勞

漢使主人原是碧雞才

朝霞爲羽日爲觀啼破桃都五夜寒似向蓬萊宮

裏見春聲曉殿簇鴛鸞

前題　　王世貞

山作金雞鳴海收銀蟾魄俄頃天地開五嶺同一白主人不雄冠委蛇備其德爲艸彤竿赦時儤玉堂直異日拜相晨不驚翰音翼

金雞嶺　趙用賢

金雞天上啼春山曉來白六龍銜燭飛閶闔千門闢明堂坐天子盈朝警繹績風雨凄凄不下塒心隨黃鵠遊天池雄鳴一聲振毛羽丹穴葳蕤安足數但令四海致昇平聞雞勸君莫起舞

前題　戴洵

金雞山上玉爲京聞有金雞向此鳴雞飛天上仍三唱夢覺人間又五更雲開冉冉絳冠色瀑瀉沉沉玉漏聲爲問山中高臥客晨朝長動廟廊情

前題　尹瑾

一聲遥在翠微間暐日初升識聖顏漢代提封春曙徹文明應在紫辰班

前題　陸可教

五雲繚繞萬峰齊百尺晴巒帶碧雞文彩祗應隨鳳鳥一鳴寧復伴深棲

金雞嶺　馮琦

天上玉衡星墮地化爲山鳥道難分青嶂杪雞聲長在白雲間白雲青嶂扶桑路高冠翠羽藏烟霧一夜三號半下春主人正在雞棲樹

前題　郭正域

金雞未許說陳蒼五夜一聲天有光自是深山連海嶠翰音萬里報扶桑

前題　焦竑

遠岫鬱岧嶤如屏復如几朝華秀可餐晚靄棼成

綺爲探山書小篆文天雞隱隱半空聞尋聲莫謂桃源近卻有仙家住白雲

前題　吳國倫

海日初升萬象齊南山高處唱金雞能令百越無長夜似出三天指大迷曉霧常扃仙子宅春星猶燦古人題清朝早獻長鳴賦阿閣應同彩鳳栖

前題　歐大任

曙色蘢葱萬丈梯數聲報曉到金閨君看聖主賢臣日何但王褒祀碧雞

金雞嶺　王顯先

曙色微茫動海城雞聲咿喔報星精神光似喚金烏轉絳幘疑傳玉漏明天與江山增勝槩人於物候卜豪英獨憐辛酉鍾靈瑞從此朝陽叶鳳鳴

前題　唐伯元

枕外熟黃粱人間夢未了欲醒不得醒何處金雞曉

前題　張廷臣

天雞翽翽鬱嵯峨曙色逢春喜氣多恍是鑾坡朝

謁早數聲咿喔聽鳴珂

前題　　梁桂臣

夜半靈烏海底生扶桑葱鬱彩雲昇金雞忽報龍樓曉遙聽朝陽孤鳳鳴

前題　　黎民懷

五更金雞唱聲聲徹翠微暐熙逢舜日遙向鳳樓飛

前題　　鄧時雨

濯耀金烏聽曉雞瓊臺春色海天低波光掩映雲

霞燦幾許詩人作品題

金雞嶺　郭棐

曈曈海日出滄溟喔喔金雞唱上方聲徹諸天澄萬籟瑞騰上界朗三光金闕趨蹌班儼肅玉階搖曳響琳瑯懸知入侍天門上五色雲霞捧玉皇

前題　梁紹裘

丹梯萬仞紫雲橫峰號金雞玉削成似報陽烏昇海嶽已知春色滿蓬瀛恰隨威鳳儀虞世不數靈祠祀漢京太史只今調玉燭山椒還見泰階平

前題　姚光泮

雞山形勝鬱崔嵬金距何年此地來啼徹江南千
嶂曉羽儀猶自振雲隈

前題　黃鼇

聞道仙人海上家金雞千仞鎖晴霞春風楊柳啼
山鳥淡月桄榔度曙鴉天近鳳池峰展彩洞臨鵬
海水流花何時得策盧敖杖與客同登博望槎

前題　黃在袞

紫蓋標靈勝祥光現瑞輪雞聲一夕曉海色九天

春金榜雲霞絢瑤屏雨露新赤霄丹鳳起岩岫日嶙峋

金雞嶺　區大相

玉衡之精化爲石朱霞作冠金作翼潮頭陽烏射瓊島島日曈曈送春曉此山恰與桃都連雲裏長鳴聲向天海嶠疑開不夜城飛仙往往候雞鳴宮梧今伴鳳凰棲天上還先衆鳥啼莫學汝南人舞劍須聽王褒頌碧雞

前題　梁子壽

翠削奇峯迥不倫春深瑞色散嶙峋晴瞻海外三
山秀俯挹天南萬戶新色借金烏開曉曙形流絳
幘報佳辰誰言雄峙無長夜特立蒼蒼捧赤輪

馬鞍岡 海南諸勝自五指山之外崚嶒巀嶪若瓊山白石諸嶺皆五指之支派也蜿蜒而來學士居之左爲馬鞍岡其峯中凹兩頭屼峙如跨鞍然與文筆金雞屼立絛映聞昔邱文莊公所居亦枕馬鞍岡豈非靈山福地必待其人而後授與

王宏誨

女媧昔補東南天一卷飛來落九眞光彩依稀隕
房駟嵯峨不受秦皇鞭雲爲車兮風爲馬簸勒纍

纍滿山下行人特點時驚疑不知誰爲歷塊者我生好古更懷奇吳門練影時瞻馳不見周家穆滿馭惟疑漢代牧羊兒想應地靈毓神驥九天時奉飛龍馭君不見聖王有道河出圖只今據鞍躍馬誰當是

馬鞍岡　　畢鏘

高岡巨石疊成堆歷塊追風海上來珠勒分明稱驥德錦韉凝結識龍媒多才已見題橋去弱冠還驚把節回共道有門容駟馬莫嫌無地起樓臺

前題　于慎行

來從西極勢籠蓯不受秦鞭化作峰解使鳴珂天上客雲霄容與應飛龍

石壠雙峰控錦鞍五花蹀躞駐雲端不禁更向吳門望海色遙分練影寒

前題　王世貞

遙從騀䮫出層巒攬轡還應得大觀揭地秦鞭驅作障飛空穆馭且留鞍駝峰對擁春雲暖熊耳雙懸海色寒見說史成蒙主錫裝來七寶鳳池看

馬鞍岡　　趙用賢

君不見石隴山頭馬鞍石凌空歷亂五花色海水直浸扶桑宮秦鞭驅之飲海東眞人憑鞍顧盼間須臾汗血傾天閑天閑雲錦十萬群金鞲玉勒光紛紛請看昭王臺駿骨成塵埃海嶠一石空群才如今天馬不自西北來

前題　　戴洵

萬石交馳駿足群五花高掛錦鞲紋月中影似鳴珂動風外聲如歎玉闐俯據自堪增顧盼登攀誰

更剏燕雲乾坤神理終難識牝牡方皐浪自分

前題　尹瑾

隴首風雲接海壇日邊金馬玉爲鞍屹然瓊島開奇甸常作擎天八柱看

前題　陸可教

兩峰高處對巑岏石磴排雲簇錦鞍海上不留天馬跡自披金勒待鳴鑾

前題　馮琦

天馬去何許空留馬鞍狀萬里長風生顧盼驚身

如在層巒上百尺巑岏勢若盤紅塵不動玉珂寒
欲知金馬山頭色請向銅龍署裏看

馬鞍岡　郭正域

朝來飲馬自咸池石勢奔騰不可羈雨後錦苔明
翠壁茸楸鶴轡逞巑岏

前題　焦竑

朝暾射巖巒磊落如奔馬誰遺紫茸鞍巧與松篁
亞蹴踏巑岏不動塵海東鞭石事猶存星河雲島
相澄澈日日風光金馬門

前題　陶望齡

怪石南來萬馬奔垂鞍高處五雲團主人莫漫駞棲逸侍從還歸金馬門

前題　吳國倫

五指山盤學士居瓊崖天造一扶輿飛巒跨海圖金馬積石含雲綴玉魚似逐秦鞭來作案旋探禹穴待藏書望中佳氣開三象誰道皇家夢卜虛

前題　王顯先

石巃垂鞍勢[山鬱]嵸平看天馬似行空雲迷周駿過

瑤島苔隱秦鞭到海東金勒九衢停歷塊玉函千里靜嘶風龍圖鵲印今何異五色誰收補煉功

馬鞍岡　唐伯元

附驥日千里隨君身一隻前村道路難化作峰頭石

前題　張廷臣

仙仗飛黃御九重太平儀衛自雍容由來海國鍾神秀長向天閑護六龍

前題　梁桂臣

琦石崔嵬聳翠巒依然金馬玉爲鞍名駒一入金臺去萬古風雲勝地蟠

前題　黎民懷

層空蟠碧翠佳麗佇雕鞍夙聘黃金勒風雲冀北看

前題　鄧時雨

石壠權奇出翠微萬山趨走若巍巍驊騮疑踏空中去好與君王備六飛

前題　郭棐

行空天馬逈權奇遺却雕鞍在翠微東野御中青
海遠穆王行處赤虹飛籠嵸驥骨儔能匹蹀躞龍
媒世所稀聞說金臺方索駿追踪還到曲江湄

馬鞍岡　梁紹裘

岐峰聯絡自依依甲第連雲映翠微名借玉鞍驂
帝乘勢如天馬輦皇畿高瞻日馭朋三壽近接房
星御六飛嵩嶽鍾靈申甫出古今人物轉相輝

前題　黃在裘

磝礐嵯峨列中巒儼削成據鞍千仞峭攬巒萬峰

平文斁看鞭弭台垣待秉衡共言南服外柱石嗣
西京

前題　黃鏊

驊騮千里展霜蹄留得雕鞍隴上棲山帶彩雲擎
錦蹀石含靑薛擁障泥漢臣矍鑠終難據唐相光
榮却與齊東閣此時求駿急春風芳草聽長嘶

前題　姚光泮

一片芙蓉繡玉鞍千秋人指紫騮看是誰策擁天
衢上冀野群空萬驥寒

馬鞍岡　　許子偉

從來天廄種不受俗羈韁錦韉黃金勒踶驕道路長

前題　　區大相

房星落地仙靈馭渡海潛行不知處有時風雨尚聞嘶石壠高鞍待誰據回身似就瓊波飲落日千山送雲錦羲和總轡勢莫動孫陽挾策翻神聳南望天池似渥洼至今山下多龍種龍種誰騎出九眞漢家銅馬在楓宸不信人間金騕褭聽呼天上

石麒麟

前題　梁子壽

廻壑雙巒迴自幽天開形勝自南州雕鞍似據風雷起玉輦常依閣道遊匹練熹微開日觀長驅躞蹀向宸旒從來渥水生龍種石壠參差瑞氣浮

橋頭溪　瓊多名山故多大川由文筆而來瀠洄浩瀚水之稱勝者不知凡幾而橋頭溪最善其西當學士所居之前其南則學士先塋所向堪輿家謂之入懷水一名腰帶水水中多美石淙淙瑟瑟臨之使人心曠神怡悠然有滄浪濯纓之想道體眞機宛然在目誠一方之勝槩云　王宏誨

清溪如帶繞村麓溪上橫橋漱寒玉三三五五往來通谷口人家武陵俗何來驟雨漲漚沙舍南舍北皆桃花傍岸野樵時失路隔林丹壑半流霞主人臥穩朝慵起春色夜來深幾許授履長懷圯上人乘槎恐犯津邊女君不見孟門險瞿塘深一日風波幾陸沉何如把弄灘頭釣坐聽滄浪太古音

橋頭溪　畢鏘

石橋橫渡鎖山岡春水桃花波浪長浩淵虹飛含蜃氣淼茫月出引珠光沙縈曲岸玉爲帶路轉高

林青滿堂閒說三槐今正茂王公令德自流芳

前題　于慎行

石橋流水柏長堤半似苕溪半剡溪一自主人題桂別年年春色灞陵西

前題　王世貞

太史藏書所西林古渡頭橋通千嶂碧。溪抱一村幽。小徑有時合落花隨意流柳梢維不住身是濟川舟

前題　趙用賢

古今詩

渟渟碧水炎洲西溪橋東去纖林低蒼烟萬頃平玻璃神州南望九點齊學士高齋天半棲珠簾萬疊春波迷閒來杖策遵平蕪紅桃緑柳鶯亂啼朝雲南浦飛暮月西樓孤朝朝暮暮自霏微空令魏闕懸江湖丈夫得意懷良圖何能一壑守舊區

橋頭溪　戴洵

環海徒聞更十洲獨憐瓊水滙橋頭冲融遠混天光碧淸淺微生石韻秋望合兩涯懷渺渺行從駟馬樂悠悠橫波忽見青龍影絕勝當時蘭桂舟

前題　　尹瑾

漠漠長空駕彩虹忽驚瓊海起蒼龍元勳不負初題柱寶筏千年控海東

前題　　陸可教

千峰霞映赤城標叱石何年化作橋司馬一爲題柱客桃花憑送釣魚橈

前題　　馮琦

野橋少人踪山氣自朝夕何必二仲始同調但能來往非凡客與客乘春春水涯春風春雨生漣漪

世間萬態皆有極流水悠悠無盡時

橋頭溪　　郭正域

橋如碧海駕黿鼉水似銀河卷白波一曲滄浪秋雨霽鸕鷀鳧雁滿青莎

瓊山其石似玉而潤故名　　邱濬

環海三千里珠崖第一山名馳四海內秀出萬峰間月下森瑤簡風前振珮環孤高尤潤澤蠟屐未容攀

藤　　陳晚成

遇物時能曲垂天自不斜可憐無尺土亦復着高

花柔是長生道清宜處士家柴門開一角山月也

從遮

送潘月川先生司鐸瓊州　文學　梁麟生　順德

五色天書昨夜來木蘭舟楫莫遲迴道將行日仍

浮海官處卑時易見才沙市人稀烟瘴合椰花風

過絳紗開鳳山舊塾生徒在狂簡文章待剪裁

檳榔　孝廉　羅天尺　順德

休笑朱崕萬里遙垂垂千樹倚層霄禮行天下昏

嫺重香發南中瘴癘消茗葉捲成歸海市竹枝吟就入風謠漢廷不用尋雞舌半醉猶堪侍早朝

椰　　廩膳生陳官 香山

新椰花發颭蠻烟香洩朱崖玉作緣暗吸月華成孕小高涵天水照心圓繫瓢未必詩稱萬虞伯生云繫瓢詩萬首不讓百城尊醉酒何曾日計千椰漿能醉人故名椰酒休道檳榔歌獨好採風還上海南船

送臨高潛菴樊明府歸江都　佘錫純 順德 續檢

萬里爲官渡海濱濤聲竟日隔車塵地當盡處天

成水情到平時法亦仁午夜精華歸日月三千禮樂變文身王恭長物原何有註就東坡贈所親明府輯註東坡海外集

陳价夫歸自崖州談瓊海山水之勝因懷舊遊續檢　孝廉徐熥閩中

朱崖彈鋏動經年醉向黎姬酒肆眠笑語自存豪士氣衣裳猶帶島夷煙波羅老去甘如蜜蔞葉開時小似錢十載遊蹤俱是夢不堪重聽舊山川

擬蘇長公訪黎子雲昆玉載酒堂因柬瓊州

張太守　　吳錪

嶺海飄零又獨行醒殘春夢未分明不孤吾道惟詩酒未喪斯文得弟兄儋耳竄身來海國峩眉歸思徹神京使君乘興如相訪消盡天涯謫宦情

陳蘭芝曰有明一代瓊郡登黃榜者除邱　濬王宏誨唐　胄許子偉已有詩文見本集者其餘如僉事唐　舟永樂甲戌尚書薛　遠正統壬戌都御史邢　宥正統戊辰太常卿夏　昇宏治庚戌檢討陳　繗宏治癸丑御史馮　顒宏治丙辰尚書廖　紀宏治庚戌布政胡　濂宏治癸丑侍郎鍾　芳正德戊辰叅議林士元正德甲戌郎中吳會朝嘉靖癸未御史俞宗梁嘉靖丙戌知府陳天然嘉靖乙未叅議鄭廷鵠嘉靖戊戌叅議梁雲龍萬歷癸未等共六十八人莫非五指山之鍾靈也乎

邱文莊公像

卷十六　像讚

、邱文莊像自讚

生遐僻之鄉學何以能博無指授之師道何以能覺盖適有所見而求之以類偶有所得而守之以確所見雖不多而有寡中之益所得雖未深而有淺中之樂限於地善固未能以盡行畏乎天惡决不敢以少作由百世之下雖未由歸古聖賢之途論一世之人亦或可列今士夫之末邱公自贊共五章茲選錄三章

二

天賦汝以性而汝未能盡地全汝以形而汝未能踐謂汝全無用耶則似乎亦有所爲謂汝了無知耶則似乎或有所見噫我則汝也尚不知汝之有無人非我也又安能測我之淺深耶

三

謂其爲我耶而我又在此謂之非我耶則又酷我類蓋人承父母之遺體爲天地之委蛇有形而動不可久恃顧乃丹青是資紈素是寄雖曰不是而實則相似雖若相似而實又不是噫此影也而非

形形也而非氣不出於自然而出於有意徒得其形之彷彿而不得其心之眞至雖然氣體之眞有時而歸之造物畫圖之假幸可存於人世後之人有見之者尚曰此瓊山之邱仲深氏

又門人蔣冕讚冕全州人仕至大學士

豪傑之士無待而興聖賢之道不强而能道適於用文達其意一世鉅儒兩間間氣

奇甸記

邱瓊臺文選　香山陳蘭芝拂霞輯梓

進大學衍義補表　大學士　邱　濬　瓊山

國子監掌監事禮部右侍郎臣邱濬誠惶誠懼稽首頓首上言伏以持世立教在六經而撮其要於大學明德新民在八目而收其功於治平舉德義而措之於事爲酌古道而施之於今政衍先儒之餘意補聖治之極功惟知罄獻芹之誠罔暇顧續貂之誚原夫一經十傳乃聖人全體大用之書分

爲三綱八條實學者脩已治人之要章句旣有以
大明聖藴衍義又所以上格君心書雖成於前朝
道則行於今代惟太祖之建極嘗大書於殿壁之
間曁列聖之紹基屢聽講於經筵之上旣已致夫
雍熙太和之治一皆本乎躬行心得之餘善推所
爲者固無俟乎盡言欲全其功者亦須補其闕畧
竊觀衍義之四要尚遺治平之二條雖曰舉而措
之爲無難不若成而全之爲盡善况有其體則有
其用旣成乎已當成乎人理固無一之可遺功豈

有一之可闕善法不能以徒舉本末則貴乎兼該每當繙閱之時自起編劘之念顧一人之聞見有限而天下之事體無窮居一室而料度乎四方據已私而折衷乎衆務亦固知其不可猶强爲其所難是葢一念區區報國之忠抑亦平生孜孜爲學之志是以頓忘下賤僭傚前修豈不知妄擬非倫竊亦欲薄陳所見念惟天下之大其本在於一身人心之微其用散於萬事一物有一物之用一方有一方之宜所以化之者固本於身所以處之者

各有其道事皆有理必事事皆得其宜人各有心須人人不拂所欲伊欲處之適當其可必先講之務盡其詳考古以證今隨時而應用積小以成其大補偏以足其全巨細精粗而曲折周詳前後左右而均齊方正於以衍治國平均天下之義用以收格致誠正脩齊之功舉本末而有始有終合內外而無餘無欠期必底於聖神功化之極庶以見夫大學體用之全體例悉準於前書楷範用垂於後學稽聖經訂賢傳刻取無遺紀善行述嘉言蒐

求罔棄附以管中之所見覘於目下之可行俯竭涓塵之微仰裨海嶽之大茲蓋伏遇皇帝陛下睿智有臨剛明不惑學古訓而獲大道愼儉德以懷永圖丞毓德於青宫服膺大訓時潛心於黄卷玩味聖經開導盡忠益之言體驗極擴克之力每躬行而實踐恒日就以月將仁孝之德孚於宫闈元良之聲播於函夏一旦承天而踐祚萬邦仰德以歸心大志夙成適符漢宣登極之歲小毖求助肇啓成周訪落之心首深究於大猷亟恢宏於至治

凡新政之大有建置皆舊學之素所講明廣克格致誠正之功用臻脩齊治平之效太平之治端可計日而待也臣濬下愚陋質荒陬孤生生世無寸長頗留心於扶世讀書有一得輙妄意以著書固非虞卿之窮愁亦匪眞氏之去位猥以官居三品慚厚祿以何裨年近七旬惜餘齡之無幾一生仕宦不出國門六轉官階皆司文墨莫試涖政臨民之技徒懷愛君憂國之心竭平生之精力始克成編恐無用之陳言終將覆瓿幸際朝廷更化中外

肅清總攬權綱一新政務倘得徹九重之聽取以
備一夜之觀采於十百之中用其二三之策未必
無補於當世亦或有取於後人民物於是乎一新
世道兹焉乎復古好所好惡所惡一人永孚育乎
兆民賢其賢親其親四海咸尊戴於萬世臣干冒
天威無任激切屏營之至臣所撰到大學衍義補
一百六十卷補前書一卷并錄三卷共成四十帙
謹奉表隨進以聞

擬進大明一統志表

伏以竝日月以照臨千載啟大明之運全天地所覆載萬邦咸正統之歸輿圖之廣曠古所無地志之成於今爲盛粤自三才定位歷代迭興封山濬川舜肇十有二州之地列爵分土周會千八百國之君迨夫嬴秦始置郡縣繼以劉漢益拓土疆自魏晉以來由宋元而上或閏位之弗齒或霸業之偏安或威令之阻行或夷德之可厭皆未有若我

朝得國之正闢地之大者也德與地而兼廣政與敎以竝行南都吳北都燕立標準於四極大爲府

小爲縣總要會於三司藩府分封並峙維城之固衛所布列廣宣禦侮之威規制周嚴氣勢聯屬南踰銅柱東越鯷波盡入版圖之內西亘金河北彌狼望卒歸聲教之餘殫九服於域中通八荒於化外靑狄黑濮遙候月以來賓黃支朱鳶畢占風而受吏禹迹之所不至章步之所未周地無間於華夷治獨超乎今古不有盛製曷彰丕圖粤若帝王受天命以建國皆有載籍志地理以貽謀於虞有禹貢之書在周有職方之典方册所載若管氏地

員呂覽有始百家之傳說不同館閣所脩若元和郡縣開寶圖經一代之典章可考寰宇記之作於宋畧而未明大統志之起於元泛而失實肆我聖
祖嘗命儒臣雖采錄之有餘尚編輯之未既時如有待事豈偶然恭惟皇帝陛下聰明先物神聖自
天膺歷數以在躬收政權而獨運光昭祖武宏迓
天休凡聖賢經世之圖咸留睿覽於祖宗待成之
志尤軫宸衷謂此輿地之書關係甚大特詔文學之士纂述是司授成命於九重考遺編於千古上

自聖經賢傳下及水志山經發中秘之所藏萃外史之逌掌遍閱累朝之史旁蒐百氏之言與夫羽陵宛委奇文汲冢西陽逸典釆詮梵藏小說方言靡不網羅舉皆蒐采綴貫羣藉約爲成書義類凡例悉有據依信疑是非壹加訂正首辨方州之域次推星野之分建置有革有因疆界或分或合如水自源而徂委如木由幹而分枝山川形勝之殊風俗物產之異巨細不遺公署學校之類宫室關梁之倫古今俱載留則民愛去則民慕宦蹟非循

叚不書出而道行處而道明人物惟名賢是取匪
徒儒道而二氏兼收不獨華風而四夷亦附所以
廣聖道之咸容示皇威於無外比之前志允謂全
書綱舉而目張有倫有要事增而文省不泛不疎
海內廣輪如指掌而斯見天下險易不出戶而可
知自有地志未之前聞宜並聖經垂之後代此誠
皇上繼志述事之孝卓冠乎百王高出乎千古者
也臣等章句腐儒草茅賤士叨蒙拔擢豈能如楚
左史之讀九邱忝効編劘竊自比晉司空之創六

體莫能稱詔深虞玩愒之尤幸覩就編少助清閒之燕書同文車同軌大一統而四海嚮方天爲蓋地爲輿中兩閒而萬世永賴

大學衍義補序

臣惟大學一書儒者全體大用之學也原於一人之心該夫萬事之理而關係乎億兆人民之生其本在乎身也其則在乎家也其功用極於天下之大也聖人立之以爲教人君本之以爲治士子業之以爲學而用以輔君是蓋六經之總要萬世之

大典二帝三王以來傳心經世之遺法也孔子承帝王之傳以開百世儒教之宗其所以立教垂世之道爲文二百有五言凡夫上下古今百千萬年所以爲學爲教爲治之道皆不外乎是曾子親受其教既總述其言又分釋其義以爲大學一篇漢儒雜之禮記中至宋河南程顥兄弟始表章之新安朱熹爲之章句或問建安眞德秀又剟取經傳子史之言以塡實之各因其言以推廣其義名曰大學衍義獻之時君以端出治之本以立爲治之

則將以垂之後世以爲君天下者之律令格式也然其所行者止於格物致知誠意正心脩身齊家葢即人君所切近者而言欲其舉此而措之於國天下耳臣竊以謂儒者之學有體有用體雖本乎一理用則散於萬事要必析之極其精而不亂然後合之盡其大而無餘是以大學之先旣舉其綱領之大復列其條目之詳而其條目之中又各有條理節目者焉其序不可亂其功不可闕闕其一功則少其一事欠其一節而不足以成其用之大

而體之爲體亦有所不全矣然用之所以爲大者非合衆小又豈能以成之哉是知大也者小之積也譬則網焉網固不止乎一目然一目或解則網有不張譬則室焉室固不止乎一榱然一榱或虧則室有不具此臣所以不揆愚陋竊放眞氏所衍之義而於齊家之下又補以治國平天下之要也其爲目凡十有二曰正朝廷其目六曰正百官其目十有一曰固邦本其目十有一曰制國用其目十有一曰明禮樂其目六曰秩祭祀其目七曰敦

教化其目十有一曰備規制其目十有六曰愼刑
憲其目十有四曰嚴武備其目十有六曰馭夷狄
其目九曰成功化其目一先其本而後末由乎內
以及外而終歸於聖神功化之極所以兼本末合
內外以成夫全體大用之極功也眞氏前書本之
身家以達之天下臣爲此編則又將以致夫治平
之效以收夫格致誠正脩齊之功因其所餘而推
廣之補其畧以成其全故題其書曰大學衍義補
臣非敢竝駕先賢以犯不韙之罪也臣嘗讀眞氏

之序有曰爲人君者不可以不知大學爲人臣者不可以不知大學而繼之以爲人君而不知大學無以清出治之源爲人臣而不知大學無以盡正君之法是葢就其本體而言爾若即其功用而究竟之君臣所當知者則固有在也粵自古昔聖賢爲學之道帝王爲治之序皆必先知而後行知之必明其義行之必舉其要是以欲行其要者必先知其義苟不知其義之所在安能得其要而行之哉故臣之此編始而學之則爲格物致知之方終

而行之則爲治國平天下之要宫闕高深不出殿
廷而得以知夫邑里邊鄙之情狀草澤幽遐不履
城闕而得以知夫朝廷官府之政務非獨舉其要
資出治者以御世撫民之具亦所以明其義廣正
君者以輔世澤民之術譬之醫書其前編則黄帝
之素問越人之難經後編則張仲景金匱之論孫
思邈千金之方一方可以療一證隨其方以治其
疾惟所用之何如也前書主於理而此則主乎事
眞氏所述者雖皆前言往事而實專主於啓發當

代之君亦猶孔孟告魯衛齊梁之君而因以垂後世之訓臣之此編校之前書文雖不類意則貫通第文兼雅俗事雜儒吏其意蓋主於衆人易曉而今日可行所引之事類多重複所脩之辭不能雅馴弗暇計也臣遠方下士叨官禁近當先皇帝在御之日首開經筵即綴班行之末親覩儒臣以眞氏之書進講陛下毓德青宮又見宮臣之執經者日以是書進焉臣於是時蓋已有志於是既而出教太學暇日因採六經諸史百氏之言彙輯十年

僅成此書用以補真氏之闕也繕寫適完而陛下
嗣登大寶葢若有待焉者臣學不足以適用文不
足以達意偶因所見而妄有所陳區區一得之愚
固無足取而惓惓一念之忠讜爲聖明所不棄焉
未必無少補於初政之萬一臣濬謹序

明堂經絡前圖序

明堂者黃帝坐明堂之上與岐伯更問難因雷公
之請坐明堂而授之故謂之明堂云其書上窮天
紀下極地理遠取諸物近取諸身不專爲人身設

也而後人作爲圖經以明氣穴經絡乃專以歸之明堂何哉葢以黃帝之問岐伯之對雷公之授受所以上窮下極而遠取者不過明夫在人之理而已黃帝之問岐伯首謂善言天者必有驗於人葢謂是爾夫人得天地之性以生凝而爲之形流而爲之氣內有臟腑以應天之五行外有面部以象地之五嶽以至手足之有經絡十二以應經水肢體之有系絡三百六十有五以應天度其氣穴稱是以應問期之日上下有紀左右有象督任有會

兪合有數是人一身生天地之間全陰陽之理聚五行之氣備萬物之象終日之間動息坐臥百年之內少壯艾老無非是身之所運用而恆與之偕焉乃至有其身而不知其身之所有而凡在其身者若臟腑若脉絡若孔穴曾不知其形狀何如其氣脉安寓其名稱曷謂是有其身而不知其身之所以爲身也取諸其近也且然況又欲遠取諸物而上窮下極也哉或者貽予以鎮江府所刻明堂銅人圖面背凡二幅予懸之座隅朝夕玩焉病其

繁雜有未易曉者乃就本圖詳加考訂復以存眞圖附繫於內命工重繪而刻之考史宋仁宗天聖中命尚藥奉御王惟一考明堂氣穴經絡之會鑄銅人式惟一又訂正訛謬爲銅人腧穴鍼灸圖經上之詔摹印頒行其後又有石藏用者按其狀繪爲正背二圖十二經絡各以其色別之意者京口所刻卽其圖之遺製與嗟呼所貴乎儒者以其格物致知於凡三才之道萬物之理莫不究極其所當然而知其所以然也矧吾有是身至切至要長

與之俱長老與之俱老而不知其狀不識其名可乎此予所以不自揆而纂爲此圖非獨以爲醫家治病用而於儒者所以養身之方窮理之學亦未必無補云

心師軒詩序

邱濬

潮郡陳衍于寬一日過予持一帙甚鉅揖予謂此衍所居心師軒卷也相知者往往爲詩詠之而翰林脩撰安成劉公既爲其記之矣未有序其首者幸惠之以一言予詰之曰子之有心自師可也何

賴乎人之言既以求記又欲求序乎且心之在人在內而不在外者也爲主而不爲客者也命物而不命於物者也今謂心爲師則是所以爲師者欲也抑不知所以師師者何物與若曰以心師心是有兩心矣予不曉其所謂又烏能爲之言願更求諸他于寛持卷去時日將夕歸而坐諸軒間四窓洞開無人萬籟寂然無聲矣歛容端視至於夜半俗氛消盡萬慮閴泯而清明之氣澄澈光朗但覺靈臺之中凜凜乎若嚴師在焉德容尊嚴冠服整

肅可敬可畏謦欬不聞言動中節可觀可法琴瑟在前不敢踰越夏楚在側不敢違犯頓然一悟然後知于寬所以名軒之意有所自也張子曰正心之始當以己心爲嚴師其以是與明日于寬復來因書所得者爲序畀之俾書諸卷端噫于寬所得者其亦與予同否乎

送蔣生歸省詩序　　邱濬

禮曰老而傳所謂傳者非但謂其家政也而於其平生所守有所得者尤切焉夫人非生知不能不

資於學學非一日之積也資稟有高下所得有淺深而其所以得之也又有難易焉苟得之於已而不及用用之而不克盡或用矣而無所紀述焉方其壯也尚或他有所覬今旣老矣決無可用之期或用止於是而不可復進與夫用矣而或至於遺忘不有所傳一旦溘先朝露則所學隨身斯盡矣豈不可惜哉予自幼有志於學凡身之所至耳目之所見聞心思之所注想苟有益於身心有資於學識有可用於斯世斯民者無一而不究諸心焉

筮仕以來即以文字爲職業凡其平日所學而似有所得者隨事以應用或用之而驗或用之而不驗或未及用用之不知其驗與否今頭童齒豁去死期不遠矣欲一一筆之書以俟後世冀或有知我者焉然精力衰而筆路荒不能如素志矣獨奈何哉每於中夜興思撫枕發嘆一世士子汲汲功利惟舉子業是務可與告語者誰歟乃歲戊戌子年五十有八矣距禮老而傳之歲僅十有二春秋焉耳適有喪子之戚而淸湘蔣生以故人子來見

憫予戚戚也而慰解焉跽而言曰先生幸與先人有一面雅晁願執弟子禮以終身予意其止欲習舉子業爾拒之生曰晁之志不專在進取先生進教之幸甚時生年未及冠發西廣解未利春官循例當歸家乃毅然留居京師逆旅中從乃兄昇歷仕督府朝夕來予館下考德問業者三年今茲再試又不利將歸省其母氏別予遠去欲留之而不可得因念昔宋太史年幾七十始得方希古於其別去也作詩十有四章送之予雖不敢上擬太史

公然得一英才而訓飭之喜動顏色而天理民彝不能自已其心則無以異於太史公也因步其韻特筆以送生其所以期望於生以永吾無窮之傳者意在言外生其念念不忘無徒謂強聒一一宜書紳庶如太史公之所望於其徒者然

道南書院記　　邱濬

道學復明于宋起自西南而行於中州其後也復還於東南葢天示奎文以開有宋一代文明之治生周子於道州營道縣歷四葉天子以明道紀年

是歲明道生于黃州之黃陂明年伊川生大賢所生其地其時皆不偶然也二程侍其父大中公宦游南安周子適官於是承父命從學焉是則道學之興其始蓋自南也程子既長歸北方乃以其所得於周子者教河洛之間一時南北士多從之游南方之士其尤著名者游與楊也游之别也程子未嘗無贈言惟龜山先生之行特發爲吾道南矣之嘆所謂南者非道始之南也道終歸於南也嗟乎先生之歸豈但儒道隨之而南哉曾幾何時而

世道亦從而南中原遂淪於金遼雖以嵩洛間人亦不復知有程學幸而奎文道脉中興於南朱子者出斯道乃大明於甌閩之間使天下後世知有聖賢全體大用之學帝王大中至正之道萬世行之而無弊者其功大矣後之人推原所自咸歸其功于龜山先生葢以周程二三子發明孔孟不傳之秘於絕學千五百年之後演斯道之脉而延之俾常行至今者非先生之功而誰功傳曰道待人而後行當宋運中否假使世無先生則無朱子矣

無朱子則周程以上所傳之要堯舜以來相承之緒必至中絕其所關係豈細故也哉是以尚友古人者不徒論其世而必表其地也謹按先生自五世祖來居將樂初師程伯子于潁昌繼師叔子于洛得道南歸以授其徒羅仲素仲素之先豫章人也避難來居南平後徙于沙仲素於楊門獨能任重詣極以所得河洛之學授其同邑李愿中而朱子淵源實於是焉出是三先生者皆劍產也而朱子亦生劍之屬邑尤溪夫以一郡之狹四邑之小

二三百里之近百年之中乃有四賢並生于一時上承下啓以延千萬年道學之脉其地葢覘東周之鄒魯也昔孔子生於魯嘗戚周之旣東乃欲與其道於東方葢謂魯也然而竟不得如所志惟以斯道傳其徒曾參參以傳聖孫伋伋傳於鄒孟軻氏後世稱斯文之宗必曰孔孟稱文獻之邦則歸鄒魯云方宋盛時孔孟之道大行於河洛之間是時尚未南渡也先生歸延平程子已謂其載道之南其後果有羅李二先生繼先生而起以傳其道

集大成於朱子今天下家藏朱子之書人習朱子之學夫孰不知其淵源來自紫陽而聚徒講授於考亭雲谷之間以發揮程學上遡孔孟之傳抑亦或有不知劍浦之濱九峯之麓乃朱學所從來之要會者矣苟非當路君子有以表章之夫孰知其然哉鄱易蘇章丞習程朱之書以明經登進士第歷官郎署來知延平府事慨然欲推所學以見於行首以化民成俗爲政恆謂世之論道學所興之地必曰濂洛關閩閩八郡而分上下茲郡實居上

下之中西與建境其西之趨會府者沿劍津而下東與福境其東之朝京國者泝劍津而上或往或來何莫不由於斯閩中所産士以朱子爲第一流人物而閩士所建立者以重明道學爲第一等事功延平爲郡雖僻而小然其所關係甚重而大如此非但有光於八郡也於是與其同寅通判府事應元徵推官王鐸圖所以厚報祀而大顯揚之者僉曰三先生於南沙將樂舊各有專祠近又於郡城北隅合而祠之毋庸致力矣今吾儕新構公宇

以爲朝命重臣駐節之所甫爾告成而未有名稱盍揭道南二字以爲書院之榜以示八閩士民與夫四方宦游士大夫凡使節往來及以事經行者俾知茲郡爲道學重興淵源所自之地不亦韙與侯曰然遣伻來求記於予予既推原斯道所以南之故及其書院所以名者如前又爲記其規制歲月曰書院在府治之東廣丈十有一長十有七前爲三門後爲聽事中爲堂最後爲燕息之所前後各六楹並翼以兩廂通環以周垣經始於宏治壬

子春其落成則是歲之秋八月也

賜進士題名記 碑

雁塔

濬

太歲上章閹茂是爲大明宏治三年是年開進皇上奉天承運賢俊登庸之第一榜也故事既賜進士第必立石太學以示久遠禮部臣以題名記請皇上以命臣濬臣於是時叨居讀卷之列而文武羣臣合辭上賀之際實與焉伏惟賀辭有曰天開文運賢俊登庸夫謂之運者氣化流轉之名有天運焉有世運焉有文運焉天運則無往不復世運

則歷數相乘若夫所謂文運者綜天經地緯之機顯神功化理之妙凡在宇宙間開闢以來三才之道五倫之教六經之旨萬事萬物之紀咸具於兹匪徒圖書字畫言辭藻繪而已也葢必天運循環否極而泰聖人應運而生握持斯世身任乎斯文在兹之責正倫理明經術以丕宏治道儲民俊而教育之掄士秀而登庸之資其彌綸參贊用人文以化成天下而文運於是乎興雖人之爲而天實啓之也粵自帝堯以歲甲辰開華夏正統以闡文

敎歷甲辰者六十又三十六年至宋祥興已卯華
夏之統始厄於元而文運遂以否塞我太祖高皇
帝生應昌運以歲戊申開國建基以復中國境土
載闡人文旣用興王佐建大業垂大統以開一
代文明之運然猶思所以爲聖子神孫可繼之道
卽於次三年庚戌詔天下設科以起懷才抱德之
士明年親策之於廷歲乙丑遂定爲今制至是六
千十二子再周天前後三十有七科矣肆我皇上
亦以歲戊申繼統適符聖祖創業之年而次三年

開科策士亦龍集庚戌也乃今三月望皇上御奉
天殿親出制策試禮部所貢士次其甲第賜錢福
等三人進士及第楊旦等九十人進士出身祝祥
等二百五人同進士出身彬彬濟濟鵠立於丹陛
之下以聽鴻臚句傳揭黃榜于魏觀一日聲名遍
乎天下文武群臣公廷合辭以賢俊之名歸之爲
九重賀於乎名歸則責隨之賢俊之名何可當也
必爲一世人豪如虞廷之黎獻周室之克俊詩所
詠之譽髦傳所稱之天民史所書之國士名臣然

後足以當之不然碌碌庸庸冐賢俊之名而欲覬其登庸以享有爵祿可乎矧斯時也正當皇明千載特起之運聖神繼照世運亨嘉斯文之運至是益恢以大三光五嶽之氣復完人文昭宣噫茲何等氣運耶斯士也皆世所謂長才秀民傑然於衆人之中乘此氣運之盛得以所學爲聖天子之所擢將進而官使之以宏一代文明之治明良相逢上下交而其志同噫茲何等遭際耶當此氣運有此遭際乃甘於暴棄而無所建明猷爲非夫也豈

不負明時而玷大科哉

送瓊州傅推官序

邱濬

刑者聖人不得已而用之者也用之必於不得已可以已而不已焉是豈制刑之本意哉昔者聖王旣制刑書頒之天下示民以不可犯復立刑官執刑書以斷天下之獄使民知是書之必用而其條貫之必不可犯而犯之必不但已是蓋用之以禁制其未然而非豫以是待之也苟非甚不得已必不用焉其用之也必其原情揆諸理定以法比審

故誤之因求法外之意然後用之不敢輕也我國家倣周典以建官內設六曹刑居其一外之郡設守倅者三而理刑獄者惟一其意葢可見已守倅譬則菽粟稻粱之類所以養民生者也刑官譬則湯液鍼砭之類所以防民疾者也吏乎民者不思耕藝儲積以養民之生顧乃鰓鰓然拮據傳致求民之疾以施其吐下熨灼之方豈理也哉瓊郡去京師最遠民俗視內地頗淳健訟怙法者固不能無然愚昧罔知而誤抵于罪罟者亦多矣予去家

久於鄉邦之事雖未必一一知其詳然聞茲數年來水旱相仍民多疵癘歲收薄惡物價騰踊葢必有以召之者昔東海殺一孝婦天爲之旱者三年意者刑罰有不中歟乃者盱江傅君用端以太學生歷政刑曹謁選天官特擢吾郡推官受命之日郎介封部主事左君時翊過予予一見之知其爲仁厚和易之君子也退而語凡鄉人之在京者曰吾人庶幾其有瘳乎所以推哀矜勿喜之心以生吾人者其在斯人乎回災異之變爲豐穰之祥者

其機在此乎僉謂予宜有贈言予故推古人所以制刑及聖朝設官之意以爲君告非欲君以姑息惠奸也君其念之哉古人有言求其生而不得則死者與我俱無憾又曰刑罰不苛是刑罰中教化君其念之哉

願豐軒記　　邱濬

予少有志用世於凡天下戸口邊塞兵馬鹽鐵之事無不究諸心意謂一旦出而見售于時隨所任使庶幾有以藉手致用及登進士第選讀書中秘

即預脩寰宇通志又於天下地里遠近山川險易物產登耗賦稅多少風俗媺惡一一得以寓目焉是時年少氣銳謂天下事無不可爲者顧無爲之之地耳既登名仕版旦暮授官可以行吾志矣書成上進凡同事者各除給事中御史獨留四人者爲編脩予與焉編脩職專史事本朝不設起居注遇有纂脩旋設館席給筆札惟官長凡例是遵逐事呈稿筆削惟命蓋官局脩書從古然也其中雖有所見亦不敢盡用已意入院首尾二十餘年四

轉官階不離乎言語文字之職凡昔所欲資以爲
世用者一切寓之於空言無用之地日斯征而月
斯邁今則頭顱將種種矣非徒時不我用縱有所
用則已精神衰薾心志疲倦亦不能有所爲矣於
是乎返觀内省而自嘆曰噫濬自七歲入小學十
九補庠生二十又四領鄉解又三年試禮部得校
官不就卒業國學者六年歲甲戌始登進士第入
翰林方其在學校也有月廩之食升胄監也有日
會之饌官翰林也歲有常禄而又日給食夫官翰

林之職專於講讀纂脩考試亦猶吏曹之於銓選刑部之於推讞之類也諸司曹務未聞常祿之外別有支給而此入局則有茶果之供鎖院則有文綺之賜進講則有御厨之給諺有之曰經筵頭史館尾葢以初開講必有重賚既進書必有榮陞故也詩不云乎無德不報濬生遐外之域學無師授仕無引援一旦扳自草茆之中進之天日之下而又受便蕃之賜優渥之恩如此其厚且至將何以報稱聖恩之萬一哉且性愚而拙粗知人間廉恥

事不敢出其位而假途於他然則於此將奈何哉無已則亦瞻天以致其祝歟夫人類之尊莫尊於君矣而居君之上則尤尊者天也天不言其所以默相而陰定之者又不必屑屑然露其聲迹惟陰陽之順序星辰之循軌雨暘之時若者人皆可得而見焉然其尤效驗而最顯著者又在乎雨暘也是故當雨而雨雨而不至於淫當暘而暘暘而不至於亢則五穀豐登萬物用成將見家給人足而禮義興行禮義興行則盜賊不生盜賊不生而禍

亂不作矣夫然則君位之尊安國勢之隆重世祚之延長與天地相爲悠久而無窮焉區區報國之心庶幾在乎杜子美云憂國願年豐此之謂也謹摘其言以名吾所居之軒而書此以記於壁

野花亭記 在瓊郡　　邱濬

禮曰天地溫和之氣盛於東南五嶺地當中國之南而吾郡又居五嶺極南之徼天之暘明貫通於四時地之淸淑旁鍾於庶類是以物之生於斯也形瑰奇而色鮮華味甘美而氣馨香獨異而且多

凡他郡所有者多有之而其所有又有他郡所無者予自蚤歲粗知讀書卽有意於物理之學而於花卉亦傍及焉凡名具於載籍文字間徧卽人家園圃求之亦多有其所無者無幾爾而時又於載籍文字之外得其無名者甚多意謂方名不同耳他處或有未可知也及游郊野山澤中所見愈多中有甚奇特秀絕者詢之土人或有名稱或無名稱不止一類意謂游歷未廣安知他方無其類耶旣長渡海而北歷高雷之境抵于羊城由是泝滇

溪踰庾嶺沿章江而下浮大江歷吳楚齊魯宋衛之境以達燕京所至遇士夫博雅好事者往往詢之所見不過同此數品其間載籍文字所具者亦或有未識焉或此以爲是而彼以爲非迄不知所定於是乎嘆曰花卉之生於中州可謂幸矣然人且猶有不盡識者矧不幸生於遐外之域者哉其不見知於人無足怪也是雖有瑰奇之容華艷之色芬芳之氣亦無由以表見于世惟自生自落於荒山野澤間與蓬蒿榛荆伍而已一何不幸之甚

哉使誠一日有所遇焉持之而北與他方所有者相比較固未必盡出其下或超而出之者亦未可知焉而彼生得其地遇得其人方且植之於庭階之前培之於盆盎之內滋之以膏腴沃之以潔淸慮其弱也扶之以竹恐其燥也蔽之以蓬虡其或爲物所傷觸也而又護之以闌檻朝視夕顧以覬其長成開發迨其及時而開也設具召客以賞之分題賦詩以詠之詠之不足而或又寫之以圖不幸爲風雨所摧敗焉相與嗟悼之無已若是者豈

其物一一皆足以動人哉得所處也歐陽子有言凡物之幸不幸視其處之而已予與是花同處遐遠之域目親見之者多矣皆他方之所未有者也其容其色其香一一皆出於天然而未嘗假毫髮之人力且猶如此使其得與於人家苑囿軒墀之末而受園丁之培養爲士夫之賞識殆將與之爭妍競秀未必盡出其下也其如所處不得其地何予每見而憐之思欲移入家圃中因其類而命之以名名有未雅者爲更之有志久矣歲己丑聞先妣

喪歸自禁林明年抵家又明年始免喪乃謀於鄉友好事者遍於山野草澤間遇草木之花卉苟可以入目供鼻者盡移植吾學士莊中前後致數百種爰於其中構一亭以爲賞玩之所名之曰野花亭意將待其封殖既成之後標其名而繪爲圖每種各咏以一詩使草木之生吾土者雖不幸不見賞識於中州士大夫而亦有聞於吾鄉之人或可由是而傳播於四方焉惜乎客土新培氣脉未屬既而萎槁者幾盡乎爲程限所薄遂爾北上竟未

克如所志而重歎是花卉之不幸也雖然予髮種種矣不日上章乞骸骨聖天子幸憐其老而賜之以休閒尚當成其素志安知其不終幸哉朝回無事坐願豐軒中時春雨初霽草木競茁忽然動家園之思信筆書此寓歸倖子敦刻置莊間以爲亭記用著吾志以示夫鄉之人雖然是記也豈直爲野花發哉

壽吳餘慶詩序　邱濬

斗牛之虛湖山之間有臞然一翁鶴髮酡顏面如

渥丹超然物外而不爲聲名利祿之所役蓋延陵季子之遺裔也歲在昭陽大荒落日躔鶉尾之次蓂開十又二莢是爲初度之辰泝其懸弧之始至是蓋四百二十餘甲子矣爰有甥館之賓衣繡持斧坐鎮於南海之涯予雖不識是翁因其温然之玉潤澤可挹則其瑩然之氷清粹可想見已門楣之光發爲孫枝蘭茁其芽金英瑤華來自劍江問安之餘載求珠玉之章將寓歸以爲翁壽觴之侑虛其有簡請予文先焉維南有星居狠之北秋分

之旦燿芒于丙春分之昬收焰於丁是爲老人維東有峰峙岱之巔近依日觀視夜如晝旁睨介邱望河如帶是爲丈人是翁也其天之老人星乎其地之丈人峰乎星體在天光照下土芒色寒正光彩燁潤翁之明德不汙比之山盤於地峻極于天意氣端重雲雨勃興翁之厚德澤物似之子也不佞請以是二者爲翁之壽且以弁諸作者之前翁吳姓餘慶其名其先自臨川徙豐城之甘塘又自甘塘徙少塘今五世矣其求予言者翁之外孫廣

東憲副涂君伯輔嗣子耿也

壽鄧有文七十序

邱濬

仁者必壽然乎曰然曷以徵其然曰於古有之古之仁者孰有過於軒昊唐姚者乎又孰有過於姒子及姬之二王者乎其次焉者則有若太公望衞武公又其次也則榮啟期張柱史之儔之數君子者其於仁也或安之或利之又或強之故能安樂壽考以全其天焉考其年數軒轅百一十少昊百堯百一十八舜及禹湯皆百文王九十七武不及

者四年太公八十遇文王衛武公九十五榮啟期九十鼓瑟而歌張蒼亦踰九十由是觀之仁壽之理斷斷乎其必然矣金陵有鄧君有文者今茲歷甲子四百六十矣陽生之月蓂莢退五其初度也騰驤千夫長范叔達氏與之交莫逆先期會其素所游者圖所以壽之者僉曰莫如文乃介鄉進士徐啟東謁予言予詢鄧之爲人徐曰仁厚君子也居於市而不爲市人之行凡其存心制行必依於仁慈祥惻怛之意恒溢於接人待物之間噫允如

子言斯人也其亦幾於疆仁者歟有是仁則有是壽必然之理也奚假人言爲哉雖然仁道至大其器重其塗遠而其取效又最多愈行而愈不至予願有文益宏其心毅其行使德與年而俱進如太公八十而猶有敬吉之言衛武公九十五猶作抑詩以自儆若然則其壽之日躋也雖不敢望乎隆古聖人而於二公也其亦庶幾矣乎予不識有文偶因啟東請而爲之言以畀叔達氏俾書于帛付有文從子之寓金臺者持歸至日以爲壽觴之侑

贈鄉友馮深之南康大尹序　邱　濬

予友馮君深之以鄉貢進士卒業太學者久之謁選銓曹拜命爲南康縣知縣戒行有日過予言别且曰何以贈我予贈之以一言曰畏或者笑予曰馮君質直而寛厚策之以強執操切尤恐其不能以振厥職乃勸之以畏豈對證之藥哉予曰不然天下之事何者不成於畏而敗於忽哉人惟不知所畏也故謂天理不足恃謂世事不足爲謂人言不足卹謂經訓不足信謂古人不足法謂官職不

難稱謂政治不難舉謂上官不難事謂下民不難治謂小人不難遠謂案牘不難清謂吏弊不難革一有不足之言則於事也輕一有不難之心則於事也易輕與易皆生於不畏也夫以殷之中宗猶曰寅畏周之太王王季亦曰克自抑畏世之人無古聖賢萬分之一何所恃而不畏耶畏之一言誠君子存心制事之藥石也人莫不然而仕者爲甚仕莫不然而長民者爲甚夫以一介書生初含鉛槧之習用未試之學以御經事之吏治倥傯之事

蒞多欲之民不幸而又遇夫褊刻之上司苟非存乎畏心其能有濟也鮮矣馮君之任誠能以此一言終身行之事之來不敢以輕心處之畏罪譴之及也物之至不敢以易心待之畏疵議之加也夫如是則雖以之處大事適遠夷無不可者一邑之宰云乎哉或者唯唯而去遂書以爲贈馮君之南康知縣序

偏涼汀亭記　邱濬

大行西來數千里環帝都而東又數百里散一支

南出爲平灤諸山灤河自塞外迤邐東南行入平灤境始益大去灤州城北三里許橫渡山下是爲偏涼汀汀處衆山開據川流之涯山之列其旁者若魯若巖若紫金瓦嶺之屬紛錯連亘狻猊踞而龍蛇走其間林壑幽勝草木蔥蒨水之經其下者若漆若沮若清水肥河之類下流胥會膏黛渟而綺縠張其間鳧雁翔集鱗族潛泳是誠一郡之奇觀也昔人鑿石通道因山建亭歲久而圮近時中貴人重爲脩築然未殫厥美也乃天順庚辰御馬

監韋公將命道茲因舊加高下爲闉門上爲新亭規制宏侈丹碧照映登臨眺望一目千里山若增而高水若增而深與夫風景雲物之美咸若踴躍奮迅而突出也知永平府事古相周侯晟按屬至斯慨然嘆曰是不可以無紀乃以書走京師徵予誌予復之曰山川信美矣景物亦奇矣矚目之頃可以盡得之奚用記爲哉然有不可不知者葢茲地在古爲孤竹國漢唐時皆屬內地不幸五代初始辱於契丹始終四百五十餘年當是時山川如

故而其人則貿貿焉忘其爲華也久矣人倫日用之常尚不可得而有況有所謂山水登臨之樂者哉幸而我高皇帝再造天地大正疆界茲地始復於古職方氏今日二三君子得以於此因勝地以恣奇觀可不知所自哉登斯亭也見行旅往來於此以車以舟而無水陸之虞居民環處于此或田或漁而遂生育之樂近而瞰乎城市官寺屋宇衣冠文物如此其盛遠而望乎邊徼城堞樓增烽堠關隘如此其固若是者孰使之然歟要不可不之

知也後之人有事過此而登茲亭者其尚悠然而長思惻然而深慮矣乎於是乎記

學拙先生傳

邱濬

天下日趨於巧矣所謂拙者世絶少萬有一人焉似拙矣而實寓至巧於其中學拙先生生而拙者也顧以學稱此其異於人而予有以取之也學拙先生者姓蕭氏名旺字應韶其先廬陵人也元末有起義保鄉井者國初編入戸籍遷戍廣東之惠州今居惠三世矣先生質實無他腸矢口出言無

所避忌凡所云爲皆誠心直道未嘗委曲遷就或

目之曰拙先生笑曰予豈能拙哉學拙者耳大書

宋周濂溪拙賦於壁日三復焉一出言一動足退

輙惴然懼且憂曰吾得無過於巧乎人因其然遂

名之以學拙先生而先生亦欣然曰稱吾者甚宜

故亦以自號焉先生少無宦情隱然居戎伍中而

名動一方自郡將以下咸敬重之僉舉爲社學師

其教人也甚有次第一時子弟經其指教者咸徐

言緩步人望之知其爲先生弟子也先生平生善

行可稱者甚多而事師恤鄰二事尤爲惠人所稱道鄉儒有黃東野者工於詩先生自幼師事之其人旣老貧且無子先生事之不啻所生日供其飲饌歲給其衣服凡衾枕幃幔器用無不備焉旣死歛襲殯葬之具一一如禮又爲之服心喪者三年鄰人有徐姓者遭疫癘死者十餘口闔室出避其祖母老且病不能行雖至親者慮其傳染過而不之顧先生朝夕其旁躬具饘粥食之至死又爲之歛殯云其平生所爲大率類此二事皆世之號爲

能巧者所不屑爲者也先生殁時年僅四十八平生止一子曰靑字庭翠由進士起家爲南京禮部祠祭淸吏司主事今陞郎中朝廷以庭翠貴贈先生如其子官君子曰先生非拙者也拙於取利而巧於取善拙於得人而巧於得天先生非拙者也雖然取善遲取利速得人易得天難舍其速且易者而爲其遲與難先生豈非拙者哉先生殁有十九年矣世之巧者日益甚求拙如先生者何可得哉何可得哉

跋潘克寬十八學士圖　邱濬

右唐十八學士登瀛洲圖予友潘君克寬所藏者也君以工部正郎出理河道偶於士大夫家見此圖因命工臨之裝潢爲冊暇日以示予俾識其後按史唐高祖以秦王世民功大前代官皆不足以稱之特置天策上將位在王公上以秦王爲之開府置屬王以海內寖平乃開館以延文學之士其府僚杜如晦房玄齡等十八人並以本官爲文學館學士分爲三番更日直宿秦王暇日輒至館中

討論文籍或至夜分使庫直閻立本圖像褚亮爲贊號十八學士士大夫得預其選者時人謂之登瀛洲云所謂文學館學士者謂其爲文學之士云爾非官稱之以學士爲官稱始於玄宗開元十三年前此則未有也是時高祖在御建成爲太子固無恙也然高祖乃爲秦王特置天策上將開府置屬而王又自開館以延文學之士彼自延其府僚而各以其本官所謂記室參軍與籤之屬相與講學論治非不可也君父在上乃舍其職名別立稱

謂至形於丹青著爲贊頌互相標榜其意欲何爲哉昔漢武帝爲戾太子立博望苑使通賓客從其所好司馬公猶謂正直難親諂諛易合此固中人之常情宜太子之不終也夫太子爲國之儲貳國乃其國君父爲之立苑通賓客謹微之君子猶以爲非況太宗乃藩王功高望重在危疑之地而可使之日夜聚徒乎在太宗非遵養之道在高祖非教子之法而亦非所以安儲位定國家也今觀此圖見所謂十八學士者其遺像雖人人殊然其環

偉豪邁之氣溢於衣冠面貌之表宋人謂眞宗爲王時其門下厮養皆將相器而此十八人者在秦王門下其氣如此豈終在人下者乎此太宗所以卒有天下也雖然唐家之社稷安危其兆皆具於此始也以房杜之能輔太宗而唐遂以安終也以許敬宗之姦阿高宗而唐幾於亡一圖雖小所係實大予爲之慨然書以歸之

浙江按察司副使陶公神道碑

天下承平日久變起倉卒智者不及謀勇者不及

禦有能奮身其間以爲民蔽繼之以死卒能作吏民之氣以收遏絕之效其功顧豈小哉當宣德正統之盛大江以南民不識兵也久矣歲戊辰劍寇起于閩旣而栝寇相挺以起猝然竊發如風盛火猛延燎于枯草燥荻之場無有障蔽限隔之者當是時郡縣密邇于寇者其民岌岌然矣一時官吏罔知所措往往驚畏走避雖以朝命將領亦皆觀望以爲進退無有立一定之計決必然之策者而浙江按察副使陶公者獨能以身嬰賊鋒而死

之嗚呼豈非毅然大丈夫哉公始以易經中廣西鄉試第四人以親老願仕遠方得交阯某縣典史改鳳山縣時黄忠宣公兼掌藩臬司事知公有學行俾掌諒江府教授事秩滿陞按察司檢校丁內艱起復改山東憲司未幾按察使虞公信以有守有爲堪任風憲薦公起至京師試如所舉擢大理寺右寺評事尋用戶部尚書劉中敷薦超拜浙江按察司僉事會倭寇犯邊公以計殲之朝廷有綺段寶鈔之賜至是寇起處州將薄金華衆議曰蘭

溪乃賊所從出之路蘭溪不守則兩浙震動矣陶僉憲有謀畧非得之以遏其衝賊不易弭也公至蘭溪首率民壯因故城址立木柵晝夜警備又於縣南五十里立山口蘇村太巖諸寨以扼其要害屢用計畧擒賊黨數百人聲震遠邇賊不敢犯境百姓爲之歌曰僉憲陶君賊聞震驚始爲民患今則逃生由是諸邑晏然而鄰境亦恃以無恐時總兵官都督徐恭尚書石璞等屯師日久賊深入險阻乘閒時出官軍詗知又復遠遁撫捕之計皆莫

知所施會議遣藩臬臣僚一人抵賊巢招諭之莫敢行者公毅然請任其事至則感之以誠諭之以理賊首葉宗留陳諫胡等環聽竦動咸翻然悔悟率其黨出降朝廷嘉公績陞本司按察副使仍守金華賊黨陶得三者尤號桀黠嘗僞以名降總戎諸公授以冠帶俾招其黨得二殺使者不受招官軍莫能制公以計用賊之來降者殺得二黨前後共數百人生擒百餘人而來降者又三千人得二僅餘四十人深遁山谷中其勢日孤指日可就擒

矣同事者有忌公成功而沮抑之者公計不得行賊勢復起公與都指揮崔源往武義謀所以備禦之者至甫數日賊至矣武義無城惟木爲柵時兵民無幾而賊勢張甚或勸公稍却以避其鋒者公嚙齒厲聲以諭衆誓不與此賊俱生旣而賊近城公麾兵極力與戰自卯至申俄而城中火起蓋賊有潛入城爲內應者衆回望見火起遂大潰公竟死之時景泰元年五月十七日也公時年六十有一兩浙人聞之如喪其親戚諸郡縣皆遣人致奠

蘭溪民相率言于憲司塑公像立屋祠之又各出己田以爲經久計事聞朝廷遣官諭祭誥贈公浙江布政司右叅政官其子魯新會縣丞公諱成字孔思登之鬱林州人也曾祖諱某祖諱某父諱某母鍾氏公五歲而孤與兄祖弟源相友愛娶某氏繼某氏生子二人長卽魯次然魯以公卒之某年月日歸葬鬱林之某原厥後都御史崑山葉公盛巡撫兩廣復以鄉人意立屋祠公於鬱城如蘭溪云魯累官廣東按察司僉事以公墓道之碑未立

徵文於予予惟自南方有事以來死事之臣爲國家所旌表者獨四人其二人者予皆有所紀述獨於公缺焉知四人中公與二人者皆出吾嶺南予叨官太史表忠義以翼世教其職也重以僉憲公之請何辭以辭嗚呼風霜別草木之性禍患顯忠臣之節自古死封疆之臣多見於季世劻攘之秋而此數公者獨能於四方無事之時一遇倉卒之變以身試之使狃安久豢之士大知所感發興起事功以救生民之禍成安集之功而公於衆人中

又獨爲之帥先其功蓋莫大焉是宜表著之世勸所謂三人者永豐知縣鄧公顒死於閩寇慶遠同知葉公貞廣東憲副毛公吉二人皆死於廣寇顒與貞皆廣東人吉則浙人也其死義與公同於法得牽聯書銘曰

死國之臣多在末季公獨死義於承平世奮其一有爲民屏蔽我衆雖有匪怯則脆一聞風聲晝掉夜悸鼓不能起不待金退四無救援百莫可恃所恃區區曰忠與義公惟一身以死自誓食君之祿

豈無他輩所以全身亦豈無計公之此心則不在
是受人之祿則死其事身雖澌盡心則孔熾以我
之死作彼之氣彼弄兵者獨非人類亦或因之革
心易志天理民彝於是乎至往古來今孰能百歲
爲臣死忠於天無愧帝誥以襃民廟以祀芳名流
傳百千萬祈史臣作銘昭告來裔

送侍讀學士徐先生掌南京翰林院序

邱濬

宋人有言宰相有任責之憂神仙無爵位之寵旣

都榮顯又享清閑惟學士然也學士之職在前代爲榮選然所掌者大封拜大詔令大制作之外下至於青詞齋文口宣致語之類無大關係者皆俾爲之殆無虚日榮則榮矣然謂之清閑則恐未也較之他曹局稍爲優爾我朝之制制誥詔勑之外編纂講讀之餘一切屏去浮文凡前代所謂禱祈宴會之事恒希有焉其職務尤爲清以閑也予友徐時庸先生以翰林侍講擢拜侍讀學士往掌南京院事南京雖曰根本之地然自文廟遷都之後

百官衆職咸隨以北凡諸司留務比舊爲簡而翰林殆甚焉當崇儒右文之世爲文學侍從之臣據龍盤虎踞之盛有金馬玉堂之榮優游容與于廣內延閣之間無簿書之煩無應求之雜印文生絲寶篆凝香纖塵不侵衆籟俱閴昔人所謂凌玉清遡紫霄者眞誠有之豈但比方議擬之謂哉先生行有日矣予旣詩以送之其鄉人仕京者又求文以贈惟南京祖宗創業之地而翰林之建首昉于此而最先居是職者景濂先生也景濂先生際遇

太祖高皇帝肇造人文以開一代文明之治蓋嘗代文宗也今先生以文學之選居肇基之地繼大賢君子之後幸無他務相侵擾且多暇日而有餘力所謂鋪張宏休揚厲偉績纘前人之志成一王之制以詔方來予不能無望焉花磚日移槐閣風清支枕睡餘日長無事先生於此時試一思予言

延祥寺浮圖記　　邱濬

延祥寺在南雄府治東二里宋大中祥符間僧祖善始建也寺有浮圖在佛殿之右以級計之凡九

以尺計之凡一百五十七世傳爲異人所搬葢以其陰晴有影者三故也佛之教行乎中國中國之人所以崇奉之者無所不至廣其寺宇嚴其像設而又累木石以爲浮圖中國之有浮圖葢自孫吳時僧康會搬於金陵始及晉南遷重加脩飾天下儌而爲之於是下至偏州小邑無不建之以爲標表焉嗚呼其來也遠矣夫佛之教以寂滅爲宗固無有所謂身烏有所謂寺宇像設固無有所謂寺宇像設烏有所謂浮圖固無有所謂浮圖又何影

之有是皆知奉其教之外而不知其內者也若是者非直吾儒所不道而深於其教者亦所不取焉抑予聞西竺氏之教法泒相傳凡二十八代至達麽始至中國又五傳至盧能而止焉其始也達麽自南天竺浮海至廣州而北往中國其終也盧能自黃梅得道歸南至廣州祝髮終于曹溪居焉遂不復傳是則禪教之興始終皆在於嶺南而雄都乃嶺南往來必由之道而寺適當其衝而浮圖在於是焉謂之異人之建雖不可必要之不能無意

也意方抱之士必有深於達麽之道知本乎內者
寓於斯有與無必能辨之募緣重脩者寺僧智廣
主盟者千戸譚某興工始景泰乙亥八月畢工則
明年某月也寺之先後脩建不與浮圖者茲不載

闕下林氏孝友祠堂記　邱濬

八閩著姓以林氏爲第一林氏尤著於莆中莆中
之林首稱闕下𦾔自晉永嘉之亂八姓入閩林居
其首在唐九刺史並仕著名當代然列名史傳以
大有聞於世者則自福唐尉攢始焉載在唐書孝

友傳者可徵也攢以孝聞於朝有司於其門立雙
闕以旌之世因號曰闕下林家始立於唐貞元丁
丑其後歷宋嘉祐庚午大觀戊子紹興丙寅乾道
己丑紹熙辛亥凡五加脩葺舊有祠在闕之左歲
久祠廢雙闕故址薄於社且在城外今成化乙酉
翰林脩撰燕山岳侯正來知興化府事從其遠孫
孟和請出白金爲倡俾孟和率其族屬理宗懋等
協力鳩工遷祠堂於郡城中烏山之陽築土爲雙
闕如其舊制仍其舊扁曰孝友用唐書名傳意也

祠祀始來莆之祖饒郡太守萬寵公而以福唐公配焉自是而下世昭世穆列祀於左右歲時族之長率其族人祭告如禮祠成其宗衮翰林學士恒簡先生旣爲紀其本末今國子監丞大猷復以記見屬夫自唐人脩隋書列孝義於傳宋編唐書因之以傳孝友所謂孝友之士著名一代者凡二十有五人如李知本張孝寬之儔今世之望淸河系隴西者果孰爲其後哉二十五人之中惟闕下一林獨著于閩中數百年如一日焉此無他文獻足

徵故也在當時有歐陽詹爲之甘露述其後呂夏卿預脩唐書著其名孝友傳中而又爲之表其門閭與夫黃璞陳俊卿眞德秀皆有所著述五人者皆閩產也而王十朋又以閩中良二千石爲歌詩以讚揚之我文廟御纂古今孝順事實以爲書亦具載焉此其所以愈遠而愈彰者有由然哉噫文章之傳既足以示遠雲仍之賢又能以紹美孝友之祠既廢而復興夫豈偶然之故哉謹按周禮春官家宗人之官掌家祭祀之禮則家有祭祀尚矣

蓋古之典祀者以宗名在國爲宗伯在家謂之宗人宗以廟言禮始於親親親親非廟不統有田有祿之家所以別姓收族以尊祖敬宗必在於宗廟焉故也今世士無世祿大夫無采邑然而業爲士者或仕而爲大夫其子孫或受祿或宜稼皆得以追養繼孝故時制雖不立宗人之官而人家則不可無宗廟之祀然而說者卒謂祀當止於四代過則爲僭盍觀曾子之言乎愼終追遠民德歸厚若祀惟四代而止則世之子孫往往有逮事高祖者

豈得爲遠哉又何用追爲子程子謂冬至祭始祖
立春祭先祖文公載之小學書中以爲範茲蓋百
世人家通行之常禮也況有孝德如林氏者哉古
稱盛德必百世祀孝爲百世之本德莫盛焉闕下
之林獨望于莆閱六百年其後裔猶合族以祀其
十六世之祖盛德之後何其遠哉爲其後者其尚
是繼是承以勿替引之拜祠宇者萃渙散之心望
闕門者起繼述之念以孝友傳家而移以爲忠施
之有政則莆中之林歷千百年恒爲八閩之望雙

闕峩峩世家封植與史冊所著孝友之名長燵煜霄壤間而永存矣大猷字子道謹敏誠恪崇尚古禮克紹其世業云

冲和堂記　　邱濬

廬陵郡之北有山巋然紆徐而環抱曰鍾山山之下有壽藏焉穴土而甃之以甓又築室其間扁曰冲和邑之義官陳君昻字讓豫爲藏衣冠之所也旣成以書來京師俾其從子秋官郎中洔莊求記其事而屬筆於予予聞老氏有言萬物負陰而抱

陽冲氣以爲和嗟乎豈獨人哉山川亦然故凡天下之山其脈皆發於西北而連綿起伏以至乎東南西北陰也東南陽也而扶輿清淑之氣實流行乎其間如人之生也面陽而背陰而清明純粹之氣寓焉人之與山其抱負之形冲和之氣一而已矣山而聚扶輿清淑之氣其爲山也靈人而得清明純粹之氣其爲人也賢人之所以賢者以其鍾是山川之氣也是氣也出於天凝於地融結爲山川而發露於人人得是氣以成質質由是氣以聚

散亦聚也出於是其散也亦必返於是散清明純粹之氣返扶輿清淑之源冲和妙合絪縕無間殆將周流太虛以復歸於太極無極之眞矣乎不然則發而爲卿雲蒸而爲靈芝凝而爲貞石不可知也陳君以是名其室其庶幾所謂復命之常知常之明者乎觀於此可以知其爲人焉於是乎書

梅軒記

邱濬

卽一物之微而可以觀世變之大者吾於梅有感焉梅之爲物著於書咏於詩雜見於騷人文士之

所賦詠然其初也不過用其實而已馴至於後世始顓於華顯而實之用微矣嗚呼天下物豈獨梅哉梅其小者耳由小可以觀大矣有能於波頹瀾倒之餘而有歛華就實之見豈非有志之士哉寶安袁生秉彝構軒數楹以爲藏脩之所於軒之前植梅數本當其盛開之時恒指以示人曰吾非有取於是葢將俟其實以爲和羹之用也噫觀於是言可以知其志矣人皆務其華我獨歛以實人皆騖於文我獨篤以行不混俗以同不隨世以趨葢

有志之士也嗟夫天以陰陽五行化生萬物而賦其全於人有仁義禮智信之德有父子君臣夫婦長幼朋友之倫有聖賢以爲之師法有經史以爲之軌範顧皆置焉而罔知所以用功乃指一草一木之微囂囂然以號諸人曰是物之趣有契於予予取而法之也豈非妄歟且冷蘂疎枝何有於吾之性情淡香疎影何預於吾之身心折枝以贈何似乎簡書踏雪以尋何資乎日用巡簷索笑何爲也竹外一枝何好也世之學者動以師法孔子爲

言孔子刪述六經而梅兩見於詩書皆以其實也而後世之所以愛乎梅者則以其華焉是則孔子孔子法詩書不足取而何遜林逋之徒眞可慕也豈不悖哉君生也可謂能學孔子者也觀此一事可以知其餘矣他日用於世幸毋易茲志生之仲兄戶部君秉中予友也命予記其軒故書此以復之且以致吾感云

都察院右副都御史魯公神道碑銘

邱濬

都察院右副都御史古岡魯公奉璽書巡撫甘肅聞父喪歸守制行至西安卒於關內道公署訃聞朝廷遣官諭祭命有司營葬事其子文衡持戶部侍郎李公克承所輯狀來乞銘予與公同生嶺南偕李公登甲戌進士第是歲鄉人聯名者十有六人官至臺閣者惟予三人及何都憲宗易也四人中予齒最長而公乃先予逝予叨以文字爲職業所以序公行事而銘于墓隧之碑者奚辭以拒哉

公諱能字千之其先宣之涇　縣人曾祖諱寶通

以民兵守宣城爲隊長始調戍新會祖諱保覲父
諱眞號素軒以儒書教授鄉人子弟初封承德郎
戶部山西清吏司主事進封奉直大夫山西清吏
司員外郎母周氏繼母陳氏初贈安人進贈宜人
皆以公貴也公生而秀朗端重受教于家庭不勞
而成甫成童選入邑庠補弟子員景泰庚午以尚
書領廣東鄉薦明年試禮部得乙科不就卒業太
學歲甲戌登進士第觀政工部奉命往秦府營永
與上葬事締造有方事舉而民不擾爲親藩所重

歲丙子除南京戸部四川司主事事比諸司爲劇公處之裕如一時能名聞于南畿尋丁內艱服闋改任戸部山西司主事尋擢員外郎未幾陞湖廣司郎中公在部歷三任踰十年久於其任司無滯事大爲上下所敬服時古濠年公爲尚書滋屬嚴甚少有當其意者獨重公繼以長安楊公尤所加禮諸司有疑事亦或以質於公公時發一言多中肯綮歲癸巳陞公陝西布政司右叅議時部官至正郎者意希布政叅政之職得亞叅者輒不喜時

人多爲公惜公欣然曰方面之佐分屬釐務大叅與亞叅等耳居官以盡職爲忠恐不克稱耳何必計資級哉戊戌進右叅政庚子陞右布政使辛丑轉左公自部屬出官藩服八年之間凡四轉官階位方伯當方面之寄關陜重地三面臨邊巡守都憲四人總戎大將四人其他監軍叅將之類何啻十餘人屯聚戎馬十數萬控制羌狄糧餉百需皆取給於藩司又值邊陲多事內地水旱相仍非有諳練之才見事明決者不能一朝居也公爲佐貳

時在任之日少行邊之日多凡諸西北一帶山川阨塞屯堡要害儲峙多寡兵馬強弱將士堅脆皆能心憶而口數之既總方伯之任不暇一一躬蒞之慨然謂僚佐曰陝西一藩沿邊數千里屯重兵之處其大者寧夏榆林甘肅其他若岷洮等處營寨非一北禦韃靼西接羌戎外地有生番內地有熟羌所以控制之者雖在乎武將然數千里之地數十萬之兵所秣之馬所食之粟所用度之軍需皆出乎民也苟非未事之先豫有以會計之臨用

之際何所藉手哉乃市近司地以易叅議宅創爲會計堂六楹凡錢糧出納條例簿藉咸庋其中每歲夏秋當徵稅糧之際會諸僚佐於此稽考凡一歲之所入與一歲之所出因登耗以加減量遠近以分泒用是算無遺策邊儲有備歲用不屈而民力亦不至於困斃焉甲辰關內大饑民至相食時公私罄竭計無所出會朝遣大臣賑濟行一切音砌權宜之政公勞心焦思隨事裨補委曲詳盡一方之民得以少蘇者公之力爲多癸卯述職赴京一

時方伯數公爲最明年甘肅廵撫都憲缺貳夏官
時論謂非公不可朝廷擢公都察院右副都御史
仍支二品俸錫以璽書付以便宜之任往代之公
即時上道時公父行素翁年幾九十公命其子文
衡等南歸侍養惟携一童自隨至甘肅首述朝廷
德意以諭將士人人感悅於是條爲合行事宜凡
十曰新號令曰謹練習曰脩城堡曰明賞罰曰嚴
功實曰抑虛詐曰恤孤寡曰稽儲積曰行賑貸曰
撫番落行下之日軍民翕然歡呼載道咸曰數十

年無此也方將翹首跂足以望新政甫三閲月而
行素翁訃音至矣軍民大失所望相率赴闕上章
乞留時制守邊大臣有故非得代不許擅離公以
墨衰從事者又三閲月代者乃至歸至會府而卒
時歳乙巳八月七日也距其生宣德戊申得年五
十有八公娶羅氏初封安人進宜人子男二長郎
文衡次文鑑女四人長適邑庠生伍鴻次在室次
適指揮倪麟次適義官鍾珠文衡以某年某月某
日葬公於某某山之原公生嶺南北仕于中朝官

兩京歷三職皆專錢穀之任旣而出受方面之寄乃在西北戎馬之地凡首尾十有三年所以宣布
朝廷之德意以安生民儲邊備給軍餉者克舉其職而又屢遭荒札之歲民不聊生之時乃能因時制宜補偏救弊以紓一時之急凡所經畫多出人意表不動聲色而所至成功朝廷方大用之衆方望其有爲而乃遽止於斯惜哉銘曰

公生南紀顯于西陲內撫疲民外控黠夷曰夏曰凉于岷于岐宦轍所至功業隨之所最著者賑民

之饑生其垂死奠其將移凡此方民子毋夫妻有田有廬非公功誰昔寶安羅會巡于兹亦吾越產建功孔奇去世已久邊人猶思公今繼之嶺嶠有輝孰云將才專出于西前羅後魯人口是碑公身雖逝公澤長垂後人考德眂此銘詩

送潮州黄太守序　邱濬

古之人治潮有聲者吾得二人焉唐韓文公宋陳文惠公是已二公俱以除鱷魚之害著聲當時流芳後世世之人卒莫有能優劣之者予竊以為戮

之也以力感之也以誠力則動以人誠則動以天此二公優劣之判也噫繼韓之後有陳陳之後寥寥數百年未有繼焉若今守吳郡黃侯豈非聞二公之風而興起者乎侯自下車以來一惟二公之治潮者是法其心尤切切焉惟除民害是急雖古今殊時未嘗有鱷魚可除而其所以除害之心初與二公不異也然鱷魚之害僅及海濱鮮食之民而吾郡鄙鄉遂之民則固無恙也且彼異類冥頑不靈初非有意害人人適遇之因以肆其毒耳非

若人與人同類也顧乃噬人以肥己傷物敗類靡所不至其設心措意罔知紀極其害非直鱷魚比也居民上者苟恬然不知怪伈伈俔俔袖手旁睨而不之問焉豈天子命官之意哉夫師其心而不泥其迹善學古人者也侯之爲治雖不拘拘于二公之故步而其心則殆有合焉所以繼陳公之斷緒于數百年之後者非侯其誰望哉雖然囿物以術術或有時而窮制物以威威或有時而褻又孰若一誠之爲至哉是誠也在天爲實理在人爲實

心大可以感天地幽可以通鬼神金石可洞豚魚可孚風可使之反旱可使之雨虎可使之渡河蝗可使之不入境珠可使旣去而復還況夫齊民也哉侯誠始終此誠而不雜則泝陳以上繼於韓也不難矣則夫治潮有聲者二公豈得專美于前哉侯報政趨朝書最將還府丞李先生潮人也命予代之言以爲侯贈予聞侯有志古人者也故以古之人望焉陳堯佐宋賢相謚文惠

經訓堂記

邱濬

堂以經訓名冇取於韓子之語也噫世之人知菑畬其經訓者誰歟寶安陳君志道蓋有見於此矣君邑大家世業以農家學以儒宋元以來代有名德顯宦至於今不衰夫家道所以久昌者以世守之有田也家聲所以益振者以家傳之有經也世世莫不然而未嘗明言其所以然至君乃標出韓子此語以名其堂蓋以示其子若孫若曾孫以至於雲仍之遠俾其咸知所守而服習之以無廢其先業眞誠知所本哉有唐之世制民之產有世業

有口分予乃君家亦云所謂世有之田者其君家世業歟所謂家有之經者其君家之口分歟使凡爲君之子若孫人分一經而治之易三百八十四爻則所得者三百八十四畝也書五十八篇則所得者三百五畝也春秋二百四十二年行事則所得者二百四十二畝也於禮之三百三千所得亦如之居則資之以養身出則挾之以濟世以此爲口分之業疏理之灌溉之芟夷蘊崇之以封殖夫世有之恒產豈不愈久而愈遠愈大而愈光也乎

志道名用原捐館舍餘十年矣而堂巋然不廢如昔時堂不廢則名不廢名不廢則凡所以登其堂而覩其名者可不體其心服其訓而思所以究其心於聖賢之經傳以不廢其業也哉君之弟用貞以吳江司訓秩滿來京師需予文以爲堂記予重用貞不死其兄而又能克大其兄之志也於是乎書以歸之俾其持歸寘諸其堂之壁以示夫其後之人

鍾秀堂記

邱濬

秀鍾於天乎地乎人乎鍾以天若箕宿爲說昴精爲何是已鍾以地若山以東相山以西將是已鍾以人若高辛有元高陽有凱是已要之稟陰陽之粹和孕山川之精華襲先世之芳澤妙合其三凝結於一儲蓄於厥中頴出於其類夫是之謂鍾秀歟昔歲在辛酉祁門程公顯擢秀京闈來歸邑里邑大夫顏侯表其門曰鍾秀葢於三者之義兼有取焉後公果以進士乙科掌百里文教超拜王相綽有令譽顏侯所以表門之義至是益驗矣景泰

甲戌公之子泰承其家教登名黄甲拜地官屬乃者荷天子厚恩錫誥加封其親公於是時亦以耆艾致仕家居泰因取邑大夫所以表門者顏其所居之堂間命予記嗟乎秀之所鍾豈偶然而已哉不得乎天則其禀氣也弗醇不得乎地則其賦形也弗厚不得乎人則其爲德也弗類然則程氏所以鍾厥秀美者抑亦有由矣葢以方今聖明繼出氣運還淳化行於上物生於下無非得其清明淳厚之氣公家新安又在天子畿甸近地山川之勝

宏偉非常其所以含靈發祥又非偏州下邑比而公之先世自忠壯公而下代有顯宦所以鍾而秀美者蓋兼三者而有之不誣也吾知秀之所鍾不獨在公固已見於公之子矣由是而孫而曾而玄以至百千萬世焉蓋未艾也是爲記（陳蘭芝曰人有德慧術智皆藉此三者此章義理深廣最宜熟玩以之體察世上必有所得）

半山亭記

邱濬

廬江縣治之西一舍許有山曰黃銅邑人丁氏世居焉形勢迴抱風氣環合蓋一邑山川之勝處也

峰巒列峙中一峰巋然獨秀出於衆峰之表丁氏之居正據其勝遠而望之蔚然深茂之中而棟宇簷楹蔽虧於林木之間隱然爲一鄉望也丁氏之彥繼仁甫以爲既有幽深之地以定其居止不可無高明之所以廣其瞻眺爰於銅山之半稍南處盤石之間占其形勝構以爲亭扁之曰半山又曰盛世逸樂環亭四顧萬景畢聚仰而山巔有龍王之廟俯而林麓有居士之祠古木千章喬松萬本有隄堰以灌溉有河流以演迤眞人世勝境也繇

亭而上直抵山巔允夫盧江之名山大川山若大凹馬槽治父之類川若巢湖黃陂沙河之屬矚目之頃皆可以一覽而無餘嗟乎居半山之間而亭全山之勝非徒得此一山之景而凡盧江一邑之奇無不在焉又非徒得其一邑之奇而凡盧郡二州五邑之勝無不盡焉丁氏世居于茲受其山川風氣之全而專有一方之奇勝豈非居得其地耶居得其地又能據其勝而享其樂丁君其亦可人哉君名恕繼仁其字淳篤而坦夷鄉里稱爲善人

蓋隱而有德者也其子鴻臚寺序班某介其姻地官主事王克常求予記惟昔王文公以半山老人自號而繼仁之名其亭偶有以合之蓋無心而冥會也半山老人一生汨沒於聲名榮利之途迨其晚年退居金陵始得半山而憩息焉豈若繼仁生于山長于山出入起居昕夕周旋于林泉澗石之中未嘗一日離也名曰半山而實得夫衆山形勝之全其文章功業固不敢望古之人然其所居之山之名偶與之同其山間所有若雲若霞若烟若霏

若水石若草木若花卉若鳥獸蟲魚有天然之趣有自然之景有適然之樂取之而不見其窮玩之而不厭其煩用之而不知其虧盍自幼而壯壯而老無一日而不在茲山之中身居其半而目極其全身享其實而心樂其適而又傳之子姓世世無窮古之半山老人有是哉無是哉有與無不必計姑爲之記俾其子寓歸昇繼仁勒於石而寘諸其亭之壁以遺其後人

送林黄門使滿剌加國序　邱濬

皇明之化與天同遠地所限者舟以通之凡在覆載之中有血氣者無不臣屬非若前代但羈縻之僅通貢賦而已其四夷之首長皆受封爵于朝有所更代輒遣使請天子特遣近臣持節往封之視內地藩翰焉於乎皇化一何盛且遠哉且三代盛時其疆域西不盡流沙南不盡衡山東不盡東海北不盡恒山地盡卽止漢始通西域開西南夷皆由陸以通隋唐以來航海之使始至然皆自君長其國未有受天子命者有之肇自今日然多因其

故而封之惟滿刺加之有國實我文皇帝始爲之開疆啓土者也其地在中國西南大海之外舊屬于暹羅斛國永樂初命中貴駕巨艦自福唐之長樂五虎門航大海西南行抵林邑又自林邑正南行八晝夜抵其地由是而達西洋古里大國分䑸徧往支阿舟榜葛剌忽魯謨斯等處遠其回也咸至于是聚齊焉歲己丑遣使封其酋爲王建以爲國自是凡易世必請封于天朝世以爲常乃成化辛丑其國王卒子當嗣位遣使臣備方物來請封

上命禮科給事中林榮仲仁爲正使如故事持節以行有日衆以爲仲仁此行乘長風泛洪濤經萬餘里外眞所謂汗漫之游天下之大觀者。咸賦詩壯之謂予鄉先達不可以無言昔司馬子長上會稽探禹穴闚九疑歷吳楚之墟齊魯之都以觀其所謂名山大川者歸而大肆厥辭然所游不出九州之中而猶大有所得如此矧仲仁茲行越中國之外境所歷者皆天下之絕蹤詭觀者哉予聞滿剌加之地諸番之會也凡海外諸夷歲各齎其所有于兹焉貿易種類惟詭物產珍異其尤異者距其境西南舟行約十餘日有榦韈國者即所謂溜山也海水傾注其名爲溜水勢漸下力不能勝一芥舟行誤入其中即汎下而無所底止神仙家所謂蓬萊弱水殆近是與又去古里西南舟行歷三閱月有默伽國者即所謂天方也域中人物大異于常俗尚和美民物繁富而無貧苦者物產珍美色色有之罔有欠缺且地無雨雪霜雹惟夜霆晨露以滋物生浮屠氏所謂極樂世界似指是與仲

仁至彼諸番會集之地誥封禮畢宣布聖天子德威徐觀其會通而詢察之重譯其言徧訪其俗將必有瑰奇之見詭異之聞所以開廣其心胷增益其志識者矣嗚呼天下事何所不有惟不見耳歸而尚歷歷以告我

賀曹主客序

邱濬

予友郴陽曹君邦盛以名進士任大行人滿九載擢禮部主客司員外郎說者謂君前所職者使于四方者也今之任則主四方之使者也前以大而

賓小茲則小來而以大主之彼此往來之間大小賓主之際反而觀之勢位不同而理同君讀書明理必知所以自處而克稱其職也已予聞或人之一言嘆曰斯人之言其善于反觀者與羣然天地間皆人也人之生也理同則心同心同則情亦無不同同其情則其所以喜怒好惡千萬人如一人焉所居之地所履之位所任之事所接之物萬有不同然人之情順則好拂則惡好則喜惡則怒初無彼此往來大小賓主之異也人能遇事物之來

而知所以反觀焉知人之心不異乎已而人之所以待乎我者如是則順如是則逆如是則合乎理如是則不以其道凡我所以不喜而怒不好而惡者斷斷乎決不以施之于人不恃其勢與位而惟其理之揆若是者握天下之大柄處天下之大事馭萬民而撫四夷可也大學所謂絜矩之道孔子所謂終身行之者其在茲與其在茲與適司正林君萬容率其僚寀求予言爲君陞官之贈予因舉向所聞及所論者復之林君曰斯言也非獨可以

爲君今日贈雖其他日位大僚柄大任終身用之有不能盡者矣遂畀善書者書于帛以贈

潛齋記　　邱濬

予友庫部大夫陽君謙亭嘗過予謂曰吾之同窓友蕭尚緻氏吉之白沙著姓自幼有志問學嘗以所業尚書試於有司輙不利既而鄂之屬邑蒲圻邑大夫聞其名以經明行脩薦爲邑文學起至京師適有暫止之例遂不果用居久之皤然動歸思聞吾與先生交好俾代徵言記其所自號潛齋者

幸終惠之予聞古之作記者記其規制及其歲月始末也姑以其義言之可乎夫潛之時義大矣哉時潛而潛則其潛也不終於潛潛而不終於潛則其潛也乃所以爲不潛之地也是故伊伊潛於莘野矣而不能潛於幣聘之時傳說潛於版築矣而不能潛於形求之日以至呂望之潛渭濵及乎後車之載則亦不能終於潛也是則潛也時也不終於潛也亦時也聖賢之出處初何容心哉亦時而已雖然豈惟人哉而陰陽物理莫不皆然日潛于

夜至于旦晝則不能潛矣月潛于晦至于弦望則不能潛矣雷霆潛於秋冬至於春夏則不能潛矣與夫龍潛於淵虫潛于蟄一旦祁祁之氣與虢虢之聲起其能終潛乎是則時也者大而陰陽不能外之小而昆虫不能外之則夫人之用舍進退豈能外之而有爲哉今蕭尚㪚氏以潛名其齋葢知時之道矣乎然此特時之潛耳非所謂心之潛也葢身則有時而潛有時而不潛而心則無一時而可不潛也潛之時固潛也不潛之時亦潛也潛天

而天潛地而地不以隱顯而殊不以古今而異不以聖愚而間必如是然後合內外一體用而有以爲聖賢之歸尚黻氏其勉之哉

進學齋記　邱濬

潁州貳守清源高君之冢嗣曰昕君嘗名其讀書之所曰進學齋今年春昕待君來京師謁予文以爲記嗟乎進之一言爲學之方盡於此矣予尚奚言哉雖爲之言豈能外於此哉然不知生之所謂學果何學也所以進之者果何以用其功也茍徒

以誦習古人之糟粕爲學則生固知之矣不必更求其說於予也生侍親宦游南北有日矣請即生所見者以爲生諭生閩產也自閩至燕其道路以里計者殆將萬焉其所經之郡若邑不下百十焉或舟以浮或車以載其所以爲濟行之具者凡不知其幾易焉其途中之所有身之所履而目之所見者山川之流峙都邑之形勝闤闠之輳集舟車之交互往來而不已者不可以一二數焉陸有岐徑水有支流或之南東或之北西者又不止於一

焉地如此其遠也履歷如此其久且艱也所見如此其廣也水陸之塗如此其多岐而可以旁通也今生之來也不中止焉不他適焉而必至於燕者豈不以京師之所在乎使生不由乎履歷不假乎舟車其能至乎此乎今日行之明日止焉其能至乎此乎無也京師者譬則聖人之道也歷履經行所以求至乎聖人之道也岐徑支流一技之能異端之學也生之進學誠如生之來京師行而不已必至其至焉立志之堅定積累之非一日聞見之

廣且遠而又不惑於他岐不安於小成則學之至於道也不難矣敢以是爲生記或曰生之於學也特欲講習討論而已予以聖人之道語之豈所謂不凌節而施乎嗚呼學所以學爲人也人必如聖人斯能盡人道聖人人也我亦人也以人學人何不可之有或者退因書以遺生俾其寘諸齋壁朝夕玩焉

跋萬里一歸人卷　　邱濬

右五言律詩十首七言絕句二十二首乃日本國

僧作以送瓊之戎士蔡庸秉常者也詩以唐體字以晉書書以繭紙卷以萬里一歸人爲名蓋摘其詩中之句而是句則又剽唐王右丞送人下第之詩之句也嗚呼觀於是卷可以見孝之一念無間華夷矣蘇子曰天下豈有無父之人信斯言也秉常於永樂中隨由海將軍備倭海上遇賊于萬全我軍敗績遂爲所俘同時被執者皆死刃下獨秉常以母老辭得脫間關海東諸夷達日本投其國僧惠崴爲師祝髮爲浮屠乘間言及母在彼僧惻

然之白其主縱之得歸乃率其從賦詩以送之如此云予於是不獨見秉常之克孝而因以知夫孝之在於人心放諸四海而準也夫倭至爲不道日本東夷之人也一聞秉常母老之言卽惕然興惻隱之心使秉常之母子復得相見孰謂孝親之心以華夷而間哉彼秉常果如其志養繼母朱氏以終天年今秉常亦已七袠矣嘗以是卷見示予每展誦未嘗不三復嘆息故書此於其卷末使博雅君子有取焉未必不足以備太平御覽之一也

平南遺蹟記

邱濬

成化改元之二年廣東西峒蠻獠發攻刦州縣戕賊生民民失其業士墜其敎廣之屬郡高雷及廉數千里幾不聞雞犬聲事聞當宁命將往討簡命在廷具文武才者得都御史姑蘇韓公總理戎務公承命夙夜不遑克勤乃事一鼓而渠魁就戮再鼓而鼠穴始空尤慮漏殄餘孽奔逃山箐分命副總兵范信叅將張通布政使張瑄提兵自廣之新會抵高雷乘勝破敵易如拉朽矢戈所指罔不望

風披靡擒戮俘獲賊勢消鑠捷聞廷議時雖底平人懷反側非良吏撫理弗能安也乃遴選有司治行著名者僉舉連山縣令孔侯鏞拜高州守侯始至時尚有餘孽憑阻逃遯不即誅孔侯宣天子威令撫綏反側於是羣醜悟悔投刃頓伏願完父子卒爲華民未幾西寇復侵郡邑孔侯激勵民彜指授方畧偕僉事陶魯都指揮藤漢歐磐親率師旅直犯賊衝前後擒斬逆寇千餘級俘奪賊屬被掠男婦不可勝計號令嚴明士卒遵命所向必克寇

乃底平於是興學校以鼓士氣繕城池以保未危化莅爲穰易沴爲和百工攸序吏民允懷厥功彰明詔褒顯擢自薦紳縫掖以及編戶之氓咸欣欣喜色詣予而請曰蓋聞有功德者銘之太常勒之金石用彰不朽吾郡非諸公戡亂孔倈撫治無以致今日矣厥功在民庸可不書於石以垂永久予曰諾乃歷敘諸公滅賊安民之跡以告來者孔倈練達兵政學博古今文章之美治行之詳姑俟太史作名臣傳者書之茲不贅

藏書石室記

邱濬

予七歲而孤性嗜書史祖父所遺無幾及聞有多藏之家必豫計以納交之卑辭下氣惟恐不悅其意有遠涉至數百里轉浼至數十人積久至三五年而後得者甚至爲人所厭薄厲聲色以相拒亦甘受之掩面哭訴期於必得人或笑予癡且迂不恤也不幸禀此凡下之資而生乎遐僻之邦家世雖業儒然幼失所怙家貧力弱不能負笈擔簦以北學於中國中心惕然思欲以儒自奮求無愧于

前人甚欲質正於明師良友引領四顧若無其人不得已而求之於書書又不可得而求之之難有如此者乃喟然發嘆自監於心曰某也幸他日苟有一日之榮必多購書籍以庋藏於學宮俾吾鄉後生小子有志於學問者於此取資焉無若予求書之難庶幾後有興起者乎及予登金門踐玉堂日積月累所得日多庚寅丁先妣艱歸故鄉服闋謁 先聖於學宮怵然動其宿盟顧南方卑濕竹帛不可久藏竭平生積聚鳩工鑿石以爲屋凡梁

柱楹瓦之類皆石爲之不用寸木督其工者鄉友吳雲也中爲木樹若干內度以書旣成予卽北上竊恐後人不知予得書之難而易視之或者又取之以去也乃自書其事而爲之記曰書之功用大矣由一理之微而可以包六合之大由一日之近而可以盡千古之久由一處之狹而可以通四海之廣由一事之約而可以兼萬物之衆嗚呼聖人死也久矣而道德萬世如是古人往也多矣而事業終古常新合千萬世之心術聚千萬世之治迹

傳千萬世之語言演千萬世之理道皆於書乎是賴士也生乎千年之後而知乎千年之前具乎一物之形而悉乎萬物之理處乎一室之間而周乎萬里之勢非書曷以致之哉人生天地間不爲儒則已有志於儒以從事乎聖賢之道未有舍書而能成者也古語有之通天地人曰儒一物不知儒者所耻一書不讀則一書之事缺焉自五經而下若傳若史若諸子若百家上而天下而地中而人與物固無一事之不具亦無一理之不該學者誠

即是而求焉則可以貫三才而兼乎萬事萬物之理儒之道其在是矣雖然書不貴多而貴精學必由約而致博精而約之以盡其多與博則氣質由是而變化心志由是而開明德業由是而崇廣折其精而致於不亂合其大而極於無餘會其全而備於有用聖賢之道夫豈外是哉區區積書之心誠深有望於後賢甚遠且大必有副予望者恨予耄矣不及見也冥漠之中萬一有知亦將陶然樂矣謹書此以俟若規條則悉具於碑陰理精法密機暢神流

重編瓊臺會稿後跋

天地混淪磅礴之氣必有所發當其始發也其氣英以秀於是萃之爲人才其既發也其氣疏以暢於是罔之爲政治其發之極盛而有餘也其氣宣以朗於是煥之爲文章是文章者人才政事之華也然而天運關焉蓋元氣之醇三者合而爲一或降則分而爲二又分而爲三虞夏商周之盛眞才能行亦能言欲指其孰爲人才孰爲政事孰爲文章不可得也三者之分其在殷周之季乎諸不具

奇可已

舉姑舉其關於天運者言之三墳當鴻濛之運其詳不可考矣自包羲氏以迄唐虞其運在艮艮止也安汝止而天下咸歸於止聖化之神也惟堯舜集乎化之大成故典謨之文應於冀冀州艮方也三代之運在震震雷也動於春而萬古羣蒙自醒聖教之隆也惟孔子集群聖之大成故删述之文應於魯魯震地也自漢及宋總巽之運巽文也由文章見性道而德性學問尊道不遺賢人之學也惟朱子集諸儒之大成而註疏諸集應於考亭考

亭巽方也我明神聖開天乾坤再闢日月重懸當
離之運離者莅也臨莅八極而開世宰物之權輿
靡所不照故二百年來眞才翔泳道化醇濃而大
學衍義補適集經世之大成且出自瓊瓊州離地
也蓋艮之於離一生一旺本同脉絡是以人才政
治與文章會合不分越數千載而相爲符券孰謂
世運之降若江河之東而不可復返也哉我瓊山
邱公以名世之才佐聖明之主政治得以展抒其
夙抱諦觀大學補中所臚列自倫常軍國之重以

至錢穀之瑣靡不叅之前古酌之時宜斷之獨見鑿鑿然經綸之正鵠而黼黻之指南文不在兹乎文不在兹乎至其性情之鬱勃發而爲吟咏爲章奏傳記則文之緒餘者惟而本之於道諸名公言之備矣宏何敢多贅謹掇其關天運之大者以跋於後建江後學黄獻宏頓首拜撰

海剛峯像

海剛峯像贊

疇國恤民賢聖謀猷侃侃詈帝舉朝驚憂十七史中誰與比侔直容耿耿五指嗚球五指山名

江陵後學張居正贊

奇甸記

海忠介文選　香山陳蘭芝拂霞輯梓

巡撫　海　瑞

嚴師敎戒

嘗讀至論謂尊崇正學在君師紹明絕學在宗師至發蒙後學而提督之又有敎師職焉此歐陽永叔祖韓昌黎之嚴謹而宗風之者師固足重也若人能攻我之病我又能受人之攻非義友耶故尼父以善爲芝蘭臧孫以惡爲藥石君子能降師親友則霧掃空澄纖毫不苟浩然之氣塞乎蒼冥果

何至是得力於師友者亘多也夫人外無師友之益而欲所行之協於道亦難矣瑞爲此懼一旦召神立腔子下誨之曰瑞汝知汝之得生於天地之間者乎有此生必求無忝此生而後可無忝者聖人我師一一放而行之非今所競躋巍科陟膴仕之謂也汝今亦小寓於其間矣入府縣而得錢易易焉宮室妻妾無寧一動其心於此乎昔有所操今或爲惱惱者一易之乎財帛世界無能屹中流之砥乎將言者而不能行抑行則愧影寢則愧衾

徒對人口語以自雄乎質冕裳而有媢心焉無能以義自亢乎參之衣狐貉而有恥心焉忘我之爲重乎或疢中而氣餒焉不能長江大河若浩然而莫禦矣乎小有得則矜能在人而忌前有利達不能無競心乎諱己之疾凡百所事不免於私己乎窮天地亘古今而不顧者終亦不然乎夫人非無賄之患而無令德之難於此有一焉下虧爾影上辱爾先矣天以完節付女而女不能以全體將之亦奚顏以立于天地間耶俯首索氣縱其一舉而

終已於卿相之列天下爲之奔趨焉無足齒也嗚呼瑞有一於此不如此欤三復斯言凜若嚴師丁寧夏楚之督爾上紛如直友箴規啐詈之諍爾旁

縣尹叅評　　海　瑞

知縣知一縣之事一夫不獲誰辜一民失所予咎所以入單父之野而見棄魚之俗則知子賤之政矣履中牟之境而見雉馴之休則知魯恭之政矣爲政不同而要不外乎敬天勤民之念且災異上則減膳撤樂譴告上則蠲租求言凡膺斯民之責

者體上天之意而噢咻之煢獨必哀饑寒必恤不骫一法不私一錢肺石下無梧邱鬼覆盆中鮮鵠亭寃爲民開必得之門明必死之路而雁聲不哀鼠牙無訟則政簡而刑清矣此豈家有治縣之譜哉良由萬物一體之懷而誠求之也乃今則異是矣一旦綰半通得一邑遂沾沾然色喜埋沒眞心不惜廉恥多方掊尅以充囊橐朘生民之膏塡溪壑之欲甚至有鍾乳三千胡椒八百之誚而不顧者嗚呼縣則右矣官能淸乎槐根瘠矣馬骨高乎

貪酷若此殊不知上而朝廷吾父每中而撫按藩臬僚屬過客鄉士夫吾長兄弟下而吏書里老百姓人等吾子姓遇之各有正道若謂止可潔已不可潔人潔人生謗謂所行不可認眞認眞生怨取禍不顧朝廷之背否以鄉愿之道待其身以鄉愿之道待吾子吾長兄弟浮沉取名竊取官爵非知縣也本縣初意直欲以聖賢之所已言者據守行之自謂效可還至迄今四載中夜返思日日催徵小民賣妻鬻子未有完事之日時時聽訟小民爭

鬭趨利未有息訟之期感孚之道薄而民不化燭奸之智淺而弊猶存徒有其心未行其事徒有其事未見其功誦法孔孟幼學之壯行之期月而可三年有成有深愧焉俗吏非所以語我若曰稱知縣職則全未也

朱子陸子異同論　海瑞

朱陸之論定久矣何自而辨之辨之以吾之心而已維天之命其在人則爲性而具於心古今共之聖矣同之得此而先堯舜禹有危微精一允執厥

中之傳得此而後孟子有求放心先立乎其大之論未有舍去本心別求之外、而曰聖人之道者、輒之亦不得其傳、而人心之天則在也孟子曰大人者不失其赤子之心者也恃有赤子之心、故雖出之千百載之前、其事千百載之下、可以一言而定、陸子門人問陸子學以何進、曰得之孟子、則精一執中之旨、陸子得之矣、乃朱子其學則異於是大學致知在格物、借之爲誠意正心之用也、猶之惟精乃惟一之功、明善乃誠身之功、功在格致、道在誠正、朱子篤信大學、平生欲讀盡天下之書、議盡天下之事、引而伸之、觸類而長之、天下之事畢矣、天下之書、可得而盡讀之乎、事可得而盡議之乎、韓退之原道言誠正不及格致、朱子指爲無頭學問、是以格物致知、爲大學頭一事矣、入門一差、是以終身只做得大學先之之功、不盡得大學後之之益無得於心、所知反限、王陽明謂晦翁氣魄極大、合下便要繼往開來、少年已著了許多書、然則此非其誤認之故、毫釐之差、而爲千里之謬者乎、夫顔子曾有一著述乎、聖人以其躬行心得之餘出之於威儀文辭之末、富於中見於外、不可強而亦不得而飾也、心齋坐忘不遷不貳、顔子之著述大矣、舍去本心、日從事於古本冊子、章章句句之好勝之私心、好名之爲累、據此發念之初、已不可以入堯舜之道矣、聖人不廢學以爲涵養、是以中庸有尊德性而道問學之說、賢人而下不廢學、以求復初、是以孟子有學問之道求其放心之說、子思孟子傳自堯舜、陸子識之、然陸子不免應舉子

業、即其語錄文集年譜可見、餘力學文、尚不如是
也、自傳心之法視之、猶俗學也、朱子反謂其專務
踐履、盡廢講學、論對五劄、言涵心性、乃自其所心
知者出之、如孔子答哀公修道誠身、孟子告齊宣
仁義孝弟、亦推本之論也、朱子答之書而戲之云
這些子恐是葱嶺帶得來、天下之人、只一性命、而
事物在焉、朱子只要人讀書講說研究於外、予不
知朱子之所謂矣、儒學禪宗、其判不啻千里、而要
其初只是毫忽、儒道寂寄其心、中涵事物、有天下

國家之用。禪宗廢棄百慮、従爲空虚寂滅之養。朱子指陸爲禪、然則將不講其心、䟽外爲天下國家之用、呻吟其呫嗶、而曰某章某句如此、某章某句如彼、然後爲能學歟、顔子終日不違如愚、夫子以道統寄之、生於朱子之時、言論相及、不知其如之何而爲禪之詆矣、陸子不免少溺於俗。然心知其然、平日拳拳以求放心先立其大爲教、聞彼也自聞而已、見彼也自見而已、猶有得之、朱子則楚辭陰符參同契韓文、皆其年年月月訓詁之冊、不知此一訓詁何日而已也末年之悔謂令此心全體都奔在冊子上若有得矣而先入之深讀書爲主而待其餘未見其眞能脫去舊習收功一原也危疾一日前猶解誠意章在溺於誦說沒身不復聖人六經躬行心得之餘爲之養盛之充因著其用朱子則先意於此讀書爲先求心反爲後繭絲牛毛識者以集大成歸之謂澤諸家之訓什而纂其長則亦可矣謂道在是則周元公或可而朱不然矣說者又謂朱子羽翼六經嘉惠後學其功不淺

夫朱子自少至老、無一日不在經書子史間、平生精力、盡於訓詁、而其所訓、又多聖人之經賢人之傳也、夫豈得無功於後、聖眞以此破碎、道一由此支離、又不能不爲後人之誤、功過并之而使人繁於枝葉、昧厥本原、其過爲大、三代而後學之陷溺如朱者比比然也、朱子欲以其學爲天下宗、天下亦以此信宗於朱子、故予不及其他、獨指朱子爲過、陸子謂此老平生志向不汨於利祿、當今誠難其匹、夫朱子豈不知心之爲大而求之心哉、誤認格致爲入門、指著述爲功業、途轍既乖、所得隨之、韓退之因文以見道、而非明道以爲文、日月至焉而已矣、無乃朱子過歟、欲往京師、心識國都之所在、行遠自邇、計日可到、懵於定向、執途之人而訊之、岐路之中又有岐焉、訊之所不及失之矣、大抵天下得意忘言、區區於文義講說之間、眞趣薄矣、深造自得者當見之、顏子默契道體、孔子予欲無言、天淵禪學、而其致虛之篤、一而已矣、然則朱子無乃得言而自薄於其意歟、自得之則有居之安、資之深之益日從事於故紙堆中外強中乾呂東萊謂銖銖而折之寸寸而較之無復有詩矣朱子之謂矣朱子平生誤在認格物爲入門而不知大學之道誠正乃其實地以故一意解書其解書其論人心術見焉謂司馬溫公只恁行將去無致知一叚朱子日日經史其不滿於實心實事無私無黨有餘力而後學文之君實無足怪矣大凡人言語文字皆心爲之陽明致良知其什經不取朱子之說者多說在心性上朱子什經全說在多學而

識上、陽明鶻突其說誠有之、然猶不失爲本原之養也、猶第一義也、朱子則落而下之、離而去之矣、道問學之功、實爲尊德性而設、正與孟子學問求放心同義、朱子解之曰、非存心無以致知、而存心者又不可以不致知、崇禮中庸、行也、以屬之知、姑勿論、所云致知、非程子進學則在致知、根心著已之知、亦姑勿論、乃其意則全壹致知矣、細玩尊德性而道問學、曾有此口氣乎、存疑錄謂朱子平生所得在是、所失亦在是、見其於陸子靜亦在是得之矣、其訓中庸、分章分句、分爲相屬、明費隱天道人道、小德大德、分中分和、道不可離、此言素位此言不願、太極通書、此言陽之動、此言陰之靜、支離爲甚、默而識之、識言知之於心、平聲字、朱子作去聲解音志、謂記之於心、不以聖賢說聖賢、以己之所誤說之、能說之耶、得人之得、適人之適、難言之矣、自得其得、自適其適、天機之觀、不言之喻、將能之也哉、然又非止言語文字之間、鵞湖白鹿往返議論之差而已、荆公祠記千百年大公案也、學問偏枯識見昏昧之故其詆之不遺餘力與初之指爲禪會無異今世之儒士自謂得正心誠意之學者皆風痺不知痛癢之人也舉一世安於君父之大仇而方且揚眉拱手以談性命不知何者謂之性命乎正諸儒人膏肓之病也使在周邵閒之喜過而樂與之矣孝弟忠信常不足以應天下之變而才術辨智常不足以定天下之經亦此意也朱子遺婺人書乃謂諸君子聚頭磕額理會何事乃致有此等怪論少見朱唐交惡錄齊則失矣楚亦

未爲得也光風霽月灑落襟懷有如周元公邵康節其人者寧有此言說舉措耶情見乎辭行如其心涵養未融克伐爲崇晦菴不能無大不滿於後學之意矣後人爲朱陸之議聶雙江以黨同伐異挾勝崇私言之然當其時門弟子則已然矣豈非朱子身自作則一時門下習氣而又因以貽之後乎自宋至今五百餘年是朱非陸所在羣如也正雙江黨伐挾崇之謂當時之所稱今之尊信晦翁無異於戰國之尊信楊墨也抑何從而辨之乎孟

子曰、是非之心、人皆有之、請以是爲朱陸之辨

壽南瀛吳公八十序　海瑞

南瀛先生吳公家郭南自幼以忠信之美聞於黨里雖溺於世俗華靡之中不安於世俗華靡之習谷神不死謂天地根莊老發之世之言養生者宗焉公得天之美不期近似已而業郡庠賓上國交及天下貌古心實識者器之藏其虛寂之體而不能顯其因應之用師莊老而失焉世有之矣嬰兒未孩乎與完固然區區內守無補於人無裨於天

下國家君子無取焉弱志強骨莊老非爲養生計也養生之秘率不外是存養立命言其功還虛入視推其效無二說也公壯年學問本原於孔孟發揮克拓執古爲貞宅御今爲應塵實之莊老歷仕歸田中道若性瑞嘗掇其始末秀才事業無傳於人不必言矣世宗皇帝銳然有爲初年志趣超三邁五雖土木一役亦罕有以是當簡在者公晉甲科郎署工部適承其會鮮我方將經營四方進四品留用駸駸然世宗之視公大用指日矣念彼共

人取途權要公上答天子下揖相公凝神抱一執此而往泊如也以此罷歸亦竟以此自信雖享有田園之奉而胸次悠然實超然於富貴之表怡怡閭里將若終身且日規日勸謀與鄉人同歸於道事之苟陷不明則亦已矣一有明焉子姓至親法不爲諱失之於前復之於後與先日逆覩嚴氏今日誅亾守一不阿無異張公藝以九世聞無能改於武后之非而重高宗隱忍之過君子尤焉公不爲無忍不爲百忍白日青天其心其事大率如此

用能滌除玄覽開闔天門歛藏於專氣致柔之淵迅通於冲用不窮之會惟公得天惟天壽公不偶然矣瑞公門弟子所願百歲師公今癸酉二月八日公八十一誕辰也鄉父老子弟謂予知公徵一言爲公頌先得我心樂共此舉鄉人之言又曰公父復庵唐尚書諱賢秀爲瓊始祖公繩祖武發祥有在復其見天地之心乎天下之道蔽於是矣凝神立命無越於此復庵獨觀於復惟公以復得天源蓄流長父作子述詩云樂只君子胡不黃耇樂

只君子保艾爾後公父子以之并書以頌子傷公之未究厥用也載營魄抱一言公言其心也榮公之壽本於復庵原其自也道其實也唐尚書公世遠事湮言可畧云

贈養齋蔡太守撫黎序

海瑞

國初至今言官瓊者必以治黎人爲一急事然卒未有以得黎人之治者孟子曰至誠而不動未之有也龔遂得之以安渤海張綱得之以說張嬰卒之有以服其心而戢其禍况在黎岐質文機變吾

中國不知其幾更易也自有天地至今尚存太古風致然諸信義死而不移天性之眞獨有存焉者乎動以弓刃相向自昔記之葢以弓刃爲雪讐之具不能自至守令之庭曲曲直直勢使之然無他意也苟有以開導其心剖其不平彼無不聽予嘗謂恃有人心小則息爭大則開通十道地爲郡邑入入版圖百千萬年無不可者所恨知此道者之難其人也而又賦役繁難官吏刻削彼自爲誠我自爲詐有以灰其心而格其至至誠之爲難乎其

爲動矣微啓其端謂可見之行事者吾於養齋蔡侯見之嘗跡蔡侯澄海先聲崖州初政大抵事從其眞由其質有其内學於誠而欲求其至比之俗吏矯飾外貌學於詐而務爲名高者不類也有是涵養有是作用方枹宥四村讐殺旁村效尤禍變事機浸浸滋蔓正侯涖任未久之日也單車往諭侯信侯之心士民未之有許者乃侯爲之近不曰叵測之爲凶遠不曰嵐瘴之爲毒心何心哉曲曲而直直之不過數語卒有以得其心平其夙忿解

怨爲歡村村如故事與張綱龔遂後先無異然則不曰已之無誠也誠不足爲動也而曰獷悍之不可爲馴古昔則然可信也哉即小推大則州縣中苟有以遂彼之願無礙其生版籍而郡縣之無難事也予嘗以爲黎人之不我向也乃我之無以致其向其爲亂則始事於州縣之民長養成就於無良之吏黎勢固不能以至州縣言曲直者無以剖别其不平之端而僅欲使之不爲不得其平則鳴之舉嘉靖間二勤王師予未敢曰師出之爲名也

此則太守不能處分之罪非其人之過也嘗欲執侯今日之功破先後黎議之謬爲開道郡邑之漸一日崖士民以贈言問予曰吾意也雖未爲千萬世之功而心情啟達向化可爲兆於是矣中孚豚魚吉九二之象曰其子和之中心願也信在言前不言而信變詐之世而得有如侯者黎人得以舒發本真士民寧適其可以易而得之也哉苟朝廷之上薄賦輕徭承宣之吏還淳返朴舉蔡侯而爲之無不可矣單車之諭侯得爲而爲之矣權不在

侯而侯侯之勢也劉安之諫伐閩越曰以十萬之師爲一使之任蔡侯以一使之任將十萬之師回視庚子己酉大師兩及荆棘生焉崖至今生氣未完復也何如哉何如哉曲突徙薪之功誠能動物之道侯胥得之用是不辭而爲之序

治安疏

海瑞

嘉靖丙寅四十五年春正月戸部主事海瑞疏言臣受國恩請執有犯無隱之義不虛美不諱過不爲悅諛謹披瀝肝膽爲皇上言之漢賈誼上書曰

進言者皆曰天下已安已治矣臣竊以爲未也然
文帝能充其仁恕之性節用愛人三代以後稱賢
君焉皇上銳精未久妄念牽之謂長生可得一意
乎修大興土木二十餘年不視朝法紀弛矣數行
推廣事例名爵濫矣二王不相見人以爲薄於父
子猜疑誹謗戮辱臣下人以爲薄於君臣樂西苑
而不返人以爲薄於夫婦天下吏貪民不聊生水
旱頻仍盜賊滋起加以賦役日繁盡室懸磬人因
即皇上紀元之號而臆度之曰嘉靖者言家家淨

盡而無財用也邇者嚴嵩罷相世蕃極刑一時稱快非大清明世界也不及漢文帝遠甚詩云袞職有闕惟仲山甫補之聖人豈絕無過舉哉乃修齋設醮相率進香仙桃仙藥相率表賀營繕宮殿差求四出無一人爲皇上言者諛之甚也皇上之誤多矣大端在齋醮齋醮所以求長生也自古聖賢止說修身立命止說順受其正堯舜禹湯文武未嘗久生於世漢唐宋方士亦未有至今存者皇上師事陶仲文仲文既已死矣仲文不能長生皇上

何獨神其術乎至於仙桃仙藥怪誕尤甚桃必採
而後得藥必搗而後成無因而至是有足而行邪
若曰天賜是天手執而付之者邪皇上乎修多年
一無所得則乎修之無益可知矣將謂懸刑賞以
督率臣工而天下自治乎必也翻然悔悟日視正
朝與廷臣講求治道宦官宫妾光祿寺廚役錦衣
衞恩廕諸衙門帶俸工部諸廠叚絹糧料珠琲器
用木材多積於無用用之又非所宜用在皇上一
節省之敦本行以端士習止上納以清仕途久任

將吏以責成功練選軍卒以備征討復屯鹽本色以裕邊儲均田賦丁差以蘇困敝在皇上一振作之非有勞於皇上也九卿總其綱百職分其任撫按科道糾舉其間皇上稽治效而責成焉如天運於上而四時六氣各得其序矣民物熙洽蒸爲太和皇上性分中自有眞樂矣道與天通命由我立皇上性分中自有眞壽矣若於理之所無而切切焉求之懸思鑿想繫風捕影終其身如斯而已臣是以昧死竭衷爲皇上言之疏入上覽之怒甚柢於地已而復取再讀

疏竟留中上一日撻諸宮婢宮婢相語曰皇帝受詈海瑞乃洩忿於吾儕耶上聞之傳旨海瑞詈主毀君悖道不臣杖六十錦衣衛收訊指使之人刑部尚書黃光昇希旨擬瑞大辟疏亦留中因諭輔臣曰海瑞疏言良是朕病久不能如甲午前視事此人恨不見新政耳上諭曰朕仰承天眷不自謹恤致病體弱如能御朝聽政豈致橫遭詬詈邪蓋上每以堯舜自待羣臣亦以堯舜諛之上自號曰堯齋瑞乃云不及漢文遠甚上大恨之然終躊躕不忍殺工部郎中何以尚疏救海瑞杖一百與瑞同繫獄

乞正赦欵疏　海瑞

尚寶司司丞臣海瑞謹奏爲懇乞勅諭各部條正赦欵以廣天恩以全民命事臣向自僭言朝廷重

務干冐先帝威顏罪在莫贖法在不赦臣萬死不辭矣當是之時即蒙陛下念臣一點赤忱雖冐出位妄言之罪實存忠君報國之心特命左右侍臣傳諭刑部及錦衣衛官毋加重刑留臣後用以至微軀得全殘生幸免是萬死之中得一生也此時先帝既崩陛下登位他務未遑庶政未舉獨先赦臣復臣爵位是臣今日之生皆既死之年而陛下之所特賜者也賜之以既死之年則報之以免死之事固臣之所甘心而樂爲也況當今日政治清

明之際臣亦安敢自棄其生不思有以圖報乎古人求養其身以有待今臣之所以當死而不即死者正養其身以有待之謂也然臣有當死之罪而陛下獨生之臣犯不赦之法而陛下獨宥之在臣一人固萬萬幸矣然天下有罪之人皆陛下之赤子也雖其一時無知而犯罪猶赤子無知而入井陛下今日改元建極主法堯舜之仁以建唐虞之業將決天下之民一洗而更新之則凡各府州縣監禁有罪之人皆倒懸望解久矣何不以赦臣之

赦赦天下而獨赦臣之厚乎先帝在位四十五年惟初年頒赦二次續後數年又赦一次至今已二十餘年不見赦於天下有罪之人所仰望於陛下者何啻如饑之望食渴之望飲者乎屢年天雨不調寒暑不均皆積獄積怨之所致也臣罪犯在不赦尚蒙曠世厚恩視在監有罪之人中間另有拖犯受寃者獨不蒙陛下一視之仁乎臣向在獄中每見獄中稱寃者臣卽有冒死上陳之念而時不可行正有待於今日也葢臣所見者在京一處監

耳在京如此天下可知也一處如此處處可知也
邇者二三大臣雖奉聖諭議陳赦欵殊未仰承聖
意善體聖心致陛下洪恩厚澤阻抑而不遠施狹
隘而不得遠布也詔開十惡及强盜重罪不赦可
也至於左道逆富貪酷枉法指稱誆騙者犯罪甚
輕者盈於十惡强盜均之不赦乎且此等俱係在
京之事與在外府州縣有何預亦混須於天下乎
此責在刑部之官宜勅之條正者也詔開侵匿漕
運京庫錢糧不赦可也盈於在外小民侵收錢糧

入官給主者皆可宥之贓至列於漕運之不赦乎且此等皆撫按官所當量行曲處者何不盡宥之以蘇民困乎此責在戶部之官宜勅之條正者也吏部有當官吏宜量免其數宥其罪愆禮部有完室之犯罪者除謀反外悉宜赦宥工部有無益置造之者除婚祭外盡宜罷免皆當勅之條正者也蓋陛下有愛民無窮之念而二三大臣無仰承善體之忠不惟不能施恩澤於民而且不能盡革故鼎新之美使臣又默而不言則陛下之寬仁厚澤

又何以自達於天下哉詔内開欵又皆狐疑不決句多兩可之説不盡出言之詞近自遠方來京者皆云府州縣貪暴苛尅之官每每堅執詔内開欵凡一切在監有罪之人少有干於條内皆不釋放甚至一府州縣不得開一二十人者良可惜也臣雖自體陛下獨厚之仁以宥免而不能使天下之人皆如臣之宥免以體陛下之仁亦何以一日安寧於朝廷之上乎使天下後世稱陛下有洪恩於臣而不能廣施恩於萬民豈非一二大臣之罪哉

臣亦預有責也一四　刑部尚書黃到監審錄罪人等免一二釋放皆大聲號哭死罪不赦遂有哭泣之詞重罪不赦遽興怨恨之嘆所以然者祗由前詔開欵未明抑且狹窄不寬故也願陛下總臣所奏即賜勑諭各部預陳條欵逐一開明使天下之民得以盡宥大開悔過遷善之門則臣亦安受陛下再生之恩矣而天下之民皆得如臣之宥免而仰荷陛下千萬世無窮之恩矣

泰伯論　海瑞

太王剪商之志金仁山胡雙湖辯之詳矣愚竊謂太王實有是志太伯去之夫子亦不當以至德許夫太王當祖甲之時去高宗中興未遠後一百有餘年殷始亾則當太王時乃商家盛強之未衰弱之始其天命人心尚完固未動所謂剪商亦言乎其志焉耳非爰整其旅如觀兵孟津陳師牧野之爲也泰伯無荆蠻之逃則國屬之泰伯矣屬之泰伯而泰伯以不取爲心則剪商之志蓄於太王者息之泰伯季歷不得位日後無武王事紂無滅亡

之理此其以天下讓商更爲何如太王欲傳位季歷則翦商之志季歷從之矣太王啓於先季歷從於後父作子述事必有可成無難者君臣之義泰伯不以此身維持其間而托於採藥之去我雖不殺伯仁伯仁由我而死充類至義之盡泰伯其得爲有君也哉且弑君天下大惡也幸而成之公議凜於斧鉞不幸不成大則身首異處破壞家門小則貶削投荒流離終世王述之子坦之欲以女與桓溫述怒排坦之曰汝眞癡耶乃欲以女與兵坦

之是以不及桓溫之禍竊以爲泰伯之愛太王不如泚之愛其子矣聖賢之論曰君有過三諫而不聽則逃之父有過三諫而不聽則號泣而隨之夫子臣異道非止謂其天合人合義當如此也子之於父一體而生比之異姓君臣情分有别以光明正大之義投一氣相通之親婉順號泣至三至再無不可以感通而挽回焉者父有諍子則身不陷于不義無君一念此其事爲何如可逆料其不可反而遂逃ゝ之耶仁傑、周旋于則天之朝雙陸不勝之兆姑姪子母之言且能動之俾天下復爲唐有太王固非昏瞶之武后也仁傑能行於異姓之婦人伯不能行於至親之父子且朱子之論伯曰德足以朝諸侯而有天下夫足以朝諸侯有天下而不能以大義回父心吾不信之矣以子事父情有可爲而不爲身爲世子權有可爲而不爲以事父言則不孝以事商言則不忠啓天下無君之禍貽家門弑逆之羞皆荆蠻一逃爲之也夫子旁通事物之變酌見義理之原而顧以至德稱之哉

嚴光論

横足加帝腹天下視爲奇事桐江一絲以古而今亦無不爲子陵高而賢之矣然高則高矣高而不實奇則奇矣奇而不中人生天地間只是一性分是所固有見之日用只是一職分惟所當爲舍性分言高奇未見其能高能奇矣性分何在天地萬物本同一體自天子以至途人一也性在是職分在是自天子以至途人作用一也故天地萬物舉而屬之我一人之 樂而任之爲我一人日用常

行之道八　用　後退而守之雖退而守之而萬物一體之心則未嘗一日忘也從古聖賢民胞物與道蓋如此孟子曰中天下而立定四海之民君子樂之子陵果如光武相助爲理之念則光武之所立而定明良相逢治具畢張是即子陵之所立而定也眞機實際子陵何故不樂爲之孔子生于春秋流行轍環日不舍置佛肸猶往荷蕢丈人知不可而不爲之夫子罪之子陵對帝累日因共偃仰由古而來迭爲賓主二女九男情分無間未

之過也可以謂之不可爲不爲之耶孔子於荷蕢責其果於微生責其固於丈人責其潔身亂倫就子陵言之其爲果而固有甚之矣有君無臣吾悲其爲君苟有天下國家之志光武之時不爲孔子孟軻之出可勝悲乎一時後世獨於子陵賢之祠祭咏揚不一而足是所謂高而奇也三代而下蟬蛻汗穢之中以浮游塵埃之外權位名利若敝屣也誰其人哉誰其人哉苟[illegible]恃之無所不至有扃斯石宦官宮妾廿[illegible]心而履之矣況天子之尊故

人之厚彼自求之 與得之獨非人間世一希有事乎其矣人之好怪也歟 足橫帝腹古今無有也君子得志與民由之不得志獨行其道不得志之志即得志之志苟有其志故人如光武不與行之未之有也子陵無其志是以無其具無其具是以只就平日之狂成一世外人是後之詠釣臺者出脫子陵云侯霸朱浮僅免歸韓歆戴涉終見殺云胡君房留不住無乃平日窺其微夫有是臣則有是君自建武中三十年論之中興事業止此而

已尚不如子陵順眞抱一不爲之高百姓怨氣滿腹羊裘懶散江湖無能優劣固也然子陵實有伊傅周召之器不能輔成光武天下得有禹湯文武之澤耶後日如果言不聽諫不從然後從而去之未晚也謹厚如光武中興如光武奈之何預逆其其不可先自絕之伊尹之於湯傅說之於高宗傾蓋如故子陵之於光武二人同心如蘭斷金輔世而長天下之民可行之矣[illegible]謂修之身其德乃眞修之天下其德[illegible]普身心天下德之在我爲之

奇甸己　卷　嚴光論

區區然枏江煙水 春風月有一節之偏缺失全體之正可以言德之眞也 汜文正謂子陵之風山高水長山則高矣無草木水則長矣氣不能上興雲雨無取焉狂奴故態子陵之論定於是矣而天下之人獨於子陵稱賢是則好高好奇之過也

陳蘭芝曰海公又有文云秦漢而下實心愛民者幾人語亦切當最合孔孟仁民愛物之旨

嶺南古跡名勝雜咏

貶崖州司戸道中　唐　李德裕

嶺水爭分路轉迷桄榔椰葉暗蠻溪愁衝秋霧毒
蛇草畏落沙蟲避燕泥五月畬田收火米三更津
吏報朝雞不堪腸斷思鄉處紅槿花中越鳥啼

再授連州至衡陽酬柳柳州贈別　唐　劉禹錫

去國十年同赴召湘江千　又分岐重臨事異黃
丞相西授三黜名漸[illegible]士師歸目併隨回雁盡衡陽愁

腸正遇甌猿時桂江東過連山下相望長吟有所思

畫不如樓在連州

行盡瀟湘萬里餘少逢知已憶吾廬數閒茅屋閒臨水一盞秋鐙夜讀書地遠何當隨計吏策成終日詣公車剡溪若問連州事惟有青山畫不如元結

在連州鑿海陽湖建亭其上劉夢得有十詠載郡志

霍山在龍川縣即太乙岩三百七十二峯唐宣宗爲僧時曾住此

唐 曹 松

七千七百七十丈丈藤蘿透碧天西土文殊會印跡大中皇帝舊叅禪月將河漢隨巖轉僧與龍蛇伴佛眠寄語畫工休閣筆好將幽景廣流傳

酬陳司馬見招　宋宰輔　寇　準

潁川公子重賓僚花竹開筵遠見招飲至夜深人欲去颼颼風雨響芭蕉

留題英靈陳司馬宅 英靈里名在遂溪縣

公餘策馬到英靈幸有官僚伴使星人物熙熙風景盛好手隹會入丹青 準時貶雷陽司戶叅軍

致一堂在連州歐陽獻可讀書處昔魏公浚入將相以恢復爲己任因星變言事忤秦檜謫居連州濯纓堂連本古桂陽郡湟州其别名也山水泉石多勝槩昌黎中山賦詠不一而足魏公暇日于列秀亭休息詠興吟詠以暢敘幽情取山水最勝者八命題賦詩名曰湟州八詠載在郡志

孔廟從祀　張栻西蜀

四瀆滙大海萬轍歸一途六經在天下屹爲衆說郛諸子紛異同頗類齊門竽止可守偏見豈能反三隅西風吹游埃吾道將何如歐君好古學有似齊魯儒藏書五千卷窮年與之娛作堂市上下桂

樹高扶疎人言君古學嗜好與世殊寧知簡編樂
遠勝名利區𢧐昔與君遊折簡屢相呼淸談作竟
日有酒時能斟勝事猶未亡回首歲月徂去年驅
車來不憚道里迂作書邀我詩恐爲玆堂汙知君
學已明可與毛鄭徒但當致其人勿爲衆說渝

養源堂州人陳宗誥讀書處

遥峯揷天嘉木樛蒼厓欲洌溪南流高人結茅會
幽輿短籬疎竹寒颸颸春風熙熙桃杏紅秋月耿
耿迷長空角巾隱几味眞趣浩蕩澄波方寸中我

奇　卷十六　詩

來翹首故 九疑暝烟深處碧雲垂客情已著歸舟

去揩窮凝立嘆清斯陳宗諤張魏公最好與之論文

還至雷陽月別琮師師住湖光巖　李綱宋丞相

好佳湖光攝此心有緣終會有知音梁谿老去孤峯頂月白風清難更尋綱自號梁谿居士時貶官萬安郎萬州

湖光巖

避暑投陰正午初臨流無奈水涼何莫言一掬湖光小曾活蒼生雨露多微言自寓

清源在廣寧縣羅隱凡所攀涉堂可愛　李本潔

鑿得千秋讀劉梅根有浦料同清池州梅根冶羅昭諫所隱

居處君心不作三閭怨漁父何須唱濯纓

詩思深涵萬斛盈詠君甲乙與池清羅江東有甲乙詩集溯

源自恐纖塵累試向泉心屢振纓

温泉在龍川縣　邑宰　潘好讓

信有温泉沸若湯一溪流出易暄凉丹砂凝處融

金液陰火蒸來噴玉漿採藥幽人時漱齒探奇佳

客每褰裳清泠不受纖塵染絶勝驪山脂粉香按輿

記集載粵東温泉有三其一在羅浮白水山一電白熱水池一在陽山温泉灘郡志載欽城又

溫泉是以共有五處六龍川縣志蘇子
田先生所修今載有溫泉未必虛也

送春郊行　　　宋眞人白玉蟾瓊山

怨風怨雨總皆非風雨不來春亦歸越鳥啼殘花
影瘦吳蚕眠老柘陰稀枝頭紅綻梅初熟口角黃
乾燕學飛我亦欲歸歸未得擔頭猶挂一簑衣

送李道士還蜀

我居瓊海子潼川相望西南路八千乃祖青牛今
不返予家白鹿尚閒眠雲屏莫測眞如夢琴劍相
逢亦宿緣□□□西□□黃葉恨待須貰酒泛江邊

鄒公祠 在石城縣鄒智字汝愚蜀人官編修因星變上言幾至重辟貶石城吏目卒年二十六

明大叅 桂嘉孝

劍外飛聲塞九天鳳池文藻屬青年朝端正氣星辰動海裏風清道學傳薄謫豈妨霖雨用修文蚤賦玉樓篇臨風泣向荒祠下花落鳥啼愴墓煙

春日同許給諫諸文學登明昌塔絕頂

巡撫 海瑞 瓊山

縹緲丹梯此共登側身雲壑擬飛騰天連滄海懸孤嶼八立青霄最上層望氣幾年逢尹喜傳衣

處是盧能學空捧日　吾黨雁塔龍門次第升

天涯亭　亭在欽州可望分茅嶺宋余襄公郡時建前有三石曰釣石曰吟石曰醉石

明太守饒秉鑑

誰構危亭倚碧空亭前風景玩無窮海波浩蕩連天白山勢崔嵬揷漢雄銅柱幾思馬援一作江帥城目遍憶商翁宋州牧陶弼有天涯詩集交州迹遊知何處夔夏如今總混同永樂時曾郡縣其地分茅嶺自伏波立銅柱後茅草南北異向云

天涯亭記[illegible]想夫春融氣和二水溶溶無濤無波一碧萬頃可遊可歌印金蟾之出沒浴扶桑之晨曦[illegible]鱗于別浦散野鶩于平沙登斯亭也則[illegible]八洞視八荒者矣赤帝掌命[illegible]

附録一 《增補嶺海名勝志》各處名勝分布地圖

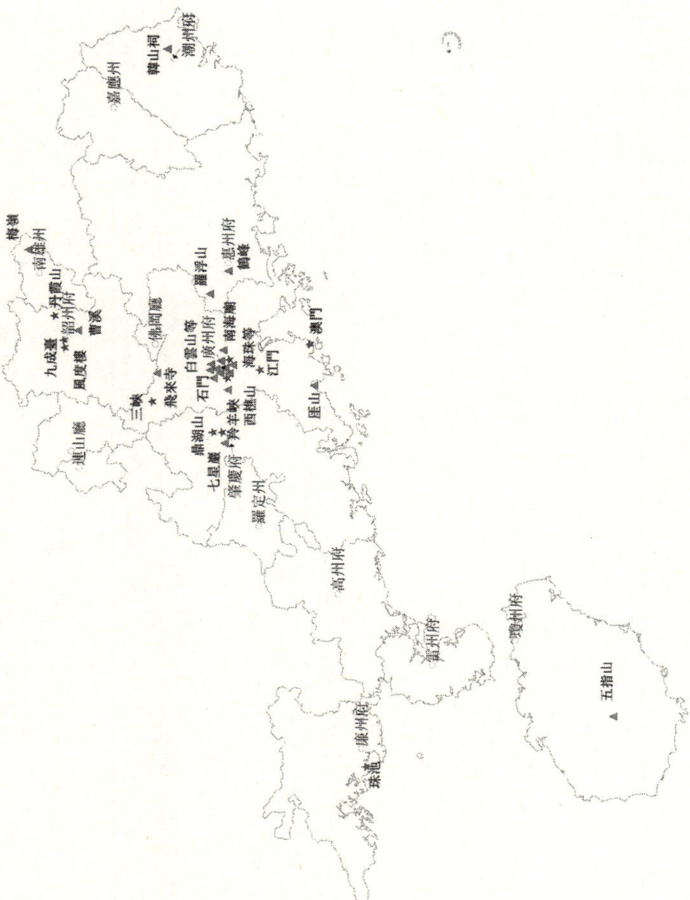

注：郭棐本名勝用▲表示，陳蘭芝增輯本新增名勝用★表示。

附録二　卷六《西樵山記》較郭棐本增補文類一覽表

按：本表以本書出現先後爲序。

著者	籍貫	篇名	體裁	備注
陳子壯	南海	西樵山賦	賦	《西樵山志》有
何夢瑶	南海	嶺南集序	序	
黄丹書	順德	西樵山賦	賦	
霍韜	南海	答彭仁卿	書	以下七篇在本書中合稱『霍會元文選』
霍韜	南海	與朱貳守	書	
霍韜	南海	上楊邃庵	書	
霍韜	南海	復王陽明先生	書	
霍韜	南海	論王守仁功疏	疏	
霍韜	南海	大禮疏	疏	
霍韜	南海	議祀薛瑄疏	疏	

附録三　卷六《西樵山記》較郭棐本增補詩類一覽表

按：本表以本書出現先後爲序。

著者	籍貫	篇名	體裁	備注
霍韜	南海	贈魏太守考績（五首）	四古	
霍韜	南海	曾梁純禮還程鄉（四首）	四古	
羅天尺	順德	曉下西樵至崇勝寺白山上人圓寂十餘年矣，屏間拙句舊迹猶在寺僧不相識述詩爲人盜去自大岡墟贖回同遊門人何挺初失笑有作	五古	
杭世駿	浙江仁和	詶西樵何監州夢瑶小除日見懷原韻	五古	
楊錫震	香山	西樵謁湛文簡祠	七古	

續表

著者	籍貫	篇名	體裁	備注
羅天尺	順德	西樵歌寄答陸豐馬廣文受之	七古	
陳晚成	西樵本山人	西樵遲蔡艮若	五律	
羅天尺	順德	西樵道中	五律	
汪俊來	白岸	遊九龍洞	五律	
羅務光	順德·宋真人	早秋湖閣望西樵	七律	排七律第一首
郭棐	南海	遊樵山分韻	七律	明刻本只有第一、二首，本書增補第三、四首
陳子壯	南海	大科峰	七律	
歐必元		大科峰觀日出	七律	
汪俊來	白岸	聞白山上人將闢翠岩詩以速之	七律	
梁麟生		送方東上歸住西樵	七律	
羅天尺	順德	春日同陳海六蘇瑞一陳聖取遊西樵宿馬家莊	七律	
譚湘		過李子長先生墓	七律	

續表

著者	籍貫	篇名	體裁	備注
陳份	順德	樵西題何友人瀾亭	七律	
何夢瑶		謁李子長先生墓	七律	
陳份	順德	樵上呈長塘主人	七絶	
陳世和	順德	西樵歌	七絶	

附録四　增補本缺載郭棐本篇目一覽表

按：本表以本書出現先後爲序，備注中説明該篇在《西樵遊覽記》的收録情況。

著者	籍貫	篇名	體裁	備注
曹松		西樵書懷	七律	
陳堂	南海	噴玉岩同張儀仲王唯吾霍益芳共酌	七律	
陳堂	南海	聚仙臺曉望和壁間方文襄公韻	七律	
陳堂	南海	登大科峰絶頂	七律	《遊覽記》有
陳堂	南海	遊白雲岩瀑布	七律	
蔡靉	寧普	奉命入西樵徵方太宰還朝	七律	《遊覽記》有
曾仕鑑	南海	奉命入西樵徵方太宰還朝	七律	《遊覽記》有
戴科	福建莆田	登大科峰	七律	《遊覽記》有
霍尚守	南海	遊白雲洞	七律	《遊覽記》有

續表

著者	籍貫	篇名	體裁	備注
王學曾	南海	偕陳明佐張儀仲陳明瞻遊西樵赴霍益芳之約	七律	《遊覽記》有
區大相	高明	白雲洞	七絶	
區大相	高明	經碧雲村	七絶	《遊覽記》有
區大相	高明	山中言志	七絶	

附録五 增補本與郭棐本篇目互異一覽表

按：本表以本書出現先後爲序。

著者	籍貫	篇名	體裁	備注
甘學	番禺	仙隱岩	五絶	明刻本題《錦岩》
鍾景星	東莞	西樵雜咏：促陳謨還樵	七絶	明刻本題《促陳謨還樵》
鍾景星	南海	西樵雜咏：西樵道中	七絶	明刻本題《西樵道中》，且作者作何維柏

西樵歷史文化文獻叢書

增補嶺海名勝志（二）

（明）郭棐 編
（清）陳蘭芝 增輯

广西师范大学出版社
GUANGXI NORMAL UNIVERSITY PRESS
·桂林·

明光禄卿嶺南郭篤周先生著

嶺海名勝記

香山後學陳蘭芝增輯

白雲山

白雲山志

香山陳蘭芝拂霞輯梓

白雲山記

謹按羊城北十五里爲白雲山所謂天南第一峰也以山多白雲故名山勢龍嵸群峰環列其右景泰其左月溪其下有九龍泉其流爲大小水簾洞宋方信孺所謂重重掛玉簾處也其北有鶴舒臺宋崔與之所謂鶴去臺空景物殊卽此也又北一里曰虎頭巖曰賓象峯上有動石有虎跑泉折而

西南五里曰棲霞山宋白玉蟾有棲霞晚眺詩蓋嘗住此也其下有太霞洞卽景泰雲峰昔有禪師卓錫得泉於此今泰泉之水出焉有玉虹飲澗洞洞上有閣其南曰聚龍岡又折而西曰御書閣以宋高宗御書而名也嘗觀白雲之山亭亭崥屼如翔鸞舞鳳直趨會城諸峰從之並奇競秀誠三城之靈趾而一方之巨瞻也吾粵人文之所挺發孰非茲山之所攸鍾哉今白雲有甘泉書院景泰有泰泉書院月溪有黄鐵橋精舍其中又有天游書

院於虖不有先覺孰開我人若諸先生者其殆天民之先覺而後覺之型範也其爲兹山光豈有窮巳時耶爰標其勝撮歷代名人詩文序次于左作白雲山記

文類

新創白雲書院記

尚書　湛若水　增城

嘉靖庚戌三月明生甘泉翁遊於景泰之下謁黃宮詹祖考粤洲府君之墓泰泉公私與人曰盍爲泉翁卜書院爲山儲以告曰未有主者白雲毀寺

之基其可遂聞於府别駕曾君廣翰是月十日甘泉翁與寶潭鍾子景星冡山郭子肇乾兩灣康子時聘季子淶之出天關主事李少偕時行先候於小北門共往觀之過上塘村曰此白雲洞口也一水滔滔自北而南行七八里過石坊曰黄家山庄仰見一樵來從山頂如自天而下如虹如橋縹緲如行空中至路口又有一邏來合於是迤邐而東過戴家墓東由私蹊而入焉諸子請立白雲書院與諸生遊學甘泉翁可之嘆曰高矣美哉第由私

蹊捷徑而入不似吾心因知右景泰泉黃公得之左月溪鐵橋黃公得之皆毀寺之初也於時爲易而此寺獨若鬼隱神秘而無有取之者夫三寺者白雲之山之三勝也左右既先主於二黃矣而此地獨留之二十八年以待予豈人謀所能及哉韓子言天作而地藏之以遺斯人今天作之矣地不藏之矣而人藏之以待予焉又信天地人三益於予而不受者之難也是月廿日載觀焉復由小北門度上唐村而北而黃家庄而僧歸亭舊址下

有邱隆然如口顧謂左右曰此可石坊爲白雲書院先門也遂立第一山并書雲歸亭又扶而上泊戴墓之左遵界而南小憩於懸崖之亭曰留仙亭曰此可妥安期生也由南而東爲故寺鶴舒臺登焉曰此安期生飛昇處也誌之更築湛子著書臺焉東指曰由此可達月溪歷茶坡而北岉立爲書院中門三司之所建者於此觀書院之基高敞盤欝頂峯尊崇羣山護之如丈人儼然中居而童冠環列拱立然乃闢荆榛由此中道入雲生門過倚

雲門而上曰此所乃陳小江大巡貺金修創門樓扁立白雲書院處也由門樓下升大道堂入遵道門曰洞開重門無少私曲不亦如我心乎夫然後內外之一也北憩於九龍之泉泉出泠泠冬不絕聲以注於九龍之口或曰此記所稱九童子進安期泉也翁曰且置勿論而其生生無窮逝者固如斯夫亟薙草萊而坐焉遵道門之內爲尊師祠塑白沙先生像北堂扁曰觀生堂堂之前築臺曰觀泉臺又昇而上脩講堂五閒扁曰盡存堂立碑立

孔聖四配像爲諸生瞻仰又升而上爲坐堂五間扁曰坐進之堂蓋與諸生靜坐於此云仰扳絕頂披蒙茸逐雲日書刻第一峰絕頂中立洒然四顧無山與之齊者又不知山之上有天焉以入於無窮令人直欲插羽翰乘日月凌倒景以觀世界以遊無何也其東北爲左高峯西南爲右高峯俯視南極爲三島洲爲抱奇山爲青蘿障爲波蘿爲虎門爲洋海歷歷皆在几下堂之左右以前有三桔榦無皮理連枝花盛開如明珠萬顆所謂三珠樹

六桔關固自古記之青蘿王子謂蝴蝶洞有唐時桔非此類與異之或曰此百年桔也僧惠傑所植曰世豈有百年桔哉非此山之瑞乎忽聞雲外有歌者曰白雲山高兮高入天登高望遠兮輕人寰隘六合兮忘晨昏童子入雲兮采藥人不見兮空聞言濯龍泉兮自清倚珠樹兮盤桓又歌曰白雲鴻濛兮宇宙爲家混天地萬物而不分兮浩其無涯廓乎吾廬兮不返廣居不居兮君謂之何於是諸子請問盡存之義翁曰勿忘勿助之閒心斯盡

矣夫忘助皆蔽虧之者也如彼日月物無蔽虧圓滿明光普天照耀故心盡則廣大高明之體全而廓然大公天理見矣是謂知性是謂知天卽一念而不息終日乾乾收拾此焉以有諸已是謂存心夫盡斯存斯斯中物也道也心也性也天也一也卽盡卽存一心不息知性養性知行並進直達天德天德在我天命我立萬化我出我與天一斯聖人之學備矣諸子誌之諸生前日講記於石以示來者

歌以下廣州志刪去

天游書院記

林俊

羊城之山其最勝曰白雲曰西樵故爲方外之所附著自陳石齋養尚白沙氣義歆發高奇之士往往托山水自見西樵之烟霞湛甘泉主之泉石方西樵主之白雲之天游又爲天游子之所物色或閉蟄以俟時或流遯以終老或命物以寄興氣機發祥雲物生色始覺二氏不能獨當當之者固吾人也天游子詣予雲莊請記按白雲去羊城今許所謂天南第一峰也以山多白雲故名又洞曰白

雲曰紫雲臺曰鶴舒澗曰蒲澗幽邃清野相傳安期生餌九節蒲是澗故宅白雲也繆悠之談詎忘乎及之天游子有趣尚落足是山一夕夢異人謂曰盍往天游指所歷徑以去翼日循行青碧閒度古澗憇長松殘字隱隱厓壁曰天游曰雲臥方悟夢之爲眞噫異哉夢由心生者也虛故神神故感然俗緣未斷凡局依然無越槐南枕中之記而剖腸授筆殆又雕刻鉛槧無謂之彌文蒙莊子曰心無天游則六鑿相攘有天游無係也升落非譽無

足介於中游太虛寄霞外以自適翛絕出塵之趣夢之所告心之神也神之所感心之寂也而眞境固在夢非誠夢夢而眞者也言念疇昔誰固爲之於今誰固授之眞而夢者也天游子有四方之事而孤風遠韵決不使列壑獻嘲兩雲勝笑無害乎夢亦無失乎眞易曰時止時行動靜不失其時天游子知易者而竟歸於夢則又天地萬物所不能遺天游子又惡得而避之天游子陳姓錫名祈鵬字性眞

白雲三變說

主事 王漸逵 番禺

甘泉翁作白雲記謂仙變釋釋變儒王子讀而[illegible]之曰其變之終於正矣乎遂書白雲三變扁而揭焉復爲之說曰白雲者吾廣之鎮山也蓋自安期生之居於斯也有九童之泉鶴舒之臺蒲澗蹟焉而白雲變於仙自釋迦之西來也梁武倡之達磨成之大雄氏尸焉而白雲變於釋自浮圖之廢於廣也魏莊渠主之甘泉繼之書院創焉而白雲變於儒夫變也者趨時者也儒也者反正者也故莫

大於時莫重於人秦之仙也無安期生弗變也梁之釋也無達磨弗變也皇明之儒也無甘泉弗變也是故白雲之三變其終於正矣乎或曰能免其弗變乎曰營之以甘泉尊之以大聖配之以四賢佐之以白沙雖千萬世不變焉可也雲乎雲乎吾知其免矣

白雲山賦

宮保尚書　黃　佐　香山

維南越之主山奠廣州之野北自大庾以逶迤者三城而崒嵂從之者三十餘峰聯之者皆成一脈

名曰白雲削成素壁爾其巔可摩星下瞰歸龍之洞中懸飛簿高垂噴玉之泉北廠崇臺高館之勝左叅月溪景泰之禪水石皆異姿態如仙覩鶴舒而擬探仙蹟因虎跑而獲悟水源遠眺泰霞之洞近臨小隱之軒溯祖龍訪至人而不得慨宋帝留御墨而空傳若乃柳色青浮春光明媚踏青擬麗人之行脩禊倣蘭亭之記木棉照日光搖鬖[illegible]之中古栢冲霄影出峰巒之炎六眞橋畔飛來燕子翻風滴水巖邊望去煙光成翠鶯語遷喬梵音出

寺固極選勝之雅遊是誠當時之樂事也及其榴
火燒空映入飲虹之澗薰風夾道爽流飛瀑之亭
踵鰲頭之嘉會搜玉井之丹經菖蒲生而九節水
簾捲而千層林邊避暑溪畔剝菱蒲團悟老僧之
入定芳叢愛野鳥之忘情遙望風塵人忙如蟻放
懷天地我志如氷愛日之長林泉暫憇嗟時之去
秋月初明則有登高作賦對青嶂以揮毫臨流賦
詩倚蒼松而寄傲弔甘泉之苑宴絕流觴緬菩薩
之堂人同湛露或效處士高風或如叅軍落帽感

秋氣之悲哉惜年華之將暮聊假日以寫其愁思胡求仙而向乎煙霧若夫一陽始復六律皆新節鉞賢更冬狩時巡郊原駐旆草野勞民瞻白雲之蓊鬱兆瑞雪之繽紛於是嚴車駕命虞人風伯爲之開道雨師爲之清塵射獵於燕塘之圃獻豜於韶水之濱覺雲山爲之增色珠海藉以生春此則謳歌應遍乎士女而掇筆殊愧乎鯫生者也

遊白雲山記

探花大學士陳子壯　南海

郭北岡巒蜿蜒十五里磴折而上南天第一峯是

也其山多白雲屏環几負頫近郭諸山皆峼嶁虎門東入諸川條達幷見右景泰而左月溪三勝故皆有寺嘉靖初毀於督學魏公簡而景泰屬黄文裕月溪屬黄銕橋司馬逑湛文簡歸老復以白雲爲書院鐫先師四配像與生徒聚講以泉清冽乃九童子進安期生處故名九龍泉文簡身後其家人夷書院爲墓菴於九龍泉下供大士像水月菴其右廊舍比連門其後以登墓舍下碑像崩錯於地殊增兩楹之感文簡亦不料至是菴徑初緣右

直上主僧如超募工甃石爲橋列䃾左折小池接九龍之次旁注於谷涓涓有聲與風葉應山戶幽深不知其幾許也入菴則體制反渺予中表馮生景漢習靜其中同居復有區生是日也予不期而往相與撫掌茗談勸如超瘞碑像於窮高之頂橋下多大石相度剗剔爲予酌泉枕流處縱步久之徑仄笠杖雪衣翼童載茗而至者修六長老也修自訶林入月溪兩載聞予遊則欣躍來會飽午飰菴中繁陰澌翳山坳雷雨四決獨南雲猶白琶洲

赤石岡塔饕若盤石中物兩道戰瀑聲踰雷予冒雨觀瀑觸杜詩雲門吼瀑泉句題石曰雲門少晴復雨與修六印證移時今日之遊似妨登陟適足以盡兹山陰晴之變將謀假榻經宿而夕景又冉冉弄晴矣予欲趍此觀泉於蒲澗諸客以徑濕不能從道之歸稍延聽陸家庄泉聲入城亦晚城中微雨壬申三月二十六日記

遊白雲山賦 古學試作

張大進

陟兹山以騁目兮聊舒襟而廣意攬八紘之恢恢

兮抗層雲而自致連岡沛乎若濤兮俯茅簷之鱗次或暫駐而儃徊兮吾亦快乎所寄風飄飄而軒舉兮若鳳翔于千仞緊處高而視下兮憶小魯而彌信循磴道而盤空兮覓安期之舊居石礧礧以嵯峨兮羌詭特而詫予喟景泰之荒頹兮闕僧歸之暮景能仁奄其就傾兮又白雲餘土梗過月溪而斫竹兮珍蛾蛙之琅玕掇菖蒲之九節兮歠飲虹而盤桓緬孫蕡之別業兮訪而莫吾語也惟泰霞與菊湖兮邈不得其處也忽奮身而飛舄兮造

摩星之絕頂儼穹蒼之綦邇兮羣峰眇而莫並多一卷於羅浮兮哂環瀛于一綫識天地之圓方兮覽雲物之奇變洵繡壤糾結之繽紛兮幅幀犬牙以交錯彼川原之浩衍兮夫何纖微于城郭軒轅畫野兮誠開天以覺世疆以周索兮胡然地使有餘利蓺開原以菑畬兮歲可獲乎秭斛垣坰牧而室廬兮奚民居之局促豈好大之匪圖兮抑非常之可懼意樂土之已歌兮職茲忽而弗務久游曰以臆蔓兮既翩然而來下愛濂泉之潺湲兮行吾

趨乎東路步蚫倒之危峰兮故踶跂而媻跚險瞬出以亨屯兮閱滴水之巉巗捫嶒峗以曲折兮芘叢薄之縈陰石泉飲而甘洌兮發天籟於長吟瀑颯颯以叶律兮聲瀟瀟而疑雨乃神凝而形釋兮靜理了其有悟由谷口而南出兮石橋穿而過之謁聃像于碧虛兮旋流杯乎通池軾遺詠之欲覲兮眄蒲澗以載驅清辭潤夫金石兮爲弔古以躊躇鉢盂峙其類屏兮余亦抵乎其椒美華實之蔽野兮疇懷新乎良苗矜上腴于越土兮原膴膴而

靡界山崛崪以崔嵬兮海迴環而襟帶亂曰佳氣
鬱葱岡巒屹兮上饒白雲史書物兮彷徨廣莫連
洸洋兮恣所游衍茲翺翔兮登高必賦古有事兮
倚若兩言逝以彰志兮

十賢堂賦

宋蔣之奇宜興人登進士知廣州事平黨寇以南海饒寶貨爲吏者多貪聲之奇繪吳隱之宋璟李勉等十八像建十賢堂於南海白雲山之陽以祀之冀變其習凡經遊者多所題詠

通政司參議張詡番禺

覽秦佗之故墟兮風氣攸萃而固藏山川盤結而
崋崒兮延袤十里之脩隍携絜酒以展敬兮登十

八賢之祠堂緊肇晉而迄宋兮偉諸公脩德之相望吳宋二李二盧兮與夫孔蕭而滕王是爲十賢兮咸以職業而顯揚復有八賢爲潘白兮與余魏二陳而邵張瞻典刑之具存兮撫載籍而增傷嘅淳風之日頹兮民趨靡而奔麗重以悍吏之羅織兮室家啼饑而號寒窮亡憔悴已無聊兮仍骨髓之是剜皇穹作憤怒之色兮太陽黯淡而不明懷諸公之遺愛兮實繄禧而夥慶跽颺言以擘涕兮念赤子之彷徨羌彼貪墨而僨政兮胡不泚顙而

汗背夫何風雨摧敗而不葺兮坐視爲草莽之壇塞先賢遺躅棄而不顧兮其爲政固可知也顧蠢蠢其何辜兮獨不沾膏澤之遺也言及茲而興喟兮嘆諸公之不可期也安得起諸公於九原兮爲吾民之父師也去諸公奚啻千祀兮何人俎豆於其祠也胥起而振邁之兮庶有以慰吾民之思也

蔣公初爲集賢殿修撰知廣州時屢有大功愛民如子

白雲山志

五言古詩　香山陳蘭芝拂霞輯梓

同社遊白雲寺　明長史李　德番禺

捫蘿扣禪關長嘯青雲巔山開西北日水豁東南天涼葉散虛席暝林啼清猿浮雲觸石起頃刻徧大千悟言造眞境談空忘至言何當登絕頂俯視蒼蒼烟

訪鶴舒臺　宮保尚書黃　佐香山

天池集南翼帝車廻北衡芳草寒未歇潦川憯猶

清晏陰日夕起鬱抱何由平遡風肅徂軫陟雲延友生周遭度乎渚紆徐搴落英晨霞散餘絢倏忽凌虛明虬松移翠葆虹澗流金聲轅馬何蕭蕭谷鳥亦嚶嚶蘊眞效龍蠖撫化忘將迎隆墀一永歎遠蹇浩自盈緬惟遼海鶴載彼瑤臺筌邈矣安期子廼無千載名

紫雲覲易臺　黃佐

鳴鶴振遠皐潛龍耀靈淵懿彼廬山幽棲兹高蹈賢紫雲結蘭若孤峯靄鑪烟築臺據幽勝迎風槩

中天侁侁衿珮集瑣瑣珪符捐觀易研衆妙洗心由浩然開軒丹巘入承宇青霞連編韋會至賾含瑟成眞筌雖生姬孔後已悟羲皇前彙征謝嘉遯道以時屢遷垂光虹霓上永懷邱壑年

訪白雲書院　　主事　王漸逵　番禺

白雲奠南服自古肇靈勝一據浮圖氏遂墮空寂境沉淪二千年人寰足深病烈烈甘泉翁書院倏以正排雲構華宮中天啓元聖兢兢誦法同濟濟衣冠盛我來慰一觀艮朋翕相應源泉酌清漪大

宇喜澄定一盃洒空臺遥爲山靈慶

出郭十里望白雲山 布政叅議 黎民表 從化

伊余霞外心夙恊滄洲想芳春戒簪朋青谿宿徂雨瀰瀰清露溥英英白雲上旭日熹陽厓暄風散林莽棧道既縈紆窺川赤沉瀁干呂氣多奇建木影殊狀陟雲胆已捐覽勝心逾壯玄圃非冥設丹邱豈外象願矯凌風翰永悉山泉賞

登白雲最高頂

靈嶽奠南澳鳳翼矯而峙上干爥斗樞下盤絕地

理修阪饒莃苓迴蹊蔭梗梓東觀極扶木西窺遍

濛汜晨標赬霞截夜氣白虹起玉樹發葱青金潭

耿淸泚平生信經奇兹山擅巨美圖史謾莫傳倜

儻固難紀倘驂飛龍遊長揖當途子

入白雲寺酌九龍泉

頓足雲外遊弭服雲中宇晨霞朗高木晴暉射孤

嶼泠泠山漱瓊湛湛觴浮羽層欄蝕金碧古瓦竄

鼯鼠撫迹泯空有忘懷契賓主手揭留萸贈目送

飛鴻舉方諧鸞鶴蹤遽協濠梁矩齊物在斯辰憂

生非遠慮

同丁戊山人遊白雲寺

流觀遍炎陬結賞自員嶠積陽熙層崖凝陰豁林杪雲構何壓麗乳竇自窈窕澒洞出谷雲淵渟瑩神沼稍疲暫憩石選勝益躋表欄楯寄矚既軒窓瞰深窅猛簴發鴻音寶輪晃餘照龕以曇花覆堦將慧草繞詎謂刼灰餘遂成夷原燎棟撓芝菌生瓦坼𤬪甓嘯金雉剎石幢汞藥遺丹銚惠遠豈復招巫陽不可叫蕭晨命良儔蘭觴展奇眺感茲乎

運徂念爾冲規劭闕河閡舟楫雲雨乖言笑潛蚪媢烟霄冥鴻避矰繳勉敦谷口盟無貽北山誚

白雲觀

翠壁苔蘚剎雕楹風雨傾不見赤蚪返空聞白雲名環中龍虎伏鼎內鉛汞爭石函委眞蛻絳氣干天庭松杉緬延佇鸞鷺導遐征古甃汲寒冽陰廓畫仙靈羽流萃雜沓鬼火流青熒腥膻漫玉椀瓦礫飄金莖雲螭杳難駕霞縱愴余情修途逼暮景改轍思長生稽首受糸籥一爲開瑤扃未敢望鄞

鄂庶能守申庚諦聽獲憂憫恍惚聆簫笙出門悲風起曠若失蓬瀛何時復來遊相隨朝玉京

遡水簾洞過月溪寺

緣蹊路方滮尋異景屢延凝思矚幽巖朗詠遡長川青蓮敞妙界壁月鑒華泉寶樹無重影金輪不復圓依微想臺榭出没悵雲烟羽人絕髣髴員嶠徒空筌歸寂竟何感撫化彌泫然六龍倘可頓爲我揮虞淵

鶴舒臺是安期生上昇處

安期鍊玉液飛步凌紫霄空餘璇臺在千古鬱岧嶤金牀鎖靈穴碧樹敷英翘鸞笙空縹緲鶴馭徒逍遥物化迹逾勝理愜境自超願彈雲中駕隨君揮碧寥

鶴舒臺　　　　州牧吳旦蘭皐

蓄賞自千古飄飄臨紫清流霞帶方島絳雪曜曾城飛仙杳難冀高堂空復情烟開樹輪碧日湛水華明葳蕤望蜺蓋參差聞鳳笙馳齡苟可駐揭來導遐征

遡水簾洞過月溪寺　吳旦

玉洞夐無門珠簾不可卷梯峰遡窮磧剗石臻遥峴蹊參灌木入術並脩篁轉禪界稍歇堙靈泉猶淸淺花凋龍女臺草積象王輦二梵行當已三車誰能演籍草停曠蹤撫松豁英眄翠涵岫類滴雲抹林疑蘙感運心所懷浩歌與粗遣

遊白雲寺　主事梁有譽　順德

崇岫控越徼巍鎭峙郊甸崒嵂億刼餘迢遰百里見疎嶺何岑峭陽林鬱蔥蒨峻擬元天平俯瞰海

日炫化城依層顛拂策陟遙峴逢槎舊術迷遭石
新磴轉始至嵐陰豁暫息厓光顯露翳若木莖風
墮曇花片鳥啼谷互畲竹亞露猶泣冲襟挹恬寂
素想協遊衍靜惟迦葉智默遡龍樹辨十喻總歸
空六塵原不眩清朝意蘂凋縞夜心蓮現歲月紛
遞馳棟宇幾遷變鶴往臺草荒龍去井泉淺刻桷
鼯鼠啼雕梁蛛網冐感物置安排看雲悟舒卷結
桂緒方遙攀蘿情莫展景協賞爲美慮澹機自遺
願總塵外轡謝此區中戀

讀書白雲精舍　　布政黎民表從化

屢居厭囂雜精廬借丹邱嵐光入戶牖竹栢環瀑
流清朝理巾服散帙獲所求卷之豁方寸煥之窮
六幽機忘慮自遣境寂神與謀玄珠非罔象輪扁
誠足羞烏伸不知疲象耕還有秋烟雲恣艮覿鸞
鶴無俗儔臨淵非釣國委運殊蟄坏靈脩去已遠
吾將與天遊

遊白雲尋順菴宋崔與之讀書處

差辰餙馳勒微陽曜桑柘矯首龍岡岑弭節雲峰

下遡風懷昔人疏山鑿精舍詞林昔輝耀薈蔚從
清暇達生豈効陶投荒異謫賈帝鄉杳難期青山
尚堪借樓居貯宸章林巒徧揮灑風流擅當時徂
年感兮化漬墨荒小池清遊毀荒榭風磴寒蟬唫
礀道飛湍瀉感念心不夷臨流獨舒寫

遊白雲寺　黃在衮

招携出郭門杖笻躡芒屩俯盼磴道遙神工何年
鑿崚嶒插青霄雲霞互磅礴東窺扶胥日南瞰溟
島鬱綿亘千百盤蜿蜒虬龍躍昔有安期生凌風

乘白鶴危巖遺像存丹砂巳寂寞緬想方外悰充饑恆藜藿幽谷有芳蓀迴谿産杜若太息稅塵駕托茲忘濩落

遊白雲寺　黃在裘

碧黛隱靑冥白日匿丹谷抗策詣巒岑訪古息林木睠茲秋已深相携過山麓泉巖紛瀑布烟霞飛遠岫因之愴歲華惄焉傷迅速鳥道叅灌枝鹿町茂脩竹云探不二門翛然返初服亭亭江雲生飂飂若飈肅所思在何爲捫蘿自樵牧延眺怡我情

籬畔舒黃菊塵轡如堪總寤寐在天竺

登白雲最高頂　歲貢　歐必元　順德

生平負奇遊十洲與蓬萊乘筏蕩滄溟振衣躡丹梯靈岳奠南澳岧嶢白雲齊上屬干星斗下盤鼉龍低日浴扶桑東地逼濛汜西沿麓茂松栢修坂蔭朱荑回首睇人間城郭相參差致身於絶境非復瀣漭時夙慕閬風近乃邁兹山奇倘遇羨門子長袖揖安期必元虞部姪孫

鶴舒臺

安期九轉成飡霞佩紫玉飛步淩太空鸞笙響幽谷朝披翠羽衣夕歌白雲曲高臺俯清泉千秋餘躑躅逍遥物外人焉爲塵鞅束願附驂螭駕隨君剖脯鹿

冬至日登白雲山采藥有懷安期生

吳錪

黃農去我久壽世幾人老勿爲搖爾精養生以爲寶天迴長至日地留不死草荷鍤入雲中鑿雲開鳥道水簾捲飛瀑散作黍珠溧寒岩護新綠古澗

長煦煥言采九節蒲能駐童顏好只許鹿啣歸何用靈禽擣招手鶴舒臺跨鶴向晴昊欲訪賣藥人東海渾浩浩借問滈池君學仙苦不早秦漢當年鹿千秋誰自保何與神仙事策干重瞳惱不如服長生忙取如瓜棗

久住白雲呈鎮長老

宋探花 男爵 李昴英 番禺

桑下戒三宿我此尚留戀曹溪悟一宿我復無郊見鎮公房邃客所須如執券園丁曉供茹行者時灌硯飯奴更蒭馬紙帳費香篆主人真好事應答

色無倦欲歸興未闌欲住面有靦飛錫肯三巡亦
有伊蒲饌

白雲山志

七言古詩

香山陳蘭芝拂霞輯梓

白雲山

明翰林典籍孫蕡順德

白雲山下春光早少年冶遊風景好載酒秦陀避暑宮踏青劉鋹呼鸞道木緜花落鷓鴣啼朝漢臺前日未西歌罷美人簪茉莉飲闌稚子唱銅鞮繁華往似東流水昔時少年今老矣荔子楊梅幾度紅紫門寂寂秋風裏

題高彬白雲山房手卷

孫蕡

高彬昔年喜學武七尺長軀力如虎往昔追強過營門日來從戎事藩府錦袍白馬金連錢騎將校獵城南邊鼻頭火發不知熱耳後風生猶着鞭秦楚山川歲華改萬人零落惟彬在腰間不插黃金符郤向詞林學文彩白雲遠在藩府陰彬馳疋馬谿幽尋秦臺古樹挂秋色遶澗氷泉清客心娛遊日夕歡不足更傍山腰結茅屋多種琅玕引鳳凰大開門徑邀麋鹿雨龍歸洞白雲閃靉靆綿聯窗戶閒月映餘輝長不夜雲拖晻靄似巫山山中白

雲如白石高彬與雲同枕席雲來萬樹似開花雲去千巖同一色何年作客帝皇州忽按新圖憶舊遊紅樹不知淮水晚白雲遥認故山秋故山白雲長自好且莫看雲被山惱他年謝病解朝衣我亦從君拾瑤草

望白雲山有感

右布政 岑 萬 順德

白雲之山粤秀北龍從雄峙壯南國諸山環衛列屏嶂風磴乘凌路紆側蒼松古栢歲月長紫鱗丹蘚虬龍色攀蘿步入青蓮宇似覺憑高撫中域玉

池歕出九龍泉古刹宏開千佛力黃鶴西來不可期大江東去歸無極蒲澗瀠洄白石寒九節扎根清湜湜茹之令人生羽翰寶霧祥雲盪胸臆不聞往日安公子綠鬢方瞳人未識一朝舉手沖霄去至今祠像猶崇飭却憐寺廢無僧住棟宇荒蕪焉所息四郊羣盜尚縱橫野徑楓林多鬼蜮芙蓉縹緲雲氣浮矯首遥瞻轉悽惻春來桃李已敷榮瑶草巖花淨如拭海宇何時見太平使我快意時登陟招尋仙侶恣奇賞坐石飡霞貧亦得

白雲古蹟

通政司參議　張詡南海

白雲山勢如龍虎更比匡廬得天趣洪崖浮邱二仙名古詩左挹浮邱袖右拍洪崖肩杳無踪瓊臺丹室如可覩禹粮處處得充饑山多禹餘粮故云堯韭莖莖資大補山有堯時韭九龍之泉自天飛聲落長江振閩楚鶴舒之臺高入雲安期白日昇天去澗底流泉響潺潺欲尋仙蹟知何處劉鋹取道命呼鸞秦佗築宮來避暑百年富貴安在哉惟見巖甄紅槿樹紅槿越花名唐詩紅槿花中越鳥啼梵王宮殿九天開千疊萬疊烟霞阻僧到惟是也

聞隔嶺鐘雲深每失來時路兩山居士天挺豪張瓚

者東所公之父也自號兩山居士白沙先生曰說與兩山居士知卽此第一名山摹

禮部兩山居士嘗摹朱終南第一山三大字榜於山之絕頂山僧見之欲絕

倒此山嶺南信第一佳名不愧大士取大士者卽指觀音大士而言君不見與高不在升華嵩東山一登應小魯

訪安期生石室

黎民表爵里見上

白雲山下棲予室松逕何人訪黃石芳草猶尋舊

日盟棄繻十載曾書生野禪顧我忻而笑予鶴鼓

翅鏘然鳴林閒木榻且安坐江上浮雲陰復晴巖

前散髮者誰子劃然長嘯爲鸞聲與來枕席向天地何暇坎壈較不平崎嶇石路且迴車白日未落懽有餘登山臨水不盡醉枉作高陽一豎儒

望白雲山有作　鹺使尚書霍與瑕　南海韜之子

躋攀復躋攀遙望白雲山樹色添新綠花光帶舊寒崔嵬俯瞰城頭近畫圖一幅玲瓏甚輕烟薄霧染諸峯雲容霧態看無盡憶昔開山安期翁誅茅結屋翠微中藥爐九轉眞丹就金闕千年姓字封仙蹤一去三山外芳流空有靈泉在蒼藤古木幾

經秋梵宇禪宮相晻靄禪宮梵宇復荒涼野草閑花衹自香滿澗芝蘭無去採深山麋鹿有來場地補東南鈌天開鄒魯文日月大明常普照山河元氣幾時分光華晻映嵓崖石精采流輝成五色坐嘯天風處處春行歌雲水灣灣碧天風雲水幾徜徉貝錦南箕爭哆張止棘青蠅隨氣候高岡苞鳳集朝陽只今風雨年年好桃李經春花發早古壑依依長綠莒王孫冉冉遊芳草人去人來春復春一回一望一傷神且將心上無窮事付與山中一

片雲

望白雲山有作　　盐運使張廷臣　番禺

白雲峻極東南天嵓洞逈與瑯琊連瑯琊仙人置
鳥去冷冷風御來天邊蒼崖綠嶂結葱蒨中峰突
兀凌紫烟飛虹百尺下寥廓雲蒲九節披清漣當
時雲罕冲霄處神光往往燭星躔天路悠悠不可
即何人更得窮眞詮高秋騁望隔塵世松風謖謖
鶴蹁躚萬壑蒼茫一杯酒丹梯石室自年年

望白雲山有作　　光祿正卿郭棐　番禺

白雲山勢何蘢蓯千疊萬疊青芙蓉上通諸界探碧落下分九曲潛螭龍玉虵東走紫雲爛流水泠泠石燦燦千樹梅花萬簇烟花底遊人旦復旦不知開闢自何年梵王樓閣倚雲邊時有天風吹絳袂豈無霞侶弄朱絃山陰種得堯時薤更有禹粮大如斗青鸞箇箇嶺頭飛白鹿雙雙巖下走浮邱洪崖乘彩軿笑從子晉來吹笙澗蒲九節白如玉服食逍遥能長生巖頭亦有伏虎石猛虎一聲山霹靂仙人符呪懾萬靈叱而伏之此遺蹟後來佗

築避暑宫金鐺粉黛遊其中碧雲縹緲浮鑾蓋紫
氣絪緼護寶幢五百年餘唐末造劉鋹自闢呼鸞
道夾路黄花驕管絃登高直遡白雲前雲山蒼蒼
瀑水碧飛灑連天同一色秦臺漢館知何在惟有
山川長不易我明道化夙旁流桃李花開滿嶺頭
不向丹砂訪仙訣直從聖域究眞修甘泉翁泰泉
翁巍峩講院開崆峒祇今鳴鶴留青松鐵橋千天
遊子崚嶒精舍排雲起石磴丹梯烟霧裏憶昔安
期開此山烟霞晻靄蓬萊閒丹砂九轉雙鶴舞千

白雲山志　卷二　七言古詩　六

年金策遺人寰一變歸儒殊蹟絕絃誦春風長日月雲隨鶴馭上三山日有鴻聲翔百粵

安期生　梁子壽

安期生參駕白鹿雲中行遊來乎安期生鹿皓皓金爲車蓬萊之山宮參差蟠桃千歲綻三花授以仙棗大如瓜敎以服食煉丹砂內守鉛汞長黃芽獻之今上福無涯

白雲寺　國朝御史粵秀山長杭世駿仁和人

白雲山中白雲寺僧與白雲互主賓有時山僧踏

雲出白雲與僧作主人寶綱不遮天上月石窗深

閟古時春夜深僧定雲歸盡只剩淩空倒樂神

白雲山志

五言律詩　香山陳蘭芝拂霞輯梓

白雲山見五色雀　宋開國男李昴英番禺

羅浮禽五色創見此山椒錦羽嬉同隊鐵冠遷最喬疑隨仙馭過喜趁白雲招貴客非關我勞渠千里遙

景泰寺

樹合疑山盡攀緣有路通遠鴉追夕照低雁壓西風瀑勢雷虛壑松聲浪半空凭欄僧指點漲霧是

城中

雲泉亭

絶頂鬱其前寒崖噴玉泉亭成山補闕境勝我挽

先樹杪江天接榕根石磴懸賞心遂連日合爲智

仙傳

後洞月溪寺

寺巧蟠山背池圓印寺前連筒泉落甕如鏡地無

磚茗苦茍留客僧淳懶說禪使君期不至一宿笑

無緣是日期吳守不至自注○忠簡有白雲獅子

峯望羅浮七絶云不到羅浮瞥六年後期幾

誤鐵橋仙遠雲不隔山眞面西麓原同第七天白雲乃羅浮西麓也又白玉蟾仙箕云翁來靈筆舞龍蛇翁去瑶壇鎖暮霞舊事欲談三百載五雲閣上望仙槎俱妙

棲霞晚眺　宋白鶴仙　白玉蟾　瓊州

海岸孤絶處晴河露遠汀潮花人鬢白山色佛頭青夕照雌黄筆秋烟水墨屏天空杉月冷鶴夢幾回醒棲霞寺在白雲山今圮

望白雲山　明侍郎　黄　衷　南海

引眺孤鳶外遥峯出晚林因知遯世者何必入山深自倚溪翁杖誰張野客琴茆茨容老朽莫遣早

寒侵

望白雲山　　黃衷

雲山今古鎮蒼翠席邊看天爲虛明遠心從靜逸寬幽期除潦倒淑氣自巑岏城市晴陰別何人更倚闌

秋日遊白雲山約同遊者不至　　黎民表

白社期空阻青山我獨尋看雲因出谷聽鳥謾披林索莫知秋意清幽得道心忘機信所適澗底且長吟

再遊白雲　　王漸逵

久不到仙寰扶節得再攀榕葉暗三徑荔花開半山青春兼客度黃鳥並人閑輸却林僧懶鍾聲始出關

春日粵山眺望　　王漸逵

遠郭晴陰合三城春氣深遊人出木末鳴鳥宿花陰大地樓臺簇佳晨管吹沉自來重都會藉此一開襟

遊白雲寺　　尚書戴　縉南海

白雲連崒嵂山寺藉爲名一水通珠海千峯擁穗城鶴臺仙跡古龍井瑞烟晴酷愛無塵境休誇紫陌榮

遊白雲寺　戴縉

南粤多山寺白雲首著名勢臨葛仙宅雄鎮粤王城鴈字垂秋影蟬聲送晩晴群公躭勝會泉石倍增榮

遊白雲寺　林光 東莞

⿰立各颯招提境春衫試苧麻吾那拘禮數僧亦厭袈

裟烟罩枇杷樹香傳枸杞茶甃甃還到耳晚鼓放

官衙

登白雲頂　　縣尹贈叅政　郭大治　番禺

一上白雲頂回看北斗標天遥憐鴈序春暖及花

朝紫府披丹液青鸞品洞簫安期何處所一去竟

難招

再登白雲寺　　黃啓讓

白雲山麓寺秋暮偶來凭東指原多瀑西來是現

燈一庭山月小半樹塔雲層因憶函經理逍遥可

杖藤

水簾洞畲人獻酒　黎民表 爵里見上

暫憇雲門外冬衣亦尚寒風烟詞客賞薇蕨野人餐白雨懷中落箋紅島外看臨流何所羨吾已挂塵冠

摩星嶺獨坐　文學 李時郁

獨坐摩星頂回看幾百峰斜飛銀瀑布側出玉芙蓉縱目乾坤裏騰身霄漢中方壺知不遠雲外度疎鐘

遊白雲　　李時郁

登高一舒嘯清興落林巒俯視滄溟小狂歌天地寛歸雲孤鳥没落日衆峰寒欲訪十洲去臨風招紫鸞

遊白雲　　縣尹黃志尹

宅廬三島客蛻跡白雲隈仙馭歸何處清風獨此臺泠泠千澗合簇簇萬峯迴髣髴棲眞境予闗恐未開

遊白雲　　檢討區大相　高明

昔聞採藥去過海訪蓬壺尚憶瓜如棗難尋九節蒲泉聲清澗壑鳥道轉虛無玉舄留秦帝飄飄鶴駕徂

遊白雲　區大相

長謠白雲曲一扣紫巖扉躋磴嵐隨杖搴蘿翠滴衣瑤華紛可掇仙嶠望中微海上三青鳥傳書幾度歸

遊白雲　應天通判洗堯相

共有靈巖禱言叅千歲君管絃低杪樹冠蓋擁高

雲鶴影疑仙集熊祥入夢殷時來申甫降應擬接
清氛

遊白雲　　黎邦琰

谷口鳴鍾午招尋興倍殷徑荒餘竹色碑古落苔
文花隱龍池樹人歸鳥道雲且移溪上席小酌把
蘭薰

前題

含策從危坐佳哉眺望同亂山斷紫翠高閣掩青
葱欲雨松喧籟微涼蓧度風布金曾此地何處覓

支公

遊白雲　龔必登

仙巖靈氣滿一望白雲孤巳跨三山鶴還生九節蒲磵泉搖睥睨空翠入虛無冉冉飛雙舄登臨似可呼

舟中望白雲山　國朝按察粵秀山長　沈廷芳　浙江

安期成道處蒲澗有遺文岸濶亞喬木山明生白雲名泉跡未到懷古情彌殷悵望穗城客難隨鸞鳳羣

白雲山放鶴　給諫胡定保昌

漫遊隨素鶴和靖有同情動石憑高踞山有動石修翎任遠征玉霄青靄淨珠海碧波平熟識還相戀回翔聞一鳴五六放後之神

齊雲堂在白雲山上續檢　索求

巍堂聳太清日暮倚前楹飛鳥卻在下落霞相與平眼中窮百粵堂上瞰三城送客一樽酒懷歸無限情

白雲山志

白雲山志

七言律詩　香山陳蘭芝拂霞輯梓

題鄭山人郊居　唐　楊夔

谷口今逢避世才入門瀟洒絕塵埃漁舟下釣乘風去藥醞留賓待月開數片石從青嶂得一條泉自白雲來曇花相對無閑語盡日南山不欲迴

題鄭山人郊居　宋大學士封公爵　崔與之　增城

白雲深鎖路崎嶇鶴去臺空景物殊山展翠屏連素幕泉分清溜滴明珠道人只問丹砂井隱客猶

尋九節蒲試問葛洪僊去後至今遺跡事何如

白雲山房　明　孫蕡 爵里見上

家住滄洲洲上山數椽茅屋亂雲閒天晴疊巘開金碧雨過清泉響珮環高興別來長寂寞故人誰與共躋攀洞門猿鶴應相問何事先生久未還

次石門望白雲山　黃衷 爵里見上

驚心鬢影臨春水落耳鄉心賣晚花斷嶼白沙孤艇小遠林紅荔一溪斜早農有喜將登數歸客無期偶及瓜滿徑槐風披景草白雲山下即吾家

重登第一山　　主事　王漸逵　番禺

一峯高聳萬峰巔滿目雲烟紫翠連會見圖書歸太極卽看嵩嶽向中天遊當白帝三秋外人在青霄北斗邊詩罷山靈應獨慰直從開闢萃諸賢

前題

石巘崚嶒倚碧虛憑高一望倍踟躕海濤東合地維鉄山勢北來天柱孤落日空臺開伯業斷崖芳草暗王圖興亡今古非吾事惟愛春風長綠蒲

同黃泰泉九日登白雲頂

佳節名山萬古開是誰曾此坐崔嵬烟扉霞館依稀見紅翠青鸞縹緲回澗水獨憐奔海去秋風何事逐人來直須更上浮雲頂虎豹相逢莫浪猜

同李三洲李過齋遊白雲 尚書 何維栢 南海

登臨地逈三城盡紫翠烟深一逕微雲淨九龍依洞出臺空孤鶴向人飛千山佳氣平臨目萬壑涼飈故拂衣悵望清秋情不極皓歌回首月斜暉

同陳明水王青蘿宿白雲和韻

心交千里喜相逢共坐天南第一峰浪跡山中同

鹿豕閑吟潭上動蛟龍春風遥憶江門笛午夜時聞野寺鐘對榻忘言更忘寐一天明月照孤松

秋日同諸公遊白雲山

安期一去已多年此日重臨思惘然丹竈烟深今不見鶴臺秋逈尚堪傳黄雲紫水江門上白石清泉蒲澗邊回首天南人未遠莫云鄉里不如前

白雲寺　縣尹鄺岑

雲山禪刹最清幽愛此清幽到此遊溪水瀉聲如對語山花含笑似相留一川水月千山曉萬壑松

風午夜秋共把深杯清不寐詩成閒聽點更籌

二

僧房寂靜無人到窓外鳥啼三四聲誰地花枝誰地賞自家琴韻自家聽清波漾日浮金鑑綠樹當門展翠屏景好自憐詩味少臨風追憶白先生

晚秋偕何石川黄韋軒二公遊白雲

岑　萬 爵里見上

披雲松徑訪丹邱回首勞生是拙謀宇宙散人多浪跡古今詞客幾封侯登樓俯視諸峰出吹帽遥

憐萬木秋對酒正欣陪二美更從何處問羊求

白雲再用前韻酬唐山

閒來駐馬步椒邱騁望將爲小隱謀却論身外無餘事不識人閒有徹侯滄海烟波涵日月青山松菊自春秋忘言便得吟邊趣何必渾從氣象求

同公載公實思伯登白雲最高頂

黎民表

青谿千仞出塵氛振錫還驚虎豹群遊客屢窺丹檢字高僧多卧石樓雲風生大壑諸峰應澗落平

田衆水分招隱卜居緣此地重來休勒北山文

安期巖　黎民表

絕磴陰陰松栝圍仙宮寂寞見霓衣曾傳海上青騾去謾道山中白鶴歸霞起遠分丹洞色日生幼弄石門暉浮雲變化成今古誰似凌空一鳥飛

安期巖　主事梁有譽順德

東南紫氣連江關玉舄飄飄遂不還漫憶鶴歸華表柱更傳仙在沃焦山松梢花落禽啼去石上芝生客到攀今古蒼茫俱莫問何如散髮弄潺湲

安期巖　鄺夢琰

好風吹我上名山踏破蒼苔石翠斑天地逈非塵世裡谷神常在玉壺閒溪頭明月不可拾洞口白雲長自關何處仙人吹玉笛朱崖題遍不知還

二

行上山來更上山白雲深處是仙關望中嶺海乾坤大坐底松喬日月閒巖草翠搖鸂鶒綠澗花紅染鷓鴣斑登臨未了殘詩句付與烟莎霧柳閒

安期巖　知府陳遷

采藥南來住白雲瑯琊消息隔囂氛遠尋丹竈金銀色誤入仙家雞犬群月落九霄聞鶴唳春深五鬣長龍文烟霞滿地無人掃共把芳樽對夕曛

遊白雲和岑蒲谷韻　何彥

棲遲每欲訪林邱獨對孤山野鶴謀關尹何心逢老子赤松無意到留侯蕭疎白髮娛杯酒綽約黃花傍晚秋別有登臨供逸興飄然身外復何求

秋日登白雲山小憇僧歸亭　唐守敬

十里尋幽載綠醅孤亭閒寂傍山開松陰滿地僧

何在雲洞經秋客共來傲世正思霞外隱采芝虛
擬曲中裁攀躋未負羊何約一望丹崖斷紫埃

自僧歸亭登山椒望泰霞洞有玉虹飲澗亭

乍攀危磴上層巒近望霞山興渺然谷靜似聞鸞
鶴嘯秋深誰著桂叢篇玉虹綺構臨流出金馬堂
封片碣懸指點丹梯圖畫裏勒銘巖壑定何年

由山椒上安期巖尋鶴舒臺

青谿窈窱絕塵蹤隱隱時聞遠寺鐘百疊巖光懸
瀑布九天秋色落芙蓉氷裳玉舄知何處瑤草朱

花豈昔逢散髮欲憑臺石臥向來名利意俱慵

登白雲最高峰

謾向人間事陸沉探奇今上白雲岑勢吞元氣諸天近杯視滄溟萬象森振錫丹邱懷羽客飛觴龍井見禪心等閒重訂烟霞約五岳三山好共尋

白雲晚歸贈陳陸二子

歷徧仙源路不迷詠歸須向菊湖西荷衣尚帶千峰色斗酒空勞二仲攜露下遙林丹葉隕烟深荒塚夜烏啼不辭歲杪還乘興雪磴風巒縱杖藜

白雲山頂眺遠　　李光宸

翠巘丹梯接漢開瑶林高閣盛游觀樓臺日暖諸峰現松檜風生夏月寒巢鶴珠林心共定琪花玉洞意相歡蓬萊豈在浮雲外郭北羣巒好細看

白雲山頂眺遠　　御史姚光泮南海

躡磴攀蘿上翠微白雲天際共依依鐘懸絕壁因風扣簾捲流泉噴雪飛雨過洞中虹自現月明臺上鶴初歸尋眞步入靈巖去一路松花墮客衣

白雲山頂眺遠　　縣尹鄒可張

鶴羽何年馭白雲澗中風致斷塵氛靈蒲碧繞龍泉出仙跡奇從穗石分丹室共傳雙舄在玉笙猶向九霄聞登臨杖履應無倦惟覩苔封碣上文

白雲山頂眺遠　　廷聘　劉介齡

跨鶴仙人自昔年泉流仙磵尚依然九華凝露菖蒲秀五色成雲芝草妍嫋嫋鳴絃聞洞裏淙淙寒玉漱嵓前碧桃花底春長在應是飡霞得秘傳

白雲山頂眺遠　　通判　鄭用淵

天畔羣山歛不譁安期曾此煉丹砂新蒲九節沿

溪長古木千章倚澗斜石上飛泉懸瀑布水邊炊黍有胡麻扶筇欲訪脩眞處漫憶當年棗似瓜

白雲山寺　黎民表

千岩雲氣混重溟竹院松扉白晝扃金錫乍飛遊鶴去貝書初誦毒龍聽荒臺花雨空留碧陰洞苔文尚帶青浮世始知無住着長生還欲問仙靈

白雲山頂眺遠　縣尹黃志尹

昔從剡曲問胡麻因憶先生棗似瓜操斧有時探石室牧羊何自抵金華歸雲恍見天邊鶴遠島虛

疑海上家惆悵仙蹤無處覓秖遺靈貺茁蘭芽

登白雲絕頂望蓬萊　黃志尹

宅爐三島是神山屹立蒼茫指顧閒持節漢卿眞見跡發童秦市未還關烟霞有穴藏丹餌服食無因却老顏欲跂雲峯窮眺望幾時聯杖一躋攀

登白雲絕頂望蓬萊　州守　梁有貞

阜鄉飛舄杳烟霞尚有仙蹤粵海涯嵓下禹糧紛作穗潤邊堯韭盡成花靈氛久秘棲眞地閒氣能鍾積善家羨爾逍遥多種玉藍田春色向人誇

登白雲絶頂望蓬萊　同知 陳良珍

澗道深從閬苑開薦蘋齋沐叩乎臺空中鸞鶴乘雲下天上麒麟入夢來早見扶輿鍾閒氣況逢飛舄是仙才琳池玉樹紛如許移向庭前次第栽

登白雲絶頂望蓬萊　運使 張廷臣

白雲北峙接青霄神秀天開護市朝泉瀹九龍通雨露臺舒群鶴御松喬曈曨曙色懸空翠淡蕩晴光遡泬寥眺望頻年塵土洗閒身長得伴漁樵

登白雲絶頂望蓬萊　縣尹 陳三俊

萬仭丹梯倚碧峰安期當日有遺蹤靈苗九節猶堪采秘檢千年尚帶封東去海天唯大藥南來山色隱芙蓉尋眞問道元非易瑞氣飄飖此日逢

登白雲絕頂望蓬萊　山人　鄧時雨

行行步上翠嵓頭尚憶仙蹤此地留萬壑松濤浮旭日一溪花氣長深秋山多靈秘人爭覓洞有金書世共求却得菖蒲生九節乘風直欲到神州

二

羅浮西麓白雲連石磴逶迤隱洞天翠壁丹崖開

緋宇虹泉碧澗下平田仙人九節時堪採羽客三
花思入斧藜杖閒過猿鶴在紅塵隔斷杳蒼烟

登白雲絕頂望蓬萊　光祿寺卿　郭　棐　番禺

十載雲峰始一登四山飛翠勢崚嶒春花樹樹矜
顏色好鳥聲聲喚友朋柱杖來遊欣把酒竹林深
處喜逢僧丹爐汞火今何若謾說巒頭紫氣騰

登白雲絕頂望蓬萊　少叅　陳　堂

爲問仙蹤更有無尋幽岊岫亦清都臺空不見千
年鶴磵冷猶懸九節蒲物外江山浮世界雲間丹

灶亂蘼蕪無才正欲從仙隱落日踟躕聽鷓鴣

登白雲絶頂望蓬萊　尚書　王宏誨　瓊州

一上名山石磴懸禪宮高倚翠微巔江波泱莽晴常雨海霧蒼茫斷復連緱嶺似乘鸞鶴下仙槎眞泛斗牛旋不須方外尋眞訣自是人閒別有天

二

海上安期昔所聞振衣此地一逢君青霞長伴丹臺遠白鶴曾留紫府羣萬壑鼎聲天外轉五羊烟樹坐中分躋攀未厭歸來晚長笑飄然下白雲

三

月臨臺殿紫烟重際曉籃輿出上封豈謂勝遊從汗漫祗疑元氣轉洪濛石壇丹室行應遍琼草瓊花望不窮乘興杳然迷所適憑空吾擬却塵蹤

四

羣峯秀色鬱相望躡磴穿蘿到上方側見星河低戶牖下方雲霧鎖穹蒼靈光自發千秋秘勝地遙連百粵長捐佩何年能自慰爲尋萬竹下山房

登白雲絶頂望蓬萊　侍御　曾士楚

故山元自有蓬壺爲愛天南一勝區鶴去尚留霞外鳥巖棲曾餌磵中蒲雲生滄海千峰碧路入仙原萬壑迂漫道皁鄉祠宇盛粵人禋祀亦何殊

新春安期巖登眺移集白雲樓探梅

光祿卿陳堂 南海

獻歲憑高曙色開仙巖猶似望春臺雲連下界諸天近雨過千峯淑氣回降嶽敢誇申甫日登樓知有仲宣才况逢玉樹花無數可是山靈許再來

約登白雲絕頂望蓬瀛　陳堂

洛社幽尋盡日閒每懷高處望三山白雲應自浮
金闕紫氣遥從繞漢關海上芙蓉疑
屐好躋攀何時共上仙峰眺極目扶桑一往還

秋日登白雲山最高頂　歐大章

丹梯千仞白雲重步屐來過第一峰五嶺山川連
漢甸百蠻疆域盡尭封松臨大壑秋濤響泉出高
林夕澗春爲問安期遺舄處願投巾屐一相從

棲霞寺臨觀黄太史精舍

深院龍吟鎖夕暉昔年太史舊幽棲雲垂大澤千

山暮樹擁長河四望低石洞丹成多往跡鶴臺碑
斷半留題可憐蕙帳藤蘿月回首清猨夜夜啼

嶺南第一樓在白雲寺中　李時郁

嶺南飛樓高挿天八極神遊霄漢邊清秋倚檻發
語笑白日揮手生雲烟鬱水遠帶靈洲落粵秀爭
與羅浮連方壺此去知不遠即欲跨鶴招羣仙

嶺南第一樓　謝元光

縹緲丹梯萬籟號清秋一眺粵天高傳杯漫轉登
邊目揮麈頻生醉後豪四境烽烟消海國百年歡

賞任吾曹晩來欲覔仙蹤去蒲白青青水自滔

嶺南第一樓　　同知　楊茂先

石徑雲深草樹幽安期仙跡可能留飡蒲不逐塵寰去跨鶴長隨閬苑遊礀繞水簾開勝境山遺玉舄迥丹邱登臨遍有蓬蒿想一望烟霞晩更悠

嶺南第一樓　　庠生　梁紹裘

丹梯千仞紫虛懸炫服乘春度嶺巔峰入諸天春欲逼水分三島望還連即看太史留題徧爲報眞人駕鶴旋自是玉皇香案吏祇應長住大羅天

二

飄飄仙梵九霄聞賓從逍遙邂逅君命酒鶴臺曾作伴化羊仙石更成群嚴莊境向三身見頓漸門隨四智分談笑春風回玉殿天花繚繞洒慈雲

三

高峯壁立翠重重乎覽寰區盡帝封肘後烟霞生冉冉目中溟渤自溶溶心從眞境原非住鄉入無何未易逢斟酌斗杓元氣合赤松他日覔仙蹤

四

羣峰淨刹菀相望指顧虛無洞八方霖去恰看靈澤徧龍行猶帶海雲蒼珠宫貝闕星辰近眞宰天倪日月長揮麈烟霞多變態一輪明月在禪房

登白雲絶頂望羅浮　梁紹裘

東望名山有洞天振衣千仞思翩翩雙峰鳳翥何年合千里龍蟠浩刼先窟宅仙靈開日月金銀宫觀靄雲烟指揮如意臨丹壑矯首能忘魏闕前

登白雲懷安期生　寺丞潘光統 順德

偶從方外散幽悰竹杖綸巾訪舊蹤金液已成丹

灶冷瑯函雖在白雲封高臺鶴去餘芳草小院僧歸已暝鐘惟有故人貪勝賞盤桓時復撫孤松

登白雲懷安期生　同知郭棨番禺

芙蓉萬仞倚層空躡屐捫蘿有路通十二瓊樓連碧落三千金界散洪濛天邊忽灑仙人露檻外長吹玉女風聞說安期丹尚在便應晞髮臥崆峒

前題　塩運使鄧于蕃南海

千仞靈巖倚壁開上方仙子駕樓臺曾聞跨鶴天邊去更道乘槎海上來曲徑就荒蒼蘚合空門深

鎖白雲堆霓裳未必無消息時有遊人望氣回

二

出郭尋幽興倍濃白雲深處訪仙踪當年鶴馭歸何去此日鸞笙未可逢壁倚斷碑疑漢篆松團高蓋恍秦封登臨不盡飛揚意欲遍東南四百峰

前題　　縣尹　劉士進

曾佩眞人五岳圖白雲深處覔仙都乘槎渡海年多少飛舄凌空更有無六月寒巖翻碧玉千秋靈壑長青蒲故山想有秦時鶴跨問摩尼掌上珠

二

海上安期去不還何年雙舄落人間采芝尚剩金光草抑石時聞碧玉環古樹籠烟春寂寂寒巖飛瀑日潺潺知君雅有探奇興策杖凌空幾度攀

三

曾聞海上有仙人一去瑯琊幾百春山擁白雲堪駐舄津迷黃木豈知秦空傳石上留丹臼更向人間送玉麟瑤草靈壇千古在何勞遙祀碧鷄神

登白雲懷安期生

縣尹黃　鍪

自出秦關百二重結廬千仞倘芙蓉砂牀半帶烟
霞色石室平臨鷲鷟峰仙鳥南飛凌去鶴法松東
長逕歸龍野心不被紅塵染肯被晴雲片片封

二

欲問丹砂九轉期秋飈初動碧梧枝神龍竟化陂
中杖野鹿多啣石上芝雲竇重開金鎖鑰霓裳一
奏玉參差不知此夕仙何在雙鳥依然可探奇

三

白雲峰頂白雲乘一叩乎靈百感興人世障如奔

塞馬仙家蹤似脫韝鷹金爐香引蒼烟合丹臼風
迴紫氣升愧我十年門下士慈航今日又重登

登白雲懷安期生　　縣尹　謝與思

丈人清嘯自茅扉從學長生久息機洞壑不緣丹
籙閟海天還見赤舄飛東遊幾處秦祠古大隱千
秋漢史輝何日雲中分半座衹於郢曲想音徽

前題　　文學　黃　錦

紫氣凌空樹色蒼洞門晴日訪仙郎千峰跨鶴歸
蓬島一夜還金出阜鄉爲戀白雲招粵隱漫留赤

爲報秦皇振衣我輩非徐市欲采靈蒲九節香

前題　　縣尹　馮紹京　順德

石罅天開古洞幽安期遺舄至今留靈巖尚長堯時韭叢樾中藏漢代楸竟與王喬璈笛伴不從徐市制書求至今避地金銀闕蓬島瑤池汗漫游

前題　　李霈光

成林火棗雜交梨路入招提訪鄭期廟貌嵯峨開石室爐烟縹緲透林篩靈鐘申嶽長含瑞夢叶熊羆此孕奇叩謁神光舒眺眼滿山蒼翠晚霞披

二

遠眺雲岑翠欲浮山形盤礴俯東州溪蒲拭劍迹
人舞澗水飄花抱寺流洞窅最便塵幻斷巖深偏
喜鳥聲幽憑高想望蓬萊閣惆悵當年寄遠遊

登白雲懷安期生　孝廉　曾士懋

東風吹散洞嵓烟萬壑層巒積翠連春煖蟄龍翻
碧浪日晴雛鳥起青田采芝直入函關路策杖閒
窺小西天回首緇塵仍滿袖可誰辟穀獨延年

登白雲絕頂望羅浮　蘭汀郎　梁逢登

危峰窈窕一攀躋秋色蕭條萬象低滄海輕烟開素練白雲晴日護丹梯岩嶢五嶺空中出泱漭千山望裏迷登罷可能無感慨況堪歸路夕陽西

登白雲懷安期生　　文學　唐世延

試向仙巖一振衣千秋名勝尚依稀曾留玉舄凌空去遥曳霓裳駕鶴歸路入二雲多氣色天横五嶺助清輝由來福地誇靈異桂樹蓁生滿翠微

前題　　文學　黄甲元

瑯琊家在去何之羽化翩翩自一時滄海囊中曾

隱豹碧天雲外更縣螭石蒲漸長春堪老玉舄空
留跡亦奇漫道蓬萊元縹緲幾從人世種璚枝

登白雲懷安期生　山人黃琉

仙郎碧落駕蒼虬棲跡名山幾萬秋采藥不歸東
海去還金會記阜鄉游雲中玉樹清陰迥襴下青
蒲瑞氣浮莫問秦時雙赤舄神樓一七亟須求

前題　山人陳良謨

東來曙色隱芙蓉中有神仙第一峰碧落層雲迷
卓錫玉巖飛瀑響疎鍾霞封九轉丹爐在露裛三

花樹影穠此去蓬萊應不遠振衣好覔舊遊蹤

前題　山人黃殿

八望層巒紫翠重白雲深處隱仙踪阜亭暮夜遺金烏炎海春風駐玉龍流水桃花荒磵寂啼猿歸鶴落霞穠錫來此地眞靈異髣髴蓬萊第幾峰

前題　文學譽其漸

九節靈蒲繞磵芬幽巖石壁隱仙君曾留玉烏遺秦主却把芳心戀白雲野鶴半空迎客舞琪花滿徑絕塵氛我來悟得長生籙太乙壺中不老春

登白雲懷安期生　孝廉　葉　鍔

最上峰頭仙子居松楸深處白雲舒泉飛瀑水連
幽磵風颯琪花切太虛遺舄徒勞浮海客擲金元
有報秦書寥寥欲會長生意黎到蓬萊未入初

前題　孝廉　何維翰　順德

白雲千仞削芙蓉遙望中天積翠重流水落花秦
避世石壇瑤草舊仙蹤澗蒲總是懸壺藥嵒竹應
爲化杖龍咫尺蓬山如可到東巡知有石函封

前題　黎士瞻

白雲山上白雲浮笑撥白雲山上遊縞鶴糸猿皆自適琪花瑶草不知秋仙翁一去名猶在玉舄千年跡尚留縱興憑風登絕頂海天遥望思悠悠

前題　　文學　彭時聘

古栢長松綠樾勻安期仙宇迥無塵黃金揮去空留舄白鶴乘來自遠秦一水夜流巖下月百花香簇洞中春遊人直上飛雲頂不使浮雲墮角巾

前題　　文學　朱　雲

峭壁孤峯極望勞千山形勝自週遭巖頭日暎三

株樹檻外泉飛六月濤馭鶴已凌滄海遠吹笙猶
憶白雲高洞門深鎖無人到疑是先生醉碧桃

登白雲懐安期生　　武舉人李　恂

白雲青嶂護仙居拂拂天風引珮琚鸞鶴數羣飛
太劇樓臺幾度駕清虛山中甲子應難計洞裏春
秋總有餘欲向安期生問訣石函肯爲授予書

前題　　文學陳　展

昔年跨鶴馭天風傳說蓬萊千歲翁巖下晴虹垂
片片山前堯韭鬱葱葱不隨秦帝求神藥偏祚皇

家賜玉童最喜仙郎多逸興重新宫闕白雲中

夏日登白雲絕頂　儒士　馮樹勳

絕巘南風吹客衣山前山後草菲菲未逢老子青牛隱重見仙人白鶴飛弱柳萬株垂宿靄喬松千尺架朝暉十年兩度憐踪跡那得無家住翠微

白雲對月

我來此地望羅浮夜半長謌弄斗牛最愛石牀吹鐵笛絕憐山谷掛銀鈎仙巖客老非⿱⺕乡髮古寺僧閑盡白頭十有餘年今再宿淸光依舊照青裘

白雲山　尚書李待問南海

爲挹仙踪拄碧筇，白雲峰接紫雲峰。山連羅嶂秋涵郭，寺掛棲霞暮隱鐘。落月未歸珠樹鶴，飛泉常護法池龍。蘼蕪丹竈今何處，始信神樓不易逢。

將下白雲寺題壁　僧靜慧

殷勤收拾舊袈裟，撿點行囊沒一些。袖拂白雲歸古洞，杖挑明月入烟霞。可憐松頂新巢鶴，憶昔籬邊舊種花。吩咐犬猫隨我去，免敎流落野人家。或謂僧爲勢要所逐

白雲洞

探花大學士陳子壯 南海

信有金光窈窕迎夾墀流瀨自縱橫幽厓白日高寒鬭特地銀河灑濯明霜杵預知秋轉急天瓢還引醉同傾新傳水次餐花法從寫雲中曳珮聲

碧玉洞

一踏雙高氣卽蘇風雷誰與擘眞圖詎綸竹箭三門駛盡遺螭龍絕壑徂石竇秋深喧艸木海潮天落應虛無題厓不記飛仙事薄采空憐九節蒲

登白雲山頂

石梁天畔駕晴霓況復風光且杖藜春藹樹迷秦
嶺北夕陽山滿漢臺西數龕荒蘚諸僧散一徑飛
花獨鳥啼莫向塵寰嗟白髮好從靈嶠問丹梯

飲虹橋

國朝御史粵秀山長杭世駿仁和

飛泉百道落長空俯飲時來五色虹金暈有光侵
曉日石梁無語臥秋風岸邊苦竹青辭籜澗底香
蒲細茁蔆憑仗短藤閒徙倚亂流寒送水丁東

鶴舒臺

巇嵲高臺闖紫霞安期仙去艸鬖髿雲深鶴唳三

秋月雨過蒲抽九節芽海國尚傳人賣藥洞門不見客還家少翁未得神樓散棗大如瓜莫漫誇

雨花巖

萬木蕭槮衆壑哀林扉漠漠長青苔雨從玉女簾前剩花向曼陀室裏開竹拜石壇邀客坐鳥窺齋盎挾雛回崢潺雪瀑嫌多事勾引熏風到澗隈

泰霞洞

打包特地叩巖扉古洞秋深草不肥過雨佛燈時閃閃衝烟仙鼠故飛飛泉聲流出成琴筑嵐翠吹

來罩袷衣試覓彩霞無定處泰禪師已久忘機

九龍泉

鱗甲紛紛逐赭鞭廉泉上有九龍泉蜿蜒互灑澆花雨躑躅分耕種秫烟怒挾疾風穿壁去嬾貪明月抱珠眠山僧洗盋頻來往照見條衣瘦影偏

鄭仙巖

風吹藥草滿山薰策杖相尋日未曛白鹿銜花穿磵去青猿偷果與僧分松濤怒抉將崩石海氣遥封未泄雲親見鄭仙揮手別至今樵叟話新聞

摩星嶺

眼看丹梯日影韜鈎盤無路泣飛猱仰闚象緯攓頭易近摘星辰舉手勞欲界已知滄海淺仙經空說大羅高峰頭一臥天雞曉煜煜寒芒在布袍

碧虛觀

石橋西上路紆徐疑有青牛下飲渠翠蘚亂侵遊客袂虬龍深擁太清居函關望氣千年紫樓觀淩霄盡日虛一縷天風吹嫋嫋瑤笙金管滿庭除

登白雲絕頂 續檢 梁有譽

野客尋幽春暮來懸崖曲磴斷氛埃天橫五嶺空
青出日射重溟素練開陰井尚聞龍化去古壇不
見鶴飛迴浮雲滿目殊無定莫厭登臨數舉杯
石梁天畔駕晴霓況復風光照杖藜青藹樹迷秦
嶺北夕陽山滿漢臺西數龕荒蘚諸僧散一徑飛
花獨鳥啼莫向塵寰嗟白髮好從靈嶠問丹梯

白雲山志

集古律詩　　香山陳蘭芝拂霞輯梓

遊白雲山　　光祿寺卿郭棐番禺

昔人已乘白雲去崔顥　此地還留般若臺虞集
碧落虛涵雲縹緲許渾　玉簫清轉鶴徘徊許渾
壺中日月何曾夜尹焞　山下碧桃春自開林鴻
乘輿杳然迷出處杜子美　不知身世是蓬萊張昕

二

浮雲下共此山齊韓翃　松寺曾同一鶴棲杜牧

滿徑落花無客掃 章八元　隔林晴雨有鶯啼 王達

春苔處處行應徧 楊維禎　山靄蒼蒼望轉迷 韓翃

恠得仙凡風景別 李端　不妨從此躡丹梯 柳宗元

三

寒山半出白雲層 劉滄　與客携壺試一登 宋本

滿院落花無過蝶 黃翰　千年瘦石有枯藤 趙祥

恍疑瑶島翻疑夢 李商隱　閑愛孤雲靜愛僧 杜牧

欲問叅同契中事 白居易　浮生擾擾竟何能 鄭谷

四

素琴孤劍尚閒遊　姚揆　遙指白雲天際頭　呂洞賓
山色不知秦苑廢　韋莊　砧聲近報漢宮秋　韓翃
夙緣未種三生石　王念　仙鶴空成萬古愁　宋邕
無柰遠公情正洽　高鑑　更邀詩客上高樓　曹唐

五

天風吹我上層樓　趙嘏　別有仙人洞壑幽　宋之問
紅樹孤村秋瑟瑟　韓偓　白雲千載空悠悠　崔顥
蓬山此去無多路　李義山　天府南來第一洲　高得暘
莫道浮雲能蔽日　喬宇　長安不見使人愁　李白

六

仙客樓臺知幾重　陳　襄　樓臺如畫倚霜空　皮日休

崚嶒石壁三千丈　高　鑑　秀出巫山十二峯　陳　襄

樹色遙連金界碧　王　溥　蜃光晨映海霞紅　釋理潮

白雲滿地無人掃　魏　野　又聽疎林響暮鐘　蔡　堅

七

踏上高樓望帝京　李德裕　九秋風露入懷清　俞希魯

山從翡翠簾前看　許　渾　人在丹青畫裏行　黃　翰

四野曙雲飛練白　薛　逢　千家砧杵共秋聲　錢　起

江南好景從來少 譚用之 誰構菴居遠世情 唐寅

八

亭亭絶頂白雲菴 林鶚 樓閣高低鎖翠嵐 釋今穆
拍岸潮聲來海外 薩天錫 斷腸春色在江南 李昌祺
滿地風烟飛白鳥 黄平甫 四簷晴日落松杉 黄諫
可憐古寺今猶在 黄溍 滄海桑田變又三 丁元吉

九

得得來尋仙子家 白玉蟾 老僧相見具袈裟 岑參
虹橋一斷無消息 朱晦菴 今鳥猶知有歲華 杜牧

四面林巒香霧合　孫英　萬行烟樹夕陽斜　蘇正

當年人已乘雲去　白玉蟾　落盡溪頭白玉花　曹唐

十

杖藜徐步立芳洲　杜牧　苔徑蒼蒼訪昔遊　劉長卿

流水有情還繞屋　潘純　好雲無處不遮樓　羅隱

朱門鎖閉烟霞暮　曹唐　碧落香銷蘭露秋　宋邕

回首帝京歸未得　姚揆　更憑飛夢到瀛洲　胡宿

宿白雲寺　杜漸

戶牖憑高發興新　杜甫　山宜閒望少風塵　白居易

更看絕頂烟霞外 薛逢 莫怪追歡笑語頻 鍾離權
月色爲憐今夜客 僧護國 風光欲醉長年人 楊巨源
道心生向前朝寺 賈島 欲就東林寄一身 司空曙

玉山宴集望白雲 續增 唐 李羣玉

一徑松株踏石梯步窮身在白雲西月晌赤浪金
車沒天拂滄浪玉宇低高鳥散飛驚曉旆長風萬
里捲秋聲玉鈎挂海笙歌合朱履三千半似泥

同諸友看花東郭至永泰寺望白雲

國朝 陳蘭芝

步屧東郊事采芳繁花雜樹暗生香蘧蘧蝶夢迷
青草恰恰鶯啼傍綠楊詩句可同元亮社壺觴多
在贊公房前山更比東林勝遙聽鐘聲出上方

白雲山志

七言絶句　香山陳蘭芝拂霞輯梓

白雲對月　宋　方信孺

絶壁空巖距虎頭鳥飛不度野猿愁人間有此眞奇觀便好乘風訪十洲

二

鴻濛誰闢此山川龍象新開二十年最恨東坡早仙去只敎蒲澗入詩篇

三

破寺高僧夜不眠一聲猛虎月明天起來難覓新
蹄跡半滴空餘石罅泉

四

山中塊石老僧言一叱應如轉法輪元是世人心
自動請將消息問風旛

五

碧澗東西春水添四時疎雨落晴簷珠宮貝闕無
尋處空見重重掛玉簾

六

危臺老石寄層巔鶴駕逢迎不記年今日歸來應
一笑山川城郭固依然

白雲對月　宋狀元安撫使張鎮孫　順德

萬山飛翠映瑤空一抹晴霞淡復濃何意海風吹
不斷歸鴉飛帶過前峯

夜過白雲話別　張鎮孫

江城語別思依依天遠山青入望微正好樓頭共
明月可堪遙對白雲飛

二

遥看天際白雲浮渺渺西飛誰與謀歸去扶溪溪水澗秋來還上越臺否

三

日乾夕惕自惺惺切實工夫在性情千古相傳眞要法聖賢元共此心靈

四

聖賢今古在吾人敬義功深德自鄰莫嘆桃源仙迹杳杖藜隨處武陵津

暮歸經白雲山有感　明尚書　何維栢

白雲縹緲思依依遠水寒山夕照微十八年來渾一夢龍頭愁見鷓鴣飛

二

丁年携汝京行日庚歲中秋病訣時知汝恨隨雛鳳去西風淅淅使人悲

暮歸經白雲山有感　　知府　陳　遷

山高長見白雲流中有仙人十二樓采藥不歸瀛海去幾番熊夢寄丹邱

二

自從玉舄落人間東海仙風不可攀偶向白雲雲外路相逢掌上得珠還

暮歸經白雲山有感　寺正　梁桂臣　順德

安期仙隱白雲隈石室丹爐鎖碧苔一自仙蹤霞舉後白雲長繞鶴舒臺

二

賣藥仙翁去不還空留靈跡在人間相逢莫問如瓜棗九節菖蒲可駐顏

暮歸經白雲山有感　少參　陳　堂

白雲巖下即仙家，耐可臨風泛紫霞。况有藍田堪種玉，好將春信問梅花。

二

神仙窟宅羽衣輕，四顧江山草木情。莫向芙蓉怨遲暮，芝蘭幽谷自秋生。

暮歸經白雲山有感　縣尹何予方

銀漢支機一石攙，何人持向白雲隈。安期曾此登仙去，千古留爲玉燕禖。

二

浪跡瑯琊海上狂更來雲礀試砂牀年年提應人
開禱疑有麒麐石下藏

暮歸經白雲山有感　山人　陳見龍

誰從峭壁構仙家石磴迂迴鳥道斜散步捫蘿那
覺險漫遊只爲探琪花

暮歸經白雲山有感　驛宰　金志夔

千仞峰頭宅一區仙巖高峙白雲迂秦時羽客今
何去碧海蒼烟十二壺

遊白雲　檢討　陳獻章　新會

擔頭行李但青囊選勝尋幽到上方身與白雲同去住客從何處問行藏

禺山道上望白雲寺　　國朝　杭世駿

橫看萬壑松邊寺側看千株寺外松欲聽空山清響沸喚雲同宿最高峯

綸音

靈泉昭貺

白雲九龍泉因乾隆五十一年求雨顯應欽奉
御題四大字扁建亭其上

崔清獻像

崔淸獻像讚

勳高宋室，韓范莫儔。帝筆賜號，社稷爲憂。文章韓柳，理學張周。增江靈孕，萬古歌謳。予奉命平寇南贛，道由清遠，因與湛子甘泉同謁先生像於祠堂，道貌儼肅，然起敬，不能無詞。餘姚王守仁讚，併紀以詩。

謁祖祠因留題甘泉湛公屋壁二首

我祖死國事，肇禋在增城。荒祠幸新復，適來奉初蒸。亦有兄弟好，十年思一尋。蒼蒼兼葭水，苑隔環瀛深。入門散國史，想見抱膝吟。賢郎敬父執，童僕意皆親。病驅不遑宿，留詩慰殷勤。落落千百載，人生幾知音。道同註形迹，期無負初心。

昔聞甘泉居，近連菊坡麓。幾年勞夢想，今來快心目。渴飲甘泉泉，飢餐菊坡菊。徘徊欲移家，山南尚堪屋。行看羅浮雲，此生聊復足。

祭菊坡崔老先生像文

先生宋代之名臣吾鄉之前哲卷舒太空之雲表裏秋潭之月淮蜀委之而有餘凝丞尊之而不屑故能効力於當年而全身於晚節猗歟先生挺生南越廣厚深沉清通朗徹藐予區區心馳夢謁稽首丹青點兹頑鐵庶幾百年不遠途轍秋菊之芳寒泉之洌奚而薦之用表正潔尚饗（與享通祭名）

新會後學陳獻章譔

白雲山志

香山陳蘭芝拂霞輯梓

蒲澗記

謹按蒲澗在白雲東北五里舊志言澗中多九節菖蒲其巔有飛昇臺世傳安期生採菖蒲服食之以七月二十五日於此上昇先一日語其徒李少君曰我被乎洲之召當行屆期果有龍虎導從數百來迎其詳見本傳中郡人每歲是日多往澗中沐浴以祈霞舉豈其然乎夫紫霞

丹府非凡境也修眞煉性非凡功也自安期飛昇後唯穉川接屣仙蹤何可容易談耶今其地有碧虛觀其前有煉丹井其陽爲滴水巖下有簾泉水皆甘美飲之有金石氣其匯爲流杯池自澗折而出爲文溪水注於秀山之麓左爲菊湖右爲越溪至北山下爲甘溪韸韸水吳刺史陸亂唐節度使盧鈞先後疏濬以利便於民後南漢引之爲泛杯池上爲避暑亭稱勝槩矣又北十里爲月溪寺境亦幽寂爲蒲澗佐云

文類

安期生傳

光祿寺卿郭棐番禺

安期生者瑯琊阜鄉人賣藥東海邊時人皆言千歲翁秦始皇帝東遊請見與語三日三夜乃異之賜金璧度數千萬出阜鄉亭皆置而去以赤玉舄一輛爲報曰後數年求我於蓬萊山始皇帝卽遣徐市盧生等數百人入海未至蓬萊山輒遇風波而還立祠阜鄉亭海邊十數處云齊人李少君自言少好道入泰山採藥脩絕穀遯世全身之術道

未成而病困於山林中遇安期生叩頭乞活安期生憫其有至心而被病當死乃與神樓散一匕服之即起少君於是求給奴役師事之遂將少君東至赤城南之羅浮北至太行西遊玉門周流五岳往返江川者數十年一旦告曰我被玄洲召即日當行汝未應隨今當捨去也須臾有乘龍虎導數百人來迎安期生乘羽車昇天少君遂還臨淄市壽數百歲相傳蓬萊山三島浮山其一也安期生在羅浮時嘗來采澗中菖蒲服之至今故老指菖

蒲澗爲飛昇處晉郭元祖列仙傳贊寥寥安期虛質高清乘光適性保氣延生聊娛秦始遺寶阜亭將遊蓬萊絕影淸泠

景泰禪師傳

宋探花封男爵李昴英番禺

景泰禪師頭佗僧也不知何許人初羅浮未有僧大同中師始駐錫誅茅爲庵於小石樓下居焉師甚有功行善爲偈頌頗有道術役使鬼物常居山頂池上池有蔬葉師曰此泉當與人境通因書偈投於水偈出廣州王氏池中因捨其地爲寺號曰

王園寺廣州刺史蕭譽每召與語朝遊南海暮宿羅浮時謂聖僧始至山中其徒以無水難之師笑而不答已而卓錫於地泉湧數尺流汲不竭人號爲卓錫泉譽因建寺於庵所題曰南樓寺師嘗說法有龍來聽人號其處爲龍王坑又於阿耨池東建塔曰凌雲又造阿耨王塔三十二所師嘗引虎豹以負瓶鉢入定而逝又大同中有曇裕者內道場沙門也武帝謂釋迦有眞舍利八萬四千散在羣方遣師東來求之盡得其寶重載而歸師顧居

此刹有詔許焉仍分舍利造塔貯之

重脩景泰寺記　　黄諫

佛寺古無之九寺乃古官也鴻臚則九寺之一至漢佛始入中國白馬馱經止此而佛舍遂以寺名廣州景泰寺在城北二十里之雲峰上始建於此禪師不知何許人初駐羅浮蕭詧刺廣州聞其名召與語異之以此山乃郡之福地遂留住焉比開山得石履古鏡各一因山無泉師乃卓錫寺傍而泉湧出復得石蠏二俱留寺中靈跡之異如此宋

紹興中值暴雨寺圮因葺舊址得銅鐘一考之乃
唐天寶時所鑄則是寺乃隋及唐時建宋因之元
季毀於兵入國朝時有僧居之永樂初釋坦菴集
贍寺田園所入欲謀重建未果而坦公示寂先期
屬令住持德存曰嗣吾志者在子勉之存與上足
弟子德彛明顯任其事乃請於鎮守廣東左少監
阮公能奉御杜公喬總督兩廣軍務左都御史馬
公昂廣東都指揮使胡公英咸出俸貲以助正統
十三年冬肇工於土中復得石蠏一枚首建正殿

渾金粧塑觀音大士十八羅漢達磨六祖阿難迦葉於其中次起兩廡山門塑護法金剛像次法堂方丈悉皆完美煥然重新次用石甃行逕自山門至府君廟前以丈計者一千五百八十以石計者若千萬以工計者八百日蓋又郡之檀越所施也阮公復出錢若干命存作亭雲峯即今廣趣亭是已明年落成又十年予來判是郡存述始末來告請文劖諸石庶後來有考也按郡志山下有崔與之舊隱曰順閣李昴英築軒其傍曰文溪小隱而

其迹漫不可見是寺屢廢屢興又復盛於今者豈以佛之力可恃而然抑係人心所趨也惟民生厚因物有遷蕩以所習之善惡則難曉諭以生死輪迴之善惡則易時有變遷而是教不廢信有由然常觀先正諸公爲遺後無窮計往往捨所居宅爲僧寺豈以所好若爾抑必有見焉夫然故知是寺興廢係人所趨而又在主是寺者有人也德存之勤於脩葺可嘉也夫庸記之石俾繼是脩者有警焉

李文溪先生傳　番禺人封開國男爵　讀書海珠歸隱白雲

李昴英字俊明號文溪父天棐歷官奉直大夫有懿德母黎氏夢大星降庭生公幼穎悟異於常兒讀書於海珠慈度寺識者奇其大器弱冠登寶慶二年榜第三人吾粵士中探花者自公始洪平齋徐梅埜皆重其才以爲南方間氣由是名動海內授汀州推官讞議詳明務在平反民無寃者時守陳孝嚴鷙悍刻削民不堪命遂致變作公委身蕩平之一郡帖然功聞于朝特遷大學正丁太夫人

艱南歸端平己未摧鋒戍卒叛由惠州趨番禺時承平久人不知兵守帥曾治鳳航海潛去庾帥黃公宬請起崔菊坡權宜備禦菊坡登陴撫諭賊衆羅拜公請與楊汪中縋城諭賊尋解去事聞除大理司直復除大學博士召對有膽畧之褒上疏言畏天命恤民窮追斥王安石叛經之罪風紀大振歷除直秘閣福建提舉登車志澄清貪吏望風解印氣節凜然會菊坡公卒請于朝丐歸服心喪不許淳佑初杜公範入相與劉侍御漢弼徐祭酒元

杰時稱三賢合力薦公公幡然曰權奸去國群賢拔茅朝廷清明時也吾敢自佚乎丙午赴闕既至而三賢相繼暴卒公上疏一曰定國本二曰去權奸三曰斥絶宮媪奄寺而懇懇申三賢之寃士論壯之上可其奏書名御屏擢右正言上謂宰相曰李昴英南人無黨中外頗畏憚之除經筵侍講公益感激知無不言首疏請正儲貳言極剴切又劾史嵩之奸譎貪狠罪浮四凶盍遠竄荒裔不報疏三上語益切上爲動容即日與嵩之宫觀時陳韡

趙與篡黃緣爲奸公力詆之至引上裾奏上怒拂衣入公留疏御榻再拜而退旨與在外差遣三學諸生用李師中送唐介韻贈詩有庾嶺梅花淸似玉一番香要一番寒之句聞者咸謂有唐子方之風累起不赴淳佑壬子徐淸叟叅大政力薦之上思其賢起補直寶謨閣江西憲使兼知贛州慨然以洗寃澤物爲己任郡人崇像祀之被召赴闕兼國史實錄院檢龍圖閣待制吏部侍郎値中官董宋臣竊弄威福御史洪天錫攻之解官職去公奏

願與天錫同貶遂留疏拜辭與御史同出郭門毅然返初服上每有大用意竟爲檢嬖者所尼公家居文溪之上因以自號其廬墓卓行積倉惠民孝弟之化及於嵩酋眞有出於感移化導之外者上賜所居扁曰久遠曰文溪曰嚮陽堂亦異數也丁已秋忽一夕大星隕於舍東俄而公卒正人固繫天象哉卒年五十有七謚忠簡孟子曰富貴不能淫貧賤不能移威武不能屈此之謂大丈夫其忠簡公之謂與所著文集二十卷行於世文文山稱公爲天人

崔清獻公祠記 讀書白雲故有祠今圮

公諱與之字正子增城人宋紹熙癸丑登進士科官至端明殿大學士大中大夫封南海郡開國公贈太師謚清獻寧宗末元勢日強金人南徙而李全又叛附不時宋人立國錢塘僅僅支撑以免亡滅使當時繼統正傳授明縱彼崛起之勢可畏而我之民彝物則固自若也奈之何黠后權臣相倚爲奸利子竑廢而理宗立旋又擠竑于死地三綱淪人紀壞國之所仗以爲精神氣脈者至是盡已

斲喪無遺雖當時名士往往隨世以立功名而大賢君子則有確知其不可而嘆息痛恨焉思欲完其名伸其道以求無怍於心而扶植乎倫紀者南康李公燔莆陽陳公宓與南海崔公與之輩沒齒不肯輕拜理宗除命其意固有所主然李公曾露諸言論間人易得而知之陳崔二公則未嘗片言以著形迹是以二百餘年其事猶昧晦而弗彰夫君子尚論古人因時以考其行據事以原其意張子房終始爲韓之心楊龜山始能得之勿謂古人

心術卒不可得而測也予初讀宋史陳公傳揆公所以堅卧不起意實有在于茲來南乃得崔公言行錄觀之益公嘉定末自蜀帥罷歸及寶慶後召帥湖南不起帥江西不起端平中再除吏部尚書又不起值摧鋒軍士作亂薄廣城公登埤撫諭朝廷聞之即家治帥公既平賊遂謝闔寄徒以不忍鄉郡荼毒黽勉一出而帥臣六閱月俸給悉還公帑已而除叅降麻前後辭免至二十疏雖祠祿衣賜亦不受此公微意之所寓也昔魯宣公爲弒君

者所立公弟叔肹非焉終其身不食公祿與之財則曰我足矣公之心其叔肹之心乎按史理宗初立有鄧若水者不勝忠義激烈欲上書請帝誅權臣讓國於趙屬之賢者向使其策得行公豈不爲衛武之九十八相文彥博之九十平章以副當宁忠賢之心以拯四海將溺之民而樹功名於晚歲耶惟其意有所主心不自安故其出處之際確乎有定力而不可移焉近世評公者或謂其清風高節或謂其洪度雅量或謂其知幾知微要之皆淺

平知公也他書載公有菊坡文集與夫所謂嶺海便民榜海外澄清錄今皆亡失子孫所傳不過辭榮章奏若誥敕答詔及遺文詩歌一二而已又皆與言行錄參錯無倫緒予既畧爲更定而并以其所知者增益焉因揣公心事之微以自附推見至隱之君子而就正於有道云爾宋端儀撰

黃文裕公傳 講學白雲

黃佐字才伯讀書景泰寺自號泰泉香山人緫之子生而穎異四歲受孝經及就外傳問曰大學自

綱領條目之外何以釋本末而不及終始師不能答年十二成舉子業乃更學爲古文詞詩賦學使者以孔氏遺書命論題佐謂曾子發堯舜之所未發者愼獨是也拔置第一自是廣稽博覽至忘寢食嘆曰孔門之道知行並進知爲行之始行爲知之終偏廢者均病也正德庚午領鄉薦第一庚辰以失路引不得與會試大宗伯毛澄少宗伯王瓚咸重佐特許之同考太史張衍慶得佐文置第一大學士石珤病其專抑置第十八是時武宗南巡

不及廷對明年世宗卽位五月臚傳大學士蔣冕閱佐卷又擬第一同官楊廷和以其所言切直抑置二甲及選館職五試皆第一諸老奇其才以爲張平子王文考之流也時乾清宮告成蔣學士命賦之佐倚馬萬言授編修時世宗初政郎上初政要數事又上修舉新政疏皆留中會試充同考官所得士皆一時知名康陵旣祔大禮議興禮官毛澄議兄終弟及無追尊之禮宜彷漢定陶王故事佐主其說署名牘尾異議者以爲黨因力請終養

會册封南渭王克𡱋府副使事竣歸即疏奏陳情不報秩滿覃恩佐曰可以養母矣疏求歸養又不報疏凡三上得俞旨乃出潞河渡大江訪大中丞王守仁於越論及良知佐曰知猶目也行猶足也雖乃一時俱到其實知先行後守仁曰君太信宋儒佐曰知之非艱行之爲艱豈宋儒耶夫子亦曰知之未嘗復行也守仁嘆曰直諒多聞吾益友也家居奉母無何以年例出佐江西僉事佐聞命就道疏乞養母不報隨補廣西提學佐屢疏不已或

謂曰君命數臨義無屢請恐反爲太夫人憂奈何佐乃强起抵蒼梧謁軍門舊謁者必跪佐長揖撫臣不悅甫抵任與諸生發明理一分殊之旨輯理學本源諸書頒行郡邑嚴士習撤淫祠行射禮舉節孝立鄉社以風勵之由是西粤士風丕變其後聞母病棄官歸撫臣劾之大學士李時薦佐有程朱之學宜充經筵世宗亦知佐名遂令致仕時象山之學徧天下多指考亭爲支離佐語學者曰朱子有萬世不易之定論有一時答問之言偶記於

傳註而非定論者如易曰一陰一陽之謂道本義曰陰陽迭運者氣也而其理則所謂道此定論也若註中庸太極圖說語類採入性理大全者則非定論也作格物說諸篇樞部薦佐才可大用垣中董進第等以遺逸薦禮臣呂柟以宮僚薦皆爲議禮者所沮然上思李時薦佐欲用之一日幸平臺以問閣臣夏言曰可遂以春坊司諫起佐於家比至京師卽上九經政要疏草儲訓書以閣臣沮不果上尋充經筵講官侍讀掌南院事遷諭德修撰

同修玉牒再遷南京國子監祭酒比辭闕廷至南雍頒五倫條約禁超撥淸廩餼以給諸生出舊著樂典使肄習學士張治曰樂典一書簫韶九成可復作也佐始爲此書夢夫子告以知崇禮卑之說積思二十年始克成之無何太夫人卒於官舍扶櫬南歸服闋進宮詹學士入西苑見閣臣夏言惟再拜議河套事夏遂其通達然益不悅或勸佐委蛇從時佐曰爵懸於君命懸於天道長時也道消亦時也吾惟與道偕行而已遂決意乞休卜築白

雲之陽四方士雲集復請講學因倣白鹿故事日錄所聞曰庸言居嘗語諸及門曰詞章之說勝始有無用之文虛寂之說行始有無文之學魯論示人篤信好學始乎悅樂不愠終乎知禮知命知言必眞知之必誠行之乃成君子遊其門者人見之必推曰泰泉先生弟子也年七十有七將易簣猶講易繫曰自天祐之吉無不利當以王弼註爲是援筆作四言詩有氣完光岳身在雲霄之句謂門人曰宏毅之學當如是也言訖而逝贈禮部尚書

特遣官諭祭謚文裕祀鄉賢所著有詩文集六十卷樂典三十六卷詩經通解二十五卷春秋傳意十二卷庸言十二卷鄉禮七卷革除遺事十六卷翰林記二十卷廣州府志六十卷廣東通志七十卷香山志八卷小學古訓姆訓兩京賦敷敎錄各一卷六藝流別二十卷行世

白雲山志

五言古詩　香山陳蘭芝拂霞輯梓

別南海賓化侯

陳　江　揔

石門通越井蒲澗邇靈洲此地何遼夐羣英亟遠遊高才袁彥伯令譽許文休於焉值君子復此映芳猷崤函當險澁星琯再還周分岐泣世道念別傷邊秋斷山時結霧平海若無流驚鷺一羣起哀猿數處愁是日送歸客爲情自可求終謝能鳴鴈還同不繫舟其如江海泣惆悵徒離憂

題蒲澗讀書處　明翰林修撰　黄　哲　番禺

編茅臨巨壑伐木憩幽巖携琴初陟澗投冊静窺潭麗澤方求益知人諧所躭靈芬遥可挹淵物坐能探野褐同朝誦霜猿聞夜談董幃凉結蕙管榻潤霏嵐予志在山水宜從雲外參

題安期生　王　漸逵　爵里見上

安期遠避世採藥不再回騎鶴入白雲九童爲之開秦皇徒朽質漢武非仙才靈蹤竟系秘方士空疑猜

九日遊菖蒲澗　黎民表

五嶺仙靈宅霞蹤昔此留青騾迷碧海玉舃下丹邱絕壑紛瑤草飛泉帶藻旒深杯猶越井拾翠有靈洲修禊遺前事簪萸偶勝流蕣苔幾蠟屐身世一虛舟花沒劉王塢鐘寒趙尉樓頹齡須大藥暇日窓冥撩結桂成延佇班荆共倡酬皐鄉知不遠雲外更相求

九日遊菖蒲澗　黎民衷

神皐恣系覽顥氣肅淒清暫釋寰中窘還尋物外

盟佳期憐聚首幽賞愜同行地縮雲房麗嵐收霧術晴凌蹊千仞轉窺竇萬尋縈俄見霞標截應知地軸橫石梁臨岸崿菌閣闞欹傾玉液秋常皎瑤光夜愈明洞前馴白鹿木末走文龍苦竹苞新籜枯槎折細萌五衢翻弱葉三秀被新榮奇慮悠迴轉孤踪絕送迎褰裳思采藥列坐或班荆訊古高臺沒尋幽曲沼平靈蒲猶瑩劍虛溜尚調笙絳節翩翩下銖衣漠漠呈琅函時自啟石鼎晝常烹遺棗如誇漢乘騾似避嬴柱留聞鶴語嘯落帶鸞聲

乎兎蟠荒灶華芝結野榼登臨搖落後眺聽古今
情井邑嬋聯見河山繡畫成高踪超解縛嘉詠類
鳴嚶尊至傾浮蟻觴來汲巨鯨隱衣還製芰狂與
欲餐英大運多盈縮朋情喜合併丹砂如可學脫
屣謝浮名

蒲澗紀遊　　黎民懷

杪秋步郭門清眺指東山平楚藹朝旭靈巖絕躋
攀晴瀑掛珠簾爽氣生潺湲稍聚圓潭潔瀠流百
里灣我聞安期生賣藥東市閒玉舄隱雲竇騎騾

待往還青青澗底蒲馥馥石上蘭四筵列瓜棗一勺回朱顏野鹿啣花至山僧誦梵閒歸詠放情志明月遲松關

東白雲山僧乞九龍泉　黃璞南海

叩戶求水火昏莫無不與我似馬長卿渴病臨秋起有客武夷歸餽以龍團美井洄海潮鹹莫覓烹茶水爲憶九龍泉清非三峽比地脉洩靈源氷泠絶塵滓氣帶澗蒲香味竝醇醪旨遠寄白雲僧好惠青錙子與師淡且長交道如斯已

京邸懷蒲澗寄兄葯房　孝廉 張錦麟 順德

舊遊多可懷況復我家山前宵入歸夢邱壑餘深緣廉泉澹吾慮白雲相與眠慈兄昔同遊不到今幾年憶携桃枝杖畢景窮幽徧裁詩櫟樹下歲月還題鐫相望此何時毒熱留古燕羊何有故侶求點懷昔賢悔將清妙機謬為塵網牽浮名我何有故處心依然願隨騎羊使飛墮香林前長鐃足生事共種菖蒲田

廉泉 續檢　宋學士 蘇軾

水性故自清不清或撓之君看此廉泉五色爛摩尼廉者謂我廉何以此名爲有廉則有貪有慧則有癡誰爲柳宗元孰是吳隱之漁父足豈潔許由耳何淄紛然立名字此水了不知毀譽有時盡不知無盡時竭來廉泉上捋鬚客顰眉好在水中人到處相娛嬉

白雲山志

七言古詩　香山陳芝蘭拂霞輯梓

蒲澗　宋　蔣之奇

仙山雄壓五羊城山中有澗見底清嵯牙亂石礙流水九節菖蒲石上生吾聞安期當得道服此菖蒲能却老時人但見千歲翁賣藥皤然頭似葆昔時金石出阜鄉蓬萊風濤浩茫茫始皇罔自匪仙骨妄欲輕舉寧非狂十所祠堂海傍出氣象崢嶸此其一邇來茲地成勝遊士女傾都在今日崎嶇

盤道躋嶄嶄飛雨白日灑碧巖供炊蘭若香積飯井泉一縷滿石函老木蒼藤倚深壑時見飛來雙白雀散髮之人倘可求欲與浮遊解塵縛前登鄭亭遙望海海上沉沉雲氣作將歸眷戀鍊丹泉向暮徘徊飛鳥閣長旗映日遠悠悠駿馬踏塵驕躍躍班荆恰叵具嘉肴携手慇懃盡清酌草閒墮珥及遺簪道上行歌或徒粤俗登壽域寖明昌人上春臺徧紛錯朱轓不是爲遨嬉太守之心樂民樂

簾泉　　明　張詡

白雲絕頂有飛瀑大珠小珠落萬斛初疑銀漢瀉九天又如環珮歸仙躅毛髮森然不敢留稍下百步金石幽如將白練爲簾簿高挂清虛之殿頭定是天孫爲紡績喚取鮫梭方織得風來不捲月不鈎到地不收垂百尺我來手弄潺湲處青天白日驚風雨何當飽嚼九節蒲捲簾飛挾蓬萊去

虹澗採蒲歌　梁有譽

一徑入松筠千秋餘洞壑雲氣相縈環山光自迴薄巖前泉水涓涓流石上松子紛紛落就中幽景

何最奇百丈銀虹下寥廓銀虹洒落散明璣菖蒲九節當春肥靈根奇卉不易得吾聞仙客持療肌憶昔安期生飡蒲得道凌空飛至今玉舄遺山下往往神光橫翠微我本山中人石壁爲窓雲作扉一望仙風幾延佇擇蒲飲澗披林霏行尋仙子上昇處滿地落花掃不去澗道陰陰山鳥啼恍惚似聽山靈語嘯我非仙才安期去後誰復來玉烈洞章嘆不識空餘石髓生塵埃手把菖蒲花長嘯拂衣起蓬萊一謫今幾秋世人視我尋常耳我昔驂

鸞遊太清金闕璚宮相對起玉女授我東方桃金童食我韓衆李五芝之三秀尚不論況復菖蒲那足比此日飡蒲憶太清服食何年羽翼成會須共約安期子霧蓋霓裳朝玉京菖蒲正堪食採蒲還嘆息仰招黄鶴鶴不來萬壑寒嵐生瞑色蓬萊咫尺不須愁玉禾珠艸當親植君不見安期生東海初來人不識

遊蒲澗　黄榴

白雲生處有泉流瑩如碧玉涵清秋瓊崖瀉出翠

光冷簾垂百尺金石幽班荆據勝列樽爼枕流漱石雲同臥須臾蕩滌此煩襟驟驚七月寒生座飛昇入遠空有臺藥爐丹竈俱塵埃三山杳冥在何處人間勝地皆蓬萊我來正值西風起前度遊人今老矣莫怪追懽笑語頻霞光掩映秋山裡

遊蒲澗上有蘇東坡崔清獻廟　黄　鏊

詞客幽棲碧水濱出門四望皆白雲喬松老鶴長爲主短劍寒檠漫作群蘭若當年疏石甃蒲香一旦侵雲賓家家共吸學士泉洞洞能令仙子瘦金

剎煙嵐爲客開玉堂風釆嗣公來開從方丈窺青簡靜看名山點綠苔幕府迴開巴蜀後燈帷尚憶簾泉舊聊將水調慰山靈莫遺移文驚組綬分明勝槩若相貽遮莫英雄出有期風雲駿烈雙龍合月旦高標百世師水愈深兮山愈峙德斯覿兮心斯醉慚予偃蹇里中人忝作鬱孤臺畔吏洛社今隨杖履遊蒼蒼平楚萬山秋摳衣一望宮墻外北斗光芒天際頭

白雲山志

五言律詩　香山陳蘭芝拂霞輯梓

送友人南歸　唐　王貞白

南國菖蒲老知君憶釣船離京近殘暑歸路有新蟬峴首白雲起洞庭新月圓若教吟興足同笑是何年

登蒲澗寺　李群玉

行盡崎嶇路鶩從汗漫遊青天快眼客碧海醒心秋便欲尋河漢因之犯斗牛九霄身自致何必遇

浮邱

遊蒲澗梅花寺　明　張詡

古刹白雲巔人從樹杪穿江山眞在眼棟宇不知年塔影連滄海泉聲徹九天紅塵飛不到誰別少林禪

遊蒲澗梅花寺　王漸逵

梅花舊名刹此日得相過地僻翠蘿合山深寒雨多古碑還半蝕丹竈已傳訛惟有菖蒲艸春來綠滿阿

遊蒲㵎梅花寺　梁有貞

古刹層崕上烟蘿鳥道通江山五嶺外風物九秋中忍艸生虛壑靈泉落半空只疑天路近花雨散微濛

遊蒲㵎梅花寺　黃在衮

步礫沿溪轉和風洒客襟烟沉低暮色雲起見蒲陰瑞氣生靈壑疎鍾度晚林星河搖近砌冉冉洞門深

遊蒲㵎梅花寺　楊瑞雲

聯鑣一涉澗得訪上仙都谷長千年韭溪翻九節蒲碧山藏寺古白鶴逼霄呼聖跡原無定神遊跨五湖

濂泉寺　國朝尚書　王士禛山左

閑隨綠蘿去忽與碧溪逢水石微通徑烟霞獨倚笻寺門編竻竹磴道入雲松尚憶安期子青天跨白龍

蒲澗　王果

五仙城北去數里得眞泉匹練雲根出長虹樹杪

懸藕花紅濺雨蒲草碧生煙小憩安期境塵心一暫捐

濂泉澗中　　明經 張大進 番禺

泉流名一澗終古繫予情亂石絕行徑空山疑雨聲興深頻足踏坐久忽心平偶憶人間世紛紛利與名

寄得千讀書濂泉　　文學 梁麟生 順德

近寺新分地依山小結亭四窗千樹暗一閣衆峰停斸藥僧同出聞鐘鶴共醒肯添巖下榻招我入

青冥

二

城市非無地清幽總不如廚供風落葉花點蠹殘書多病求齋戒深愁待懺除誰知晶宇内亦有子雲居

三

九節菖蒲好將尋澗水隈日驅峰影去天送瀑聲來子夜星辰正山靈洞鑿開與君此時節吟上鶴舒臺

濂泉　　　　廩膳生　陳　官　香山

片雲粘不住山月没還浮以此問心迹杳然忘去留巖飛萬古雨入度四時秋我欲携瑶瑟長歌天際頭

濂泉試茗　　　　太學生　譚　湘　順德

玉女春前茗高僧昨寄將松花雲外落石乳澗邊香白化烟痕淺清分氣味長何須拘七碗一爲滌詩腸

游蒲澗梅花寺　續檢　　歲貢　歐必元　順德

杖策返羅浮烟霞事事幽飲思清澗水行續白雲游野寺封苔古寒林落葉秋稍分僧茗啜竟日可淹留

寄蒲澗範公 續檢 尚書 王士正 山左

憶訪菖蒲澗榕陰席屢移泉聲微雨裏江色夕陽時空谷無殘客諸方問導師杼山詩法好皎然禪師有杼山詩慚負碧雲期

白雲山志

七言律詩　香山陳蘭芝拂霞輯梓

贈蒲澗信長老　宋學士蘇軾嵋山

優鉢曇華豈有花問師此曲唱誰家已從子美識桃竹更問安期覓棗瓜宴坐林間時有虎高眠粥後不聞鴉勝遊自古兼支許爲採松肪寄一車

蒲澗寺

不用山僧道我前自尋雲外出山泉千章古木臨無地百尺飛濤瀉漏天舊日菖蒲方士宅後來薝

葛祖師禪如今只有花含笑笑道秦王欲學仙

蒲澗　　曾布

路入松青十里深澗蒲春水洗塵心欲尋九節和金鼎更上千岑聽玉音處處豐年歌帝德多多釃酒盍朋簪從來南粵山川勝好向鈐齋擁鼻吟

二

風暖郊原日正遲千門萬戶賞心期且吟樂府昇平曲休賦將軍出塞詩醾酒偏宜人冠玉新花不笑鬢垂絲王孫橋畔追遊侶醉臥芳茵未去時

蒲澗　　劉克莊

齊人陳跡此流傳班史蘇詩豈必然故老皆言家
卽寺癡兒誤入海求仙莫將劉項分羹鼎來浣巢
由洗耳泉欲採菖蒲無覔處且隨簫鼓樂新年

蒲澗　　朱師復

又見春風轉物華旌旗十里卷朝霞孤臣正泣龍
髯艸游子爭簪鳳尾花悠悠目送于飛鷺亹亹心
憐彼茁葭投老欲追逖世客強尋枯井問丹砂

煉丹井

玉井金鑪跡已塵蒲花滿眼對芳晨仙翁跨鶴已天上俗駕問津猶水濱綺席半空雲作障朱顔一笑酒生春急流迴首終凡骨蚤向江頭乞此身

滴水巖　連南夫

滴水巖高路欲窮珮環聲響玉玲瓏一天星斗墮青漢萬斛珠璣瀉碧空滄海逕歸朝大會曹溪不隔本源通何妨凝竚龕巖下更沐如來灌頂功

簾泉　狀元張鎮孫順德

岧嶤仙境倚層邱百尺泠泠瀑素流春長嫩莎成

繡幕夜留新月作瓊鈎澗邊雲護千年韮巖底凉生六月秋欲訪安期何處覓藥爐丹竈且追遊

清明山行　陸垕

自憐汩沒滯天涯閑趁清明領物華槐火取將初試茗楝風吹盡更無花雲山石磴三千級嶺海春城十萬家歸去越王臺下路鷓鴣聲斷夕陽斜

清明山行　張仁偉

荔子懸林照眼紅溪流直與海波通千峯紫翠滄茫外萬籟笙竽笑語中坐上高吟無客和醉來行

樂與人同清風披拂生秋意瘴雨蠻烟一掃空

清明山行　明　孫　蕡

安期臺下蕊珠宮舊雨題詩紫翠中午夜丹光虹貫日四山松樹鶴呼風雲深洞口藏金母歲久林楓化玉童吟客遠遊仙子去錦桃春晚爲誰紅

碧虛觀觀在蒲澗上昔秦始皇遣人訪安期生於此遺以玉舄　張　詡

碧雲鎖斷此青山遙望琳宮杳靄閒青牛過去遺乎訣黃鶴歸來問大還却笑捕風貽玉舄何如束

帛走商山今人點檢前人事依舊邯鄲夢未闌

景泰山在郡城北白雲山之右其上常有雲氣飛瀑下注始有七仙人守其地後開山得石履古鏡藏于寺中

七仙同坐一山中鏡履如今夢亦空芳草欲尋忠簡跡白雲遥指梵王宮花開不省經年別人到惟聞隔嶺鐘問訊蒲庵也歸寂茶烟空擾佛燈紅

人日登山　　王漸逵

人日登山興倍濃携壺無伴獨呼童葭灰已轉三陽候雲樹猶含少女風海外烟波擎鳳鳥人間樓

館雜歌鍾吟餘掃石聊呼坐澗草叢花欵醉容

同丁戊山人遊蒲澗寺　黎民表

青蹊窣篠絕塵氛一泒釣天下界聞龍去不收千日雨鶴來還動滿蹊雲山瓢祇獻長生酒石室應藏內景文歸去幔亭何日到緘書先報武夷君

陳貴吾歐彥楨約遊玉舄亭故址

弱水桑田更淺清殘碑猶自記嘉平青騾海上應無迹玉舄人間尚有名笙管御風迴鶴夢杉松將雨雜鸞聲那堪采藥歸來晚夜夜東風憶五城

玉舄軒　　黃啓讓

頌德封禪擬太淸琅琊臺畔侈端平已從西北尊方士又向東南訪隱名玉舄有軒留故址鑾輿無地託遺聲至今人道神仙迹猶指張公渡故城

二

九節根深地轉賒鶴舒臺近梵王家林開碑刻多漫漶石上雲霞幾歲華未約遠師遊白社却從句令覓丹砂登臨莫訝歸途晚天竺頻看散雨花

秋日遊蒲澗贈丁戊山人　　梁有譽

紫巖曲曲隱晴天萬壑凉生珠箔前訪古時攀偃蹇樹談虛獨飲冷清泉跡緣遁世尋三秀心爲逃名得四禪一自白雲飛去後到來應是幾千年

二

磵道秋生松桂風泉聲飛下綠雲中何時天外招黃鵠此日巖前看白虹露濕野壇丹井合苔昏荒徑菊湖空興來負笈歸何處五嶽逍遙路不窮

遊菖蒲澗　唐守明

白雲自是神仙府懷古尋幽策馬來千丈飛泉天

際落幾重雲岫望中開菖蒲夜映芙蓉火紫氣時浮鸛鶴臺此日登臨須盡興城頭笳鼓莫相催

遊菖蒲澗　陳萬言

策杖名山訪祝雞白雲仙子望中迷菖蒲花發無人見芝朮陰穠有鳥啼鴻寶秘書藏石室鶴臺清嘯對芳谿飛泉灑作峰頭雨春入年年草自萋

蒲澗　張廷臣

飛瀑懸崖蒲葉青安期曾此躡瑤京九霄長溢銀河色萬壑時聞玉珮聲把酒凉風偏自至振衣炎

夏有餘清薜蘿久與紅塵遠猶爲臨流一濯纓

遊蒲澗謁安期生祠　鄧時雨

千歲仙翁不可留澗邊尭韭帶長流山曾鶴駕眞人駐杖刻鳩形野客遊象外霞標浮紫氣望中嵐起散清秋當年玉舄今何在漫道靈踪滿十洲

同閩黃全之黎惟敬陳思甫集蒲澗水簾洞　梁士楚

貝葉曇花滿四坰水光清照兩泠泠諸天佛日浮僧刹兩地卿雲聚使星京塞遠愁春艸綠古今行

色暮山青扶筇且進東林酒不用逢人說獨醒

謁安期仙　畢于楨

矗矗奇峯鎖碧楸安仙壇畔水悠悠雲中笙鶴八何在臺上松篁景自幽一鳥高踪千載思半輪明月萬山秋聽來惟有孤猿嘯風送寒聲到嶺頭

謁安期仙　郭棐

秋入叢林木葉飄安期一去竟難招空傳澗畔留丹井猶認天邊度石橋百道飛泉三島近兩厓花影二雲遥霓裳玉舄今何處紺宇彤旛久寂寥

謁安期仙　姚光泮

仙子何年此地遊獨探靈岫事糸修飡餘碧澗蒲
仍在煉就丹砂井尚留飛鳥久隨黃鶴去奇踪長
共白雲浮徘徊巖下瞻依切便欲乘風跨十洲

立春日蒲澗寺遣興寄上人　唐守敬

來往名山少定蹤嘉辰晴色隱房櫳曇花古佛留
金刹芳草何人駐玉驄茗椀清泉分石隙氷盤春
菜出城東等閒更乞藏書地寄興先憑報已公

從黃泰泉先生酌于蒲澗寺得臺閒二韻

梁紹裘

山椒遊目絕氛埃日麗扶桑徧九垓百粵地形當檻入二雲春色自天來乎心寥廓空門迥像教禪那淨刹開頓悟眞如超十地不知仙梵起孤臺

二

佳晨幽興自閑閑賓從招攜盡解顔蒲葉翠從清澗合松花香逐玉巵還韶光淑氣侵霞袂雅詠高吟對碧山南國不妨行樂早賢聲多在紫宸班

蒲澗寺

杜漸

滿目雲山一澗横青青蒲葉爲誰榮臺無棋局知何去地有靈踪得勝名凡骨每愁爲俗累仙風長挹對秋清歲時禱嗣多徵應共識君心最好生

蒲澗寺　鄧于蕃

千仞靈巖倚壁開上方仙子有樓臺曾聞飛舄天邊去更道乘槎海上來曲徑就荒蒼蘚合空門深鎖白雲堆霓裳未必無消息時有遊人望氣回

蒲澗寺　黄在裘

泠泠寒冽浸芳陂中產菖蒲節節奇寺古梵音飄

下界日斜旛影度高枝班荆藉草聊坏飲擘桂茹芝陟岳期此去只憑雙蠟屐欲將心事問希夷

尋安期巖　李時郁

安期巖上雨初收鶴舒臺前翠欲流尭韭禹粮溪轉寂琪花瑶艸洞長幽石因奇絕元章拜竹爲清虛蔣詡留況有琴尊供逸興逢人何必問丹邱

尋安期巖　鍾昌辰

孤根崒律片雲懸支杖追從紫翠巔萬壑烟花春正媚二儀風霧晝相連喜逢閫外青牛度會見山

中白鶴旋共詫青牛元不偶雲驂誰許馭壺天

尋安期仙　李霈光

隱隱梵宮控遠岑青蒲披徑最幽森雲連古寺鍾初定雨歇空門客正臨紫氣鬱葱浮法界曇花紛簇散琪林與僧掃石談三昧萬壑烟含日欲曛

尋安期仙　梁子壽

玉削芙蓉八徑懸蕊宫猶在翠微巔松風蕭颯蛇龍吼城郭委蛇堞雉連賣藥昔年騎鶴去採芝何日駕騾旋躋攀不淺東山興一醉相携眺遠天

二

春望千山紫翠重丹梯璀璨白雲中地分牛女星躔麗天入交南蜃氣濛金檢乍探心自遠丹書同訪思何窮江湖廊廟堪招隱惟石先題過客蹤

春遊蒲澗卽事　國朝 陳晩成

何處春郊布綺筵菖蒲澗口接濂泉竹分山色爲門徑石咽溪聲似管絃野寺蒼凉懷古地東風晴暖試花天閒來偶共山僧笑不醉溪橋又五年

宿蒲澗寺　明經 彭 會 南海

倦遊藜杖歇幽尋門掩烟霞繞徑深磬寂僧歸山院定月斜人坐佛燈吟蒲花夜落光浮澗棗實高垂影過林仙客一從飛去後鶴舒臺畔尚陰陰

鄭仙巖　廩膳生陳　官香山

濛濛藥氣草猶薰中有霞衣羃暮曛出郭便生猿鶴想入山終覺聖凡分三千童女歸南海一片仙翎破白雲夜半浮邱駕虬訪巖邊吹篴静中聞

菖蒲澗　御史粵秀山長杭世駿仁和

澗水遠從天際落菖蒲十二節叢生神仙服食方

何在遊客題詩句孰淸猿挂瘦藤將子飲鶴巢高樹踏花行昨宵一雨添溪漲寫出伯牙弦上聲

遊白雲尋李忠簡文溪小隱讀書海珠歸隱景泰

按察粵秀山長沈廷芳

行祠築傍蕊珠宮砥柱狂瀾障海東一代才猷光竹帛千秋文藻陋雕蟲丹心抗疏孤忠在黑髮還山大隱同深處蟄龍雲霧靄芳蹤誰復步高風

遊蒲澗寺謁蘇文忠崔淸獻二公祠續檢

祠在菊湖旁歐大任

學士從來海上樓師臣家在嶺南州白麻不起搖雙佩孔蓋高懸望九旒巘寺泉通蒲澗月山庭雲落菊坡秋菊坡宋理宗御筆親書賜號崔公榴丹橘綠椒漿碧吹得參差奏讌遊

蒲澗和東坡韻　宋探花男爵李昴英　番禺

四時冰柱濕風前絕頂飛來一派泉瘦蔓相牽根太古蒼崖特立探長天竈荒孤鶴尋遺跡寺老幽禽鬧坐禪閑日頻游歸復夢結廬曾許躡坡仙

白雲山志

五言絶句　香山陳蘭芝拂霞輯梓

安期飛昇臺　明 張詡

白日登宸去三珠幾度花秦皇無覔處第見棗如瓜

水簾洞　尚書 王宏誨

萬簇瀉珠簾涓涓下翠岑臨流共容與誰識濯纓心

濂泉　國朝孝廉 羅天尺 順德

我自安期巖策杖尋蒼耳百丈飛泉高中有蒲衣子

七言絕句

蒲澗　宋　郭祥正

菖蒲澗中蒲九節流水遂作菖蒲香安期服之已仙去謾說雙舄留秦皇

蒲澗　李　陵

飛泉一泒水千章九節菖蒲澗底香枝宅不留雞犬在至今無處問仙方

蒲澗　方信孺

天半飛濤六月寒蒼崖壁立互回環從今好事能
題品列作南中第一山

懸鐘

絕壁初無路可通何人特地鑄金鐘神踪底處應
難詰彈落餘聲和澗松

懸鐘　明　黃瑜

巖上松雲颺日華巖前瑤艸雜琪花秪應老鶴三
千歲曾見丹光化紫霞

懸鐘　王漸逵

九節菖蒲生澗烟人傳此地駐飛仙何當共覓安期跡數到秦皇漢武年

二

第一峰頭色相眞泉翁書院倍嶙峋相期杖履紅塵外共酌清源臥白雲

尋安期生飛昇處　梁桂臣

安期仙隱白雲隈石室丹爐鎖碧苔一自仙蹤霞舉後白雲長繞鶴舒臺

二

賣藥仙翁去不還空留靈蹟在人間相逢莫問如
瓜棗九節菖蒲可駐顏

白雲山志

白雲山志

五言古詩　香山陳蘭芝拂霞輯梓

月溪出亂石山之陽石山一名紫雲今有月溪寺

亂石山　唐杜審言

漲海卽溪天羣山高業地相傳稱亂石圖典失其事懸危悉可驚大小都不類乍將雲島極還與星河次上聳忽如飛下臨仍欲墜朝暾艳丹紫交魄烱青翠穹崇霧雨蓄幽隱靈仙閟萬尋掛鶴巢千丈垂猿臂昔去景風殊今來姑洗至觀此遂有得

詠詩長相異

遡水簾洞過月溪寺　明歲貢歐必元順德

尋幽步蹊徑日落林已昏既陟高岡巔復尋古洞門巖空鉠題詠室靜漱泉源飛湍懸小瀑白雲暎華軒月出山始白瓊觴盈金尊彷彿方員上羽鶴相翩翻寶刹爭依戀萬法寧獨尊滄桑有遷變至此乃長存

七言律詩

宿月溪寺　王漸逵

自慚蹤跡混塵寰暫借禪關爲浣顔結習未消花故著撲緣遥省意相閑好賢法遠溪三過多病維摩室本閒獨倚雲根成一笑滿潭雲月印前山

歸月溪草堂　李時郁

忽憶青山偶獨歸白雲山口行人稀桃花半開向客笑野鶴起舞曳人衣年華冉冉付流水世事悠悠空掩扉却憐松竹偃高蓋坐抱瑤琴對落暉

從王忠銘宗伯遊月溪　梁子壽

月溪烟樹逓相望白馬何年到上方洞壑曉生雲

氣濕桂蘭春長露華蒼璣璇北斗三台近溟渤東
南王氣長自忝鄭莊門下士聊隨稅駕駐僧房

集古律詩

宿月溪寺　杜漸

月照青山松栢香盧綸　孤吟一夜遠公房羅鄴
酒醒蘚砌花陰轉鄭谷　枕繞泉聲客夢凉杜牧
潘賦登山魂易斷王初　曇摩泛海路空長沈佺期
我來可要禪師老方千　此世惟師性亦忘姚合

百華場圖

白雲山志　卷二　圖

卷二
圖
張丽墓

蘇小門前惟紫
艸王嬙墳外但
黄沙何如粵嶠
美人塚萬樹繁
花帶雨斜

鄺露題

白雲山志

香山陳蘭芝拂霞輯梓

百花塚

百花塚者麗人張二喬墓也喬母吳人生喬於番禺美姿容性復聰慧小即能記歌曲工詩詞善寫蘭竹吟唐人銅雀春深之句因自名二喬葢以自況也時大學士陳文忠公黎太僕復開社于南園抗風軒每社集喬必與焉詩成後寫蘭竹一二幅視諸作之愜已意者贈之年十九遂卒葬於白雲

山梅花坳送殯者五百餘人下至緇黃人各詩一篇植花一本號曰百花塚右地去仙城十五里繇東門出至山口轉北直行渡小澗折而西經蚺蛇坑過蘇庄度石橋再北轉西土名象坑小梅坳者是也附近寶象林紫竹洞普賢庵雙溪別峰諸勝俱堪眺咏蓋異境云

蓮香集序

胡平連

詩本乎情非設以爲之者也千古惟情不死世閒才人乃世閒情種苟其無情莫解之思有時而旣

況呵筆抱衾邀歡晨夕者哉蓮香集者彭子孟陽編麗人張較書遺稿而附以懷仙諸什也麗人詩才艷異籍甚一時彭子遇之情至篤死死生生極乎勿二古名士以天賦才情馳驟於風流綺麗之地遇可意人目授心許不纏綿徹骨無以結婉孌之局若戎使君之湖上秦學士之長沙歐陽太學之雲鬟陳刺史之鬟鴉李十八之過旅趙羅生之去家其情其事百世與懷猶令人可喜可悲可歌可泣蓮香諸詩賦懷柳恨感怨之中風艷在焉腐

史有言國風好色而不淫小雅怨誹而不亂蘇長公以爲龍門此論言乎風雅之變也夫風雅變而離騷繼騷怨情也不怨不可以爲情變而適于常耳忠臣孝子有所以究乎至極而發諸其懷如風入木如泉咽壑使聆之者竦然意悲又未嘗不曠然心感也古今情不相越上溯風人下逮詞史均之才本乎情大非才情薄劣者能辨吾因知彭子之通於忠孝深矣宜其有所興感而動諸詞人之憑弔哉乃彭子則曰吾詩淺近姑質之張喬嗟乎

淺近易言乎夫托意淺者寄情深也用情篤者賦情厚也才以情至而蓮香集傳矣

蓮香集偶選

妾薄命五言古詩　張二喬

朝花易値風暮花難照水時人重顔色賤妾非不美髮紺尚高髻袖長拖藍紫似可君心憐初疑羣件恥誰知寵易衰玉顔徒爲爾寂寞無人看看將明鏡裏得時衆所羨薄命終何以

遠離曲

送郎竟何去別郎不得語瑟瑟復悽悽日暮風吹雨小雨滴花香大雨倒垂楊狂風橫艇子衝散兩鴛鴦艇子歸南浦採蓮獨倚櫓蓮花葉上紅蓮子心中苦採蓮愛蓮花別郎惜儂家儂家見郎時桃腮柳葉眉眉梢翠初潤含情羞一瞬分明雲毋屏映出鴉雛鬟宛轉取郎憐別郎尚依然還將見郎貌送郎出門前

夏日黎羽人招同諸子山園讌集雨後品茶

嬾雲殢殘暑積雨羃山眉花流氣旁午篁戛風参

差橋廻薄虹態檻轉明烟姿譙賞良不厭歡會淸
無疲茗戰淡成醉幽客古與期

苦熱行

造物猶趨炎良如市朝士停雲結層輪陽御紆行
轡團柯濯以齊新芭熱如醉地勢附崇岡鬱烝閉
淸氣匿無噫喝聲徒爲扇其熾中林坐不娛況乃
勞塵事冲夷獨往心誰能竟其志

邯鄲行 七言古詩

黃鶯深枝苦相逼緑窓強起愁迎客一臉殘紅睇

倦凝曾是昨宵傷琥珀殘粧低鼙那不好瘦損腰
肢怯風早花雨濛濛戶閉香忍笑嬌顫就郎抱

蝴蝶歌

東林蝴蝶西林舞拍拍抱花香不語半破葳蕤妬
合歡染濕粉衣狂栩栩林閒有女嬌盈盈單衫半
整來花亭獨立徘徊垂玉手欲折花枝心恨久揉
花碎花不足惜蝴蝶何因與相識怕是夢中來向
歡躊躇不得入重門錯認紅顏便相狎癡魂不辨
淚啼痕

采蓮曲 五言律詩

曾見出花邊容與未肯前儂肱生似藕郎面恰如蓮風暖疑爲雨月明猶在烟棹歌方欲歇何處復相連

端州道中

輕帆如馬渡春水到江多鴝鵒石自好羚羊峽奈何晚嵐侵月暗晝雨襲晴過獨愛瀝湖佳鋪錢長綠荷瀝湖在七星岩

泊彈子磯

山高不可扳月出淡烟鬟絕壁迴清嘯澄江落醉顏人家林杪遠漁火石梁閒野老無名姓沙頭自往還

夢夢謠呈孟容上座

祝天云夢夢照鏡有交光笑我迷中醒憐他覺後狂虛空盡何處流水去無方寄語參修者人因不悟忙

清溪道中

灘聲搖細雨山色隔疎松岸迴人遙集雲來鳥並

封石欹時折屐壁古毋胎龍鼓棹旋流下回看面面峰

長春庵與黃逢永彭仲垣黃虞六諸君子讌集分得酣字

相見不和南招携慣兩三天衣鋪坐對人影入池涵野望餘樓閣林聲靜笑談晚虹低更渴應羨飲方酣

寄黎羽人

客裏無佳句非關不寄君艸寒春未綠江濶夢中

分斷酒愁如醉携香坐嬾薫正懷燈夕月歌薄楚
天雲

秋夜

涼風吹木葉碧落遠雲空曲岈鴉棲柳幽軒露滴
桐荷黐香黯淡竹戞玉玲瓏此夜寒光薄樓西月
隱弓

客中夜雨有懷彭孟陽黄虞六黎羽人鄺湛
若陳喬生諸子

客裏愁兼雨孤燈坐擁香思深令夢短魂斷恨更

長疊樹垂簷溜流螢向榻光却拋詩酒侶從此度
悲凉

蘇稺恭高士隱居

隱君眠坐處只在曲源中翠點桃花雨香飄蘭葉
風諸峯簾幙濶一洞水雲空小徑經行地重來又
不同

馬

支公宜畜馬武子更能騎骨换黄金重聲通紫塞
悲香泥沾錦帳花落積胭脂暫可蘇堤下春遊繫

柳絲

登錦巖絕頂在順德城北桂水之旁人多捕魚爲業山通體皆石

兹峰何玉立烟色繞蒼茫漁艇散城市人家爲水鄉穿雲浮遠樹飛鳥極斜陽桂浦澄如練禪燈兩映光巖邊有三寺

春柳七言律詩

旭影搖晴拂玉韁春行多半是斜陽疎牽駿馬遊人駐近映雛鴉小婦粧絮落自翻飛霰白葉長還愛嫩金黃橋頭正有關情處不似羅敷陌上桑

彭孟陽招同諸子梅溪夜泛分得權字

貼水荷珠萬箇圓更持盃影漾吟邊吹簫坐冷三更月進艇香籠十里烟客馬已如嚴仗立監司何必諱專權詩談獨許侵觴政從事同行僅備員

遊七星巖同黎矞人梁漸子何景瑋諸子賦

誰將白玉累成巢况復憑陵萬木梢淵底衣冠人影月眼中臺閣雉城郊璿璣恍與宸居接呼吸應能帝座交首正可搔天可問詩囊開盡試推敲

二

荷香千頃淩漫漫洞口繁陰翠露溥蝙蝠舞頻深
處熱琉璃光淡暗中寒憑將石乳醒春醉袖得流
霞拼晚餐聞道清音山水發更尋鐘鼓禮仙壇

珠江午日

梅子磯邊水戲新粧成競渡綴羅巾樓船盡載佳
公子簾幙齊開絕豔人續命每看雙縷臂臨風難
辨衆香身烟銷晚見蛾眉月疑是湘君此效顰

漫述

自憐孤韻不投時嬾學逢迎惹世嗤筆墨有靈偏

伴我風花無力欲依誰空宵臥病禪心進幽夢侵
愁瘦影知得遇梁鴻與偕隱百年寧負住山期

閱虎邱志

披圖覽記興猶狂臥裏看山足徜徉說法石依檀
板促冶遊人亂掄燈光魚從小港聽歌出花近孤
墳作意香誰向色空曾得悟生公臺畔葬眞娘

懊儂詩和彭孟陽

自來恩怨本無端愛即如珠在玉盤妾命久知飛
絮薄郎心新作落花看紅箋未許傳方勝繡帶空

教破合歡誰信棲鴛春夢穩等閒平地有波瀾

寶安歸次作

比來無日不思鄉駕得還舟喜欲狂雨過黃灣春有色艸齊青岓暖生香夢騎莊叟孤飛蝶路指仙人五色羊到日芭蕉應鬬豔綠陰深處出紅粧

舟中臨帖呈黎太僕

龍門鳳閣足經營柳脚顏頭盡有情只向夫人爲弟子誰從舞女得神明危峰阻日流空遠素月鏤金耀腕輕不是題書分大醉如何羊婢易成名

落花詩

半是癡情半是狂花前長日任凄涼潘郎過去猶供果荀令還歸已失香夢裏乍時誇彩筆睡來徒復把殘粧憑君莫笑春遊客只合教人幾度忙

二

飄飄紅淚送多情杜宇催啼不住聲楚客墻東春已改漢宮斜上月偏明傷心酒盞千緡盡撲面香塵一陣輕最恨葳蕤便相見泥人如夢竟何成

春日偕女伴歐瓊芝李弱仙鄧羽卿過白衣

庵 七言絕句

結伴尋芳破碧烟欵關何必爲叅禪空門亦有春
來意種得桃花照玉泉

二

驀入花關路幾丫浪尋天女訪烟霞相逢便合三
稽首願向雲中學散花

春日山居

二月爲雲爲雨天木綿如火柳如烟烹茶自愛天
中水不用開門汲澗泉

洞房曲

芙蓉雙臉玉微紅恰在金屏翠幙中蝶翅舞餘春粉熱闌干十二鎖香風

將離曲

子夜徵歌特底忙奈何花月是離觴春江千折牽遊舸若箇津頭柳線長

二

香作飛塵玉作烟輕寒微月養愁天梅花本是江南弄一疊關山倍可憐

春日同黎羽人蘇裕宗曾自昭姚穀符諸子

賦得月下梨花雙白燕

杜娘瑞雪何郎粉清韻凝香不染塵良夜花光聯
縞袂風流占斷漢宮春

新秋作

山容初瘦月容肥夜久涼風入翠衣睡破井梧飛
露葉半床清夢一聲歸

風前睡

碧陰涼至自開幃夢破過從近有誰香片亂飛都

不掃入懷翻愛是風姨

宮詞

月自朦朧艸自春粉痕啼損任羅巾君王只向昭陽殿歌吹時侵愁夢人

二

閒把忘憂繞砌栽日長無賴得徘徊君恩於妾元非薄幾夜龍輿入夢來

送黎孝廉

春雨潮頭百尺高錦帆那惜掛江皋輕輕燕子能

相逐怕見西飛是伯勞

折芙蓉

嬌嬈蜀錦植庭中未展繁華却遇風挫折亦須憐
國色低枝他日見秋紅

二

從來造物妬英華不念翩翻夾道遮任爾東風太
無賴九秋終許散仙花

白雲山志

懷仙志　香山陳蘭芝拂霞輯梓

龐祖如以張喬美人畫蘭見贈詩以答之有

序　鈕玉樵 諱琇

友人龐子祖如有張喬美人畫蘭一幅上有陳文忠公桐君所題詩曰谷風吹我襟起坐彈鳴琴難將公子意寫入美人心公嘗於南園五先生抗風軒集名流十有二人開社喬每侍公弄筆墨多賦詩其燕

謎詩云纖腰微步玉精神妙舞輕盈掌上
身寵壓漢宮生富貴嬉春傾動百千人又
珠江送盧都諫還省詩云花掖彤雲閃晝
旗蘭舟送酒怨將離河橋別後青青柳肯
爲他人輕折枝皆清婉多風得詩人比興
之旨

一

自來忠潔者香艸最情深況出佳人手芳馨直至
今數莖纔作態一朶已生心尺幅風流在相貽愧

所欽

二

珠江如錦水亦有薛家濤白紵徵吳曲紅箋出楚騷長因蘭蕙艸益見鳳凰毛相國多憐惜題詩繇筆勞

三

碧血成黃土紅顏化紫烟心香花上發手澤扇頭妍秘賞勞之子珍藏積有年紫莖將綠葉長託畫圖傳

四

相國貞書少銀鉤爲紫鶯美令紈扇貴忠使墨花香松栢歌難歇蘭蓀恨正長義公魂魄在應倚杜秋娘

五

美人魂葉葉終古託忠貞白璧譏元亮梅花笑廣平離騷能好色太上豈忘情出入吾懷袖應高晝苑名

六

誰知蘭麝土花冢卽花田有影隨蝴蝶無聲趂杜鵑畫空留兩幅詩已失諸篇割愛持相贈知君是好賢

寒食過墓　曾白昭

細雨濕棠梨春風吹柳枝野花行客淚林木杜鵑悲遠寺傳鐘梵寒村帶酒旗王孫舊遊處白露日應滋

百花冢　梁靈長生 諱麟

已許歸仙籍終難別世塵留將明月魄飛作越山

春紅霧長封徑香風欲贈人素馨墳不遠千古是佳鄰

二

憐汝非顏色聰明衆所知言陪文字宴高席抗風時淡墨王香卷新聲芍藥詩未應仙化盡篋衍有人司

夜泊沙腰讀張二喬蓮香集

美人詩句好千里亦携來泊岸夜將半焚香卷屢開月痕涵遠水霜氣結寒梅猶似芳林暮明粧鬬

草回

懷仙詩　黄逢年 諱聖年

勝覽何如此臨高一愴神誰知簾下雨故是夢中人賦色今猶麗遊蹤久已塵楚宮亦湮滅虚憶細腰春

懷仙詩　張百淇

佳人不可再雲散竟何之艷句留千古芳容絕一時寫蘭香在手作字韻爲姿命薄懷才去傷心彭子知

懷仙詩　馬瑞申 諱提

不入陽臺夢徒悲柳葉顰華匳脂散馥逸藻韻傳神了却前因業還歸不染身倚肩誰寄約憐殺意中人

覽梁靈長所得麗人張喬蓮香集因用鈕玉樵先生答龐祖如贈張麗人畫蘭詩韻

羅履先 諱天尺

補銘憑太僕䟦盡見秋濤香艸有餘怨忠臣半入騷夢辭河伯聘斂陋孔禽毛賴有墳開艸抽心不

憚勞 大學士陳子壯諸公後俱盡節

二

伯鸞高潔士俠氣重遺編幾費三春力裝成四帙
妍麗顏宜早死佳句自長年不盡彭公子瑤篇肯
爲傳

三

白雲坳不遠千古瘞孤鴦薄命同文士離魂結異
香尋春人到少躭寂夢偏長亦有看花客題詩贈
四娘

四

玉樵天下士抱恨隔桑田高義題湘卷春心托杜鵑網羅空一代粉黛失諸篇我欲重開社南園示後賢玉樵恨不見蓮香集

百花冢　　王誠籥浙西人

張喬善詩歌香消十載艸沒一棺壞壁淒然青山獨對彭公子孟陽擇葬地於梅花坳亦惜才也復徵海內挽章予雖未覯佳人盍亦感慨係之

何如不相識哭君情亦悲今人薄意氣紅粉死多時惆悵青山暮荒涼白露滋信陵今夕淚曾否似生離

百花冢　陳子洪 諱官

珍重埋香骨繁花徹嶺明東風才子恨春色美人情薄命難逃刼遺篇易得名馬嵬三尺土終古愧卿卿

懷仙詩七律　李定夫 諱正

碧桃花底坐春朝曾憶鶯聲囀柳條妙墨有靈蘭

氣在歸魂無主翠鈿銷隴荒艸色猿空哭月冷梅
梢雪欲飄卽爾前身原鎖骨重來休作野狐嬌

懷仙詩　蘇羽挺 諱眉秀

惆悵章臺柳色新那堪摧折委風塵巫陽雲渺空
餘夢錦隊香銷不見人鏡破青鸞愁照影山深杜
宇怨啼春梨園部曲非前日一聽歌聲一愴神

懷仙詩　蘇穉恭 諱秩

傷心玉殞看情史長恨紅粧薄命多蘭麝土歸空
悵望芙蓉香冷易消磨猿聲嘯夜悲風月鵑血啼

春惜綺羅可是廣寒雲重鎖却教無路覓霜娥

懷仙詩　周梅映 諱梅

入閒那覓返魂香彤史空悲窈窕娘銅雀暮雲迷寂寞石芊秋雨泣悽涼粉痕尚染鴛鴦譜歌韻猶傳玳瑁梁簡點遺編離恨句一行一字繫人腸

懷仙詩　胡明卿 諱平連

暮雲淡蕩暗東洲一段柔香付史流繡被夢殘蝴蝶冷玉簫聲斷鳳凰愁錦江送恨歸巫峽蘭徑迷芳逐虎邱堪與驪山傷往事幾廻烟月思悠悠

懷仙詩　周子儀 諱官

弱水蓬山總杳然訪尋誰得見神仙珠飛合浦還何日劍落延津別幾年雲散楚臺悲月死雨過隋苑惜花眠裴航忍斷藍橋路愁向天涯盼暮烟

懷仙詩　彭仲垣 諱廷

粉蕊香銷翠帳空章臺不復戀春風迢遥洛浦人何在縹緲蓬山路豈通舊恨有詩憐好好新聲能記美紅紅高唐雲雨今寥寂愁殺襄王憶夢中

懷仙詩　區繼葉 諱應槐

明艷春容天下麗嫣香薄質霎時殘竹枝染淚愁
偏劇艸色籠烟怨未闌星海茫茫塵夢斷巫山寂
寂雨情乾金釵小塚頻澆祝那得芳魂月下看

懷仙詩　盧維經 諱若嵩

文采風流世所傳仙姬高調正堪憐紅英香落愁
蝴蝶青塚春深怨杜鵑夢斷陽臺遺玉珥魄淪湘
水冷金鈿由來艷骨傷塵土感慨何論齊物篇

梅坳題石　黎君選 諱邦瑊

墳前花落錦成茵紅粉何當化作塵賸有清詞遺

樂府尚留香骨惱情人風吹蕙畹宣靈籟月印芳池誤幻身最是杜鵑多怨緒年年啼血過殘春

梅坳題石　簡郁文 諱耀

曾醉荷筒泛綠潮仙娥歌舞笑相邀風飄輕袂香初冷雨褪殘紅魂未招潭比薛濤花作岍坡連蘇小玉為橋猿啼巫峽青青塚裘馬王孫不憚遙

二

河漢橋成悵別離縈懷到處憶蛾眉舞疑蝶粉翻花徑曲似鶯簧喚柳枝粧匣半留新翡翠鏡臺猶

冷舊胭脂可憐艷骨埋香土莫惜黃金買篆碑

梅坳題石

王誠齋諱邦畿

美人墳上日初斜素練澄澄一望賒蘭佩已銷香澗艸粉痕猶帶暮天霞殘碑終古遺秦字流水千年入漢家目極此時人不見斷腸開盡野棠花

二

索索西風萬壑哀塚邊荒艸夕陽開水流花落人何去雲白山青鴈獨來素女有靈淹夢澤楚王無路問陽臺可憐金粉飄零日又長千年一刼灰

梅坳題石　鄭湛若諱露

香霧縈迴螮翅舒西陵松栢未湮墟銅臺艷粉埋金鎖瑤水花宮瘞玉魚螓首巫雲傷冶鬢蠅頭唐韻想遺書彩虹化後嫣香歇曳雪誰留漢使車

梅坳題石　孔公時諱聞聖

冷艷荷香蘸碧漪每憐解語憶芳姿風飄柳陌當年態月倚花樓舊日眉巫峽雨雲迷楚女瑤臺歌舞失吳姬荒山紅紫留文采千古多情見勒碑

梅坳題石　楊張之

石自嶙峋水自潺登臨疑是虎邱山蛩吟衰艸埋氷骨花笑孤墳伴玉顏銅雀舊憐春晻鎖泉臺新恨夜長闢絮觴澆祝如容見挾取仙眞帶月還

過張喬故居　黎羽人

柳色春生鎖夕陽城隅烟冷艸仍芳鴛鴦儘被金丸散鸚鵡曾催寶鏡粧回首忽如行雨夢典衣誰買返魂香隣家記曲餘紅豆種得相思落女牆

讀蓮香集擬訪百花冢　陳端修諱統作

蓮香猶未瘞埃塵彷彿梅坳送美人詞客共吟腸

斷句青山高葬月明身遥知石徑迷芳艸正想東風嫁好春聞道繁華歸冢上一天紅霧見精神

讀蓮香集擬訪百花冢　陳子洪 諱官

十載情鍾生死關忍教殘蠹没紅顏芳心已結燈邊影春恨難銷夢裡山漢殿容尋香艸去花田入載縈馨還孟陽已矣卿卿老情短情長肯盡删

病起夢張喬　黎恭甫 諱本安

笑語依然步綠苔天風環珮下瑶臺生前幾見乘鸞過死去何因捉蝶來頻顧帶移憐瘦損怳驚釵

墮迸疑猜早知香魄還奔月擁定霓裳不放回

憶昔行　七絶　　陳秉衡諱士忠

泠泠石澗舊同遊道左俄驚拱木修憶自雀臺春鎖後阿誰兼美擅風流

二

返魂無計續湘英欲寫蛾眉愁未成却有鍾情邁今古纍纍𦘕冢爲君營

百花冢　　黄元節諱晟元

夢斷高唐幾度秋白楊風急水東流可憐艷骨知

多少青冢壘壘爾獨留

百花冢　李元長諱枝芳

買得名花傍壠栽盈盈香艷爲誰開芳魂若結尋春伴好倩鶯傳十友來

遊寶象林題花冢　歐嘉可諱主遇

銷䰟多爲種花田夜雨長流咽管絃寸土寸心君自見釆花人結後生緣

二

不知洛浦與湘濱一片湖山是錦茵爲爾植梅千

萬樹月明來作夢中人

三

未爲神女去爲仙問月穿花路渺然山寺日聞鐘梵響他生闔閤亦人天

憶張喬　陳元耆諱公善

年華十九正芳菲幻作巫雲竟不歸莫聽斷猿啼夜月知君定有淚沾衣

小喬墨蘭　姚穀符

憶將彤管試輕紈尺幅眞成九畹寒惆悵墨花飛

乍歇采芳誰更紉秋蘭

集古挽喬仙　岑克昌 諱爾亨

嬌歌一曲口氤氳紅粉青蛾映楚雲艷骨已成蘭
麝土人間那得幾回聞

二

芙蓉如面柳如眉春色人間總未知誰爲含愁獨
不見夜來風雨葬西施

梅坳晚眺　容明子 諱南英

楊柳烟生蘸碧溪春深惟見亂鶯啼花開如繡交

松栢日暮香零客自迷

展遺影　　名媛　徐秋輪

紅顔依舊媚春光綠綺無聲暗斷腸莫怨東風易

摇落丹青猶得誤周郎

惻惻吟　　彭孟陽

月夜愁聞玉笛吹綠珠先去小喬隨趙王倫死無

横逼拚斷紅顔更爲誰

二

記卿情性奈卿何小迕常嗔薄怒多冥路有愁卿

自遣莫因閒事損雙蛾

三

紅拂天人出世姿小喬明慧也如斯可憐解識英雄眼不得長隨李藥師

四

應有靈謠寄別愁放班閒作步虛遊孤踪莫過嫦娥宅桂樹搖風易感秋

五

朔氣陰陰雪滿貂小喬玉冷暗香消世間金屋非

難事長恨無緣貯阿嬌

六

一坏新土麗人家水疊巒層磵道斜珍重不教文

采没爲君新植滿山花

七

圖畫春風一面嬌難憑顏色駐輕綃爲君和淚編

遺稿留取千秋認小喬

八

神女巫山底事非同遊踪跡尚依依清宵好入襄

王夢莫漫爲雲到處飛

九

山花迎笑憶温柔裊裊迴風舞未休落得榆錢空
滿地不堪持贈作纏頭

張喬墓　陳于叽諱份

種花人去已多時空剩閒花三兩枝可是同心能
不死冢頭春雨放山梔

百花塚　孫永田

此首在懷仙志之外搜出亦圓足亦
秀逸特取與下集古一首附刻於末

十里梅坳路孤墳半夕陽有情能種恨無夢可尋香月冷春山寂碑橫野草荒千年惆悵地花落晚風狂

讀蓮香集有感 集古　胡紹元 順德

自憐終乏馬卿才 馬素懷　把燭頻看畏曉催 吳紳
艷骨已成蘭麝土 皮日休　簫聲猶繞鳳凰臺 李嶠
天邊飛鳥東西沒 周朴　雨裡桃花寂寞開 鄭谷
一自仙娥歸碧落 劉滄　無窮草樹昔誰栽 賈島

白雲山志

白雲山志

李探花文選　香山陳蘭芝拂霞輯梓

端平丙申召除太博賜金奏劄　十五世孫晉參較編

臣聞與治同道罔不興與亂同事罔不亡善覘國者惟觀諸此人主以其履之身措之天下質之理蔽之心焉道侔盛際庶幾同符事襲衰季將至合轍考古驗今斷斷不易有天下者宜知所決擇也恭惟皇帝陛下資不世出志大有爲五三登閎一蹴可到然欲祈天永命而雨血告妖如晉承康參按

承康疑永康之誤識者有五胡之憂欲復恢境土而戎馬踐淮如宋元嘉江右凜荷擔之懼襄峴失而江陵孤三山潰而夔門危祖宗區宇將半陸沉億萬生靈重罹塗炭大勢日蹙通國懼亡自去冬以來然矣陛下自視今爲何時反觀行事果皆通治之道否耶夫勢之安危反掌易置理之當否亙古不移陛下儻若慨然於興王之規模惕然於亡國之龜鑑必早夜以思凡是理所安人心所同者皆治之基也則如趨康莊不可趦趄而進凡壞常戾正咈

[illegible]狗已者皆亂之階也則如避陷穽惟恐跬誤其
間聖賢明訓若揭科條設違其言罔不取敗臣謹
昧死爲陛下陳之酣嗜峻雕未或不亡此謹身之
戒也陛下嘗因明禋之天變而撤樂嘗以誕節之
震雷而輟宴蓋深自警省矣是或抑畏於遇災之
時恐易怠忽於己私之累縵立望幸之衆易至移
人天錫飲量之洪寧免過度作無益則玩物喪志
營不急則宴安易懷錫賚之數無涯宮庭之費不
省此冠布衣帛之時毋曰貴爲天子不得一舉手

足也此坐薪嘗膽之時毋曰惟辟福威玉食也陛下儻念三陲之民轉徙無依必不忍適一己之安逸儻思多難之際日不暇給必不肯汨聖躬之清明媿脫簪之諫周室所以中興堅覆鴟之志晉元所以再造此豈甚高難行之事哉無法家拂士者國常亡此用人之戒也陛下遴拔言官多采直聲或俾再入間由外擢其寄耳目也重矣而切於救國者疑其矯激忠於報上者謂其好名絕江而歸無復諭留之虛文與郡以出似非優待之美意何

以奬犯顏之直氣已頓殊導諫之初心年來人物
凋謝存者幾何正當愛護豈堪頓挫不容過闕致
抱沒身之恨朝野悼嗟皆有殄瘁之憂守輔郡者
人方喜其名而成命竟寢贊幕府者衆皆惜其去
而列疏未俞聖主本無厭薄忠良之心中外竊有
疎忌賢者之惑陛下儻念國所以存僅此一脈必
使臺諫得以盡其言儻思強本折衝在乎衆正必
使莊士得以伸其氣衛多君子國未可量汲黯在
朝淮南寢謀豈無益於人之國鼓亂其綱紀乃底

白雲山志　卷二　李探花文　五九

滅亡此守法之戒也陛下非不恪遵先朝之成憲而干請爲撓非不故使臣下之奉命而威令漸輕給舍激建節之濫而終莫回大臣進除擬之目而不盡用近習乘間而宮府非一體旁蹊捷出而政事或多門宸札叮嚀闞虎未分制書符移東閣弗顧賞罰無章功罪奚別法制不立軍伍叅驕朝廷之政本未清軍國之威權幾褻自昔陵夷鮮不由此無紀綱而周之祚微有憑藉而唐之命永可不監哉四維不張國乃滅亡此厲俗之戒也陛下欲

沈濯士心而意向夫明欲旌崇節義而風厲未至權臣孽息褒榮加渥羣憸雖斥簡記弗忘上之好惡或偏下之趨向必異昧進退之義者不恤人言倒善類之戈者勇犯不韙挾敵自固欺誕無忌求得欲縱躁競愈滋平居習爲頑頓無恥之風臨難必無仗節死義之士國何利焉尚名節而東都之祚延賤名檢而典午之禍作可不懼哉閱興亡之大無出於四者安危之機當決於一心陛下以今之爲合古之法跡其所以致治監其所以召亂者

取舍殊途瞭然而易見也我高宗皇帝間關六飛
基圖萬載中興鴻業貽謀具存焦思先吾身之詩
放宫嬪損服御之詔諫官所言多寡置簿以考面
對不及闕失降秩以懲大臣勒令内品責軍令狀
而上爲改容親筆戒以軍法而外閫震恐詔諛之
人不使厠身於班列振拔名節以起士氣之委靡
宏規懿範最爲切近陛下有志中興能循高宗之
治法則亦古之治法矣臣願陛下赫然發憤皤然
改圖念祖宗土地不可尺寸與人厲披輿地圖之

志毋使人有幾如是而不及郢之歎當如炎紹之
初秋至必戰毋悠悠歲月而自誤於不可信之和
也大臣開誠布公鞠躬盡瘁屏常程之碎務以澄
心靜慮移堂除於吏部而一意籌邊當如李綱以
去就爭天下大計毋徒曰鎮之靜也士大夫當如
宗澤所謂非臣子安居美食之時共攄主憂臣辱
之忿各辦趨事赴功之心毋徒覩風景而感慨也
邊臣當如劉錡所謂背城一戰於死中求生而併
力拒敵毋徒靠撒花以爲緩圍之策也君臣上下

共惜分陰共商緊著日課其事月計其功常若勍敵之在前常若禍至之無日庶幾無秋高塵起之倉皇而取襄葺蜀固淮之規模立矣臣區區憂國之心不識忌諱陛下裁赦取進止

淳祐丙午右侍郎官赴闕奏劄

臣畎畝五年退居庸陋聖恩不棄叨擢郎闈萬里一來豈爲榮進清光再望誓竭愚衷臣聞處難爲之勢而有可爲之機此天下之所望也當攺爲之時而無勇爲之力此識者之所憂也蓋機者矢之

發而力者矣之至也一發而末數步焉安望其能中哉以英明之君值艱難之運幸而諸賢翕集世道挽回人孰不曰此傾否爲泰之候轉危爲安之兆也海內顒顒日望一日規模未立效驗艮貽一劑起九陰之脈而邪氣尚蠱於膏肓一籌活將敗之棋而取勝未工於後著不升不降決於此舉緊切用力猶足扶持不然則所謂難爲者終付之不可爲是聽其淪胥而已豈不大可懼哉恭惟皇帝陛下銳精欲治二十三年矣天災所警策而德日

以進敵患所嬰拂而慮日以深閱天下之義理熟而見日以精克而上之盛帝顯王不勞方軌乃者發乾之剛奮夬之決斥逐負國之權姦屏棄朋私之醜類正路開闢化紘更張此一機也惜乎心術純白者天不憖遺阿匼取容者尸如克位以自顧年老子孫弱之心謀吾國以兩吏扶持之耄狀而贊萬機摸稜歲餘竟成何事陛下察其昏謬亟聽引去此又一機也（此段論范鍾）君明臣良可謂千古之遇合而宏綱機要未見一二之設施夫以太子之

少漆室婦人猶知隱憂陛下上繼列聖之炎圖親受寧王之大寶豈不欲隆萬世丕大之緒臣下進說今幾歷年前代明鑒援引畧盡竊意陛下往來於心自不能以頃刻忘也小學內建茂淑宗英躬督課程日以爲常閱之多則遐必妙教之專則成必速而稱謂未聞少異中外豈能無疑事體最重固難草草以易談而大本所在詎可悠悠而不決故凡聖意之所向當使外廷之與聞胡不謀之二三大臣胡不謀之老成從臣儻盡愜於衆情宜亟

定於大計於以繫四方之屬望於以杜姦萌之窺覦何至遲遲之久而虛前星之次耶是陛下於正國本猶未勇也高宗皇帝曰朕懷此久矣卿言適契朕心非成憲乎（此段論建儲）杞鬼雖竄而德宗念之不衰蓋不知其爲姦邪也陛下大明當天魑魅焉逃遺其親者必後其君苟患失之何所不至陛下亦既灼知其凶悖矣似聞損（參按損字疑捐字之訛）金置局厚結貴近潛伺上意動息必知以一人之獨惡恐不能終勝左右之交譽以三數端人之牢拒亦安

能盡絶餘黨之交通大抵小人之謀險而君子之術疎彼必多方以相誤因得求疵以藉口今出力爲陛下扞禦外邪者如提重兵對勍敵萬一裏言浸潤淵聽動揺是開門納寇也處騎虎之勢者何所置身乎臣子事君禍福奚恤而宗社安危關繫非輕胡不明正其罪詔告天下以安善類之心而委曲掩覆養癰護疽耶是陛下去姦臣未勇也蘇轍曰黨與互進氣勢一合豈惟臣等奈何不得亦恐朝廷難奈何矣非後戒乎此段論史嵩之王媼擁寳扇

於斜封墨勑之時蓋由中宗之昏庸仇士良以毬獵悅天子使不觀書乃可以竊柄陛下淸明在躬緝熙典學豈不知女子小人近之不遜曾謂舊邸之使令殿省之灑掃得以容穴鼠之干請恣城狐之憑依乎閟箓鶴觀而土木之僭奢外設狻猊而踪跡之詭秘雖宸衷匪石婦口何施而勢焰熏灼趨謟者如市陛下不得而知也天下所少者忠臣義士耳考練宮人諒亦不乏又何必玩視人言而不勇於抑絕耶計臣莫塞其溪壑之欲而終代去鎖

闔聲言其以挺之罪而不盡行雖威嚴若神斷斷無假借而朝夕褻近巧於逢迎日漸月漬恐有時而轉移矣履霜堅氷由來者漸烏可謂其未至於大肆而不勇於禁束耶慶歷上東門之押出恐見其入祥符重入內高品之刑而一時忻慶可以為法也此段論吳知古事無急於此者克此心之力而勇行之則其餘可次第舉矣厥今事會之來無涯而事勢之窮靡底要必如創造之刻苦豈宜襲承平之故常留一弊袴專待有功韓昭侯猶能之獨不能搏

裁宮掖之費以助戰士之賞乎匹馬毅往周行寇壘晉明帝猶能之獨不能振厲用武之志以作六軍之氣乎爲宰相者當自任棟梁之重毋曰畏避形跡而徒勤細務爲執政者當助成推車之勢毋曰分聽任責而不相爲謀爲給諫者當各奮鶚逐之忠毋曰宣諭有旨而言不敢盡張浚曰人主一心合天何事不濟所謂天者天下之公理而已人主之心一爲嗜欲私溺所移則失其公理矣舉措無有不當而遠人之服臣願陛下堅定力於上每

事揆之公理以求合天心諸臣協忠力於下相與持之正道以共消厄運庶幾興起大勢漸至小康苟不強爲善而諉曰時難豈不孤天下生靈之望耶狂戇小臣不識忌憚惟陛下裁赦

元老壯猷之堂記

唐合四管疆西道而大府部自爲東一當四廣莫可知水數千里旁午必趨灘東下淸海一大都會蓋天造地設也鎭治雄壓粤連偪後城兩浦臂挾之尤勝者石柳子厚饗軍堂記謂治城西北陬泉

池如在林壑彌望極顧莫究其往黃髮相傳卽此地握穗騎羊之仙幻五石其前老則檀明府萃云則字乃大字之訛臣故臺之山闖睥睨送青入巨石竛竮倚池立如呀如傴如蹲如舞疑海神揮巨靈擘崑崙鞭驅之來狗腳朕强以月峽珠池號石君終傲兀不肯得本朝名人題刻其間益重嘉定申申檀明府萃云申申乃壬申之誤有堂于池之北扁壯猷者架以脆耎成之遂劣憝風雨殘剝之久而莫之葺帥方公大琮治一路視其家据案勤文書至於日中昃無倦胥次有

方壺處浩穰紛輪中益競爽從頌意行偉境之倔奇而陋堂之非敞也命毀撤徙去除榛穢展其狹走春鍤起其甲規模巧出心匠匠伯巧圖位置不敢秋毫之差千夫砉其斤風爭奮銳騁拔檀明府云拔字乃技字之訛棟隆宕其巃立梁蚴蟉其虹跨椽嶟嶟死澀澀欲飛動入霄漢綺疏闓敞文甃繽緻躡數級而前檻又進數級始堂廉藩以濬房殿以邃閣望之嶽嶽也即之閎閎也遊焉近而息焉閟也尺其從百有十而衡八十有四堂之北蒼茛玉立千箇

風月無盡藏旁築梯城路二幪複屋而上有亭東曰連天觀閣凭虛引覽則遠峰疎檀明府云疎字乃竦字之訛烟霏翠寘濛濕晴空野澗溪長琉璃田渺千頃西曰先月樓臺於圓牖中見層樓擁喬木宛其桂影婆娑與廣寒宮隱映堂之南運石洲大湖甲品列于前七奇拔端凝可敬可友修廊翼如演迤紆紆以夷絲散屨東凡二十有七間西羙一焉運甓齋饗軍堂對敞其上存古也界池矼方橋聯絡之穹闌橫檻若長龍飲泱漭爪鱗撑拒輪奐四面相繆

碧渥彤融交煜可鑒偶彩榭爲舫舲艤步上下水木芙蓉浮游出橋之南登對越亭則橋以北渠渠耽耽之屋盡成罨畫堂東北隅又廊遶燕寢之背過東園梅桂蘭菊所至而有隨物態著小齋短軒曲折丈室行窩雅有壺翁橘叟趣妙巧無以踰之若夫曠垠衍沃登閣曷奕則西園專美彷彿乎秘林木天但未知海上三山玲瓏五雲之宇何如爾有大賓客則張具橫陳歌樂遞作堵妓圍棚優狡縹緲乎慢亭之集仙也軍有勞則竿魚旃熊旂威

甤垂雲戚柲橐鞬森肅乎後先元帥戎服中坐諸將俯伏拜庭下踽蹐就位鼓磅磈然士伍鞮鞶鎧扞俛聽號令無譁徐解緣沉黃閒席地于廡行以列甚整灑酒䍲肉滂浪脂腴莫不浹匝屬厭轟騰乎魏博之歡雷也花時無禁邦人羣敖争先帽桐之葢騎竹之稚韶妝褸裳之麗遍繡臺館秋千蹴鞠姱嬉老榕高柳邊維遝乎滁亭之遊人也公於財用愛惜錙粒出不妄凡可以新美炎邦被無窮者則傾倒弗靳是役也地[illegible]工鉅且完固可堅久非苟

焉欲速成比厥費無算皆撙縮之羸乎出民未常參按常疑嘗字之誤勞其勞故樂其樂停杯說軍府者咸曰丕哉鑠乎州自漢初以來未有此也于以抗颶母伏天吳瘴霧蜃氣一洗空之豈徒靡曼赫戲駭貽南人哉按州志蔣公之奇嘗隅城築石屏臺湮没無復遺迹龔公茂良闢廣平堂來者潤色之常如新二公皆十連兩地後之有人心者好惡則甚公公天粹其姿渾涵斂圭角立朝特勁敢言淸名厚德重一世天子久倚公晛嘔葭葫調虞猺蠻治聲

休其稱最行且入爲明堂一柱是堂也將與潞國之德威韓魏公之晝錦俱不朽額曰元老壯猷之堂沿舊名而廣益之也客曰公其以方叔自況乎公曰不然夫一之謂元先覺之謂老正大之謂壯而猷道也能正而一是聞道先乎人可以爲師帥矣留南垂五年幸士民熟信而相親驗之政揆之心粗無愧是道也嘗聞之諸老不敢不勉且有望於後之主此堂者進此道以福此民也老以齒言膚矣客曰唯淳祐六年正月

義鹿記

端平之元夏五朔府帥曾公縱二鹿於白雲山之陰昨歲六月十日菊坡先生壽公物也始豢之郡圃攸伏旣八層林薈翳間噳噳得所犹屢顧不忍去逾月邦人爭爐辦薌祝初度頌聲讙雷龢氣熏春方稱觥公堂鹿雄雌追隨谿城北隅復遊繞旂幢呦鳴伎躍如舞已逾四十日詰屈二十里是胡爲來若五仙羊導之萬衆詫詡屬某筆一叚奇事夫物各性其天惟至誠能盡物之性樂休百獸信

予豚魚不期然而然公莅廣其政仁眡民物不二推棒傾橐廩饑賑窮充是心將使飛潛動植咸若鹿嘗侶西歸竈鶴來處已不凡矧圃賢牧德宇中宜若是譴古循吏白鹿隨車豈誕且誣物戀戀不忘人心愛懷又可知矣然公非姑息爲仁狴鼯嘯林鯨鯢舞海稍出奇畧一綱成禽鉏姦束猾弗宥毫縷固異夫內欺校人惠而不知爲政者公名治鳳字君輝清源人番禺李昴英記

與廣權帥邱廸嘉治盜書

某晦藏林谷不敢與聞戶外事每荷龐漢陽先侯之厪且懼杜甫寒蟬之誚有聞而不以告終愧於心民吾同胞也況父母之邦之民乎方此上下疑懼之時某儻以利害不切已而不知恤桑梓之人交責以義無以自立於父母之邦矣夫治盜固貴於嚴尤貴於審惟非盜或遭横戮而眞盜未必能獲此賊盜所以滋多也前乎嘗聞途人之言曰某人以姓名同而捕某人以盜賊之親屬而捕幾人善良也亦皆捕未幾則某人斃矣某人梟矣某

人截手足而死矣心甚悼之而悔不先以此聞徹足下伯仁由我而死之念至今不忘日來所聞又有甚焉蓋官司捉賊不容不倚辦於隅總類皆小人不識道理但知憑威勢爲姦利安知人命之爲重往往半公半私以快其所欲或宿怨之未償或厚需之未厭或黨與之所仇陰嗾使之甚其誣揑送於官彼覬厚賞者利於俘數之多略不分別躬自訊鞫窮極慘酷誰不承伏雖分麗諸獄然辜有司非卓然自立者未有不承望風旨自爲身謀何

敢可否於其間足下以疾惡之心視已成之牘則皆死有餘罪有非其實情足下烏得而知之利歸於小人謗歸於足下使足下知之必不肯輕於筆矣自清遠兇徒日就擒獲則足下之功亦偉矣必不藉此區區數輩以張功狀非通猺而爲通猺非賊而誣以賊豈足下之本心哉今士竊議於途什什伍伍羣聚私語而某於朔旦固嘗面言其略既而聞用事者有遂非之意恐足下竟爲憸巧轉移草菅斯民斁足下之盛德某連日思之食不下咽

寢不安席私念此身非僥倖一宮家在城市安保此禍之不及也惟視人猶己之心噤不一語安乎故盛服焚香籲天而布此札稍有一毫私心天地鬼神其誅殛之惟足下是非之間審之又審謹之又謹與其殺不辜寧失不矜使平民免於屠戮千門之陰德豈易涯耶某狂妄之言至此極矣不敢復有言矣若足下不以爲然而不加之意則是邦之民遭此厄會某抑末如之何也已惓惓愛助之心惟足下其察之

陳蘭芝曰士人居鄉遇歲飢饉最要見大體出身勸賑議恤不

宜太避怨憎所謂施仁自桑
梓始亦修己安人之基也

嘉熙己亥著作郎奏劄

臣聞天變狎至所以仁愛人君也人言交進所以
忠愛人君也天惟不言故告戒寓於災異臣當盡
言故論諫出於憂危均爲悟聖心之一機均欲扶
國脈於一綫人主於此大惕懼而進德不已廣聽
受而改過不吝則積憂啓聖一言興邦未可量也
不然天人方愛助之厓在己無畏警之實則上下
之望孤而莫之救矣若曰天變不足畏人言不足

恤此王安石所以誤先朝者在今日可不深戒哉
恭惟皇帝陛下聰明生禀歷數躬膺聖學精微聖
度恢廣將與盛帝顯王而比隆蓋非中才庸主之
可及皇穹眷命久而彌篤羣下歸戴誰忍負之陛
下亟思所以仰承天意而俯愜人心可也然自往
歲以來飛廉動威囘祿扇焰雨雹流沴旱蝗爲災
怒濤浸逼於都城列緯數愆於舍次一警之不悟
而咎證疊見焉屢譴之不悟而大變異出焉是仁
愛之已極且轉而爲震怒矣畏天之威于時保之

陛下所以應天者當何如哉敬天之圖未必見於躬行親禱降禮乃及期而遽飭醮祭之繁文若爲感通奇衺之異教無乃瀆慢古人慮女謁之盛而剪爪自責庇勳舊之罪而席槀南郊於嚴恭之際未始狥虛文也陛下非無應天之念也然災至而懼旣久而忘能保此念之常堅否乎諫紙來上邇臣宜前輪班敷陳投匭徑達上而規切於清躬下而枚列於缺政公論以爲是則衆論無異詞前日以不用去而來者亦不敢嘿是忠愛之所激雖批

鱗有所不顧矣人之多言亦可畏也陛下所以聽言者當何如哉拔山去佞猶或疑其心違如羹之和尚或議其貌厚邊臣輕視於朝廷言者凡幾而玩褻猶故宮掖不會於費用論者非一而節約未聞在昔御史條奏則宦寺亟歸於故郡一言感悟至謂高廟神靈使之於聽納之際未始留難也陛下非無聽言之明也然顧問雖詳施行實少能保此明之常新否乎夫天人之際本無二致人君之心當主一忱積此忱以消變推此忱以受言上下

感通悉本平是今天下之勢亟矣吾國正憂元氣之壞强敵尚稽授首之期兵弱財殫境蹙民散自非陛下發一悔心以感動彼蒼奮一勇心以主張公議將恐天下見異而會以衰仗馬俱瘖而唐以亂豈不大可懼哉臣願陛下充此悔而持之以敬不容一息之怠荒民天民也念轉鑾之可憂職天職也毋旁蹊之捷出陟降常在於左右戒懼如對於覩聞以吾之心合天之心庶可以轉禍而福矣充此勇而行之以公不容一毫之私意言及缺失

不憚於攺行言及貴近毋過於回護以伸衆正之氣以杜羣枉之門郎一人之心合千萬人之心庶可以易亂而治矣機括旣囘精神立起一念之烈旋乾轉坤猶之窮冬千林搖落一氣纔復何物不春力量大則功效速天下尚烏有不可爲之事哉踈賤瞽言觸突睿聽惟陛下察而赦之

淳祐丙午十月朔奏劄

臣聞人君之心必無愧於天人臣之心必無負於君蓋人君履大位有四海皆受之於天容一念之

私則爲有愧矣人臣享高爵飽厚祿皆受之於君容一念之私則爲有負矣厥今之大勢危急爲甚蜀碎而淮殘兵單而財竭楮輕如毛民流如鴻農扈麤登而星變屢形哨騎倏退而戎情叵測此正一人敬德以祈天命之時此正羣臣盡瘁以報國恩之時可不各盡其道哉恭惟皇帝陛下睿資高明聖度軒豁日御經筵深研理要剖決機務熟知政體可謂不世出之英君矣然察之時機艮可隱憂難靠人謀全望天助猶祈能感動何耶陛下試

端坐而靜觀凡平日一念敬忽之殊而上天之應如響斯答隱顯無間其不可誣必道心主一而不制於人心陽明常存而不滓於陰濁成湯聲色不邇貨利不殖蓋恐人欲一勝則天理必微陛下神明之舍果能對越而無愧否歟宇宙之大民物之衆所恃以立者公道也臺諫所以主國是委曲而宣諭則非所以養直氣名器所以待賢才輕褻於內降則非所以塞倖門黃門之依憑假托或未能峻其防朱邸之非意干請或未能裁以正是皆宰

於私情而未契乎蒼蒼者也臣願陛下舉動一事凛凛然常在帝之左右將見天心悔禍庶可以轉危爲安矣揆路爰立以其有宿望也政地延登以其久引恬也二三臣之策孰不以協志併力共濟艱難之期然寬者畏縮而欠大事自決之力量狹者躁急而有互失不和之氣味周頤（參按：頤字上以疑逸一惇字）無斷爲柔惡以猛隘爲剛惡蓋事未必可爲而强爲私也事到當爲而不爲亦私也胡不弦韋其氣質之偏而乃矛盾於議論之異中持兩可者又復

差池鼎足承君責望謂何貌厚而心不然言甘而情不孚是皆未免角立之私豈不孤陛下委寄之隆乎方巨姦傍睨要杜其來豈宜同室之操戈邊燧未消益嚴其備烏可同舟而胡越猝有警急人各異議豈國家之利哉況不靖之徒交鬭其間嫌隙生於囁嚅躁激起於縱臾二三大臣不咸而國不競其負吾君又甚矣臣願陛下申諭大臣俾之去私見而徇公家釋小嫌而就大事則扶顛持危庶乎其共濟昔高宗皇帝曰朕在宮中聲色未嘗

參按常字疑嘗字之訛 經心只是靜坐內省求所以答天意者此可爲陛下法張浚趙鼎本相善如兄弟因二家賓客離散遂至失歡此可以爲大臣戒臣不勝惓惓取進止

增城新創貢士庫記

曲江以文獻重增城以清獻重清獻起陋巷取巍科至於今六十年矣其間踵名第不乏人文風郁乎日以盛白屋之貧則今猶昔也縣去行都里以千計者四負笈一詣費比中州數倍州勸駕餽錢

縉百此天下都國所無窶儒道做猶有失其常產者南冠仕進不如北方之多非藝之不敵特病於地遠而發身之難耳淳祐元年聖天子頒興賢詔鳳岡經義詞賦皆預選久鬱忽伸明府何君喜邑人之所喜禮遇視故例有加以風動百里一日升堂語諸生曰愚不敏學製相鄉與衿佩日周旋士習淳古薰然有清獻遺風可敬也漢制習先聖之術與計偕縣賓續食將久遠利之亟三百千之損參按損字疑捐字之訛而更掌以學職聽民持所有抵而出

之復入則收其贏什二積三歲爲羨錢若干新貢士人五十千合所得於州者可不捐家藏銖粒但囊書襆被足以優游往返先薦送今還試者抑於貢額之狹而激昂璧水試者皆厚給有差策名飛捷至又助之犒區條畫目纖悉曲盡士驩然相告曰業患不精何患裹糧之不克自此哂笑惟一意温故知新無復向來皇皇焉辦裝之窘將又有清名高節如前修者出惠豈細哉凡力振人之匱缺必艱難險阻備嘗之人也君雖身詩書之澤未嘗

口虀鹽之味而拳拳爲寒酸地若深計其子孫於無窮是眞知斯文之爲重發於良心善性油然不可禦天資過人遠甚儻益之問學克拓其功用將大可觀琴堂主人舊繇布衣屏屢相望貢士庫乃自君創始他治狀未暇論只此一事已無忝特筆矣余又怪近世士大夫欲蓋其厲民之跡必厚於內交士譎遊談聚議足以好醜我濃墨大字足以輕重我也則禮貌焉贈遺焉惟恐少失懽蓋蠢且弱之莫予毒也則漁獵椎剝苟可以自豐殖無所

不至不知一得罪於百姓已得罪於名教雖日昇之千金安能過鄉校議政者之喙彼是非之心轉移於小濡沫是賤丈夫簞食豆羹見於色者烏得爲士乎增城斗絶一隅學者盡在庠序鄉居惟石灘爲士區至於深山窮谷家牛犢人耒耜寥寥絃誦聲利於士信美矣必克周於民而後其澤溥君盍推所以膏潤後進者施之田里毋苛取毋曲決孰爲之利必興孰爲之害必除則四民均受撫字賜雖古曾卓何以加君名籍口湖尚書其祖也月

湖在石城送人赴省有道在功名小之句此意又超然利祿之表試與友朋味之五年上巳日郡人李昴英記

廣州新創備安庫記

漢以來使粵嶺自陸大夫始携二千金去而人不非入南者遂以黷貨爲當然刺史一經城門例四千萬傳聞可愕千餘年間廉牧率載史牒寥寥是星中人以上自拔於汚俗者豈特近世少哉吾州全盛巨舶銜尾龍江望之如蜃樓屭贔殊蠻窮島

之珍泿運風督凑於歩豪賈四方至各以其土所宜貿貝民以僥侈使家賦額足以周兵額而羨故用溢而儲實邇來唐兒罕到獅國編戶以財雄惟桀販頻嘯重屯叓贅多乎戰勞乎戍人人得粢資級給參按廣東文選無給字倍無藝竭其有共億而州縣貧余三十年所目擊公私氣象豨豐美入狹嗇歲甚一歲也江湖猺峝錯落巢險苞蘖出草無時裹鹽嘯群千百所過尋釁起剽敓艚寇駛風濤出没飄忽難孰何水火旱螟不可謂無備宜豫萬一大調度

諸臺力屈富囷無可指殆哉柱史方公十乘來自甫劉公克莊謂公曰日將漕於南帥唐公璘每言郡計歲鈌六萬嘗攝事稽其籍大約欠四萬然辦未易也公曰州不難則夫人可自見焉用我輩爲旣至敎化焉古其治獄訟焉時其賑餘力焉治其賦而垢翫緇蠹迎刃去未嘗嚴趣苛歛民信之租不逋商樂之稅不慢財用之克政事之以自衣食其軍外凡不急無益費一切省鳩所餘就百役而又有餘比及四年得錢以緡計者三十萬別藏之

爲甲乙丙庫庫十萬曰猝一方警遽甚無他鏹可支取諸此名曰備安所以備非常安遠甿也聽民以物抵質而微取其息官民相資生生無窮異時號健敏手科濯屋賣吏家無虛月猶不足公秖據賦常錙銖與公之天家以公宜南人難其代許借留又將再考而後得遂所儲安有他謬巧哉士大夫職思其憂已可書公切切焉去職之後之思豈譽之沽所至力行好事蓋初心然乙巳夏五晦狂颶怒突遏夜潮不得退復駕疊潮沓之西北江滀

潦適暴至瀕海室廬倏在四五尺湍淩中凡八千餘家災也公克猶已溺之之心巡拊賙賑爲錢緡若干臘初大雪三日積盈尺銀城瑶林羣犬狺狺炎方昔所未見瑞也公克猶已寒之之心城表窶民與諸營健兒給有差緡錢若干皆庫所獲利而豪芒之積效亦速矣慮患之深智也流惠之長仁也所學稍出膚寸已如此清獻崔公晚歲郤奉祠之廩餉鄉部亦不受俸鏹踰二萬米斛二千有奇留州家無何問之倉庫氏則烏有矣人一身所須

幾何貪夫滿意囊匱將遺雲仍曾不足以供騃子孫一笑用清白留芳厥後必昌穹秩備祿其來莫禦積之於官者其家之無盡藏也賢者規來者隨緜三十萬推廣之而百萬千萬可坐而至也縱無所增益能愛護俾勿壞尚不失爲中人若夫括羨羸葦獻之巧名色羽化之惟已貴富是規使邦人緩急失所憑而受其害則中人以下亦不肯爲也直小人不畏天命者耳獨爲君子實公所耻淳祐

六年正月

寶祐甲寅宗正卿上殿奏劄

臣聞人主之心必有大警悟則天下之勢不患其岌岌然甚矣東南輿圖寖非全璧之舊吾國事力何異垂罄之盧外侮內攻之多虞百孔千瘡之畢露如居敗屋東撑西拄於疾風苦雨之中如駕漏船左支右吾於汪洋驚濤之上此非出一奇所能振起亦非變一法所能維持也治亂存亡之基全在人主之心此心雖微而萬世基業四海生靈關繫甚大出理則入欲去私則進公上而爲三代之

隆此心也降而爲陳隋之季亦此心也自古艱危之世豈無可以挽回之機括其君迷而不復迄無幡然改易之良圖遂致圮壞竟難收拾迺若穆王荒於馳鶩王業幾殆然一聞祈招之詩其心止焉而周鼎重矣武帝毒於征伐海內已虛然一下輪臺之詔厥心悔焉而漢祚復矣一念之勇不俟終日力量之決坤轉乾旋穆王猶得享國百餘年武帝且不失爲七制之賢而况不爲二君者乎恭惟陛下天錫勇智度越古先日就緝熙獨得道要昔

人主之退君子也有棄置終身者陛下洞察其忠則不旋踵而收用昔人主之惑小人有專任而不疑者陛下既知其姦則或斥或貶略無留難明習久而利害周知密察精而是非立決和顏樂受於苦言每事悉從於羣議此天下民臣所共贊詠以爲不世出之主也臨政願治餘三十年宜盛而有衰之形宜治而有亂之兆災謫頻仍帝怒未息流離愁恨民情寖睽犬羊竄穴敢據戶庭之間鯨鯢出没近在股肱之郡楮不行而錢幣竭物踊貴而

兵民貧事事駕漏衆按駕漏第八卷作架漏則此處駕字疑當依八卷作架色窮空症候轉危景象愈蹙陛下深居九重雖聞知而未必盡知也人情隔於耳目之所不及者易疎而日親於左右者易入陛下固勤勞於時艱而有可娛之具陳於前則有時而縱固焦勞於外懼而無可駭之言接於聽則有時而忘陛下揆之心前乎幾嘗悔艾而復懈幾嘗憤發而復沮人欲終能勝天理陰濁終能勝陽明所以爲此之累者必有由矣故言湯之美者首曰不邇聲色不殖貨利

而繼之曰改過不吝湯自責之辭曰女謁盛歟苞苴行歟湯曷嘗有是而惕然恐其有此其所以為聖也西邸厚藏瓊林克積竟成何用秪為亂階孟軻謂國之危由交征利臧孫達謂官之敗由寵賂章其言至此遂驗可為後世戒臣去國八年重違闕下意謂陛下學力益深義理益熟聖德日躋與事日除而籍籍塗巷之切議彰彰封疏之敷陳適無異於疇昔殆有甚焉此臣之所甚駭也陛下非不知普天率土皆吾藏富之所區區外物於清躬

何補而認爲己有哉如[illegible][illegible]北司竊弄藉勢招權掖
庭嬖姤憑寵干請倖門四闢賄徑多蹊前者得而
後者慕名藩巨鎭視如探囊好官美職爭欲染指
無耻之頑因應瀾倒嘗自愛者亦復效尤豈所以
杜群枉厲四維乎雀鼠之訟亦徹宸聽蟣虱之吏
上煩聖決至於修內司之獻助取浙東西之上腴
所過需求見謂騷擾不幾於下行有司之事與民
爭利乎文昌八座執政之儲也以處恩澤倖之瑣
庸卿監郎闈侍從之選也半是王家之子弟外焉

郡國之麾節類多戚屬之膏粱政事旣非其素閑
民物何從而得所進有德以尊朝廷選良吏以安
田里其庶乎夫私情勝而後女謁行私愛牽而後
恩意褻一私膠固始猶根蟠旦旦行之明知其非
而安之以爲常事人人言之明知其是而玩之以
爲常談內降多而視中書爲奉行文書之官節貼
宣諭多而待臺諫爲奉承風旨之地世當承平猶
不宜有今何如時私意感召乖戾應之爲風烈爲
雨淫爲潮決極而爲開元末年宮中之怪識者隱

憂焉陛下不於此時大警省大懲創亟思所以轉移之而待何時乎不使馮野王爲顯官恐人議其私後宮親屬漢元帝猶能之邵光超以中使受縑而被罪其徒悉棄所獲於山谷唐德宗猶能之詔以別貯錢物以所占陂田歸之有司唐文宗猶能之數君皆庸主也曾何足道陛下聰明神聖可以爲堯舜而不能勇於爲善豈不甚可惜哉歐陽修曰枉費財物利悉歸衆中外譏議則陛下自受朱熹曰有私用而後有私人有私人而後有私財二

臣之言明達的切似爲今日發臣願陛下思祖宗付託之不輕念國勢阽危之已極克己如勝敵窒慾如防川戒謹恐懼無一息之閒斷精粹純白無一毫之瑕疵痛懲前失猛剗宿弊如人之久病力救幸而有瘳多方防其復作陛下悔過之心旣堅上天悔禍之心必速則外患潛消天下事可以漸就吾之條理矣不然君臣不悛以樂玩憂將有如唐晉季世之歎可不懼哉臣又謂正心以正朝廷百官者在人主而格君心之非則大臣責也故都

俞而有吁咈焉將順而有正救焉縱未能使人主嚴憚正之於念慮未萌之先亦當與人主相可否審之於命令將出之頃酌以道義參以人言從容啓沃必求其是庶幾上可以感動淵衷下可以愜服群望倘遵奉之惟謹而規正之不聞國何賴焉或告唐憲宗曰德宗自任聖智不信宰相而信他人使姦臣乘間弄威福憲宗曰朕幼在德宗左右見事於得失當時宰相未有再三執奏者皆懷利偷安卿輩亦宜用此爲戒當力諫不已勿畏朕譴

怒而遽止此又陛下所當責之大臣者也臣拳拳憂國之忠不敢少隱惟陛下留神

游忠公鑑虚集序

君子立言不獨以書傳也苟於世教無關於人國無裨不過組篇鏤句落儒生口耳雖或可託姓名以不朽而萎然無復生意矣子雲邃於玄不如更生攻外慼一疏子厚雄於文不敵昌黎論佛骨一表葢其言用舍係當時安危千載下猶使忠臣誼士聞風而興起尚論古人大節爲先不專在言語

文字閒也果齋游公年少長負奇節在東西州爲
名進士宫幕府時騰書制總條列戎情民病自立
已崖然孤高紹熙癸丑以小朝士言五事首曰隆
孝德反覆推明天理冀感悟上心且謂退宰相不
以禮給諫論駁不行姜特立不當召入陳源不可
親信明年夏五顧天乞車駕省重華辭皆激切乞
先以身膏鈇鉞踰月國有大故上下洶動公折簡
忠定趙公趣斷大計寧皇以太后旨履寶位入心
始安多公力也然侂冑浸用事公屢諷忠定早爲

計不能從朱文公去國復抗疏乞留積爲權姦所忌忠定被逐公即丐郡歸言者指爲黨魁至誣以從與異圖將陷奇禍幸秪罷免久之以薦得利路節逆曦包禍憚未敢發密謀代之公聞亂髮植眦裂遣子若友約制閫諸人起義藐無有應者賊勢披猖人爲惴惴又不肯避吁其瀕於死者幾矣方忠定秉國最爲雅故僅班六院且閱月十有九日不遷嘉定更化異時號僞黨者皆超擢不次公力請掛冠而得祠諸賢言狀纔進一秩夷考其平生

出處未嘗希進至於遇大事敢言臨大變不怵死生禍福不入胷次葢愛君愛國發於至誠無一毫邀譽之心諒乎其爲忠也余昔參滇蜀見公之子景仁期以遠器薦之力歸老海瀕景仁時時相問如一日比走書來示以公遺文俾序其元余耄矣思涸筆枯恐不足以發潛幽張芳潤竊謂文以氣爲主猶林茂而影稠鐘巨而聲迥非可強而致公從諸老游學粹養洪充之浩然可塞天地筆下流出自無軟腐語詩律尤老勁深詣理妙如世荒耽

齊竽士弱同楚囚羣枉儻未杜誰正君心非靡靡工雕鏤何益眞儒事頑裹訂身三昧得蒙中養正一心虛等語亦非聾呻敲推輩所能到也景仁紹定閒以直言不合去再入論思愈峭拔不詭隨忠公教忠之訓不孤矣王晉公謂吾不作兒子必作納君於善者有後豈誣也哉公字子正鑑虛其自號也

本書根據廣東省立中山圖書館藏清乾隆五十五年（1790）刻本影印

西樵歷史文化文獻叢書

增補嶺海名勝志（一）

（明）郭棐 編
（清）陳蘭芝 增輯

广西师范大学出版社
GUANGXI NORMAL UNIVERSITY PRESS
·桂林·

圖書在版編目（CIP）數據

增補嶺海名勝志：全 12 册 /（明）郭棐編；（清）陳蘭芝增輯．—桂林：廣西師範大學出版社，2015.3
（西樵歷史文化文獻叢書）
ISBN 978-7-5495-6366-1

Ⅰ．①增… Ⅱ．①郭…②陳… Ⅲ．①名勝古迹－介紹－廣東省－明清時代 Ⅳ．①K928.706.5

中國版本圖書館 CIP 數據核字（2015）第 028098 號

廣西師範大學出版社出版發行
（廣西桂林市中華路 22 號　郵政編碼：541001
網址：http://www.bbtpress.com）
出版人：何林夏
全國新華書店經銷
廣西大華印刷有限公司印刷
(廣西南寧市高新區科園大道 62 號　郵政編碼：530007)
開本：890 mm × 1 240 mm　1/32
印張：167.625　　字數：1260 千字
2015 年 3 月第 1 版　　2015 年 3 月第 1 次印刷
定價：580.00 元（全十二册）

《西樵歷史文化文獻叢書》編輯委員會

叢書總序

温春來　梁耀斌

呈現在讀者面前的，是一套圍繞佛山市南海區西樵鎮編修的叢書。爲一個鎮編一套叢書並不出奇，但爲一個鎮編撰一套多達兩三百種圖書的叢書可能就比較罕見了。編者的想法其實挺簡單，就是要全面整理西樵鎮的歷史文化資源，探索一條發掘地方歷史文化資源的有效途徑。最後編成一套規模巨大的叢書，僅僅因爲非如此不足以呈現西樵鎮深厚而複雜的文化底蕴。叢書編者秉持現代學術理念，並非好大喜功之輩。僅僅爲確定叢書框架與大致書目，編委會就組織七八人，研讀各個版本之西樵方志，通過各種途徑檢索全國各大公藏機構之古籍書目，並多次深入西樵鎮各村開展田野調查，總計歷時六月餘之久。隨着調研的深入，編委會益發感覺到面對着的是一片浩瀚無涯的知識與思想的海洋，於是經過反復討論、磋商，決定根據西樵的實際情況，編修一套有品位、有深度、能在當代樹立典範並能夠傳諸後世的大型叢書。

天下之西樵

明嘉靖初年，浙江著名學者方豪在《西樵書院記》中感慨：『西樵者，天下之西樵，非嶺南之西樵也。』[1]此話係因當時著名理學家、一代名臣方獻夫而發，有其特定的語境，但卻在無意之間精當地揭示了西樵在整個中華文明與中國歷史進程中的意義。

西樵鎮位於珠江三角洲腹地的佛山市南海區西南部，北距省城廣州 40 多公里，以境内之西樵山而得名。西樵山由第三紀古火山噴發而成，山峰石色絢爛如錦。相傳廣州人前往東南羅浮山采樵，謂之東樵，往西面錦石山采樵，謂之西樵，『南粤名山數二樵』之説長期流傳，在廣西俗語中也有『桂林家家曉，廣東數二樵』之句。珠江三角洲平野數百里，西樵山拔地而起於西江、北江之間，面積約 14 平方公里，中央主峰大科峰海拔 340 餘米。據説過去大科峰上有觀日臺，雞鳴登臨可觀日出，夜間可看到羊城燈火。如今登上大科峰，一覽山下魚塘河涌縱橫，闤闠閭閻錯落相間，西、北兩江左右爲帶。[2]

西樵山幽深秀麗，是廣東著名風景區。然而更值得我們注意的，是以她爲核心的一塊僅有 100 多平方公里的土地，在中國歷史的長時段中，不斷産生出具有標志性意義的文化財富以及能夠成爲某個時代標籤的歷史人物。珠江三角洲是一個發育於海灣内的複合三角洲，其發育包括圍田平原和沙田平原的先後形成過程。西樵山見證了這一過程，並且在這一片廣闊區域的文明起源與演變的歷史中扮演着重要角色。作爲多次噴發後熄滅的古火山丘，組成西樵山山體的岩石種類多樣，其中有華南地區並不多見的霏細岩與燧石，這兩種岩石因石質堅硬等原因，成爲古人類製作石器的理想材料。大約 6000 年前，當今天的珠江三角洲還是洲潭遍佈、一片汪洋的時候，這一片地域的史前人類，就不約而同地彙集到優質石料蘊藏豐富的西樵山，尋找製造生産工具的原料，留下了大量打製、磨製的雙肩石器和大批有人工打擊痕跡的石片。在著名考古學家賈蘭坡

① 方豪：《棠陵文集》（收入《四庫全書存目叢書》集部第 64 册），卷 3，《記·西樵書院記》。

② 參見曾騏《珠江文明的燈塔——南海西樵山考古遺址》，廣州：中山大學出版社，1995 年。

先生看來，當時的西樵山是我國南方最大規模的採石場和新石器製造基地，北方只有山西鵝毛口能與之比肩，因此把它們並列爲中國新石器時代南北兩大石器製造場①，並率先提出了考古學意義上的『西樵山文化』②。以霏細岩雙肩石器爲代表的西樵山石器製造品在珠三角的廣泛分佈，意味着該地區『出現了社會分工與產品交換』③，這些凝聚着人類早期智慧的工具，指引了嶺南農業文明時代的到來，所以有學者將西樵山形象地比喻爲『珠江文明的燈塔』④。除珠江三角洲外，以霏細岩爲原料的西樵山雙肩石器，還廣泛發現於粵西、廣西及東南亞半島的新石器至青銅時期遺址，顯示出瀕臨大海的西樵古遺址，不但是新石器時代南中國文明的一個象徵，而且其影響與意義還可以放到東南亞文明的範圍中去理解。

不過，文字所載的西樵歷史並沒有考古文化那麼久遠。儘管在當地人的歷史記憶中，南越王趙佗陪同漢朝使臣陸賈游山、唐末曹松推廣種茶、南漢開國皇帝之兄劉隱宴遊是很重要的事件，但在留存於世的文獻系統中，西樵作爲重要的書寫對象出現要晚至明代中葉，這與珠江三角洲在經濟、文化上的崛起是一脈相承的。當時，著名理學家湛若水、霍韜以及西樵人方獻夫等在西樵山分別建立了書院，長期在此讀書、講學，他們的許多思想產生或闡釋於西樵的山水之間，例如湛若水在西樵設教，門人記其所言，是爲《樵語》。方獻夫在《西樵遺稿》中談到了他與湛、霍二人在西樵切磋學問的情景：『三（書）院鼎峙，予三人常來往，講學其

① 賈蘭坡、尤玉柱：《山西懷仁鵝毛口石器製造場遺址》，《考古學報》1973 年第 2 期。
② 賈蘭坡：《廣東地區古人類學及考古學研究的未來希望》，《理論與實踐》1960 年第 3 期。
③ 楊式挺：《試論西樵山文化》，《考古學報》1985 年第 1 期。
④ 曾騏：《珠江文明的燈塔——南海西樵山考古遺址》，第 30—42 頁。

間，藏修十餘年。』① 王陽明對三人的論學非常期許，希望他們珍惜機會，時時相聚，爲後世儒林留下千古佳話，他致信湛若水時稱：『叔賢（即方獻夫）志節遠出流俗，渭先（即霍韜）雖未久處，一見知爲忠信之士，乃聞不時一相見，何耶？英賢之生，何幸同時共地，又可虛度光陰，容易失卻此大機會，是使後人而復惜後人也！』② 西樵山與作爲明代思想與學術主流的理學之關係，意味着她已成爲一座具有全國性意義的人文名山，這正是方豪『天下之西樵』的涵義。清人劉子秀亦云：『當湛子講席，五方問業雲集，山中大科之名，幾與嶽麓、白鹿鼎峙，故西樵遂稱道學之山。』③ 方豪同時還稱：『西樵者，非天下之西樵，天下後世之西樵也。』一語道出了人文西樵所具有的長久生命力。這一點方豪也沒有説錯，除上述幾位理學家外，從明中葉迄今，還有衆多知名學者與文章大家，諸如陳白沙、李孔修、龐嵩、何維柏、戚繼光、郭棐、葉春及、李待問、屈大均、袁枚、李調元、温汝適、朱次琦、康有爲、丘逢甲、郭沫若、董必武、秦牧、賀敬之、趙樸初等等，留下了吟詠西樵山的詩、文，今天我們走進西樵山，還可發現 140 多處摩崖石刻，主要分佈在翠岩、九龍岩、金鼠塱、白雲洞等處。與西樵成爲嶺南人文的景觀象徵相應的是山志編修。嘉靖年間，湛若水弟子周學心編纂了最早的《西樵山志》，萬曆年間，霍韜從孫霍尚守以周氏《樵志》『誇誕失實』之故而再修《西樵山志》，清初羅國器又加以重修，這三部方志已佚失，我們今天能看到的是乾隆初年西樵人士馬符録留下的志書。除山志外，直接以西樵山爲主題的書籍尚有成書於清乾隆年間的《西樵遊覽記》、道光年間的《西樵白雲洞志》、光緒年間的《紀遊西樵山記》等。

① 方獻夫：《西樵遺稿》，康熙三十五年（1696）方林鶴重刊本，卷 6，《石泉書院記》。
② 王陽明：《王文成全書》，四庫本，卷 4，《文録・書一・答甘泉二》。
③ 劉子秀：《西樵遊覽記》，道光十三年（1833）補刊本，卷 2，《圖説》。

晚清以降，西樵山及其周邊地區（主要是今天西樵鎮範圍）產生了一批在思想、藝術、實業、學術、武術等方面走在中國最前沿的人物，成爲中國走向近代的一個縮影。維新變法領袖康有爲、一代武術宗師黄飛鴻、民族工業先驅陳啟沅、『中國近代工程之父』詹天佑、清末出洋考察五大臣之一的戴鴻慈、『嶺南第一才女』冼玉清、粵劇大師任劍輝等西樵鄉賢，都成爲具有標志性或象徵性的歷史人物。

事實上，明代諸理學家講學時期的西樵山，已非與世隔絶的修身之地，而是與整個珠江三角洲的開發聯繫在一起的。西樵鎮地處西、北江航道流經地域，是典型的嶺南水鄉，境内河網交錯，河涌多達19條，總長度120多公里，將鎮内各村聯成一片，並可外達佛山、廣州等地。① 傳統時期，西樵的許多墟市，正是在這些水邊興起的。今鎮政府所在地官山，在正德、嘉靖年間已發展成爲觀（官）山市，是爲西樵有據可查的第一個墟市。據統計，明清時期，全境共有墟市78個。② 西樵山上的石材、茶葉可通過水路和墟市，滿足遠近各方的需求。一直到晚清之前，茶業在西樵都堪稱舉足輕重，清人稱『樵茶甲南海，山民以茶爲業，鬻茶而舉火者萬家』③。當年山上主要的採石地點、後由於地下水浸漫而放棄的石燕岩洞，因生産遺跡完整且水陸結合而受到考古學界重視，成爲繼原始石器製造場之後的又一重大考古遺址。

水網縱橫的環境使得珠江三角洲堤圍遍佈，西樵山剛好地處横跨南海、順德兩地的著名大型堤圍——桑園圍中，而且是桑園圍形成的地理基礎之一。歷史時期，西、北江的沙泥沿着西樵山和龍江山、錦屏山等海灣中島嶼或丘陵臺地旁邊逐漸沉積下來。宋代珠江三角洲沖積加快，人們開始零零星星地修築一些『秋欄基』

① 《南海市西樵山旅遊度假區志》，廣州：廣東人民出版社，2009年，第188—192頁。

② 《南海市西樵山旅遊度假區志》，第393頁。

③ 劉子秀：《西樵遊覽記》，卷10，《名賢》。

以阻擋潮水對田地的浸泛，這就是桑園圍修築的起因。① 明清時期在桑園圍内發展起了著名的果基、桑基魚塘，使這裡成爲珠江三角洲最爲繁庶之地。不難想象僅僅在幾十年前，西樵山還是被簇擁在一望無涯的桑林魚塘間的景象。如今桑林雖已大都變爲菜地、道路和樓房，但從西樵山山南路下山，走到半山腰放眼望去，尚可看見數萬畝連片的魚塘，這片魚塘現已被評爲聯合國教科文組織保護單位，是珠三角地區面積最大、保護最好、最爲完整的（桑基）魚塘之一。

桑基魚塘在明清時期達於鼎盛，成爲珠三角經濟崛起的一個重要標志，與此相伴生的，是另一個重要産業——繅絲與紡織的興盛。聯繫到這段歷史，由西樵人陳啟沅在自己的家鄉來建立中國第一家近代機器繅絲廠就在情理之中了。開廠之初，陳啟沅招聘的工人，大都來自今西樵鎮的簡村與吉水村一帶，而陳啟沅本人，也深深介入到了西樵的地方事務之中。② 從這個層面上看，把西樵視爲近代民族工業的起源地或許並非溢美之辭。但傳統繅絲的從業者數量仍然龐大，據光緒年間南海知縣徐賡陛的描述，當時西樵一帶以紡織爲業的機工有三四萬人。③ 作爲産生了黃飛鴻這樣深具符號性意義的南拳名家的西樵，武術風氣濃厚，機工們大都習武，並且圍繞錦綸堂組織起來，形成了令官府感到威脅的力量。民國初年，西樵民樂村的程姓村民，對原來只能織單一平紋紗的織機進行改革，運用起綜的小提花和人力扯花方法，發明了馬鞍絲織提花絞綜，首創具有扭眼通花團的新品種——香雲紗，開創莨紗綢類絲織先河。香雲紗輕薄柔軟而富有身骨，深受廣州、上海、南京等地富人喜歡，在歐洲也被視爲珍品。上世紀二三十年代是香雲紗發展的黃金時期，如民樂林村

① 曾少卓：《桑園圍自然背景的變化》，中國水利學會等編《桑園圍暨珠江三角洲水利史討論會論文集》，廣州：廣東科技出版社，1992年，第51頁。

② 陳天傑、陳秋桐：《廣東第一間蒸汽繅絲廠繼昌隆及其創辦人陳啟沅》，載《中華文史資料文庫》第12卷《經濟工商編》，北京：中國文史出版社，1996年，第784—787頁。

③ 徐賡陛：《辦理學堂鄉情形第二稟》，載《皇朝經世文續編》，近代中國史料叢刊本，卷83，《兵政・剿匪下》。

程家一族600人，除1人務農之外，均以織紗爲業。① 隨着化纖織物的興起，香雲紗因工藝繁複、生產週期長等原因失去了競爭力，但作爲重要的非物質文化遺產受到保護。西樵不僅在中國近代紡織史上地位顯赫，而且其影響一直延續至今。1998年，中國第一家紡織工程技術研發中心在西樵建成。2002年12月，中國紡織工業協會授予西樵『中國面料名鎮』稱號。② 2004年，西樵成爲全國首個紡織產業升級示範區，國家級紡織檢測研發機構相繼進駐，紡織產業創新平臺不斷完善。③ 據不完全統計，西樵整個紡織行業每年開發的新產品有上萬個。④

除上文提及的武術、香雲紗工藝外，更多的西樵非物質文化遺產是各種信仰與儀式。西樵信仰日衆多，其中較著名者有觀音開庫、觀音誕、大仙誕、北帝誕、師傅誕、婆娘誕、土地誕、龍母誕等。據統計，全鎮共擁有105處民間信仰場所，其中除去建築時間不詳者，可以明確斷代的，建於宋代的有3所，即百西村六祖廟、西邊三帝廟、牌樓周爺廟；建於元明間的有1所，即河溪北帝廟；建於明代的有2所，分別是百西村北帝祖廟和百西村洪聖廟；建於清代的廟宇有28所；其餘要麼是建於民國，要麼是改革開放後重建，真正的新建信仰場所寥寥無幾。⑤ 除神廟外，西樵的每個自然村落中都分佈着數量不等的祠堂，相較於西樵山上的那些理

①《南海市西樵山旅遊度假區志》，第323頁。
②《南海市西樵山旅遊度假區志》，第303—304頁。
③《西樵紡織行業加快自主創新能力》，見中國紡織工業協會主辦、中國紡織信息中心承辦之『中國紡織工業信息網』，http://news.ctei.gov.cn/zxzx—lmxx/12495.htm。
④《開發創新走向國際　西樵紡織企業年開發新品上萬個》，見中國紡織工業協會主辦、中國紡織信息中心承辦之『中國紡織工業信息網』，http://news.ctei.gov.cn/zxzx—lmxx/12496.htm。
⑤梁耀斌：《廣東省佛山市西樵鎮民間信仰的現狀與管理研究》，中山大學2011年碩士學位論文。

學聖地，神靈與祖先無疑更貼近普通百姓的生活。西樵的一些神靈信仰日，如觀音誕、大仙誕，影響遠及珠江三角洲許多地區乃至香港，每年都吸引數十萬人前來朝聖。

傳統文化的基礎工程

上文對西樵的一些初步勾勒，揭示了嶺南歷史與文化的幾個重要面相。進而言之，從整個中華文明與中國歷史進程的角度去看，西樵在不同時期所産生的文化財富與歷史人物，或者具有全國性意義，或者可以放在中華文明統一性與多元化的辯證中去理解，正所謂『西樵者，天下之西樵，非嶺南之西樵也』。不吝人力與物力，將博大精深的西樵文化遺産全面發掘、整理並呈現出來，是當代西樵各界人士以及有志於推動嶺南地方文化建設的學者們的共同責任。這決定了《西樵歷史文化文獻叢書》不是一個簡單的跟風行爲，也不是一個隨便的權宜之計。叢書是展現給世界看的，也是展現給未來看的，我們力圖把這片浩瀚無涯的知識寶庫呈現於世人之前，我們更希望，過了很多年之後，西樵的子孫們，仍然能夠爲這套叢書而感到驕傲，所有對嶺南歷史與文化感興趣的人們，能夠感激這套叢書爲他們做了非常重要的資料積累。根據這一指導思想，經過反復討論，編委會確定了叢書的基本内容與收録原則，其詳可參見叢書之『編撰凡例』，在此僅作如下補充説明。

叢書尚在方案論證階段，許多知情者就已半開玩笑半認真地名之爲『西樵版四庫全書』，這個有趣的概括非常切合我們對叢書品位的追求，且頗具宣傳效應，是對我們的一種理解和鼓舞。但較之四庫全書編修的時代，當代人對文化與學術的理解顯然更具多元性與平民情懷，那個時代有資格列入『四庫』的，主要是知識精英們創造的文字資料，我們固然會以窮搜極討的態度，不遺餘力地搜集這類資料，但我們同樣重視尋常百姓書寫的文獻，諸如家譜、契約、書信等等，它們現在大都散存於民間，保存狀況非常糟糕，如果不及時搜集，就會逐漸毀損消亡。

能夠體現叢書編者的現代意識的，還有邀請相關領域的專業人士以遵循學術規範爲前提，通過深入田野調查撰寫的描述物質文化遺產、非物質文化遺產的作品。這兩部分内容加上各種歷史文獻，構成了完整的地方傳統文化資源。目前不管是學術界還是地方政府，均尚未有意識地根據這三大類别，對某個地域的傳統文化展開全面系統的發掘、整理與出版工作。在這個意義上，《西樵歷史文化文獻叢書》無疑具有較大開拓性、前瞻性與示範性。叢書編者進而提出了『傳統文化的基礎工程』這一概念，意即拋棄任何功利性的想法，扎扎實實地將地方傳統文化全面發掘並呈現出來，形成能夠促進學術積累並能夠傳諸後世的資料寶庫，在真正體現出一個地方的文化深度與品位的同時，爲相關的文化産業開發提供堅實基礎。希望《西樵歷史文化文獻叢書》的推出，在這個方面能産生積極影響。

高校與地方政府合作的成果

西樵人文底蘊深厚，這是叢書能夠編撰的基礎；西樵鎮地處繁華的珠江三角洲，則使得叢書編撰有了充足的物質保障。然而，這樣浩大的文化工程能夠實施，光憑天時、地利是不夠的，一群志同道合的有心者所表現出來的『人和』也是非常關鍵的因素。

2009年底，西樵鎮黨委和政府就有了整理、出版西樵文獻的想法，次年1月，鎮黨委書記邀請了中山大學歷史學系幾位教授專程到西樵討論此事。通過幾天的考察與交流，幾位鎮領導與中大學者一致認定，以現代學術理念爲指導，爲了全面呈現西樵文化，必須將文獻作者的範圍從精英層面擴展到普通百姓，並且應將物質文化遺産與非物質文化遺産的内容也包括進來，形成一套《西樵歷史文化文獻叢書》。爲了慎重起見，決定由中大歷史學系幾位教授組織力量進行先期調研，確定叢書編撰的可行性與規模。經過6個多月的努力，調研組將成果提交給西樵鎮黨委，由相關領導與學者坐下來反復討論、修改、再討論……，並廣泛徵求西樵地方文化人士的意見，與他們進行座談。歷時兩個多月，逐漸擬定了叢書的編撰凡例與大致書目，並彙報給南海區委、區政府與中山大學校方，得到了高度重視與支持。2010年9月底，簽定了合作協議，組成了《西樵歷史文化文獻叢書》編輯委員會，決定由西樵鎮政府出資並負責協調與聯絡，由中山大學相關學者牽頭，組織研究力量具體實施叢書的編撰工作。

值得一提的是，《西樵歷史文化文獻叢書》是近年來中山大學與南海區政府廣泛合作的重要成果之一，並爲雙方更深入地進行文化領域的合作打下了堅實基礎。2011年6月，中山大學與南海區政府決定在西樵山共建『中山大學嶺南文化研究院』，康有爲當年讀書的三湖書院，經重修後將作爲研究院的辦公場所與教學、研究基地。嶺南文化研究院秉持高水準、國際化、開放式的發展定位，將集科學研究、教學、學術交流、服務地方爲一體，力爭建設成爲在國際上有較大影響的嶺南文化研究中心、資料信息中心、學術交流中心、人才培養基地。研究院的成立，是對西樵作爲嶺南文化精粹所在及其在中華文明史中的地位的肯定，編撰《西樵歷史文化文獻叢書》也順理成章地成爲研究院目前最重要的工作之一。

在已超越温飽階段，人民普遍有更高層次追求，同時市場意識又已深入人心的中國當代社會，傳統文化迎來了新一輪的復興態勢。這對地方政府與學術界都是新的機遇，同時也產生了值得思考的問題：如何在直接的經濟利益與謹嚴求真的文化研究之間尋求平衡？我們是追求短期的物質收穫還是長期的區域形象？當各地都在弘揚自己的文化之際，如何將本地的文化建設得具有更大的氣魄和胸襟？《西樵歷史文化文獻叢書》或許可以視爲對這些見仁見智問題的一種回答。

叢書編撰凡例

一、本叢書的『西樵』指的是以今廣東省佛山市南海區西樵鎮爲核心、以文獻形成時的西樵地域概念爲範圍的區域，如今日之丹灶、九江、吉利、龍津、沙頭等地，均根據歷史情況具體處理。

二、本叢書旨在全面發掘並弘揚西樵歷史文化，其基本内容分爲三大類别：（1）歷史文獻（如志乘、家乘、鄉賢寓賢之論著、金石、檔案、民間文書以及紀念鄉賢寓賢之著述等）；（2）非物質文化遺産（如口述史、傳説、民謡與民諺、民俗與民間信仰、生産技藝等）；（3）自然與物質文化遺産（如地貌、景觀、遺址、建築等）。擴展内容分爲兩大類别：（1）有關西樵文化的研究論著；（2）有關西樵的通俗讀物。出版時，分别以《西樵歷史文化文獻叢書·歷史文獻系列》、《西樵歷史文化文獻叢書·非物質文化遺産系列》、《西樵歷史文化文獻叢書·自然與物質文化遺産系列》、《西樵歷史文化文獻叢書·研究論著系列》、《西樵歷史文化文獻叢書·通俗讀物系列》命名。

三、本叢書收録之歷史文獻，其作者應已有蓋棺定論（即於2010年1月1日之前謝世）；如作者爲鄉賢，則其出生地應屬於當時的西樵區域；如作者爲寓賢，則作者曾生活於當時的西樵區域内。

四、鄉賢著述，不論其内容是否直接涉及西樵，但凡該著作具有文化文獻價值，可代表西樵人之文化成就，即收録之；寓賢著述，但凡作者因在西樵活動而有相當知名度且在中國文化史上有一席之地，則其著述内容無論是否與西樵有關，亦收録之；非鄉賢及寓賢之著述，凡較多涉及當時的西樵區域之歷史、文化、景觀者，亦予收録。

五、本叢書所收録紀念鄉賢之論著，遵行本凡例第三條所定之蓋棺定論原則及第一條所定之地域限定，且叢書編者只搜集留存於世的相關紀念文字，不爲鄉賢新撰回憶與懷念文章。

六、本叢書收録之志乘，除此次編修叢書時新編之外，均編修於 1949 年之前。

七、本叢書收録之家乘，均編修於 1949 年之前，如係新中國成立後的新修譜，可視情況選擇譜序予以結集出版。地域上，以 2010 年 1 月 1 日之西樵行政區域爲重點，如歷史上屬於西樵地區的百姓願將族譜收入本叢書，亦從其願。

八、本叢書收録之金石、檔案和民間文書，均産生於 1949 年之前，且其存在地點或作者屬於當時之西樵區域。

九、本叢書整理收録之西樵非物質文化遺産，地域上以 2010 年 1 月 1 日之西樵行政區域爲準，内容包括傳説、民謠、民諺、民俗、信仰、儀式、生産技藝及各行業各戰綫代表人物的口述史等，由專業人員在系統、深入的田野工作基礎上，遵循相關學術規範撰述而成。

十、本叢書整理收録之西樵自然與物質文化遺産，地域上以 2010 年 1 月 1 日之西樵行政區域爲準，由專業人員在深入考察的基礎上，遵循相關學術規範撰述而成。

十一、本叢書之研究论著系列，主要收録研究西樵的專著與單篇論文，以及國内外知名大學的相關博士、碩士論文，由叢書編輯委員會邀請相關專家及高校合作收集整理或撰寫而成。

十二、本叢書組織相關人士，就西樵文化撰寫切合實際且具有較強可讀性和宣傳力度的作品，形成本叢書之通俗讀物系列。

十三、本叢書視文獻性質採取不同編輯方法。原文獻係綫裝古籍或契約者，影印出版，並視情況添加評介、題注、附録等；如係碑刻，採用拓片或照片加文字等方式，並添加説明；如爲民國及之後印行的文獻，或影印出版，或重新録入排版，並視情況補充相關資料；新編書籍採用簡體横排方式。

十四、本叢書撰有《西樵歷史文化文獻叢書書目提要》一册。

總目

評介　一
增補嶺海名勝志書影（乾隆五十五年刻本）　一七
陳蘭芝序　一九
王學曾序　二五
增補嶺海名勝志目録　三五
卷一　仙城古迹　三九
卷二　白雲山　三八三
卷三　海珠寺　七三九
卷四上　靈洲山　一〇四三
卷四下　厓山　一一八九
卷五上　南海廟　一三四五
卷五下　浮邱山　一五三一

卷	篇目	頁碼
卷六上	西樵山	一六六一
卷六下	海幢寺	一九〇九
卷七上	澳門	二〇一七
卷七下	石門	二二五三
卷八上	飛來寺	二三二三
卷八下	花田	二五八九
卷九	江門	二六一七
卷十上	梅嶺	二九五五
卷十下	韓山	三一七五
卷十一上	白鶴峰	三二八九
卷十一下	曹溪	三四八七
卷十二上	丹霞山	三六一五
卷十二下	風度樓	三八三七
卷十三	羅浮山	三九〇五
卷十四上	七星岩	四二六九
卷十四下	羚羊峽	四四九九
卷十五上	鼎湖山	四五八一
卷十五中	三峽	四七六七
卷十五下	九成臺	四八一五
卷十五下	珠池	四八七一
卷十六	南溟奇甸	四九二七
附録一	**《增補嶺海名勝志》各處名勝分布地圖**	五三〇三
附録二	**卷六《西樵山記》較郭棐本增補文類一覽表**	五三〇四
附録三	**卷六《西樵山記》較郭棐本增補詩類一覽表**	五三〇五
附録四	**增補本缺載郭棐本篇目一覽表**	五三〇八
附録五	**增補本與郭棐本篇目互異一覽表**	五三一〇

評介

任建敏

《增補嶺海名勝志》十六卷，藏廣東省立中山圖書館，明郭棐著、清陳蘭芝增輯，清乾隆五十五年（1790）刻本，半頁九行十九字，左右雙邊，白口，單魚尾。書前有『《嶺海名勝記》，陳蘭芝重輯，南州書樓藏』題字、乾隆五十五年陳蘭芝《重刻嶺海名勝志序》、萬曆二十四年（1596）王學曾《嶺海名勝志原序》，書中有『羊城西湖街六書齋鎸刻』標記。郭棐《嶺海名勝記》已有暨南大學王元林點校的《嶺海名勝記校注》，以及《西樵歷史文化文獻叢書》影印本問世。①《增補嶺海名勝志》則據廣東省立中山圖書館藏清刻本影印出版。②

郭棐（1529—1605），字篤周，號夢菊，南海籍番禺人，明代著名的廣東學者，少時師事湛若水，棲息西樵山中。關於郭棐的生平、著述，可參見林天蔚先生的郭棐《事蹟考》《著作考》。③有關郭棐的籍貫、郭棐本

① （明）郭棐著，王元林校注：《嶺海名勝記校注》，西安：三秦出版社，2012年。

② 廣東省立中山圖書館藏有54册普通本與30册特藏本兩套。本書的影印底本是54册本，但由於54册本卷二《白雲山記》與卷六《西樵山記》有缺，故這兩卷據30册本影印。

③ 林天蔚：《地方文獻研究與分論》，北京：北京圖書出版社，2009年，第330—350頁。

《嶺海名勝記》的撰寫緣起與特色、卷十三《西樵山記》的特色與價值等問題，請參見《西樵歷史文化文獻叢書》推出的任建敏所作《嶺海名勝記》評介，在此不再贅述。

陳蘭芝的生平與著述

陳蘭芝（？—1791），字拂霞，號馥亭，先世香山小黄圃鄉，其父家順德，故又爲順德人。陳蘭芝生平，見於咸豐《順德縣志》卷二六、光緒《廣州府志》卷一三三、光緒《香山縣志》卷十四等書。從籍貫來説，陳蘭芝是香山人，陳蘭芝在本書中就自署『香山後學陳蘭芝』。但從其生活的地點來説，他又是順德人。所以香山、順德二縣的縣志都把這位名賢記録進去。咸豐《順德縣志》爲此還專門寫了一段話來解釋：『按蘭芝兄弟籍香山，不宜立傳，今以居縣城已三世，純修又有贖田一事，姑附之。』① 諸種方志的陳蘭芝傳記，最主要的依據文獻是順德人龍廷槐代撰的《高唐州州判馥亭陳公行述》一文。② 茲據該文略述其生平：陳蘭芝之父樹堂公遊學順德，遂家於順德，有子四人，陳蘭芝居第四。陳氏四子，除長子早逝外，餘三子皆有所成，二子慤庵公任司理，三子若亭公任知縣，而陳蘭芝則官至高唐州州判。據説陳蘭芝少年時讀書就『但取大義，不肯尋章摘句』，年稍長即『慨然有用世志』。其後陳蘭芝補生員，認爲讀書寒窗『非其好也』，於是往依

① 咸豐《順德縣志》卷二六《列傳六》，《廣東歷代方志集成·廣州府部》第 17 册，廣州：嶺南美術出版社，2009 年，第 638 頁。

② （清）龍廷槐：《敬學軒文集》卷十一，《高唐州州判馥亭陳公行述（代）》，《清代詩文集彙編》第 452 册，上海：上海古籍出版社，2010 年，第 510—513 頁。

任官江南的三兄若婷公。後『棄諸生求官京師』，得山東省高唐州判之職。龍廷槐備述陳蘭芝在其任上寬減差役、治理河道、修築城垣等政績，又詳述陳蘭芝被選派協解山東軍餉赴金川途中的重重艱險以及陳蘭芝的堅定幹練之才。回任後又奉命搜緝王倫餘黨，據説當時『大吏廉其能，議調繁劇』，而陳蘭芝却選擇『急流勇退，連章乞假』。陳蘭芝歸鄉之後，『以書史自娱』，『手所纂輯名人集十數種』，又『雅好遊覽』，遍歷泰山、西湖、天台、羅浮等名勝。在諸兄相繼早逝後，陳蘭芝又率諸姪建祠堂、設蒸嘗。又以家財豐厚，積極參與家鄉公共事業建設。以疾終於乾隆五十六年（1791）正月初九。

陳蘭芝的著述頗多，道光《廣東通志》記録了他所著《增補嶺海名勝志》十六卷、《嶺南風雅》三集（每集三卷）。① 此外光緒《香山縣志》載陳蘭芝又撰有《增補家禮辨定》十卷、《錦岩山志略》四卷、《魯蜀文獻》二卷等書。② 從這些書目來看，陳蘭芝的撰述範圍十分廣泛，從種類來説，有經部、史部和集部，從地域範圍來看，有廣東、山東、四川等處。這些作品還有部分存留下來，除了增輯《嶺海名勝記》，據廣東省立中山圖書館目録記載，該館還藏有《嶺南風雅》《魯蜀文獻》二書，二者均爲乾隆五十年（1785）刻本。從刊刻時間來看，增輯《嶺海名勝記》是陳蘭芝去世前一年才付刻的，可以説是陳蘭芝的遺作，也是篇幅最大、最爲重要的一部作品。

①（清）道光《廣東通志》卷一九三《藝文略五》、卷一九八《藝文略十》，《續修四庫全書》第673册，上海：上海古籍出版社，1996年。

②（清）光緒《香山縣志》卷二一《藝文》，《廣東歷代方志集成・廣州府部》第36册。

本書的題名問題

本書的題名不一，光是本書中就有好幾個不同的名稱。在陳蘭芝本人的序言中，稱之爲《重刻嶺海名勝志》，在目録抬頭，則稱爲《領海名勝志增補》，在每一卷的封面，則直書《嶺海名勝記》，又在左側書『明光禄卿嶺南郭篤周先生著』十三字，右側書『香山後學陳蘭芝增輯』九字。而在各種方志中該書的名字又各不相同，在道光《廣東通志》、光緒《香山縣志》稱之爲《增補嶺海名勝志》，而光緒《廣州府志》在引用道光《廣東通志》的時候又記爲《增補嶺海名勝記》。由於書名的記載如此紛繁不一，而且即使是在本書各處也多有不同，考慮到陳蘭芝序言不稱『嶺海名勝記』而稱『嶺海名勝志』，但『增補』二字放在『嶺海名勝志』的後面又稍嫌不順，因此根據道光《廣東通志》的通行書名，題作《增補嶺海名勝志》。

本書的纂輯緣起與主旨

關於本書的纂輯緣起，可以參見陳蘭芝所作序。序的開端，陳蘭芝用了兩百多字的篇幅，抒發了自己對嶺海名勝的名氣不傳的看法。他認爲，廣東是『天下僻壤』，那些『名公巨卿』除非是來嶺南當官或者被貶來嶺南，不然都不會踏足。所以『勝地不常遺逸於荒煙蔓草間』。由此陳蘭芝認爲，『風土人物所遭，有幸有不幸』，像鈷鉧潭、滕王閣、赤壁等地，都是由於柳宗元、韓愈、蘇軾等名賢的題咏才有千古之名，而那些『荒陬窮谷』，人迹罕至，就無人傳頌了。陳蘭芝在序中提到，他自己本人『性酷好山水，亦頗癖於歌咏，興之所至，每偕良友羅浮、鼎湖諸名勝外搜尋異境』，此後又遊歷了京師、廬山、太行山、洞庭湖、沅湘等處。後來在他督餉金川時，又從臨淄抵達四川，又遊覽了劍閣、峨眉等奇景。當時他問四川人尋覽『蜀都志』，未能如願，而有隨從的『客』對他説：『子非粵人乎？宇内幽勝，盡在粵海，子何舍近求遠耶？』那位『客』隨即出示郭棐的《嶺海名勝志》給他閱讀。陳蘭芝讀了這本書，才知道原來竟然有這樣一部詳細記載廣東名勝的志書。可見郭棐的原書在當時已經流傳稀少了，連作爲廣東人的陳蘭芝都未曾耳聞，更不用説目睹。只有在四川，當年郭棐在四川任提學時在成都留下的舊版，才使得該書仍然保存在四川，然而也已經『蠹食過半』。陳蘭芝『懼其弗傳，即傳之弗廣』，所以決意重刻。

陳蘭芝的重刻，并非修補舊版而已，他的『增補』之力是非常大的。他在序中提到，重刻該書時，距離郭棐的年代已經過了兩百餘年，在此其間又有很多『學士文人』重登勝景，又留下了很多的文字，增輯進去，不僅可以『增長藝林之聲價』，也可以『輝映前賢』。另外，他又增補了一些名賢的著述文字，他認爲這些文字雖然與嶺海名勝無關，但其中多有與嶺海名勝互相發明之處。這只是見諸陳蘭芝自序中的表達，如果進一步比較郭棐本與陳蘭芝本的内容，會發現陳蘭芝所增加的内容是非常多的，不僅保留了大部分郭棐本的原文，而且又增加了明末到清中葉的大量詩文。還在這基礎之上增加了 10 處新的名勝，進一步擴展了該書的選景範圍。所以本書的卷數雖然只有 16 卷，比郭棐本 20 卷要少 4 卷，但篇幅要比郭棐本多出一倍，郭棐本大約 1300 頁，而本書達到 2600 頁。陳蘭芝最終完成的這部《增補嶺海名勝志》，不僅僅是重刻了郭棐這一位鄉賢關於嶺南名勝的經典之作，而且是在這個基礎上，把清代中葉最具代表性的嶺南名勝網羅其中，成爲記録嶺南名勝及文字題咏的集大成之作。以此爲標志，嶺南當然不再只是宦遊貶謫之人才會前往的『天下僻壤』，而是有深厚歷史文化底藴的名勝薈萃之地。

與郭棐本的篇目及内容比較

要了解《增補嶺海名勝志》的内容特色，首先要對增補本與郭棐本《嶺海名勝記》進行比較，以確定哪些内容是陳蘭芝增輯和處理過的。陳蘭芝增補本對郭棐本所作的增補和内容調整幅度非常大，簡單的文字概括還不足以表示。兹將二書的卷次、篇名、主要内容列爲一表，以便比較：

郭棐本卷次	篇名	主要内容	增補本卷次	篇名	主要内容	所在地
卷一	《粵會記》	番山、禺山、光孝寺、玄妙觀、六榕寺等處	卷一	《仙城古迹》	朝漢臺、訶林、五仙觀、六榕寺、鎮海樓、粵秀山、昌華苑、藥洲、陸賈祠、運甓齋、越華樓、歌舞岡、九曜石、鐵柱宮、南園、擲硯亭、坡山、芝蘭湖	廣州府城
卷二	《粵秀山記》	越王臺、鎮海樓等處				
卷三	《五仙觀記》	五仙觀記、附南園、東山、芝蘭湖				

續表

郭棐本卷次	篇名	主要內容	增補本卷次	篇名	主要內容	所在地
卷四	《白雲山記》	白雲山記、附鶴去臺、月溪寺	卷二	《白雲山》	白雲山、附百花塚、蒲澗	廣州府南海縣
卷五	《蒲澗記》	蒲澗記、附崔菊坡祠				
卷六	《浮丘記》	浮丘	卷五（下）	《浮邱山》	浮邱山	廣州府南海縣
卷七	《海珠記》（分上下卷）	海珠、附慈度寺、李文溪祠	卷三	《海珠寺》	海珠寺	廣州府番禺縣
卷八	《石門記》	石門、附吳刺史祠	卷七（下）	《石門》	石門、吳刺史祠、沉香浦、貪泉	廣州府南海縣
卷九	《靈洲記》	靈洲、附蘇東坡祠	卷四（上）	《靈洲山》	靈洲、附郭璞望氣樓、蘇東坡廟	廣州府南海縣
卷十	《南海廟記》	南海廟	卷五（上）	《南海廟》	南海廟	廣州府番禺縣
卷十一	《飛來寺記》	峽山、飛來寺	卷八（上）	《飛來寺》	峽山、飛來寺	廣州府清遠縣
卷十二	《羅浮山記》	羅浮山	卷十三	《羅浮山》	羅浮山	惠州府

續表

郭棐本卷次	篇名	主要内容	增補本卷次	篇名	主要内容	所在地
卷十三	《西樵山記》	西樵山	卷六（上）	《西樵山》	西樵山	廣州府南海縣
卷十四	《曹溪記》	曹溪	卷十一（下）	《曹溪》	曹溪	韶州府
卷十五	《梅嶺記》	梅嶺、附張曲江祠	卷十（上）	《梅嶺》	梅嶺、附張曲江廟	南雄府①
卷十六	《崧臺石室記》	崧臺石室、附七星岩	卷十四	《七星岩》《羚羊峽》	七星岩、羚羊峽、附包孝肅廟	肇慶府
卷十七	《韓山祠記》	韓山祠	卷十（下）	《韓山》	韓山、藍關文公廟	潮州府
卷十八	《鶴峰記》	鶴峰	卷十一（上）	《白鶴峰》	白鶴峰、附西湖	惠州府
卷十九	《厓山記》	厓山	卷四（下）	《厓山》	厓山附楊太后廟、三忠廟	廣州府新會縣
卷二十	《南溟奇甸記》	五指山	卷十六	《南溟奇甸》	五指山	瓊州府
	郭棐本無		卷六（下）	《海幢寺》	海幢寺、附雷峰	廣州府番禺縣
	郭棐本無		卷七（上）	《澳門》	澳門、附端宗行宫、張太傅墓	廣州府香山縣

① 清代改南雄州。

續表

郭棐本卷次	篇名	主要内容	增補本卷次	篇名	主要内容	所在地
	郭棐本無		卷八（下）	《花田》	花田	廣州府南海縣
	郭棐本無		卷九	《江門》	江門、附白沙釣台、圭峰	廣州府新會縣
	郭棐本無		卷十二（上）	《丹霞山》	丹霞山	韶州府
	郭棐本無		卷十二（下）	《風度樓》	風度樓、附余襄公風采樓	韶州府
	郭棐本無		卷十五（上）	《鼎湖山》	鼎湖山	肇慶府
	郭棐本無		卷十五（中）	《三峽》《九成臺》	三峽、九成臺	廣州府清遠縣、韶州府
	郭棐本無		卷十五（下）	《珠池》	珠池	廉州府
	郭棐本無		附末	通省小名勝古迹	有目無文	

從上表可以看到陳蘭芝增補本對明刻本的主要變動。首先，郭棐本用了五卷篇幅來記録的廣州府城及周邊的名勝，在增補本中合并爲《仙城古迹》《白雲山》兩卷。而郭棐本的其餘各卷的名勝均在增補本中有所保留，但是卷次基本上都有所改動。再次，增補本增補了多處郭棐本所没有的名勝，包括廣州府番禺縣

《海幢寺》、香山縣《澳門》、南海縣《花田》、新會縣《江門》、清遠縣《三峽》、韶州府《丹霞山》《風度樓》《九成臺》、肇慶府《鼎湖山》、廉州府《珠池》等十篇，使得清代廣東九府之中，除粵西南的雷州府與高州府没有名勝入選之外，其他各府都有名勝被記録下來，其涵蓋面較明刻本更爲廣闊。

進一步審視增補本較之明刻本各卷内容的差異。對於二書都有的名勝，增補本所作的增補工作，首先是重繪了各篇目的名勝圖。其次是處理郭棐本中的介紹文字，陳蘭芝對郭棐本的介紹文字基本是全盤照録，雖然取消了明朝國諱的抬頭書寫，包括『我明』等字樣也仍然保留下來不作改動。只是在郭棐本介紹文字的後面，附陳蘭芝小字按語，説明自己的一些看法。但像《越秀山》《五仙觀》等被取消了單卷待遇、合并到一卷中的介紹文字，陳蘭芝没有保留下來。再次是增補詩文，增補本對郭棐本没有收録的詩文，大部分是按照其題材（如文類、七古、五古、七律等等）增補到相應題材文字的後面。

而對於郭棐本没有記載的名勝，陳蘭芝則是要完全另起爐灶，藉助清代以來嶺南各地編修志書的便利，陳蘭芝的很多新增篇目是有素材可以參考的。如卷十二《丹霞山》，所依據的主要材料就是康熙《丹霞山志》，在該卷的卷首陳蘭芝就抄録了潘耒、陳世英的序，而『山水總序』和詩文都是從該志中挑選。又如卷十五《鼎湖山》，也是根據康熙《鼎湖山志》改寫，該卷收録了陳元龍、丁易、賈棠的序，又按照『鼎湖山總論』、『星野疆域第一』、『山川形勝第二』等子目記録鼎湖山各方面的情況，最後是有關鼎湖山的詩文。而對於没有專門志書參考的，陳蘭芝往往没有説明他收集材料的方法，大概還是以翻閲文獻爲主，因爲這些篇目，大部分都只是記録了和名勝有關的詩文，除開篇的介紹外，很少介紹名勝景觀的文字。

本書的增補價值

如果説兩百年前郭棐的《嶺海名勝記》，反映了以郭棐爲代表的廣東士大夫對明代後期廣東境内的重要名勝的認知範圍的話，陳蘭芝的《增補嶺海名勝志》可以説反映了清代中葉廣東士大夫對當時廣東名勝的新認知。後者的選景範圍要比前者廣闊了，郭棐本名勝與陳蘭芝增輯本名勝的地理分布情況，可參見本書附録一『《增補嶺海名勝志》各處名勝分布地圖』。

從整體來看，陳蘭芝所列出的名勝範圍反映了明後期以來新名勝的興起，例如今日位列四大名山的丹霞山、鼎湖山，都在陳蘭芝的入選範圍之中，而在郭棐本中都未見記載，反映了兩座山在這兩百年間地位的提升。此外，陳蘭芝還增加了一些以名賢爲中心的景觀，這與郭棐編纂《嶺海名勝記》時選取的名勝要能突出呈現嶺南厚重文化底藴的原則一脈相承。這些增加的名勝，包括紀念宋朝名臣余靖的風度樓、明朝大儒陳獻章的故里江門、與帝舜傳説有關的九成臺等等。這些都進一步凸顯了嶺南的人文氣息。

除了這些傳統人文景觀，有兩個新入選的名勝值得注意，其一是珠池，其二是澳門。珠池僻處北部灣，一直不是作爲名勝看待的，歷代王朝都把珠池視作采集珍珠的重要來源地，由國家嚴密控制。在歷代文人的記録中，珠池都是作爲王朝統治者重視珍寶而輕視人命的一個典型。不過，清代改變了前代對珠池的壟斷局面，停止了官方組織的珍珠的采集活動。① 這無疑是士大夫眼裏的一大善政。陳蘭芝把珠池納入『嶺海名勝』之列，應該也有這一考慮。不過在《珠池》的介紹文字中，陳蘭芝没有敘述清代以來的這一變化，而只是在介紹中考證了四處珠池的所在位置而已。

至於澳門，則是洋人的聚居地，與傳統人文景觀或自然景觀都没有關係，最爲獨特。陳蘭芝之所以把澳門也列入『嶺南名勝』，用他的話來説，是『惟我盛朝覆載帡幪，故諸酋畏威懷德，萬里梯航，五萬輻輳，猗歟休哉，蝟鬚魋結之徒，同遊光天化日中矣』。澳門成爲清朝『懷柔遠人』的一個典範，全中國也就澳門一家，自然是值得納入『嶺南名勝』的。陳蘭芝在介紹中提到了澳門成爲洋人聚居地的起源：『嘉靖三十二年（1553）番船趨濠鏡者，言舟觸風濤潰湜貢物，願暫借晾曬，海道副使汪栢許之，歲輸租銀五百兩，後建屋居住，今生齒日蕃。』在該篇中，不僅有澳門地圖，而且還有『男番圖』『女番圖』『硬轎』『軟轎』『洋舶圖』五幅非常有特色的圖畫，很直觀的反映了澳門洋人的生活面貌。至於文字内容，陳蘭芝則收録了雍正七年十二月廣東觀風整俗使焦祈年的《巡視澳門原記》，作爲澳門概況的介紹，又有清朝分巡廣南韶連道薛藴的《澳門記》、兩廣總督孔毓珣的《酌陳澳門等事疏略》，三篇文章大體展現了清代中葉清朝官員對澳門的印象。此外則有張汝霖《修復張太傅墓碑》、薛藴《虎頭門記》等數篇與澳門景觀有關的文字。在文類最後則附澳門的洋人情況介紹，包括『夷族』『語言』『善後事宜條款』三條。至於詩類，則收録了文天祥《過

① 吴水田、陳平平：《芻議清代之前嶺南疍民珍珠採集的時空演變》，《農業考古》2014 年第 3 期，第 260—263 頁。

零丁洋》等不在澳門地面發生，但是與澳門附近洋面關聯的詩作，以及多首澳門的題咏。其後又有『澳蕃篇（諸蕃附）』，記載的是和清朝海外貿易有聯繫的占城、暹羅、爪哇、琉球、渤泥、滿剌加、佛郎機、荷蘭、英雞黎（英吉利）、日本、古里、錫蘭等諸國有關的文人詩作，内容十分豐富。最後則是『西洋咏物詩』，有荼蘼花、西番蓮花、西洋菊、駝雞、火浣布、西洋風琴、眼鏡等等。詩類之後，是《西洋（歷）［曆］①數精巧原辨》，該文詳細技術了從明末到清代西洋曆法傳入中國以及被朝廷采納的經過。其後又附崇禎十四年禮部《議定用西曆法疏》。從本書對澳門的記載來看，陳蘭芝對澳門的情況是頗爲熟悉的，而且其中没有太多的偏見，能够用較爲公正的態度來記録西洋的風俗、器物、曆法，對精巧準確的西洋曆法在中國的流傳，還用專文介紹。從中可見當時廣東人對待外國新鮮事物的務實態度。廣東人的這種務實態度，在當時中國而言，可以説是開風氣之先。

卷六《西樵山記》與郭棐本的比較

郭棐本卷十三《西樵山記》，其主要依據的來源是明朝周學心、霍尚守的兩部《西樵山志》，關於兩部《西樵山志》與郭棐本《西樵山記》的傳承關係，可參見本人所作郭棐《嶺海名勝記》評介的有關内容。而陳蘭芝的增補本，則是在郭棐本基礎上進行增補的。其主要變化，有如下幾個方面：

① 本書爲避乾隆皇帝名諱，所有當用『曆』字之處都改爲『歷』，以下同，不再出注。

其一，郭棐本没有西樵山圖，而增補本增加了一幅西樵山圖，這幅圖與同樣在乾隆五十五年成書的順德人劉子秀《西樵遊覽記》的西樵山總圖風格十分相似，製作相當精美。在配圖後面，又附上霍韜《西樵山詩一首。

其二，增補本照録郭棐本的西樵山介紹時，缺了11行共198字，陳蘭芝在缺字處注明『缺一段』，可見當時陳蘭芝拿到的郭棐本已經有殘缺了。至於『峰巒』『岩洞』『泉石』『臺院亭閣』等四類子目，仍然全部照録郭棐原書。

其三，增補較多的是文類和詩類。文類主要是增加了晚明著名的『嶺南三忠』之一陳子壯的《西樵山賦》，以及清代的何夢瑶等人的文章，此外又增加了『霍會元文選』的專節，收録了霍韜的七通書信與奏疏。詳見本書附録二『卷六《西樵山記》較郭棐本增補文類一覽表』。至於詩類增加的更多，增加了霍韜、羅天尺、何夢瑶等人20餘首詩作。詳見本書附録三『附録三：卷六《西樵山記》較郭棐本增補詩類一覽表』。不過，仔細比較，會發現有少量郭棐本有的詩作在增補本反而缺載了，主要是陳堂、區大相等人的詩作，其原因不詳。此外篇目也有少量互異之處。可參見本書附録四『增補本缺載郭棐本篇目一覽表』、附録五『增補本與載郭棐本篇目互異一覽表』。

總而言之，陳蘭芝增補本《西樵山記》一卷，大體上還是以郭棐本爲主體，只有少量的增補和改動。相對來説，亮點并不突出。反而是同時期劉子秀的《西樵遊覽記》，則是在歷代《西樵山志》以及郭棐《嶺海名勝記》基礎上進行了相當出色的編纂工作，成就更爲突出。

結語

陳蘭芝的《增補嶺海名勝志》，是繼郭棐《嶺海名勝記》之後，又一部全面記録廣東境内風景名勝的志書。該書繼承了郭棐《嶺海名勝記》的主要内容，但是又根據清中葉嶺南的新發展，進行了重新編排與增補，該書不僅補充了郭棐本所記録的諸處名勝在明代萬曆以後的詩文，而且還把明代萬曆以後興起的廣東新名勝也編入書中，使得該書能够反映清中葉廣東名勝的新風貌，是記録嶺南名勝及文字題咏的集大成之作。該書卷帙浩繁，無論是打算全面了解清中葉嶺南名勝情况，還是打算針對某若干處名勝進行深入考察，本書都是必選的參考文獻。本書藏廣東省立中山圖書館，尚未有影印本面世，對希望利用本書進行研究的學者而言頗爲不便，是以據廣東省立中山圖書館藏本影印出版，希望能對嶺南歷史文化研究有所裨益。

嶺海名勝記

陳蘭芝重輯

廣州書坊藏

重刻嶺海名勝志序

嶺海爲天下僻壤凡宇内名公巨卿非宦遊及遷謫則車轍馬跡有所不至間一至焉亦寂處於一鄉一邑不能遍觀遠歷以吐寫胸中之奇所以昔之人往往歎勝地不常遺逸於荒烟蔓草間者爲可惜也雖然亦顧其風土人物所遭有幸有不幸耳幸則如柳州之始得西山繼得鈷鉧潭韓公自喜載名滕王閣上東坡居士兩賦赤壁勝地文人並有千古不幸則荒陬窮谷縱有離騷之幽太史

之潔徐庾鮑謝之瑰奇濃麗燕許之大手筆亦不能闢十里塵障於山川阻絕之區後有作者誰復起而傳之起而記之乎余性酷好山水亦頗癖於歌詠興之所至每偕良友羅浮鼎湖諸名勝外搜尋異境携壺登覽恨無謝公驚人句與之擷幽芳而攄瑤藻耳既而上　京師歷匡廬太行洞庭沅湘幽情異采雲物奇觀無不心曠神怡兩翼風生眞令人有飄飄欲仙之想嗣因　王事由臨淄抵西蜀劍閣横雲峨眉天半又增覽許多奇景因向

邦人尋覽蜀都志而未即如願客有從而詰曰子非粤人乎宇內幽勝盡在粤海子何舍近求遠耶即出郭先輩所撰嶺海名勝志相示披閱之餘如入新豐故里始知是書郭公爲四川提學時留存於成都而舊板已蠹食過半余懼其弗傳即傳之弗廣也既爲之謀於剞劂氏一一重鋟矣然而天地之菁華日闢吾人之心思亦與之俱闢是故由郭公至今二百餘年其間勝景之生面重開學士文人之别裁獨具者無不俯仰興懷再登梨棗謂

其可以增長藝林之聲價也卽可以輝映前賢之勝槩也至於事若無關於嶺海名勝而名言絡繹妙緒紛披多有與嶺海名勝互相發明者亦亟附錄焉讀者當得諸語言文字之外矣郭公諱棐字篤周夢菊其號也師事湛甘泉先生與聞心性之旨成進士後正色立朝諍止封七夫人救正中宮疏陳十事請錄于忠肅之後進陳薛二子從祀孔廟生平著書三十餘種併贅是爲序

旹

大清乾隆五十五年歲次庚戌蒲月上浣之吉識

城陳蘭芝撰

嶺海名勝志原序

嶺海名勝志者何余同鄉夢菊鄧公所記吾嶺海之名勝也公天資高邁學識宏贍凡天文地理古今典邱索暨野史稗官靡不淹貫以[illegible][illegible][illegible]宦轍所至輯有紀錄題詠嶺故土名區勝地[illegible]千而目之

鄉圖紀其略而未遑頃告假暫歸招余結盟譚心性之學與時之譚及山川人物相因而成者紀屬矣也業已刻粵大記三十二卷傳於世矣一日訪余閱此一書近紀嶺海名勝若干卷將付剞劂氏命不佞一言弁諸首簡余謝不敏且以卧

病山中學淺詞蕪而辭公謂余曰子既素喜談海内之勝今乎茲所記皆吾粤大觀遊者子不浪跡乎遠古子不神遊乎矧是刻也歷真爲觀美中多名賢紀載未見無裨於風教者子安得執山中之約而固辭余無以應遂卒業而敘之嘗

考宇內全圖五嶽四瀆稱雄焉嶺表僻在炎方南海特其一耳若論山川之名勝五嶺括其北巨浸滙其南羅浮峙其東蒼梧奠于西會城宅其中天地之精華萃於斯山嶽之靈氣鍾於斯名公鉅卿紀於斯而僑寓鴻儒亦每每於斯寄

衆矣以故仙境名山奇巖怪石比

比呈露如廣則有粤秀山曰番山

禺山曰坡山岩又有曰浮邱曰西樵

曰白雲曰海珠岩又有曰石门曰

靈洲曰南海廟曰飛来寺曰厓门

者如潮則有曰韓山惠則有羅浮

鶴峰之之如南如韶則有白梅嶺曰

與三

曹溪者如肇如瓊則有曰七星巖
曰五指峰者皆稱勝焉誌悉難名
本之於天造地設巧之手鬼斧神
工羅之乎名賢題品他無論矣如
梅嶺之文獻海珠之文溪石門之之
刺史麗齋之士行藍閩之昌黎雷
洲之文忠清風勁節雅操精忠

勛伐勒彝常芳聲昭日月將與山川並流峙又況僅僅以名勝目之者宮詹黃泰泉公所輯通省全志紀述況不詳而簡冊浩瀚安得人人而家藏之人人而通覽之致有生長茲土經其身而扣之曰某名勝爲何某名公之寓跡於某地若何則

作人曰

茫然無以對者非其識不足也乃不足也以梓刻也一邱亡聲首詳沿革也次而圖之寫形模也次而歌詠之抒性靈也次而輯錄之備考訂也一編而衆美具備几席展玩不離泉石巖洞之勝恍在目前而千載之高人猶可想見其遺風

挹覲其丰采矣生茲土者閱梅嶺而仰止文獻閱海珠而仰止文溪閱江门而仰止白沙閱壽甸而仰止卯海官茲土者閱石门而京行隱之閱韓山而景行昌黎閱瑞陽而京行孟公閱羚峽而景行孝肅閱靈洲而景行文忠閱崖山京行

三忠烈是刻大有功於名教也
豈直與臥遊圖諸名山一覽並稱
已哉
萬曆丙申季夏飛雲洞叟王學曾
謹序

嶺海名勝志增補目錄

第一卷

仙城古跡　朝漢臺　訶林　五仙觀　六榕寺　鎭海樓　粤秀山　昌華苑　藥洲　陸賈祠　蹇（霓）齋　越華樓　歌舞岡　九曜石　鐵柱宮　南園　擲硯亭　坡山　芝蘭湖

第二卷

白雲山　百花塚　李忠簡文選附

第三卷

海珠寺　袁子才　太史文選附

第四卷

靈洲山即小金山有郭璞望氣樓東坡廟 厓山有楊[illegible]廟三忠廟

第五卷

南海廟 浮邱山

第六卷

西樵山霍會元文附 海幢寺雷峯附

第七卷

澳門端宗行宮張太傅墓 石門上有吳刺史祠沉香浦貪泉

第八卷

飛來寺 花田

第九卷
江門有白沙釣臺白沙詩文選附圭峯附
第十卷
梅嶺有張曲江廟韓山有藍關文公廟詩文選附詩文選附
第十一卷
白鶴峯下有西湖朝雲墓蘇東坡詩文選附曹溪
第十二卷
丹霞山　風度樓余襄公風采樓附
第十三卷

[illegible]考古跡

羅浮山

第十四卷

七星巖　羚羊峽有包孝肅廟端硯志

第十五卷

鼎湖山　三峽　九成臺

第十六卷

南溟奇甸郎瓊州有五指山邱海二公文選東坡海外文選詩選附

通省小名勝古跡附末

明光禄卿嶺南郭篤周先生著

嶺海名勝記

香山後學陳蘭芝增

仙城古蹟

羊城西湖街六書齋鐫刻

僊城圖

跡 卷一 圖

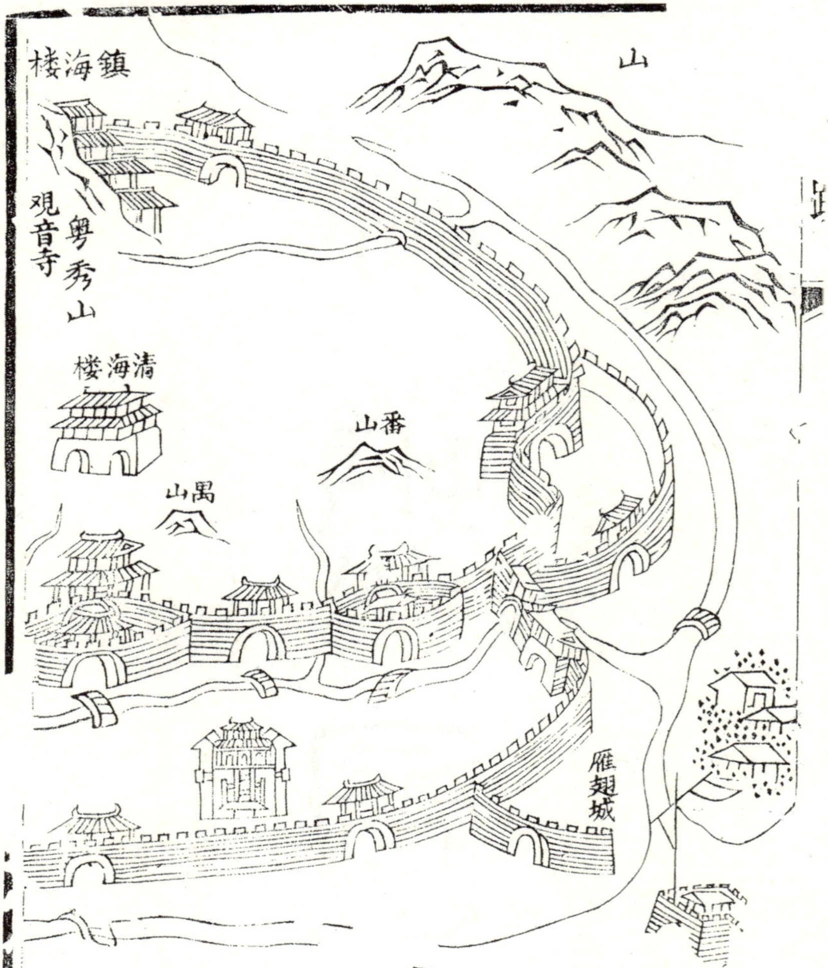
鎮海楼
山
观音寺
粤秀山
清海楼
番山
禺山
雁翅城

广东 卷 图
三元宫
花塔
光塔
坡山
雁翅城

廣州城一名僊城又名穗城又名羊城周赧
越人公師隅爲越相築南武城秦任囂趙
增築總號曰三城三國步騭爲廣州刺史復
故都而闢廣之宋經畧使陳峴築雁翅城以固
衛以壯觀瞻此仙城之沿革也

仙城古跡

香山陳蘭芝柫霞輯梓

粵會勝槩記

謹按粵會古稱勝地雲岫樵山標奇獻秀而七[illegible]環帶於前自漢以來建藩授鉞類多豪賢哉[illegible]秀鍾英代生鴻碩若清獻忠襄忠簡諸公夫非山川融結所孕靈然哉粵中舊稱八景勝甲三城詳也秫坡記中可縷指也有番山禺山爲粵城之西北爲粵王宅基後吳虞翻來謫居之是爲

佛　古蹟

時多植頻婆訶子因曰訶林晉隆和中建干
寺有菩提樹唐儀鳳初僧惠能來論風旛因
樹下遂建風旛堂立大鑒殿宋經略使蔣之奇建
軒於東曰筆授閣紹興二十二年更名光孝寺我
明因之鼎新修建設僧綱司爲慶賀習儀之所稍
北有淨慧寺卽舊寶莊嚴寺寺有舍利塔王勃[illegible]
記宋端拱中改名六榕寺元祐中郡人林修建千
佛塔高十八丈廣八名曰花塔其西二里曰懷聖
二 蕃夷所創內建一塔輪囷直上卽桯史所云海

祿是也廣人名曰光塔二塔卓然爲城中文筆殊偉觀已稍西有玄妙觀唐名開元祥符中名天慶元祐三年改今名有衆妙堂蘇軾爲記宋季燬我明洪武初征南將軍廖永忠新之十五年設道紀司其東南爲五仙觀另有記焉作粤會勝蹟記

粤東古稱南越地又曰交廣又曰交州人物俱已約畧詳載於各名勝條下若名宦除漢之任囂趙佗馬伏波終軍晉之陶侃吳隱之葛洪鮑靚唐之韓會弟愈宋之蘇軾弟轍包拯周敦頤文天祥陸秀夫張世傑陳堯佐弟堯叟明 吳廷舉韓雍諸賢宦蹟亦已備載其餘三國之步隲增築城郭齊之范雲民稱神明梁之蕭勱柳惲善詩賦政尚清靜隋之薛道衡建學唐

之李靖問民疾苦劉禹錫李德裕宋之[illegible]趙鼎至狄靑岳飛俱以平寇有功明之劉大夏項忠至王守仁祖孫俱爲兩廣制軍平八寨藤峽諸寇朱英彭韶交章薦陳憲章俱畧見二事其全傳未及悉載又唐之詩人來粵者如曹松許渾張祜李羣玉竇鞏羅隱沈佺期張說宋之問杜審言李紳楊衡李郢止錄其題詠耳

首卷凡留題寺觀亭臺或道古蹟或最幽處按名覽勝自得眞趣否則仙城三百六十寺何可勝紀白雲浮邱雖在省會各別一册

此志儒釋奧旨剖抉明析至於詩文律法以及詩文體式詩如古今體贊銘箴頌文如賦序論說表記碑議墓誌行狀罔不畢備與昭明文選六藝流別相爲彷彿書版俱全

郭篤周先輩字學頗廣集中通用字甚多不必猜疑其意欲新耳目如汔通迄褫通褫眇通緲埽逕掃之類○集中明人今體詩間有用洪武正韻仍與古相通較今韻不同

仙城古跡

文類

香山陳蘭芝拂霞輯梓

粤會賦

宮保尚書黄　佐香山

百粤之會是爲南海仰稽璿璣星紀所在黄鍾協律赤熛流形上屬南斗之精下凝衡嶽之靈左跨荆揚五嶺之重阻表以靈洲黄嶺之山右瞰牂牁溟渤之洪波帶以桂鬱湞肆之川神鰲奠足星鵝頫首睇睞甌閩若趨若走前有虎頭之門限　島夷來航萬里泝沿漭瀰而凡躭羅眞臘之屬兵布

猶基焉於後則白雲紫雲迤爲越臺曹幕扌湧石
門天開蹠以羅浮璇房瑤室穹窿嶜崒巃嵷 律
朱明靚深鐵橋業岌神芝之珍禽往往叢集近郭則
會以九曜縈以三江表裏回游奔峭飛淙沉珠拾
翠礌砢盪激入極浦而邅迴迷不知其所在々於遼
則衙洗卩以荒極得靜福之寒林接黃連之巨喬
信南戒之喉襟呀峽山而陟韶石撫神皐而挹奧
匯蓋自赤縣之外於焉重啟堪輿睎陽光於夜半
揭靈景之扶胥殆有大章孺亥所不能遍淋閭梗

溉靡得而書者矣方姬籙之季嬴秦擇內勁越守險尸尉睢而摧監祿雖大荒之南徼風氣則通乎域中道汙而汙道隆而隆東井緯聚龍戰函夏季以迄王佗以基霸遇呂雉而自君待漢文而後順絕潼關以立國迄獲嘉而始郡鄧讓貢而漢復炎區景攘而火終運郭馬亂吳盧循覆晉馮歸隋治劉據唐衰至於鋹降眞伏雖百世可知也宜其可定爲巖邑實係皇輿之安危然而議者猥言□□裔殊異要綏豈不戾哉自我聖明之遹興逖進飛神

龍陸翦長鯨薄海內外罔有不庭左丞稽芦遂合三城千雉宏麗五單飛驚增拓黃圖延納丹嫓周法而剗元蕆陋囂鷹之所經營於是登望則綴珠崖亘銅柱跨龍編揮鱷渚北通燕薊吳鉤楚距萬里帆檣蠻烟蛋雨胡賈鼎來所居成聚[illegible]虹兆颶颳船礐嶼其氣候之不齊或瞬息而備寒暑然而讁徙寖繁華風日邁霜雪時降民不告憊允矣樂國四方所屆實泉貨之淵藪夷夏之都會也內則閭閻樸地長衢廣陌闤闠七門溝澮六脉仰列

古壓隧分貿易連蓋結駟埃壒相射莫不奴陶頓
僕翁伯阜張里臺濁質囊橐孔兟鑞斛仍溢犬馬
蹴紅腐緡繦朽赤仄執牙籤以夜籌向什一而今
千百山澤之沃鍾爲土毛禾稻綺錯秔穧穭䆁塍
埒交經杭海連阜秋成豐蔚富俊相高賽社祈年
或沉湎而自豪其布帛則攀枝吉貝機杼精工百
卉千華凌亂殷紅蕉苧雲浮紬絁冰空疏絺繭暑
客斜弭風其材木則梌楠松櫻楓樟杉榆㯺　穀
梡榕櫟椿楞合抱隱岑千仞排虛剛柔性[illegible]　貞脆

仙城古跡　　五

質殊卑高沃瘠各隨所如其香藥則沉檀安息白膠青木馬牙雞舌龍腦天竺卷柏茯苓青精[illegible]獨宜男益母有繁其屬其果則盧橘楊梅黃蕉丹荔柑橙丸金櫞柚榁翠橄欖餘甘五斂千歲人面薦仁宜濛醞水其蔬則金薤玉藸香菌紫芝祀吠靈厖芝眩蹲鴟樹茄茷蘿紅葩綠甤擢蒨盈圃搖芳映畦至於雞豚散野牛馬量谷家積薋椒戶映藤竹魚鹽漆蠟其龔如簇參術廣於齊民之篇植品奓於桐君之籙矧又火伏孳息海綖懷珠山熂水

封鑿礦攻瑜據險角力歲罔奠居賈身狥財卒謚
爲愚島舶之來有粲其寶鍇鐐鐼釖璠璵瑾璪璣
琲瑟瑟瑇瑁瑪瑙玻璃珊瑚琉璃車渠木難火齊
陽燧方諸鼊筒鶴頂犀角象齒猫睛日耀鴉鶻霞
綺流黄空青縹碧紫英其晉如雲其燺如星蓋廣
南之富傳自古昔苟非上失其道則亦無致於捐
瘠故其民莫不因歲時事娛嬉蒲澗越井弔古探
奇騰吹峻坂弭蓋淸漪邀遨頭以偕樂導雙[illegible]而
前馳亦有俠客疇人五豪七貴撬魚鬬雞[illegible]錢角

艇六博五白絃管流沸爰長騁以遐眺祀户然之神麗循東溪陟北岡度樾橋至珠江刺桐木[illegible]含榮吐芳素馨茉莉旖旎芬香椰漿醉客侑以檳榔竹枝金縷翠翹鳴璫擁笠𩰞之蛾眉萃蘆藘之衣裳蓋處沃土而淫慆民之常也方和樂而謳吟世之邑也使歌喬木之南有戒蟋蟀之太康則雖好樂又奚傷焉盍亦覽霸迹以自明乎昔尉佗之在秦也力政毒痡血民於牙咸陽瓦崩萬宇蠆拏於是乘黃屋而自王總朱垠以為家乃據秦府庫殺其

長吏營宮建室自賔神器謻門曲榭坻鄂宏閎[illegible]
梁纚連雲構林植旣崔嵬以宏璉又寥豁而贔屓
左纛以朝箕踞魋結爰立相臣御史中尉將軍郎
吏盜竊秦制閣道圜闕高甍甲第上崢嶸而瓌瑋
下金艧而繪繢避暑離宮不知其幾汔莫能名其
一二焉猝遇陸生築臺朝漢蒸土切厓揭孽隆矸
墆霓承雲立其楨連岫複坂環其畔視奔星之俯
馳挹流泉之淲㴉國終殄於樛女歸餘基之[illegible]漫
民生其時亦孔之悲工役不息肉刑且施[illegible]張羅

以絕飛走又爲豺虎而毆之漢唐休養阨於五季兵纏紫微蠹及丹裔劉龔僭據業承先世身蛟蝅慾厥吞噬乃自謂膺乾符執坤樞熙鴻名恢駿圖鑿翠闢郭繚瀛作都雙闕徼道九軌經途門千戶萬宿衛周廬構乾和之寶殿法太紫之規摹抗應龍於閶闔耀玉題與金鋪界罘罳洞洑以迤邐藻井狎獵以紛敷後宮則有禹餘太一景福龍應玉清思乎南宮定聖南薰別殿北接明光椒鶴貫魚祛服靚裝温室甲帳永巷廻廊飾華榱以懸黎絡

繡栭以璧瑠苑囿則有昌華芳華甘泉望春飛橋跨沼崇桃映津泛杯濯足翼翼鱗鱗離宮閒館亘五十里呼鸞載道引以蘭錡蒼蚪銜綏白澤衞軹時升中於圓邱或耕籍於東鄙復通鄰而耀武啟封疆而自喜左三湘而右八桂控賁禺而役交趾又有玉液之池明月之峽含珠之亭紫雲之閣桀壁對峙洑泉旁達脩篁灌木青翠相發風露披潰於翳薈日月投光於巖穴躆名勝而建浮屠宮於四周者二十有八叶列宿之景曜金磬鋥鈞而互

仙城古跡

答遵彼北川迄於西城層軒疊閣建鼓㫄舩宮娥競渡貂璫練兵招羽人於藥洲陳不死之丹經又有三事六官府署司院蘭臺石室濟濟儒彥虎鶡開幕闟戟峩弁張鄽列庫征摧充羨金稜供御紅雲設宴蟾姬瓊仙握爵銜憲學士自宮以求進才人調謔而相見乃設水獄乃樹刀山槐棘之貴就僇猶菅虐熖散於黃壚腥德通乎乎間民亦何辜罹此凶艱蒙狄方興宋社將屋讖符四廣厄鍾百六鑾輿狩於崖門竟膠舟而不復百萬王師盡化

爲魚貞后忠臣之氣恒黤慘而不舒然天厭其毒

神運之謀脫揚王於潰伍按洪武初追封皇外祖陳公爲揚王王本宋末厓山潰卒夢有神人救之得還是生淳皇后肇無疆之聖休則夫經慈

元之殿阯贍永福之陵邱徵天道之終勝而奚必

詠秀麥之油油嗟我黔首羈縻於虜日爲苛政所

芟夷豈徒猛於虎而已哉乃哀籲於旻穹而欣戴

乎聖祖皇矣聖祖德合泰清命彼征南掃此欃槍

風邱月竈欸塞來庭照幽滯以天光振潛蟄以仁

聲故雖百粵之遐遜仰人文而化成列聖丕承蕩

蕩涵育三辰受撫四靈在蓄道胡不臻化明不穆天地無爲鼓其化者槖籥神功不宰分其治者岳牧是以簡賢哲之霦霦用班布乎南服乃建薇藩其藩躭躭乃建霜臬其臬巖巖都玆兵閫並立爲三驄馬行臺以察以監十府九州雌塗郡閣縣踰六十犬牙間錯駪駪庠序泮宮俱作衞所戍行督艖理舶巡警置郵犴司蓮幕莪棟宇而萃胥徒依崇墉而臨巨壑於是宣天彝恤民恫播芳猷息囂風開誠展才表正景從思齊處默抗迹敬宗使茲

德流於有截而芳訊垂於無窮函氣之屬聲教漸浹雖椎埋之雄游俠之客奇衺之會侏儒之域莫不革面而澡心沐浴於皇澤是以邊鄙不聳海波不揚男勤稼穡女務蠶桑黃耇台背遊戲康莊耳不聞乎枹鼓目不睹乎牙璋歌禾屢之既登談穗石之爲祥今日之民可謂康矣春王初吉置酒交會粲眗冠服鏗鏘劍佩元夕冶遊鰲鐙絳天士女如雲寶馬瑤軿清明簪柳椒漿酹墓端午酌蒲錦慓競渡中秋重陽泛芋題糕亦既醉止其樂陶陶

春秋社蜡椎牛釃酒飲以兕觥有濡其□□□歲大
儺伐鼓鳴葭侲子萬童帊首讙譁左斬魖魃右蕴
螻蛇宸綱爲之踢跆況黃犬與赤蝦迄守歲而迎
春俗靡愛乎紛奢觴茅柴而羹谷董亦何恤其無
家循河南岸市比如櫛齒革果布埴鑄髹漆藤竹
諸器巧逾天出烟雲連騎羅綺盈室殊方異類豪
舉猋集登山取材則柯株攢霧篠簜封塵花梨蒲
莛積猶棘薪煑海爲鹽則雪濤漂紺炎甗烹素神
液磊磈甘鹵布濩至於狍犳璀璨狑鰾紛披握椒

片糖天下所資每易致而輕視或塵泥而棄之今日之民可謂庶且富矣且夫世方倣擾則龍蛇起陸牂羊在野山呈古劍海出丹馬今也青雲干呂靈鉦順經和飈甘澍疵癘不興不童不涸不騫不騰嶽祇貢祉川后效靈城埤隍社羣公先正春秋秩其祀事莫不流肹蠁而飲德馨然則山川鬼神又可謂寧矣東北多山獸走鳥翔鳥則鸕鶿山胡鸍鴒鵾鸐鶏鶬繡質鶴鸛綬章白鷳縞衣金鵪昔、裳晨風林鬱時鷂山梁爰居違㛹賓鴈、之外鸒鵡

以言而畏筊孔翠因羽而懼戕映明璽[illegible][illegible][illegible]戀
赤霄以悠揚獸則麏麂麖麔犴獌狨猴麢狼猨[illegible]
土麝沙牛甲攢陵鯉箭豎豪貗辣羚角逐狸兕儦
游狖鼯繽幡猰貐蚴蚪飛枝擲於猓然曾厓響乎
獾獳蹲深谷而[illegible]騃發窖藪而咿呦東南多水韜
星浴日珠池貝闕鼇宮鮫室鼉鼂鯤鮑於焉宅窟
鰌鬐聳山鱝脊揚鉍鰣鰉龍啄鯊鱫虎質鱒鯽嘉
於丙穴鱣鮪黟於沮漆鋸張牙而戟立鰂窺鳥而
壘出蝦寄目於水毋蟹或腹於璅蛣海僧泣而占

災天吳舞而颺颺罾罛網箔獲必盈槎鯿鱭魴鱮
鰽鱸鴜鰕鶖毛鳳尾白飯黃花腰帶橫擲比目貼
沙蒼芒蒲赤蒸雲擁霞鱗介交錯旣物且躍煦沫
涯瓀瞧旴瀺汋蚶蟶蠕蚌螺蜆蠣蛤鱟帆海鏡江
瑤沙白車螯胡鰱蝤蛑蟛蜎仙掌瓦屋石首筍殼
雖汀渚之淉潑猶露鱅而潛鱷然則鳥獸魚鼈亦
旣咸若矣噫乎天之生物也寒之則彫暴之則榮
人之居室也多陰則幽多陽則明惟陽明勝夫人函
濁則扶輿淑氣栽而弗傾故嶺海炳靈少伐挺生

鍊金之晶比玉之貞樂道好脩晞古振 爲其實則爲龍光螽其聲則化鶴鳴邁迹董正疎源則德詒世程追蹤羅威唐頌則孝闡天經迄馮翼以儀天朝也格泰清奠泰寧輔皇極陳丹誠畫畏畏以合紀力橿橿以承楨苟非其時不榮以祿寧爲嶢嶢無然碌碌彼其兆楚相之仙羊馴涯令之白鹿司中正於州閭宣威信於蠻俗又孰與謝湘東以棡蘿遯甘溪而采菊也哉若乃囊笏槐位獻鑑楓垣海鷺托颺白羽銜恩從其謨則儲闈靖謐達其

諫則鞺鼓喤闐張曲江之相開元也平章綸省獻
納台司一介不取九死不移安居則非已有却賄
則畏人知劉湟川之相懿僖也鷯池摛藻鶴駕養
正臺閣品式禮樂命令直金華而獻五箴循秩宗
而贊八政馮道宗之傳天聖也力辭相樞疏十三
陳秋圃寒香頤老海濱臨邊則金人失其勇智登
陴則逆卒讋其威神崔正子之爲千載一人者也
然且蠲姬周釁夏商鰈濬虞鶼聖唐駢貫三才
明五常日肴覈乎道德期曼羨其輝光逆浉泗而

洄源挾伊阜與鄒翔翔蓋偕昊天而出王宮化育之洋洋者乎於是侁侁青衿番番黃髮凡寘屛葭葦與鳥獸羣者咸俙焉憒悱而罔闋旦夕敷言靡國不達巇僂傲儻晻曶昭察稅陷扃而榮鏡昜叨鎣而闓澤乃駢坒而謳曰猗粵之昌兮猗俊之章兮彼紛葩瓌麗曷克當兮端拱治世儀鳳凰兮後五百歲受厥明兮圉圉緩緩雲之鄉兮緺襀瞵瑀粵爲鄒鄉兮皇兮唐兮懸天則以無疆兮

賜趙佗書　漢文帝

朕高皇帝側室之子棄外奉北藩於代道里遙遠壅蔽樸愚未嘗致書高皇帝棄羣臣孝惠皇帝卽位高后自臨事不幸有疾日進不衰以故誖暴乎治諸呂爲變故亂法不能獨制迺取他姓子爲孝惠皇帝嗣賴宗廟之靈功臣之力誅之已畢朕以王侯吏不釋之故不得不立今卽位乃者聞王遺將軍隆慮侯書求親昆弟請罷長沙兩將軍朕以王書罷將軍博陽侯親昆弟在眞定者已遣人存問修治先人冢前日聞王發兵於邊爲宼災不止

當其時長沙苦之南郡尤甚雖王之國庸獨利乎必多殺士卒傷良將吏寡人之妻孤人之子獨人父母得一亡十朕不忍爲也朕欲定地犬牙相入者以問吏吏曰高皇帝所以介長沙土也朕不得擅變焉得王之地不足以爲大得王之財不足以爲富服嶺以南王自治之雖然王之號爲帝兩帝並立亡一乘之使以通其道是爭也爭而不讓仁者不爲願與王分棄前患終今以來通使如故

上文帝書　趙佗

老夫故粤吏也高皇帝幸賜臣佗璽以爲南粤王使爲外臣時内貢職孝惠皇帝即位義不忍絶所以賜老夫者厚甚高后自臨用事近細士讒臣別異蠻夷出令曰毋予蠻夷外粤金鐵田器馬牛羊即予予牡毋與牝老夫處僻馬牛齒已長自以祭祀不修有死罪使内史藩中尉高御史平凡三輩上書謝過皆不反風聞老夫父母墳墓已壞削兄弟宗族已誅論吏相與議曰今内不得振於漢外亡以自高異故更號爲帝自帝其國非敢有害於

天下也高皇后聞之大怒削去南粤之籍使不通老夫竊疑長沙王讒臣故敢發兵以伐其邊且南方卑濕蠻夷中西有西甌其衆半羸南面稱王東有閩粤其衆數千人亦稱王西北有長沙其半蠻夷亦稱王老夫故敢妄竊帝號聊以自娛老夫身定百邑之地東西南北數千里帶甲百萬有餘然北面而臣事漢何也不敢背先人之故老夫處粤四十有九年於今抱孫焉然夙興夜寐寢不安席食不甘味目不視靡曼之色耳不聽鐘鼓之音者

以不得事漢也今陛下幸哀憐復故號通使漢如故老夫死骨不腐改號不敢爲帝矣

越裳獻雉賦

檢討　劉克正　從化

覽聖緒於前代兮考王德之所隆伊蒼姬之撫宇兮景運闢以熙融惟武之以仁易暴兮成繼序而克崇后旣賢而紹聖兮左右以元輔旦之公忠蕩太和於宇內兮宅九土以㟷㠔若越裳之荒遯兮亦感德而來同紛旅庭其底貢兮奉物瑞以先容嗟爾負海以爲邦兮固窮南而作域滷其消乎炎

之洋兮川嶺紆廻以巉巖望中華之恍惚指北斗以下睇兮奄至乎天子之國吾始未知夫道里之幾何兮曾不可以遐計而周度俗異語以殊文兮託重譯以通恍杳上世吾罔有聞兮實重勤乎遠人顧正朔所不加兮恐德澤之未淪謝厥贄以無亨兮賓其衆而弗臣遜大美吾弗居兮固王道之宏也歷九州而致物兮亦遠人之所宗也惟風雨之順時兮無霆烈之為虐暨溟波之不揚兮效厥靈於海若蓋三年而今茲兮詎奄聞於旬朔吾儕

僻陋其何足以知兮亦藉荷于厚博向故老以訊言兮識聖人之有作吁嗟白雉胡爲兮遵山梁而飲啄含元氣以自適兮包純質以爲絡匪儔侶之所同兮矜錦文之紛錯惟耿介之獨持兮故完潔而不濁疊霜毛以連翩兮逈玉立而綽約既失皎於素鷳兮亦奪鮮於皜鶴陟高岡以朝鳴兮應鳳鳴於丹穴張大網之恢恢兮掩脩容之濯濯性馴擾以不驚兮若依仁而有覺雖僻壤之自產兮乃王瑞之攸託眷羽族之足珍兮豈終淪於夷落仰

大邦以來獻兮媿將承之猶薄惟四靈紛其畢至兮既雜沓於郊郭伊茲鳥之細微兮寧增殊於鎬樂諒來者之無拒兮冀余誠之卒獲離荒裔之越絕兮奉靈囿之豁廓苟倖齒於來儀兮縱疏遠其奚怍惟元輔之虛己以翊贊兮乃致厥美於嗣王創指南以適歸兮示柔遠之不忘命太史使按圖兮考符應于舊章嘉我祖之有邰兮始鳥翼而發祥赤烏流于王屋兮我武赫以維揚逮旅獒之來庭兮乃遠人至而周道光子明辟亶其克肖兮揚

大烈而寖昌德下及於游潛兮亦上格乎飛翔肆無遠而不屆兮奄獻瑞於殊邦物豈無因而至兮漸王澤之汪洋惟金氣之馴伏兮故白質之來彰屬火德之當陽兮乃徵發于南方何遠物之足貴兮固將比隆于虞唐伊明明之基命兮荃受祉其未央純厥脩以比德兮合天人之所章令遐邇其若一兮亦永綏於靈長吁嗟王路邈其未有底兮胡寧玩物而怠康於是王乃爲白雉之歌歌曰載戢干戈承先烈兮遠至邇安白雉潔兮股肱惟良

翊朕德兮公旦乃拜手稽首賡載歌曰皎皎白雉來南中兮惟王諟德臣何功兮緝熙敬兮永保終兮

粤秀山烟樹賦　　布政岑萬　順德

粤秀之山崱屴崷崒雄據會省脉蜿蟺於東北乃騰驤而綿亘歛精朗於星河歕顥氣之溟涬曜靈朝隮煙霏晝暝儵窅篠而滃鬱眯呼鸞之芳徑爰有茂樹長林寒泉冽井景翳翳以葱蒨風披拂其猶旻遠而盼之若翠樓丹閣蘙蘭廧之輪囷近而

郎之若輕綃文縠襲書廚之淸泠興勃勃以飛揚心搖搖而中炳短狐躑躅高鳥踟躕飛鼯隱見山鬼睢盱矚羲和之麗景似滄海之明珠惟山川之晻靄別戶牖之與庭除石陁陊而欲落草髳茸而如濡乃有幽人志覽乎虛宵飡沆瀣午憩扶疎葦南山之舊館營麗藻之高居時顧影以長嘯或寄情於酴酥擬三山之島嶼夢五老之匡廬別館方池高梧修竹墳典六經牙籤錦軸百氏諸家稗官小說縹囊緗帙紀載甚縟試褰揭其簾櫳概已爛

然盈目盍簪則泉竇觴飛論文則戸屨雲簇集香
山之仙侶拯頹波之敝俗孰云謔浪笑傲乃希蹤
往哲退而脩其初服洵有美之可求烟光欻其秀
起欣樹影之婆娑接峯巒之並峙苟予心之靡它
又何必牽情乎朱紫羌展嫮而好脩覺昨非而今
是采蕨於白雲之陰垂釣於扶胥之涘曾不知蒼
蠅之止于棘詎惟貝錦之成於萋斐固知命而樂
天孰能效夫走踆踆者輙途窮而揮涕亂曰已矣
哉丹心炯炯莫我知兮獨任其眞又足悲兮敢謂

飯牛不逢時兮吁嗟紉蘭茹菉葹兮謂予不信天
不可欺兮

粵秀山烟樹賦　　　　䟽使霍與瑕　南海

余歸棲於樵山自三春以徂夏壑鬬異以誇奇花
互開而代謝尋漁父之眞源足溪翁之淸話攬景
勝之幽幽將永矢而弗借胡三城之舊侶結情義
之綢繆訂白蓮之素會續眞率之風流循縹渺之
芳徑陟飄颻之危樓極東海兮遠望羅三島兮十
洲羣峯兮獻秀古木兮爭妍夙雨兮初霽朝旭兮

呈鮮掛芳蘿之芙嫋雜薜荔之綿芊雲霏霏而乍覆霧濛濛而成繪初紛紛以去來既溶溶而靉靆中森森以似畫上亭亭而如蓋分諸峰之重疊辨百卉之小大橫山腰之素練抹樹杪之青黛葉密蒙以增碧枝扶疎而凝靄因返照以流霞借夕暉而結綵染桂子以飄丹漱山花而送馤既遠眺而情怡亦近浥而心會把清酒而崇觥賦新詩而增采一何景色之娱人余以爲明都之上最也乃若嶺北遐征江南久戍心每懷歸身焉羈處時登高

以送目煙朧朧而隱樹魂凄凄兮欲斷恨悠悠兮延佇又若幽閑淑媛窈窕芳年夫婿遠役角枕顛連憑青樓以寄望窮碧樹之晴煙鬱春心之不可裁結芳恨之纏綿至如孤臣去國逐客尋津緘情蘊怨撫景傷神纜扁舟以前進悵僕夫之駪駪望輕烟之帶樹增勞思於蒼旻嗟夫此一烟樹也天何機而自露物何心而自呈何悲歡之異感乃觸目而殊情彼春暉而網怨此悲賦於秋清邇流光於夜月托遺響於空明聞秋聲之脱葉感綠鬓之

星星心有殷而永嘆意有會而長鳴又何疑於烟樹罩遠恨之盈盈嗟夫吾固未嘗臨流而送遠亦何有於荆門郢樹之爲縈且坐茂以濯潔樂考磐之幽貞

番禺二山記　黄佐

番山在番禺邑治東南一里峯巒圓秀上多木綿其下爲泮宮自南聯屬而北一里曰禺山其上多松栢其陽曰西竺山上有廣果寺今廢二山相連如長城南漢時劉龑鑿平之就番山積石爲朝元

洞後改曰清虛以沉香爲臺觀極一時之華麗云又按圖經番山在郡學后今有亭焉禺山自譙樓雙闕連西埜山至貢院後皆其地也山海經曰桂林在賁禺東註云賁禺卽番禺也吳錄曰禺山乃尉佗葬地卽貢院云今山之南木綿紅噴如錦北則松栢交翠鷹鶴棲鳴可入圖畫誠會城之勝槩云

番山亭記

陳贄

番禺兩小山在仙城中特峿嶁耳古人合二山以

名邑其義何居地理家有衆山皆尊小者爲主豈其然耶不然環廣鉅山林林也奚舍彼而取此乎番山值郡學之後高不逾四三尋去雲章閣僅數十步武自昔構亭其上四簷高敞窓櫳虛明屏几淨嘉長松前列衆木交蔭士子講誦餘暇此焉游息葢甚宜也景泰壬申冬亭燬於火巡撫嶺南兵部亞卿平西揭公侍御富春周公姑蘇盛公命番禺知縣嚴遜以海船餘材重構焉不旬日而亭告成渠渠翼翼美輪美奐視昔有加於是教授葉君

正偕諸僚友過余徵文用記重建之歲月辭不獲
因曰天下名山以五嶽四鎮爲稱首其尊無與加
尚他如青城玉笥鴈宕天姥天台與近地之羅浮
厥名非不有聞也卒多釋老之所宅於吾儒無與
焉至若匡盧武夷則因濂溪周子晦庵朱子而名
愈顯潮之韓山惠之白鶴峯則因昌黎韓子東坡
蘇公而後顯不特此也峴山因羊叔子而顯東山
因謝安石而顯先正有云山水有因人而得名無
限於大小斯言有徵哉今兹番山固因名邑而有

聞於世又安知不因人而名愈顯乎諸士子游焉息焉於斯可不以古昔大賢君子之道德功業表表偉偉著聞穹壤間者自期待乎誠能以古人自期一旦舒厥所學以措於用上以致君於堯舜下以康濟乎庶民則茲山也茲亭也其又因人而益顯也審矣吾知諸公期望學者之意亦不外此況師之於弟子有不以是期之乎因葉君之請姑書此碑嵌亭間之壁用爲諸士子勸是爲記

衆妙堂記 在羊城元妙觀內

宋學士　蘇軾 蜀西

眉山道士張易簡教小學常百人予幼時亦與焉居天慶觀北極院予葢從之三年謫居海南一日夢至其所見張道士如平昔汎治庭宇若有所待者曰老先生且至其徒有誦老子者曰玄之又玄衆妙之門予曰妙一而已容有衆乎道士笑曰一已陋矣何妙之有若審妙也雖衆可也因指灑水薙草者曰是各一妙也予復視之則二人者手若風雨而步中規矩葢煥然霧除霍然雲消予驚歎曰妙葢至此乎庖丁之理解郢人之鼻斲信矣二

人者釋而上曰子未覩眞妙庵郢非其人也是技與道相半習與空相會非無挾而徑造者也子亦見夫蜩與雞乎夫蜩登木而號不知止也夫雞俯首而啄不知仰也其固也如此然至蛻與伏也則無視無聽無饑無渴默化於荒忽之中候伺於毫髮之間雖聖知不及也是豈技與習之助乎二人者顧曰老先生未必知也子往見蜩與雞而問之可以養生可以長年廣州道士崇道大師何德順作堂榜曰衆妙以書來海南求文以記之予不暇

作也獨書夢中語以示之戊寅三月十五日

脩天慶觀三清殿記　洪邁

通天下郡國有觀宇天慶最盛合天地百神至於上帝三清其最尊以最盛奉最尊故宜仙都珠庭清穆敞閒稱所以揭虔妥靈之意廣州觀在郡西北隅宮室規模闒茸不壯所謂三清殿尤壓迮巠陋殆中人居不如東行西儋歎睨鬱悒諱財惜力何人肯一引手黄冠棲棲無策可出高圓主張理若有待使持節常平茶鹽事陸公渙始至以令謁

聖祖廷下經行前除延目畢覽心以爲不然旣而瞿然曰上天尊神在是觀祈壽吾君宮於斯宜毋敢不領責更新之圖必我也卽以公家錢節而儲之又益以私錢度爲百五十萬簡吏廉可使者相其役期年而殿成睟容端章黼坐儼赫金史王章拱立擎侍瓜華香火之案榱題牖楯之節戶不改席光輝燭人恍如乘猋車羽輪而上覲紫皇於瓊宮不知猶吾南海也功甫訖公擢藩臨漳有日東去於是道士陳行堅帥邦之秀民二十有六人來

合辭言曰願有所記天子萬年介爾景福公之於吾君也俾爾昌而熾俾爾壽而富吾民之於公也邁既書其事且又系之以詩其詞曰天地北阯粤嶺東麓銀宮旟旟瑤殿謖謖陛納九齒閶披四目楯角儲清簷牙衮縟雕牖甜閑鏤楹熠煜元尊端拱泰上秉籙綉黼周張神光睟穆寶帳流黃温絣結綠翠鳳千旗紫電溜褥星伯振鷺仙翁立鵠昌明侍几眉連捧纛月節下墮曦輪旁燭凍雨清塵裔雲散轂鈞籟虛徐流鈴陸續童初渟瀅峋嶁蓄

縮嶽君有衡海帝惟儵中邊何衛時節朝宿颶母淪威瘧妃謝毒丹崖罷徼赤子纍福億齡聖壽萬世永籙

重建三皇殿碑

主事　梁有譽　順德

原夫道生開刼之始渟精之播氣無窮理肇泰蒙之前乎造之紀物斯賾其示法也曠冥漭蕩其生成也闔闢絪縕渾儀以之鶩靈方祇以之薦祉寥兮象帝之先筭隸首而罔許湛兮為氣之祖步豎亥而未極上德不德總謂自然之宗可名非名強

曰太乎之宰是知蒼蒼闕載穆穆神樞固非寰宇之所能意况也然顯道著則杳漠可遡理而推靈感宣則清虛可憑迹而悟摛青簡而闡説披紫籙以詮言於是有瓊闕瑶京之名大帝上皇之號覽圖抽牒信古徵今粤維三皇統三垣以立極主七政而宣化四輔列侍六甲周陳馮馮灟灟斡旋虛霩恢恢浩浩鼓治億類廣無爲之爲而蠉飛蠕動莫漏其恩握無象之象而蔀屋曾淵罔逃其鑒金格玉書鬱儀奔日之文非聖莫覿瓊篆紫字結璘

奔月之章歷刼始授雖復軒轅神智受內文於東邱帝嚳精誠領眞篇於牧德亦難以洞觀偃伏言探無物之玄昭晰垠陔宏方耀魄之寶是以答靈覘者共云七十二君卜休祺者亦曰萬八千歲遼哉邈矣毋得稱焉吾廣郡治西隅有玄妙觀者圖規疏趾續剏唐時宏制定名緒承宋日迨我皇明益增賁飭錫以琅函之籙署爲玄教之司爾其結構巍峩雲棟瞰銀潢之曉落盤基窈寂風櫺通壁月之睿輝歷擾攘而鍾虡不移經世代而瞻禮愈

謹流電之庭就晦明霞之宇將湮赫赫瓊顏冐埃塵而歛彩沉沉寶座籠苔蘚以成紋非所以祗奉明威廣延協氣也屬有好道之士因造斯地而嘆曰瀨鄉表祠廟之崇畏壘興俎豆之敬矧兹威靈爍奔霆於六宇仰彼明鑒赫隆曦於九乔朝夕罔敢不虔儀形詎容弗飭遂廼竭誠瀝誓躍志捐貲選吉龜從庀材麕至以是年三月興脩至是年五月訖工惟其神讚人謀是以績成事敏軒櫺撤敝龕座鼎新飾堊塗金施丹䄡綵蒼龍奉扆遂還紫

翠之容錦鳳銜旒更表圓明之色於是神儀肅穆法相森嚴儼寥陽而非遥併協晨其奚爽都梁芬郁金枝熣燿千香寶樹飄空洞之眞華九乳霜鍾應豐山之雅韻虬驂鳳葢睎菌閣以報誠羽旆雲軺望芝宫而云戾功果弗窮善念何極豈不韙與豈不誠與夫天之視聽自民帝之陟降在心合道則眞宰可通念違善則幽譴隨及載觀蓐收降罰於虢公勾芒賚羡於秦穆由斯以談厥應不忒是以道之所尊天也脩而證之乎同妙有心之所存

天也覺而瑩者汙漫熙融嘆執玉於瑶池多累未遣想求珠於赤水機事頓忘用能運清鑒於希夷之域縱神巒於莽蒼之野豈知道本在已天不遠人蓋光實生影而影之附者非光谷實應聲而聲不運者非谷大小相乘疾徐相答取之自我何遠之有天人之理豈不猶斯第天道無窮而尚儉人理有盡而樂奢誇天從人安得不敝譬彼露荄風葉隨節候而彫零猶夫聚沫旋漚逐流波而散漫古之人不嘆馳景而嘆馳心不思化金而思化欲

守天所尚也有譽蓬心未艾覺路多岐非敢上談乾則聊以鋪敘神功反覆蕪詞用志歲月銘曰貸三生一是曰天道萬類之根百法之寶聖人生知上準穹昊先天弗違後天而老下民昬椓弗康弗庸唯予是行窒檄喪宗汝不有躬唯帝其恫業屹神宇神容翼翼是瞻是依寅恭永式兇剔頑瀸善則克迪億萬斯年澤流罔極

粤大記序　參議袁昌祚東莞

儒者譚越故則南交分宅茲土最彰明較著哉余

至中宿其上有黃帝二子禺陽廟焉遡湞望鳴絃之峯觀韶石虞泉想重華遺蹟顧所從來則邈然遠矣伊尹作獻令珠璣瑇瑁翠羽文犀世載南貢而粵不著意其時甌鄧桂國故介壤云周道興而蠻楊之翟掌菜幣者紀之列於王會翟卽雉也史稱越裳白雉儻亦茲事而載有詳畧耶其後諸侯力爭熊渠始伐揚粵徵以高固相楚穗石表詳焉則言臣服於楚者當不大謬其實至秦始置尉監鑿渠轉餉發卒五十萬爲五軍其兵初設粵人顧

入叢薄中莫肯爲秦置桀駿以爲將則所由與虞周異也然任囂趙佗擊平其地漢武因襲其遺烈遣伏波樓船兩將軍會兵番禺旋定置九郡自是易魋結世任衣冠事固有一勞而永逸者未可以拘攣道也其最可爲千載於邑則厓門南狩宋祚波濤而忠義駢死視田横之島上尤烈故立國者必務仁厚而優禮才賢豈眞爲羽翼太平計哉語曰觀一隅知天下茲非古今得失之林也乎明興何眞李質奉上歸命廖平章弭節而栫定之於是

文武將吏灑惠暢威於上縉紳逸民淬質道文於
下宏正而後相垣臺省日彬彬然其宏猷勁節與
九齡諸賢相雁行而陳獻章從祀孔廟近世儒者
莫敢望焉顧其曠谷重溟雖平世不能廢斧鑕故
自昔爲用武國況以釜山封使靡有成議其隱憂
將倍蓰之乎故艅艎水犀之軍其部署以東中西
爲三路而中路切會郡又以虎頭厓山爲二門嚴
戍鏑焉業非水利屯鹽無以盡地力佐軍興而制
緩急茲大記之以防海終也思深哉郭勳卿語余

云異時新城先大夫嘗志茲事謂通志作於宮詹黃太史有年矣欲補近事而緒正其浮濫因詮次留笥中間以草示蜀諸生未就也頃幸天子憐其筋力早賜歸得弛負擔因檢舊笥自山川國紀良吏獻民與夫兵食諸重防時加論著其間庶以紹明先志嘻其用心亦勤矣即偉抱未盡柄用然上下數千載已能自見其意將使論世者鏡焉經世者籌焉咸以其言爲質夫孰非鍾鼎業也賢者識其大者謂是哉謂是哉且也金匱石室出其秘藏

授儒臣以爲國史誠有以大記上者何但褒譚粤故足當黃太史後勁哉

五仙觀記

翰林典籍孫蕡順德

五仙觀在廣城藩治西側按舊志始城建時五仙騎羊臨之持穗祝曰愿此闤闠永無饑荒之虞辭訖徑去羊化爲石邦人德之用啓今祀元年春今征南將軍中書平章廖公下東廣駐節藩治兵寓斯觀誤烈薪火毀焉由是一區化爲榛莽中書掾錢塘高君過之爲之慨然曰是靈境也即請於公

作而新之以答休貺公曰吾志也子其成焉君乃擇吉日選有司規没入之羸購免胥之氓具器就作材良力勤勿亟匪徐翌月告成華構有嚴前開靈祠後峙蕊宮簷楹騰飛黝堊鮮澤太平盛觀復在目中矣神仙方技本出常理之外然爲吾人鍾扶輿萃清淑苟不梏而全焉則長生騰化理亦可致然使得志於世出入相將精神志慮竭於經濟則交梨火棗所不暇服惟夫蘊其才而不試鬱其志而不泄端居靜默將谷神於內景私載營魄蟬

蛻方外固自君子餘事而之數老者其亦斯人之儔歟生爲英賢不得以沛惠澤於斯民去爲佺仙烜其餘光猶可以垂修名於千秋天理之定觀惠從之極偉其表建樹立可謂寥廓曠絕不凡者矣然當生死之關既握元命之柄萬化生身宇宙在手則能明復爲人宜無難者昌運既復亦可以出而上佐天子矣等人間世何昔眷而今遺耶紺殿風朝星壇月夕羽衣士子其爲余吟步虛以招之辭曰太和磅礴神構精黍珠光開生洞靈蒼蚪出

海眼若鉦臼虎嘯風尾爲旌地爐椰葉乾坤幷龍蟠虎伏丹始成朱衣眞人居黃庭顏如寒梅肴紫青埿丸夜誦蕊珠經風清徵嚮韻泠泠翻然冲虛凌太清前呵豐隆後朱陵晨朝十二樓五城手持芙蓉拜龍輧帝傷羣曹愉且驚之人奚爲目熒熒三光森羅下倒明天孫賜錦華若英醉騎麒麟驅六丁來遊人間寄閒羸何年塵中留幻形元都絳闕高岧嵽霞窻霧閣開形庭綺食更覺飄香腥春風桃花吐前榮石壇秋高淡見星兎葵燕麥鶴遺

翎征南南來道復興環佩清空雲杳冥天風何處
鸞簫聲昌辰寶歷開天正騎羊歸來佐明廷文爲
蕭曹武韓黥明星作景雲作卿鈴劍吼鬼罡風鳴
九還如粟倉箱盈四海盡化爲蓬瀛蒼生顒望如
秋蠅胡爲泥酒酣山坰遲君一住三千齡

鎮海樓賦　王思任

伊層樓之傑峙夙稱霸於南武肇行師以建侯有
永嘉之亮祖截雲脈以爲城在粵秀乎翺翔壯山
河之百二準天地之數五儼維嶽之降神實聖作

而物覩爾其材庬威金棟隆以鐵文杏慗剛木蘭
遜潔翼翼桓桓明明赫赫步之而鏜鞈有聲登之
則駘盪失色坐虎豻而視蛟龍蹴天海以丸日月
千門萬戶燈火紛其燏光三島十洲冠裳被於窮
髮咸休與國法成周誓山之盟獨立不懼比大漢
相風之闕至於縱睇千里再上一層剛浸而長亦
曰咸瞻戴三履一進乎允升二猶不足氣已駸駸
及其定之方中三爻乾惕木火上通金土下襲水
德安寧洶濤自戢可田可天五皇中極若夫或之

疑之乃在九四有餘不盡雍容需次三公雖高一
介俯視氷競至此益不可肆等而陟之五位承昊
太上獨前歷居歲首壽領福先闔闢雄題俱拱衛
乎連帥郊原邱垤若羅列乎兒孫單薄無情笑通
江之一柱嵐高則隘陋合塔以成尖呼鷹紀雀名
雖韻而事戲麗譙井幹徒積水以生烟詎若茲樓
命名雅正海內無侶於斯隻盛則有秘圖公子中
書行省文星避斗方岳司秉整劣換新捐鐶劉廪
顏楊穩佳止觀振醒忌高語以和鶴陰止掟足以

裁駒景此皆自卑牧下藏於不敢之經而亦躋聖入神仰若彌高之懍不知者謂世法緣通之困心而知者以爲立地證修之灌頂爾時布干羽飭戎伍啓魚鑰鳴鼉鼓鮮綺席豐彜俎瀹石乳之諸香薦冰牙之一縷桃花飛雨引蓴絲與嬌黃虬炙消靈伴佐和於海秬則有九鯉仙班四明才客或閬樓船或司兵革眷范叔之綈袍爲王生而結襪亟其狂醉受以簡札子盍賦之諾諾唯唯點不成文幾幾格格乃頌言之曰二三大夫以樓重乎重此

樓乎斯固象魏之支封而閶闔之分御也物大者衆歸望隆者日聚南面而立以來百谷之王互兆端臨居然南海之帝巒嵐蜚瘴爭燭繞於五翬龍户馬人各綃輸乎千雉雖規模宏遠專甲觀夫番禺而血氣尊親實辰拱乎燕薊豈非子大夫旬宣屏翰同心王轂之功抑共此地人文館閣中臺一氣金莖之儷登眺既酣徘徊四顧五羊已去扶摇角轉乎丹梯楚相無聞勝蹟名存其高固通仙靈而挹珠彩願領羣公一日之歡受景福而酌兕觥

但祝天子萬年之壽鎮海樓即五層樓明洪武年間永嘉侯朱亮祖建以壓王氣云

三忠祠記在羊城南園五先生祠旁

侍郎黃衷南海

季末厓門之變信國文公天祥丞相陸公秀夫太傅張公世傑後先仗節以死後世祠於厓門志死所也屬後更於岡州侍御孝豐吳君麟按部謁祠下作而嘆曰在法祀賢所以明報昭訓也我聖朝表祀三君子豈一鄉一邑謂哉岡州越附海壖不足以妥炳靈萃瞻向而憲來者盍以會府城南之

址從謀於藩臬諸大夫爰乃畀郡貳沈子尚經節推莊子壬春任煩焉祠成榜曰三忠屬衷以記夫忠者中也爲臣寶忠者也然有異際焉貢賢獻猷範物而順化是謂之宏濟忠在社稷矣正色黜私出憂君入憂民是謂之一志忠在職位矣主憂則辱主辱則死是謂之徇國忠在天地矣嗚呼爲人臣而忠在天地焉夫豈得已乎哉夫豈得已乎哉

余讀宋史至厓門之役掩涕焉宋謂以仁厚立國禮義養士當夫國步艱蕃夷之亂三至元而極

播越之禍三至厓門而慘食士之報且衆至三君子而大以盡予嘗欽其風而悲其志矣夫自行都航海如泉如廣水砦孤軍倉皇駐蹕無可據之地守臣制帥死者執者叛以降者飈迅蓬斷無可圖之將收亡集散裂裳以幟茹乾而飲滷無可用之兵亡君立君遺嫠弱息無可全之勢月變星移乎幾厄兆復無可有爲之時三君子者豈非燭微者哉且猶間關南澨四歷年所瞿瞿然皇皇然致望夫義勝功濟庶幾一旅一成之舊卒之魂濤滄海

血碧柴市而後已孔子所謂臨大節而不可奪者非歟嗚呼可自諒者心也可自制者命也其不敢諒以制者天也是故否泰相乘世祚幾易而綱常元氣獨磅礴於宇宙無窮之內者三君子之天定矣堂構孔華鐘簴煃煃城南之祠既固且安庸知天下尸祝不有如武侯武穆者耶庸知三君子之神不爲星辰河嶽以效靈於世耶信國有言殁不俎豆於其間者非夫也又庸知不有蹈厲而興者耶夫然後知侍御君爲道計遠也詩曰高山仰止

景行行止侍御以之

三忠祠賦

三大忠祠祀故宋信國文公天祥左丞相陸公秀夫越國張公世傑也地本廣州南園舊址當國初有趙御史介孫典籍蕡王給事中佐李長史德黃侍制哲是爲五先生結詩社南園開我明嶺表風雅之始旣而當事者因其地建祠以祀三公爲歲已久崇正戊寅直指葛公奉命廵按東粵遂出俸鍰率僚屬諸公庀材募工修之池亭堂寢無不完美葢公丰裁凜烈欲昭忠節以振世而雄文雅思源沛流合因又舉五先生所爲詩重授剞劂于以采風激俗義有兼貫一時紳僚咸勒碑矢頌以志不朽若羊公之峴首召伯之棠下又將以公重斯祠焉羽士數奉面命得述聞以贊斯役因次而爲賦其詞曰

黎羽士 番禺

粤若風猷顯樹徽烈仝留異代宏獎加等渥優晉墓埋乎忠貞蜀廟存乎武侯周有比干之封殷有首陽之邱然猶勝國之近固非今效之求追維炎趙華運方厄望禾黍於中原盡戎馬之蹢躅鳴轂感雍門之義銜石失精衛之策志士南冠以結纓贋儒北面而蒙幗非三公之巋然誰永祚而呀嚇當斯時也則有揮涕蠻溪之上拂衣歌伎之傷頑哉四鎮之謀彌彰百鍊之剛收義師兮麗浦援幼主兮望洋連實耻乎秦帝艮孤憤于韓亡從蹈海

而不獲遊赤松以何鄉悼黃冠之不歸留正氣之
茫茫又若仗節艱貞左右互奮舟似赤壁之屢焚
志猶成旅之可振誠既矢兮巾子之山守更堅兮
江潮之信登桅樓而告天空擊楫而難進若楚原
之沈淵感周昭而身殉至如正笏不違咫尺之威
負扆儼有堂簾之表類猿窮之屢擇傷鵲栖而匝
繞異勾踐之會稽弔田橫於海島慈元蜃結而裦
裦越郡龍翔而嬌嬌投洪濤以自靖耿遺孤之在
抱分終存乎陽秋諱乃慘於子卯於是神武代出

甲洗天河運開旦日百王全系五行傳蹕三公雪
殊世之鯑羣賢秉全文之筆見海濵之遺風昭聲
華之被質於是鉛槧之子冠簪之英既歌伐木迭
和嚶鳴乃仍勝地乃舉文盟或弔古賦詩有懷不
平虹橋流花芳塍素馨環顧屢屬陀鋹攸營未若
南望厓門之波歷數陳橋之遺麥秀故宮之嘆鼓
鍾頹廟之碑蛟龍攫食而人立馮彝逐魂而嬰啼
羗伏臘以獻羞殊采薇之獨持邈一杭之遙曠匪
斯地而奚依乃啓甹荔歌招魂成嚴構繞周垣羅

列兮薦馨思君兮懷荃修俎豆之故事聊斟酌乎
桂尊時冉冉而不同自眇眇而徒存再乃聖人中
興羣牧受命舊章共率封禪爲盛天挺巨公忠孝
成性乃授巡方之斧持激揚之柄皇華爰諮佳草
同勁風有陳而必采俗在靡而咸正於是表彰爲
功嘉惠垂澤清詠酌泉之祠忠欲九原共作歌寒
鴉夕陽之詞懾姦雄賣國之魄惟廟貌之儼然固
遊志之攸託賦景福而難殊規靈光以恢拓其南
則有飲虹馳道暗泉通潮芙蓉被池霞城建標當

其後也則齋寢窈窕濠梁逍遙喬木疊蔭蘋風漾
標舳艫銜結飄搖笙簫左右則景忠之堂覆月之
臺峙池而啓闥者軒櫺互開東旭虛亭曈曨欲來
翠葆菁羽參差徘徊繇是周繞皆檻佇眺神宇棁
獸作其鱗而采蜃發乎巘虛材選鄧林豫章之雄
地藉昆山文石之礎案有犧俎蘭漿繚以沈香蠟
炬仰英靈之下臨兮俯簪紱之在序當夫宵風曉
月秋露暑雨睇彼芳煙茸茸雷電莽莽鳥歌英落
魚泳獸扈意空氣之逵集策箕尾而乘語柔佞竦

髮而魂悸正直灑祭而心許於是大義既正徽詞用彰維使君之振德明歷古之綱常分古詩與今頌全詠歌而翺翔媿小言之詹詹視嘉謨之洋洋耿英烈以共貫承風流之不亡以遨以遊載詠載觴酌酒神醉臨風慨慷宜矢之銘仝斯久長銘曰

維天生人厥賦秉彝倫紀攸正羞惡繫之義在春秋著于宣尼君曰天王臣訓勿欺炎宋之末乃有閏位巍巍三公庶回天意捨生成仁殉主明義人心不沒咸秉斯志遂附遜明反經建極如夜始旦

乃謂天德聲教四流順則忘力南園觴頌憑弔斯陟爰立祠廟英魂是妥僉邪褫魄正直錫嘏聖人中興巨公啓我重軒飛棟崔嵬旖旎日星炳若冠裳凜然華袞之褒朱紱之占棟隆維吉金煉全堅俎豆無疆盡性配天

淨慧寺千佛塔記 即六榕　趙叔盎

釋迦文佛之設教也以般若之智觀眞空則實際理地不受一塵故凡色見聲求無非邪道必漚利之權涉妙有則佛事門中不捨一法故雖聚沙壘

石皆是正因權實兼施履眞而不礙於俗悲智齊運處有而不乖於無者其唯大覺乎故我世尊從無始來起菩提願捨所難捨行所難行從無數刼萬行齊修乃至降神覩史應迹迦維於無言說中演出大敎於無生滅中示入涅槃皆爲慈悲之故大開方便之門猶慮象末澆漓人故憎慢於是留舍利八斛四斗爲浮圖八萬四千遍滿娑婆利樂羣品此塔廟之所由興也法從人舉道與世升國家列聖相承重熙累洽以神道設敎仁壽躋民妙

嚴寶乘用裨皇化由是萬邦作孚遐邇興善像教之隆度越前古矣南海郡廣東一都會也襟帶五嶺控制百粵海舶賈胡以珠金犀爲之貨叢委於市地大物夥號稱富饒又其風俗事佛尤謹仁祠之盛列刹相望然未有所謂窣堵坡者今上即位之元郡人前鳳翔寶雞主簿林修慨然謂此獨闕如則何以極佛土之莊嚴以盡吾邦歸嚮之誠而爲邦人植福之地耶乃與同郡信士王衢秭歸沙門道琮始議建塔於淨慧精舍凡三易地而後決

焉林君好善喜施屢捐厚金以成勝事至是首出家貲巨萬以倡之比工之興地基廣狹旣已定矣一夕夢人告使廣之衆從其說遂拓其基以爲四十五尺撅地得古井九環列基外適與度合中央復獲巨鼎中藏三劍一鏡銛瑩如新是日郡官州人雲集來觀咸謂至誠感通歎未曾有而信施者數百人長老德超寶嚴皆願協力辦事遂鳩工壘甓以爲甗九層度高二百七十尺龕藏賢刼千佛洎旃檀五百應眞像下瘞佛牙舍利殉以珍寶紺

宇翬飛丹檻離立輪奐之盛金碧照空對嚴獻殿
繚以回廊瑋麗稱是然後觀者起敬眞福德聚可
以住持佛法鞏固皇圖爲東南塔廟之冠矣紹聖
四年六月三日工徒告休林君因琮師求余紀述
今夫一作禮圍繞一隨喜讚歎至易爲也猶鮮克
爲之况乎發大施心作大緣事如林君者非夙受
記莂不忘外護孰能與此哉余發信心其亦久如
常念無財以資檀度至於作禮圍繞厥路無由乃
若讚歎隨喜固所願也烈琮師見屬之勤詎敢以

仙城古跡　卷一　記　四

蕪累爲辭聊書興建之由俾刻諸石用示方來云
爾

光孝寺大藏經閣記　彭惟節

展矣哉有瞿曇氏之至教不可得而聞也大空無
際大法無邊邈矣混然不可思　以爲佛心非心
佛法非法心之與法是無二物有何他見有何他
求得之則非眞捨之則非妄眞不無妄妄不離眞
聞之者若金之有聲見之者若鴻之過影登門出
戶虛往實歸苟染一塵諸妄相翳解脫無期萬刧

千生前念後念不有實際曷由疇依是未來不離一切心不住一切相說不去不來之法指迷津失路之人火宅焚燒曾無了日愛河漂溺蔑有出時若無佛授之言豈救沉疴之苦有修行之正路有方便之坦途烜羣動者莫若於太陽潤萬物者無非於時雨議有演暢論有筌蹄特以閻浮提之人是以設經律論之藏來從西土譯自東朝微言甚深化喻廣大約文申義莫盡河沙別理披文如觀指掌所謂空門有闕法眼無端能檢束於心猿免

驅馳於意馬證道之見乾曰不然策足之階斯爲至矣經藏之設其來久矣南海郡有乾明禪院者前通藩闤傍有戒壇祖師行道之方檀越瞻崇之地是院有住持僧曰守榮者普洲安岳人也少辭父母投師出家夙昔未忘於若空立性自成於清淨落髮於本洲延壽受具於此地乾明自皇朝慶復歷三川遊方關右一瓶一鉢任境隨緣一心專在於緣機萬里不辭於叅請聞乾明禪寺院濟大師曉達磨之眞心得如來之空旨纔登法席果契

南能眞金爰出於礦中法雨忽流於天際開寶初南海郡嶽牧何公延範請師住持舊額西雲公尋詣京師上言丹陛遂錫乾明之額風生虎嘯鶴去雲來於是衆請開堂爲人說法鐘任叩而斯應海任酌而不窮達人必授於師人獅子爰生於獅子千尋壁立共仰而誰住衆安禪惟師一院供僧一百一十三萬度小師三十餘人雖四遠學徒度門雲擁而三乘妙典到耳心融共結願心建高教藏皆自傾巾鉢或轉化多人幾換年華罔倦搆卜營

文較本勞身盡心百費不忘大緣自募瞻茲大藏經五千四十八卷逐部多置帙函莫不貝葉傳芳金文耀彩滌硯而去聚爲墨池洗楮之餘下成藂泒律論同歸三分學人得究十元使性之鈍者得漸進之門根之利者得遊心之路靈山會下豈有愚聾獨孤園中寧分迷悟覩佛故能生善披沙然後獲金況古佛眞詮中印妙義泒分十二化喻三千歎仰之徒稻麻非衆住曹溪者寧無說法度大庚者益見興謠方面名藍得未曾有欲使功歸妙

果事顯殊尤將書不朽之文用載他山之石焚香頂禮而作讚曰佛與衆生本來一趣妄之與眞亦無二路水月龜毛秋霜春煦有何所迷有何所悟明珠白蓮自然圓具慾念紛飛色塵昏蠧相敎有憑名言難喻將解煩蒸須依道樹空既無說說又非空不有經義曷由叅同五果四證道在其中二宗三際理且無窮投針擲芥智刃慧弓經律論藏自西來東金叉譯義貝葉傳功戒資吾道永播眞風有師一人來自西蜀片月孤雲依巖棲麓爰見

大龍投心禮足客義一門昏衢乘燭度庾梅嶺化番禺俗歡道勸行法嗣相續登般若堂鼓師子曲轉大法輪爲人種福薄伽迦葉舉手擎拳惟無經梵以會諸賢繕寫臻備搆用精專西域名教古佛眞傳善願旣集聖教克因可以見四生六妄可以究二說三元謂有果而有證信無量以無邊故記事於貞石庶百年而流傳

騎五色羊石賦古學試作　明經梁無技南海

陽烏浴兮溟海女牛曜兮山川四瀆平分兮五嶺

三山半落兮南天西則石門吞其鬱水東則白雲
漾於紅泉北則梅關雲合南則珠海月圓任囂始
相之日趙陀未尉之年爰有瑤笙香霧寶扇靈風
迢遙雲際蕩漾寒空仙人騎羊降自千峯其色則
五其角則十霓裳飄逍露華紛集爾乃龍戰之餘
鴻濛始判分二氣於玄黃爲五色之先見迨至媧
皇鍊石太乙行春染蒼雲於大漠邀萊玉於東君
若乃河漢月明蓬萊雪霽沾素色於桂花濯霜毛
於瓊蕊又若木公之院金母之家靈飛出火蟠桃

始花吸紅樓之初日飲赤城之餘霞故其五色相
配應乎五行在人爲五位在天爲五星上竊陰陽
之數下收岳麓之靈羣而不黨角而不爭雲行雨
施資始資生萃爲百粤亶作三城於時江日未晡
江風微和晴霞生於北郭靈潮長於南河仙人乃
手持五穗拂袖而歌歌曰渡東海兮白日光水澹
澹兮山蒼蒼皐吾民兮天降康貽爾豐年兮樂未
央又歌曰山日落兮江月生河魚躍兮河水清東
風暖兮花滿城據地歌兮泰階平仙人歌罷招手

雲中笑指東溟之水言歸南極之宮乃叱五羊而化石長留萬古之仙蹤

朝漢臺賦古學試作　　明經　黄呈蘭　南海

炎漢興土宇一百粤紛老夫出據南越以稱雄建黄屋而警蹕偏安于逐鹿之塲僭號於斬蛇之日及夫孝文紹統天詔遥頒書生作使遠渡梅關宣布大義以啟冥頑老夫不帝大長呼鑾奉正朔于天南之域築層臺于粤秀之山於是鳩工既興纍土而作欄檻何雄金碧交堊控山海而玲瓏枕羊

城之磊落肅朝儀于萬里事異栢梁表臣伏之寸忱情非銅雀聳五仞之輝煌重一朝之言諾爾其後枕雲山蒲采鄭仙之澗前臨珠海松森楊子之家獅子洋邊白聳凌霄之塔虎頭門外紅飛浴日之霞沙則沉香茉莉洲則珊瑚琵琶晚唱漁歌鰲渚月明潮有信聲喧野渡鷰潭風起浪生花或登金山而望氣或臨鬱水以浮瓜至於木棉與火樹爭妍楊柳共金波一色刺桐放而么鳳來杜鵑開而鴻雁北扶桑朱槿紅誇池上芙蕖茉莉素馨白

映欄邊薝蔔千株珠荔標奇五色石留耀飾早醒午醉芙蓉朶朶迎風凝露凌霜橘柚離離結實冬榮丹桂呈芳歲暮蠟梅挺直雖見品乎羣英亦可光乎南極何當嬰齊無祿呂相專權罷朝天之貢賦致討罪之樓船石門失守宗社蕭然碧瓦埋于綠草朱欄毀於紫烟倚春風而聽鷓鴣霸圖安在等姑蘇之遊麋鹿往事空傳見景生情休傷戰爭千古之事光天化日且樂乎車書一統之年

海潮序以下增補　　始興公爵余靖曲江

古之言潮者多矣或言如橐籥翕張或言如人氣呼吸或言海鰌出入皆無經據唐盧肇著海潮賦以謂日入海而潮生月離日而潮大自謂極天人之論世莫敢非予嘗東至海門南至武山旦夕候潮之進退弦望視潮之消息乃知盧氏之說出於胸臆所謂蓋有不知而作者也夫陽燧取火於日陰鑑取水於月從其類也潮之漲退海非增減蓋月之所臨則水往從之日月右轉而天左旋一日一周臨於四極故月臨卯酉則水漲乎東西月臨

子午則潮平乎南北彼竭此盈往來不絶皆繫於月不繫於日何以知其然乎夫晝夜之運日東行一度月行十三度有奇故太陰西没之期常緩於日三刻有奇潮之日緩其期率亦如是自朔至望常緩一夜潮自望至晦復緩一晝潮若因日之入海激而爲潮則何故緩不及期常三刻有奇乎肇又謂月去月遠其潮乃大合朔之際潮殆微絶此固不知潮之準也夫朔望前後月行差疾故晦前三日潮勢長朔後三日潮勢極大望亦如之非謂

遠於日也月弦之際其行差遲故潮之來去亦合沓不盡非謂近於日也盈虛消息一之於月陰陽之所以分也夫春夏晝潮常大秋冬夜潮常大蓋春爲陽中秋爲陰中歲之有春秋猶月之有朔望也故潮之極漲常在春秋之中潮之極大常在朔望之後此又天地之常數也昔竇氏爲記以謂潮虛於午此候於東海者也近燕公著論以謂生於子此測於南海者也又嘗聞於海賈云潮生東南此乘舟候潮而進退者耳古今之說以爲地缺東

南水歸於海賈云潮生東南亦近之矣今通二海之盈縮以誌其期西北二海所未嘗見故闕而不紀云嘗候於海門月加卯而潮平者日月合朔則旦而潮平日緩三刻有奇上弦午而平望以前爲晝潮望以後爲夜潮此皆臨海之候也遠海之處則各有遠近之期月加酉而潮平者日月合朔則日入而潮平上弦則夜半而平望則明日之旦而平望以前爲夜潮望以後爲晝潮此東海之潮候也又嘗候於武山月加午而潮平者日月合朔則

午而潮平弦則[illegible]八而平望則夜半而平上弦以前爲晝潮上弦以後爲夜潮月加子而潮平者日月合朔則夜半而潮平上弦則日出而平望則八而平上弦以前爲夜潮上弦以後爲晝潮此南海之潮候也

羊城賦　　韓　矩

原夫羊城之爲域也勢接閩疆邦連楚壤虎踞龍蟠坤維乾綱控十郡以恢宏駕三洲而沆爽星占牛女之分地隷職方之掌氣則鬱鬱以葱葱民則

熙熙而攘攘雁翅之城可憩萬户連雲虎門之燧
無驚百蠻稽顙羌海奠以清寧羡金湯之鞏固體
爽塏以高騫濬深池而曲護緊繡錯以雲蒸亦星
羅而棋布繚垣墉而蜒蜿角聲裂地闕之風衛壁
壘以森嚴旆影截天關之霧爰揖鮫人於海市更
招羲馭於扶桑稽上世之安期賣藥探何年之仙
子騎羊任衛尉之清忠直諒趙佗王之跋扈昂藏
草沒菖蒲之澗苔荒雲谷之莊水漲沉香之浦花
飛蜆子之岡折白　鋑鉦固自古縱橫之地金戈鐵

馬亦從來戰鬭　鄉於是拔霜鋒敲玉玦瓦缶鳴唾壺缺歎馬援兮既往珠崖之銅柱銘殘念楊僕兮無存石門之樓船跡絕嬰齊墓下寶璽空埋朝漢臺前斷碑已闕素馨田之鶗鴂鳴春昌華苑之鵂鶹泣月陸賈則從容說虜俾南服以安恬劉鋹則鹵莽圖王據邊隅而僭奪古今來事業成塵漠然徒見夫山高而海濶山則靈洲崱屴以瑰奇浮邱巇嶫而延袤嶔嶔聳峙乎西樵礌砢危盤乎越秀龍巖崒嵂於其左厓門晃朗於其右崑都飄緲

於其前羅浮砥柱於其後翠滴奇峯青浮遠岫或躍而飛或攫而鬪綜赤縣之龍蓯蔚坤輿之森繡海則泱漭以泂漩浩然瀏濩而溯瀼窮日夜以崩奔鼓風雷而滂湃勢遠溢乎炎荒氣上蒸於沆瀣縱鯤鱷以潛遊逞蛟龍兮出邁舞艀艋之風狂打艅艎之浪快山海足壯夫名區也而人物亦屢見乎紀載爾乃鍾英而毓秀因之挺異而生賢董正之風高潔陳臨之澤綿延表宏文于區册著績學於劉瞻益之鳳舉以德鴻騫國儀見稱於堯佐師

仲取範於廷堅　佛論乎惠能之作佛與夫鮑靚之爲仙則見其衣冠劍佩之雄煙火桑麻之盛服先聖之詩書稟　王朝之功令云風向化以從淳文運因時而丕振耰鋤盡力於田疇錢貨充盈乎市鎮過琵琶之洲畔雲車風馬成雷經黃木之灣頭鳥語鶯簧作陣樓登鎮海民動如煙艇泛珠江波平似鏡乘茲暇日覽彼崇墉烟霏雨霽瑞靄雲籠三關則通乎禹貢四塞則鞏夫堯封郡邑克勤乎保障商賈絡繹於交衢航海外以來王鑿齒雕

題之玉帛赴中華而互市鳥皮黃弋之艟艨蜃氣佈樓臺之綵潮聲答山寺之鐘榕葉陰邊耀珠璣於麗日荔枝香裏散簫鼓於輕風誠化行而俗美洵物阜以民豐此皆 聖天子之涵濡而煦嫗與夫賢大吏之長養而陶鎔敬爲抽箋而作賦用以誌夫東粵之崇隆

羊城八景序

訓導　黎貞　新會

東廣藩帥印峰馮君好江海遊使四方遍覽名山巨川歸而言曰羊城八景雄奇清絕復何宅求其

友劉貴請繪爲　屬余序余曰八景起於瀟湘而綿延於天下若長安若洛陽若錢塘若燕山歷歷有之以其山川融結鍾靈孕秀故俊傑由是出焉五羊爲嶺南都會青山聳拔走數百里大江潮汐滙於前西樵羅浮諸峰聯絡蟠踞鎖東西門自春秋傳爲百粵地尉佗僭霸遂雄南國吳大帝開廣州廣得名自茲始歷代建大藩持節秉鉞者多名卿鉅公而人材亦彬彬輩出如崔清獻公李忠簡公暨進士題名數百人皆八景靈秀之所致也是

故詩人宦客於此登眺覽奇選勝撫景騁懷(首景)抵扶胥拱浴日居江湖外傾葵藿誠則思君之念油然而生矣(次景)登白雲巔俯臨閭闠江村墟落漁艇烟波雜然前陳則思撫字使物物得其所矣(三景)憩景泰招提釋子掛衲衣扳石磴履嶄岩錫屨絡繹帶夕陽歸矣(四景)陟蒲澗訪安期企懸崖飛瀑如銀河落空泠然水晶宮矣(五景)秋月揚輝世界若瓊瑤登粵王臺舉杯酌大白萬里一色其喜洋洋矣(六景)烟雨餘旬春陰合江岸咫尺不辨扁舟過大通客

懷羈思淒淒然七景落日啣山遠近明滅步履遊石門酌貪泉慕隱之淸風覺氷懷湛然矣八景波光如練樓閣隱映輕舸泊靈洲訪古刹坡仙詩興搜覽風景無窮矣嗟乎景物富則山川麗山川麗則人才盛所謂地靈人傑信矣馮君好古博雅吾重其人而樂書之君尚以古賢自期待俾不負山川之靈秀毋徒羨其景之勝云按貞號秝坡洪武時遣官以玉徵聘

羊城西濠記

大學士梁儲順德

吾廣州城濠之水出入舊有二道在東南隅者由

永安橋而北入中折而西入至歸德橋而止在西南隅者由太平橋而北入中折而東亦至歸德橋而止及潮汐既退而二水中分而四出若相背馳然者今巡按廣東監察御史南昌涂公相之始出京也則常聞其語於廣之士夫矣荅曰某未至仙城是未可以懸度既而使車甫至則有監臨鄉試策試武舉巡按當行之務焉蓋未遑也既而登鎮海南望慨然嘆曰此嶺南一方悠遠之利也三司諸公皆曰然既[illegible]則分守叅議汪君恩分巡僉

事祝君昂往視地形歸以地圖呈公公曰夫歸德之水中分兩出者以太平之水直流汎急今移建太平橋於城西廂十四鋪之東滸而用其疏鑿之土塡實舊橋南北之水道則環城之水自然合流東注而併歸於一道矣於是從此橋之西而益鑿之中間或因其窐下以爲深或順其地勢以爲曲深皆丈二尺廣皆七丈直過十八鋪柳橋舘迤西之南滸而水由橋中入以出焉長可四百餘丈其疏鑿之處或有與民居相礙者則別以官地官給

僨之他日東滸之橋宜仍曰太平存舊額也南滸之橋宜扁曰大觀侈新制也大觀之坤隅又宜鎮以觀海樓於以觀風問俗望氛祲而察葘祥無不可者二君皆曰然又明日則通判劉君璀李君公信推官孫君益往視事焉歸而以財用所需爲請公曰府庫不可妄費民勞不可煩役近歲官鬻淫祠之値有閒刑罰贓之餘皆貯庫以自用其支此以顧役乎三君應曰諾未幾太守范君祿至又從而綜理之於是□□□受直而克勤者民分曹而勸

勞費用節故財雖少而不匱用財當故事半而功倍比公至南巡則役已告完矣廣人士乃挐舟而縱觀之見水之環城東注者有顧我欲留之意見水之出入西濠者有縈迴旋繞之勢其外又得珠江鉅利而左鎮之昔之僻地今則通津居賈行商往來絡繹脫遇風濤驟作則千艘萬舫皆可以哳艫而入避兹固昔無而今有者也於是范君洎同知朱君鼎輩偕來以記文爲屬予謹追推往事而并志之

重脩千佛塔記

順德 盧夢陽

余嘗北遊燕趙東盡遼海西涉滇蜀南窮閩粵矣凡有城郭人民之處則往往有古塔蓋樹此以爲國之望所以鎮安社稷保庇人民也蓋不專爲奉佛設而其意則出於佛氏之意蓋欲以此象其心常如在虛空中無一毫障礙故也塔之在南京報恩寺者最高天下莫能及獨吾廣州淨慧寺千佛塔與之並疊九級上高二百七十尺其上樹銅柱柱之上冠金寶珠柱之周迴護以九銅圓以應於

九級八方皆有護綠俗稱爲九霄云此即佛氏之最上乘也塔之建自寶雞主簿林脩是時梁大同三年也當時之費奚啻累萬不知何自而出說者謂當時重佛教百事省庫有餘錢賦歛輕民有餘積理或然歟其後宋紹中始有金寶珠元至正中始有銅柱九圜八方護練制度之備要非一日明嘉靖初住持德隱重脩九層欄楯葺其壞而新之則少司馬黃東爲之碑載其事萬歷三年八月十六日颶風大作銅柱寶珠摧折墮地然亦墮在虛

空地面於僧舍民廬無所損蓋若有神助焉當此
之時議修復銅柱寶珠者費千金諸大夫以帑藏
詘乏師旅繁興悉置不問獨郡太守沔陽蕭公指
奉錢十千緡爲之先而趣德隱使募緣隨緣布施
於是南海學二三君諸鄉先生良家子異省之客
於兹土者聞蕭公倡大義紛紛効力矣積累得五
百金於是德隱覓巧匠爲架自最上層結構去九
霄近故其費減初議三分之七寶珠重鍍金銅柱
及九圜八方護練皆新鑄仆者起壞者墁輝燦視

昔有加焉經始於萬歷四年丙子四月至九月而落成夫自梁迄今幾千百年勝社代遷其間豈無極宮室之美樓殿之崇亭臺苑圃之侈麗者哉顧堙滅澌盡獨茲塔巋然與白雲越秀諸峰相對峙經萬刼不壞則何以故葢語至道者必曰仰彌高鑽彌堅道之在天壤間惟彌高彌堅是以不壞則佛氏浮圖先得之矣彼辱身於卑下降志於浮靡者尚鑒茲哉其仆而復起則倡大義與諸奉佛法者之力余由此而知天下之事固不可阻諸難諉

諸之也亦爲之而已矣今城市間頹臥而不起潰爛而不修者何限顧在有司者加之意耳余素善德隱屬余記而効力者之名氏則別爲石識之

越華樓賦 在羊城西十里颿船澳南越王佗以陸大夫有威儀文采爲越之華故郎江滸作樓以居之或曰一名越華館佗築之以送陸賈○以浪翻沙際月楓落海門秋爲韻○古學試作

明經　張大進　番禺

伊皇華之妙選迺脂牽而徂東談于華屋館之上宮騶呼赫奕劍佩雍容離緒千條詎憶灞橋之柳丹心一點常依江岸之楓爾其胸富經綸道存匡

濟凴軾定夫東藩左纛去其帝制畫堂譽處永維繫于今朝別業宏開快龍光于此際緊相得而益彰豈復難于爲說懿夫館之爲制也規模壯麗雕飾繁華鳥革翬飛仰簷阿之綦美企翼矢棘儼廉隅之足嘉豈徒蔽除風雨於以吞吐雲霞晝戟排門似將軍之分虎竹張旜在野殊壯士之出龍沙若其名錫曰華實繫以越老夫耄矣幸邀卿旨而來先生休乎敢告饟牽之竭南蠻大長時握手以言歡上國嘉賓聿披忱而欵晤想交往而登還共

吟風而弄月且其基開金肅地接西園柳波涌川原繚繞大通寺烟雨黃昏邇控鶖潭之水遥連羊石之垣登眺而黃灣入畫凝睇而樵峰倚門洵足、康君子之體而駐使者之軒於是流連晨夕信講好修小國是謹大邦罔譬網盡珊瑚爰貢珍奇于內府籠將翡翠聊申物采于遐陬遂登堂而朝漢願萬祀而千秋唯此高齋之築薄言四馬之留想夫秦末陸梁漢初肆虐犬牙相入日尋以干戈梅嶠未開疇定其荒略蓋非令其心折未易致其膽落也憶夫陸賈大夫再來嶺海責以貧侶令其容改命吏役以掃除崇閈閎而相待較碣石之館益致其寅恭比黃金之臺有逾其華采則見游龍流水奕絡翩翩公卿造室王侯詣轅盍往遡乎新築室彼美人兮可晤言是知蠻陌可通厥惟忠諒千夫同和一人實唱理錯節與盤根賴宗工與哲匠詩書之說終見奬於明廷禮義之稱且化行乎邊障挹桂棟蘭橑之輝息瘴海天吳之浪

新建貢院碑記

巡撫　李士楨

自三代鄉舉里選之法不行然後立制科以羅天下之士其得人也益盛故其爲事益隆其爲制益備於是有糊名易書之法有棘闈鎖院之規士之膺華膴職清要者半由此出顧不重歟吾聞人龍之化必於禹門威鳳之儀先見丹穴其後乃至於霖雨九垓和鳴高岡然則貢院者士之禹門丹穴也粵東自古稱爲海濱鄒魯彬彬質有其文唐之張文獻姜參政宋之李文簡崔清獻諸公皆海內第一流人物至明則有梁文康之相業海忠介之

節操邱文莊黃文裕之淹博陳文恭湛文簡之理學其表表者也其他以經濟德業蔚爲名臣者指不勝屈皆科目中人也回憶其握管凝思聚精會神數日夜何莫非於貢院發其菁華以出者乎然則重貢院所以重得士也所以重爲國求賢之大典也　國家定鼎神京與天下更始惟五嶺以南被聲教稍後時粤中大亂山海交訌向貢院之在城北者業已夷爲平地茂草鞠焉迨故平藩師至則又雲屯內城四民屏跡院之故址版築塗墍牙

錯交堵以爲營房占踞矣每値賓興或假借僧寺官署權宜集事士子號舍率結篷厰爲之聯木爲几凳一動則十几皆搖相視偶語風雨鋍漏上蒸下溼且夜燃萬炬回祿堪虞又不特因陋就簡已也彼廢藩既撤歲在壬戌余奉　命建節茲土首以崇文重士爲急務則求賢之地尤宜舉墜作新乃咨商制府吳公會議復謀之藩臬司道及守令紳士暨習形家者言往而周視咸爲舊址畚挿傷脈玉盤既缺靈氣洩盡不可仍也循轉而至東南

隅太和里之中得寬敞地有鬱葱佳氣聚焉夫粵南國也於卦爲離此地應之易之離爲文明萬物皆相見屬續火官照耀乎始而文以興焉卜云既吉詢謀僉同余遂與制府吳公捐資爲倡藩臬司道協力助濟廣惠廉郡守提舉司及南番等縣令亦各量輸於是鳩工庀材委惠州魏郡丞府學潘教授董其役傭工興民大和會起於癸亥年九月二十二日迄甲子年七月二十九日工竣基廣五十丈袤七十三丈有咫中爲明遠樓東西號舍

五千間士子搆思屬文之所也北爲堂三進曰至公曰戒慎曰聚奎戒慎堂左右則監臨提調監試所也進爲橫垣門焉以分內外簾其聚奎堂則主考署也左右各有廳房爲寢興之室兩旁適中厲行爲房各六亦南向則五經房考䢼也外簾收卷掌卷對讀彌封謄錄供給各所則在至公堂左右明遠樓之前爲儀門又前爲大門學使者點名與府縣休憩郎在其左右自大門至屏牆更寬爲諸生應點地崇墉周匝深溝環繞閎敞堅厚不事藻

飾取堪永久而已落成之後予適膺監臨之任臨塲門闢諸生翼而趨進有喁喁興起之色執卷而趨號舍有安舒得所之意不似從前跼蹐矣夜半有黃雲起覆號舍間移時乃已葢瑞氣云世傳宏治壬子浙闈中夜有三大人見皆長一丈餘大言曰三人做好事是科果得王文成孫忠烈胡端敏勳業獨著載之獻徵錄非荒唐也余竊度之斯院始創祥雲書 興則後此繼起繩繩更可知已今

皇上御極以來內修文德外詰戎兵九宇萬國罔

不臣服粵士幸生盛平之世聞風興起沐浴詩書貫通鑑史含英咀華以無負　聖天子興賢育材之德意他日出而躋清華理繁劇或寅亮天工或黼黻皇猷幼學壯行之志不於是乎基之也哉余重荷鎖鑰之寄察吏安民興利除弊皆職分之所當爲而深維人臣之義莫大乎以人事君斯院旣建後之蒞斯土者咸體是義以鼓舞而振興之將見士風日盛英華輩出襄萬年有道之長樹千秋不朽之業此余建斯院之心也夫此余勒是碑之

心也夫

芝蘭湖賦以見南越志今在何處爲韻○南越志番禺有芝蘭湖廣州志謂湖在雙井街其水常滙今堙昔傳有周姓者治圃得斷石上有古詩云芝蘭生深林無人常自芳君子處階前明德惟馨香游魚牣罝羅好鳥名鴛鴦微風動林岸此心共迴翔其下斷缺後梁藥亭諸公開社於此

古學試作　凌坮

春渡璐溪香浮海甸誇嶺表之風流喜朝暾之霞絢當時浮光錯彩水影千層此日兩岸橫波芳涵一片蒞斯湖　以芝蘭而得名則芝蘭亦與斯湖而並見原夫烟橫古渡翠展江潭載膏露以涵濡

何年種植幸日華之嫗煦幾處籃篸刺水飛來定有蜻蜓點點浮橋直去遙知漁艇三三最憐罨畫之波光時相掩映詎讓桃源之洞口獨蔚浮嵐景物既誇乎江北佳氣亦結乎天南爾乃依水爲鄉乘航欲發影動千山祥開百越緬商山之遺老夢入江湖結衡陽之美人心懷魏闕披瑞藹於和風寄孤情於夜月紉之爲佩定屬名流採以爲茹寧虞汨没倘若人歸楚澤兩地黄昏迴憶澡譜尼山幾時乘筏於是蕙轉光風根留大地無人而芳不

言自異彼夫素馨田畔誇綠雨之繁華荔子灣前接紅雲於燕賜家家流綺杏之塵處處繫垂楊之轡長江幽涪之濵竹島蘿溪之次綺漲平蕪波浮粉膩低徊水曲舞風力以添神旖旎湖光漾波流而怯志何如斯湖之開旭日倚華林採芳傳於自古愛潔不異來今網集澄潭何人蕩漾舶來返照有客招尋岸柳茁兮遠浦巖花爛兮遥岑擬之蓬萊庶幾可方淸淺移來香浦依然不共銷沉當夫雨霽長天秋連雲稚玉兎擁於東溟銀河亘乎四

塞人住氷壺之鏡誤聞其芳棹繫凌漢之槎奔流自滙天香別種氣味仍留錦浪無端風流斯在于焉舟子招招而欲渡遊人冉冉以同過風正一帆之影蓬開萬頃之波比楚客之澧陵定饒佳思憶黃公於石上共訂蹉跎笑魯望泝松陵之澤嗟子美汎赤壁之河孤芳自賞遣興如何仙侶移舟不限花前小飲佳人拾翠何妨月裡清歌歌曰芝蘭叢生兮在沮洳公子幽思兮長不語泛泛揚舟兮訴子懷渺渺中流兮在何處

重建五仙觀記

張勵

廣爲南海郡治番禺之山而城以五羊得名所從來遠叅考南粵嶺表記諸錄并圖經所載初有五仙人皆手持穀穗一莖六出乘五羊而至仙人之服與羊各異色如五方旣遺穗與廣人仙忽飛昇以去羊留化爲石廣人因卽其地爲祠以祀之今祠地是也然所傳時代不一或以爲周顯王時或以爲漢趙佗時或以爲吳滕修時或以爲晉郭璞遷城時說雖不一要其大致則同漢距今千三百

餘年而吳晉亦八九百餘年前此未知有改也乃
者守吏更治州舍輒遷祠他所後守繼以其地斥
酒室眞仙失故處非徒神之不安也而人亦不安
歲多有怪風雨疫癘間作或海溢水潦爲患州人
咸以爲五仙失所處而然願還其舊有日矣政和
三年春二月余自鄉郡移守此州夏四月至官聞
州人之說訪問故址猶有存者又因讀昔守程公
師孟詩云欲舉輕舟一碧虛善鄰猶得道流居及
蔣公之奇詩云州宅之西敞華堂我來拜跪焚寶

香堂中塑像何所見乃有五仙乘五羊二公近在熙寧元祐間則知其遷亦未久今不復將遂失其故處遺跡掃矣名存實廢後何所考據秋八月乃即故地規度還其所侵畚除瓦礫草萊以胥棟宇恭承元圭冬祀赦文一應古跡壇場福地靈祠勝蹟所在今守令當加崇奉由是滋不敢置明年八月祠成其月二十七日奉舊像并五石還祠維守土之臣事神治民皆其本職矧朝廷命令丁寧如是其敢弗虔子且代去慮來者之不知又有改之

者謹書以告

羊城脩街記

冀 箎

五羊之城東接閩嶠西抵交桂五嶺峙其北鉅海滙其南山川秀特風土清曠民物蕃庶内則置藩鎮司臬府衞所縣及鹽榷稅務等司外則雄州大郡遠近拱向而島居之國環布於千百里之外者不可勝計是以使价之客與守土之臣常參半而豪商大賈珍物奇貨亦於斯焉萃往往輪相軋而轂相摩也然近世以來街衢殘缺磚石齟齬每風

雨連綿則沮洳艱行國家承平七十餘年未有能修治之者豈非缺政歟正統辛酉春叅布政使司事武昌王公始謀諸方伯臨郡吳公大叅蒼梧龔公盱江左公捐資爲倡用圖更新於是藩鎮維揚姚公臬司太平郭公諸名公鉅卿與夫文武官屬郡邑義士莫不類至響從爭先樂施得錢凡若干緡募工伐石以甃砌之無何告成廣二丈五尺延袤約數十里平衍堅完非惟利於行者而城池爲之增觀省府爲之增勝居民第宇爲之增麗厥功

偉哉於是公价書俾文其事余老耄且懈學術日荒奚足爲公軒輊然義有弗容辭者惟昔祝融修市大禹通道其系諸正理甚重也後之爲政者鮮克以知之而稍有輕財好事又不過高其廨宇以便其身而已廣其臺池以適其意而已甚者爲老佛之宮以徼福果而已何補於世哉今公乃能捐資倡義以修百年鈌壞之衢使居者便而行者利其賢於人遠矣較諸古人葢又何愧耶公字時舉早由進士發身拜知京邑入導春宮又由廣西僉

憲陞今官在在皆有異政奇節此特其一事云

光孝寺大鑒禪師殿記師卽六祖慧能

大鑒禪師顯跡於唐至我宋益昌今光孝寺菩提樹是師落髮處風幡堂是師說法處遺跡如在故釋子因爲祖師殿以妥厥靈歲久蠹生重以鬱攸爲變遂成荒阯歲在己巳住持僧祖中重新起造既成而請記于余余因謂禪師以四句偈傳衣正以菩提無樹明鏡非臺今爲之殿宇而加像設焉得無惹塵埃乎師又謂心不着法道卽通流心若

着法乃成自縛晨香夕燈之奉爲着法乎爲不着法乎請者未有以對余語之曰道無古今佛無去來謂師爲存而不没乎自唐迄今幾七百年世界如寒暑遞遷人生如花葉遞換逝水何可挽也謂師爲没而不存乎庭前之木榦換根存堂中之僧貌殊性一群瞻列跪何見而恭敬口誦心惟何慕而皈依飲水知源自覺自悟師豈遠乎哉惟番禺大都會也禪師大道場也地大則衆雜而俗靡道大則教行而類應師初出遠遊而終返于是豈無

說邪以寂照法解炎氛毒然則僧家爲毁以崇之吾握筆爲汝記之皆善緣也咸淳五年十一月初七日華文閣直學士通奉大夫廣南東路經略安撫使馬步軍都總管兼知廣州軍州事兼管内勸農使陳宗禮記

南海縣儒學記　　大學士　邱　濬　瓊山

王者之化與聖人之教並駕而偕行郡縣所至之處學校隨之無間於邇遐南海在中國極南之徼孔子沒後二百十有六年始入中國適在儒道厄

絕之世歷漢晉而隋唐至宋慶歷以後學校之制始備南海古郡也隋開皇世始以名縣縣學舊附於郡學西廡之下元初始徙於今所薄於民居甚隘且陋景泰初姑蘇韓公來貳廣憲始謀大之首徙旁近居民四家以地益學規畫甫定公擢任還朝功弗克究又若干年公自都臺出督兩廣邊務武事既修卽慨然欲畢前志乃出官帑白金若干授藩臬二府俾左布政使張公瑄按察使甯公良等經營之而以提學胡公榮專任其事會未踰時

凡學校規制所當建置者昔所未有及有未備備而或廢壞者一旦咸截然方正㢅然高大完然周緻煥然明麗甚稱都憲公作興之盛意藩臬諸公間遣南海文學陳元齋書浮梁來徵予記惟聖人之道推而放之四海而準儒道不立則王化不行南海在秦世已入中國方是時詩書之敎廢而仁義之澤竭世惟刑名功利是用華夏且不有於儒道而况四遠之外哉漢興始崇文敎重經術以至於今中間雖或有所廢弛然未有舍學校而能作

人才正風俗以求一代之治者也洪武開基之三年卽詔天下立府州縣學頒示規制教士必本孔氏六經解經必用濂洛諸儒之說踰百年於茲學制大備文教日興故雖窮荒絕域前代所不能臣服之地莫不皆有學校南海在前代固若遐外然在今日則內地也其風俗視華夏不殊而且日趨於古人文日新月盛又非但文學一事能先北方之士而已也士生於斯固毅然以大道自居而中州之人亦孰敢藐然以遐外視之哉所以然者固

由聖王教化積久漸漬所致亦總督大臣及藩臬諸公作興造就之功也後之遊學於斯者觀其規制之備荷其教育之深可不知其所自而益思所以自勵哉於是乎記

按漢書粤地牽牛婺女之分野晉天文志自南斗十度至須女七度爲星紀分於辰在丑吳越分野屬揚州唐地理志嶺南古揚州之域廣州府亦牛女分實居離明之地山水秀麗之邦熏班香摘宋艷巧思躍鳳逸句翔龍靡所紀極雖然士君子任綱常維道義而顧屑屑於摘華掞藻乎然而指事明理記久行遠則不得不藉乎詞章矣惟得其末而致力於本春風沂水加以忠孝廉節是所深願也夢菊居士識

仙城古跡文類 補遺

舍利塔記 塔在淨慧寺

唐 王 勃

昔者萬人疾疫神農鞭草而救之四維淍瘵夏禹刊木以除之豈非物外其情則道功出事愆其和則仁跡著傍稽素篆仰叩玄扉卽時義而窺大覺因彝倫而佇眞諦向使三災克殄八政咸修人握戒珠家藏寶印則三十二相不可得而視也八萬四千法不可得而聞也然則聖人以運否而生神機以興喪而顯況迦維授手摩揭推心高張妙用

之功自拯横流之弊葢不獲已豈徒然哉故能業擁大千化形真一由樂推而起七覺因來蘇而坐三昧發揮五演以寂滅爲身常提挈四流用慈悲爲化迹黑風霄遁波旬亡反噬之心緣沼晨開天常識問津之所括夷塗於九相蹇步其安納慧略於重昏迷方自曉大矣哉應物而起與運而終至自於混冥復歸於無物雖金沙晏駕雙林無可作之期而玉牒遺文六塵有經行之俗像法不可以無至微言不可以遂喪六千羅漢競集香緣五百

仙人分開講肆星龕月殿俄盈震旦之墟鳳刹蜺旌坐遍閻浮之域屈伸闔闢其道大哉夫寶莊嚴舍利塔者梁大同三年內道場沙門曇裕法師之所立也其瑯琊貴族則漢庭峻節祖德猶傳梁甫高吟嘉聲未遠法師夙登眞地深入慧門照果業於三明拂塵勞於八解羊車紀歲懸欣半月之詞鳳閣鐫年已振彌天之響道惟堅固竹乃頭陀百結斯安斥羅絹而不御十珍雖貴對藜藿而甘心於時以實應天大宏緇侶法師至誠幽感獨步乎

宗豈直王公欽振錫之風固亦天子降同輿之禮寶瓶宵注則雨露隨軒玉柄朝撝則風霜滿席既而素懷檳俗之圖爰定我居首託棲霞之寺爾乃巖開石霤色誇金陵魚峰多讚唄之懽虎溪有迎拜之限紫蘿山徑居藏勝圖青松磵戶坐諧幽致枕石漱泉者久之原夫見化有緣應身欲謝昊天罔極追懷自遠故有諸天會聚共泣神光列國交兵競超舍利譯求其致豈不深哉然則麟鳳下靈猶稱瑞貺玉石徵翫尚騰精彩亦有楚鐔淪照擢

紫靄以衡星周鼎沉華吐黃雲而噴景誠超作者之述足稱希代之貴況乎釋迦妙相如來眞骨雖八萬四千之寶塔散在遐方而九十二道之靈虹終聞間出立誠斯應瞻庭廡而時逢非德不鄰歷山川而罕致是以優塡頓顙思存雷下之光波匿投身願奉巖間之影粵在梁武精求不暇以爲秦登碣石而事止尋仙漢索瀛洲而心非好善於是齋筵鳳設上祈忉利之宮講帳星垂下請龍王之藏輕齎棹海重賞梯山庶玉匣之全移幸金棺之

牟啓以法師智遺人我識洞幽明思假妙恩冀通靈感爰承綸綍戴踐滄溟過石門而右指歷銅標而左顧乘桴月遡戒楫星沿相彼遐陬實惟荒裔一音演說本承聽受之鄉五日繼明素隔照臨之域奇珍乃萃聖節攸傳則知有感必臻信覃幽隱不行而至豈隔殊方法師既達國城式敷朝命授銑筐而頂禮撫瑳緘而跪發盡收其寶重而歸亦猶珠匿弊衣須馬鳴而後用金藏陋宇待龍樹而方開梁氏之都妙質而仰神光家之由也炎涼可

質往返九十旬楫柂不輟風潮八千里以大周三
歲届於兹邑法師性豐幽澹質固虛羸綿歷是淹
疲痾屢積維摩見病益申方便之門道安謝歸思
遠朝廷之事願居此刹有詔許焉仍分舍利俾宏
貞福國惟甌駱郡實番禺爾其封疆跨躡之壯海
陸會同之區上當星紀下裂坤維階百粵而鄰三
吳軹雕題而陬交趾神仙氣色汀洲建不死之鄉
舜禹精靈原隰現行宮之地閭閻霧撲士女雲流
謳歌有霸道之餘毗俗得華風之雜蜃樓高峙猶

埋夕帳螺臺峻積尚識朝軒信夷夏之奧區而仙
靈之窟宅也此寺乃曩在宋朝早延題目法師聿
提神足願啓規模爰於殿前更起須彌之塔因緣
盛力人以子來徵日官而正壘集風師而舉草脊
王奔令掃地戶而獻神兵梵士馳心感天官而下
靈匠崇階遽積寶樹俄周不殊仙造還如湧出故
其粉畫之妙丹青之要璿基岌其六時琱闕分其
四照仙楹架雨若披雲翳之宮綵檻臨風似過扶
搖之路散華璫於月徑璧合非遙綴罾網於星潯

珠連可驗玉虬承霤傒雲竇而將鶱金爵蹀甍拂烟衢而待翥瑤窓綉戶洞達交輝方井圓泉參差列影雕鐫備勒飛禽走獸之奇藻繪爭開複地重天之變懸梁九息良馬駿奔而未窮叠磴三休都盧聘捷而知倦是栖銀榔用俯瓊函探舍衛之遺模得浮屠之故事爰自梁末以迄皇初城邑屢新軒墀若舊雖復百魔蜩沸聽鼓鐸而懷音六賊蜂屯仰椽欒而革面多迴淨施罕犯仁宮則知惠吹遐覃斯同偃草慈雲所潤豈直流根故能比蜀守

之祠堂長爲典制均魯王之秘殿若有明徵宜其作鎮一隅俯炎荒而獨秀盤其有地冠終古而長存者乎國家業擁事初建用皇極高祖以援兵撥亂伏紫氣以登三太宗以端拱繼明自黃離而用九皇上纘乾坤之令業振文武之英風太階平而百度理中國定而兆人樂時和歲阜挹頌塗歌以五刑不用六械徒設舟車四達誰論貢賦之差襟帶八荒非復華夷之隔天寶降地符昇木石甄祉飛沉効慶雖協和未變實類文思之功而持盈守

成亦思連帥之助大中大夫使持節廣韶等州都督李某早登清貫夙踐崇軒嘉猷迴發於天朝善政果行於朞月越谿仙鍔吐光芒而駭人岱嶺寒松排風飈以成性美哉稱由功著鳳響徹於雲霄才爲時須熊軾疲於道路廣陵單轂如送張綱渤海亂繩復思龔遂王尊阜蓋欣臨折坂之前吳隱朱輧更集貪泉之右高名夙著佛化橫飛群盜屏跡而歸農姦吏聞風而去職京坻坐積圜術潛回汲黯之臥淮陽直聞清淨玉堂之居池郡但舉賢

良用能使陷阱不施猛獸廵江而遠窴市廛無擾
商旅倍道而相勸颶風寢毒炎埃罷厲人稱有道
家實無爲加以援翰寫心自契貞廉之旨高談見
意不踰幺默之津學究儒林兼窮釋部智通人事
且味禪宗道俗可以知歸虛物由其顯會是歲也
忽於此塔重覩神光玉林照灼金山具足倏來忽
往類奔電之含雲吐啖流精若繁星之轉宿傾都
共仰溢郭周窺士女幾乎數里光景動乎七重實
孟冬之日也觀乎至道不私瑞生必在乎樂國慶

基有會福至必依於善人自非化足動微敎非飾迹何以發眞如之盛契壯寶相之輝華在昔鳳集潁川宣后歸功於良守龍游湘浦章帝布德於賢臣歷選前猷茲爲故實然後上和下睦主聖臣良滅火返風雖有辭於進壤母脩子應亦何愧於當仁至於百越衣纓三關耆老或代遒篁竹氣椎丹桂之誠家檀芝蘭名動蒼梧之野出平原而袪甲擁崇闉以鳴鍾並爲蕃部之恩親覩招提之瑞同祈介福共潔齋壇馨龍象於南州盡衣鉢於西竺

會喬方丈供設盂蘭法鼓振而沙界肅洪鍾堅而鐵圍靜妙財爰捨法施爭流華轂牣於香城文駟塡於寶廐鏹藏巨億更入僧田價直百千還登佛座豈徒照車十乘列隋氏之明珠盈篚萬金積大顛之寶貝而已朝散大夫守長史張昕地承華緒價偃名流豫章擢而成幹騏驥生而躡影山濤天骨無情吏隱之間王衍風神迥出塵埃之表自遷榮嶺遂作幽瀛畧其小術包其大體振溫良之逸步得毗贊之宏綱布道移風善宏邦政歸休置驛

獨守家聲然則野老行歌雖致功於露冕藩君在嘯固藉美於題輿化成異壤仰由同德故能道揚法教揮斥葢纏家懷方廣之恩人慕韋佗之學傳燈繼彩曳組成陰下逮府寮旁同縣宗並志薰修同希福慧豈可謂爾之教矣何日亡之者乎時有明威將軍行禺府拆衝都尉李公天子之舊屬朝廷之夙將也靈根自遠聖族多奇受睇盼於甘泉奉衣纓於平樂青龍帶劍光超殿閣之榮白武啣珠早陟齋壇之寵自招皇誕作鎮邊城湟水樓船

遂勞都尉灞陵車馬尚識將軍魂驚斷鴈之峯恩盡沉鳶之浦濡鱗涸轍處定水而彌勤撫翼香林在窮途而更切頻光法會薦委珠珍護柱攸仰招提屬其兆基也如此經綸黼藻其大矣哉爰有上座寶輪等並妙根宿植勝果將圓翰飛般若之林高步檀那之舍慈襟窗洞散明月於談筵智鍔相輝化繁霜於寶刃思瑚璉琰式播徽猷弟子家嗣大邱忝閭門之薄宦地連雕渙竊藻繪之餘工爰託下才用旌高躅豈知仲宣旅泊方銜深井之悲

長卿罷歸空負凌雲之氣我之懷矣乃作銘云太息頹運嗟乎天道德弊爲物物壯則老縶猿情暗求鶡計早赤水沉珠乎邱墜寶皇矣妙覺蒸然應期宗深微妙業奧慈悲燃燈匡俗捨栰濟時涅槃不住般若無思俯迹見生和光不絕色音不昧規模尚切法界河沙鑒空洞澈宗風緜邈金標峻揭猗歟上人穆彼惟新智傾八藏心超六塵淒凉爕宅解脫迷津鴻冥佇想龍蟄存身青蓋遺邦黃旗故服原隰形勢江山重複磵戶秋明巖盤夜燭鐸

鳴梵唄瞑軀垢沐鼓鐘於宮聲聞於外聿求紫闥言尋丹瀨絕域棲遑驚濤顛沛至誠冥感祥珍顯會甄閩設險翼軫疏源尉佗餘國盧循舊邊邑居雄盛人物殷全是惟樂土實曰龍川持護靈剎莊嚴寶塔基搆鼎新亭欒櫨業奔月霄排歸雲晚納架壁三休聯甍四合分惟星紀境控天池棟宇綿邈衡律推移神機丕應瑞景潛儀光全玉廡彩動金枝凡我僚庶同嗟權實周覬情勤王蒙思逸咫尺幽鍵往來靈室共蔭糸堂俱歸慧日四維信受

三明宏益貝葉紛綸龍華烏奕講肆宏敞齋筵巨
翼供引純陀飯回香積天人合契幽顯同心傾家
奉賄破產移琛軒裳戛鶩纓佩交臨蘭蕙習遠檀
那意深偉哉連率冲乎德化職重隼裳秩遵熊駕
酌貪貽則還淳息詐道濟香城禎凝寶舍琳琅釋
種杞梓緇徒調輕僧會辨折文殊奔蝓易失冷鼠
難拘願刊貞琰永冠康衢伊我窮途欣茲勝謁文
休汎海仲翔遊越尚想知音有懷明發謬承雅顧
叨陪天骨爰抽弱翰式敘高蹤孤音易竭獨賞難

逢思喜王粲悲生蔡邕豈無章甫誰適爲容金石略謂

此碑不存○陳蘭芝曰王勃所著如來成道記釋家有刋本

仙城古跡

五言古詩

香山陳蘭芝拂霞輯梓

登越王臺

（各題另起不拘年代）

唐宋之問

江上越王臺登高望幾回南溟天外合北戸日邊開地濕烟全起山晴雨半來冬花掃盧橘夏果摘楊梅跡類虞翻相人非賈誼才歸心不可見白髮重相催

遊粤臺

明尚書黃佐香山

精廬展良晤勝地紆乎覽舍輿躡風磴聯袂度雲

埯粵臺一以陟遠翠紛可擥瀟灑雨初霽冉冉日欲曨川光溢寥廓野色開驪慘長謠出金石英論照肝膽於焉謝羈束何必理鉛槧沉冥聖所珍傲睨吾豈敢憑林悟榮悴步壑玩流坎霸圖有遺跡因之動遐感

秋日登鎮海樓

飛樓鎮重溟鑿翠倚太清翩然彩雲上玉京連五城綺戶環日月丹梯殷雷霆秋風左右至松檜皆金聲留連紫霞賞慷慨滄洲盟俯視几拜下茫茫

盡塵纓鰲極莽安在鯨波浩難平

鎮海樓眺望　黎民懷

鎮北有高樓迥遭俯層城險絶逼漢宇沿洄走滄溟瑤甍鸑鷟奮金沙匹練澄西關逗丹穴東岳裒神京巑岏壘翠藹睥睨亦通明舉扇遠緇塵列席茂萋英黄鶴詎無信白雲空復情琅玕照氷簟翡翠集櫚楹不廢煙霞趣坐覺衡落清春風嗟王粲矯首思長征

遊粤秀峰　鹾使張廷臣番禺

松門枕崇阿，秀色可攬結。蒼翠橫空濛，幽景涵清徹。樓閣渺飛動，峯巒互明滅。流雲薄簷端，奔泉溜庭堦。疎簾低燕語，遠樹聞啼鳩。春光幾何時，芳華暗銷歇。言集社中人，論心相怡悅。風流竹林宗，曠達香山傑。何必升層岑，遙瞻更奇絕。欣賞有奇文，投轄無俗轍。且適麋鹿踪，無論巧與拙。取醉蹔銷憂，秉燭不能別。

遊朝漢臺　光祿卿　陳堂南海

清賞非夙期，勝遊恣懽逸。爲與高人俱，暢適情非

一秋風颯然來萬木氣蕭瑟乃陟越城頭捫蘿攀
峯嵂朝漢荒臺高一覽衆山出白雲冉冉生羣飛
鳥去疾回望滄海東朝宗水滴滴尉佗戀闕心千
載如皎日舉頭見長安慚余駑馬質十年伏櫪間
俛首誰矜恤何當假雲衢千里同超軼

南園懷李仲脩　孫蕡

幽獨攄雅懷逍遙步南園繁卉耀陽德嘉木秀春
暄時暘燠土膏流澌漲通川荃蘭揚朱英山礬炫
文軒垂楊列曲渚鳴鳥何關關展席芳醑陳開觴

羣物姸顧瞻失儔侶高情寄所宣馳思望遠人遙在伊洛埏賢勞事會計日昃不遑安聊復縱長吟引領希令言何能此會合宴樂紓我虔

南園三忠祠 增補　尚書黃佐香山

鵙鴂鳴素商寒威起松院疾風被野草日覺羣芳變驅車遊南園雲構蔚霞絢桓桓三君子萬代諒如見嗚呼炎宋阸中華駴龍戰金陵生厲階雨雪集維霰誰令王多士藹藹甘爲媛黃河歸紫塞久矣忘燕汴艮岳成紈干湖山尚芳宴荆淮日以蹇

斡難焰方熸辟彼強弩末魯縞何由穿元塵暗三
極朔氣瀰九縣力斷匈奴臂虛發天山箭長纓竟
莫繫大義赫霆電鯨波浩凄惻中有慈元殿樓船
載國沉輝光與天炫群龍翼日飛隕首猶懷戀哀
哉田橫島不見華元面燕市望蒼梧哀歌淚如綫
吾聞賁禺都卉服禹所甸通非嬴政始跡是虞皇
踐厓門對韶石高岡兩葱蒨危亡人所憐明良吾
所美緬懷南薰弦宏達四門薦言開城且閉國步
何由奠有道四夷守無爲萬情怵勿以綺羅貴而

謂絲麻賤勿以便辟親而可疎忠彥徒糜磨鈍資見此金百鍊愀然拜祠下誰能媿纓弁

南園五先生

員外郎　梁柱臣　順德

粵有五先生風流邁千古孫黃迭宕才給事亦豪舉長史倦游客潛心伊洛語徵士甘肥遯清風起巖戶五君豈一時分誼深鄉土才情本相埒意氣堪爲伍窮不困泥途達豈躭簪組遭逢國運初聲名播寰宇並登作者場瑰琦擅詞賦結社開南園深心託毫素白雪落人間希聲在韶濩一洗宋元

陋復古力何鉅世遠蹟易荒社在誰堪主前脩挺芳躅後代徒延佇

南粵謠　　侍郎黃　東　南海

粵邦南海國盡控百蠻鄉向未傳珍貝惟傳臣越裳白雉今安在朱纓本不常豈堪登貢籍直許冒雕梁暹酒番姬勸蠻觴鳳卵粧指環深水石瑣袱茜紅光照席玻璃薄華軀絢布長調和輕華芰絲染濺荷芳天限華夷界波因物異揚至今聲教地誰復計安攘

藥洲九曜石（南漢主移至米元章品題）　宋　程師孟

何人移巨石，終日壓寒泉。不逐千秋改，長如九曜連。森然禹州牧，儼若舜官聯。春浴多沂水，宵占盛潁川。舟疑槎汎到，橋訝鵲飛填。暗向吹笳後，明於秉燭邊。風濤撼莫轉，霜霰蝕難穿。可繼元章嗜，無由靖節眠。廢興時自異，終羨爾長年。

遊藥洲懷潁叔脩撰　殿中丞　郭祥正

驅車欲何適，獨往觀藥洲。荒蘆喧鳥雀，怪石深龍虬。大亭揷層城，玉虹跨深溝。雙門控西渚，九星聚中流其名何壯哉像貌儼可求鎮王卷國去故物惟此留滄溟霸氣滅落日孤煙浮空畦已無藥草蔓春桑柔常年一百五載酒傾城遊炎炎二聖作德澤覃海陬大帥用文儒綏靜十五州請公握鴻筆刻蘚揮戈矛仍要水月宮一笑挹浮邱蓬萊自茲往穩踏金鰲頭

越中問海客　　唐　劉昚虛

風雨滄洲春一帆今始歸自言南海遠萬里速如飛初謂落何處永將無所依冥茫漸四野山色越

中微誰念去時遠人經此路稀泊舟悲且泣使我亦沾衣浮海焉用說憶鄉難久違縱爲魯連子山路有柴扉

南海苦雨　楊衡

炎風雜海氣暑雨每成霖塗泥親杖屨苔蘚漬衣襟念近劇懷遠涉淺定知深暗溝夜滴滴荒庭晝霪霪折簡展離曠理逕自招尋處陰成多慘況乃觸隅禽

五仙觀　宋　古成之

乎元分古觀南鎮粤王城五石空留瑞羣仙不記名丹砂雖久煉雞犬自長生檻簇鰲頭景門通鶴頸程烟霞沿砌起花木逐時榮古井涵虛碧疎鍾入竹清荒蕪延野色寒溜引秋聲丹竈封苔老芝田積雨平風光齊嶽麓音信接朱明願得身從此乘雲到玉京

五仙石　　明　黎民懷

茲邱臨遠海崇觀鬱崔嵬列仙渺何許五石明翠苔藥圃敞瑤閣靈液小池迴參差朱戶轉出没雉

雲開檀欒蔭脩竹闤闠淨蒿萊珙花不待挿乎酒寧停杯祠竈之靈悟入海非仙才風飇起飛藿市井無塵埃雞鳴曙鍾歇朱曦散九垓鏘鏘運鑣鄭霞思艮徘徊

越王臺　　王　偁

載酒豁清睡醉登越臺巔越臺人寂寞海色空蒼然荒城南斗外碧草春風前雲來隱暝色落日啼哀鵑緬懷全盛時萬里恢疆纒疏風赤社大列雉南溟專茲臺一何高俯視猶控弦運化人事改代

往陵谷遷千金買辨士古瓦空寒煙惟有山僧樂
此地開梵筵諷唄發深夜鐘鼓羅諸天觀物理則
同倏忽成千年誰將峴山淚灑向南雲邊

與陳元公諸子集光孝寺　尚書王士正山左國朝

一鳥鳴灌木招提春雨餘偶來方外遊蹤跡似閑
居清池浮水蘿碧藻躍文魚輕颸散訶林葵樹交
扶疎灼灼佛桑花紅艷鷺珊瑚緬追昔賢蹤俯仰
懷赤烏孝廉自英雄江左盛文儒魯周闔外寄張
顧府中趨如何虞仲翔獨此悲向隅青蠅為弔客

千載同欷歔

六榕寺用杜少陵登慈恩塔韻　沈元滄

來日良大難鬱鬱何當休駕言踐勝約聊以寫我憂招提城西偏未用窮探搜無人淸晝靜掩戸禪關幽浮圖屹盤空突兀礙雲流寺有九層塔高二十丈廣丈八中藏佛牙舍利梁大同中建宋紹聖間重修掘得巨鼎寶劍三鏡一同舍利瘞之元至正間又增寶珠銅柱之屬俗呼花塔今漸損壞蕭梁瞥過眼人代閱千秋寶物不可見古碣多難求舊有王勃碑久失惟存宋林修重建一碑永嘉禪師證道歌石刻今剝蝕坡公有遺踪六榕表炎州蘇長公南遷過此書六榕二大字寺

因以名寺額郎公書也六榕已不可考矣有形終變滅念之令人愁古梁賢達士零落歸山邱雄圖詎常在空門何足投不如適醉鄉痛飲眞良謀

光孝寺用王漁洋光孝寺韻　沈元滄

冬暄宜步屧幽尋亭午餘訶林訪遺址傳是功曹居孫吳時虞翻居此手植訶子因名入門見智井庭東南有達摩井今塞石欄猶存臨沼美游魚菩提來西土梁天監元年智藥三藏自西竺來植菩提樹壇前千載猶清疎摩挲三歎息重若璉與瑚惜哉墨池堙誰念屋上烏洗硯池唐房融筆授首楞嚴處今被俗僧塡土矣不

法久無人淩替同吾儒當年仰宗風六朝至明名僧居此寺者自曇摩耶舍及天然函是禪師凡十輩四海爭步趨空堂標妙義風旛堂即五祖說法處斜堂在牆隅祖庭今寂寞俯仰增嗟歔

羊城月下邀諸同人食荔枝　楊應琚兩廣制軍

江城江月白幕府夜深涼良友五六人相約來前廊五月離枝熟玉質而金章映月剝紫膜顆顆生寒光爭掬傾盤盂口角流天漿一案丁香實幾堆紅縐囊階前人影亂笑語皆芬芳共道嶺南好不知非故鄉

菩提樹在光孝寺　　山人　陳晚成

訪古肅賓朋凌晨命車馬嘉樹有清陰風幡古蘭若擢榦聳蒼穹垂枝籠碧瓦壇壝石已朽盤根自相把外質何連卷中空若刳剮一體含菀枯四氣無冬夏落葉爲輕紗虛明復堪寫宗風未西來神物乃躍冶託身炎海南所貴在知寡誰爲滿百人羨爾千年者

王園寺寄京中親友五言排律　　唐　劉言史

南越逢初伏東林度一朝曲池煎畏景高閣絕微

飈竹篔移先灑蒲葵破復搖地偏毛瘴近山蒸久威饒褭汗絺如濯親床枕並燒墮枝傷翠羽萎葉惜紅蕉且困流金熾難戍獨酌謠望林窺潤礎思吹候生條旅恨生烏滸鄉心繫洛橋誰憐在炎客一夕壯容銷園郎虞翻苑

越王臺五言排律　國朝按察粵秀山長沈廷芳

尉佗亦豪雋臺閱二千年拱北三關繞維南一水聯地仍揚越境星應斗牛纏遠望王畿杳雄圖霸業偏陸生曾賦詠楊僕想樓船並峙峰原峻存基

象總圓登臨新道外歌舞舊岡前寂寞留胥井粵秀山下有佗鑿九眼井蒼茫對野煙雨深嵐翠重風綫洞花妍故址呼鑾廢嘉名朝漢傳英華方發越文物鎮昭宣覽古思今盛扶筇碧海天

嶺海將歸同諸子登五層樓宴集

檢討　朱彝尊　秀水

飛樓壓高城人天細萬籟登臨信可娛矧與羣彥會吉士澹蕩人偕行屏軒蓋論交半簦笠雜坐綫巾帶樽中酒如泉海大魚作膾欵欵話別悰迢迢

念歸旆於焉感昔游茲樓在晻靄凝思躡丹梯與發不可奈惟時建雄藩自此夜郎大邱中鑿園池巧匠恣雕繪水亭擬舟梁山木徙樅檜長姣羅美人管庫斂文貝因之設厲禁游者必鉗鈦一閉金獸環廿年委榛薈修蛇穴其中妖鳥呌其外雖免刼火焚終遭颶風害人事戒滿盈天意惡侈忲六師一以移漢將齊下瀨劉王舊花塢金粉盡陶汰今來縱遊觀足以動深慨觴罷復凭闌遠目豁曚眎祝融方司南尉佗臺占兌萬井鬱參差百谷互

陽昧人影數沙蟲林梢亞蓬艾我非雲中君何緣出塵壒少陵有遺詩將老斯洊最朱太史詩句句有典可查詩解

虞翻園故址 五言排律 叅議 張 詡 番禺

百粤山川秀三城甲第雄笙歌聞院落雲霧隔簾櫳泡影千年計繁華一旦空遂成兵燹地長動黍離風人物消應盡江山夐不窮昔爲虞氏圃今作梵王宮有客題詩徧無人載酒從西來僧未覿何處問圓通

運甓齋次張叅議原韻 晉陶侃爲廣州刺史惜分陰朝暮運甓人

問故答曰吾方致力中原過爾優逸恐不堪勞瘁耳丈夫生無益於時死無聞於後是自棄也後封荆州

公齋在郡守署中　　東莞侍讀林蒲封

君子民所蔭若堂之建甓說文瓴甓也又若大堪輿贔負憑鼇力弼時以仔肩斯乃奠邦國在安當念危旣危矧可射賢哉陶士行慮遠匪咫尺常憂髀肉生坐使神州失投閒亦習勤用裕濟川楫枕戈甘同勞賭墅恥偕適故賴石城箭終折西來翼爲政釐宵旰此理古無易願將自棄語韋佩書於帛不見典午閒清談害有益

羊城送王石渠歸山陰即赴楚中應幕

孝廉車騰芳 番禺

老馬悲遠道負轅長遷延壯士志四方望遠翻泫然王君負意氣顧盼輕時賢讀書破萬卷著論窮九邊風流誇阮瑜書記自翩翩飛燕只依人征鳥受絲纆戟門長作客鈐閣席爲前徧歷齊與魯翻住嶺南天長笑揖當途冠蓋日喧闐一朝叩我門但坐掀髭髯搖手不得意今當暫言還故人初建節昨惠漢陽箋子將事楚遊與君暫流連相期保

令名金石永不訾拱手出門去河水淸且漣一帆送歸舸兩月到釀川高樓有思婦笑起理釵鈿爲君飭中厨爲君撫鳴絃君言當又去中閨默無言當夜理征裘懷憂只自憐丈夫輕遠別紅粉惜華年方停蘭渚棹又上武昌船楚山名大別楚樹有啼鵑人生若萍梗飄泊隨波漩勸君且歸來筍蕨鱸魚鮮淺瀨可任釣虛堂得晏眠剡川有高士好續古人篇

遊五仙觀望懷聖寺光塔　御史　杭世駿　仁和

坡山一部婁偃蹇臥塵陌百隧攢蜂窠古殿壓蛟
脊荒忽騎羊宗晻靄信靈宅翻翻五仙人捏塑儼
且赫手持雙岐穗脚踏巳化石祈年兆屢登報賽
衍自昔層臺遠飄鐘谹蘚春繡壁頗疑陰房幽定
有奇鬼瘠紅樓試窺覘萬瓦納青烏刺天番寺墖
髮禿嬾不幘頮唐傚斜陽邀我一撫拍森然起莫
愁恣意展吟屐潑翠收巖根誰鑿大人跡深痕辟
支趺武敏巨靈蹠沄沄太古泉演漾一泓碧仙跡
知不磨去日悵巳積照水弄活雲排烟戀遙夕振

策筇舊蹊緣樹更蕭摵

晚過大佛寺敏公房

幽筇破孤悶窮玩珠界夕廊空寫梵重林逈有烟積呀然側戶啓恰受赬霞射意行不損苔改坐任選石鳥棲葦檐春泉吐松底脈語應風鐸清影並窗竹瘠徵志躭寂乎邈矣肇自昔炎鄉晚節難競此一駒隙取徑迷歸蹊彌慚滅明迹

冬日曹孝廉約遊光孝寺喜潘守戎自鳳城適至遂訪羅秀才於大雲山房聽得圓上

入彈琴場二鐵塯字以歸

歲晚休百營人事謝膠轕局趨蒿廬蜷緬想香界

潤嘯侶計未果烟客忽排闥衣上鳳城雨孤峭見

仙骨孝廉來成三依倚蛩駏蟨一笑策瘦藤共蹋

蒼蘚滑訶林吾故人濃綠昔所茇宛轉青豆房導

入談理窟逆風旃檀聞中有賈島佛酸吟散餘花

秀韻潄淸樾脩廊招𩕳師團坐聽鈎撥妙手寫天

機希聲得鏵筈幽泠應枯桐淒風動華髮烟中雨

相輪精氣未銷竭蓮趺半滿字汲古所當核傴攜

竹錐賸猛借智刃劘揩摩出鋒棱模認訂遺闕證
史帳古奢娭日咤今屹寬袍二三儒助我費胼沫
吉金閱恒沙寒鐵管與沒蠵扁異鐘銘鉤畫鴛翠
碣歐趙闕不收靈塔久抱屈謂宜亟編羼衆可吾
亦曰幽尋境漸窮循翫勢未歇風鐙借長明共此
一醅醱齋鐘漸散雲露槃不留月惜景下寒階留
題誌牽拂

光孝寺雜題五首

菩提一丈樹更此幾歲籥靈迹寄香臺高僧自行

腳落葉古壇深風枝噪寒鵲 菩提壇

香廚不逢僧日落俯鑑井苔甃含古春銅缾乏脩綆莫輕尺水波曾照渡江影 達磨井

妙義析風旛域外見宏想前楹覆蓮池後閣架榆欓夕鳥下齋廊迢迢逗清響 風旛堂

阿師乞食回洗此池上鉢天風午增寒陰苔秋更活誰移石匣開飛墮端正月 洗盋池

碓坊幾櫛沐剩此髮一縷螺髻埋土中紺墖卓香宇流爲華鬘雲散作曼陀雨 六祖髮墖

仙城古迹 卷一 五言古詩

登六榕寺塔　續檢　黎民表

寶鐸摇青漢金輪逼紫微衆香攢繡栱九級倣瓊扉仙樂飄空下天花襍雨飛萬形紛崒嵂千仞轉高巍檻頫霆相激檽開月吐輝侵雲看樹小入海見山稀側足應防險觀心擬息機永言齊浩刼更拂六銖衣

仙城古跡

七言古詩　香山陳蘭芝拂霞輯梓

鎮海樓歌　侍郎黃　衷南海

江南江北多高樓鸛雀黃鶴專名州茲樓自古壯
南服五層簷棟中天浮祝融忌怵火龍走一夜炎
風化烏有滿城冠蓋䀾吁嗟攀陟無由空引首封
疆大夫濟勝才糞除煨燼繁蕪開星流州檄集精
藝規模視昔加宏恢材徵鐵力西藩下牖布銅鋪
東日射直從碧落敞飛甍肯謂蒼生思廣厦諸公

多暇亦登臨妙竹哀絲破水雲舞蛟騰蜃赴高會烏艚白艦隨蠻琛層層面面陰晴別萬象低昂負參列倩梯絕頂望神州極北關河是天闕初名鎮海我則疑長城鎖鑰策勳誰貔貅萬竈豈不振安用底物高嵾嵯岳陽憶昨聊孤賞楚尾吳頭歸指掌憑虛朗誦范公碑七澤君山競森爽

光祿卿王漸逵番禺人

越秀山宴會

荏苒一華三十一求友青山可誰匹獨從深逕臥烟霞更向東皐采苓术憶曾獻賦入金門閶闔掀

揚五雲出海内英髦冠蓋重君〃已覺三冬日蕭寺懷居病卽棲聲跡相憐不相暱愧予久抱青蘿痾聞君遂有棠陵逸豈冀炎方重一過杯酒相欣席還膝粵秀山高碧漢遥尉佗臺上蒼林客醉騎黄鵠望三山笑指馮夷宵幽室須臾夕景宿巖端欲駐西烏苦無術尊空人去悵獨歸斗柄斜河月離畢

鎭海樓　郎中　倫以諒　南海

井榦麗譙寧復云齊雲落星空爾聞粵中佳麗此

重見宇內樓臺應少羣畫棟迢迢上霄漢雕梁隱
隱棲烟雲我來登眺發孤咏撫今懷昔情繽紛丹
霄淸切接朱甍緩步俄躋最上層淼淼鯨波抱河
漢重重龍臥擁岡陵雙旌載止成倏復萬事依然
有廢興從此靈光終古在八方冠蓋幾同登曲曲
欄干近斗杓凌雲爽氣自飄飄八區乎覽歸雙睫
五歷丹梯到九霄南紀每思雄緊地北辰[illegible]聖
明朝占祥望氣存周制豈但登臨逸思饒

廣州歌　　孫蕡

廣州富庶天下聞四時風氣長如春長城百雉白
雲裏城下一帶春江水少年行樂隨處佳城南南
畔更繁華朱樓十里映楊柳簾櫳上下開[illegible][illegible]閭
姬越女顏如花蠻歌野曲聲咿啞嵩峩大船映雲
日賈客千家萬家室春風列屋艷神仙夜月滿江
聞管絃艮辰吉月天氣好翡翠明珠照煙島亂鳴
鼉鼓競龍舟爭賭金釵鬪百草游冶留連望所歸
千門燈火爛相輝遊人過處錦成陣公子醉時花
滿堤扶留葉青灰蜆白盤載檳榔邀上客丹荔枇

杷火齊山素馨茉莉天香國別來風物不堪論寥落秋花對酒樽回首舊遊歌舞地西風斜日淡黄昏次句已該嶺南風氣

陸賈祠在光孝寺後　　梁　竑

劉郎辛苦逐秦鹿尚欲長鞭及馬腹蠻夷大長夢不驚海邊椎髻乘黄屋江涯貔貅始聞暇忍便驅令度篁竹陸生手持丈二組喚超老子同、[illegible]詩書尚曉罵儒翁豈憂桀鷔難覊束築壇再拜受王印雄辯泠泠聽不足當時未有北人輔留寓年深

染汚俗乍聞高論耳目清如蹝笙篁奏氷玉境中
勝處應共履更泝餘皇到山麓大夫何獨越人重
漢廷公卿自神伏陳平足計須深念張子公孝甘
辟穀此外侯王希識字帶礪功存半誅戮惟君坐
使將相勸燕喜優游劉氏福年少終軍學高步空
有英稱今難續乃知智者應世間妙似庖丁奏刀
熟往事浮雲變滅盡越水悠悠浸山淥荒祠寂寞
傍僧居日暮饑鴉噪喬木我來三嘆重遲留爲酌
寒泉薦秋菊

元妙觀　另題另起　　蘇軾

湛然無觀古眞人我獨觀此衆妙門夫物芸芸各歸根衆中得一道乃存道人晨起開東軒趺坐一醉扶桑暾餘光照我玻璃盤倒射窗几清而溫欲收月魄飡日雲我自日月誰吐吞

清海樓霜夜聞笛　　左布政　黎民表　從化

霜月滿樓人獨倚商聲寂歷撩人耳誰家笛來清夜海思雲情一時起憶昔曾登冀北臺蕭颯天風海上來胡沙萬里黃雲冷邊風四起鴻雁哀幾

度行人折楊柳幾處春聲起落梅庾信樓中曾作
賦郭隗臺前空暮埃揭來歸臥溪邊石萍蹤回首
雲泥隔卜居空愧杜陵人草玄誰過楊雄宅千山
飛雪歲將闌萬木含風氣蕭索郢曲遙傳寡和篇
相逢況是知音客此夜關山月正明此時聞笛不
勝情碪杵千家擣寒素玉宇無塵促漏聲誰為此
曲堪凄切無乃氣出與精列調急能令山鬼愁韻
轉忽驚山石裂徘徊曲几幾相思搔首乾坤感鬓
絲搖落九歌悲宋玉凄涼三弄憶桓伊今古豪華

多迫蹙勸君且盡杯中醁何時横笛泝天風醉臥
瀟湘烟雨淥

南園歌贈王給事彥舉　孫蕡

昔在越江曲南園抗風軒羣英結詩社盡是珠林
仙南園二月千花明當門綠柳啼春鶯羣英組絡
照江水與予共結滄洲盟滄洲之盟誰最雄王郎
獨有謫仙風狂歌放浪玉壺缺劇飲淋漓宮錦紅
青山落日情未已王郎拂袖花前起歡呼小玉彈
鳴箏醉倚庭梧按宮徵哀絃冷冷樂未終忽看華

月出天東裁詩復作夜游曲銀燭飛光白似虹當時意氣凌寰宇湖海詩聲萬人許酒徒散落黃金空獨臥茅簷夜深雨分飛幾載遠離羣歸[illegible]市還相親閑來重賞舊遊處蒼烟萬頃波粼粼波粼粼粼兮日將夕西風一葉凌虛舟猶可題詩寄青壁

聽雨軒贈王彥舉　翰林改授通判黃哲　番禺

輞川給事才且奇自我相親童冠時高談甚愛風雨夕世上閒愁都不知幾囘共酌東軒裏正值蕭蕭滿人耳當窗滌筆爲黃庭涼聲散落鵝池水竹

外淋漓芳砌寒簷端飛屑落花殘先生擲筆向予笑如此宮商眞可懽況復交游盡文雅傾倒對之情不舍銀釭夜酌凉蒲萄琵琶嘈嘈急如瀉先生醉坐銀燭低行雲入簾花氣迷喈喈屋角聞朝雞出門只見花成泥當時雄筆誰更好孫公狂歌君絕倒橫眠三日醉復醒夢見池塘生春艸一別凄凉十二年關河風雨隔幽軒懷鄉淚逐燈花落隱几晴忘春溜喧君入蓬萊獻三賦我踐泥塗走中路歸來相見頭總白坐上逢人半新故西窓舊話

誰與傳思君昨日空迴船綠簑青箬重來訪莫厭
連床終夜眠

南園五先生　陳[illegible]

西菴容觀最飄逸奏對高皇稱第一罷歸田里慜
雲林行酒賦詩傳綵筆聽雨先生亦名流不樂樞
要輕王侯二載辭官士林羨譬如千仞翔鳳誰能
儔雪蓬聽雪有眞趣自詫奇音宮徵具放懷天地
興陶陶一軒自適安其素洛陽長史倦遊客潛心
伊洛空冥莫亦有臨軒植二松笑與淵明同粹白

嗟哉五先生性行何踽踽南園結社時意氣揚千
古千古詞賦爭豪雄文光直射斗牛宮談詩三百
薄漢魏使人至今凜凜凌清風我生二百餘年後
南國踪跡能繼否招隱浮邱十數公斗酒篇詩莫
須有莫須有興轉豪一飲三百石醉酒千鈞毫八
生懽會貴知己何必高牙大纛鳴慅慅

南漢金塗鐵墖歌　杭世駿

香刹崢泓花雨歇秋繁亞地凉珠結華幢七級門
莊嚴突兀東西破空立稜尖蕁蕁刺天閶蕉葉盤

盤卷雌蜺是誰留此鎮山門儼似巍峩雙闕揭我
來聞梵訶子林衣上濃陰清可擷脩廊走徧寶坊
開捩眼吞雲鷲一嶒青苔繡蝕九蓮花勁竹橫撐
孤竹節層層烟蓋透玲瓏獵獵風輪轉替戾細尋
銘字瘦蛟蟠淨剔雙花釵股折僞號公稱大寶年
傳家不改驕淫轍矯首江天三太息往事茫茫更
稱說昌華苑裏月如霜歌舞岡頭花似血兒徒噓
餤竊國鈞熏涿瞞天污朝列塗金定徵三品貢鑄
錯空糜六州鐵君不見天險頻爲荒宴移地脉潛

教媚川洩又不見洸祠枉殺邵廷琄賀江晚起潘崇徹雙女山前戰艦空流出降帆水鳴咽江南眼見死牵機西蜀同時亦灰滅亡王獨爾保天年佛力居然佑顛蹶我思縳帚埽遊塵梯桄難通徑路絕我思濡紙拓輕煤只恐諸天嗔怪毒龍掣尋僧弔古起羈愁漸漸西烏澹將沒摩挲千過飽興亡歸到虛堂轉騷屑

拱北樓待漏歌 刻漏在樓東偏輒級累置其上大者高六尺餘三者遞減一尺圍俱視所高而殺時辰籌樹小壺中有銅尺衡壺面遇其時則字浮尺間

按察粵秀山長沈廷芳 浙江

皎皎秋日懸清光夷則應律生微涼雙門底近步屣過清海之樓百尺(唐時舊名)強樓中舊有銅刻漏四壺一貫迭昏晝厥製以銅覆以盤中窪一竅僅如豆質樸絕無螭獸形青紅色謝但深黝大者高安小最低遞鄉哆口旋相副上鑄銘欵畧可辨仁宗五年號延祐十二月日宣慰司陳用和輩監範就酌量挹注恒向夕竹箭呈時必其候粵稽周官挈壺氏揆景測辰從此始宮殿傳呼漢舊儀壺方箭

圓地天似口納胸吐靡滯機入神之制稱奇技金仙胥徒左右分左手把箭右手指渾天儀葢功緻陳心苦良工胡乃爾陸孫銘賦咸博綜陸機有刻漏賦孫綽有刻陸倕有銘梁代祖暅出新製是壺得毋紹述焉泰西人莫秘莫宣摩挲不發銅狄慨法器三見承平年我居書院每遜聽寓目甫覩形神全天工人代虞書傳壺兮洵欲造化權置爾樓頭鐘鼓前惟鏜煌煌鼓咽咽協爾涓滴泠泠然鏗喤互奏勝管弦和鳴盛世節豈愆南邦留比銅柱堅歸來穆如清風邊

忽聞漏聲逗我繩牀眠

坡山在五仙觀　以下續檢　張詡
坡山有仙人跡

坡山高哉凌紫烟下有穗石一洞天羊駕何年來五仙羊化爲石其中眠珠宮貝闕相鈎連仙風道骨象儼然晨誦太上道德篇泠泠清韻如響泉彷彿旌幢來騈闐步虛環佩空中懸紅塵咫尺如隔川閴寂不聞塵世喧我來乘風登其巔下觀滄海變桑田羅浮左盻小如拳倒騎鳳凰忘孤騫蓬壺方丈淺水邊黍珠放光照八埏和氣磅礴降蜿蜒

祥風披拂球琳宣相邀暫出輔羲軒文材武畧美
雙全大者爲聖小者賢光輔吾皇億萬年

應元宮歌

越王臺畔舊多鳳閣離宮粵秀山莊開自象岡太傅董相下帷之地策獻天人鄴侯出山以來徑荒松菊遠入我　朝平南賜券遂增舊館郡主凝粧月殿紅綃卷襄王之暮雨雕欄金井栽蜀帝之芳魂樂極生悲哀不旋踵淮南已矣虛傳拔宅昇天薊北奈何幾見吹簫跨鳳爰留白足蹔守朱扉忽賺天台之花旋變玉虛之觀王侯將相未歷百年禪廢道興已易三主雍正九年上巳三月尺也偶尋丹訣遂占青山既痛鸞道朝臺空眠麋鹿復傷椒房精舍漸没荆榛登眺難免其唏噓情懷用寫乎篇什是知繁華易盡應存峴首之碑或者霞石可餐用代華陽之賚云

千串更作珠燈似九微入夜光隨明月上凌朝黍
化彩雲飛丹心不共蘭膏爐願照君王翡翠幃

羊城懷古　　兩廣制府楊應琚奉天

越王霸業空臺在臺對清江入海流未逐鹿時秦
故吏已飛龍後漢諸侯珍珠永伏千壽浦翠鳥時
棲百尺樓欲向安期問消息白雲秋色幾千秋

廣州試院林壑致佳蓋古藥洲遺跡前輩題咏
殊少余爲列八景各係一詩錄二首

萬竿叢翠　　提學吳鴻仁和

翠竹蕭森萬個圓虛廊四面八亭前曾攀嵇阮林間客坐對瀟湘畫裏天新月欲來初過雨晚風微動半含烟清虛擬作篔簹谷不爲頻參玉板禪

九曜奇峯

石骨玲瓏勢欲翔天風吹我洞庭旁影捫星漢三霄落臥壓蛟螭一丈強拂蘚紀遊存逸老倚欄道古誌降王（相傳爲劉龑自江南輦至）藥洲舊徑煙蕪裏剩有茲邱匹五羊（藥洲南漢開明時猶通舟）

夏日劉廣州郡伯署中與沈夏九話舊

孝廉　羅天尺　順德

亭開懷野共丹黃不記高吟有沈郎幾處別離勞
夢寐十年辛苦負文章庚戌冬吳樂園太守招同閱童子卷於懷野亭力
衰愧對齋中饒歲稔閒談石上羊蕉雨過堦風景
別玉堂清話晝偏長

何生廉甫掩關粵秀山頂臥梅臺次聲初韻

我舊扃關在應元臥梅臺比應元尊予舊讀書朝臺下應元宮
日光盤爛扶桑谷海氣雷轟大虎門南粵文章朝
漢地東風絃誦隔江村何時直躡層樓頂來拉浮

邱共倒樽

朝漢臺

咸陽宮殿盡荒涼朝漢南中跡未亡揖讓不須來武往出史記子孫猶得謚文王白雲擁地穿城出南海浮天繞郭長太息東西遺勝地紅綿飛花艸蒼蒼謂耿尚兩王

粵中

離位分明照太虛築臺包錦兩難如西京文字開秦吏南粤江山入漢書地盡九真成領服天生三

華付酒杯拂袖不知雲易散夕陽衰草冷城隈

報資寺逭暑 尚王所建 吳元治

炎蒸無地避蟲蟲闖入清涼世界中碧樹影侵霄路迴晴嵐翠寫畫廊空石床蘚潤餘朝雨花徑香濃過午風最好綠波吹漸縐回文寸寸織難工

九日同諸子登鎮海樓 山人 陳晚成

清尊須醉曲欄前飛閣臨秋一浩然五嶺北來峰在地九州南盡水浮天將開菊蘂黃如酒欲到松風響似泉白首重陽惟有笑未莊懷古問山川

昌華苑懷古南漢主開　廩膳生陳官香山

昌華昔日盡藏春今日昌華不見人窮海有田留艷骨紅雲無影照歌塵遙遙金埒長埋草冉冉珠龍半化燐朝漢名臺曾似否終輸南越老夫臣

東岡歌舞北呼鸞立馬蒼茫感百端荼毒已知能失國奢華何况恃偏安流花影杳橋頭斷補砵痕深玉指殘過客不須重回首離支風咽暮蟬寒

光孝寺菩提樹

菩提誰道本無樹大鑒禪師說偈來六代果從天

峽束扶胥只今版籍無中外蜃氣鰲山拱　帝居

登鎮海樓　沈元滄

凌虛百尺俯危樓似入仙臺足勝遊（唐人詩仙臺初見五層樓）半壁玉山依檻峙（粵秀山一名玉山）一泓珠海抱城流沙洲漠漠波濤靜瓦屋鱗鱗煙火稠黃氣紫雲消歇盡（洪武初永嘉侯朱亮祖以廣州有紫雲黃氣之異特建樓壓之）還憑生聚壯炎州

六榕寺（寺額扁東坡所書）　御史　杭世駿　仁和

清晨到寺恰聞鐘翹首坡書見六榕法海安禪無

怖鴿香廚施食有天龍坐收濕翠山形近衣襲寒
雲壒影重多謝閒僧剛放梵肯將詩句慰衰慵

過坡山訪池中仙跡　孝廉車騰芳 番禺

曙風如縷散雲岑咫尺仙蹤路許尋紫閣飄零霜
氣冷碧池淸淺月痕深浮邱西去知何日滄海東
行又至今踏破山河成往事獨留跣蹟石苔陰

紅雲讌 南漢主讌名　梁德正

依稀別苑聽歌回百尺珊瑚綺席開鶤鳥直從天
半下驪珠渾擲日邊來六宮顏色餘花塚一代繁

上結千年葉向刼中開祇園般若花同秀虞苑櫕
娑幹已頽大抵靈根原有種北宗黃蘗此黃梅

羊城早春

五雲擁出萬家淸頓覺寒輕暖亦輕訶子葉開虞
氏苑日南花發趙佗城木嬉社鼓兒童戲辛酒元
燈客子情春氣溶溶關不住禺山吹落一聲鶯

秋杪夜宿觀音山

不因採藥亦登臨澹月微霜落木深懷古易生王
霸夢看山終有盛衰心禺陽落日消南瘴粵秀歸

雲護北禽兕罷老僧閒未得中宵猶學漢宮吟

喜後五先生配祀南園嘉靖間梁有譽吳旦李時行歐大任黎民表開社訶林今能觀察繹祖謝太史敦源奉主配祀南園名曰後五先生

進士　翁張憲　順德

社結南園事未湮瓣香能繼有先民才華共嘆寰中久俎豆同歆嶺表新一代風騷看接踵三城壇坫得傳薪溪毛擬釆登堂薦歌詠深慚步後塵

夏日過華林寺謁跡公影堂華林寺達摩祖初來住此今名西來初地

此是支公飛錫地儒林逃却入叢林水雲不没埋名志龍象猶思出世心一代詩歌餘韻在半生襟影後人欽避炎共有投閒興爲挹清風發浩吟

春日魏公子招諸吟侶集六榕寺 寺內王勃作碑文蘇軾書扁額達摩祖初來住此

南海 太學生 陳華封

鄴下諸郎迥絕塵招邀同訪寫經人座聯車笠交忘賤思入池塘艸正春初地尚撐梁代塔六榕空憶宰官身羣公共有登臨興衮衮爭扶大雅輪

九曜石

孝廉 李履中

花藥氤氳濕翠重九疑逢起觸玲瓏形分禹鼎參
差見數合虞官大小同日射垂崖花影亂雨瀨懸
溜竹陰籠漢王已有元章癖夜半魂歸綠艷中

鎮海樓　孝廉　楊錫震　香山

開府天南坐擁旄危樓獨瞰萬重濤熒熒翠栱鴉
頭閃疊疊珠檽鴈翅高朝漢臺新瞻北極石門潮
長接南艚最憐陸賈年猶少談笑功成弄彩毫

仙郡　宋思仁　長洲

羊城古郡海南東竊據當年趙氏雄玉鏡有臺零

暮雨玉鏡臺三水胥江上酒家環列多當壚者花田無主泣春風南漢時葬美人處誰爲新息明珠訟終使嬰齊古墓空孫權發佗子嬰齊墓得珠襦玉匣皇帝璽二龍劍三獨向海山樓上望怒濤千古恨無窮

花塢　訓導　佘錫純　順德

舍利層層散彩霞文峯拔地印金沙身高不藉江山助鏡古長開日月華鈴鐸盡醒塵裏夢秋高寧老頂中花自憐影落韓江外獨立城西野衲家

九日過訶林寺淨隱禪房以下續補　黎民表

仙城晴雪隱禪枝乘興難孤竹下期龍象法從開士演風幡言有化人知靈花半落談經後幽鳥潛窺出定時籬菊肯同陶令醉不勞廬嶽遠尋師

粵中　陳官

天南版籍遜秦分位列離光映碧霄六葉燈傳終始地（達摩祖西來初到此六祖住部陽曹溪）千秋金鑑盛衰文明珠出浦堪爲市（南漢主曾開珠市）艷骨成花不化雲欲紀興亡何處訪讀書臺問二禺君

五仙觀眺望　梁有譽

歲晏琴尊聊縱賞，況逢高閣俯長川。孤城海氣霾寒日，萬壑鐘聲出暝烟。遼鶴歸來空異代，石羊化去不知年。滄桑自古何須問，腸斷江湖落雁前。

抗風軒　梁無技

舊時壇坫水烟空，趙尉城邊繞郭東。數比河圖追太古（堯舜時五老遊河進河圖讖），星分經緯應南中（五星爲渚經緯）。雲會見前朝月，庭樹能吟一代風。我亦題詩訪遺跡，木棉花壓石橋紅。

羊城送陳郎之遊楚　韋騰芳

九疑西望意踟躕珠海秋風一棹[illegible]地濶沅湘圍七澤天浮日月浸重湖詞人自古憐香草南國多情是鷓鴣江上竹枝歌正好不愁烟雨夜吟孤

荔枝洲　胡方

數百王宮不記名昌華猶認古原橫白雲山瀑爲溝水黃木灣潮漾殿楹也似血殷刀作樹還如火赤柵圍城將無此物關人事一騎塵飛國已傾

杭風軒　汪後來

南人作相文明啟遂有南園與不孤五嶺朝開飛

翠羽三江夜合走明珠天疑東井星常聚地即神
羊石不枯深信謳歌關氣運浮邱棲踵又蘭湖

郭學憲邀集藥洲　　歐大任

夾隄修竹對花開改席洲前數舉杯九曜煙光浮
檻出二雲山色入簾來絲毫敢並詞人賦縭斧今
逢使者才海月夜深留客醉驂驔歸騎未須催

雨過邱氏棉園仙城最幽敞處　　杭世駿

一雨華林萬綠饒攜筇喜得永今朝雲來亭角陰
梧葉風度橋南側薦苗碁局穩爭之石放酒人狂

隔瀑花招蘆碕若許長垂釣願與陶訏久要

智超上人自清遠受法歸于佛生日飯僧長壽菴卻寄 菴博大奇觀幽雅絕倫

翻經細字學溪紋千里尋源用意勤法席夜邀猿女聽齋糧春並鶴雛分操瓶潄水亭飛瀑撥杖穿空峽谿雲歸到恰逢主佛日曼陀花雨散紛紛

登鎮海樓　梁佩蘭

獨尋春色上高臺宿霧重重黯不開草木尚遲風雨後江山曾閱霸王來百年心跡人如此萬里陽

和氣欲廻海水自飛雲自立世間寧少陸生才

雪後尋五仙觀池中仙跡舊爲坡山渡頭

黄　璞

蠟屐衝寒踏雪花坡山開訪舊烟霞神仙失足成千古滄海爲田已萬家鳧鳥艸邊飛玉舄刼灰池底化金砂蓬萊山脚無人到誰識當年亦水涯

題運甓齋懷陶士行陶侃刺廣州宴飲齋中權常不盈客勸少進輒悽愴久之曰亡母見約不敢踰也

陳　恩順德

酒勸盈懽輒愴然公餘何事甓移　心存北土中

仙城古跡　卷一　七言律詩

輿畧力奮仙羊拜守年烏烏罷啼烏向署官齋長
倚粤山邊論人莫大惟忠孝刺史分明是兩全

擲硯亭 明文學李孔修字子長赴秋闈不屑摟檢擲硯而去張詡引子長子及雲谷老人從遊於其師陳白沙白沙以兩人高風咸推重之○尚書霍文敏葬子長於樵山誌其墓曰白沙抗節惟子長耳○東莞祈衍曾過其墓題詩云不見高人李抱真高風巢許必爲隣歲時伏臘村翁事芳草淒淒又一春

孤亭落落夕陽斜野菊當秋異桂花舉世幾人甘
隱逸先生從此入烟霞高風只見同雲谷古道誰
能抗白沙一自稠桑抛却後巢由江水問天涯

訶林長春花　羅天相

不盡芳芬日日新種移西域悟前身根滋丹井長生水（寺內有達磨井）香抱菩提不老春（寺內有智藥手植菩提樹至今猶存）已喜四時開淨土還同五葉洗紅塵拈來正好供微笑散出氤氳壯法輪

昌華苑懷古　潘憲勳

西疇五里昌華苑舊日繁華見鹿羣剩有寒梅非玉貌縱存丹荔少紅雲羅浮入夢終虛語二四成謠是讖文魚藻玉不天賜否故宮[illegible][illegible]落斜曛

劉王別殿開名苑綉水鑄山作冶沙路接東西袺帶艸亭分南北荔支洲羊珠獻瑞誇胡子宮女殘花濺御溝今日不堪迴首望夕陽鴉亂隔園愁欖溪麥氏以昌華苑懷古題開社得詩千首順德潘守戎憲勲獨冠一軍其潤筆則東坡全集而以銀盃線紗薦茗帋筆副之亦數十年來一盛事也守戎招同人集錦巖山房賦詩以記予亦有作　苑冷昌華鬱古情潘郎才調壓羣英月泉枉自誇吟社忍笑清翁潤筆輕　東坡七集七璠璵異代思公涕有餘讓爾一詩新換得風流留與采風書仁和杭世駿記

鎮海樓　　闕名

鎮海樓高壓怒濤層城越秀鬱嵯峩白雲慶苑悲

南漢落日荒臺弔尉陀珠域貝珊供節物百年井里匝絃歌珠屋銅柱勳名地莫哂清貧馬伏波

景泰僧歸　羊城八景　副都督　胡高德　順德

雲遊人返舊山中杖掛曇花日轉紅法雨有聲皈怪石荒烟無影帶慈風回頭悟破三生偈慧業叅來一路空我久醉眠今已醒數聲鐘响梵王宮

波羅浴日

一輪普照粵江東蛟室龍宮白漾紅雜道有無天洗目孰云多是日生風涵濡乍挹[illegible]冠潔和煦常

懷負戴隆滄海老臣同汲濯丹心，猶有彩雲中

珠江夜月

仙城仙子泛仙舟一片秋光蕩漾遊龍吐頷珠搖鳥月鳳棲桐樹隔江樓波間漁火疑星燦夜靜僧鐘似韻流海市蚌胎原有耀不妨同照小瀛洲

白雲晚眺

四圍雲白醉忘歸疊疊晴峰草木肥鶴送野僧迴石室澗飛新瀑濺荷衣烟籠竹徑聞沽酒月上花城未掩扉林下嘯歌眠不得石床留我是耶非

大通烟雨

南來絲雨渾江烟，遠接瀛洲近接天。海色四圍無稅地，香濃百畝有花田。雲凝樹杪饒歸鳥，水長潭心任放船。有脚陽春風景濶，甘霖何限沛山川。

石門返照

排闥雙山禹力開，東巖西壑映分來。初歸赤日星飛渡，遠送紅綃月影迴。霜入潭空翻寶鏡，雪欺沙白擬寒梅。淸光面面連天色，倒捲飛花上石臺。

金山古寺

山寺天南久擅名崑崙分脉一枝[illegible]烽烟歷盡留香跡雨雪披殘遶梵聲蔓鎖荒碑磨古篆芝餐馴鶴稱閒情四邊水漾菩提樹十里清波達穗城

蒲澗簾泉

山中簾捲四時秋白晝霏霏宿雨流蒲葉舞風揮寶劍月弦當岫掛銀鉤無因甲第遮金屋有分春江護蜃樓個裏可容僧夢冷紅塵何事到床頭

拱北樓

太史杭世駿

蕩蕩雙門勢鬱盤危樓直北拱長安蓮花轉漏銅

龍咽雲葉棲簷鐵鳳寒萬里行完初放眼九秋悲後獨憑欄朱明氣象層霄逈可許孤臣縩筆干

九日曹孝廉達招遊光孝寺喜遇羅秀才元煥

相期九日散清愁共向西城古寺遊樹葉翠含梁代雨井波凉漱海門秋吟邊剩韻邀羅衮劫外零縑見貫休卅載疲津慙卧佛又隨紅葉上經樓貫休畫應眞羅漢一幅尚存寺中經樓上有銅卧佛

開卷欣然不厭貧羣材百五看扶輪禪居深觀終

輸汝素館元風定少隣放士羈愁銷浩劫降王往事委微塵只須更乞袈裟地多種黃花待旅人

齋厨曲傍翠琅玕爛煮松花恣意餐識字耕田慚兩負敲鐘掃地喜粗安池光透日搖丹壁草色乘秋上古壇俯仰便生身世感山僧只作勝遊看

五羊觀　太史朱彝尊秀水

中天堂殿倚南溟玉珮雲衣散百靈瘴雨不開煙樹黑驚濤直下海門青騎羊舊說朝天馭銜谷何年降楚庭歎息遺墟今寂寞高林只度羽人經

仙城古跡

七言絶句　　香山陳蘭芝拂霞輯梓

南遊感興　　唐　竇　鞏

傷心欲問前朝事惟見江流去不回日莫東風春草綠鷓鴣飛上越王臺

登越王臺　　宋　楊萬里

榕樹梢頭訪古臺下看滄海一瓊杯越王歌舞春風地今日春風獨自來

鮑姑井　　方信孺

爲覔丹砂到海濱空山胥井已成塵不將一滴蘇焦槁神女虛傳解活人

鎮海樓送劉職方還留都　明　黎民懷

江流空濶楚天廻萬樹秋聲繞吹臺百代繁華何處問登高今見大夫才

鎮海樓送劉職方還留都　馮紹京

危樓五疊勢摩霄頫視滄溟若一瓢南服車書歸漢屬故臺無復見任囂

鎮海樓送劉職方還留都　霍尚守

城北高懸切漢臺可憐玉砌半蒿萊孤鴻似寫尉佗恨聲入淸秋聽轉哀

廣州竹枝詞　國朝　王士正

潮來濠畔接江波魚藻門邊淨綺羅兩岸畫欄紅照水蛋船爭唱木魚歌

海珠石上柳陰濃隊隊龍舟出浪中一抹斜陽照金碧齊將孔翠作船篷

梅花已近小春開朱槿紅桃次第催杏子枇杷上市玉盤三月有楊梅

佛桑花下小迴廊曲院深深牡蠣墻紅熱海沉燈
葉火金籠倒挂試收香
鬊春雲盤髻簇宮鴉一線紅潮枕畔斜夜半髮香人
夢醒銀絲開徧素馨花
才到花朝似夏闌雨紗霧縠間氷紈洋船新買紅
鸚鵡却苦羊城特地寒

歌舞岡

歌舞岡前輦路微昌華故苑想依稀劉王去作降
王長斜日紅棉作絮飛

南漢宮詞　　廩膳生 陳 官 香山

人解溫柔花解嬌內家曾許短長條落花不比人
承寵盡日飄流過小橋
碎盡珊瑚總不嗔忽聞入貢到龍津妬人半在波
斯女生怕重宣舊使臣
搜盡羣芳號素馨香風遙向鬓華生蜀都花蕊夫
人號不及兒家小乳名
紅雲一朵讖前過不照飛塵照綠荷走馬昌華無
半里誰人重進荔枝歌

仙城古蹟

玉指留痕寶月開慈雲長護額邊梅庄田乞宮
千畝公主新從補鉢回

當直人歸畫閣西粧成金埒玉驄嘶羽林夜戲輸
嬴後萬顆明珠踐作泥

冉冉銀蟾破翠嵐捲簾重數瑁珠函寸心宛似珠
池月夜夜光圓照嶺南

南漢公主補鉢歌

劍樹飛紅鴆一巵賀州風雨閃旌旗金甌家國誰
爲補笑殺[illegible]華癡女兒

佛場原是布金場大鑒風微也有庄空地豈能容一物何須圓鉠問媧皇

玉液池南漢主所築中有明月峽含珠亭紫雲閣每端午宮人競渡其間

勾漏尹鄭學醇順德

含珠亭倚郡城西草樹連天拂玉堤宮女蘭橈初倦戲采菱歌斷曜靈低

芳華苑在千佛寺側桃花並水十餘里可通舟

舊苑荒臺古剎邊桃花臨水尚依然只今野鳥啼春急半似當時鬧管絃

佗城古蹟

月華樓 月泉井在鹽倉街即古
月華樓與日泉相望

金波遙暎月華樓佳色偏宜永夜遊玉魄年年長
在望照殘芳杜滿汀洲

呼鷹道 郡城稍北觀音山上有越王臺故址
南唐人多登此玩月劉龑時疊石爲
呼鷹道折北有歌舞岡尉陀三月三
日登高處劉龑夾道栽菊九月登高

歌舞岡前谷變陵秋深狐兎待呼鷹崕頭細菊臨
風倚不管人間有廢興

朝元洞 番山在南禺山在北聯屬如長城南
漢鑿平之就番山積石爲朝元洞後
改清虛洞復以沉
香爲臺觀於禺山

朝元洞口接禺山鸞鶴廻翔杳靄間風景依稀時代異夕陽長羨釣舟閑

鐵柱殿 凡十有二周七尺五寸高一丈六尺南漢爲乾和殿鑄者宋柯述取其四植於帥府正廳今藩司署鐵柱是也一没於城東濠一没於直司泥淖中餘莫知所在云

鐵柱空勞造昔年巍峩宮闕削寒烟異香散盡秋風冷辜負深藏廿四仙

寶殿添開耀日光堅牢應白卜無疆金人十二銷滅鐵柱還聞鑄漢王

花田

花田一帶漢宮斜花露濃濃泣歲華艷骨怨魂不散願隨侯館化丹砂南漢主劉鋹歸宋爲恩赦侯放歸後學鍊丹自古降王得反國惟鋹一人

藥洲　宋轉運使許彥先

花藥氤氳海上洲水中雲影帶砂流直應路與銀潢接槎客時來犯斗牛

次宋太子中舍許覺之韻　提學張明先洞庭

粵秀山前古藥洲昔賢亭沼一渠流築亭疏沼從

吾好叱起泥中幾石牛

五仙觀有仙人跡　尚書　湛若水

白蓮池上訪仙蹤靜聽攢眉夜夜鐘七十年前燈

火地東𡿨無路白雲封

珠江竹枝詞古學擬作　杭世駿

鵯鶋垂雅宿粉殘早潮廻夢怯衣單爲憐江上遥

峯少方便長眉借客看

不見蓴絲翠帶長絕無霜葦更風楊生來只識

思樹著意江邊種一行

應元宮在粤秀山上南漢主建今爲道士觀　梁麟生

椒坭丹壁玉迴欄勅遣王姬主翠鑾粉澤蘭膏歇盡一宫春色屬黃冠

廣州竹枝詞　同知　李文藻山左

老蚌燒灰雪様光南扶留葉裹檳榔誰教併作屠門嚼散落紅潮滿路旁

榕陰爲屋竹爲牆供奉雲根尺半長社日焚香齊下拜人人顛似米元章

南漢宮詞六首

穿渠築館滿南天珠翠軒窗玳瑁船美女波斯共遊戲已將朝政付瓊僊

女巫坐擁紫霞裙天語將宣百寶陳求福臣鋹頻下拜玉皇惟讚姓龔八

師保疑丞盡女官煌煌冠帶贊羅紈士人無數歸蠶室應作風鬟霧鬢看

珠江南是美人斜歌舞經時蟬鬢鴉香骨不隨降國長年年爲發素馨花

宋師旌旆照城闉巨船倉皇載衆嬪不似臨去

仙城古跡　　卷一　　七言絶句　　三天

後主胭脂井底僅三人
羊頭二四應童謠年少中涓盡北朝不獨珠莊
卮酒眼看新部號雲部

端午遊光孝寺同張葯房

薄宦年年滯五羊偶於古剎泛蒲觴天南故事吾
曹始不弔靈均弔仲翔虞翻字

光孝寺

花覆禪房刻漏遲妙香浮動碧蓮池月明風細喆
捷落想是南能出定時

羊郡署中有懷諸葛刺史刺史諱京武侯之孫晉武帝嘗念之詔曰諸葛亮世濟忠貞天下之善一也官京爲鄴令惠帝時僕射山濤薦爲廣州刺史假節推誠待物多惠政有祖風烈士民戴之

政績一如廼祖風粵人墮淚峴山同箕裘自是惟忠孝經國何勞運甓功

遊半塘呂相廟因憶終諫議終軍十八漢武奏對奇中擢諫議大夫自請受長纓粵王置之闕下乃遣使南粵粵王聽國內屬未幾宰相呂嘉舉兵反軍不旋帝遺樓船將軍楊僕平粵嘉與粵走今順德地赴海死王名建德趙佗一孫也嘉順德人甚得民心廣郡多建

[illegible]

之○半塘廟由柳波涌入下岸十里最稱幽景相傳是南漢故

又有北極仁威廟甚壯麗宇內罕匹云

弱冠誰能自請纓粤王曾許爾行成不期呂終變輸却包山陸賈名

宿永泰寺 明代衛太監請旨敕建

我祖東山爲探幽招提獨此好淹留松門月夜遲關鎖縹緲白雲入檻流 白雲山屏列寺前山多白雲故名

遊西禪寺

覽勝西郊更向西西禪初地幾凄迷黃鸝滿樹孤

拜石亭雜咏 在九曜石池旁士大夫多觴咏於此 何夢瑶 南海進士

拜石亭邊九曜連，蓬瀛清淺已多年。當時泛月西湖侶，曾對青苔憶采蓮。九曜池舊名西湖今有西湖街

艇檥迴廊泊淺沙，玉堂仙從本清華。龍門泉石香山月，恰稱詩情七字佳。西湖舊可通舟

蓮池東畔草芊芊，剩許殘碑臥斷煙。文字有靈能不朽，千年波礫尚森然。西湖多種蓮今有觀蓮街石上士大夫各有題鐫

鈴索風微玉漏沉，亭邊鋪月淡於金。誰人鏡裏呈影試，近清池冷透心。西湖亦即古藥洲地

眼倦看花坐碧苔夜深明月轉高槐無端小卜
陰吠知是黃柑綠酒來

廣州雜咏增補　汪廣洋

石鼎微薰茉莉香椰瓢滿貯荔枝漿木棉花落南
風起五月交州海氣涼

遊華林即西來寺在西郭外西達摩祖西來初住此額曰西來初地最幽深可遊觀　州判陳蘭芝香山

爲傳衣盋來中土駐錫華林一脈長滿徑雨花知
佛國心鐙先證在蕭梁西來時正梁武帝朝六祖生於唐曹溪猶在其後

爾

孝廉羅天尺 順德

觀音山上蓬萊閣蒼蓋千年松半禿烟霞萬象眼中更寺觀興亡宛如昨跨峰矗起巨樓臺百載三成小刼灰窺人猿鶴仍無恙倚石欄杆尚半開初爲相國讀書處鋏蜼書屋龍鱗樹半間分與青山雲一勺待作蒼生雨業成射策出山年藤蘿夜月扃寒烟廿年政府資論理縱夢山中亦惘然 皇運龍興尚王至白雲千騎貙狼避手憑一劍定仙城子女妻奴亦得勢藩邸高連粤秀山貴主粧臺

縹緲間徵帖羽飛輿土木力役不惜民艱難鳳凰樓插層雲起芙蓉城闕居仙子沁水園營蜀國花紅鑾格上龍宮綺月殿歌聲筧念奴雁箏才罷又投壺內裏慣須俺達賜名香時入正供祖誰信繁華事不久功業淮陰復何有紅帕須來銕券灰拘四盡室遼東走比邱留得奉空王餘炎騰烕未盡亡系禪未入女子定鬬草時沾野露香精藍零落亦應爾禪廢道興從此始鍊師騎蝶入山房燒汞朝壇求不死年來我亦覓丹方賃舂剛住仙人廊

攤書愛坐梳妝石汲井時聞粉澤香月明照盡輿亡恨書生燈檠無人問前賢舊跡已無存貴主名園復誰認因感千年霸業荒老夫臣佗南武王築臺朝漢本恭順至今麋鹿眠荒岡三百餘年劉氏繼白龍編年赤帝裔呼鸞道接歌舞岡宮人顏色紅雲麗一朝降去失江山半角朱門頹牡蠣自來宮闕無千年况爾偏王與假帝牛山我輩漫沾衣眼底青山無是非還須耐守爐丹熟脚踏雙鳬自在飛

越王臺懷古　　朱彝尊

君不見越山高高越臺古複道逶迤接南武北望山頭徧白雲西臨城下環珠浦由來形勝盡高邱萬里天南此壯遊驚濤暗向扶胥落佳氣晴連鬱水浮憶昔中原逐秦鹿五軍失利屠睢戮番君一出王衡山戶將從征入函谷天教霸象開南溟胥分東井聚五星龍川縣令起嶺表被書移檄馳邊庭聲言三關盜兵至一時按法誅秦吏萬人既築湞陽城千里還開雒王地漢帝當年爲剖符陸生

燕喜出西都冠裳魋結須臾變文錦蒲桃絕世無
番禺之交一都會 因山築臺落天外百丈迴盤信
壯觀三時朔望長升拜自古羈縻稱外藩誰令市
鐵禁關門不見蛟魚重入貢旋看黃屋自言尊漢
使陳觴更行樂紫貝明犀雙孔雀重來錦石已成
山歸去黃金遂盈槖一從蒟醬啓唐蒙越騎校尉
甘泉中是誰繆殺棄繻者江淮巴蜀紛來攻伏波
下瀨軍三面樓船戈船齊敎戰合浦珠崖隸海隅
山薑扶荔移深殿尉佗城邊夕陽原建德園荒秋

樹根虛傳避暑游宮闕斜龍浮杯出石門木棉花開山雨積鷓鴣啼處蠻烟碧舊井潛移郭璞城離宮半入虞翻宅人事消沉洵可哀千秋朝漢餘高臺漢家遺蹟不可問吁嗟乎歌風柏梁安在哉

荔枝行以增城掛綠爲上新興次之黑葉又次之　彭孫遹

南中嘉樹好顏色物產時時陵上國丹華紫纈何陸離踏遍村南與村北中有仙人十八娘綠雲覆體紅綃裳水晶肌骨玉脂凝天然風味誰相當尚書園中名第一黑葉金鐘亦迴出佳種由來最晚

熟六月衝炎始摘實緗枝入手暍氣通春泉忽潄
元膺宮芳甘柔潤　不留齒冰雪立化香融融黃柑
霜柚甘一唾盧橘楊梅俱下風越人日噉過三百
欲以淸腴傲吳客標題不肯讓閩川圖譜猶能爭
品格此物寧堪走傳車天南民力未全舒只今萬
里却貢使何必唐羌更上書

粤臺懷古　副貢張河圖東莞

南武城孤烏夜哭番君宮殿海鷗宿龍川老吏虎
䑲䑲銜得秦家鹿一足肇開沆瀣立朱旂呂雉老

淫安能支椎髻忽然易冠冠書生舌戰亦良奇奇計雖奇空復爾老夫心自愛天子天子能仁可奈何木棉飛處雄心死崇臺百尺立峩峩稽首遙呼老臣佗識時務者爲俊傑笑他劉龔復操戈戈鋋遍地嶺雲黑鷓鴣叫道行不得昌華舊院已成田迴首荒臺亦荆棘荆棘叢生歷幾家半壁南天急暮笳英雄易死女兒壽秋田長發美人花

湄洲賽神歌 湄洲居海中神爲莆田林氏女有明使臣航海神常昭靈焉閩賈事神最謹每於春暮盛供遊神郡人如沸因次以歌 陳份 孝廉順德

南武嚴城珠翠府三春勝事紛如許賴霞飛上木
棉枝百尺燒天火烈炬晴縠波澄拾翠洲鶯嬌柳
嚲呼鸞籞侯家畫卵醉醾醿羽林白打誇超距明
庶風輕榆莢和梯航異國歸闤闠迎神九陌鬪繁
華金裝玉裹相矜詡蟒衣中使按雲和錦袖宮娃
撾大鼓夭矯蟠龍羽葆重耀日屯雲移鹵簿灼灼
蛾眉落鴈容盈盈扢附迴風舞四目鐐牙前荷殳
髟髼朱髮如虪虎瓔珞盤結菩薩蠻蓬頭戴勝西
崑姥五雲高擁揖羣仙[illegible]軒軒盡遐舉絲輿駕

出萬人看閭巷闐兮儼若趨白馬金羈何處郎香車珠箔誰家女臍麝薰人膩不飄墮遺簪珥渾無主神與闈歸神所穴船迎神進肥羜銀鬚彝老祝向神詛雙筊投地卜神祜筊仰神喜覆神怒神喜海外利行旅神怒海外多風雨雨風之來舟人苦倉惶呼神神不拒年年賽神涓洲嶼

仙郡行　駱賓王有帝京篇鋪張壯麗元稹作連昌宮辭低徊盡致吾鄉明孫典籍爲廣州歌傳播海內余寓廣州最久因爲長篇紀之凡風土人物時序境地三百年興廢皆宛然在目不敢誇盛三君子但以各抒聞見覽者不必是古而非今云爾

廣州城高高且壯三百年來兵不向萬雉巍巍雁
翅雄珠水拍天何浩蕩白雲積翠聳崔嵬石門一
面霸圖開琵琶雙柱攢天末鷲嶺旗峰相抱迴虎
頭潮汐吼獅子萬派朝宗歸纜尾鐵城扼澳控泠
汀龍門古港通交趾擐甲鳴弓倚徙兒畫戟雕戈
臥鼓鼙掠陣慣驅雄驃裹捍門新製佛郎機龍頭
社傍珠江驛坊表逭雲相咫尺東官伯第丞相祠
紫水新塘餘講席衣冠自昔號名區富貴繁華代
不殊南園詞客三千士北里煙花十二衢雲母溪

頭蒲澗側戸戸朱明饒永夜五色羊騎閬苑仙九還丹鍊浮邱伯六葉花開蔦獠鄉荷薪曾得聽金剛風旛一自開眞諦千古訶林有法王坡山火樹春繁縟藏閹蹋踘相徵逐金目朱衣駕絲輿傀儡熊羆轟陸續三月年年兒女家踏青鬬草古昌華採茶調就嬉春曲採花晚過素馨斜娘子茶工四月畢江頭撾鼓鳴鉦急綺羅絲肉鬧層層酒熟荔香飛彩鷁涼飈水際度新秋乞巧樓頭拜女牛夙緣結罷盂蘭會又向濂泉作勝遊勝遊取次過秋

半百尺浮屠燈影絢彈經禮月聚兒童雕柚鐫瓜
夸少媛鼠薰墐寒歲華催囘首江村又放梅疎影
暗香彌十里師雄買醉卧林隈賞心未已忽徂臘
宗漢從新忙主客爆竹家家送歲除賣獃童子聲
雜遝聲雜遝年復年康衢樂事正無邊誰識刧灰
飛一縷東南直上斗牛躔歷世承平忘武備將懦
兵虛久不治專閫將軍鮮壯猷折衝都尉無長技
一旦天兵從北來長驅直上越王臺三城士女成
虀粉白壁黃扉生草萊嗚呼不見舊師弟荆榛櫛

比塞堦砌頻水環橋踏作垣畫棟雕題佐薪桂
薪珠粒歲頻飢神武猶聞時出師纍纍餓殍邱山
積瘟疫流行遍四陲內府需財誰獻策十郡黔黎
窮掊摭朘膏剝髓及根株富者計千貧計百伯千
不足飽鯨吞禁海封山設歛臣牙行佼儈紛盤踞
市井刀錐逐細民當門更愛端州石檄向崧臺開
翠壁筲官杖吏虜耕農琢就辟邪供一劇辟邪蹲
踊瞰中堂丹朱泠　壁粉圍墻金蜆紫鳳盤榱棟侵
雲挿漢影輝煌規模未盡窮奢欲丸縫新製鴛鴦

綠曉粧樓外晚粧樓餙檻文窻皆紫玉寢殿相連快意園遨遊王子 文王孫珍鱗異獸遠羅致陸窮山嶺水窮川東閣吳姬西趙女鬭寵爭妍倚嬌語細腰憐殺楚襄王艷曲譜將陳后主重幃夜夜綺筵開檀板簫笙鬧若雷輿高浮白籌難犯不數淳于一石材酒醒時向東皐獵百年枯骨遭寃刼燎原火烈石麟頹一望平山無馬鬣富貴由來不久居一朝緹騎入蒼梧彤弓黃帶無消息羽鎩翎摧勢漸孤鳥在樊籠魚在釜飛潛無計任採取兄弟

相對共投繯乳虎蒼鷹齎鉞斧木棉花下火焚燒魄散灰飈蛺蝶飄南金文貝高北斗此日都隨氷燄消山翁鬚髮猶未艾眼見滄桑幾成敗吉凶倚伏如轉丸始信凶人還自害只今鼓棹向珠江江邊不見舊旌幢傷心閭巷憶前事太平猶帶釁風光珠水雲山終不改王侯第宅無長在虞園一樹古菩提留得六朝舊煙靄

訶林聽圓[illegible]上人彈琴　御史　杭世駿　續檢

涼蕉繁雨喚客醒卷荷淨洗無俗聽衝泥竹轎愛

輕穩一鳥前導梳脩翎虞翻舊苑法雲滿繚入仄
徑禪扉扃阿師妙才具三昧與琴合德涵清寧訶
子樹大矜古色照見瘦骨如銅青欣然爲我橫膝
上小試指法調瓏玲新霜秋失孤鶴警碧海曉濯
蒼龍腥氷花迸落鴂鵲死淨水翻瀉琉璃瓶千方
萬聲無定質世諦但共箏琶聆我聞大樹有王子
對佛彈弄清泠泠聲聞證果落思議鈎撥入妙勞
心銘請以禪悅悟琴事要在擺脫無拘囿讕言未
竟山果落坐客默悄冰絃停天風殿角忩磨颭四

仙城古跡　卷一　七言古詩　三七

梵并八斜陽鈴

南漢公主補鉢歌 南華有南漢公主補鉢莊出貴耳錄

孝廉 羅天尺 順德

增補

西來本是無一物達摩之鉢胡爲哉大庾嶺頭爭不動羯獠米熟歸黃梅紫金色吐毫光現馴龍法水六時變漢家公主號平陽鳳輦來遊纖指玷指痕觸處如初月上弦補完晦又缺女媧之石鍊不成賜莊特代金[illegible]脫公主奉佛心何處降王一去失山川此莊萬古屬公主毋乃佛力人爭傳我來

曹溪獨訪古守鉢人傳有猛虎誰知猛虎終無權
西來法器淪荒圃嶺南使者玉尺方能將色相還
空王一聲捶响鉢不見寶光飛滿南華殿書影云鉢後爲魏提學捶碎

題金亦陶自畫運甓圖上舍生翁諳江南

清談坐嘯晉祚坼五馬南奔避劉石長沙勵志向
中原朝暮州齋運百甓楞蒲戲具牧奴事生既無
聞死何益高論猶堪振懦夫光陰分寸誰珍惜金
君名字慕古人昂藏磊落自寫眞雞群獨立千里

鶴形貌不與尋常論八州富貴非所羨名山大業當精勤君不見棄官歸去彭澤令祖孫高蹈千秋敬撫松采菊良可師運甓君偏希士行吁嗟乎少年掣電須臾過努力不早奈老何及時矻矻休蹉跎亦陶之考爲孝章先生能抱淵明之節者亦陶不師淵明而師淵明之祖意各有取也然亦陶非用世人故云八州富貴非所羨而勉以能惜分陰用意微至

南漢主劉龑冢歌龑音儼陵曰康陵　王士正

紈千山雀凍欲死朱五經兒作天子朱温之父以五經教授鄉里紛紛負販爲侯王山牛兎絲粵中起中原澒洞

久風塵遂使傭奴竊邊鄙黃屋左纛歷四世坐斥
洛州爲刺史昭陽南漢殿名溝水流珍珠論車郤笑燒
沉水以沉香作火山金銀當日錮三泉帶劍上陵嗟已矣
苦將肖像擬休屠金簪玉魚誰料理茂陵甲帳出
人間況爾區區安足齒驪山地市竟如何銀海菸
菸同一軌吳處厚青箱雜記廣南劉龑初開國營構宮室得石讖有古篆十六其文人人
有一山山值牛兎絲吞骨蓋海承劉解者曰人人
有一大人也山山出也值牛者龑建漢國歲在丑
也兎絲者晟襲位歲在卯也吞骨者滅諸弟也越
人以天水爲蓋海指皇朝國姓也承劉者言受劉
氏降也○朱彝尊光孝寺銕塔銘書後劉龑葬番
禺縣治東二十里北亭明崇正丙子秋九月穴中

有雞鳴土人發其墓隧道崇五尺深三尺有金像十二一冕而坐一笄而坐殆馬后也夾侍十八疑是諸子又學士十八以白金鎔鑄有碑具書翰林學士知制誥正議大夫尚書右丞上紫金帶臣盧應奉勅撰文曰維大有十五年歲次壬寅四月甲寅朔念四日丁丑高祖天皇大帝崩于正寢越光天元年五月癸未朔十四日丙申遷于康陵禮也顏師古漢書匈奴傳注作金人以為天神而祭之又孟康注匈奴祭天後徙之休屠王右地

仙城古跡

五言律詩

香山陳蘭芝拂霞輯梓

越山對月

各題另起不拘年代

唐 李羣玉 潤州

海雨洗氛埃，月從碧落來。水光籠草樹，疎影掛樓臺。皓耀迷瓊目，晶瑩失蚌胎。宵霽凭欄望，應合見蓬萊。

越山對月

元 陸垕

宇宙皇圖遠，山川霸氣收。唯餘漢時月，猶照越臺秋。天逈明城樹，雲空歛海樓。清光對尊酒，莫作古

今愁

粵臺懷古　明　黄佐

勝地經秦漢，高臺近斗牛。片雲浮鬱水，孤月滿靈洲。事往市朝變，秋來林壑幽。霸圖何足問，吾得采眞遊。

對酒烟霞晚，裁詩天地秋。坐聞松籟逈，行愛桂巖幽。大澤龍蛇遠，荒臺鹿豕遊。向來南海尉，辛苦事嬴劉。

南武河山在，北窓花竹幽。羲皇吾所傲，秦越爾何

尤紫氣通三極滄波帶十洲悠然閱塵世高枕白雲秋

涂侍御同年邀飲鎮海樓　王漸逵

城北佳麗地名與使君流一水晴依郭萬峰春入樓孤懷還仗酒多病只羣鷗長陌浮埃合亭知杜若洲

綺闥散朝暾芳原没燒痕越天青不斷溟海勢相吞經濟看遺跡棲遲且素餐憑高時遣興聊爾解空尊

宿五層樓　　主事李時行番禺

危樓凌碧落俯眺萬山秋明月樽前過銀河檻外流高歌振林木清夢落滄洲夜半聞笙鶴翻疑霄漢遊

秋日越臺登眺　　梁有譽

越臺枕郊郭吟眺喜逢秋山向庾關斷江從鬱水流菊湖荒艸没花塢夕陽愁極目雄圖外蒼蒼雲樹浮

南國新秋至憑高憶所懽欲裁芳杜曲遙寄碧雲

端落木城邊暮孤鴻天際看危岑一以眺滄海正漫漫

初春粤秀山社會見月　鹺使　霍與瑕　南海

新歲浹旬晴中宵月更明宮崖澄皓彩林薄鬱孤清誰奏關山曲偏添恨別情丹心千萬里隨爾掛燕城

南國春先到春風日上來微雲收五夜初月傍三台倒影移山徑流光泛石臺嫦娥應愛酒每每落深杯

再偕水天鍊師宿鎭海樓

羽客經過處層樓兩度來乎心涵象罔紫氣接蓬萊北斗當窻轉南山對枕開何曾夢莊蝶返照八靈臺

鄧山人招同鄒令尹黃少參黃令尹張都運郭學憲遊六榕寺　叅議黎民表從化

古寺何寥落榕陰故不迷薜蘿心共賞琴酒日相携霜樹經龍臥雲房避鶴棲興來成徙倚紅葉正堪題

生涯能幾度登覽記吾曾地擁青猊座行逢白足僧中厨供茗飲四壁照蓮燈莫更思身外隨緣亦小乘

塵中遺妙境樹杪并朱欄萬象拂雲出孤鴻背日寒艱危予側足騷雅爾登壇回首烟花地臨風一笑看

前題

光祿寺卿郭棐番禺

招攜過古寺覽眺惜流陰佛吐金光色。人多白雪吟。勸酬躭旨酒操弄藉孤琴榕樹年年綠祗花不

仙城古蹟　卷一　五言律詩　𡋸

可尋

五仙石　　唐　李羣玉

五仙騎五羊何代降玆鄉磵有堯時韭山餘禹日糧樓臺籠海色草木發天香浩嘯煙波裏浮生興轉長

五仙石　　明　黎民表

飛樓延倒影徙倚聽鸞笙樹並孤烟聳山當落日橫滄波終不極天路此時平未論求仙去深杯且共傾

五仙石　黎民衷

松門開羽景花逕聽鸞笙紫氣雙龍直青天一鶴橫嶺懸春樹杳潮入暮江平況愜烟霞賞芳尊共一傾

待月嶺南第一樓　黃志尹

待月鯨樓客中秋醉解醒懸知今夜魄不滅昨宵明藥兎猶凝象鸞娥永厭盈翠華如復覩重慰四難并

待月嶺南第一樓　孝廉李時春南海

為訪五仙遊同登第一樓捲簾蟾影入侵袂桂香浮覽景抒清嘯高吟對素秋穗羊何處所應福此閬邱

五仙觀　郭棐

共約龍山去翻尋羊石來篁聲送天籟花影滿雲臺持穗人何處飡霞客重回寄言五仙子拉我上蓬萊

五仙觀　副史金節　南海

何年羊化石此日客為仙舉袂煙霞護傳杯羽翰

翩遙聞乎鶴度疑是絳霄傳池飲白蓮水人藏洞裏天

五仙觀　　叅政　黎邦琰　從化

香火千年地瑚臺尚儼然輕陰遙度竹疎雨細鳴泉馭鶴朝羣帝騎羊憶五仙步虛聲寂靜還得話眞詮

憶南園　　長史　李　德　番禺

南園蝴蝶飛綠艸迷行跡青鏡掃長蛾娟娟弄春碧錦屏千里夢寂寞愁芳色小字寫長箋鱗鴻坐

相隔

送張子尉南海 續檢　　唐　岑參

不擇南州尉，高堂有老親。樓臺重蜃氣，邑里雜鮫人。海暗三山雨，花明五嶺春。此鄉多寶玉，愼勿厭清貧。著眼起結。唐人結意虛詞游衍者多，此種規諷有體。諷以不貪而云勿厭清貧，忠告善道。

出郭看花至東山寺 有北極廟　　明　李奇標

聖跡標靈境，仙家瞰海壖。東郊塵俗遠，北極慧光懸。林靜鶯聲切，花開日色鮮。乘春恣幽賞，野興獨飄然。

尋春適東野策杖到禪林磬落諸天靜。雲歸衆壑陰。徑幽芳艸遍。碑古綠苔侵。已悟浮生理渾忘出世心

登鎮海樓　　國朝州牧　何夢瑶　南海

五層樓上望天府老夫城翠羽遐方貢金裝貴客情水窮青靄合。天盡白雲生。欲叱仙羊起乘風歸玉京

送何生讓還粵秀山中　孝廉　羅天尺　順德

一嶺瞰三城烟開晚照明樓臺存霸氣。巖壑有書

聲此地乘黃屋終童曾請纓幾時憑弔公懷抱若爲平

登五層樓

危樓峙北郭雄服控南邦地鈌九眞盡臺高五嶺降伯王留半壁日月浴三江我欲騎黃鵠浮邱執寶幢

五仙觀

古觀坡山麓千年跡漸湮難將五羊穗散與三城人赫濯自鐘鼓殿宇仍金銀何時朝絳節爲道嶺

南春

詞林雅集　　山人陳晚成

何地堪相約南宗有祖庭倚欄梁樹古。開閣粤山青。高詠寬頹暮深杯免獨醒年年二三月車馬此頻經

鎮海樓懷古　　歐瑤

高樓臨五嶺雲物敞虛窓地盡香名國。天低日浴江。陸潘文武往劉趙死生降惟有南園在猶堪醉玉缸

登越王臺　孝廉胡亦常 順德

任囂如不死陸賈豈重來緣作蠻夷長遲教風氣開南交久椎髻北面暫朝臺日落雄風歇憐君終霸才

朝漢臺　歲貢胡方 新會

群雄雖已定漢力亦因疲似與兒童戲聊將皇帝爲丈夫誠信格智士屈伸知箕倨客前足無人跪起時

擲硯亭　明茂才李孔修字子長道號抱眞順德人混跡闤闠人莫之識與李承箕

湛若水林光張詡丁積同爲白沙先生高弟白沙更禮重之曰此非俛首當世人也平居冠管寧帽衣朱子深衣惟攻周易吳廷舉未歷尚書時藩臬於粵引爲布衣交進塲要搜檢曰此豈朝廷待士耶擲硯而去自後不復赴科好觀山水歸即圖之世人珍之及卒無子尚書霍韜葬之西樵山陽鄉人以社日祭焉別有廟在順德廣輿記載入粵東人物

州判陳蘭芝香山

抱得天眞樂江門道義深坭塗覘衮冕鳳咮等飛禽原憲今猶在白沙素所欽逍遥人世外烟水結遐心羅石湖曰子長狷介中有春風沂水之志

藥洲九曜石以下增補

郎中葉春及歸善

南國傳經地東風應律天隨鶯還別院振鷺愧瓊筵酒氣花間出歌聲竹外傳興酣還卜夜改席向湖烟

晚入梅花渡春移菡萏舟星辰隨棹散河漢抱尊流說法龍潛聽論詩蟻任浮濟川公等在吾道已滄洲

蒼池流碧玉傳是漢離宮霸氣千秋盡文軺五嶺通市槐風轉綠壇杏雨沾紅卽事成今古青山滿越中

何年榆歷歷隕石越江干河漢支機遠芙蓉倚劍寒堦前藏洞壑。日暮對琅玕。願作周王鼓橋門擁漢官

登六榕寺浮圖

尚書　王士正　山左

六榕不可見地以大蘇名白社無人到。蒼苔滿院生。塔窮炎海目。山擁粤王城。欲假南溟翼扶搖訣上征魯靈光殿賦緣雲上征

登粤秀山

越王古臺上春暮復登臨割據無秦漢。滄江自古

今風吹鼇背雨日射虎門陰欲問呼鸞道荒涼蔓艸深

花塢南漢主種花處在羊城西郭門外即華林園　譚湘

霸業千秋恨華林昨日春可憐歌舞地翻屬耦耕人荔熟難爲宴龍歸莫問津紛飛餘燕子還解掠香塵

南海雜詩　編脩史申義江都

石壁猩猩語鷩心百粤東四時山葉綠五夜海霞紅日月搖溟渤星河浸祝融鷓鴣飛不斷只在荔

支叢三語言地氣之暖四語言東土日出早也卽海日生殘夜意

曉上越王臺扶胥海色開山連鰲闕近朝射虎行迴灑座荔奴雨吹香椰子杯崎嶇未朝漢割據亦雄哉此弔尉佗之霸

海雨花陰候春泥屐響聲鵶鬟脊抹麗紈扇過清明瑇瑁潮通市。芭蕉絲上城。昌華歌舞院銷盡美人情此狀風物之明麗

登越王臺 續撿　　陳官

臺沒臺還在衣冠寧不如登臺問生計只讀漢臣

書今古杯中盡。雲山霸業餘。夕陽催鼓角。蠻瘴上衣裾

北郭雙山寺　　御史杭世駿仁和

雙山在何處。睇眄屢回頸。不知烟翠重。已踏雙山影。雲移佛屋陰。蘚食華鐘冷。寂歷不逢僧。斜陽下西嶺

永泰寺在東山

寂歷詩翁路。蛇蟠野寺情。繞溪苔屐緩。選樹石牀橫。晚碓收雲色。虛堂飽竹聲。此來無一事。徙倚看

春畊

光孝寺續入　　孫賁

兩葉菩提樹，天香薝蔔林。塵機方外息，幽趣靜中深。野色連香積。秋聲雜梵音。隨緣僧供裏，子亦長禪心。

光孝寺對月　　陳良珍

叢林宵坐月，脉脉若爲情。鴈影初移塔。蟾光漸透楹。轉添蟾魄靜。隱約佛燈明。皎皎菩提下，飄飄入定聲。

衡州送李大夫七丈勉赴廣州　杜　甫

斧鉞下青冥樓船過洞庭北風隨爽氣南斗避文星日月籠中鳥乾坤水上萍王孫丈人行垂老見飄零時嶺南馮崇道與朱濟時叛朝廷遣勉討之

仙城古跡

七言律詩　香山陳蘭芝拂霞輯梓

南海旅次各題另起不拘年代　唐　曹松

憶歸休上越王臺歸思凭高不易裁爲客正當無鴈處故園誰道有書來城頭早角催霜盡郭裏殘潮蕩月回心似百花開未得年年爭向被春催

南海旅次　唐　許渾

月流高岫宿雲開萬里歸心獨上來河畔雪飛楊子宅海邊花發越王臺瀧分桂嶺魚難過天近衡

陽雁却廻鄉信漸稀人漸老只應頻看北枝梅

粤王臺　　明　汪廣洋高郵

絕頂涼風響翠濤俯臨闤闠見秋毫雕甍碧瓦連城闕錦纜牙檣過萬艘。雁翅城邊沙艸合虎頭門外海潮高。何人得似任公子來往三山釣六鰲

越臺　　副使　游朴

粤秀山前高築臺越王霸氣亦雄哉北圖已割秦封石南面猶勤漢使來。海上赭衣何絡繹雲中黃屋自崔嵬一時桀據今安在臺上萋萋滿綠苔

粤秀山　　岑萬

極目扶胥一水隈三山如擁五羊來歌樓菊徑皆劉迹野草秋風滿漢臺。人語漸隨烟市合。征帆猶傍夕陽開。蕭疏僧舍青松外忽聽樵歌首重回

登朝漢臺　　郎中　歐大任

蘿磴松梯百尺迴秋風還下粤王臺星濤海湧三江入。篁竹關通五嶺開。白雉今看重譯奏碧油何限請纓才子虛賦似尊前客不數之罘射獵來

登朝漢臺　　通判　鄭用淵　番禺

粵臺朝漢接青霄北望長安萬里遥山控石門通海國水環珠浦湧江潮風傳鼓角烟氛淨雲捲旌旗瘴霧消一統車書今日盛擊壤何幸祝神堯

登朝漢臺　黎邦琰

漠漠荒臺輦道平居人猶指舊時名并吞百粵迷秦壘箕踞三關阻漢兵遲日乍搖芳杜色殘霞初散鷓鴣聲凄凉霸業空黃土不博千金陸賈行

登朝漢臺　御史姚光泮南海

北極光芒萬里迴粵王朝漢峙層臺江山環擁金

湯壯棟宇新懸日月開回首漫誇強霸略登高爭羨大夫才夷猶徙倚朱闌外彷彿人從天際來

夜宿五層樓　尚書　何維栢　南海

兀兀層巒控海樓仙城繚繞跨浮邱雲封野寺三千界風度長空萬里秋極目星河依北斗迴瀾砥柱屹中流登臨莫謂炎方遠鄒魯年來是此州

夜宿五層樓　岑萬

山城矗矗綺筵開傑閣誰掄巨棟材一水浮涵孤嶼出羣山遙擁五羊來夜看北斗星辰麗却憶中

天華岳迴天上台衡正虛席東人惟恐衮衣回

夜宿五層樓　鄺夢琰

高樓飛步勢層層夏木陰陰暑不生地接東南三楚界星分翼井兩甌屏尉佗碑在蘚苔古僞漢江流日夜聲爲問伯圖今壯否夕陽滿地野烟騰

崚嶒高閣與雲浮幾度憑欄對白鷗梧樹朝陽栖鳳館桃花春水化龍洲地迎百粤千峰出天入三江萬里流芳草東風無限意不堪回首仲宣樓

登尉陀樓　唐　許渾

劉項持兵鹿未窮漢蒯通曰秦失其鹿天下共逐自乘黃屋島夷中南來作尉任囂幕力北向稱臣陸賈功簫鼓尚陳今世廟旌旗會鎮昔時宮要學其調度句法越人未必知虞舜一奏薰絃萬古風

送人之嶺南　　唐　李郢

關山迢遞古交州歲晏憐君走馬遊謝氏海邊逢素女越王潭上見青牛嵩臺七星巖左月照啼猿曙石室烟含古桂秋迴望長安五千里刺桐花下莫淹留天帝以謝端恭慎遣天漢白水女代炊爨○南越志越王造大舟溺人三千潭上時見青牛

夜宿五層樓　明　李時行

縹緲飛樓高接天窓臨星斗望中懸浮空雪浪三江口映樹晴霞五嶺前草長粤臺餘霸氣花深藥圃暗春烟倚闌極北頻回首遥指長安在日邊

前題　游淵

飛樓縹緲入丹霄樹檻横杯醉眼驕滄海神山收浩蕩白雲仙室鬬岧嶤長天樹引征鴻斷落日松歸去鶴遥便欲乘風遊汗漫安期何處尚堪招

前題　梁有譽

丹梯裊裊虛無裏下界遙看紫翠重星斗暮懸溟
海樹烟霞秋斷越山鐘盃前風景非秦代鴻外關
河盡漢封搔首白雲應可掇誰騎黃鶴躡仙蹤

粤臺遠眺

層樓高瞰粤王臺春色寒臨睥睨開邊海戍連三
楚盡樓船琛貢八蠻來雲迎劍舄頻登望風落河
山數舉杯華館離宮空往事霸圖消歇正堪哀

粤臺遠眺　黃志尹

共倚層樓俯大荒粤都形勝自金湯神州望切尹

心炯化國恩深白日長烟火萬家周井牧河山千里漢封疆中原豈直秦關險猶有東南百二强

庚申春日偕蒙葵東孫居素蒙近野孫鶱泉區碧江梁文泉諸年兄飲王地官肖溪於五層樓次壁上韻　番禺　郭棐　正卿

粵王城北聳層樓五嶺南來第一邱縹緲烟霞常棟宇芳菲桃桂自春秋地平雲岫當窻出天近珠江帶日流此地登臨即仙窟鶴笙何用訪瀛洲

登鎮海樓　番禺　郭槃　同知

秋風蕭爽正登樓琪艸瓊花映寶邱檻外星辰臨曲牖月邊鷗鷺起清秋白雲山色當空見黃木灣聲抱岸流東望蓬萊今咫尺可誰騎鶴過瀛洲

登鎮海樓　黃鏊

層樓百尺倚璇霄雄鎮東南萬里潮影浸𦒍宮廻砥柱勢吞鯨海護銅標晴雲鑠檻秋蕭索寒月窺簾氣泬寥觴咏盡爲蓬島客秦臺莫漫奏鸞簫

羊城弔古　署丞潘光統順德

南國川原幾變更三杯長嘯不勝情蓬蒿半掩劉

王塢山水猶盤陸賈城海寺晚風傳梵唄石門日送江聲登臨不用嗟殊代翡翠明珠屬漢京

五羊秋色圖　陳　堂

五羊化石自何年南粵山川思眇然樓閣參差天外見舳艫飄忽鏡中懸堯封禹貢風雲迥[illegible]草琪花日月偏況有芙蓉秋自好採芳誰爲到江邊

拱北樓 即唐時清海樓　鄭人達

十州地數廣州雄一上高樓思不窮頂上有星皆拱北眼前無水不朝東四時鼓角晨昏定是處人

烟水陸通愛殺嶺南風土好滿城蕉荔綠陰濃

粵城山樓待月　梁有兆

露冷疎梧秋夜涼樓前待月共飛觴清輝漸壯銀河失素魄初移玉漏長似扇總添班女恨如圭曾表漢官祥賓朋最有西園興促席抽毫愧薛莊

菩提壇待月　尚書何維栢南海

清齋飯罷暮鐘時塔裏傳燈樹影稀僧在上方秋寂寂月生東海夜遲遲風旛着相心先動明鏡非臺性自知却笑黃梅留偈別三更衣鉢使人疑

菩提壇　郭棐

菩提壇上紫烟横，月色眞憐此夜明。清漢風澄祇樹影，上方僧定梵鐘聲。旛緣有相心無象，鏡本無塵物有情。一悟碓前篩米意，便應祝髮學無生。

光孝寺重修寶公殿成　梁柱臣

寶殿秋高紺殿成，忽傳三秀向秋榮。璚枝乍捧慈雲出，玉朶遥分慧日明。色借菩提光煒煒，瑞開仙掌露盈盈。惟來竜象經行處，紫氣氤氲拂院清。

初冬過訶林寺淨隱禪房　陳紹文

山城冬日暎澄江古佛樓開八面窗貝葉經翻乍
鹿聽曇花鉢動[illegible]龍降風傳寶竇和金鐸霜落菩
提覆石幢共喜遠公能覓句不妨深夜剔銀釭

初冬過訶林寺淨隱禪房　梁紹曾

地僻乍冬晝掩扃山僧長誦法華經碑傳[illegible]代苔
空沒界入彌天草自靈旛影近從孤塔動鐘聲還
就上方聽乘酣共倚菩提樹歲久霜殘尚帶青

初冬過訶林寺淨隱禪房　梁紹裘

蓮社風流尚可尋壺觴應擬就東林旃檀歲久香

猶積薝蔔霜彫草半侵五蘊盡從塵外斷三車
聽夜來深相逢更問無生偈一臥青山任陸沉

送于少鑑自廣還紫邏　唐　李羣玉

鳴皐山水似麻源謝監東還憶舊園粵嶠風烟迎
轉旆洛州花木待迴軒宦情薄去詩千首世事閑
來酒一尊明日途中見顏色始應通籍入金門

見塔　塔在淨慧寺卽六榕　明　何維栢

西來衣鉢肇南宗預見浮屠立海東光照菩提七
寶裏竅生鄞鄂五明中相輪有相原無相空洞如

空未必空欲識本來真面目須從元始契參同

遊六榕寺

鹺使張廷臣　番禺

境入招提萬慮空此心偏與故人同彌天寶刹瞻千佛慧日虛壇憶六榕浮世光陰彈指外本來面目淨名中餘生欲結皈依地借問何人是遠公

秋日登六榕塔

馮樹勳

古寺浮圖二十尋我來天上氣蕭森千家暮雨催寒景萬里秋風散夕陰黃葉似塵依寶刹白雲如紙落禪林笑看滄海亦盃水悵望羅浮聊一吟

五仙觀　宋　古成之

撥破紅塵入紫烟，五羊壇上訪神仙。人間自覺無閑地，城裏誰知有洞天。竹葉影繁籠藥圃，桃花香煖映芝田。吟餘池畔聊欹枕，風雨瀟瀟吹白蓮。

五仙觀　明　黎貞

烟霞堆裏訪仙家，樓觀崔巍歷歲華。芒草綠荒壇下路，碧桃香老洞中花。天連丹井從騎鶴，水接銀河好泛槎。客況晚涼成久坐，鐘聲幾杵散棲鴉。

坡山　黎民表

玉京琳殿海東湄上客琴尊得共移仙隱已經羊化後吏情休歎盛衰時池空半落流雲影松古偏餘積雪枝應是丹臺曾籍記喜於蓮社結幽期

坡山　黄榴

藥圃芝田縱一遊人間元亦有丹邱穗含春意千年在石吐寒光萬丈浮留客鳥啼雲外樹尋眞人倚月邊樓騎羊仙子今何去蘆葉蕭蕭水自流

登坡山　李時郁

絳節何年下赤霄丹梯遺跡鞠蓬蒿白羊聞跨仙

人去穗石空餘紫氣飄夜靜樓臺時結蜃月明烏
鵲自成橋刀圭果有能輕舉黃鵠還應早見招

登坡山　同知鄧于蕃 南海

步入招提訪洞天鞭羊化石自何年持來紫穗難
克粟擲下黃金不當錢羽客臥高三丈日鯨音驚
動萬家煙坡山古渡無蹤跡異代曾聞此涉川

前題　黃鏊

坡山山頂白蓮池聞道羣仙舊結廬五色穗遺羊
化石九還丹就鶴留書鯨音朝夕傳高閣鷲嶺煙

霞切太虛前世初平今我是年來叱石又何如

前題　馮樹勳

五羊千載空留石穗艸朱明別洞開四幂香風飄道路六渠春色滿樓臺桃花亂落仙人掌栢葉光浮羽客杯取醉登樓望北極五雲深處是蓬萊

喜孫仲衍南歸 仲衍即孫西菴　黃哲

十年東去入皇都詞賦爭誇楚大夫疎散又辭金馬籍佯狂須覔步兵厨花開上苑啼鷓鴣草綠南園泣鷓鴣惟有碧山吟卷在夜隨明月照蓬壺

逐客年來覓舊磯，玉堂天上故人稀。春風粤鳥歸巢樂，秋水江鱸入饌肥。結屋旋開松菊徑，泛舟重着芰荷衣。羅浮道士還丹熟，相送琴樽入翠微。

懷南園五先生　劉介齡

中原文物回天地，洛社風流自古今。遥憶南園五星聚，漫誇東晉七賢林。阿誰大雅追唐律，遮莫希音有越吟。此日浮邱論往事，尊前何必嘆升沉。

懷南園五先生　鄭用淵

結社南園意氣雄，一時高調羨羣公。孤標宛似古

山老文藻渾如稷下風異代詞華傳白雪當年陳跡嘆飄蓬陰何盛美應難繼此日浮邱尚許同

懷南園五先生　鄧時雨

五子當年擅粵臺翩翩曾擬建安才詞場砥礪前茆進石室深藏削竹來聚散古今成夢寐風流籔蕩見琦瑰南園再到尋幽勝撫景能無首重回

懷南園五先生　郭棐

鬱鬱南園數畝宮當時結社盡人龍抗風軒上青虹射聽雨庭邊綠樹穠典籍聲華魁四傑臨清詞

藻麗雙松易菴更有青蓮興老衲摩雲幾萬重

懷南園五先生　楊瑞雲

迢迢南國有諸君白社當年結白雲笑向乾坤開混沌漫從嶺海見人文花明百越千村曉水到三山萬派分烟月浮邱秋自在幾人把酒挹清芬

南園舊社　縣尹 馮紹京 順德

南國山川洩至文瑞時威鳳五爲羣九天日月開眞主一代詞華勒首勳社夾枌榆青自聳池環蘋藻翠難分至今勝跡依然在風雅誰能復似君

虞翻苑

明經 梁無技 南海

門開金地淨香塵曾是虞翻舊苑春訶子樹知躭酒癖蘋蘩花識謫居人曲針客過無磁石祝髮僧歸化肉身不見青蠅弔孤影風幡堂上月華新

陸賈祠 原在訶林今遷鎮海樓

孝廉 陳 份 順德

雁翅城邊日欲晡秋光一片落寒蕪能將南服還天子不得荒祠事大夫啼鳥似訴降國舌野篁如擁入關符越臺青艸留閒地乞買黃金為鑄圖

抗風軒 南園五先生吟壇

仙城古跡 卷一 七言律

鶴自高飛雲自行南園花落不勝情五宮古樂千秋調一席詩壇百雉城樹帶晚風吟葉響窗開微雨隔虫聲石橋流水依然在欲向清波暫濯纓

荔枝灣 在羊城西郭外南漢主紅雲燕處

堤樹重重覆淺沙依稀如見舊繁華漁夫進酒蕩輕槳村女明粧出內家蓮放尚因香襪過荔垂曾照絳衣斜節歌點拍無人見日暮風吹鼓子花

素馨花燈 素馨南漢宮妃名　　僧見性

越女花田采摘歸滿城花片雪霏霏已將寶髻

西樵歷史文化文獻叢書

增補嶺海名勝志（七）

（明）郭棐 編
（清）陳蘭芝 增輯

广西师范大学出版社
GUANGXI NORMAL UNIVERSITY PRESS
·桂林·

明光禄卿嶺南郭蔓周先生著

嶺海名勝記

香山後學陳蘭芝增輯

卷四

花田

圖

花田圖

素馨墓

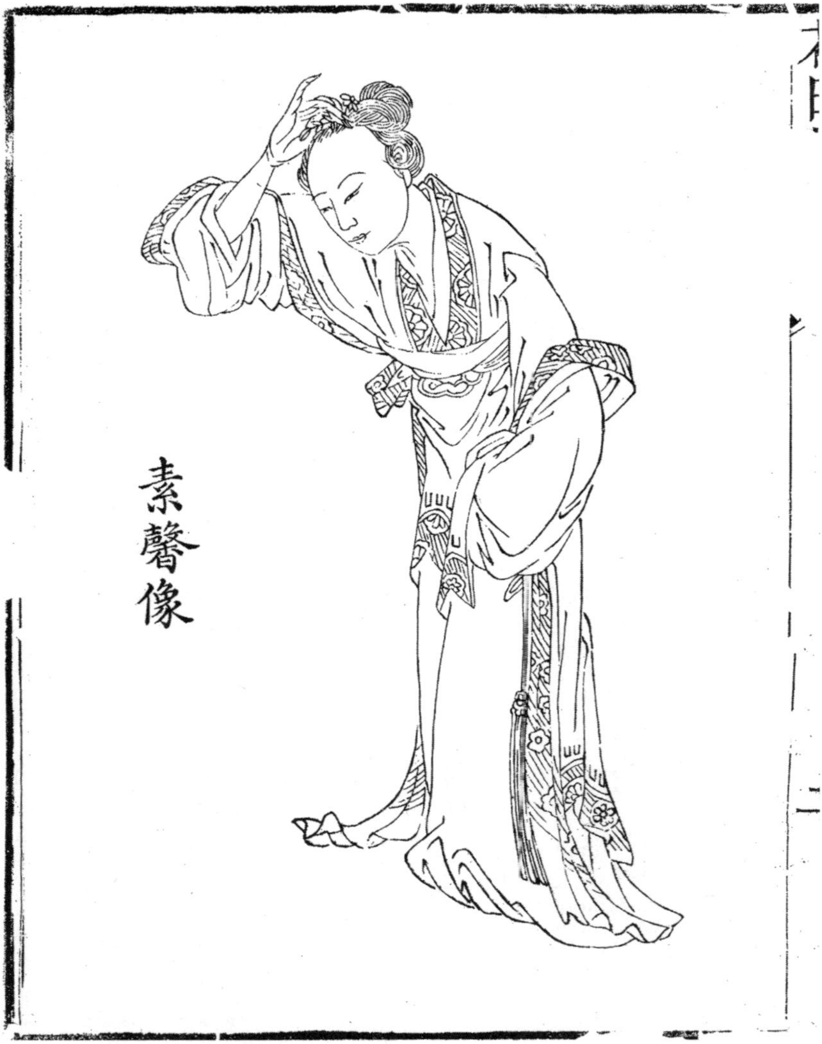
素馨像

花田記

香山陳蘭芝拂巖輯梓

、花田記

花田在河南庄頭村平田彌望盡種素馨花南征錄南漢葬宮人于此有美人喜簪素馨歿後遂多種之塚上名其塚曰素馨斜每月夜隱隱聞笑語聲豈芳魂猶結而未散耶今居人以種素馨爲業採之穿燈販於城市或貫爲花盤婦女買以圍髻芬馥可人四方士大夫多吟[illegible][illegible]

花田　卷八　記　一

花田記

賦類　香山陳蘭芝拂霞輯梓

光祿寺卿郭棐番禺

素馨田原賦

羅浮之山梅花之村淡粧入夢斜月黄昏舞則迴風歌乃過雲絳衣披拂以盈盈朱顏容與以輕輕送酒過武陵之水吟詩響杜若之汀或則流芳野店或則毓秀閑亭莫不變變幻幻露露花花然而魂之去兮樹陰柳影魂之來兮翠蓋香車曾見名花之爲麗人而豈知麗人之爲花乎彼夫竹彈

粉淚慟哭湘水之墟花結柔魂悲歌垓下之野奈何虞兮胡然帝也名姬之艸數莖尚留妃子之班千秋未謝顧乃容易移來尋常種去詎知有遷其地而弗艮接其根而非故核懷西池未是桃橘踰淮北須爲枳獨標素馨之名故表墓田之異乎爾乃招舟子及淸晨撥動木蘭之棹逍遙楊柳之津蝶使相引拾翠漸親還而望之若白璧璀璨產自藍田近而卽之如眞娘舊墓花草籠煙就而覩之如壽陽化去翠鈿零落如玉簪墜地嫩瓊飛却如

西施石上青苔如昨香以如雲色以如雪濯肌則粉見痕吹氣而蘭留葉既而登高墳舒勝覽珠海帶荔枝之洲雲山對菖蒲之澗桃葉渡以爲奇蓮花綵而俱幻時則有懷芳佚女玩物小童未襲采菱之曲猶嫌贈芍之風懿筐既執古道載從入深叢而拂露穿疎架以迎蜂荀令之座六時不歇麻姑之爪三月猶濃或製幾串之鮫珠或搓一團之龍卵盡勞小心多煩皓腕橋過賣花之聲翼來傳粉之汗勝金錢當錦幔別有人巧乃作天工貫以

翠筠之篋雜以木槿之紅玉燈既作金盞如籠疑三枝之出秦殿並九華之在漢宮于以購之張之蓬戶寂寂對花咄咄與語曰夫文艸芬芳筆花爛熳生補屋以牽蘿死埋玉而滋蔓虛言桂子落孤墳詎見芙蓉生空硯卿也何人渺哉小女縱牡丹之酣酒海棠之帶雨既華命於高樓便蟄靈於乎宇何化似茉莉之枝而秀出金釵之主語漸宵深隱几欲臥若有人兮眇眇顧我飛來三島襪雙灣飄下九天霞一朵毫濡墨池句題右座曰芰葉兮

剪衣荷蓋兮遲遲秋之深兮水之湄蒹葭蒼蒼兮露稀又曰紅心艸兮荒邱芳蕨兮粉浮逐臭海東兮不我儔蘭畹深林兮勝以幽疑裹花以肯來顧遺藻而飛去望碧漢以朦朧立清風而延佇

花田記

賦類　香山陳蘭芝拂霞輯梓

花田賦　梁無技

劉王初葬素馨於花田每殷憂而寡樂綱緜盈軒苔痕侵閣汎瑶瑟而不歡搴朱幃而寂寞子墨客卿乃爲花田賦以止王心其辭曰涉江皋兮朝露泛蘭舟兮夕烟傷美人兮南浦慘銷魂兮黯然散東風兮香翠墜芳艸兮金鈿爾乃南河之南高邱之下（叶戶）越陌度阡不封不樹風日鮮美雲泉布（叶之）

魂化露而爲花形銷烟而成土於時夏雨旣零秋風減熱十里烟開千枝露結其未開也綽約兮若神女之弄明珠其將開也徘徊兮若姮娥之呈皓月若夫曉月未沉水光籠霧想佳人之夢闌抱香心而未訴乃若夕陽下山返照在野想佳人之微醺情爛熳而將罷又若輕陰在岸微雨濕烟想佳人之浴罷却鉛華而愈鮮於是青溪綠岸連袂女郎踏歌碧水鼓枻清江採素馨而心死弔花田而斷腸亦有白雪詞人清華公子慷慨臨風流連往

事過昌華之離宮尋花田之舊址追昔日之繁華嘆芳塵之已矣或有樵夫牧豎愛慕纏綿提筐競採入市爭鮮聲散珠江之渡香隨瘴海之船豈惜君王之嬌寵徒爭餘利於花田至若採多香竭蔓斫枝連牛羊隴上燕雀林邊望花田而不見剩落花之餘烟更千秋而萬歲問南漢以何年少歌曰美人去兮鉛華歇殘夜餘香枕邊滅野田流水何濺濺亂烟芳艸飛蝴蝶於是劉王聞之悵然心息遂弛燕而罷遊乃賢賢而易色

花田詩

花田賦 古學試作　歐陽芬 順德

東粤名區南郊勝地九曜則種藥栽蓮五仙則乘羊秉穗越王臺畔早徵花發之奇楊子宅邊並著雪飛之異傳聞自昔固知田號金環流覽古今豈但灣名丹荔昔有劉氏僭號漢家葬茲愛妾種以名花千瓣迎風疎疎密密數枝臨水整整斜斜綴玉露之霏微髣髴朝勻紅粉罩輕烟之冪歷依稀晚幛青紗爾其暮暗岸雲曉分林曙玉質埋於當年香魂凝於此處漸消霸氣故主則尺土難留不

死情根芳卿則孤村欲據絲絲雨過翠袖之舞低
昂陣陣風生玉環之聲來去當夫抱甕以灌帶雲
而鋤仗園丁之培植待少女之吹噓綠葉初生亂
色則蜻蜓畢集輕苞乍拆探香則鶗鴂相於霜亞
千枝似垂素手雲連十里若曳輕裾則見湘水拖
裙蠙珠綴首白則象其素心香則同其檀口儼如
呼鑾道上縞衣白馬而擁其旁恍若紅雲宴中玉
面氷肌而隨其後風吹不散魂以此土爲歸雨潤
更多花逾異地所有於是扶筇遠覽曳屐閒過宿

霧含時若酣春夢清溪映處似轉秋波擲金錢而不惜貯花瓷而愈多玉盤朶朶擎來形迷珠箔皎月枝枝照去色混素娥嘉植既已有此繁葩孰註其他乃若蘭橈初放妓女成行曳輕羅而窈窕向綉陌以徜徉揮扇則撲來蝴蝶扳條則驚起鴛鴦比含笑於叢中妥簪雲髩擬合歡於林下便贈檀郎紫竹穿成看去則堂前燈炯銀絲開遍醒來則夜半髮香是葢游魂已遐遺魄在此雪膚化就共玉色以爭妍粉膩沾來映鏡光而愈美賣花聲欺

悠悠之水調歌殘採花人歸嫋嫋之竹枝謳起結靈根於萬年誠美人其弗死

花田賦 以此地有花香於他處爲韻

黃丹書

河畔潮生村頭日起芳信一番好風十里憶南漢之遺蹤訪西郊之故址田非穲稏還須越陌度阡花惟素馨未要千紅萬紫緬霸圖之赫赫於今安在哉思倩女之亭亭何爲而至此當其從離宮居禁地葉未題紅鈿還拾翠朝隨藥洲之遊夕陪花塢之醉盧琼仙不讓蛾眉波斯女應輸狐媚呼鸞

道上曾看甘菊芙蓉昌華苑中不乏紅蕉丹荔伊衆卉之何繁惟兹花之是嗜爾乃瘞玉方深埋香已久追遺躅而猶存攬芳魂於何有分來千本擬宰木之千章種得百枝等樹蕙之百畝何須籬護緣滿方畦不借豆棚青延高藪時惟夏仲地接江涯曉風乍拂微雨初斜一片如霜白過野人之屋數聲似雪香浮蛋子之艖幾朶費天工不異唐昌玉蘂何處尋人面應同崔護桃花則有園丁巡圍樹子灌漿小摘而涼露在手頻擷而朝日盈筐此

種秫之勞而力倍芒軟新杭之穫而利倍償擔去
街頭聲破幽人之夢吹來河上香迴愁客之腸作
串串之明珠眞堪不夜貯囊囊之碎玉還自生香
若夫紅閨乍起小閣相於茶槍鬬罷碁局殘餘月
淡黃昏棗花簾下論錢買酒闌茗芋樺燭光中遣
鬟徐或綴鳳釵橫落水精之枕閒穿燈籠長懸霧
縠之幮極此花之風味皆是田之菑畬至於伊人
宛在佳種偏多短屐侵尋惜氷姿於異代古犂耕
上憐玉骨於荒坡共浥芬菲拈來不覺微笑容

花田紀　卷八　賦

花田記

旖旎行處還呼奈何搜篋典衣興來誰復顧我釵沽酒相邀應喚泥他夫是以悵彼美之云亡幸奇葩之能遇與茉莉而同芳偕寒梅而競素玉鉤斜畔千載能招其魂百花冢中幾輩猶知其處又何必怨簿命於紅顏而弗傳逸韻於白紵也哉

花田記

詩類　香山陳蘭芝拂霞輯梓

、花田咏古　查慎行

雁翅城南寂寞濱芳華小苑已成塵珠襦夢斷鴃啼曙粉麝香消雨洗春翠黛幾經偏霸主素馨曾識故宮人賣花擔上東風信流轉人間又一巡

素馨田　陳份

濛濛空色遶閒原一路微香點雪痕莫主幾曾留只土芳魂如欲踞孤村斷心野老尽侵骨臨水人

到門怪底花農少荒歲從來不死是情根

素馨田　梁無技

素馨田近水雲村南漢餘香今尚存卮酒已乾亡國淚名花空葬美人魂沙頭市占晴篋滿港口橋爭晚渡喧還望平疇烟漠漠君王嬌愛復誰論廣輿記載花田在府城西今不可考唯河南有素馨田地近沙頭小港

花田夜月

美人無夢到劉王舊苑池亭跡已荒花入西陵魂[illegible]艷月留南國影[illegible][illegible]紅雲散盡天如水絳[illegible][illegible]

來地有霜五代豪華何啼鳥曉風殘露過橫塘

素馨田　　吳鏌

學農學圃費經營不死情根尚種情十畝西疇蘭麝土一抔南漢黍離生春風蛺蝶招魂葬夜雨流螢尚火耕重譯未繙那息茗花阡誰爲表芳名

素馨田　　胡方

閭閻徧地不留花名在猶令望古嗟梁苑月明銀樹起紀少瑜建興苑詩銀樹起千尋隋宮烟靄玉鈎斜冶容流韻連劉氏艷骨成灰共漢家歲代錢塘林木並却由

疑見錦如霞錢鏐受封歸樹皆施錦

素馨　羅天尺

玉鈎難斷是情根結霧環烟淡淡屯髻上酒醒才子氣枕邊香墮美人魂嶺南聲價珠千斛漢殿風流月一痕寄語纏頭君莫惜賣花聲歇易黃昏

素馨田　江淵

只死氷肌不死名餘香數畝漢家情魂歸尺土山河寂花落秋風燕雀耕清露墜時珠汗薄膩烟飄逗粉痕輕無愁最[illegible]粧女村外黃昏喚一

明光禄卿嶺南郭棐周先生著

嶺海名勝記

香山後學陳蘭芝增輯

江門

江門釣臺圖

劍臺

楚雲臺

江門釣臺

何處江邊着釣臺楚雲明月盡收回若比桐江還勝槩千年埋沒一朝開

檢討陳獻章

白沙先生像
江門
卷九　像讚

白沙先生像讚

壘應霆飛。呈見之奇昜。皆端倪斂聚之資。衘勒不遺。動靜之覘鳶魚自如。物我之空南斗。金書當皆已莫測其神變。長空大海。流風猶足繫乎綱維。嗚呼。黄雲紫水嘗聞其槩。或若儀刑之可即矣。孰攀駕。夲非異代。又何憾此生之後。皆哉。

吉水後學羅洪先譔

江門記

香山陳蘭芝拂霞輯梓

原序

公甫陳先生生於新會白沙里數十年來嶺南士風一變者先生啓之也凡今天下莫不知有白沙先生得其片紙隻字訝以爲榮嗚呼先生豈但風一方而已哉實足風天下風後世也其文烏得而不傳哉㣲懼其久而散失館其門人容貫采而輯之遂授梓而傳焉噫先生豈待文而傳之哉文之

江門　卷九　序

非先生之意也僑之責也不然天下後世將訾

以不知道不知先生徒知是邑一俗吏焉耳已矣

是故傳之時宏治乙丑春三月朔吉水羅　僑撰

江門記

序

夫先生聖人之徒也先生詩文其中古之制作乎其詩歌如風雅頌其文辭如謨訓誥或聞之愕然曰何哉若是其大也不亦少誇矣乎今觀其詩歌之體裁猶夫今之詩也何取乎風雅頌觀其文辭之矱度猶夫今之文也何取乎謨訓誥曰非是之謂也孟軻有言今之樂猶古之樂也何謂乎聖賢之言發乎人心之同然故與古訓異體而同道氐

惟求於牝牡驪黄之外者而後得馬之真相忘於
言語形似之外者而後得聖賢之藴是故以其中
和之性情發而爲中和之詠歎優柔而敦厚焉是
亦風雅頌而已矣以其自得之精意以發其未發
之藴載道而典則焉是亦謨訓誥而已矣曰然則
何以異乎曰言詞古今之不同猶之東西南北之
方言聲氣之異耳矣而因以爲人情有異可乎今
以詞之古今而疑聖賢之異者則亦猶求人性於
東西南北之音之類也求馬於牝牡驪黄之類也

曰然則果若是同乎曰以詩觀之風殊於頌頌殊於雅矣遂謂詩果不同可乎以書觀之誥殊於訓訓殊於謨矣遂謂書果不同可乎則又何疑乎後世之詩之文也哉故求先生之詩文者當求先生之道於言外之意以合於古訓而不當求先生於言詞之間則惑也夫然後知先生之詩文不可以後之詩人文士之詩文觀之矣門人湛若水撰

序

夫道貫古今匪明弗著孔孟而後廼有濂洛薑[illegible]

如矣唯明嗣興若白沙先生者其周程之徒與蓋
先生起於南粤獨悟道妙而非有能授之者是故
其見道明故其體道至其體道至故其言論簡易
而弗支且多夫其弗支且多也故凡形諸動靜存
諸語默播諸詩文徵諸出處罔非道妙呈華譬諸
化工流形萬彙森布各止其所而其文固焕焕乎
莫之繪焉夫豈雕鏤綴奇苦思模擬役心埀後而
故存之傳邪者哉雖然其猶先生之緒餘焉矣乎
是故道裕諸心精明應妙固莫能覯矣而自有與

天地悠久不滅者存非賴是能彰之也然志士君子非得之其胡所考見儀刑故其門人張東所既采集之梓諸其里矣四方猶罕覯焉予柄維揚敎與諸士講學暇偶談及兹書共以未得爲憾遂出手本命卞生宷也輩刻之因訪諸吾友沈女淵氏得遺集二三冊焉爰增其未有者削其不必存者以付梓人宷也輩廼欣然成之其志可知矣因謂之曰兹刻也豈徒存載籍已哉將以求先生之心焉耳不然彌文而已矣生輩謝曰謹受敎因識之

且題曰白沙子猶孟氏七篇而題曰孟子之義也
嘉靖癸巳仲秋賜進士西蜀後學高　簡撰

白沙先生改葬墓碑銘

惟明宣德戊申歲十月二十一日白沙陳夫子公甫誕於新會惟育成於姚旌節林氏惟生於考琮樂芸之既卒樂芸生於渭川渭川生於東源東源生於判鄉惟乃高祖惟夫子有生乃異始讀孟子志於天民二十年舉於鄉二十有七年罷於禮闈從學於吳聘君聞伊洛之緒既博記於羣籍三載

罔攸得既又習靜於陽春臺十載罔協於一乃喟
然歎曰惟道何間於動靜勿忘勿助何容力惟仁
與物同體惟誠敬斯存惟定性無內外惟一無欲
惟元公淳公其至矣故語東白張子曰夫學至無
而動至近而神藏而後發形而斯存知至無於至
近則何動而非神故藏而後發明其機矣形而斯
存道在我矣夫動已形者也形斯實矣其未形者
虛而已矣虛其本也致虛所以立本也語南川林
生曰夫斯理無內外無終始無一處不到無一息

不運會此則天地我立萬化我出而宇宙在我矣
得此欛柄更有何事上下四方往古來今渾是一
片自兹以往更有分殊合要理會終日乾乾存此
而已甘泉湛生因梁生景行以見語之曰噫久矣
吾之不講於此學也惟至虛受道然而虛實一體
矣惟休乃得然而休而非休矣惟勿忘勿助學其
自然矣惟無在無不在斯無忘助矣問體認天理
曰其兹可以至聖域矣問參前倚衡曰惟子是學
矣問東所張子敏也子何不之講曰弗問弗講且

順其高談然幾禪矣甘泉生曰夫至無無欲也至近近思此神者天之理也宇宙以語道之體也乾乾以語其功也勿忘勿助一也中正也自然之學也皆原諸周程至矣惟夫子道本乎自然故與百姓同其日用與鬼神同其幽與天地同其運與萬物同其流會而通之與生生化化之妙皆吾一體充塞流行於無窮有握其機而行其所無事焉耳矣惟夫子學本乎中正中正故自然自然故有誠有誠故動物惟歲丁亥遊於太學祭酒邢公爲之

彰厥譽一峰羅子定山莊子爲之左次遼陽賀子
爲之執贄惟歲壬寅方伯彭公督府朱公爲之薦
其才夫子疏於朝曰臣母以貧賤早寡俯仰無聊
殷憂成疾老而彌劇使臣遠客異方臣母之憂臣
日甚愈憂愈病愈病愈憂憂病相仍理難長久臣
又以病軀憂老母年未暮而氣已衰心有爲而力
不逮乞歸養欽授翰林院檢討不敢辭自爾薦書
歲至不行或勸之著書不答夫不辭以嘗係仕籍
也恭君命也不行達可行也夙志也不答著述之

請寓諸詩也夫道知語默動靜而不失其正焉耳矣惟宏治戊午遘疾彌留弗與越二年庚申二月十日乃卒方伯周公孟中葬之圭峰越二十有一年惟正德辛巳肖子景雲謀及門下晉江知縣梁生景行翰林編修湛生若水庠生鄧生德昌湯生霈太學生趙生鳴善處士梁生景孚曰惟予家中否惟予兄弟二人景暘也先折惟諸子弗振惟我顯考之藏卜罔知吉至以累子若水輩乃以鄧生湯生具以十一月十二日改葬皂帽峰下聞於憲

長汪公鋐以聞於巡按謝公珊下於府太守簡公沛爲助之金總鎮韓公慶聞而先助之吏部方公獻科益助之府命縣典史賀恩義官鄧南鳳士人馬國馨董葬事乃襄事餘置祭田買其前湖湖曰自然昭至學也昔者水也聞諸夫子曰天下未有不本於自然而徒以智力收顯名於當年精光射來世者也夫自然則誠矣故夫子之生也人榮之其死也人哀之其誠之所爲乎銘曰混沌既鑿源遠益分分乃支離體用弗原孔孟而下若更一門

門各爲戶競出異言渾渾濂溪有沿其源一爲聖
學示我大全學絕道喪千載棼棼天篤夫子握會
之元泝程而周再復渾淪何名渾淪溥博淵泉直
指本體挽漓而淳孰惑寓言孰惑其禪惟此天理
二途判然師於抹世可謂元勳念功考德永護茲
墳毋毀支木以傷其根門人翰林院編修甘泉生
湛若水撰

從祀　文廟疏議

先是嘉靖中言者請進薛文清瑄從祀孔廟隆慶

初言者又欲併王文成守仁陳檢討獻章祀之卒
莫定至是臺臣詹仕講王學會復以爲言下館閣
議儒臣李廷機曰學之祀孔子何也謂其道爲萬
世師也孔廟之有從祀何也謂其羽翼孔子之道
也諸生誦法孔子者衆矣然或獨得稱羽翼者何
也謂其徹乎道也國朝理學浸淫追宋而上之漢
唐弗論也則愚以爲三人者與有力焉國初固多
才然而挺然任聖道者寡矣自河津薛公起而引
聖道爲已任卮言細行必準古遺訓而繩之蓋自

是天下學道者四起爭自濯磨以承聖範豈謂盡出河津哉要之默自河津啓之也然而士知惇質行己矣於心猶未有解也自新會陳公謂學必有源靜而反觀乎此心之體得其自然而不假人力以爲至樂具是矣其於世之榮名若遺也蓋自是天下學道者浸知厭支離而反求諸心豈謂盡出新會哉要之默自新會啓之也然以其初知反本眞也則猶隱然與應感二之也自會稽王公於百難萬變中豁然有悟於學之妙機以爲天下之道

原自吾本心而足也於是揭人心本然之明以爲標使人不離日用而造先天之秘不出自治而握經世之樞及其隨所施而屢建大勛則亦由學之約而達也蓋自是天下學道者浸知顯微之無間體用之一源睹然有中乎道之竅郤豈謂盡出會稽哉要之默自會稽啓之也愚故以爲此三人者皆所謂羽翼孔子之道者也今河津既儼然列於孔廟矣則進新會會稽而三之夫豈曰不宜世之撓其祀者故多端諸卑卑謾說勿論也高者見謂

顓求性命之精使人忽躬行而廢多識此亦未深究夫先生之學者夫兩先生以爲心鏡之不明安取躬行之中否而修之是故而求諸心也正所以爲制行之權也學而求諸心則殫見洽聞皆所以啓聖天之聰遺其心而惟聞見之求雖盡天下之物而識之無當耳今考新會之論曰識見要超卓踐履要篤實會稽則曰人須在事上磨鍊做工夫乃有益彼却何嘗忽躬行也新會之論曰以我而觀書隨處得益會稽則曰以蓄其德爲心則多識

前言往行孰非蓄德之事又却何嘗廢多識也而猥以此爲兩先生病兩先生有所不受矣比者擯斥諸言理學臣毀其講壇士人噤口結舌今幸廟堂黙以理學布諸政抑旣下令弛其禁矣然而人心猶未釋然信也誠以此時附兩先生廡序中儻可以立儒幟而起士風乎愚以爲從祀兩先生則人心當從祀兩先生於今日則時又當云云鄒德溥曰王文成陳白沙二先生之學葢所謂嚅嚌道眞涵泳聖涯一代學士先生之褎然者也文成用

世悟道於斆閱體驗之餘白沙高世得道於沈潛靜篤之中故一則曰致良知一則曰戒慎恐懼曰勿忘勿助曰自然良知之說似創而非也自是孟軻氏無爲不爲無欲不欲之宗旨也彼其歷試險夷躬當盤錯磨礱練習而後有以見夫宇宙之内千變萬化皆出自吾心一點靈明不過致其良知而足也是以獨標以爲教也戒慎恐懼勿忘勿助自然之說似沿而非也自是吾人收心養性集義養氣之節度也彼其用意檢點極力收束強勉刻

勵而後有以見夫戒慎之功纔忘纔助俱不是吾心自然本體不過還之自然而足也是以歷舉以爲教也蓋二先生學皆出於聖賢而非出於胸臆皆得之踏履而非得之講談嘗試稽之年譜叅之輿評則其立身行己其居官任事其治家處鄉並無有得而容議者或乃見其一二門人不厭衆心也而並有惑志於文成見其陽春臺中端默獨坐也而以禪學疑白沙夫自尼聖已不能保其往與其退而靜之爲禪將所謂未發之中者非邪愚以

爲二先生之學並不背乎聖人而二先生之祀各有補於世教祀文成以勸夫縉紳者使人知用世之爲學不必藏而後可以修祀白沙以勸夫遺逸者使人知不用之亦爲學不必仕而後可以顯葢以宋代區區而祀於黌宮者尚若干人我明二百餘年人文之盛視宋何如哉而僅僅一河東也進二先生而祀之其誰曰不可而議者紛紛續又奉命禮部會同九卿科道廷議歸一部議又請獨祀布衣翰居仁少師大學士申時行乃具疏上言皇

上重道崇儒德意屢下深切著明如此今該部覆議乃請獨祀布衣胡居仁臣等切以爲未盡也彼詆訾王守仁陳獻章者除所謂僞學霸儒原未知守仁不足深辯其謂各自立門戶者必離經叛聖如老佛莊列之徒而後可若守仁言致知出於大學言良知本於孟子獻章言主靜沿於宋儒周敦頤程顥皆祖述經訓羽翼聖眞豈其自㭊一門戶耶事理浩繁茫無下手必於其中提示切要以啓關鑰在宋儒已然故其爲教曰仁曰敬亦各有主

獨守仁獻章爲有門戶哉其謂禪家宗旨者必外倫理遺世務而後可今孝友如獻章出處如獻章而謂之禪可乎氣節如守仁文章如守仁功業如守仁而謂之禪可乎其謂無功聖門者豈必著述而後謂功耶蓋孔子嘗刪述六經矣然又曰予欲無言曰吾無行而不與二三子門人顔淵最稱好學矣然又曰於吾言無所不說曰退而省其私亦足以發夫聖賢於道有以身心發明者比於以言發明其功尤大也其謂崇王則廢朱者不知道固

互相發明並行而不悖蓋在宋時朱與陸辯盛氣相攻兩家弟子有如仇隙今並祀學宮朱氏之學昔旣不陸廢今獨以王廢乎大抵近世儒者褒衣博帶以爲容而究其實用往往病於拘曲而無所建樹博物洽聞以爲學而究其實得往往狃於見聞而無所體驗習俗之沈錮久矣今誠祀守仁獻章一以明眞儒之有用而不安於拘曲一以明實學之自得而不專於見聞斯於聖化豈不大有裨乎若居仁之純心篤行衆議所歸亦宜併祀我國

家二百餘年理學名臣先後輩出不減宋朝至於從祀乃止薛瑄一人殊爲闕典昔人有云衆言淆亂折諸聖伏惟聖明裁斷主持益此三賢列於薛瑄之次以昭熙代文運之隆制曰可於是令天下學校皆祀守仁獻章居仁位在薛瑄之下

送白沙先生序

白沙先生處南海者廿餘年矣觀天人之微究聖賢之藴充道以富尊德以貴天下之物可愛可求漠然無動其中者孟子曰飽乎仁義不願人之膏

粱令聞廣譽不願人之文繡周子曰見其大則心泰心泰則無不足無不足則富貴貧賤處之一也其斯之謂與夫天生物也人爲貴其與人也心爲大其人居之以禮位之以義道之以知出之以信成之以配天地以明日月以行鬼神以流河海以奠山岳以綏萬邦以蕃艸木育鳥獸大行爲伊呂窮居爲孔孟不其大與孔子曰富與貴是人之所欲也貧與賤是人之所惡也先生不欲富貴而樂貧賤獨何心哉見其大而已矣堯舜禹天下大聖

也爲天子天下大貴也有四海天下大富也孟子曰人皆可以爲堯舜荀子曰途之人可以爲禹爲堯舜爲禹豈其爲富貴哉爲其大而已矣走而爲大者麟飛而爲大者鳳介而爲大者龜鱗而爲大者龍人而爲大者聖賢飛走鱗介有爲大者以人而不爲焉不亦禽獸之恥乎趙孟之所貴彼能大之亦能小之也自我而大者彼惡得而小哉大自人者小人大之一時大之君子不大也小人大之君子大之天下大之後世大之大自我也然後可

以爲大也先立乎其大者然後小者不能奪也然後亦可以爲大也可大者獨先生哉先生南歸道金陵諸君名爲四韻詩以别謂余言余顧謂諸君自立其大者余何言成化五年己丑夏五月廿又四日永豐羅倫書

詩文序　　黄　淳

日星麗天非天之所以爲天也然而天之精可得而推焉萬古斯文猶日星麗天非聖賢之所以爲聖賢也然而聖賢之精可因而見焉孔子曰文王

既沒文不在兹乎文其可少乎哉白沙先生崛起海濱倣希鄒魯陽春靜養碧玉自得舉凡天下可愛可求漠然無動其中不事著述閒嘗拈弄於詩文亦可以得先生之所以爲先生也我皇上建聖真之極昭揭正學崇祀文廟四方學者益思得先生所著以爲觀法也顧邑中全集歲久蠹殘淳積欲新之未能也項林君嘉讓過金陵得甘泉湛先生京師所校刻歸以示淳曰湛先生久在門墻是必得先生精意之屬子嘗有志於此請校梓焉可

乎淳曰幸甚君其圖之乃閉戶讐校間有所疑必以質淳錄成同社何君上新遂萃三五同志付之剞劂謂淳不可無紀淳曰先生之學心學也先生心學之所流注者在詩文善讀者可想見其天地胸襟濂洛造詣否則等糟粕耳神神相契世能幾人何君輩斯刻可謂大有功於斯文者矣淳烏敢辭謹記

修復白沙釣臺記

新會邑侯　王　植

古人之學非兀坐研探亦非冥心靜悟之謂也一

遊一息一動一作無非道機即無非學趣孔子之門不廢釣弋風詠而山水間皆見智仁此性之所以無內外而迂偏淺涉者鮮識其旨也余代殂岡州訪白沙子遺踪知江門故有釣臺葢先生與甘泉世卿諸子所嘗垂綸其際者惜淪於荒烟蝕岸間久矣兹其裔孫仕業大業輩來請於余規復故蹟可謂肯堂肯構無忘洒祖遺澤者矣顧余念古之釣者多有渭濱之釣非釣功也而功隨之富陽之釣非釣名也而名隨之先生之釣非釣道也而

泮門記

道歸之盍當先生碧玉自得時得意忘言偶寄於物潛心內証外適於情恒人之常事而大儒之就將存焉釣即其學學即其道也生輩知此庶幾斯臺之表皆羹牆之睹乎抑余亦嘗學釣道矣昔宓子將之單父有語以釣魴與陽鱎之異者宓子得之以傳尹鐸尹鐸傳之召杜又傳之龔黃卓魯諸人歷傳至明之丁積以治岡州有聲時與先生以道訂交甚相得也余竊慕之故余之政以方直爲竿以廉正爲綸以禮爲餌而以邑人士之非公不

至爲眞能甘吾餌者夫苟知學則學學也釣亦學也卽政又無之非學也願以弁告生輩及邑之有志於道者且語之曰倘皆不近吾綸吾亦將惜吾餌

先生初聘到京時公卿大夫日造其門者數百咸謂聖人復出云

原序

白沙先生之學從精一之功而來者也書曰惟精惟一言精則純純則不雜不雜則心便一伏讀先生詩文無慮數萬言其曰得此欛柄入手更有何事此者指此理言之得者從自己得之此理實得

於心無少夾雜精矣只一個理在此應用一矣語精則一在其中何事之有苟離精一工夫更無欛柄欲日用間種種應酬心理凑泊艱哉此學不傳久矣禪學者空諸有以求之俗學者葬書册以尋之皆是襲取毫釐千里乃若先生之學大都具是書矣上下四方往古來今渾是一片除却精一之外更無别法按先生從吳聘君遊若干年歸而靜坐白沙若干年養出端緒隱隱呈露靈丹點砂直見本體道在是矣今人無論賢不賢都知先生爲

振古之豪顧不求之心而求之外則雖高談性命
繩趨尺步而心與行違不助則忘脫落超造之眞
豈容有此障礙耶嗟嗟正學本無兩途苟且遷就
決非眞到吾人寓形宇內汨沒波靡果何日得斬
截工夫與聞陽春臺之緒乎噫猶幸有先生精一
之傳在也隆慶三年孟冬朔後學惠安林會春撰

江門記　卷九　記　丞八

江門記

贈詩上册　　香山陳蘭芝拂霞輯梓

贈白沙先生詩　　周　源建安

人物明時第一人欲將斯道覺斯民才追班馬文章古學究關閩道德新虞綱豈能籠綵鳳魯郊終見獲麒麟孤舟明日金陵去回首春風入夢頻

前題　　涂志文禹穴

洙泗汪洋詎有限泒分濂洛與關閩茫茫泣面嶺南去濯盡人間多少塵

贈白沙先生詩　　謝文祥湖南

白沙先生年四十屹然砥柱中流立肩頭負擔重千鈞萬古顏曾與長揖先生豈是不憂君先生豈是忘民急先生豈是薄公卿先生豈是躭蓑笠大行此道便鋪張窮來此道還收拾先生明日辭金陵我懷陡覺殷憂增白雲大袖弄溪水吁嗟堯舜誰與爲

前題　　項麒仁和

秋水青瞳靜青天白幘高吾儒有矜式斯世孰甄

陶跡混山林槁心親湖海豪乾坤好風月吟弄樂陶陶

前題　沈鍾姑蘇

名字流傳宇宙間鯫生何幸此躋攀光陰半百隨流水嶁岣之中見泰山閲世雙瞳如許大括囊萬里又空還斯人未得霑恩澤著作功成定不刊

前題　潘琴栝蒼

潮生晚風急孤舟去何之誰知三載間乃有三别離平生曠達懷不以去國悲辟彼縱豁鱗萬里焉

能廢所嗟參與商未有重見期深林翳長林不肯

炫所奇幽花出灌莽恐受衆目疑君應慎所履慰

我長相思

贈白沙先生詩　　郁雲華亭

旅館驚相見同爲上國賓問年皆老大惜别又逡

巡湖海雙蓬鬢乾坤一偉人棹頭留不住歸卧碧

山春

前題　　章懋蘭溪

洙泗迴且深伊洛浩不息建溪一以逝淵源遂湮

沒浙水泛功利西江浸虛寂漂淪二百年末流靡
終極明經取青紫滔滔不知溺誰哉障狂瀾爲我
存一脉有美羅浮仙金聲玉爲質巖棲四十春遺
編自探索章甫非我心鏗然只鳴琴寤寐千載人
今古如一日興喪天豈知棄捐吾自失負重道路
長行行愼無斁安得辭世紛雲山隨杖舄共對梅
花春細問先天易

前題　龍瑄　江東

獻納遺初願行藏任此身欲論天下事誰是眼中

人歲月歸時晚江山到處春相逢煙水外尊酒話垂綸

贈白沙先生詩　沈暉宜興

獻笄未得志拂衣歸海東大材偏不偶吾道豈終窮著述誰來裔衣冠復古風天長羽翼短安得附冥鴻

前題　姚璟于越

多君志道德英邁允超羣元氣時應會光風世更聞隴梅開夜月溪水漲秋雲昨幸韓荆識東歸借

袂分

前題　　黄仲昭 莆田

考亭遺蹟久荆榛風度眞堪繼後塵千載武彝人仰止羅浮從此共嶙峋

天涯兩度挹春風甕裏醯雞待發蒙明日又從江上別離心一片逐冥鴻

前題　　莊昶 江南

百年吾道在東周天下斯人豈易求誰爲齊王留孟子自知堯舜有巢由鳳凰氣象終千仞北斗光

芒共九州萬里東南溟海濶蒼生何處問乘桴

題正節堂　李東陽茶陵

高門棹楔過高樓節婦名題在上頭棹楔如山屹不動門前江水自東流

面面青山遶白沙蕭蕭白髮映烏紗欲知内翰先生宅元是南州節婦家

嶺南風景値千金楚客歌成萬里心莫作楚歌歌此曲阿婆元解嶺南音

大忠祠下非無路正節門中更有人莫道人心不

如古須將節婦比忠臣

碧玉樓　　　　　　　　方獻夫南海

羣峰擘翠此樓開指點虛無是體裁碧玉無人誰作賦白雲終日共銜杯林坳霧隱鶯聲遠屋角春深燕子來睡起開窻更何有澄江對雨幾縈迴

前題　　　　　　　　黃佐香山

堂前雙栢走蒼虬苔自侵階鶴自謀怪底詩翁貧到骨野風蕭瑟蔗塘秋

百年聞道屬斯人碧玉中藏太古春我今登樓望

江水青山紅樹四無鄰

獨上高樓望八荒浮雲飛盡月澄江人間亦有虬髯客投老扶南自一邦

鶴骨崢嶸盡輻開執鞭何計起泉臺翰林桀戟依然在會見先生馬首來

嘉會樓　林應驄　莆田

徵書迢遞下林邱一見君王便乞休令伯可能忘菽水漢家終不屈羊裘簾開山色年年綠月落江聲夜夜秋出處於公真勘破畏途元不似滄洲

嘉會樓　　曾仕鑑南海

百尺中天此一邱千年詩句滿登樓花開花落春

長在雲去雲來水自流一脉只今傳孔孟六經終

古看奎婁臨風短篴無人和早共江門問釣舟

嘉會樓　　李以龍同里

日出東南萬里明高臺遥指白雲生漫隨古道尋

花柳肯向時人說姓名殘碣舊詩猶有跡滄波煙

艇已忘情却憐擾擾浮生夢欲向先生問八溟

小廬山　　袁奎豐城

乾坤今古幾盧山鹿洞傳心咫尺間一自白雲深鎖後無人抱月踏歌還

小盧山

門人區越

放歌天地倚崆峒半畝猶存處士宮螺黛蹲連山九鎖囂塵飛斷路千重巖閉鹿跡侵苔綠春淺桃花覆澗紅千載楚雲思不盡欲憑黃鶴問遺踪

盧阜精舍

吳廷舉蒼梧

聞歌容易答歌難此是乾坤第幾關眼孔今時小東魯脚跟吾已到盧山松陰過雨青天迥花逕封

晉白晝閒一榻我留三宿去山靈莫浪笑空還

楚雲臺先生爲門人李承箕建　張問行同里

何年高起讀書臺臺下陰雲點翠苔明月在天風在柳更無人自楚中來

南泛江門謁白沙先生故居　何維柏南海

蓼𦸗江門意獨深扁舟南下歷江潯黄雲影裏千峰靜碧玉樓中萬古心吾道淵源眞有自釣臺風月尚堪尋凭闌極目遙天外欲扣漁歌和此音

謁白沙祠　區大相高明

瀕海應鄒魯東南挺大儒有言皆典訓何事不師

模舊宅餘經壁蒙泉啓聖途懷思不可接俯仰愧

吾徒

謁白沙祠　區大倫高明

淑艾不須疑神交在往時懷君千古意貽我數篇

詩星日推宗學江山餘夢思致虛元有受夙昔貴

無爲

和白沙先生菊花詩　林大章同里

重陽菊綻九江濱彭澤風清獨岸巾千載又開盧

阜徑秋英還遇古今人
紫豔初移自澗濱幽懷更對玉臺巾楚雲別去遥
相憶欲折寒香寄遠人

江門 續檢　　　　　　　　曾仕鑑 南海

盧阜晴開碧玉樓十年三度此維舟伊人何處蒹
葭暮縱有青樽不管愁
迴合青山一水分萬家烟樹接黃雲孤舟酒醒江
門月笛裏梅花盡夜聞
鷺宿沙青江水空楚雲回首月明中長風鼓柁厓

門去萬里滄波與不窮

江門謁陳文恭先生祠　鄺露

楚雲臺接小匡廬紫水歸人賦卜居鶴髮尚披孺子服羊裘終枉美人車山連北户多藏豹門對南溟有化魚碧玉樓前千仞雪肯容狂簡禮簪裾

江門釣臺先生初無書不讀至是屏而靜坐　胡方

陽春台倚小廬山讀盡群書坐此間千里聖凡爭一膜十年虛靜破重關礦非化燼金難見汞要成丹灰始還禪定誣時須忌器心齋濂洛也希顏

碧玉樓　　　　　　　　王　景番禺

山光高接小匡廬百尺元龍得似無恩重九重留片玉道隆千古見鴻儒致君懶逐朝陽鳳報母恩隨反哺烏靜裏端倪誰繼響天空憑眺獨躇躕

題界江李文光八景歌繼陳公甫作續檢

狀元羅　倫永豐

石齋天下士落筆浩縱橫江山欲改色星斗苾寒明界江忽在手萬里隨君行龍眠久黃土此畫天無精想當盤礴時半夜雷霆驚依依古槐柳不謝

東風榮紫烟生暝色霽月涵秋清宛宛牧童起翳

翳漁鐙青摩訶亂吾伊夜靜如聞聲舍弟廣東來

念子江湖英唾壺歌欲缺玉笥嶸蒼冥石齋白沙號

和林緝熙正容堂緝熙白沙高弟

寂歷驚猿定幽軒月到時江山空翠在肝肺老天

窺甲子消明鏡泥塗渾素絲可堪藤簟冷香露滿

薔薇

公甫感秋有吟用次其韻

大地秋風動萬竅無定音山河孤鶴夢風雨一龍

吟青眼有此客白雲何處心思君令人老華髮幾千尋盛唐遺響

江門山水詞　　陳琮

水何碧雲何黃莫然眞是水雲鄉梅的皪一夜東風盡開却幽鳥飛來不知去芳心未許閒偷啄江門有紫水有黃雲山琮號樂芸年二十七有樂芸詩草白沙之父也

江門記

江門記

贈詩下册　香山陳蘭芝拂霞輯梓

白沙祠堂　鄭銘

崑崙萬丈來白龍一畝中有仙人宮草色猶餘楚雪碧蓮花別作濂溪紅客星無光塵夢遠鳳鳥不來吾道窮至今寂寞古祠下薰人依舊自春風

謁濂溪白沙二先生祠　龎嵩

粵秀山南麓名賢兩廟開太極披圖蘊通書啟聖胎三才兼兩立一要藉深培誰復渾淪秘漁歌紫

水隈蒲茵穿釣席碧玉育英才道東原有屬狂簡
豈無裁哲人嗟並遠瞻仰思悠哉心靈今古共筌
蹄秖群猜欲洗從前障依歸斗與台

謁白沙先生祠因觀聘玉　朱栴

紫水歸入重溯洄一溪蘋藻薦初來圭廬雲卷光
風入碧玉烟生暖日開潛德不虛思渭釣鴻輝無
恙見春臺千秋徵典今猶在珍重高山仰草萊

白沙先生茅筆草書歌　汪後來

交鷲蹝舌一幀開滿堂風雨聲喧豗黑雲巉巉怪

石纍中有赤電鞭轟雷鄧林莽蒼還突目科橋磥
砢枝攢簇老藤偃蹇虬龍掛動靜變怪爭閃倏春
陽臺上幾經年木雕埿塑藜牀穿心意死盡性靈
活橫塞九天行淵泉堯舜周孔法由我書家末技
何有焉晚年作字不用眼氣運流行形難限埋光
久與世情疎青鏤錄沈非所揀絲遍山頭生地毛
玉芽漸長風蕭騷煥赫婐妮護鴻濛嶽祇瀆鬼相
過遭剛而能柔柔有骨滌濯刻礉瘦逾高小縛如
指大如臂入手揮斥矜兎毫兎毫創制自蒙恬落

紙媚悅而輕纖輕纖媚悅兒女態大人豈屑同詹

詹節奏跌蕩祗自得象外有法人不識發難得巧

無瑕疵盤空硬使排奡力有時意到筆不到絲髮

襹褷任枯燥有時筆飽墨氣濃空天輪囷烟霾重

從頭看到紙窮處筆勢雖駐神猶去君不見古來

運帚濡髮者雖是豪雄遜馴雅爲龍飛出右軍窩

孰謂茅君頗粗野

許蒼嵐爲凌雲謝靈湫劉湘南韓橋村徐鐸

愚過邵園觀白沙先生梅花詩卷

展開袖底梅花詠天下梅花不用開此意獨留雲外賞何因解覓雪中來龍蛇隱隱埋邱壑氣象堂堂出草萊却憶江門放孤棹半林殘月夢初回

陳文恭祠　　梁麟生

紫水泛輕舸名祠此一過先生知不作吾道欲如何碧玉含光在黃雲變態多舊栽桃李地春雨長烟蘿。

題白沙先生披蓑垂釣圖　　翁章憲

別有閒情出化工釣磯長坐許誰同烟霞悟得綸

竿外蓑笠傳將指顧中渭水芳規徒入夢桐江遺蹟易成空何如尺幅茅齋下猶見先生樂道風是傳子長所畫

誰似先生高位置釣磯坐冷晝閒意儒宗杳杳百餘年樂事依依咫尺地烟水眼前清若秋綸竿世外淡明志無邊景象寫非難惟有閒心描不易

路經白沙　　胡方

白沙有路原坦平我行常似投贅荆心憶疾趨雙足儜踏蹜狹步遲屏營酷暑日中膚體栗雨雪隆

冬汗轉傾髣髴林梢碧玉樓方山巾子窓間凭目光注我去還送俛面不能顰頰頰昔經闕里却迴車(之濟南時迂道無幾 卽曲阜而趦趄不前)過門不入今同情廟堂服器空夢寐小兒羞客畏逢迎子輿曾笑曹交痴區區尺寸較身形眼耳四支皆已具何必鬢邊垂七星堯舜鄉人隔萬里強顏無乃眞頑冥陽春臺上十餘年長風大波須洗淸(見先生龍 岡書院記)平生苦被姚江誤事中著力(姚江云須從 事中磨練)徒虛名豈知瀕死龍場驛也是寒灰斷葛藤將思從此歸閉門桑榆暮

景無多贏又復兼爲求食妨濊捐溝壑終誰成成
敗從來有天命令人氣短涕沾纓

讀白沙子夢道士囊貯羅浮遺之詩

此翁白晝常說夢夢裡睡魔相播弄長髯道士道
阿誰卽是江門村老戇醒時懊悔失姓名忘却將
他布被幪四百三十有二峯搏作一拳斤兩重囊
括天地與今古挂在口頭動不動乘車蟻穴豈必
無妄想從來羈制控題詩述向痴人前又思爲我
轉持送夜夜早眠放酣寢等待英靈投昏懜

白沙先生茅筆草書歌

先生書字如畫梅粗枯榦格妙舞迴又如山水寫川陜皴法礬頭與亂柴方丈刷帚劈窠體縮作一寸半寸來山中貧無買筆錢燒松空有墨千枚忽覩此山原巨兎氄毛昔錯當蓄萊拔歸制作憑神明去膚留骨漬唇灰紅藤束縛堅且直管者其苗鋒者荄葛陂竹杖龍變成行時往往聞風雷性唯喜紙不喜絹會遺染師爲帳材見先生詩至今好事猶效矉手生荆棘兼五乖見孫過庭帖乾坤造物雖猥瑣

江門記　卷九　詩　三

若逢賢聖皆長才戚施籧篨盡樂工侏儒聾聵用
各諸市人驅之亦可戰但須將畧眞恢恢右軍得
意偏鼠鬚子瞻大若窮驢駘因求滑澤悅世眼所
善纖柔何怪哉顯也終古秦王寵茅君偶貴陽春
臺

汪白岍邵園看梅并觀陳白沙夫子梅花詩
卷

白沙夫子最愛梅胷中梅樹生根荄但臨素紙如
空水千株倒影布條梅槎枒攫舞鐵伸屈神飛韻

灑花飄來題詩六十餘三首痴心自古寧曾有却
比汪君痴未偷愛梅併愛愛梅人愛愛梅人愛不
足及烏異代同鄉隣徙宅徙梅後徙家住定卽逢
梅發花邀客賞梅屏杯琖白沙眞跡案頭展此是
梅花開罷時憑將香色爲身伴恐被貪啉衘樹少
更借長林飽饞眼眼看筆勢口吟詩滿天氷雪寒
難支耳畔還聞吹玉笛主和先生客和之僕家本
對圭峰閣江門樵路今牢落見白沙子詩豈知昔者陽
春臺移向越王城左腋叶故豐雞犬肯教隨邵園

一把茅應縛

白沙子自製玉臺山名巾

肅對丹青久仰觀名峰端正在雲端容將短髮高

唯稱抽却朝簪窄亦寬海上烟波深白帽山中日

月老黃冠貴人眼底同消受一領頭巾不復干先生

巳丑試南宮忌者曰彼戴秀才頭巾耳動人若是居要路當何如耶

讀白沙夫子詩

果爾先生不我瞞千回吟罷百回看夫子嘗語門人我詩讀之千遍始知其味似渠纔是敲推穩到此方知法律寬靖節

篇篇稱飲酒謫仙口口說還丹比來都覺輸精細
總爲眞如豪放難

陳白沙先生茆筆草書歌　譚湘

興豪張旭三杯酒古今最稱善書手惟有古岡白
沙公草法精微得其後擇取茆根易兎毫此法未
經千古有吳綾蜀錦生雲烟縱橫氣勢象蝌蚪驟
然筆掃驚風雷彷彿龍虵奔宇宙胸中道學貫淵
源活潑悠然託筆端變化無窮誰能測惟憶先生
善知識君恩予告獨歸來垂釣江門烟水碧逍遥

江門紀　卷九　詩　三三

身外謝浮名已許寸心酧筆墨相傳尺幅重連城
家藏不吝千金易

謁陳白沙先生祠因覲聘玉祠傍有小匡廬

小廬山色鬱蒼蒼祠宇千秋俎豆香北闕威儀崇
禮樂南天文物重圭璋心同抱璞存忠孝品合無
瑕貴直方一棹江門慙我後春風還許挹餘光

題白沙先生披簑垂釣圖

萬里告歸終養日一竿垂對浤瀴天靑簑箬笠神
猶昨紫水黃雲思宛然道在靜中機自活心從閒

處學非禪分明悟得先生趣我欲臨流理釣船

謁陳文恭祠　梁宇楷 順德

道脉沿洙泗江門一派環草廬存士行楓陛動天顔紫水涵蒼璧黄雲戀故山宫墻猶在望惆悵是躋攀

遊圭峰次白沙先生韻呈同年劉可大諸子　圭峰山在江門之側幽趣絶倫　陳經綸

玉臺不減雨花臺惹得幽人數往來綠幄樹陰松與竹浮雲山勢暗仍開疎鐘幾杵僧初飯啼鳥一

聲月在梅此景此情誰悟得豪吟偏喜數人陪圭峯上有玉臺

江門謁陳文恭祠　孝廉楊錫震香山

泗水迢迢萬派清江門遙憶碧盈盈端倪未露淵常靜機括纔呈月自明何幸斯文留後死却教吾黨得先生十年仰止瞻遺範誰識微情荐杜蘅

送呂伊往主白沙講舍　太史杭世駿仁和

白沙教澤衍無窮辛苦賢侯締造功書院清芬追李渤學堂遺制仿文翁從容觀理源終濬次第研

經義更豐好與諸生守家法布袍茅筆遡高風

極目岡州一逆君石翁遺蹟尚紛紛玲瓏精舍方

盧阜峍屼高臺寄楚雲厓海民風從古厚背江學

泒到今分東西齋壁無多地好寫先生戒嬾文

白沙先生祠 續檢 歐大任

喬木千尋江水濱祠堂崛起冠嶙峋道爲先覺當

吾老身與斯文更幾人太史舊承金馬詔古岡新會

爲古岡州終老玉臺巾馨香蘋藻崇明荐長表儒林一

萬春

謁白沙先生祠 續檢 梁有譽

玉臺昔飛遯名山屢登踐泉壑閟霞蹤垣宫餙嘉
荐兩楹委林麓四壁帶苔蘚歛形隨化逝神理將
無變深衷懷若人山阿或遊衍淵機涵飛泳帝牖
滅聞見執鞭子已後升堂迹方忝滋然空所思浮
雲没遙巘

江門記白沙全集偶選語錄未選

白沙文選　　香山陳蘭芝拂霞輯梓

認眞子詩集序　　陳獻章

詩之工詩之衰也言心之聲也形交乎物動乎中喜怒生焉於是乎形之聲或疾或徐或洪或微或爲雲飛或爲川馳聲之不一情之變也率吾情盎然出之無適不可有意乎人之贊毀則子虛長楊飾巧夸富媚人耳目若俳優然非詩之教也甚矣詩之難言也李伯藥見王通而論詩上陳應劉下

述沈謝四聲八病剛柔清濁靡不畢究而王通不答薛收曰吾嘗聞夫子之論詩矣上明三綱下達五常於是徵存亡辨得失小人歌之以貢其俗君子賦之以見其志聖人采之以觀其變今子之言詩是夫子之所痛也南朝姑置勿論自唐以下幾千年於茲唐莫若李杜宋莫若黃陳其餘作者固多率不是過烏虖工則工矣其皆三百篇之遺意歟率吾情盎然出之不以贊毀歟發乎天和不求合於世歟明三綱達五常徵存亾辨得失不爲河

汾子所痛者殆希矣故曰詩之工詩之衰夫道以天爲至言詣乎天曰至言人詣乎天曰至人必有至人能立至言堯舜周孔至矣下此其顏孟大儒歟宋儒之大者曰周曰程曰張曰朱其言具存其發之而爲詩亦多矣世之能詩者近則黃陳遠則李杜未聞舍彼而取此也學者非歟將其所謂大儒者工於道不工於詩歟將未至於詣乎天其言固有不至歟將其所謂聲口弗類歟言而至者固不必其類於世或者又謂詩有別材非關書也詩

有別趣非關理也則古之可與言詩者果誰歟夫詩小用之則小大用之則大可以動天地可以感鬼神可以和上下可以格鳥獸四時行焉百物生焉皇王帝霸之褒貶雪月風花之品題一而已矣小技云胡哉都憲朱公以其所爲詩編次成帙題曰認眞子集授簡於白沙陳獻章曰爲我序之公昔語我於蒼梧曰詩非吾所長公豪於辭矣而未始以爲足認眞子名集公意有所屬顧覽者未必知而吾以是覘公之晚節也詩雖工不足以盡詩

而況於盡人乎謂吾不能於詩而好爲大言不知言者也公名奕字時傑郴陽人由進士歷官中外節用而愛人

東曉序

居之有名惡乎始君子之居也興於斯息於斯目之所視心之所隨苟無所事乎畏則息而入於忘其主於畏乎何氏子隱南海之濱更名潛榜其居曰東曉蓋亦以其識見之超卓能及於微遠如陽氣始舒昭晰無閒故以其象諭之云耳時乎見則

見矣宜潛而見過也則有畏潛惡乎畏而取於是故直以爲喻已然予謂潛之畏不終無也暘谷始旦萬物畢見而居於蔀屋之下亭午不知也忽然夜半起振衣於四千丈羅浮之岡引盼於扶木之區赤光在海底皎如晝日俯見羣星不知其爲夜半此無他有蔽則闇無蔽則明所處之地不同所遇隨以變況人易於蔽者乎耳之蔽聲目之蔽色蔽口鼻以臭味蔽四肢以安佚一掬之力不勝羣蔽則其去禽獸不遠矣於此得不甚恐而畏乎知

其蔽而去之人欲日消天理日明羅浮之於扶木也溺於蔽而不勝人欲日熾天理日晦蔀屋之於亭午也二者之機間不容髮在乎思不思畏不畏之間耳潛隱者也理亂黜陟刀鋸非所畏尚亦有畏於斯乎因其乞言序以勗之

夕惕齋詩集後序

受朴於天弗鑿以人稟和於生弗淫以習故七情之發發而爲詩雖匹夫匹婦胸中自有全經此風雅之淵源也而詩家者流矜奇眩能迷失本眞乃

江門 卷九 序 · 表

至句鍜月煉以求知於世尚可謂之詩乎晉魏以降古詩變爲近體作者莫盛於唐然已恨其拘聲律工對偶窮年卒歲爲江山草木雲烟魚鳥粉飾文貌蓋亦無補於世焉若李杜者雄峙其間號稱大家然語其至則未也儒先君子類以小技目之然非詩之病也彼用之而小此用之而大存乎人天道不言四時行百物生焉往而非詩之妙用會而通之一眞自如故能樞機造化開闔萬象不離乎人倫日用而見鳶飛魚躍之機若是者可以輔

相皇極可以左右六經而教無窮小技云乎哉今之名能詩者如吹竹彈絲敲金擊石調其宮商高者爲霓裳羽衣白雪陽春稱寡和雖非韶頀之正亦足動人之聽聞是亦詩也吾敢置不足於人哉少叅任君泣吾省閒過白沙攜其先公詩集求一言於卷末予故以詩道略陳之若夫先公吟詠之情具在集中覽者當自得云 陳蘭芝曰此章乃古今一篇關係之文

龍岡書院記

父兄不以其言爲子弟師業脩於身子弟習而化

之其爲教也不一因其世箕裘異焉耳農商技藝各有教豈直士哉昔者堯舜禹湯文武周公道大行於天下孔子不得其位澤不被當世之民於是進七十子之徒於杏壇而教之擇善力行以底於成德其至也與天地立心與生民立命與往聖繼絕學與來世開太平若是者誠孔子之教也大哉教乎今父兄愛其子弟教以六經誦之也惟恐其言之不熟講之也惟恐其旨之不明似矣不知其身之所教與七十子之進於聖人同歟否耶江西

撫之樂安有龍岡書院今都御史謝公綬六世祖均福始建與其弟均壽講學其中福後以宏詞領信州壽亦舉進士守來陽歲久棟宇就廢公之父其復即其地而新之既而諸子皆以文章取科第爲顯官公謂其子琪曰書院無田奚以守琪買田百畝擇謹厚者掌之以供祭祀及束修之費公巡撫湖廣兩遣使走數千里至白沙謁文記之且以教其族之人予少無師友學不得其方汩沒於聲利支離於粃糠者蓋久之年幾三十始盡棄舉子

業從吳聘君游然後益歎迷途其未遠覺今是而昨非取向所汨沒而支離者洗之以長風蕩之以大波惴惴焉惟恐其苗之復長也坐小廬山十餘年間履跡不踰於戶閾俛焉孳孳以求少進於古人如七十子之徒於孔子蓋未始須臾忘也謝氏之先以儒起家傳數世至公父子兄弟皆能以文章取科第出爲當世用肩摩踵接盛於一門其得於龍岡者不亦多乎雖然父兄之教子弟之學將不但如是而已也今之學於龍岡者一短檠課之

外未有聞也公能亮予言否耶横渠先生語學者
必期至於聖人而後已予於謝氏豈敢謂秦無人

雲潭記

白沙之西山則圭峯也東北連數峯最勝者爲緣
護屏屏之南有潭淵然曰聖池下蟠蛟龍龍嘘氣
成雲變化萬狀里生周鎬偕其季京來謁予白沙
時維仲春風日晴美予與二子携酒飲於西山之
麓班荆而坐俯而四顧有雲起緣護屏炫爛如丹
青郁紛若祥瑞予顧謂二子曰是聖池之雲也偉

哉觀乎二子愀然正襟侍側曰是吾先子之志也先子居龍溪垂五十年無他嗜好惟喜爲雲潭之觀故先子之號曰雲潭予曰噫有是哉若先子我舊不幸早世不及見若兄弟長也若豈盡聞之乎居吾語汝夫潭取其潔也雲取其變也潔者其本乎變者其用乎二子齊應曰然予曰未也野馬也塵埃也雲也是氣也而雲以蘇枯澤物爲功易曰密雲不雨自我西郊是也水以動爲體而潭以靜爲用物之至者妍亦妍媸亦媸因物賦形潭何容

心焉是之取爾二子喜相謂曰先生命我矣於是復進而告之曰天地間一氣而已詘信相感其變無窮人自少而壯自壯而老其歡悲得喪出處語默之變亦若是而已孰能久而不變哉變之未形也以爲不變既形也而謂之變非知變者也夫變也者日夜相代乎前雖一息變也況於冬夏乎生於一息成於冬夏者也夫氣上蒸爲水下注爲潭氣水之未變者也一爲雲一爲潭變之不一而成形也其必有將然而未形者乎默而識之可與論

易矣二子於是起而再拜乞書爲雲潭記

增城劉氏祠堂記

古聖賢以民德歸厚必曰追遠又曰宗廟之禮所以序昭穆也序爵所以辨貴賤也序事所以辨賢也旅酬下爲上所以逮賤也燕毛所以序齒也廟始遷之祖而祭之古之制不可考已君子隨時變易以不犯其分而得其心蓋人情出於天理之不容已者夫何嫌歟古之仕者世繼死者有廟生者有宗恩相慶而死相弔百世不相忘世降俗偷蓋

有不然者矣邸第之雄田園之美肥甘豔麗飽妻子祖考所棲與蟲鼠爲伍殘膏賸馥何有及之其鄙陋汚穢可勝道哉中古之王天下者嘗爲卿大夫作家廟以愧之卿大夫猶然況士庶乎先世之流風餘韻至此幾絶以吾之一身散而爲百體拔其一毛而心爲之痛是孰使之然哉且人之賦於天命者有賢不肖貧賤富貴之差吾之所以仁愛者未能皆然貧賤不薄於骨肉富貴不加於父兄宗族者誰乎故曰收合人心必原於廟宋之惠州

守劉仲明自南雄遷增城有劉氏自仲明始也傳至今太學生瓛十有二世其先世嘗廟而祀之不遷又置田以供祀事以圖無窮頹而復起者再矣父有積薪于不析而爨之世豈少哉瓛自言系本元城世有衣冠曰緣者瓛之父也曰漢曰孔祥者瓛之諸父行也一念追遠之同天順甲申始拓廟旁之地而新之廟成而諸父亾矣成化庚子瓛之兄瓚又卒其族兄弟而增修之前堂後院棟宇層起煥如也四垣竹樹周遭過其門者咸以是稱焉

於前有光於後有繼於士大夫其無愧哉今年秋
巘因林時嘉再至白沙子示之詩云一雨變新凉
炎埃洗除盡廬山昨夜燈已照劉宗信故爲之記
以詔其後人

夅樂齋記

五年伍光宇始構亭于南山之巖以坐明年復於
吾居第之左結草屋三間與亭往來又明年而光
宇死矣草屋之成光宇齋戒沐浴焚香更衣危坐
厥明請余問曰雲不自知其力之不足妄意古聖

賢人以爲師今年且邁矣不得其門而入不知其所謂樂尋常間自覺惟坐爲樂耳每每讀書言愈多而心愈用用不如不用之爲愈也蓋用則勞勞則不樂不樂則置之矣夫書者聖賢垂世立教之所寓也奚宜廢將其所以樂者非歟願先生之教之也余復之曰大哉吾子之問也顧余何足以知之雖然有一說願吾子之思之也周子程子大賢也其授受之旨曰尋仲尼顏子樂處所樂何事當是時也弟子不問師亦不言其去仲尼顏子之世

千幾百年今去周子程子又幾百年嗚呼果孰從而求之仲尼飲水曲肱顏子簞瓢陋巷不改其樂將求之曲肱飲水耶求之陋巷耶抑無事乎曲肱陋巷而有其樂耶吾子其亦愼求之毋惑於坐忘也聖賢垂世立教之所寓者書也用而不用者心也心不可用書亦不可廢其爲之有道乎得其道則交助失其道則交病願吾子之終思之也仲尼顏子之樂此心也周子程子此心也吾子亦此心也得其心樂不遠矣願吾子之終思之也語已光

宇整步而出充然若有得者歸揭其榜曰尋樂齋

風木圖記

莆之李侯某由進士官戶曹員外郎出爲廣東按察僉事每出行部至新會輒一過病夫陳某白沙坐小廬山精舍半晌始至攜所得誌銘文并挽詩一大帙來授而讀之三歛袵先處士默菴先生與林夫人之賢皆可考而知矣尋以風木圖請記夫孝子之事其親視於無形聽於無聲致愛則存致慤則著著存不忘乎心奚存歿間哉吾聞之曾子

再仕而心再化曰吾及親仕三釜而心樂後仕三千鍾不洎吾心悲弟子問於仲尼曰若參者可謂無所縣其罪乎曰既已縣矣夫無所縣者可以有哀乎彼視三釜三千鍾如鸛雀蚊虻相過乎前也今夫祿之弗逮養曾子悲之侯亦悲之侯之心曾子之心也若曾子可謂盡思矣奚事於圖乃若孔子則以爲子之養其親期於適焉耳苟至乎適雖聖人不能以有加也遑問其他具足於内者無所待乎外性於天者無所事乎人又非但事親一事

爲然也一以貫之其所稱孝非常所稱常所稱者豐其養厚其葬生之封死之贈而已耳嗟夫今之士夫異於古之士夫也其所稱孝率以是爲至矣吾恐聖賢之意不明於後世也旣撫圖而悲復引其意謂侯曰侯死事盡思無負於曾子矣亦知曾子所以顯其親於無窮者何如哉孝經曰立身行道揚名於後世以顯父母孝之終也侯念之侯念之是爲記

送張進士廷實還京序

鄉後進吾與之游者五羊張詡廷實始舉進士觀政吏部稽勳尋以疾請歸五羊五羊大省地廷實所居戶外如市漠然莫知也自始歸至今六年間歲一至白沙吾與之語終日而忘疲城中人非造廷實家不得見廷實而疑其簡實不然也葢廷實之學以自然爲宗以忘己爲大以無欲爲至卽心觀妙以揆聖人之用其觀於天地日月晦明山川流峙四時所以運行萬物所以化生無非在我之極而思握其樞機端其銜綏行乎日用事物之中

以與之無窮然則廷實固有甚異於人也非簡於人以爲異也若廷實清虛高邁不苟同於世也又何憂其不能審於仕止進退語默之槩乎道也茲當聖天子登寶位之明年思得天下之賢而用之而廷實之病適愈太守公命之仕廷實不得以未信辭於家庭於是卜日告行於白沙留二十餘日去歲之冬李世卿別予還嘉魚贈以古詩十三首其卒章云上上崑崙峰諸山高幾重望望滄溟波百川大幾何卑高入揣料小大窮多少不如兩置

之直於了處了世卿豪於文者也予猶望其深於道以爲之本廷實至京師見世卿重爲我告之廷實所以自期廷實其自信自養以達諸用他人莫能與也

湯氏族譜序

家之譜國之史也本始必正遠邇必明同異必審卑而不援高微而不附彰不以貴易親不以文覆愆良譜也莫不有家也小大異焉莫不有世也升降異焉自吾之世推而上之缺其不可知者存其

可知者艮譜也世假譜以存者也譜存之家是名世家修譜者不知世之重也援焉以爲重無實而借之詞吾不欲觀也湯氏邑之著姓也自言先汴人隨宋南渡居嶺南南雄世遠失傳今以始自南雄遷古岡曰統者爲一世祖統以上無考譜亡於元季之亂續之者唐府伴讀八世孫有容也退菴鄧先生序之正統己巳之秋黃賊起南海一郡騷然賊南攻湯氏之婦馬氏奮謂其夫溥英曰賊且至矣他物易得耳譜亡文獻無徵於是馬氏手挈

是編走邑城西北貴奇坑出入水火顛沛極矣譜
卒賴以全湯氏之先以儒起家世有顯人序稱件
讀君之賢有自今馬氏又賢也在宋欽州守馬持
國賢而有名馬氏幾世祖也其賢葢亦有自云嗣
子紹端念毋氏之賢勞將托以告後之子孫俾咸
念之徵予序予惟世家之譜可觀不援不附如湯
氏亦良譜也內則賢婦女外則賢丈夫相與修緝
維持既亡而復存湯之子孫念之亦允蹈之國史
記事略與家譜同史主勸懲譜勸而不懲不修其

世而以譜重君子不重也卒亦不勸而已矣存世者譜也存而重之譜乎世之重以德譜之重以言德與言孰重重世乎重譜乎在湯氏

送李世卿還嘉魚序

宏治元年戊申夏四月湖廣嘉魚李承箕世卿自其鄉裹粮南望大庾嶺沿途歌吟入南海訪予白沙一見語合意先是五六年予會都憲公之子承恩於北京承恩世卿從弟也示予以世卿之文出入經史跌宕縱横筆端滚滚不竭來數千言沛然

出之若不爲勢利所拘者予時未識世卿而知世
卿抱負有大於人既不忘於心亦時於詩焉發之
或聞論當世士有文章必問曰如李世卿否然又
意世卿少年凌邁高遠則有之優游自足無外慕
嗒乎若忘在身忘身在事忘事在家忘家在天下
忘天下世卿未必能與我合孰知世卿有意於來
耶自首夏至白沙至今凡七閱月中閒受長官聘
修邑志於大雲山五十餘日餘皆在白沙朝夕與
論名理凡天地間耳目所聞見古今上下載籍所

存無所不語所未語者此心通塞往來之機生生化化之妙非見聞所及將以待世卿深思而自得之非敢有愛於言也時時呼酒與世卿投壺共飲必期於醉醉則賦詩或世卿唱予和之或予唱而世卿和之積凡百餘篇其言皆本於性情之眞非有意於世俗之贊毀至是世卿以太夫人在堂辭去欲留不可爲古詩十三首別之諸友相繼有言世卿歸以所聞於予者質諸伯氏茂卿登大崖山吟弄赤壁之風月予所未言者世卿終當自得之

世卿之或出或處顯晦用舍則繫於所遇非予所能知也予老且病行將采藥於羅浮四百三十二峰以畢吾願世卿能復索我於飛雲之上否耶序以送之

望雲圖詩序

意所嚮往處非乘雲御風身不可得而至窮之乎山川委之乎官守曠之乎歲月當食食忘當寢寢廢一有感乎外而動乎中終日視而目不瞬以言乎化外不化而內化以言乎情則哀而不傷至矣

乎非子之於親則臣之於君過而不過其狄梁公
歟梁公仕唐在武后朝以一身繫唐宗社之重扶
陽抑陰光復唐祚事載簡冊昭若日星夫梁公可
謂有大功於唐矣賢者識其心自望雲一念中來
故曰求忠臣必於孝子之門今王公少孤事毋夫
人以孝聞稱於藩臬諸公者無異辭公山西人也
奉命來南海幾年念太夫人春秋高不得左右朝
夕侍以爲憂與人言輒流涕嗚咽而不自勝先公
之逝公方委齒已能慟絕復蘇葢公之孝自天性

非由勉慕乎外於是諸公命工繪望雲思親圖以
表之復相與賦詩道其事於古岡病夫陳某俾序
之頃者公乘廣海之舟道經新會吏民親公如親
賢大夫忘乎公之爲貴也時情俗態好佞諛而樂
承奉皆是也公一濯之清風而民稱其不擾夫以
今日之所聞徵諸古若梁公之事然後識其中之
所存苟無是心有文章足以收譽於衆口有功業
足以耀榮於一時有名節足以警動乎流俗皆僞
而已豈能久而不變哉夫孝百行之源也通於神

明光於四海堯舜大聖也孟子稱之曰孝弟而已矣故君子莫大乎愛親嘗取李令伯陳情表讀之有不感咽流涕廢書以歎者乎烏虖令伯之表大行之雲也斯圖也若之何使王公見之慰其憂增其憂殆非所以處王公也雖然君與親一也在親爲親在君爲君世寧有篤於親而遺其君者乎圖而賦之以表公之孝以勸公之忠而又以公之能愧人之不能振頽風扶世教固有位者之事諸公豈無意乎覽者當自得

贈李劉二生還江右詩序

匡廬白鹿之故址自宋考亭朱晦翁一嘗作新之後遂無聞焉我朝文教誕敷鄉先輩翟公守南康日始圖創復舊觀潮陽李先生繼之白鹿書院之名復聞於天下成化十七年江西按察使恥菴陳先生乃謀於提督學校憲副鍾公僉事冷菴陳公大參祁公慨然以作新斯文爲己任謂予於考亭之學亦私淑諸人者宜領教事乃具書幣告於巡鎮遣二生李士達劉希孟如白沙以請同時司藩

臯諸賢咸與聞之外則東白張先生廣東大方伯彭公按察使閔公吉水袁德純各以書遺予雲輝日映交迸衡宇二生以諸公之命命予予覽幣而驚置書而走走且告曰二生莫誤諸公欲與白鹿之教復考亭之舊必求能爲考亭者之學者夫然可以稱諸公之任使乃下謀於予是何異借聽於聾求視於盲也予聞之君子之使人也由其誠不強其所不能諸公卽居予於廬山予所能也居廬山以奉諸公之敎非予所能也二生其審諸於是

邑中聞有諸侯之使自邑令佐以下至士庶耆老源源而來靡不觀感李生丰姿秀發言論是非不苟雷同劉生貌恭而言愼確有據守俱稱爲東白門人也予甚愛之留且彌月矣二生以諸公之命久不復辭去予既返諸公幣復爲詩別之所以致區區於二生而申景仰於廬山也是日憲副陶公過白沙邑長丁侯鄉諸士友各賦詩以贈帙成俾予序之

贈容一之歸番禺序

容生卓錐無地從予游者十有一載未嘗對人作
皺眉狀入京師見聲利烜赫輒不樂語人曰古之
仕者將以行其志耳徒食人祿而不知恥雖吾不
能以一日居生之志可謂篤矣顧以予之疎謬不
能輔其爲仁是生雖有美質而其學未底於成由
吾之虛名誤之也雖然生之志豈易量哉聖賢之
言具在方冊生取而讀之師其可者改其不可者
直截勇往日進不已古人不難到也但恐游心太
高著蹟太奇將來成就結果處旣非庸常意料所

及而予素蹇鈍不能追攀逸駕仰視九霄之上何許茫茫生方鋭意以求自得亦將不屑就予又安知足履平地者果爲何如也千里之行始乎跬步生愼由之陳先生習忘久矣生歸見毅卿其亦以是語之

道學傳序

自炎漢迄今文字記録著述之繁積數百千年於天下至於汗牛充棟猶未已也許文正語人曰也須焚書一遭此暴秦之迹文正不諱言之果何謂

哉廣東左方伯陳公取元所修宋史列傳中道學一編鏤板與同志者共之宋史之行於天下有全書矣公復於此留意焉噫我知之矣孔子曰十室之邑必有忠信如邱者焉不如邱之好學也後世由聖門以學者衆矣語忠信如聖人鮮能之何其與夫子之言異也夫子之學非後世人所謂學後之學者記誦而已耳詞章而已耳天之所以與我者固懵然莫知也夫何故載籍多而功不專耳目亂而知不明宜君子之憂之也是故秦火可罪也

君子不諱非與秦也葢有不得已焉夫子沒微言絕更千五百年濂洛諸儒繼起得不傳之學於遺經更相講習而傳之載於此編者備矣雖與天壤共弊可也抑吾聞之六經夫子之書也學者徒誦其言而忘味六經一糟粕耳猶未免於玩物喪志今是編也采諸儒行事之迹與其論著之言學者苟不但求之書而求諸吾心察於動靜有無之機致養其在我者而勿以聞見亂之去耳目支離之用全虛圓不測之神一開卷盡得之矣非得之書

也得自我者也盍以我而觀書隨處得益以書博我則釋卷而茫然此野人所欲獻於公與四方同志者之芹曝也承公命爲序故及之公名選字士賢浙之臨海人先公勿齋先生宰新城遺愛在民公稱其家學云

東圃詩序

南海范規從予游嘗聞規之父東圃翁朴茂於人無怨惡早歲出入江湖既倦而歸圃於西江之滸花山之陰因寄號曰東圃東圃方十畝沼其中架

艸屋三間傍植花卉名木蔬果翁寄傲於兹或荷
丈人蓧或抱漢陰甕興至便投竿弄水擊壤而歌
四時之花丹者權白者吐或飲露而飡英或尋芳
而索笑科頭箕踞樫陰竹影之下徜徉獨酌目諸
孫上樹取果實嬉戲笑語以爲適醉則曲肱而臥
藉之以綠艸灑之以清風寤寐所爲不離乎山雲
水月大抵皆可樂之事也規別白沙去遊曹溪洞
不相見數年矣一日復來與規語如聞陳子昂李
太白賦感遇詩一喜一愕規亦奇矣哉比歸以東

圃詩爲請且曰無以娛親故也予樂聞東圃翁爲人而憐規之志不可違也賦排律十韻以贈之東圃名眞字則未聞也詩曰一老胥江臥瀕江一圃開林春煙淡泊地暝月徘徊盡日扃茆宇殘年寄酒杯山蹊人不到庭竹鳳飛來靜得邱園樂淸無市井埃雲封朝几白風入夜絃哀細雨攜鉏去輕笻看藥回江山吾晚暮梨栗爾嬰孩天上羣龍遠花前獨鶴陪誰爲求仲侶心蹟總悠哉

周氏族譜序

周氏之上世居洛陽自昭信府君仕元爲昭信校尉累有功世祖嘗手撫其肩寵之時人爲之號曰御搭手周云厥後從伯顏下江南始不樂仕退隱湖州之長興尋徙德清因感異夢求所卜地於縣西門外積谷口之前一里許山水明秀一如夢中所見大喜以爲神授遂定居焉昭信娶長興姚氏生兩提舉公長公一子諱子成居本里井頭少公長子諱亨甫元季任典史居河口次子諱通甫居縣西各隨所居地爲派長公之派一少公之派二

統之爲三大派三派之後或隱或仕國朝洪武初
任戸部主事諱子和者典史君之次子顯於河口
縣西自通府君以下六傳至封君鼎以其子今吾
省少叅公之貴封禮部員外郎少叅公中成化乙
未進士第選工部主事遷禮部員外郎繼遷郎中
遂叅吾省諸派之中此其尤顯者也公以宏治己
酉始至白沙未幾公復來與言家世纓簪以其族
之譜請序以付梓子以不敏弗許數載之內屢致
書囑邦伯東山劉先生按察使陶公交致其懇既

而公復以書來曰吾周氏自昭信以上居洛陽世次無考今譜斷自可知以昭信府君爲第一世祖其不可知者闕之不敢妄有攀附以誣先代而誑後人先生幸爲某序之將無負於先生之言某於是不敢復以不敏辭於我少叅公而嘉周氏之譜不務窮於遠爲信譜也

重修梧州學記

百粤之區幾千里東望五羊西通八桂蒼梧界其間皆古之名郡也成化改元都御史韓公始于梧

州開設三府病一學宮之不稱亟選地于州城之南一里許遷焉宏治丁巳秋鄧公來總督兩廣軍務謂不可以軍旅之事先俎豆於是因前人之舊規而益修之凡韓公所欲爲而未暇及者至是大備葢昔之薄者厚之卑者起之表桂石以壯闕門榜化龍而儕起鳳神厨神庫交映乎前禮堂膳堂並立於後齋舍廊廡登降階級莫不奐然一新盛矣哉夫人之去聖人也遠矣其可望以至聖人者亦在乎修之而已苟能修之無遠不至修之云者

治而去之之謂也去其不如聖人者求其如聖人者今日修之明日修之修之於身修之於家國修之於天下不可一日而不修焉者也明道先生言於朝曰治天下以正風俗得賢才爲本彼學政之不修斯道之難立後生無所興起無以成造就之功然則風俗何由而正賢才何自而得耶因時而立教卽物以顯義意者督府所望於蒼梧之士寧不有在於斯乎嗟夫有開厥先有成厥後喜二美之駢臻超八荒而獨立然後見夫子之門廓然洞

開可望而不可即况於廣大尊嚴端凝灑落默契乎人心正大之所存與山岳而並峙顯著乎煙霞歲月之所積與大化而同流不可動搖不可束縛也哉此則病夫所自勵以佐督府所望於蒼梧之士者也州别駕謝君湖承督府命董兹役至是訖工復以教授鍾君偕生員陶荆民來徵記章於督府舊也督府命之義不可辭於是乎書

肇慶府城隍廟記

端陽城隍廟在刺史堂之西歲久就敝宏治癸丑

冬郡守劉侯撤而新之命生員陳晃來徵記侯豐城人名琥予曩從吳聘君游往來劍水嘗一宿其家自侯來守端陽三年愈相傾慕安能已於言耶今天下府州縣有城郭溝池有山川社稷有神主之而皆統其祭者謂之城隍神制也不俟言矣然神之在天下其間以至顯稱者非以其權歟夫聰明正直之謂神威福予奪之謂權人亦神也權之在人猶其在神也此二者有相消長盛衰之理焉人能致一郡之和下無干紀之民無所用權如水

旱相仍疾疫間作民日洶洶以干鬼神之譴怒權
之用始不窮矣夫天下未有不須權以治者也神
有禍福人有賞罰失於此得於彼神其無以禍福
代賞罰哉鬼道顯人道晦古今有識所憂也中庸
曰致中和天地位焉萬物育焉説者謂吾之心正
天地之心亦正吾之氣順天地之氣亦順烏呼孰
能信斯言之不誣也哉侯治端陽民畏而愛之葢
有志者也故專以其大者告之餘皆在所略

新遷電白縣儒學記

邑何遷遷避寇也先是電白在高州府治之東按察僉事陶公提兵過之顧謂其守宰曰形勝不足以守邑宜遷遷必於神電衞焉其地廣可以容其城固可以守去危卽安民之賴也舍茲弗圖志不在民也知府孔侯鏞以公之說聞於上遂遷焉時成化戊子歲也學宮在縣治東南當是時寇賊未殄草屋一間奉　大成木主而已歲丙申公以秩滿遷副使奉璽書專經略是方每一過之未嘗不瞻顧徘徊以學校之興廢爲己責而歎其力之未

遑也明年寇乃克平是方之民寄命於盜賊之水
火者幾二十年至是始逭公往來巡省諸郡縣俾
勞來匡直咸盡其方越二載而民之病者蘇仆者
起矣公顧力可及以狀請於欽差總督兩廣軍務
右都御史朱公首創學宮次及諸役許之於是闢
土爲基度財爲用而屬是役於某官某使督之以
己亥三月某甲子始事越明年八月某甲子而舍
菜焉宮宇峩兀門觀軒敞神像清嚴器用具足繚
之以宮墻飾之以丹漆誠壯誠麗遂爲一郡學校

之冠其他若縣治若城隍社廟若藩臬行司以及郵傳郵舍橋梁道路一一區畫成之營材於山民不知勞爲陶於野財不妄費而皆以一當百以百當萬故役之煩者化而爲簡難者化而爲易公勳庸著於武事不可勝計世稱公通變無方亦焉往而非是也哉韓君某來守是郡既至覩衆美之具成乃歎曰博哉功乎歷審其爲之先後又歎曰公留意學校功先庶務其重如是乎乃具書幣遣其屬蔡鍾英如白沙請予記之辭不獲推古學校之

意而言曰學校一也所以有古今之異者存乎人孔子曰古之學者爲己今之學者爲人程子曰古之仕者爲人今之仕者爲己夫學以求仕之所施仕以明學之所蘊如表裏形影然皐夔稷契伊傅周召其載於典謨訓誥仕者之所施也有爲己之心乎顏曾思孟周程張朱其傳於著述文字學者之所蘊也有爲人之心乎諸君子顯晦不同易地而處之有不相能者乎自古有國家者未始不以興學育才爲務然自漢而下求諸學校之所得名

世者幾人有不由庠序而興者乎是故學校之設其重在於得人學之道其要在於爲己古之名世者舍是無以成德甚矣斯學之不講於世也久矣公所望於學校意者其在此乎。公名魯字自强廣右之鬱林人也始恩授吾邑丞公之先公成浙江按察副使死事武義云

新會縣輔城記

吾邑輔城周遭六七里高若干尺東南際水西北鑿城下爲池旁植刺竹施蒺藜其中爲營門以守

嘗記往年西寇之來憑陵高凉以東破關襲城勢如建瓴至此則截然而止如虹霓之收急雨由是而吾民之邱隴以完室家以安雞犬以寧倉箱以盈燕有歲時樂有賓客至於今各得其所者則誰之賜乎始者吾謂陶公曰孔子曰言忠信行篤敬雖蠻貊之邦行矣以此而盡吾心則庶政無不修用人無不當理財無不富治兵無不強不知乎此而欲徒恃其末蓋後世以法刼制天下區區之爲也公之功固大矣而聖人之道非耶公曰不然行

聖人之道有二術內之曰心外之曰權無其心則權爲挾私妄作矣無其權雖有其心將安施哉今夫用行伍之人取其長不責其備宥其過以圖其功可也或者過於求實一疵不貸而用舍乖張矣今夫理財於擾攘之秋非常賦尅取之民故榷牛灑酒豐犒厚享非以醉飽爲德所以作士氣也乃顧小利而忘大體者則朝夕與小吏計牙籌算贏餘矣今夫治兵於閫外號令則大將主之而吾每以偏師從事況夫深山窮谷民獠雜居善惡同狀

生殺在前而節制不一沮我者惟以殺無辜爲言矣此事之所以難行而心之所以不爭於人也烏呼兵凶器也豈得已哉。公從事於茲餘二十年吾民之老者以死少者以壯事功在邊隅日遠日忘葢不可以無紀而垂告于將來也今西師戒嚴盜賊塞路吾欲於知力之外而綱維乎是則孰與語哉

襄陽府　先聖廟記

庚戌之夏侍御史襄陽曹君璘訪予玉臺山中間

語及其太守郭侯之爲人予問治郡何如曰侯以
政及于民者民之口碑矣復作而言曰民知其小
不知其大大者口碑不載將載之石焉然非屬筆
于先生則石有時而朽也明日君還行臺乃以其
狀來按狀襄陽　先聖廟自建國以來有祭無樂
成化二十二年侯以才御史來守是邦告廟之日
大閲神庫郎議製之顧以時詘舉羸未暇也居三
年民之病者駸駸乎起矣乃延神樂觀樂舞生周
某于岳州問所以製樂器者其材孰難生曰八音

之中其爲石乎古取之于泗濵今爲官所封餘無難者焉侯審厥象使人于隆中山求得之生爲揆其音曰可矣遂闢燕思堂于郡堂後爲之每一器成侯數四與較期於至精而後已越四月訖工總其器爲數一十有八析之爲二百三十五蓋大成樂之式也庫有祭器三百四十五事歲久將就僘侯悉取而新之亦罔不殫厥心焉烏呼侯於爲邦先務其大者得之矣按周禮大司樂治建國之學政合國之子弟使有道德者敎之死則以爲樂祖

祭于瞽宗非其師弗祖也非其祖弗祭也後世學政既弛教者不必其人雖欲祭之曷從而祖之惟我　先聖孔子道高如天德厚如地教化無窮如四時民到于今賴之故到于今祖之然其大合樂也達于大郡止焉襄陽爲楚大郡以其狀考之春秋祭于廟者二百四十而未嘗有樂也偿于爪髮既剪之餘注心于薄書期會之所不及而其民信之是可書也已或曰古樂之亡久矣宋明道先生欲著樂書而弗果西山律吕未見於用今之樂猶

古之樂歟曰此非守臣之所能與也今之論人也過嚴矣始也予讓記而曹察院命之垂二年復轉託於我方伯劉東山先生予重違其意也而與之俟名紳字廷章沅之宜春人相是役者同知某通判某推官某也此文始屬藁於鄒汝愚復略改次荅曹察院非我志也覽者詳焉

潮州三利溪記

古今學者不同孔子以兩言斷之曰古之學者爲己今之學者爲人古今仕者不同程子以兩言斷之曰古之仕者爲人今之仕者爲已古之人人也

今之人人也一也判而兩之其不可同者如陰陽晝夜則有其故矣聖賢之所以示人也知微之顯知顯之微學爲己也其仕也爲人學爲人也其仕也爲己斷不疑矣今守令稱賢於一邦利澤及於民民愛而樂之問於我嶺南十郡之内吾知其人者周潮州也潮海郡也東南距大海望之渺漫棲天習水者乘長風駕大船出沒巨浪中小不支則有覆溺之患每歲漕運潮人共苦之潮州來守郡問潮父老所以便民者父老曰其惟三利溪乎潮

五屬邑其三在郡治西南形若鼎立廣袤千里水曲折行其中而民共賴之者三利溪也是溪之長百一十五里東抵韓江西流入于港正統間湮于大水潮州濬而通之水由故道行東西注會同於海慮其冬旱而且涸也鑿郡城南溝引韓江水注於溪甃石爲關時而開閉之凡役民於畚鍤卑之爲溪也高之爲關也僅一月而成農夫利於田商賈利於行漕運者不之海而之溪辟白浪於滄溟謝長風於大舶於是潮之士夫與其父老拜郡門

謝曰利吾潮者吾父母也吾子孫敢忘之由是觀之謂周潮州仕而爲人也非歟吏於潮者多矣其有功而民思慕之唐莫若韓愈入國朝來莫若王源驅冥頑之鱷造廣濟之梁其事顯於爲人不可誣矣今潮州以三利溪配之輝映後先稱賢於一邦也宜哉夫短於取名而惠於求志薄於徼福而厚於得民菲以奉身而燕及𤇍嫠陋於希世而尚友千古黄涪翁之所稱者非濂溪先生歟潮州遺子書曰我故春陵族也潮州之舉進士有聲郎秋

官有聲守郡有聲其尚不忝其世也哉吾嘗贈之詩云楚中有孤鳳高舉凌穹蒼借問歸何時聖人在黃唐望之久不至歲晏涕淋浪九苞有遺種不覺羽翼長三年集南海使我今不忘逍遙棲桐枝長飲甘露漿吾生濂溪數百年之後思濂溪而不可得見見其族之雲礽若此者殆可與言矣然則區區所愛慕於周潮州者一關三利溪而已耶潮人相與立碑頌潮州之功遺生員趙日新來請文予以其事并詩記之俾潮之人知仕而爲人者有

功不可忘而潮州之進未艾也潮州名鵬字萬里

道州之永明縣人

壽梁青岑序

自昔嘉遯之士葆眞養和延齡却老往往與靈椿松栢閱春秋傲歲寒於深山大谷之中若漢陰河上之叟名姓雖不得而聞千百世之下聞其風想其人若見其精氣猶存時容與逍遥於丹邱瑶水之上欲挹其清芬而不可得此其人故巖棲谷飲猶然人閒世也非若仙家者流離人羣而遁逸望

天路以冲舉也而能全其天年班埒羣真若此則
以蟬蛻汙濁完性命之精而養生之道得也故養
得其道雖混迹人境自可長生不老雖謂人間有
方丈蓬萊可也彼假導引以攝生謂吐納爲真訣
藉服食以引年指芝苓爲上藥抑其次已青岑梁
君少學儒且喜爲詩旣連不得志於有司始入貲
爲藩司掾史亡何棄去以例受章服而歸鑿池築
室種樹養魚日徜徉焉與至輙與二三賓友命觴
浮白分題賦詩郡邑名士鮮不與君游者自是不

復曳公門裾矣方君以詞華俛首就佐史列藩司
諸貴人交重之是時尚壯齡也令少須焉假途于
仕可以翩翩於世迺君不屑斗筲之祿亟返林園
斯其嗜寂辭囂不嬰垢氛亦庶幾古隱遯之風歟
君所居里曰龍潭相傳蛟龍之所窟宅蟄以存身
君蓋有悟乎其旨而君誕之辰以九月某日是月
也律中無射無所厭斁也節惟重九九之爲言久
也古人順時節宣於是乎泛延年之巵佩辟邪之
符以應之稱令辰焉君已得衛生之經而地美辰

良復交相爲助如此其將與靈椿松栢共爲不老乎先是壬辰之歲君年六十有一不佞擬爲文介無疆之祝以君之壽方如日之升未宜遽瀆姑輟毫以俟會君索予至再且貽詩促之而胡君春海亦謂予文之不可已也因念犬馬之齒僅後君二歲悔不早返林壑雖今蕭然蒿藋中高睨長嘯或不讓嘉遯名流然已晚矣往視予亦得養生之道否乎序以問之

江門記

論

香山陳蘭芝拂霞輯梓

○、論前輩言銖視軒冕塵視金玉　三篇

陳獻章

道至大天地亦至大天地與道若可相侔矣然以天地而視道則道爲天地之本以道視天地則天地者太倉之一粟滄海之一勺耳曾足與道侔哉天地之大不得與道侔故至大者道而已而君子得之一身之微其所得者富貴貧賤死生禍福曾

足以爲君子所得乎君子之所得者有如此則天地之始吾之始也而吾之道無所增天地之終吾之終也而吾之道無所損天地之大且不我逃而我不增損則舉天地間物旣歸於我而不足增損於我矣天下之物盡在我而不足以增損我故卒然遇之而不驚無故失之而不介舜禹之有天下而不與烈風雷雨而弗迷尚何銖軒冕塵金玉之足言哉然非知之眞存之實者與語此反惑惑則徒爲狂妄耳

二

天下事物雜然前陳事之非我所自出物之非我所素有卒然舉而加諸我不屑者視之初若與我不相涉則厭薄之心生矣然事必有所不能已物必有所不能無求於吾前矣得謂與我不相涉邪夫子謂不義而富且貴於我如浮雲謂薄不義也非薄富貴也孟子謂舜視棄天下如敝屣亦謂重愛親也非謂輕天下也君子一心萬理完具事物雖多莫非在我此身一到精神具隨得吾得而得

之矣失吾得而失之耳厭薄之心何自而生哉巢父不能容一瓢嚴陵不能禮漢光此瓢此禮天下之理所不能無君子之心所不能已使二人之心果完具亦焉得而忽之也若曰物吾知其爲物耳事吾知其爲事耳勉焉舉吾之身以從之初若與我不相涉比之醫家謂之不仁昔人之言曰銖視軒冕塵視金玉是心也君子何自得之哉然非其人與語此反惑惑則累之矣或應曰是非所謂君子之心也君子之辨也曰然然無君子之心徒有

輕重之辨非道也

三

或曰道可狀乎曰不可此理之妙不容言道至於可言則已涉乎麤迹矣何以知之曰以吾知之吾或有得焉心得而存之口不可得而言之比試言之則已非吾所存矣故凡有得而可言皆不足以得言曰道不可以言狀亦可以物乎曰不可物囿於形道通於物有目者不得見也何以言之曰天得之爲天地得之爲地人得之爲人狀之以天則

遺地狀之以地則遺人物不足狀也曰道終不可狀歟曰有其方則可舉一隅而括其三隅狀道之方也據一隅而反其三隅按狀之術也然狀道之方非難按狀之術實難人有不知彈告之曰彈之形如弓而以竹爲弦使其知弓則可按也不知此道之大告之曰道大也天小也軒冕金玉又小則能按而不惑者鮮矣愚故曰道不可狀爲難其人也

○、仁術論

天道至無心比其著於兩間者千怪萬狀不復有可及至巧矣然皆一元之所爲聖道至無意比其形於功業者神妙莫測不復有可加亦至巧矣然皆一心之所致心乎其此一元之所舍乎昔周公扶王室者也桓文亦扶王室也然周公身致太平延被後世桓文戰爭不息禍藏于身者桓文用意周公用心也是則至拙莫如意而至巧者莫踰於心矣孟氏學聖人也齊王不忍見一牛之死不有孟氏不知其巧也蓋齊王之心即聖人之心聖人

知是心之不可害故設禮以預養之以為見其生而遂見其死聞其聲而遂食其肉則害是心莫甚焉故遠庖廚也夫庖廚之禮至重不可廢此心之仁至大不可戕君子因是心制是禮則二者兩全矣巧莫過焉齊王之心一發契乎禮齊王非熟乎禮也心之巧同也聖人誅民害而逆之四裔之民奚罪焉亦曰戮之則傷仁存之遺害故聖人之仁有權焉使之遠寓魑魅則害去而惡亦不得施矣夫人情之欲在於生聖人即與之生人情之惡在

於死聖人不與之死惡衆人所惡也聖人即迸除
斋𡱂惡難施也聖人以投惡聖人一舉而迸中聖
人未嘗巧也此心之仁自巧也而聖人用之故天
下有意於巧者皆不得厠其間矣周公一金縢大
發寤時主以後世事觀至巧矣周公豈有意耶亦
任心耳

論詩不易

宋歐陽文忠公最愛唐人遊寺詩曲徑通幽處禪
房花木深又愛一人送別詩曉日都門道微凉艸

樹秋云修平生欲道此語道不得朱文公謂今人都不識此等好處是如何二公最知詩者也後人誠未易及如此兩聯予始因歐公歎賞之至欲求見其所以妙如歐公之意了不可得徧問諸朋友無知者徐取魏晉以下諸名家所作凡爲前輩點出者反覆玩味久之乃若龘有得焉間舉以告今之善言詩者亦但見其唯唯於吾所已言者而已吾所不言者彼未必知也夫然後歎歐公之絕識去今之人遠甚而信文公之言不誣也噫詩可易

言哉

論書法

予書每於動上求静放而不放留而不留此吾所以妙乎動也得志弗驚厄而不憂此吾所以保乎静也法而不囿肆而不流拙而愈巧剛而能柔形立而勢奔焉意足而奇溢焉以正吾心以陶吾情以調吾性吾所以游於藝也

素馨說

艸木之精氣下發於上爲英華率謂之花然水陸

所產妍媸高下美惡不等葢萬不齊焉而人於其中擇而愛之凡欲其有益於事非愛之而溺焉者也產於此邦曰素馨者香清而體白郁郁盈盈可掬可佩貫四時而不凋供一賞而有餘亦花之佳者也好事者致於予予既愛之遂益究其用取花之蓓蕾者與茗之佳者雜而貯之又於月露之下溼其最芬馥者置陶瓶中經宿而俟茗飲之入焉然則是花之用於人雖不若麻縷之與菽粟然葢亦不為無用也人之資於麻縷為其可以溫也資

於菽粟謂其可以飽也得之則生弗得則死今是花也吾取焉姑以其能郁郁盈盈少裨於茗耳雖不汲汲可也不汲汲由用之可已也使是花之於人如麻縷之與菽粟然又安可已哉可已而已不可已而不已引而伸之觸類而長之於道其庶幾乎治國其庶幾乎陳蘭芝曰天下事應爲者固多在於得已者亦復不少先生深有見乎此故作是說

封燕山左衛經歷張公墓表

公諱子真字伯大姓張氏家南海之西濬村自西

滘鼓柁並南下得風水之便其至白沙一日耳余嘗聞公於番禺李正德孚曰有行人少力田給數口無贏衣食不爲恥晚歲旣家裕又以其子官徵仕郎贈燕山左衞經歷公不色喜自奉養儉約如歷田時對鄉人輙自稱姓名以語箴命服不以新易故葛巾布裘曰吾素性乃爾卽不爾吾敢忘吾初故公之度大一鄉一鄉人咸嗟以爲有德余聞士不恥賤貧雖富貴而弗驕則不失義不離道入於患得患失碌碌爲鄙夫以是考公之迹而揆其

所用心謂其無以異於今之人則吾不信也公積於家者厚矣余特表其大節以爲世勸公以農業起家故自號曰稼軒示有初也葬西淋鄉之某原望之木已拱高其封若馬鬣題曰燕山左衛經歷者公之墓也考諱可達背公於娠鞠公于外氏以成者公之妣梁也生于洪武己酉卒天順辛巳壽九十三妻何氏子男五長者某徵仕郎也次某某孫男八屬於予以表公之墓者徵仕郎所出丙戌羅倫榜進士泰也近以宰沙陽政最被徵時徵者

類有御史之拜云

羅倫傳

吾平生有故人曰羅倫字彝正江西永豐人宋羅開禮之後也性慷慨樂善不疑人欺遇事無所回避有不可輒面斥之舉成化丙戌進士策對大廷頃刻萬言中引程正公語人主一日之間接賢士大夫之時多親宦官宮妾之時少執政欲截其下句倫不從直聲震於時奏名第一爲翰林修撰會內閣大學士李賢遭喪朝廷留之臺諫皆不敢論

說倫詣其私第告以不可李公始以其言爲然旣
數日復上疏歷陳古今起復之非是且曰如其不
然必準富弼故事終喪劉珙故事言事反復數千
言一本於天理人心之不可已者孔子曰勿欺也
而犯之倫以犯顔切諫爲大救時行道爲急其負
荷之重未嘗一日忘天下故發憤如是疏奏遂落
職提舉泉州市舶司倫雖見逐而士論益榮之由
是天下之士爭自刮磨向之不言以養忠厚者爲
之一變而終倫之世臺省未聞有起復者矣雖以

此爲人所知然亦以此取嫉於人明年召還復修撰改南京叅以疾辭歸閉門授徒日以著經爲業垂十年卒於退居之金牛山世之知倫者不過以其滂沛之文奇偉之節果敢之氣而已至其心之所欲爲而力之所未逮未必盡知也嘗欲倣古置義田以贍族人或助之堂食之錢謝而弗受或衣之衣行遇乞人死於途輙解以覆之客晨至留具飯其妻語其子曰瓶粟罄矣之旁舍干之比舉火日已近午亦曠然不以爲意提舉泉州時官例應

得折薪錢其人欺以乏告卽放遣之不復問予嘗遣人訪之山中結茅以居取給於隴畝往來共樵牧若無意於世者時或作爲文章以發其感慨之意而人亦莫知之也論曰倫之必爲君子而不爲小人較然矣如倫之才少貶以狥人雖欲窮晦其身寧可得也以其所學進說於上世目之爲狂何足怪也孟子稱豪傑之士雖無文王猶興若倫者今所謂豪傑非歟無導於前而所立卓然人莫能奪之又曰倫才大不及志其青天白日足稱云

丁知縣行狀

侯姓丁氏諱積字彦誠別號三江漁樵人世家寧都之關西丁氏系出丹陽司馬司馬之後世有顯人曾祖某祖某父某皆隱德弗仕曾祖妣某祖妣某妣某侯生有美質自少岐嶷入邑庠補弟子員挺立不爲時輩所喜登成化戊戌進士明年出知新會縣新會廣藩巨邑素號難治侯聞邑中有白沙陳先生喜曰吾得所師矣侯之同年梁編修儲李主事祥皆先生門人侯請書以爲先容比下車

未視篆卽上謁先生欲事以師禮月分其所得俸
先生每避還之凡有所聞行之惟恐後四方學者
往來白沙之門侯聞林縣博光張進士詡至必欣
然往會旦夕聽其議論若渴得飲焉與一峰羅先
生雖素昧平生然每思慕其賢訃聞專使走湖西
致奠捐俸金以助葬事其尊賢樂善無閒於存亾
如此有中貴弟梁長責民償逋過倍復妄訴之侯
侯廉知其情繫長獄悉追貸劵焚之由是權豪縮
頸是是非非苟罹於法雖素親愛不少貸未踰年

民大趨令侯於干謁之來厲詞色以拒之甚者揭其姓名以示衆嚴賭博竊盜之禁既寘於法復大榜其門曰某賭博某竊盜之家月朔令赴縣庭聽戒諭侯其悔然後去其榜其良家子弟陷於賭博者侯悉聚之廡下使日誦小學書親爲講解冀變化其氣習嘗爲民辯宛忤當道繫獄且危百姓惶懼欲用計爲侯解侯示以手書曰君子但求無愧於心而已禍福之來有命爾等愼勿妄動以貽我羞有積年起滅詞訟者官司病之莫敢誰何侯盡

擒之斃于獄侯尤善節財用前此上下往來非誼

之餽一歲所費無算民苦之侯痛革其弊蓋異時

當甲首者均平錢悉貯於官復令出私錢供用名

曰當月錢官吏里胥乘時侵尅每歲雖單丁小戶

所費亦至五六千餘貧者鬻子女故逃亡者衆侯

爲處當每丁泒均錢月支里胥供用備足外不妄

科一錢每歲甲首納均平錢畢卽歸田畝更不令

在縣當月白沙先生樂歲詩云長官願似丁明府

甲首終年不到衙蓋實錄也民窮于後且僭侯爲

申明洪武禮制條之文公冠婚喪祭之儀節爲禮式一書使民有所據守每鄉擇老成者數人主之月朔進問於庭優禮其能者都老馬廣爲衆所推讓侯於元日進廣於庭率諸鄉老再拜謝之春秋祭祀品物牲牢極其精潔役者悉令沐浴更衣然後將事俎豆既陳侯周視行列必極其整方止壬寅歲大旱春盡種未入士侯憂之曰此令之責也遂於圭峰絕頂築壇禱雨時當酷暑山氣鬱蒸侯晨夕齋沐伏壇下致禱凡七日未雨羸甚左右進

曰軀命所關可以少止侯呵曰民得雨吾病何憾至八日暑氣愈熾侯觸暑跪壇下衣汗浹踵大風忽作卷爐中火著侯衣略不爲動雨遂迸空下左右張蓋侯命撤之衣盡濕翌日雨止侯復禱至十有一日雨足乃已如是者凡三次焉節義所關或廟或墓各置祭田擇人守之如大忠祠置田二百餘畝節婦何氏莊氏蕭氏等墓置田共一頃六十餘畝民所敬事者惟修復里社一壇而已其不載祀典之祠無大小咸毁之此其政績顯著之大者

一念終始在民既得疾羸甚猶日究心於民事朋友遺之書不能止遂卒於官侯生正統丙寅十二月初十日至是卒年四十一也配羅氏生子男二人長曰一芳次曰某生於公卒之五月女二俱幼侯卒之日民相弔哭於途歸德里有一嫗夜哭於家鄰人怪而問之曰來年甲首到丁大人死吾殆不能聊生矣是以哭至今邑人之思侯者甚於在任之日雖古桐鄉之遺愛不是過也珪邑人也侯之善政善教皆所親覩故爲狀其行以俟他日觀

風者采焉謹狀

伍光宇行狀

君諱雲字光宇系出汴梁伍氏先世仕宋爲嶺南第十三將曰珉之子始來新會至君爲若干世世爲士夫家君自少軒整有志於世無所屈讓與人語惟其所欲語輒語必竭乃已或忤之爭必務勝人有善好之若出諸己已所欲爲必以強人爲之垂四十始交於予予之所可君亦可之予之所否君亦否之惟予言之適從南山之南有大江君以

意爲釣艇置琴一張諸供具其中題曰光風艇遇良夜皓魄當空水天一色君乘艇獨釣或設茗招予共啜君悠然在艇尾賦詩傲睨八極予亦扣舷而歌仰天而嘯飄飄乎任情去來不知天壤之大也所居之北爲巖亭高不盈一丈其中閴寂視之窈如也而君以夙疾未除齒髮日耗其爲學也益不能無日暮途遠之憂便杜門息交不擇遠近爲趨舍凡平居一切與往還者皆抗顔謝焉入處於亭焚香正襟趺坐竟日聞者異之别於白沙築艸

屋三間號曰尋樂齋與巖亭往來居之益自成化
庚寅之冬至明年首夏凡四閱月無日不在尋樂
始與家人約云吾不可去白沙吾其齋戒有事於
家廟吾疾作須扶持吾乃歸一日二日小健吾當
返慎無以家事累我既而果如其言學主力行與
之語雖不便了而能鞭策益力肯擔負矻乎不移
前此惟務意氣勝人不自覺束凡出藩籬事亦無
所不爲至是痛自懲艾痛自改革嘗激昂厲聲語
云雲不自樹立爲人不如死曉夕約已以進有所

弗及無所憚劬焉間與予論爲文必曰黃涪翁題
摹燕郭尚父圖畫之論書曰兎起鶻落法語也知
畫者必知書其惟蘇長公乎至於詩則謂唐以下
多近體古詩冲淡之流吾其陶處士師乎凡此項
皆君篤好而願爲之及其卒也十九無成則亦慨
乎歲月之已晚而其力之所及有未暇焉耳君篤
於事死之禮謂斯禮之興廢在人後世無以爲籩
豆之費則不省者有以藉口乃告於季父絅泊伯
兄裕割田若干畝以供祀事權以所居第爲祠有

事於此必誠必敬月旦十五日君率以夜半起衣冠端拱立祠下以俟尊幼男女咸來無或敢不虔歲辛卯秋始大營材爲祠當病未亟時尚日經度兹役將諏日始事語人曰吾息奄奄吾旦夕死不可知惟是祖考之神所棲未有定處吾深懼焉雖存一日不敢怠語斯須未畢痰湧出喉中滚滚不絶如縷日夜且數升親舊憫其如此咸勸之令止勿聽卒之前數夕焚香秉燭招予與訣父子兄弟具在直云雲薄命雲負先生數日遂卒卒之時年

四十又七實辛卯十月十八日也君娶某氏無子裕以其次子秉中爲君後云

祭先師康齋墓文

維成化十八年歲次壬寅十一月日門人新會陳某被徵赴闕道出劍江謹具牲醴告于先師聘君康齋先生之墓曰於乎元氣之在天地猶其在人之身盛則耳目聰明四體常春其在天地則庶物咸亨太和絪緼先生之生孕三光之精鍾河嶽之英其當皇明一代元氣之淳乎始焉知聖人之可

學而至也則因純公之言而發軔既而信師道之必尊而立也則守伊川之法以廸人此先生所以奮起之勇擔當之力而自況於豪傑之倫也先生之教不躐等由涵養以及致知先據德而後依仁下學上達日新又新啓勿助勿忘之訓則有見於鳶魚之飛躍悟無聲無臭之妙則自得乎太極之渾淪弟子在門墻者幾人尚未足以窺其閫域彼丹青人物者或未暇深考其故而徒摘其一二近似之跡描畫之又焉足以盡先生之神某也生長

東南樞趨日少三十而後立志五十而未聞道今也欲就而正諸而悲不及先生之存先生有知尚鑑斯文尚享

跋清獻崔公題劍閣詞足後爲跋書文字後爲跋此字借用

萬里雲間戍立馬劍門關亂山極目無際直北是長安人苦百年塗炭鬼哭三邊鋒鏑天道久應還手寫留屯奏炯炯寸心丹對青燈搔白髮漏聲殘老來勲業未就妨却一身閒梅嶺綠陰青子蒲澗清泉白石怪我舊盟寒烽火平安夜歸夢到家山

右調水調歌頭吾鄉先輩菊坡先生宋丞相清獻崔公鎮蜀時題劍閣卽此詞也曩夢拜公坐我於牀與語平生仕止久速偶及之仰視公顏色可親一步趨間不知其已翺翔於蓬萊道山之上欲從之上下而無由因請公手書公欣然命具紙筆烏虖古今幽明一理人之所見則有同異感而通之其夢也耶其非夢也耶今書遺其後七世孫同壽云陳蘭芝曰以上諸選文式俱備

戒懶文

大舜爲善雞鳴起周公一飯凡三止仲尼不寢終
夜思聖賢事業勤而已昔聞鑿壁有匡衡又聞車
胤能囊螢韓愈焚膏孫映雪未聞懶者留其名爾
懶豈自知待我詳言之官懶吏[illegible]將懶士卒離
母懶兒號寒夫懶妻啼饑貓懶鼠不走犬懶盜不
疑細看萬事乾坤內惟有懶字最爲害諸弟子聽
吾敎誨各書一篇置諸坐右以爲警戒

江門記

白沙書簡　　香山陳蘭芝掇霞輯梓

復彭方伯書　　陳獻章

古岡陳獻章薰沐頓首復書大方伯彭大人先生執事新凉惟台履吉慶去冬林別駕過白沙得執事手書後又得所寄絕句詩具悉雅愛繼又聞諸人執事以賤名汚薦尺天官以執事之言爲重亟賜允行近者蒙遣守令降臨衡宇書幣煒煌先後疊至太守執贄宣喻於庭曰是大方伯彭公使某

歸陳白沙徵幣也聞命兢惶罔知攸措執事當世之豪傑也吾黨以執事爲模範斯文以執事爲司命廟堂以執事爲柱石執事一嚬笑一舉措天下將視以爲輕重取舍甚哉執事之動不可輕也僕本麋鹿之性者也雖少讀書全無抱負中歲閉門惟近藥餌好事相傳類多失實執事徒信人言以爲可用斯名一出士類揚之閭里榮之僕不知何以得此於執事意者方今之俗廉恥未興將以興之歟奔競未抑將以抑之歟不然執事眼高一世

必不以天下之望負天下之人也夫天下非誠不動。非才不治誠之至者其動也速才之周者其治也廣才與誠合然後事可成也孔子曰如有用我者期月而已可也三年有成聖人過化存神之妙不可一二窺測天下不動不治動以治之聖人與學者一爾未有不須誠以動不須才以治者也如僕者忠信不修章句爲陋才既不足以集事誠又不足以動物徒以虛名玷污薦尺進則無益於事徒喪所守以上累執事之明止則人將以我爲固守一節非通於道者亦非所以立大中而奉明訓也二者之慮往來乎胸中幾日而後决之子使漆雕開仕對曰吾斯之未能信開以夫子爲的者也夫子不能使之仕何則人之知己不如己之自知苟未信也師不能强於弟子僕自知甚明惟謹素履罔俾玷缺庶幾邱園之義尚足以少裨明時奔競者愧而恬退者勸亦僕所以報執事之萬一也若曰可以仕焉僕不知其可也矧今自汗又作俯仰或過衣裳盡濕此亦郡守所目擊設任之勞事

何以堪之伏惟執事察僕之志矜僕之愚而弗強焉幸甚幸甚

與陶方伯

比聞在師中能坐馬矣幸甚幸甚周二來得書人情世態相見多不合奈何處之交游中有不勸人進德者乎某獨不然是以退爲進也非高明莫能亮之承問改題諸墓石可否書法與銘旌略同所以存其名不當云某府君忠烈公則書其自得於先朝者至顯矣後來恩典所加宜列諸神道碑不

必改題也李世卿久在館中恐要知不多及

復張東白內翰

承諭義理須到融液處操存須到灑落處僕僻處海隅相與麗澤者某輩數人耳抱愚守迷無足以副內翰期待之重然嘗一思之夫學有由積累而至者有不由積累而至者有可以言傳者有不可以言傳者夫道至無而動至近而神故藏而後發形而斯存大抵由積累而至者可以言傳也不由積累而至者不可以言傳也知者能知至無於至

近則無動而非神藏而後發明其幾矣形而斯存
道在我矣是故善求道者求之易不善求道者求
之難義理之融液未易言也操存之灑落未易言
也夫動已形者也形斯實矣其未形者虛而已虛
其本也致虛之所以立本也戒慎恐懼所以閑之
而非以爲害也然而世之學者不得其說而以用
心失之者多矣斯理也宋儒言之備矣吾嘗惡其
太嚴也使著於見聞者不睹其眞而徒與我嘵嘵
也是故道也者自我得之自我言之可也不然辭

愈多而道愈窒徒以亂人也君子奚取焉僕於義理之原窺見髣髴及操存處大略如此不知是否疾病之餘言不逮意惟高明推而盡之還示一字僕之幸也比者婁克貞教諭亦有書來僕既未接其人不可遽有往復冈𨓦儻以愚言爲有益擇其中一二可者示之否則置之陳布衣竟不及面而卒當此衰否之極又失此人可歎可歎艮晤無由伏惟順時以道自重不宣

與賀克恭黃門

離隔年多彼此交夢神亦勞止老矣寧復有相見之時耶今年春二月十六日老母傾背毀瘠不能自制與死爲儔平生知舊幾人死者已矣存者或失其故步奈何奈何今之論人於出處曰賀黃門賀黃門亦蒙厠賤名於黃門之下豈不以同志者少不同者多耶比歲得所惠書繼又得賢郎北京書甚慰甚慰有子如此足矣天將以是大賀之門益可知也三十年妄意古人之學衆説交騰如水底撈月恨不及與克恭論之今自謂少有見處得

其門而入一日千里其在茲耶南北萬里意所欲
言非尺簡所能盡里中舉子赴春官附此草草前
有詩稿一册寄范長史處託彼轉達遼東久不報
爲無便耳亮之

又

爲學須從靜中坐養出個端倪來方有商量處林
緝熙此紙是他句來經歷過一個功案如此是最
不可不知錄上克恭黃門歲首已託鍾鍈轉寄未
知達否今再錄去若未有入處但只依此下工不

至相悞未可便靠書策也前紙所錄往來書問二首又記夢一首後有林緝熙秉之跋尾通奉去病中不能作書然所欲言大略不過此而已亮之

與葛侍御

古岡病夫陳某頓首奉書侍御葛大人先生執事頃者廉憲陶公惠書稱執事之命以平後山碑文委僕爲之既辭以不能矣恐執事者不察僕之心而以爲慢別簡托於東山劉先生白之今者趙知縣自省還過白沙復申前命竊計區區之私非但

執事與當道諸公雖東山亦未之悉也僕請略言之僕每讀宋史至曹彬克金陵一事未嘗不對卷歛袵而歎趙太祖之仁與曹武惠之不伐也蓋自出師以至凱旋士衆畏服無敢輕肆克城之日兵不血刃凡所得一十九州三軍一百八十縣可謂有功矣武惠視之若無有也捷至羣臣稱賀太祖泣曰宇縣分割民受其禍攻城之際必有橫罹鋒刃者實可哀也命出米一萬賑卹之當是時君不知以得地爲喜將不知以克敵爲功一念好生之

仁洋溢上下自秦漢以來未及見也史臣稱武惠位兼將相不以等威自異遇大夫士於塗必引車避之不名下士噫何以謙之至也易曰勞謙君子有終吉武惠有之今後山之役信有功於民矣諸公豈自與耶此賊近之省城民遭其毒者幾年於茲前此有司固有任其咎者矣夫以今日平盜之功補前禦武之不及正相乘除在於仁人君子之心視民如傷豈容有彼此先後之間哉夫上之治民當休戚同之夫久病者不以得一日之安而棄

補羸之劑病饑者不以得一飯之飽而忘終歲之憂執事試求之百姓憂樂之情而忘其在己必能以趙太祖之所存者處民以曹武惠之所存者處功則光明者益光明矣以僕觀於一時開誠布公未有如執事舍己從人未有如執事樂善忘勢未有如執事以執事之才應天下之務何所不可僕所望於執事者非直以曹武惠輩人爲法姑舉其一事之近似者爲執事言之耳惟亮之裁之

復江右藩憲諸公

七月二十四日僕方困暑閉齋獨臥而李劉二生適至書幣交陳輝映茅宇僕再拜讀書識其所以來之意不敢當不敢當匡廬五老名山也白鹿名書院也諸公皆世偉人也修名山復名書院之舊希世偉事也僕生於海濱今五十有四年矣未始聞天下有如是之事悠然得趣於山水之中超然用意於簿書之外旁求儒師俾式多士將以培殖化原輔相　皇極以無負於斯世斯民也於乎盛哉昔朱文公之留意於斯也一賦一詩足以見之

其與諸公之心益異世同符也諸公讀文公之書
慕文公之道亦罔不惟文公是師也自文公歿至
今垂四百載仕於江右者多矣其閒有能一動其
心於白鹿之興廢者誰歟文公固有待於諸公也
諸公誠念之不宜謀及鄙人鄙人非不欲斯道之
明也學焉而不得其術其識昏以謬其志弱以小
其氣乏之餒其行怠肆其文落莫而不章歲月侵尋
老將至矣其於聖賢之道非直不能至而已其所
求於其心措於其躬者亦若存而若亾雖欲自信

自止而不可得况以導人哉百鈞之任以與烏獲而不與童子慮弗稱乎力也故夫天下之事慮而作者患恒少不慮而作者患恒多千里之足不蹶於遠途萬斛之舟不虞於大水其才足以勝之非不慮而作者也使之不以其誠任之而過其分與自欺而誤人者其失均耳諸公獨不慮至此乎天下有任大責重而祿位不與者苟能勝之則至大至通無方無體故能爲天地立心爲生民立極爲往聖繼絕學爲萬世開太平所謂建諸天地而不

悖質諸鬼神而無疑百世以俟聖人而不惑此其分內也宇宙無窮誰當負荷伏惟諸公念之慮之勿遷惑於衆口期匹休於先賢收回束幣更聘真儒俾諸士子有所効法以無負於今日之意也幸甚幸甚

與李白洲憲副

郁丞來得手書幷近稿二幅元日扶醉等作殊有意思非但言語之工而已也來喻所以處病夫至矣病夫何德以堪之頃答張主事書尚未聞於左

右耶北門園池之勝孰與潭州山泉先生富馬之惠孰與宏農公今且使病夫爲邵堯夫乎爲戴簡乎病夫得附驥尾爲羊城添勝迹於後代豈假言詞哉破數百金先生不惜與人顧受之者未易耳病夫平生山水稍癖待明年服闋後采藥羅浮訪醫南岳上下黄龍洞嘯歌祝融峯少償夙願然後歸拜先生之賜未晚也河洛後天數過九九病夫一生不受人間供養或者其超出六合乎顧别駕送契來且與領狀若委人承管則未也先生亮之

復趙提學僉憲

來教摘諸聖賢垂世之言與僕之事參而辨之大抵愛我深而告我盡也僕用是知執事之心一峯明白不欺之心也一峯死僕哭之慟以爲自今而後不復有如一峯者今乃有執事幸甚幸甚執事爲說本之經訓與僕所以爲學所以語人者同歸而殊途但僕前簡失之太略執事見之太明故疑僕之意異於執事而實不異也執事謂浙人以胡先生不教人習四禮爲疑僕因謂禮文雖不可不

講然非所急正指四禮言耳非統論理也禮無所不統有不可須臾離者克己復禮是也若橫渠以禮教人葢亦由是而推之教事事入途轍去使有所據守耳若四禮則行之有時故其說可講而知之學者進德修業以造於聖人緊要却不在此也程子曰且省外事但明乎善惟進誠心外事與誠心對言正指文爲度數若以其至論之文爲度數亦道之形見非可少者但求道者有先後緩急之序故以且省爲辭省之言略也謂姑畧去之不爲

害耳此蓋爲初學未知立心者言之非初學不云
且也若以外事爲外物累已而非此之謂則當絕
去豈直省之云乎不規規於往迹以干譽目前僕
之此言亦有爲而發嘗與胡先生言之矣非諷執
事也此不欲形於筆札俟面告執事於僕謂無間
者也苟事有未當僕得盡言之豈假諷哉僕才不
逮八年二十七始發憤從吳聘君學其於古聖賢
垂訓之書蓋無所不講然未知入處比歸白沙杜
門不出專求所以用力之方既無師友指引惟日

靠書册尋之忘寢忘食如是者亦累年而卒未得
焉所謂未得謂吾此心與此理未有湊泊脗合處
也於是舍彼之繁求吾之約惟在靜坐久之然後
見吾此心之體隱然呈露常若有物日用間種種
應酬隨吾所欲如馬之御銜勒也體認物理稽諸
聖訓各有頭緒來歷如水之有源委也於是渙然
自信曰作聖之功其在兹乎有學於僕者輒教之
靜坐蓋以吾所經歷粗有實効者告之非務爲高
虚以誤人也執事知我過胡先生而獨不察此僕

是以盡言之希少留意餘不屑屑

又

古岡病夫陳某再拜書復僉憲趙大人先生執事伏讀來諭執事所以進僕者至矣所以教僕者亦至矣僕一顓愚人耳凡百無所通曉惟知自守而已曩者至京師與諸賢士大夫游日聽其論議天下之事亦頗有益惟是愚懵終不能少變以同乎俗是以信己者少疑己者多也僕之所深與者皆執事同年而獨執事之名未聞也奉附到董給事

書其中稱道盛德不少置僕私心喜甚以爲此來當得一見非子仁僕無以知執事然以子仁之言又未嘗不追恨於京遊之日也承喻有爲毁僕者有曰有立門户者是流於禪學者甚者則曰妄人率人爲僞者凡於數者之詆執事皆不信之以爲毁人者無所不至自古聖賢未免見毁於人甚矣執事之心異於時人之心也僕又安敢與之强辯姑以迹之近似者爲執事陳之孔子教人文行忠信後之學孔氏者則曰一爲要一者無欲也無欲

則靜虛而動直然後聖可學而至矣所謂自立門戶者非此類歟佛氏教人曰靜坐吾亦曰靜坐曰惺惺吾亦曰惺惺調息近於數息定力有似禪定所謂流於禪學者非此類歟僕在京師適當應魁養病之初前此克恭亦以病去二公皆能審於進退者也其行止初無與於僕亦非僕所能與也不幸其迹偶與之同出京之時又同是以天下之責不仕者輒涉於僕其責取証於二公而僕自己丑得病五六年間自汗時發母氏加老是以不能出

門耳則凡責僕以不仕者遂不可解所謂妄人牽人於僞者又非此類歟僕嘗讀程子之書有曰學者當審己何如不可恤浮議僕服膺斯言有年矣安敢爭天下之口而沮爲憂喜耶其晦也不久則其光也不大其詘也不甚則其信也不長物理固亦有然者矣僕或不爲此戚戚也且僕聞投規於矩雖工師不能使之合雜宮於羽雖師曠不能使之一何則方圓之體不同緩急之聲異也尚何言哉尚何言哉惟執事矜其志而略其迹取之羣咻

之中置之多士之列則天下之知僕者無如執事矣幸甚幸甚都憲公雖未見顔色然仰之十餘年矣比聞下車以來德政之布沛若時雨上自士大夫下至閭閻小民莫不欣躍鼓舞僕固願一見況始者嘗辱一言之譽僕又豈敢自爲疎放比於固執者乎使回謹此以復冒瀆威尊惶恐無已

與徐嶺南

切見本邑近年以來盜賊日生訟牒日繁人情放濫略無檢束風俗惟見日不如前矣未聞有反復

之機於乎安得賢守令識理亂之源者與語是耶
頊者誤蒙寵顧衰病不出無由進謝自念老病山
林徒負虛名無涓埃可以答一顧之辱謹以是言
進惟閣下亮之程子曰治天下以正風俗得賢才
爲本秦漢以下論天下之治者必以復三代爲至
三代之君何君也其政教何政教也茍欲復之從
何處下手耶必如明道先生之言是眞能復三代
手段也而不見用於時惜哉伏惟大賢爲政務實
而行庶幾能順復人情爲國家樹立長治久安之

根本非如俗吏其所用心者惟簿書期會取辦於目前而已也自今而往一令之下一政之行必求其有關於風俗者三致意焉是誠聽訟理人之第一義也是誠經綸天下之實地也幸甚幸甚

與胡僉憲提學

惠歷久不謝罪罪李山人至蒙賜相山骨髓等書珍感無已僕嘗粗涉郭景純葬書愛其辭約而旨奧反復讀之蓋無難曉及乎眞形在目美惡雜陳則又茫然無所區別以此知讀書非難領悟作者

之意執其機而用之不泥於故紙之難也况此經
鄭氏默所注穴法處謂不得師傅口授終無自悟
之理吳草廬亦云提耳而誨之可使不識一字之
凡夫立造神妙如其言盡讀堪輿家書不若得其
人而問之易了李君經宿别去非久當回白沙其
人頗謹厚而又爲高明所與疑亦有過人者第患
無能深扣之耳承喻欲來新會企渴企渴子久卧
衡茅未即進拜則有其說布衣陋儒謬爲王公大
人所愛惟恐不自重以爲門下辱矧今士習非古

一驕一諂交病天下有識方以爲憂如僕者縱不能抹忍助之乎惟亮察幸幸

又

某啟昨來枉駕感愧無量承寄示遊山詩改定次聯又佳又佳上下二句大小氣力停勻自是實事魚鳥亦指隱居而言晦菴詩云我是湖山舊主人歸來魚鳥便相親意亦如此或以爲形容道體之言則恐涉於太深上下承接不來未知是否大凡文字不厭改患改之不多耳惟改方能到妙處而

發之易者恒不能多改比見閣下於此詩略不經意以爲當終置之不復改此詩雖不改亦無害但不知其於他文如何深以不及對面一扣爲恨後得此紙然後知閣下非吝於改而改之益善日令兒輩誦此二句以爲喜昔者嘗聞歐公作一小簡反復改之有改至八九次者歐公期於言者也其不苟有如此宜其傳之遠也吾人大抵以不專之學方其爲之也鹵莽潦略而不自知又何怪夫古人之不可及也推之凡事亦莫不皆然蓋非止作

文一事而已使回謹此奉瀆不罪不罪拙作未一章屬意尤切尚未知何日可遂此約男女一大俗緣比於軒冕外物誠未易盡湖山之盟信如何也江山魚鳥何處非吾樂地閣下旣以此自信而無疑於僕望終賜之首肯

與王樂用僉憲

以詩之盛莫如唐然而世之大儒君子類以技目之而不屑效焉則所謂詩之至者果何人哉僕於此道未嘗一得其門戶尋常間聞人說詩輒屏息

退聽不敢置一語可否問其孰爲工與拙罔然莫知也比歲聞南京有莊孔易者能自樹立於辭不一雷同今人語心竊喜之稍就而問焉果出奇無窮及退取陶謝少陵諸大家之詩學之或得其意而亡其辭或得其辭而遺其意或幷辭意而失之蓋其所謂夙生暈血終欠一洗之力而又懼其見譏於大儒君子終所謂技不可曠歲月於無用故絕意不爲凡學於僕者亦以是語之而無有疑焉者矣

與張廷實主事 先生門人 郎張詡

章因起倒傷煩諸疾乘之自汗耳鳴心氣虛損肌膚由是不實得七月五日書承養生在去其害生者章之病多自取由不介意生死故一切任之今則未如之何矣古人漏船之喻良有以也他日見雲谷丈人試爲叩之曰閭邱之命將懸於豐干之手屈平數語盡攝生之妙或者知之而爲之弗蚤終亦無補於漏船不如探囊中一丸與之又恐分薄緣淺者無以當之如何書中斷置平湖去就章

亦未敢率爾葢一時事體所關萬一有甚難處者
非但欲存忠厚而已俟更得其曲折詳細是非不
難見也別紙報袁德純來按治陳邦伯死於道路
此於天命亦何所增損而使人動念耶是豈無害
於生終不如坐忘之愈也

又

承示諸作以作者觀之近體可縣看久看則別古
選纔看便不似不知平日與秉常論者何如以吾
子之才加以涵養之力久當得之未用催促也拙

庵記文字議論好非拙者可及但不知較於古人情性氣象又何如也更須自討分曉大作規模不墮落文士蹊徑中乃佳也九月四日章復廷實盧墓詩若未登卷請更作

又

近作皆已經目詩不用則已如用之當下工夫理會觀古人用意深處學他語脉往來呼應淺深浮沉輕重疾徐當以神會得之未可以言盡也到得悟入時隨意一拈卽在其妙無涯每見所作只是

潦草如忙中應事無味可味大略如此難一二指點病痛處欲告又恐見難而止反爲所沮故不欲輒言耳子長亦未有捉摸來撞去不知如何用心也如李世卿平日自負至論詩則以爲甚難不敢出一語亦近方得覺也秉常南京寄來諸稿讀之不能竟又不知所養者近來何如也別紙錄去拙作閑呼子長共讀之懷世卿未一聯以問容一之亦不能了知音者眞難得也正月八日石翁書復廷實侍者前東相達見漢淸囑勿漏恐倉卒生

謗也草率石翁云

又

半江十詠接引意然有次第前後一一相照求東所爲作一跋爲此號者謝德明居邑之南郭疇昔有桓溫少年之習喜其勇於改革閉戸不出與俗交者四年矣鄉曲往還忠於門下者也跋中略見此意然亦不必專繫其人也若興動和拙詩亦可不必跋也高作每見跌蕩可喜但不知置之古人文字中能入得他規矩否如王節婦墓表只似信

手寫出古之作者意鄭重而文不煩語曲折而理自到此等處似未能無少鈌也何如觀其言可以知其人彼沉酣世味者泥滓滿腔又惡可與論此哉讀漳州功德碑絶句別紙錄上兩山先生一笑得便卽寄去也餘不悉

又

李世卿承箕楚人也不遠數千里來訪白沙朝夕與之談英偉特達鄙陋當世欲於聲利外立脚者非但文辭之工而已期過秋方還嘉魚因便能一來會

否耶

又

承諭出處與逃患兩事此重則彼輕足下之論偉矣但須觀今日事體所關輕重大小酌以淺深之宜隨時屈信與道消息若居東微服皆順應自然無有凝滯孔子曰知幾其神乎今以衆人有滯之心欲窺聖人至神之用恐其不似也更以他日面論以决之見示與時矩詩痛至然知其不能回矣惜哉奉去茅筆書六通凡書視筆楮工拙形體勿訝

遺言湛民澤四段郎
甘泉

孟子見人便道性善言必稱堯舜此以堯舜望人也橫渠見人便告以聖人之事此以聖人望人也吾意亦若是耳竊附孟子橫渠之後彼何人哉予何人哉有爲者亦若是文王我師也周公豈欺我哉區區之意在覽者深思而自得之旣以寄民澤亦以告有志於門下者咸得自勵而日勉焉非但爲美言以悅人也

與平湖語連日不如與賓州一尺簡易曰初筮告

再三瀆瀆則不告此教者之事夫豈有所隱哉承

示教近作頗見意思然不欲多作恐其滯也人與

天地同體四時以行百物以生若滯在一處安能

爲造化之主耶古之善學者常令此心在無物處

便運用得轉耳學者以自然爲宗不可不著意理

會俟面盡之

民澤足下李世卿書來問守臺者老朽以民澤告

之冷焰并騰殆出楚雲之上嗟以勉世卿使求諸

言語之外如世卿可惜平生只以歐蘇輩人自期

安能遠到賢郎在病可徐徐而來眼中未有能奪公楚雲手段也五月十二日石翁書此學以自然爲宗者也承諭近日來頗有凑泊處譬之適千里者起脚不差將來必有至處自然之樂乃眞樂也宇宙間復有何事故曰雖之夷狄不可棄也今世學者各標榜門墻不求自得誦說雖多影響而已無可告語者暮景侵尋不意復見同志之人託區區於無窮者已不落莫矣幸甚幸甚楚雲雖日望回萬一高堂意有未安亦未可率爾行也珍重草

白民澤進士

章久處危地以老母在堂不自由耳近遣人往衡山問彼田里風俗尋胡致堂住處古人託居必有所見儻今日之圖可遂老脚一登祝融峯不復下矣是將託以畢吾生非事遊觀也三年之喪在人之情豈由外哉今之人大抵無識見便卑闒得甚愛人道好怕人道惡做出世事不得正坐此耳吾輩心事質諸鬼神焉往而不泰然也耶病中不欲多言幸以意推而盡之未可草草也五月五日石

翁書復民澤侍者

與伍光宇

昨晚景雲歸具悉老兄動定某通夕爲之不能寐覺得老兄此病非止疾痛之爲心害心寓於形而爲主主失其主反亂於氣亦疾病之所由起也今人惟知形體之爲害而不知歸罪其心多矣心之害大而急者莫如忿爭夫有所不平然後爭爭至於忿斯不平之至而氣爲之逆逆則病生矣雖所致疾之由寒暑饑飽勞佚失節居多而此之弗謹

實吾自爲之不可不知也據景雲所說老兄於此一項罪過全未肯認全未磨洗縱疾痛不積於此氣象所關尤非細故林緝熙所謂怡怡之說殆亦忠告之言也盍深省之否則未有入道之期也不罪不罪

與陳德雍

某啓清江之去白沙幾山幾水一夕恍然與德雍先生葛巾青藜相值於寶林拍手笑語坐佛燈前促膝嬉戲若平生不知其在夢也及覺始悵然若

有所失卽復閉目入華胥尋向來所見一恍惚既不可得則又歎淸江之去我遠德雍今存亡不可知況欲與之握手耶某别後況味如昨但年來益爲虛名所苦應接既多殊妨行樂耳平生只有四百三十二峰念念欲往亦且不果男女一大俗緣何日可盡雖云道無凝滯其如野性難拘尋欲振奮一出又未能也德雍老矣頗復能記憶寶林昔日之言否乎臨紙不勝悵惘

與林時矩先生門人

宇宙內更有何事天自信天地自信地吾自信吾
自動自靜自闔自闢自舒自卷甲不問乙供乙不
待甲賜牛自爲牛馬自爲馬感於此應於彼發乎
邇見乎遠故得之者天地與順日月與明鬼神與
福萬民與誠百世與名而無一物奸於其間烏乎
大哉前輩云銖視軒冕塵視金玉此蓋略言之以
諷始學者耳人爭一個覺纔覺便我大而物小物
盡而我無盡夫無盡者微塵六合瞬息千古生不
知愛死不知惡尚奚暇銖軒冕而塵金玉耶

又

禪家語初看亦甚可喜然實是儱侗與吾儒似同而異毫釐間便分霄壤此古人所以貴擇之精也如此辭所見大體處了了如此聞者安能不爲之動但起脚一差立到前面無歸宿無準的便日用間種種各别不可不勘破也拙和一首奉去可一閱更將中庸首尾緊要處沉潛要見著落却還一字也獻章書與時矩

慰馬默齋喪子

吾子得數之奇孰與孟郊孟郊產三子哭之連日今吾子之哭凡幾抑又有不盡同者焉郊爲詩盡泄天地鬼神之秘而不爲造物所予不知其後何如吾子厚積陰德於必有鳳雛龍種降爲家寶此未足深惜也

與王太守

部內陳某肅啓郡尊黃堂大人執事某久病山林無禪當世誤承厚愛貺以殊禮揣分實踰欿然而不敢辭謝者上下之體嚴德禮之感深也某與周生

通家舊非一世矣執事雅望在人平昔所存之正所積之厚某得之周生者舊矣久病在牀無由走謁罪過萬千周生今在京師遠托造化之仁內外各安拳拳戀德之私想亦無日不在左右也側聞新歲以來郡政過勞項刻萬端日不遑食或至二鼓不得就寢起居欠佳某欲進拜郡庭爲一郡生靈謝久病未能出戶下情無任感戀之至謹具啓用申下忱手戰作寫不謹伏乞台照

與汪提舉

白沙陳某啓千里一緘由辭以得意足下垂愛之至非尺牘能盡章何德以報之承示近作足見盛年英邁之情大抵論詩當論性情論性情先論風韻無風韻則無詩矣今之言詩者異於是篇章成卽謂之詩風韻不知甚可笑也情性好風韻自好性情不眞亦難強說幸相與勉之知廣大高明不離乎日用求之在我毋泥見聞優游厭飫久之然後可及也人自海南來者稱足下事功之偉阮從事至益聞所未聞足慰翹企雖然局於見聞者未

必知也如修古等作誠美矣人徒知慕修古之名抑孰知修古之實之著於今日者何如也觀往可以知來一眞一切眞得其門而入者無遠弗届也慕竹記文章心許之病未能耳足下欲顯其親於無窮豈專待是耶白洋眞境想像不來別紙塞命良慕高尚耳不多及

與林郡博先生門人

承諭進學所見甚是超脫甚是完全病臥在牀忽得此柬讀之慰喜無量自不覺呻吟之去體也終

日乾乾只是收拾此此而已此理干涉至大無內外無終始無一處不到無一息不運會此則天地我立萬化我出而宇宙在我矣得此霸柄入手更有何事往古來今四方上下都一齊穿紐一齊收拾隨時隨處無不是這個充塞色色信他本來何用爾腳勞手攘舞雩三三兩兩正在勿忘勿助之間曾點些兒活計被孟子一口打併出來便都是鳶飛魚躍若無孟子工夫驟而語之以曾點見趣一似說夢會得雖堯舜事業只如一點浮雲過目安

事推乎此理包羅上下貫徹終始滚作一片都無分别無盡藏故也自兹已往更有分殊處合要理會毫分縷析義理儘無窮工夫儘無窮書中所云乃其統體該括耳病中還答不周言多未瑩乞以意會前此所諭命之理以下數段亦甚切實有味愧不時復草席香各領賜感感

與張廷實主事先生門人

承喻求靜之意反復圖之未見其可若遂行之秖益動耳惡在其能靜耶必不得已如來喻搆所居

旁小屋處之庶幾少靜耳適與容一之論李廣射石沒羽曰至誠則金石可開又舉莊子語云置之一處無事不辦此理殊可悅顧今老矣惟日孳孳豈能及也并此告

又

得正月廿日書百錢自喜貧者說金學能以此自檢其過人遠矣甚賀甚賀斬釘截鐵工夫當自益但須由其道耳由其道而往無遠不至也或謂廷實氣高好自是不能下人比觀與民澤諸作殊有

意思未必盡如或者之論也大抵虛己極難若能克去有我之私當一日萬里其它往來疏數不計也睡起瞶瞶不多及

復李世卿先生門人節承箕楚南人

圭峰山靈相候已久何濡滯爾耶世情不可盡狥盡狥則失已與諸鄉老龍興寺舍相對竟日孰與置一榻於圭峰爲足快也邑中山水白龍玉臺最勝諸前輩有賦詠可盡收拾志中慎勿留意拙作爲世卿累也切囑切囑昨晚陳伯謙過白沙出示

與僧文定詩頗有援救意不審聞於邑主否封去某近作記文一首據拙見詞格不古終傷安排不知世卿以爲何如朋友間評論文字在於求益奚事虛讓爲讀畢還一字示可否乃老拙所望於世卿者也

與太虛

太虛師眞無累於外物無累於形骸矣儒與釋不同其無累同也太虛尚能覓我於衡山否耶別紙錄去舊稿試爲我誦之章非能言者太虛豈俟多

言哉

與范規先生門人

見示和送美宣太守詩不見如何主意大槩類少年作老人語辭氣終别且其間下語往來呼應無脉可尋詩貴融通妙密若未理會得明白處遽然語此是躐等也如何如何如何

與湛民澤

飛雲之高幾千仞未若立本於空中與此山平置足其顛若履平地四顧脫然尤爲奇絶此其人内

忘其心外忘其形其氣浩然物莫能干神遊八極未足言也承羅浮之遊甚樂第恐心有所往情隨境遷則此樂亦未免俗樂耳黄龍朱明不可居吾之此心已在祝融之上矣吾非厭近而求遠顧民澤何以處我耶世卿錄去近稿二幅可以代面語不具

復趙提學僉憲

易元至辱手教數幅并諸作見示更相規益有交友之道幸甚幸甚然謂僕示諸生詩末聯有激而

發則恐觀者過於求索僕之意往往不然也此詩
亦但謂歲月流邁諸生學不加進故汲汲焉告之
冀其有所感發而自憂耳至於末聯則爲我所以
爲諸生憂若但如楊朱爲我而不恤人則彼楊朱
何爲者耶於是終告之曰闢楊氏者孟子也豈若
是褊哉道固爾也反復言之不過使學者知吾之
憂出於當然而不容已則其所當自憂者將惕然
於中而亦不容已也乃作詩者屬意於此訂頑砭
愚咸此焉在何嫌於人我爲敵與自任孟軻之重

耶記語類所載文公力疾與學者語勉齋見而止之文公曰除是楊朱不理會人我即不曾學得楊朱亦此類也執事顧以爲不可乎海雲更號極是卒爾敢不承教執事錄示張東白詩且疑僕更號逃禪不能擺脫此語聞之不覺失笑執事固愛助我者請問今所疑於僕如此果何自來耶若出於東白未可據也東白葢僕昔論學書中一二語偶未深契而料想至此從而疑之竊恐未爲至論只如此詩者偶讀宋文鑑和得半山詩數首論者云

陳公甫喜荆公輩人直如此草草僕平生得無巴鼻之謗多類此可怪也聞執事將赴京不獲數侍誨聊復此不一一

與顧别駕止建白沙嘉會樓

執事未有不以公務而止敝邑者今日之事欲爲名教樹無窮風聲於後代而姑託始於僕以爲之名伏惟按治廣東侍御熊公揭名嘉會選能集事一人使相地白沙問於我府主林先生以得執事遂盡聞於我藩憲諸老先生倡斯和之輿一役而

衆論攸同舉一義而多士知勸百餘年間嶺海之
內未聞有如今日之盛者也顧僕何人俾以虛譽
濫竽斯會區區不勝感激愧悚之至執事以才識
卓異見重於時諸公誠信而委之僕愚以今地方
多虞民苦力役斯樓之建雖以賢別駕主之然寸
土尺木不無勞費在民願執事再加處分以復按
治之命苟可已之不但紓民之力而負且乘之譏
亦且不及老朽以貽玷諸賢尤見執事相愛之至
也幸甚幸甚

復胡推府

辱書英特不羣之氣溢於言外而其中耿耿欲與世抗尤於詩焉見之前數日託倪指揮送去手書弗及想未達也承以得卑官爲喜古之善處困者如是雖然未若忘之愈也忘之都無事矣詩本温厚和平深沉婉容然後可望大雅之庭執事之作其果近之乎如其未近則當易故求新增其所未高濬其所未深然不獨作詩爲然也臥病餘旬不能舉動感慈遠别又重違左右强勉數紙不能佳

也不審何日離省區區馳戀之私想能亮之書墨

并此謝

與順德吳明府諱廷舉

粱生至辱手書具審被誣事今已釋然甚慰明府

惠愛在民民以是報何耶凡天損之來吾無以取

之可以言命矣唐中丞稱潘時用之賢悼鄒汝愚

之死小柳大扶朝低夕昂張梧州之於督府皆可

謂知己之遇夫復何憾承一一示明府豈徒羨彼

者耶陶邦伯才能集事威能禦暴便可當一面之

寄其他未敢輕議大抵用人不求備議者謂中丞公人物一大鑪冶百鍊之則眞金出焉順德小邑治之不難而有難者其誠乎誠則不言而民信無爲而化成觀於明道先生治縣則可知用智之不足貴矣承下問不敢不盡明府以爲何如

與任明府

昨蒙枉顧感感一談之頃愧久病未得脫體精神不能自達愧負何限雖然造次間已覺明府英邁之氣出於人上者可畏可喜異時當爲賢宰牧有

聞於天下後世新寧之民一何幸歟今日又蒙多
貺之及感怍感怍以新作之邑遇新除之令凡百
政令皆自我出未有壞於前者事機之會如此亦
可賀也老拙以爲天下之事成之惟在威信威信
一立無事不可爲苟無威信則無其本難乎其立
政矣明府裁之病倦執筆匆匆不究所欲言謹此
布謝而已惟照亮幸幸

復梁二教伯鴻

尹秀才至辱書兼拜汝帖之貺感感足下病不能

任官貧不能供毋迂不能入俗直不能干人足下
持此孑孑何以度世哉承欲挾卜以遊足下設言
之以自遣耶將仰給於是如昔君平之爲耶頃者
何廷矩在胥江開卜肆竟無一人售者足下聞之
否耶此非愚慮所及足下善自謀之無令古人笑
今人也顏淵季路皆可師法聞足下有少田業勤
耕而節用可以不死雖甘旨之奉不足亦士之常
分揆於道義無不安也舍此而他圖心日勞而困
日甚足下其如命何哉人還悤悤聊此復不能悉

章衰矣齒髮日變於舊亡兄屬纊之初老母哭之欲絕積憂之餘面足俱腫由某獲罪於天不死延禍同氣以上累於高堂痛徹骨髓如何可言諸君不遺老朽慰之連尺撫狀不勝悲哽傾感之至子

與寶安諸友

逢別紙具得平湖履任之詳可歎可歎彭澤不折腰於督郵平湖不屈膝於當道樂則行之憂則違之古今一揆也數日前閱甲辰舊詩改贈平湖章云偶從道路得行藏南北東西又此鄉滄海一身

堪自遠平湖數口爲他忙江山舊宅香株老籬落
東風豆角長小與先生分出處扶留牕下細抄方
又改次章頷聯云到手閒官如處士從頭詩卷又
江湖去秋與張進士唱和絶句云不求老馬在長
逵誰道乾坤一馬無伯樂未來幽薊北憑君傳語
到平湖諸詩謾爾豈遂爲之兆乎諸君其亟椽欖
山之室南川之歸無日矣景昜今秋不免隨俗應
試非得已也家貧不能日給無可仰干於人一也
祖母年高氣衰悼往憂來懷抱作惡希得一解可

以慰解二也是兒賦分已定責之以越常之事必不能堪三也功服不得科試程子據禮言之當如此亦古人常事耳在今日可以望於賢者而不律衆人也若曰祖父喪在淺土雖服已除亦不應試此又過今之人遠甚子逢自量力爲之孟子曰持其志無暴其氣爲之而力弗逮反暴其氣矣秉之在獄安否禍變之成非一朝夕今日之事不知秉之平生費多少麴蘖醞釀來也爲我謝平湖秉之雖窮使甘心觚翰如藏用輩低徊於里塾寧有此

惜哉

與鄧勝之

勝之足下自頃歲寒舍一話别去未嘗忘但懶作書耳春初聞太夫人委蜕又闕一疏多罪多罪僕之心事惟足下知其無他則知僕之交於人者如是使世之知僕者異於足下幾何不斥其簡而怒且譏耶足下勤勤於僕之意每見德孚與語未嘗不增戚戚於胸次顧足下之所欲爲者其機未始不在我如足下亦何所不至慎勉之毋以畏難止

也承枉陰陽家諏日等問僕不究其得失然大槩以爲術家之書其說主於禍福故不宜盡拘盡拘則害理聖人無是也吾徒作事宜何所法守聽命於術家之說而我無所可否焉僕竊惟今人不取也小五星等書自地理家秘而不傳然其說亦動靜兩端而止耳足下將求之不一耶反求之吾心以觀其會耶抑徒寶愛其術而思藏其故紙耶足下欲之必有其指不愛一言以慰懸仰幸甚幸甚

與鄧球先生門人

韶廣相去未遠一問不通今幾年悵想無已即日
蒼頭至辱手書并惠米布諸物具審雅履佳勝志
業日新爲憪某奉母之外無他况惟益衰耳首夏
湖廣嘉魚貢士李承箕世卿者過白沙甚聰明有
文章留白沙數月不忍别去議論間頗覺有益恨
足下不與同也眼中朋友求可與言者不可得世
味之移人者不少大者文章功業然亦爲道之障
爲其溺也足下苟有見於此幸甚幸甚章所欲告
於足下者非尺牘能盡

與周用中兄弟

天地自然之利人得而取之何分彼我使諸子姪如老朽何所不讓使老朽如諸子姪亦何所不爭向義不如就利尚德不如用智朝二暮四口與心違強之以其所不能則怨諸君豈不謂然乎今只以鄭明府所書券爲實更不問其是非但據用中用到價銀若干老朽願償之如此既不獲罪於鄭又不負用中諸子姪亦可以釋然矣解紛之策莫過於此諸君其亮之

與范規先生門人

近有人自南京來承定山先生偶得右手足風痺之疾近雖小愈尚未脫然欲求養生之術非能用莫能盡之以此相託定山平生故人老而嬰疾可念可念能用定山之交亦不可謂淺淺者何愛一行如能用寄跡山水間去來自由自此至彼數千里坦途計日可到然亦不敢必蓋行止非人所能頊來衡山之約如許又可固必耶專此馳問倘蒙金諾先乞飛示早晚須一至精舍商量切望切望

與董子仁

前九月得周文選書知子仁久乞省家居多賀多賀又云在高亦養病歸或不可起不審此語何謂前此獲手教及克恭書感歎屢日凡百且置之勿論只平生問學一事極索理會不可悠悠人一身與天地參立豈可不知自貴重日與逐逐者伍耶某奉别後更無他惟一味守此益信古人所謂自得者非虛語今幸老母麤康地方無事日夕與二三友討論所未至亦殊不厭惟有志者少薄俗振

作尤難日邁月征艮可憂耳聞羅先生杜門廣昌張內翰會講西山克恭闢書齋於後圃靜坐皆不以病廢學子仁何日復京尚希一札以慰惓惓某自春間一病自汗至今尚未脫體臨紙牽勉言不能盡惟亮察

與張聲遠先生門人

久不得字去年託賀官人往一紙尚未卜沈浮一別音耗便爾難得可歎可歎秋試捷否不足憂喜謾欲知之耳時用子然客帝京忍寒餓二十年爲

母家不去誠亦可憫萬一了此心事不東入吳即
南走羅浮與兒輩下上四百峰頭采蕨亦可供也
謾思及之此日病正愈臨紙不復一一

又

得正月十一日手書悲憤塡𦆔幾不可讀平居相
與論議慷慨未始不以外生死爲達塡溝壑爲賢
一旦臨大故不可堪忍之時尊卑疾病盈室家無
錢財作何措置況於東吳反葬水陸數千計亦不
下二十金所費將誰仰耶勢利風馳朋友道缺昔

人所能者例不可望於俗輩如某一二麤知抑皆所謂旋渦裏佛不能救落水羅漢奈何奈何情切事違心邇人遠撫紙興懷徒增悲怍惟亮察不具

與譚有蓮

比日家僮自貴里來承口諭欲爲小孫田議婚以平卿之孫女平卿善士與古愚先兄游處亦通家也幸甚幸甚第恐傳言或誤好事多魔於是叩諸蓍得大過之豫蓋吉占也未審果如尊意否夫量才求配聞之先賢計產許婚甚於流輩癡孫疑未

中東牀之遐世業恐重貽西隣之憂是以未能釋然於鬼神之謀也專此馳白庶幾爲是一來倘不以疎外見疑拱俟拱俟

與陳秉常先生門人

辱書見勉勿斷酒肉扶養衰軀真情苦語足仞拳拳頃者賴諸友之助先妣得安小廬山之兆即日塋封甫畢遣人去采藤縣木爲祭享之室立祭田求墓誌事皆不可缺又不知人子思慕其親而欲報之大者安在耶限於分困於財葢亦無可議者

矣到京見定山先生潘時用姜主事問我以是告餘不敢囑别紙所議禮想是但老朽檢閲未得且置之病畏多言念吾子遠别聊復此耳途次見東山劉都憲先生告厓山慈元廟成甚完好因以先毋訃告某在病不具疏

與崔楫先生門人

承示諸作見意思始者期民澤九月入羅浮四百仙峯依舊見之但不在脚底耳來喻不忘在學幸甚但恐進退未决不立背水陣終難勝敵希說勉

之歲月不待人也李子長落水羅漢吾輩皆旋渦
佛耶何故無一人救之稀薟草果神效當求識者
致之感掛意某復希說秀才

與容一之先生門人

幾日不得到祠下眠食何如一之平時筋力倍予
今云瘠甚則老者可知矣古人處老有道處病有
道處死有道夫子曰朝聞道夕死可矣其處之之
道乎旦夕欲見一之與論之不審力疾乘竹兜子
能一至碧玉樓否耶專此馳問惟自量

與馬正

前日舟中與一之談及神理爲天理萬物主本長在不滅人不知此虛生浪死與草木一耳神理之物非但不可戀着亦其勢終不能相及於我何有伯幹病至此當大爲休置縱未至灑脫地亦暫省得些撓亂幸而天年未盡便從此覺悟神理日著非小益也老倦不能再省視令眞福往候以此能一開目否

與鄧侍御

承寄示論孟古義讀之炳然可愛此公長於造語發揮殆盡有神采脫去時俗凡陋眞佳作也使今之爲舉業者能如此此亦何害其爲時文也文章與世運升降孰能留心於此乎微歐公則天下不知有韓退之侍御可謂有功於君舉矣拙詩見意

江門記

白沙詩選五古　香山陳蘭芝拂霞輯梓

和楊龜山此日不再得韻　陳獻章

能飢謀藝稷冒寒思植桑少年負奇氣萬丈磨青蒼夢寐見古人慨然悲流光吾道有宗主千秋朱紫陽說敬不離口示我入德方義利分兩途析之極毫芒聖學信匪難要在用心臧善端日培養庶免物欲戕道德乃膏腴文辭固粃糠俯仰天地間此身何昂藏胡能追軼駕但能漱餘芳持此木鑽

柔其如磐石剛中夜攬衣起沉吟獨徬徨聖途萬里餘髮短心苦長及此歲未暮驅車適康莊行遠必自邇育德貴含章邇來十六載滅迹聲利塲閉門事探討蜕俗如驅羊隱几一室內兀兀同坐忘那知顛沛中此志竟莫強譬如濟巨川中道奪我航顧茲一身小所繫乃綱常樞紐在方寸操舍決存亡胡爲謾役役斲喪良可傷願言各努力大海終回狂

冬夜

長夜氣始淒木綿被重裘端坐思古人寒燈耿悠悠是時病初間背汗仍未收學業坐妨奪田蕪廢鉏耰高堂有老親徧身無完紬丈夫庇四海而以俯仰憂口腹非所營水菽吾當求明旦理黃犢進我南岡舟

天人之際

天人一理通感應良可畏千載隕石書春秋所以示客星犯帝座他夜因何事誰謂匹夫微而能動天地

和梅侍御見寄

飛蓋凌滄溟高臺拂朱鳥乾坤一水浮日月雙輪繞塵埃紛局促正坐眼孔小景山千丈松慰我冰雪皎萬里一春風東西逐騕褭故人子羅子仙鶴歸華表暮雨江門舟含悽問封草假令鮑叔在一士亦不少誰云越臺近舉目河山杳冥冥白沙塢雲煙共昏曉

漫題

日月逝不處奄忽幾華顛華顛亦奚爲所希在寡

愆章編絕周易錦囊韜虞絃飢飡玉臺霞渴飲滄溟淵所以慰我情無非畹與田提携衆雛上啼笑高堂前此事如不樂它尚何樂焉東園集茅本西嶺燒松煙疾書澄心胸散滿天地間聊以悅俄頃焉知身後年

歸田園

我始慚名韁長揖歸故山故山樵采深焉知世上年是名鳥搶揄非曰龍潛淵東籬采霜菊南渚收菰田游目高原外披懷深樹間禽鳥鳴我後鹿豕

遊我前冷冷玉臺風漠漠聖池煙閒持一觴酒歡飲忘華顛逍遙復逍遙白雲如我閒乘化以歸盡斯道古來然

秋興

西風振庭木虛堂夜蕭蕭攬衣起步月歸雁雙飄飄天地豈予獨知音不可招冥心祈有合悵望空雲霄

有懷世卿

仙鶴去不歸黃鸝向人語空館忽相思雲山杳何

許出門望東海默默空延竚月出潮復來鳴橈下
滄渚
時雨日夕來郊原藹新綠白雲被重崖下映寒塘
曲情結竹上言魂消井邊躅三年隔瀟湘書至不
可讀
伏枕廬山下春懷憹不舒哀絃久去耳風韻今何
如灼灼花自媚嚶嚶鳥相娛高臺夕流眄古道行
人疎
煩囂謝人境抱膝山臺居奈此枝上鳥交交春雨

餘少年耳目冗衰老不能虛安得曾連子從之泛
江湖

觀自作茅筆書

神往氣自隨氛氳覺初沭聖賢一切無此理何由
矚調性古所聞熙熙兼穆穆耻獨不耻獨茅鋒萬
莖禿

遊圭峯同世卿作圭峯最爲嶺南幽勝近江門

窮居無歲年老夢得迂杇永託山水間東西事遊
走幽幽鐵橋花悵望未得手杖屨聊此躋微霜正

疎柳斂襟欲無言會意豈在酒滄海當我前崑崙
卓我後但談孔氏規坐失微生畒

示李孔修近詩 即子長先生門人先生稱門人多以字惟此以名

昔别秋未深今來歲方晏吾衰忘筆硯月記詩半
板或疑子美聖未若陶潛淡習氣移性情正坐聞
道晚爲我試讀之如君當具眼

曉枕

天地無窮年無窮吾亦在獨立無朋儔誰爲自然
配春陵造物徒斯人可神會有如壽厓者乃我之

江門記　卷九　五言古詩　一

儕輩永結無情遊相期八紘外

偶得寄東所

知暮則知朝西風漲暮潮千秋一何短瞬息一何

遙有物萬象間不隨萬象凋舉目如見之何必窮

扶搖

鼉山夜月

萬古此鼉山萬古此明月開簾望鼉山岱宗固無

別但恐山多雲風吹亂入睫

題心泉贈黃叔仁

夜半汲山井山泉日日新不將泉照面白日多飛
塵飛塵亦無害莫弄桔槔頻

眞樂吟效康節體

眞樂何從生生於氤氳間氤氳不在酒乃在心之
孚行如雲在天止如水在淵靜者識其端此生當
乾乾

題民澤九日詩後

我思陶長官廬山一杯酒世遠道彌光歲歲此重
九酒中有歌者劃然金石奏謂從秦漢下藩籬士

夫口藩籬苟不顧其中更奚有寥寥二千載長夜不復晝俛仰宇宙間孤光映疎柳民澤長者言藩籬自兹厚兹晨偶拈出以洗薄俗陋

景易讀書潮連賦此昜之

日往則月來東西若推磨及時願有爲何啻短檠課強者能進取不能空墜墮四書與六經千古道在那願汝勤誦數一讀一百過嗟予老且病終日面壁坐古稱有志士讀書萬卷破如何百年内能者無一個書生赴場屋勢若疾風柁不悟進爲退

反言勇者懦吾聞邵康節撤席廢眠臥又聞范仲淹晝粥充飢餓砥柱屹中流有力始能荷汝患志不立一作堅不患名不太師友爲汝資薪水爲汝助黽勉在朝夕用爲老夫賀

送李世卿還嘉魚

楚地多佳人可慕不可求長江崩西浪五嶺障東眸翩翩李叔子晤語滄溟秋諸賢當未衰濟世吾何憂歸去襄南州問詢李與劉

曉枕示湛雨龔曰高

三千六百丈脚底是飛雲悠悠四十年欲往念徒
勤多謝紅藤子扶吾還數君鐵橋問何如見景勝
於聞

白沙詩選七古　香山陳蘭芝拂霞輯梓

讀東坡年譜　陳獻章

坡翁春秋六十六脚債一生償不足黄州去後惠州來無何又向儋州宿瘴雨蠻風經幾時放歸便就毘陵木熙寧以下至元符中間老稚圍船哭婦女倉皇吏卒欺坡翁已就臺官獄平生幾冊篋中書一一旁搜付回祿西望眉山不知處俯仰乾坤何局促假令坡翁活百年長領詞官稱玉局氣節

文章古所難先知孰與愚公谷丈夫當自慎出處何爾呶呶蒙毀辱

聽李深之說綠護屏聖池歌池在圭峯

天風吹斷雲冥冥陰崖露滴池水清牧童投竿蛟龍怒空山白日雷霆驚好事何人解夤覓李生爲我言歷歷安得健步上崢嶸萬里直見滄波橫更憑猛手碎嵯峨一徑窈遠青松多池旁是我安樂窩近者青松遠滄波紅塵溷溷如吾何

題梁先生芸閣

聖人與天本無作六經之言天注脚百氏區區贅疣若汗牛充棟故可削世人聞見多尚傳恨不堆書等山岳舍東丈人號芸閣高坐松根自鳴鐸摳趨童子愼唯諾口授心傳爲小學孝經論語時參錯子史平生盡拈却寄以斯名聊自謔講下諸郎頗淳樸誰敢作嘲侮先覺讀書不爲章句縛千卷萬卷皆糟粕野鳥晝啼山花落舍西先生睡方著

枕上

江門水上廬山巓蒲團展臥羲皇前洗手一弄琴

無絃江門之水常淵淵月光雲影江吞天安得古
今名家如劉文靖莊定山題一言洞視千古如浮
煙江門水與銀河連又何必棲棲向釣魚臺上來
打眠夫然後信性氣果江湖行藏動星象同符羊
裘老子未化之迹可見之形以爲曠世之賢而思
齊其賢也耶

示諸生

江門洗足上廬山放脚一踏雲霞穿大行不亦窮
亦全堯舜與我都自然大者便問躍與潛守身當

以藩籬先世間膏火來熬煎市朝名利相喧填百年光景空留連丈夫事業何由宣昔者緑鬢今華巔嗚呼老去誰之愆

自伍光宇墓還登蓬萊絶頂

故人墳前澆我酒白日欲西迴馬首磴危道險不可躋下馬長鬚扶兩肘三步一噫五步停引吭出舌肺腸鳴此時平地廬顛踣俯首十丈梯崢嶸以手捉僕肩以足踏崖頸躋攀欲上方寸難又恐翻身落深阱山北鳴鵂鶹山南吽軥輈豺虎伏莽狐

狸遊天地滚滚令人愁小童魚貫上復休絕頂始得巖巒幽開顏一望隘九州弱水涓涓扶桑樛中覆一杯滄溟流穹然青者吾羅浮神仙葛白俱蜉蝣湖西先生去十秋五羊詩客徒淹留數公陳迹或可搜死者已矣吾何憂後來諸生繼前修努力莫倦蓬萊遊

江門記

白沙詩選五律　香山陳蘭芝拂霞輯梓

是夕范生小酌　陳獻章

日月雙輪轉乾坤一氣旋是時冬始閏細雨夜如年人語斜風外天機落葉邊憑誰給燈火更坐讀殘篇

寄胡寧壽康齋先師之甥

年華當轉鳥詩思更塗鴉父子皆吾友箕裘一舅家人猶思嶺北書不到天涯莫作妻孥計浮生日

易斜

歲晚江上追次王半山韻

雲歸山著色萍合水韜光落日雙蓬鬢青天一小航顏哀聊借酒心遠只焚香懶共旁人説而今夢寐涼

偕伍伯饒楊伯順甥舅順德李子長遊李村山

遊走意何窮天樞日夜東青山都老脚破笠又春風逕艸分遙碧巖花墜小紅乾坤渾欲別何處問

壺公

吳村弔莊節婦墓

豺虎何由近風濤浩若無行人看墓榜英爽在清都江暝雲長合原寒艸不枯乾坤不朽事持此報君夫

秋夢

山斗英魂在江湖秋夢深還將百年淚滴破一峰心絮酒熏天地金牛恨古今龍泉不挂墓吾欲殉吾琴

盆池栽蓮至秋始花

栽種已後時花發秋將遲雖無女伴采亦有山蜂知葉稀因地力香遠是天資安得三閭手臨軒賦楚辭

圭峰閣

勝處不在遠杪秋何處㕍步崖碧澗落眠石青松陰地少滄溟入。山高雁鶩泚。此時閒佇望誰識倚闌心

庚子元旦

風日佳元日乾坤自此春蒸空雲氣濕。照水柳芽新。笑語聊供客杯盤少對人能寬垂老意花鳥不無神

春興

野晴花簇白山暖樹更青卯酒醉欲睡午風吹又醒閒拈曲江句勝讀法華經自在山牕下跏趺趣已冥化機純是

晨起

羣雀曉啾啾閉門春事幽下牀花到眼。招手鶴朝

頭。永日還書卷衰年但酒甌醉來江柳下笑引子
陵釣

晚晴

蛙鼓報新晴山牕晚更明春隨天共遠。人與鶴爭
淸。栖栖鶯歌至番番花宿更朝來花樹底果作探
花行

春懷次韻陸放翁

江發溶溶綠山開面面青春風何氣力吹動綵雲
亭時物歸春雨交游散曉星十年江海夢誰道不

會醒

雨坐

風雨坐前楹關關雙鳥鳴正當落花處更作送春聲大化歸無極斯人樂久生不知川上水東逝幾時停一片天機

樹穴蘭

樹穴疑生理花開不記年靈根那藉土芳氣直薰天瘦比飡芝老清於辟穀仙平生誰得見雲嶠但蒼然

家兄攜秉常看山予病不能往

行色千崖裏風光三月中山家愁酒少造物愛詩工好鳥簧爲韻新花錦作叢吾能騎瘦馬不惜遠追從

戲贈都老

蔡坑黃野舟獨坐小園幽被命爲都老傾心向縣侯萬家春且至一紀俗全偷莫倚無言化須君九借籌

韋夫人挽詩兩山先生配張詡之母也

人生如朝露死亦同蛻蟬有子能如謝夫人可以
仙春臺花灼灼。秋浦月娟娟。喚醒何州夢歸來淚
迸泉

次韻何宗濂

灑落儀曹句遺名得自求如何行不顧膠向漆中
投無事由來得多言大抵浮結趺樗木下即此是
良謀

春興

野鳥飛𢥞静春蘿補屋穿時時嚥花氣翳翳傍林

園山鳥日暮至長鳴芳樹煙喚醒陶令醉鶯覺華山眠

思親堂

父子自天性誰能詠蓼莪聲容想如在風木悲奈何草露滴秋隴庭烏號夜柯思親兩眼淚萬古注江河

懷古

皇皇復皇皇開闢到陶唐遲日江山麗春風花草香閭閻盡孝弟簡冊無正祥乾坤十二會巳午在

中央

陳方伯恥菴挽詩

乾坤如此老没齒向斯文公自滄溟水人無轂觫君衣冠全素履江海挹清芬病起須持酒青山欲到墳

枕上偶成

翰苑無官府蘆園了歲年巖雲交樹白水月印沙圓懶甚陶元亮閒於魏仲先吾曹生分薄於福敢求全

寄張進士廷實

是詩難入俗正坐不雕鐫水滿魚爭躍。花深蝶喜穿。日高雲臥處。春在鳥啼邊。不及陳無已能無賞自然

寄容貫圭峰

西峰扶策上病骨怏新涼乞米分僧飯聞香過梵堂閉門秋竹靜。語鳥暮鐘藏。浩浩蒲團上還同在醉鄉

江村晚望寄世卿圭峰

正氣一望綠諸山進目前鄉邦無一老知舊半重泉黄葉寺旁下白雲池上連無窮幽澗水日夜注東川

得張進士廷實書

十口雖無累三年不易更春雷轟令問枯木嚼官情長夜鄉心切何時會計成登高望東海到眼是蓬瀛勘破世情

用韻寄姜進士仁夫

書愛八分小來書險崒更雲霄初接武江海尚留

情。世事非難料，人才怕小成。諸賢須汲汲，吾老獨

觀瀛

用韻寄林緝熙平湖　即林光先生門人

秋懷耿不寐，更靜復聞更。水向漫漫注，心含種種情。士應強到底，官豈息將成。舊業羅浮外，東南望

隔瀛

野坐

團蓋青松午，重䋤綠草春。野晴鶯得意，花盛蝶傷神。斷靄生西塢，殘潮下暝津。竹根酣共臥，不覺蘚

沾身

贈世卿遊山

萬丈崑崙頂冥棲憶老關君看白龍水何似黃公

山有酒終日醉無官到處閒南風乃何意又送楚

舟還

梅花

草木自有性湧山更乞靈冰霜仙骨瘦桃李世情

腥惹袖香全別和羹子未青未須攜鐵笛吹月上

湖亭

張地曹寄林縣博同韻答之

無心雲自在得意鳥同歌白骨可入醉杜詩古人白骨生青苔如何不飲令心哀蒼生如命何漁樵眞有道煙水別傳蓑想見滄溟外東南月更多

劉少叅見寄次韻奉答

西川一杯水爲我浣詩塵身落滄溟遠。心將翰墨親。江樓初見客野徑別藏春十郡停車地千峰擊壤民

曉枕再和

平生老黄石引望空白雲無人知感激爲我盡慇勤何處尋吾契名山訪道君洞天三十六步步聲相聞

春日寫懷

水際尋芳去花枝隔水新可憐今日望不是向來人紫袖垂垂下。黄鸝樹樹春東風天外至南岳夢中身

詩罷懷白洲先生

山東無近耗白洲時爲山東左方伯海上立斜暉童子覓牛

去魚翁罷釣歸登舟人欲別。周文都赴會試將行見月烏還

飛。何限相思意千峰獨掩扉

次韻答鄺筠巢

飄飄八紘外遠意竟誰分我抱三年病天生幾樣

人十年營一壙萬骨掩孤墳休休莫復論局促此

乾坤

春日偶成

菊殘猶可對人老不須嗟水閣風低柳山籬雀噪

花千門盡桃李十畝未桑麻大禹須治水顏回却

臥家

再和曉枕寄廷實

仰見雙白鶴高飛入紫雲苟無脫俗意安用看山

勤好句能傳我幽期敢後君異時鐵橋詠莫遣世

人聞

再用韻示諸生

賢聖低回久千年想一臨希顏非樂道疑孟失求

心逸駕行應速寒泉汲務深嘗聞根本學不盡泰

山岑

再和曉枕寄廷實

萬往皆有復左車不復生西風今夜起朗月四山明天馬非常步鐵橋相伴清去去莫復顧衡山頂上行

曉枕再和

外生即非死胡爲樂久生去來大化内俗眼未分明我壽元無極君才亦太清五峯南斗上何日踏歌行

鄧御史公輔寄新刻陳君舉論孟古義復以

是詩

兩漢非三代人才逐世低市朝多畫虎文字笑醯雞古義昭昭對終篇短短題不因歐六一爭得見昌黎

汪海北訃至

誠至通金石乾坤正惜君懷沙人不見修古恨空聞歿世能千載還山但一墳海山今夜月空照水中雲

示景易

浮門…

長鯨千里鬣靈物一生奇化成端有日潛躍貴因時感應天終定早暮命難期信知抱甕是安事桔槔爲

春興追次後山韻

萬物各得性天開一歲春風柔翻弱羽波暖躍纖鱗稺柳初成趣芳芹亦賞新川雲將岳雨何者不供人

題新村書齋壁

日色催江渡潮痕上石梯趂墟村婦出索哺𥜥兒

啼樹接黄村塢。船移白石溪。落花誰省記，何必武陵迷。

蓬萊山祭伍光宇墓

道骨成仙蜕，名山是閬邱。雲中騎欵段，天上叫軥輈。入世黄粱熟，吾儕白髮秋。仍留一杯酒，何處酹金牛。

登陶公壯哉亭

新亭開石窟，遠勢借崑崙。天地雙眸迥，滄溟一口吞。公來席不暖，士死廟長存。憶昔干戈際，南征萬

馬奔

弔李九淵

水竹更新主風花失故權夜臺無起日春草自流年萬有終歸盡千秋不必傳倒巾此相對只有玉臺山

贈李司訓別

江門雲水地不絕往來交已恨栽花晚寧辭抱甕澆月疑窓下枕風語樹頭瓢精舍明朝別何時還見招

悦城

山作旌幢擁江絣鏡面平舟航乘曉發雲日入冬晴鼓到江心絶槎衝石角横經過悦城曲無語笑浮生

寄容貫圭峯

落日荒臺上疎松古塔邊身休論出世趣欲到無絃峯閣初生月渠通自到泉西菴憑借問許住過殘年

懷古次韻王半山

三徑五株柳，孤村獨板門。先生正高臥，衆鳥莫交喧。晉宋當時改，乾坤此老存。手中一把菊，秋色滿邱園。

南歸寄鄉舊

省事除煩惱，端居養靜虛。栽花終恨少，飲酒不留餘。山徑兒吹笛，村田婦把鋤。殷勤謝閭里，勝事莫相疎。

四月

生意日無涯，乾坤自不知。受風荷柄曲，擎雨栢枝

垂靜坐觀羣妙聊行覓小詩臨階愛新竹抽作碧

參差

聞方伯彭公上薦剡

當時尊孔孟用世必詩書夫我何爲者先生非過

歟長歌扶晚醉短髮向秋踈坐惜籬前水垂竿試

釣魚

弔陳毅卿墓

微風松下起落日照蜻蜓絮酒知吾輩春山憶毅

卿由來都大夢終寄一浮萍極目蒼岑外波濤滿

地生[illegible]路風波

萬松草屋

南山愛夫子夫子愛南山句法奇絶孤鶴去千載萬松棲半閒無愁催白髮有藥駐朱顔夜半風雷作龍來問大還

始聞秋風作

西風中夜起天地始肅清白雁霜前意。元蟬露下聲。幽人亦何事版築初經營何時登此閣坐望羅浮征

次韻秋興感事錄寄東所

崑崙一池水色與銀河同問子爲誰氏從師向此中短檠非世業。破笠是家風。回首唐虞際浮雲點太空

秋坐碧玉樓

造次中秋過商量九日來詩將秋景淡菊共老人開時節陶潛醉江山宋玉哀平生滄海意不受白鷗猜

曉⋯⋯湛⋯⋯⋯曰高 三首 選一

五言律詩

江門⋯⋯

消門[illegible]

萬年如[illegible]浮生風雨將秋至山河載月

明語簷幽　樂對竹小童清夜夜湘江夢與君何

日行

書懷用後山韻

缺月生殘夜微風引洞簫心閑髮少白人老病難

消出戶行看樹移舟釣落潮酒錢不拄杖著處解

奴腰

南歸寄鄉舊

紫水團沙北黃雲古刹東樓吞滄海日幔卷玉臺

風物色求鍾鼎丹砂訪葛洪芙蓉開十丈天際白
龍宮

沙渠風日美弄水愛羣兒花落鷺猶語。春歸蝶未
知。惜芳心未已高咏社公祠四序每如此獨憂無
乃癡先生又有句云無生知樂否更爲問骷髏

次韻秋興感事錄寄東所

醉眠山影裏恨不與君同松下泉來冷雞鳴日遇
中就床梳　又開戶納清風起視滄溟暮孤鴻沒
遠空先生作　飛雲干老蔓拉雲羅浮頂也

江門　五言律詩

漭門□

秋露落□□□□日不同物情詩卷裡天道雨聲

中朝出馬□□□暮行船逆風欲投雲谷隱鞭鶴上

層空先生又有句云寄語周京道勞生不自由

與客

客訪貧家少連旬幸作東笙簧都萬籟俎豆亦千

峯冠帶迎人懶情懷傍酒濃白頭君莫笑醉袖舞

春風先生又有句云春色歸詩妙花枝愛酒豪

梅花

探梅非探梅梅花滿玉臺北風吹盡日疎雪點荒

苔。色得乾坤正。精成造化胎。無人知老子。剛坐一

牛來先生又有句云老未厭人世天教共歲寒

何處尋梅好。羅浮海上春。樹環鐵橋盡。地與葛仙

鄰。煉藥香生鼎。扳崖影落身。西湖千頃水。未洗往

來塵。先生又有句云江山一得手風月盡歸瓢。

楚雲臺呈世卿

爽氣通秋服。溪流靜晚臺。高樓多[illegible]愜。眞賞復誰

來。對月詩[illegible]看山夢始回。市沽堪便醉。況乃去

家醅。先生[illegible]堪[illegible]云吾猶親朋

江門[illegible]五言律詩[illegible]

秋興

碧玉架雲此朝明倚玉看時情膏火裏世事奕棋間古榻多便靜華簪不博閑籬根散髮醉又對菊花斑先生又有句云坐忘新病減夢少夙心清

答周潮州萬里

今代潮州守濂溪是一門贈詩切姓走窄路法乾坤吾道在歲月此心存行次天邊路書投海上村夕愁空屿望風雨暗高原先生又有句云不是無經濟誰能斷往還

中秋

廣寞天自然浮雲任飄翩隨時有憂樂與物無

圓酒底月未咽水中神莫傳去年今夜艇吾欲

湘烟先生又有句云短世淵明醉長愁子美歌

中秋撥悶用舊韻

疎星團碧玉秋氣正平分共持今夕酒又減去年

人白髮來千丈。青山忽數墳。年光付流水萬物信

乾坤先生又有句云安得李太白尊前同笑歌

西樵歷史文化文獻叢書

增補嶺海名勝志（六）

（明）郭棐 編
（清）陳蘭芝 增輯

廣西師范大學出版社
GUANGXI NORMAL UNIVERSITY PRESS
·桂林·

嶺海名勝記

香山陳蘭芝增輯

澳門

澳門圖

関閘
蓮莖
花王庙
丞署
東望洋炮台
唐人庙
三巴寺
板樟庙
医人庙
大庙
尼姑寺
伽斯蘭庙
税口
炮臺

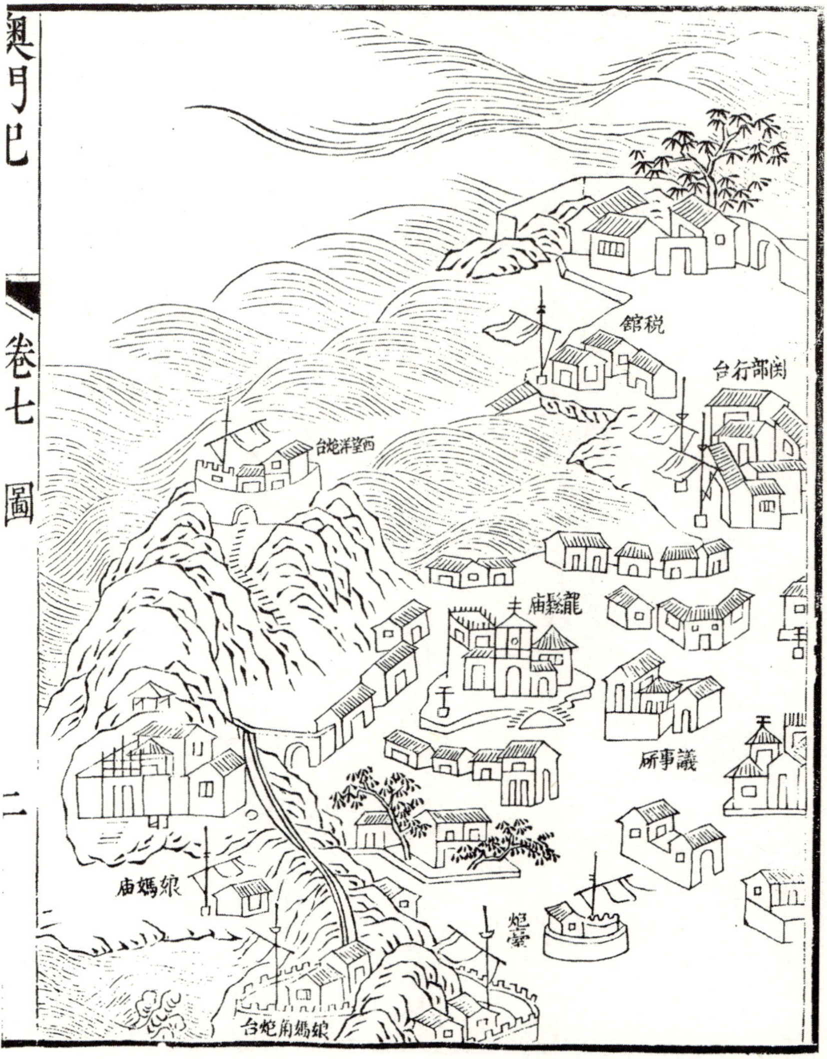
澳門記
卷七
圖
二
稅館
関部行台
西望洋炮台
龍鬆廟
議事所
娘媽廟
炮臺
娘媽角炮台

望濠鏡澳

水擁蓮花泛一莖，勝遊恰趁早潮生。花花蜃氣浮孤嶼，葉葉帆船觸巨鯨。

李卓揆

男蕃圖

女蕃圖

硬轎

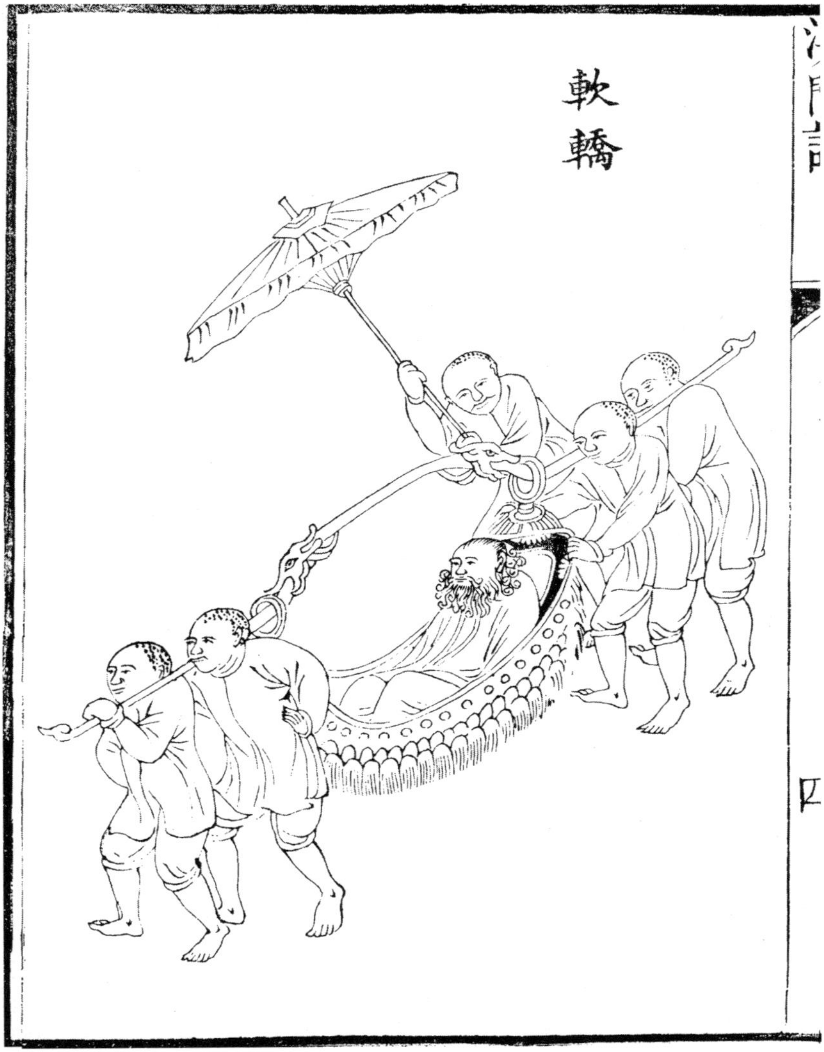
軟轎

洋船圖

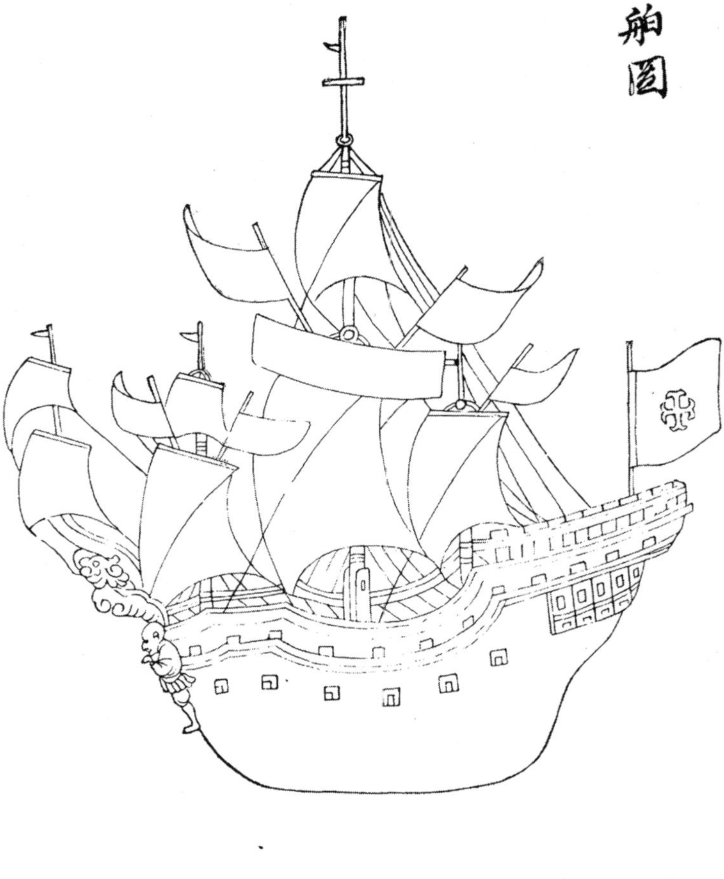

澳門記

香山陳蘭芝拂霞輯梓

澳門僻處海島北枕青洲南望十字門波濤淜湃間鯨魚出没雲氣往來隆起一徑狀如蓮根夷人居澳中自名爲蓮花座舉目若新寧則廣海望洞東莞則虎頭門屯門雞棲山實爲壯觀有明嘉靖三十二年番船趨濠鏡者言舟觸風濤漬濕貢物願暫借晾曬海道副使汪栢許之歲輸租銀五百兩後建屋居住今生齒日蕃

惟我

盛朝覆載帡幪故諸酋畏威懷德萬里梯航五方

輻輳猗歟休哉蝟鬚魋結之徒同遊光天化日

中矣

澳門記

香山陳蘭芝拂霞輯梓

巡視澳門原記　焦祈年

雍正七年冬十二月使者奉

天子命巡視東粤次年四月至嶺南而韶而肇七月而雷瓊十二月將有事於澳門澳門者故廣州之南鄙明嘉靖中賜之番夷以爲藩籬者也初二日出永清門登舟南行遥岑遠水明秀逼人兩岸多沙田潮汐所通也過順德縣元戎鎮

之以防海者海口數處哨樓翼然部曲森森也
初六日抵香山縣禆將守之統於順德鎮者也
越日陸行十餘里即入山口層折登頓盤邊緣
嶺俯視絕壑爲之凜然前爲平逕山乃萬山之
最高者凌風絕頂桃花盛開遥望瀑布飛流亂
雲低壓行人曲折上下如畫圖然再前爲馳馬
坡下此則平原曠野無復崎嶇初八日至前山
寨都司守之所以扼澳夷也二十里至關閘沙
堤一線蜿蜒數里大海迴環夾輔左右此南北

之門戸華夷交界處矣前行至濠鏡澳夷長率兵來迎夷有黑白鬼二種白貴而黑賤蝟鬚魋結髮各種種帽三角短衣五色不等扣纍纍如貫珠咸佩刃韡拖後齒綳脛上夷長六譯使一迎使者入穹廬坐以次獻技以鼓節之有問則脫帽夾肘間以對進澳城入三巴寺夷所崇禮也極壯麗樓可走馬洋琴錚錚然有太古音閱砲臺層級而上三面環海淼茫無際老萬山當其南兩澳當其東西九洲當其東南虎門當其

東北天涛口䀹羅列水面若明鏡之點雲髻而玉盤之浮青螺也疇昔之歲盜賊出没島嶼不靖今兹風恬波平梯航萬里商賈不驚蓋我朝之明德遠矣澳北一山浮海中曰青洲與揚子之金焦相似草木蓊翳有亭榭廊宇土人指爲鬼子園囿云鬼子之居如蜂房蟻垤可容二三萬人此地向爲市舶交易之所自有明來夷人叨爲已有生聚日繁而中原佑客反僦屋而居焉瞻矚之頃忽大聲震動天地海水爲之皺

揚則鬼子演放大銃以爲致敬使者也銃十二
響凡三匝轟轟如雷霆不絕使者乃返息公所
招夷長來爲之宣揚
聖天子威靈
特命撫綏爾等以昭柔遠之意其敬守此土長享
太平譯使前致辭爲言夷等久沾
聖化無可報稱願率其醜伍永爲外臣乃北面稽
首歡躍而退使者明日遂行是役也往返不過
旬日而山海之觀疆域之固華夷之情識與夫

朝廷之德威皆於使者旌節中得之，之是烏可以

不記

澳門記

文類　　香山陳蘭芝拂霞輯梓

澳門記　　分巡廣南韶連道　薛　韞

自香山縣鳳棲嶺迤南凡一百二十里至前山又二十里爲濠鏡澳不至澳六七里山嶄然斷亘沙隄如長橋曰蓮花莖莖末山又特起名蓮花山又伏又起中曲坳長五六里廣半之直坤艮是稱澳焉澳惟一莖繫于陸餽糧食餘盡海也以故内洋舟達澳尤便捷遵澳而南放洋十里　舵尾左

澳門記

鷄鵐又十里許右横琴左九澳灣峯□□四立象
箕宿縱横成十字曰十字門又稱澳門云其東南
百里間爲老萬山孤島具營壘山東北注虎門屬
蕃舶入中國道此山外則天水混同無復山矣而
澳夷出入洋則不於虎門於十字門二門俱斜直
老萬山十字門特近澳也澳夷西洋族自嘉靖三
十年來比歲輸廛緡五百一十有五孳育蕃息迄
今二百有餘年矣其戶四百二十有奇其丁口三
千四百有奇白主黑奴丙刺兵一百五十名其渠

目兵頭一掌兵理事官一司庫判事官一司獄而
總領於蕃僧一人其教號天主其業惟市舶慧者
肄天官術爲廟者八曰三巴曰咖斯蘭曰大廟曰
板障曰龍鬆曰風信曰支糧曰花王附廟置獄獄
三重薄罪圈拘聽禮拜廟卽釋重則縛至礮口擊
入海爲礮臺者六曰東望洋曰咖斯蘭曰三巴曰
南灣曰西望洋曰娘媽角礮銅具四十六鐵具三
十大者六十一小者十有五凡廟若礮臺獨三巴
爲崇閎焉乾隆十年乙丑二月十四

至止偕海防印同知光任香山江令　乃臺
譯人次理事官前導而兵目領蕃卒手布纁旗肩
鳥銃一十二人排右臺方廣可百畝中有堂西南
指十字門東望則九洲洋如列星羅几研間下郎
朱文天祥勤王經由之伶仃洋也西望則三竈黃
楊諸山而北折而上爲崖山也轉而內矚洲嶼參
互水有艨艟哨槳之次比陸有亭障壁壘之相望
前山寨枏其背虎門扼其吭　國家御內控外大
一統豈不偉哉易坎傳曰王公設險以守其國坎

水也水之大者惟海嗚呼聖人慮變之情茲深切矣是故中外之防春秋所謹況於重溟連天港渚紛岐其爲鎖鑰也亦僅耳蠻人越洋市利頑黠難馴而寇攘奸宄之尸牖闚竊者亦且出没如魚鳥則其所以條政教而隄防之具可一日而弛與

酌陳澳門等事疏畧　聖裔兩廣制軍孔毓珣

查西洋人附居廣東之澳門歷有年所　聖朝嘉其嚮風慕義之誠所以包容覆育俾得安居樂業但種類日繁惟資出洋貿易若無以[illegible]恐逐利

無厭必致內誘奸猾外引番夷混淆[illegible]漸滋多
事查澳門夷船舊有一十八隻又從外國買回七
隻大小共二十五隻請將現在船隻令地方官編
列字號刋刻印烙各給驗票一張將船戶舵工水
手及商販夷人該管頭目姓名俱逐一塡註票內
出口之時於沿海該管營汛驗明掛號申報督撫
存案如有夾帶違禁貨物併將中國人偷載出洋
者一經查出將該管頭目商販夷人并船戶柁水
人等俱照通賊之例治罪若地方官不實力盤查

徇情疎縱事發之日俱照諱盜例題叅革職此夷船二十五隻題定之後如有實在朽壞不堪修補者報明該地方官查驗明白出具印甘各結申報督撫准其補造仍用原編字號倘有敢偷造船隻者將頭目工匠亦俱照通賊例治罪地方官失於覺察者亦俱照諱盜例革職其西洋人頭目遇有事故由該國發來更換者應聽其更換其無故前來之西洋人一槩不許容留居住每年於夷船出口入口之時守口各官俱照票將各□人數姓名

門詰[illegible]

逐一驗明通報倘有將無照前來之[illegible][illegible]帶入口及容留居住者將守口各官并該管之地方文武各官照失察例議處舵工水手及頭目人等俱照窩盜例治罪

修復張太傅墓碑 墓在澳門黃楊山 張汝霖 江南

太傅自兵沮阜亭與文陸二公決計航海文公旋陷五坡陸以儒臣流離進講獨公艱難撦拄卒之君死國臣死君孤忠大節扶宇宙而植綱常今其遺聞往蹟若滅若沒於溟山杳藹間令人憑弔低

回不能去其祠在厓山者曰大忠並記文陸廣州
小南門外亦然陽江則專祀太傅其墓一在平章
山一在香邑之黃楊山卽今所修者考宋史載公
溺死平章山下元史謂死海陵港口平章卽海陵
東峯隸陽江境公之瓣香祝天覆舟於此無疑而
故一統志卽据是以定公墓何也黃淳志載公死
諸將得其屍焚之函骨葬潮居里赤坎村柯令封
平章山墓陳公甫以詩弔之曰大封赤坎墓昭昭
衆所聞至黃才伯則曰陽江不見潮［illegible］此地眞

傳太傅墳若是者果孰亡而孰疑耶　詞陸公於厓門負帝赴海今其墓乃在潮州嶼中益太傅兵敗張宏範乘勝追躡二公雖已授命㦸卒故部勢不獲卽於死所從容封窆須携之稍遠而後克葬亦固其所况赤坎村近在黃楊山麓實故潮居里地而平章所屬曰壽文都此其尤較著者史書其所死而不詳其所瘞後人遂以死所當之要不越才伯所稱祀在陽江墓在潮居者近是公甫之詩亦偶未深考耳邑南里許曰天王橋沙涌有宋行

宮端宗駐蹕馬南寶宅所經也全后陵在梅花水間遺民故多爲疑以疑人者當是時宋事已無可爲太傅屯井澳駐厓門衆二十萬經七閱月瀕海之邦其君子贊策而宣猷其小人執殳而饋餉雖至於敗亡誅滅而有所不悔其公之精誠義烈俾犯難而忘死歟抑斯民忠義之性激發而自效歟都人士生忠義之鄉千載而下流風不泯過公墓者東睇零丁西眺慈元感歎之餘吾知必有油然興者矣先是將表公阡爲士庶冀　考證圖籍

衷於一是會張生沛景、侍[illegible][illegible]請郎割仁[illegible]倡并置西坑逕田三十餘畝畀景等掌之以黃梁都司巡檢察覈而尸其祀擘畫甫定墓亦竣工乃詳爲之辯而著其關於風教者昭示來許公諱世傑范陽人宋太傅樞密副使越國公事具宋史既紀於碑文爲之歌以侑神其辭曰我公之勇莫扶天傾我公之忠炳於日星臣力竭矣海陵之舟臣鬼厲兮雲中之矛嗚呼臣宜葬於魚腹兮胡諸將函骨於此邱黃楊之山赤坎之原雲爲扃兮烟爲垣月爲

輪兮霓爲旛雨紛紛兮靈其來風颯颯以歸潮兮神其陟乎天閽焄蒿而悽愴兮式如聞而如見天壤一抔霜露一毛兮庶我享而我鑒

虎頭門記　　　　薛　馧

虎頭門以虎山得名山有二西曰小虎山東曰大虎山如連珠巨浸中稍折而東南右橫檔山左南山相距五六里巋然雙闢而海出入其間界中外故曰門橫檔山首尾樹礮臺二高水面約五十仞南山礮臺一可三仞及□宿目兵□□南山丁

十餘里三門礮臺一三[illegible][illegible]山前突[illegible][illegible]掃波晝水爲三也目兵如各礮臺數橫檣南三十里許爲龍穴山先置汛哨今廢南山東南三四十里爲校椅灣畧如郊關形而已曠廓外絶涯涘矣虎山內外重洋而門當其最深流處蕃船及內郡巨艚必由以入絶獅子洋達廣州海函谷關也而門左右率淺洋惟不任艚船行他舟縱所如寥乎閉外夷之門一而開內攘之門且千矣夫陸有岡海有港此勝敗得失之地也虎頭門旣城石旗纛聚兵一

千八百八十八人領於副總兵官而偏師亦往往守港口但使聲援罔有不及邏詗罔有不謹重門擊柝以禦暴客庶其懲而毖後患哉雖然海門以閑內外也外因於內變生於常道必又有制治於兵防之先者今移駐左翼鎭

破邪集序　　蔣德璟

向與西士游第知其歷法與天地毬日圭星圭諸器以爲工不知其有天主之教也比讀其書第知其竊吾儒事天之旨以[illegible]天主卽吾[illegible]國奉上

帝不知其以漢哀帝時[illegible]蘇爲天主[illegible]其書可[illegible]
餘種顓與佛抗而迹其人不婚不宦頗勝於火居
諸衲子以是不與之絕比吾桀家廟奉先而西士
見過謂予此君家主當更有大主公知之乎予笑
謂大主則　上帝也吾中國惟　天子得祀　上
帝餘無敢干者若吾儒性命之學則畏天敬天無
之非天安有畫像卽有之恐不是深目高鼻一濃
鬍子耳西士亦語塞或曰佛自西來作佛像利氏
自大西來亦作耶蘇像以大西抑西以耶蘇抑佛

非敢抗吾孔子然佛之徒非之而孔子之徒顧或
從之者何也未幾當道檄所司逐之燬其像拆其
居而株擒其黨事急乃控於予予適晤觀察會公
曰其教可斥遠人則可矜也會公以爲然稍寬其
禁而吾漳黃君天香以破邪集見示則若以其教
爲必亂世而亟爲建鼓之攻又若以予之斥其教
而緩其人爲異於孟子距楊墨之爲者予謂孟夫
子距邪說甚峻然至於楊墨逃而歸則受之而以
招放豚爲過今亦西士逃[illegible]歸之候[illegible]是自以爲

善學孟子特不敢似退之所稱功不在禹下耳且以中國之尊賢聖之衆　聖天子一統之盛何所不容四夷八館現有譯字之官西僧七王亦賜闡敎之號即近議修歷亦令西士與欽天分曹測定聊以之備重譯一種示無外而已原不足驅也驅則何難之有李文節曰退之原道其功甚偉第未聞明先王之道以道之而輒廬其居亦不必予因以此意廣黃君而復歎邪說之行能使愚民爲所惑皆吾未能明先王之道之咎而非邪說與愚民

之咎也白蓮聞香諸教入其黨者駢首就戮意竊
哀之然則黄君破邪之書其亦哀西士而思以全
之歟卽謂有功於西士可矣

諭澳門　張汝霖

諭澳門夷目嘜嚟哆等知悉照得中外自有體統
夷民務令相安該夷乞居澳地貿易資生百餘年
來荷蒙　皇恩憲德地厚天高少有人心皆知感
化未有　天朝常施雨露之恩而該夷不效恭順
之義也上年八月十二日欽奉　上諭密飭訪緝

如有以天主教引誘男婦聚衆誦經者立即查拿

分別首從按法懲治倘地方官有不實心查拿容

留不報者該督撫即行叅處等因欽遵在案隨查

廣東一省别無開堂設教之人惟有澳門唐人進

教寺林姓父子住居其中每年勾引各處民人赴

澳禮拜殊屬不法理應遵奉　諭旨即行拿究本

縣一則念我唐人無知被惑一經拿究牽累必多

既爲可憫一則念爾夷人在澳多年尚無大過一

經拿究驚擾不安亦爲可憫本縣是以委曲禀懇

督撫各憲寬大既往予以自新再四懇求始蒙俯允
奏請　皇上從寬免其拿究止將進教寺封錮毋
許再行私誘唐人入教此誠　皇上之鴻恩各憲
之盛德而本縣之苦心也昨奉督撫兩憲牌行仰縣
督令夷目將進教寺嚴加封鎖看守寺內經卷器
物聽夷目自行收回等因計發告示到縣本縣猶
恐該夷目不知　天朝德意或致驚疑是以委官
帶同殷商先行曉諭務使爾等周知該夷目等自
應遵奉刻日封鎖方見爾夷人恭順　天朝之意

澳門記　卷七　　　　十四

乃本月十四日香山司回據夷目等呈稱竊照哆
等西洋遠夷蒙　皇恩浩蕩暨列憲深仁准輸租
在澳居住併蒙　恩准建立各寺遵奉本國禮儀
歷來相安毫無過犯正圖報効　皇仁然來澳居
住計二百餘年今奉行封鎖寺宇但此寺並非唐
人設立教寺說稱唐人寺乃訛言相沿懇乞將夷
等下情轉達上鑒格外施仁至咭吠嘰吵啞嚤嗉
嘛哪嘶未曉潛逃何處無憑拿報今哆極欲稟遵
因本國王令寺宇係重伏乞　恩宥至奉飭禁以

來並無私行教服夷服者理合呈覆并聞該夷目
等先已遵封既而中變聲言租澳建寺不應封鎖
如須封鎖是滅爾教情願回國等語聞之殊爲駭
異本縣卽欲親身赴澳門問爾等抗違之罪因念
其言出於傳說未必確實縱或有之亦係爾夷人
中至愚極蠢之輩故爲此言其明理識法者諒斷
斷不出此也本縣是以再將一片婆心逐細爲爾
夷目等剴切曉諭之如云租澳建寺　天朝不應
封鎖試問爾等租澳止許貿易生理非許開堂設

教也亦止許爾夷人自奉其教非許誘唐人入教
也譬如今有唐人來澳租爾夷房生理若使此人
誘爾夷人犯法爾等肯容之乎唐夷一理何獨不
思況查此項租銀不過五百餘兩在　天朝之意
不過因旣准爾等寄居澳地若不少納租銀爾等
必懷不安故令爾納租耳方今　天朝之大　國
家之富何有爾此區區況現奉　皇恩將中國錢
糧普行蠲免不下千萬尚何愛爾五百餘兩之租
乎此傳聞之說出於無知者一也如云若須封寺

情願回國試問　天朝亦豈少爾夷人不得而必欲留之乎澳門之地原係爾夷懇　恩租住非　天朝招爾來此爾如欲去不妨竟去況自爾夷在澳以來恪共謹守者固多犯法滋事亦不少現已有案在爾豈不知今爾等果去在　天朝地方亦省却無數事且使數百年爾等盤踞之地一旦廓清尤　天朝之厚福　聖主之至願也特患爾等生於斯長於斯卽驅之亦不甘去耳乃爲此言以欺人此傳聞之說出於無知者二也至該夷自呈

稱此寺並非唐人設立但說稱唐人寺者乃訛言相沿等語不知唐人寺之名不特縣志有載即通志亦載其名進呈御覽如以唐人寺係訛傳將志載之三巴板障等寺亦係訛言相沿乎強詞飾說于理不順又據該夷目呈稱哆等極欲凛遵因本國王令寺宇係重伏乞恩宥等語夫今之所封乃唐人之進教唐人寺非爾夷等禮拜之夷人寺也三巴諸寺以爾夷人奉爾夷教原不禁止我天朝禁民人入封唐寺與爾夷毫無干涉亦何患

違爾本國王令乎此爾錯見何容過慮總之此事
係欽奉　上諭查拿經本縣懇請督撫兩院從寬奏
聞　皇上辦理之事非比尋常爾等試思向來唐
人入寺爾夷人卽無勾引之事尚可逃容留之罪
乎今不問爾罪但封寺以禁將來豈可不遵爾等
又試思止禁唐人止封唐寺無關於夷人之寺無
損於夷人之教三巴諸寺爾國之教仍在毫無不
便豈可不遵爾雖夷人其中自有明理識法者必
以本縣之言爲不爾欺也若爾等不體本縣愛惜

爾等之苦心而聽至愚極蠢之言抗違　國法則
爾之藉口者地租也今　天朝既無藉於些小之
租爾之欺人者回國也今　天朝又甚樂爾等之
回國爾遵則速具遵依聽候本縣示期臨澳督封
不遵則將懇免納租情願回國之情切實具情到
縣以憑轉詳　各憲奏請　天恩准爾勒限回國
本縣父母一邑爾等亦在管轄之中一視同仁皆
吾赤子若寺果可免封本縣亦豈肯好事惟是理
法所在如或有違卽本縣亦干罪戾爾等豈得安

然今本縣定於六月二十日親臨澳地督同該夷目封鎖誠恐前遣之人或宣諭未到而夷之無知者妄言搖惑用再明白曉諭自諭之後爾等遵則呈請赴寺不遵則呈請回國事無兩岐法難再縱本縣言出衷腸該夷目等試與明理識法者熟思之毋爲至愚極蠢者所誤思之思之勿謂本縣言之不早特諭

原奏記附

遵查香邑逼近澳夷誠恐境内有稱係天主教誘人誦習者細加察訪通邑城鄉實無此等不

法之徒惟澳門一處唐夷雜處除夷人自行建寺奉教不議外其唐人進教者約有二種一係在澳進教一係各縣每年一次赴澳進教其在澳進教者久居澳地漸染已深語言習尚漸化爲夷但其中亦有數等或變服而入其教或入教而不變服或娶鬼女而長子孫或藉資本而營貿易或爲工匠或爲兵役又有來往夷人之家但打鬼辮亦欲自附於進教之列以便與夷人交往者此種傒往傒來不能查其姓名今查得林先生周世廉等一十九人而林先生蕃名咭吠嘰吵住持進教寺內率其子與其徒專以傳教爲事周世廉蕃名咹哆嘛咽嘀咃又呼賣雞周儼然爲夷船之主出洋貿易娶妻生子此二人尤爲在澳進教之魁也其各縣每年一次赴澳進教者緣澳門三巴寺下建有天主堂名爲進教寺專爲唐人進教之所建於康熙十八年五十八年重修淵大係蕃僧倡首而唐人醵金以建者向係林先生住居其中以行醫爲名

實爲傳教每年清明前十日各持齋四十九日名曰封齋至冬至日爲禮拜之期附近南番東順新香各縣赴拜者接踵而至間有外省之人惟順德縣紫泥人爲最多禮拜之後有卽行返棹者有留連三日者既經進教其平時因事至澳亦必入寺禮拜一切進教之人俱向林先生取經誦習此種姓名今已無可查開前經印同知示禁查拿來者漸少職抵任復經示禁林姓旋卽潛逃該寺現係蕃兵典知古看守蓋澳門唐人進教之情形如此至於辦理之法伏查夷人在澳二百餘年以致唐人漸習其教由來已久然非聖人之書卽爲名教所必斥非王者之道卽爲　盛世所不容況以　天朝之人而奉外夷之教則體統不尊且恐夷性之狡將滋唐匪之奸則防微宜急夫除弊之道絕流不如塞源應請將進教一寺或行拆毀或行封錮其寺中神像經卷或行焚燒或飭交夷人收回[illegible]縣民人槩不許赴澳禮拜違者拿究并令[illegible]

澳門記　卷七　原奏記　七

各縣多張曉示凡從前已經赴澳進教之人許
令自新再犯加倍治罪其有因不能赴澳禮拜
或於鄉村城市私行禮拜誦經及聚徒傳習者
察出以左道問擬則各縣每年一次赴澳進教
之弊似可漸除矣惟是在澳進教一種有稍宜
熟籌者伊等挾有資本久與夷人交關一經廹
逐猝難清理其妻室子女若令離異似覺非情
若許携歸則以鬼女而入内地轉恐其教易於
傳染應否分别辦理其未經娶有鬼女又無資
本與夷人合夥但經在澳進教自行生理者不
論所穿唐衣鬼衣俱勒令出教回籍安插其但
有資本合夥未娶鬼女者勒限一年清算出教
還籍其娶有鬼女挾資貿易及工匠兵役人等
穿唐衣者勒令出教穿蕃衣者勒令易服出教
均俟鬼女身死之日携帶子女回籍其未回籍
之日不許仍前出洋貿易及作水手出洋充當
蕃兵等項應先勒令改業至買辦通事澳夷所
必需但勒令易服出教不必改業仍各取具地

保夷目收管備查其往來夷人之家仍打鬼辮者一并嚴行禁止至現在十九人之外或有未經查出者除再咨查外應令自行首明并飭夷目查明呈報隱匿者察出治罪似亦逐漸清除在澳進教之一法也抑更有請者夷人在澳有必需用唐人之處勢難禁絕然服其役即易從其教苟非立法稽查必致陰違陽奉應請飭行夷目及地保人等將夷人應用唐人之處逐一查明造冊具報歲終出具並無藏留進教唐人甘結繳查其冊一年一造有事故更換者據實聲明如此則稽查較密而唐夷不致混雜矣澳門進教原與夷人在內地開堂設教者不同且積重之勢返之當有其方故斟酌情法期於妥便愚昧之見未知當否亦不敢冒昧舉行相應咨稟鈞裁衡奪

妥辦覆帖

澳門記

乾隆十二年二月二十五日廣州府香山[illegible]縣張稟本月初二日接奉　憲檄飭封進教寺卑職隨調香山司巡檢顧麟并傳殷商蔡泰觀蔡寶觀等來縣移明縣丞顧嵩會同帶領商人赴澳宣諭該員等于初十日抵澳傳該夷目面諭欣然遵封毫無難色至十二日忽已中變蓋爲番僧所挾制以爲事涉滅教也卑職竊思夷人雖極愚昧然亦具有天良況奉　大人行令剴切曉諭尤當遵奉辦理卑職因將理之是非事之利害反覆千餘言

敘成一諭仍令該員等再往曉諭該夷等始茫然
喪其所恃大悔前非惟求恩宥卑職隨于二十日
親身如澳督封該寺等以二十日係封齋期滿伊
之國俗開齋前二日各寺不鳴鐘不放炮謂係天
主死而復蘇之日夷人俱素服閉門走拜各廟懇
求寬至開齋之日封鎖卑職暫寄新廟離澳三里
待至二十二日詣澳該夷頭人咸集卑職復將
皇恩　憲德諄切面諭并責以不知感激初奉中
違之罪諸夷怵惕惟謹該商等因代爲跪求諸夷

亦羅跪乞哀甚有涕泣不能已者卑職然後許其
捐棄前非加以慰免隨委香山司帶同商人及諸
夷將進教寺封鎖錮以鉛鐵張　憲示於門左其
神像經卷器具先已撤去一空卑職隨於是晚返
棹此一役也仰荷　大人德威久播異類格心卑
職始至夷兵俱出至城外肅隊執仗其兵官職若
內地千總者舞鎗以迎及至回船諸夷頭目于馬
頭兩行肅立候送此皆僅見之事而曲膝行跪尤
向來所無者固知馭夷之道尊其體統孚以恩信

二者不可缺一也除另文申報外所有辦理情形合飭稟
聞

唐夷角鬬奏疏附錄

內閣抄出據兩廣總督策楞等奏前事本部議得該督等奏稱澳門地方係民蕃雜處之地乾隆八年十月十八日在澳貿易民人陳輝千酒醉之後途遇夷人晏些嚧口角打架以致陳輝千被晏些嚧用小刀戳傷身死據縣驗傷取供塡格通報并咨稟西洋夷人犯罪向不出澳赴審是以究犯於訊供之後夷目自行收管至今抗不交出臣同前撫臣王安國誠恐該地方官失之寛縱當飭嚴批照例審擬招解嗣據該縣疊催隨稟據夷目稟稱蕃人附居澳境凡有干犯法紀俱在澳地處治百年以來從不交犯收禁今晏些嚧傷斃陳輝千自應仰遵天朝法[illegible]

度擬罪抵償但一經交出收監違犯本國禁令閤澳夷目均干重辟懇請仍照向例按夷處治俟示發落等詞具稟臣等伏查澳門一區夷人寄居市易起自前明中葉迄今垂二百年中間聚集蕃男婦女不下三四千人均係該夷王分派夷目管束蕃人有罪夷目俱照夷法處治重則懸於高竿之上用大礮打入海中輕則提入三巴寺内罰跪神前懺悔完結惟民夷交涉事件罪在蕃人者地方官每因其係屬教門不肯交人出澳事難題達類皆不稟不詳卽或通報上司亦必移易情節改重作輕如鬭殺作爲過失冀倖外結省事以致歷查案卷從無澳夷殺死民人抵償之案今若徑行搜拿追出監禁恐致夷情疑懼别滋事端倘聽其收管無論院司不能親審碍難定案承招併慮曠日遲久潛匿逃亡致夷人益生玩視法紀之心 天朝政體攸繫臣等公同酌核此等事件似應俯順夷情速結爲便惟照夷法礮火轟死未免失之過慘

隨飭司檄委該府督同該縣前往妥辦去後茲
據按察使陳高翔詳據廣州府知府金允彝詳
稱遵即宣布德威嚴切曉諭并將兇犯應行絞
抵之處明白示知各夷目遂自行限日眼同屍
親將兇犯晏些嚧於本月初三日用繩勒斃闔
澳番人靡不畏而生感等情前來臣等查核原
供釁起於撞跌角毆殺非有心晏些嚧律應擬
絞既據該夷目已將兇犯處治一命一抵情罪
相符除批飭立案外所有臣等辦理緣由理合
奏明抑臣更有請者化外之人有犯原與內地
不同澳門均屬教門一切起居服食更與各種
夷人有間照例解勘承招夷情實有不願且兇
犯不肯交出地方官應有處分若不明定條例
誠恐顧惜考成易啟姑息養奸之弊可否仰邀
聖恩特降諭旨嗣後澳夷殺人罪應斬絞而夷人
情愿即爲抵償者該縣於相驗之時訊明確切
由司核明詳報督撫再加覆核一面批飭地方
官同夷目將犯人依法辦理一面據實奏明并

抄供報部查核庶上申　國法下順夷情重案不致稽延而澳夷鷙驁不馴之性亦可漸次悛改等因具奏前來查律稱化外人有犯並依律問斷俱期於律無枉無縱情實罪當其他收禁成招等項節目原不必悉依內地規模轉致碍難問擬今據該督等奏稱澳夷均屬教門一切起居服食更與各種夷人有間照例解勘承招夷情實有不愿請嗣後澳夷殺人罪應斬絞者該縣相驗時訊明確切詳報督撫覆核飭地方官同夷目將犯人依法辦理一面據實奏明等語應如所奏請嗣後在澳民蕃有交涉謀故鬬毆等案其罪在民者照律例遵行外若夷人罪應斬絞者該縣於相驗之時訊明確切通報督撫詳加覆核如果案情允當該督撫即行批飭地方官同該夷目將該犯依法辦理免其交禁解勘仍一面據實奏明并將招供報部存案其晏些嚧戳傷民人陳輝千身死一案該督等既稱兇犯應行絞抵之處據夷目眼同屍親將晏

些一嚧用繩勒斃蕃人靡不畏而生感等語應毋庸再議

送記汝禪師住鳳凰山序　孝廉　楊錫震　香山

論佳山水則必曰天台雁宕然皆遠在數千里外不可卒至且梵宇琳宮綿延環亘游人征騎絡繹往來求其巖壑森秀杳然雲漢逸其人因其地全其天者咸無得焉香山濱於大海閩之東南一百里有峯巋峙逶迤曲折若鳳迴翔者鳳凰山也東南瞰海與九洲洋零丁洋相望少南則濠鏡澳蓮花港高聳海中隱現出沒北從黃麖坑沿□□歷巘

若斷若連至折杖峯始抵山半捫石而登三十里
許旁有大石突起奇峭如笠又如虎踞龍蹲復行
里許平壤蓺蘩曠大可百畆峰巒共列葱蒨幽深溪
水繚繞夾岸芝蘭杜鵑叢竹古木青翠參天瀑布
自山頂飛注泉聲響答噴薄珠璣縈縈然類神工
鬼斧所雕刻者爲大還谷週迴瞻顧鳳凰勝槩盡
萃於此云然虎豹窟宅樵牧罕到余雖性躭山水
雅聞曩論亦撫絃動操徒付卧遊而已丙辰之秋
記汝禪師駕扁舠犯波濤訪余父子於香山草堂

相視驚喜盤桓朝夕師顧余曰吾老矣嶺外倦遊
杭懷深隱余曰鳳凰天半遲以待師久矣於是相
勉晨興拉閒堰闍黎芒鞋杖笠迅志遄往薄暮宿
山窑懷菴次之日披榛觸霧不憚攀陟遂至大還
師欣然曰吾老是鄉矣余亦歎相見之晚及窮討
幽勝鼓勇先登越石而上爲鳳凰髻怪石巉削下
臨無地多產萬年松大至徑尺崎嶇磴道其高參
㣲於前乃造極頂頂上有仙女池廣若尋丈偏山
皆丫蘭香聞十里循池而東相去數百武一洞石巖

巖上有臺臺有石浮圖疊級千尺前俯亙壑淵邃
瀰淼以石擊之移時乃應稍陟其上手足震掉恐
怖若墜轇轕水石紛紅駭綠佳處不一然平壤彝
曠可以棲止者惟大還谷始命芟蕪剪棘既焚既
釃奇勢迭出編茅築垣不旬日而靜室落成師辭
往居之余曰吾師南海鉅儒遭時守璞及剃落成
僧爲宗門柱石獨性甘孤寂草屋單丁逸莫逸於
師矣苟非因地曷以全天茲山之天作地生若冥
契焉他日撫杖憑眺高詠零丁不肯放椅堂山一

頭地是則師之志也夫

大小花園記　　孝廉　楊錫震香山

大小花園在香城南八十餘里山水最號奇峭相傳安期生會採藥深入其中而抱樸子亦嘗遊焉自譙門而南抵大埔營少折而東至馬鞭埔沿溪而行逶迤曲折溪水甚寒清流見底游魚噴沫往來翕忽似與遊者相樂又行二里許山勢漸起嶺曰攀天怪石四瞰蒼松孤聳高與天接嶺之半側山覺微𡸣平可廣丈榕樹數章冬夏茂蔭憩息樹

下飛瀑懸空珠簾千尺遇石少激如雷轟獅吼寒氣逼人毛髮俱豎從北而陟十餘峰巒而山之平者始出下視飛鳥皆在山半而五桂山者在二十四峰之上花園在二十四峰上之西由此觀之道書所謂洞天福地者不信然耶北行里許峰巒差小嫩草蒙茸翠光欲滴間生紫蘭綺羅蘭鶴頂蘭萬山環共別一天地宛委重複隱隱隆隆先祖墓在焉墓之右石負土而出高下層折平者可坐數十人石側一水源發自上水繞石流旁皆菖蒲小

竹杜鵑夜合又一小石巖巖下有泉味特香洌余
嘗隨家大人曁記汝禪師諸上人品茶於此遠出
小嶺金紫金竹黃婆象乳諸泉之上云越此連陟
二十餘峰若伏若連始達五桂五峯插雲森然壁
立樵牧罕有至者又折而西爲花園石壁斷續凹
處爲門從石門而入歷十餘武爲石堦堦廣一丈
而綿亘數里兩旁五色杜鵑丫蘭堦盡少北石之
横者如胡牀豎者如扆屏卧者如几方者如枰圓
者如篋石小而平者如粧臺往往月明之夕簫聲

清婉恍惚吟嘯遠聞山下云旁有小池水深數尺泓澄瑩徹雖至隆冬未嘗少涸奇花異卉不類人間無復辨識至若鶴頂鷹爪紫蘭海棠木香夜合觸目皆然稍折而南爲小園多產各色芝草近水小石密綴菖蒲以藩屏差隘故以小名之又轉山左平坡小埠神仙茶叢生焉每至穀雨之前雍陌諸村婦女提筐採摘製茶家購之恐後採製如法色香俱絕酷類界山武彝餘不及也聞諸故老神仙茶舊無知者明宣德間鄉人於此伐木摘葉之

類茶者投諸沸水忽有兩叟龎眉皓髮從而索飲
鄉人出以相餉叟曰此非茶也遙指一叢示焉且
曰採此而飲可以已渴可以延年言訖不見神仙
茶之名始此因疑爲安期生抱樸子云噫山水奇
峭至此極矣造物不秘而委形示人亦異矣哉

澳門記

香山陳蘭芝拂霞輯梓

夷族

屋好樓居脫帽拖脚扯手是爲行禮貴女賤男生女則喜女年及笄父母與擇偶通知子女如允從女則解戒指以定男媒聞於僧僧訪無故舊之親方准其匹配至婚期媒引男女至廟僧即面問你夫婦日後有無怨悔呢均曰無之僧誦經文令媒引其齊至女家設席以待父母姊妹將女送到男

家亦設席名曰交印 飲茶曰吡吧爻 飲酒曰吡吧嘪咥

奉天主教凡父母歿報於僧僧即鳴鐘以示遐昇之義先於廟內開穴置棺延僧至舍同親朋送尸至廟入棺葢定以土掩之誦經文親朋各散子女回家閉門不出八日不舉火不炊爨親朋送飲食越八日方往謝服制三載以衣青爲孝服

語言

天 消吾　地 争　日 梭爐　月 龍呀

風 挽度　雲 奴皮　雨 租華　晴 豁顛布

早晘圖　午妙的呀　夜亞內的　東爹時離
南蘇盧　西賀核時　北諾的　發風颶度方
無風噥吖挽度　有風吖挽度　山孖度　海孖喇
石畢打喇　水了古　路監尾蘆　屋家自
舖布的架　街蘆呀　閂門非渣波打　開門亞悲哩波打
澳門馬交　大西洋嗹奴　小西洋我呀　老爺蠻的哩
相公先雍　父擺　母買　兄意利猛架蘭的
弟意利孟庇記呢奴　妻共辦惹盧　木匠架變爹盧　坭水匠必的哩盧
鐵匠非列盧　裁縫亞利非呀的　好人捧因的　惡人罷喇補

唐人之那　番人記利生　兒子非盧　通事做路巴沙

保長架比沙奴牙　稅館芊浦　銀白喇打　無銀白喇打噥叮

珍珠亞佐肥嗃　珊瑚過喇盧　象牙麻立分　金阿嚧

錫架領　布耕架　嗶吱彼被都了拿　大呢巴奴

小呢西而非拏　羽緞家羊羅以　千里鏡諫泥渣　自鳴鐘列羅西吾

時辰表列那西丫　一吾呀　二羅蘇　三地理時

四瓜度　五星姑　六些時　七滕地

八哀度　九那皮　十利時　一百吾山度

一千吾味爐　一萬利時味爐　兩達耶兒　錢孖土

分公地鎖　釐加以沙　丈兀拉　尺哥無度

寸崩度　船英巴家生　去歪　來耍永

有丁　無噥丁　買公巴喇　賣灣爹

走開西的亞里　忠厚共仙時　多謝了蘇吧忌　恭喜沒度掃烺打地

貿易度　幹打剌　討賬立架打里巴打　坐散打　企宴悲

善後事宜條欵

一洋船到日海防衙門撥給引水之人引入虎門灣泊黃埔一經投行卽着行主通事報明至貨齊回船時亦令將某日開行預報聽候盤騐出口如有違禁夾帶查明詳究

一洋船進口必得內地民人帶引水道最爲緊要請責縣丞將能充引水之人詳加甄別如果殷實

許

良民取具保甲親鄰結狀縣丞加結申送查驗無異給發腰牌執照准充仍列冊通報查考至期出口等候限每船給引水二名一上船引入一星馳稟報縣丞申報海防衙門據文通報并移行虎門協及南海番禺一體稽查防範其有私出接引者照私渡關津律從重治罪

一澳門夷目遇有恩懇上憲之事每自繕稟逕熟識商民赴轅投遞殊爲褻越請飭該夷目凡有呈稟應由澳門縣丞申報海防衙門據詞通稟如有應具詳者具詳請示縣行夷目用牌以昭體統

一夷人採買釘鐵木石各料在澳修船令該夷目將船身丈尺數目船匠姓名開列呈報海防衙門即傳喚該匠估計實需鐵斤數目取具甘結然後給與印照并報關部衙門給發照票在省買運回澳經由沿途地方汛弁驗照放行仍知照在澳縣丞查明如有餘剩繳官存貯倘該船所用無幾故爲多報買運希圖夾帶等弊即嚴提夷目船匠人等訊究

一夷人寄寓澳門凡成造船隻房屋必資內地匠作恐有不肖奸匠貪利教誘爲非請令在澳各色匠作交縣丞親查造冊編甲約束取具連環保結備案如有違犯甲鄰連坐遞年歲底列冊通繳查核如有事故新添卽於冊內聲明

一驅逐匪類凡有從前犯案匪類一概解回原籍安插取具親屬保鄰收管不許出境並取澳甲嗣後不敢容留結狀存案將逐過姓名列摺通衢該保長不時稽查如再潛入滋事卽時解究原籍保鄰澳甲人等一體坐罪

一稽察船艇一切在澳快艇果艇及各項蛋戶罟船通行確查造冊發縣編烙取各連環保結交保長管束許在稅廠前大馬頭灣泊不許私泊他處致有偷運違禁貨物藏匿匪竊往來誘賣人口及載送華人進教拜廟夷人往省買賣等弊每日派撥兵役四名分路巡查遇有潛泊他處船艇卽時稟報查拿按律究治失察之地保一并連坐兵役

受賄故縱與犯同罪

一賒物收貨凡黑奴出市買物俱令現銀交易不得賒給亦不得收買黑奴物件如敢故違究逐出澳

一犯夜解究嗣後在澳華人遇夜提燈行走夷兵不得故意扯滅燈籠誣指犯夜其或事急倉猝不及提籠與初到不知夷禁冐昧悞犯及原係奸民出外姦盜致被夷兵捉獲者立即交送地保轉解地方官訊明犯夜情由分別究懲不得羈留片刻並擅自拷打違者照會該國王嚴處

一夷犯分別解訊嗣後澳夷除犯命盜罪應斬絞者照乾隆九年定例於相驗時訊供確切將夷犯就近飭交縣丞協同夷目於該地嚴密處所加謹看守取縣丞鈐記收管備案免其交禁解勘一面申詳大憲詳加覆核情罪允當即飭地方官眼同夷目依法辦理其犯該軍流徒罪人犯止將夷犯解交承審衙門在澳就近訊供交夷目分別羈禁收保聽候律議詳奉批回督同夷目發落如止杖

笞人犯檄行該夷目訊供呈覆該管衙門核明罪名飭令夷目照擬發落

一禁私擅凌虐嗣後遇有華人拖欠夷債及侵犯夷人等事該夷即將華人稟官究追不得擅自拘禁屎牢私行鞭責違者按律治罪

一禁擅興土木澳夷房屋廟宇除將現在者逐一勘查分別造冊存案外嗣後止許修葺壞爛不得於舊有之外添建一椽一石違者以違制律論罪房屋廟宇仍行毀拆變價入官

一禁販賣子女凡在澳華夷販賣子女者照乾隆一九年詳定之例分別究擬

一禁黑奴行竊嗣後遇有黑奴勾引華人行竊夷物即將華人指名呈稟地方官查究驅逐黑奴照夷法重處不得混指華人串竊擅捉拷打如黑奴偷竊華人器物該夷目嚴加查究其有應行質訊者仍將黑奴送出訊明定擬發回該夷目發落不得庇匿不解如違即將該夷目懲究

一禁夷匪夷娼窩藏匪類該夷目嚴禁夷匪藏匿

記 卷七 條欵 三五

户地犯罪匪類並查出賣姦夷娼勒令改業毋許
窩留內地惡少賭博偷竊如敢抗違除內地犯罪
匪類按律究擬外將藏匿之夷匪照知情藏匿罪
人律科斷窩留惡少之夷娼男婦各照犯姦例治
罪如别犯賭博竊盗其罪重於宿娼者仍從重擬
斷並將失於查察之夷目一並處分知情故縱者
同坐

一禁夷人出澳夷人向例不許出澳奉行已久今
多有匪夷藉打雀爲名或驚擾鄉民或調戲婦女
每滋事端殊屬違例該夷目嚴行禁止如敢抗違
許該保甲拿送將本犯照違　制律治罪夷目分
别失察故縱定議

一禁設教從教澳夷原屬教門多習天主教但不
許招授華人勾引入教致爲人心風俗之害該夷
保甲務須逐户查禁毋許華人擅入天主教按季
取結繳送倘敢故違設教從教與保甲夷目一並
究處分别
驅逐出澳

澳門記

詩類　　香山陳蘭芝拂霞輯梓

過零丁洋　　文天祥

辛苦遭逢起一經干戈落落四周星山河破碎水
飄絮身世浮沉風打萍惶恐灘頭說惶恐零丁洋
裏歎零丁人生自古誰無死留取丹心照汗青

悲井澳在澳門海宋端宗御舟嘗至此　　黃瑜

白雁過江南破更無一寸土可坐自閩入廣隨波
流氛塵暗天天亦愁黃蘆霾岸風颼颼上有深井

下有仙女澳漁舟不往御舟到風吹御舟舟力排冥

嗟嗟悲哉誰與告誰與告兮悲復悲逢厓則止會

有時星星之火奚滅爲君不見青苗行時不敢語

大事已逐黄龍去又不見金牌出時不可回殺氣

先傳白雁來舒王生鄂王死宋家刑賞乃如此嗟

嗟井澳徒悲爾

登虎頭山　　方殿元番禺

朝發扶胥口暮宿虎頭山不見落霞明安知水與

天須臾明月吐雲浪何斕斑萬里盪明鏡縹緲來

神仙夜深長鯨伏天末靜無瀾紅日中夜生星宿
不足觀顧視人世間萬象猶漫漫欲乘大鵬翼高
舉凌雲端南遊建德國去去莫可攀誰爲送我者
回首失匡閭

海市歌　　庶常　梁佩蘭　南海

驀空無人忽成市上不在天下不在地月烟黃黃
日烟紫日之升氣之凝瑇瑁蓋珊瑚釘大吹龍笙
細擊鼉鼓海童綏歌海女急舞海水開龍王來龍
王來龍王並駕車如雷龍女後至何遲哉市人市

中設龍座聚寶換寶市在左蕃奴來市騎水犀上
寶負在大尾犛老蛟人身目魚目手執大禹治水
玉魚兒無寶雜市中笑指海上天虹紅市東賈人
好走馬寶光射馬馬不下龍王厭寶空掉頭身擁
五色龍鱗裘龍母見寶不開口定海魚鬚尺持手
龍女戲擲紅珍珠盛飾雉尾新羅襦世人眼睛不
識寶海中有寶偏不顧海市寶多世人奈何扶桑
花落東北角海水成冰冰要人鑿海水吹風吹動龍
王宮水生一片海市不見

澳門卽事　　汪後來

大磨刀接小磨刀，岸濶帆輕秋氣高。極目正愁飛鳥墮，晉棚人立浪心牢。

赤烏已映三巴寺，白露猶涵老萬山。七日一回看禮拜，蕃姬盈路錦斕斑。

金距雄雞鬬碧陰，華夷分隊立森森。輸贏亦是尋常事，老大難忘左袒心。

澳門　　教諭　李珠光　香山

無多蓮瓣地，錯雜漢蠻居。版籍南天盡，江山五嶺

餘一邦同父毋萬國此車書船趣浮青至微茫極

太虛

孤城天設險遠近勢全吞寶聚三巴寺。泉通十字

門。持家鑾婞貴主敎法王尊聖世多良策前山鎖

鑰存

張司馬修復張大傅墓寄示碑文因感成歌

孝廉 羅天尺 順德

陡爾窓間吽白鵰黑雲片片來厓山澳門司馬昨

書至投我墓碑一紙碧血何斑斑司馬重修越國

墓鬼雄執役國殤護正氣增培赤坎村忠魂不用
天閽訴表忠原是男兒心天綱共挽無古今况爾
航海三君子太傅所值尤艱辛廣運已終沈塊肉
焚香籲天向天哭乾坤氣祓腥羶熏盲風掀播舟
竟覆海陵之海大如天公忠豈待精衛填肉香鳥
鳥不敢啄虆虆墓道人爭傳遺民不忍言其處恐
爲射鵰人所妬平章山又黃楊山兩處俱種冬青
樹樹種黃楊冬愈青白虹氣吐忠魂停司馬精誠
默相接伐石表墓書忠貞我讀墓文拜復泣恍如

越國空中立文山手携玉帶生陸公凌波衣帶濕
同時騎鯨賀張傅雲旗風來去時雨我擊如意作
長歌勒在碑陰同一處

題澳門圖

澳口東風未易尋蓮莖關外大洋深誰當海不揚
波日寫出人來歸市心魚撼腥風疑島動蜃浮樓
氣入春陰天邊不用乘槎去酒後青山畫裡吟

虎頭門望海　　御史粵秀山長　杭世駿仁和

凝望重波曉日生紫瀾迴薄鳳臺城蒼茫片穴邀

龍臥柴豎雙牙似虎撑野氣晴連滄海濶疾風橫卷漲沙平推篷一笑揚帆渡要掠鼋鼉背上行

詠潮詩　　文學　羅寧默　順德

滄海杳無極潮來忽自平六鰲秋見影八月夜聞聲岸葦蕭蕭泣江鷗泛泛輕應知消息理不必定長盈

張太傅墓爲柏園司馬新修因賦長歌

進士　郭　植　閩中

北風勁烈吹大地山河破碎白雁字魯戈揮日巳

無光赤坎峯沉大將氣禍首當年開者誰蟋蟀堂
安襄陽危貔貅百萬流星散大事去矣不可爲淮
南力竭鼓聲死扼吭歌殘調變徵長蛇猰貐捲地
來白骨如山燐火起是時九廟神不靈趙家一髮
引千鈞戰士皆裂爲飲血江濤悲嘯天晦暝太傅
龍驤衆中出勤王義奮走健卒雙手敢將華嶽移
此志文山共奇崛茫茫滄海雲垂波鯨鯢窟宅黿
鼉窠四顧中原無片壤扶君島上劍橫磨一戰再
戰力如虎千軍萬軍視金鼓時乎不利舟飛翻坐

使馮夷擲一怒銕骨慘得遺民埋銕膽難令焚作
灰黃楊山暗白楊雨滿腔孤憤激風雷歲久若堂
非復故贔屭穹碑豐草仆野狐夜夜穴荒屯樵子
朝朝伐昏霧英雄湮没已堪嗟况乃精忠貫雲霞
古光弗爲重拂拭天壤名教恐沉汗柏園司馬文
章伯神晤前艮感魂魄一來濠鏡政優優尚向空
山理往蹟斬新華表鶴來歸鐫珉蝌蚪蹲靈龜荔
碧蕉黃再拜薦陰颷閃忽雲旗揮嗚呼祥興去今
五百年厓門已事銷風烟潮居猶隕騷人淚悲訶

放作瓊琚篇我讀悲詞重太息霧鎖疑陵壽星黑
梅花永福總凄然父老誰爲奠寒食太傅心留一
片丹不葬波魚葬名巒夜臺應卒田橫輩生前擁
戴死盤桓獨惜易名典祀乏何時朱甍廂兩夾飛
陟峯頭擊鼓唱大招神馬重騰顯金甲

和張司馬修張太傅墓成示張劉諸子之作

孝廉 李卓揆 香山

正氣乾坤萃丹心宇宙懸艱難取義日慷慨致身
年濁浪能傾國精魂欲化烟一棺封馬鬣諸將哭

牛眠夜夜流燐火山山啼杜鵑荒村雲杳漠寒食
草綿芊麥飯無人薦漆燈何處然憫忠勞郡伯襄
事屬羣賢俯問潮居里重尋赤坎阡鳩工宿草薙
嵌石舊銘鐫蕆業廻孤島渟泓面大川龍吟清淵
月猿嘯曉風天闡顯扶名教經營置祭田春秋將
盛典俎豆肅芳荃髣髴雲旗降依稀金甲旋鶴歸
丹巘頂鳥集化臺邊永福陵遥接紹興壙播遷早
時金盌見昨日玉魚傳白骨終難合冬青亦可憐
人間徒有恨地下久無權太傅留封域𡵓然慰九

泉

讀張司馬宋越公張世傑墓碑歌

孝廉　何邵順德

刼運迍邅當四廣終古厓門留一掌端宗太后兩荒陵狐兎蕭條穴榛莽陸相蹈海文相俘空有越公陪蘽蓏蘽蓏遺踪幾銷歇海陵崩浪魚龍揭三尺誰封赤坎墳一杯莫記黃粱碣年年麥飯薦遺民點點棠梨過冷節香山司馬才無比懷古悲秋長劍倚行部時時弔夕陽辨疑縷縷從青史移文

一旦禁樵蘇五百年來廢隧起大書特書神道旁
豐碑贔屭凌穹蒼豈緣異代感興廢直爲千古扶
綱常我來展讀剔幽翳行間字裏雷霆衛雲旗風
馬倏往事爲鬼雄兮魂魄厲昔年行殿表慈元東
山芳躅白沙記鴻筆翩翩映後先一徑氤氳團正
氣蕭山陵寢恨年年玉匣珠襦散似烟憑君更譜
冬青引吟向風前拜杜鵑

蓮峯夕照　　同知　印光任　太倉

蓮峯來夕照光散落霞紅樓閣歸金界烟林入錦

藪文章天自富烘染晚尤工只恐將軍畫難分造化工

南環浴日

海岸如環抱新潮浴渴烏鎔金看躍冶丹藥走洪爐舟泛桃花浪龍盤赤水珠鑾烟頓清廓萬象盡昭蘇

濠鏡夜月

月出濠開鏡清光一海天鳥深驚雪積珠湧咤龍旋傑閣都凌漢。低星欲盪船。纖塵飛不到誰是廣

寒仙

青洲烟雨

海天多氣象烟雨得青洲蓊鬱冬疑夏蒼涼春亦

秋鐘聲沉斷岸帆影亂浮鷗景比瀟湘勝何人遠

倚樓

雞頸風帆

浩淼帆檣出銀濤擁一痕排雲鵬鼓翅掛日海分

門四宇空無着千山勢欲奔飛騰何迅疾疑是發

崑崙

横琹秋霽

憑高秋極目孤嶼一琹横有曲仙應譜無絃籟自鳴烟開萬頃碧木落九霄清泠泠瀟湘意平沙雁數聲

雕樓春曉

何處春偏好雕樓曉最宜窻晴海日上樹暖島雲披有戶皆金碧無花自陸離坡仙應未見海市道神奇

濠鏡新秋晚眺

玲瓏孤島插青蓮掌上金莖玉露天傑閣凌波人在鏡高帆落檻屋疑船飛殘疏柳誰家燕叫冷斜陽幾樹蟬好景關情動秋思故山如畫白雲邊

盧亭　　釋見性

老萬山中多盧亭雌雄一一皆人形綠毛徧身秪留面半遮下體松皮青攀船三兩不肯去投以酒食聲咿嚶紛紛將魚來獻客穿腮紫藤花無名生食諸魚不烟火一大鱸魚持向我殷勤更欲求香醪雌者腰身時嬝娜在山知不是人魚乃是魚人

澳門記　　　　　　　　略

出上居編茅作屋數千百海上漁村多不如盧循
苗裔毋乃是化爲異類關天理或有衣裳即古人
避秦留得多孫子我亦秦時古丈夫手携綠毛三
兩姝秖因誤餐穀與肉遂令肥重非仙癯盧亭羨
爾無拘束裸國之人如可畜猩猩能言雖不如彼
却未離禽獸族魚人自是洪荒人茹腥飲血何狉
獉我欲衣裳易鱗介盡敎鼉鼉皆吾民自古越人
象龍子入江繡面兼文身醜然人面能雪耻差勝
中州冠帶倫觴酒豆肉且分與期爾血氣知尊親

澳門四首

廣州諸舶口最是澳門雄外國頻挑釁西洋久伏戎兵愁蠻器巧食望鬼方空肘腋教無事前山一將功

路自香山下蓮莖一道長水高將出舶風順欲開洋魚眼雙輪日鰌身十里墻蠻王孤島裏交易首諸香

禮拜三巴寺蕃官是法王花襭紅鬼子寶鬘白蠻娘鸚鵡含春思鯨鯢吐夜光銀錢幺鳳買十字備

圓方

五月飄洋候辟沙肉米沉窺船千里鏡定路一盤

針鬼哭三沙慘魚飛十里陰夜來鹹火滿朶朶上

衣襟

出獅子洋作

忽爾乾坤大浮沉黑浪中火螭銜夜日金蜃噴天

風洗甲心徒切乘桴道欲窮朝宗餘一島尚見百

川東

望海

虎門東浩淼水與白雲平海蠶春多繭天雞夜有聲燒鹽農力暇種草子田成十畝芟塘曲吾躬欲往耕

望虎門諸山

海門山滅沒蒼翠似空天暮去惟餘影秋來不是烟瀑高難作響峯小易成妍悵望蘿衣客攀松何處邊

澳門喜晴　　同知　張汝霖　江南

海腹餘秋鬱天心放午晴澳雲開鏡匣沙圃出碁枰水聲深聽響林花遠見明蕉牕新展綠搖曳向人清

澳門寓樓即事

剖竹綏殊俗行襜駐暮秋到門頻拾級窺牖曲通樓几月能圓鉠簾風自拍浮海隅容錯處應視一家猶粵東潮濕夷人多樓居以却病獨據繩床臥山川落枕邊曉颿明檻雨暝樹納牕烟㬎似隨廊響蝸能狀覆圓居夷眞不陋翻愛日

如年
居豈仙人好家徒鳥鬼多移風傷佩犢授業喜書
蚪富已輸眞臘恩還戴不波須知天澤渥權算止
空舸
極目秋山表稽天水四圍千家浮宅穩一徑鎖烟
徵食仰波能及孥留士重歸野心回嚮處化日不
私輝
居然百夫長位極以權專列皦遙堪指爲垣近及
肩舞戈當負弩釋甲學行纏愼爾一隅守蒙鳩其桑

可堅
豈有嗟生晚而能主化工狂花爭日異因果畧雷
同彼美山之隰吾徒贖且聾飆思倭計得長嘯落
秋風
金布三千界鐘鳴十二時至今猶有臭來此邈焉
思野祭初披髮壓棲但乞皮西風霜殺草春到恐
還滋
厠位霧臺上羲和跡可尋秪如求野意欽此授時
心玉輦隨坳凸珠船自酌斟唐堯辭采斵安敢貢

奇淫

組繫名王至經陪胄子勤有珠如月滿若翠可烟

焚市國甘豐餌奸民搆巧文氣虹酉盡讋一代洸

將軍

亦知持至計美利甲東南念彼危成漏毋吾腊可

甘甕雞拘耴見褌蝨謝名譚那待丸封一才空策

獻三

自用夷家臘三元近一陽晝長俾作夜女贅不歸

郎藉爾爲鰕目憐渠有鯽腸試看同日月風物若

殊鄉

烟蔦施松栢風苗宅稗荑情非忘蠆毒利在聚蚊
醯爲畔知難越園沙勢必睽虪如吾偪處去聽杜
鵑啼

御惟𢹂鑾善治或裸衣宜古聖因其俗今吾不汝
疵忌曾投鼠驗機以好蜻知二百年間事從違欲
問誰

好峯螺作髻積水玉爲環掩映一樓上蒼茫夕照
間林疎將寺獻潮落吐沙還收拾秋風裏長天淨

萬山

寄椗青洲飯罷抵澳

樓船鼓角曉風催載到厨烟翠一堆山勢不根桴樹出鐘聲微濁帶潮來已同納秸孥西至猶見傾葵戶北開一段海霞紅蘸處粉墻高下簇蓮臺

有田如船以風畊路問烟波什伯更望斷海山人不返重來樓閣草無情耶蘇不怪生衰漢焉竇何心納故明　聖代卽今殷未雨百年淫蔓一時清

寓樓舒望

寒雲葉葉不成陰爽檻疎櫺踞碧岑鰲脊水分諸
島去虎頭山鎖百蠻深沙含光怍猶沉鐵地託聲
靈舉獻琛若問漢家橫海烈樓船蹤跡尚堪尋
大有神州九點窪長風勤遠未須誇紅鰍東靖雞
籠島白弃南分象郡沙潮滿山趺爭踏浪白沉海
口欲餐霞天然設有山川險四裔應能守錯牙

澳門偶成

一拳海外作寰中睹聽都緣與世通簫鼓帆檣開
黨穴樓臺燈火落蛟宮山經秋拭朝橫几月共潮

生夜掛弓閑處秪看忙處笑棠西方了又桑東
花鬚簾幞碧毶毶遠望知爲澤氣涵土濕林梢樓
得爽泉鹹石罅井分甘莊生南徙風摶萬徐福東
遊島宅三不是寓言兼幻境擬呼赤鯶駕天驂

舟中曉望黃楊山張太傅墓作

日戀雲緜未肯明水烟低處碧峰橫空山寂歷自
今古一代興亡繫死生艸短秋風梳馬鬣溪長靈
雨亂鼉更寒潮尤爲家兒怒西上厓門更不平
銜璧錢唐運已移間關航海獨安之入如此去誌

柴市墓比西泠憤栢枝曲水有情通望眼斷雲無
事繫秋思百年等是滄桑盡喚起眠鷗問不知

脩宋張太傅墓成示張沛景劉賢士諸子

一代忠臣跡千秋風教原長鯨天覆國大鳥地封
寃熠熠青燐夜茫茫赤坎村山空陰蘚合路古暗
潮呑大葬懸弁子俗名大葬嶺羣賢或耳孫撫碑能墮
泪歌些爲招魂艸茀規神道峰開鑿墓門香臺銜
月影仙邨發冰痕華表新歸鶴靈函舊化猿若堂
人遠見不樹地常尊九曲支通澥三台軸轉坤乘

雲金甲現羃火玉魚温有地還抽棘因時好薦蘩

置西坑逕田三十九畝有奇以供歲祀　官司勞省閱典禮待昭恩愾

念祥興轍會依義旅援荔宮紅故宅花壘白荒屯

板蕩孤忠激風流舊俗存海山高仰處丹籀嵌雲

根

候汐　　　進士　鍾　獅　番禺

乘流趨海門溯洄挽孤船山共客舟横月兼湍瀨

惡漭沆汨無垠瀰漫亘廖廓洶湧怯崖巔要眇疑

天落蛟沫滚餘腥鵬雲灑空澤星漢夾人語夜氣

以碭礴企西緬汐遲詫東謂風虐蒼壁聞悲狖㲱裏知坻㲼失所耐風波抱病思棲託孤嶼大洋東零丁感今昨撫迹愧文山浩歎將焉作

丁丑夏客澳門普濟禪院贈劍平師

釋積山

避暑真宜地軸偏領將生計在林泉弟兄聚會惟今日松竹陰森異昔年坐老青山添白髮吸乾滄海種紅蓮洛伽此去無多路門外何須問釣船

寓普濟禪院寄東林諸子

但得安居便死心寫將人物報東林蕃童久住諳華語嬰母初來學鴂音兩岸山光涵海鏡六時鐘韻雜風琴祇愁關禁年年嚴未得閒身縱步吟

青洲島

突兀中流亂石隈青洲咫尺擬蓬萊潮頭撼岸晴還雨屋角驚濤晝起雷猘犬吠花人跡斷饑鳶占樹鳥聲哀憑誰爲向馮夷道還與華亭作釣臺

謁張太傅墓　　廩膳生　陳　官　香山

十年前讀厓山志中夜唏嘘兼涕淚北風刺刺丁

窓寒心中倏有不平事幾時萍跡到厓山三忠堂上認忠顏蒼茫獨立高山仰咫尺精神對越間香山厓山隔一島潮居里內恣幽討忠魂一縷眼前來因悟張公此墓道張公在昔抗孤忠左右文公與陸公間關百戰來窮海一夜舟師畢大風大風起兮公所祝此身拚葬長鯨腹長鯨磨牙日噬人獨見公尸神慴伏白龍鼓浪護公行波中躍出面如生三軍號哭天晝晦楚些斷續誰堪聞入水不濡火不熱公之精誠百煉銕此時乾坤正刼灰公

之鐵膽刼不滅函骨荒村志未酬誓爲厲鬼報國
讐上天得請臣恢復靈旗金甲走雲頭公覆舟薨翌早諸軍具棺殮焚尸島上膽大如斗更焚不化諸軍號慟須臾雲中現金甲神人大聲云太上以我馳驅闕係不小已多方措設恢復矣由是諸軍心皆不移陸丞相作詩挽之有云曾聞海上鐵斗膽猶見雲中金甲神之句不信皇天亦食言兩厓波湧逼天昏玉璽
光埋沉塊肉春山花落弔慈元只今父老空唧唧
古墓年年趂寒食平章山又黃楊山似借忠臣爲
潤色吁嗟乎一抔土一殘碣是狐宮是馬鬣千秋
日月此昭揭射鵰之人亦咋舌一葉冬青一碧血

何況公之神靈實在天陟降天閶帝座前又如

之行在地到處掘井皆清泉我到赤坎村杜宇憐

啼痕東望陽江與海門陽江公覆舟處今有專祠酹公盃酒佐

蘋蘩長歌拜公如公存君不見永福疑陵原相近

端宗疑陵在邑壽星堂北其蹟五處而永福正陵實在厓山潮州陸墓雲排陣

陸丞相負少帝赴海葬在潮州嶼中一體君臣永拜稽元張宏範十

二字勒石紀功同土糞

夏日舟泊沙涌訪宋行宮故址懷馬侍郎用

黃文裕秋日登風度樓懷張曲江韻宋行宮在

香邑沙涌鄉卽馬侍郎宅侍郎諱南寶景炎二年丞相陳宜中太傅張世傑等奉端宗自潮州之淺灣到邑侍郎宅中荔子方熟遂進御焉并獻粟二千石供軍帝卽暫宮於侍郎宅侍郎竭力保衞與世傑等募兵興復慷慨激烈既而世傑兵敗奉帝次碙州帝崩世傑立衞王昺走厓山侍郎病未及從宋亡不食賦詩志痛後被執不屈死

沙涌渡口荔如雲沙涌兩岸人成羣遊人來往日不歇淸歌擘荔何紛紛我來沙涌偶避暑維舟荔樹獨不語憶得當年馬侍郎一聲太息奈何許南宋行宮安在哉白鷴歲歲尚飛來靈均久抱汨羅

志巡遠眞成絶食哀昔憶端皇南渡時六軍供具苦難支圖邊豈望漢卜式再造空思郭子儀侍郎致粟還開宴荔枝捧出邀天眷草堂風雨本蕭條一朝權作南薰殿恨殺秋風白雁横痛飲黄龍在此行長歌忠武長驅句眼光迸裂心怦怦此時忠勇誰同志太傅九死力不躓香山島上戰雲紅舢艫血並波濤漬大事可爲不可爲慷當以慨是男兒丞相鴻圖不令終（謂陳宜中自走占城）太傅丹心自鞠躬羊城克復雖暫喜（謂景炎三年都統凌震魁復廣州）一夜鼎湖遊帝

子爾州盡插白柰花沙涌荔樹響悲笳衛王擁立厓山去孤臣寧敢忘奔赴龍髯扳斷痛先皇沉疴未起臥繩床夢中未敢忘恢復恨不君臣共魚腹魚腹葬張與陸柴市亡文天祥先死後死此馨芳山河正氣總堂堂日月經天萬古光陵谷變遷夫何常元家宮殿久坵荒吾鄉乃有文天祥嗚呼吾鄉乃有文天祥

鐵城望海 香山號鐵城

張邑侯試作

凍雲深鎖舊柴扉江柳絲絲漸作圍香滿市頭鄒

酒熟腥回天外黨帆歸零汀恨湧排銀漢濠鏡光浮接翠微太息年年窮海客飛熊無夢老漁磯

望濠鏡澳

請纓無地只乘槎日暮橈停斥鹵沙濠鏡艨艟朝百粵海門風雨湧三巴三巴寺乃西洋夷所祀之祖貨通胡婦珠爲市夷俗貴女賤男凡居貨與唐人交關者皆用婦女白滿蓮莖屋作花夷人皆堊其屋以取像蓮花云盛世不須重建策越裳歌頌遍中華

澳門竹枝詞　香邑試作

澳門東接大洋邊，十字門開天外天。澳頭一直蓮莖路，儂是中間一朶蓮。

澳門禮數異中華，不拜天尊與釋迦。濠湧鏡光樓六角，山飛磴道寺三巴。

生男莫喜女莫悲，女子持家二八時。昨暮剛傳洋舶到，今朝門戶滿唐兒。

戒指拈來雜異香，同心結就兩鴛鴦。嫁郎未必他年悔，生子還當愛法王。

虎門垂釣歌贈岑湘衡 以下續檢 羅天尺

澳門記

東南自古地不足海水朝宗隆四瀆大虎小虎蹲
陽門泬寥全賴咽喉束雙虎之外東西洋倏風倏
雨紛飛颶龍穴波明水晶殿蜃樓氣漾金扶桑赤
烏曉集天妃火白板時鳴蛋女椰諸番星列睛可
數誰云此外非吾土貢舶時駛出水犀遊人休射
迎潮弩風時清美潮頭高西來眞臘東紅毛百谷
稱王四夷守汪洋直可釣神鰲岑生畸人鮫綃服
虎門自擬結茅屋投刺何曾嚇貴人求魚絕異緣
喬木神龍恥蟠沮洳淺天雞合叫南溟浴俠骨英

風作釣絲劍稍湘管爲竿竹孰是丈夫志氣豪餘

者請爲鰽沙蓐有時罷釣海市遊河伯遺贈珊瑚

鈎磧鱷吹風避暘谷江魨拜浪徙滄洲惡魚盡去

鷗夢穩絲綸在手吾何求固圉臺高垂釣坐群番

賈客驚相賀　天朝榷貨舊時關只見簑翁烟雨

臥突兀三山引釣輪扶輿六足擘埃塵海船更乞

童男女共踏蓬萊島上雲

聞盧進士文起自貴陽解官歸濠鏡

羅天尺

聽雨聯牀穗石東十年長憶有盧仝官休玉斧窮荒外家住鯨波大海中太白樓空誰共飲時李鏡江新逝季鷹遠後信難通謂張雲墅蒹葭一氣仍相隔病臥蘆烟老釣翁

至澳門　縣尹　魯遐齡

遥指蓮峰擬碧城帆隨山轉趂風輕青洲枕浪浮螺翠濠鏡澄波漾午晴岩襯樓居人入畫航聯番賈訣爭鳴砲聲幾度轟山谷矗矗竿旛耀眼明凡官長至澳番人於砲臺放砲豎旗以昭迎接威儀

三巴寺　　釋積山

暫到殊方物色新短衣長帔稱文身相逢十字街頭客盡是三巴寺裏人箬葉編成誇皂蓋檻輿乘出比朱輪年來吾道荒凉甚翻羨侏離禮拜頻

望洋臺　　印光任

浮天非水力一氣日含空舶尸三巴外潮門十字中魚飛陰火亂虹斷瘴雲通洋貨東西至帆乘萬里風

望洋燈火

澳門記……

望洋臨絶頂千樹燭繽紛照海光摇電烘天焰結雲。鵲橋疑入曉。銀漢逼斜曛。萬里歸帆近燈花艷紫氛

黄孝廉冏遣僮阿寶送鬼子餻 七古

杭世駿

荷蘭𤬪穩瞌睡鏖推窗仰臥青天高傳聲呼洶監門闒小史粉面如櫻桃愛好潤裁幼布袍花縵綴裹短褊裯塡金漆盝紅錦縚珠江十里不用篙玉腕抱送母乃勞開緘一笑驚老饕甜香瀲瀲風騷

騷堵牆傳看鬼子糕形製譎詭方法韜嚴竈踼踭
劉休逃鬼奴烏帽粘𩯭毛尺八腿縛行滕牮左牽
四尺帖尾嫳畫幡招撟卷秀毦鏦金打鼓雁翅壕
井華淅米溲且淘重羅細濾聲潘潘哥巴伊呱（西洋國油名）淨不朥糖霜屑用金七撓孩兒茶皮慢火熬
霍霍扱切大食刀波斯碧盌雙臂操孝廉虛館牆
上蒿背癢時遣烏爪搔飽看羣鬼騰𧗘猱賧㖊雜
襲婆蘭艘番書皮紙金線橐界畫城郭如牛髦反
覆讀之牙屢聱呱離不解心煩忉邀公往觀母嵜

澳門記

謷役使神馬騰輪尻雲中攫臂從盧敖手卷龜殼
酌挫糟遠興欲釣滄海鼇神山隱現潮雞號天瓢
挹取金碧膏爲子宛轉壯酒槽容成務光應汝曹
垂珠雙耳生白毫奚童翩翩舞翠翿爛醉一吐胸
中豪而我俯仰類桿槔又類絲軖風中繅東西覓
食無所遭日落飽聽翠釜轑食蓼之蟲食李螬空
腸與我同嗷嗷天涯遠藉棻把叨青衫淚濕番葡
萄槎枒意蕊不可嬦情瀾遮湧重洋濤竹膜滑笏
語噴嘈突梯滑稽效朔皐運斤誰斲堊鼻玃閃閃

綠餤寒更挑令君讀之解鬱陶

颶風歌七古

進士　梁迪　新會

倏雨倏晴氣鬱蒸凝陰壓陽雷無聲元黃混濁成
鐵颶鬼宿値節信有徵斷虹先期飲海水海底呻
吟黑漚起青蜓聚市蟻蛭遷羣鳥驚悸葉南指詰
朝飛廉果奮迅掀天翻地輾風輪波濤搏卷作山
立山石轟飛揚灰塵或旋羊角揉林樾十圍大木
無固根積稈重茅漩渦上久駐高空雜亂雲有時
直衝恣狂奔僵仆牛　屋墻垣千村萬落振屋瓦

拉維似摧昆陽軍雨缺作壺非直下横斜爭訝弩
箭攢高原下隰通河海天吳水怪肆併呑園田𢬵
蕩更湮沒禾稻果蔬無一存倉卒困如魚在罶異
時荒飢寧暇論從來颶起多東北蕩西回南有成
式間由西北轉東南四風風不全勢不極勢之暴者
只週時緩則三七日乃息此風不作已多年回思
猶自驚魂魄昨當農隙復小試損傷幸未妨稼穡
分明有道消災祲衢巷何人知帝力羊角風名○山海經朝陽
之谷神曰天
吳是爲水伯

遊澳門歸同人詢土風以長歌述之　七古

吳錪　番禺

誰擘太華峰頭十丈蓮一莖飛向海中天關門喝斷藕絲連東西南北葉田田澳門爲蓮莖地近香山以關閘爲界一葉一樓紛相接腥風蠻雨昏目嚏上有巢居鳥語人不巢蓮花巢蓮葉汗漫乘風弄海霞宗慤之浪博望槎笑我然犀燭水怪羅刹天到海之涯天朝之客如天至傾島爭迎狂至喜中爭眞信及豚魚傾蓋抵掌番人脫帽把臂爲禮輒情摯豈是河源探未窮采

澳門詩

風來添山海誌茉莉花開桃源津琉璃爲牖錦爲茵金鈴吠出丁香狗鸚鵡金籠解喚人畫簾半捲珍珠雨温柔香國居停主色絲縛榔邀贈郎夷婦常以五色絲纏檳榔餉客縛得榔心郎未悟奏胡琴擊羯鼓葡萄酒泛忭且舞菩薩鬘垂連臂歌醉來擊碎珊瑚樹生憎浪撼鐘聲起晝夜轟闐無停晷蝴蝶鴛鴦夢不成起看堦前月如水君不見璇題十字雕玲瓏耶蘇天主之名立教在其中肌褸譯言女衣半褪髮雲鬆夜窓細語唧唧濃明朝共懺風流罪夷婦於密室中受戒名曰解罪

天花盡散天魔宮我豈知音公冶長解識黃鸝罵春風又不見海氣如蜃成海市大秦之珠越裳雉翡翠孩毛象焚齒楚國所寶不在此吁嗟哉盍歸來極天亦是黃金世士貧恥失色官貧恥失勢萬命懸絲航海計江豚風起拜浪山望洋相約上南灣（南灣地名上有望洋寺）不見遠帆見江水可憐白浪泣紅顏

澳門竹枝詞和王驍騎遂行

水性多從漁父知乘[illegible][illegible]港指南時間關咫尺蓮

澳門詩　李

莖地莫惜彈丸守四夷 夷言中國爲指南夷舶進港必要漁人爲嚮導
績羽編毛自累身歲時難辨是冬春家無擔石猶
航海死殉金錢爲笑貧
蒲牢咒罷午鐘殘纓絡爭看菩薩蠻姊妹背人相
借問可曾解罪炙香瘢
望洋相約上南灣浪拜豚風五月間一點遠烟浮
海外却疑夫壻買舟還 南灣地名有望洋寺夷婦登眺望歸帆
迎戶銀盤爭撒花百年好合證三巴嬌羞不作尋
常態引得歡來喜嫁喳 夷俗婚媾主于三巴寺僧壻贅婦家名曰嫁喳

遍將薇露洒香塵一抹肌褸一抹春自是寒閨無

怨女天魔爭看散花人譯言女衣曰肌褸

殷勤買笑擲千金宛轉花前學鳥音分得柔絲成

五色贈郎還愛縛郎心夷婦常用五色絲纏梹榔餉客

璇題十字法王居迦哩僧傳進教書聖水洒頭終

不悟齋期猶學膾鮮魚唐人進教名曰迦哩僧初以聖水洒之心性頑冥不

靈齋期禁雞

豚茹魚蝦

然犀牛渚事非奇絨髮碧瞳見怪魑蜾蠃亦知遺

異種都教巴禮養嬰兒夷俗黑鬼無配偶多野合詳野仔廟收其遺孽巴禮

夷僧

名

酒泛葡萄夜夜春琉璃爲牖錦爲茵紅裙百級扶

搖上盡是巢居鳥語人

望洋　　山人鄧時雨從化

九譯由來萬里遥海門南望路迢迢重溟波浪天

無盡林邑烽烟祲亦消貢賦頻年開道域梯航終

日信風潮明王懷遠恩非淺爲報鯨鯢莫漫驕

望洋　　副車馮步崐雁門

吁嗟風景異萬里到南溟瘴起雲垂墨龍歸雨帶

腥潮聲奔岸白海氣失山青越鳥深林裏舸𦪇不耐聽

洋貨

異產通洋國珍奇炫目看珊瑚鏤作枕瑪瑙屈爲盤蛋户知龍易珠池得蚌難澳門分列肆火布閙冰紈

澳𠊱

海涯多異蹟風物記殊聞毒畏雷公馬紅鶩颶母雲浪翻蛟室動波撼蜃樓分况復黄茅瘴炎威到

日曛

望洋　　歐祖詒　順德

浪似翻空落淜湃午日陰聲如千騎出勢作萬山臨春漲無天地風波自古今從來人世事反覆較何深　明人金山詩云淮海西來三百里大江中湧蓬萊第一宮皆不爲題牢籠今此作起句破題不肯作平庸語三四比寫五六又實賦第六句作上下樞紐七八用寄託法兼慨世事章法甚奇可學詩亦何減唐人

澳門記

香山陳蘭芝拂霞輯梓

澳蕃篇 諸蕃附

記蕃於澳略有數端明初互市廣州正德時移於電白縣嘉靖中又移濠鏡者則有若暹羅占城瓜哇琉球浡泥諸國其後築室而居者爲佛郎機始與佛夷爭市繼而通好求市者和蘭也以澳爲逋藪者倭也西洋亦有數端若古里瑣理西洋瑣里柯枝錫蘭山於西洋爲近若忽魯謨斯處西海之

澳門記

極爲絶遠皆明初王會所列者今西洋夷則所云

意大里亞者也入自明季茲別其本末都爲一篇

云

占城居南海中自瓊州順風一晝夜可至周越裳

地秦爲林邑漢爲象林縣其王所居曰占城自唐

迄宋遂以占城爲號明初封爲占城國王奉正朔

後爲安南破滅命右都御史屠滽至廣東封古來

爲王傳檄安南募兵護之還國戶皆北向王瓊里

人崇釋教國不甚富惟犀象最多烏木降香樵以

爲新伽楠獨產一山酋長守之民不得采

占城竹枝詞　　尤侗

金花冠上戴三山玳瑁裝鞵束寶鐶任爾通身都是膽那堪黑夜遇尸蠻

十更晝夜鼓鼕鼕午起子眠風俗通三尺竹竿輪灌酒滿城歌舞月明中

貢使初發占城

行盡河橋柳色邊片帆高挂遠朝天未行先識歸心早應是燕山有杜鵑

江樓留别

青嶂俯樓樓俯渡遠人送客此經過西風揚子江邊柳落葉不如離思多

暹羅在占城西南順風十晝夜可至郎隋唐赤土國嗣分爲羅斛暹二國其後羅斛強併有暹地稱暹羅斛國明初敕封賜印曰暹羅國王之印始稱暹羅嘉靖中爲隣國東蠻牛所制其嗣王勵志復仇大破東蠻牛移兵攻降眞臘遂霸諸國及日本破朝鮮暹羅請潛師直擣日本牽其後中樞石星

議從之兩廣總督蕭彥持不可乃已崇正十六年猶入貢入　國朝尤爲恭順康熙十二年封爲暹羅國王貢多馴象金絲猴其國周千里風俗勁悍習於水戰大將用聖鐵裹身刀矢不能入聖鐵者人腦骨也王亦瑣里人官分十等自王至庶民事皆決於其婦婦私華人則夫置酒同飲崇釋教氣候不正或寒或熱地卑濕人皆樓居男女椎結以白布裹首衣服頗類中國明時汀州人謝文彬以販鹽下海飄入其國仕至坤岳猶天朝學士也今

其國中多閩人計貲授宮尤多仕者往往充使來
貢云

暹羅竹枝詞　尤侗

白布纏頭青壓腰海䑕買賣解香燒女兒斷事男
兒聽偏愛華人夜夜嬌
赤眚遺種染腥風封鉀嵌砂僧點紅生日裹身皆
聖鐵死時烏葬海濤中

觀暹羅使者入貢　梁佩蘭

能於化外識尊親不憚波濤濺着身滕水魚龍忘

颶母指天南北託針神中朝禮自通甥舅外國稱
原列子臣方物只將金葉表聖王從不貴奇珍

觀貢雞歌雍正己酉秋暹羅國所貢也雞高可三尺許大可八十觔冠一片若液角成之者喙如鳳無舌頭及頸不毛著肉鮮紅似新花初放紅盡嫩綠光艷身無翼頸以下毛類黑羝長尺有咫若絲縧風吹之見肉微紫三爪無距其行類鶴余在會城貢館觀焉不解何物歸作歌紀之

陳王猷

昂然大雞三尺強頫而飲啄馴以良不復怒㸑爭
碨磊詎有悍目星精光嶻冠黯黮液特角半規卓
确高中央微鈎短喙失舌本絕少兩翼爲身防三

尺著地距何有何能鳴鬪還飛揚遍體垂絲黑羯
色風吹散漫見頳蒼頸下入膚刷霞錦間以媚綠
饒文章毛去有文只附鞹於理則那費周詳强名
爲雞聊雞之山經遺佚須補亡古者珍禽不畜國
先王愼德綏遐方航海輸誠出異域陪臣職貢來
蠻疆重譯更翻化莫外分頒昭致制有常不貴異
物賤用物鳳至麟遊天降康當今有道　陛下聖
定知却此還越裳粵城好事走且僵日往觀者如
堵墻或疑崑雞毋乃是或謂頸彩媲鸞皇又若胎

仙步彳亍花鶴未成歸迷鄉我携筇杖出西郭館人反扉深閑藏偶逢啓鑰得一覩目所未見非謊唐海鶻吞人何披猖虎門東去天茫茫雞能食紅炭

瓜哇在占城西南元世祖舉兵破其國自泉州一月至明賜以大統歷又賜其西王印東王亦朝貢請印自後二王並貢正統中廣東參政張琰言瓜哇朝貢頻數供億費煩帝納之敕令三年一貢宏治以後鮮有至者其國一名莆家龍又曰下港曰順塔有新村號饒富華蕃商船輻輳其村主即廣

澳門記

東人

瓜哇竹枝詞　尤侗

種傳罔象變獼猴生小啣刀不剌頭並駕塔車坐

妻小竹鎗會上鬪風流

新村市舶聖泉淸喜聽蕃歌步月行更愛彩禽能

倒掛聞香時向夜深鳴

琉球居東南大海中明時始通中國其國有三王

曰中山曰山南曰山北皆以尚爲姓三王並入貢

而中山尤數屢遣其從子寨官子及女官生姑魯

妹來肆業後山北爲二王所併而中山益強富一歲常再貢三貢雖厭其繁不能却也宣德中山南亦見併於中山自是琉球惟中山一國萬歷時爲日本所破而脩貢如故後兩京繼沒唐王立於福建猶遣使奉貢入　本朝尤虔脩外藩禮順治十一年冊封尚質爲中山王康熙二十一年世子尚貞請襲遣官冊封并　御書中山世土四字賜之雍正二年賜以輯瑞球陽額屢遣陪臣子弟官生入監讀書今貢道由福建亦無來粤市者

琉球竹枝詞　尤侗

歡會門中蘆扇開美姬含米上行盃金簪長史雍容甚鼓篋新從太學來

布帽毛衣曳珮璫雙雙纖手繡鴛鴦女君曉入奉神殿舞也婆娑歌滿堂

使琉球竹枝詞　林麟焻

手持龍節渡滄溟璀璨宸章護百靈淸比胡威臣所切觀風先到却金亭

徐福當年採藥餘傳聞島上子孫居每逢卉服蘭

闍問欲乞嬴秦未火書

日斜沙市趁虛多村婦青筐藉綠莎莫惜籌花無

酒盞人歸買得小紅螺

疋練明河牛斗橫鼕鼕衙鼓欲三更思鄉坐擁黃

紬被靜聽盤窓蜥蜴聲

三十六峰瀛海環怒潮日夜響潺湲樓西一抹青

杯裏露出煙蘿馬齒山

射獵山頭望海雲劏鮮挏酒醉斜曛紙錢挂道松

楸老知是歡斯部落墳

心齋生白室能虛棐几焚香把道書讀罷憑闌笑
幽獨藤墻西角對棕櫚
廟門斜映虹橋路海島高巢古柏枝自是島夷知
向學三間瓦屋祀宣尼
王居山第兎園開松櫪棕花倚石栽多少從官思
授簡不知若箇是鄒枚
奉神門內列鵷行乞把天書鎮大荒喚取金縢開
舊詔佅僸感泣說　先皇
閟宮虋栫壓山原將享今看幾葉孫二十七王禋

祀在鼞圭錫卣見君恩
譯章曾記萚都夷槃木白狼歸漢時何似烏王懷
聖德工歌三拜鹿鳴詩
宗臣清俊好兒郎學畫宮眉十様粧翹袖招要小
垂手簪花研帽舞山香
望仙樓閣倚崔嵬月看銀山十二回笙鶴縹雲飛
咫尺不教弱水隔蓬萊
纖腰馬上側乘騎草圈銀釵折柳枝連臂哀歌上
靈曲月明齊賽女君祠

久稽異域歲將徂自笑流連似賈胡三老亦知歸意速時時風色相銅烏

浮泥在西南大海中宋太宗時始通中國明初遣使詔諭其王馬合謨沙入貢永樂三年封爲國王賜誥印王率妃及弟妹子女陪臣泛海來朝以六年八月入都十月卒於館帝哀悼輟朝三日祭賻甚厚葬之安德門外石子岡謚曰恭順又建祠墓側有司春秋祀以少牢封其國之後山爲長寧鎮國之山十年嗣王遐旺偕其母來朝萬歷中其王

卒無嗣立其女爲王國統十四州王坐繩牀出擁大布被衆舁之謂之阮囊以竹編貝葉貯食瀝椰子爲酒崇佛教初屬瓜哇後屬暹羅改名大泥華人多流寓其地漳州人張姓者爲其國那督華言尊官也

浡泥竹枝詞　　尤侗

坐踞繩牀出阮囊竹編貝葉瀝椰漿家家齋沐皈依佛却喜扶人入醉鄉

弗郎西　明曰佛郎機在占城西南自古不通中國

明正德十三年遣使臣加必丹末等入粵貢方物請封始知其名詔給方物之直遣還其人久留不去剽掠無虛日已而夤緣中貴許入京武宗南巡其使火者亞三因江彬侍帝左右帝時學其語以爲戲其留懷遠驛者益掠買良民築室立寨爲久居計十五年御史何鰲言佛郎機最凶狡兵械較諸蕃獨精前歲駕大舶突入廣東會城礮聲殷地留驛者違制交通入都者桀驁爭長見部臣不拜又欲求長諸蕃今聽其往來貿易勢必爭鬭殺傷南方之禍殆

無紀極祖宗朝貢有定期防有常制故來者不多近因布政吳廷舉謂缺上供香物不問何年來即取貨致蕃舶不絕於海澨蠻人雜遝於州城禁防既疎水道益熟此佛郎機所以乘機突至也乞悉驅在澳蕃舶及蕃人潛居者禁私通嚴守備庶一方獲安會御史邱道隆亦以爲言禮部言道隆先宰順德鰲卽順德人故深晰利害請如御史言報可亞三本華人爲蕃人所使侍帝驕甚武宗崩下吏訊實乃伏法絕其朝貢嘉靖二年遂寇新會之

西草灣指揮柯榮百戸王應恩禦之轉戰至稍州向化人潘丁苟先登衆齊進生擒其將別都盧疎世利等四十二人斬首三十五級獲其二舟餘賊復率三舟接戰應恩陣亡賊亦敗遁而舶市禁絶黃佐曰往者蕃舶通時公私饒給議者或病外蕃闖境之爲虞夫暹羅眞臘瓜哇三佛齊等國洪武初入貢方物臣服至今南方蠻夷大抵寛柔乃其常性百餘年間未有敢爲寇盜者邇者佛郎機來自西海其小爲肆侮夫有所召之也當事上其言

海禁遂閉自是佛郎機得入香山澳爲市築室建城雄據海畔若一國然多至萬餘人暹羅占城瓜哇諸國畏而避之萬歷中破滅呂宋呂宋在南海中去漳洲甚近明初朝貢佛郎機初與互市久之見其弱可取乃奉厚賄乞地如牛皮大建屋以居王不虞其詐許之其人乃裂牛皮聯屬至數十丈圍呂宋地乞如約王大駭然業已許諾無如何遂聽之而稍徵其稅其人既得地卽營室築城列火器設守禦已竟乘其無備襲殺其王而據其國名

仍呂宋實佛郎機也

呂宋竹枝詞　　　尤侗

當年失國一牛皮何處天生金豆枝可恨大崙遮殺後澗頭不剩壓冬兒

先是遣將以巨礮利兵破滅滿剌加又擊破巴西國又與紅毛中分美洛居至是益以呂宋盡擅閩粵海上之利勢愈強橫築城於隔水青洲山海外諸蕃無敢與抗者滿剌加在占城南明永樂中封爲滿剌加國王賜誥印

御製封滿剌加鎮山詩　明成祖

西南巨海中國通輸天灌地億載同洗日浴月光景融雨崖露石草木濃金花寶鈿生青紅有國於此民俗雍王好善義思朝宗願比內郡依華風出入導從張蓋重儀文裼襲禮虔恭大書貢石表爾忠爾國西山永鎮封山居海伯翕扈從皇考陟降在彼穹后天監視久彌隆爾衆子孫萬福崇

滿剌加竹枝詞　尤侗

溪上環橋橋上亭蕉心簟細打磨馨奉天門外曾

澳門記 ……… 美

陪讌携取龍文勒御名

自爲佛郎機破後其貿易香山澳者猶接跡不絶

巴西國無可考美洛居事具紅毛記佛郎機後又

稱干系臘國今稱弗郎西或曰法郎西歲與呂宋

入粤互市有呂武勝者尤黠慧往來澳門十三行

先後二十餘年土語華言及漢文字皆諳曉人呼

爲呂大班營責取息獲利累鉅萬中國貨物利鈍

時價昂下於洋船未至前審輸之故行商近歲貿

易無多羸其人皆長身高鼻貓睛鷹嘴拳髮赤鬚

好經商市易但伸指示數雖累千金不立約契有事指天爲誓不相負衣服華潔貴者冠賤者笠見尊長輒去之所産多犀象珠貝初奉佛教後奉天主教明季大西洋人故得入居澳中後竟爲所有云

佛郎機竹枝詞　尤侗

蜈蚣船艣海中馳入寺還將紅杖持何事佛前交印去定婚來乞比邱尼

賀蘭明曰和蘭又名紅毛蕃地近佛郎機初就大

泥呂宋咬𠺕吧諸國轉販未嘗敢窺中國自佛郎機據呂宋市香山和蘭聞而慕之萬歷二十九年駕大艦攜巨礟直薄呂宋呂宋人力拒之則轉薄香山澳澳中人數詰問言欲通貢市不敢爲寇當事難之稅使李道卽召其酋入城遊處一月不敢聞於朝乃遣還澳中人慮其登陸謹防禦始引去已而入閩據彭湖時佛郎機橫海上紅毛與爭雄復汎舟東來攻破美洛居國美洛居在東海中頗饒富華人多市易萬歷時佛郎機來攻其酋戰敗

請降紅毛詗佛郎機兵已退乘虛直抵城下執其酋語之曰若善事我殊勝佛郎機也酋不得已亦聽命紅毛率一二歲率衆返國佛郎機大舉兵來襲值紅毛已去遂破殺其酋紅毛蕃至又破其城自是歲搆兵人不堪命華人流寓者說令各罷兵分國中萬老高山爲界山以北屬紅毛蕃南屬佛郎機美洛居竟爲兩國所分復與佛郎機入瓜哇爲市築土庫於大澗東佛郎機築於大澗西又於浡泥築土庫以居遂侵奪〈臺灣〉地築室耕田久留

不去崇正中爲鄭芝龍所破乃與香山澳佛郎機通好私貿外洋十年駕四舶由虎跳門薄廣州聲言求市其酋招搖市上奸民視之若金穴蓋大姓有爲之主者當道鑒濠鏡事議駈斥或從中撓之會總督張鏡心初至持不可乃遁去終明之世不通市　國朝順治十年稱荷蘭一曰賀蘭始通朝貢十八年鄭成功自江南敗還適日本甲螺（華言頭目）何斌言臺灣可取狀成功喜東甲遂行至鹿耳門水驟漲丈餘大小戰艦銜尾而進紅毛大驚遂克

赤嵌城進攻王城城環七崑身以逼之縱火焚其夾
板船復使人告之紅毛乃降康熙初大兵征臺荷
蘭助勦有功及臺灣平其王耀漢連氏甘勃氏遣
陪臣賓先巴芝奉金葉表進貢表詞有云外邦之
九泥尺土乃是中國飛埃異域之勺水蹄涔原屬
天家滴露其貢品亦備物致敬迄今歲市不絕其
船有商船有戈船底皆二重商船樓櫓數十重環
以飛廬內含大銃百梯以藤結而上窻牖以玻瓈
嵌之艙以辟支緞鋪之舶腹凡數重縋而下有甜

澳門記

水井茶畦懸釜而炊張錦綳白氈而臥名曰耎牀食皆以蘇合油煎烙曼頭牛臑皆度色如金黃乃食酒以葡萄以香春時鼓弄銅琴拍手彈肩對舞以娛客帆以布凡七張之其桅後置照海鏡大徑數尺刀可屈信類古之魚腸劍戈船有五桅九桅首尾皆有桅桅工分班駛風帷視羅經所向登桅視千里鏡見遠舟如豆大則不可及若大如拇指許卽續長其桅而追之桅有雌雄二竅籠而楔之益左右帆數百里之遙逾時可及時時爲盜外洋

又與弗郎西呂宋讎殺呂宋避其鋒不入市者三年其人深目長鼻髮眉鬚皆赤足長尺二寸頎偉非常然不善戰所恃惟巨舟大礟故往往多挫衄所產有金銀琥珀瑪瑙玻璃天鵞絨瑣服哆囉嗹其自鳴鐘鳥銃馬銃雙利劍單利劍照星月水鏡江河照水鏡制作精好甲於西洋嘗貢馬銃中藏小馬銃二十事又常貢刀劍八枚其柔繞指

荷蘭刀劍詩

尚書　王士正　山左

憶戰金門島王師大合圍寒芒生海外眞見著胷

澳門詩　之

飛

駿馬四二青二赤鳳膺鶴頸日可千里

荷蘭四馬詩　王士正

龍種來西極蘭筋怒不羣鼓車應待汝不用𣽘浮

雲

西洋白小牛四白質斑文長二尺高一尺七寸項

有肉峰

白小牛詩　王士正

豈是流沙種還疑果下駒寄言熊虎質不敢恃牙

鬚

今又析其名曰英吉利

英雞黎畫詩　　曾積山

尺幅雲林幻也眞無端閒見一翻新丹青不是支那筆花木還同震旦春弱水東流終到海越裳南去郎通津年來頗有居夷願莫怪披圖數問人

曰瑞曰璉其地有噶囉吧爲南洋之會華人多流聚於此乾隆六年其酋與隣閧脅華人爲前驅死者數千人已欲駈華人復戰華人恐謀爲變事洩

其酋乘夜屠華人略盡惟逃於山者得免商船中
絶已而華人復稍稍往蕃人亦利之復成聚

荷蘭竹枝詞　　尤侗

和蘭一望紅如火互市香山烏鬼羣十尺銅盤照
海鏡新封砲號大將軍

日本古倭奴國有五畿七道三島其王世以王爲
姓終明之世爲患東南事具明史萬歷中香山澳
佛郎機潛匿倭賊敵殺官軍四十二年海道俞安
性奉檄驅倭出海凡九十八人嚴其禁患稍息

日本刀歌　　陳晩成

白日所出金鐵流鐵之性剛金性柔鑄爲寶刀能屈伸屈以防身伸殺人星流電激光離合日華四射曈曈逕陰風夜半刮面來百萬啼魂鞘中泣中原歲歲飛白羽世人見刀皆不顧爲恩爲怨知是誰寶刀何罪逢君怒爲君晝盛威與儀爲君夜伏魍與魎水中有蛟貫其頤山中有虎抉其皮以殺止殺天下仁寶刀所願從聖人

日本刀歌　　庶常　梁佩蘭

澳門記

市中寶刀五尺許市中賈人向予語紅毛鬼子來
大洋此刀得自日本王王使紅毛預齋戒三日授
刀向刀拜龍形虎氣生氣驕抽出天上星搖搖黄
蚆之珠嵌刀首百寶刀環未曾有有時黑夜白照
人殺人血漬紫繡新陰晴不定天氣色風雷閃怪
吼墻壁相傳國王初鑄時金生火尅合日期鑄成
魑魅魍魎伏通國髑髏作人哭人頭落地飛紙輕
水光在水鋪欲平國王恃刀好戰伐把刀一指震
一國紅毛得刀來廣州大船經過海若愁携出市

中人不識價取千金售不得我聞此言空歎呼兵者凶器胡爲乎中國之寶不在刀請以此刀歸紅毛

東洋盡處西洋之所自起有國曰婆羅又西曰蘇門答剌西洋要會也自蘇門答剌順風十二晝夜達一國曰錫蘭山其國東南海中有山三四座總名曰翠藍嶼大小七門門皆可通舟中一山尤高大番名梭篤蠻山相傳釋迦佛昔經此山浴於水自此山行七日見鸚歌嘴山又二三日抵佛堂山

卽入錫蘭國境

錫蘭國竹枝詞　尤侗

山上珠簾海上沙沙中磐石象黄鴉中朝曾設旛幢供古寺猶看臥釋迦

古里　西洋大國自錫蘭山十日可至明永樂中諸藩使臣克斥於廷以古里大國序其使者於首正統後不復至

古里竹枝詞　尤侗

山城海市擁名王好馬西來勒紫韁瓔珞步摇金

跳脱美人不讓漢宮粧

五等皈依乃納兒葫蘆彈唱間銅絲西風萬里艌

人至上岸先看永樂碑

其王敬浮屠國中半崇回教建禮拜寺數十處王

老不傳子而傳甥無甥傳弟無弟則傳於國之有

德者國事皆決於二將以回回人爲之人分五等

如〔柯枝〕云

柯枝竹枝詞　　尤侗

柯枝不見一枝榮止有胡椒萬斛盈刦怪天公没

分曉半年雨落半年晴

西洋瑣里明初詔諭其國其王別里遣使獻方物永樂時偕古里阿丹等十五國來貢

西洋瑣里竹枝詞　　尤侗

西洋十六國誰何瑣里偏攜方物多又有輿圖小瑣里欲將紅撒闘兜羅

瑣里近西洋瑣里而差小明洪武初遣使朝貢并獻其國土地山川圖厚賚之并賜大統歷

忽魯謨斯西洋大國也自古里西北行二十五日

可至永樂中朝廷以西洋近國已航海貢琛而遠
者猶未賓服乃命鄭和往其王遣陪臣已即丁八
貢正統後不復至其國居西海之極自東南諸蠻
邦及大西洋商舶西域賈人皆來貿易故寶物填
溢氣候有寒暑有霜無雪多露少雨土瘠少穀麥
人多白皙豐偉婦女出則以紗蔽面市列廛肆百
物具備惟禁酒犯者至死醫卜技藝皆類中華交
易用銀錢書用回回字王及臣下皆遵回教壘石
爲屋有三四層者寢處庖厠及待客之所皆在其

上饒蔬果有核桃把聃松子石榴葡萄紅花萬年棗之屬

忽魯謨斯竹枝詞　尤侗

紅土銀硃白石灰鴉姑青綠寶成堆爭把底那游戲去鐵牌絡索鬬羊來

玳瑁斑斑草上飛花紋福祿逐青獅君王偏愛駝鷄舞作賦宣傳金幼孜

意大里亞居大西洋中自古不通中國明萬歷時其國人利瑪竇至京師爲萬國全圖言天下有五

大洲第一曰亞細亞洲中凡百餘國而中國居其一第二曰歐羅巴洲中凡七十餘國而意大里亞居其一第三曰利未亞洲亦百餘國第四曰亞墨利加洲地更大以境土相連分爲南北二洲最後得墨瓦臘泥加洲爲第五洲而域中大地盡矣明鄭和七下西洋近自古里瑣里遠至於忽魯謨斯凡數十餘國無所爲意大里亞亦無所爲歐羅巴者其說荒渺無考萬歷九年利瑪竇始汎海九萬里抵廣州之香山澳漸入南京倡行天主教至二

十九年入京師獻方物自稱大西洋人禮部言會
典止有西洋瑣里無大西洋其眞僞不可知又寄
居二十年方行進貢則與遠方慕義特來獻琛者
不同且其所貢天主及天主母圖既屬不經而所
攜又有神仙骨諸物夫既稱神仙自能飛昇安得
有骨則唐韓愈所謂凶穢之餘不宜入宮禁者也
乞給賜冠帶還國勿令潛居兩京與中人交往別
生事端不報八月又言乞速賜遣亦不報已而帝
嘉其遠來假館授粲給賜優厚利瑪竇安之遂留

居不去以三十八年四月卒於京賜葬西郭外今阜城門外有利泰西墓云自瑪竇入中國其徒來益衆有王豐肅者居南京專以天主教惑衆士大夫曁里巷小民間爲所誘又自誇風土人物遠勝中華禮部郎中徐如珂乃召兩人授以筆劄令各書所記憶悉舛謬不相合乃倡議駈斥疏入命豐肅及龐廸我陽瑪諾等俱遣赴廣東聽還本國久之王豐肅復變姓名入南京行教如故崇正時歷法益疏舛禮部尚書徐光啓請令其徒羅雅谷湯

若望等以其國新法相參較開局纂脩報可以崇正元年戊辰爲歷元其法視大統歷爲密識者有取焉比書成名之曰崇正歷未及頒行而明亡我朝順治元年命用西洋歷法澳中精于推算者時時檄取入監康熙中西洋始通貢其王以遏遠不獲詣闕下圖其像以朝

西洋國進獅子恭紀詩　　王鴻緒

奉贄梯航浴日通貢來神獸海雲東目懸上苑千巖電聲吼天門萬里風破敵當年驚伏象入林今

日見搏熊侍臣喜識毛羣長始信金猊骨相同

獅子來歌　　李澄中

獅子來自西洋唇豁爪鈎頭毛黃利未亞洲在何方躡流光超浮雲上林苑囿氣氤氳熊經虎伏非爾羣嘻獅耶日啖羊者斯耶蠻官蚩蚩不湟而緇跋涉瘴海忽以南忽以北十年貢珍來何遲朝明堂祠后土赤蛟歌朱鷺鼓奇毛獅子蹲蹲舞享異贄臣遠人三光所照靡不賓山鳳凰藪麒麟君王樂胥壽萬春

詔觀西洋國所進獅子因獲遍閱虎圈諸獸

敬製長句紀事和高陽相公

毛奇齡

古皇愼德開四譯內被綏侯外蠻貊貢物區爲王會文共球載在賓庭册河鏐眏翟獻上方兕離傑休陳明堂三靈旣應百神洽般般之獸皆翺翔康熙戊午十七載神武聲名播遙海五時從敎白澤來千門眞見黃龍采鴉鴿習習負矢飛雞斯之乘歸林支諸方執贄儼相列東漸溟渤流沙西於中

有國名古里曾渡瀾滄作海市魚眼看波射水紅
鮫絲織浪翻雲紫地當申未產獸雄金精傑出毛
羣中喞絲飾組獻天子裁貝作章辭禮恭從容檻
致射熊館不爲珍禽爲懷遠虎落時看接上林鷹
房秋到移南苑廷臣侍從欲賦詩皇恩有詔徐觀
之圓目昂鼻有筋力懸星掣電無雄雌獨憐耏髮
末卷曲曳尾紲紲若散絲衣被欲成鞠色見牙齦
不使鉤形施爾時羣檻柙諸獸木壘槍樊列前囿
熊羆避路不用當虎豹攀欄有時吼青鸞赤雀相

澳門記

對栖豪猪野馬爭游嬉張昭見此不動色朱亥在
傍何所思聞之有熊狩暘谷獲得猣猊比牛畜漢
時安息亦獻斯形似麒麟但無角從茲郊祀播樂章
射烏格鹿非尋常鐃吹已陳朱鷺曲徵歌還及白
狼王何如儲偫未完緝詔遣求賢共來集東堂甫
布網羅成西域剛逢旅獒入招搖乍啟禁籞開白
麟有對皆奇才請看太保卷阿賦恍見文王靈囿來
雍正初大西洋亦入朝貢而其居香山澳者自明
嘉靖迄今幾二百年悉長子孫其國上世有歷山

王又號古總王今有二王曰教化王曰治世王治世者奉教化之命惟謹澳寺蕃僧皆教化類夷人貿易者則治世類西洋國歲遣官吏治之澳素饒富　國初洋禁嚴諸蕃率借其名號以入市酬之多金財貨盈溢今諸蕃俱得自市又澳船日少富庶非昔匕大西洋去中國遠三年始至稍西曰小西洋去中土萬里大西洋遣酋守之澳門頭目悉禀小西洋令歲輪一船往有大事則附小西洋以聞不能自達也有地滿在南海中水土惡毒人黝

黑無所主大西洋與紅毛分據其地有兵頭鎮戍三年一更遣自小西洋由澳而後達於地滿亦歲輪一舶往澳夷罪不至死者遣戍之終其身無一生還者其行賈之地曰馬西與之約不得以所産市他國康熙中馬西背約私與他國市澳夷怒駕舶往所市之國責之馬西患之遂相仇殺死者三百餘人市道中絕今所與市易者曰哥斯達曰噶囉吧曰呂宋凡所往之國海道不可以里計但分一晝夜爲十更計由某路若干更云　澳俗以行

賈爲業富者男女坐食貧者爲兵爲梢工爲人掌
船婦女繡巾帶炊餅餌糖果粥之以餬口凡一船
貨直鉅萬家饒於財輒自置船問其富數船以對
貲微者附之或數十主同一船每歲一出出則數
十百家之命繫焉出以冬月冬月多北風其來以
四五月四五月多南風計當返則婦孺遶舍呼號
以祈南風脫卒不返相率行乞於市乞者常千人
然性侈稍羸於貲居室服食輒以華靡相勝出必
張蓋乘輿相見脫帽以爲禮以冬至後七日爲歲

首插椰葉於戶人相賀歲三百六十五日分爲十
二分云

意大里亞竹枝詞　　尤侗

三學相傳有四科歷家今號小羲和音聲萬變都
成字試作耶蘇十字歌
天主堂開天籟齊鐘鳴琴響自高低阜城門外玫
瑰發杯酒還澆利泰西
自漢開五嶺通外蕃武帝時遣應募人賫黃金雜
繒所至之國皆爲耦賈船轉致明珠璧琉璃奇石

異物越裳白雉以後此其權輿也光武中興日南
徼外蠻來貢至桓帝時扶南之西天竺大奏諸國
皆重譯貢獻唐宋尤夥歷元至明洪武初定鼎諸
蕃三年一貢世見來王先給予符簿凡使至三司
與合符驗視表文方物無僞乃津送至京惟倭不
與期當是時使履其境者三十六聲同於耳者三
十一風殊俗異大國十有八小國百四十有九永
樂初命鄭和通使西洋復破滅交阯郡縣其地諸
蕃益震讋貢獻畢至奇貨重寶前世所未有蘇祿

國貢大珠一其重七兩有奇蕃王至卒其妻屬以

朝遣子入監者不可勝數

蘇祿國王以明永樂十五年來朝賜印誥歸

次德州卒葬以王禮謚恭定墓在德州過

墓詩　王士正

當年重譯入長安屬國威儀盡漢官萬里滄波歸

路遠九河春雨墓門寒空聞螭首生金粟無復魚

膏照玉棺欲薦溪毛重廻首亂鴉殘日夕漫漫

前題　顧炎武

豐碑遙見炳奎題尚憶先朝寵日磾世有國人供

灑掃每勤詞客駐輪蹄九河冰壯尨狐出十二城

荒白鶴棲下馬一爲郯子問中原雲鳥正淒迷自註

今其子孫有依墓而居者

西洋詠物詩

荼蘼花詩 諸花香馥奇彩絕倫　釋見性

南海荼蘼露千瓶出此花酡顏因白日頳面卽紅霞色著霑衣客香歸釀酒家摘防纖手損朶朶刺交加

玫瑰同名族南人取釃糖全添紅餅色半入綠尊香露使花頭重霞爭酒暈光女兒兼粉果相餽及春陽

西蕃蓮花歌　陳晚成

澳門記 … 者

西方佛有青蓮眼西蕃花有青蓮產朱絲作蔓碧玉英繚繞疎籬意何限世間只尚紫與黄此花無色能久長百花香者争高價此花不售自開謝唯有幽人最愜懷竟日盤桓倚僧舍

西洋菊

枝枝花上花蓮菊互相變惟有西洋人朝朝海頭見

醉牡丹以葉爲花　　羅天尺

嶺南十月梅如雪梅開萬木俱少茁我來赤花洲

上遊醉花醒見下弦月主人有歌花不老因花作
歌寫懷抱自言嶺外南枝花何似牡丹西洋艸西
洋牡丹葉作花贈自使君情尤好金帶芍藥不足
言玉堂蓮花誰更道有葉苦心堪笑荷無葉生棘
却憐棗花開飲酒人盡歡花落殘紅人盡惱何如
此花葉卽花五色天成非涅皂以香尋香何處求
味外得味從人討我讀君歌憶使君儼然身在蓬
萊島生材何必論中外超羣未許誇文藻因花添
酒飲復醉自恨見花花苦不早姚黃魏紫富貴家醉

後直供一筆掃十年重憶在官衙祗尋月貴誇繽葩焉知再上長安道江上朝雲變暮霞何貴非賤何葉非花但醒郎客但醉郎家我欲將花問天帝百花皆作(此花)倒更開酒量如長鯨一日可當一百歲

茉莉

未開先食蕾蟲細苦飛絲葉底紛如雪香宜月上時欲花先摘葉葉少始花多向夕沾人氣香如膏沐何

洋山茶二首　宋犖

淺紅朶朶小盤盂顔色翻憐過寶珠欲把鵝溪圖異種徐熙手筆此時無　海船春風初到時空簾微雨挹芳姿從來邢尹多相妬吩咐牡丹開少遲

倒掛鳥

已食沉水烟復藏雙翅內時放烟氤氲幃中香久在

駝雞　失名

廣南異物進駝雞錦背雙峯一寸齊只道紫駝來

絶塞雞林元在大荒西

薔薇露盥手　　高啟

鑾估海帆迴銀甖玉汞開盥餘香滿手恰似折花來

燕窩　　孝廉吳偉山帶

海燕無家苦爭銜白小魚却供人采食未卜汝安居味入金虀美巢營玉壘虛大官求遠物早獻上林書

火浣布　　汪後來白岸

楚人一炬失秦宮不及蠻夷剩女紅海島窮搜憐
火鼠梯航入貢闢華蟲將同試玉殘灰冷何憚章
身外垢蒙却笑浣沙消息渺祝融方代建奇功

機銃銘　　　　　　區懷瑞

有械咫尺出自島船具銃之型燄烟小弱支緒瑣
陳煉鋼而作輻輳委蛇洞空槖籥節短勢長旋螺
屈蠖魚乙畛分犬牙繡錯關鍵相須石金噴薄渾
合自然不焚而灼激射摧殘等於戲謔迅擊尋丈
不爽錙銖蜺胎重器巧捷于茲觸光毫末鋒鏑爲

威變生衽席狃而不知明信在躬聖鐵是衣君子
警斯毋中于微

西洋風琴　進士　梁迪

西洋風琴似鳳笙兩翼參差作鳳形青金鑄筒當
編竹短長大小遞相承以木代匏囊用革一提一
壓風旋生風生簧動衆竅發牙籤戛擊音砰訇奏
之三巴層樓上十里內外咸聞聲聲非絲桐乃金
石入徵出壯盈太清傳聞島夸多工巧風琴之作
亦其徵我友今世之儒將巡邊昨向澳門行酋長

歡迎奏此樂師旋倣作神專精器成更出澳蠻上
能令焦殺歸和平緱嶺秦樓慚細碎鸞鳳偏喜交
洪鳴雄中黄鐘雌仲吕洋洋直欲齊咸韺他日朝
天進樂府定有神鳥來儀庭

玻瓈鏡二首

誰將七寶月擊碎作玻瓈絶勝菱花鏡來從洋以
西　鑄石那能似玻瓈出自然光含秋水影尺寸
亦空天

眼鏡　　　　　　　　巡撫　李　紱

西域傳奇製昏眸得暫清自他而有耀相隱以爲明暇日吟詩興哀年學易情煩君繼吾照未敢負餘生

珊瑚筆架二首　釋見性

何年沉鐵網海底得枝枝以此爲鈎好偏於挂鏡宜親勞如意擊重向玉臺貽才愧徐陵甚難爲筆架時　分來烽火栢持作筆牀先小架宜斑管長書得錦箋歸憑纖手潤益使大紅鮮未有瓊瑶報殷勤奏短篇

訶林長春花 五古○花種來自西域　耿國藩

中夏月季花長春乃其字古今紛咏哦坡公深託寄夫何西洋種嘉名亦無異海客誇遠携華言高位置馥郁豈所矜丰神别有媚方梅瓣却尖擬桃顏猶醉葉如爪甲萌實比豆莢細歲月無倦容開落誰復計能占四時春享名誠不愧更入贊公房品題聲價倍頻叨妙手拈不揷佳人髻琴彈太古音經寫多羅貝頑石會點頭矧爾西方蒂會須傍

訶林一了風旛義

澳門記　卷

貢象行以下附　　廩膳生陳官香山

聖明御世世風古麟來遊兮鳳來舞俺答長生白狻猊兩淮時見渡河虎曹部子弟奏新詞司天太史衡玉府瑤光星入紫微垣天閑天駟不敢怒忽聞海國交趾王身騎白象來五羊搏取奇獸獻天子大書入貢安南航金鈎纓絡鬼奴控翻海排山毛鬛光鼻捲鑾烟蔽天日耳扇和風開八荒象兮聞汝披堅與執銳汝云足以壯將帥聞汝抱齒焚其身汝云足以儆貪吏聞汝百折不囘頭汝云

足以勵臣志聞汝努目不事仇汝云足以觸邪媚

象本罷然一物耳只任虛生不虛死駿骨寧許投

明時燕臺那用千金市越裳雉肅愼矢必有聖人

當日起試問黎家與莫家海不揚波三年矣黎莫二家皆安南王姓今種類尚蕃

送汪悔齋奉使琉球　高詠

天書親捧下雲霄何惜南征萬里遙身向中山攜

雨露帆凌滄海挾風潮旅獒白雉來殊俗玉册金

函出　聖朝久識君才過陸賈况今無復尉佗驕

南北東西盡主恩乘風破浪意偏存趨裝唯看雙
龍劍仗節先過五虎門颶毋潛形波更靜神魚吹
雨氣常溫炎州異物姝堪紀奇險關情安足論

送汪舟次奉使琉球　尚書　王士正

屬國滄波外微茫萬里流雙持龍虎節遥拂鳳麟
洲守禮諳殊俗乘槎愜壯遊使星霄漢上先入大
琉球
掛席指歸墟通言隸象胥避風占海鳥跛浪舞神
魚卉服看天使金函護璽書雄才能作賦休讓木

元虛
積氣浩茫茫乘流出大荒嘯歌聞海若擊汰薄扶
桑日月相含吐蛟龍或遯藏始知九洲大騶衍未
荒唐
見說彭湖嶼元戎佇捷勳習流多戰士橫海拜將
軍出險雲濤壯飛書露布聞早成風土記歸報
聖明君
送孫予立周星公奉使安南排律
憶昔高平役於今歲屢遷遂休蠻觸鬬共識漢唐

年文筒來何數包茅貢亦虔越裳馴白雉征戍罷
朱鳶眗町軍鋒擾西南殺氣纏妖氛橫象郡間道
絕龍編正朔依然奉訛言幾處傳乾坤重盪滌遐
邇盡陶甄使者南關入長安北斗邊職方陳貢贄
鞮鞻列宮懸忠孝聞天語奎章照海堧飾終王禮
備繼世主恩偏胙土諸侯貴行人二妙賢璽書頒
冊府英簜破蠻烟衡嶽開雲霧湘江任泝沿麾前
驅瘴癘規外指星躔銅柱懷新息丹砂訪穉川探
香三丈木纈繭八蠶綿飛鼠紅蕉裏羚羊碧樹巔

檳榔供釀酒蚔子上盤筵風土由來異聲靈此日宣望塵紛絡繹騎象競駢闐國體千秋重輶車萬里旋交州新有記眞見雒名田

送雲卿上人遊安南再附　唐　李洞

春往海南邊秋聞半路蟬鯨吞洗鉢水犀觸點燈船島嶼分諸國星河共一天長安却回日松偃舊房前

送僧歸日本　唐　錢起

上國隨緣住來途若夢行浮天滄海遠去世法舟

輕水月通禪寂魚龍聽梵聲惟憐一燈影萬里眼中明

日本刀歌　宋　歐陽修

昆夷道遠不復通世傳切玉誰能窮寶刀近出日本國越賈得之滄海東魚皮裝貼香木鞘黃白間雜鍮與銅（鍮似金 銅似銀）百金傳入好事手佩服可以禳妖凶傳聞其國居大島土壤沃饒風俗好其先徐福詐秦民採藥淹留丱童老百工五種與之居至今器玩皆精巧前朝貢獻屢往來士人往往工

詞藻徐福行時書未焚逸書百篇今尚存令嚴不許傳中國舉世無人識古文先王大典藏夷貊蒼波浩蕩無通津令人感激坐流涕鏽澁短刀何足云

觀海　夏鎮奎

大海涵元氣朝宗日夜流星河從下辨天地自空浮日擁扶桑曉波連碧漢秋飄零猶有客萬里洽虛舟

澳門記

香山陳蘭芝拂霞輯梓

西洋歷數精巧原辨

西洋禽畜異樣各物奇巧精緻高於中華難以備述惟有器曰規矩中藏墨牘錐削笩以小革囊可以佩其裝書如宋板法以漆革護之用金銀屈戍鉤絡若坤輿外紀載熱尔馬尼國人能於戒指內納一自鳴鐘有一大銃能於二刻間連發四十次曠園雜志載西洋人至以皮帛製羸婦秘之匣中

抽匣納氣則忽然通體肥澤如祕辛所云抱膩頸
擁之衾中謂之出路美人銀一流購一軀八兩爲一流
則淫巧之尤者已　其技藝莫先於歷學今之所
謂西法也自利瑪竇由澳門轉入八閩至金陵出
其渾天儀量天尺勾股舉重算法留都臺省并其
徒龐廸我等咨送入京不果用而利瑪竇卒瑪竇
居粵二十餘年盡通中華言語文字其人紫髯碧
眼顔如桃花年五十餘如二三十歲人見人膜拜
如禮人故樂與之交其言天有三十二重地四面

懸空日大於地地大於月地之最高處有闕日月行度適當闕處則光爲映蔽而食五星高低不一火最上水最下金木土參差居中故行度周天有遲速皆著圖而立說焉萬歷三十八年十一月壬寅朔日食監官推算多謬朝議將修改明年五官正周子愚言大西洋人龎廸我熊三拔等深明歷法其所攜書有中國載籍所未及者當令譯出以資選擇翰林院檢討徐光啟南京工部員外郎李之藻亦皆精心歷理可與廸我等同譯疏入留中

四十一年之藻又以爲言崇正二年五月己酉朔日食禮部侍郎徐光啓依西法預推分數與大統回回所推互異已而光啓法驗餘皆疎禮部侍郎翁正春因請倣洪武初設回回歷科之例令廸我等同測驗從之開局於首善書院以光啓督之光啓因舉李之藻西洋人龍華民鄧玉函玉函卒又徵西洋人湯若望羅雅谷譯書演算六年十月光啓病以山東叅政李天經代之光啓尋卒明年命滿城魏文魁入京測驗立西洋爲西局文魁爲東

局合大統回回凡四家天經進光啓督修歷書二十九卷并日晷星晷星屏星球闚筩諸器且預推五星凌犯會合行度其度分晷刻畢驗而文魁說絀八年天經又上歷法條議二十六則是時西法書器俱完屢測交食凌犯俱客合但魏文魁等多方阻撓內官實左右之以故帝意不能决九年正月十五日辛酉曉望月食天經及大統回回東局各預推虧圓食甚分秒時刻天經恐至期雲掩乃按里差推河南山西所見時刻奏遣官分行測驗

其日天經與羅雅谷湯若望大理評事王應遴禮
臣李焻及監局守登文魁等赴臺測驗惟天經所
推獨合已而河南所報盡合惟山西以雲晻無從
考驗十年正月辛丑朔日食各局預推如前食時
亦惟天經爲密明年詔仍行大統歷㫄求參考西
法與回回科並存迨十六年三月乙丑朔日食測
又獨驗八月詔西法果密卽改爲大統歷法通行
天下未幾國變　國朝順治元年以西洋新法推
算精密詔用之二年書成

太宗文皇帝天聰二年戊辰爲天正冬至子正起算周天用三百六十度度法六十分毎日九十六刻刻法十五分其朔望節氣時刻太陽出入晝夜長短京師與各省皆依北極高度東西偏度推算康熙三年復用舊法已因舊法不密用回回法七年 命大臣傳集西洋人與監官質辨測驗正午日影明年遣大臣赴觀象臺測驗遂令西洋人治歷初書面載欽天監依西洋新法字及是去之十三年新儀成凡六座曰黃道經緯儀曰赤道經緯

儀曰地平經儀曰地平緯儀曰紀限儀曰天體儀雍正三年律歷淵源書成以欽天監無可治理之處其治理歷法之銜改爲監正有滿漢監正滿者掌印漢者用西洋人有賜爵至侍郎者南懷仁兼工部侍郎戴進賢兼禮部侍郎其餘爲監正監屬者不可勝數今監正劉松齡監副鮑友管皆西洋人三巴寺僧世習其業待其學成部牒行取香山縣護之如省督撫資遣入監自羲和失其世守古籍之可見者僅有周髀而西人渾蓋通憲之器寒

熱五帶之說地圓之理正方之法皆不能出周髀範圍史稱旁搜博採以續千年之墜緒亦禮失求野之意信矣其國有小學中學大學分四科曰醫曰治曰教曰道道卽歷法字以二十三母互配而成凡萬國語言風雨鳥獸之聲皆可隨音成字其書右行與梵書同鄭樵所謂梵以口傳故梵有無窮之音華以目傳故華有無窮之字者也在澳蕃醫有安哆呢以外科擅名久其餘技則有西洋畫三巴寺有海洋全圖有紙畫有皮畫皮扇面畫玻

法門記

璨諸器畫其樓臺宮室人物從十步外視之重門洞開層級可數潭潭如第宅人更眉目宛然又有法瑯人物山水畫織成各種故事畫繡花畫　天主教者西士曰天主耶蘇漢哀帝元壽二年庚申生於如德亞國爲天主肇生人類之邦西行教至其國奉之至今甚且沾染中土誘惑華人在明則上自公卿下逮士庶邇奉　詔禁而博士弟子尚有信而從之者其徒著書闡述多至百餘種士大夫又爲潤色其文詞以致談天言命幾於亂聽今

就澳門取其書觀之所云五經十誡大都不離天堂地獄之說而詞特陋劣較之佛書尤甚間嘗尋求其故西洋諸國由來皆崇奉佛教回回教觀其字用梵書歷法亦與回回同源則意大里亞之教當與諸國奉佛奉回回者無異特其俗好奇喜新而競勝聰明之士遂攘回回事天之名而據如來天堂地獄之實以兼行其說又慮不足加其上也以爲尊莫天若天有主則尊愈莫若蓋其好勝之俗爲之不獨史稱歷法云爾也西士之言曰佛云

世尊道云元始天尊孰知佛者小西天竺一人產於周季未有釋氏之前已有天地既有天地之後方有釋氏安得爲天地神人之主而爲上下所獨尊乎若老氏總爲人類中之人何獨稱爲元始天尊又曰盤古不過爲天地中之一人安可謂天地萬物之造其言可謂辨已盤古生上古老氏生商佛生周皆人也皆不能生天生地生萬物也然則耶蘇生於衰漢又獨非既有天地之後人類中之一人耶攻佛攻老攻古帝乃所以自攻嗚呼妄矣而

矧其誣天而蔑倫者不可訓豐餌而致衆者尤不可問耶昔西人有行教於安南者舉國惑之王患之逐其人立二幟於郊下令曰從吾者宥之立赤幟下否則立白幟下立殺之竟無一立赤幟下者王怒然礮殺之盡至今不與西洋通市至則舉大礮擊之西人亦卒不敢往倭亦然噶羅巴馬頭石鑿十字架於路口武士露刃夾路立商其國者必踐十字路入否則加刃雖西人亦不敢違又埋耶蘇石像於城閾以蹈踐之葢諸蕃嚴惡之如此中

土人士乃信而奉之如恐弗及明臣蔣德璟序破
邪集且爲調停其間夫逃楊歸儒歸斯受之猶可
說也援儒入墨援而附之不可說也必要如我
聖朝用其歷法而放斥其邪教夐乎尚哉度越千
古有由也

明崇正十四年禮部議定用西歷法疏

看得古今治歷之家多矣其最精者漢雒下閎太
初歷以鐘律唐一行大衍歷以蓍策元郭守敬授
時歷以晷影皆稱推驗之精而晷景爲近然用之
旣久皆不能無差葢天與日月星辰其體皆動而
其最不可測者常在於秒忽之間推移盈縮聖智
有不能盡窮故雖以時分刻刻分秒非不至細而

差之半秒積之歲月則躔離朓朒皆不合原算此
治歷之所以難也我皇上因監法少差特置西法
一局令禮臣徐光啟領其事而寺臣李天經陪臣
湯若望等與欽天監張守登諸臣覿面講求逐年
推較十餘年來如日月交食五星復見之類臣等
歷經會同赴觀星臺占測而御前亦用赤儀器親
自臨驗西法比監法實爲密近固昭然不待辯者
守敬成歷時嘗言天體難測須每歲創驗修改庶
幾可使如三代日官世專其職未嘗自以爲是也
高皇帝精於觀天雖用守敬歷而特令劉基召集
天下律歷名家者赴京詳議復自製袤觀星盤天文
分野諸書且別立回回一科亦未嘗以守敬之歷
爲是也蓋其愼也當時博士元統成化中邱濬正
德中鄭善夫嘉靖中華湘萬歷中邢雲路諸臣皆
以差訛疏請更正今得西歷與之較驗而舊歷之
不能不差則守敬固已自言之矣臣部尚書林欲
楫向與臣等詳察經緯新歷誠如所言交食節氣
用新神煞月令諸欵用舊未爲不可而再四商確

有不得不鄭重者舊法用日度計日定率西法用天度因天立差舊法用黃道短度西法用黃道緯度雖微有不同然其黃赤儀器與守敬簡儀仰儀候極景符玲瓏立運等儀亦皆相似特守敬之徒沿習不察耳自古歷法輒數十年一改而守敬之歷行之已三四百年矣小差者惟日月交食時同刻異無大懸絕至置閏之差起於春秋分所差二日而西歷定分之日卽舊歷所註晝夜各五十刻之日也在今日西法較審在異時亦未能保其不差則一番更改良不易言據天經原疏會請將在局生儒盡收之欽天監以便隨時測驗將新法暫附大統以便公同考証而前奉明旨亦令監官張守登等於交食經緯晦朔弦望年遠有差者旁求參考又以新法推測屢近著照回回科例收監學習實而得之似宜勅下另立新法一科遇交食節氣同異據法直陳以候測驗而後徐商更改庶有當乎其寺臣李天經及陪臣湯若望中書王應遴新局官生黃宏憲等累年新歷書一百四十餘本

日晷星晷星球星屏闚筩諸器多歷家所未發專門勞勩積有餘年似宜量加敘錄而該監官生學習則有會典按月按季課試嚴行賞罰之例所當重加申飭者也乃臣等區區之愚猶有進爲歷爲重莫如刑賞授民在東作西成南訛朔易其所重敬天授民設也敬天在順時布令觀變警心其所莫若農桑故堯舜之歷以釐工熙績爲欽天而成周之歷以無逸豳風爲月令非徒如保章挈壺之流斤斤於時刻分秒之末而已凡歷數始於河圖五十有五以十乘之爲五百五十以五乘之爲二百七十有五自洪武元年戊申距今壬午葢二百七十有五年矣實爲河圖中候宜修明禮樂先德後刑勸民農桑敦崇仁厚以昌扶國脉基萬年有道之長其斯爲治歷之本務乎漢儒言明王謹於尊天愼於養人故立羲和之官以節授民事奉順陰陽則日月光明風雨時節災害不生我皇上敬天勤民同符二祖故知有敬授精意非臣等迂陋所能測識萬一也

明光禄卿嶺南郭萬周先生著

嶺海名勝記

香山後學陳蘭芝增輯

石門

石門圖

石門記　卷七　圖　一

石門記 卷七 圖 二

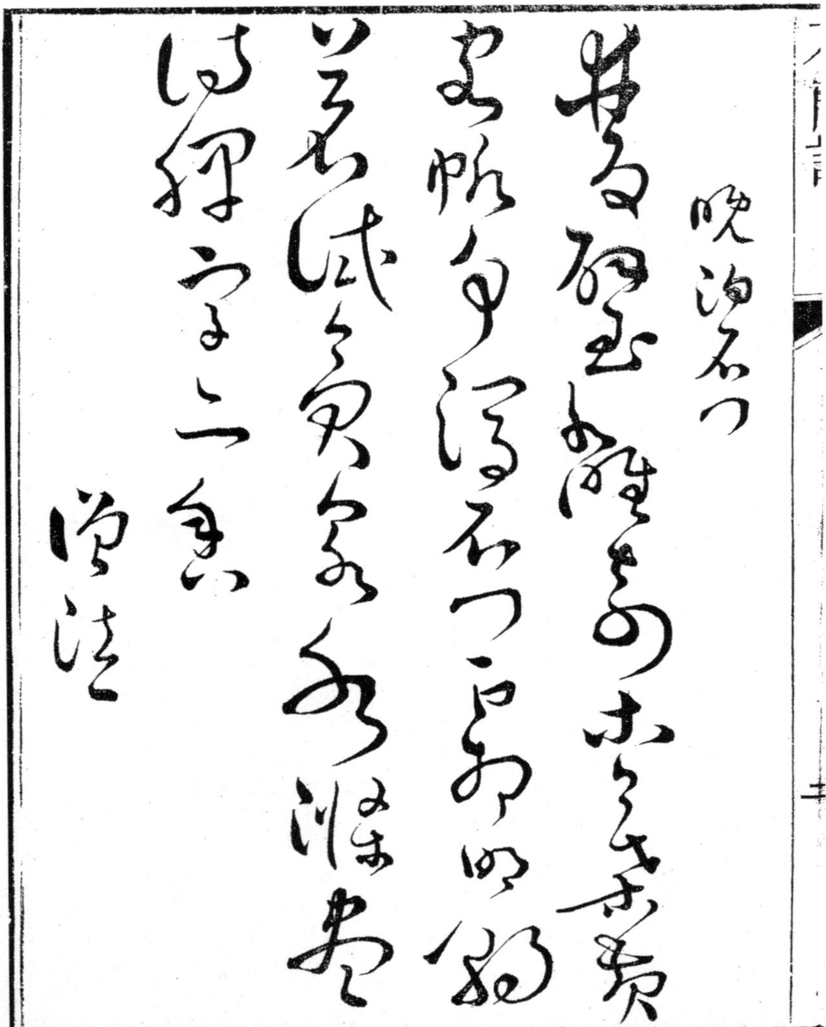
晚泊石門

石門記

香山陳蘭芝拂霞輯梓

石門貪泉記

謹按廣城西北三十里。兩山橫列。對峙如門。故曰石門。漢樓船將軍楊僕討南粤。駐兵于此。其地當南北往來之衝。爲潮汐出入之逕。舊有西華寺。今廢。其山卉木葱蒨。禽鶴回翔。天朗日澄。風帆上下。烟霞魚鳥。出沒其中。亦一奇觀也。其西爲貪泉。晉刺史吴隱之酌而賦詩。有試使夷齊飲。終當不易心之句。宋人因改爲不易心泉而銘之。誠爲一時盛事。其南十里沉香浦。乃隱之投香處也。即其投香于浦。益知其不易心于泉矣。竊嘗觀之。自有山川以來。便有貪泉。自設官分職以來。便有監司守令。上下數千百載。宦轍經遊。何可殫述。而獨一吳處默不易其心耶。嗟嗟。人同此心。心同此理。惟能堅持此念。則雖日飲貪泉。不能易吾之清。若不能持此念。則雖不飲貪泉。亦自弗免于世之濁。其機皆不外乎吾之一心。故處默末句三致意焉。誠有味乎其言之也。予故表而書之。凡百君子。其尚心處默之心乎。作石門貪泉記。

石門記

文類

香山陳蘭芝拂霞輯梓

飲貪泉賦

唐　胡　權

吳隱之擁節南海。停驂石門。過貪泉之廣陌。若旨酒於汚罇。由是徵圖藉之所載。考耆舊之遺言。云注滋而難窮。或飲移於性。原公聞言有悟。察事惟審。十目所視。表執心而不回。一勺之多。遂舉杯而就飲。重言曰。所執在我。寧由此泉。寫泠泠而久同潔。已持惴惴而過甚。防川恬淡相質。澌滂沱於德澤。清廉是守。何汨没於情田。將正浮俗而去。彼觀濫觴而在此。臨川而不覺起予。命酌而乃從。率爾盈科卽挹。聊抒思以盤桓。徤筆忽飛。寫緣由之綺靡。旣而威臨徐鎭。塵淨邊空。闔境而皆知嚮化。四方而靡不趣風。量比滄溟。能控清而引濁。心如白水。可原始而要終。當其境接遐荒。郡惟幽僻。山川多含瘴霧。草木少蒙膏澤。道之云遠。人不願適。公藏器以俟時。方遇君之側席。泉云飲而名乃益彰。心秉直而誓當不易。則知眞清特立。瑕穢莫侵。人飲酒而蕩志。我飲泉而洗心。胡不誇於一石。而不愧於千金。于以明好惡。定能否。不貪爲寶而可憐。不飲盜泉而非偶。懿哉君子之鴻名。竹帛永於不朽。

貪泉對

大學士　邱　濬　瓊山

景泰辛未予歸自金臺舟次石門舟人曰嘻此貪泉也愼勿汲之予舍舟觀焉嘆曰古人云飲之者見金寶之多思以兩手攫而懷之信有之乎予試飲焉以驗其如何既而自念曰濟水可以墜痰菊

石門記　卷七　對　五

泉可以延壽遼之侵澗能使人多髮晉之礬石夙可以愈疽泉以貪名理或然也設入肺腑而易吾愫焉豈不爲終身之累乎遂中輟而不飲歸而臥諸船窗之下恍惚之間若有聞者曰僕石門之神也受汚辱之名數千百年于兹矣未有爲表白者幸子之來爲我一洗之而子之所見無異庸衆人予將何望焉請爲言之若謂泉之果能貪人也吏于兹土之多孰若居民乎民之飲兹水者日以百計歲以萬計自有此泉以來民飲兹者豈可以數

計哉吏之吏茲土者不及民百之一而又不皆由
茲道以行而道此者或數日一人或閱月一人或
數月一人總其歲之凡不過數十人而已然其過
也或憩焉或不憩焉其憩也或飲焉或不飲焉然
所謂貪者恒見於吏而民不與豈不識不知者其
心能常而讀書明理者其心易變也抑豈常飲者
習而不覺而暫飲者卽動其心耶不然則泉之貪
人亦有所擇耶皆不通之論也僕聞古之貪者有
藏金以塢者夜筭牙籌者胡椒五百斛者黃金至

五橐駞者豈皆官嶺南而飲此泉邪不然何貪也
嗚呼滔滔者天下皆是也不誣之以貪而獨我誣
不亦寃哉僕聞之羊城之中越臺之下有九孔泉
焉色清而味烈最宜於茶汲者日以千數請以是
名加焉庶乎稱其情也竊聞吾子以文翰稱毋惜
一開口之勞以辯我千載之誣豈不有補於名教
也乎予唯唯而覺起而錄之大抵嶺南之地多南
金珠璣玳瑁犀象海貝異香奇物皆他方所無者
故唐人送人官南海詩云此鄉多寶玉愼勿厭清

貧是以見者鮮不爲之動心焉且又去中國特遠吏之贓否鮮或上聞而其民素柔懦甘受害而不辭故吏得以恣其溪壑之欲貪風恣行上下交利漸染成俗一或屹中流之砥柱則怨讟叢之矣是以士之素負名節守廉恥者未入其境固嘗非其人一躡梅關泛湞溪則其心與昔所非者合爲一矣人見其然因以是目之是豈水之罪哉嗟夫使人皆吳隱之也雖日飲石門之水不害其爲廉使人非吳隱之也雖不飲石門之水而日飲廉泉之

水不害其爲貪貪與廉在乎人心不在於水也雖然是泉也不幸爲貪人所飲亦猶冉溪因柳子而愚也雖名之以貪也亦宜

不易心泉銘　蘇簡

鑿泉而甘。日用利博。名不易心。旨遠詞約。是心淵澄。物無適莫。等臭腐於神奇。豈存亡於一酌。鄙夫嗇旣。志得爲樂。盍藻鑑以自新。庶膏肓之可藥。銘詩諄諄。又申而作。前賢瞰之。百世無怍。

貪泉銘　陳元伯

石門海口厥土惟南爰有寒泉注涯之潭洶溢得
窟旣潔且甘古來共傳飲之則貪或曰不然人心
自欲銅山恒有意亦未足矧來玆土船車相屬利
汩其心貨盲其目在昔賢守惟孟與吳雖飲此泉
捐金還珠由是言之自有貪夫匪以泉故其心則
渝嘗讀舊史錢神銅臭漢晉昏濁多門取授上下
相蒙靡恤靡救由物而巳豈泉之構皇唐啓聖開
元御歷黜陟幽明官人愼擇道風淳儉吏業淸白
於戲爾泉其名可易器滿必覆璞滿不完不貪爲

寶子罕詞殫潤屋潤身禍福之端勒銘貪泉作誡庶官

貪泉銘　　黃諫

伯夷聖之清希聖者賢人也隱之吏之賢希賢者士也士而爲學學顔子之所學以聖是希也隱之賢者也士皆可希也能希隱之卽學顔子克已復禮三月不違仁也希聖之學在是焉予判廣州詢隱之舊迹傳爲前代貪夫惡其名塞之今久堙蕪漫不可曉又五月始得之番禺民彭清田中掘丈

餘得石刻龢隱之詩一斷令人卽古人瓦礫視黃金縱飲貪泉水焉能易我心則是舊無疑因濬泉作亭古文書不易心亭舊名揭之而爲是銘珠香犀象惟廣之利奢侈厥用人靡不嗜維公題句在廣之封脫使飲此其嗜匪窮第利與泉舉爲外物在我有主奚爲所汨賢哉吳君眞吏之良一心無欲萬世有光我思使君九原不作緝此舊踪清風廖䨓

廉泉銘

黎民表

三江合流匯于靈洲有泉泌瀄涌自平疇清徹甘
美善下爲性汙垢不納形神可瑩泉豈有知榮辱
由人其名不雅與盜爲儕匪泉之辜惟吏之黷。利
其捲握。饕其寶玉。据載而歸。移罪于泉。匪予越貨。
惟泉使然。泉雖有靈。籲天無口。悠悠千禩誰執其
咎矯矯吳公刺我方州片香不取任其沉浮清風
所激泉滌其恥庶幾長民蹈兹夷軌天胡不憖人
各有心酌焉孔取流禍滋深天水相違薰蕕異趨
泉在名在習與性俱請更泉名肇錫爾廉澄清汰

濁止暴懲貪峩峩石門擘于鬼斧我勒銘詩告于守土

重修吳刺史祠記　　袁昌祚

夫貴清修而賤隽詬士能言之一握便勢輒以販心易其素故曰利令智昏周官之計吏有六而首皆重廉葢思深哉恐其智不素定而勤民以自封也。況粤處萬里。禁網故稱疎濶。異時吏者。因得以操柄取盈。念無以謝粤民。則委罪於石門之泉。曰是飲焉。能使人易心而墨也者。顧泉非爲吏獨注也。耘夫牧子。羣渇而飲。終身不過袒褐。將誰使易之。又將誰使貪之。吏操其贏。顧使泉蒙詬於數百禩。不亦大可哀乎。自晉吳刺史隱之甫入郡。卽酌泉賦詩以自明其志。旣而終始一節。如所言。迨召還檢笥而得沉香其重盈觔或曰夫人劉以薰衣被也亟投之水世稱爲沉香浦浦與泉皆對枕海濱粤人言吏者必廉隱之顧祠未有樹也前太常江浦魏校嘉靖初典博士弟子力毀淫祠浦上故有韋內璫建西華寺因撤而祠刺史其禮佛田池

郎子僧守祠入其租以修伏臘甚盛舉矣前南海
龐中丞尚鵬隆慶間會署其堂曰清風萬古顧祠
日荒落田池至不知業者何人今南海陳少叅嘗
語於故大叅餘姚鄒公學桂爲覈之緣久已去其
藉不報也邇者順德曾秘書使還語及祠從臾少
叅修焉迨今癸巳夏四月少叅偕郡縉紳往視祠
所歸而番禺李方伯主醵義金以甲午秋七月始
事浥漏者補蕪薉者刊剝損者塗欹仄者植卑湫
者壘埃積而漫漶者刷蠹而朽者堅其木蠣而朴

者厚其垣門堂復聚堊而周飾之門外爲樹石綽

楔者一令過者得瞻望焉以乙未春二月工告畢

昔之善爲政者孳孳於民俗之所寡故蜀鮮儒而

文翁化桂罕禮而衛颯教粵少清修之吏則刺史

誓志焉均足以維世風要以六計方之則刺史乎

裨吏治矣今天下大法小廉稍攫金冠惠文者已

操三尺繩之夫誰不自愛烏得錮前聞以黜粤吏

倘萬其中而有一隻詬焉或倖以逃文罔試過祠

宇豈盡其無心自考邪故勸賢而戒不肖將在兹

舉顧非岷峨者之所敢任也南海蔣令尹聞始事
爲捐金以佐工費夫非其有素定之智者而暇及
此乎同好相慕自昔非虚言也因載以麗牲之石
篆額則以屬南海大叅侯國治書石則以屬番禺
方伯郭棐蔣令尹名汝瑚豐城人陳少叅名堂曾
秘書名士鑑李方伯名鳳其僉議同事則太守陳
遷都運張廷臣運同知鄧于蕃御史姚光泮光祿
王學曾俱南海人自令尹外卒皆同郡少叅故與
祚同年因謂當有述也餘未盡者則碑陰在

石門記　卷七　祠記　七三

石門泉賦有序○夫君子必矯時獨立斯能挽一世之頽風而歸諸正昔周武王孟津之師諸侯從者八百獨夷齊扣馬不食周粟餓于首陽孟子與氏稱爲聖之清其風足以廉頑立懦斯非獨立于三代者與吳隱之處默生晉之季時尚清談而行多詬巇處默爲廣州刺史酌貪泉以咏志後來沉香鬻犬一介不易慨廬循劉裕爲盜爲篡以尚書歸而杜門甘貧不出獨立頽波之表眞不愧夷齊流風蓋夷齊憂萬世之無君處默憂萬世之無臣其所感不同其清一也其有裨於風化一也處默酌泉杜門之心其卽夷齊不食周粟之心與然則謂處默爲晉之夷齊可也○予乙未夏自滇南丐休歸謁祠下時則鄉士夫修飾公祠新成而少叅袁光祚爲之記其闡揚淸節有關於風教甚大予復表其不事二姓之心而爲賦焉○其詞曰

郭棐

𡾰兩山之嵯峴兮梃粤嶠之門屏傍有泉之涓涓兮濆碧流之泠泠何昔人之孟浪兮羌汨之以汗名曰一歃而懷千金兮豈知其源之深而清猗處默之瓌瑋而卓犖兮抒淵衷於題詠爰大勺以引滿兮豈云遽移於吾性維天乙之濬潔兮撳朗照之如鏡詎波蕩之能泂兮乃天君之素定嗟典午之不綱兮腥膻穢乎華夏紛指駿以爲鹿兮漫以牛而易馬詫嶺海之遐裔兮金夫張而廉貞喑啞

彪流泉之在兹兮冐貪名而長夜嘻吾心之賦于天兮本至虚而至靈涵萬象而弗遺兮秉一介以爲貞豈因世之溷濁兮而能易吾之淸明乃命酌以自信兮洗兹泉之汚聲時荻龍之弗憓兮挺戈鋋而作孽熄臣衷於皎日兮唯矢貞而抗節哂么麽之匪茹兮肆荓蜂之毒螫飲兹泉以自葆兮諒丹心之不易赫黃堂之榮名兮儔不滋夫鐘鼎惟公志之澹泊兮僅一魚而一茗即片香亦必沉兮沉桃花而晻暎亮孤節之亭亭兮超塵氛而守正

晚退居於邱樊兮慨皇祚之凌夷熒惑見于東井兮彗星掃于紫微嗟太尉之跋扈兮歎世途之巇巇竟憂憤以易簀兮終全身於義熙偉亮節之磊落兮稱純臣其庶幾世皆知公酌泉之淸兮而不知公殉國之節甘鬻犬之艱貞兮蹈猶龍之巇嶫不委身於二姓兮媲夷齊之孤烈唯不易于一心兮足蜚聲于萬葉辭曰

人臣之職兮淸以成忠惟夷與齊兮百世可風美哉處默兮艮二千石一酌流泉兮萬古爲烈鬱彼

孤貞兮不事二姓憂憤以歿兮爲臣之正粵山巃嵸兮粵泉洴泠先生之風兮山高泉清

沉香浦賦 古學試作○以俗化交士風行象林爲韻 車騰芳 番禺孝廉

有美一人于焉河曲泛泛扁舟悠悠古瀆一肩行李已無載鶴之車半舸清風祗有藏書之簏鼓棹夷猶微吟躑躅將以樹砥柱于中流而洗狂瀾之靡俗時則戒爾遄征翩然稅駕問官則夙縮銅符行部則群欽繡袴來飲貪泉之水勵志如冰去維官渡之船凌空似畫中宵檢橐惟故吾兮去來倚

棹投香與清波兮上下溯花渡而濤飛百尺浦爲香留過石門而人去千年泉因廉化慨乎粵之爲俗也蜃吹成市海族名鮫火燒祝融洲以珊瑚作樹居連夷島人依蛤蚌爲巢海陸綺錯寶餌星肴翡翠丹砂閃鑠紫陌紅塵之路珠犀象貝熒煌木棉丹荔之郊見者目眩而足企聞者志靡而神交況乎香美瓊枝產宜黎毋價重龍涎精鲫鳳腦紅分麝火夜燒金獸以宜寒班點鷓鴣畫爇銀煎而辟暑南北則雲連估舶若彼不脛而奔都市則騎

接騷人靡不深藏若賈誰其與冰同潔揮手而問諸水濱比鐵猶寒談笑而還諸粵土爾乃江流湛湛烟水濃濃青山幾換碧海猶同鷗鷺踏流香之浦漁人識去國之踪遠宦溯游兮三城左右達人吟弔兮兩晉西東由珠海以乘潮尚映鬢眉于碧水倚靈洲而溯月猶存笑詠之流風方今道隆累洽治纜離明　帝居葡萄之宮膏流沆瀣之聲却駿馬於千里焚錦繡於中庭矢蒸勵節激濁揚清斯靡不近漸而遠被風流而令行者矣則有入供

鼎司出移仙仗鈴閣霜清烏臺日杲照水壺于五
夜心目同清矢幽獨于四知襟期並明有懷飲潔
希晉室以追風不待投香舊延陵而嗣響化洽無
私教行有象斯時也貨弗崇于象齒寶靡尚於南
金市無縫線之伎野多賣犢之吟奠鰲柱于東南
封成比戶靜鶪聲于林莽懷以好音豈第再見投
香覩德徽之奕奕重來處默惠編戶之林林也哉
亂曰大人御世兮德是履不貪爲寶兮民所視香
在浦兮清且泚兮猶古兮鑑于水

沉香浦賦 古學試作○以昔有吳君沉香投此爲韻 李惠元 廣州府學

爾廼地訪名蹤浦留舊迹琴答泉聲歌生月夕清風如昨長流千頃之春綠水依然新漲一灣之碧觀勝景於當前寄遙情於在昔緬維刺史之賢常在南邦之首既携鶴以相隨亦漱石而自守昔我往矣萬鍾不以動其心今也旋歸一毫寧取非其有人在青史品重玉壺檀口雖馨或欽其寶氷心自潔敢受其汚恐大德其終累自小物以何須此固政績可著於百粵而亦廉靜足耀乎三吳維時

碧流見底芳氣徐薰一片擲來似添千條之匹練
半檀曳去疑留百縷之氤氳浦號還珠比還珠於
太守沙名却硯思却硯於包君益其清貧勿厭貪
穢無心若問歸囊惟有淸風兩袖倩來行槖只留
明月半襟雖寶也幾何旣非珠而非玉而事不在
大亦載浮而載沉迄今名賢已往遺韻難忘草滿
王孫望迷兩岍蓮開君子恰在一方買舟湖邊敢
擬貪泉之飲濯纓江上猶餘掬手之香是知政以
廉而益美蹟以賢而常留嚴取與於一介振名節

於千秋儼香風之猶新澄雲瀲瀲擬俗塵其不染
碧水悠悠孰不聞風相與而起頑夫之慕曠世生
感而思名吏之投爰爲之歌曰維彼吳君嚼不滓
兮素履常嚴如止水兮臨浦沉香堪自矢兮以此
名泉名以此兮吁嗟乎吳君洵南邦之賢刺史兮

石門記

詩五言古　　香山陳蘭芝拂霞輯梓

石門別楊六欽望　唐同平章事　張　說

燕人同適越萬里自相哀影響無期會江山此地來暮年傷泛梗累日慰寒灰潮水東南路浮生西北回俱看石門遠倚棹兩悠哉

石門　　唐著作郎　杜審言

石門千仞斷迸水落遙空道束懸岩外橋欹絕澗中仰攀人屢息直下騎纔通泥擁奔蛇徑雲霾伏

石門詩

獸叢星躔牛斗北地脉象牙東開塞隨行變高深觸望同江聲連驟雨日氣抱殘紅未改朱明律先含白露風幽貞深不憚險瀧諒難窮有異登臨賞徒爲造化功

石門貪泉　　明　黎民懷

白日流丹氣層空迅歸翼沿山思超忽枉帆良可卽崖𡻕虎豹蹲變化風雲色陰陰夏木榮寄情在板陟仙吏凤此經勝槩今如昔梧桐暗金井銘篆猶可識曠迹山海更古祠丹堊飾返照入修篁流

輝映石壁毋論下瀨船崇碑奠東極

石門吳刺史祠　黄在衮

吳公秀無雙高視奮天步樑棟本巨材凤壓班石顧酌泉泉以淸持心一如故嶺表饒珠璣忽然將焉騖古道日以淪頽波趾相錯公獨秉高義不顧篋中宴家惟四壁如與俗誠相迕舟回爾何心沉香表情愫晨風冽冽生皎月峩峩吐千仞振衣裳夷齊彌足慕丰儀杳何許林薄凝霜露抵掌嗤時流胠篋同其素

石門詩　一八

石門貪泉　黄在裘

兩厓雄虎踞一水泝川流延眺平原上森森古木幽寒洌浸方池云是古貪泉桑麻翳隴畝雞犬混人烟兹泉闢已久蒙貪以訛傳刺史有吳公下車自何年臨泉試一酌高咏振廉篇人有眞良心水有澄清源此心苟不易瓣香亦沉淵清風播海隅遺像至今存利令智易昏格言自史遷告爾百執事亦有定心泉

進帆石門懷古作　國朝庶常梁佩蘭南海

曉霽安流遠高厓劃雙扇迴瞻郡城邈百雉紛蜿蜒雲幽藴巖阿水碧結石面粼粼淺瀨魚織織圓波燕人汎定形影風日换聞見儵爾陽岫開艴焉陰谷眩靑疇曠稠疊紅泉互飛濺徧覽景内迥觸物念多變好役誠賈勞躭安亦沉晏達人鑒知止君子崇令善抗言追往昔榜歌自爲亂

進帆石門懷古　　山人陳晚成

春至景漸暄舟行日堪翫矧抱昔人心而懷斯世歎平陂倚互伏今古如宵旦石門雖宿遊風物亦

殊觀積峽啟奔流平沙衍高岸帆迴斷飈急棹去餘萍散融融出渚雲役役將歸雁卷舒寧自期寒暑爲誰換浮生貴不朽金石有銷爛仰羡樓船人英聲烜西漢樓船將軍楊濬平南粵時嘗駐兵于此

舟過石門　武榜　汪後來

靈洲南下水九曲自環迴嵐光爭汩沒豁達石門開艟艨通利涉漁唱日沿洄返照平江滿閃爍金銀堆角吹樓船下魚龍卷浪來呂嘉難策應霸業頓成灰廢壘沉江隩對峙空崔嵬岸側餘貪泉石

穴翳榛萊誰爲吳刺史立餘情不回

舟過石門訪貪泉遺址　　吳鉠

牂牁萬里來勢束鬱洲涘百川奔巨厓劃然雙闕峙何年弛北鑰樓船曾駐此趙劉足霸圖天塹難長恃寒江自潮汐古今一彈指推篷看火輪忽驚沙鷗起一片夕陽山返照爛如綺躭兹山水幽停橈訪遺址淙淙巖下泉泉甘冽且美一歃留餘清緬惟先刺史愧彼吞舟鯨感兹逐膻蠅古今渴熱人深壑難塡矣凜然驚世心名泉由此始世無夷

與齊誰從明乃㫖霳雲東嶺生殷雷南山起顧瀞

此山泉化作天河水盡洗大地塵一雪貪泉耻

石門記

詩七言古　　香山陳蘭芝拂霞輯梓

石門貪泉　　光祿寺卿郭棐番禺

石門之泉淼何深上照日月流清潯一自標題吳刺史遂令千載滌塵襟來航去旆何駸駸片香誰向滄江沉自分東門貧鬻犬何言南粤寂知音吁嗟世路儔能直惟有先生不易心

石門送李武曾入秦　　庶常梁佩蘭南海

昨日閱邸報秦州降黑霜麥田殺盡數千頃馬無

不門詩

芻豆軍無糧幽州道旁擊冰盞滿城食冰如食飯
紅爐地中燒日火居人不敢出門限李郎壯哉遊
不爲秦人愁帶身鹿盧劍褁裝紅錦褭就中一酌
廉泉清長途可以消炎熱刺史祠邊柳色青繁絃
急管輕相別青驄馬肥青絲新馬頭駊騀高過人
左抽右控習細步忽然飛去空沙塵山勢何隆崖
水聲何咽咽收入胸懷兩奇絶脚下黃河伏地流
眼前太華從天截吾聞始皇昔日稱英雄驪山鑿
築阿房宮築宮未成身便死朽骨載在轀輬中漢

家亦有芙蓉苑化作蔓蕪人不見到日相煩問牧

兒恐有牛羊臥金殿

石門記

詩五言律　　香山陳蘭芝拂霞輯梓

石門寺送李尚書赴朝　　唐　楊　衡

象闕趨雲陛龍宮憩石門清鐃猶啓路黃髮重攀轅藻變朝天服珠懷委地言那令蓬蒿客兹席奉離尊

石門　　陳　洵

漢家征百粵落地喪貔貅大野朱旂破長江赤血流鬼神聞勝蹟宮廟變荒邱唯有朝臺月千年照

戍樓

石門　　明檢討陳獻章 新會

白髮非公事扁舟進此門山雲寒不雨江路曲通村匡世吾何有長途馬不存曉來堪一醉山月照空尊

泛石門溪　　黎民表

往來皆任輿屢進石門溪雨氣籠山淺江雲過鳥低稻田多汲竹松火更蒸藜雖共漁翁宿桃花路却迷

石門記

詩七言律　香山陳蘭芝拂霞輯梓

重九夕泊石門呈三洲右溪　王漸逵

野寺相逢九日期石門霜葉亂參差山魈尚識貪泉水地錦應封學士碑豪傑不垂今日淚登臨須憶晉唐詩憑君喚起今宵興明月蘆花泛萸巵

石門　尚書陳紹儒

韶石鳴絃不記年南佗遺事夕陽前樓船直下湞江水城郭重關越樹烟壁倚寒江沉戟壘山分涼

雨漲貪泉我家住傍秦箏陋來此行歌共少連

石門謁吳刺史祠　　　　　叅政　郭大治

勺水那諳公夙心滔滔不改靜中春幾間祠宇千年在萬派瀠洄一脉眞南海沉香遺跡邈東門霽犬自甘貧我來特地瞻遺像再拜焚香整葛巾

與公載子乾吉卿送泉翁北上返棹石門　　　黎民表

杜若青青聞榜歌佳期南浦悵如何風聲夜起潮侵岸天色平臨斗在波威鳳漸知隨日輦冥鴻猶

自避雲羅扁舟渺渺堪乘興況聽袁郎雅詠多

石門貪泉　　運使　張廷臣

石門江上水連天刺史流芳尚儼然雲木葱蘢香浦外峯巒環映夕陽前清風曠世留禪寺皓月千秋照客船誰更酌泉心不易登臨指點憶當年

刺史吳公祠　　梁有貞

刺史名高晉代前貪泉遺跡尚依然當時一酌單車至遂使千年治郡傳清入寒濤翻海澨介留貞石倚山巔叢祠伏臘人猶慕誰繼芳聲似昔賢

刺史吳公祠　　山人　鄧時雨

輟棹相尋江上臺一尊能得此中開薰風入座吹衣透雪浪排空遶石迴天遠雲山朱鳥外地連洲渚白鷗猜曲闌徙倚興思處刺史何因得再來

前題　　光祿寺卿　郭棐

禺江西下碧潺湲四月霜澄瘴裏山潮湧石門烟蜃合鳥啼祠樹海雲閑黃堂魚灸今何若珠浦香沉遠莫攀千古貪泉誰再酌臨流吾欲鄣狂瀾

石門吳使君祠　　庠生　梁紹裘

石門祠宇俯江皐幾度瞻趨思轉勞刺史獨懷隮
古識景賢均佩晉時操心同載石名猶重水酌貪
泉行益高千載芳名如一日廉頑風采照滔滔

石門貪泉　　　　　　運使　鄧于蕃

刺史高名竹帛收千年遺愛寄南州蠲來家犬囊
如罄擲却沉香浦尚浮古廟堂堂依梵宇淸風凜
凜逐江流行人無數經祠下指點貪泉在隴頭

前題　　　　　　　　金　節

當代猶傳刺史聲首陽孤介挹遺淸一泓碧水環

如帶萬壑蕭森覆若屏道在高山河嶽肅香沉泉
浦鬼神驚門前亦有華輪轂肯學大夫千載名

石門　　　　　　　　　縣尹黄　鏊

古木垂蘿敞綠陰高賢祠宇晝森森投香不改夷
齊節搜橐偏慚陸賈金野渡過帆分雁陣石門飛
瀑作龍吟滄浪自昔歌孺子誰聽貪泉是賞音

貪泉　　　　　　　　　縣尹馮紹京順德

吏治如君議最優會携氷月照南州風清碩鼠潛
溪壑日永鳧鷖任泳游勺水敢將心上試寸香亦

爲籬間留元與往蹟如譚述千載猶令墨吏羞

貪泉　李需光

井冽寒泉徹底澄何因流俗作貪名豈同涇水原非濁端似滄浪任濯纓孺子興歌嘲自取古人一歃重關情明時剩有巢由侶洗耳臨流飲倍清

沉香浦　晉刺史吳隱之秩滿回京舟至白鵝潭忽風雷大作舟將覆隱之曰吾一無所携可以自信問其妻妻曰曩有人送沉香一片來吾竊受之貯篋笥中隱之命投之江風雷乃息先是宦粵者多以賄敗朝議推隱之刺廣州以栁其風

孝廉　陳份　順德

滿空雲影散青蘋欲挹遺香向水濵天地不忘歸
去吏江山留閲後來人魚抛落餌猶嫌污鶴棄餘
糧亦耐貧何事海神清未得至今波浪白如銀

石門道中　　庶常　梁佩蘭　南海

江勢紆迴不覺遥好風吹趂石門潮人行沙岸看
楓葉鶴立秋田啄黍苗寺影半間遮谷口泉聲一
道出山腰舊時刺史荒祠在蘋藻無因薦暮朝

沉香浦　　江　淵

蒹葭烟淨晚蒼蒼欲飲貪泉思倍長秋色一江天

上月臣心千載水中香潮迴蕩影寒眠鶴氿迴無
痕夜積霜自是先生遺浦後曾誰南土植甘棠

尋貪泉遺址因謁吳祠　孝廉何邵順德

千金一酌竟誰傳刺史祠前飲暮蟬冰鑑白涵香
浦月墨名何負石門天片雲尚護龍驤節下瀨空
橫鷁首舡逝水頹波終不返鄄城東望幾風煙

石門記

五言排律　　香山陳蘭芝拂霞輯梓

石門返照送王仲廸回瓊南　黎貞

北接梅關道南連穗石城潮隨滄海落山與白雲平遠岫呈秋色斜陽弄晩晴僅離三舍影遥見半輪明綠樹棲霞錦金波漾翠瓊淡烟籠昧谷薄暮暗長汀過鳥紛紛去寒蟬處處鳴牛羊來草墅烟火起柴扃歸客心千里行途驛幾程群英羅偉餞尊酒敘離情風起征帆急潮平去棹輕鷗飛檣近

白山過目留青對景圖堪寫搜詩句易成瓊臺八
烟霧儋耳限蓬瀛惜别思投轄銘心若斷纓爲公
歌此曲感激涕縱橫

石門記

七言絶句　香山陳蘭芝拂霞輯梓

使粤道經石門雨後口占　黎民表

路轉洪崖玉浪平雨殘猶自咽江聲縱令下瀨論功最猶讓夷齊一[illegible]清

竭來天地戰塵腥一雨飛空似洗兵共喜春回雲草木爲君暫駐省耕亭

楚天西去夏雲飛石徑芳菲落未稀何處南薰還一奏野花香滿使臣衣

石門誌　三

謁吳刺史祠　杜漸

爲挹清風故故來古祠輪奐向江開明禋不采蘋
和藻直取源泉酹一盃

沉香亭上千年祀孤竹山前二子心祠下泠泠涵
碧處不妨多取滌煩襟

清議昔曾回逆黨流風今尚起頑夫山間夜有金
銀氣借問遊人亦識無

風定潮平月上時石門貪翫得歸遲悠悠不信千
年下獨使人高一隱之

貪泉

石門之下日忘饑有此清泉飲者稀一自經題吳刺史至今人比首陽薇

半蘸青山半帶雲命名眞怪古人云此泉本是清心物已試當時處默君

欲飲不飲倚翠岑只愁人笑懷千金清風莫道夷齊遠自是人無刺史心

閒愁盡日未能平井渫千年共一清晉室若無吳刺史此泉何以洗貪名

吳刺史祠　　黄志尹

索句隨君詠昔賢濡毫未就已菘然蓬心自愧爲官日難說貧身但俸錢

貪泉井

天一生泉能易節彼土居民猶可說榮途曾見往來人逐逐泉聲爭一啜

沉香浦

石門之水卽滄浪蕩漾淸風一派長此外名區無限處更於何地可沉香

拜晉刺史吳隱之祠下酌水告神改貪泉爲

廉泉　　太史杭世駿

貪泉抱屈几千年廉吏來過事更傳椽筆試教改

一字不貪人飲即廉泉

飛來寺記

峽山記

香山陳蘭芝拂霞輯

謹按峽山在清遠縣東三十里亦名二禺山近連中宿兩山對峙高出雲際中通一水故名曰峽有黃帝二庶子廟在焉考之山海經曰[illegible]生禺陽禺號居南海是爲姬姓二庶子[illegible]陽禺號耶道書以峽山爲第十九福地[illegible]釣鯉石則秦人趙胡得金鯉處也有歸猿洞則唐孫恪妻化猿

之所也有和光洞則宋[illegible]隱化之地也有獅子石則多羅三藏法[illegible]僧之舍也有達磨石則祖師西來禪坐之[illegible]有葛仙石則稚川常游憩之遺也其嶺爲[illegible]以一神人見幡故名其潭爲犀牛以犀扼金鎖故名其泉爲定心以泉水清冷飲之可澄心故名其灣爲凝碧以波流回環一碧極目故名其臺爲讀書以二庶子隱讀故名其樓爲伏虎以霍文敏公禱神驅虎故名其中有飛來之殿世傳梁普通中從舒州延祚寺飛來云則

眞俊師之靈蹟也嗟夫開天闢地惟一氣之所運移山驅海乃一神之所爲蓬萊之浮島合于羅山巫山之雲峰飛于錢塘列諸紀載昭昭也又何疑於延祚哉作峽山記

飛來寺記

文類　　　香山陳蘭芝拂霞輯梓

峽山賦　　　唐　沈佺期

峽山精舍清溪妙境中有紅泉分飛北嶺若乃忍殿臨岸禪堂枕江桂蕊薰戶蓮花映牕銀函獅子之座金刹鳳凰之柱野鹿矯而屢馴山雞愛而頻舞千層古龕百仞明潭幡燈夕透枝鋒朝酒炎光失於攢樹涼風生於高竹仙人與天樂俱行花雨偕香雲幷逐法侶徘徊齋房晏開心猿久去怖鴿

時來走何爲者竄身炎野旋旆京師維舟山下秋
首醫王誓心無常向何業而辭國今何緣而赴鄉
豈往過而追及將來愆而預殃即撫躬以內究幸
修慝以自傷心悟辱而知忍迹繫窮而辨方省爾
來之放逐謂吾生之津梁乃縹緲之間有禪關兮
俯㒜碧灣敕特賜之廣慶兮名標峽山嶄然七十
二峰兮高侵雲漢亘爾千百萬紀兮永鎮人寰切
惟羊城五嶺之要衝清遠諸峰之高壓中有絕境
山名曰峽澗穿一水之流旁列兩峰之夾層崖邃

谷疊屛帳以重圍怪石奇峰聳樓臺之高插山尖兮嶺危天環兮地旋前山踴兮龍奮躍後山猛兮虎蹁躚冠出巫山之十二高超法界之三千霧鎖煙籠眞物外虛無之境月明風梟實壺中別有之天春木茂兮蒻琉璃春花開兮藹蘭蕙夏風凉兮來殿閣秋露泠兮滴松檜冬爐煖兮薪炭酷歲醪酌兮杯盤美壯蓬萊三島之居類天闕五雲之際閒凭晚閣指天外之霞飛夢斷曉鐘聽雲間之鶴唳紀事者曰昔在梁武帝統臨幅員亟降二庶子

之青衿來五羊之穗鞭其後化遊士以去此托舒
州之夢焉於是雲奔電激神殿一霎而至止雕梁
峻柱金身丈六以巍然爰立靈祠居二禺而作鎮
中有梵剎羣列像以安禪輙有怪異紛紜神靈出
没達摩石兮聖蹟俱存觀音泉兮源流不絕老人
松畔竹交加白泡潭中魚跳躍猿環不見時聆古
木號風犀鎖已沉時有寒潭浸月更復臺高獅子
巖産金芝之蘚斑斑兮定心泉水淼淼兮放生池龍
磨角而江澄素練嶺縹幡而雲走輕旗舍利塔兮

覩神人之現波羅樹兮聞異香之奇煙鎖釣魚臺往事空追於趙子雲迷和光洞今人莫覔乎昌期雲衲來遊琴書投靜恬然淡薄於吾是酩役役紛華而非所競何妨拚峽山之遊恍乎步蓬萊之境復系之以詩曰

詩載在下五古內茲不重錄按沈佺期與杜審言宋之問倡爲律體其衰也元白倡爲俗體而李郢及許渾李商隱輩雖欲精琢翻成晚唐然一代名家多寓跡五嶺三江間他邦所無也

重修飛來寶殿記　　胡愈

中宿之半倚石作大禪林勅曰廣慶國朝康定初

所賜額也按寺雜記三十有六而飛來殿實其權輿武溪僧了玟嗣法佛國禪師惟日崇寧改元之明年歸自法雲越二年三司檄漕溪選請住持入院之月由三門左行躡級而上登頂謁還視基構圮陋弗支俯瞰長江如墮輒喟然曰不葺將何以奉香火重本根乎迺募衆緣益之歲入斤斧旣集據舊一新廣五丈五尺有奇深三丈四尺有奇前崇四楹左右翼如也經始於大觀戊子之初告成於九月之望上棟下宇咸飾以朱日皎月輝上薄

雲漢後八年改九事功德至者疇瞻肅心生焉先
是梁武帝時峽有二神人化爲遊方居士往舒州
叩上元延祚寺貞俊禪師曰本峽據清遠上游吾
欲建一道場足立勝槩師能去乎師然其說俄而
中夜風雨大作黎明薄霧啟戶而金仙寶相巍巍
乎已在此山中矣一何速哉說者謂黃帝時降二
庶子五羊長曰太禺居峽南次曰仲陽居峽北厥
後二臣左曰初右曰武亦同隱于林麓之間所謂
二神人非即二庶子乎予應之曰事隱乎微不可

究測一言蔽之曰神夫以神運無方聲跡俱泯寸步不動六合已周使其少致力焉雖華岳可移滄海可決況其爲土木乎初念厥治以人相神則億萬斯年獨存而不朽矣玫師自據法席行將一紀隻椽片瓦皆出其力而曩昔出山以玆殿始故取其名之著者刋于石

重脩大雄寶殿記　　楊觀

夫神通妙用蓋佛氏之餘事爾吾觀其書所載如諸佛菩薩能以威神執此世界擲於他方還置本

處其中衆生都不知覺又如佛說法時隨其所寓
邱陵坑坎緬平一等一切穢惡悉爲淨土以至文
殊師利問維摩疾室無牀坐居士現其神力須彌
燈佛卽遣三萬二千獅子之坐來入其室如上所
說不能悉數則何神變若此速哉是其淨智妙圓
應化無礙要必有道殆非尋常聞見所及若今飛
來之說又其妙用之緒餘爾無足怪者按峽山故
事飛來殿乃龍舒上元延祚寺梁武帝時一夕風
雷神運而至蓋其僧貞俊從峽二神所請由梁迄

今八百餘年殿宇凡屢廢屢易而名猶故存古也泰定丙寅今住持明顏續泒臨濟之宗嗣法訶林之印既莅乃位覩故宇之將摧懼靈跡之遂泯閲其常入則庾齋廩虛走謁豪家則愈多寡于時太華楊觀實叨邑寄於是明顏踵門作禮求助適有以浸没公帑事露者以所輸財入官統計凡二千五百貫卽付之繼以不足告觀惟名山福地在吾境中爲國祝釐臣子至願此僧勤敏可任事用椎已有以相其成仍命勝因寺住持明宗專主財

計營辦有職董役有員顔則總其大凡遴財必堅
徵匠必良爰究爰度視舊有加棟隆梁脩中敞旁
殺位置謹嚴疊斗轔轃危簷翬飛竹苞松茂九事
功德不改其舊靈山一會儼然未散則又飾以金
帛繚以石欄種種莊嚴妙好殊特天龍人鬼靡不
忻然經始於天歷己巳之上春是秋告備顔與其
徒復求予記且曰是舉拜公賜甚厚丐一言警戒
後人俾紹俾續圖於不朽如是三請則勉用其説
而告之曰顔乎汝法所謂成住壞空汝知之乎自

一小世界乃至無量無數微塵刹土皆始於成既成而住住而必壞壞而終歸於空空又復成成又復住住而復壞壞而復空四者相因展轉循環無有窮已一切諸法亦復如是而有無成無住無壞無空者存三世諸佛以此相受今我與爾皆具是道而未能者當勤脩也嘗觀汝是殿自始飛來至于今日歷世未及三十其成其住與壞與空能保於日後乎雖然汝誠盡汝今日成住之責必堅必確使毋速朽吾爲汝記俾汝後之法嗣厥子若孫

因吾之言思紹汝志緝而熙之使不至於屢壞屢
空是亦汝之常住乎其中也庸訶慮爲歸而爲我
語爾二神堅汝定力罕記昔人動不如靜話頭俾
其罔復飛去主我泉石則亦庶乎汝之能保任也
顏曰唯唯乃復爲之說偈偈曰

吾觀世間法　無鉅亦無細　成住與壞空
四者常相因　惟我兩足尊　無壞亦無成
能度一切衆　超出諸有海　今此古叢林
二庶所依止　有殿昔飛來　于今八百年

屢成復屢毁　有爲亦如是　明顔善知識
肯復爲改構　願力所莊嚴　堅固無與比
察其所用心　惟慮壞與空　壞空不必慮
當有繼之者　但當勤精進　深入佛知見
以我無壞成　度彼成壞者　是名大回向
稽首天人師　願坐此道場　曠刼長不動
皇皇斯萬年　轉此大法輪　廣度諸有情
同證於佛道
說此偈已一切大衆頓首忻說請刻諸石於是乎

書昔天歷二年己巳歲良月既望

·重脩飛來古殿記　　高若鳳

廣州府清遠縣北十里許有峽山水清勝茅君傳曰載爲第十九福地世傳黄帝二庶子及其臣曰初曰武居禺山之南北寔主是山有祠存焉蕭梁時二神化爲遊方居士往舒州延祚寺謁貞俊禪師是夕風雨暴作黎明則殿已飛來于兹矣一角卦於梅關今之雲封寺也由是貞俊靈靄二師俱至峽山有臺曰化樂熾然說法大振宗旨勅賜額

曰至德唐景雲間改號禪居宋康定初改令其僧徒住持焚脩殿宇宏敞竹木菁茂帆檣上下者必艤舟登眺發布施心一時威靈奕奕顯盛歲久時移常住婾惰因而殿亭圮壞大觀戊子住持僧了玫更新之自兵火後移殿下瞰江滸卑隘弗稱皇元至正戊子廣州居士袁暹繫舟游覽攀磴緣崖撫舊址榛棘嘅然久之住持祖惠靈傑作禮請曰勝地不常江山如待長者但發願心種大福田黃金布地如在目前袁意諾遂卽舊址施財鳩工復

創寶刹一所經始於是歲十有一月落成於明年九月殿宇翬飛丹雘煥爛像設莊嚴人天悅樂玲瓏幽廠悉復其舊觀焉或謂是殿常飛來於梁之普通大木常運於唐之神龍今乃藉於人力何耶曰神人一理也敬佛一心也何隱顯之間哉曰我佛嘗以威力以三寶殿擲於宅方還置舊處不如是何以見我佛神通變化余則以爲一切有爲之法孰非幻乎夫佛以寂滅爲樂人相我相一歸於無故能以芥子之小而納須彌之大虛空中遍滿

樓閣亭直以飛來一殿示其神通哉誠以是諗之
慧師首肯遂書爲記

重脩飛來佛象記　鄭積中

峽山飛來寺冽江之勝槩也山水奇秀甲於東廣
世傳福地自梁以來肇有寺宇由唐宋迄元歷年
既久其間興廢不一歷歷可稽我朝正統景泰間
有僧號東明者來主是寺暨其徒輩嘗感遺踪興
嗟募緣陸續脩造建大蘭若如飛來殿天王殿半
雲亭二聖祠圓通閣全淸閣三門牌樓甃開古路

重立飛來鐘樓結砌水道仍脩葺祝聖殿鐘樓兩廊一新各殿佛像群工告成百度攸新屹然爲上方偉觀矣迨宏治之三年庚戌相去已四十餘年而諸佛像塵埃點汚香泥剝落主僧華巘東明之高弟也性度明朗於凡釋氏之書無不博獵於是慨然以飭新爲已任嘗則仲秋叶吉捐帑重脩顧其工浩瀚於力有所不贍復廣募勝緣以助之而四方之士多樂從者于是朝夕董其事嚴務求華美不計小費又明年辛亥夏四月始落成則壞者

完故者新金碧輝煌照耀眼目而諸佛之象煥乎一新爲一莊嚴世界矣且干余爲文以志不朽吾聞釋氏者以寂滅爲尚以苦空爲高其教然也然觀其用心則有甚可取者夫奉佛飾尊非淄流者所事事與但樂因循者一切睬爲故常間有喜作則又憚供億之繁冗以故不能力事惟華嚴事東明一意繼述革故鼎新勤惓香火遂使空門荒落之區頓成鐘鳴懺禮之地俾後之人登堂肅像者顒然起敬仰之心而善念於是乎生秋毫皆𪡏

力矣若夫聖壽萬年共祝皇圖之固兆民百刼同臻覺海之波持此默念則又窺其用心之大者豈直區區於脩廢墜耳已哉碑成不敢自居請勒諸檀越芳名併所助之貲于左是以書之昔宏治辛亥孟夏朔吉記

重脩大雄寶殿記

葉玉

佛氏之教其始也隱於無名之中窈窈冥冥無形聲之可求知孰爲之佛孰爲之殿既而顯於有名之後流入中土宗其教者假像爲佛由佛爲殿則

佛與殿可相有不可相無也久矣廣慶寺據清遠峽山之陽幽勝甲天下巍然一上刹也大雄寶殿創始於建德之時再新於天歷之際歷歲滋久日就圮壞四顧蕭然何以供香火於是住山無瑕上人接目感心遂呼其徒而語之曰殿宇諸佛之止諸佛吾教之宗殿宇弗脩誰之咎歟乃先措鉢抽貲預存少料復募諸方檀越委粟捐金集力鳩材諏日始事殿宇欹側者正之棟梁朽敗者易之節梲廢壞者新之丹青脫落者潤色之萬年傳燈之

地於斯煥然此豈直爲觀美哉葢將祝延聖壽以永皇圖陰祚生靈以度苦海庶幾哉不負古人立寺之意矣兹役也肇工於丁丑落成於戊寅不期載而殿宇一新眞若琉璃之無界蓮花之無垢亦不曰有山靈之勅護與何神速之若是也僧索余記故書之昔正德丁丑冬吉立石

定心泉記　　翁淼

穗城泝北二百里曰峽山居清遠峽中湞水之流迫遽嚙岍兩山壁立不可路通山巔有寺曰飛來

其初始也其地曰內坑有泉曰定心因跋多羅三藏法師慮其寺無泉可汲求之亟忽一日有一老人指石曰但定其心何慮無泉遂隱竊疑觀音示現也師乃莊嚴其相敬禮不怠鑿石果得泉水味若天泉甘露因名定心俗謂之觀音泉也泉流石中廣六尺水深三尺唐貞觀間建觀音閣其上後廢毀移閣跨泉夷以堅木上崇大士左右殿奉諸佛傍爲僧舍卽今峽山寺是也門瞰綠水溶漾紆徐茂樹蔡石清雅而幽邃過者必登覽焉廣州右

衞揮僉劉侯靖嘗過峽愛其泉而濯焉遂賦詩以紀之釋曰書于壁孰愈於泉泉雖勝如未有記何比至湟川求石守禦莫侯克相厥志屬余以紀其事余聞侯乃祖受征克勳命考源躬自策功特授廣東都閫侯以圭傳組襲循典僉衞爵好讀儒書尚文雅暇則學吟又好山水以樂其情懷誠可尚已昔柳司馬在永息壤雖小東邱雖奧亦必紀焉况峽山爲廣名刹而泉又得其勝宜刻記以答釋者之請莫侯復附其詩於下方勝者次第繼焉詩咏

見定心
泉下

移峽山神文

尚書　霍　韜　南海

正德辛巳春二月朔三日南海霍韜朝京過清遠維舟峽山聞邇年峽之上下民人遭虎噬食者二三百數乃移文于峽山之神責之曰惟神職守茲土於宅有茲土之人經遊茲土之人惟神之庇之依於茲土之寇竊虎豹蛇蟲惟神之馭治乃茲邇年由峽山泝于英德由與仁暨于湞江盜竊縱橫虎豹甘人豈神懵不聞知於惟皇上帝恤莫下土

嶽瀆山川肆于鄉邑社稷神祇咸秩乃祀惟岳瀆
山川鄉邑社稷神祇恪恭乃職乃享乃祀以無黜
辜我聖天子御天下百辟吏士罔不率職百辟吏
士有不率職豢縱寇竊則干戮刑惟神職守茲土
衞保我聖天子萬民乃縱寇竊豢縱虎豺噬甘我
民疋天之罰則誰之辜豢縱寇竊殘殃我民時惟
我百辟吏士不畏天之威命以惻恤民艱於惟皇
上帝恤奠下土明則責督百辟吏士幽則責督嶽
瀆山川神祇茲神涖守茲土乃縱虎豺噬殃我民

時惟神不共天之職典不畏天之威命怠職玩天
時惟神不忠食享玆土不衛恤玆土之人時惟神
不仁民遭虎噬以有吽號神不聞知時惟神不聰
民遭虎噬吽號神有聞知乃不拯恤時惟神不德
我聖天子御宇百辟吏士不忠不仁不聰不德寘
有常刑惟神職守玆土責其誰歸於戲神不共天
之職典寧不畏天之威命是用謹與神約始自今
虎豺甘人神殛誅之遁三四年虎噬我民以無辜
神追殛之顯有嘉績報衛我民是匪特神之職典

實共天之威命茲土之人亦保享神之休如自今至于一月二月三月虎猶甘人是惟神不共天之威命不職予乃齋肅告于皇皇上帝遣風雲雷電神祇誅徙茲山塞塡東海糾正神之罰辜予則獲罪于神不辭惟神正直尚聽予言保享茲土于有永旹正德十六年春二月丙子立

峽路記

王漸逵

浙西南岑吳公憲于廣備兵于嶺南軍于清遠先是峽江阻險濤石危嵒爲舟楫之厄會入漢以來

千有餘載志士仁人付之莫可奈何公至惻然時方有連冦之翦凡歷而觀者再過而踟躕者六曰東者壁西者麓壁者骨麓者肉其幾闖矣未觸其會方今聖澤流衍民物充盛視如中州天效靈地助順意者其在茲乎予其何辭迺進僚屬兵士而語之僉曰諾迺相脉勢度遐邇則陟降量渙止集群技列功次迺取材于山取石于巖取工于驍勇無煩邑長無驚我民由是莽者曠叢者豁嵲者傾壅者疏凹者平礐者架漥者形砰者臺紆者繩方

踰月而大道攸達南者北者舟者陸者商者旅者
止宿者漁者佃者獵者樵者郵者使者牧者騎者
冠蓋者荷負者緦者採者遊者眺覽者送者別客
而經者流寓者廬處者皆欣歡嘆咏以爲堪輿一
小開闢溟嶠之濵傳爲盛事是故駢翳化爲閭爽
阨隘化爲坦夷頑曓化爲奇勝激湍化爲漪池鬱
憤化爲燕笑悲愁化爲愉怡黿鼉化爲蓄玩嵐氛
化爲清霏殊方化爲鄉國呻噫化爲雅詩青蘿王
子曰予嘗北渡大庾觀九齡開鑿處涉淮泗淄濟

求禹功於九河孟津迺撫而嘆曰嗟乎昔乎易稱會通重開物殆近之矣是故禹移泽水先冀兖曲江闢隘南服以奠吳公入越而峽流衍雖昔會之孚亦存乎人矣後之思公之功者尚求之名山大澤中因命刻記于飛來之巔俾山靈守之永勿替嘉靖十五年四月吉日廣州府知府鄒守愚清遠縣知縣呂應昌立石

歸猿洞記在飛來寺　孝廉　楊錫震香山人

唐廣德中孫恪以文學著而性放蕩不羈一日遊

洛至龍王池欲假精舍讀書旁有指一宅舍可僦
者恪欵扉相訊寂無人聲側有徑可通遂從長廊
而入見簾內女子艷冶絕世摘萱草庭下頫首微
吟曰彼見是忘憂此看同腐草青山與白雲方展
此懷抱吟罷悽惻若有所思忽覺簾外履聲搴帷
驚走命青衣問所從來恪以僦舍對青衣復命女
子曰郎君窺吾賤質久矣可延客坐吾將整容相
見青衣導之中堂恪私叩族里青衣曰含山袁長
官女也以擇配居此頃之出見如禮因語恪曰寒

室雖陋非圖僦人但郎君遠來小稅駕無傷爾遂
館愘於東軒畫棟雕櫺寶玩珍飾璀璨奪目愘驚
異久之而戀戀佳人有懷莫吐鬱鬱不樂又不忍
遽去一日青衣銜命謂愘曰娘子念郎君寂寞且
夙世良緣倘伉儷允諧富貴可致愘歡喜過望自
是琴瑟交歡娛情詩酒荏苒五載愘偶出閒游塗
遇中表張閒雲班荊敘舊張曰吾久游方外曾受
自異人觀子容貌動靜妖氣相侵幸言無隱遲恐
弗及愘懵然不省張曰夫人賦性虛靈陰陽盛衰

有中形外吾子妖氣中於婦人吾有方術可以療
治㑛具道所以張歎曰吾言不誣宜亟離彼㑛曰
夫婦情深昔寒今溫義不忍負張怒謂㑛子爲丈
夫甘遭迷惑寶劍降妖試之輒驗善藏伺便毋自
殞身㑛受教韜劍還室屏於密所袁覺怒詈曰子
窮愁相依今泰子亨途聽受邪言將謀加害負心
至此犬彘不如㑛慚忸求解袁不之顧搜劍寸斷
㑛懼欲奔袁笑止之曰張生妄人導親非義來當
辱之子吾偶也何懼爲㑛心少安再出遇張曰兄

教我捋虎鬚幾瀕於殆張曰寳劒何在恪曰碎之矣張曰非所知也遽别去又十年袁生二子治丙條理家計日豐佐恪讀書有成意復謀仕乃西至長安謁王相國縉縉薦之番禺帥幕俾挈家依焉恪歸語袁袁曰數也歡娛詎常保耶恪不解遂攜之粤每遇崇山峻嶺茂林洞壑袁必凝睇歎息路經峽山袁曰此間寺僧慧㘞者高年有德當飯衆資福且語恪曰人生聚散倐如朝露吾與子締姻將及廿載一朝分手傷如之何恪曰來日正多胡

乃自苦百年後吾與子當丹成仙舉爾袁曰事難
意料子姑俟之恪不知其言之悲也次之日齋僧
已袁理鬟更衣攜二子詣老僧作禮手持碧玉環
授之曰此院中舊物老僧愕然少頃忽野猿數十
松下捫蘿相望悲號袁愴然命筆題詩於壁曰無
端造化幾湮沈剛被恩情役此心不如逐隊歸山
去長嘯一聲烟霧深書訖擲筆抱二子悲不自勝
拔淚語恪曰妾本非人感君情好誕生二子緣盡
難留幸視弱雛撫其成立遂乘間裂衣現還故形

攀崖而去猶頻囘首悵魂爽飛越椨二子大慟幾絕老僧勸慰因語之曰昔爲沙彌時蓄一小猿開元中高力士使南海道經於此喜其俊黠易以金帛并索訶陵所施碧玉環繫頸獻於上每天使來多言其善解人意上喜甚馴養上陽宮安史之亂不知所在詎知其靈異如此持環歸之悵情思悵惘攜二子登舟桂帆北歸後二子俱成進士至今稱望族云

飛來寺記

詩五言古　香山陳蘭芝拂霞輯梓

峽山飛來寺　唐宰相張　說洛陽

流落經荒外逍遥此梵宫雲峰吐日月石壁淡煙虹寶塔靈仙湧懸龕造化功天香涵竹氣虚唄引松風簷牖飛花入房廊激水通猿鳴知山靜魚躍辨江空靜默將何貴所貴心鏡同

、前題　楊　衡

陰岸東流水上有微風生素羽漾翠澗碧苔棲丹

英重林宿雨晦遠岫孤霞明飛猿相攀牽白雲亂縱橫有客泝輕檝閱勝匪覊程逍遥一息間塵土五侯榮搴茗蔗𧂐熱漱泉聊析醒寄言絲竹者詎識松風聲

前題　宋學士蘇軾眉山

天開清遠峽地轉凝碧灣我來無遲速攝衣步孱顏山僧本幽獨乞食尚未還雲碓水自舂松門風爲關溪泉解娛客琴筑鳴空山佳人劍翁孫遊戲暫是人間忽憶笑雲侶賦詩留玉環林深不可見霧

雨䨴髻鬟

前題　　侍郎　胡　寅

清遠峽山寺幾年聞汝名關心得眺望滿目慰經行壁立巉天秀溪寒瀉鑑清嶺雲方北上濤雪謾南傾罪籍千鈞重歸舟一葉輕堯仁天共大舜智日同明重起闕廷戀敢懷山水情生綃無畫手聊此寄眞形

前題　　侍郎　胡　銓

山似牛頭峽水如龍眼灣半生多罪垢浣洗塊土

顔仙人聞舊名一往何年還岫幌烟爲鎖玉扉誰與關忽聞響答谷恍若猨吽山我欲紀未契焉得茅三間泉漏聽琴筑風雨聞珮環木杪青螺髻得非雲霧鬟

前題　　翰林學士　蔣之奇

昨從湞陽來暮過峽山寺適聞新昌冦道路傳者沸余時不敢留一葦翩然逝雖經絶妙境已負幽清意捲簾坐船舷極目望蒼翠有如逢珍寶不暇貯篋笥又如過屠門大嚼涎垂喙每欲問其詳會

莫得圖志道人山中來爲我譚一二犀去金鎖沉
猿歸玉環墜趙胡垂釣石巋然出江際穆王雙車
轍想像常按轡漢晉五仙人曾騎五羊至俊鸖二
禪師神力與迦馭岩嶤五嶽塔初自崑崙施三祖
石甚奇僧粲嘗所憇上方獅子臺下視見雲氣異
花成幛幄紅紫嫣然媚蒙茸緣崖草莖葉相覆被
或黃如金釵或白如珠珥造化窮天巧肖象名殊
異梁間許渾詩壁上李翱記但知考事蹟何暇評
文字清遠古中宿俯壓南海澨退之貶朝陽亦曾

經此地幢碎逢颶風雷電助其孰我來幸無恙恬然不憂畏祥飈送輕帆默巳荷神賜北歸會有日維舟就津次當爲少盤桓歷覽償夙志

前題　　明布政袁　凱華亭

古寺連青峽停橈到上方筇分崖竹翠屐印磴苔蒼地逈塘凡隔林幽草樹香千峯藏佛刹一水護僧房樵子迷行徑歸僧趂野航犀拖金鎖太猿獻玉環怭圖志疇登載飛來事渺茫摩挲看石刻開創自蕭粱遺跡難尋訪羈懷易感傷北蹁河橋遠

南望海天長戀主心懸日思親鬢點霜明時無寸補回首總空忙

前題　　僉事　徐紘　晉陵

舟行冒炎暑少憇留青灣登山覽名勝一笑聊解顏輕雲抹林杪隱隱去復還禪宮名飛來殿宇夜不關寂寞萬壑中而乃有此山山僧稍知事坐我半雲閒泉聲繞屋流管絃雜珮環浩歌發遐想回首疑湘鬟

前題　　知州　廖輔

寺在雲山巔飛來何歲月我過一遊之飲水樂未歇水中潛有魚與客窺波測水中潛無魚與客尋泉脉松影踏羊腸山花襲我香林中多錦翼班班皆文章坐久愛勝跡斜暉催人忙孤舟賞良夜銀漢月蒼蒼

前題　工科給事　許天錫

峽山古名寺覽秀澄江灣登臨躡翠微一洗塵土顏墅猿嘯月去海鶴盤空還清風吹征衣爲我掃禪關我乘此清風直上蓬萊山身在煙霞外神遊

天宇間俯聽定心泉珊瑚鳴珮環日夕下樵徑白雲生黛鬟

前題　　　　　　兵部尚書　吳廷舉　蒼梧

風雨舟一葉嘗避張家灣宵征大庾嶺如登古商顏雲封報飛來隨喜相覊還老衲解佛旨入定再出關蹇予脫樊籠所歷皆吾山又幸此山者景象殊世間和光洞中人招手話賜環爭貽五色榴侑以雙雲鬟

前題　　　　　　御史　郁　侃

春水時蹔至鼓枻清江灣東風吹征衣如復解我顏閑花自開落野鳥自往還北向庾嶺南來叩禪關摩挲讀古碑靈籟鳴空山豈知萬里外如隔塵世間行踪嘆萍梗歲月恆循環岩際忽縹緲飛雲凝翠鬟

前題　御史　王大用　莆田

下方宿業重愛此蘭若灣少壯奄雲遊何以駐我顏昔聞昌期叟于焉乘雲還澗泉尚泠泠野鳥自閑闔福地錯廣輿一一皆名山佳人渺何知不復

棲其間延佇我心憂時聞月下環歸來早歸來爲爾理春鬟

前題　　　　尚書　湛若水　增城

名刹來何寺幻跡飛靑天天光照岩洞閃爍雲霧間雲霧散倏忽上與蒼空連空山無人跡幽鳥暮獨還和光本無路逝水自有瀾仲尼久不作此意誰與言

、前題　　　　倫以諒

一水明兩峙千峰長綠苔憑高窺鳥道尋勝得魚

臺

孤石撑雲起萬山龍虎踞天地一浮盃自來還自
去

煉丹朱明洞寄跡飛來山五百年前事春風爲解
顏

前題　王漸逵

青山四壁圖一石憑空踞問我來處來直於去處
去

前題　副使顧可久　晉陵

何處飛來寺蕭梁傳至今空門俯江碧層殿仰雲岑院院崑崙竹邱邱祇樹林彡虛有蒼蘚青曠絕氛祲靈洞青霜閟禪扉翠靄深葛翁仍羽跡帝子恍簫音日下群峰夕嵐消萬壑陰石頭聞虎嘯峽口聽龍唫尋眞險還陟聊遂出塵心

前題　　郎中　陸時雍　歸安

誰開山峽水中有樹爲灣寺勝傳梁代我來無厚顏狂愚天地諒春風一棹還探奇躡雲磴幽鳥鳴關關駐足前峰半飛雲空在山塵寰多絆刼猿環

侮人間心惟正邱首猶持昔賜環仙跡歸苔蘚層巒自結鬟

前題　　府尹陳大綸南寧

塵綱不可覊暫宿逍遙境古刹云飛來𦩞矣靈通景虛空雲滿岑幽人迹何靜雙峽隱千峯高閣斜陽暝泉心玉液晶石上松花整欲訪予洞深更覔丹砂井須臾明月佳萬慮倏然屏寤寐羲皇前絲絲恆自警此意與東流千載還誰領

前題　　教諭王兆寧都

乎冥設奇觀漸看入佳境中流兩峽藏疑是方壺景泉洌劍光寒山空天籟靜搴蘿陟崇巔白晝烟霏暝少憩半雲亭脫巾誰爲整饑飡五色榴渴飲龍湫井二曜雙跳丸群峯蹲若屏登高復臨深敢忘垂堂儆古刹名飛來須將名義領

前題

孝廉吳旦南海

招提幽絕處千壑棒珠宮山埶懸疑墜川流曲似窮黃鐘仙管寂碧玉怪環空忍草棲靈霧曇花落慧風灶殘坭尚濕丹化井猶通夙昔登臨地題詩

憶遠公

前題　布政 岑萬 順德

石門天設險一水護青灣地軸雄南海雲峯麗北山陰陽互推盪日月時往還寺僧聞客至倒屣開松關撫景詢舊跡登臨愛兹山願從安公子嘯傲烟霞間君看慧猿歸解贈訶陵環如何巫山女朝暮理雲鬟

前題　安南國使 楊宗海

峽寺初來訪停舟碧玉灣眼中疑對畫客裡爲開

顔古殿今猶在妖猿去不還一時留幻跡萬古照
禪關歲月中流水烟霞夾岈山許多前後事分付
有無間已愧愚求劍那堪智解環坡詩賡未就洞
口鎖雲鬟

前題　　南部兵憲　管志道

仙槎洵出没福地渺乎宫遠峰將過雨平薄帶晴
虹冷樹非靈籟飛龕詫鬼功離萍流滿月病葉滯
危風笑逝犀光亂循環玉味通雲磬移山寂花雨
向人空坐有鳴心鳥幽意與之同

飛來寺詩

前題　　南昌　萬文卿　憲副

秋色滿清峽虛舟挂碧灣慧風招我遊定水沃我顏危磴和雲躡詎能絆雲還猛前心即路最上天無關故知飛來寺直是本來山山空寺本空如如憇其間松夢猿亦夢惺惺得其環回首了忘語峰端螺髻鬟

秀壁簪千仞澄江帶一灣菊花迎客步祇樹拂塵顏勝境有緣到流光無計還迷時皆畏路定處即禪關却笑飛來剎常留自在山眼空碧落外身坐

翠微間蕉鹿破松夢心猿生玉環坡翁稱最達戲墨灑雲鬟

前題　吳廷翰

登山探奇勝歷景稽仙宅山人爲我言上有勾漏
蹟世遠語茫昧人稀徑危折聞言動遐想凌風掛
山幘藤蘿蔓衣襟牙磴刺胷臆目眦決雲霄毫端
響松栢丹竈忽隱見何許覓踪跡但見百尺亭插
此萬仞壁力倦藉豐草而或坐磐石坐此不能去
拂拭仙翁席起行捫蒼苔如見古壇額漫滅不可

讀依稀辨形畫乃知事不訛流傳自夙昔我聞仙君術曾不事黃白丹砂疑胎元黃金生肘腋功德崇累生空山煉形魄一爲烟霞人逈與塵宇隔我生逢大還乃是眞仙脉若人能啖之其甘如玉液千載駐紅顏虛空生羽翮仙君知我言如聞擲飛舄望之不可見四山翳蒼碧倏然萬念清焚香展周易

石間聞泉聲村端出清磬使我忽延佇冷然㥀孤聽歷巖氷雪主平■光瑩涓涓茲何源一氣天

所孕本性自無感流行乃其應吾生亦無涯萬變
惟心定不見定心人持此將安贈
聊乘一日暇行上半雲亭雲乃在樹間霏霏如畫
屏雲色向我白樹色向我青雲樹本無心往來自
成形我偶與之會坐玩日已暝雲樹一爲別山間
風泠泠

前題　　御史談愷浙江

行踪不到處有寺忽飛來僧住金輪轉燈明寶殿
開山光相掩映江勢自紆迴我欲尋芝草人言近

石臺猿環迷古洞仙壘鎖蒼苔未盡登臨意歸橈急浪催

前題

大學士　趙志皐　蘭谿

偶來挹泉亭酌彼泉中水泉曷名定心心定握泉理氣化靡停機貞靜涵太始大士悟莊嚴蒼崕生冽汎流馨細度林瀉玉寒漫几一酌洗吾脾再酌滲吾髓我欲滌煩襟從兹三徙倚萬感原一寂活潑性常止異哉此山靈淵乎揭斯旨涓涓石上流定心人不起明月照空簷泠然發深泚

前題　　縣尹黃榴　南海

美哉江上亭樂矣泉中水挹泉識亭名定心亦泉理涓涓靡晦明混混無終始靜定蓄天光疇能測兹汎野猨啼向人老衲臥隱几至人獨冥會對此屢徙倚未論滌塵囂酌之等石髓云何柴桑詩樂飢忘此止我誦泉亭篇惕然悟深旨長歌震林木大嘯驚鳥起安得定心者來共挹崖泚

前題　　推官[illegible]點　南漳

落莫楚王子停艫俯峽灣羣峰低拂樹積翠上疎

顏和光迴幽閟仙人去復還嚶嚶朱鳥度悠悠白
雲關繡錯看星麗多賢聚此山酒續扁舟夜濤翻
几榻間飛來且歸來何心話玉環明月生東海懸
鏡空翠鬟

前題　梁有譽

碧流環黛壑琪樹隱珠宮佛影諸天近空香下界
同懸峰吐日月古壁淡烟虹開鑿元神造飛棲歎
鬼工雲屯山欲墜潭靜水恆空勢倚乾維外形盤
地軸東覺花常捧露忍草自含風寶筏迷川迴金

纚慧景融八平明淨業七滿表慈衷聽法趨鮫女
傳經侍海童日城虛不昧星刼運無窮塔湧青冥
外輪浮色界中人寰三島近天路十洲通鰲岫攢
雕拱蓮厓映綺櫳冥搜情詎已遐覽意何雄仙客
飡靈薤羈人歎轉蓬玉毫如可照於此脫塵蒙

中宿峽寺

國朝太學生方朝番禺

滄海雲際來一瀉開地軸嶔岑雙屏轉坱軋森艸
木仰窺流光短益覺日晷速乃知東南天於此亦
不足鮫宮倚禪房魚梁飲鸊鹿帝子去杳然清光

映江曲維舟探遺蹤雲旗想幽谷起步突兀東南天亦不足此景此意無人道過

出峽

烟横山根青日落水面赤孤村牛羊下出峽景已夕網罟歸澄潭麏麚戀幽石蒼然前林遠江天月流碧山水信足佳其如在于役

飛來峰　　正詹事史夔江南

衆壑遞隱見一峰獨亭亭怪石煉五色神功開六丁秀骨琢天巧孤根闢地靈花蔓破空翠劍戟攢

高青氣若逼星斗勢欲淩滄溟三竺共俯仰兩高
闞瓏玲木生不假土泉出還無形倒垂萬菡萏側
走千雷霆鳥徑不前勞鬼工太崢嶸萬象歸窈窕
百靈入晶熒洞門閟雨色石扇羅秋屏松雪夜了
了陽光晝冥冥花塢亂楓木水泉鳴茯苓自注：山有楓木塢茯苓泉伏虎衞佛法老猿守丹經我欲問寶訣歸來
煉黃寧極意刻畫讀者如置身靈鷲峰間

登峽山寺　孝廉　楊錫震香山

淸旦索幽異停橈古松陰澄澄兩峽水磊磊數峰

參筞杖步山門老僧扣絮紒义手前致餅山高杳
難尋太行雖巉絕未若玆孤岑澗深獰虎伏壑靜
老龍吟巨靈欹以戲雲氣忽浮沉晦明無停態頃
刻非昔今聞之喟然歎披棘越東林密竹綠成圍
繁花若合簪小憩半山亭瀑聲鳴素琴磴道絕攀
緣朔風撲方礡遠眺寺飛來冥濛自霧霧鼓勇躡
苔墀福地信難任穎川俊老禪神輸孰可禁動靜
與天語爐煙裊嶇崟茗試定心泉淸虛滌煩襟左
陟和光洞安期有遺音斑蘚蝕留題丹砂餘翠椹

鶴巢歆露頂霞暈倒篩金猿號凄且切蕭瑟動芳
梦行行枝逗影曲曲徑留欽高歌振林木澹潋歲
寒心兹遊愜幽獨寧辭霜霰侵

峽山飛來寺　尚書　王士正山左

方舟宿湞陽高峽厭蒙密乘風指飛來喜近調御
室蒼蒼菩提樹逶迤寺門出金碧閟蕭梁幻語恐
非實禺陽二帝子何年此棲息言采阮俞竹遥應
黃鐘律如何遂不還空有湖城憶東上緣崎危詰
曲昧蹊術夾磴荔奴陰青蔥上初日石壁留孤雲

飛亭俯江色洸洸晴川綠活活流泉疾敷坐憺忘歸逍遥問摩詰阮隃山名黃帝二庶子善音律南釆崐崙竹製黃鐘宮遂隱此山

、飛來寺半山亭

雲碓水自春松門風爲關夙愛老坡語幾載思禺山何意萬里遊兩脚隳孱顏苔碣不可見定水猶潺湲宴坐半山亭下見凝碧灣榕根如獰龍怒攫青厓間日午竹雞啼濃綠排煙鬟我行窮祝融何時復來還吳楚游峽山記寺東上流五六里爲白泡潭以水深浪湧環抱過寺前故東坡名爲凝碧灣

重遊飛來寺

我昨遊飛來乃自東峰始得隴復望蜀夢落西峰裏歸棹粵江濤煙雨孤篷底菩提解迎客一笑呼屐齒繚繞曲棧危宛與蜀道似數折得石壁萬笏摩空起如厂如步欄神工信奇詭西巖隱飛瀑迸鏬流石髓鳥啼脩脩竹花覆濛濛水平生禽尚志歎息吾衰矣笑問白足僧胡爲美衣紫天后時以紫衣賜僧鄭谷詩愛僧不愛紫衣僧○漁洋北歸集游清遠峽飛來寺登西峯問歸亭亭西石級盤紆旁臨澗壑三折得中碧軒出軒後巨石林立其上如洞如厂如承霤如步檐周流有前人摩厓探源二大字

一溪東流竹木蔽虧石梁駕之其西石壁巉削泉出其顛萬竅爭瀉不作瀑布最高處爲拜經臺寺介東西兩峰間中限大壑由禺陽帝子祠而半山亭而古飛來寺而歸猿洞東峰勝處也由問歸亭而中碧軒而黃金磵而拜經臺西峰勝處也李習之題峽山寺謂周歷五峯予足跡所及才止此耳

、帝子讀書臺　　　　　　　　　　　　廩膳生陳官香山

雙壁㨂晴空禺君乘虬駐中有讀書臺巖峒最深處時聞吹阮俞鸞鳳翔其羽一吹空山寒再吹百靈聚上世讀何書諒不在章句古人抱古心何乃學窮措碧潭印蝌蚪玉剪碎雲霧飄飄鶴一雙響絕日云暮南禺落星斗北禺走玉兎古寺正飛來

帝子忽飛去

·峽山寺

副車　馮步崑雁門

海南山水奇二禺獨挺秀北禺秀著名峽寺出層

楠飛來始何代金碧垂宇宙講壇花木深仙境鬼

神佑我來艤孤舟探奇惟恐後捫蘿步屈磴旋折

盤左右屐齒避苔滑筇杖防石仆嵐氣互生雲沉

沉失清晝坐憩半雲亭陡壁飛泉溜九天落銀河

珠玉灑巖竇耳鳴萬壑松怒響忽馳驟長風卷衆

綠寒氣入衣袖兩脚下曲棧凝碧灣俛靚榕根踞

厓閒勢若怒龍鬬蒼凉日色開林樾迥穿漏老藤
挂啼鳩古木走驚狖帝子但祠宇袁女空巖岫泠
泠梵唄音雲間誰合奏埽榻帶玉堂老僧相邂逅
願乞泉一勺煮茗試芳漱

和黃行恕練師遊飛來寺韻　吳鏌

何年役龍象捧將獅座至風雨忽飛來山角掛古
寺大塊一聚塵攢峯陡拔地萬物無蔕根飄然隨
所寄捫蘿探幽宮苔蝕碑陰字斷瀑瀉崩厓松濤
滴空翠相逢柏子禪拈出西來意世界渺三千大

化皆空四袁女獻環來煙鬟媚風致到此解妙悟
始醒塵梦寐雲中黄冠客跨鶴共遊戲山靈探古
今幻跡紀神異贈余擲地金倒峽泉湧思日暮還
山轅石泉春茗治

飛來寺記

詩七言古　香山陳蘭芝拂霞輯梓

、峽山飛來寺　御史李　奎　江西

兩山嵯峨如削玉一水潺湲響溪曲山埶遥連庾嶺青水光遠映胥江綠峽邊古寺名飛來禪宫佛殿横天開恍惚浙東之天竺又如海上之蓬萊怪猿一去無復覩往事荒唐留今古丹嶂惟餘老樹春白雲空鎖幽巖午昨余考績來南雄片舟一葉乘長風㴑流欲泊不可得攀緣無路何由從今朝

縱步層崕表萬壑烟霞淨如掃仰觀北闕天外高
俯視南冥目中小新詩漫向雲間題筆端風雨驚
凄凄承恩一字曾無補敢戀幽巖弄晚暉

前題　僉事　周相　浙江

江雨溟溟動新夏長霤涔涔如走馬飛帆浮欃帶
滄洲斜石崔峨兩峽下峽南峽北相屏翰磅礴退
方配霄漢鴻流驚浪日怒號砥柱孤生插天畔峽
山何處飛來寺氣壓洪源標勝地烟籠霧鎖伴僧
幽蕙帳誰收帝子淚巍巍巨鎮跨絕奇七十二峯

山之湄盤紆襟帶控溟渤千年秘貺遺神居我來
中宿城邊好曲曲清灣一水抱官程云逼且維舟
扳磴緣崖窮閣道絕巘崇垃蔽白日頳虬遠去真
精失披襟俯瞰五嶺雄二禺千古昭靈秩兮泉亂
瀑天河落雹激雷轟傳萬壑山櫻滿樹開朱扉客
陰重重坐寥莫忽憶窮愁共猿侶豈知逐伴歸山
去賦詩贈之碧玉環重關晻藹閑凝竚和光洞前
春草碧半榻松風寒月白曇花散盡瑤琴空藥爐
丹竈俱涼跡憑虛極覽猶登艫落星出日催征夫

世網羇人少適意鄉心料理寄秋菰

、前題

尚書 黃 佐 香山

中宿之水吁壯哉山巔蘭若崢嶸開兩岸夾東怒濤湧扃鑰二曜走萬雷林壑蒼蒼莽交互北夢南雲入迴顧帝子來遊不記春楺櫓輕鷗自朝暮我來披翠上上方憶從羅幌聞竗香舊遊回首十年夢天風吹我芙蓉裳山僧與話盡茫昧玉環金鎖今何在半雲亭子故依然誰構層軒屹相對曲磴盤盤窮渺瀰眼眵足躡不自知滿前松竹舞風葉

映水恐是青蛟螭崎嶇西轉穿柳入和光洞古烟
光濕燭龍下照開積陰仰聽叾蟬嘯風急起來燕
坐形神清魚鳥嬉恬如有情忽聞雲外暮鐘動殷
殷似鬬飛泉鳴攀條尚欲搴瓊蕤荷鍤還思尋石
髓賞餘興劇且登艫月出金樞浩如洗向來探歷
無乃勞憑軒吁嘯天爲高巘居川流夙所願世間
龍蠖眞毫毛江干擊汰美清夜與客開尊共傾瀉
且置萬事聊歌呼飛來之說知有無

前題

王洙天台人

王　　　叅議

飛來山水真奇哉老僧云是軒轅開峭峽稜稜落
牛斗寒江渺渺生雲雷石林水府根柎互後山如
拱前山顧青天中斷深蕩磨闔闢陰陽割晨暮鍊
師遺下大藥方松蘭幽横黃芽香黃鐘律吕動寒
谷仙家信有真霓裳憶自鴻濛開草昧閣中庶子
香烟在昌期六祖俱有傳洞天福地原無對我來
照影清江灦軒轅有靈知不知丹崕白首一跟趾
青霄飛下雙虬螭雲軒忽駕諸天入空翠重重墮
衣濕貝闕珠宮人跡稀雲根石罅泉聲急悄然坐

此虛籟清乾坤萬刼俱忘情烟雨溟濛白日靜時
有海鶴江心鳴軒轅飲我碧玉蕊萬壑冰霜生骨
髓半雲亭子羅群仙五内塵埃時一洗何年解脱
沙界勞飄然飛去天台高十洲三島望咫尺來牛
公馬嗟鴻毛空明處所不知夜委輸久向歸虛瀉
白猿長嘯𢘑猿呼西巘皓月留人無

前題　　都指揮　王　清

峽山之來幾千里峽水深深渺無底鑿開萬朶金
芙蓉流出一泓銀河水水流山峙何其雄天然圖

飛來寺詩

畫非人工[illegible]上有飛來之古寺參差樓閣煙霞中山中老衲憑虛坐碧眼看人幾回過猿歸古洞玉環留犀去寒潭金鎖墮我泛仙槎海上來雲屏石壁凌空開臨流駐節發長嘯振衣直上翻經臺轉步舉頭望京國萬里關河動秋色倦鳥孤飛落照紅餘霞半閃長天碧一榻禪堂隔世塵石泉泠泠清夜聞蒼龍唫斷海門月老鶴夢入松巢雲起向空山是何處滄江兩岸生烟霧畫角聲殘曙色高錦帆飛逐天風去

前題　　憲副　劉　穩　衡陽

古寺飛來信異哉珠宮直向青天開懸崕峭壁幾千尺下有怒濤如奔雷峽南峽北交回互大澗小澗重環顧陰陰六月松風寒霏霏一片蒼煙暮天驅幻跡炫遐方琪花瑤草紛清香閣中帝子迴鸞馭雲爲衣兮電爲裳歸猿洞古還深昧釣魚只有高臺在葛埪丹竈杳難尋孤亭古木淸相對凝碧灣前潭水瀰黃金鎖斷誰能知犀牛一去不復返時時風雨[illegible]蛟螭攀蘿更向和光入雲迷洞口沾

衣濕欲頁日期五色榴須臾颯颯西風急西風吹
散浮雲清仙人如有招邀情千崖萬壑俱幽寂忽
聞珊珮空中鳴空中遺我金鸞蕊跪受長飡浹肌
髓一時五內生馨香心顏俗垢應如洗吁嗟世路
何其勞浮名馳逐爭矜高不似山中破衲僧翻將
得失輕鴻毛歸舟月白已深夜仰視明河欲倒瀉
酒酣對月一高呼人生至樂何時無

前題　　給事中　李兆龍　南海

昔人傳有白猿洞此地空遺碧玉環白猿不知何

日去玉環早巳出人間長松百尺跨短壑飛鷺幾
點起前灣借問山人何所往雲生谷口欲忘還

前題　　　　教諭　王　兆　寧都

寺說飛來有是哉峽山照水芙蓉開排空疊嶂爭
馳鶩白晝翻江起怒雷山澤潛通氣交互蜃樓雲
棧駭相顧鴻濛肇判設奇觀二曜吐吞朝復暮燈
傳嶺表自西方蓮社叢中蘭若香帝子鞭羊追不
返天孫空製綺霞裳昌期入洞秘三昧榴花五色
嗟何在西竺昔詫飛來峯變幻於今夸有對絕頂

直凌烟霧[illegible]山靈笑余路不知古松拏雲巢鸛鶴
帷石驚人踞鼉蠵咫尺天閽無處入銀河欲瀉巾
袍濕溟鴻海上望來遲瀑布空中飛下急少憩半
雲輿轉清閣浮汨没若爲情上方樓閣倚仙窟鍾
皷不喧禽鳥鳴諸天飡我曇花蕊曇水生津花益
髓七十二峯入錦囊吟徐便把詩瓢洗夕陽歸路
那知勞下盡丹梯翻覺高方壺員嶠擬遊遍安得
身輕一羽毛舉杯月上江天夜遠公風雨連床瀉
逃禪下界謾相呼推墨附儒事豈無

峽山飛來寺　　闕姓　燮元

吳中已覩飛來峯，嶺南再陟飛來寺。地靈天巧滿八區，河徙山移或有此。矗矗千峯兩岸環，白虹吐吞山之間。磨角神龍杳莫見，斷鎖靈犀不出潭。竹蘿朱槿風瑟瑟，更飄暮雨似巫峽。官舟毒熱未能揮，羨爾雙烏隨老衲。老衲支筇指上方，爛然錦石流璃漿。勸我一杯撑腸飽，立生羽翮凌空翔。吁嗟葛壇堆剩翠，和光洞口榴花蔽。世上虛傳跨鶴圖，壁間休讀歸猿記。

[illegible]

峽山寺

太史 杭世駿 仁和

江行屈折不知里今朝眞到峽山趾屏風幾疊列門前彷彿飛來靈鷲似黃茆苦竹紛瓏瓏犀牛潭水清若空舍舟徑穿側岸入大樹橚爽搖天風山靈知我愛佳眺導入三門轉清奥山暉堂界二禺祠帝子仙成顔尚少振衣攖攖淩危臺數峰倒影風吹開綠蘿冐壁飛鳥絕枯蘚滿洞淸猿哀玉龍蜿蜒下峻阪蒼雪瀰天晝疑晚尋源更渡流香橋猛見飛流破巉巖壼崢潺激響簷鐸喑心魂洒濯毛

髮森孤亭諒少熱客借絕壑疑有蒼龍吟誰遣晶
簾遮岫幌拖落天紳一千丈跳珠濺沫不肯休要
使多生首頻仰老僧對我長眉青花宮寂莫春長
扃君不見勞勞塵世少仙骨難將常語酬山靈

遊峽山寺留詩示胡同謙孝廉　張錦麟順德

我從凌江下千灘飛夢已落觀亭山朝來蒼峽行
欲盡維舟失喜凌孱顏巍峩梵宇壓山腳同腳畫屏
當面浮烟鬟巖扉黯黯日光漏明滅紫翠紛斕斒
不知天池在何許耳畔陡覺碧潺潺臥仙巖前一

翹首爽氣一作風撲須眉開尋源更復造高頂江流如
綫迷蒼灣竹飃松鼠忿奔竄欂槮萬綠相迴環故
人去歲此相憶舊題妙語誰能删郵筒遠寄屬和
懶苦恨探討遺鄉關分留物色俱好在坐臥暫獲
形神媚經過四度始一陟山靈于我非緣慳惜哉
不得集同好覓子行跡苔紋斑等爲歸客未可料
預愁局促棲鄽闤每聞泉石輙欲往但問興發何
時閒得閒又苦儔侶缺坐令勝地如仙班臥遊一
室計亦可雲煙落筆携俱還知君應復念息壤異

時更許同躋攀

按二禺在中宿峽相傳軒轅二庶子長太禺次仲陽降居南海與其臣曰初曰武者隱此太禺居峽南仲陽居峽北故山名曰二禺在南者曰南禺北曰北禺七十有二峯相對一奇削而北禺以飛來寺尤稱勝絲十九福地坊而上有嘉會亭迤而西一崖曰蒼雪異石矗立如疊古瓊老榕橫架其上輪囷盤攫風嘗颷颷不絶踰澗有軒轅二帝子别業祠二禺君二禺君者太禺仲陽也右爲山暉堂祠二禺臣則初與武也其下復有二帝子讀書臺皆邑人朱叔子所建臺旁爲飛來新寺折而西地稍夷曠有叔子清音樓泉自上行鏘鏘有聲乃子瞻所謂仰看泉落珮俯聽石轉轂者四壁多青脂石乳及海棠紅躑躅之屬有泉滲出縈紆伏流凡九曲可以泛觴左折沿澗而上東望有一瀑布其下爲淙碧軒子瞻以溪水太峻當少留之敎寺僧於軒

北作小閘瀦爲澄潭使水嘗雷轟雪濺又夏秋水暴可爲啟閉之節用陰陽家言寺當少裕云歷蹬二百餘級至一洞鐫仙源二字瀑布發源處也下有橋曰流香是爲第三橋沿澗西行竹林中有阮俞逕昔二帝子善音采阮俞之竹吹之鳳凰來集至今月明猶彷彿聞其遺響焉兩厓摩挲皆作翠褐色古木蒼藤垂蔭水際烟波隱映中時有漁舠往來篙落一聲巖壑四應是爲石洞最幽之處其巔最高峯林木益深希見天日有一巖廣數百步多鍾乳地下有石棋子大者徑二寸凡百餘枚下爲和光洞安昌期丹竈在焉常産五色榴花折而西爲歸猿洞孫恪妻留玉環之處也又一巖有古窰器函黃金蜿一具壁上刻奏時五五百人避難於此九字上郎古飛來寺梁普通年二帝子自舒州移至此一角遺於梅關今爲雲封寺粵故有客山二一曰浮山一曰逃石有客寺二一曰飛來一曰雲封飛來寺顏多題詠區海目云客帆山寺兩依依

聞道飛來便欲飛若使客帆同此寺不煩一宿
也能歸予和云潮至胥江力漸微峽門開處野
猿歸空王亦愛禺陽好飛寺而今更不飛寺後
絶壁有雲隱二字羅隱所篆上嘗生異雲禱之
輙雨稱雲臺峯距古寺數里又有一巖内分三
洞甚高廣唐時望氣者言南海有靈山產神草
遣使求之果於此得金芝數十莖鏘然作金錢
聲因名金芝巖巖中牀几瓶鑪悉具一丹井與
海眼通石盂中有乳英滿注巖上又有天池二
一大一小其水散爲北禺諸泉南禺巔爲縹幡
嶺與北禺之巔並高下有鍾樓岡一巨鐘舊懸
其上俄飛入水每寺中伐鼓水底鐘隱隱相應
今漁者歌有云山上鐘聲水底聞南禺飛落北
禺雲謂此也緜江西折有一洞又數百級有巖
二塢三平臺一皆產金粟花泉分數道而下流
爲花溪自一灣至于五灣灣盡爲百花洲第五
灣上有奇石三疊高五十尺平衍而白名瑤臺
下有花阡叔子瘞落花之所也二禺皆多水凡

山鋒皆有流泉迸出而南禺尤多泉所衝嚙崖崩嶄斷每爲橋以便牽挽宋時有杙閣七十餘間今易以石礐路如絲繚繞峯麓舟上者百纜紏纆鈎藤胥石乍斷乍連號呼多悽慘聲如哭如相殺一散爲百百散爲千遠近相應又鈎鯉石在峽山寺西昔趙湖釣於此得金鯉百斤以貢秦始皇自二禺至湞陽凡三日皆然湞陽峽小而長其西壁岔巉巖可蛇行者僅尺許故於東壁鑿梯爲平路云僧見性識

飛來寺記

詩五言律　香山陳蘭芝拂霞輯梓

峽山飛來寺　唐學士宋之問

香岫懸金刹飛泉届石門空山惟習靜中夜夕無

喧說法初聞鳥看心欲定猿寥寥隔塵事何異武

陵源

前題　李翺

傳者不足信見境勝於聞一水遠赴海兩山高入

雲魚龍睛自戲猿狖曉成群。酌酒斜陽下離心草

自薰

、前題　　宋運使張士遜陰城

峽寺一停橈新秋暑乍消幽懷徒易釋肥遯固難

招翠擬千峰活紅分數葉凋優游虛歲月何以報

清朝

、前題　　兵馬鈴轄使高紳

古寺清江上維舟夕照前山根盤到海塔影直侵

天蘿月空禪石霜鐘落客船秋風懶回首送目入

雲烟

前題　　明長史李德番禺

峽雲藏絕壁峽水積寒流寶樹籠香閣天花散彩樓梵音淸隱隱鐘韻晚悠悠更有金僊宅飛來最上頭

前題　　徵聘教諭黎貞新會

湍水急如箭峽山高入雲久聞仙客地何訝野猨群遠樹含春色孤城露夕曛獨憐名利客來往自紛紛

前題　　大學士邱濬瓊山

三過飛來寺今朝始一登恍疑山是客頓悟我曾僧鐘響出幽壑猿聲啼古藤本無來與去明日問南能

前題　　給事中　蘇應旻　南海

層雲森古寺返照淨漁磯山色水傳去灘聲松助之聽經孤鶴舞採藥一僧歸安得如來者高談慰所思

前題　　縣尹　廖冠美　南海

爲問當年寺飛從何處來峯巒平地起樓閣倚天

開幽賞勞空夢凊虛絕點埃不須東海上更去覓

蓬來

前題　　　　尚書　戴　縉　南海

群山藏古刹何代却飛來嵐氣終朝合烟霞近午

開樓臺凌碧漢石磴鎖蒼苔獨立雙峰頂分明接

上台

前題　　　　府尹　林有年　莆田

策杖飛來頂荒煙鎖綠苔雲根隨步起雨脚散天

回洞古花開落林深鳥去來山奇看不極風遺暮

鐘催

前題　　　　祭酒　倫以訓　南海

塵蹤何日定梵跡且飛來細雨維舟訪幽花對酒開黃金布地日白馬授經臺欲結青蓮社鳴春好鳥催

峽江朝漲雨山寺晚屯雲舟檥穿花入鐘聲隔岸聞啼猿空往事征雁可離羣幾欲憑高望關山愁暮春

前題　　　　布政　邵　贇

我上飛來寺涼颸兩腋生對僧談偈語隔岸聽鐘聲山靜鳥稀集峽深波自平自離城市遠世事少關情

前題　　布政　查應兆　吳門

峽壁聳崔嵬山腰梵宇開祇因成太速疑是遠飛來五嶺峯包絡三江浪擁催清秋高興發登眺獨徘徊

復陟飛來寺夾岸火星明夜靜啼猿切風高宿鳥驚舉頭牛斗近舒笑月江淸胸次寬如許多慚小

范名

前題　　　　叅政項喬永嘉

四過飛來寺今方到上頭仙風殊好客流水泛虛舟世路渾如幻行藏且莫謀隨時看周易吾道更何求

前題　　　　叅政蔣山卿

何處飛來寺虛空挂此峰雲屏開翡翠仙掌出芙容玉峽烟花繞丹霄殿閣重逢師問蓮社肯許定相從

前題　　御史吳麟　浙西

突兀飛來寺，經過御史驄。兩山將使節，一水急奔虹。高閣連冥漢，長風蕩太空。壯懷愁忽忽，應只爲民窮。

前題　　郎中陸時雍　歸安

峽山古中宿，福地自梁聞。樹古根蟠石，僧閑亭半雲。隔江鐘化去，昨雨殿飛分。愧我塵凡相，仙臺艸自芬。

前題　　尚書陳紹儒　南海

飛來寺詩　吳

峽山名勝地遙憶李公題引杖天低北揚帆月掛西僧鐘江浪隱漁笛浦烟迷去去懷京洛春風度楚齊

前題　尚書何維栢南海

寺古老於樹雲深鳥道微鐘鳴群獸走風送片帆飛桂杖青崖抹丹心白日馳登臺千載思雙鬢任風吹

曲澗瀉春泉寒松帶晚烟半雲侵客坐斜日落漁船風細岩花靜月明山色鮮酣歌迷去路倚塔欲

棲禪

前題　　　兵部郎中　倫以詵　南海

飛來千古寺緩步踏平蕪繞徑蒼苔合凌空翠壁

孤花深頻眺望晝淺罷傳呼却愛山僧靜蕭然一

事無

前題　　　知府　曹　逵　太倉

靈鷲飛來古相期續勝遊滿溪風月夜萬壑水雲

秋豈謂山陰約常牽杞國憂嶺南無限景偏許一

囊收

飛來寺志　卷八　五言律

前題　　布政　張　臬　進賢人

聞說飛來寺飛從何處來空門曾有住幻跡向誰開象外懸眞諦塵根愧異才靜觀圓湛景香鬱妙高臺

前題　　府尹　陳元珂　晉江

涉跡皆塵幻言尋清靜都入門丹桂襲登殿綠苔孤寶鐸搖空界珠林擁畫圖更聞神妙處飛刹下虛無

前題　　僉事　陳崇慶　江陰

兩山開峻峽一水瀉長川雲護飛來寺風吹不斷泉落花添寂境啼鳥伴孤禪忽起超塵想何年謝俗緣

上方鐘磬晚落日一停舟磴石人猶上巗扉翠欲流琴囊隨棹發詩草付僧留回首山中景蕭蕭萬古秋

前題　推官　駱居敬　閩中

冥搜今始見人世未前聞飛磴連黃道長蘿逗碧雲亭如蓮作座僧與鹿爲群昏黑歸來後天花滿

袖薰

前題　衛指揮花蕙　古巢人

古寺名山上巍巍絕頂岑煙雲籠殿角水月淨禪心花落空堦靜猿啼古樹深題詩從此去何日復登臨

前題　員外黎民表　從化

紺殿依靈鷲香臺出翠微霞標朱鳥度雲竇玉龍飛落月空潭影晴嵐遶梵衣山中蒼桂樹歲晚惜芳菲

前題　　布政　蘇　葵　南海

江行秋氣肅黃葉點征篷日落山腰暝霞蒸水氣紅遠天鴻箇箇近渚葦叢叢羈思無人語移船狎釣翁

前題　　參政　吳國倫　興國州

揚舲三十里不及聽猿鳴山湧凌雲勢湍懸赴海聲豈知鰌穴迫愁傍蜃樓行何處崑崙頂猶傳帝子名

夾岸千峰合中流一葦通經過盤絕磴疏鑿自神

工濺瀑成珠海飛塵掛蕊宮蛟螭莫相訶潭裏劍

光雄

前題　　御史車邦佑　南海

曉入翠微寺迢遥上半空雲藏帝子閣日射梵王

宮已覺塵囂遠恍如霄漢通天開奇勝地偏鎮十

洲雄

前題　　舉人陳紹文　南海

花龕搖峽水蓮宇印霞峯寶月天香滿靈飈夜梵

空侯禪棲樹鶴護法隱池龍莫讀高僧傳眞乘不

可窮

前題　　　　御史　栢子仁　淸遠

霞蹤成獨往勝地愜相尋洞隱榴花巽雲連鳥道深餘寒披佛衲長日坐疎林欲向空門夢江湖總繫心

前題　　　　布政　鄒　善　安福

山迴川路峽幽謝武陵源林窖聞猿嘯苔深見屐痕一溪淸不了萬壑寂無喧妙躅欣同賞幽懷不負言

前題　　副使劉穩　湖廣

暇日尋芳寺清飈散積氛地疑雙峽斷天若一江分曲磴遥千疊危亭入半雲向來幽意洽徙倚對斜曛

前題　　布政岑萬　順德

地僻秋仍暑江迴積雨深安生長獨往帝子竟何心香火諸天上藤蘿兩岸陰慈航似許借惠遠在高岑

空門臨水曲兀坐亦如如覽秀情何極憑高興不

虛雲烟隨兎穎緗素起龍魚忽悟禪宗旨淸朝懶
曳裾

前題　　御史　王用汲　安福

一溪淸不極故作白雲岑崖峭天疑小峯迴路轉
深猿歸何處洞鳥語在花心惆悵滄江暮留題漫
此唫

前題　　推官　俞咨益　山陰

寺以飛來勝泉從定性淸野花供雜御山鳥助新
經雲散晴湖曲江深緑樹層瞑來余獸坐花雨滿

中庭

前題　　副使王泮山陰

亭雲横半嶺僧梵出遥岑白玉環何在○黃金鎖自沉○未能超浩刧聊藉滌塵心回首昌期跡煙霞歲月深

山迴江屈曲何處更桃源猿去空岩穴○龍磨尚石痕○趨程當夏暑息駕避煩喧悟得無生訣逢僧了不言

前題　　副使陳履東莞

古寺憑山峽飛來定幾秋猿環聞去遠松篠自深幽遊興知無限行蹤苦未休倚篷漫舒嘯獨酌對江流

前題

山人　鄧時雨　從化

峽束一江流冥搜寄此邱樹藏猿洞隱松老鶴窠留掃石殘碑認封苔曲磴幽深蕭遺幻跡於此覔奇遊

路入半雲中孤亭倚碧空陰厓多蝕蘚遠樹混鴻濛望望山無盡依依景不窮塵寰今一隔吾欲御

天風

前題　　　　憲副李一迪　浙江

何代飛來寺深藏小有天僧房依斷壁法磬韻清泉峽束猿聲合江平樹影連坐來塵俗却不用苦逃禪

前題　　　　光祿寺卿郭棐　番禺

何處來蘭若茲山自梵宮潭虛金鎖冷洞古玉環空峽路松杉合川流舴艋通揚帆從北去何必問東風

前題　梁有貞

蘭若諸峰頂，維舟上翠微。細泉流暗壁，高殿倣斜暉。峽險驚濤急，江寒過雁稀。躋攀一北望，似見五雲飛。

古刹懸青嶂，香臺俯白波。十年曾覽勝，今日更經過。僧愛參禪寂，人知遠別何。挂帆從此去，山色晚嵯峨。

前題　鍾于田清遠

寺倚山煙碧，僧閒紺殿西。已知天地別，曾否佛肩

齊白日浮生夢青雲石道梯探奇吾獨得垂老欲
幽棲

前題　　　文學李奇標南海

維舟峽山寺乘興陟高岑四野風烟迴千巖古木
陰清泉分別澗幽竹坐鳴琴上界人稀到惟聞鐘
磬音

前題　　　徐兆熊清遠

寺逼雲霄近飛來豈浪名江山連楚甸棟宇自梁
營坐月聞猿嘯吹笙叶澗聲安期如可遇何必訪

蓬瀛

前題　徐兆縣清遠

飛來蕭寺古名勝至今傳百道泉流合羣峯霄漢連採藥仙何去啣花鹿自還杖藜慙謝屐多傍石林偏

前題　孝廉譚岳南海

寺本飛來勝山從兩峽奇捫蘿探舊蹟躡屩讀荒碑紫翠中天現笙簧萬壑吹由來陵谷異登眺未堪疑

前題　朱士讚

九日憑高目飛來一繫蓬夾河開石菊吹帽落金風閱歷興亡裏浮沉變態中考槃吾欲隱塵世勿王通

前題　朱學顔清遠

僻徑扶蘿入壺中山水佳陰寒仍五月飛雪自層崖酒盡杯盤藉形忘鹿豕偕半酣歸路晚洞口綠雲埋

前題　朱學成清遠

鼓棹禺山峡徘徊十九峯雲間巢翡翠天外插芙蓉酒泛清溪月琴翻兩岸松奇蹤隨地覓鬱鬱彩雲封

前題　　南海　朱完

傳聞中宿寺今始一登臨雨過前溪合雲連古洞深猿聲紛絕壁僧梵度疎林得覩空王宇因知出世心

前題　　光孝寺　僧正覺

寺與乾坤老僧同水石幽心閑忘歲月花發認春

秋峽遠青藍湧風和紫氣收我來重眺玩矯首見羅浮

飛來寺　　國朝太守　程可則　南海

古寺來何代山門隱翠微堂虛仍帶玉松老傍漁磯雲氣連風暗泉聲挾雨飛因之朝市客到此亦忘機

清遠峽　　進士　邱象升　江南

委折江如綫鋒稜勢益增曉昏雲氣變雷雨石痕崩洞古空猿跡菴荒暗佛燈客心愁入暮高峽尚

層層

上飛來寺歸留玉帶堂小酌　王洽祖

息帆尋古寺徑入白雲深激石飛泉響彌天萬古陰一壺宜帶玉七椀可施金坐久叅僧偈將空去住心

飛來寺瀑布　佘錫純

氣機盈必洩消息瀑流通銀漢分青藹山腰吐白虹月來不見影樹靜更聞風無地容煩暑人間只此中

飛來寺詩（partial, cut off）

二禺祠　　尚書　王士正　山左

軒轅二帝子聞住綠雲間世遠無遺跡夕陽空亂山攀髯失弓劍采藥異荆蠻猿鳥青冥裏應悲去不還

遊飛來寺　　孝廉　羅天尺

古寺仙人洞層崖帝子臺君臣吹笛去妻子化猿來瀑布墜飛石山花見早梅打牽聲不斷天半峽門開

十九稱福地飛來附一峯葬花嫌地少採藥愛山

重帆影穿林木。簫聲應鼓鐘。歸心雖似箭。猶自策孤筇。

至日度中宿峽

二禺逢至日。氣候一陽先。斷燒烟中寺。澄沙峽裡船。犀沉森綠水。猿嘯迫高天。好采軒轅竹。東風入管絃。

歸猿洞　　　　廪膳生　陳　官　香山

直過二禺西。青鬟幻障谿。多情山不老。長笑月空低。緣劫寒僧証。離愁獨客題。玉環身後事。休付覺

中迷

、談經石　　副車馮步崑雁門

初祖自西來於此曾掛錫談空天雨花入定留片石橫亘臥蒼烟回首成陳迹欲參不二宗悟到無生寂

飛來寺記

詩七言律　　香山

峽山飛來寺　　唐　胡曾　長沙

乘船浮鷁下漘水絕境方知在嶺南蘿薜雨餘山似黛蒹葭烟靜島如藍旦游蕭帝新松寺夜宿嫦娥舊桂潭不爲篋中書未報便來此地結茅庵

前題　　宋大學士　向敏中　開封

峽山地勝安禪處萬仞危樓壓要津世上豈知名利路浪中空笑往來人倚門恠石狂遮面入座寒

雲碎遶身日暮西風懶回首滿林幽鳥語聲頻

前題　　鄒國公　章得象　浦城

澄江詰曲峽中天遠使歸時駐畫船久別忽經星一紀暫來纔見月三弦勞生草草眞徒爾陳迹依依亦愴然回望越城何處是山南渺莽只雲烟

前題　　侍郎　向子𧨳

凝碧灣頭淸遠寺傾天拆地定誰開兩山競秀青未了一水朝宗竟不回雲水連輝還接影瞑禽西去復東來慚無陶謝揮斤手落筆縱横對酒杯

、前題　　殿中丞　郭祥正

寺當南北二禺間合翠全清總見山一石尚存垂釣處五羊時載老仙還泉流月影眞盤谷黛撥嵐光小劍關安得鵲橋横絶頂下臨河漢瀉潺潺

、前題　　翰林學士　張以寧　浙人

瘴嶺風煙勢漸開喜尋筇竹步莓苔江環列嶂天中起峽拆泉流地底回靈鷲飛來蒼磴老怍猿啼去白雲哀軒轅帝子今何在爲奠南華茗一杯

前題　　鹽運使　晁公邁

地闢天分碧峽嵬雷奔電激駕潮回神移古殿名

猶在石架禪房勢欲摧璧月近依朱檻轉山風暗

度白雲來南遊瘴國吾何恨懷抱多從此地開

前題　　　探花男爵李昴英番禺

無塵明鏡太玲瓏峽逈周遭紫翠中地有仙家雲

母石天然上界水晶宮通宵如晝溪頭月盛夏回

秋竹罅風萬斛客愁俱蕩盡一杯清酒畫欄東

前題　　　元御史郭孝基

綠樹峽中江水流白雲堆裏暫維舟蓬萊直上有

今日延祚飛來知幾秋七十二峯眞福地八千餘里信奇遊年華已逐紅塵外羨殺招提老比邱

前題　　御史張子壽

蒼崖巇嵲速奔流玉節招搖漾綵舟雲鎖千年蕭寺古霜淸百尺瘴江秋白猿一去空長笑驄馬南來得壯遊聞道遐方歌帝力家家麥飯老林邱

前題　　御史岳　至、

行過梅關七百里忽逢佳寺便停舟千山木落猿吟月萬壑松哀虎嘯秋身向菩提尋法象心無色

相是天遊道入忘我我忘物惟羨閑僧老一邱

前題　　參知政事　汪廣洋　高郵

飛殿崚層出上方一江流水淨秋光霏霏嵐氣侵衣濕漠漠林花入座香風動松關無虎嘯雲生石鉢有龍藏遨遊湖海經過老醉倚闌干逸興長

峽束金銀佛寺開老僧傳是昔飛來菩提子落雲間石薝蔔香飄月下臺江湧靈源通海嶠山橫紫翠接蓬萊顧詢往事觀碑刻閑向松陰掃綠苔

前題　　明尚書　李　質　德慶

兩峯屏峙擁蒼虬綠水灣邊繫綵舟古寺飛來山色老野猿啼破月明秋林間採藥知仙近物外看雲悞世浮我亦倦游躭闃寂暫時相賞直須留

前題　　王佐

紫殿金光墜九霄魚龍峽裏駭波濤夜聞風雨空山動曉見雲霞別殿高靈鵲翱翔棲未定野猿魈魎去還號昨遊綠髩今如雪莫恠栽松鶴已巢

前題　　翰林典籍孫　賁順德

明日青陽逼歲闌繡衣聊得共躋攀雲鋪鶴背浮

金殿風引猿聲泣玉環薄宦豈堪重作客故鄉惟有一登山藤床睡殺梅花月輸與蒲菴老衲閑

前題　黃　哲　南海

峽束滄江萬壑雷梵王樓閣倚天開山從中宿城邊起水自連州港上來風葉捲時猿獻玉雨花飛處客登臺青鞋未訪和光洞奏賦金門亦壯哉

前題　禮部侍郎　陳　璉　東莞

飛來寺下暫維舟罨畫樓臺玉樹秋過客徑須尋漏令老禪猶似坐舒州灣前金鎖花如浪檻外芳

雲淨不流誰向經筵談法偈菩提風露冷颸颸

前題　　教諭黎貞新會

兩岸湍聲萬壑雷梵王樓閣此中開茶烟初起曉鐘罷梅雨半晴春水來綠樹低環禪坐石白雲長護釣魚臺扁舟總繫垂楊下一笑登臨亦快哉

前題　　布政徐奇蒲城

峽中禪刹俯江開碧落稜層絕點埃一水遠從南海去兩山高自庾關來醉緣石磴扶筇竹笑倚藤床嗅野梅試問羊城何處是老僧遥指白雲堆

前題　　國史總裁　鄧　林　新會

古今謾說飛來寺幻化神工亦異哉寒玉一泓開地脉翠屏千仞絕塵埃馴猿童子朝留飯杖錫禪僧晚渡杯到此令人消百慮海中誰道有蓬萊

前題　　尚書　王　來　慈谿

世事昆明幾刼灰寺名猶記是飛來江流界斷纖塵絕山色分明罨畫開長信松風傳梵唄時看花雨濕經臺印師可有東坡約公暇還能一覽回

前題　　按察　黃　溥　弋陽

自是神州第一峯飛來據此勢偏雄兩崖對峙孽
天立一水中流與海通幻跡已隨蕭寺改塵囂況
復本來空越王臺上今寥落蘭若千秋燈火同

前題　　　國子助教　鄭　定

曲曲江流帶峽灣扁舟暫繫訪名山六朝臺榭興
亡後百粤山河指顧間林下鳥啼遊客醉竹邊花
落老僧閒登臨欲上和光洞無奈猿聲泣玉環

前題　　　御史　譚　新清遠

百尺丹梯長綠苔二禺延竚一襟開尋山風味閑

中得逐水年華何處回日晒老僧叅佛衲雲封庶
子讀書臺投簪我亦爲山主風景宜人取次裁

前題　　　　　　　　　　僉事　周　振九江

兩岸嵐光擁翠岑飛來蘭若在山陰香飄花雨諸
天近路八松蘿一逕深猿送玉環歸野洞僧翻貝
葉坐雲林觀風幾度閑登覽踏破烟霞發浩唫

前題　　　　　　　　　　叅議　左　瑺盱江

上方樓閣梵王宮石磴盤盤箭栝通兩岸曉山烟
翠裏一聲寒磬薜蘿中雲沾布衲僧歸錫露濕松

巢鶴唳空此日登臨無俗慮謾將尊酒醉東風

前題　　僉事　羅貫素　豐城

人間別有飛來寺此日登臨興最幽雲霧忽開山峽曉波濤遥撼海門秋空庭虎伏聽僧法古洞猿啼動客愁千載玉環今在否石碑重刻殿西頭

前題　　御史　鄺　傑　南海

古寺飛來識地靈維舟直躡羽翎輕孤雲削壁峯巒合野殿虚無法界清塔外閑花横碧落門前流水接蓬瀛玉環去後人何在落日空聞猿嘯聲

飛來寺志　卷八　七言律　三六

前題　布政　吳　楊新淦

何年梵刹遠飛來大布黃金福地開古木千秋臨
絕壑落花一逕覆蒼苔峽中流水連雲去天上靈
槎此日回欲傍老僧方丈宿不勝清夜野猿哀

前題　都指揮　張　玉鳳陽

飛來古寺白雲中樓閣高低紫翠重一水繞涵金
沆瀣兩山晴削玉芙蓉雨收深洞龍歸鉢月滿空
門鶴唳松我欲逃禪慚未得謾將詩句記行踪

前題　僉都御史　郭　智蕪湖

寶華樓閣自天來不着人間半點埃水映一簾銀漢冷山圍四座畫屏開菩提子落雲中樹薝蔔香飄月下臺獨倚曲欄凝望久五雲深處是蓬萊

前題　　　　叅議　王　愷　蒲圻

樓閣岧嶤聳翠微飛來不記是何時十圍松栢蒼龍偃夾岸篔簹綵鳳儀鐘磬聲清僧演梵珠璣光滿客留詩我來遊覽塵襟豁結社無因問遠師

前題　　　　僉事　穆　鐸　高唐州

維舟幾度叩禪關掃壁題詩尚可攀寶殿飛來青

嶂裏玉環遺去白雲閒孤松有夢經年遠老衲無心盡日閑鶴舞猿啼風景異桃花流水絕塵寰

前題　御史黃英番禺

處處藂林似力成天然飛寺倚雲屏曾聞猿化留題壁知有龍來聽好經一水淨涵僧眼碧數峰高聳佛頭青顧余自是躭幽者對景長吟酒半醒

前題　主事徐以誠

飛來紺殿逼青霄縹緲如逢絳節朝桂樸嵒頭雲欲暝松橫風籟鶴相招葛壇釣石亭今古犀鎖猿

環事寂寥笑逐風塵華髮改獨能無意問漁樵

前題　　僉事　趙　純　番禺

持節南巡過峽山停舟聊爾一躋攀千岩嵐氣浮蒼壁萬壑松風響珮環梵刹淨涵江樹迥禪扉深鎖白雲閑謾題不盡登臨興翹首京華咫尺間

前題　　僉事　熊　中　蜀人

一峽中流兩岸開昔年延祚寺飛來山含樹色凌秋老風引猿聲入夜哀雲外僧歸飛錫路林邊虎伏講經臺登臨頓覺多清興石上題詩掃綠苔

詩

前題　主事　戴雲

亂年探訪二翰輕攀磴何妨皓首行峽折雲霾天地別夢迴江渚鷺鷗淸留題誰擬無名氏世事同歸一局枰遙指茅廬二三里醉還猶憶聽春鶯

前題　給事　張舉　番禺

石磴盤盤轉綠苔尋幽重訪小蓬萊半窗曉日僧初定滿院春風花自開鶴影迴隨雲影去泉聲低挾雨聲來勝遊喜得逢知己談笑何妨對酒盃

前題　教授　顧恂　姑蘇

白雲影裏寺飛來幻作人間七寶臺四面波光天鏡落八窓山色畫屏開風生貝葉猿聲咽露滴松花鶴夢回仙境莫教塵隔斷上方樓閣似蓬萊

前題　　都御史閔珪吳興

謝客禪林没翠苔宛然圖畫自天開泉分幽澗當軒出步遶空廊到殿迴山色不隨今古變年華無柰鼓鐘催全清亭上塵襟淨醉筆題詩記我來

前題　　御史甯杲

寺環多景索題詩正是深山避暑時應與烟花先

有約且開盃酌最相宜勳庸半世何妨蹇帆楫前途任去遲萬里雷陽今冠老山靈定是已前知

前題　左御史　江　沂　建安

入雲石磴鏬封臺寺向翠微天畔開峯作劍鋩危處揷江如羅帶望中迴幽懷正借閑門寫征棹寧憑落日催笑悟古人名寺意只疑身亦是飛來

前題　教授　劉　勉　番禺

喬木千章聳碧岑登臨暫喜滌塵襟山光侵座雲藏寺花信幾番風滿林古洞煙收猿嘯月老僧禪

罷客彈琴偏舟又擬明朝發吟對滄江思轉深

前題　　　　尚書林廷玉閩縣

停舟特地訪飛來游屐翩翩印綠苔世路百年皆夢寐乾坤一水自縈迴白雲宮殿菩提老微雨庭除夜合開滿眼紅塵飛不到更於何處覓蓬萊

前題　　　　指揮使陳綱

巍巍古刹白雲間萬疊翠微擁峽山烟暝禪林猿自化月明仙境鶴空還滿庭花雨涵清氣一鏡龍池漾碧灣今日勝遊回首處數聲鐘磬隔塵寰

前題　　僉事　戈　立　姑蘇

好山當戸玉玲瓏臺殿凌空紫翠中列嶂孱顔眞劍閣流泉環繞似幽宮春聲滿谷花閒鳥寒影摇牕竹上風老衲知余愛清興袈裟延過畫樓東

前題　　尚書　吳廷舉　蒼梧

飛來飛去峽山雲我跡飛雲一片分時傍青霄觀五嶽也浮碧落衞三辰神仙宅在和光洞山水情闗寂寞人遊罷尚煩紀風景不看圖畫只看文

前題　　鹽運使　麥　秀　南海

擘開天地境何奇幻出樓臺倚翠微孤劍重遊今日客老僧留得去年詩雲籠帝子長春閣月照仙人舊釣磯佳景滿前看不極流連相賞莫相違

前題

翰林檢討　陳獻章　新會

孤舟昔繫飛來寺白首重來十四秋若有西風吹綵鷁何如老子坐青牛留情世事終難補得意雲山亦易休見說䕫龍滿朝著九重應許放巢由

山寺燃燈客欲留客情到此澹於秋篇詩可續還杯酒行李無多共一牛峽水更看東逝急嶺猿那

肯晝啼休舊遊回首眞如夢巢父猶應笑許由

前題　進士朱稚清遠

孤劍衝星憇碧灣桃花流水別人間一竿紅日高低路兩岸清風遠近帆猨玉千秋疑蝶夢仙棋幾局坐松關興狂擬結青蓮社憂國年來髩欲斑

前題　御史鮮晃蜀人

翠微巘上梵王宫何處飛來踞此雄一水縈迴清映月兩山高並碧凌空輕紗長護坡翁句老衲猶傳庶子宫惆悵玉環無覔處數聲猨嘯白雲中

前題　　僉事　黄　昭

一寺天開夾兩崖山靈何意巧安排有猿化去終成幻無殿飛來也自佳得到似曾經耳目坐忘眞欲外形骸汲泉摩石聊觴咏笑領煙霞壯遠懷

坐憐風景欲移家指顧飛來換物華隱隱谷音啼鳥緩垂垂樹影夕陽斜曾逢過客收詩草菊入寒盃漾酒花色相未能空世味風前落葉雨前茶

前題　　府尹　陳　錫　南海

飛來寺好吾曾到歸旆重經廿一秋忽見蒼頭盈

白鶴應知紫氣滿青牛清談對客成三笑短世何人悟四休枯得新吟拂衣去敢將名跡擬巢由

前題　平江伯陳熊合肥

飛來天上蕊珠宮一柱乾坤地轉雄門據綠陰涵碧溜路通芳徑入蒼空雲行潭底蛟龍雨香遍堦前貝葉風乘興杳然登眺處此身疑在畫圖中

前題　榜眼編修劉存德東莞

梵王宮倚碧霄開云自舒州天際來世事幾更陵谷變行踪今到水雲隈桃花應笑劉郎度洞壑虛

傳帝子哀欲識峽山清絶處塵飛不上讀書臺

前題　　指揮使尹　鐸

隱隱樓臺石作梯欄干十二與雲齊犀沉大海知何日猿化青山尚有題夾岸清風帆遠近一天春意樹高低徘徊不盡登臨興吟到梅花月色迷

前題　　僉事黄　華

嶺南名勝說飛來此日登臨信壯哉樓閣連雲輕欲舉峰巒過雨翠成堆鯨音縹緲來空谷虬影婆娑護石臺興劇賞心殊未已畫船清夢幾低回

前題　　　　縣尹潘　祐清遠

白雲長自護青山古殿長廊晝不關仙子空中環珮寂遠公座上雨花閑尋芳初出城闉外遺興多應水石間翠竹蒼松天欲暝來遊此地不知還

前題　　　　僉事羅　昕南海

萬里星槎海上旋峽山今喜得攀緣猿揮孫恪千年淚月照維摩半夜禪葉落疎林人跡少簷花老樹鶴巢懸川流上泝曹溪水時送鐘聲過洞前

前題　　　　布政張　祐鉛山

二十年前此地遊重來華髮欲盈頭清風自送孤帆客遠水方經數日秋峽靜榕陰沙鳥度寺深花影篆烟浮驅馳未了塵生業坐愛蒲團信宿留

前題　　縣尹朱　琳清遠

歸來賦就擁鸘裘日傍青山訪舊游靈鷲遠從天外出瀑泉飛向峽中流漁竿滿地非期鯉金鎖千秋竟斷牛借問河陽花幾許種桃人已卧丹邱

前題　　都御史周　南

禪關何代此飛來閲寂人間絶點埃對面好山濃

飛來寺詩

似畫隔松流水淨婀晉秋江不厭空鷗狎暝樹間

看倦翮回共濟太平公等在駸駸麟閣與雲臺

前題　　僉事　施　儒

九十峰高練影閑白雲青嶂鎖江灣松泉漱玉清

堪挹雨磴縈蘿峻莫攀勝事盡搜羅隱賦幽踪空

説慧幽環最憐四月巖前桂清馥時薰几席間

前題　　叅政　黄　儀

扁舟萬里泊山灣名寺縱游夏轉寒翠嶂烟浮臺

殿古丹崖雲鎖石龍蟠天開上刹延飛錫僧衍曇

花悟大還形勝有餘風氣爽誰言身世只塵寰

前題　　　　　　　　叅政　鄒　虞

曲徑穿雲破綠苔葛翁亭畔好懷開自憐禪屋環

層翠不覺風塵路九迴潮繞珠宮聊暫泊詩憑蘭

若細敲推拂碑且看飛來蹟須信此山來處來

前題　　　　　　　　惠安丞　孔　文　清遠

飛來勝蹟淚誰傳快我登臨了夙緣天下名山唐

十九人間法界冠三千風烟長鎖江頭峽竈石空

留洞裏仙絕頂望窮回首處黃昏燈火幾漁船

前題　　刑部郎中　張　欽　南昌

傳說飛來古蹟山幽奇元自別塵寰樹頭聳翠雲連屋峽口奔湍水倒灣賦就名賢終不朽丹成羽客竟忘還我來欲盡登臨興醉倚東風一駐鞍

前題　　副使　江良材　貴溪

飛來寺下暫舟停躡磴攀蘿冒險行洞口定泉晴雨響山腰飛練半雲横禪心盡日涵潭影宦況終宵有月明敢學山僧謝塵鞅太平何以答蒼生

前題　　巡按御史　吳　麟　孝豐

殿閣稜層半入雲攝衣直上思猶輕虹流雨止暮山碧舟泛潮生海日明百道鳴泉遥挂練數株松栢故爲情分明天地開圖畫未信蓬萊浪得名

前題　　都御史　吳　章　南海

山寺高懸古峽旁不將金碧競輝煌蘿侵絶巘盤天細松傍幽巖繞石蒼洞口雲歸僧屋暝澗邊水急野春忙須臾坐覺塵寰遠賸有山花近客香

前題　　給事中　余　寬

飛來寺前雲際過横石磯頭風怒波瘴雨寒煙天

不斷赤城金闕夢偏多長篙夾路渾如戟戰野無
秋幾息戈湖海哀時添白髮旅懷匣劍一高歌

前題　　清軍御史　伍希儒安福

猿化犀沉事已空紺園名勝古今同疎疎幾陣芭
蕉雨淅淅滿山松栢風帆拂翠嵐人去北江迴玉
峽勢朝東澹庵坡老成千古猶有文光貫斗虹

前題　　副使　方　豪開化

清遠峽中初放舟遙連古寺映江流青山危石人
稀到白日深林猿自遊欲訪玉環催暝色但聞石

磬動春愁炎方此際長揮汗安得禪關一夜留

收帆獨上飛來寺六月江林暑氣清殿角陰連蒼樹暗泉頭香浸紫花明化猿莫問當年事談虎偏傷此日情病骨未能凌絕頂他時更有峽中行

前題　御史　佘勉學　柳州

八寺尋僧訪錬臺十年塵夢此中迴慈雲出岫穿林去馴鳥忘機過竹來古殿空餘詩壁在上方何得洞天開倦遊爲愛蒲團穩久坐無妨落照催

前題　府尹　李　玘　南豐

峽口山高峽水淸，晝船空載得鐘聲。洞中衣鉢和雲冷，天畔樓臺帶月明。苦度慈航超法界，生憎宦海逐心旌。吾兼吏隱憑誰信，此日風恬自在行。

前題　左叅政　胡宗明　績溪

好風吹我上蓬萊，閣雨嵐煙面面開。日㬇樓臺含海氣，春深石刻翳莓苔。泉聲永夜禪心定，鶴唳空山客夢回。明發不堪頻悵望，數峯依舊白雲隈。

前題　叅議　倫以諒　南海

峽江春水迴山麓，上有浮雲紫翠堆。鐵笛一聲招

鶴侶幽風千載釣魚臺花開洞口逢青眼詩入仙家託素懷三十年前遊賞夢屐痕今日破蒼苔

前題　　尚書黄佐香山

東風初動水雲區古峽蒼蒼萬籟虚牛斗泛槎瞻北極鳳雛栖竹記南禺致君豈憚陳金鏡將毋寧辭謝玉除此去采眞逢露冕九重春色問何如

前題　　副都御史何經順德

何處飛來倚碧峯至今臺殿尚帡幪雲歸老樹驚棲鶴雨過滄江起臥龍下界客行朝解纜上方僧

飯晝鳴鐘宦遊身在江湖遠幾度憑高望九重

前題　主事　王漸逵　番禺

尋芳獨上招提境柱杖還穿紫翠堆雙鶴引雛歸古洞千峰送雨上層臺韋郎故宅空名在石上三生只夢來我欲臨風論往事石碑雲鏁半荒苔

前題　郎中　倫以詵　南海

寺下清江不盡流縈迴百折壯南州草當茵席烟當戶雲作亭臺石作樓客路風高長似暝佛堂花發可憐秋空門尚有飛來日莫怪南沿北遡舟

奔濤日夜向東流江勢雄吞百二州雲際煇煌開古刹林邊縹緲出飛樓滿堤楊柳汀洲暮夾岸芙蓉澤國秋夜半忽驚塵世夢上方鐘磬落孤舟

前題　　副使曹　達太倉

艤舟特上招提境兩月塵愁始爲開絕壁倚空懸日月淸流激石噴樓臺閒隨猿侶尋丹穴平步雲梯逼上台回首白雲情不極夕陽飛鳥一時回

前題　　憲副顧　言浙江

何年插錫在山頭飛刹分從十二樓漲海潮迴虛

谷靜靈巖芝老峽川秋松風落日𤠣猿急石塲空

雲白鳥留勝地不妨頻極目乘槎今復訪瀛洲

前題　　尚書　顧應祥長興

飛來峽裡飛來寺偶借公餘繫短蓬一水遶門環

玉帶數峯對面峙屏風樓臺影出雲霄上鐘磬遙

聞紫翠中雙屐不妨凌絕頂直教氣透上禪宗

前題　　太守　梁景行南海

扁舟閑度峽山雲遙望旌旗曙色新一水中流通

楚越兩崖高峙倒星辰凌空古閣堪留夢入洞名

花笑向人海國太平公等在欲磨崖石記斯晨

前題　　布政張鏊南昌

帝斧何年玉峽開滄江轉注白雲隈空中樓閣諸天護鏡裡煙花萬象來猿狖對人偷佛果蛟龍引子聽經臺吾兄出宰今三紀舊墨傷心刮紫苔

前題　　副使黄光昇晉江

落日維舟訪古臺萬山過雨正春回林間石出侵雲上檻外江流到海來地迥時聽仙管度心淸暗覺寳花開三千世界本寥廓九萬鵬歸寧用催

尚書　何維栢　南海

前題

更從此地一維舟直上飛來最上頭犀去已知金鎖寂猿歸空有玉環留寒雲野樹千峰合春水長江萬古流歌罷月明眠碧落此身不覺在瀛洲

絶頂飛來雲萬重南洲江閣逈臨空花香細細隨風入草色微微帶雨濃萬里徵書來薊北九霄徤翮起隆中康時愧我非能事只有丹心捧日紅

尚書　陳紹儒　南海

前題

英雄諸州江水渾東流百折歸峽門入從絶壁窺

天險余愛名山覺道尊風雨魚龍喧白晝藤蘿猿狖笑黃昏天南海岳經行處北望川原黯斷魂

前題　　郎中　盧夢陽　南海

七十二峰環古臺至今人說是飛來重重石磴諸天盡細細松篁萬壑哀翠竹蒼藤懸日月水聲山色變雲雷老僧爲道歸猿事空見殘碑生綠苔

前題　　御史　孫永思　陝西

萬峯聳合飛來寺紫翠蘢葱拂大荒僧在芙蓉開石室客從圖畫振衣裳江光山勢長如此古往今

來自斷腸獨立半雲送孤眺海天煙樹思茫茫

峻閣層欄俯碧流峽山佳勝冠南州烟霞日抱魚

龍窟松桂高含帝子樓石壁題論空暮鳥飛來風

雨定何秋故山猿鶴盟原舊悵望青雲笑去舟

前題　給事　李兆龍　南海

珠宮畫閣俯江陂借靜尋幽歷翠微石壁有天窺

色相松林來月照禪衣雲間琪樹經年艷竹裏乎

蟬向晚悲一自飛來傳語後玉環金鎖盡堪疑

前題　翰林庶吉　梁可大　南海

獨上飛來自一天更於何地覓神仙石臺局面留棋跡雲洞環歸帶玉懸入定禪僧尋定處明心行者悟心泉沙門法界輪迴轉中有靈嵒獨峭然

前題　　御史董漢臣錢塘

玉峽嶙峋五嶺中煙霞迴合隱梵宮香流本自漕溪出妙境還因帝子通猨到青山忘去住雲連蒼海任西東去年已恨登臨晚今日登臨興倍濃

前題　　按察使侯緘臨海

直上高峯日未斜山僧迎我供仙茶飛來空托神

人夢香火還歸帝子家未挹石泉心已定欲尋丹竈鬢先華玉環恐亦桃源侶誤許王生一飯麻

前題　進士李翰　番禺

梵宮深處結高臺巾舃登臨野思開變幻浪傳猿化去清空惟有鶴飛來樂舒眼界雲千岫笑酌心泉水一杯山色溪流兩奇絶更從何處問蓬萊

前題　布政岑萬　順德

飛來何處是茫然直擬蓬萊第一天客入捫蘿空慧眼僧呼烹茗汲清泉水聲澎湃魚龍隱山色參

差霄漢連我欲憑闌歌一曲恐驚雲外舊啼猿

碧水遥從天際來兩山疑是巨靈開啼猿歸處流雲濕客子來時畫角哀黄鵠青冥人共語疎林清磬鶴初回上方更借繩床坐閑對松蘿一舉杯

前題　　　監察御史　王德溢　連江

飛閣虚岑切太清峽流滚滚亂橈聲深春沙岸柳新晴卓午睛簷日未明雲外藤蘿迷兩屐江干車馬動雙旌粤南着處氷霜地不向和光洞裏行

前題　　　監察御史　姚　虞　閩人

飛來寺詩　　三

絕頂層巒萬仞秋飛樓湧殿翠陰留海山亂點當

軒出江水西來倚檻流憶昨驄行霜栢冷只今心

伴薜蘿幽憑高更擬窮眺覽肯向淸時嘆倦遊

前題　　進士涂　樵豐城

江上青山無數峰亂雲堆裏梵王宮飛來古殿今

何在斷送淸流亦自東日落野猿啼古樹夜深明

月伴禪宗尋幽無那舟行急隱隱猶聞天外鐘

前題　　尚書張　瀚浙江

凝碧灣頭一繫舟峽雲江雨晚初收猶聞延祚神

工運無復軒轅帝子留萬里塵踪惟抱病十年華髮憶重遊羈身乞得憂心在笑殺空山老比邱

前題　　憲副　吳國倫　武昌

一線江流萬仞山嵐煙迴合隱禪關佛來自擁青蓮座猿去空遺碧玉環幽逕薜蘿穿象外上方鐘磬落雲間波銜片月龍宮吐兩岸芙蓉可盡攀

前題　　監察御史　郭文翰　三水

停驄策杖拄莓苔萬仞峯頭百慮開梵宇飛來原是幻犀猿歸去頓忘回山靈剩有詩魔訪僧定何

嗔鳥語催分付巖泉舊松鶴不妨重逆綉衣來

前題　　　　　　　　　　　　提學　樊　倣　南昌

飛來屹立碧山巔勝地如來幾百年室殿夜光藏舍利梵宮昏黑禮諸天鶴巢珠樹因聽法龍蟄深池爲結緣上界果然生羽翼未知去住可參禪

前題　　　　　　　　　　　　主事　曾　楚　南海

步上飛來亂石巔丹崖翠壁不知年雲蘿半捲千山定草樹遥遮一水連古刹飛花來野鶴老僧說法起啼猿憑高未盡遊觀興擊劍高歌思渺然

前題　治中　龐嵩　南海

幾載飛來慣夢遊飛來今喜艤行舟笑看世界浮雲夢坐定禪心百慮休猿返玉環烟漠漠犀沉金鎖水悠悠等閑擬約聽僧偈招手天風丹桂秋

前題　副使　胡汝霖　四川

峽中有寺來何處江上逢僧說未休路入半巖尋往事門橫一水自東流寒煙欲瞑猿歸洞秋氣初高月滿樓翻笑浮生無住着幾時行跡定滄洲

前題　助教　鄺夢琰　南海

昔年曾上碧峯頭今日還登江上樓天與斯文聊寄迹我來山鬼莫深愁乾坤萬古山河在世態無窮江水流不但倚闌空悵望舉頭猶有廟廊憂

前題　　通判陳堯典南海

直上飛來第一關飄飄疑是隔塵寰半雲招我丹青裏盡日嬉遊畫幅間孤鶴影橫江水碧哀猿啼徹峽山寒平生野興梅花寄領得春光兩袖還

芙蓉削玉聳嶙峋雲壑中藏萬古春覽勝捫蘿還笑我凌空飛錫又何人猿聲啼冷千嵒月山色幽

無半點塵趺坐蒼崖觀不盡丹青天外畫圖新

前題　　孝廉郭大治番禺

水雲淨處謾停橈一訪招提思泬寥凝碧灣頭金鯉躍全清閣上紫霞飄笑從葛石尋仙跡共倚緇亭品洞簫北望燕臺懸萬里涓埃何自答清朝

前題　　孝廉招于華番禺

十年一到飛來寺百粵重開蓬島天石磴拂雲羈坐客虬松歸鶴舞遊仙桃花洞口犬不吠明月門前僧自眠金鎖玉環成往事淡烟荒草只年年

前題　指揮　鄭金　清遠

綠樹叢中留寺古白雲堆裏伴僧閑聽泉定後心如水理釣歸來月滿關獅子空教存怪石環猴何事出人間賞心未了躋攀與指點猶疑海上山

雲房有約度烟蘿支遁逍遥更幾過點點雨花臨釣石紛紛山翠落龍磨仙臺路杳春遊少古洞雲深晝掩多聖世偷閑惟大睡南山白石更誰歌

前題　尚書　王宏誨　瓊州

縹緲烟霞四望開仙人此地有樓臺玉環已化猿

蹤隱丹灶猶存鶴馭回溪上碧桃和露種洞中瑤草傍雲培捫蘿路入青霄近欲伴前山帝子哀

前題　兩浙學副　林大春　潮陽

古寺秋聲隱暮蟬飛來漫說此江邊雲門瑞藹燒丹地石室靈湫卓錫泉雙樹曉深留白鶴香空夜靜下群仙忽驚雷雨蒼山動未許蛟龍紫洞眠

前題　副使　李　渭　貴州

天畔珠林極幽寂是誰曾此避中原僧歸白鶴雲間樹樓倚青山江上村金鎖波濤留日月玉環消

息渺晨昏維舟休問飛來去來去根因不易言

前題　探花大學士趙志皐蘭谿

天削靈山福地開舒州何代此飛來兩峯高並青霄逼一瀉中泠碧玉迴釋子西來曾掛錫仙翁南訪舊登臺行過愧我風塵色昏黑諸天首重回

前題　侍郎王用汲晉江

誰挈梵宮到此安至今遺跡俯江干臨流說法龍磨角倚灶燒丹石駐壇潤合常騰雲五色峽高晏得日三竿探奇未盡登臨興瑟瑟西風起暮瀾

飛寺東南第一山縱觀自是出塵寰一溪清駛蛟龍窟兩峽崔嵬虎豹關葉底簫笙泉答響花間紅紫錦爭斑呼僧細訪幽奇處矗矗層巒次第攀

前題　　工部尚書　吳文華連江

昔年按節乘驄地此日行旌駐鷁時夾岸江流還滚滚半雲亭草自離離巖頭松老能飛夢洞口猿啼可任思一挹清泉千古意誰磨石作峴山碑

前題　　叅議　黎民表從化

一躡空門意已銷扳林穿壑豈辭遥庭前雪色凌

飛來寺詩　一　〔?〕

椶樹浦口寒聲斷海潮石枕光中經歲月紫蘿懸

處接烟霄才名沈宋俱零落玉峽靈蹤記晉朝

前題　　都御史　陸萬鍾　華亭

名刹飛來定幾年猿歸人去亦茫然一灣綠淨空

凝碧雙峽青葱自插天洞口有花知舊隱石頭無

語話逃禪半雲未了躋攀興留取重臨結勝緣

一水平分兩岸山千秋名勝冠人寰蒼松夢去朱

顏老丹竈煙消白日閑往事浪傳身世外禪心欲

定有無間凭闌領取西來意雲自飛飛鳥自還

癸未再入粤夜過山下疊前韵

山寺登臨記隔年再來山色故依然燈殘已報三更候春半重逢二月天驛路星馳長作客空林夜靜不聞禪何時謝跡邱樊去片偈心持息萬緣

鹿性由來只戀山偶嬰簪笏寄塵寰馳驅嶺道夜將半寂寞禪關春自閒何處飛泉鳴枕上如聞清磬出雲間當年丹竈應無恙我欲從君問大還

飛來寺　　太子太保尚書　葉夢熊　歸善

天開巨險碧流通何處飛來半在空已恃梯航收

海國更從鏡樹隱珠宮澄潭犀去留淸影古洞龍
歸起暮風作客乾坤生計拙無如峽口問漁翁

前題　郎中　歐大任　順德

中宿禪林幾度過跏趺石上訪彌陀門開山色荆
衡盡峽束江流駱越多翡翠經春棲枳棘獼猴深
夜挂藤蘿遊人獨把漁陽竹爲問西來意若何

前題　郎中　林　烈　東莞

浪迹遨遊類轉蓬又維孤舫翠微中江流環遶魚
舠穩石磴參差鳥道通千里壯遊霄漢近萬年全

盛帝王風淸歌欲奏霓裳曲桂影扶踈月出東

前題　　　　　　　　　鹺使　張廷臣　番禺

峽束江雲古寺寒維舟凝眺久盤桓梵王宮殿依

丹嶠帝子樓臺傍碧湍慧日常懸諸品靜祇園願

借一枝安玉環金鎖俱陳迹惟有空門可耐看

前題　　　　　　　　　府尹　李光宸

古刹崔嵬雲霧端千年雄構羡奇觀樹連胥浦靑

巒暗波遶湞陽碧澗寒鯉石有基荒草合葛壇無

主煉爐殘十年奔走成何事中宿風煙歲歲看

前題　　　　副使陳履東莞

炎方島嶼自瀠迴誰遣奇觀此地開可是巨靈驅

石至恍疑神女弄珠回共看砥柱中流壯不盡川

源五嶺來屈指人寰那得似依稀東海見蓬萊

前題　　　　教諭黎錦清遠

凌空梵剎定何年風景分明別有天素練瀠迴涵

碧落翠屏環合裊晴煙碧桃冉冉春千樹瑤草霏

霏屋數椽指顧蓬萊天咫尺更於何處覓神仙

前題　　　　縣尹鄒可張南海

歲寒絕壁一躋攀錦石琪花指顧間法界可能生羽翰慈雲元自識名山靜觀侍者調三業未悟阿難授八環欲面貞珉稽往事篆文積雨掩苔斑

老來非佛亦非仙秪學東坡也問禪忘杖直憑千仞剎逢人休道古稀年注巖不涸澄心水歸鶴猶嫌煮石烟莫向蓬壺更飛去此中奇勝接諸天

前題　　太僕寺少卿尹　瑾東莞

飛來梵宇倚蒼穹晴日江山隱翠叢犀落渺然金鎖斷猿歸何處玉環空瑤堦樹色涵寒露石澗泉

聲瀨晚風雲散香臺仙跡逈萋萋芳草繞瓊宮

前題　按察使陳性學諸暨

丹梯百尺俯江隈感舊招邀扣法臺銀漢倒吞飛梵去虬松高捲白雲來古壇竈冷人何在幽洞蘿封猿未回清磬一聲蕉夢覺分明雙峽擁蓬萊

前題

爲馳金鑑上重瞳漫入烟霞杖履慵孤剎嵯峩霄漢外兩禺蒼翠水雲中聽經啼鳥相招隱採藥禪僧已悟空顧我塵緣何日了峰頭願借一枝松

前題　都御史李得陽廣德

古刹飛從何處來登臨此日好懷開白雲出岫閑
舒卷秋水涵天自往迴猿跡古洞今何在夢幻長
松思若栽荏苒風塵知未拂憑高幾度更徘徊

前題　　副使王　泮山陰

寺從何處却飛來福地元應寶刹開風韻松絃翻
偈曲雲横山黛出螺堆爲評格虎傳奇事便上降
龍說法臺午日到龕蘿薜蔭滿簾滴翠暢幽哉

前題　　通判鄭用淵番禺

中宿城深集暮鴉二禺聯秀翠槎牙兩山直出連

天近一水中流到海賒樹杪間雲棲老鶴洞門清
晝有桃花飛來古刹何年代獨倚松根對日斜

前題　知州　陳良珍　南海

建業梁朝古梵宮沙彌南下訪禪宗中分蓮宇三
千界飛度梅關百二重松檜風濤開鷲嶺薜蘿烟
雨斷猿蹤何時縱酒謀良夜共聽禪門月下鐘
迤岺飛構倚長堤瑤草金光路欲迷刹影洞開三
峽裏江流縈繞萬山西香殘象座僧初定花落龍
宮鳥自啼金鎖玉環休更問碧雲回首隔丹梯

前題

番禺　郭棐　光祿寺卿

扁舟又度飛來寺慚見江鷗數往回覽勝洗卿原有賦留題羅隱是仙才層崖古樹雲同縱絶壁懸流雪作堆如此山川足行樂幾時高步釣魚臺

名山一眺欲攀蘿宿雨淒迷意若何風動犀潭金鎖冷雲封猿洞紫烟多舊遊有句慵題壁新思無端且縱歌回憶美人湘水上鳴絃誰伴鼓雲和

青鬓南來又幾秋躋攀還憶昔同遊叢篁窓外僧閑臥凝碧灣前水亂流雲樹遠天雙過雁芙蓉深

處一登樓不堪回首沉香浦芳草蒹葭思轉幽
蘭棹依依度碧湍漫緣紫邏上層巒清泉飛響雨
鳴閣短杖穿林翠濕冠金鯉跡隨江水沒白猨聲
斷嶺雲寒銷沉往事休相問唯有琪花獨耐看

和樂周弟寄韻

寶刹崚嶒勢欲飛舊遊還憶並雲機三年海國予
閑臥十月亭臺爾振衣犀影蒼京金鎖寂鶴聲迢
遞玉書稀傳經帝子今何在猶有瓊花開翠微

飛來寺　　縣尹 杜漸 番禺

維舟峽麓登中宿寺記飛來有是哉若果飛來必飛去不能飛去定飛來層雲半掩千峰出一水中流兩岸迴何事不同僧結伴南浮北去入風埃

前題　　縣尹黃驁南海

紺宇遥飛入洞門砂牀石室儼桃源長松雨霽雙巢鶴峭壁嵐消一嘯猿榻倚半雲僧獨卧江涵中宿客重援浪遊十載渾何補且滌塵襟共避喧

前題　　副使金節南海

神靈有意却飛來福地於今絶勝開古洞猿藏山

色暝清泉龍瀨石巖權磬聲寂處僧初定舟纜過

時客再回登眺幾經忘歲月空餘磴道長莓苔

一十年餘此再逢江流山色隱房櫳孑猿入洞虛

殘月帝子吹簫向碧空泉飲定心僧入定法從空

處界俱空登臨欲問飛來事雲樹重重水自東

前題　　同知　鄧于蕃　南海

幾度維舟傍寺門欲從飛閣問仙源殘碑石在曾

驅虎古洞雲深不見猿上界鐘鳴僧入定層崖花

落客板援廿年來往俱陳迹聊與同心避俗喧

翰林檢討　劉克正　從化

前題

翠屏巀嶪俯澄灣上有丹梯不易攀金鎖犀沉香界靜玉環猿去佛燈閒天邊雲物浮千嶂嶺外風烟散百蠻今日壯遊兼勝覽可無尊酒對溪山

何年絶壁啓禪關一線清溪萬仞山紺殿接雲樓福地玉泉流水到人寰石臺高傍飛霞外古洞深懸落照間昏黑上頭吾欲到便尋仙子和歌還

參政　黎邦琰　從化

前題

何年梵刹開中宿石磴躋攀紫翠重檻外江光迴

絶壁尊前雲氣薄長松放歌秪合招黃鵠說法應知聽毒龍汗漫欲攜藜杖去兒從仙侶躡幽蹤

前題　　　　縣尹趙　堦　涇縣人

飛來梵宇定何年半入雲霄半映川落戶疎燈搖寺晚窺蟬幽鳥傍林偏登樓俯瞰無多地步嶺翹看別有天欲覓譚彡仙子侶空餘丹灶草含烟

前題　　　　中書科舍人曾士鑑　南海

千峰中斷一江遙古寺丹梯跨洑寥急峽雷霆喧白晝上方鐘磬入青霄崖懸翠色軒中落竹引泉

聲石上飄金鎖玉環俱莫問興深蘿薜坐𦜕𦜕

前題　　主事　楊瑞雲　南海

一僧巖畔啓諸扉長日便予佳翠微路轉青冥誰得到寺經梁晉尚能飛野猿歸去烟迷洞馴鹿啣來花滿衣倦枕半雲松壑寂不知身世是兮非

扁舟何處訪禪關臯臯鐘聲碧落間一水乍寒金鎖色千峰不老白雲顏日高衆壑僧初起樹掛飛湍客許攀堪笑風塵行役者幾時歸計得青山

前題　　長史　佘光裕　順德

巍峩朱宇倚崔嵬上界天裁絶點埃愛客巖花飛復舞媚人山鳥去還來雲霞不掃禪房靜燈火常懸佛殿開洞鎖薛蘿仙子去獨留明月印蒼苔

梵王宮殿古飛來人去江空帝子哀石洞雲深龍睡穩松關風度鶴聲迴奇花競吐飄山閣亂樹斜翻護石臺往事驚心君莫問玉環金鎖總浮埃

同知　楊茂先番禺

前題

中宿名山晚繫船巖花林鳥逈風烟江間月影窺蓬島梵宇鐘聲識洞天未向半雲窮變幻　且從壇

石訪遺仙十年慚負山僧約杖屨重來思惘然

前題　　陳應昊　南海

七寶飛來紫翠間薰風吹我此躋攀諸天寒削千峰玉一水光分兩岸山丹灶煙消禪榻靜石臺花落鳥聲閑相逢未得論招隱暫憩山齋半日還

前題　　翰林檢討　蕭雲舉　宣化

萬里星槎嶺外行招提此日證無生空堂說法俱成幻久客逢僧不記名鶴唳峰頭纖月落猿歸洞口暮雲平從來不盡躋攀興幾向滄浪欲濯纓

前題　　　　山人　譚清海東莞

峽口維舟夜欲徂起聞楓葉下高梧玉環不去空
魂夢金鎖千秋定有無細水綠烟浮樹杳亂雲寒
石倚山孤無窮往事俱塵刼且向滄波問釣徒

初遊飛來寺　　　　梁　炫

兩崕叢靄翠氤氲到訪諸天挹紫氛曲徑樹啼山
寺鳥幾重門鎖比邱雲泉穿僧舍涓涓細松帶曇
香隱隱聞欲坐法巘習禪寂不堪回首夕陽曛
飛來梁寺倚峰頭福地今看嶺外收千嶂坐當青

靄合一江遙瞰碧灣秋樓閣帝子空留蛻巘畔高
僧忘狎鷗處處名山瑤草滿荷衣遲綴赤松遊

登飛來高處

躋攀直上最高峰踏破烟嵐路幾重山峭似當人
面立雲生偏覺杖頭濃閒看珠樹窠歸鶴坐拾曇
花制毒龍翹首九閽何處是自憐疎散類雲蹤

登飛來寺出峽江彥珪談曹溪之勝猝爾飛

動有作　蘇景熙

露冷霜凄澹素秋西風蕭颯轉生愁寒濤半落江

爲塹㪷壁長懸石作樓北盡湖沙千萬里南來瘴海客孤舟酒酣却憶曹溪勝指點河山說壯遊

飛來寺　潘紹忠

二嶺中分一水流天開形勝冠南州相傳舊有歸猿洞又見新成伏虎樓雲在半山常五色寺飛中宿幾千秋夜深欲傍鮫人宿忽聽晨鐘到客舟

前題　同知章嘉禎江西

飛來寺畔響飛泉恍自星河落九天白日幽崖懸玉乳驚雷裂石噴龍涎香侵定水浮花雨淸入松

江泛月船最是流觴脩禊好風光百粤永和年

縣尹馮紹京　順德

前題

百轉丹梯歷翠微古壇燈火映巉暉來經梁晉年

華遠得駐名山不復飛一水縈紆開峭峽萬峰迴

合擁禪扉余心亦動幽棲念何怪猿聲黯客衣

鍾萬春　清遠

前題

幻跡吾生總自嗟興來今日泛輕槎風煙晝斷魚

龍石蘿薜秋含帝子家峽急江中懸白練僧歸雲

圃問胡麻憑軒欲矯扶搖翮取醉仙榴五色花

靈鷲西來失畫圖千峰積翠散江湖層臺瞰日諸
天接蒼壁含風一柱孤黃鶴喚回幽客夢疎松樓
老法僧壚飛泉況復新穿石一漱塵心信有無
天遺珠林傍翠微清江碧石殿含暉誰言白晝乎
猿化惟有王孫綠草腓鐘落青霄愁鬼魅花翻瑶
露濕裳衣坐來世界滄桑外目斷霞標冉冉飛
爲客江湖已廿年摳衣今謁大羅天玉環金鏁成
塵事雲笈尼珠總自然琪樹帶霞籠寶筏天花凝
露印瑶川慈航覺路元非幻四諦眞詮在目前

前題　　鍾萬祿　清遠

萬仞峰頭一振衣滿前蒼翠欲成圍干霄壁峽何年劈繞杖浮雲萬壑飛澗竹毎於聲律細僧居多傍石林扉銀河好向津頭問忽忽踈鐘報曉暉

前題　　司訓　何子高　南海

飛寺曾聞選勝來依然絕巘隱蓬萊山封秘檢雲爲幙石撼狂泉雪作堆萬丈潭花金鎖寂四時春谷紫榴開青宵何事不成寐風靜禪堂月滿臺

前題　　都閫　耿宗泗

飛來古刹踞禪林一度經過一度臨客愛論文兼說劍僧煩掃榻與談心層巒翠巘眞圖畫流水白雲自古今謾擬結茅尋樂趣匆匆邊事繫懷深

前題　指揮　李　壁

芙蓉千仞削秋雲寺有飛來更不羣縹緲烟霞長拂袂清虛樓閣不知紛山連楚越蟠燕市天遠炎荒仰聖君西去銅標還在望只今誰數伏波軍

前題　指揮　楊繼勲

白馬蟠花媿郎戎偶乘休暇訪名崧金天紺殿飛

來古石洞仙榴何處紅澗練蜿蜒歸大海縹緲晻
靄尚餘雄登臨豈但供吟笑北望長安日正中

前題　　　　　　　　　　何卽登　順德

隻身天地一虛舟誰向風塵嘆敝裘新月半懸孤
磬夜晚風遥傍峽山秋無期白社頻呼酒得醉青
山且破愁二十年前曾聚散可堪吾道尚滄洲
晚泊孤舟欲借眠雙林秋色淨堪憐歸猿洞照千
巖月夾水山開一線天斗轉夜寒仙院外尊移風
動佛燈前亂雞何處醒吾酒忽見窓間雜曙烟

前題　　文學　朱士讚　清遠

草乎門外故人疎抱病天涯嘆索居道直自宜雙峽隱家貧常有五車書消愁探杖時呼酒適興臨江便釣魚術拙敢言明主棄笑談天地幾居諸

前題　　鍾萬芳　清遠

延祚東移不復還諸天只在翠微間冥冥倒日龕巃窟曲曲穿雲虎豹關別院迴廊深白晝一尊流水注紅顏登臺月上歌鐘滿誰念長吟未出山

前題　　文學　鍾萬奇　清遠

飛殿虛無倚戟峰夢回曲澗忽鳴鐘颸呼六面幽光入雲界中流翠影垂急電雙螭翻石壁素秋一劍削芙蓉興來頓覺探奇好舉眼能令萬事慵

前題　　朱學曾　清遠

峽山古寺棲雲頂傳說飛來信有無風籟松濤天外接鳥啼猿嘯月明孤百年地僻塵囂逈六月江深暑氣徂應我憂時心獨拙暫逢幽賞莫踟躕

前題　　徐兆羆　清遠

雅愛名山上剎幽飛來況復小瀛洲江涵樓閣春

雲綠寺擲蕭梁古木秋仙去尚餘丹灶在猿歸曾
泣玉環留諸天元自藤蘿外幾度憑高散遠愁

前題　　　　　　　　　　　文學　郭光宇　清遠

一水横流千里碧雙峰高挿半雲偏疎疎岸竹千
秋律故故榴花幾度禪塵世樊籠俱幻蹟山中採
藥自忘年望窮島外風帆遠矯首雲霄矧欲騫

前題　　　　　　　　　　　逸人　鄭週　清遠

十九峰頭古木蕃誰移梵刹此中蟠洞雲溪月堪
招隱竹逕松門可避喧寶塔千秋函舍利玉環何

處覔歸猿問奇應盡登臨與簪紱相看且莫論

前題　博士　高爲表　南海

前朝中宿記名山覺路孤懸斷宇寰猿去洞門千澗靜雲來珠樹一僧閒祇期秋色生衣上那薄塵心出世間况復同遊稱述作憑高幽賞詎言還

前題　孝廉　黎崇勑　番禺

飛來宮殿異雲閒勢壓嶙峋瞰碧灣選勝幾懸中宿夢尋芳贏得片時閒干霄翠削分雙柱劃地清流合一環寒盡頗驚遊客少隨僧指點自躋攀

芙蓉面面水潺潺有客探奇獨門關猿解玉環歸
後洞犀懸金鎖入前灣釣魚遺蹟今猶在出岫閑
雲晚未還果是和光塵不到榴花開盡杳難攀

前題　　　　縣尹蔣鳴琅江陰

携杖相應問偈來芙蓉如削洞天開層巘把酒思
睽月空閣裁詩欲嘯臺金鯉磯頭秋水碧乎猿洞
裏暮雲哀振衣一笑尋千仞披拂清風到水隈
壁立千層峽口山飛來傳說自梅關臺空月落金
爲鯉洞古雲深玉作環初地談經龍臥聽祇園誦

法鶴飛還微官宿障何年脱好向山中學駐顔

前題　　　　　朱學顔　清遠

相携直上自吾徒五月層陰暑欲徂指顧星辰如可摘參差雲樹盡堪圖爲園韋氏今蒿藋好住孫郎事有無閲歷不須重感慨濁醪應解杖頭酤

遊峽山　　　狀元贊善　羅洪先　江右

飛來古寺枕江邊鐘鼓微茫樹接烟千點落花寒食雨數聲啼鳥夕陽天妙高臺上多遺艸如意亭中有太元我是九霄雲路客豈應疎懶傍漁船

峽山飛來寺　　國朝　賈　煥

五嶺雲霞簇萬峯峽川風月浩無窮兩山矗起排神劍一水中流走玉虹古刹飛來仙跡在妖猿化去世緣空歸舟却遇重陽近林下黄花識退翁

峽山飛來寺　　檢討　朱彝尊　秀水

花宫蕭瑟暮雲間絶磴藤蘿迴莫攀一自高風留帝子至今修竹滿空山澄潭犀去沉金鎖古洞哀猿帶玉環此夕登艫渾不寐更教沿月弄潺湲

飛來寺　　侍講　鄭　江　錢塘

澄江綠瀞潔於苔，群峭摩天一徑開。吉貝花中聞梵唄，兜羅緜裏現樓臺。榕陰濃疊千重翠，松吹晴喧萬壑雷。瘦石玲瓏霞縹緲，却疑巖岫亦飛來。

遊飛來寺　沈元滄

清江如帶碧流長，重疊雲山繞寺蒼。到眼秋光能慰客，倚闌風景忽思鄉。吾杭有飛來峰故云。獻環自昔傳猿女，用孫恪夫人事。采竹何年引鳳凰。黃帝子善音，采阮俞徑竹以爲簫，吹之鳳凰來集。好爲前途留足力，黃花消息近重陽。

歸猿洞　國學　譚湘　順德

一聲長嘯別塵寰撒手恩情了不關遊宦未能偕
白髮呼羣猶自愛青山色空悟後忘金粉心覺灰
時解玉環回首落花流水處更無踪跡到人間
、歸猿洞　　文學梁麟生　順德
魂歸千載地猶存身後身前事莫論世界大都多
變幻人生那易識根源霜林尚結三聲淚秋艸長
封古洞門我向西風孤立久歸盤判室是何猨
登峽山疾風甚雨續檢　探花男爵李昴英　番禺
長風吹裂碧雲堆捲取銀河瀉下來雨攪犀潭千

尺涙煙遮龍窟一聲雷松翁偃蓋巖隈立猿女穿蘿洞裡回舊事蘭亭好拈出婆娑溪曲共流盃

飛來寺記

五言排律　　香山陳蘭芝拂霞輯梓

飛來寺　　唐　宋之問

傳聞峽山好旭日棹前圻雨色搖丹嶂泉聲聒翠
微兩崖天作帶萬壑樹披衣秋橘迎霜序春藤礙
日暉映潭花似錦繞嶺竹成圍寂歷環沙浦葱蘢
轉石磯露餘江未熱風落嶂初稀猿飲排墟上禽
驚掠水飛牧童夷唱合樵女越吟歸良候斯爲美
邊愁自有違誰憐望鄉國流涕失芳菲

前題　許渾　潤州

夜醉晨方醒孤吟恐失群海鰌潮上見江鵠霧中聞未臘梅先實經冬草自薰樹隨山崦合泉到石稜分虎跡空林雨猿聲絕嶺雲蕭蕭異鄉鬢明日共絲棼

薄暮沿西峽停橈一訪僧鷺巢橫臥柳猿飲倒垂藤水曲巖千疊雲重樹百層山風寒殿磬溪雨夜船燈灘漲危槎沒泉衝怪石崩中臺一衿淚歲杪別良朋

客樹分蒼壁長溪抱碧岑海風聞鶴遠潭日見魚
深松蓋環清韻榕根架綠陰洞丁多斵石蠻女半
淘金南浦驚春至西樓送月沉江流不回嶺何處
寄歸心

月在行人至千峰復萬峰海虛爭翡翠溪邏鬪芙
蓉古木高生槲陰池滿種松火探深洞燕香送遠
潭龍藍塢寒先燒禾堂晩稻春更投何處宿西峽
隔晨鐘

前題　　沈佺期

偏覽名山境無如此峽山兩峰支碧漢一水抱清灣松老龍猶在波澄勢自還煙蘿籠佛座風月伴僧閒騷客吟無盡良工畫想難奇哉眞福地千古鎮人寰

前題　明參議　徐九皐　餘姚

禪宮開絕巘福地俯通川複磴淩清景飛甍駕紫烟鸞笙傳帝子棟宇是梁年日月壺中別藤蘿象外懸雲深凝碧渚露湛定心泉蕙帳和光寂芝岩空翠連幽香乎圃上超曠赤城前巾舄禽魚狎膏

青水石偏未能成獨往徙倚自悠然

前題　　布政　翁　溥　諸暨

愛此清遠峽維舟峽江渚振衣聊攀緣清興隨杖屨空堂迥臨江閒亭半藏墅石泉帶巖霏深林靜靈雨徑轉凌晴峯青霄連梵宇高雲近疑幄澄江遠如縷殿閣傳飛來歸猿聞化女復有安期仙題詩紀遊處對此遺物慮遙瞻自容與靈勝固所欣神惟艮不語平生懷清曠如何滯羈旅會當辭世氛言尋息心侶

前題　　徵仕郎　袁尚素

毿罷飛來寺悠然眼界開名山風送至寶殿月移來絕勝三天竺渾無一點埃幽香窓外噴佳木畫中栽俯下咳凊湍登高接上台譚乎禪語靜頓足客徘徊說醒三生夢却除六賊胎綢繆忘歸去明月上瑤臺

前題　　教諭　王　兆寧都

雙虬挾泓玉奧入百轉灣向無長公詩草木今何顏此山二百年蹇偃客往還長風駕余舟老人急

開關逢迎欠高僧喜有識面山平生癖幽壑便合茅三間君命何敢留歸棹隨賜還慚愧和光翁笑指青童鬟五言古步東坡韻此詩亦見李忠簡集

仙境臨江岸紅塵分路圻凭欄山色暝出峽櫓聲微洞口花含淚籬邊笋褪衣留題尋絶壁覽賞趁晴暉傑閣雲中見殘棋樹下圍藤牽引鳥道水漲失漁磯石磴苔猶滑松棚露漸稀休嗟猿化去須信寺能飛苦海幾人渡慈航僧獨歸景饒隨處樂祿隱與時違且拚遊山醉杯中竹葉菲

飛來寺詩

副使徐文溥開化

前題

丹壑深藏寺孤僧逈不群路迴蒼莽失泉到翠微

聞巖樹朝霏合臺花宿霧薰猿聲山互荅峽影水

中分磴險多攀石亭虛半入雲憑高一回首鄉國

思棼棼

前題　僉事吳廷翰

涼風飄客袂日夕攀崇山仙人隱丹岫帝子嬉雲

間榴花爛五色石洞生幽閑竹樹本清逸枝影託

禪關飛鳥意自會力倦不知還酌彼觀音泉爲我

浣塵顔

前題

布政 雷 賀 豐城

逝者滇江遠飛來梵刹幽峽高懸七曜巘澈映重樓鳥道青蘿馥魚臺紫蘚稠玉環歸佛院金鎖現漁洲化樂三乘錫和光五色榴獅形精舍建龍角舊痕留諸洞仙人窟雙峯帝子邱石横磨祖坐亭敞葛洪遊雲樹蒙泉挹風巒瘴霧收花曇嵐靄合葉貝露華流心以常明定禪因不住修彩光騰舍利黛色擁珠球桂兎諸天夜松虬萬壑秋玉臺凌

斗柄寶碣俯羅浮海潤連三島天空隘九州碧灣
凝水靜白泡注潭悠韋氏園猶在安生跡可求叩
予應躡磴覓勝且維舟窓慰全清處岑臨最上頭
鐘鳴迴鶴馭茗熟侑漁謳佳境消塵慮名區豁道
眸日晡忘解纜擬欲訪仙儔

前題　　　　郎中　歐大任　順德

鷲嶺開琱宇龍宮隱絳霞地傳中宿峽林倡上清
家梵語元通漢炎荒盡八華瑤岑迎戶矗金澗遶
巘斜寺古山偏勝谿迴路轉遐魚童搴藻帶鹿女

獻菩花風轡翔霄鶴雲乘上漢槎香煙團座蓋寶
霧鎖𦘕紗日暖多遊騎時淸罷建牙青鴛瞻萬栱
白馬演三車蒲塞漿爲露桑門飯有麻瀑珠凝瑞
草澗玉浥仙葩逕狹飛旌旆坰長疊鼓笳慈航歸
未定覺海思無涯衣鉢從師授何勞問釋迦

前題

文學　劉克治　從化

傳聞中宿峽放棹客能來古木叢陰合懸泉疋練
開鳥啼非擇樹魚躍欲啣苔霞薄歸猿洞天淸釣
鯉臺風將列禦至雲擁禺陽迴僧上孤亭迥虹飛

萬壑陘靈峰標漢外福地枕林隈洞竹聲爲律山花鬱映杯芝童頻捧藥羽客共扳梅隨意從初地禪棲未擬回

飛來寺記

五言絶句　香山陳蘭芝拂霞輯梓

飛來寺　宋學士蘇軾眉山

岸逼鳥聲合水平山影交堂空泉漱玉砌靜筍遺苞

前題　明翰林學士黃諫兆蘭

夜迎新月上日出曉烟浮翠色深深裏中藏古刹幽

峽山高萬丈峽水深千尺多少往來人相逢不相

識

前題　　參議　劉台　蜀人

登登不見人但聞櫓聲响攀緣憇半雲月挂藤蘿上

水繞山門樹花垂石頂香風光宛如畫泉引老僧房

前題　　戴嘉猷

山寺江風勁炎荒亦有秋慇懃僧愛客錯認是仙舟

吳江 照磨 崔 穎

前題

探幽公暇日艤棹峽江風丹竈虛苔石烟霞護碧松

雲封丹洞鎖風度寶旛連到來心似洗寧用更參禪

乎猿隱翠微靈鷲飛雲樹躋攀不可窮賞樂忘歸去

登眺飛來勝如入蓬萊處紅塵逈不關白雲閑自駐

前題　　戴嘉謨

憲節行春日吟囊帶古風雲飛出遠岫鶴夢入孤松

一水凝碧遶兩山空翠連個中應有客方外更無禪

蕙帳幔和光芝蘭懸玉樹奇花爛漫開浮雲任來去

客來訪此石仙去知何處自貝莫蹉跎今再焉能駐

飛來寺勝景古跡

副使趙善政 涇縣

古洞穿雲入幽深長碧苔平生麦鹿豕猿鶴莫相猜

右歸猿洞

源從何處至窮之莫測深挹泉何爲者吾以洗吾心

右挹泉亭

金鯉垂綸得腹中有素書我來踞釣石所志不在魚

右釣魚臺

試看龍磨石江心足臥龍願言沛膏澤雲雨會相逢

右龍磨石

仙子去何許猶遺仙井名一歃沁毛骨雲山空復情

右葛仙井

山僧坐禪石本來無一言如何著文字風雨洗鐫痕

右達磨石

雙鶴乘雲去傳遺五色榴榴花不可見鶴影空悠悠

右和光洞

凱歌競歸來忽憶平生夢聞說見幡飄我云是心動

右飄幡嶺

山水自清遠烟雲任卷舒何須標姓氏宇宙即吾

廬

右韋氏園

讀書臺尚在不見讀書人鳥語傳咿喔空山草木春

右讀書臺

文犀沉水底金鎖出人間當月逢姬旦先驅遠玉關

右犀牛潭

古人放生池想見好生心只今數罟入千載無知音

右放生池

清潭浮白泡晝夜胡不輟水底有驪龍探珠似噴雪

右白泡潭

湞江深百尺江水清且漣我欲買釣艇江干老餘年
右凝碧灣
遥望半雲亭我來雲半開近天應尺五雲月共徘徊
右半雲亭
飛來峰上坐澄江似一線翩翩往來舟視之如不見
右飛來峰
驅鱷文何在驅虎心艮苦寄言民牧者愼莫猛於虎
右伏虎樓
名山有異僧忽忽化爲石誰知石又化雲深迷咫

尺

右獅子石

觀音蕉一樹花與彩霞同縱使華三月悟來色是空

右觀音蕉

登高空極目白雲吳山阿飄飄欲飛去其如簡書何

右望遠臺

飛來寺勝景古跡　朱士贊

異石枕江沮曾聞釣巨魚年來波漾月應是網羅疎

右釣鯉石

逐伴歸山去持環扣寺還千秋傳異事吾意有無

[illegible]詩

間

右歸猿洞

空聞榴五色幽隱隔蓬萊想在慈山裏雲深長綠

苔

右和光洞

兀兀山巔石隱然獅子賝多羅一問後寒暑又千

年

右獅子石

有石峙江干達磨曾坐此譚經自何年祗見石如

砥

右達磨石

石上龍磨角磨痕今若何忽看風驟發霖雨沛江

河

右龍磨角石

曾聞幡掛嶺萬里翊王師金鼓仍今日何因再豎旗

右縹緲嶺

仙令曾勾漏行蹤亦有壇瀟瀟乎鶴杳無地覓還丹

右葛壇石

韋氏人存否名園事有無不堪時代遠披棘問荒蕪

右韋氏園

文犀無處覓金鎖已塵寰滿目滄江逈漁舟自往還

右犀牛潭

酌水滌塵襟臨流思不禁定心云止水不定最人

[illegible]三詩

心右定心泉

深澗迷芳草晴雲鼓枻來王孫何地隱空有讀書

臺右讀書坑

解網今何世餘恩及物多乾坤元浩蕩鱗介任清

波右放生池

湞江東注日銀浪忽成堆豈有東流柱盤旋水自

迴右白泡潭

寺古臨湞水波澄映碧山夜來泛釣艇清磬動前

灣右凝碧灣

驅虎入何去移文碑尚留精英元耿耿山鬼夜悲愁

右伏虎樓

最高元古寺此地半雲亭未了登高興須從此一經

右半雲亭

潭深難覓鎖寺古尚懸鐘萬籟清宵寂驚人曉暮中

右登鐘樓

欲逞窮高志躋攀最上頭千峰似忽小一線水東流

右登絕巘

江潮頻古峽峻嶺異雲蒸當有鍾靈者清朝起翼

馮右紀勝遊

飛來寺記

七言絶句　香山陳蘭芝拂霞輯梓

峽山飛來寺　宋　郭祥正

丹繞蒼苔轉碧津層層雲水畫屏新分明便是桃源路底事無花不見人

前題　元　郭孝基

道經清遠不曾留擬宿飛來快勝遊應是山靈憎俗狀故敎風雨阻行舟

前題　張子壽

玉節星軺下嶺南萬山空翠雜烟嵐傳聞清遠多佳致花滿春城月滿潭

前題　本寺住持　僧明顏

白雲飛盡四山青疊疊重重列畫屏默念彌陀趺坐久天花無數落空庭

前題　明翰林學士　解縉　吉水

清遠峽山高萬丈仙人曾此刻雄文搴衣直上和光洞望見京華五色雲

前題　范子眞

艤棹乘閑上翠微薜蘿深處扣柴扉老僧入定無
酬荅獨立蒼苔看古碑

前題　　尚書湛若水增城

歸時曾憩半雲亭屈指于今越幾星重到肅容看
老樹人傳此樹閱人靈

前題　　侍郎程文德永康

遷客昔年從此去歸來倚棹一登臺飛來寺裏却
飛去總是無心任去來

前題　　吳榮錫

山雄水麗環奇處神物能飛豈終駐分付山靈謹

護持莫遣凌風又飛去

前題　　巡撫　海　瑞　瓊山

峽中勝槩擬蓬萊想是當年欲建臺天恐此方窮

土木故令神物特飛來

前題　　李　玘

和光洞口逢僧話苦海慈航仔細尋山外浮雲雲

外寺飛來飛去總無心

前題　　本寺　僧慧顯

風捲松關長綠苔無人到此是天台九霄明月峰

巒上猿暮環歸洞口哀

前題　　僉事　曾　斑　麻城

住此山門爲看山青山埋在白雲間雲山吞吐忙

如許不及山僧入定閒

前題　　叅政　桂嘉孝

天風吹我步層巔度入蓬萊幾洞天洞鎖白雲丹

竈冷不知何處是神仙

金環玉環不可求半空飛錫卓山頭一聲淸磬禪

闢閉七十二峯巖壑幽

前題　　都御史李遷江西

寺號飛來傳不幻閣臨江峽地非初山僧間訊風

塵客世諦浮根可破除

十載重來經此峽豸冠無改鬢非初征鑾車馬東

西路誰挽長江爲洗除

前題　　左布政魏良貴豫章

何處飛來碧玉峯橫翔應是借天風至今猶恐山

飛去雲鎖修巒紫翠重

地鈌東南着此峰青天半壁秀芙蓉我來獨上峰頭坐鐵笛一聲橫晚風

前題　布政　楊伊志

吹笛山頭帝子宮澄潭不釣賜游虹山川勝槩梁僧遍梵宇當年已自東

前題　解元縣尹　張履祥　閩人

飛來古寺望中看纔覺登臨意便閑近岸小舟猶未泊倚門老衲顧相參

幽巘別是洞中天雨過青山花欲然去住豈容生

多想飛心總爲脫塵緣

紫氣騰騰絕壑浮林梢染露半江秋摳衣躡磴停雲處全粵應從眼底收

層峰勝地幾年開萬壑和風掃碧苔只爲半雲天欲近無端惹得寺飛來

前題　王泮

紺殿飛來玉峽中簷牙猶似欲凌風山靈只合將雲鎖留與遊人繫短篷

峽山雜詠　副使趙善政　涇縣

維舟初憩飛來寺無數并州父老來欲問靈松何處覓棠陰依舊滿山隈 手植松林

飡蘖心勞鬢欲鬖拂衣長嘯傲烟霞年年桃李春風裏何似洛陽當日花 右感舊

群山環抱水縈迴今古相傳飛寺來猶恐乘風欲飛去白雲明月鎖高臺 右飛來殿

帝子何年去不回空餘瑤草秀崔嵬與君共有凌雲意先試金莖露一杯 右二聖祠

誰將神斧劈山開萬頃飛濤天上來夾岸桃花迷

去所不可深入武陵臺　右[illegible]

探奇覓艇泝犀川正直天風一葉翩誰言古刹飛來幻我亦飛來到日邊　右渡江

峽山寺　文學　朱士讚　清遠

昨夜祥光耀碧台仙風拂拂自蓬萊波濤忽謾兼天湧擊楫中流首重回

峽山寺　國朝司李　羅孫耀　順德

晴天鳴鳳雨啼猨誰是攀龍舊子孫山靜依然成太古不妨重與話軒轅

歸猿洞　　尚書　王士正　山左

若爲越女化猿公霧鬢風鬟向此中留得訶陵環子在月明長憶上陽宫

軒轅帝子祠　　孝廉　羅天尺　順德

剪珪未必是蠻鄉配享分明有武陽重憶龍髯攀不下鳳簫吹罷四山蒼

重遊峽山同同年游法珠何邵勞通

二禺高峽古雲停躡屐尋泉入溯冥八載重來人

似老工　房依舊補天三

飛來寺記

七律集古　香山陳蘭芝拂霞輯梓

飛來寺　光祿寺卿　郭棐　番禺

凝碧灣頭清遠寺宛然圖畫自天開山從中宿城
邊起峽折流泉地底回碧月淨依朱檻轉野猿啼
去白雲哀我來遊覽塵襟豁石上題詩掃綠苔
寺當南北二禺間今日重遊次第攀塵淨禪房僧
入定月明仙境鶴空還山光滿座雲藏寺峽影奔
[illegible]灣賞[illegible]不窮[illegible]數聲鐘磬隔人寰

飛來寺[illegible]

梵王塔閣倚天開不著人間半點埃一石尚存垂
釣處兩山高自庾關來風生貝葉猿聲斷鶴唳空
山客夢回起望粵城何處是老僧遙指白雲堆
合翠全青總見山飛來寺裏獨凭闌滿亭花雨含
淸氣萬壑松風響佩環殿角陰連蒼蘚暗竹間棊
罷老僧閑更從絕頂窮幽討翹首京華咫尺間
上方樓閣梵王宮峽逈周遭紫翠中古寺飛來山
色老妖猿化去世緣空曇花芳映菩提樹寶鼎香
浮栢子風千載玉環今在否漫題詩句記行踪

曲曲江流帶峽灣停舟聊爾一躋攀水浮花片知
仙路風引猿聲泣玉環瘴霧忽開山峽曉禪扉深
鎖洞雲閑登臨頓覺多清興那得漁簑去不還

百粵山川第幾層重來有約漫追尋滿臺花雨飄
僧梵兩岸嵐光擁翠岑貝葉捲時猿獻玉老僧禪
罷客彈琴登臨欲上和光洞踏破蒼苔發浩吟

峽川風月浩無窮不與尋常梵刹同兩岸秋光蒼
翠裏數聲猿嘯水雲中雨收深洞龍歸鉢露滴松
梢鶴唳空到此令人消百慮恍疑身在蕊珠宮

白雲堆裏暫維舟仙境登臨豁遠眸梵刹靜涵江
樹迥波濤長撼海門秋青山危石人稀到絕壑籠
雲翠欲浮獨倚曲闌凝望久菩提風露冷颼颼
紺園佳境倚天開幻作人間七寶臺四壁好山深
似戟一溪流水碧如苔烟暝禪林猿自花香浮施
鉢鳥飛來全青庭上塵襟豁入眼江山亦壯哉

西樵歷史文化文獻叢書

增補嶺海名勝志（十）

（明）郭棐 編
（清）陳蘭芝 增輯

广西师范大学出版社
GUANGXI NORMAL UNIVERSITY PRESS
·桂林·

明光禄卿嶺南郭棐周先生著

嶺海名勝記

香山後學陳蘭芝增輯

丙形監

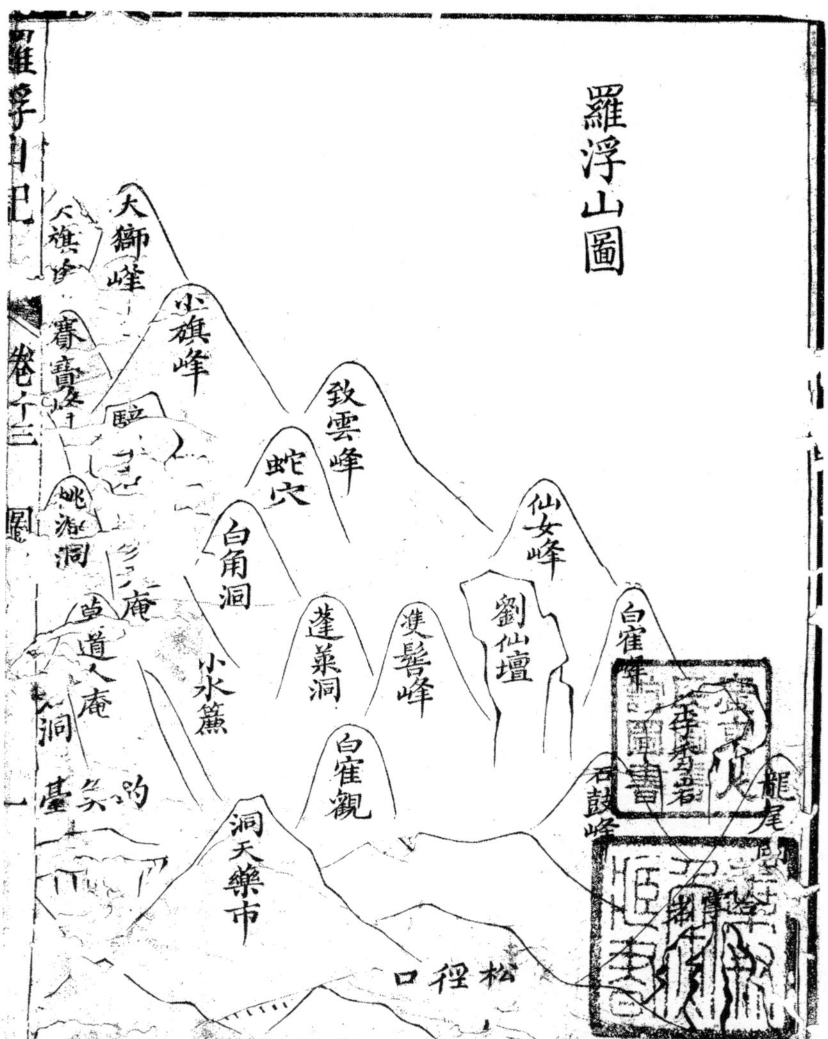
羅浮山圖
大獅峰
小旗峰
致雲峰
蛇穴
仙女峰
白角洞
劉仙壇
白雀峰
蓬萊洞
小水簾
白雀觀
洞天藥市
石鼓峰
道人庵
松徑口

飛雲頂
上界三峰
聚霞峰
泉源
瑤池
羅山
昇天橋
龍虎峰
神仙聚會壇
分水
神湖
華山峰
會真峰
鐵
見日庵
鳳凰谷
夜樂洞
君子岩
璆石臺
藥槽
犀牛潭
鳳谷潭
蝦蟇
書堂坑
石白洞
八仙石
外朝
中閣
伏虎巖
朱子庵
寶積寺
觀醪
朱明洞
東龍潭
羅漢巖
泰珠庵
衣冠塚
遺履軒
丹灶
朱
舍
諸仙祠中虛觀葛仙祠
會仙橋
麻姑峰
獅子峰
澄虛閣
御
麻姑臺
白蓮池
羅陽溪

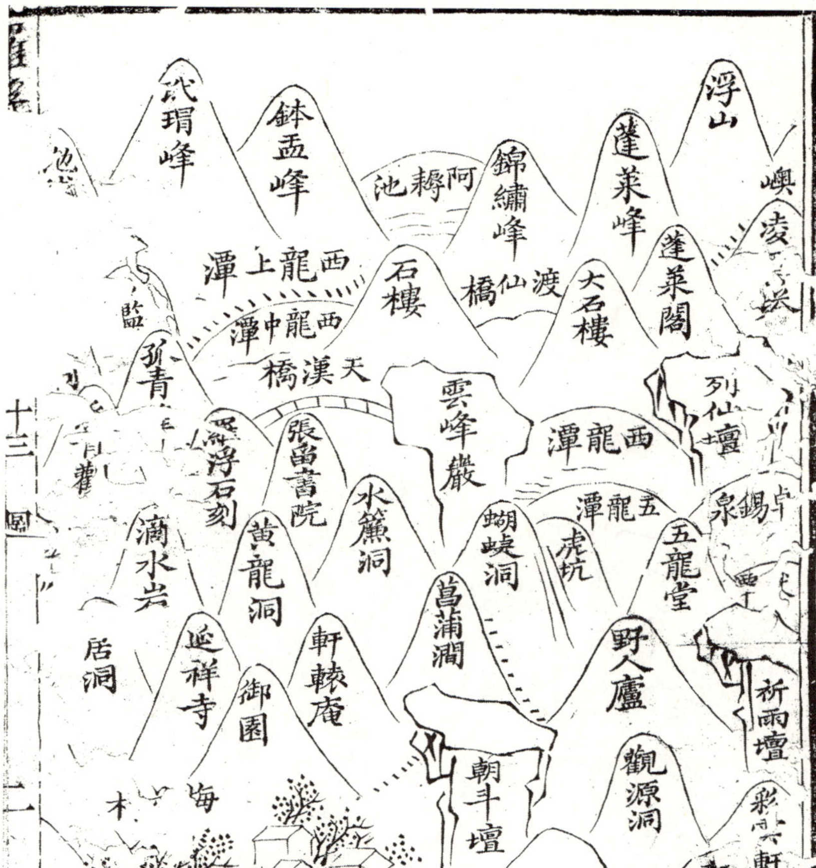
浮山
蓬萊峰
嶼
陵
錦繡峰
阿耨池
缽盂峰
玳瑁峰
蓬萊閣
大石樓
渡仙橋
石樓
西龍上潭
西龍中潭
天漢橋
列仙壇
雲峰巖
西龍潭
張留書院
羅浮石刻
孫青
泉錫
五龍潭
蝴蝶洞
虎坑
水簾洞
黃龍洞
滴水岩
五龍堂
菖蒲澗
野人廬
延祥寺
軒轅庵
居洞
御園
祈雨壇
觀源洞
朝斗壇
海
賣酒田
院
軒

鳳凰
九眼
花首
飛來峰
鈞鰲石
雞鳴峰
七星壇
七星松
明月戒壇
奉宸橋
長安塘
魚跳石
小羅浮
洞
半嶺
藍田
叢林觀
龍華寺
資福寺
臥角嶺

羅浮山記

香山陳藹芝梓

羅浮山記

謹按羅浮二山也羅山在番禺東二百里北望增城南指東莞其上有桂樹神湖浮山本蓬萊一峯自海浮來與羅山合故曰羅浮其高三千六百丈周迴五百七十里其山顛曰飛雲頂夜半見日實惟朱明耀眞洞天其峯四百三十有二其中有石如梁曰鐵[illegible]有七其[illegible]至長溪各七十七

三 記 一

二瀑布□　□無湖貞有□昇橋其陽有谷玄
閩釣天之音是曰鳳凰之谷鐵橋西曰大石樓相
去五里曰小石樓羅山之陽有瑤石臺高六百丈
廣七十丈其上多奇石其下曰華山其南有谷前
望朱明洞後臨蝦蟇峰是曰青霞之谷其東南有
會仙橋其陰有玉鵞峰接于增城曰鵞嶺又東南
有白鶴峰又南一峰曰石鼓扣之有聲是爲羅山
東麓浮山之陽有蓬萊峰多龍公竹有碧雉烏其
東南曰獅子峰多萬年　南曰麻姑峰有獸曰

麒麟眞人乘之以陟降至則有靈簫之聲其西南有天漢橋又西南有孤青峰南洞中有花首臺其蓬萊峰之西有錦繡鉢盂玳瑁拋毬諸峰其陰雲母峰之西北曰鳳凰岡雲母之水出焉注于增城之西青山又西南曰飛來峰有梅花村西有奉宸橋南有七星松羅陽之水西流與增江合其一南流與龍江合三十里波羅之水合焉南注于海白泊頭至于白雲是爲羅浮西麓其洞一十有八羅山之中[illegible]禾明洞其北曰夜樂洞東曰石洞[illegible]

山記　卷十三　記　二

東曰蓬萊海東北曰桃源洞又南曰觀源洞又西
曰蝴蝶洞又西南曰水簾洞餘不必縷述也至於
岩石則多恠恠奇奇泉池靡不泠泠洌洌洵靈氣
之所蟠蜒神仙之所窟宅洞天福地名列道書不
誣也宮詹黃泰泉氏偕瑤石諸君捆摭爲志郁郁
乎備矣茲稍芟其煩而書其實釐爲二卷作羅浮
山記

羅浮山記

文類　　香山陳蘭芝拂霞輯梓

羅浮賦畧　　宋　謝靈運

客夜夢見延陵茅山在京之東南明日得洞經所載羅浮山事云茅山是洞庭口南通羅浮正與夢中意相會遂感而作羅浮山賦曰若乃茅公之說神化是悉數非億度道單悒憰洞天有九此惟其七潛夜引[illegible]幽境朗日故曰朱明之陽宮耀眞之陰室洞穴[illegible]寶衢海靈之雲術伊離情之易結諒

念之匪浮發潛夢於永夜若遡流而乘桴越共

嶼之細漲　會龍之合流鼓蘭枻以水宿杖桂策

以山遊

羅浮賦　李南仲

羅浮二山東西相聯通句曲之洞號朱明之天連

延大江之外崛起滄溟之壖乃百粵群山之祖與

南岳而齊肩鐵橋鎖乎絕頂石樓峙乎半巔登覽

遐極眇睇芊綿爾其周迴五百七十二里森列四

百三十三峰迴谿峻谷巇嵲崆峣藻石璀璨瀑水

玲瓏山出玳埆竹茂龍葱群雀五色靈藥千叢寂
寞兮丹砂遺電发槳兮瑤臺隱空懸崖斗析徑路
難通祥雲瑞霧晝夕朦朧時有岸幘羽服野人山
翁忽去倏來不知其蹤謂長生而久視亦往往寓
乎其中時有萬舶乘風不知西東瞻我峻極烟光
蒙茸洞谷黑昏開乾闢坤怒風吽號轟騰四門恍
然之內隱隱若萬兵之屯呼吸號召鬼神湊奔徐
而萬籟息朝霞暾日月晃耀氣象始溫又或五夜
蕭森樂池奏音彷彿仙籟彈絲擊金疑有雲和之

瑟空桑[illegible]岑青谷閟邃列仙下臨聚會靈族朋來
盍簪列席環坐開廓冲襟疏楹廣庭寶除翠林海
桃霞漿左右酬斟樂眞言之恬澹憫世網之浮沉
倏然往來不繼以滛瞬息萬里葴飈馭之駸駸變
化倏忽孰能究尋其上則有惟金三品梗柟杞梓
翡翠羽毛虎豹犀兕竹箭丹砂絺纊絲枲珍角穄
桶元龜象齒石蜜山焦黃精白芷蛾眉龍骨桂香
桐子先供實以充庭何九州之敢擬眞足以燦上
國之文章增皇宋[illegible]盛美矧夫當祝融之宅位贊

眞主以乘離雲行雨施產英孕奇其在國家有大
禱祈驛使奔走帶誠肅祇投金龍與玉板指道路
以交馳將事之夕明靈鑒斯乃至翔鸞舞鶴繞殿
紫芝仙壇祭訖宣室受釐萬有景福允王保之帝
子王孫慶流本支獻南山之壽歌天保之詩與夫
他山頹壁徒當乎四達之逵堊飾別館止可事乎
遊嬉於功業兮何補於造化兮何禆豈比增高福
地薦美天基鞏固四極鎮安外夷巍巍蔭蔭無騫
無虧宸毫秘軸文采葳蕤瑞諜顯著又奚論乎眞

區之遠而

羅浮鳳賦羅浮山有五色鳥苞采如鳳土人呼爲羅浮鳳云

元　吳　萊

羅浮鳳者海南小禽也家君自嶺回挈之北上予嘉其身負文采㧞去幽阻而欲自售其羽儀也是知士之抱道德懷文章無微不聞無遠不達豈肯久滯於天涯海角之墟而遂已乎雖然予愧多矣乃爲賦曰惟海邦之異產㝃羽族之光華育火德而有燿控離垣以爲家迤赤土之重漲渺丹邱之

僻遐顧性命之賤薄符盤桓於烟霞原夫自南自
北載飛載止蜚不妄集棲必倒跱青飾衣襟紺流
爪觜信鳳藪之多奇類鼂臺之所使吮夕秀於紫
芝嚼寒香於瓊蘤雖斥鷃之同群固鸞凰之等美
於是本山川之迢遞羡體氣之自然胡虞衡之弗
及隔瘴癘以能全戒羅氏而弋舉命烏夷以籠遷
望上林而奉進跂神岳以增妍念安期之蓄養受
抱朴之矜憐䇿一枝於嶺木得數粒於岩泉留獸
圈之可近钜蛇傲之長捐尚蓬蒿之旼觀何鼎爼

之容朧當其面南國之蒸爍泝古龍之荒隘宜真
賦之爾殊眇狖聵之昏昧裸黑質而無繪甕鱗軀
以弗賾柰屋居之何有望魚鰲而奔沛胡鷓鴣之
種族獨黼黻以藻繪矧鞦莎而臆蘭匪距金與羽
芥獻麗容而自媒炫靈表而罔害將尤物之移人
豈凡禽之一槩若乃考黔嬴之所毓鍾品彙而降
祥負英姱而可貴閟草莽而愈彰心恒馳於北闕
跡曷屏於東岡薦董賈之徽業熾淵雲之辭章偉
昳谷之文翟諒備采而有光逖炎洲之孔鷸或聚

冠以見戕幸全生而特遇肯處遠以回翔倘遲延於歲月恐泯滅於殊荒然則偶時景之和暢跂閶闔以延佇稽師曠之補經驗冶長之辯語感軒閣之晰圖副舜庭之率舞聲格磔而應弦勢盤旋而列簴祠爰居而眩惑責鷃雀以欺侮卯條支而必致毛茀蓀而曷舉彼尋常之猥陋雖籬落其若阻相盛德之休明謂萬里而來覲是故士當責而自重世何嫌於燒卑磬山谷之巢穴豢朝廷之羽儀仰天池之𡸁大拔聖賢於窮羈極英材之銜齧忍

道德之榔[illegible]惻朔風以吹野慘寒雪以刮肌屹碧梧而弗實挺篁竹以無枝鼓乘傳之壯志藴棄繻之妙姿奈負貳之久梏窘侏儒之長饑庶飛搏於鵬路終飲啄於龍池尚茲鳥之吐數遂𣈆言而詠斯

遊羅浮賦　王漸逵

丁亥歲十月王子自青蘿而東迄于扶胥遡增江之環流望羅浮之故墟感神明之奧宅探仙靈之會區既逶迤以迅陟亦覽策而紆徐歷崪峒之崇

阿依青杳之脩途指雲竇以小憩盻虬柯而散舒其既至也乎霧冲郁青霞繽紛（青霞谷名）松七星以先逕鳥五色而迎人（七星松 五色鳥）訪潛踪於朱明寄逸興於綵雲（朱明洞 綵雲軒）佇芳蔭之陸離披寒光之氤氳爾迺轉迴磴俯遥壑卽杳冥度廣漠凌天漢之危津瞰蓬萊之虛閣（天漢橋 蓬萊閣）架飛虹於鐵橋浣淸湍於白角（白角洞）於是臺憑瑤石洞轉金沙逐青羊於盤磵夢翠禽於雪花（青羊谷 梅花村）盻軒轅之曠宮覔稚川之伏砂諦六符之散葉聆空音之泛霞（山多竹葉符有夜樂）

羅浮山記　卷十三　賦　六

羅浮山誌 卷六

洞聞既窈窕以容與亦盤桓而眷嘉乃陟飛雲再樂聲躋見日見日庵名睛藍倚空群岫若失倐陰陽之盪劃渺昏曉之紛汩啓達觀於靈境探元根於瑤室憫濁世之乖痳羡冥鴻之暢逸抱乎文以自箴緬馳情而恍惚倘羽伴之可尋托逍遥於耿質

中閣頌　　宋　高紳

景德四年仲冬乃命大內太傅高班內品李懷信齎齋文建道場于羅浮中閣禪院七晝夜仍降內府名香以錫之爲民作福蓋天意也是山裓圖諜

爲蓬萊之別島實朱明之洞天藴秘韜奇含靈蓄
異璚花琪葉鎮以紫鳳之壇雟㸂騰烟宅以白雲
之洞爾乃寶坊清邃祇樹幽深紺殿晨嚴蘭膏夕
燎祝辭秘奥禖梵唄於五天薝蔔芬氤散香雲於
三界有五色珍禽群翔齋所靈應繽紛而效祉陰
雲霾蔽而復晴其冥感有如此者謹爲頌曰巖巖
羅浮鎮于南裔三山一海浮空而至開闔烟嵐薈
翳松桂蓄異康時宅靈瑞帝吾皇撫運惠綏四時
名山大川罔不肅祇乃建中閣民祈福禧法會攸

啓天意聿隆皇皇者華將命精潔圓嶠香降博山
熒藝川祇薦瑞天龍生悅五色靈禽翔飛漻汃

舍利塔銘　　　　宋學士蘇　軾

自有生人以來人之所爲見於世者何可勝道其
鼓舞天下經緯萬世有偉造物者矣考其所從生
實出於一念巍乎大哉是念也物復有烈於此者
乎是以古之眞人以心爲法自一身至一世界自
一世界至百千萬億世界於屈信臂須作百千萬
億變如佛所言皆眞實語無可疑者至於持身厲

行練精養志或乘化而仙或解形而去使枯槁之
餘化爲金玉時出光景以作佛事者則多有矣其
見伏去來皆有時會非偶然者予在惠州或示予
以古舍利狀若覆盂圓徑五寸高三寸重一斤一
兩外脊而中疎其理如芭蕉舍利生其中無數五
色具意必眞人大士之遺體蓋腦之在顱中顱亡
而腦存者予曰是當以施僧與衆共之藏私家非
是其人難之適有東莞資福長老祖堂來惠州見
而請之曰吾方建五百羅漢閣壯麗甲於南海舍

利當棲我閣上則以犀帶易之有自京師至者得古玉璧試取以薦舍利若合符契堂喜遂并璧持去曰吾當以金銀琉璃窣堵波置閣上銘曰眞人大士何所脩心精妙明含九州此身性海一浮漚委蜺如遺不自收戒光定力相烝休結爲寶珠散若旒流行四海獨此留帶犀徵矣何足酬璧來萬里端相投我非予堂堂非求共作佛事知誰由瑞光一起三千秋永照南海通羅浮

鐵橋銘　孫繼芳

維鐵在冶五金之堅藏精于地受質于天曰用攸需能入則然匪釜無食匪耜無田利用者兵皇威用宣未聞爲橋橋涉于川茲茲南海浴日浮天蛟鱷之窟蛇龍之淵洪濤巨浪駭波泊沿易橋爲舍以淑群賢

佛迹記　　唐　庚

巨人迹若干長三肘量濶稱之在湯泉之東瀑布之西散印於巖石之下深者二寸許前未有稱者近時山中僧始見之自是播傳於人而或者以爲

實迹噫此其可謂異矣漢武帝時東萊緱氏所見可同日語哉是時天子求神仙爲長生不死之計厚禮方士唯其所欲爲李廣者結髮戰匈奴三十年不能取封邑而五利爲樂通侯汲黯晚節顧爲中郎出入禁闥不可得而公孫卿爲中大夫邸第玉帛金錢車服之賜莫知紀極而甚者乃至尚主夫好之所在奸僞資之故當世所謂天馬寶鼎仙人之屬大抵皆詐今巨迹出於炎海之濵晦昧於黃茆白葦之中以故不爲世俗所知雖知亦莫之

貴惟莫之貴此其所以爲異何則凡物求而得之則容有僞焉不謀而獲者乃眞爾謂之佛迹雖古無所考然姜嫄之事詩人指爲帝脚彼亦安所考哉不過以蹤知之今夫五嶺之南瘴癘之鄉民生於其間者旣以薄福而放逐居此者又皆罪戾之餘故諸聖出此警悟而調化之此理亦無疑者羅浮比年往往有異迹其脚至數寸而棲禪寺亦時時見之得非疾者愈劇而救者不得不力與不然何以多且數也

卓錫泉記

宋叅知政事　陳堯佐

人之精神亦何所不至哉揮戈可以退日搏膺可以隕霜悲泣可以頹城浩歌可以裂石而況於得道者乎諸妄既除表裏皆空眞一之外無復餘物則其精神之運又異於此吾遊羅浮至寶積寺飲泉而甘寺僧曰此卓錫泉也昔梁景泰禪師始居此山其徒以無水難之師笑而不答已而菴成師卓于地泉湧數尺自是得井山中迄今賴之知水者以爲甲於嶺南然自梁以來未有記其事者夫

師之爲人誠不可得而知然吾聞萬有皆心想所
生而吾之學道未有不用定慧得者定則深完慧
則流通以深完流通精神而致吾心想中物父之
使子君之使臣有必得之勢其於此者特未足多
也或曰前世之士李廣利耿恭之徒皆功名進取
之人以成敗得喪爲心其精神之富不踰常人而
喑嗚叱咤飛泉爲之湧溢與師無異此何理也曰
二人者皆一時貴臣左氏所謂用物精多致於神
明方其絕域之中感激奮發於萬死一生之時其

用至到無精進無二體惟其出於一切之誠而無定慧之素故得之艱難非若師之頤指目使旣捷而且逸也嗟乎事之不立我知之矣志意耗於思慮聰明流於視聽則精神所感不得於君臣父子之間而尚何有於物苟能全吾之精神則雖山石之堅水泉之柔雍容談笑之間其閉者可使闢而通其柔者可使激而躍也而獨不得於人乎吾是以知天下之事無弗可立者

湯泉記

宋　古成之

過水北十餘里得白水山山行一里許得佛迹院中湧二泉其東所謂湯泉其西雪如也二泉相去步武間而東泉熱甚殆不可以觸指以西泉解之然後調適可浴意山之出二泉專爲浴者計哉或說炎州地性酷烈故山谷多湯泉或說水中出硫黄地中卽温彼不問南北臨潼湯泉乃在正西而炎州餘水未必皆熱卽地性之說固已失之然以硫黄置水中水不能温則硫黄之論亦未爲得吾意湯泉在天地間自爲一類受性本然不必有然

後温也凡物各求其類而水性尤耿介得其類雖數千里而伏流相通非吾類則潦絕徑過十字傍午而不相入故二泉之間不能容尋丈而炎凉特異益亦無足怪者吹氣爲寒呵氣爲温而同出於一口此其証也臨潼之水在開元天寶時最爲知名恩幸寵遇震耀一時然自是以來是非口語亦紛紛矣此泉出東南萬里外非山僧野叟之所遊息則騷人遷客之所笑咏寵辱何自而至哉

延祥寺記

宋開國公余靖曲江人

名山大川方域之鎮必籍異人以光其圖諜達才通識稠衆之表必托有爲以播其績用二美胥副今爲難羅浮山者越之望也蓬萊一峰羌波所蕩附麗於此水經之帷錄也良常諸洞吳郊之秀岫穴相通眞授之秘談也自浮屠西來蔓延中國塔廟嚴飭徧宅形勝兹山精藍十餘而延祥之基最古粱朝有頭陀僧景泰不知何許人薙草屋之號焉朝遊南海暮宿羅浮大同中始建寺額以其峰頂二石望之如樓布金所居適在南峰之下故以

南樓命之唐開元二十六年西域僧乾末多羅以
鐵肖釋迦眞像浮海而去番禺天寶二年中貴人
何行成以祠事將命遂迎其像置山歸以珍柑入
貢因得御署其門曰延祥之寺仍開明月戒壇于
寺之右凡嶺之南落髮壞衣者悉受具于此武宗
朝俐剗其籍咸通恢復而地歸中閣别揭南樓之
名于山之西延祥再造苦晚故久不競然亦不敢
父子私自相傳必擇十方名德尸之以俟來學初
鐵像之來也扶土以具其四體及祥符初住持僧

彦課及購金雇工易之以鐵而像始完彦課卒州以輿議請今長老雲達紹隆禪席達師桂州陽朔人幼聦悟師事同郡褫禪師既削髮即遊方至筠州洞山寶禪師付以大乘之要既而曰生本無物何有本鄉悟在於心豈須戲論遂優遊南行至于海上有黄龍洞者山靈絶境人迹罕到可以逃聲名去思慮於是結茅而居期於自得而已俄而學徒推戴以登師座既尸其徒則專其憂括囊而來者居於我乎安持盂而求者食於我乎仰於是募

信心以施其財召匠指以利其器審高卑面平曠鑿戸牖陶瓴甓取於堅完不務華麗日廩歲資悉得其度康定元年達公自袖其狀至于曲江俾予書之歸爲福地之識明年予因經途詣山於其南得張鶱之碑而知其名之始于其側見明月之壇而知其制之古于其堂聞達師之問答而知其言之當乃曰道如是書之無愧詞

山行記　趙汝馭

博羅郡太守歲下元有事于朱明洞天將天子命

福吾民也予於癸卯事已明日與客步自冲虛東
行數里泉聲潺然出蘘翳中其上則洞戶也南有
岩雙壁宛然從門以入欻然見寒梅冷落於藤梢
荆棘間崎嶇窈窕皆有古意往往顧者不甚見賞
問其地則趙師雄醉卧處也益上登伏虎岩至朝
眞石覩衆山於蔓葑之隙已培塿然矣過分水凹
迤邐歷平曠如塢如奥忽然若憑虛上騰以凌空
雲氣變態互見可驚可愕不可名狀猶是天地混
沌如雞子未判時恨無廬可托以俟日出東華績

明沿西而上寄危磴於谽谺細若綫縷旣卽聚星之榻猶窘蹐凜凜欲墜黎明捐糈粟命道士從所取道闢焉且指示之曰某地宜門某地宜亭又其地宜庵屬博羅令贊其事以明年成有門曰凌雲有亭曰仙春曰横翠曰佛松有菴曰見日卓然三千六百丈之上審曲面勢如指授方又訪諸菴得桃源王寧素臨安人也圓菴趺坐不茹葷不跡戶外二十三年矣命之住見日庵人宜之渠亦忻然可旣詩二十八字當揷帖又覩陽室以違陰風買

腴田以給常住山行勝槩大都盡矣

見日菴記畧　　　　趙希嬰

學道之士不畏蛇虎不虞風露操甚堅行甚峻然山林攻苦者視爲常而達官貴人每軫爲蒼生自重之念遂使眞仙窟宅留在中華無惡風溺水之虞而登者竟以嶔巖中輟可勝嘆哉自劉高尚篆竹葉符而蛇虺之患除先生架菴創亭而風露之虞息異世同功恨劉夢得蘇子瞻輩生乎前不及見徒有見日詩章而已雪廬先生以玉堂人物得

趣乎工師之勝捐金麾粟鳩工度材諸亭各有佳扁而是菴以見日揭其待嶺海一如畿甸美意可想淳祐乙巳孟秋朔旦

冲虛觀記　　宋　霍　暐

晉葛稚川以儒學知名才堪國史本無濟世之志一時當途交章辟致宜其陞華躐要蔚有可觀雖勉強起而從之視彼名位顯榮毋啻浮雲遊塵終以神仙導養之法爲事由常侍大著作出補勾漏令至廣州而刺史鄧嶽不能留也遂登羅浮創都

虛孤青白鶴酥醪東西南北四庵爲往來偃息之
地今冲虛觀乃都虛之遺址義熙初始爲祠以祀
之逮天寶中令守者十家已而爲觀一日道師梁
君智芳以書抵余曰兹觀創已久因循不葺三清
殿與仙聖祠像風摧雨漏撓者過半前此法師金
壇郎㓜葆光住持本有此意適太守譚大夫延請
住羅浮廨宮遂虛營造一切不暇及未幾智芳嗣
之旦夕靡遑實任其責葆光亦出錢五萬贊成其
事幸今完復可支百年子其爲我記之余聞師之

精誠感發不謀而應者翕然致富者施財壯者出力智者獻畫匠者効工旬月間去昔之腐敗而易之以新堅增其基之卑薄而築之以高峻革陋就華又嚴之以深靚既告成信士來會人物皆仰天地澄霽人謂師一志奉道畢功主張物理相符自然之應也故敘其本末如此

獅子庵記畧　　宋　王　冑

余丙戌冬攜家往遊一日訪黃龍洞七星壇有道人神定者延入其庵素壁茆簷柴扉竹榻池雖不

寬而可以鑑徒侶頗衆居有紀律旁而睨之巖洞
邃幽峯巒巃嵸背負九峰路通雲頂面聯七松勢
逼斗魁左右巖石如揖如顧於諸庵爲甲顧問道
人是庵何名道人曰此獅子洞也因以名庵余應
之曰藏經所謂獅子者取其無畏也獅子吼者取
其說法也獅子王者以其禪定也人無畏能説禪
定則胸中自有禪定而何泥於洞何局於庵道人
曰洞名獅子非洞庵名獅子非庵吾能內絕狐疑
外絕魔障葢身有獅子如有大神通彼庵若洞皆

我主之故以名焉余爲大書獅子庵三字以扁之下山適遇老者仍語庵之所始與夫道人之所得者老人曰其地古稱泉源洞天是華眞人脩眞之所開禧甲子神定從其師普通自曹溪來住錫於此今二十餘年矣前此亦多欲爲庵而苦於無水嘉定癸未普通竅其地得水於楊之側其味甘冷視景泰之卓錫無異焉由是結庵爲脩行之所適年道人求紀其立庵之意迺摭其實而爲之書

宋眞人白玉蟾瓊州人

慶雲記

淳熙改元十月既望惠州守臣王寧奉天子命蒇醮事于羅浮山山即十大洞天之一朱明曜真之府也先是唐天成中洞出古劒迹其篆文已應太祖皇帝丁亥聖君之讖我宋受命時遣中使奉金龍玉簡之典歲脩國醮著在令甲孝宗皇帝始登大寶爰致初敬是日也御香既上蒇事薦成步虛升聞環佩作序天容紺碧風日清美珍禽舞馴鹿悅仙花瑤草滿洞芳妍醮壇之西北隅有五彩光華出焉上亘霄昊是謂卿雲輪囷郁麗華景繽紛

中有金龍徊翔蓊鬱天人交慶實應太平夫太平
無象也然而慶雲天來亦于其人不于其天天意
以之昭格山川於焉出雲雲物精祲猶登臺以課
之建官以紀之秉筆以書之自祥符初泰山慶雲
現今焉復應猗歟盛哉河淸嶽潤信有其時廣東
漕臣繪圖上之踰年有旨令禮部毋遇郊恩給降
祠牒以度其年勞者使脩香火永爲典故寶慶丁
亥道士鄒師正該覃恩霈州家檄之知冲虛觀事
興懷休符命爲記文而繫之銘曰太祖之潛龍也

古劍出焉孝宗之飛龍也慶雲翔焉劍所以化龍於地雲所以從龍於天易曰雲從龍風從虎聖人作而萬物覩

飛雲頂開路記

宋男爵　李昴英番禺人

天子賜趙侯履于惠得護名山銜命醮祭已亟領客排叢薄陟崒嵂俄身在山顛八極一視某州某山髣髴可指侯竦然曰眞靈境也路之不治來無以栖爲地主羞之默識所經行地勢折旋歸而指畫授其屬相險易取便捷設橫木比級而上遂成

通滁亭于衝要五亦占勝槩平麓曰屐雲洞左曰仙春梅花村路中分處度短澗小石室砑其傍曰横翠過朝眞石石磯砥焉横出曰拂松最上峰築庵五間宿好事者曰見日延山老王寧素以居買田歲得五十緡入食其徒省道路壞必葺侯睎高趍正三踐朱明洞余平生夢羅浮是歲再遊逍遥乎登臨誰之賜與侯名汝駁雪廬其自號云

何仙姑祠記

明庶常　孫　蕡順德人

仙姑增城何泰女也生唐開耀間紫雲遶室頂有

六毫四歲能舉一鈞恒自謂則天童子時唐固未
麗武氏禍也事親有孝行性靜柔簡淡所居春岡
地產雲母嘗夢老人授服餌丹法漸覺身輕健有
詩曰鳳臺雲母似天花錬作芙蓉白雪芽笑殺狂
遊勾漏令更從何處覓丹砂後果有鳳來集其上
遂改名鳳臺云岡北與羅浮山相望嘗曰將遊羅
浮父母怪之私爲擇配結縭之夕忽不知所之留
詩屏硯間曰麻姑惟我戀塵囂一隔仙凡道路遥
去去滄洲弄明月倒騎黃鶴聽鸞簫明早起視家

側井逕有遺履而已頃之有道士來自羅浮見姑在麻姑石上顧謂道士曰而之增城屬吾親收拾井上履户占三絕寄其家曰鐵橋風景勝天台千樹萬樹桃花開玉笙吹過黃岩洞勾引長庚跨鶴來寄語童童與阿瓊休將塵事惱閒情蓬瀛弱水今淸淺滿地花陰護月明已趂群仙入紫微故鄉回首尚遲遲千年留取井邊履說與草堂仙子知其後增城李令世英與謝草堂者表其事李令乃天台黃巖人始悟仙語無一不有驗云仙姑又嘗

於黍珠庵東壁題一絕字比晉人差清婉少骨壁後半毀惟餘百尺水簾飛白虹笙簫松栢語天十三字其下必風也後二句無人能續之者今有祠在增城縣南有井尚存即其舊宅也唐賜仙姑朝霞帔一襲

羅浮指掌圖記以下增補　宋　鄒師正

名山異境散布人寰其知名者有十大洞天五在江浙三在梁益與夫洛京一惠陽一而已洛京衣冠都會之地江浙梁益舟車奔湊之鄉轍蹱轆轤

往來不絕其林泉之美登覽之便著于有聞蓋地勢使然也獨羅浮邈處海上天下想聞之而恨不至其地間有能至之者非逸世高蹈之士必希仙慕道之人山之高且三千六百丈地之袤直五百里峯巒之多四百三十二溪澗川源有不可勝數者是雖長年隱者未易遍覽而況士大夫來遊者暫至倏還旬日而罷又安能周知茲指掌圖所以作也遊山者自龍華寺有昌福夫人祠七里登山初至延祥寺唐朝賜額明月戒壇唐時度僧於此受戒百尺壇唐祭山建鐵佛

像西域所獻者　御園柑子唐朝充貢𫝊宗幸蜀德宗幸梁時皆不實僖宗幸蜀花落樹枯
至山腰三里餘有寶積寺宋朝賜額中閣唐僧懷迪所建御書閣中藏宋太宗眞宗仁宗賜書景泰禪師及景德賜佛衣嘉祐賜藏經　錫杖泉師駐錫之地　銅佛像寺後羅漢巖有穴通伏虎巖隋僧惠越金壇山居此常引虎枕
佛跡石上山十里有大小石樓二樓相去五里其狀如樓其股
有石門俯視滄海夜半見日出有山岸在周迴五里水消長應海潮盈縮之候　鐵橋峯羅浮二山上界三峯上接鐵橋峯高三仞相接處
在煙靄中人莫能見　青羊巖上在上界第三峯頂　夜樂洞在上界三峯下昔有羊跡　犀牛潭試
上有羊跡　夜樂洞人聞仙樂於此
劍石在夜樂洞中軒　瀑布泉夜樂洞中上界三峯側飛泉三十仞　鳳
輳集於此試劍

羅浮山已　卷十三　指掌圖記　三三

凰谷夜樂洞中有谷相傳鳳凰出入其間鳳浴潭在鳳凰谷尸有五色雲氣瑤石臺在浮山接鐵橋峰高五百六十丈有奇飛雲塔又云凌雲在山頂上即飛雲峯夜半見日出有見日菴廢址在林翳中瑤池在山頂又名龍母池阿耨池在飛雲塔之西景泰禪師入定之處夜樂池飛雲塔側池中夜有樂聲阿耨塔梁蕭譽建有三十六所泉源山羅浮二山接連處俗呼分水凹下接龍王坑鄭思遠脩道之所泉分山東西流玉鷲峰一名鷲嶺龍王坑景泰禪師說法於此有龍來聽上中下龍潭亦名西龍潭有瀑布泉三十仞花首壇佛書云花首菩薩五百會於此壇上資福寺南樓寺在石樓之南故得名去延祥之西五里餘曰黃龍洞一名金沙南漢於此建天華宮今呼爲西天華七星壇有古松七林甚奇獅子洞

有道者菴花首臺在黃龍洞西山背曰鳳凰岡何仙姑居此雲母
溪其中出雲母石循延祥而東七里餘抵冲虛觀葛仙所居丹
竈有東坡書稺川丹竈四字衣冠塚葛仙尸解葬其衣冠蓬萊閣後遺履
軒干鮑仙葛仙夜談河所銅王皇像及二侍從三尊南漢所鑄者觀
後朱明洞道書云朱眞人所治朝斗壇在洞口近於壇下獲銅龍六銅魚一黃
野人菴野人葛仙之門人也菴有啞虎守之釣魚臺在觀之左青霞谷蘇眞
人常居之野人洞即王子書堂坑王子名靚晉人觀之北曰酥醪觀葛仙
北菴麻姑峯在觀之西南有麻姑壇常有彩雲白鶴集其上觀之南曰觀源
洞一名麻姑洞一名藥院葛仙洗藥之所也西北曰幽居洞有鄭公書堂滴

水巖在幽居洞之後長壽觀本南漢天華宮今呼為南天宮中路直上君
子巖巖側有通天岩雲峯巖其下曰蝴蝶洞洞多蝴蝶云是葛仙遺衣
所化前曰水簾洞此中水石最勝張䂬書留丞相讀書于此天漢橋路出
藥槽其下為流杯池昔有八仙會飲於此其側有八仙石石上有詩羅浮
石刻篆書羅浮二大字廣一丈許布刻淳熙己亥良月望日左刻郡守睢陽吳東男有書又小
石刻朱明洞天四字倒臥溪中又石刻篆書長壽澗三字下刻聖宋皇祐二年冬閏十月二十七日
提點諸州刑獄太常博士范陽祖無擇題書又石刻郡太守師顯行靚青藜杖旁刻景泰甲子歲十
月餘不可辨東龍潭潭上有五龍堂自冲虛觀出會仙橋東行
三里餘抵明福觀南漢建亦名九天觀迤邐至石洞即鄺仙騎牛入

石處小水簾洞此處多隱者菴白鶴觀葛仙東菴東北至蛇穴單道開蟬蛻之所相傳穴中有路通循州又東數里至蓬萊洞丫髻峯又名雙髻峯劉仙壇石壇高百丈許云劉高尚坐處其旁生竹葉符鎮厭蛇虎峯下有試劍石有羅陽溪旁溪有籠葱竹巨十圍其節長二丈葉如芭蕉東林寺山之東西有香臺峯會眞峯櫻桃峯拋毬峯刀子峯錦繡峯黃猿峯鉢盂鋒致雲峯大旗峯小旗峯雲母峯雞笔峯又有金沙洞石臼洞朱陵洞太和洞歐陽洞赤水洞白雲洞風洞雲洞雨洞白角洞大慈寺洞古老洞白芒古洞桄榔洞大坑洞奇巘

秀岑湍流怪石不可名狀此遊山者之梗槩也大
抵洞裏乾坤壺中日月雖與世相絶然人與山有
緣則蓬萊遠隔弱水以蹻車飛空而或可到與山
無緣則瀛洲近對會稽雖驅石塞海而弗可逢故
作指掌圖以與覽勝者覽焉

朱明洞書院記　尚書　湛若水　增城

記稱朱明爲天下第七洞天非然也道家者流爲
之也夫天下之山豈可以其高卑大小而帍第之
而亦豈能一一以較量爲哉故山不在高水不在

深人不在大必有所以自異者不然則湯九尺文
王十尺孔子十圍而遽以是求湯文孔子也可乎
是故舜以歷山顯伊尹以莘野顯孔子以尼山顯
尼莘歷山豈足以比高潔大於天下之山哉羅浮
海上山其顯於天下者以葛洪仙翁王野彌明之
徒居之然未有聖人之徒居之也使有聖人之徒
居之如大舜伊尹孔子者則朱明當爲天下第一
矣豈云七焉而已耳卑之哉甘泉子宏治丙辰嘗
同李世卿諸子由博羅因曾子魯胡子學造冲虚

觀歷大小石樓以覽黃龍諸勝辛酉則偕趙元默由增江塘口而入宿梅花村方予之樂之也石翁先生曰毋心有所往情隨景遷俗樂耳立木空中足其顛如履平地四顧灑然猶爲奇絕吁此其遊息之學其聖學矣乎濂溪先生詩云我積陰功五十年八言行滿合成仙靑霄未得參鸞鶴先上羅浮七洞天其幾聖矣乎若得濂溪石翁者以居是山卽爲古今第一等人而是山爲第一等山而何云乎七矣哉丙申冬甘泉子南歸復携諸子渡增

江歷梅花村以宿冲虛觀亟以書報曾胡二氏黄時卿氏來會焉求古所謂朱明洞者而卜築焉以爲退居之地朱明在冲虛之後後倚蝦蟇玉女諸峯臨以飛雲之頂右挹麻姑峯諸秀掩映流水瀧瀧遠洞前以出冲虛有大石刻曰朱明洞者當其前葢古迹湮沒已久人所不到極幽處也於是亟令人伐木剪荆定卜焉棲霞道士李以賢曰吾等當力爲之其侶丁以福鄧以仁者亦曰吾當協力爲之於是内爲寢者五間前爲堂者五間又前爲

門者如寢堂之數兩廊翼之者八間繚以周垣引泉入於廚下經始於丁酉之冬迄工於戊戌之秋張千兵世武視工以書來告成甘泉子曰以賢等可不謂賢哉吾徒志之於是山也惟圖其光毋扺其辱夫吾徒學夫子者也必若瞻夫子之宮墻得其門而入升其堂造其室居其廣居宅其安宅其斯以爲光乎慎哉毋爲山神羞

遊羅浮記

郎中 歐大任 順德

太史公稱大荒之內名山五千中國五嶽作鎮羅

浮爲三十六洞天之第七曰朱明耀眞之天佐命南嶽而泉源福地則洞天兼福地此與句曲地脉耳山在廣惠間去余家可二百里萬歷戊子三月五日學憲携李郭君舜舉過余洲上約遊兹山十九日俱發五羊二十日舟次石灣葉刺史化甫艤舟相待二十一日由泊頭肩輿入山過梅花村指酒田藥市皆不遠陟觀水簾洞時春末瀑布千尺遂至五百花首臺訪黄龍洞禮四賢祠昔南漢建天華宫於此左爲含陽門右爲起雲門刻石俱存

路側澗下多淳熙皇祐間刻字問孤青白鶴酥醪
三觀稍頹得冲虛觀尚宏壯葢都虛遺址後爲朱
明洞前爲玉簡亭道士三四人導謁葛仙祠觀丹
竈宋蘇軾書四字刻焉夕同化甫就舜舉所宿廳
談安期生朱靈芝華子期鮑靚單道開山中舊蹟
道士奉銅龍六銅魚一來觀葢蘇軾已云得於青
精先生朝斗壇上則宋以前不知何代物矣夜有
風雨松檜篁竹戞擊有聲與巖湫磵雪舂撞響答
竟不成寐二十二日朝雨不止胡比部光甫自山

下乘竹兜至化甫不待輿衣已盡濕舜舉游興勃然酌余所携酒脯各三五行賈勇出門山之畬人毋十數擁一輿如飛左穿狹中古樹蔽虧鉅石峭立謝靈運所謂茅山南通羅浮洞穴之寶衢海靈之雲術殆謂是與望玉鵞會眞諸峰不可至冒雨趨青霞谷湛氏石閣巋然可登然蕣蘚積矣返石洞飲化甫館中道士吹簫拊瑟佐飲甚驩酒罷化甫欲看鄺仙石莫道人庵雨不果往舜舉笑曰諸君今日豈遊呂梁與汨俱出者耶余曰諸仙朝元

之地中天日月白晝風雷何倏忽也其毋嘘氣成
雲漢洒爲雨倘頃刻晴朗展眺四百三十二峰不
有天幸哉化甫與余夜復從舜舉飲琅琅劇談始
就宿二十三日舜舉東行潮州余亦出山俱別光
甫化甫至博羅夜別舜舉東江上二十四日天果
霽潘生子朋仲良偕來曰先生能復游乎豫之由
衷當撰杖屨以從余三人晨餐從舊路徑繞麻姑
臺後策竹杖以二僕推輓上大小石樓俯視滄海
飛濤浩溔滉瀁無際蓬萊一島信非誕也過分水

隩登飛雲頂極目無所障礙海隅日出於是得大觀焉靑齊閩浙似亦咫尺石上偃息待所携酒并脯糒至飲食及僕隸取小逕下山舍輿覓杖披草萊不暇息踵疲極則縋輿而行昏黑抵農舍炊食亟就枕篝酣寢達旦山鳥鳴聲最異畬人獻白酒相賀謂五色雀傍簷飛啼云二十五日詣石灣問舟以歸

羅浮山詩序　　余靖

道家品天下名山稱洞天者三十六號福地者七

十二羅浮籍在洞天之七而岫穴北通金壇蓋蓬萊之一洲神仙之聚窟豈獨榮公侯之祀擅登臨之美已彼嵩少終南中條太華枕乎名利之場故吟咏者曰爭咀嚼含嗽以買名聲而兹山磅礴海上寂寥千載自非安恬愉樂幽靜者孰肯於名外摘爲不世之觀乎今宫師致政相君嘗於咸平中領郡來此帥其屬而遊焉稚川煉藥之區景泰冥心之地咸有留詠共成四章觀夫大人君子之存誠也卷道而遠迹不羞於窘遭時而調元不謂之

泰所以托言寄意安於道而已矣故其解相印有如脱屣豈不素樂於閑曠哉傅羅令黄君以曳裾之舊而希其高惜其粉字塵蠹恐湮沒而不紀遂買石而刻之以永其傳某躡屐來遊會其鑿刻因書歲月于右

今雨奇遊序　　郭子直

羅浮之勝余十年夢寐也頃入粤遇刺史葉化甫津津後譚之化甫葢久讀書山中者余益飛心於清泉白石間矣戊子春三月將行部惠循過謁虞

部歐楨伯楨伯亦以未遊羅浮爲恨余咤曰得無天之有意乎因定東行之約是月十九日聯舟發五羊二十次石灣從者苦未識途而化甫已艤舟待矣二十一日由泊頭墟踰兩舍暮抵冲虛觀二十二日風雨大作自辰至午不絕雲氣瀰漫塞路遠近峰巒如出沒銀海飛泉琅琅噴射澗壑而四山檜竹挾風雨與泉聲相亂適許部胡光甫至胡爲化甫同年又地主也相與決策出門且雨且行遂歷黃龍青霞水簾石洞梅花村諸勝第飛雲峰

挾麻姑玉女隱隱雲霧中不令人見耳歸而衣袂如沭鬚髮水滴滴下不休相顧大笑曰諸君豈遊呂梁與汨而出者耶楨伯化甫出壺飧飲于朱明館時時呼黃冠吹洞簫拊朱瑟以佐之意甚適也二十三日博羅令携鐃吹騎從至余意以不可久溷清都矣山中與葉胡二公別至博羅與楨伯別遂東是遊也入山一日耳奚能盡發其靈閟况風雨如許耶意天以有餘不盡之興留之耶顧余夙心以償一快也時及暮春二快也客來不速三快

也雄飲劇談有唱必和四快也且三大夫皆詞壇雄長使生不同時猶當旦暮遇之乃晤言一室余以不文叅焉五快也吾以是虛往吾以是實歸眞可謂一日千秋矣又豈必攀藤蘿拉猿鹿陟巍窮隱而後稱遊哉余得詩九首楨伯如之化甫得其半因登余詩於冊以歸楨伯題曰今雨奇遊紀實也

遊羅浮賦　夫星圖粵地引潮汐於元紐日次南北戸之北固以輿象之所偏麗燭龍之所長寤矣而盧嶽天子之障衡山祝融之

標樞軸雖連於西極經絡未窮於南紀高融奧博是在羅浮羅山上直百粵之精旁羅赤溟之氣軒轅以降隆爲粵嶽矣而浮山者是惟蓬萊神山浮自會稽靈海斷鰲不足比其波蕩𣚍蛇不足異其轉徙蓋流睽絕橋仃眙分罍飛峰息壤神理自然所悵鬱者名迹蕪藹采眞莫贖溽塔暗朝花之影沉湖銷夜樂之音每與友人輩嘆恨其奇大有終焉之意而東官陵祀升踐靡由辛卯冬始以出尉徐聞速令尹崔子玉於南海遲文學翟從先於東莞梱川墟履原隰遂宿朱明曜眞之館候霽焉蓋晦夕也詰朝朔微雨襲梅墟經石門聽泉於葉大夫春及之廊阿明日觀大簾泉避雨厥胐弔湛公於黃龍講堂道甚峷峉夜火青霞洞口有湛公樓七楹仙鼠居之此盡下界三矣明日起青霞至巔際觀日出爲中上六界美人峰殊好神如道人時時出雲

其下千仞葉大夫石館處也桃始華露欲晞見城郭者四五前立石雙如蛾翅豎又立石翥翥爲燕子門一名彈子門爲美人障其前蟾蜍峰也同人不前獨往彌勝從數羽衣人芟蘊而上鳥道二十餘里迴翔眩視草樹飛走光氣有異非所經識意謂靈境阻鬱剳然一岡平曼修婉名以子午正其昏朝登頓再舍圭陰未禺遂躡飛雲凌日觀唯見香燈一具白水一卮祀羅浮君焉望天池以陽星沙而陰東連扶津之藹西盡崦嵫之色靡不區封有眇晗藐無倪者矣可謂恢魁乎大觀淵綿其神致遂賦之云

湯顯祖

緬夫極盧衡之經首暐赤嶽於賁禺畧招搖之桂樹望雲氣於蒼梧問津途於莞城釋泛舟於源墟

灩林霏之窈窕漠岩戸之紓徐晨光飛而首路夕
影流而載驅倒煙容於衿帶睇朱明於隙餘磴環
頽於莽蒼林織密以扶疎策孤征而聽影鳥羣歸
而沸呼傍靈池以涉阯歷迴梁而聳軀鐘鼓鳴於
林間香氣騰於路隅是爲帝軒轅之所履神赤熛
之所廬坐參正而披衣閲柳中而定居何遷人之
鞅掌得借一於冲虚靈想接而心歡營宅淸而寐
除慨衣冠其委土想丹竈之流珠問洗藥於眞人
發靈籥於聖姑守瑤光之玉虎戴碧斗之銅魚恨

天華之宮不存怨明月之壇久蕪斷冥心其莫引
翳神光其忽諸徒使來粤都者走明珠於合浦浮
毳衣於賈胡彼臯壤與山林非天性其焉如將縱
觀其窟宅恣風雲之襲余若有人兮山中葉公逃
其大夫瞰神峰之窅渺感鮑女之來胥築清泠之
妙館移家室於眞圖半九天而一息卷懸泉而自
舒契蘭溪之趙相詠明懷於彼姝悵峨嵋之脈遠
覺茅山之氣殊諒仙人之藐矣居其堂以鬱呼度
石關之穹窿接新構之離婁泉淙淙而夜鳴雲英

英而晝斂淸不可兮久留澹容與以踟躇山帶氲
而翠積水簾波而素紆營槃砥兮偃仰蹶葩華兮
噴噓避雨蝴蝶之洞睨梁天漢之虛彼增城之湛
子洵赤海之名儒匪淳耀其外麗有神精而內攄
吐經書以元澹集龍鳳以娭娛若洙泗之誾誾儼
夏屋之渠渠委樓觀於山精寄田業於門徒聖無
存而不杪凡有亡而必粗疑海波之增減窺戸牖
之有無蘊苦心其爲誰遡流風而涕俱於是拂金
沙兮夜語躡靑霞兮旦發逗威蕤而宛轉望敦麗

而軼軋澹孤青於氣表漏陽華於空閬青崖隒於川渠錯璁瓏於樓闕雖道絕於登降亦臨觀其曲折緬增城其在茲遞仙風而岋嶭俯龍門而直上有流光之彯撇徵上界之精華照下方之明滅何峰容之偉奇漾眞人之秀烈偶麗石之前臨露參差而障列如倚翅以斯冲似懸帆之炎揭映神姬之出雲美朝暾而暮晰轉靈蝸而下視象寒津之嗽齧始浮山而浮來自會稽而涌垤覽至今之草木有東方之種別泯合際於羅邱度鐵橋而綴鉄

豈華靈之遠擘非秦王之近設抵半含而泉分宿
煙炊而飲潔詑木末雀子玉之下來愴石罅翟點
蒼之困歇信絶地之行難豈中天而輿輟定飄搖
而整巾襆蹤跚而結襪頓金策之拳奇步羽人之
勃窣上登蕭蓊其若梯進孱顏其若闌附壁虛而溜
浮積泐欹而苔滑寄掌股於旁徑托跟趾乎胃櫪
起瑤池而躡飛雲周三十里之靈樾象耕之所絶
蹊雉樵之所迷術肆奇樹之葱蘢并異卉兮冥密
紺蒼凝而互陰碧鮮流而競發固風霞之所藹蔚

亦丹膏之所淫鬱有一花而四照有五色而一節
或建日而無影或嵌空而有雪青珠洽風其欲乳
珊瑚叢生而逾活神縻倚其雍容仙軆彯而擻拂
木客離簁而似語山魈隱映而倏忽别有朝菌若
雲夜芝如月翠羽攢菁金粉浮馥曩得一而爲艷
此成林而不掇固靈境其常然嘆人生之覯絶謂
林封而徑窮忽岡巒之秀潤儗撐距而不前乃案
衍而條達曉發足於青霞午凌岡而載芨候雞鳴
於上霄降兹巒而子末正子午之嘉名定昏曉之

相割念人間之急晷劣旋車而已嘗剡山行之阻迂慮峰攢而影咽竟淩霄而未禺何鄧林之蚤渴豈日氣之偏延非海陰之所遏遂徑庭其造天極空寘而戴日屬湘嶷於壘確辨交廉之壠埒眇蒨木於河林認扶桑於渤碣掞瓊州而地矯引長星而天豁布肸蠁之芒芒衆毎生而忽忽偶旦宅以推排糅山川與名物昔冥邱而去燕今南池而徙越爲情多而苦悲亦心淺而易悅塵影含而智虧年路深而意沒夜樂何時而遇仙花首何因而禮

佛付凡情於聖眞若闚觀與窮髮將無始之趨未

融令有終之相難閱朱鳳沫而潭氛碧雞殷而石

裂覽異鳥其參差意靈禽之彷彿宮觀歸而如在

邱壑虛而起屈吾將洗浮氳於自然悟空明於一

切朱陵之花靡謝曜眞之氣長結雎光景兮复不

如乎天之所窮靚淩兢兮吾以觀乎日之所出

五色鳥賦　歐必元

維茲山之孕靈兮離明曜其孔陽產羽族之異鳥

兮繪黼黻以文章萃五方而爲掩映兮錯五彩之

輝煌飈六翮之振舉兮倬千仞以翺翔息茂林于
至止兮笑綱羅而徒張卑鴟鵲與翠羽兮傲青鳥
與鶬黄非赤烏而朱冠兮熠儀德于鳳凰啄丹砂
而煉服兮集瑶池以進觴輒羣飛而轉顧兮託羽
儀于遐荒苟艮時之未遘兮覽德輝而相羊瞻虞
庭之欲下兮望岐山而長鳴鄙雞鶩之爭食兮艳
霜露以清貞感造化之廣生兮又何處一枝而辭

夫南征

羅浮山銘

歐必元

於赫羅浮乃奠南服矚斗千星佐于衡嶽陽宮之巔耀眞之麓追琢其章閟兹寶錄鳳凰噦噦五色載媥瓊枝瑞草日月有粲如珠如火九轉其丹閒以弱水標以神山莫高匪天唯峰與匹東方既明寅賓出日在木之華在楚之實不邇厥心而有遐室北通勾曲西接蛾眉增城瀑布千丈若垂何以主之曰朱靈芝爲天子祝稽首致辭兹山永壽萬年無期

羅浮舊志序

譚粹

嘗觀劉禹錫初見太華以爲此外無奇及見荆山以爲此外無秀及遊池州九華山然後悼前言之容易噫使禹錫及見羅浮奚特九華山之比哉昔嘗一閱羅浮山記乃郡椽郭之美採摭圖傳纂次編集其說謂是山通句曲之洞接茅山之勝浮雲濤于會稽分靈島于蓬萊始疑其誕謾而未之信及元豐初承乏郡事遂獲親至而目擊觀夫星壇天成石鑑圓潔湖韞氷玉竹産籠葱奏清音於樂池耀寒光于丹竈文禽異卉交錯如繡瑶臺霞谷

愈覽愈新誠可謂此外無奇羣峰壁立間數百里石樓倚漢鐵橋橫空勢凴天倪影浸溟渤蒼翠蓊鬱出雲爲霖誠可謂此外無秀今年春被命東來尋訪山記已無較刻因命博蒐衷爲全集命工刋鏤責付寶積禪刹係歷管載庶幾傳於綿永而覽之者撥文悟景神驚心得寧不韙與元符三年八月望日

羅浮山記

詩四言古　　香山陳蘭芝拂霞輯梓

羅浮山　　王叔之

菴藹靈岳開景神封緜界盤趾中天舉峰孤樓側挺層岫迴重風雲秀體卉木娟容

前題　　梁　蕭譽

神哉蓬島合影羅岑南濵溟渤西負桂林龍隈斜峙牛嶺旁升形高華霍德邁衡岷横天起巘挿雲生襲脩厓薇景孤峰鳳立所謂耀真仙靈攸集鮑

靚栖偃葛洪餌丹梁盧王佐控鶴軒鸞翠袍挂日
朱霞冐冠寶文可佩氷玉宜餐群生浮瞬隙電盈
輝枝葉禮義黥劓是非無因獨往山阿采薇吐納
冲氣卷服雲衣亡他利己骨損身跳至人齊物中
還藴妙灰心守一形枯道要史吹姬笙稽琴阮嘯
桃出李傍李生桃側無俟相因李僵桃食桃李雖
榮終無久桅不摧松桂歲寒表色日惟一味安止
容膝神以動疲驕隨滿溢溢滿則欹淳眞志畢積
想幽入美玆貞吉敢刻名山勤銘斯實

飛龍引　　梁子壽

朝遊羅浮雲霞窈窕忽逢金母顏色鮮好乘彼青鸞手持瑤草傍有雙成飡以靈棗引我龜臺瓊樓皓皓授我眞形教以至道錫我刀圭還精補腦駕以飛龍㮇此鴻寶出入太虛過遭八道桑田任變天地同老

詩五言古

鳳凰谷　　南宋　王叔之

客從北方來言欲到交阯遠行無他貨惟有鳳凰

千百金我不欲千金難爲市誰知巖穴中簫笙終夜起

羅浮山　陳　陰鏗

羅浮銀是殿瀛洲玉作堂朝遊雲漸起夕餌菊恒香聊持履成燕戲以石爲羊洪崖與松子乘羽就周王

羅浮山　江　淹

紫烟世不覿赤鱗庖所捐白雲炎海外萏萏起三山蕭瑟玉池上容裔羅山前欲知淸都裏乘此乃

登天

咏芝草　庾肩吾

踟躕玩芝草淹留攀桂叢桂叢方偃蹇芝葉正玲瓏如龍復如馬成闕復成宫黄金九華發紫蓋六英通隱士蒼山北神仙赤海東隨丹聯變水獨颺不須風

咏羽禽　唐　陳子昂

翡翠巢南海雌雄珠樹林何知美人意嬌愛比黄金殺身炎洲裏委羽玉堂陰旖旎光首飾葳蕤爛

錦衾豈不在遐遠虞羅忽見尋多材信爲累歎息此珍禽

送友人之羅浮　李白

桂水分五嶺衡山朝九疑江關杳安西流浪將何之素色愁明湖秋渚晦寒姿疇昔紫芳意已過黃髮期君王縱疎散雲壑借巢夷爾去之羅浮我還憩峨眉中濶道萬里霞月遥相思

禪房懷岑倫南遊羅浮

嬋娟羅浮月揺漾桂水雲美人竟獨往而我安能

群一朝語笑隔萬里懽情分沉吟絲霞没夢寐群
芳竭歸鴻度三湘遊子在百粤邊塵染衣劍白日
凋華髮春風變楚間秋聲落吳山草木結愁緒風
沙悽苦顔竭來已永久頽思如循環飄飖限江裔
想像空留滯離憂每醉心别淚徒盈袂坐愁青天
末出望黄雲蔽目極何悠悠梅花南嶺頭空長滅
征鳥水濶無還舟寶劍終難托金囊豈易求歸來
儻有問桂樹山之幽

詠懷　杜甫

邦危亂法則聖遠益愁慕飄飄桂水遊悵望蒼梧
暮潛魚不銜鈎走鹿無反顧噭噭幽曠心拳拳異
平素衣食相拘閡朋知限流寓風濤上春沙十里
侵江樹送行少吉日時節立復度井竈任塵埃舟
航煩數具牽纆加老病瑣細隘俗務萬古一死生
胡爲足名數多憂汙桃源計拙泥銅柱未辭炎瘴
毒擺落跋涉懼虎狼窺中原焉得所歷佳葛洪及
許靖避世常此路賢愚誠等差自愛各馳騖羸瘠
且如何魄奪針灸慮擁滯僮僕慵稽留篙師怒終

當挂帆席天意難告愬南爲祝融客勉强親杖屨

結託老人星羅浮展衰步

羅浮山　　劉禹錫

海黑天宇曠星辰來逼人人言羅浮上容易見九

垠漸高元氣壯汹湧來翼身陰陽迭用事乃俾夜

作晨咿喔天雞鳴扶桑色昕昕赤波千萬里湧出

黄金輪

送鄭丞之羅浮習業　　楊衡

百年忽飄忽萬事繫衰榮高鴻脱矰繳達士去簪

纓始從天目遊復作羅浮行雲臥石林窖月窺花洞明全形在氣和習默憑境青凤秘絳囊訣屢投金簡名鍾箢促離觴烟霞隨去程何當眞府內重得欵平生

贈羅浮易鍊師

海上爹仙嶠靈入信長生營衞氷雪姿嚥嚼日月精默書絳符遍晦步斗文成翠髮晞暘長金烏淩風輕焚香抑虛寂稽首回太清鸞鷺振羽儀飛翻拂旆旌左挹玉泉液右搴雲芝英願得叅龍駕攀

天度赤城

遊羅浮　司馬退之

不踐名利途始覺塵土腥不味稻粱食始覺神骨
清羅浮奔走外日月無短明山瘦松亦勁鶴老飛
更輕逍遥此中客翠髮皆長生草木多古色雞犬
無新聲君有出俗志不貪英雄名傲然脱冠帶改
換人間情去矣丹霄路向曉雲冥冥

前題　陳陶

丹陵五牙客昨日羅浮歸赤斧壽不得烟霞空滿

衣試於華陽問果遇三茅知採藥向十洲同行牧羊兒十洲隔大海浩渺不可期空留雙白鶴巢在長松枝

登楞伽臺訪羽客　李群玉

淸遠登寺臺晃朗縱覽歷濯泉喚仙風於此蕩靈魄冷光邀遠日百里見海色送雲歸蓬壺望客滅秋碧波瀾收日氣天月回澄寂百越入掌中十洲點空白身居蜚鳥去口誦乎元籍飄如出塵籠相望儼肅客冥冥人間世歌嘯不足惜竭來羅浮頂

披雲煉瓊液謝公雲岑興可以躡高跡吾將抱瑤琴絕境縱所適

東龍潭　　　　　　　　　　　　　宋　余　靖

峭嶺盤遠郊幽泉生石陴沮洳成深潭神龍隱其下存身此盤蟄得時扶造化何時歲大旱移湫救函夏

白水巖公自註白水山羅浮之東麓　　　　蘇　軾

環州多白水水際皆蒼山以彼無盡景寓我有限年東家著孔邱西家著顏淵市爲不二價農爲不

爭田周公與管蔡恨不茆三間我飽一飯足薇蕨補食前門生餽新米救我廚無煙斗酒與隻鷄酣歌餞華顛禽魚豈知之我適物與閑悠悠未必爾樂我所自然

佛迹石 公自注在羅浮之東麓也

何人守蓬萊夜半失左股浮山若鵬蹲忽展垂天羽根株互連絡崖嶠爭吞吐神工自爐鞲融液相綴補至今餘隙罅流出千斛乳方其欲合時天匠麾月斧帝觴分餘瀝山骨醉后土峰巒尚開闔澗

谷猶呼舞海風吹未凝古佛來步武當時汪罔氏投足不蓋腒青蓮雖不見千古落花雨雙谿匯九折萬馬騰一鼓奔雷濺玉雪潭洞開水府潛鱗有飢蛟掉尾取渴虎我來方醉後濯足聊戲侮回風卷飛雹掠面過彊弩山靈莫惡劇微命安足賭此山吾欲老愼勿厭求取谿流變春酒與我相賓主當遣青竹箭下灌黃精圃

石樓峯　　古成之

相思天一邊知在石樓間高卧人稀到數峰人共

閑仙方新更試易疏舊曾刪好探鰲頭信時應有
鶴還

前題　梅蟠

昔聞謝自然今祠何女仙昌黎久不作奇事相流
傳當其始生時紫光雲燭天煉服雲母丹紅玉飛
瓊烟窈窕顏不老霞帔尚翩翩珙花露含蕊瑤水
月在蓮恍若坐深閨眞息長眇綿左携魏夫人右
挾夏嬋娟不入天台路永同龍漢年

冲虛觀　耿南仲

稺川初隱地山邃枕如城寳鼎丹何在雲衣骨亦輕金鼎交龍虎當年想閉扃一九丹旣就五色土猶靈始知勾漏地猶勝步兵營往躅今誰繼遊人空慕名過客空𢒈訪飛仙已杳冥他山多可買歸去讀黃庭

遊羅浮　　鄭康佐

泰華端培塿羅浮霄漢鄰俯視雲烟飛冠蓋摩星辰凝神想至道窈窕難具陳未究訪安期岢立空逡巡

乘雲朝太淸烟霞鎖故宅逍遥十洲上遂與人寰隔泉石獨泠泠遺竈粲朱碧欲追汗漫遊安得生羽翮

贈水簾洞黃秀才　林千之

讀書避世喧結廬五雲表澹泊足生涯詰曲藏深杳俯觀紅日近俯視衆山小滄溟舞澎湃雲氣渡浩渺喬松蔓翠蘿絶壁掛啼鳥一泒從天來長練掛木杪海鷗忘機智峒蝶驚飛遶亦知山房靜而被俗客擾作詩記殷勤努力須壯少他年騰踏去

蕙帳猿驚曉

羅浮即景　孫欽臣

巨鼇掀釣去何代泛蓬瀛百里嵐光積崇朝香氣
橫盤根爭聳拔峻頂共峥嶸纖蓋千松出笙竽萬
籟聲望高南鎮越勢遠北歸溟澗險難窮路花多
不記名寒流飛白練恠石疊蒼瓊雨向山腰下雲
從洞口生喬林隨歲古異卉逐時榮近逼天風冷
遥瞻海日明淡烟輕斜素脩蔓客垂纓泉湧知無
盡厓危訝欲傾深沉疑造化頃刻變陰晴遊客逢

巖住歸僧帶月行更尋應有分再到已忘情但恐看難遍須知晝不成惜哉居絶域不得覩公卿

澄虛閣在冲虛觀中　　王獻臣

此地留仙竈仙人去何早一粒藥初成空山絶靈草竈旁五色土令人百病好况復餌丹人朱顏幾時老我佩緑綺琴獨上麻姑壇七絃試拂拭一天星斗寒仙子爲我來降語五雲端世人知音少君今休要彈

前題　　宰輔　留元崇

尋仙得招提借我此歇脚瓜棗未暇求杯水得甘

酌境空風泉高夜永雲臥薄明當約麻姑石樓騎

白鶴吾師知地脉杖錫此間卓分占神仙囿敲出

清冷玉錫飛已成龍泉潔可飲鶴林下幾寒暑池

中不盈涸木石常借潤瓶罌隨量足池無汲綆綫

逗引走脩竹渴心生塵埃對此愜所欲洗耳聽松

音漱齒汲山綠更携一壺歸爲浣衆生濁遥愧山

中人四時自斟酌

大華庵　　陳自立

孤庵顏天華琳館依芳樾秋霄寒碧中萬籟寂不
發瑶風響笙竽斜日散金屑坐久夜色侵啼螿滿
苔穴偶懷僞漢宮疎鐙耿明滅

前題　盧大年

骨肉戚岐路嗟嗟晚世人兩山千萬里浮雲自相
親

明發石壁庵　白玉蟾

有客東北來翻然袖青蛇掀髯石壁前人間日已
斜前望羅浮山千峰如排衙魚龍吹海水洒雨行

天涯何處安期生種棗大如瓜見說蒲澗中尚有九節牙後來葛稚川亦得飯胡麻自吸水簾洞笑咽黃金砂海山冥古今縹緲烟月賒急呼南海神采采扶桑花我欲騎天風去歸五雲家整衣謁紫皇及此鬢未華嗟彼紅塵人還如兎在罝胡不學飛仙白日昇九霞

江行望羅浮　　明　習　韶

我有相思心寄之羅浮山丹崖燦瑤樹待我秋風還世路不可極悠悠若循環獨立遺天地江波今

古閒客行越江邊冉冉江路長平生一卷書爲爾鬒髮蒼鸞風吹鴻鵠萬里猶故鄉安得挾兩翼與之俱翺翔羅浮山色新紫翠不生塵擬挹松花露相從黃鶴人鶴鳴陰洞雨泉瀉石厓雲此地無禾黍丹砂不養貧積雨羅浮路深閒似畫圖石泉丹竈冷仙樹白雲孤入臥藤花雨蟲書竹葉符滄溟漾孤棹何處是方壺

登上界峰　尚書陳璉東莞

仙山鬱嵯峩千古青未了樓臺起中天鐘磬出林

杪奇香散仙葩五色翔神鳥誰能躡高頂洞覽周八表

誰將羅浮山分來奠南土峯巒餘四百歷歷青可數泉源近福地靈勝開今古曾見黃眞人雲中騎啞虎

前題　陳獻章

一度一萬刼飛空本無鐵何名爲飛空自是安排絕夜久天宇高霜清萬籟徹手持青琅玕坐弄碧海月

前題　黄　鏘

羽駕何飄飄白日正杲杲野人徒鶴立歸來胡不早遺像兩何似羅岑與浮島桃李亦相依不如松桂老

甘泉精舍　湛若水

遂卜朱明西乃兼朱明東東西如日月天地留糸同何以愛東洞蝦蟇起青空何以愛西洞麻姑秀芙蓉朝日未出時先見東海紅新水欲吐夜坐待西巖中日月互來往吾以觀無窮

初程出郭望羅浮

人事百窘逼望山心一怡苦樂本無門維人自致之祥禽困雕籠幽鳥擇高枝鷦鷯乃自足瑣瑣亦奚爲

北風吹宿霧天宇何寥廓羅浮泉仙人爲我開雲幕簪笏非素心泉石有夙約得所自得生忘景亦忘樂

登飛雲頂

步步上飛雲一步度一刼刼盡見眞源一切了緣

業下看金烏忙長嘯玉兎㨗而我本無爲宇宙同
超越

卜書院于朱明洞

昔欲卜朱明以爲元明宅非爲絕人境遠道迅所
適鑿石開院門搴蘿補石隙閑携二三子來共散
書冊念此三十年志願會須得

梅花村　歐陽鐸

黃蘆穿小澗忽到梅花村村谷熳山鷽健林深木客
尊屈低簾洞瀑雲掩石樓門亦有凭虛志邱園小

草鰶何代歐陽洞泰和並勒珉偶然蹤跡到莫訝去來因奔走應吾事栖遲自谷神野廬無數在誰是姓黃人

釣鰲石　　黃佐

任公昔垂釣超然龍伯先巨鰲一入手綸竿都棄捐鎮此蓬山下化石今千年共惟豫章翁拂石開蒼烟坐觀萬物備胸中羅九天渾如得巨鰲不屑圖小鮮泉源涵有象松風韻無絃冥栖不復見悠悠東逝川

天華宫故址

危石駕青雲幽谷吐白雨誰爲眞蛟蜃架構窮莽
楚鋤雲得翠碣緬想翬飛宇甘霖羽葢地町疃拱
禮鼠迢遰秦阿房天運能幾許况持青海節公麽
蟲沙主黄龍詑眞符三芝望霞舉玉馬朝洛州執
梃長降侶餒魂夕銷燐俎豆忽環堵萬物一指間

獨契漆園語

青霞谷　　　　鄭善夫

客有羅浮君羽衣行翩翩長揖謝世事陳往三十

春沆瀣不滿日貌如藐姑神問道廣成子空同高
嶙峋挂瓢椅樹枝振鳥天風門竭來弔延陵晤言
東海濱示我紫尸術挺身入層雲誓將結瑤華引
領長相親

泰泉早廬　張治

翩翩泰泉子戢耀栖朱明竭來隱金馬飈飛復南
征言探菖蒲花笑揖安期生圓景煥中夜九鳳翀
霞鳴相携駕之去逍遙騰紫清願滌垢氛耳豁落
聞天聲

通天巖　黎民表

欝羅隱藹臺璚扉不可扣耿耿閱牛女迢迢列星宿道逢猋輪客倏與青精覯相携毓華林行歌采三秀

黄野人庵本姓王

黄野仙已去於菟守靈關松風起萬壑時復乘鸞還朗吟梅花句清麗非人間披衣出礀戸朗月沉空山

送丁戊山人遊羅浮　黎民表

石樓臨岸㝁閣道行烟中望望不可即丹氣如長
虹虛王有秘簡遺之在嵌空其文盡鳥跡其事皆
泰鴻人能證此旨可以遊無窮徑路夐中絕風雲
邈難通乎蒼正高列廻焱振寒叢青鳥西南來托
爾明深衷

直木忌先伐珍禽憚爲犧至人貴匿景浮雲奄若
遺雲螭不可弭神蹤縈我思道逢采芝客俟我蒼
山陲入室扣乎牝清文煥然披攬之不盈掬舒之
宇宙彌借問此何人無乃軒轅師徒倚拾蕙若淹

留扳桂枝少別豈足道千秋以爲期

遊羅浮山　　黎民懐

積思久滯滛興言悠攀陟奇峯亘四百面面俱可識上有飛雲峰遠接扶桑色迤邐瑶臺石煙霞隨杖舄群仙寧盡紀丹竈猶可覓家由葛令移松是秦時植俯首接飛鳶摩崖多緇刻朱草希黃落仙禽無倦翼步入梅花村美釀分乎碧可以醉游人若爲驅肉食小隱吾敢捐漫向高山憶

瑶石山房　　王文祿

羅浮四百峰上有瑶石臺和光暎泉轉秀色中霄
回仙靈藴堅素瑕瑜將無猜臚吹霓帶綬手攬霞
文裁抱璞獻宸陛馭雲京觀來邂逅憶初約夢繞
春風梅鴻思忽縹緲鶴信宛徘徊刼塵謝超獨壺
景還相偕

前題　　陸師道

天網疎麟鳳翻飛不可覊拂衣從此去騎氣欲安
之海上朱明洞雲中若木枝言乘玉京子歸釆金
光芝招隱劉安賦遊仙郭璞詩惟期去人遠不恨

羅浮山誌 [partially cut] 卷

入山遲雨澗菖蒲冒霞峰玳瑁披鐵橋他日度爲

我問安期

覺山道長枉顧席光亭　冼桂奇

誰席鳳凰光千載白沙子謝君覽德輝重光自此

起嗟哉世不知目爲凡鳥爾試問行歌人杖藜者

誰是

訪僧不遇　尚書韓日纘　博羅

祗樹抗靈岩丹厓棲奇逸林芳肅宵征雲氣滿龕室

嘉林散遠香落山卷元帙山花不嗔客幽鳥如舊識

霧翳失峰形簾空剩月色高踪已杳然砌蛩空唧唧

尋葛令白鶴觀　　潘豫之

方朔謝金馬來尋鶴上仙靈境已榛莽丹邱邈寅緣瑤草尚翕艴景氣藏壺天招搖歷上界一躡飛雲巔翠鳥喧檮藥白鶴還高騫至人雖解化元氣相周旋千載一冥契遺我雲篆編顧盻丹霄外佳期可晤言何時御泠風隨君驅電鞭

由大小石樓過源泉福地十韻樓不甚高然夜半見日福地爲仙人華子期所主　　歐必元

海湧三山至峰連二石樓明霞常五色琪樹已千秋徑仄誰能到雲深客自留跨應同白鶴氣豈望青牛玉檢知難探丹砂或可求仙成雞犬處地似鳳凰洲環珮空中響金銀海上浮輕烟迷日色細雨帶泉流杖履差能濟招攜足勝游洞天兼福地只說在羅浮

雨中曾煉師攜酒同景文伯文元珍伯喬烟客飲黃龍洞洞有天華宮故址爲南漢據建甘露翠蓋二亭舊名金砂

洞葛洪

西庵

亂石鬱嵯峨兩山相對峙上有孤青峰下臨天華
址甘露湛亭芬翠蓋隨風起草木翳蓊蒙登陟礙
綦履乘雲騰董龍鞭電駕赤鯉餌食貯金砂眺覽
勒玉趾仙跡詎能攀伯圖徒爲爾誰知天畔濤飛
作淵中水素練堪澄懷清冷可礪齒羽客移一尊
筍輿邀數子沿崖陟高巔俯視無底止側耳聞眾
風縱目觀海市祇爲愁飛廉不見升蒙汜神魂望
若搖蓬萊路應邇大醉酬奇遊歸途疾於駛

遊仙詩羅浮山中作

平生志寥廓所思三神山屓贔莫巨鰲六龍鎮潛淵蓬萊倏浮海高峙摩蒼天乎都與閬闕乃在縣寓間五色多異鳥文綵相翩翩琪花間瑤草四時呈鮮妍采之服餌食可以駐頹顏幽宮產赤土九轉煉金丹乘鸞駕雲螭白日生羽翰寄言謝漢武何處求神仙

崚嶒四百峰周迴五百里中多閬風入幽巖借棲止左揖靈芝翁右招子華子葛令進丹砂軒轅赴詔旨仙馭時往來煙霞生洞裏月明宴瑤京音樂

夜盈耳沉瀣進瑶漿不在甘與旨笑彼攀籠人腥
羶徒爲爾

天淸月明夜佳人入夢來顔色都且麗輕衣絶塵
埃隨風送奇香飄飄透我懷晤言用握手揚辭恢
且諧邀我玉女峰坐我鐵橋隈飮我神湖水進我
白玉杯仙凡不久處倏忽隔蓬萊安得長生藥千
年當復來

遠望登高峰餐霞思幽室夜半聞天雞坐觀滄海
日奇幻不可常寸靈難殫述上界覆青蓮峰巒多

羅浮山志　卷十三　五言古　六

兀突惟石敞爲樓池水淸且啓複道多逶迤層城
隔吳越壁峭不可攀循崖如鼓栗淒然多悲風安
得鄒生律

晦明有代謝盈缺相始終覩物嗟往事悲來慼無
窮巢居不可寒海處難爲風餌顏無異術安得長
如童白日倏西邁茲意成悾惚神馳閬風苑輿在
神山中矛鶴一以馭青禽來相從雲霄下絳節命
我駕六龍一朝辭世氣直到蓬萊宮

國朝 楊錫震 香山孝廉

黃龍洞

四運無停留理化各有朕春和艸木滋山水流清
軫性辟耽乎素逍遙幽景引夕宿寶積寺朝發黃
龍軔南漢建諸宮洞寂繁華泯瀑布響千峰松杉
巨浪緊冉冉七星壇夜半照單袗獅子舞前楹晨
風集鷹隼天籟鳴丹壑空虛應谷牝因之感物情
蘊懷大造準晩秀凌歲寒早榮多夙殞哲匠悟微
言下士徒深哂伊余守絳宮淡漠付靈蠢安得駕
孤鸞冷然九天上

飛雲頂候日

午飯華首臺攝衣尋絕壁攀蘿防危嶮狂若攫鋒

鏑憩息鳳浴潭五雲湛微皙鼓勇匍匐行薄暮聞

橫笛直探飛雲嶺寒風透膚裼班荆攡重綿俯視

羣峰窄鐘聲來下方星辰不咫尺冉冉衣袂間雲

霞恣在搤瀹茗掬瑤池在山頂一名龍母池幽香發犀液阿

耨七寥坡梁蕭詧所建天樂淸心魄蹴踖候朝陽夜半

燦九陌紅輪盪金盤大海熺炎赤騰騰凌太空容

光徹林隙十年遂微悰休歎遲孤翮

將離羅浮賦答山靈

丹邱峙海隅靈岳標雲際蓬萊一島浮合影發靈祕日觀齊石樓朱明通地胏天雞始一鳴扶光徹幽蔽仰瞻控鶴天俯矚軒鸞地罡風颺扶搖輕舉非人世余本餐霞人弱冠窺山笥言歸白玉京將謁青陽氏璿房甃可棲玉樹猶堪翳洞中拾朱艸日暮倚蒼桂守一觀我心中夜存元氣殷勤綠字篇重訂碧山契

白水山佛跡岩和蘇學士韻　郭棣祥 南海

生平嗜登臨遠到健雙股策杖不用扶輕身若飛

羽駐景無內外顥氣任呑吐行至羅浮東山斷開
雲補滂濞岩呈練涓滴石流乳峰奇擘地脈洞溟
開鬼斧晶簾挂岩扃珠璣湧淨土衙衙玉龍飛仙
仙彩鳳舞何多白足禪于此曾接武大易戒壯趾
蒙莊喻駢拇樹窖晝常陰瀑飛晴亦雨花深四面
開風高一氣鼓角巾挂松林蒲團坐紫府叮咚檮
藥禽馴伏跑泉虎佛者事有無山鬼莫敢侮暮靄
薄于羅短晷迅如弩閱盡恒河沙休將微命賭浮
生入世間跼蹐無足取如何不自廣昧此養生主

御風尚可行吾意訪瑤圃

望羅浮　同知李文藻山左

驟雨忽開霽輕雲不遮山羅浮四百峯奔赴船窗間略似渡汶水仰見天孫顔天孫正襟坐此乃低鬟鬟色辨樹蓊鬱聲聞泉峥潺重疊一氣靑中有列仙班我欲訪丹竈餂鼎咽九還身騎大蝴蝶翱翔排天闕所恐守閽人笑我骨相孱抑之不得上墮落仍塵寰

蕭銘與高頌華藻擅疇曩後來白鶴仙日日載筆

往磨刻滿山骨呵護神所掌人跡既稀至法物委
榛莽愛古翁學士遇碑技能癢十過兹山麓未試
遊山杖著錄竟多遺摩崖空夢想　國家盛右文
金薤愜　宸賞方續夾漈志宣取及交廣石室二
李蹟訶林千佛像椎拓貢史局勝珠玉犀象此山
富翠墨珊瑚應入綱我生有癖好惜非所治壤致
聲博羅尹幽岩試覩上文字吾輩事莫遂囷塵鞅

謝冲虛觀梁練師餉羅浮人參

孝廉　羅天尺　順德

我讀東坡集有圖羅浮東移植紫團參仙葩吐紫
茸言能洗憂恚定魄開塵胸我少嬰怯疾未老成
衰翁眼花書字大吐氣難如虹甘菊與地黃凡品
不爲功昨來粱鍊師憐我何能鍾上藥具肩股出
自靑篘籠云近遼東貴祖禰根將窮公卿治天下
精神宜頤豐侯門日爭買十千换一叢恃此蓬萊
枝風雨合離中喑虎呵護嚴凡夫詎得逢五葉感
相贈天醴時一鍾内守淡薄遭外資靈苗通行將
戴三花與子凌天風

楊制府應琚屢爲羅浮之遊勸駕因循不果用東坡白水山佛跡巖韻奉呈制府少詹讀書羅浮

太史　杭世駿　仁和

年衰百事慵枯坐養腰股幸期免顛頓豈望生毛羽名山不到眼好句那得吐境如抹電過驚悔後莫補緬懷朱明洞蒼石滴成乳練形足砂牀餐秀需藥斧可憐七尺軀未踏兩山土昔游數我公稱說輙眉舞健句截寒鐵清絕誰繼武沈思強屬和毋乃類駢拇勝踐無俗朋涼秋有微雨距躍已三

百作氣思一鼓支筇度鐵橋騎羊叩仙府導路仗靈雀巡山逢啞虎羣真或見招精魅敢余侮以此欲往心匹若鏃辭弩奈何俗械纏微旨今乃睹把公一卷詩隨宜且領取公來我未往風雅久無主山靈解笑人吾其老農圃又贈聯云履控七千新戟府峯環四百舊書堂

登羅浮　陳晚成

八桂秘南經雙山雄粵望偉哉昔所聞於今覯其狀彌天列青靄絕地聯層嶂掩苒草木平陂陀谿谷壯誰然盛積阻極目何超曠雲巒時絕續泉聲

日奔放飛樓候朝暾倒影拼溟漲相傳蓬島來夐
矣陶唐尚事往誠莫稽跡湮理無妄擣禽應白杵
喑虎懐仁讓蟲書篆符竹蝶化遺衣桁緊維羽人
宅信此餘風暢陰崖饒異產神藥滋蓋藏名遺炎
帝書類絕稽含訪伊昔休明會位與王侯抗時勤
玉璽封未昧高山嚮望秩禮久虛旱魃人猶仰我
來仲夏月溽暑陽方亢臥聞夜來雨飛出龍池上
何因霈九州蒼生企靈貺

宿寶積寺

躋險力未疲白日停西峰將酌石上泉迤邐投雲松幽寺肅古苔絶壁懸高牕列席就清陰開襟而涼風石牀倚林標遠眺千里江原野漸微没井邑方空濛今古一朝暮宇宙何終窮菸菸大夢內往哲留其縱聊爲命觴壺冥寄開心胸

遊黃龍洞

春草夏更長洞門藹餘綠輿晨理孤策衣露畤沾渥緬邈睇衆峰透紆赴長谷粼粼涉溪影蕭蕭翳巘竹風磴炫雜花雲潭亂雙瀑沫雨晴驟飛游鱗

清可掬荒宮久榛莽石岸多隈曲方齊昔人蹤玆焉遂幽築

贈羅浮僧元慧補遺　唐　韓　愈

前年往羅浮步戛南海滑大哉陽德盛榮茂恆留春鵬鶱墮長翮鯨戲側修鱗自來連州寺曾未造城闉日攜靑雲客探勝窮涯濱太守邀不去羣官請徒頻囊無一金資翻謂富者貧

羅浮山記

詩七言古　香山陳蘭芝拂霞輯梓

羅浮山人與葛篇　唐李賀

依依宜織江雨空雨中六月蘭臺風博羅老仙時出洞千歲石床啼鬼工蚍毒濃凝洞堂濕江魚不食斷沙立欲翦箱中一尺天吳娥莫道吳乃澁

同子過遊羅浮　宋蘇軾

人閒有此白玉京羅浮見日鷄一鳴南樓未必齊日觀鬱儀自欲朝朱明東坡之師抱朴老眞契早

已交前生玉堂金馬久流落寸田尺宅今誰耕道
華亦嘗啖一棗契虛直欲佻三彭鐵橋石柱連空
横杖藜欲趂飛猱輕雲溪夜寂暗虎伏斗壇晝出
銅龍獰小兒少年有奇志中宵起坐存黄庭近者
試出凌雲賦筆勢彷彿離騷經負書從來盍歸去
群仙正草新宫銘汝方奴隸蔡少霞我亦季孟山
邪卿還須略報老同叔贏糧萬里尋初平

梅花村

羅浮山下梅花村玉雪爲骨氷爲魂紛紛初疑月

桂樹耿耿獨與參橫昏先生索居江海上悄如病鶴栖荒園天香國艷肯相顧知我酒熟詩清溫蓬萊宮中花鳥使綠衣倒挂扶桑暾抱叢窺我方醉臥故遣啄木先敲門麻姑過君急洒掃鳥能歌舞花能言酒醒人散山寂寂惟有落蘂黏空尊

同正輔遊白水山白水山羅浮之東麓

偉哉造物眞豪縱攫土摶沙爲此弄擘開翠峽走雲雷截破奔流作潭洞因隨化人履巨迹得與仙兕躡飛鞚曳杖不知巖谷深穿雲但覺衣裘重坐

看鷺鳥投霜葉知有老蛟蟠石甕金沙玉礫粲可
數古鏡寶匳寒不動念兄獨立與世疎絶境難到
惟我共永辭角上兩蠻觸一洗胸中九雲夢浮來
山高回望失武陵路絶無人送筠籃擷翠爪甲香
素綆分碧銀瓶凍歸路霏霏湯谷晴野堂活活神
泉涌解衣浴此無垢人身輕可試雲間鳳
秖知楚越爲天涯不知肝膽非一家此身如幾自
縈繞左回右轉隨欒車誤拋山林入朝市平地咫
尺千褒斜欲從稚川隱羅浮先與靈運開永嘉首

叅虞舜訪韶石次謁六祖探南華仙山一見五色
羽雪樹兩摘南枝花赤魚白蟹筋屢下黃柑綠橘
邊常加糖霜不待蜀客寄荔枝莫信閩人誇宼傾
白蜜收五稜細斸黃土栽三椏朱明洞裏得靈草
翩然放杖凌蒼霞豈無軒車駕熟鹿亦有鼓吹號
寒蛙仙人勸酒不用勺石上自有樽罍窪徑從此
路朝玉闕千里莫遣毫釐差故人日夜望我歸相
迎欲到長風沙豈知乘槎天女側獨倚雲機看織
紗世間誰知老兄弟篤愛不復相疵瑕相携行到

水窮處庶幾一見留子嗟千年枸杞常夜吠無數荆棘空藏遮但令凡心一洗濯神人仙藥不我遐山中歸來萬想滅豈復回顧雙雲鴉

黄茅村　　朱熹

羅浮山下黄茅村蘇仙仙去餘詩魂梅花自入三疊曲至今不受蠻烟昏佳名一旦異凡木絶艷千古高名園却憐冰質不自煖雖有步障難爲温羞同桃李媚春色敢與葵藿爭朝暾歸來只有脩行伴寂歷自掩疎籬門亦知眞意還有在未覺浩氣

終無言一杯勸汝吾不淺要汝共仰山靈尊寂歷山名

麻姑洞　　　鄭玠

麻姑峰頭黃鶴歸稚川竈上丹霞棲寒雲浸木山月白正是仙人朝斗時壺天境象何靈杳松門石逕茸芳草落花滿院香沉沉緣似劉郎應絕倒碧溪數聲連暮鐘夢回已覺松窓曉

白雲庵

羅浮山頭老松樹中夜長吟送風雨病夫幽獨枕書眠靜聽松聲默無語壁間畫佛對書燈耿耿殘

油下飢鼠夢覺踋趺不成寐要伴禪和聽二鼓

羅浮山　楊萬里

羅浮元不是羅浮自是道家古蓬邱弱水只知斷舟楫飛仙夜偷來惠州羅浮山高七萬尺下視日月地上流黃金爲橋接銀漢翠琳作闕橫瓊樓不知何人汗脚迹誤觸清虛瀫寒碧天遣山鬼絕凡客化金爲鐵瓊爲石至今石樓人莫登鐵橋不見空有名玉匙金鑰牢鎖扃但見山高水泠泠我欲騎麟翳鸞鳳日爲環佩星爲從前驅子晉後安期

飛上山頭斸丹汞

鳳凰谷　　李夢呂

羅浮絕頂凌蒼穹五雲飛遶蓬萊宮金烏玉兎出西東鐵橋萬丈橫霽虹臥虎踞石龍蟠松異香不動騰烟空飡霞飲露凡聖同水簾碎玉聲玲瓏桃花流出片片紅碧梧翠竹環三峯天邊鳳鳥來雝雝仙風吹入石洞中我欲呼之儀九重歌舞聖化同天功

朱明洞　　王冑

傳聞此山分蓬島錦繡青霞疊相向飛雲通天兩
絕奇更出上界三峰上凌乘汗漫不可得倩誰圖
畫丹青狀朝眞學道走俗子紀實留題出宗匠何
當步虛躡太微森列金庭五雲仗祇園琳宇山崔
嵬鬱葱佳氣天容開回頭却立睨人境渺渺瘴霧
驅氛埃非惟此地相引領嘆我爲爾胡爲來他年
欲訪經行處請看姓字鑱巖隈

朱明洞　宰輔　留元崇

神仙神仙羅與浮二山東來幾千秋蓬萊夜半失

左股龍驚虎噉玉女愁至今兩山翠欲滴却與蓬萊比山色黃金作橋通九霄水晶爲簾掛千尺神仙舊說何渺茫神仙窟宅金何望仙翁在山泉水香仙翁飛去松風長我將洗手扣玉戶乞杯長生九霞觴

卓錫泉　陳鵬飛

披沙覓山泉不知泉在師錫端借師錫端卓白石不見師泉見山錫須彌芥子本無别離一離二别胡越我師胡越俱一家一念遍滿恆河沙沙河現

作天人相一杯普供人天餉

飛仙吟　　宋真人白玉蟾

夜騎玉鰲探明月蘂殿瑤臺寒徹骨三十六天不閉門風吹琪花散飛雪簫韶鳴處隊仗多八萬霓裳歌一闋紫皇宴罷方出駕整衣端簡去朝謁火鈴將軍呵一聲左右萬真聳毛髮奏云臣是雷霆卿舊因罪去辭金闕紅塵埋身平至耳餐青飴緑守苦節飛神登天來上謁見樽有酒覓一啜賜臣一醉放臣歸歸去人間向人說鳳凰閣下問歸途

瓊童玉女却問予天宫長是太清虚人間還似此間無揺頭不答徑拂袖白雲眇眇迷清都洞中猿鶴更相認白石爛兮青松枯

青華吟

羅浮山中春晝長風吹琪花滿面香博山香斷一歙桄飛神直到玉帝旁火鈴將軍同直舍忽覺羽衣驚雨鴐三千神女笑回眸整裾端跪龍墀下奏言臣昔因饕酒醉墮紅塵如此久袖藏一卷五雷書進前再拜重稽首今朝天開九虎闢乃將見帝

王鍊顏今臣醮畢速回首下界一去思帝難此時
侍仙小黃纖手執金書貼玉板精神縹緲素光中
不覺瓊文照心眼於中最妙何所言青霞命下龍
臺昏脚撥南辰開地脉掌翻北斗透天門篆香未
滅烏雲走風驅火豬逐鐵狗紫童飛出碧霄中劍
光只見雷聲吼夢回無人可與言一笑天地陰晴
剖

觀魚歌

君不見東海有鯉釣不上馮夷翻江春浩蕩漁者

歸舟載明月一聲雷震桃花浪又不見北溟有鯤能吞舟浪屋濤山相拍浮忽朝擊水三千里九萬扶搖楓葉秋道人放浪游太乙一泓寒玉浸春碧十丈晴波何淨明百尾巨魚目跳躑錦鱗鐵鬣紅玉鬐珠齒氷腮紫金脊綠玻瓈裏飛璚梭碧琉璃中擲金尺吾疑漢室曾漏網否則禹門曾點額釣臺千古松風寒渭水一竿霜月白子產之意徒洋洋庚氏之呼可策策有時聽琴躍水心有時認屐伏池側古人觀棠有何心今朝鑑止輸閑客群魚

群魚聽我語太乙眞人在何許尚埋頭角守汚池不展爪牙上星渚種成紅杏不騎去留向人間作雲雨

試劍石

袖劍沉埋生紫氛年來劍俠亦無聞一從袖裏青蛇去君山洞庭空水雲逸人習劍得眞訣時見壇前青石裂誰能持此入陰山爲國瀝盡匈奴血

羅浮歌寄李長史　明　孫　蕡

亭亭西樵峰宛在南海湄日華麗仙掌影漾金銀

池我昔扁舟忩長往凌風浩蕩烟霞想尋幽更欲
探神奇復向羅浮事仙賞仙家三十六洞天羅浮
夐與滄洲連丹霞射影四山静群真環佩來翩翩
蕊珠之峰數千丈君時與我緣蘿上水簾直下飛
晴虹萬壑天風度流響山中劉郎司玉臺仙書授
我瑱函開心如明月炯虛照身與浮雲同去來此
時會合那能再塵土分飛忽三載我行奏賦登金
門君亦乘軺渡淮海淮海迢迢烟霧深相思歲晚
結愁心長風萬里碧雲遠何由一寄還山吟山中

洞房春寂寂山中之人長嘆息松花酒熟人不歸

瑶草春風幾回碧

題黄萬戶德清羅浮圖

將軍昔年在東都虎頭鐵面專城居重營祕暗流

蘇帳左掖花明金虎符東都郭外多林壑將軍公

餘事行樂露冕旌旛隘北山行厨賔從如東洛紫

雲白雲千萬峰羅浮更在二雲東古木千章排疊

巘飛泉百道瀉晴虹仙家洞天三十幾羅浮夐出

滄洲裏紫極房櫳倚日開黍珠樓觀經天起飡霞

道士不知年夜禮星辰誦內篇龍種玉芝耕赤谷
鶴嘀瑶草下青田將軍此時事幽討追攀直欲凌
穹昊扶桑縹緲徐福舟輦路依稀漢陵道别來倏
忽幾冬春京洛相逢車馬塵石室琅函仙夢遠朱
衣瓊珮歲華新新圖誰爲將軍摸點染猶能記緜
邈雨過琪花定滿壇星沉寶氣應連閣我與將軍
總可憐遠遊經歲復經年羅浮清賞如堪載同賦
陶潛歸去篇

秋夜舟行羅浮山下　　習　詔

羅浮山詩　美

羅浮山下江天碧琪樹夜寒秋露滴銀河倒瀉斗

柄横畫舫獨眠看月色聞道山中多羽人藥爐丹

竈隨朝驃截得籠葱紫玉管碧桃花下吹晴雲桃

花落地蒼苔紫黍珠宮前暮烟起王母雲旗海上

來鶴背松風浩如水嗟予自是放浪徒瑶池青鳥

應招呼何當結屋薜蘿上淨掃朱霞觀玉書

分題賦羅浮山贈何景先百戸

黃　哲

吾聞名山洞天神仙之窟宅高高去天不盈尺上

披浮橋橫斗牛下瞰滄溟莫鰲極雲間五城十二
樓老仙燒丹居上頭鸞笙縹緲塵世隔羽服逍遥
蒼澗幽山中夜浮龍虎氣石室猶藏菹珠祕瑤艸
靈苗幾度春玉泉香菹三千歲還丹九轉報功成
手把芙蓉朝太淸蓬萊弱水方舟度閬苑崑崙飛
蓋迹我昔懷山恣長往桃華古洞遺幽賞鐵橋千
仞意都迷絕頂乎芝日應長麒麟公子出仙臺絳
節遥從天上來車馬光輝到蓬蓽相看一笑無嫌
猜投我素書皆鳥迹浩蕩烟霞寫胸臆終然歸旆

九霄長但見冥鴻矯雙翼中郎詞藻絶人寰已進宸卿最上班須公爲寫觀梅興寄與江南驛使還

懷仙吟　　　　趙　介

我昔採藥羅浮巔仙人招我遊諸天天門洞開三十六琳宫貝闕相連延瑶臺百丈空中起玉女燒香月裏明天王宴坐擁群眞環佩珊珊滿入耳中有一人號雷師龎眉皓首拜玉墀奏云侍從五千刼未聞至論窮乎機天王含笑揮玉拂舉首向空如畫一群眞意領寂不宣但見琪花散空碧我時

目睹心欣然萬物得一天何言乃知至道本無物
豈有文字人間傳人間所見皆幻影欲吸晨霞駐
清景須臾月落仙馭旋蕊闕瑤臺風露泠回看閶
闔不可攀白雲與我留山間倚劍長歌一壺酒龍
吟萬壑松聲寒

羅浮夢　　王清

羅浮之山青揷空高高上與元氣通黃塵世遠雲
海闊洞天深鎖梅花宮宮裏仙人貌如玉邀我看
花醉醽醁歌盡陽春白雪詞舞按霓裳羽衣曲蕋

珠樓閣晴香生水簾雪映琉璃屏曲終酒盡不知
處珮環聲散風泠泠風泠泠月皎皎瑤臺夢斷春
光老落花流水杳無蹤翠羽啁嘈天欲曉

懷羅浮吟　黃佐

我懷羅浮四百三十有二峰大朶小朶青芙蓉波
濔汎兮根鴻濛列華舒豔兮昭神工盤空承宇負
出萬象表秀色直射彤雲東中藏號屏列鉠豐霳
時和吐霖雨歲旱眠蛟龍麟爲車兮鳳爲馬仙之
人兮紛菲菲其如叢亦有太霞之洞古禺之宮琪

花瑤草歷亂暎晴昊鐵橋流水光於虹鳴鶡欽䲹
不敢翼而過往往神聖留靈蹤猗嗟走兮昔所幽
棲乾坤造設待結宇日月照耀開璇題一辭蕙帳
走塵坌松花糝徑青猿啼水曹仙郎承紫泥與爾
話別蘭臺西螺杯滿酌白玉酒牛鼎初熟黃金雞
柳條吹絲綰白日醉聽驪裹當門嘶君今揚帆向
我望雲路我猶駐轍係籍通金閨風塵何蹶躃蔚
薈方朝隮浮浮回極中頽波誰爲隄羅浮望兮愁
碧春萋萋歸來歸來兮採瑤琤以終日種芝朮共

羅浮山志　卷十三　七言古　乇

盈畦瓊糜雲液可以供日夕胡爲乎絆柴柵而久
稽風驅離心滿烟樹月照去路聞銅鞮臨岐執手
何所道歸來歸來兮憑君爲我一訪舊日飛雲梯

酥醪觀

安期生飲天漿醉後一嘘噏水露化作酥醪香飈
驂陵羽已飛去乎邱漠漠雲菸菸葛洪得丹砂煉
向安期家河車轉運隨日華丹成亦得觴九霞天
端比翼不可見碧澗菖蒲開紫花

贈梁山人歸羅浮　李時行

昔在羅浮兩石樓逢君身著紫雲裘憑虛共對烟霞酌握手相期訪十洲一從歸臥丹邱裏滄桑幾度更寒暑碧山昨日事遨遊豈知復値同心侶承語靑霞舊洞天藥欄丹井尚依然稚川遙寄飡芝訣鮑靚兼傳紫語篇君今東向羅浮去乘空直上飛雲佳爲報蒲仙桂父翁待予共采三花樹

仙奕石　　黎民懷

石樓巑嵲臨滄海樓前霞石何磊磊側成棋局方且平部伍中分成兩壘白黑參錯羅星文蔭蘿

覆蒸風雲虵鳥尚驚魚復陣犀象無乃昆陽軍空
山猶聞下子響霹靂一聲愁魍魎林樾蕭蕭霜倒
飛萬壑千崖氣森爽鸞旌孔葢望不來樵斧剝蝕
餘蒼苔亡羊岐路竟何事龍爭麟鬬俱塵埃菖蒲
可采桂可食且看赤日扶桑限

羅浮行　　郭子直

羅浮靈秀稱南徼雄壓滄溟雲縹緲遥看一氣總
青蒼近入千峰自森繞泊頭云是古時墟雞犬桃
花偏草廬一聞車馬競來覿淳龎彷彿秦人餘朱

明舊是神仙院架壑緣巖開碧殿葛翁本意遠風
塵那知後世疲征傳亭中閒有玉箭埋雲外不見
銅龍迴丹爐尚憶九還火寸松疑是千年苔殘碑
斷碣半草莽興衰轉眼令人哀西去黃龍山漫漫
翠華遊幸傳南漢銕橋千丈鰲背高水簾一片驪
珠亂山下梅花尚有村荒荒那得一枝存結廬此
日入何處清夜微茫月下魂探奇東入青霞谷讀
書臺廢叢篁綠玉鷲峰下石洞開今有幽人來卜
築幽人本是五馬豪金符棄去如鴻毛高崄雄飲

倒三峽笑呼劉阮眞吾曹復有高人稱水部文章綺錯虹光吐當尊唫就羅浮篇才情不減與公賦謂余最上有飛雲直與帝座通氤氲姤人風雨太無賴雙屐不到成空鬬歐大夫葉刺史登山不陟巔是亦徒爲耳我欲排風伯兮遂雨師扶日轂兮揚雲旗海波澄似練山翠狡如眉爲携二子驚人句來向青天一問之

羅浮吟　梁有貞

我昔遊滄海披圖訪名山五岳三山常在念匡廬

瀑布相往還自從颷軻賦歸來雄劍繡澀生蒼苔
有時登高縱遠望臨風感事增徘徊有客有客山
中廻高談四座傾金罍話我羅浮福地好千岩萬
壑眞堪老蓮峰四百排清秋烟霞縹緲連蓬島黃
龍洞深猿狖號銕橋窈窕嵐霏掃清泉白石羽人
居隱文秘訣眞仙造丹井猶存葛洪舊九轉功成
飛步早此中勝事難得知世上勳名安足道我來
聽此心茫然層崖疊嶂生眼前酒酣起坐復長嘯
赤脚欲踏羅浮巔寒風吹林夜瑟瑟恍惚如聞阜

錫泉形骸脫略遺垢俗願入山中結勝緣迺知富
貴徒爲爾黃金白璧終須捐脂韋磬折事權貴何
如逍遙𢌿列仙我歌羅浮吟請君傾耳意實深高
臺曲池終已矣翠微丹壁空嶇嶔寄言宇宙攝生
者好向飛雲頂上尋

瑤石山房　　楊蟲肖

海天桂嶺涵鴻濛江流環抱蟠蛟龍靈異千年未
離散干將射斗東南紅一朝天地風雲釋劍氣層
崚作瑤石青天削出玉芙蓉宛轉江頭搖琥珀銀

河飛下千里長此石屹屹橫蘭湘高標不數金鰲勝靈采那羨藍田光紅雲紫霧絢九澤葳葳神芝生石側碧天縹緲鸞鳳來水國迢遙笙鶴翼瑤石仙人李杜儔文章風采空中州春招羽客盟吟社秋釀松脂衔醉倏手弄石上雲足濯石下水山水清無窮神物豈終爾只今天子議明堂神遊柱石馳八荒六丁携此瓊華去百尺青宫勝棟樑

古墟市　黃在素

稺川昔日嘗丹砂華池神室蒸朱霞石臼潺湲瀉

飛瀑碧溪窈窕開桃花此地相傳有靈雀曾竊長
生玉壺藥聲聲咿憂醒塵昬勸搗爷霜鍊金汋仙
翁乘鸞去不還仙禽長在雲松間百年鼎鼎勞形
役誰能脫屣巢神山

朱明洞歌　劉克治

君不見羅浮三十六洞天嶙峋直與滄洲連萬丈
丹梯縣曉日千年丹竈鎖蒼烟丹竈丹梯長不改
未眞抱朴今尚在金銀臺中虹正飛蘂珠峰上芝
堪採吾家兄弟頗好奇振纓希古同襟期一朝投

袂事仙賞結侶逍遥信杖藜捫蘿爲梗仙人籙爛柯閒看仙人棋仙人拍手齊調笑婆娑小按步虚詞爲愛吾儕骨相好鳳臆燕膺堪入道青鳥白鶴鎮相隨玉劵丹砂費尋討石耳靈苗葉晻柚胡麻青精須一飽長奉囊中飡玉法笑殺世人空草草

羅山浮山歌

我本高蹈山林客一生好探神仙宅茲山並挺南斗傍不意昔遭巨靈擘神人驅之海上來神物復合終難闢熊咆龍吟山鬼滅瑶池上界無人迹我

欲因之弄山月倚石迷花坐歎息逸翮迅足羨遠遊笙鶴相迎山之側舉身便覺三天近我名想在丹臺籍

石洞歌訪葉化甫先生不值作此寄之

丈人昔日棲朱明靜結茅廬倚翠屏丈人今日居石洞瓊樹瑤花手自種玉童來授三秀艸素女邀乘九苞鳳我來濯纓洗耳池山靈爲我迴春姿泉聲如沸石欲裂天地異色雲不飛主人不見來何遲梳石漱流自詠詩洞天福地何蕭爽歲月重來

未有期

水簾洞

晨與騎白鹿登覽水簾洞噴壑瀑布泉千丈自鴻絅六月長吹霜雪萬四時不斷風雷動欻若乎岩閃飛電隱若晴空縣蝃蝀初訝銀河灑碧天復看珠箔卷蒼烟光没雲林曳匹練響韻松風和五絃上有硉矹壁立之巨石下有縈洄不測之清泉百步九折始能前但見乎猿嘯古木青鳥群巢珠樹顛洗藥泉邊多羽客班荆藉卉醉留連龍虎之衣

何飄飖鸞鳳之舞何蹁躚遺我流霞觴飲我瑤池
酒左拍麻姑肩右携玉女手其顏如舜英相將㕘
羌韮山中玉液復堪飡吾與汝曹俱不朽借問蜉
蝣空楚楚金石焉知龜鶴壽

登飛雲絕頂

我本冥寂士放情事神仙時飡金鵞蕊屢覽化人
篇迅足迢迢凌峻嶺一夜飛度最高頂夜半見日
金銀臺天雞咿喔群籟靜琴心三疊眞籙成手把
芙蓉遊太清虎鼓瑟兮螭作駕霓爲衣兮雲爲軿

仙之人兮朝玉京騎赤色龍上天行願寄一書謝王母瓊笈請授東方生

羅浮絶頂放歌　劉克平

樓船海上迷煙濤金盤仙露秋空高咸陽三月成煨燼茂陵到處生蓬蒿豈知仙島波光上輕於弱水之浮毫漂萍無根津無托浮山已在羅山泊共工怒觸愚公愚女媧山神無所需如今影落天池外往往疑是北溟魚我乘飈車駕三蹻徘徊倒影雙籠鳥輕風吹衣掛雲端愰唾珠璣落天表天表

無遠近羅浮咫尺閒九節白玉杖相將入乎關乎
闗杳篠混太清紫雲爲葢青雲城俯視三萬六千
尺日月雖照何冥冥泉源流水深不測瑤石璇臺
列其側征翼名足聲空聞乍高巘兮忽長林波激
石兮碎玉石咽波兮鏦金芝之有年而駕車木無影
而千尋鳳喈喈兮浴潭龍冉冉兮布霖忽層雲斐
亹以出没兮似波濤運海飄千萬里之鵾鵬風淜
滂飄拂其緣阿兮囂喧窪窽散入華葉容與於衆
芬邈仙洞之窈窅兮紛夜樂之鏗鉉嘯乍舒而縱

膠歌轉哀而激唇九疑三湘烟霧斂大地月色同
紛紛零露瀼兮白皎皎寒威肅兮夜沉沉吹萬忽
兮悄悄微飈静兮泠泠仙之人兮下雲軿劃連幛
兮列屏命吹笙兮董雙成鼓震靈之璈兮許飛瓊
寒蒼麟兮酌予英授瑶笈兮妙韞傳大藥兮長生
指揮上界路何遥試望滄海今揚塵盍歸來兮清
虚天世之人兮難與羣闗門旣回車刀圭詎試君
張良眷戀亦王漢劉安遲遲但埋金噫吁嘻送君
行行當安之離别有盡會有期君再來兮餐紫芝

但恐二女侍頭白成衰婆珍重予都約莫語此輩

元癡兒來兮當何時

懷羅浮吟　　　　梁有譽

長劒欲倚崑崙邱深杯欲吸滄海流古人意氣徒

爲爾今人局促隨犧牛我生胡爲苦百憂三湖卜

築仍淹流側身天地箭滿眼令我東望懷羅浮此

山往往精靈聚朱明耀眞通十洲七十石室二石

樓鐵橋虹起陵炎陬地脉潛連洞庭口天臺下瞰

溟澥頭九陽倒掛扶桑折朱光反射巘巒幽軒轅

纔及熊相返大禹九山封卽休惜哉神聖跡不到
秘訣隱文如可求憶昨夢遊青岧嶢天雞亂號日
生潮鯨魚東來觸山動星斗破碎隨波漂羽衣金
節排風下或騎麒麟坐浤家白榆歷歷手可摘朱
鳳噭噭同見招自言洞壑長爲主烟霞萬古堪逍
遙覺來失却飛雲頂天樂隱隱離叢霄搔首仙人
不可逮桃水麻源幾千載東池萬壑西飛鳥乾坤
莽莽誰相貸道開室已蕪葛洪井何在金光石髓
不遇人一望仙人幾悲慨北有恆霍東海岱嵩華

衡巫俱域内淩風直上倒景臺我欲因之飡沆瀣

飛雲頂放歌　歐必元

羅山之峰高插天下圍紫翠淩蒼烟蓬萊一峰浮海至兩山相對參差連飛雲絕頂罕人迹弱水迢迢天路隔身輕倏忽摩天門不用侯陽驅電策我聞此地多瑶宮樓臺顥氣乘鴻蒙遍遊别殿七十所道逢丹女與芝童我便摳衣向前揖長跪願乞丹砂粒女童相笑不肯言導我瑶宮左戸入身經貝闕幾層城會見羣真宴玉京羣真詈我凡胎重

唐突如何謁太淸我魂驚悸不能語遍身秪覺汗

如雨中有龐眉一老翁列在仙曹爲桂父說我原

從散聖班天機漏洩墮塵寰仙源儻有回頭念玉

笈金書可次須忽聞此語如癡夢但記丹經口中

誦項刻羣眞罷讌歸覺來雲鎖深巖洞乃知仙路

元非遥流水桃花過鐵橋雲靜天淸如此夜恍惚

空中聽玉簫回看下界須臾景目前山水俱泡影

何以身游天府間下山明月松風冷

見日庵

羅浮山與天門通若木之西扶桑東赤輪飈駕出
海上須臾普照大地紅照見樓臺如蜃起咸池浴
罷趨濛汜大千世界有無間電光明滅俱如此此
庵恍與飛雲齊俯視山河萬象低聳身直上雲霄
去空中咿喔聞天雞

羅浮五色雀歌　國朝庶常　梁佩蘭　南海

仙雀乃帝王宮殿羅浮山五色辨五服羽翮不亂
班大紅爲君絳其羽別色爲臣奉其主紅何光華
芙蓉砂綠何新綠菖蒲芽黑爲漆白爲玉黃爲黃

金并黄玉繽繽紛紛百千成群雲霞出入同仙人仙人來遊雀歎喜飛動翼止動尾異人來遊雀逍遥一日數集如數朝朝時吐音如吹簫藥亭羅浮諸詠已選刻在嶺南風雅茲不重錄

子日亭成奉寄王子千使君　陳晩成

我昔深春上衡岳千峰萬峰如玉琢雪壓松篁盡倒垂杖頭一撥飛冰雹祝融古殿在中峰皎若瓊瑶生四角石牆鐵瓦大如席巨木爲椽全不橑側聽唯有風怒號仰視眞如天一握南歸與客入羅

浮朧盡綿衣寒未覺三更觀日坐飛雲露宿終宵殊齷齪福地那能久寂寥使君五馬來河朔山靈留意俟奇人大雪飛空灑行幄諸溪生骨不成流有酒如澠亦須涸同行賓客多英賢儒衣僧衲皆沾渥豪吟總作金石聲瑤池直奏鈞天樂紀遊示我詩一卷更道新亭命工斵亭成楠以子日名盛事千秋艮不數蓬瀛來此幾星霜絕頂誰爲問墝埆童兒壘石作浮圖樵斧無時加擊椓一朝傑構得未曾四百名峰增卓犖元陽之生正在子天心

來復還先剎日月精華吸最初神仙老易非殊學
重檐深覆欲經久土瓵因仍製宜朴石樓大小互
相望上界仙壇爲犄犄雨餘飛瀑響漸多暖復黄
精亦堪斸爲公擬續春深遊亭中臥待天雞喔

爲梁藥亭題新得白水山人山水圖歌

白水山人癯如鶴神姿雖妙形何弱拂箋詞翰勢
若流對客清吟復能謔最工圖畫懶莫比十日不
能成一水姓氏而今作古人諸公往往爭遺紙藥
亭好事晩得兹秋山一疊當茅茨使我枕簟坐其

下當暑忽有清風來石高氣驕苔蘚黑疎林索莫生寒色心魂客與空谷幽耳目頓覺群峰逼爲誰畫此空嶙峋外無題識中無人幸離俗手免毀裂得入君家如有神即今大暑方如焚安得此圖化爲眞清溪一曲無纖塵與君高戴華陽巾

送何古愚入羅浮訪道沖虛觀予有二世祖務光子宋時眞人

孝廉　羅天尺　順德

我乃仙翁務光之孫子欲騎茅龍訪藥市仙人畏我狡黠姿天風吹斷廿年矣欸門有客胡爲來凌

風欲上朱明臺乞我新詩遠相送使我擫管空徘
徊我云子狡過於我飲酒好色無不可子云酒色
有神仙酒田卽在麻姑左手招胡蝶來爲作羽人
輪衣褪胡蝶去爲作下方塵蓬萊左股天宇淸鴉
髻道童雙吹笙四山沉冥天無垠天雞一呌白日
奔道戍莫使冲霄去寄我葛洪雙艸屨隨君踏盡
四百峰洞天處處題詩句

冲虛觀　　孝廉　楊錫震　香山

奇峰四百三十二大朶小朶芙蓉翠疊疊紅雲揑

太清絳宮瑤室聞鸞吹戒壇明月徹九天逶迤東
見鳳凰戲冲虛高觀獨孤奇異艸幽葩如錦織稚
川曾此養天眞丹竈千年留炎熾陰陽造化却天
然呼噏坎離自滋溉神仙豈有尚杳冥玉池清水
非氺閬蓬萊閣上月空横遺履軒前遘湥意高高
遥接大羅天元始當年曾授記三華不用返胎轂
永保靈根固神智雲母溪流石乳香一掬桃花顔
若醉朝斗壇邊洞口開龍飛魚躍際風雷洞口獲銅龍六
一銅魚青霞谷裏逢雙鶴天樂繽繙度雨來水簾萬

丈珠璣綴丞相遺蹤瀲綠苔簾洞水石最勝留尋丞相曾讀書于此
幽到此忞清賞誰送瓊漿溢酒杯選官何必求勾
漏取次重登瑤石臺釣鰲有客舒清笑莫惜吟情
倚月裁

梅花村次東坡韻

鐵橋西下梅花村虬枝蟠曲墮月魂冰姿濯濯耀
丹旭幽香寂寂伴黃昏伊昔師雄抱奇思渴如司
馬病文園尋幽偶從石樓度參橫清影氣微溫美
人冉冉凌鶴馭半宵繾綣忽朝暾沈酣香國人長

醉黄金爲砌玉爲門鸞笙錦瑟歡相和繽紛天樂

吐奇言須臾酒醒日當午惟覺疎斜蘸緑樽

羅浮蝶　　　　　　　　張行懿太倉

海南飛夢渺無涯小洞朱明自有家仙種回應呼

鳳子香魂只合伴梅花𫛹名别來風雨迷烟嶂撲向

樊籠泣露華回首此生空羽化滿身狼藉葛洪砂

居然一首近體南朝人偶有此格開

律詩之漸古詩源之末亦選此種

五龍潭續選　　　明太守　何嵩

神仙鬱奇秀鎮此東南陬泉源開福地千春羅與

浮巍峩仰窺日月窟巇嵲俯瞰滄溟流摩空璀璨

劃星斗參差石磴披蛟虬中有朱明曜眞之仙室

抽奇搜閟談劦客燒丹煉液凝紫霞葛洪雅伴浮

邱伯上界三峯横鐵橋飛雲瑶石何岧嶤琪花萬

種開閬寂閒關巧鳥鳴空寥琳宫梵宇倚長道瀑

布懸巖滋瑞草我欲采眞結勝遊笑傍梅花日探

討試向寒潭問五龍分水何年下蓬島

望羅浮歌　　孝廉　李　瀅　興化

我聞博羅一山抜地起邈絶霄漢横蒼煙何年蓬

萊卷石浮海至丹梯翠棧相鉤連自注南越志山本蓬萊一小峰在海中自會稽浮往與羅山合而爲一仙靈窟宅萬古在是爲朱明耀真之洞天其間琪花瑤草蔽崖谷砰訇鉦鼓鳴層巔石樓玲瓏員嶠見鐵橋崒嵂青冥懸五嶺迢遞不得到梅花村畔魂夢牽場來道上聞玉女指點金支璇闕虛無間豐隆雷師也列鈌手劈坤維水簾千丈海風倒吹葱蒨見恠竹咿啞聽碧雞更有蛺蝶大如斗五色絢爛雌雄飛下與三茅通洞壑上與列宿爭光輝吁嗟乎羅浮之勝有如此只今

相望疑尺咫我欲移短節裹糧偕諸子手弄羅浮之青霞口饜羅浮之石髓伏虎巖前天樂鳴飛雲埨外狂歌起三更峰頂見海日滄溟一片浮紅紫李白平生最好奇浪傳失足墮蒼耳何似青鞵布襪萬里遊矯首扶桑接弱水望羅浮情無已羅浮本仙人宮闕寫此題自應有飛仙之氣

羅浮籠葱竹歌　　文學張大進海門

君不見羅浮修竹挺千尺天心月脇相逼迫其葉巨如蕉飄風不撼撼何誕之節兮欲覓了無跡此

羅浮山記　卷十三　七言古　叄二

君常恐化爲龍穿雲拂日胡爲至今徒籠葱爲杖葛洪不敢跨峰巒四百偕虬松我欲斧斤作槎追逐織女回雲車乘風萬里銀漢之涯又欲剖爲瓦可創千百間廣厦以室無廬者又欲炙爲簡亦文絲字任書無限止自石渠天閣下迄神林鬼塚詭異所傳靡不修撰又欲截爲箭爰命防風吹之其聲駭長空籠葱竹兮龍公竹兩山離合間俯瞰羣材皆樸樕並婆娑連若木黃岡篁第爲耳孫阿誰更數貧簹谷六帖載羅浮龍公竹徑七尺每節長二丈葉如芭蕉常有鸞鳳棲宿其上云

謝李會嘉歸自羅浮以藤杖見餉因柬何西池（西池住西樵山○續檢）　百藥道人

李生忽自羅浮至空中身跨茅龍二其一飛入西樵峰何侯贈爾何龍鍾不作山長作山翁采藥踏遍青芙蓉其一持之拜贈我滿坐賓客皆驚倒坎坷磊落半似君久病鬱結因成文性柔自𢔁長生道（羅浮藤杖令人長壽）騰空可入飛仙羣杖贈我如我贈我高義高出凌霄雲杖兮杖兮我思爾在大小石樓之高巖孤根鐵幹撐日南猱猿扳援雪霜嚙今以

有用歸人間又想爾流落人間求同調臃腫大木

休相笑莫隨憲老杖朝堂好伴山僧尋古廟我因

我杖憶何俟二杖相隔如羅浮何時策杖鞭龍去

二杖同爲三島遊

羅浮山記

詩五言律　香山陳蘭芝樵輯

鐵橋　宋學士蘇軾

鐵橋本無路石樓豈有門舞風五色羽吹雲千歲根松花釀仙酒木客餽山飡我醉君且去陶云吾亦云

朱明洞

羅浮山萬仞下看扶桑枝默坐朱明洞玉池自生肌從來坦率性醉語漏天機相逢莫相問我不記

吾誰

泊頭望羅浮　　唐庚

何處不堪老浮山傾蓋親湖田無惡歲酒國有長

春草木疑靈藥漁樵或異人近前端有約丞相不

須嗔

冲虛觀　　徐駿

洪濤瀶不住一股失蓬萊地勢滄瀛盡泉流河漢

來窺高齊日觀藏小遜天台土苴乘風意君看燈

下杯

水簾洞　　鄭康佐

仙人開碧戶玉溜瀉潺淙飛流散珠璣灑落隨天風三伏不知暑有如水晶宫平生邱壑性歌嘯翠微中

試劍石

横笛騎青牛巖扉自開闢倏然乘風馭雲收烟滅跡眞人不可見空遺舊泉石我來獨徘徊日暮千山碧

龍華寺　　滕祐

共約賓中主來尋雲外山平生於世薄半日與僧閒寒雨落花濕暮雲飛鳥還家書萬里到把酒破愁顔

白雲庵贈逍遥子　　蔡元厲

身在逍遥境開庵寓此身紅塵不到處白日獨閒人月滿雲山夜。花留玉洞春。坐中無俗客猿鳥故相親

圓通閣　　鄧浩

下馬入山寺空林秋氣高佛靈蹤在石僧老耳垂

豪松倚西風遡。山峙北嶺高。絕塵驚物靜彌覺一生勞

冲虛觀　白玉蟾

淸夢遶羅浮羽衣延我遊新茶尋雀舌。獨芋煮鴟頭。春鶴飲藥院夜猿啼石樓丹爐猶燦在聊爲稚川留

羅浮石榻　李昴英

石榻橫林塢淸幽詎塊然烟霞供畫帳。苔蘚布靑氈。日任看山坐時還抱犢眠幾回塵夢醒枕伴咽

流泉

期羅浮蕭鍊師不至　明　孫蕡

石室松桂秋涼風滌殘暑柴門敞空曲曠夕懷仙侶簫笙久不至鶴馭今何許朗月流清輝山中幾延佇

冲虛觀　陳璉

山從蓬島來靈跡世應稀神符生竹葉蝴蝶化仙衣瑤臺集羽士端簡禮紫微不爲銅龍出亦見慶雲飛

登飛雲峯　　陳獻章

絕壁飛雲頂扳援幾仞苔朱明分路入白鶴上天回細篆虫行竹孤村犬傍梅。賦詩憐老手誰喚大蘇來

玉鵞峰　　黄畿

仙山藏翠宇神女寄靈踪螺黛長封蘚霓衣盡化松步隨金線艸飛度玉鵞峰知爾停鸞馭瑤臺第一重

迎祥寺後遊次韻四首　　黄佐

五載吾重到雙林路欲迷梯飈尋絕境拂翠見靈

溪石洞雲堪臥花宮鳥自啼遲回意無限歸騎及

烏栖

輦轂環龍象躭遊未擬回金貂何處所珠鳥至今

來芳樹含青靄豐碑淨綠苔瓊簾自舒卷誰見化

人開

沙柳明秋色烟蘿出梵章川原雙步屧感慨一持

觴慧日無人相慈雲不住方世緣如可度留宿遠

公房

白馬開三乘祥鶤運九衢乾坤經浩刦陵谷盡浮圖。柳徑涵川淨楓林帶蘚枯。倦遊仍立馬寒日動平蕪

秋日遊迎祥寺至玉泉與張楊趙陸四子同分韻得松知二字

珠林開鷲峰下馬聞疎鐘紺殿巳狐兎翠琰空蛟龍對酒感慨發褰衣霜露濃蒼蒼暮色動秋聲滿寒松

迢遞尋蓮宇淹留詠桂枝玉驄穿柳入錦席傍泉

移山翠浮龍苑雲光溢雁池塵心今已淨應有白
鷗知

羅浮道中

獻歲羅浮約偕遊及仲春紅芳隨馬翼綠艸帶龍
津雨磴躋扳緹烟巒變態神迴看早炊處獨樹迥
無隣

冲虛觀

路入冲虛境天開太乙家熂風迎露冕虛谷應鳴
葭縹緲龍葱竹蕭疎巨勝花坐來山雨歇羽景在

明霞

初入朱明洞東方子王子　洗桂奇

野木千章合朱明一洞深廿年空夢寐此日正登臨流水窓前遠。青山戶外陰。興來同二子長嘯入

雲岑

初侍講于青霞洞

野洞初開勝風烟稱一家人爭言白鹿我道是青霞怪石千重險。飛泉百道斜。千秋傳盛事分講到

天華

杳杳青霞洞山門石自成林深多野鹿地僻斷秋

蠅竹裡聞樵唱松根看道經。山人慣來往險絕不

須矜

初謁四賢祠

白日懸孤廟青山儼四賢香蘋初采澗異世本同

天神爽總前月風流洞口烟山源入湮沒重此浥

淵泉

蓬萊閣　　　歐大任

夜靜傳眞訣飛仙蹔此留飈輪過碧水羽蓋入丹

邱鶴語千峰月松吟萬壑秋滄桑今可待雙舄幾時遊

王野人廬

雞犬雲中去遺墟在觀原嶺猿啼蕙帳山葉積柴門夜月穿蘿到春霖入澗喧樵蘇無可問知是野人園

單道開石室

衣褐南來客羅浮路不迷初行秦甸外肯止鄴城西餐食何須煮編茅尚可棲千秋蟬蛻地謝豹爲

誰啼

軒轅仙人試劍石 仙人名集

仙客携長劍星文乍有無步光開石窌飛景駭山都龍化何時出虹流片影孤越金曾歛鍔待此問風胡

前題　黎民表

仙翁本劍俠遊戲龍袞前金盤射白鵲鶴髮換童年幻化乃能爾金石亮非堅神化終騰躍洪鑪空燄烟

跳魚石

洞天迴匝處山水豁清遊竹葉藏深崦。桃花隱洑流。墮樵迷徑返驚鳥入林幽。知有秦人住相迎問釣舟

劉仙壇

坐出千林杪壇荒累劫餘烟霞歸內景。天地入蘧廬。白石劉禽戲蒼筠篆鳥書無能探蕊笈歸路獨踟躕

朱子庵

靈飛超浩刧珍館寄幽尋水引山門遠雲藏硐戶

深青精堪度世白日此脩心洞口風雷起鸞笙下

翠岑

黃子書堂

白業留孤榭青山蔽數椽鳥曾迎木客花更挹蒲

仙瓢挂懸蘿壁茶烹滌硯泉猶疑散髮處長誦紫

臺篇

蓬萊閣

葛令栖眞處過逢有鮑君笑談俄縮地衣舄已乘

雲高閣明霞入晴巒秀氣分憑闌雙燕舞猶似下
仙群

彩雲軒

綽約瑤臺子霓裳下紫烟九華携姝女七洞訪靈
仙鱗脯蝌雲液鸞驂掣電鞭可憐高宴罷滄海已
桑田

單道開石室

至人鍊眞形冬夏常穴處細石侔瓊飴飢來自堪
煮萬形等歸盡逍遙歛神去香火遺嵌岩霞蹤杳

何許

羅浮襍咏十首　周應治

驅車辭白鶴策杖訪朱明地勝禽魚異丹藏草木
靈雲中聞犬吠天上聽雞鳴崔兀恣流覽依稀白
玉京

誰挾蓬萊島移來列嶂圖山根盤地軸石蜉蜺天
吳幻影幾灰刧神仙事有無繡屏雙髻擁傳說是
麻姑

紆迴松逕口直上大羅天法座疑晴老空壇憶稚

川翻經猿解語喙鼎鶴成仙抱一吾所願從君問
內篇
陰洞蒼苔古珠宮法象幽亭遺鮑靓履石隱鄺仙
牛碧海僅盈勺浮生幾點漚徘徊蝴蝶洞肯信蝶
爲周
冉冉飛雲際長虹駕青旻鐵橋眞有路銀漢自通
津不事雕陵鵲無煩赤玉鱗雲軿時往復何處覔
芳塵
萬籟閴以寂靈巘若木暄洞碑先日觀卿火度天

門竭蹶難爲力揮戈詎足論耀羅有眞宅晃朗徹

朝昏

分水横天塹石樓跨山椒崖垂千仞谽地奏九靈

簫風雨食虫篆烟霞覆鹿蕉捫參天咫尺曠矚絶

塵囂

許由洗耳迹孺子濯纓歌詎似黄龍水潺湲汎叵

羅心孚知習坎有本自盈科獨得在川意無誇晉

永和

爲探野人穴還同葉縣梟梅花曾入夢竹葉盡成

符阿耨飛泉冷軒轅煮石孤凌風俯寥廓此地識眞吾

靈窟冥搜盡籃輿下翠微泉聲猶在耳雲氣上留衣明月催歸棹尤風返去旂興餘看未足拄笏思依依

羅漢巖

地迴天華外雲連鷲嶺偏無來來十八有住住三千松逐青獅吼石依白虎眠結跏竟何着自在了塵緣

軒轅試劍石　梁柱臣

羽客今何在千秋劍氣存古苔餘電影斷石卧雲根變化雙龍合衝騰萬馬奔憑虛望牛斗仙樂下天門

朱明道院讌集得飛字　胡世祥

勝境來仙侶林深日色微天泉烹野茗曉露櫝山薇細聽鸞凰語還瞻壁玉輝他時憶良晤應望彩雲飛

由青霞過石洞訪葉化甫得龍字

仙人騎白鹿探勝幸相從雨過青霞谷雲深玉女峰洞簫飛碧落歸騎出疎松池藻添新綠何時起臥龍

同郭學憲歐司空胡司徒朱明道館燕集得山字　葉春及

紫氣關中路丹邱海上山抗雲金作闕吸露玉爲顏白馬談猶在青牛去不還似聞笙縹緲跨鶴出人間

郭學憲歐司空胡司徒枉過石洞得東字

抱犢鹿門中蕭蕭日暮風臥愁聞塞北立恐離墻
東濁酒開三徑高軒過數公濟時吾豈敢愚谷倘
相同

噴玉巖　羅浮無此岩昔詩題是詠西樵者蘭芝誤編入羅浮也　黃在衮

風急靈巖靜泉聲樹杪來探奇頻策杖望遠獨登
臺沙白鳥雙下天青江自開何堪搖落早秋色杳
難裁

磴道飛簾瀑縈迴薜荔斜松濤低過雁江暝斷棲
鴉葉落疎林寂藤陰去路賒蒼茫堪眺望吾欲掞

烟霞

靈閟開天闕峰巒敞羽扉斷崖流瀑淺陰洞過雲霏烟靜殘苔出霞深古檜圍丹梯千仞上鸞嘯歌何依

黃龍洞　　黃在裘

黃龍當正脉南漢有遺宮雨露秋如滴金銀氣尚蒙花嗤玉女鏡艸偃大王風不託神仙窟人間霸業空

梅花村　　潘豫之

來尋七洞天愛此好林泉野客栽茶地畬人賣酒
毗八村花歷亂倚杖月清圓莫問疎梅影啁啾翠
羽前

天華宮在黄龍洞口

洞以龍爲蹟宮頽蜃尚腥關門春寂寂山鬼晝冥
冥壁記曾留撰笙歌幾醉聽乎卿雖視草誰似侍
臣銘

尋白鶴觀　梁逢登

葛令棲眞地荒涼古洞邊九還丹已就三秀艸常

鮮路險浮雲合峯高飛瀑懸卜居堪結隱一臥斷塵緣

朱明洞

洞裏自幽深披榛尚可尋靈光還隱見秋色遆晴陰曾想仙藏訣翻聆澗作音夷猶危石坐林木轉蕭森

青霞洞登明覺樓　　梁子壽

酌汝杯中物休論世上情冥鴻雙眼盡春色萬山晴露冷朱絃潤風颸紺宇清明霞堪作佩片片此

羅浮山記

中明

朱子庵

慊慨思公子青山迹尚存雲藏澗戶杳水激石門喧白日堪忘世青精自可飡瞻依下庭際零露濕蘭蓀

初八羅浮山徑　歐必元

路迂窮日夕山近逼氤氳策杖迴青靄。披衣染白雲。苔痕深莫辨樹密色難分一過蓮池上泉聲到處聞登高聊騁望，磴道轉逶迤。何石非三島，無花不四時。篆符分竹葉，仙鳥啄靈芝。倘問長生訣，應尋華子期。

題葛仙祠

南來訪洞天，丹訣有遺編。勾漏虛稱令，羅浮便作仙。衣冠猶昨日，羽化自何年。倘有留人意，吾將向玉田。

登玉女峯 葛洪妻鮑姑在此仙去

孤峯看崒嵂，四望氣霏微。黛色浮爲髻，霞光染作

衣幾從鸞鶴去恍惚珮環歸葛令登仙後淩空勢欲飛

過椟花村

數家村寂寞一水流潺潺梅樹雖猶在幽香不可攀素衣遺玉女白鶴過緱山倘入師雄夢空中聞珮環

望羅浮　國朝孝廉車騰芳番禺

指點羅陽水依微見洞天莖臺丹作障瑤室玉爲鐫樹暗幽人館雲遮賣酒田芙蓉紛四百何處有

神仙

山氣何肅穆長留太古雲天風吹不去入望總氤
氳洞濕涳濛雨峯開紫翠文瀑泉飛萬丈界破兩
山分

石樓在天半閶闔紫霄通曉射扶桑日涼生洞壑
風水簾浮上下玉凍鎖西東欲過黃龍去乘虛訪
葛洪

向夜瓊樓月仙山望裏晴螢飛丹灶冷星落斗壇
橫玉女臨西華明霞罩赤城誰騎蝴蝶去拂袖入

朱明

冲虛觀　　武榜　汪後來　白岸

路轉仙橋闊幽篁細細𢭃風雷盤地軸金碧闢天門井穴泉宜壽丹成土可㐲未須疑擬得親與玉皇言

水簾洞

眼光忽不定洞口白還青日月相吞吐人天界杳冥香黏衣欲濕寒逼酒全醒始信居蓬島芳心艸木靈

飛雲頂聽天雞　孝廉　胡亦常　順德

天地開鴻濛天雞响碧空一聲出雲際萬籟生山中滄海飛潮白扶桑抱日紅何人瞰陽谷傾耳石樓東

玉女峯　明經　王　杲　番禺

千秋猶待字不嫁出塵寰雲爲堆螺髻花從護玉顏稜稜空骨立落落笑情閒莫更歸巫峽高唐夢欲刪

羅浮山記

詩七言律　香山陳蘭芝拂霞輯梓

送軒轅先生歸羅浮　唐　李洞

舊山歸影浪搖青綠髮仙童一帙經詩帖布帆猿鳥看藥煎金鼎鬼神聽洞深頭上聆仙語船靜鼻中聞海腥此處先生應不住吾君南望漫勞形

軒轅庵　陸龜蒙

鼎成仙馭入空同百世猶傳至道風暫應青詞爲穴鳳却思丹徼伴冥鴻金公的的生爐際瓊刃時

時到夢中預恐浮山歸有月載將雲室入洲東

冲虛觀　　胡　宿

五粒青松護翠苔石門岑寂斷纖埃水浮花片知仙路風遆鸞聲認嘯臺桐井曉寒千乳歛茗園春暖一旗開馳烟未勒山庭字可是英靈許再來

羅浮山下書逸人壁　　曹　松

海上亭臺山下烟買時幽邃不爭錢莫言白日書華髮自有丹砂駐少年漁釣未歸深竹裏琴壺猶戀落花邊可能更踐無人境知是羅浮第幾天

贈羅浮道士　　呂洞賓名巖

羅浮道士誰同流草衣木食輕王侯世間甲子管不得壺裏乾坤只自由數着殘棋江月曉一聲長笑海山秋飲餘回首話歸路遥指白雲天際頭

題上界三峯　　無名仙

千徑嵐光濕不開洞中樓閣鎖瓊瑰羅山萬仞雲中起浮島一峰天外來五岳神仙多往復九霄鸞鶴自徘徊葛洪舊隱丹鑪畔掩映麻姑錦繡臺

蓬萊峰

玉殿朝元夜已深三千世界静沉沉霏微紫氣通
蓬島浩蕩剛峰下寳林雲綵散爲天上綺日華浮
動水中金步虚聲斷一回首十二樓臺何處尋

黄龍洞

雲外觀山出怪奇林間縹緲立多時鑿舟有力如
何負泉錫無源底處移千古流傳成勝迹幾人脩
煉得眞機遲留爲愛黄龍洞松下閒尋一局棋
白鶴歸來歲月長人間名利久相忘心傳六洞丹
霞訣口詠三光紫府章雲裏泉流芝艸潤山頭月

近桂枝香清遊恰欠麻姑在好約同來醉玉觴

送隱者歸羅浮　李群玉

春山杳杳日遲遲路入雲峰白犬隨兩卷素書留

貰酒一柯樵斧坐看棊蓬萊道士飛霞札清遠仙

人寄好詩自此塵寰音信斷山川風月永相思

羅浮寄懷　宋　古成之

憶昔羅浮海上峯當年曾得寄遺踪凭闌月色出

滄海欹枕秋聲入古松採藥靜臨幽澗洗寄書閒

背白雲封紅塵一下拘名利不聽山間五夜鍾

送隱者歸羅浮　陳儞

十里山光翠障開壺遊何事意徘徊石樓自向雲中見仙島誰知海上來丹灶尚能含日月龍潭還解起風雷天南爲郡空華髮十二年間到兩回

會仙橋　蔡元厲

琳館松扉白晝扃驂鸞人去已冥冥天開遠畫樓臺古。地得遺丹草木靈。萬壑野雲晴帶雨。一池秋水夜涵星。麻姑仙馭今何在檻外孤峰晚更青

鐵橋　莫洞觀

嵯峩千仞控炎陬鐵作橋梁石作樓五嶺衆山皆拱附三神一島自漂流氣凌滄海近相視看入青雲勢未休借問稚川今在否待飛雙燕結眞遊

登飛雲頂　　陳夢庚

列仙壇上碧雞鳴布韈青鞋取次行上界烟霞疑可到東方艸木漸知名一泓滄海杯浮景萬點青山棋落枰脚底雲飛寒帶雨此身眞是在蓬瀛

羅浮遠眺　　趙汝馭

歷井捫參跬步行直排閶闔吽雲扃着身高處不

知險回首看時方始驚世界三千藏粒粟。江湖萬里付浮萍。何須更跨楊州鶴穩御仙軿朝帝京

登飛雲頂　　林　俛

此日鷥城第一山我來登覽足清歡心灰久不作春夢食澹何妨輟晚餐寶積山中多佛刹藥槽峰外是仙壇憑誰爲扣葛翁訣乞與當年九轉丹

彩雲軒

滄海揚塵已幾回麻姑緩步此峰來彩雲縹緲閒仙樂綠篆淋漓鎖翠苔仙境長留閒日月飛軒宜

號小蓬萊鳳簫鶴馭還相待名籍今應在玉臺

朱明洞　　鄭玠

靈迹曾傳葛稚川至今丹竈尚依然誰云碧海三山島別是朱明一洞天龍出玉京成往事鶴來華表是何年塵埃匆嘆空回首到得仙山亦有緣

寶積寺

長說羅浮欲到難清遊今作字民官分明蓬島三山色占得飛雲六月寒寶軸幾函青貝葉玉闌無限碧琅玕此來更擬詢遺事記與靈蹤石上看

七星松　　吳與

衆山重疊勢如環坨古基平數畝寬山客曾留雙燕履古松猶鎖七星壇深林產藥人難老碧洞藏龍氣自寒丹竈久空遺跡在冡中誰見舊衣冠

丹竈　　孫載

九載功成駕鶴軿空遺丹竈冷無烟衣冠昔日猶埋塚雞犬當時亦上天高步瑶池觀日月幾經滄海變桑田可憐黃野歸來晚留與人間作地仙

桃源洞　　白玉蟾

因訪耀仙傍柳隈不堪風景把人催松杉十丈入斤斧厦屋數間俱刼灰道士潛心隱丹竈兒童勸我舉霞杯誰知自有長生訣獨步白雲歸去來

前題　敖陶孫

青節相伴到仙壇身寄虚無縹緲間景物迥殊人世界烟霞深鎖道家山。紛紛盡向紅塵老寂寂誰知白日閒遺履山中棋一局幾人於此未應還

天華庵　師顯行

流泉屈曲石嶔欹花木陰陰映竹扉君子巖高青

擁護麻姑峯削緣週圍人從洞口看山到僧向雲
中採藥歸少駐俗塵都洗盡琴心三疊透希微

水簾洞　　留鈞

九天飛墜水晶垂不着人間半點埃六月驚蛩霜
色皎四時長作雨聲來春晴野燕穿難入月冷山
風吹不開我欲倚藤看空翠憑誰掛向白雲堆

朱子庵　　朱誥

落魄塵埃七十翁平生夢想此山中未應凡骨逢
黃老猶幸垂髫識莫公泉澗泠泠皆佛法竹符葉

葉總神功刀圭欲問吾仙祖一洗塵勞萬慮空

飛雲頂　　明典籍　孫　賛

四百峯巒江海上飛雲絶頂敞乎都丹砂五色時光現紫翠中天半有無觀裏松枝常駐鶴山間竹葉盡成符鐵橋歸去多眞賞爛醉仙人白玉壺

贈方生遊羅浮　　王　佐

我聞方邱三十載昨者低頭方拜之曾見瑶池桃熟日更逢滄海水淸時一身落落貧如此萬事悠悠笑不知四百峯巒明月夜天風吹下玉參差

花首臺　　尚書陳璉東莞

山下梅花歲歲新師雄遺跡已成塵石樓六月不知暑瑶室四時常是春花首眞人遊覽慣蕊珠宮闕往來頻藥槽丹灶依然在得到驂鸞有幾人

孤青峯　　李顒

危峯峭壁鬱岧嶤貝闕珠宮隱泬漻月下梅花來素女水邊松籟入丹霄仙乘風到棲龍洞鶴帶雲歸度鐵橋聞道瑶池桃已熟定應青鳥遠相招

羅浮山送人之任　　林鴻

陶令之官瘴海濱羅浮勝景昔曾聞飛來島嶼丹青合畫裏樓臺紫翠分曲澗花深常帶雨龍潭水煖欲生雲别離已是春風後那得梅花折贈君

登鐵橋峯　白沙高弟　李承箕　楚南

天風吹上鐵橋頭回首乾坤五百秋萬里桴浮滄海遠九疑雲暗鳳凰愁忽看天上春臺燭長送人間夜壑舟凝睇茫茫政愁絶此心不是學巢由

泰泉草盧　泰泉即黄文裕　張　衮

泰泉夫子憶羅浮長嘯燕門不可留愁思紛隨黄

葉下歸心眞共白雲流數看宻表金鑾日貪向萊
衣海國秋莫道潛龍長穩臥可堪鳴鳥太相求

遊羅浮　湛若水

人間何處可開懷老夢春來只石崖樽酒許君他
雨約紅藤剛與到山來三千碧落淩晨度四百烟
霞信脚開携取雲笙弄明月自將毛竹自家栽
閒謌一夜動幽懷直踏飛雲萬丈崖翠靄浮空白
日暝虹橋有路青天來三月二月春之半千山萬
山花正開笑問仙源杳何許雲濤浩浩不堪裁

喜陳悅之至黃雲洞

小雨芳林鶯亂啼蹇驢春在鐵橋西不孤舊雨同舒嘯還着扁舟來杖藜百尺崖頭天有路千紅堆裡錦如圍可堪淚滴麻衣破肯許天遊坐不歸

喜覺山大巡訪朱明講于青霞洞次來韻

鐵橋偶掛桐江綫豈有聲光答世賢乍驚雲外行驄馬再爲入間闢洞天地判天開無此事吟風弄月是誰船聖途量亦無多路都在賢今一着鞭

贈甘泉子　　　黃　佐

青霞谷中飄紫烟誰其栖者甘泉仙雲邊放鶴啄
瑤艸雨後呼龍耕玉田梅花不作翠羽夢薤葉細
寫朱明篇冲虛昨夜自高枕曉來同話羲皇年

朱明洞和韻　大學士方獻夫南海

不絕飛雲路如綫先登此日愧諸賢敢云樵谷自
佳致信是朱明別有天幾度臨淵思結網何時到
岸不須船明春便理增江楫奔走先生願執鞭
何須玉印坭金綫足躡飛雲到幾賢誰謂鉄橋本
無路古云蜀道已如天憑高定假垂雲翼愛寶猶

屢入海船堪羡乘驄眞柱史一朝千里着先鞭

自銅羅登岸奉報泉師用趙丹山先生韻　洪　垣

縹緲連雲路一綫人來人去幾豪賢山歸南極身歸月翁在朱明日在天色變不談眞畏虎源深登岸直燒船峯頭欲上還疑下好是吾儕自着鞭

朱明洞次覺山韻　姚　虞

聖傳一脉僅如綫羽衞功應仗世賢洞啓朱明尋勝地道宗濂洛識先天思乎高樹明臺鏡波息同

登彼岸船海内久懸公輔望送君應贈遶朝鞭

誰向淵源緒一綫春風遍坐魯諸賢寧知入世飛

紛地遠悟江門主靜天兀兀奇峰涵鹿洞泠泠秋

水送書船仲尼去後眞儒少何幸星軺再整鞭

朱明洞前韻　太守　趙善鳴　順德

吾道衰微類一綫浚流疏泒籍誰賢端憑宇宙雙

肩力徧柱東南一角天勝日去懸金室扁誥朝猶

泛白沙船玉麟洞口灘頭月擬候仙帆願執鞭

前題　倫以訓

青山流水端明園弄月吟風伊洛賢柱史是心春
聰物先生之道日行天振衣霞洞千峰雪采菊江
門萬里船宇宙一肩知不負風霆八極任揮鞭

前題奉和　駱士宏

風烟故道今如綫此日豪遊嘆此賢身世與雲浮
碧落脚根從地上青天相和月底誰家笛自在溪
邊彼岸船何許乘驄知逸足絕塵高步豈容鞭

前題奉和　尚書　何維栢　南海

四百峰頭雲一綫江山看盡後來賢爲憐谷口尋

無路不是桃源別有天陋巷千年眞樂地舞雩今
日使君船蒲團坐上江門月十載陽春願執鞭
江門之水遠如綫獨坐陽春世共賢不作邱峰看
泰華直將斗柄挂南天光風霽月雙吟鬢白鷺滄
江一釣船萬丈飛雲飛不盡與君高着玉臺鞭

朱明洞和前韻　　王漸逵

豫章甘泉相後先地當靈勝更栖賢東南已屬文
明會嶺海重開混沌天宋室勲名傳鹿洞江門風
景在漁船飛雲頂上能相待蹇癖年來尚可鞭

羅浮一脉續如綫色烏星松總解賢雲母歸來閫夜樂梅花開處識先天喜尋舊日鵝湖約肯上當時子靜船見日庵前堪息駕山靈應迓使君鞭

羅浮遣興　梁有譽

縹緲丹梯萬仞餘風塵回首列仙居石樓積翠臨滄海鐵柱飛泉落紫虛鸞鶴凌霞時自度松苓滿地日堪鋤何當歸訪葛洪去四百峰頭好結廬

遊羅浮奉和湛甘泉先生韻　葉春芳

乾坤何處適幽懷秋日乘風陟翠崖獨愛名山青

不了空傳蓬島遠飛來鶴隨仙旆翩翩舞花爲遊人故故開廿載山緣今始遂石欄枯筆把詩裁

新祠遙謁萬山中青靄初開曉日紅俎豆一堂俱正脉舞雩千載接長風觀蒙直向源頭水游息還依石上松行過鐵橋莫迴首前頭更有最高峰

遙望飛雲雲一隈無情歲月遞相催要窮造化一源理漫說昆明萬刼灰鐵笛隨風來遠島金莖和露濕流杯水簾高捲三千尺勾引遊人上上來

過了一峰又一峰峰峰暝翠結重重遙瞻已覺凡

先去深入俄驚興轉濃大石樓前舒笑語飛雲頂

上紀行踪陰功久積行將滿天路還應遇赤松

又和甘泉紫霞洞韻

絕學寥寥僅一綫抽關啓鑰藉明賢無思無慮靜

斯寂勿助勿忘動以天九仞從來虧一簣濟河誰

解便焚船箇中妙道原無盡萬丈飛雲試著鞭

宿冲虛觀　黎民表

陟磴攀蘿路幾尋飛雲影落萬峰陰仙壇蕪没銅

龍出帝歷悠長玉簡深醉後石函忘點檢年餘星

髮任相侵欹厓許卜朱明洞白鳥時來倘寄音

同郭學憲舜舉葉刺史化甫遊羅浮

歐大任

名山遠在粤雲邊使者能來訪洞天灑葢飛流衝

澗石搴帷高樹入巖烟錢唐客是姚翁仲關內侯

今葛稚川紹嶠縱非函谷路已看真氣滿橐建

自水簾洞入黃龍洞

洞口嶔岑石作閭珠簾千尺更何如樓看建武將

軍節山待瑯琊處士居空裏鐵橋還躡屐雲邊玉

笥可藏書不須此日歌招隱蕠桂青青暎草廬

登飛雲頂

壁削雲浮萬丈梯清都近夏尚凄凄滄溟日浴扶桑外衡石花開建木西望入樓臺知海蜃坐聞風雨報天雞安期倘有東來約四百峰頭遍可栖

朱明洞和韻　　　　　冼桂奇

飛雲縹緲路如綫此日登臨憶四賢喜向青霞開後洞謾從丹竈覓先天即看石壁新題刻還上江門舊釣船同是羅浮尋勝客獨誇驄馬最先鞭

冲虛觀　　尚書　王宏誨　瓊州

何處神山四百峰丹梯萬仞削芙蓉瑤臺積翠臨暘谷鐵澗飛泉瀉玉淙丹洞雲深留鶴馭澄潭秋漲蟄蛟龍七飛擬鍊超塵刼桂父安期信可通

博羅道上望羅浮之勝弗克往詩貽山靈　　周應治

勾漏尋眞意獨饒揭來鸞鶴不須招石樓暎碧雲爲葢天漢横空鐵作橋烟鎖藥爐瘖虎伏嵐封劍閣毒龍驕他年願把浮邱袂四百峯巒挂一瓢

玉女峰

縹緲靈山十二鬟峰頭幻出玉姝顏雲窩隱約看禖襆松塢分明聽珮環久覗訣應授天上步虛聲不到人間千年瑶草自春色駕鶴何當一往還

六賢祠

無極元翁百世師豫章延水道南支江門繡譜針誰掇禺嶺談經文在茲兩粵名山應有幾六賢遺教定無私我來瞻拜非登眺當日心傳欲見知

白鶴亭　蘇東坡故居在羅浮東麓

天地吾廬漫認眞蕭然坡老故居湮鵝城杳渺無殘夢鶴氅飄飄只此身和靖湖頭名自古令威華表蹟常新莫言羽化緣隨盡千載風流信有隣

望羅浮　　黃志尹

羅浮東望海天寬四百峯頭紫霧蟠宦跡驅馳思拄笏雲林衰謝悔彈冠共傳幽境身堪老秪恐塵心路改觀此去呂翁如邂逅肯沿盧氏枕邯鄲

前題　　張廷臣

四百峯巒綠紫烟振衣千仞裊群仙樓臺積翠層

城上笙鶴聯翩古洞前月滿梅花迴昨夢符成竹葉悟真詮御風步屧飛雲頂疑是驂鸞攝九天

送王忠銘先生遊羅浮　黎民懷

勳華八座動輝光玉節忻逢蠻水傍萬里懷歸桑梓切廿年供奉鬢毛蒼海門日出浮仙島天半雲飛隱帝鄉遮莫梅花綏幽酌璽書今下五雲長

羅浮山　鄧時雨

四百峯巒杳靄中飛雲高峙倚蒼穹下臨溟渤寒濤迥望入雲霞曲徑通石洞霏烟迷窈窅澗泉濕

雨滴空濛葛洪久是棲眞處靈氣千秋寄海東

同黎惟敬梁思立梁少伸林開先過流霞島

步屧穿林不易逢幽花細柳自茸茸陰崖嶮僻藏

深洞曲徑逶迤有秘蹤鳥雀晝喧依古木嵐霞秋

爽散疎松從知境界紅塵隔別有蓬萊若箇峰

懷黎惟敬鄧君肅遊羅浮　郭棐

憶踏飛雲第幾峯凌霄四百玉芙蓉相將定訪青

鳩鵲浩往應乘白鼻龍花底鳴絃金縷合洞前留

句碧紗封㣲闌搔首勞延佇老鶴一聲來遠空

季春遊浮邱小集喜葉化甫至自羅浮談四
百峰之勝
春風駘蕩錦雲稠相拉尋芳作勝遊予戀鹿裘回
粟里君飛鳧舄自羅浮朋簪集處塤篪合杯酒吟
邊紫翠浮四百峯巒春好在德星今聚粤江頭

羅浮　　縣尹　馮紹京　順德
四百峯頭紫翠連琪花瑤艸遍諸天鐵橋雪霽寒
梅瘦石洞春明嫩柳眠仙去尚留雙履在鶴歸巖
待一書傳側身東望飛雲頂丹竈沙床夢亦牽

羅浮　　李需光

四百峯巒奠粤東峭天屹屹削芙蓉瑞搖碧落珠光燦丹轉眞壇紫氣通萃𢓜插空環翡翠松杉夾道隱虬龍登遊欲問長生訣須向山中訪葛洪

遊羅浮陪王宗伯宿冲虛觀鄧博羅明府壺榼見過　　鍾昌辰

琳宫琪觀逈岧嶤高厰嶔崟逼紫霄歷亂峰紋檐外落參差紫氣望中飄傳觴漸覺清風溢作賦元知白雪驕一代風流看學士何來飛舄有王喬

黃龍洞李福州使君携酌

共訪名山一振衣聊同賓從過如飛岩懸瀑布晴常雨雲鏁丹房夜亦輝際勝却憐身似𨗴棲眞元與世相違潯陽太守能携酒且藉烟霞醉不歸

羅浮山　佘祖頤

縹緲層巒萬仞雄𠂒都日月擘鴻濛石樓秀色晴臨海鐵柱嵐光翠潑空採藥僧歸紅樹裏吹笙人在碧雲中憑虛欲掞飛鸞去仙女峰頭御彩紅

黃野廬　梁子壽

黄野巖前一艸廬藥壇遺址已荒蕪丹傳仙去還
來否犬吠雲中定有無白日庭除留伏虎清秋壑
裹走啼鼯朝元只在瑶臺上環珮珊然向玉都

聚霞峰

閒尋葛令問丹砂合沓中峰裊紫霞洞逼金光羊
是石巖通句曲棗如瓜竈前虎守千年火澗底猿
攀萬歲花趺坐不堪雲縹緲七元曾此駐靈車

鉄橋

側徑紆盤小有天鐵橋千尺跨飛泉乍疑靈鵲河

邊渡不滅殘紅澗裏懸氾上逢八曾化石蜀中題

柱是昇仙青龍白鹿遊何處悵望滄溟思緲然

劉仙臺

虛巖數仞轉龍䖝遠爲𡨴眞抱嶧桐調操白雪飛

千壑澗瀉糸泉下萬松石䐉客窺金檢字雨餘僧

扪上方鐘眞師羽化知何處目極青騾海上蹤

大石樓

石樓千仞俯丹梯入夏靡蕪望轉低幾見群峯千

里合忽驚烟樹萬家迷蒼菘瑞氣扶桑外寥廓祥

雲大澤西漫擬三山飛紫闕欲從蓬島杖青藜

遊羅浮　　　　　　　　潘豫之

追遊劍舄自翩翩聞道名山表漢年金液已洸丹竈火玉函還檢白雲篇浮空似帶關門氣落照猶看海上烟再讀黃庭衆內景梯飈吾欲訪飛仙

登飛雲頂

標空萃嵂一峯尊羅列千山控海門疊浪暮飛天鏡出扶桑朝見日車翻尋常芝朮行堪採尺五星辰坐可捫便欲遠騎黃鶴去直從西北訪崑崙

冲虛觀　歐大章

十載名山結夢魂璇房雲鏁舊苔痕猿啼處處千
山暝瀑挂泠泠百丈飜野鹿啣花時自獻春禽繞
樹夕猶喧淸尊豈倦登臨興已結松蘿向給園

白鶴觀

白鶴岩前紫翠重短筇飛步躡仙蹤垂蘿影落千
尋壁過雨風號萬壑松玉液已消丹灶冷金書猶
記白雲封凌霞一去空留舃古木荒臺自暮鐘

遊羅浮　布政　梁有年　順德

四百峯巒列海圖飛雲絕頂敞乎都丹砂五色時光炎紫翠中天半有無觀裏松株皆住鶴山中竹葉盡成符鐵橋歸去尋淸賞爛醉仙人白玉壺

題羅浮合掌岩高數百丈　眞人梁珍　順德

嶙峋惟石聳仙山禮盡諸天肯信頑欲證三生歸佛國漫參二體破塵寰池邊洗衲苔侵袖岩下有洗衲池壁上蒸霞暮掩關翹首巨靈堪仰止尋常邱壑自應刪

遊羅浮　李顒

暇日尋芳上翠微烟光嵐氣襲人衣風花片片隨
流去巘溜泠泠作雨飛石室丹成金鼎冷藍田春
煖玉芝肥蓬萊閣上松風急多少遊仙月下歸

自冲虛觀尋朱明洞　　歐必元

步入瑤壇紫翠連苔深林靜鎖雲煙山浮碧海知
無路洞掩朱明別有天怪石幾層將徑礙枯藤千
丈斷崖懸何因得借昇眞去定絕風塵世上緣

出羅浮寄謝博羅唐明府　明府楚人

四百峰頭覽翠微出山風雨帶泉飛凌空欲馭蒼

龍駕解珮聊分玉女衣不假王喬雙舃去那求葛令九還歸看君是處多題詠郢調從來欲和稀

放羅浮蝶第四句寓意深遠　國朝方正瑗觀察桐城

八幅帬開葉葉新金籠初放翅如輪神仙自合離塵網顏色由來誤美人莫向花邊迷舊影好從洞口覔前身蠻烟瘴雨還家路飛破江南一片春

懷羅浮　陳晚成

琪樹西風粵國秋十年前記住羅浮山光一半來蓬島海色三更上石樓雲護藥苗侵臘長寺分泉

響入房流葛洪丹井分明在一下人間漸白頭

送沈方鄴之羅浮

挂帆東近列仙家瑶室璇房路已賒高瀑倚風時作雨遠峯含日半成霞山人散住蘢葱竹旅食多烹巨勝花知有婦翁名鮑靚不勞丹竈問丹砂

五龍潭雨後觀瀑　汪後來

密州如覩太和年五色離離躍在淵截竹叠吹垂練地戛銅分應碾雷天陰晴路問投陂杖深淺情移觸石煙身遠不知虹影斷月明剛到水簾前

羅浮探梅同何青門馮彤文

夢回一徑月初殘錯擬氤氳絕壑看玉笛泠風吹不出鐵橋流水自生寒斷崖有雪癯僧立野店無人白石盤誰信乾坤歸太樸夕陽猶帶半林丹

送張鍊師歸羅浮　補遺　唐　曹唐

風前整頓紫荷巾歸向仙山好養神石磴倚天行帶月鐵橋通海靜無塵龍蛇出洞閒邀雨犀象眠花不避人最愛葛洪尋藥處露留烟蕊滿山春

寄題羅浮軒轅道士所居　唐　皮日休

亂峯四百三十二欲問徵君何處尋紅翠數聲瑤
室響眞檀一炷石樓深山都遣負沽來酒樵客容
看化後金從此謁師知不遠求官先有葛洪心紅翠
羅浮鳥名○羅浮山有璇房瑤室七十二所○山
都似人裸身自有男女常在幽篁中似魑魅鬼物
○薛玉訪茅山道士不遇見
爐中黃金爛然倏忽飛去

老人峯 予時年九十三　　訓導 佘錫純 順德

長立羅山夜不眠都忘甲子笑神仙向人亦自嫌
衰老對此翻驚是少年體質豈曾關服食霜寒聊
爲蓋雲烟名峯上應同南極借得星光映遠天

藥市　闕名

言從藥市訪安期啞虎同行日不疑何處丈夫能壟斷幾家男女似秦時君臣義豈山林廢衣食人多艸木私我愧參苓同入籠（平聲）爲功於世售偏遲

羅浮蝶　王昺

芙蓉四百儼蓬萊五色雲連兩翅開花柳艷迷緣世眼文章靈結本仙胎粉從玉女峯頭落衣向麻姑洞口裁千樹寒梅村外路撲殘香雪未知回

羅浮國醮（昔下元日朝廷遣使齎香建醮有五雲呈瑞）

宋探花李昴英番禺 男爵

霓氅蹁躚拜玉宸，發揮道德五千文。步虛夜半千山月，朝斗空中五色雲。風雨若時昌國運，乾坤齊壽祝吾君。賢侯方寸精誠積，散作豐湖叶氣薰。

酒田在羅浮麻姑賣酒處　　闕名

不須種秫學陶潛，荷鍤尋來野興添。耕鑿欲酬千日計，征徭知免醉鄉嚴。地無煙火春長熟，歲有梅花稔可占。記得餘杭沽酒後，揚塵滄海隔青帘。

老道士古學試作　　文學李峰德慶

兩眼熒熒鶴髮新知君鍊氣已歸神烹茶別院供行客采藥深山活病人歲久已應忘甲子夜深猶自守庚申一竿竹杖行隨手擬住羅浮幾百春陳蘭芝曰羅浮五大觀惟黄龍觀道士多江浙川湖人皆能坐功運氣年登耄耋者多中有百餘歲者大抵斷葷腥絶嗜欲又無塵俗累其心自長生耳

羅浮探梅　黄璞

幽谷陽回凍未消山風頻送馬蹄遥行披香雪衣全濕吟向名峯句欲飄酒債每從茅店問芳心應爲美人招何因借得神仙笛一路吹簫過鐵橋

羅浮山記

詩五言絶　香山陳蘭芝拂霞輯梓

留别賈至舍人　李白

大梁白雲起飄颻來南洲徘徊蒼梧野十見羅浮秋

前題　李德裕

清景持芳氣凉天倚茂松名山何必去此地有群峰

前題　盧大年

骨肉成岐路嗟嗟晚世人兩山千萬里浮海自相親

棲禪暮歸書所見二絶　唐庚

雨在時時黑春歸處處青山回失小寺湖盡得孤亭

春著湖烟膩晴搖野水光草青仍過雨山紫更斜陽

水簾洞　王宏誨

萬簇瀉珠箔涓涓下翠岑臨流共容與誰識濯纓

心

夜樂洞 在上界三峯之下人常夜聞仙樂於此　歐必元

昔賢云淸音不在絲與竹何似奏鈞天夜半應空谷

白雲洞 軒轅仙常庵其中游者多失路

洞有眞人宅山留一片雲尋仙迷去路雞犬靜中聞

蓬萊洞 晉單道開蟬蛻之所

地與三山通茲巖乃一隙中多羽化人遺此蟬蛻

跡

桃源洞

桃花產靈洞開落已千秋欲覓栽人處唯看水上流

觀源洞為葛洪洗藥之所

洞中有清水流不到人間洗藥供杯酌丹成見大還

蝴蝶洞相傳葛令遺衣所化

蝴蝶自蘧蘧群飛集仙洞衣化是何年攬却游仙

夢

白蓮池

萏菡發香池皎潔如仙鶴時現水中花閒吐峰頭

蕚

阿耨池 景泰禪師於此說法

清泉注神湖泒出凌雲蕗池畔有神龍聽師夜說

法

洗耳泉

慈池何日闢洗耳浪傳名不遇巢由輩安知泉水

清

卓錫泉梁大同禪師卓錫其地而得泉

峰頭貯天泉涓涓石下滴飛湍千丈流不如師一

錫

羅浮山記

詩七言絕　香山陳蘭芝棌霞輯梓

羅浮別墅　高駢

不將眞性染埃塵爲有烟霞伴此身帶月長江好歸去博羅山下碧桃春

蝴蝶洞　王鐸

莊周已與蝶俱飛說着遺衣事可疑只怪山中蝴蝶洞仙家四季總春時

前題　余靖

羅浮山誌　　　　　　　　　　臺

五方絕色染衣冠應是仙靈寄羽翰多謝相逢殊

俗眼謫官猶作貴人看

長壽觀　　　　　　　　陳堯佐

秋晚閒招縣大夫五雲深處訪仙都松關何限逍

遥客試問長生學得無

薄宦遊來十載餘樗材長是戀仙居松蘿政似終

南好只欠書堂一弊廬

遊羅浮　　　　　　　　周惇頤

紅塵白日少閑人況有緋魚繫此身獨上羅浮開

遠目浩然心意復吾眞

佛迹石　蘇軾

湯泉吐艷鏡光開白水飛虹帶雨來勝地鍾靈傳異事巨人留迹寄蒼苔

羅浮山行　祖無擇

昔年潘閬倒騎驢爲愛三峰插太虛我到羅浮看不足下山還解倒肩輿

朱明洞　宋煜

澗流一一抱峰回面面林巒錦帳開我品洞天居

第七只應題作小蓬萊

黄野人廬

淮南雞犬上雲端庭事先生獨世間上界應嫌官府足不如平地且驂鸞

天漢橋　　　　張宋卿

一泒銀河木杪飛碧雲飛處彩虹垂免教靈鵲長填石來看天孫出嫁時

憶羅浮二絶寄元功

當年南澗弄泉流妄起功名分外求群玉峰頭今

倦立却煩清夢到羅浮
春樹江雲我所思平生意味不差池如何驛使行
千里不把梅花寄一枝

黄龍洞　　謝圖南

山水盤桓天地中幾多異事出仙宮玉龍嘶斷黄
龍見劍氣曾稜上太空

蝴蝶洞　　黄煜

陰森古木護漣漪洞裏藏春人不知不是桃源深
有路何如蝴蝶滿瓊枝

蝴蝶洞　黄裳

蝴蝶飛飛只自娱洞中遊戲小蓬壺格物還同莊叟夢也應收入滕王圖

白水巖　黄巽

石磴稜層不染泥光生巖壑月高低九天夜氣凉如水花落仙壇謝豹啼

飛雲頂　劉克莊

三更海底湧金輪咫尺蓬萊不遠人欲和蘇詩臨絶頂可憐漢節尚隨身

冲虛觀

衡岳仙都迹已陳雲臺玉局勑猶新暮年擬乞冲虛觀長向山中祝聖人

會仙橋

歲晚南遊訪稚川苔封丹竈尚依然不知尚在山中否萬一歸來説内篇

夜樂洞柔風入洞如奏音樂

異境微茫在半霄仙人垂手下相招老來絲竹相忘久何意韶鈞近鐵橋

天漢橋　　留正

霏霏細雨濕芝田短短桃花照水妍可惜洞門關不住彩虹天外着飛泉

釣魚臺　　傅大聲

從來邱壑豈藏舟大釣何心在一鈎覺者乃登迷者返臺荒留得記仙遊

朝斗壇

無雲世界玉蟾飛夜半眞人拜斗時銅雀玉龍何自至定應頭角起天池

瑶石臺　林顏

石室巉岩五十重洞房七十二芙蓉夜池恠有仙家樂笙鶴時來古洞松

彩雲軒

曾是麻姑此降眞玉峰依舊碧桃春他年欲洗塵埃眼得見紅顏散髮人

慈濟庵　留元崇

笑指星壇近斗傍七松上映七星光黄龍洞口胡麻飯不是神仙不得嘗

歸自星壇日未斜草庵留住一杯茶道人自點花

如雪云是新收白露芽

天漢橋

誰人挽落天河水飛向寒厓無古今寄語山靈好

呵護書儒從此得知音

白蓮池　　鄭民瞻

朱明洞口水南流流到蓮池總是愁惆悵麻姑峰

下路葦荷枯折露溥秋

冲虛觀

雞聲人語半天風霧閣雲窓隔幾重月寝夜飛雙燕履斗壇晝出六銅龍

七星壇　林同叔

十年客夢憶南徐玉案曾看綠篆書今日星壇香一瓣恍如身再到冲虚

九眼井

幽人鑿井住羅浮暇日吾伊興自由仙鳥避吟來照影九龍蜚動碧雲秋

七星壇　周敦頤

黃龍一洞與天通仰視星辰目睫中人去壇虛今已矣秖留手植七株松

七星壇　鄭有年

少室隱居空索價北山俗駕費移文道人笑破世間事去住身心如白雲

前題　朱南金

蒙茸披盡自成蹊兩扇岩扉向日齊說與白雲休鎖鑰留將千古指人迷

飛雲頂　白玉蟾

飛雲頂上閣闌干夜半南溟出玉盤卷起水簾三百尺松風吹動鐵橋寒

茶庵　　鄭玠

道人宴坐碧山阿啄木敲門擬客過吾境本無妖魅事日長翻有睡爲魔

活水仍將活火煎茶經妙處莫虛傳陸顛所在閑題品未試羅浮第一泉

雲峰庵　　趙汝馭

一庵移向白雲深丁卯年來住至今鳥弄蟬鳴俱

過耳心如鐵石髮如金

桃源洞　李昴英

靈符鎖盡穴中蛇深入千巖隱士家洞府隔雲呼不應時時流水出桃花

前題　劉彥賓

神遊偏愛玉清家金闕銀宮隔彩霞行到石壇幽靜處紫簫吹落碧桃花

白蓮池　蔡元厲

洞府神仙是此家麻姑曾駐五雲車峰前三尺寒

泉水猶有白蓮開舊花

羅浮春寄民澤　陳獻章

海上花開萬玉林閉門碧玉夢相尋不知開處花多少折盡羅浮半夜心

大小石樓　黄　鐖

石樓中夜洞門開溪上蒼龍取日迴不是泉源通句曲華仙何處覓蓬萊

麻姑峯

麻姑峰前山月明麻姑臺上綵雲生群仙宴罷靈

簫歇惟見黃麟天上行

東龍潭

五龍潭上見雲飛驀地吟邊雨濕衣三日閉門芳草徧有人來報五龍歸

懷羅浮四首別王用儀　黃佐

旅食燕臺兩變星圖南長擬躡鵬鵠無端夜雨驚心事夢斷羅浮未了青

水簾洞口草生雲大石樓前花撲人唐世軒轅今我是羅浮那有別家春

伏波銅柱埋南紀郭隗金臺落北州看取長空沒孤鳥白雲多處是羅浮

羅浮秋色與天高約略明朝買去舠萬丈飛雲携手上共君眠石聽松濤

朱明洞　　王漸逵

騎鶴東回駐翠岑空山還破寂寥音寒雲鎖斷溪頭路瑤草年來滿澗森

青霞谷

青霞先生不識名漉巾大醉棲巖扃道人見之撫

掌笑疑是狂客來四明

鐵橋

狂客狂來不費招瑤池春宴夜聞簫醉餘不記歸時路猶跨青羊過鐵橋

黃龍洞

洞裏尋眞得暫過淡烟荒草蔓寒坡乖龍不起應成癖滿目晴雲柰爾何

朝斗壇　　梁桂臣

碧洞瑤壇淩紫清眞文縹緲斗邊明何人夜半驂

黃鶴吹落雲中玉珮聲

仙奕石　　林喬

鸞儀初駕紫雲迴倒射樓前玉鏡開翠羽一聲春夢醒不知身世在蓬萊

七松壇畔揖青童欲問丹砂九轉功圍局未終騎鶴去玉龍珠箔舞天風

泛月入羅浮　　李時郁

星槎秋杪泛銀河千里羅浮一夕過獨倚西風吹玉笛碧空凉月萬山多

麻姑峰

朱明洞側挺孤峰黛色爲肩玉作容山上儻翹王

母讌朝來雲雨定乘龍

飛來峰 峰下多五距鳥

耀眞曾此聚群仙誰似飛來七洞天但說峰頭多

異鳥不知浮海是何年

聚霞峰

五色山頭絢綵光誰言天外卽璇房非窺漢殿求

丹室定向瑤池進壽觴

黍珠庵鮑姑在此修煉

一庵深鎖鐵橋西庵裏明珠似火齊若向仙靈論仙事鮑家丹女葛家妻

列仙壇

咫尺高峰是太淸月明仙會宴瑤京但從紫府窺眞籙不必人間留姓名

鳳凰谷

岐山今在羅浮側皇明恍與周齊德爲問西來鳥雙靑何似玆山禽五色

青霞谷

巖前亂石本嶙峋洞口桃花片片新流水自鳴丹

竈冷餐霞難覓舊時人

鐵橋

羅山橋水隔浮山橋上羣仙日往還縱有飛泉流

澗底仙源那得到人間

百花逕　　何歆

誰種飛雲滿徑霞四時香艷屬仙家漁人不解尋

幽勝只認陵原兩岸花

宋眞人 白玉蟾 瓊州

曲肱

懶把雙眸看俗人五湖四海一空身洞天深處無人到溪上桃花幾度春

瑤池王母宴羣仙兩部笙歌簇綺筵誤取一枚僊李喫又來世上不知年

昔在青華第一宮祗緣醉後怒騎龍傾翻半滴金瓶水不覺人間兩發洪

宋眞人 葛長庚

贈詩仙

學詩有似學仙難鍊句難于學鍊丹換骨脫胎君

羅浮山詩　一　【卷 mark】

有訣瓣香特地叩詩壇

由西湖入羅浮山行記　歐必元

庚戌之秋八月既望是夕也月色如晝湖光掩映島嶼微茫湖上諸山如芙蓉如黛肴如鴻翩如鶴舞足之所經不能百之一目之所矚不能十之二幽深天巧勝於武林於是舟泊博羅舍舟陸行至胡鎮尚隔羅浮三十里旅底宻間朱明四百峯隱隱在簷宇下矣然自胡鎮以下渡兩河河水清徹底岡阜相連如蜲蜒狀起伏不常然無一山不秀無一石不奇無一水不甘且冽到此令人神魂俱清度河後則紫翠逼人諸峯當輿面出仰望飛雲絕頂若烟霧蒙茸下覆玉女鐵橋在指點間已經羅陽水便入羅浮山徑徑廣可六七尺道旁古樹合抱萬重皆作龍鱗色不辨何物樹根之土苔蘚如鐵若雲封其上到此一徑已非人境況深入諸巖洞耶行可百餘丈而徑乃盡徑盡處是爲白蓮池一名麻姑池朱明洞水所自出至此舍輿而步歷階升數十級是爲朱明洞天有古篆四字舊志

載云宋人名筆入洞門有玉簡亭亭後冲虛觀即都虛觀故址南漢鑄銅玉皇像及二侍從像與諸子禮像畢過觀旁之右謁葛仙祠祠祀葛令洪左立黃野人右列啞虎書紀游於壁上祠後有丹竈爲葛煉丹處丹成而土不竭至今人取其土爲丸以療病無不立效云宋蘇軾書葛洪丹竈四大字于上觀旁之左爲列仙祠祀朱靈芝華子期鮑靚蘇乎朗羅萬象單道開軒轅集黃勵諸仙獨觀中澄虛閣今不存已觀後建樓一座以宿遊客黎秘書民表隸書朱明洞天四大字存而扁額將朽閣於地上觀中道士相見禮畢出山中酒名羅浮春以享客諸子爲飲數行即飯其一道士姓嚴者年登九十皓髮龎眉恍若山中遇仙也詢其舊事一一能談就李督學郭公子直偕家虞部大任曾遊兹山嚴鍊師言之猶然如昨日耳讀家虞部碑銘巋然尚在感作一詩晚宿樓中與諸子分賦道士鳴鐘諸山響應足醒塵耳坐方一鼓而月挂寒松風颼颼作濤聲來枕上余詫曰奈何攪遊仙夢

乎辛卯蚤起觀山中所藏古器道士出銅龍六銅魚一云蘇軾得自朱眞人朝斗壇者其色非金非石非鐵非蕘郎銅亦強名之耳道書云眞人傳授玉龍金魚盟誓天地或亦有之觀畢過觀後尋朱明洞故址自右披荆而入忽見巨石屹立高約三丈餘旁樹一松不啻十丈古色蒼然可當二人合抱石刻四大字曰青松白石字甚古亦不俗未知出自何人筆轉徑而左則荆棘遮道怪石盤據不可着足豈仙靈秘術非人可尋不然天寶朝邑簿任知宜何令垂下者遽返也下視無底日月星辰眞耶幻耶歸飯住持早膳郎同諸子緩步出山由洞口之左行可二三里皆平山不甚峻景文伯文元珍煙客過尋石洞余度此去僅得其半帶無酒具與伯喬遂先還觀中坐白蓮池觀魚戲大者僅踰寸小者若針芒然文綵波中皆五色豈獨禽鳥乎奚志之缺載觀魚樂甚各飲三巨觴賈勇登麻姑峰峰臨洞門之左相傳有麻姑粧臺麻姑乘鸞吹笙常聚于此其峰危立亦可俯視也四子歸驕

語石洞幽勝余以麻姑奇險敵之晚飲會鍊師五牙酒大醉夜半起作麻姑峰及謁葛仙祠諸詩壬辰早起方櫛史巡宰送輿人至遂早飯各踴躍出山景文伯文元珍煙客謀登玉女及聚霞諸峰伯喬與余俱以濟勝無具遂分曹而往余乘輿東至石洞口與伯喬步行入洞徑曲林深壘石如砌若皇若室若釜若屏不可名狀至於當關二石眞壁立堪爲門戸上刻羅太史洪先詩此洞爲邑人葉春及所闢當其辭刺史歸結逃菴於此讀書十餘年篤志嗜古應詔旨出爲計部郎賫志而歿諸子俱有謁化父先生祠詩祠在山中亦稱精舍轉舍右草木叢莽間已聞潺湲聲抉蘿而入奇石縱橫澗中水勢瀰漫懸注旁洒聚于池中眞如噴雪所謂洗耳池也余題一詩於祠上遂出洞門又西折而南可三里許由酥醪觀之後至青霞谷谷口亦臨奇石嶙峋可愛洪侍御先民部刻有詩湛文簡建一樓於谷中谷舊爲蘇眞人修煉所谷之旁又有一巨石若僧帽下臨溪水乃不測之淵聲如環

珮其上可坐四五人與伯喬偃臥作青霞谷詩帶有天池茗汲溪水就樓旁一農家以老瓦盤烹之飲甚適農夫獻以山醪蔬薺爲馨一壺而償以値彼堅辭不受杜詩云淳朴處自有山川信夫乘輿出谷則日隱隱在虞淵已歸飯後篝燈錄紀遊諸詩各就枕癸巳早與人復至六子謀竝騎會鍊師載酒相從是日雨霏霏如雲霧筍輿由洞之西魚貫而去且雨且行竟不知衣裳之濡染也南折數百步入山麓間田疇相望廬舍鱗次村中雞犬隱隱雲端行可十里則樹木蒙翳開徑甚小輿人俱從鳥道中行漸入深窅經黃野人廬過舊菖蒲澗采菖蒲蒲一寸九節異於他産然世又傳蒲澗在吾廣白雲山乃安期生上昇處今志在羅浮何也稍去一里覔御園故址園爲唐朝所賜又二里許見怪石嵯峨摩雲插天高者可數丈低者亦數尺溪聲撼石如鳴鐘鼓稍上孤青峰峰下兩崖削立是爲黃龍洞洞前南漢劉晟建天華宮甘露翠蓋二亭鑿濠開山往來于此葛洪西菴與宮今俱不

復見洞高數百丈勢如建瓴巨石怒撐兩水如玉龍從澗落聲響若雷飛湍時時作淫雨到此棄輿而步余魂怖不能行兩輿人翼之而上摳衣若飛遂先登洞中左有四賢祠爲湛文簡建右有天華仙洞爲龐太守嵩建四面寒風皷栗不能久立諸子後至藉草飲曾鍊師酒作一詩飯畢下山日尚未墜歸途尋梅花村村故農人所居參差老榦與他樹間植所謂師雄夢者安在輿人云此去水簾洞可二里於歸途亦便諸子俱往稍近望之在蝴蝶洞前懸崖千丈轟轟下瀉澎湃百狀飄者如雪斷者如霧綴者如旒挂者如簾散入山足森然四垂湧若沸湯奔若跳鷺其聲蘊隆日夕不絕諸山之水此爲最奇兩中雅游又窮一日歸覲則道士巳撞鐘明燈余覺體倦稍寐片時乃飯甲午晨起與諸子謀登飛雲絕頂黎明戒輿隨裹以糧平地可輿則輿險處欲步則步將午乃抵瑶石臺臺高數百丈皆壘石天成嶙峋異狀中多光潤如瑶者下有奇花異草吾郡黎秘書讀書於此經游作一

詩懷之東北望見日庵若咫尺聚霞飛雲諸峰儼
不能上俯而西南由君子巖出蓬萊閣憩大石樓
樓有石門方廣可容几席俯視滄海蘇軾云山不
甚高然可見日亦奇也拾野炊作午飯飯畢尋小
石樓相去五里兩峰相際石舂爲橋過此望鐵橋
如天上已尋泉源福地不能窮其勝豈華子期閟
之以輿人告倦而下山歸途返照在林勝於昨日
或亦仙靈所助耶入觀取丹砂丸萬年松采菖蒲
及棕杖諸物風雨驟至游不可續山靈善妒或亦
宜然遂謀出山亦以五羊諸先壠未登故促於歸
也乙未早炊出山與元珍同見五色異鳥百羣若
有留人意而泉水潺潺時咽則又似相送者黎明
乘輿風雨霑衣澗水益漲又增一奇觀竟行入暮
乃抵舟中唐令公以事入府城不及少晤留一詩
爲謝質明解纜連宵而行丁酉日過午即抵五羊
遊可二十日在山中四日於茲山未窺百之一志
載羅浮高三千六百丈周迴五百里峰巒四百三
十二碧霞飛雲聳其尊鯷壂鵬冥滙其廓即窮章

亥之步難也相傳上有桂樹神湖不一寓目尤恨不登絶頂觀赤輪初出以爲缺典會眞諸仙橋可望不可至豈眞仙凡所界耶羅浮在海上爲洞天嶺之人士至有老死不相往來者余跬步未出門何緣得策杖兹山乎或於仙侶有夙緣則幸俟我於鐵橋側歸粤秀山房爰筆紀此計兹游得記一銘一賦二古近體詩共若干○有自九子潭入山者

羅浮山記

仙釋

香山陳蘭芝拂霞輯梓

仙籍考

樵客曰昔有朝士訪仙釋兩法于陶貞白答曰凡質像所結不過形神形神合時則是人形神若離則是鬼其非離非合佛法所攝亦離亦合仙道所依當埏埴以爲器之時是土而異於土雖燥未燒遇濕猶壞燒而未熟不久尚毀火力既足表裏堅固河山有盡此形無滅譬論何等明了然玫宏景

傳痛父爲妾所害終身不娶其作寒夜怨云夜雲
生夜鴻驚悽切嘹唳傷夜情空山霜滿高烟平鉛
華沉照帳孤明寒月微寒風緊愁心絕愁淚盡情
深不勝怨思來誰能忍大類閨詞豈遊戲耶抑嬰
兒姹女龍虎鉛汞取譬耶葛洪象同契姝秘密至
本傳外篇多牢騷之語仙亦未免有情故五百年
而一刲假令爲仙者以藥石鍊其形以精靈瑩其
神以和氣濯其質以善德解其纏衆法宏通無礙
無滯欲合則乘雲駕龍欲離則尸解質化不離不

合若存若亡各隨所業雙修精進漸階無窮功成行滿竟歸寂滅耳嗚呼近之矣

秦安期生琅琊阜鄉人也賣藥東海邊時人皆稱千歲翁秦始皇東巡請見與語三日夜帝賜金璧度數千萬出阜鄉亭皆置之而去留書以赤玉舄一量爲報曰後數年求我於蓬萊山始皇帝即遣徐市盧生等入海未至蓬萊輒遇風波而還漢元光二年有方士李少君自言壽數百歲少入泰山採藥修辟穀全身之術道未成而病困遇安期生與神樓散一匕服之即愈於是師事之遂隨安期生東至赤城南之羅浮北登太行西遊玉門周流五岳往返江川者數十年至是乃上言臣能飛丹砂成黃金服之白日升天控飛龍而入遐徧乘白鴻而九陔周臣嘗遊海上臣師安期生食臣棗大如瓜安期生仙者遊蓬萊中合則見人不合則隱武帝甚

敬信焉安期生在羅浮時嘗服菖蒲以七月二十五日上昇故山中人以是日爲菖蒲會

秦桂父象林人也色黑而時白時黃時赤南海人見而尊事之嘗服桂及葵以龜腦和之千九十斤桂采諸賁隅之東卽羅浮也有累世見之者今荆州之南尚有桂九焉

漢朱靈芝其先大宛人也後徙北谷師事太素眞人受青精飢飯方餌之能一日九食亦能終歲不饑棄捐妻孥南來羅浮隱居修煉太淸神丹九鼎功成日嚥一銖內視服氣者三十年五色鳥銜赤龍芝取而茹之初無名字人稱青精先生至是因名靈芝復得玉珮金璫之道禮華蓋隱夕之星叱咤風雷攝召鬼神積行樹功累德增善乃白日昇天而去膺受圖籙爲太極仙卿治朱明耀眞洞天其棲息處右朱子庵又有朝斗壇焉

漢華子期淮南人師事角里先生授隱仙靈寶方書一曰伊洛飛龜秩二曰伯禹正機三

曰平衡方按合服之漸還少壯日行五百里力舉千斤一歲十二易其形後仙去居羅浮受命治泉源福地

漢東郭延字幼平一字延年山陽人也自秦時隱居增城山數百年如壯者愛嗇精神不極視大言嘗服靈飛散自云得之李少君煉服九鼎丹能在暗室中夜書又身內生光遠照小物見其采色能役使鬼神忽一日數十人乘虎豹來迎之延遂詣崑崙山去增城山即羅浮山也

漢姚俊字翁仲錢塘人少爲郡佐負笈至太學受業明經術災異晚爲交阯太守漢末棄官入增城山中學道遇東郭延師事之延教俊九精煉氣輔星存心之術復與神丹刀圭俊服之成道在東華宮中爲北河司命

漢王遠字方平東海人舉孝廉除郎中累遷至中散大夫博學明天文圖讖河洛之要逆知天下盛衰之期桓帝嗣位聞之連詔不出使郡國上載以至京師召問低頭不答詔乃題宫門板四百餘字皆說方來帝惡之同郡故太尉陳躭爲方平架道室旦夕事之方平在躭家四十餘年後語躭曰吾當去矣明日日中發至期上昇爲西域總眞統攝萬神居崑崙山往來羅浮及句曲惟乘一黃麟冠遠遊冠朱衣虎頭鞶囊五色綬帶劍人多見之甞至句曲止吳民蔡經家遣人召麻姑事詳顏眞卿麻姑壇記中今羅浮有麻姑峯蓋其飛集處云

晉鮑靚字太玄上黨人漢司隸宣之後年五歲語父母云本是曲陽李家兒九歲墮井死其父母訪得李氏推問皆符驗靚禀性淸慧學通經史修身養性蠕動不犯聞人之惡如犯家諱明天文河洛書人多從受業揚道化物號曰儒林太興元年八月取道上京行達龍山見前有

一少年姿容整茂徒行甚徐而去殊疾靓乘名馬客逐數里終不能及意甚異之及問曰視君似有道者少年答曰我中山陰長生也靓知爲眞人拜而師事焉乃授以神丹尸解之法稍遷南陽中都尉爲南海太守嘗行部入海遇風饑取白石煮食以自濟王機時爲廣州刺史入厠見二人着烏衣與機相捍良久擒之得二物似烏鴨靓曰此物不祥機焚之竟飛上天機尋誅死靓以女妻葛洪洪居羅浮靓晝臨民政夜則往來山中語論達旦騰空而去人見其來無車馬之迹獨有雙燕云後還丹陽年百餘歲卒葬石子岡蘇峻之亂發棺無尸但有大刀而已賊欲取刀聞左右有兵馬聲乃驚走賊平後收刀復葬之初吳興徐寧師事靓夜聞靓室有琴聲問焉靓曰嵇叔夜昔示迹東市其實兵解爾寧欲受秘術謂宜有誓約寧誓不仕於是受籙常見八大神在側遂能前知才識日異郡縣舉爲主簿寧喜就之八神一朝去其七惟餘一人侶

傲不爲用寧問故答云君違誓吾留衛籙耳寧還籙遂不復見

晉葛洪字稚川丹陽句容人少好學家貧躬伐薪以貨紙筆夜輒寫書誦習遂以儒學知名爲人木訥不好榮利閉門却掃未嘗交遊時或尋書問義不遠千里崎嶇冐涉期于必得覽究典籍尤好神仙導養之法從祖玄吳時學道得仙號曰葛仙翁以其煉丹秘術授弟子鄭隱洪就隱學悉得其法焉太安中石氷作亂吳興太守顧秘檄洪爲都尉討破之遷伏波將軍洪見天下已亂乃叅廣州刺史嵇含軍事含遇害遂停南土多年始還鄉里元帝爲丞相辟爲掾以平賊功賜爵關內侯成帝咸和初司徒王導召補州主簿後選爲散騎常侍領大著作洪固辭不就以年老欲煉丹以期遐壽聞交阯出丹砂乃求爲勾漏令帝以洪資高不許洪曰非欲爲榮以有丹尔帝從之洪遂將子姪俱行至廣州刺史鄧嶽留不聽去洪乃止羅浮山煉丹在山

積年優游閑養著述不輟其自序曰洪體乏進
趨之才偶好無爲之業假令奮力則能凌厲乎
霄騁足則能追風躡景猶欲戢勁翮于斥鷃之
群藏逸蹄於跛驢之伍何况大塊禀我以尋常
之短羽造化假我以至駑之蹇足自卜者審不
能者止豈敢力蒼蠅而慕冲天之舉策跛鼈而
追飛兎之軌哉是以望絕于榮華之途而志安
乎窮圮之域藜藿有八珍之甘蓬蓽有藻梲之
麗也世儒徒知服膺周孔莫信神仙之書不但
大非笑之又將謗毁眞正故余所著言黄白之
事曰內篇其餘駁難通釋曰外篇內外凡一百
一十六篇雖不足藏諸名山且欲緘之金匱以
示識者自號抱朴子因以名書羅浮朱明洞有
太一眞君固命歌訣刻於陰谷壁古篆文字人
莫能識洪釋之成篇請於鮑靚以傳於世又删
正九鼎金汋及狐剛子轉丹法其餘所著碑誄
詩賦百卷移檄章表三十卷神仙艮吏隱逸集
異等傳各十卷金匱藥方一百卷洪博文深洽

江左絕倫著述既富又精辨乎賾析理深微後忽與嶽疏云當遠行尋師尅期便發嶽得疏狼狽往別而洪坐至日中兀然若睡而卒嶽至遂不及見年八十一視其顏色如生膚體柔軟舉尸入棺輕如空衣世以為得尸解云史臣曰稚川束髮從師老而忘倦紬奇册府總百代之遺編紀化仙都窮九丹之秘術謝浮榮而捐雜藝賤尺寶而惜分陰游德棲眞超然方外全生之道其最優乎肖山唐庚子西贊曰江左日陋無復德輝翔而不集翩然南飛鄧嶽細兒處仲餘黨豈有識知亦復瞻仰吾緣內丹遂居羅浮豈以嶽故而議去留所就者大寧卹其小吾與嶽遊如狎

鷗鳥

晉黃野人葛洪弟子也或云洪之隸洪既仙去野人得餘丹服之遂為地行仙常施藥山中抱奇疾者遇之輒愈昔有人遊羅浮留宿岩谷間中夜見一人形貌異常意必仙也再拜問

道其人不顧但長嘯數聲衆山答響或以爲卽
黄野人云

晉單道開敦煌人也常衣粗褐不畏寒暑晝夜不
臥恆服細石子一吞數枚石季龍時從
西平來一日行千里其一沙彌年十四行亦及
之至秦州表送到鄴季龍令佛圖澄與語不能
屈也初止鄴城西沙門法綝祠中後徙臨漳昭
德寺於房内造重閣高八九尺於上編菅爲禪
室嘗坐其中季龍資給甚厚道開皆以施人人
或來咨問者道開都不答日服鎮守藥數丸大
如梧子藥有松蜜薑桂茯苓之氣時復飲屠蘇
一二升而已視其行動狀若有神佛圖澄曰此
道士觀國興衰若去者當有大亂及季龍末道
開南渡許昌尋而鄴中大亂升平初至京師後
入羅浮山獨處茅茨蕭然物外年百餘歲卒于
山舍勑弟子置尸石穴中弟子乃移入石室南
海太守袁宏及沙門支法防共至石室口見道
開形骸如生香火瓦器猶存

晉梁盧者安定人嘗爲曹掾棄之行默朝三元之法太清眞人教以神丹使往名山擇明秀產靈物者居之丹乃可成盧聞羅浮本出蓬島乃自會稽南行三千里始至其山絕高惟居觀源洞尋藥修煉丹成仙去

晉王佐字子陽太原祁人少知長生之道入中嶽遇武陵黃敬專行服氣辟穀胎息內視傳授東郭幼平之道佐數求要言敬曰吾聞新野陰君神丹昇天之法此眞大道之極也子可從之勿以學我所爲固請不止敬乃授以幼平之訣曰天關之中有輔星想而見之翕習成赤童在焉持朱庭指而搖之煉身形消遣三尸除死名審能守之可長生失之不久淪幽冥佐受而行之南來遯居羅浮內修九年神丹亦成又得西城總眞王方平劍解之法其劍長三尺九寸以曲晨飛精題之名曰子干字良非佩之飛行太清在山惟食桃飲石泉而已與梁盧爲

友皆能變形隱化往
來蓬萊後俱飛昇

晉女仙鮑姑靚之女也太興元年靚於蔣山遇眞
人陰長生授變化之術累徵爲黃門
侍郎求出爲南海太守時葛洪亦以散騎常侍
出爲勾漏令靚以姑嫁之其後洪與姑相次登
仙玉鷰峯即姑飛昇處也至唐時人猶見其行
灸於南海有崔煒者得其越井岡艾灼贅瘤無
不愈者事見
裴鉶傳奇

劉高尚眞人不知何代人嘗於雙髻峯造石壇高
百丈爲趺坐之所左右生竹葉符可
以辟蛇虎壇
址至今猶存

鄺仙者亦不知何代人在羅浮默修仙道一日人
見其騎牛入石遂不知所在今有石洞在

明福
堂

隋蘇元朗不知何許人嘗學道於句曲得司命眞秘遂成地仙生於晉太康時隋開皇中來遊羅浮年已三百餘歲矣居青霞谷修煉大丹自號青霞子作太清石壁記及所授茅君歌又發明大易丹道爲寳藏論弟子從遊者聞朱眞人服芝得仙競論靈芝之春青夏赤秋白冬黑惟黃芝獨產嵩高遠不可得元朗笑曰靈芝在汝八景中盍向黃房求諸諺云天地之先無根靈草一意制度產成至寳此之謂也乃著旨道篇示之自此道徒始知內丹矣又以古文龍虎經周易參同契金碧潛通秘訣三書文繁義隱乃纂爲龍虎金液還丹通紀論歸神丹於心煉其言曰天地久大聖人象之精華存乎日月進退運乎水火是故性命雙修內外一道龍虎寳鼎卽身心也身爲爐鼎心爲神室津爲華池五金之中惟用天鉛陰中有陽是爲嬰兒卽身中坎也八石之中惟用砂汞陽中有陰是爲姹女卽身中離也鉛結金體乃能生汞之白汞受金

烝然後審砂之方中央戊己是爲黄婆即心中意也火之居木水之處金皆本心神脾土猶黄芽也修治内外兩弦均平惟存乎眞土之動静而已眞土者藥物之主斗柄者火候之樞白虎者鉛中之精華青龍者砂中之元氣鵲橋河車百刻上運華池神水四時逆流有爲之時無爲爲本自形中之神入神中之性此謂歸根復命猶金歸性初而稱還丹也内視九年道成冲舉而去谷中有伏虎石存焉嘉靖中士人耕治其地猶得銅盂一古劍一

唐王體靚

即王野人也同州人始遊羅浮觀源洞未有室居取竹架樹覆以草獨止其下豺豹熊象過而馴之弗害也積十年乃構草堂植茶成園犂田三十畝以供食不畜妻子少言説有所問盡誠以對人或取其絲縠約酬利弗問姓名皆與或負之者終不言凡居二十四年年六十二貞元二十五年五月卒村人相與鑿木爲龕盛其尸埋於園中觀源積無人居因野

人遂成

三百家

唐侯道華芮城人初在河中永樂縣爲道士縣有無核棗蘇氏女子獲而食之自是不食五穀年五十顏如處子經亂離後莫知所在華亦得食焉來遊羅浮遇眞人傳龍虎丹訣復隱嶓嵋山詣中條道靖觀事周悟仙恆如風狂人登危立險如履平地又好子史手不釋卷因殿宇壞登梁葺之得小金合中有丹遂吞之後晨起飛上松樹頂道流競呼之揮手謝衆曰玉皇召我爲仙臺郎今去矣遂與雲鶴盤旋凌空而去時大中五年也蘇軾記其事曰道華竊食鄧天師丹仙去永樂有無核棗人不可得道華得之余在岐下亦嘗得食一枚云

唐軒轅集不知何許人武宗好談神仙集以山人進宣宗卽位誅趙歸眞遂流集於嶺南因居羅浮人傳數百歲顏色不老髮長垂地坐暗室目前光長數丈每採藥於岩谷毒蛇猛獸

隨之若有所護衛與人飲酒則袖出一壺纔容一二升賓客滿座傾之彌日不竭人命之飲百升不醉夜則垂髮於盤中其酒瀝瀝而出麴蘖之香郘郘無減嘗著太霞玉書十二篇其敘曰太上忘言其次立言流若巵言民斯蔽矣夫執形爲有累無往而可祛悟有爲無乎隨在而可詣故天地以無名爲妙本大道以抱一爲眞詮應萬彙而大象無形體混成而神功不宰合符帝乙超入大信之根孕息宗風宏自元始之炁逍遙齊物則曰大鵬天籟華蓋隱乎則曰玉珮金璫得其意者象帝之先昧其眞者墮身於封獨立而不改周行而不殆者能幾人斯我皇唐大歷之初集棲朱明之埜忽石樓前洞砉然中開睇我靈文成兹玉册結空粲以成篇洞幽寥於無朕凡我兆景愼勿以執形求也釐爲十有二章統以太霞蓋究厥守中之道原諸法象之宗云爾高上三元能妙一而不窮靈芝八景本在身而非外則此之所云皆爲芻狗耳其言皆道

家要樞也後宣宗思之大中十一年遣使召至長安入見問長生可致乎對曰絕聲色薄滋味哀樂一致德施無偏自然與天地合德日月齊明雖堯舜禹湯之所以致上壽者此道也況長生久視乎及退又以金盤覆白鵲試之時集方休於外謂中人曰皇帝安能更令老夫射覆乎中人不喻其意上復召令速至集纔及陛遽曰盤下白鵲宜放之上笑曰先生早知矣命坐御榻前令宮人侍茶湯集貌古而布素有笑之者則鬒髮朱唇年方二八須臾變爲老嫗雞皮鮐背鬒髮皤然皆涕泣不已上令謝之却復故京師素無荳蔻荔枝花上因語及集於袖出之二花各數百朶皆連枝葉鮮明芳潔如新折者又嘗柑子集曰臣山下所植味踰於此上歎曰朕無緣得矣集取御前碧玉甌覆以寶盤頃得柑上食而甘之又問曰朕得幾年天子集即取筆書四十年但十字上有一起上笑曰朕安望四十年乎及宴駕乃十四年也留數月求還山命

中使送之能以桐竹棙滿手葉悉成錢每見於一紫布囊探錢以施貧者比至江陵數十萬緡取益不竭未及山忽失其所在中使皇恐不日已歸羅浮矣

唐羅萬象不知何許人有文學明天文通周易節操奇特遊行天下至黄屋山後入羅浮愛石樓之景乃結廬以居嘗餌黄精飱霞服氣數十年或一食則兼數十人或不食則莫知歲月光悦輕健日行三四百里奔馬莫及歸隱石樓不復出

唐許碏自稱高陽人少爲進士累舉不第晚學道於王屋山周遊五岳名山洞府茅山天台委羽武夷霍童羅浮無不徧歷到處皆於懸崖峭壁人不能至者題云許碏自峩眉山尋偃月子到此觀筆蹤者莫不歎其神異竟莫詳偃月子也後多遊廬山嘗醉吟曰閬苑花前是醉鄉踏翻王母紫霞觴群仙指點嫌輕脱謫向人間作酒狂

唐司馬退之河內人道行高潔博覽工詩居長安爲道士元宗命往羅浮採藥住冲虛觀嘗賦洗心詩爲人傳誦久之得藥乃還京師

唐何仙姑增城人何泰女生而紫雲遶宅住雲母溪年十五夢神人教食雲母粉可輕身不死因餌之誓不嫁嘗往來山顛其行如飛每朝去暮回則持山果歸遺其母後遂辟穀語言異常唐天后遣使召赴闕中路失之中宗景龍中白日昇仙至𫠆宗天寶九載都虛觀會鄉人齋現身於麻姑壇代宗大歷中又現身於小石樓廣州刺史高翬具上其事於朝道士蔡天一建祠祀之○井亭記云仙姑生唐開耀間有孝行性靜柔簡淡所居春岡即今鳳凰臺初生時紫雲繞室頂有六毫四歲能舉移一鈞所居地產雲母嘗夢老人授服餌法漸覺身輕井亭遺址者其尸解時遺履于井上也然則神仙之事信有之與唐賜仙姑朝霞服一襲宋元豐邑士

譚粹爲文刻之石今井具存而石已泐文已漫漶傳爲燬于景炎之兵燹也洪武某年之春吉安謝君江夏沙君與余偶過祠下會教諭唐君訓導温君白其事因爲亭于井上俾余記諸壁嗟乎迂誕之蹟似不足以垂信然考之史册又若可歷據者不特漢武外傳如上元夫人輩也今詢之故老考之郡乘歷歷在人耳目前抑尤有可信者矣而謂謬悠之説荒唐之論可乎且何氏之族至今蕃衍則又有異口同詞者固知羅浮洞天不獨麻姑一現神異也　孟士穎撰

唐女仙盧眉娘 生而眉綠人以眉娘呼之唐順宗朝南海貢之京師稱北祖帝師之裔自大足中流落嶺表幼而穎悟工巧無比能於一尺綃上繡法華經字如粟米又作飛仙蓋以絲一縷結五重中有十洲三島天人玉女臺殿龍鳳之象每日食胡麻飯二三合順宗嘆異之召入宫内謂之神姑至元和中憲宗嘉其聰慧賜金鳳環以束其腕知眉娘不樂在宫掖遂

度爲女道士放歸南海仍賜號曰逍遥大師後數年不食尸解神化香氣滿室弟子將葬舉棺甚輕徹其蓋視之惟存舊履而已

五季黄勵者不知何許人石晉時南漢據有百粤勵爲正州刺史是時劉氏淫刑峻法勵乃棄官入羅浮水簾洞左築書院居焉亦自號曰黄野人遇仙眞授以丹法修煉得道嘗服黄道衣繫皂絛腰懸玉瓢每投藥救病隨手輙愈至宋末猶存人多見之者因名其書院故址曰書堂坑

宋古成之字亞奭惠州河源人五季末避地增城性簡靜寡慾嘗結廬羅浮山力學不怠淹通群籍登進士第召試館職除秘書省校書郎張詠知益州辟知綿竹縣有憶羅浮詩二首未幾卒於官初成之赴南省道由潭州遇異人韓泳以長生術邀之成之曰家貧親老期得祿

養長生非所願也泳笑曰子志誠可尚但恐轉汨塵土爾是歲省試報罷再至京師復遇泳闠闠門外握手謂曰此行成名矣既而果然成之將終前數日漢州有衙吏自青州致書來乃泳筆也即酣飲累日不臨政索筆題其末云洞裏乾坤誰得到壺中日月我曾遊留今留古爭留得一笑浮生萬事休擲筆而逝增城人稱爲紫虛先生肖其形而祀之陳丞相堯佐懷古秘書詩欲見故人面仙蹤去未還旁人應笑我兩月任遊山蓋堯佐至羅浮時成之猶宦遊爾

宋石泰常州人字得之號杏林一號翠玄子遇張紫陽得金丹之道初紫陽得道於劉海蟾曰異日有爲汝脫韁解鎖者當以此道授之餘皆不許其後紫陽三傳非人三遭禍患誓不敢妄傳乃作悟眞篇行於世曰使宿有仙風道骨之人讀之自悟則是天之所授非人之輒傳矣中催鳳州太守怒按以事坐黥竄經由邠境會大雪與護送者俱飲酒肆泰適肆中揖而坐因

邀同席問其故具以告泰念曰郡守故人也有因緣可免紫陽懇請泰爲之先容一見獲免紫陽德之曰子平生學無所得聞今以丹法傳于子泰拜受之苦志修煉道成作還元篇行於世壽一百三十七紹興二十八年八月十五日尸解作頌云雷破泥丸穴眞身駕火龍不知誰下手打破大虛空後二年易介復見泰于羅浮山其弟子薛道光乃註解悟眞篇者

宋陳楠字南木號翠虛博羅白水巖人以盤櫳箍桶爲生浮湛世俗人無知者作盤櫳頌云終日盤盤圓又圓中間一位土爲尊礫來礫去知多少箇裏全無斧鑿痕箍桶頌云有漏敎無漏如何水泄通既能圓密了內外一眞空其言下超悟如此後得太乙刀圭金丹法訣於毘陵禪師得景霄大雷琅書於黎姥山神人人求符水者楠捻土付之病輒愈故呼爲陳泥丸徽宗政和中擢提舉道錄院事後歸羅浮以道法行世所至濟人利物效驗昭著自言閱世四十三

然有四世見之者所著有翠虛妙悟全集及作羅浮翠虛吟以丹法授白玉蟾於寧宗嘉定六年四月十四日在漳州赴鶴會留頌四句云頂上雷聲霹靂混沌落地無蹤今朝得路便行騎箇無角火龍遂入水而逝玉蟾曰此水解也是日有葛縣尉在寧鄉縣見之楠與尉父爲久契因寄一書使尉歸達其父果信其尸解云

宋白玉蟾字如晦或云本葛長庚變易姓名世爲閩人以祖任瓊州之日而生乃自號海瓊子又號曰蠙庵曰武夷散人曰神霄散吏幼舉童子長遊方外得翠虛陳泥丸之術當時士大夫欲以異科薦之弗就也事翠虛九年始得其道每遊方外必與之俱逮翠虛解化於臨漳乃獨往還羅浮霍童武夷龍虎天台金華九日諸山蓬頭跣足一衲甚敝而神清氣爽與弱冠少年無異喜飲酒不見其醉博洽儒書究竟禪理出言成章文不加點隨身無片紙落筆滿四

方大字草書視之若龍蛇飛動兼善篆隸尤妙棹竹而不輕作間自寫其容數筆立就工畫者不能及時言休咎警動聾俗姓名達於九重養素之褎笑而不答有願從之遊者莫得也嘗遊西湖至暮墮水舟人甚驚遶湖尋不見達旦已在水上猶醺然也後復歸于羅浮莫知所終或云尸解於

海豐縣

宋彭耜字季益世爲三山人奕代顯宦自其少時早有文聲自中銓後恬不欲仕師事白玉蟾得太一刀圭火符之傳九鼎金鉛砂汞之書紫霄嘯命風霆之文歸作鶴林賦復作詩曰買得螺江一葉舟功名嚼蠟合休休我無曳尾乞憐態早作灰心不仕謀已學漆園耕白兆甘爲闞令侯青牛刀圭底事憑誰會明月清風爲點頭其所居立鶴林靖日以孔老娛其心學問博洽趣高情遠終日杜門謝絕交遊凡生產家人之事毫不經意其内子潘蕊珠厥志一也晨夕

惟薰修而已耜得興則賦詩或飲酒必大醉冥然後止遇有病者以丹符療之多所全濟鄉邦敬慕當道欲薦于朝耜固遜謝之後尸解于福州今城東有鳳邱山鶴林院存焉

宋莫洞觀即莫道人也容州人居羅浮石洞入山老或有八九十歲者自言少年已見其丰姿今其容貌鬚鬢不異於昔精力甚健登山如飛飲食兼人或辟穀數日不避寒暑蕭然一庵傍無侍者常夜坐飛雲頂石巖間有虎侍側不去吡遣之達旦乃去貴宦遊山求見之多不遇輙遺以衣及贈詩焉理宗末年猶存紹定五年史東岩叩其舊居捐錢三萬營葺之大書廣莫庵三字以光其額屬陳洹記之

宋鄧守安字道立不知何許人羅浮道士有道者也雖山野拙訥好爲勤身濟物之事廣惠人皆敬慕之山中相傳有黃野人者守安一日忽於庵前見其足跡長二尺許時蘇軾謫惠

州素重其人問其事和韋蘇州寄全椒山中道士詩以戲之云一杯羅浮春遠餉採薇客遙知獨酌罷醉卧松下石幽人不可見清嘯聞月夕聊戲山中人飛空本無迹守安嘗於惠州建浮橋以濟渡者輒捐犀帶助役賦詩以落之又欲引蒲澗之水以飲廣州之人輒致書漕帥力贊其事所謂勤身濟物類如此

宋鄒葆光少隸冲虛觀道士籍徽宗宣和中召至凝神殿試以道術有七人從之倏不見上問為誰葆光對曰臣居山嘗習劍術此七人者古松也上異之拜金壇郎時曹仙姑居京城作詩贈其歸云羅浮道士眞仙子躍出樊籠求不死氷壺皎潔水鑑清洞然表裏無塵滓叱咤雷霆發指端馘邪役鬼篆飛丹朝吞霞氣松窓暖夜禮星辰玉簡寒琴心和雅胎仙舞屏絶淫哇追太古幽韻蕭森海島風餘音繚繞江天雨眞居僻在海南邊溪上簾櫳洞裏天靈鳳九苞

飛檻外珍禽五色舞花前金絲裊露紫河車青霓跨嶺鐵橋斜羅浮自古神仙宅萬里來尋況是家我昔閩中方幼穉當年曾覽羅浮記形質雖拘一室間精魂已出千山外如今親見羅浮人疑是朱明降上眞劍氣袖攜三尺水霞漿杖桂一壺春松姿鶴步何蕭散風調飄飄驚俗眼吾師出處任高情止則止兮行則行富有溪山寧願利貴懷道義不干名我今寄迹都城裏門外喧喧那入耳上床布被日高眠不爲公來不能起問公去速來何遲得接高談幾許時白雲偶向帝鄉過去住無蹤安可期我亦部華斷羈紲何異飄蓬與翻葉相逢邂逅即開顏禮樂豈爲吾輩設志同笙磬合宮商道乖肝膽成胡越相近未必常往還相違未必長離別翩然孤鶴又南征寄語石樓好風月時徵宗廣求學仙之徒與工詩賦奇女仙姑與吳妙明皆被徵至京師仙姑明丹術嘗作大道歌道流競傳誦之勅封又逸眞人無遇道流藐謂無人蜀與葆光語

深兄稱許故有此贈葆光在羅浮爲郡守陵江譚粹所敬禮後或傳其仙去

宋鄭孺榮陽人別號犁房爲冲虛道士聞白玉蟾在三山天慶觀擔簦往從之禮爲師盡得其傳後歸冲虛玉蟾贈以詩云鐵作橋梁雲作蓋石成樓閣水成簾歸時猿鶴煩傳語託取前回白玉蟾

宋張月窓不知何許人一號復齋又號湛然嘗仕羅浮從白玉蟾遊玉蟾傳安樂法與之詩曰收斂精神出默然頂門一路聚雲烟且昇陽火烹金鼎却降靈泉灌玉田交結只於牛渚外分明正在鵲橋邊工夫九九數六六此是八間安樂仙又示金丹訣云火金只是水中金一物飛浮一物沉兩畔一斤同二八崑崙山頂海波心

宋王寧素臨安人別號寶谷爲冲虛道士嘗居桃源洞圓庵趺坐不迹戶外三十年惠守

趙汝駇嘗請其住見日庵李昴英有羅浮洞長王寧素送藥瓢詩云久矣深山煉鶴形聞呼洞長又逃名斷崖怪木人稀到亂石奔泉澗有聲劍定神通收在匣棋聊供玩戲分秤藥瓢解贈寧無意重到孤庵論養生後坐化去庵竟廢

宋有無語道人姓唐不知其名乾道中至羅浮請於經畧使龔茂良買庵以居茂良戲答以詩曰君住羅浮第幾峰初來惟有虎相從青霞宴坐疑無累白石爲糧豈用舂養就丹鉛眞活計換回童穉舊顏容買田聚米非難事秪恐闍黎飯後鐘唐對人不言不笑端坐竟日後亦仙去

宋鄒師正羅浮道士也嘗主冲虛觀郡文學掾王胄遊羅浮作志師正募緣刻之白玉蟾贈以詩曰吾師有道貌山水箇中人無著故無累是清還是烟霞供嘯咏泉石瀹精神何日

羅浮山志　卷十三　仙　三

分峰隱誅茆㞐卜鄰師正能詩文嘗撰羅浮指掌圖記傳於世王胄爲之贊曰山之高不知其幾千丈一睹是圖如指諸掌山之廣不知其幾百里是圖一睹如堂可指誰謂圖小其大何如羅山浮山具載無餘何必登高觀圖足矣可以遠世俗之塵慮可以趣神仙之要旨葛稚川何人哉爲之則是

宋梁彌仙不知何許人朴野罕接世事號青霞道人寶祐初住廣莫庵嘗雲遊廣州居斗南堂廣帥經畧安撫使方山馬天驥作城頭月贈之交溪李昴英和云工夫作用中宵晝點化無中有真意長存童顏不改炭用呵摩皴一身二五陽精嬿積得嬰兒就借問霞仙三田熟未還解飛冲否住持道士黎道靜和云陽光子夜開清晝照了無何有弱水蓬萊河車忽動萬頃金波皺紅鉛黑汞相交媾片晌丹成就把握陰陽一中造化此訣人知否遂錄爲一通刻之跋

其後云寶祐丙辰上元日敬模此詞於蓬萊閣一時傳誦彌仙由是知名後又雲遊爛柯山昴英勸之歸羅浮舊隱復作詩贈之道靜番禺人素有戒行衆推爲洞長住持冲虛觀亦知修煉之術道流稱爲丙庵先生

宋女仙單縣君號綠原道人增城石灘人以夫受封工詩文常厭俗紛端坐終日讀書悟道無疾而化

明蕭集虛不知何許人元末爲琪林觀道士自號止庵道人後居羅浮修煉能詩文與五先生友善孫蕡有期羅浮蕭鍊師不至詩云石室松桂秋涼風滌殘暑柴門敞空曲曠夕懷仙侶蕭笙久不至鶴馭今何許朗月流清輝山中幾延佇黃哲寄詩云昔寓朱明洞神遊碧澗阿庭隔棲鶴樹衣拂桂猿蘿鳳吹青雲曲龍吟白雪歌仍慚勾漏令塵夢入槐柯頗棄人間事來

參同景篇借時絳幘鶴相訪入羅仙稽首傳丹訣長歌入紫烟瓊花不著處同榻石床眠李德題止庵詩云元氣本虛氣其要乃無爲擾擾狂馳子營營何所之隙駒豈待人倏如流電飛及時不自勉他日我爲誰樂哉庵中人止止復奚疑後黄歸自京師黄哲作詩志喜云逐客南來覓舊磯玉堂天上故人稀春風粤鳥歸巢樂秋水江魚入饌肥結屋旋開松菊徑泛舟重着芰荷衣羅浮道士還丹熟相與携琴入翠微亦爲集虚而發觀諸先生詩則集虚實一勝流也

明徐子明博羅人明福觀道士精於乎業洪武己巳被選至京尋賜住神樂觀預供祀者三十餘年錮去邪累澡雪心神未嘗有毫髮過失人皆重之永樂十年春正月以年耄不能供事禮部以聞上憫其老詔許還山琴軒陳璉時爲禮部侍郎作序送之稱其惇篤勤恪振起乎云風

釋

梁智藥禪師天竺國僧也武帝天監元年自西土來泛舶到漢上尋流至韶州曹溪水口聞水香掬而嘗之曰此遡上流別有勝地尋之遂開山立石寶林乃預記一百七十年後有肉身菩薩來此演法至唐六祖傳衣鉢于曹溪果符其說即今南華是也嘗住羅浮創寶積寺後往韶又開檀特寺靈鷲寺朝遊羅浮暮歸壇特神異莫測普通六年於羅浮受龍王請入海演法不復返將去時剪爪髮付弟子善普塑像永鎮檀特

梁景泰禪師大同中誅茅爲庵于小石樓下善爲偈頌有道術時山居無水卓錫出泉嘗於山頂池上見有蔬葉師曰此地當與人境通因書偈於水教之偈出廣州王氏池上因捨其地爲寺號曰王園寺廣州刺史蕭譽尊禮之爲建南樓寺又造門樓一塔三十六所師說法

有龍來聽又嘗引虎豹以負瓶鉢沒後人見其趺坐山頂池上

隋惠越禪師開皇時入有飛行雲遊至羅浮嘗居山岩下引虎枕其膝後人以其所居爲伏虎岩

唐大顛姓楊氏生而神異齠齓時依止照惠元和間得法希遷初入羅浮旋歸潮陽立禪院於雲山出入猛虎相隨手植荔枝千餘株以銅壺灌之皆遍韓愈貶潮時召至州郭留旬日謂其能外形骸以理自勝不爲事物侵亂與之語雖不盡解要自無滯礙以爲難得因與往來及祭神來海上遂造其廬及去留衣以別長慶中趺坐而逝至道中有發其龕觀之了無一物惟明鏡而已

唐元慧嘗居羅浮後至連州寺韓愈時爲陽山令重其戒操贈之以詩時吏部員外郎王仲

舒貶連州司戶參軍甚敬愛之日[illegible]之遊以其嘗至天台因問焉慧曰天台山高於羅浮然海嶂隔礙四鼓後日光乃發不如羅浮之勝也後復遊九疑上衡山涉瀟湘洞庭絶無資裝行脚彌勵葢

高僧云

唐僧懷迪嘗住羅浮寶積寺嘗建中閣備形勝登眺者快之後有僧小白者南岳禪人也

來羅浮有題中

閣詩爲時傳誦

唐芝上人不知何許人苦行有清操岳麓僧清[illegible]有送其遊羅浮二絶云一瓶一錫十方遊揮麈湘南夜話投四百好峯在何處寄師雙眼看羅浮此身正坐愛名山投老求閒好得閒

遙夜相思千里月

想應騎虎度松關

宋僧雲達桂州陽朔人師事[illegible]郡淲禪師遊方至筠州洞山[illegible]禪師然以大乘之要南遊

海□至羅浮□□□洞結□□□爲學徒推戴以主師座康定元年重修延□□□嶺南經畧余文襄公靖爲之記

宋普通禪師嘉定癸未自曹溪來居獅子洞前此爲庵者多苦於無水師竅其地得泉於榻之側其味甘冷視景泰之卓錫無異焉故改其洞曰泉源

宋僧德□羅浮僧也戒律精嚴蘇軾有送佛面□□其德長老詩云十方三界世尊面都在東坡掌握中送與羅浮德長老携歸萬竅總號風

宋神定道人從其師普通來居泉源以禪定爲業諸方學道者咸宗之其所居曰獅子庵王冑爲之記

宋僧祖演者雲峯庵主也不知其所自來開禧丁卯入定庵中跏趺終□□髮金色淳

祐中文僖李昴英贈以詩云一衲向白雲堆檜栢參天少日栽頗怪髮如金線來想曾眼見鐵橋來佛粘土壁煎茶供官對蒲團取芋煨却笑老盧懷鉢走只因說出鏡非臺惠守雪盧趙汝馭尤敬之亦贈以詩

明聡山名德清字澄印全椒人姓蔡年十二入報恩寺與雪浪恩公並事無極法師内江趙文肅公摩其頂曰兒他日天人師也北參徧融笑岩二老偕妙峯登公棲北臺之龍門老屋數椽在萬山中身心湛然如大圓鏡慈聖太后遣祈儲道場于五臺師主其事光宗應期降誕師遷居東海牢山慈聖遣使再徵不至布金造寺賜額曰海印前後所賜[illegible]金悉以賑饑居十三年而黄冠之難作飛音繫拷掠備至師從容仰對謂當體聖主存國[illegible]乃遣戍雷陽抵戍所癘饑三年白骨遍野[illegible]陀林中遂成楞伽筆記赭衣見[illegible]以大慧[illegible]巾說法

禪[illegible]室于行間[illegible]子作靜[illegible]金鼓爲鐘磬以旗幟爲幢[illegible]爲鉢[illegible]以三軍爲法侶以行伍爲[illegible]規[illegible]以[illegible]爲[illegible]禮拜以諸魔爲眷屬居[illegible]年往來羅浮曹溪間大鑒之道勃然中興[illegible]賓天詔至乃慟哭披剃返初服居於羅浮之虎角坑三年東遊吳越結庵廬山五乳峯下效遠公六時刻漏專修淨業居四年復返曹溪示微疾沐浴焚香集衆[illegible]別趺坐而逝次年弟子奉全身歸五乳峯塔而藏之[illegible]年粤人官南康者見其塔不利復奉其龕[illegible]溪將茶毘啓而視之膚理柔輭鬚髮郁然乃加髹漆奉于六祖眞身之側有夢遊集百卷梓行于世

空隱名道獨字宗寶博山無異禪師法嗣南海陸氏子也生三歲母抱登樓覩蜘蛛結網瞪目久之悲喜不禁晚自言四五十年[illegible]憶不加毫末其夙根如此六載失父隨[illegible]寺聽梵

唄音逆耳成誦聞見性成佛語[illegible]者得六
祖壇經不識字懷襟袖間懇禮[illegible]夕拜下
疲困倒地忽覺身騰空中汗透毛孔張燈取經
讀之彷彿認是某字詢之人果然遂數行俱下
年十四習定樹下忽胸中如劈竹信口成偈云
兀兀圓明體騰騰物我如此是無生路無生更
要離事母至孝母病須山泉日肩擔走二十里
母卒[illegible]三年二十九歲入博山山異之呼入
方丈[illegible]竟夕一日以倒騎牛入佛殿詰命與
下語師呈偈曰貪程不覺曉愈求愈轉渺相[illegible]
正是渠總是猶顛倒蟻子牽大磨[illegible]撫掌
別是活生機不落宮商調山頷之始[illegible]名登
具足戒囑曰汝他時不得辜負山僧也師閉關
金輪復徙黃巖一意住　無出世念粵東宰官
請住羅浮開博山法[illegible]八復請住西禪所至
道風徧洽慈悲[illegible]薰[illegible]文章之[illegible]以
夫竈婦無不[illegible]願[illegible]勞困
山落[illegible]錫還[illegible]

一逝

羅浮仙陳永定[illegible]仙人[illegible]遊[illegible]山寺[illegible]石
三丈餘遥身潔白衣冠[illegible]麗廣州刺史[illegible]
陽頠表上其
事事載陳書

羅浮神唐武后時遣使羅浮採藥者迷路[illegible]
於山神是夕羣象踏山開路迷平雲[illegible]
張鷟立碑記其
事事在府志

羅浮毛人近有人遊羅浮宿留巖谷間中夜見一
人身無衣徧體皆毛意必仙也再拜問
道其人了不顧但長嘯數聲響振林木歌詩云
雲來萬嶺動雲去天一色長嘯兩三聲空山秋
月白事載
西清詩話

明光禄卿嶺南郭篤周先生著

嶺海名勝記

香山後學陳蘭芝增輯

七星巖

七星巖

誰鑿雲根一罅開青排左
木翠鋪苔倒籠日月疑無
地深貯烟霞忽有臺星斗
象從巖畔掛鼓鐘聲向窟

中來浮生如寄幾回到又

被猿嘯聒耳哀

尚南村

星巖圖

巖 卷 圖

七星巖圖上
石峒
閬風岩
臥龍窩
蓬壺逕
流霞島
泰山行宮
栖雲亭
杯石

三仙観
隣天閣
泛斗亭

玉虛宫
天门
天闸洞府
卷十四
水月宫
福壽堂
玄関玉蝀
臨壑亭
景星亭
星渚虹橋

七星巖圖下

七星巖記

香山陳蘭芝拂霞輯梓

崧臺石室記

謹按端州之北有石室崧臺峙焉其廣六百餘丈高三百餘仞巇巇嶫嶫峞峞奇奇洵爲仙靈之窟宅寰區之勝槩圖經所謂帝觴百神之所而九九小洞天之一也其上則七山聯絡建斗曜靈其下則淵泉常澄萬頃一碧秦漢以往名閟弗傳至唐李邕賦序

崧臺月照啼猿躍石室烟含古桂

之句而已山勝名始聞海內南越志謂之岡臺隋志謂之定山一統志謂之石室山俗呼爲七星巖以其奇峭突起者七峰最爲瓌特其石室巖者七星之洞天也東壁有景福二字唐李邕所書西壁有石鐘地鼓擊之有聲上爲斗魁臺西爲觀音閣東歷瀝湖爲屏風巖上有倂天閣有泛斗亭又一里爲閬風巖棲雲亭在其前東引蓬萊逕北上閬風臺西半里爲天柱巖在紫竹洞之西望月屼在半霄間洞門東向浴日浮虹扁曰陽明洞

又西爲蟾蜍巖景最清勝西一里爲仙掌巖五指
宛然西北三里爲阿坡巖在樹德亭西萬松□北
諸巖皆南向惟兹巖北向周迴十餘里瀝水環之
上下天光瀠洄雲影其重巖叠巘巨浸浮空則有
金山燕磯之勝焉其雲烟黯淡巖壑崢嶸則有天
台雁蕩之勝焉其松濤萬壑荷花十里則有錢塘
西湖之勝焉其瑤簪玉笋璇題紺宇則有巫山峩
眉之勝焉夫非天造地設之奇何以有此非鴛鳳
鞭霆之□□何以栖此此所以擅瓌琦於宇內也

禩山陰千憲副標其名勝爲二十四景各有題詠[illegible]石黎民表示予同賡而和之曰石室龍牀曰瀝湖漁棹曰虹橋雪浪曰天閣晴嵐曰金闕朝陽曰寶陀夜月曰星亭擁翠曰霞島飛瓊曰樹德松濤曰栖雲榕蔭曰蓬壺仙逕曰紫竹禪房曰臨壑荷香曰方塘魚躍曰杯峯浮玉曰天柱流虹曰仙掌秋風曰閬岩夕照曰阿坡泉湧曰石洞雲封皆採其最勝者郡人梁景先又益以三山高觀太乙[illegible]宮泛[illegible]仙槎臥龍玉洞共足二十四景又爲之志而

七巖名景彪著于霄壤間目之者超然有振衣千仞之思江山洵亦待人而傳與今仍舊簡輯而次之作崧臺石室記

集　卷十四　石蓮閣

七星巖記

文類　　香山陳蘭芝拂霞輯梓

石室記　　陳州刺史李　邕泚郡

高要郡北五里有石室詭怪萬狀崆峒其中發揮靈蹤盤薄厚地皆神仙之窟宅爲區宇之勝槩有巨石皆似蹲獸之類疊花仰空的皪瓊脂色如截肪傍引穴竅疑爲洞門横聳石牀出次仙座東廂峭壁下有涵泉漲澄鏡色味輕瓊漿東西倚山之勢二十餘里西通武林東抵岭畔峽

石室記　陶翼

混元喪精天地均氣融川結山曷嘗私於一物哉而韜奇毓秀絶與類殊疑得造化之偏者其崧臺石室歟崖斷穴露砑而闢齗嵌崆剞巀嶭掀層巔劃巨石頑青老碧將墮復屹交撑互揩如竦如立龍蛇盤蟄雲烟出没中敞平地廣畝側環翠壁渝例滴乳成柱凝嵐作葢若非神驅鬼役鑿空架虚不棟不榱疇克其壯又不知列仙移來真宰幻出吁其偉乎圖經謂帝觴百神之所亦九九小洞天

之一也谿泉淸泠林鳥嘲哳猿跳虎馴藤刺薜纏
春葩夏颸秋菊冬桂皆常景物何足詑尚去夏五
月儂冦軼境二廣騷動朝廷命翼忝掌漕計助餉
軍實明年春賊平每按部西江停舟下瀨與前郡
守曲臺丁寶臣今郡守殿省江東之乘公休縱遊
爲樂窮幽抉勝飫心飽目因狀厥實用示將來炎
宋皇祐五年癸巳仲夏吉旦

主簿　呂　成

石室祠記

石祠神呂氏高要人唐貞觀初封貞正公劉漢六

上宋初九祠廟諱曰秉正神威德之顯郡人建祠于洞中去府城北一十里將軍嶺之東七星巖之北其峒則一峯虎踞巖穴天開南北二門上虛通天四旁異石彷彿輿馬徒御拱列訶護異禽鳴嘯出沒空處聲傳恍若神語遇潦水漲溢人跡罕至狂風怒濤則洞有龍歸世傳謂神還宮是歲卽五穀熟人厭鮮食今洞有歇龍池是也皇祐四年儂寇至合城陰禱其寇不終夕遁去人民安堵宜奉祀永永不替葢有功則祀之周典也乃作迎送之

詩曰神之遊兮何所爲祥風兮甘雨人傒神靈兮恍聞神語於千萬年兮恲懞茲土神之歸兮洞中藹瑞氣兮融融人荷神休兮年穀斯豐跻觀玲瓏兮加神之封端平二年長至日

右七星巖隋名定山唐名石室其名可考見者唐李邕及宋漕使陶翼邑簿呂成記共三篇今錄于左方

七星巖水月宮記

監察御史李棨郡人

觀音之堂建自嘉靖間太守新溪熊公始也居當山麓之壖頻年爲風所折或謂即其上峯屏秀聚土石般旋之所構祠祀之可矣于時小巖梁君卿

紀觔廑□祀稍以衆緣爲基數載未竟幸而大士
靖川張侯蒞邑政通人和公餘巖玩謂此乃所以
妥一方之神靈而延衆生之福祚也役胡𢡟期舉
胡怠事遂捐俸金施之又復協衆施助之民時樂
於趨事闢廣升高壯址展基爲之門曰萬善法門
爲之祠曰水月宫金相儼雅諸器完美衆欣欣然
觀厥成矣庠士梁生用式實來請文以記之且曰
吾輩奉此於風晨月夕之間若冥應泛響山石潛
移又從而益厥基矣余因而得其詳焉蓋自其下

而觀門堂仍之如故左右翼之以室最上則丹碧
巃嵸瞻拜有地宴遊有所秩然而弗淆矣自其上
而觀則俯長江以襟帶環群山於几席而控八桂
引三江則遠之若迎近之若挹居然而自致矣余
於是乃諗之於衆曰惟民生憂慮感其心世務勞
其形孰不欲樂善而求福然以名山呈其瑞淨境
安其所則庶乎降福而有常也世之求順於所尊
者固無不用其誠而其奉令於在公者又無不盡
其力是亦[illegible]之何哉葢惟我國家留意遐邦計頁

卷十四　水月宫記　七

乾振威肅圉海山無虞及夫名賢庶能藹藹師
師百務惟康故能推同樂之恩以壯山川之色以
美觀遊之寓吾民得以俯覘其盛又得偕類而時
樂焉是爲太平之幸民矣烏可不知其所自邪然
而由昔之簡致今之盛人心益虔而祠宇增耀則
後之視今亦猶今之視昔而功可沿美可繼豈不
異世而同符乎抑人之言曰商俗尚神盤庚不廢
魯人用儺孔子禮之故君子修其教不易其俗齊
其政不易其宜是惟張侯得之矣余又何以爲言

哉是宫也經始於甲戌仲冬慶成於乙亥初夏董役則有冠帶鄉約唐永舉協贊則有庠生譚脩省祭官李傑凡施貲者俱列其名庶有徵云萬歷三年仲夏吉旦

遊七星巖記

太守　李　寵　麻城

肇之北郭巖曰七星形勢蜿崎盤曲聯峙擬諸星辰環溪沼而映漾礲崔隈而薄霄藤蘿茹漠而上覆穴溜滴瀝而下通高岫帶乎巖畔洞室隱於翠巘乃有怪石岑嶙横洞口而欹臥頓山腰而半

窮北石門之形瀑布凊峽之觀水痕漬碧窮幽極邃信豸化之神都老氏之乎宮也龍橋子簿牒少暇吉日艮辰與客泛舟鼓枻中流峯轉岑廻徙倚墟瀝將以采芝茹术訪大隱之侶剔蘚考刻尋李邕之記第見瑶臺窈窔玉乳飛泉四時變態暮旭異狀當青陽獻歲百草芳菲彌山披野綠戰紅酣翡翠鵁鶄巢穴棲實踊躍接翼足音空谷鵶火司令斗指炎飈萬國紅爐維彼乎室瓊樓玉宇暑不能侵齊紈見捐婕妤生悲凉風至而蒹葭落水潦

收而孤鶩飛往闖其室如波濤夜驚風雨驟至恍若泛槎仙渚遊月廣寒也應鍾律移滌埸飲畢袁安戶閉鄭棨策蹇尋梅而至但臨風壇而唳鶴對月峽而吟猿狐狸成群魚龍倏蟄暘晦互分碩果不食可以觀天地之閉藏驗一陰之爲姤也朝則白雲鎖洞希旦之禽先旭集鳴暮則草樹紛披散亂烟霧羃雉窮獸繞匝遁影誠嶺海之奇觀余生之稀覯也[illegible]王屋天壇九嵕仙掌鄒嶧岱宗天台岧蕩峋嶁九嶷雖皆刻削天成閬苑圓神都嶢

[illegible]雄誇海內求其七星峭拔二門凌啓雲霞絢繪紫氣燭耀四溪蚤暮七曜運行制侔洞天勢轢海岳未可同年而語也使有鞭石之士移于吳會雲間環珮鳴玦之夫粉白黛綠之婦歌舞日娛綺筵相望流酒爲池積肉爲邱或托處乎雲夢郢鄂宋玉唐勒之流比事綴辭釆諺陳謠撰入離騷之賦籙於山海之經矣奚至僻處遐嶠蕪没蓬蒿哉予特表而出之以告夫來遊者

遊七星巖記

李　檗

肇郡附山襟江遐邇環會非陟高無以大觀乃惟介乎北者崇巖秩峙列爲七峯端聳奇麗其下卽巖洞虛明廻巧獻技殆不可悉狀其溢卽幽泉澄深映帶周回悠然超逸于塵跡之外太守熊公一日來遊而樂之謂兹地之勝雖海內不多見於是乎揆時與事而民之悅以忘勞者卽嵒之前而觀音之堂建矣又其暇卒意上高得異處焉奥如而有容廓然而南向謂兹中峯之尊若登雲際而遊物外而凡若岡若陵出沒隱見皆在其下然後知

是岩之特出不與他山爲類於是乎。民咸樂之胥勸以助而真武之宫成焉蓋經始于歲之辛未而慶成于壬申矣往歲之樂此者固取諸近爲之亭而重之以文焉然專之於上而民弗與焉孰若付之於衆則不勞而允協不費而自成庶乎垂之可久者豈非樂與民同之意乎昔也山川雖美無棟宇以爲之觀猶人之秉至行未與於冠裳之華列俗孰知而重之乃今邃宇宏開巍然於紫霄之上而兹山之美益彰謂非晦於昔而顯於今有待而特盛者乎是故君子察職方而得省民之宜由盤諧而知巖神之教其所由來遠矣於以修其政敦其本則民戴之而神斯祐之亦理之必然者乃若昔人所云謀野而獲登高而能賦則江山之助固不爲少矣凌虛跳遠光天燿日則遊觀之樂時適其可亦爲政之所不廢也熊公名倖星子人今陞福建憲使矣惟茲事竣凡我鄉衆弗忘所自乃原其意以爲之記云

遊七星巖記　提學副使　何鏜　栝蒼

七星巖

七星巖若古松臺石室也在今肇慶府北城外五里許林立平野崇如積鐵列次如北斗然故稱七星巖云往余西遊桂林諸洞以爲天下秀美盡在是矣後至袁州遊橫陽二洞又遊樂平梅岩皆具桂林之一體則又謂造化之奇無所不寓特人足跡所不及卽有龍嵸奇崛或隱於巖區叢薄無以表著者往往而是嘗與友人徐可繩李伯承陸道涵輩共事搜討載籍及當世名人遊山篇記萃類爲帙每逢休暇時一展覽以方臥遊乃歲庚申出

守潮陽往來肇慶間聞七星之勝不果一遊爲恨
至讀見峰劉方伯所爲諸詩益馳神於是歲餘始
與呂君期爲汗漫之遊癸亥暮春七日余從蒼梧
來至呂乃治具遲余與太守鄒公郡倅張君高君
同往時將日晡肩輿出城遥望諸巖森列峭立如
墮蒼虬積翠與北峙大山殊狀信巨靈所擘以吐
天地之奇者薄崑口登臨壂亭振衣長嘯已非人
寰矣傴僂入洞沿甬道行百餘步南轉石室穹窿
巖乳懸鋯高可建十丈旗廣容百餘人坐立南面

七星巖志　卷十四　遊七星岩記　十三

谺豁如天窗洞門光照一洞近口高崖如嶺嶠歷升如階有石臺可坐五六人左偏有巨石承宇爲觀音閣閣下穿巖逶迤出洞房小口即巖後地山麓臨湖可容一亭鄒方事創置未就于是五人者距石列坐傳杯而飲眺望湖外諸峯如畫酒數行暮靄千里空翠撲衣令人飄飄欲仙入宴洞中鼓吹交作雜劇旁午如奏廣樂於洞庭殆外人莫聞也古稱帝觴群仙之所其然哉漏下三鼓始出秉燭沿讀洞旁石上故記多唐宋人題識洞口巖下

有景福二大字云李北海所書端偉遒劲意非北海不能爲時新月中天人影在地褰裳登亭臨流引滿移時命渡聯數艇爲方桴張帷肆筵壺觴畢具浮游中流聲歌如沸獻酬無數劇談疇昔殆忘爾我眞不知歲月之幾何而江山之有待也呂又爲予言茲巖之遊於初秋爲宜湖水漣漪蓮芡薦發周遭巖厓四達罔滯所如成趣倘於斯時能復無意乎予唯唯而别五人者鄒名光祚字承卿鄱陽人呂名天恩字仁甫灌陽人張名大亨字某全

州人高名應霖字希說太和人予則括蒼何鏜也各題詩于石上以客身逢故舊發興自林泉爲韻并記之

七星巖新洞亭閣記　　副使李材豐城

七星巖乾坤吐奇處也山皆巉石突起離立散落漄澤中春漲際空一碧蜿蜒七峯如斗懸霄漢而中旬巨竇複閣連嶼蔡乳垂虹種種獻巧異不可枚吊外則攢以黛嶂蔽虧掩映如貫珠引繩眞赤縣中迥一區宇也歲壬申予旣平倭患乃得以暇

日携客再遊其處泛葦窮搜之復得三八洞於榛
叢茀草之閒盍闚千古經行未到處也迴曲隱隩
陰森瀟洒綽有姑射嵢嶸風致因名其巖曰閬風
逕曰蓬壺島曰流霞復倚巖爲亭名之曰棲雲于
高勝處建閣名之曰儛天布松榕於土山瞰兩峽
爲亭名之曰樹德以盡收川原草樹烟月之奇而
時與端之人士往遊其間於是卽新巖之邃曲者
忘巖之奥悅亭閣之瞻望者厭巖之幽而巖益奇
勝於是乎無遺選矣嗟夫山川如此靈秀所儲豈

伊今日將造物者信有待抑天非人不因裁成輔相相率亦有資於人矣乎奚率資以鼓同好醵金共若干以授胄監莫生如健俾營之甫踰季而竣工役不及民費不糜帑尤可書也因次其事置諸閣壁用告來者俾知兹勝之發自歲之壬申始也時萬歷元年仲夏吉旦記

七星巖新洞亭閣記　僉事　夏道南　餘姚

見羅李君自爲進士授官不期月而歸養山中越七年餘始出出而備兵嶺西其時山海之寇縱横

充斥羽檄旁午於道君身行伍以次削平厎定觀
者以爲焦勞而君且乘暇得與友生怡情巖壑間
遵涯涘剪荆莽搜剔其奇復得三小洞美其名曰
閬風蓬壺流霞又爲歛貲鳩工建亭於洞之外建
閣於洞之西於是巖巒之勝益增而石室之名不
得專擅千古矣君既爲文記之閣壁而以峒記屬
予予惟探幽入邃假山川以寄傲徜徉自古不得
志於時及投閒遣興者之事也故柳之永蘇之惠
凡山川之秀異者多所點綴題詠也則二公之所

處宜也若夫當事之人兵戈倥偬之際寧復有餘
神遺力以及於遊觀之舉乎斯可以覘君整暇之
一端矣而君之爲是也又非漫然與燕遊玩好者
比也君處此三年夜籌軍旅日講身心須臾造次
無念不在問學故一登涉之間皆有造物與遊活
潑示人之意執是以槩其歸山之所得何可量也
閬風爲巖高在亭上怪石當前古木深蔭巖之廣
未方丈而蒲團茶灶書几之類不妨肆設使有老
釋可以忘年由巖而下斗折而北石竇卷然曲而

達窅而不昧清風徐來涼氣侵骨入必理觴雖向不識杜康者亦引滿而行疑非人世也故曰蓬壺由逕而下有島皎然面山臨水蒼翠盈目碧波汪汪坐石濯纓巢由爲侶開闢以來蓋惟此有之也萬歷甲戌九月

泛斗亭記

右參政　熊惟學豫章

巑巖奇秀皆化工設之至不可窮詰然迣迣伏在灌莽遼曠之區爲人跡所不到間有屬於通都經平車轍其美輙未易兼也余曩役桂林奇峯錯繡

參天倚地其下多名巖幽壑每以公暇携賓從寓目信美矣卒未有水源暎帶左右者何兼美之難將造物者亦有所慳耶端州七星巖距城七八里許竅竅虛明浩刧乎境前人紀述備矣傍巖巨浸瀰望余周覽作而嘆曰美哉洋洋乎詎意洞天水月兼萃茲地眞宇宙一大奇也哉水中可鼓棹而舊無臺榭姑蘇黃君化之以備兵來師暇始從中央築基構亭以補化工之鈌亭成題曰泛斗云余間從君遊循巇逕而歷環翠棲雲紫竹諸勝乃放

舟探蛟龍窟蘭橈宛轉笙吹喧填躡級而登爰樂斯亭遠眺則雙塔挿天文峯聳立江樹孤煙縹緲圖畫也俯視則湖光萬頃澄靜如練細鱗潑潑漁者網而獻之庖人也日將暮則落霞片片墜壺觴中可吸而飧牧童驅犢横笛過前山也月既升則列宿浸清波躍金沉璧明河烱烱照几筵也噱譚容與形囿方輿而神遊八極泠然列子之御風穆然張騫之乘槎也君爲四顧躊躇謂余曰美難兼值時豈偶逢今吾與子幸以同心共事義切和衷

念在樂民而又會逢督府劉公德威遐暢武事告成山海敉寧黎庶浹和吾儕遭際斯時而兼值斯美撫景臨流非漫遊固以樂民之樂志豫而鳴盛者也余曰君言先得我心矣君昔守惠州慷慨有大節慕蘇長公之爲人數登白鶴峰寄興懷古久之天地間惟山川與風致共不朽又安知後來者之徘徊斯亭也不指爲君之白鶴乎姑記而竢之

三仙觀碑記　　兩廣制軍　劉繼文靈壁

嶺表之勝惟端之七星巖稱最崇厓崋屼窈洞穹

窿丹井龍床芝房乳竇信人世之蓬瀛仙眞之幽
窟也嚮當事者迭相搆結其中層臺聳翠飛閣流
丹燦然麗矣循洞而東泛流而上一山迥出圍繞
群峰背負崇岡面臨活水棲雲流霞峙其左泛斗
儛天拱其右尤爲奇勝而自昔未有建置至是郡
民搆泰山行宫于其址斗折而上基稍坦平將復
有所建請命於余因令創三仙觀云三仙者何曰
鍾離曰李仙曰呂純陽也祀三仙者何曰余崇德
報功之意也逭歲己丑群孽並興妖僧煽于東珠

盜訌于西而澳黨李陳諸酋跳梁于瓊海之南時
殆岌岌乎靡寧余移鎮誓師慮懷叵測因籌計問
仙而雲長翼德與太白仙姑咸爲應禱惟鍾離純
陽再同先降繼而純陽屢至迨後李仙亦不余違
皆憑箕決筴昭告彎章儼若面授大都默示選兵
擇將之謀預報殄虜奏功之慶果二浹月而諸寇
悉平李陳輩械繫轅門獻捷闕下允符仙讖若持
左劵然成功之速豈余不德所致實仙靈之祐居
多也余心德之而圖報焉故崇祀關張有廟呂李

有觀搜仙姑之故址而鼎新之獨鍾離李仙尚虛
一祀實爲鈌典郡民之請適愜余心于是捐貲若
干庀材鳩工創堂三楹塑像合祀砌以礁甓飾以
堊髹周垣邃客戶牖玲瓏俯瞰虹流仰摘星漢危
岑絕巘之間恍若開一天眞洞府而三仙覷之若
故居矣或者曰純陽已祀仙花觀矣此而復祀不
幾瀆乎余曰否否鍾離卽雲房先生與純陽授受
眞訣而李仙卽世所稱拐李曰與純陽度世濟人
故此三仙者皆位冠仙籙志合道同祀鍾離李仙

奚可無祀純陽哉若神仙之說世謂茫渺虛幻自古望仙學仙者卒罕有得然其精靈焄爽翕張歘息監觀四海濟利羣生亶與吾儒異科而同旨余之平寇默祐兵機固一驗也聖人以神道設教可謂虛幻而不信乎是役也經始於庚寅年仲夏朔日落成於本年季冬望日匪第殫余悃愊答仙庥庇且傑構巍峩星巖增勝巨靈益有所憑依而錫福焉萬世之下仰賴仙靈以貽嶺海昇平之慶未有艾也若謂諂祀徼福余豈然哉是爲記

石室賦

府尹　郭祥正　當塗

端城之北粤山之隈經五六里有巖室兮洞開其上則七山建斗司天睺舌其下則淵泉不流停碧一杯浸之則肌髮氷酌之則煩心灰隋稽地理始目之爲宋山唐標石室乃麗之于崧臺誠天設之瓌特又何羨夫天台四旁則石乳岭瓏中敞員蓋窅窅萬丈無窮其崖孰納忠兮嗟肺腑之已露孰止戈兮來兵伏而相挨儼衛士之行列肅廷臣之序排紛披披兮蔕蔓粲樅樅兮條枚安而不可動

者爲梁爲棟奔而不可止者爲虎爲豹竄闖首兮屏息蚪奮鱗兮搏霄怪怪奇奇千變萬態愈[illegible]愈久兮恍惚驚猜何人境之附近而仙宇之秘異如此者哉蘿卷風兮窈窕春漬芳兮昭回或命佳客或寓幽懷考二李之勁筆皆一時之逸才援玉琴以寫詠嘆夕陽之易頹方謝事以言返眷茲室以徘徊雲愀容兮泱漭鳥送音兮悲哀況百年之將盡邈夫萬里奚復來

星巖賦

學博　羅正憲　大埔

緊妙有之鼓鑄轉坤軸而多奇負祝融以迤邐睨落斗之參差虎蹲踞於端坎浴玉女於天池旣崔嵬而豁閜杳空谾之坦夷甍闥曠于窿洞照曜因之蔽虧聽玉漿之瀺灂滙沆瀣之漣漪耿埏紘之一室旋螺竅而委蛇挹洞府之軒朗見列鉠之離披兀王母而穴處馴舞象於月陂仰珊瑚之欲墮擎羽蓋而崴嵬倚透碧之峗屼舞潛蛟之躨跜石床置乎綉壁珉玉墊于丹梯洞窈冥而鬱律井没綆而難窺眄陽陵于蜿蟺子明昔此遊嬉非人間

而別天地允矣帝觴之遺基踰巘北之業巀㠋青
蘿而攀蹬託梵刹于仙掌剛掛錫于兎徑僧放榻
而雲臥寶營窩而無賸面平坡之亭榭曠六牕之
呼應俯郊原而南矚樂農扈之皆良冥心棲于水
月撫玉蝀而徜徉醉白構于山麓蘭亭曲而流觴
倒芳樽于孔坐溘淩雲而鳳翔復側身而直上步
玉虛于縹緲望炎洲之泱漭貟人駕虬而獨蹻呼
白鶴于絳霄茹仙芝于瑤島收暉陰于萬千喜氛
祲之迅掃泛蓮葉于霞室又冥棲以臨流玩斗方

之小閣恍弱水之蓬邱宵禪心與客思疑此身爲虛舟吟朗風而歙欻坐忘歲月之遒嗟棲枝以自安不涉世于鳴皀鬱佗傺而吟氊抵滋蘭而樹蕙商歌嘆夫夜長豁銀海于光霽雖顑頷亦何傷獨鶴思夫凌厲騰盤桓于虛中伍瓊瑤而托契將礪齒以鑿坏聊觀化而濡滯旣陸沉而不悔亦此巖之縈紆後騷人與仙客亶樂殆夫詩腴囷倉以爲澤雉隨日月之馳驅看射虎于飛將亦俛首于虫符時遊眺而敞往恍然入于方壺覽古今之代謝

戒轅駒而于于亂曰拱辰北望星巘列兮谽谺玲
瓏石室嵲兮夷嵕臨波亭宫凸兮洞户霞明奎光
徹兮覽輿尋幽爽然恍兮地以巖奇人徵文傑足
方遊探於禹穴兮

隣天閣賦　　梁景先

嶺西名勝粤爲星岩崇椒崪屼窈壑龍嵸邈扶輿
之卓犖孕海嶠之春容水會流而滙澤山頓起以
崆峒棲雲孤芳映帶乎寥廓玉虛傑構磅礴乎穹
窿儼蓬萊環弱水之隔恍乎圃在瑶池之中信乎

海表之巨觀而亦通都之罕覯也有斐文士徘徊乎山谿逍遥乎水石笑談六合之内馳騁百氏之間自詫其所產之奇勝也偫天主人聞之喜而迓焉曰吁子來前曷所從而至此曷所見而云然士曰混沌之始融而爲川渾灝之氣結而爲山大而顯者帝王之域小而幽者神仙之邱南岐北洛員嶠方壺遐哉邈矣惟兹巗也僻在嶺海介乎仙凡西通勾漏東挹羅浮近接扶胥遠啣暘谷薄霄漢而睥睨星辰瞰虹流而吞吐日月龍牀丹井眞爲

方外之區乳竇芝房宛若長生之境仙犬吠而壺天晝永幽禽語而洞壑雲深懸草垂金飛泉噴玉其爲槩也不亦勝乎主人曰觀子之言匪無謂也豈其然歟載考茲山洞天福地之所不載禹貢職方之所不書騷選鴻詞靡經品藻漢魏樂府無所取裁聞昔守土者嘗塞之以節省葢不以之爲有無也士曰緊歟地因人勝從古則然蘭亭以右軍而著天台以孫綽而傳夫以一山一水之間一觴一咏之迹尚揚芳於四外流美於當年矧惟茲巖

錯落北斗之精凝結南海之靈夥然小堪輿也唐
宋縉紳騷人遷客瑶篇玉篆彪炳後先况爲濂溪
陽明過化之地耶且兹構也飛閣流丹層臺聳翠
棟披羊峽之雲簾卷湖山之雨謂之隣天不亦宜
乎傳巘之版築聿新濟川之舟楫攸具山若增而
高水若增而深物則且然人可知矣主人憮然曰
異哉願聞所以士曰世之嗜遊觀者知其勝而莫
知所以勝惟善觀物者得之若知夫四時之變態
蚤暮之異狀矣乎春和景媚綠戰紅酣文鴛孳尾

麀鹿徜徉節屆朱明藻荷蘸影翠羽蹁躚錦鱗遊泳商飈薦爽秋水漣漪梧飄金井菊綻東籬應鐘律移寒梅破蕚對月吟猨臨風唳鶴可以觀天地之闔闢驗陰陽之姤復也至如旭日始旦農夫出疆胼手胝足于菑于場槐陰轉午柳影方中漁歌樵唱往來憧憧斜陽啣山人影在地牛背笛聲三兩歸去俄而月印前溪矣可以觀消息之盈虛覘人事之脩否也主人喟然嘆曰沂水舞雩之樂其在斯乎士曰未也人之樂遊觀者知觀物而不知

體物惟能成物者得之若知夫四門之重闢八荒之洞達矣乎奇峰叠巘襟帶延袤喬木高牙紆縈絡繹洎夫金鰲泛駕玉蝀跨梁海若山靈雲龍風虎莫不逞奇競態以自獻于几席之間遊觀之勝甲海外矣彼雁宕燕磯之景黄鶴岳陽之樓聆以楚些離騷綴以結風陽阿雖才人之窮觀天下之至妙恐未足以跨越也雖然古之君子居高明而遠眺望升邱陵而處臺榭豈徒感玩物華流連光景已哉期以澄心滌慮寓目興懷詒穀敷澤阜成

兆民也端之爲郡據廣上遊水陸要衝逋逃淵藪猺峒纍纍鄉村落落民之瘡痍奄奄久矣是故登斯樓也覩山川之形勝思所以爲保障之謀視原野之衍沃思所以爲墾治之籌觀閭閻之民出作而入息思盡其綏撫之綢繆見嵠峪之巒帶牛而佩犢思盡其招携之壯猷濟時方略不出戶庭而得之矣所以開明其心目宣泄其志意消遣世慮無去國懐沙之思斯巖之助爲不誣也然則儕天之閣將不與籌邊熙春諸樓爭雄于宇內也哉主

人端居唯唯忻然自得擊節而爲之歌曰維七巖之聯絡兮猶五緯之麗天微垣奇石之鼎峙兮宛四嶽之柱天天門登高閣以思齊兮庶幾干城之桓桓瞻北斗而遥祝兮願介眉壽于一人後天下之樂而樂兮罔俾專美乎希文 陳蘭芝曰已上諸作不減歐蘇

七星巖書屋記代梁贊善 贊善 梁 敏

肇郡王德安氏性敏好學以家居城西厭市塵之擾乃卜築星巖徙居之冀以養其心成其學也巖去城數里屹然北峙巉巖硆砑崥岘磅礴若奔若

立若起若伏布列如七星狀故名焉中有洞穴廓然縱廣可數十步敞達若堂室宦遊旅寓孰不往觀誠天造地設爲嶺南第一名區也觀夫晴暉翠崖丹霞赤壁列竇通泉洞門長闢巖桂發而秋香瑤艸生而春碧對此則心懌神怡澹然而欲忘也至若村屯散居映帶左右羣山疊見聯絡前後溪澄清而魚肥土沃潤而苗秀覩茲風物可覽則駕然出遊也環區嘉木競秀廬舍整頓過其門青苔甚虛綠陰滿地童子守扃庸夫俗子莫造其庭矣

入其室圖書列座卷帙盈案聞清談歌詠之聲則
縉紳之徒舉列於席矣德安以静專爲學學成而
德業信於人聲譽聞於有司遂膺茂才舉癸酉鄉
試歷任桂林會稽司訓予時亦負丞繁昌後調宛
平邈如參商之隔丙子冬予入侍東宫又二年德
安由秩滿來會於京師執手欷歔不覺流涕語竟
乃出圖示予求爲記顧予宦遊一紀見圖若見鄉
國風景如昨惡得無言然斯巖人咸悦而觀之未
聞擇而居之者其有待於德安之幽頤豈偶然耶

雖然達不忘窮出不遺處宜嘗展圖熟玩覩巖崖之高則思立吾志而不卑抑巖石之堅則思操吾節而不磨履巖洞之虛則思擴吾心而不窒於物庶幾吾儒德業之助實吾端山水之光也葢地有因人而傳者如莘野伊尹之耕傅巖傅說之築渭川呂望之釣列聖出處之大而地之名勝遂與霄壤俱德安誦法古人必興思齊之念勉期策勛立名垂裕於後則星巖雖硜然之石亦賴之增輝矣是用記之以俟後云陳蘭芝曰後輩熟此葢知自立亦悟爲學之道

七星巖記

詩五言古

香山陳蘭芝拂霞輯梓

遊七星巖

唐　沈佺期

家住東京裏身投南海西風煙萬里隔朝夕幾行啼聖主謳歌洽賢臣法令齊忽聞銅柱使走馬報金雞棄市沾皇渥投荒漏紫泥魂疲山鶴路心醉站鳶溪天鑒誅元惡宸慈恤遠黎五方思寄忍萬姓喜燃臍自幼輸丹懇何嘗玷白圭承言竄遐魅雪往間深狴墳壠無由謁京華喜重躋炎方誰謂

廣地盡覺天低百卉雜殊惟昆蟲理頼睽閉藏元
不蟄搖落反生萋瘧瘴因慈苦窮愁益復迷火雲
蒸毒霧陽雨濯陰霓周乘安交趾王恭輯畫題少
寬窮涸鮒猶愍觸藩羝配宅鄰州廨斑苗接野畦
山空歡鬬象江靜見遊犀翰墨思諸李栽縫憶老
妻小兒應離褓幼女未攀笄夢蝶翻無定蓍龜詎
有倪誰能竟此曲曲盡氣酸嘶

遊七星巖　　明太守王瑩　四明

何年鑿混沌一室窅且深輕烟抹空翠風冷秋沉

沉縹緲隔寒浦依稀見晴林苔封古磴滑花落洞門陰擬躡謝公屐乘興閑登臨

前題　　兩廣軍門　韓　雍　蘇州

二氣初盪空淸勝逈幽絶淸濁旣分判崆峒見岩穴初登覺幽深旁轉更高潔嶙峋起玉柱繚繞垂彩纈寒溜浮空明巨石羅曲折逄逄擊地皷洪響不外泄乃知化工神難與俗儒說丹靑筆雖巧誰能寫奇絶艮辰羽書稀聊此一怡悅辱我同心友欵留出佳設坐久毛骨寒恍如在氷雪舉觴初引

滿浩歌激壯烈丈夫感知遇圖報心孔切所愧才
德劣弗能紹前哲正誼不謀利臨事秉大節仰視
蒼蒼天此心誓如鐵

遊七星巖　翰林檢討　陳獻章　新會

我行蒼梧野息槳端江湄郊行縱遠眺石室洒晴
暉前哲有題跡拭目往讀之裵裏東壁下彷彿元
公遺今古一相戚光風吹我衣虫鳴丹竈中葛仙
胡不歸對之發長嘯宇宙茲何時員蟾夜烱烱蝙
蝠秋飛飛願言托高樓行矣無是非

前題　　都御史閔珪吳興

鴻濛氣肇分磅礴遂融結嶙峋石幾拳儼若星斗列一竇僻且迂中巖明更潔風清瘴霧開月冷猿聲咽珍重總戎公茲焉邀駐節談笑靖邊塵襟思吞氷雪始疑神龍飛迸開混沌穴復訝驄馬臨動搖山岳裂乃知窮壤間化機妙奇絶顧我貞石心允矣堅如鐵一硯不持歸七星奚足悅肯憑女媧手煉補蒼天缺

前題　　教授王文鳳浮梁

七星巖記

仲春風日和朋簪宛相合散步出郊遊於焉得眞
樂翠巖疊芙蓉異境出寥廓古洞如室廬虛明敞
幽窔顧乃造化成諒匪巨靈鑿古桂生其巔靈苗
茁仙藥龍泉居其東龍床盤岝崿憑火始入窺深
暗陽罔爍墜溜形鳳鸞懸石肖猿鶴地鼓舉石撞
崖鍾揚木欔音響似仍非聞知乍驚索傴僂入西
巘尋丈勢始豁中露一罅明乃辨萬有作澄潭據
其陰靈怪竟罔覺異名人久傳孰辨是與莫沿覽
石刻銘唐宋半淪漠拂苔辨古拙景慕如山岳尋

出洞之幽劃如戸扃濶北望蒼山高下俯碧池濯
臥石紛牛羊懸知老藤絡倚對碧空雲飄飄無繫
縛一身稊米微感慨世難著何如與道謀澹與味
偏若退氣斗光洞就地羅果酌雅致追時歡忘懷
迷酬酢列詠如蘭亭載歌仍載謌樂飲竟忘夕落
日映山脚始焉命駕旋山城烟霞薄

布政使雷　賀豐城

前題

熒熒銀漢星下照崧臺陌何年七星隕化作郊坰
石中開斗魁臺高虛幾百尺曠哉石室奇天做神

仙宅紫雲結丹蕋凊泉漬玉液瑱樹何葱青瑤草
正翕籍絳氣時縈薄靈鶺騫高翮俯窺瞰虬蜺静
迥聯奎壁地軸輿雲雷天樞懸琥珀炎方不冬零
蒐萸長茂碩偶來偕朋儕夷猶縱芳適幽捫烟蘿
青稚坐瓊宮白盈盈酌金罍洞房羅綺席天門淨
溟濤遠臣半閒客百年逢笑口萬事覞一擲歸來
楊東帆醉後江天夕

遊七星巖

提學副使　楊載鳴　太和

平生邱壑心所歷窮地紀兹巖鬱靈秀混沌窺無

始玲瓏劃崩豁懸綴出瓌詭晻映日月華合沓雲烟靡通天信有門隕星差可擬撑拄疑神功窔閡悟名理歲晏瘴氛銷山川氣淸美旣協賞心緣復遘良朋喜危坐俯虛無劇談淹晷流霞滿尊罍元氣隨杖履頹然成夢遊邂逅洪崖子恍惚持洞章殷勤遺石髓期我閬風岑長笑謝紛滓覺來牽簪裾徘徊暮山紫

前題　　副使　顧　言仁和

登樓眺名巖七星良可紀茲晨復聯轡靑陽正資

始桃源啓闢途石竇秘幽詭玉纍何崔嵬霞披盡
綺靡峪峒似可方靈鷲渾難擬隱隱仙家會茫茫
壺中理天門近且闢龍穴深更美探幺窮變化追
古成悲喜金罍瀉瓊液瑤管催移晷欣逢羽翼客
躡此飛雲履直上蓬萊巔長揖浮邱子俯澗漱清
流倚巖飡石髓含虛齊物化怡曠淨塵滓那能逐
泉壑一朝謝金紫

遊七星巖　　大學士　趙志皐蘭谿

遠地欣逢主名山得遂遊湖間一水澗天上七星

浮仙掌疑承露金蓮欲吐秋虛明開洞府寒濕漫巑樓泛渚依銀漢垂虹駕玉蚪日藏烟樹暝香集芰荷幽僻性探奇窟忘機狎野鷗人寰有眞境何處更瀛洲

七星巖

國朝尚書　王士正　山左

北斗森魁杓何年化爲石散落南斗旁光芒色相射遙塡端州城七峯張幕帟崧臺屹中央晻靄仙靈宅天帝觴百神於茲多主客巖竇鼓鐘石亂乳雜矛戟往往鳥獸形奇譎蕩精魄其旁兩洞天谽

谺幾年闢水聲暗澎湃時有蜿延跡云此龍所宮終古雲霧積沈沈抱珠睡五嶺慳雨澤吾欲割其耳雨工起鞭策坐使瀝湖盈乘流掛帆席

立馬眺平蕪蕭蕭見蒼壁不知何處雲飛作茲山石嵯峨各異勢紛詭非一色旁通類戸牖中虛成室宅藤根上鬱盤石乳下涓滴時聞鐘磬鳴宛若仙源隔靈峯互虧蔽微徑緣空隙頗疑混沌初有此機巧迹遨遊茲已屢歲月眞如擲川原無古今世事空疇昔徘徊荷層巔北風感行客 或謂此首陳山人詩

遊七星巖　　康衞

天墜北斗精入閒書景福巖石駢七峯漠漠太古色磅礴壓洪濛崒嵂磨蒼碧中涵大穴峒外與風雲隔千夫廓有容萬狀成叵測硆砑露肝膽槎牙刻矛戟伏如龍虎臥起若將士立西竅通天關虛明數千尺豁然一罅入寂閴燃燈礇幽秘若爲藏闇閟不可極龍床一鳥鷇宛若蛇蜒跡龍井下太陰彷彿被元幄豈伊鬼神秘乃是造化力江寒烈水涯春盎回陽律炎光流大地淒冷入人骨四時

幹元氣可燕復可息平生謝康樂不廢登山屐蓬
萊在人世昧者恆弗識達人昔來遊題詩滿青壁
駸駸歲月深慘慘煙霞積絶唱者何人清新壓元
白鐫石苟無分靈怪亦我惜緬思融結初六丁萬
斧擘

七星巖記

詩七言古　香山陳蘭芝拂霞輯梓

石室歌　宋柴夢說永嘉

維彼有物眞混成叅天植地莫與并數峯離立北
斗橫爰畀此巖名七星其一儼若洪鍾形鍾虛其
內完其聲巖扉晝夜雲爲扃松間老鶴眠不驚千
層翠壁高稜層倒垂石乳凝瑤瓊中有一室敞虛
明彿假上棟旁疎櫺朋來盍簪皆豪英脫巾坐石
飛金觥賞心旣愜醉復醒題詩掃破蒼苔青諸君

飲散仍携行焚膏列炬探杳冥有井深可潛龍靈
有泉潔可濯我纓褰衣試就高處凭飄飄兩腋清
風生箇中眞趣不可勝何須飛步登蓬瀛

石室歌　　左春坊贊善　梁　敏　郡人

七星何年隕爲石壯觀南溟鎮坤極平原散作青
蓮花元氣淪渾護蒼碧巖巒聳峙爭嵳峩杓行直
上聯奎璧洞然一室張虛明高越匡廬幾千尺騰
龍躍虎分形勝勢擁浮嵐轉昕夕峯稜側立磨劍
刀上割烟霞斷鵬翼雄觀偉視足奇怪擎天衆柱

排雲直蓬萊之山在何許此境尤爲人愛惜苔花
疊錦燦石文鍾乳垂珠散膏液凉蟾清吹颼秋意
異草名葩自春色憶從天地開闢初滄海桑田幾
更易巖中神仙何渺茫巖前版築留遺跡古人遊
覽爲盛事地靈人傑今猶昔皇華使者乘驄遊澗
谷林巒總光飾臨花傍柳開綺筵拂苔灑墨詩無
敵巖居老人深感激再拜向前訴衷臆乃言巖龍
長晏眠一春霖雨無消息使者奏奏上帝勅呼之
起布陽春澤生民早得服田畝温衣飽食咸帝錫

我生世世居巖前歌頌太平昭聖德

石室歌　　參議汪思　婺源

端州星巖天下無何年北斗垂平蕪又疑寶劍淬
南海龍文閃爍妖魑逋秋風吹衣窺北湖小艇棹
入深菰蒲漁人不避遊旌驅網罟得魚相喧呼曲
徑通幽洞口窄似遇仙翁開石壁欲入未入忽疑
生轉步便訝仙凡隔石髓長餘道侶餐雲梯每寄
元君跡神工鬼斧詎人謀百怪千奇信靈宅天門
箭括將無同黑洞橫透尤難窮石床未宜懶殘臥

龍井直與滄溟通日亦不能照月亦不能臨獨有閒雲任去來祥飈細細時相尋提壺别從石竇出峭壁懸厓惴且慄陟險臨深快伯昏登虬踞虎奇蘇軾逸興不了仍升舟三回四轉看未休夕陽催歸不可駐遥峰遠浦風烟愁六年嶺表今奇遊兩君挾我乘清秋如何長繩不能繫白日使我歸路空悠悠惟應中夜遊仙夢左駕文螭右驂鳳浮邱洪厓一再期霞裾霧屨還雲洞

前題

參政　劉曰材　南昌

石室山前野氣没石室巘頭七星出七星何年落人間化作孤峯開奇崛巑岏獨立九千丈雄鎮端州百萬葉巉崖峭壁流丹霞蘂草盤松落蒼雲上有迎日之扶桑下有棲仙之檀樾懸巖掛石飛欲墜古洞藏雲深且折谽谺瑑削天門通洞房斜照巘頭月石竇潺潺落澗聲溪光繚繞回七星纖波不動秋江碧淡烟時共孤峯青鷺下鷗浮自朝暮空山那復爭猿驚七星主翁探奇趣白鶴道人無俗情恍然坐我吾臺石天風颯颯心泠泠乾坤得

意是仙境豈必弱水之蓬瀛

石室歌

僉事　張士純　吳興

七星森列雲錦屏峭壁巉崕天削成氣象巖巖真
萬仞令人風骨增崢嶸腰股訇然開石扇天光月
影旋生明峰飛筍透空半落欲墜未墜如有情宛
似浮屠掛靑漢還同佛座金蓮檠肩山成癖久懸
想邂逅高雅如平生不辭烟雨衝泥快穿竹板蘿
携我行洞口淸吹紫簫徹雲間細把金巵傾盤石
傾洞如鮫室舉頭幻態何窅冥興盡喜乘詠歸趣

山前復有漁舟橫漫搖桂楫緣山轉恍疑身世隔
蓬瀛一拳白鷺依依立冷水青鳧片片輕野老忘
機任爭席不飛不鳴亦不驚吐聲大嘯遍寥廓歛
花兩脚鞭歸程

石室歌　　太守　吳國倫興國

南遊欲躡羅浮巔滿地兵戈縶吾足且向端州訪
故人乘與聯輿過員屋員屋山形映七星北斗胡
爲傍南澳出郭已睹眞氣蟠中天不散靈光矗點
點青螺湧大潮枝枝玉筍抽平陸前溪絶類桃花

源百怪千奇映洄洑呼舟却坐雲巒間峽口微風
爽春服蠟屐逡巡度石梁角巾攲側凌飛瀑須臾
洞門烟霧生簫鼓隆隆振巖谷乍入猶疑涉海宮
深探漸恐搖坤軸箭括斜通日月明泓潭自可蛟
龍浴山僧指點崧臺前無數仙踪駭心目斷崖垂
絕一髮引陰磴欲飛萬濤蹴巍峯倒削直指地五
色華蓋從空覆懸脂盡結金蟾蜍滴乳常供白蝙
蝠葯室璇房忽窅冥罔象妖螭相馳逐故人掃石
移初筵新醅白滿鵾夷腹觴至重和紫翠吞醉來

但枕潺湲宿康樂好遊沈侯隱一日適意千秋足
天造名山自古今我輩那能終碌碌

石室歌　廉使　管大勳　四明

端溪山水清且妍秀巒揷漢如星纏上通乎壇紫
極之洞府下抱長陂積水之重淵谿光浩渺浸白
日峯頭崒嵂開青蓮梁柱飛虹跨長塹亭臺拱宿
臨清泉龍蛇盤盤走絕壑雲霞片片度岑巔鸞鶴
翩翩下蓬島祠官肅肅朝穹乎吁嗟乎七星之巖
有如此使余一見心怡然主人有酒傾一斗媿我

無詩酬百篇醉來把袂搜奇穴虛明高敞騰蒼烟
石室軒軒容萬馬地鼓鞫鞫聞九天突然玲瓏開
闢如城闕恍疑瓊樓玉宇空中懸修簷掀翻蟠飛
鳳古樹糾結來鳴蟬西行緣崖逼窄陟危磴上有
重重斗室駕插墮巖前布袍芒舄何爲者吸露餐
芝不記年天門遥遥雲外出紫霞爲封星辰列飛
鳥仰視不敢上我來鼓掌摩空越第一南望瓊瑄
海波平西望蒼梧嵐煙青坐餘不覺孫登嘯下界
如聞子晉笙

石室歌

叅議　王士性　臨海

天罡墮地化爲石招揺夜浸寒潭碧蛟龍抱珠窟底眠驚起風雷撼廣澤劃然鬼斧下天門剗碎群峯向空𡽲岑嶔巧幻天琢成洞中剩有神仙跡石鐘聲度嶺頭雲玉壺氷結水中紋鵁鶄屬玉飛不下欵乃漁舟隔岸聞夕陽返照暝烟上天籟宵沉淨紫氛連山四垂波影倒羽觴飛暎晴川抱舟行天上人鏡中依稀欲走山陰衛黃君豈是列星精我欲與君把耶斗柄呑長鯨醉踏岡巒作平地手

搦星光還太清

泛斗亭　　楊瑞雲

使君最是好奇者置酒招遊泛斗亭亭上風光何所似宛如蓬萊跨滄溟翩翩直遡牽牛渚星槎倏向支機停面面芙蓉如對立嵯峨勢轉逼青冥乍霽嵐烟如淡掃瓊花芝草滿林坰瑤漿玉液岩中出大展平湖波冷冷珠寺金山還得似涉盡長江及洞庭翻鷗浴鷺置我側吹浪黿鼉時一經使君清比亭下水盪滌乾坤萬壑青幕府風清一無事

樽開北海更烹腥坐使天河流足下翻看天地一浮萍青青童子來進酒大呼六博倒銀瓶水雲應接都無暇弱水崑崙立畫屏弄笛吹簫聲斷續梅花錯落不忍聽因君得入神仙境世外何當我獨醒

七星巖　　　　太史　杭世駿仁和

紫微宮中七筒星上四下三如斗形幾時相卒畔天去後漢書襄楷傳下之畔上猶星之畔天隨風飄墮來南溟森然萬古立積鐵尻脊挨排忘偪仄千盤鳥道擢脩莖

朶朶蓮花深黑色傳聞上帝觴百神瓊筵開向松臺春仙音縹緲不收拾石鐘地鼓今猶震初向傾崖夅景福厚豁猶疑巧匠斲旋從地底度鼉梁宛似窪樽剩空腹乾維坤絡交撐扶元氣淋漓結員屋鬼斧費劖鏤鷹窠更壓踧瑤篸玉柱掛瓏玲乳竇垂垂滴青絲谽谺三洞黑水風縛火照壁寒烟空模糊雲篆不可辨但有千年仙鼠時相逢一綫窺天才倚杵癡龍磨角梜龍女石牀珠井不肯眠去向寥天降粗雨石氣陰森毛髮慘輕污蛟涎吾

豈敢鼓哀彛路滑蒼苔踸踔巖窪首頻頷谾谾一石乍帖妥留與神仙置丹竅神仙不來心孔悲域外奇觀悲獨覽穿空更上璇璣臺洛迦紫竹侍善才隻鳳無聲石旗閃陰風日夕吹紅埃螺旋蟻折別開戶下臨絕壑驚湍哀粼粼白石禁偷鑿靈威扃鑰何時開披襟臨壑亭邊坐放眼俄驚瀝湖大桃花水上蜻蛉輕萬頃琉璃新劃破殘春弭櫂拜山靈石燕銜烟飛一個孤僧期我青松林白日韜影雲霧霧手中拄杖拋不得驚猿透沸哀禽吟綺

田錦嶂年年在巨手難逢李北海梯危力怯二天門一兩芒鞋留有待

端州七星巖題名歌　陳晚成

媧皇未補星辰漏神人驅石爲雲走赭鞭鞭斷雲不前天風吹落西江口西江波濤千里來雷霆霹靂蛟龍吼洞府沉深絶照臨奇象怪形多所有少陽數七老陽九艮止如山折如斗一開一闔相蔽虧天樞天軸通關紐質如白玉貞且堅雨積蒼皮光不垢絶無寸土可栽培況有靈根作林藪中虛

或類鼙鼓鳴下垂乃可金鐘扣磴道遥盤霄漢間
陰崖忽出他山後扶嘯臺東千尺峽下視諸峯若
培塿過鴈聲高每倒聞行人路窄難廻肘百曲湖
光繞寺門一片山城桂總牖尚憶曾游少壯時今
來不覺成衰醜吳山越水多俊人天涯此會誠非
偶爲君小試燕然手興酣落筆無蝌蚪八分瘦硬
高崖陡奮臂大書人某某石老天荒同不朽

七星巖記

詩五言律　香山陳蘭芝拂霞輯梓

遊七星巖　元文璧廬陵

誰鑿混沌竅中涵清淨天剛風運鰲脊弱水噓龍涎靈草能延壽魁臺可揖仙元公知命者曾此石崖鐫

前題　明大尹黎近臨川

曲折捫星斗硆砑訝洞房露凉珠樹濕烟煖玉苗香五色雲成葢千尋石作梁欲招雙白鶴月夐海

天長

遊七星巖　大理少卿曾　直 吉水 前本太守

澹日天初曙晴煙逐馬來鳥啼山谷應雲去洞門開望闕心千里尋春酒一杯夕陽人影亂太守看山回

邊隅多事後明月自東來虎豹歸山去烟雲掃地開談笑收兵甲風雲泛酒杯閭閻酣化雨春色一時回

遊七星巖　御史涂　相 南昌

奇蹟酬心賞金聲白筆留七星虛裏見三雨望中

收崖碣懸如墜烟蘿密更幽遲迴登覽趣翻作夢

中遊

勝景休空眺丹青須着論泉聲無乍有景色古猶

今天縱高峯峻巖迴衆壑深客懷忽岑寂松外夜

猿吟

前題　　副使胡璉淮陰

海外求仙侶春風把臂來桃源村巷别鬼谷洞門

開黄鶴笙千仞胡麻飯一杯洪崖何日過欲去首

頻回

遊七星巖　　御史蕭一中華容

桃源從覽勝此景亦登臨勝迹來天地山靈自古今石泉翻雪急巘洞抱雲深舉火尋幽勝高懷付短吟

前題　　同知潘節郡人

邃室何年構通天有二門仙家眞日月聖域小乾坤解愠瑶臺石儲精玉井源居人看斗極列嶂翠言言

前題　都御史李璋 宛平

萬里覊懷客乘閒覔勝遊水縈千澗活巖擁七星浮白石藏深洞紅蓮蕩小舟醉歸雙眼豁疑是上瀛洲

前題　戶部侍郎鄭漳 侯官

客喜他鄉會巖憐新夏遊江流沿岸轉地軸倚雲浮石洞深留席山花遠逐舟晚歸情更暢鷗鳥徧瀛洲

前題　御史倫以諒 南海

巖洞何年闢軒車此日遊雲深衣袂冷星落劍光
浮石燕疑烟火𤒜龍避客舟放歌歸路晚仍渡碧
蕖洲

遊七星巖　主事王漸逵番禺

幾年紆𤸰僻此日快奇遊彷彿天河瀉徘徊斗氣
浮日落三珠樹波摇太乙舟芙蓉秋更好欲采向
芳洲

前題　左条政周延吉水

愛此七星石重遊興未慳依稀靑鳥外隱約白雲

開。松逕捫蘿上丹梯倚石攀悠然當路曰撫景聽潺潺

前題　　按察使李　遂豐城

星峯侵碧落石竇引淸漪坐覽諸天近翻疑河漢移層標歸化鶴。幽壑舞潛螭。倘遇桃源客休論魏晉時

石室眞仙宅銀河使客槎良遊成邂逅愛日怕西斜垂乳流瓊液飛英屑玉華歸程君莫問吾欲此餐霞

遊七星巖

副使羅僑吉水

怪此七星石中通外不偏同遊歌浩浩相對坐惺

惺踏去苔痕滑歸來日色冥關心西嶺事候吏報

平寧

前題

兩廣軍門張瀚仁和

出郭見青山盤迴蒼莽閒牙旗搖草樹桂楫泝潺

湲嵱嵷天光發崔嵬星影環塵紛暫時釋卮酒壯

頹顏

乍入猶昏晦窮探始豁然岡臺高𮘧漢石室儼含

烟北海留唐刻濂溪紀宋年登臨軼往躅何處覔
飛仙

點點瓊峰峙熒熒北斗懸室中藏色象石罅俯雲
天猿嘯烟嵐外龍吟澒洞邊良朋同勝覽自覺寄
情偏

河嶽共風塵崧臺意轉親有星同照耀無石不嶙
峋頓作鷹揚氣尤宜豹隱身時聞氛祲息臘盡即
陽春

前題　巡撫 熊 桴 武昌

鬼斧斵靈山峰連霄漢間七星同共列雙洞對潺
湲入座清虛勝移樽紫翠環道人動幽興招我共
開顏

空谷真幽絕煩襟一洒然丹臺藏鸖鶴曲徑繞雲
烟縱屐非尋樂論文識往年重來載樽酒相送客
登仙

巖深石花發雲靜佛燈懸坐對溪頭月還遊物外
天琴尊蓬嶼上笙吹斗牛邊勝會多惆悵山靈誚
笑偏

幽谷隔紅塵何妨鹿豕親物情多變幻世路總嶙峋將將須元老勞勞嘆客身卽看歌燕喜覔句和陽春

前題　　太守　王　泮山陰

勝覽七星山芒鞋絕嶠間蘿披風歷亂石出水潺湲寶閣雲長護危闌月半環深尋有丹穴乞藥駐朱顏

石室幽還敞深探更朗然斗臺懸日月丹竈自風颯取醉非宜酒留題只記年興來招鶴駕直欲擬

七星巖巳　卷十四　五言律　瞿

飛仙

紫雲來復往崖石墜還懸乳落千年雪。巖通一線

天。宫情萍梗外春色酒鑪邊日夕渾忘返幽尋與

獨偏

無智破風塵烟霞且自親泛溪通屈曲躡石上嶙

峋束縛憐虛利棲遲笑此身所忻民物阜幽谷徧

陽春

遊七星巖　僉事　皇甫渙　吳江

覽勝偕朋好層巖傍碧湍七星懸絕壁五嶺獨奇

觀龍洞雲常濕仙臺露未乾賞心頻綠酒醉後幾迴看

前題　　右叅政桂嘉孝成都

岡臺敞石室峭壁何天然探穴驚龍蟄捫蘿拂曙烟江山留勝覽開鑿自當年暫此托清賞臨風懷洞仙

前題　　太守何鏜麗水

南華開寶界茲山亦靈鷲蒼天墮虬龍明月照雪竇茸茸春草斑纍纍青巖舊長諷紫芝篇浮雲生

遠岫

誰復惜遠遊逍遙諧蠻貊滄海自乘桴名山聊振屐長嘯野天迴醉櫂湖光碧嗟爾南北人憐余越江客

乘輿歌招隱探奇不厭頻驅車尋石室彭棹向潮濵萬里羈棲日千年遊宦身浮名成底事痛飲得吾眞

雲嶠千尋起幽巘一徑通春花三月暮積翠正天中仙館遲看奕神遊想御風夜分仍惜別千里幸

相逢

化工鑿靈竅豈不以我故覽勝躡華嵩標奇開嶽

霧南望羅浮高東連滄海渡之子乃吾徒勞歌對

芳樹

幾年霄漢侶信宿即南粵入從遠地來與自春山

發一酌清泠泉永懷神仙窟何當謝人寰從此劚

薇蕨

上□富遨遊幽入時選勝倚仗邱中吟扁舟夜來

興靈山已千年益友自三徑白鷺起前汀連翩度

蘿磴

謝客恣攀陟緬懷蘭亭事斗酒共爲歡不復問所

自清風起脩林暮色千里至嬉遊何能常別後徒

相思

遊人出洞口明月照高林登亭還命酌臨壑共開

襟神舉霓裳舞歌翻子夜吟百年逢底事山水有

知音

常怪武溪邊茫茫起站鳶還思少遊語方悟老林

泉身後名何有樽前思黯然酩酊各歸去風烟阻

一天

遊七星巖　　參議　夏道南　餘姚

石室名傳舊崧臺路幾程星從天上謫人向斗間行草色含春遠湖光浴日明諸君俱雅興賢主自多情

前題　　縣尹　林文星

絶壁懸星斗山靈寄勝遊石芝香玉液仙桂倚丹邱路入桃源迥雲封禹穴幽咏歸移棹晩月色滿江洲

春到江城外郊坰風日鮮尋幽訪石室覽勝陟巖巔鶴洞虛生白龍門氣欲予天涯覊思濶默默坐星躔

遊七星巖　仁和　縣尹　沈　兼

聞道仙巖秀評題待我來嶙峋天匠斲屈曲女媧開巧矗疑三島飛懸勝五臺賞心應未足欲去更徘徊

步入幽巖內分明別洞天斷崕驚欲墮曲竇轉還聯空界來仙侶塵襟絕市廛道人當此際羽化意

翩翩

性躭山水僻結伴此尋幽雲氣侵衣亂蟬聲入坐稠憑虛瞻北極覽勝槩南州不盡登臨興斜陽尚買舟

前題　　光祿寺卿郭棐番禺

仙巖標勝槩瓌特記曾遊斗閣擎天出風潭傍日浮振衣扳絕頂漱石枕寒流笑問巖前鶴修翎可自由

石室何年鑿瓊花此日看一瓢分沆瀣三徑自琅

七星巖詩　吳

玕袂振朱絲色歌翻玉樹寒當盃須遣興沉醉閬風壇

遊七星巖　杜漸

驅車出城郭春光洵可收虛巖藏福地危檻俯端州何日青山老千年碧澗流坐來眞不意塵土見丹邱

杯峯石

野性躭奇絶重來帶雨遊山腰孤磬出湖面一峯浮咫尺紅塵隔空濛碧樹秋羽人期信宿尊酒夜

淹留

前題　　黃在裘

巨靈何日劈巖峙七星幽錦石分瑤島龍蟠並鳳遊淙流羚峽迅苔蘚篆文留小艇頻移適匏尊興未休

遊七星巖余以丁丑過端州州有七星巖居人每向余稱甚奇崛余不之信也友人東莞袁君于觀始拉余遊出郭不數武即望見巖峯隱隱迎馬首宛轉行田塍始達一溪溪上置二木橋俯視湖水清澈可愛菱芡鳧鷗參差萑葦間過橋爲觀音廟出廟左從石磴而上爲二天門峭壁奇峰應接不暇甜憩坐久之始至巖頂謁眞武

祠趨下復經觀音廟右行數武是巖所巖穹窿直上若璇房然石乳倒垂雲霞萬狀岩流淙淙不絕匯而成池中砌石路稍入即平曠可容二三十人其上爲臺臺有觀音菴四壁皆鐫遊人作從竇隙行即出岩背臨流建亭顏曰巖秀平田遠岫花木蓊然漁舟往來樵蘇不絕無論武陵剡溪矣余與袁君携壺榼闔韻賦詩徘徊竟日始策馬而去余惟人生天壤間憂樂相半即名山大川有心邇而足不及登者剡能翔翔與猿鶴侶乎余二人邂逅端州而茲遊又不期而至若或山靈之所爲速者而胡其意氣之乃爾也余將北棹袁君亦東歸握手笑歌不知何日疇昔之會眞萍梗矣能無念乎於是紀遊以識歲月

黎邦琰

背郭肩輿度星巖入望遙畫橋明素練飛閣出丹

霄獨鷺窺魚立群鶯選樹嬌尋幽餘蠟屐更上碧
岩嶤 其一得嶤字
手持青竹杖徐步到前峰星落巖前石雲封洞口
松稍晴歡谷鳥亭午響山鐘十載遊仙夢空憐汗
漫蹤 其二得峯字
天門從直上拂袖靄晴暉鳥道懸青嶂猿聲隔翠
微流霞垂石乳飛瀑濺仙衣便覺塵襟豁惟應靜
者依 其三得依字
鑿壁橫香閣丹青似畫中人烟三島絕趺坐四天

空怪石攢峰起。欹崖涉澗通。泠然心賞洽詞賦謝

群公 其四得公字

何年開混沌幽絕敞巖居窈窕捫蘿入玲瓏倚石

虛泉聲迸澗出杉影落崖疎。却擬巢雲地長窺玉

笥書 其五得居字

迴複紛烟霧仙源自不迷客來山谷響。僧住竹成

谿。暖氣浮鸂鶒寒光照鸊鷉漁舟將稚子別有武

陵溪 其六得迷字

亭孤當一面空翠坐氤氳亂篠披林露繁花切浦

雲江山成對酒。猿鶴笑移文。倦倚千年樹。樵歌隔隴聞。其七得雲字

石室山玉虛宮作　　侍郎區大倫高明

靈巖天上出。仙館日邊開。近對千峯合。遥臨萬象來。紫芝全覆嶺。丹籙半含苔。復似登元圃。笙歌發帝臺。

遊星巖　　陳鴻

仙桂翳雲根。僧依石室昏。非冬凝朔氣。終古鈌朝暾。洞入先凄骨。崖緣屢墜雲。應知今夜月。傍客有

清猿

宋呂二牧邀遊石室山　　黎民表

錦石分瓊島蒼山轉碧流巖泉高迸出雲水曲相

樛棧絶應防馬厓懸穩繫舟謝公今在郡何似永

嘉遊

金床何窈窕玉乳細堪捫苔蘚深題刻風雲出洞

門幽仙閟絶景弱水斷孤根服食留眞訣惟應靜

者論

玉虛宮　　朱學熙

躡屐陟孤峯梯雲閣道重瑤壇千嶂振。玉笈九霞封。便可邀青鳥相將訪赤松下方城郭晚隱隱報疎鐘

紫竹洞　通判區大樞高明

巖扉常不掩紫竹護仙宮有客來淸嘯翛然蟒谷風雲收千嶂雨。花發四時叢。龍杖終當策何方訪葛洪

中秋寶月臺燕集適蕭大來諸子各載妓至　戴柱南海

浴月澄湖鏡山容繡壁開露華盈手贈桃葉薇江
來綠戰嵐飛檻紅酣光墮杯巖雲依黛媚一任玉
山頹

三元宮　區象玿　高明

院宇開瑤島稜層壓水涯虛窻通日月。迴檻積烟
霞。繞砌重湖碧。橋連古洞斜。過逢幽寂地餘眺未
應賒

三元宮　副使　李開芳　永春

神殿空中起三星落翠微龍從深洞出。珠向九天

飛觸石雲迷樹搴林露滿衣浮槎酣絕島仙客渾
忘歸

宿玉虛宮　區懷嘉

逸客宿巖端更深尚倚闌經文燃火讀星斗捲簾
看鑪轉金丹熟雲封石戶寒頻年神擾擾茲夕覺
彌安

宿水月宮

精舍傍湖邊幽尋得借眠石壇孤月冷蓮座一鐙
懸世事終成幻身心合自然漸看窗月曉鐘梵出

山烟

小除前一日同盧給諫遊石室

區懷瑞

搴雲到殘騰峭綠作春稠谷日寒先暝谿烟午未收。微吟逗盤逕汎酌遶芳洲誰解通鷁序還來入海鷗

秋杪遊慧日寺

西日射毫光秋城隔院墻雲凊飛咒水野燒續然香碧草披禪逕。曇花拂上方。情知過車馬心寂契

空王

紫竹洞　　中允　區大相　高明

霧磴迴青嶂，松門歷翠微。來尋紫竹洞，坐待白雲歸。怪石凌秋屐，長藤掛衲衣。興移涼籟發，疑挾鳳笙飛。

梅菴　　戶部侍郎　區大倫　高明

江聲帶蘭若，靜者自相尋。白日寒山逈，清風祇樹林。竹梅開徑淺，鐘磬落雲深。何必隨空去，方知塵外心。

寶月臺夜坐　孝廉　譚勝祖　高要

一樓巖畔月竹石倚相將天地真容懶湖山恕酒狂、淡雲隨樹影薄露出花光偶爾逢僧話茶烟起竹房

七星巖記

詩七言律　香山陳蘭芝捬霞輯梓

移家來端州先寄以詩　唐宰輔李紳　無錫

菊花開日有人逢知過衡陽回鴈峯江樹送秋黃
葉少海天迎遠碧雲重音書斷絶聽鸞鵲風水多
虞祝嫗龍想見病身渾不識自磨青鏡照衰容

七星巖　宋　梁匡時

小西藏書入洞明高春長日溜金精空中樓閣生
秋思石上浮雲了俗情剷壁若交天地老盤紆不

盡海門淸極知作賦羞梁苑聊寫儂家畫翠屏

遊七星巖　　太守　廖　顒　連州

斗峯遙憶舊崧臺爲勸農耕特地來短李高名光翠壁僞劉陳迹沒蒼苔洞天日永風埃淨巘壑雲收霽色開好景最宜供宴賞操觚欲賦媿非才

前題　　尚書郎　康寶臣

七星巖頂聳蒼穹仙境塵寰迥不同龍殿巖前珠滴瀝斗魁臺上月玲瓏長生石髓藏山隙煉就丹砂秘井中雲沼晴明還我識錦衣光彩映晴空

前題　太守　張　漸　始興

妙意誰能運大鈞玲瓏奧室闢天真斗臨平地精
初結龍去丹霄穴未湮洪造故教虛待物良辰贏
得樂同民我來脩禊多佳興豈羨蘭亭曲水濱

前題　運使　徐　述　江陵

三四奇峯傍石亭一巖清絕冠圖經四時吞吐西
江水萬古森羅北斗星日月餘輝通晴竇烟霞小
徑上青冥嶺南惟此鐘靈地好與邦人作畫屏

前題　狀元　黃公度　莆田

天上何年落斗星化爲白石羅翠屏洞折三叉盤
空曲壁立萬仞穿青冥樵尋舊路不知處龍去千
載猶聞腥欲訪仙子問眞訣巖扃寂寂水泠泠

遊七星巖　郡守　蘇　良番禺

杖履追隨入翠蓬玲瓏一竅與天通山羅星斗英
靈萃地鎭龍潛氣勢雄碑蘚猶存周子澤淵松還
樹老包風歲寒共結吾三友要把淸規踵二翁

前題　元推官　李　璞邑人

天然石室壯端州非假神輸鬼運謀三四點星無

晝夜幾千年水老春秋但知玉乳涓涓滴不覺紅塵冉冉流直上斗魁臺上望乾坤浩蕩白雲浮

前題　權法曹曾純清源

斗宿垂精揷碧空嵌巖太古石屏風天然一道玲瓏穴誰見五丁開鑿功竇裡乳泉金液點門前瀝水石橋通與君細翫崧臺景謝屐當年逸興同

前題　張顯祖

信馬崎嶇溪路通山聯周匝錦屏風一區仙境蓬萊島七點星巖塊峷宮江水朝東宗大海崧臺聳

北揷晴空他年擬作蟠桃會玉液頻斟醉此中

遊七星巖　　明翰林學士解　縉吉水

桂水東邊渡石橋酒旗村巷見漁樵叢祠歌吹祈春社古洞穹窿應斗杓附郭有山皆積玉星巖無路不通霄日長衣繡遊阡陌行樂光輝荷聖朝

前題　　大尹黎　近臨川

半壁雲烟不受塵重開混沌閟星辰神媧煉補天仍舊仙葛丹成竈尚新月㡌寒封金瑣碎風簷時露玉嶙峋猿啼鶴語淸秋夕好訪巢居太古民

峭壁千尋獨倚空天開一室玉玲瓏丹爐火冷幽扃合龍井雲深小竇通安石山中淹沛雨醉翁亭上挹高風不知洞裏春多少漫把榆花訪葛洪

前題　　僉事　周　坦　江夏

嶺外相傳此景幽穹窿七石鎮炎州百千萬狀峯巒秀三四五迴溪水流巘下雞鳴分圃月雲邊雁度翠微秋人間自有槎眞地何必乘槎海上遊

前題　　翰林庶吉士　王　槐　陽曲

砥柱南荒不記年至今形勝尚依然千巘瑤草鋪

羅綺萬壑青松散管絃雁字斜連山徑暝猿聲遠

隔薜蘿烟落花流水紅塵遠自是人間古洞天

遊七星巖　　都指揮張玉鳳陽

山色空濛曙色光尋眞偶入白雲鄉爐中鉛汞烟

霞老洞裏乾坤歲月長幾處磨厓蒼蘚合一溪流

水落花香坐來仙境渾無事不覺紅塵世上忘

前題　　都督王清濟寧

神斧何年奪化工倚天鑿破玉芙蓉洞簫夜月來

仙鶴石壁春雷起蟄龍萬古不將金鎖合四時長

籍白雲封酒酣猶覺風生腋疑在蓬萊第一峰

跨鶴仙人去未還玉簫吹斷彩雲間壺中日月春長在洞裏乾坤晝不關瑤草路荒山寂寂碧桃花老水潺潺一聲淸嘯紅塵外獨對天風振珮環

前題　　布政使黃　鎬　侯官

天外飛巘晝不扃洞門烟雨護山靈水侵怪石添泉眼風掃空壇放鶴翎老樹藤蘿雲影白古厓文字蘚痕靑高歌一曲聲相應疑有仙人隔洞聽

前題　　太守李　璲　天台

登高無力强躋攀直上蓬壺絕頂閒笑撥白雲尋
古洞坐延紅日上東山誰將丹竈爐中藥點作莓
苔石上斑仙客不來春自老馬蹄香襯落花還

尋春步入洞中天日煖芳菲散紫烟一自金丹還
九轉不知塵世幾千年山花含笑迎新客澗水無
聲咽舊泉閒伴白雲巇畔宿傍人疑我亦神仙

遊七星巖　郎中 程文 郡人

石室憑誰玉斧修玲瓏光蘸碧溪流女媧留補青
天缺包老曾懷一硯憂冠蓋喜瞻紅日耿心旌遙

向五雲浮巖崖共比蒼生瘦早晚殷勤達冕旒

前題　　左參議　唐　濬　侯官

飛星一夕墜端州化作幽巘應斗牛石井有泉龍尚在洞門無鎖鹿常遊崖懸玉乳凝脂滑壁長苔花暈錦浮此日登臨無限興劃然長嘯海天秋

石室穹窿翠作堆勢凌霄漢接蓬萊虛堂宛若媧鎔煉隧穴還疑禹鑿開豹隱巖前迷曉霧龍潛井裏奮春雷古今遊覽多吟咏篆刻微茫半綠苔

前題　　尚書　汪　鋐　婺源

驄騎聯行出郭遊星巖直上最高頭荷香競逐薰風至嵐氣都從午日收誰向塵寰開此景天將佳賞付吾流三年有約今初到半日餘閒可再否

遊七星巖　布政使　盧宅仁　郡人

星巖此日載遨遊乘興還躋最上頭南跨一江天外險下臨萬井眼中收日歸西崦紅將澹雨過羣山翠欲流覽勝名賢多授簡不知題詠盡存否

前題　僉事　黃　昭　江陰

獨訪名巗寄遠遊夕陽橫木渡溪頭洞門有路深

如鑿星斗何年散未收地擊鼓鐘虛響應石淋脂乳翠凝流賞心樂事無拘束花鳥還應笑我否

前題　　御史冼光順德

仙洲海外稱淸遊偶爾來巖最上頭峻絶九霄疑有路崆峒萬象許誰收香浮酒盞池蓮襲濕透春衫玉乳流欲向個中營半榻山靈一劵肯成否

前題　　提學章拯蘭谿

古巖佳處幾人知秉燭來遊亦自奇黑入太陰殊不測鑿開混沌竟何爲石床隱隱留仙跡蘚壁斑

斑見古詩記取神龍一杯水祈憑三雨洗民痍

遊七星巖　布政使應大猷仙居

靈巖過我屬春晴竹逕寅緣繞石城咫尺寒崖藏
曲折鴻濛陰洞出空明詩摩苔蘚空懷古景入虛
無嘆有生五十餘年塵世夢登臨此日不勝情

前題　副使游居敬南平

靈洞谽谺翠壁幽何年巧鑿此瀛洲屏間石髓和
烟滴樹杪春泉抱鏡流劍履重遊渾似夢鐫劖細
認總忘愁更聞雲裏傳鐘鼓又入鈞天一勝遊

前題　　僉事　顧儼　姑蘇

誰將天上玲瓏玉散作巖巒鎮此州疏鑿詎非神
禹跡環奇應是魯般謀莫將仙境尋常看只許吾
儕汗漫遊留得新詩在高處松蘿烟月任春秋

前題　　郎中　林有年　莆田

雨過巖頭翠欲流天開名勝自端州雲封石乳春
長在徑合莓苔古更幽寶籙丹靈還鶴馭瑶空月
白稱天遊登臨此日堪乘興到處青山豁遠眸

前題　　提學　田汝成　錢塘

會聞宿石當空隕今見靈巖大地開環極只疑霄
漢上乘槎直拂斗牛回盧敖天上龍驂渺蕭史雲
中鳳吹哀坐久恍然塵世迥白榆歷歷望三台

遊七星巖　　　　縣尹　梁世祥　郡人

巖上西風鳴萬松巖花醉日墜枝紅烟迷深處吟
壇古仙去千年丹竈空着雨碑鐫隨蘚綠隔溪水
碓帶雲春我來遊覽揚雙袂秋色滿懷詩興濃

前題　　　　御史　馮　恩　華亭

九十春光得幾遊花朝佳麗喜鳴騶輕紅帶雨胭

脂濕積綠浮烟翡翠柔席地天枝因鬬勝桃燈古洞爲探幽更留一段東南境天霽重來到上頭

石室溥氛沒路丫蓮塘小渡椄𤘽谺尋芳喜得郊原勝鬬草懽騰士女譁粉膩翠盤輕紫袖紅翻玉舝動春花遙聞海外羅浮好不道端南有太華

前題　都御史李璋宛平

小亭宴罷更移舟洞口雲深景獨幽泉活源分三峽水雨餘風起一天秋詩成更和頻搖筆酒盡還沽欲典裘榮利不關心似洗釣臺高處是身謀

遊七星巖　阮惟艮

偷閑閑步上星嵒，去去清風捲客衫。萬丈烟霞歸眼界，一重門洞又機緘。高低石磴仙留跡，紅紫奇花鳥亂啣。醉把茅龍題翠壁，白雲乎鶴滿松杉。

前題　教授　梁珮　郡人

直上蓬萊第一峰，此身呼吸與天通。回頭偶爾觀平地，舉首超然在半空。老眼還分春海濶，衰顏應借晚霞紅。步虛縹緲風塵外，始覺仙凡境不同。

前題　府尹　麥孟陽　郡人

解印飄然樂意眞愛探石室四時春七星聯絡乾坤古一洞虛明日月新披袂拂雲看綠水緣羅梯壁遠紅塵忽聞啼鳥頻迎客似爲山靈作主人

前題　　縣尹黃行著　郡人

潦倒歸來憶石蓮喜隨仙侶入壺天塵心半落飛雲外道氣遥瞻北斗前丹竈伏蟬虛候火洞門鳴鶴破晴烟野花莫笑遊人醉一別山溪四十年

前題　　推官陳　輅　郡人

蓬萊閬苑說神仙野興尋幽此洞天瀝水縈環開

石室戍樓回望隔風烟蒼龍樹抱雲含岫玉女窓虛月滿川古往今來漫遊跡七星相映自年年

遊七星巖　御史　顧曾唯　吳江

星巖突兀北山前客子尋芳此獨先石室不開珠露滿玉峯遙列紫霞連紅亭綠樹分村郭明月清風一洞天近地亦能容吏隱不須方外問長年

前題　叅政　徐南金　豐城

石門晴日弄朝暉出郭尋幽歷翠微望底川原落星斗到來巖谷敞扃扉壁間懸乳憑虛結洞口流

雲滿座飛仙客從知異人境酒尊棋局并忘歸

前題　　府尹盧璘餘姚

諸巖突兀七星連伏竅玲瓏石室豕日帶湖光搖翠壁風披嵐濕淨瓊筵坐來已覺空千界轉入還驚另一天復有嬌歌頻勸酒相看俗吏亦神仙

前題　　鄭人達端州

夜喧村鼓不成眠何事燈花作意妍兀坐悄無人共語攬衾愁絕夢相牽浮沉世事總千刧漭浪光陰又一年未得乞身歸學圃南山荒盡種瓜田

遊七星巖　　王泮

怪石聯珠應七星芙蓉面面插天青虛疑此地來三島知是何年倩五丁鏬拆劍門通窈窕根盤水府浸清冷分明別是神仙宅便欲新開吏隱亭

前題　　叅議　黎民表從化

白玉樓中貯列仙浮來滄海是何年風雲半出窗前地日月雙懸岫裏天苔雜雨花生坐榻澗含春溜入平田輕舟欲采芙蓉去觸散芳湖九點烟

一逕纔穿鳥道微千峯元氣此中歸天傾西極誰

曾補山近蓬萊亦解飛石鏡看爲陰洞月紫蘿化作白雲衣卧龍不省人間事風雨時來洗釣磯

前題　　　　參政　朱東光　浦城

叢巉瑰磊北山隈下有平湖一鑑開曙色濛濛雲霧合晴光的的斗杓回探奇石窟龍宫隱聽偈禪林鶴馭來便欲乘風飛羽翰更從何處覔天台

前題　　　　訓導　梁景先　邑人

怪石崆峒倚碧空白雲深鎖水晶宫清流影蘸梅花月紫陌香飄菡萏風山列畫屏金錯落巖懸星

斗玉玲瓏憑高未盡登臨興更上天台第一峰

遲日看雲上畫樓芙蕖香軟暗香浮空濛山色千

巖雨瀲灔湖光十里秋獨鶴一聲歸華表賓鴻斜

照度滄洲月明載弄江門笛吹落梅花興未休

前題　縣尹　黃志尹

北斗懸巖日月旁躋攀會共憩雲房遙連碧渚疑

銀漢聊當仙槎泛野航晝永千峯函瑞彩夜深諸

島競寒芒詰朝東逐羅浮路回首烟霞自一方

星巖洞壑轉霏微島有流霞淑氣歸近曉不隨明

月去當空常伴白雲飛談禪盡日充僧咀聽法移時淬客衣仙尉投閑將老地也曾卜築傍漁磯

六十餘齡物外身携兒巖壑避囂塵臨期結侶皆名士隔日逢僧即故人入洞再搜前鑽刻緣厓猶認昨嶙峋尚平已畢尋常累擬倩歸航一愴神

前題　　運使　張廷臣　番禺

北斗光芒下碧霄層巒石室鬱岧嶤雲開巧綴玲瓏玉徑轉平臨翡翠橋招隱此時懷綺夏尋眞何處遇松喬冷然便欲從風御萬壑松篁殷鳳簫

遊七星巖　同知　董石　麻城

七峯削出勢嵯峨杖屨憑誰發興多野水雙橋紛雪色池亭十里度菱歌槎通絕島疑星漢風散危泉想玉珂遍陟不妨歸路晚娟娟璧月掛藤蘿

前題　縣尹　樂祖同　新建

巉巖削壁棲雲封陟級躋攀有路從過客尚疑星化處居民漫說挿天峯洞前野草年年茂巖傍芳亭曲曲逢應被山靈笑俗吏來遊何事不從容

前題　廉使　歐希稷　衡陽

小逕乎關傍水開上方丹井結山隈雲封玉砌流
涓滴風掃石床淨蘚苔卓錫天邊飛鶴舞菱花洞
口弄珠迴尋源不挹仙郎袖那許慈航渡海杯

前題　同知區益郡人

靈巖隱隱背城開覽勝何勞慕九陔溪是武陵看
進艇花疑少室故停杯吹簫應使鸞凰下解佩深
期猿鶴來良會有時難屢得碧山欲暮更徘徊

前題　太僕寺少卿尹瑾東莞

石室懸空翠色來星連北斗映天開丹梯倒綴藤

蘿引絳節高臨日月迴湖上晴霞浮島嶼洞中紫竹隱樓臺瑤芝滿地隨行步徙倚長松數舉杯

遊七星巖　　按察使　徐用檢　蘭谿

靈山煉石七星留今古烟霞色共幽洞入清虛懸碧玉溪迴黯淡見丹邱芳樽盡日疑河朔新搆乘春更剡舟頭白媿從冠蓋後便因深壑寄蜉蝣

前題　　左布政　張大忠

春郊聯袂且須留拂石捫蘿景物幽藻句驚人懷謝眺塵襟愧我覓浮邱嵩臺翠遶神仙宅水閣光

搖太乙舟醉後乘風登絕頂恍疑身世屬蜉蝣

鰲柱星分不記年漫從旌節共扳緣靈巖恍隔人

間世綺榭遥連水底天叔度高懷頻載酒巨山彩

筆欲凌仙馮虛不盡飡靈想回首孤峯澹晚烟

前題

提學　羅萬程　廣昌

一過星軺彩筆留乎巖深處轉清幽漁溪漾蕩搖

新構龍窟玲瓏拍古邱遊罷烟霞春送馬詩成珠

玉月臨舟看君震旦聯雲翮肯向蘆杯逐水蝣

何年星落光芒在眼底繽紛勝畫圖自有雲膏屯

丈室能令春色滿方隅槎穿絶島銀爲漢水遶新
亭玉作壺客況幸從仙侶會回車薄暮更踟躕

遊七星巖　　右布政　沈應文　餘姚

滄桑幾變摘星留散步林塘一徑幽雲度翠微空
法界水廻青嶂自浮邱飛觴汗漫烟霞島棹月夷
猶郭李舟欲識聚賢今日是泠然身世等蜉蝣

前題　　副使　黄時雨　常熟

幸逢軒蓋爲春留乘興尋芳且探幽直上危巒捫
列宿旋從曲水坐浮邱漣漪影蘸藤蘿石紫翠光

搖簫鼓舟共詫人寰有蓬島歸來聯袂賦曹蜍

前題　　　　同知萬一貫黃岡

野興肯因官事減仙巖還趂暮春遊翠微望斷青烟薄欹徑深尋怪石幽北斗鑿開山下竅明河還帶水東流久歆閬苑今忘返頓覺神清絕世謀

前題　　　　御史汪言臣西蜀

四望郊原藹霽暉重遊仙境覺塵微七星錯落山成斗一徑旁通石引扉浮水乘桴蒼鷺狎洞臺歌席白雲飛吾鄉自有桃源景却怪山人尚未歸

芙蓉幾朶插天中飛閣凌霄北斗宮石室雲生開
錦繡崧臺月滿照玲瓏蘭橈桂棹浮銀漢碧甃朱
欄駕玉虹恍惚星光龍氣遠遊人劍佩倚崆峒

遊七星巖　憲副游朴福寧

新亭宛轉水中央石色波光競入觴祇訝蜃樓浮
日紫又疑鰲海駕山蒼清歌暮起魚龍舞碧漢春

看燕雀翔相對嗒然迷去處不知身已在慈航

前題　叅政熊惟學南昌

海上仙槎傳至今湖中亭子幾來尋碧波常浸青

天色靈籟如傳太古音雲擁鵲橋星兩兩月橫牛渚桂森森素琴蘭酌闗幽興撫景臨流寄遠心

鏡湖縈帶錦爲屏北斗晶輝映此亭水上鳧鷗聊爾狎巖前松栢向人青每逢嘉會常移日更對芳筵喜聚星占步不須量玉尺洞天元自有圖經

右叅議　李一陽　丹陽

前題

嶔寄古洞自何年賢主招携信有緣巖列七星叅八座峰臨萬仞接三天幸逢孺子情聯榻敢附林宗望若仙醉後不知明月上滿城燈火藹蒼烟

遊七星巖　鄧時雨

千仞孤根類削成嶙峋猶紀列星名長湖宛轉浮
波細陰洞虛空引照明坐挹香風荷芰滿步迴青
磴杖藜輕蓬壺亦在人間世覽勝眞怡物外情

前題　光祿寺卿郭棐番禺

星巖開鑿自何年翠竹蒼松鎖曙烟古閣秋明千
嶂外梵臺風肅百靈前振衣絕壁嵐光映躍馬平
山霽色連應有憐春如杜甫任隨花柳問前川

三峽川原感昔遊七星靈境共夷猶檻前樹色浮

仙闕巖畔花香樸小舟把袂劍光開宿瘴捲簾蟾
采動高秋仲宣空自牽懷抱何處豪吟漫倚樓

陳文峯制軍邀遊七星巖

開府旌旗出郡城星巖湖水照澄清停車問俗群
生遂柱笏看山萬寶成豈爲吟秋躭勝賞祇緣傾
蓋見高情洞龍山鳥俱翔集來聽轅門鼓吹聲
八月風澄笋蕨肥壽歌聲繞翠雲衣謾勞設俎開
山洞許共看花坐石磯倚杖同瞻天北極當筵誰
獻鶴南飛儘誇賓主齊元愷共咏崧高視紫薇

度靈羊峽望崧臺

西江西峽鬱嵯峨南客南來幾嘯歌旭日映空翻翠壁飛雲當岫臬青蘿能將華髮逢秋色欲把青竿侶釣簑野興狂吟子不淺崧臺携手思如何

遊七星巖　　太守　鄭一麟山陰

春深結駟出郊坰北望崧臺列翠屏雲鎖天門山黯淡雨添石洞水澄清尊前鐘磬傳靈宇波上鳧鷗宿暮汀極目瀝湖堪倚棹酣歌休遣酒杯停

遊七星巖　　教諭　薛邦政化州

爲厭繁蒸特謁禪東風一轡到巖前喜瞻星寺千
空界堪擬桃源一洞天遶徑綠陰森古木懸崖淸
響落飛泉呼童載筆從吟鳥拾取瑤華次第編
星巖羅列壯端城振屐躋攀倚太淸洞口雲山無
鳥跡壁間澗水有琴聲啣盃霞島占星聚拂劍龍
光傍斗橫欲把新詩記風景風流應仰醉翁名

前題　　訓導　車鶴年　博羅

三年浪跡泥途裏此日幽探紫翠堆壁上收詩期
李杜斗邊談劍憶張雷龍蟠古湫紅光閃鳳掛虛

崖素影迴盡說蓬瀛多勝槩可能無意粤山隈

俗吏還能一看山七星歷歷縱躋攀貯雲深處聊

尋賞滴乳叢中暫破顏顛倒昨徒悲世路登臨今

始悟𫝀關羅浮自是金丹府爲際淸時未擬還

遊七星巖　　　　　　　孝廉袁　敬東莞

何來化石聳層巔疑是明星落半天壁裊雲根晴

亦潤巖虛鍾乳滴猶懸磨崖蘚字還今古瑤草琪

花自歲年幾度攀緣情不厭松林孤鶴故翩翩

奇峰突兀倚崆峒縹緲天門鳥道通寶閣佛燈晴

日照乎壇仙竈白雲封寒泉倒掛千層玉雪浪飜

拖五綵虹眺賞頓忘塵外想飄然舞袖欲乘風

前題　　守備陳經翰南海

端州形勝著圖經一舸西來陟翠屏日映層巒留

鳳彩風迴曲水帶龍腥絳霞飛影開三島銀漢分

流護七星更有靈巖堪遁跡隣天高閣畫常扃

背郭峯高近太清玉虛宮闕倚雲平乎關上接諸

天逈帝座常懸七曜明寶纛夜分河漢色石幢秋

冷露華零凭闌欲御金飈起去逐緱山子晉笙

紆迴一徑入蓬萊面面靈巖向水開瑤草蒸霞時
五色玉猨窺壑日千回月臨大地疑懸鏡舟泛中
流卽渡杯出洞流雲封絕壁著書應待客重來
五嶺南來第一山洞門深處斷塵寰西天折葦僧
留舄南海參禪客叩關紫竹淸陰回白日丹砂大
藥駐紅顔凌霄佛閣誰曾宿夜半星辰手摘還
曾聞福地有三邱卽此巖巒可並不玉削雙峯槎
泛斗雲開千疊蜃噓樓白鷗來去分吟席黃鶴翩
蹮傍客舟獨媿凡才非小阮逍遥叨奉竹林遊

陰陰古洞鎖寒烟石室猶存太極篇五百梅花空
在眼一圈心畫竟難傳雲邊讀易人何去壁上懸
藜火自燃此日重來誰復識滄桑塵刼自推遷
天柱高檠出絳霄空中飛翠落寒潮鯨波風湧晴
飛雪虹彩霞分晚跨橋華表幾時聞鶴語璇房何
處奏鸞簫仙人縹緲招難下且泛靈槎問斗杓
水月涵虛現法身楊枝滴露灑紅塵千層雪浪金
蓮湧萬里秋空玉鏡新東去湖光時瀲灩西來山
色自嶙峋經遊今古多名士誰是慈航得度人

此日仙槎泛斗來雙雙龍氣逼三台蓋飛絶島霞俱映棹倚中流月爲催雞犬桃源堪遁跡風烟蘿逕且啣杯汪汪同醉波千頃寄語魚龍莫浪猜

遊七星巖　　　　提學　郭子直　崇德

倚空臺殿復登臨更愛山山蒼翠深乳結虬龍疑刻畫巖穿虎豹歷嶇嶔風生虛谷聞天籟月印清池見道心對酒未須辭酩酊明朝回望但雲岑

前題　　　　黄　鰲

北斗光芒跨彩虹何時懸象洞岩中天開金界流

霞島人對銀河步月宫錯落珠璣聯玉乳參差烏兎映璇空盧生策杖殊無倦采采芙蓉越水東

前題　　縣尹譚　諭邑人

石磴盤旋步上台浮雲淺雨倏然開三天日色臨金闕萬疊山光映錦臺歸洞已看華表鶴登仙曾折樹中梅五千道德從何覔遥望關門紫氣來

嵯峨高洞是蓬萊袖拂晴嵐絶點埃乎石七拳星斗現青山四面畫圖開逍遥我亦緱山侶丹鼎誰知葛令才笑醉碧桃吹鳳管白雲天畔倚樓臺

遊七星巖　　同知　方應時　遂安

巖壑春深萬樹烟苔痕遍地匝金錢虹橋影落金波澈石洞香浮玉乳懸杖策天門雲縹緲側身星檻勢盤旋登臨莫負清時興荏苒韶華又一年

前題　　翰林　曾士鑑　南海

海上仙山散白榆瑤花如雨墮元都丹梯倒綴藤蘿黑石室青含日月孤駐舸樓臺觴隱映入天鐘磬韻虛無蓬萊清淺須臾事一醉同君臥玉壺

前題　　舉人　區大樞　郡人

彩霞飛自赤城標雙棹凌空渡玉橋波上星辰三島接湖中雲樹十洲遥層巖錦石晴相映小洞桃花晚故飄共促仙杯駐顔色醉來同聽紫鸞簫

前題　　檢討區大相郡人

磴道紆迴碧霧盤玉虛宮闕上巑岏何來靈氣眞人御不盡長風大壑寒洞口秋陰連薜荔巖前空翠濕琅玕丹梯裊裊非塵世鴻雁冥冥愧羽翰

前題　　御史區大倫郡人

層巒歷歷開郡城雙橋倒影湖水平地挾七峯爲

七星巖記　卷十四　七言律　一

北斗天浮一鏡作東瀛石門樓閣雲中度沙舸壺
觴畫裏行彩筆總能干象緯不妨星聚續爲名

遊七星巖　　縣尹　李霈光

瑞蟠巖洞碧玲瓏掩映祇光澈素空水瀉汪瀾穿
七竅星搖錯落燦諸峯金函邃鎖珠璣潤玉壘森
含紫翠封覽勝振衣淩峻磴崧臺烟雨正濛濛

前題　　員外　葉春及　博羅

端州城北有崧臺臺下千秋石室開倚檻牂牁來
萬里攀蘿星斗近三台蛟龍夏蟄群穿窟鸚鵡風

林數舉杯受簡焉能今白首賦成人羨大夫才

區必位吳式郡粱新謝天申黄文五文學載

酒過七星巖　　國朝太史杭世駿仁和

竹轎衝泥度石梁到山先問贊公房酒傾畫榼三

升足杖借紅藤七尺強陰洞探泉鍾乳綠澄湖盥

手水芹香南來雅負登臨興屈指斯遊得未嘗

贈七星巖下僧慧徹

伴我山遊得惠勤一龕清與佛平分方袍樹底歡

迎客短杖峯頭健撥雲貝葉靜磨坑硯寫花巾晴

換戒香熏莎亭盡日無人到剩與吾師判夕曛

過端州七星巖留題　黎羽人

石殿玲瓏翠滿窓仙人都在水雲邦湖光北繞通諸洞峽勢東回束大江徑接丹梯成複道影涵金榜動飛幢腥風晝擁桃花雨坐到龍歸試學降

遊七星巖寄梁磐重郭南耕　楊錫震香山孝廉

洞巒巧斲歎神工呼吸遙將帝座通七點明星環北斗一行冰霰駕橋東風迴石鼓鳴天籟水激巉螺發爨桐遙想蒼梧巡狩日至今湘淚滴筠叢

崧臺晚眺　　太史朱彝尊秀水

傑閣臨江試獨過側身天地一悲歌蒼梧風起愁雲暮高峽晴開落照多綠草炎洲巢翠羽金鞭沙市走明駝平蠻更憶當年事諸將誰同馬伏波

七星巖記

詩七言絶

遊七星巖　　惠陽進士鄺哲

嵯峨形勝倚晴空絶頂烟籠古桂叢暝色㬫浮金翡翠天香冷浸玉芙蓉

前題　　廣州主事楊瑞雲

歛雲日夜暗樓臺倏忽乾坤一掃開豈是山靈解留客七星專待使君杯

暗谷斜通仙路來隙光微引洞天開冷冷石乳空

中下莫是仙人露一杯

星巖二十景　　僉事　鄭人達閩縣

天然石榻倚崆峒見說當年臥白龍聽法松門清磬落珠光閃爛雨花中　石室龍床

清溪一曲抱村流小小魚舠泊鷺洲倒映淸蓮浮水面危竿時弄碧雲頭　瀝湖漁棹

雙虹倒掛碧流洄浪起翻成白玉堆劍佩直隨雲影度恍疑弱水浸蓬萊　虹橋雪浪

高閣亭亭出半霄攬衣兀坐亦逍遥水簾風捲嵐

烟靜極目憑高看海潮　天閣晴嵐

太乙靈旗若翰冲龜蛇長護玉虛宮予元大道歸

無象只見扶桑浴日紅　金闕朝陽

普陀岩畝月華生玉影泉分滴水晶出世謾言依

浄土菩提本地自空明　寶陀夜月

龍鱗爲榦石爲根風韻疑秦亦漢恩自託召棠毋

剪伐牧兒錯認是桃源　樹德松濤

客葉平垂十畝陰干雲百尺背層岑一枰坐爾消

長夏選勝何須問竹林　栖雲榕蔭

星巖二十景　　王泮

石床幽閟有龍蟠，龍去床空石自寒。獨有龍泉流不盡，四時飛作雨漫漫。右石室龍床

灝淼湖光遠接天，輕鷗短棹共蹁躚。一聲欸乃從何處，只在青青楊柳邊。右瀝湖漁棹

百尺飛虹激怒濤，東風翻作雪花高。試詢枚叔觀何似，應是瑤山駕六鰲。右虹橋雪浪

寶閣淩虛天半開，四山如畫巧難裁。晴風乍捲嵐光散，笑倚危欄逼斗台。右天閣晴嵐

乎元宮闕駕雲頭屏列南山枕北流日射天門寶
鼎爇黃金世界瑞烟浮右金闕朝陽
寶陀巖穴勝無加滴滴流泉乳石華海月到龕淸
似水瓊瑤滿地散蓮花右寶陀夜月
何年星隕石爲山留得星亭在石間萬頃松濤翻
翠八一泓流出水潺湲右星亭擁翠
星山烟抹翠雲鬟霞作衣裳蘚作斑更有流泉飛
碎玉恍疑仙子佩瑤環右霞島飛瓊
乍覺天風翻海濤回看松浪起林皐誰人植得摩

雲幹却笑河陽只樹桃 右樹德松濤

峇葉平吞日月華絲絲影落碎金花雲亭不減榕溪閣太史風流莫浪誇 右棲雲榕蔭

古洞閑雲自往來黃花翠竹共徘徊山僧一榻跏趺處爲問何如般若臺 右紫洞禪房

蓬壺仙逕倚雲霄石勢天然烏鵲橋三十六峯應可接教人錯恨路迢迢 右蓬壺仙逕

芳亭林壑受風和冉冉芙蕖映綠波一隊紅裙采蓮去錦香叢裏度嬌歌 右臨壑荷香

瀝波千頃漾清漪玉尺金梭弄水湄何日樂忘魚
共我蘆花江上一葦之 右方塘魚躍

木杯浮海欲之東風勒迴流柱水中一碧湖光峯
一點水晶盆吐玉芙蓉 右杯峯浮玉

東南天柱削嶙峋五彩流虹飲澗津忽訝飛梁接
星漢行行欲探玉樓春 右天柱流虹

巨靈劈石插雲端高掌猶擎玉露盤白帝倘能分
一滴天風兩腋駕青鸞 右仙掌秋風

閶風吹散暮雲收古柱蒼蒼積翠流返照入江翻

赤浪嵒扉欲共水光浮 右閬嵒夕照

誰鑿崑崙玉峽開青崖萬仞立崔嵬流泉濺沫飛霜雪滙出清泠漱蘚苔 右阿坡泉湧

天開奇窟有崆峒瑤草金花石室中一自廣成仙子去洞門無鑰倩雲封 右石洞雲封

星巖二十景 黎民表

紫氣冥冥護白龍玉鱗千載尚留蹤天門一去成霖雨閑却金梯十二重 石室龍床

款乃漁歌遠近聞青油晴捲瀝湖雲蓮舟蕩漾歸

來晚籠燭城邊候使君瀝湖漁棹款俗作欵

牛女相望一水中神人驅石便成虹奔雲噴雪三千丈不是靈槎豈易通虹橋雪浪

赤闌曲曲繞層臺風蕩嵐光水倒迴一片青天涵石鏡菱歌原未有人來天閣晴嵐

珠旗掣曳七星文萬壑朝暾射紫雲清漏一聲猶未歇星妃如雨導神君金闕朝陽

西方初月吐嬋娟湖上輕風罷釣船遥想水晶宮殿裏蓮花燈下一僧禪寶陀夜月

隨波上下似蓬壺白玉樓臺天下無惟見七星流
水面不聞詞客賦仙都　星亭擁翠
丹霞爲闕石爲屏玉溜淙淙石濕衣湖上只開雙
玉鏡飛瓊乘月幾時歸　霞島飛瓊
幽人伏枕興無聊何處翻江作怒潮夜半天雞驚
夢醒萬山明月照空寥　樹德松濤
栽花種柳滿溪潯太守風流苦費心後人指點甘
棠樹客葉曾遮十畝陰　棲雲榕蔭
一半禪棲出翠微蒼苔石滑到人稀西天弦管休

回首只合山門老衲衣　紫洞禪房

白石參差徑路斜玉壺終日秘青霞紫芝滿地無人采十里風吹古桂花　蓬壺仙逕

桂棹沿迴一水香秋風吹冷芰荷裳洛神邀得陳王賦故向瑤池試曉粧　臨鑒荷香

千頃澄波溢作池爲君添作豢魚陂江湖老去應忘我只是臨流少惠施　方塘魚躍

菱葉荷花素錦鋪中流一點落星孤扁舟曾逐乎眞子呼酒狂歌碧浪湖　杯峯浮玉

七星巖詩

玉笋高簪黛色濃海門長日駐高春世情盡逐頹
波去誰拄羅浮四百峰 天柱流虹
五夜追班鳳沼東亭亭仙掌立秋風蓬蒿寂寞文
園裏錯憶金盤出漢宮 仙掌秋風
秋削千峯翠作稜松間織鳥桂寒藤道人半醉斜
陽酒猶指金銀最上層 閬巖夕照
翠壁千重玉斧開中間一道出風雷若逢李白香
爐上定取銀河入酒杯 阿坡泉湧
人間日月易飛奔源水桃花自一村怕有漁樵來

往路白雲長倩掩柴門石洞雲封

星巖二十景　　光祿寺卿郭棐番禺

何年龍向石牀蟠瑤島幽清萬壑寒一自行雲翔

碧落彌空花雨尚漫漫石室龍床

湖水瀰茫接碧天短橈輕網任蹁躚得魚沽酒㽞

騰醉長在青莎綠樹邊瀝湖漁棹

虹梁岹嵽漲春濤濺雪翻花浪正高試問乘風誰

萬里却疑宗慤駕長鰲虹橋雪浪

璇閣丹霄峍屼開凭高縱目思堪裁天風駘蕩烟

嵐淨笑盼晴虹望上台　天閣晴嵐

天開琳闕粤山頭日射瑤題碧水流欲向仙都覔

黃鶴直看雙頂瑞光浮　金闕朝陽

寶巖清閟景偏加石乳駢連玉作華向夜月來松

影亂劫疑神女散瓊花　寶陀夜月

星亭綽約倚星山長耀星華五嶺閒來聽洪濤翻

翠壁更臨清泚弄潺湲　星亭擁翠

玉洞玲瓏翠作鬟晴霞縹緲色斕斑流泉恍訝飛

璚至時有風聲響珮環　霞島飛瓊

繞院松陰起翠濤植松人在楚江皋須看聳壑昂
霄日不是尋常千樹桃　樹德松濤
雲亭高木鬱穠華全覆平山豆蔻花露澤遠同棠
樹蔭風流爭向召南誇　棲雲榕蔭
紫雲仙洞記曾來看竹尋幽首重回笑問老僧禪
定處臨風吾憶鬱孤臺　紫洞禪房
偶來蓬島倚層霄恍似天台度石橋倩采紫芝情
冉冉轉憐青犢思迢迢　蓬壺仙逕
霓裳仙子按雲和搖曳香風瀉素波多少采蓮年

少女都來池畔鬧笙歌　臨蟚荷香

千頃滄波皺綠漪萬行玉尺弄清湄濠梁樂處應

相似此日忘筌信所之　方塘魚躍

一杯峰屼石門東砥玉長浮瀝水中莫謂孤高無

伴侶轉頭如揖萬芙蓉　杯峯浮玉

柱撑天闕出嶙峋虹跨銀河落潤津粵客獨來翹

首立五雲高處不勝春　天柱流虹

亭亭仙掌屹雲端長枹東皇勢鬱盤絕頂可能翔

獨鶴凌風容與駕雙鸞　仙掌秋風

西閬風澄宿霧收巖光滴瀝翠如流落霞孤鶩齊
飛處返照翻江島嶼浮 閬巖夕照

電斧誰將阿石開飛泉湧出雪崔嵬巖前滚滚珠
爲珮澗畔泠泠玉作苔 阿坡泉湧

九峯奇勝崆峒上太守雄題石室中從此名山多
令主不須更倩白雲封 石洞雲封

星巖二十景 教授 梁景先 郡人

石牀深處有龍蟠鍾乳參差滴溜寒岩壑虛靈容
久蟄芳春霖雨看瀰漫 石室龍床

七星巖詩

瀲灩湖光水拍天漁蓑野艇日蹁蹮磻溪已應非熊兆還有羊裘釣澤邊　瀝湖漁棹

驀地東風卷怒濤桃花春浪禹門高垂虹直下三千尺冉冉金鈎釣巨鰲　虹橋雪浪

重重畫角倚天開滿目風煙不易裁獨凭危闌看雲物七星羅列擁三台　天閣晴嵐

仐宮高敞碧雲頭金闕千齡鎖弱流雞唱未沉西崦月東溟浴日紫烟浮　金闕朝陽

風摇紫竹翠交加般若臺空轉法華漫對氷壺看

水月蟾光滿地浸梅花　寶陀夜月

天開圖畫好溪山星聚亭依水石間錦繡叢中堆
翡翠白雲深處聽潺湲　星亭擁翠

海上仙山湧翠鬟流霞淡蕩露溥溥瓊華三島春
狼籍時有飛泉響珮環　霞島飛瓊

萬壑松風湧翠濤千岩飛雪度江皋遊人載酒春
如海何處吹笙醉碧桃　樹德松濤

喬木凌雲積翠華濃陰滿地護琪花瑤池石上開
圖畫玉宇瓊樓不必誇　棲雲榕蔭

七星巖詩

岧嶤仙逕接雲霄誰馭飛簾上銕橋東去扶桑應不遠石門烟鎖自迢迢 蓬壺仙逕

西竺傳經海上來禪房經藏共裒裒不知飛錫遊何處薝蔔花香月滿臺 紫洞禪房

香風藹藹日晴和十里紅蕖蘸碧波瀝水湖邊長載酒月明猶聽采菱歌 臨壑荷香

一鑑方塘沁碧漪潛鱗游泳見眞機悠然莫道魚非我此樂莊生共得之 方塘魚躍

孤峯秀出七巖東突兀平川蕩漾中銀海光浮金

菡萏氷壺冷浸玉芙蓉　杯峯浮玉

巖高天柱玉嶙峋碧渚如虹逵漢津膹有桃源在深處帶花流出武陵春　天柱流虹

秋空仙掌現雲端疑是金莖捧露盤月出明珠懸玉腕西風吹影逐飛鸞　仙掌秋風

洞門深鎖瘴烟收斜日蒼茫紫翠流千里空明頻入望平原芳草暮雲浮　閬巖夕照

葯室璇房邐迤開横空蒼翠自崔嵬石泉湧出如飛練萬頃黃雲染綠苔　阿坡泉湧

七星巖詩 ……

千尋㠉石自崆峒鍾梵時聞烟藹中欲向叢祠訪神女洞門回首白雲封 石洞雲封

玉虛宮殿鎖崔嵬石磴稜層峭壁開波漾琉璃環漢渚山横翡翠接蓬萊琪林風細香烟裊碧落雲深劍影猜笑指丹厓尋羽客桃花流水自天台 右玉虛宮

維石巖巖聳太空擎天柱在粤之東高於衡岳三千丈秀出羅浮四百峰山戴金鰲環碧渚泉流玉蝀繞珠宫巨靈此峙原深意欲鎮炎荒壯九重 右天

柱巖

亭下波光綠染苔亭前山色翠成堆層凝樓閣空中見鰲駕蓬壺海上來瑤草日隨鍾乳長琪花秋傍石闌開道人銕笛吹楊柳冉冉香風落酒杯右棲雲亭

星巖二十景　　陳朝錠

相傳伊昔有龍蟠臥處陰陰夏亦寒噓氣已看騰八表薰蒸六合自瀰漫石室龍床

一水盈盈小有天綠楊隔岸自蹁躚漁人暗逐桃

花去忽到花源古洞邊 瀝湖漁棹

閒倚危闌看碧濤萬行滚滚雪山高長風未必能

衝激自是潛淵有六鰲 虹橋雪浪

嵐光掩映畫圖開情思飄飄不易裁幸有與公能

載筆中天樓閣賦天台 天閣晴嵐

金碧熒熒在上頭天門常有彩雲流晨雞咿喔殘

星隱先見扶桑旭日浮 金闕朝陽

人間淨土更無加閑聽山僧念法華月影流輝襟

袖上却疑仙女散天花 寶陀夜月

臨亭四望盡皆山積翠流丹恍畫閒試向尊前調

綠綺巍峯崒嵂水潺湲星亭擁翠

雲霧濛濛散曉鬟彩霞若綺護斑斑流泉潔白如

飛練一道淙淙響佩環霞島飛璚

白雲深處日浮華谿上濃陰近浣花老榦不知何

代植秦松漢栢莫須誇棲雲榕蔭

萬樹迎風鳴翠濤千年遺蔭滿江皐東君已種門

前柳不問乎都觀裏桃樹德松濤

入定山僧謝往來千層雲磴自徘徊不知幽洞翻

經處能得清凉似五臺　紫洞禪房

白玉仙壺在紫霄浪傳驅石海邊橋清虛咫尺人皆到誰說瀛洲去路迢　蓬壺仙逕

釆釆菱花風日和輕移蘭艇唱淩波武夷風景渾相似九曲誰能理棹歌　臨蟹荷香

梧竹周遭映綠漪錦鱗戲浪出湫湄令人却憶黿蒙叟一釣烟波信所之　方塘魚躍

萬壑千泉盡向東蒼蒼砥柱屹流中日斜照影秋波裏明鏡輝輝麗繡蓉　杯峯浮玉

平野孤根一岳峋彩虹直掛下天津依稀錦幛烟霞裏石髓長流洞府春 天柱流虹

露下金莖霄漢端神仙曾飲水晶盤常聞明月山中夕猶聽風笙奏紫鸞 仙掌秋風

斜陽光照暮烟收琪樹芬芳翠欲流邃谷幽岩殊勝似探奇誰道獨羅浮 閬巖夕照

箇箇南屏特地開兹峯北向獨崔嵬一泓清徹岩扃外着屐來遊印蘚苔 阿坡泉湧

玲瓏嵓穴郎崆峒石笋森森乳竇中無數騷人題

詠在春深大半蘚苔封石洞雲封

星巖二十景和郭篤周韻　陳堂

星山何代有龍蟠石室瑤床玉露寒一自乘雲將

雨去獨留巖下水漫漫石室龍床

瀲灧湖光水接天白鷗黃鶴總蹁躚漁舟幾點歸

何晚獨宿清風明月邊瀝湖漁棹

虹橋八月有風濤秋水飛花雪色高何處銀河横

碧落直從天外駕雙鰲虹橋雪浪

嵐光晴靄錦屏開瑤閣諸天好自裁雁蕩赤城那

得似相逢何必問天台　天閣晴嵐

日出扶桑東海頭何來金闕曉光流翻疑乎圃朝

開鏡五色雲中赤羽浮　金闕朝陽

天上秋期景色嘉陀巖光霽月爲華金波倒映瓊

樓上猶似仙家玉作花　寶陀夜月

芙蓉罨畫七星山山上亭森紫翠間十里蘢葱看

不盡更聞松下水潺湲　星亭擁翠

烟山霞島翠爲鬟淺石荒苔草色斑况有華池能

噴玉飛流千尺若連環　霞島飛瓊

樹德亭前動海濤松聲萬壑下江皋世人若解風
前曲不羨緱山醉碧桃　樹德松濤
雲亭榕蔭似春華絕勝河陽幾樹花十畝清濃翻
似葢平陵金谷可誰誇　棲雲榕蔭
折蘆何處自西來此日禪棲紫氣迴因念浮生無
住着却疑身勢在瑤臺　紫洞禪房
捫蘿躡磴上青霄一逕蓬壺隔野橋回首漁人問
津處桃源深鎖水迢迢　蓬壺仙逕
浮香澹靄覺微和十里荷花緣玉波臨壑亭前堪

一醉况聞溪上竹枝歌　臨壑荷香

一鑑方塘弄晚漪相忘魚水粵江湄垂綸豈必龍門路且向滄浪任所之　方塘魚躍

孤峰一點石湖東神女擎杯出水中雪色浮空翻似玉分明江上有芙蓉　杯峰浮玉

峰迴天柱勢嶙峋獨架飛虹照水津日暮雨餘天外落彩橋疑是漢宫春　天柱流虹

嵯峨仙掌倚雲端高並潼關玉女盤春到瑶臺風自好可誰憑馭駕青鸞　仙掌春風

閬岩秋淨暮煙收落日翻江帶夕流古樹寒林天一色晚霞紅見海東浮　閬岩夕照

洞口紅泉一逕開阿坡相對鬱崔嵬淸漣素色和雲起流出桃花點綠苔　阿坡泉湧

石洞誰開新禹穴穹窿四壁七峰中不知曾有丹砂否秖見雲深盡日封　石洞雲封

星巖二十景　劉克治

五花之樹此留蹤劉累何年御玉龍試問驪珠誰已得雲來雲去水淙淙　石室龍床

亂藻青榆散瀝湖清歌欸乃酒仍呼漁人亦有觀魚樂何必風塵歎食無 瀝湖漁棹

金銀池上赤霞宫曳珮橋成白玉虹雪浪浮天橋水府若非螭駕豈能通 虹橋雪浪

闌風伏雨掃嵐光天閣珠櫳玳瑁梁自是仙宫難得到白雲長護翠屏傍 天閣晴嵐

朱明承夜翼彤雲金闕晴開錦繡文却聽步虚聲未歇眞人來往動成羣 金闕朝陽

玉繩低度紫煙輕彡兎西冥接若英寺裏一僧持

半偈夜分三界響梵聲 寶陀夜月

天畔青山白玉樓何年波上七星浮仙都擬郎同

君賦乘興還能跨玉蚪 星亭擁翠

青山繚繞霞爲島綠水縈流玉作楹龍騎虹旌雲

不斷乘風一夜下飛瓊 霞島飛瓊

白鹿貞松偃蓋高龍鱗寒色未彫騷不知森竦風

颷卷處處翻江激怒濤 樹德松濤

使者年來石室傍栽花種柳漸成行角弓此日歌

嘉樹勿翦兼同召伯棠 棲雲榕蔭

蘭若雲林一徑斜山僧扶錫具袈裟蓮宮入定心寧住應有如來爲獻花 紫洞禪房

碧壇丹洞路仍通采藥泠然亦御風眞籙艸成天一笑羣仙冉冉下雲中 蓬壺仙逕

芙蕖灼灼出波新桂楫雕航瀝水濵爲問當年曹子建殊觀何似洛川神 臨鑒荷香

閒觀鱗族豢彪池日晩風迴戲碧漪魚水相忘眞樂在向來莊惠豈能知 方塘魚躍

杯峯秀出錦霞侵一點沿迴半欲沉王母西來應

七星巖詩

稅駕不知何似玉山岑　杯峰浮玉

嶙峋一柱削孤根紫霧黃雲互吐吞別有長虹留

劍彩遙分星渚劃天門　天柱流虹

秋色天風萬里來芙蓉千仞鬱崔嵬君王儻問金

莖事願獻仙人露一杯　仙掌秋風

平林瑟颷靜含風桂壑松巖夕照中羽客笙歌還

此地暮行羣過蕊珠宮　閬巖夕照

日影泉光一鏡天盤渦羣鷺浴娟娟四圍山色皆

如許漁子行歌亦水仙　阿坡泉湧

山逈天懸石室高煙霞洞古鎖蓬蒿問津或恐漁郎入故遺雲封不種桃　石洞雲封

星巖八大景　　譚諭

穹窿一竅與天通瑞藹祥光滿洞中忽聽鳳笙聲徹處五雲繚繞駕回龍　洞開華蓋

幽洞靈潭徹底汪寒泉萬丈透岭峅雲雷一動潭龍起宇宙均沾雨澤長　黑洞靈潭

十里晴湖光接天一竿漁釣任蹁躚得魚沽酒維舟晚醉臥青山綠樹邊　瀝湖漁棹

星渚虹橋湧雪濤春雷二月浪花高相逢有客絲綸手欲向磯頭學釣鰲　虹橋雪浪

凌空峻閣傍雲開景色天然畫裏裁倚檻憑高頻縱目端陽光霽接天台　天閣晴嵐

風入松林萬樹濤松頭鳴鶴起江皐芳聲獨有庭槐共誰羨庾梅與觀桃　樹德松濤

石逕盤旋接漢霄白雲流水隔虹橋緱山跨鳳吹笙侶東去扶桑路不迢　蓬壺仙逕

天樂何因向地鳴果然虛谷自傳聲華陽更奏宮

商調聊引群仙下洞庭 地擊鼓鐘

星巖八大景　　訓導　羅正憲 大埔

碧水清波逩洞天覽奇遊客故蹮蹮乎眞釣叟堪爲侶明月孤舟憇石邊 瀝湖漁棹

玲瓏飛閣倚雲開極目嵐光尺素裁曙色映來分草樹恍疑劉阮住天台 天閣晴嵐

風旛有論漫交加月到天心識法華莫笑巖僧同木石翳中曾見滿空花 寶陀夜月

老衲巖棲覓本來伴雲茹竹獨徘徊遠公說法廬

山頂傳得僧南悟鏡臺　紫洞禪房

糸室南宮切絳霄分明有路便藍橋石壁不須公

弼指劃然仙境未曾迢　蓬壺仙逕

滙流可鑑滿淸漪造化生生見水湄濠上盆池皆

樂處就中活潑欲何之　方塘魚躍

盈盈玉液浸岩東杯瀉馨香覆液中一點星峯凝

水渚衡山別出一芙蓉　杯峯浮玉

長繩不繫赤光收巖竇風吹暝色流玉府桑榆丹

就處那知人世幾雲浮　閬岩夕照

檢討陳獻章新會

道經七星巖

歷亂巖前石鼓鳴山人今夜動山靈同舟亦有知音者共聽乾坤第一聲

七星巖記

詩排律

七星巖　　都御史吳桂芳新建

共苦南中熱言壽別鑿幽星辰成貫璧天地此恒
秋飛瀨鳴丹液虛岑綴紫旒勝開龍虎窟跡擬鳳
麟遊覆坐靑蓮滿登臺翠藹浮躋攀疑梵閣縹緲
見蓬洲棋局依懸嶂壺觴引曲流歌聲含洞細暑
氣入岩收冦靖資賢路年豐逭國憂太平行有象
燕喜思何稠禹穴探將遍稽懷晩更留不妨歸馬

暗燈火爛漁洲

七星巖　給事　張　益　豐城

韶光適遊興名勝喜初經巖竇開仙境乾坤鑿地靈洞深春度水竅迴夜通星峭壁疑施彩奇峰似削青磴無蒼蘚匝。門有白雲扃。石室函歌吹瓊臺上醁醽窮躋遙縱目久坐漸忘形三島傳虛幻十洲入杳冥如何兹地勝心賞共泠泠

七星巖　右叅政　程　瑤　德州

七星攢秀色一洞接仙源燦燦星辰列巖巖虎豹

躋玲瓏曲以暢幽邃渺難緣日月隙中朗烟霞步外繁壺聲深谷應人語半空喧暑氣清風退詞人墨跡存自然眞閬苑別是小乾坤勝引名公躅奇來上客轅管絃調石壑棊局着雲門爲觸山林興遙思故國園

七星巖　　　　參議　許公高　南郡

問俗行江郭探奇到石村烟霞開洞府星宿應薇垣天狗中霄墜潭蛟舊窟存神鞭驅海石鬼斧斲靈根窈窕朱明勝崚嶒太華尊霓旌昇縹緲丹竈

鎖晨昏柯爛猿窺室棋殘鹿候門樵人紛自入羽
客更誰論紫氣迎冠蓋春光照酒尊鶴袍瞻岳伯
鳳吹擁仙媛臺憲青驄騎將軍繡虎轅一時巖壑
淨四野笑聲喧石鼓鼉音響苔碑鳥篆痕東風英
可攬南斗近堪捫玉髓容朝汲金蠶足晚餐便須
淹使節莫漫棹歸輪

七星巖　僉事　李　偕上高

見說星巖勝仙都此逕通羅浮移別嶠星斗墮崆
峒洞口亭臺迥湖中閣道重巖花交欲識蘗卉蓊

如璁嵐薄林拖練橋橫澗臥虹飛蘿晴拂雨邃谷
暑生風日月欻烏兎晨昏辨鼓鐘丹青誰點染刻
削似神功娛遊乘暇日燕賞及年豐酣醉來歸晚
長林月出東

七星巖　　　僉事　翁夢鯉　莆田

石室臨丹徼春遊度遠村人登青雀舫景動紫薇
垣興逸詩逾雋心融道自存靈山含雨色。絶巘挂
松根。勢枝東南逈名雄斗杓尊洪濛開日月彩翠
變晨昏水遶桃花洞。雲低薜荔門。乾坤長有此秦

漢豈須論爲着謝公屐共携孔氏樽追陪憐勝境
杳渺見仙媛芳草迷來往落霞傍去轅秪疑人世
隔時聽鳥聲喧蒼靄生衣袂莓苔帶履痕天梯如
可躡象闕信堪捫擬訪飛仙訣言逃烟火飧永言
棲此地閑理釣魚綸

七星巖　　太守　鄒光祚　鄱陽

七星原北極降岳下平村羅列諸天相迴凝太乙
垣斗光時皎皎石瀨此潺潺崒嵂藏春雪崚嶒現
玉根干霄擎砥柱截海跨常尊風煖鳧鷖醉雲低

野樹昏駐車循紫陌抱琵遍柴門一爾發孤興寸
心孰與論舉杯成八座劇飲定千樽芳草非秦路
桃花憶阿媛鳥馴知有主鹿擾欲扳轅結促飛觴
急人酣笑語喧疎燈移浦影淡月印苔痕薜荔堪
成把刺桐不可捫那能常作伴相望一加飧偶此
尋方訣星河泛彩輪

七星巖

叅將　鍾坤秀慶遠

爲說炎荒地山南有洞幽凉風生六月盛暑亦三
秋窔兀羅星象玲瓏綻玉旒爰從追絕賞相共續

艮遊入座塵埃迥凌壇爽氣浮恍如登雁宕疑復步龍洲揮筆摩蒼蘚移尊倒碧流逡巡雷雨作頃刻瘴烟收巖口聯歸馬桑林擁臥牛隔江燈影亂過渡語聲稠勝景窮難盡高車去更留湖光猶在望再擬泛仙舟

七星巖　　同知　呂天恩　灌陽

海岳標奇勝靈巖豁靜幽瓊峯連七宿玉洞自千秋丹府森珪璧彤庭映藻旒每懷塵外賞共向此中遊梵閣千林轉仙槎一葉浮英風生虎帳佳氣

藹龍洲蘿蔓蒼松合桃花碧澗流稻黄時雨過山
紫暮烟收野興供聯騎民風攺佩牛戈船南未息
羽檄北來稠石髓忻同探霞觴且緩留何妨弱水
渡自有巨川舟

七星巖水月宫　　太史朱彝尊秀水

晨策遵北渚初暾麗陽崖凄清曾飔發鬱遮素雲
靉横術越故蹊文林冠高齋蒼煙秀松果白石崇
基階以兹清曠地結念澄中懷琴瑟寂無音山水
調長諧天風答嘯歌魚鳥即朋儕懷新意犹眷撫

往迹誠乖　即事非浮　歡眞樂亮　難偕

西樵歷史文化文獻叢書

增補嶺海名勝志（十一）

（明）郭棐 編
（清）陳蘭芝 增輯

廣西師範大學出版社
GUANGXI NORMAL UNIVERSITY PRESS
·桂林·

明光禄卿嶺南郭棐周先生著

嶺海名勝記

香山後學陳蘭芝增輯

羚羊峽

包孝肅像

·包孝肅像讚

相動以天相感以誠一笑河清婦孺知名人目閻羅公自媨嫵墨硯之沙沉香之浦五嶺以南並有千古

吉安後學文天祥讚

羚羊峽記

香山陳蘭芝拂霞輯梓

文類

峽山寺建香雲閣記 即羚山寺 陸鏊

世道至今日蓋難言矣渾沌既死狙詐日生于是聖教斯窮王章亦墜然或有不畏人非而畏鬼責不可莊語而可利導者如人縱桀驁惕以輪迴則甚懼人即寡營祝以多子則甚願是不得不轉託釋氏之因果報應蓋神道設教亦爲政者所不廢也端郡名勝爲羚羊峽有古寺焉唐洗佺期悅而

羚羊峽誌

賦之中有小閣數椽以奉白衣大士端人士所日走以弗無子者也歲久傾仄予卒郡人捐貲鼎搆既落成僧請記之予迺取義沈賦爲新其名而曰甚哉大士能化導末俗也當其發願度盡世人方始成佛由是徧現法身遊行人世如月映千江在在圓滿復念世人認賊爲子則又因病發藥誘以子嗣迺人遂翕然皈依不問無畏不問圓通不問說法而惟石麟之是丐大士若曰克此念也人將曰我有父母我非其子乎我念我子父母亦應如

是而孝生彼夫子惠元元者非我大父乎焉得不以所事父母事之而忠立兄弟非我同產夫婦非我子所自出乎而何可不輯睦至于朋友鄉黨衆且疎矣然天下豈有無父之國哉而又焉能漠然視也如是可以度衆生可以酬初願可以移佛法于王法可以易今人爲古人可以羽翼聖賢表裏經傳釋氏之教豈僅蘄出世不蘄用世者哉香雲之閣惡可已也余端守也偕諸僚屬視端臣妾猶我赤子敢不仰體大士深壓如保之懷耶則請現

宰官身而爲說法

遷包孝肅祠小記

公諱拯字希仁廬州合肥人也宋天聖五年進士除大理評事調知天長縣有盜割人牛舌者主來訴拯曰第歸殺而鬻之尋復有來告私殺牛者拯曰何爲割牛舌而又告之盜驚服徙知端州土產硯石前守緣貢率取數十倍以遺權貴拯命制者才足貢數秩滿篋笥中有一硯亦投諸江遂起一沙至今猶存守端日以清心直道爲治本務農重

學西潦漲至江水不可食乃鑿七井以便民汲當
築石城民永懷之地方千里不識盜賊山猺向化
奔走恩威並著歲乃大和稱神明之政遷殿中丞
尋拜監察御史疏請選廣南知府又奏請廣南添
差職官章再上從之至今非獨端民稱頌普天之
下婦人孺子無不知包侍制之名夫有功於民則
祀之肇慶舊有祠在府治內東南隅前代有祭今
歷年久祠宇雖在祀典不聞敕該部每歲於春秋
仲月支官錢買牲醴擇日致祭永爲令典仍乞降

與儀注祭文刻石永爲令典不惟前代賢臣有功於民者得廟祀於無窮將使今日與後之任郡邑者有所感發而興起矣因是制以春秋二丁祭後少牢祀之宏治甲子都憲潘蕃以祠在郡署謁者弗便命郡守黄顒遷于城西爲今祠

羚山寺放生咸若亭記　宋男爵　李昂英　番禺

人與物林林然宇宙間氣之正偏性之靈實物不得同於人如其肖形然而同一生意天生聖人所以厚羣生使各安其受於天者然後無負於天之

付託我者每歲誕彌日郡國臣子既瓣香祝萬壽於佛老氏之宫必籠禽而林之盤魚而溪之端笏如楦視其罩罩而高洋洋而深乃再拜而退筌者羅者爭前期生致以供官之須是猶獄無罪之民徐脱釋以恩之亦稍頓挫困悴矣終不若此不放彼不捕之適其性也三代而後以好生之德脈其國無如本朝禁翠飾罷蜂貢放洛鯉止庖羔見蟲蟻而避郤鷁兎之進列聖之心卽天之心今天子聰明神武而不殺日月所照露霜所墜皆在聖德

包涵中翔走蠢蠉之微孰有出此心天地之外蓋
無一物不得其所初不待一日之間縱舍百千萬
億以示小惠然故典沿襲久謂不如是非所以歸
美報上也故莫之敢改世以是爲尊君一事則揭
虔之地崇大爲宜端之放生亭舊不專設始即送
迎之驛又遷之僧寮廡僅扁之寄州楞然太守臣
類窘於支吾姑湫褊簡陋之仍雪章侯莅鎮垢刷
蠹剔儉其出勤其積再踰年而後有羡力事無如
此重且急者亟瀕江經營焉七星巖秀鬱倔奇爲

一郡最勝處若屏障其後役起重陽而落之臘題曰咸若謂萬物無不蒙被帝澤非止斯亭蔵所放者也僦拓華壯簪紳雍容旅進退輿隸堵立其旁猝風雨有所庇潛龍藩體貌始稱亭雖三間而關繫大法當得書雖然君子仁民而愛物愛出於仁而民又先乎物者也夫子恐廄焚傷人而馬不問非㤪然於物者齊宣不忍一牛而百姓不見保則所厚者薄矣人主履大寶位推行天地曰生之大德二千石分土而治所以流布此德也物吾與且

惻然全護況民吾同胞乎毋寃繫如籠閉毋横歛如竭澤毋暴政逞威怒空其室廬離散其妻子如覆巢毁卵饑溺猶已手拊息噓使仰事俯育熙熙怡怡安樂之而不自知環千里皆放生亭詎止一林之棲尺水之泳而已哉必如是始無愧於受而爲牧之寄侯於仕學優念此已熟其勉潤澤之侯名勵爲端平朝士云淳祐九年二月旣望

羚羊峽記

詩選前冊　　香山陳蘭芝拂霞輯梓

羚羊峽山　　端守陸鏊平湖

婺州閈叱石成羊高峽偏傳羊化石乾坤奇境杳難窮萬里䍧牁注潮汐排空浩瀚勢不收迸湧端江吭若搤泓然受束此中流怒激憑凌時或湱霳霖約結漲俄濤釣魚臺畔懸尋尺往來相望不能前坐困舟師非一夕絕壁岧嶤矗九霄亂壘硌砑起蒼皴攀崖覓渡巧幬施南坡峻曲北蹊逼何年

捫斷一線痕跬步微通尚盤躃我乘畫舸御長風

負弩戈船旗鼓赫騰飛瞬息度層瀾前山早見文

峯碧湞陽清遠孟季間鼎足三分兹巨擘

仁壽山　麥孟陽高要

端城四面皆青峰嶙峋巀嵲撑蒼空神符銅鼓各

獻怪頂湖羊峽相爭雄看看誰爲此山耿人爲勝

奪天機巧廬阜潛移五老峯瀛洲分過蓬萊島奇

形異態最堪憐直如卓劍鋒鋩然軒昂聳拔如鳳

躍迴旋盤鬱若龍眠黄花翠竹森相並銀河黛伯

交輝暎露濃栢蝶濕不飛雲來夢鶴驚無定適情
景物此最奇郡侯心賞元無私琪園獨樂薄司馬
通衢高置誠相宜行歌醉舞週遭見徘徊盡日人
忘倦更有高情白髮翁倚杖步蟾看且遍人知共
樂此山好君侯雅意渾難道徽名標榜勒貞珉願
期萬姓歸洪造里有仁厚俗最淳民多老大何精
神滴風一洗躋壽域黃堂布德如陽春忽聞何處
奏鈞韶習習香風送韻飄品題未盡宜民思揮翰
騷壇愧續貂

過端州峽　　曾俊

六月牂牁漲濤翻岸欲搖天分五嶺險山夾一江遙舟楫懸崖恐魚龍吼浪驕未須貪利涉吾正候風潮

經端峽　　唐大理寺楊衡　吳興

陰岏東流水上有微風生素羽漾翠潤碧苔敷丹英重林宿雨晦遠岫孤霞明飛猱相攀牵白雲亂縱橫有客泝輕楫閱勝匪覊程逍遥一息間糞土五侯榮搴茗庶蠲熱漱泉聊析醒寄言絲竹者誰

識松風聲

夜入羚羊寺

太史杭世駿

羚羊峽束初上潮斷岸千尺被菁茅衝波卷浪撑柔櫓舟師怖恐鼀魚驕松間忽出堠火照始識蟻路緣秋毫登登輕策攖臂上蘚磴屈折藤蘿梢榕陰黯黮穩棲鳥石骨逋峭愁飛猱野僧披榛起肅客纖塵不動蒲牢哮潮音傑閣亘天半香雲縷縷盤空坳側窗透空望江影似有寶月空中招天風攡磨振仙梵飄墮木杪鷩鳥巢吾聞仙人顔李蕭

伸臂運筆一丈高見范石湖詩註英山古寺昔題壁靈迹
已邈難追鈔茲宇崢嶸夾山立佛力猛鎮千年蛟
一重沙界一重虹脊交壓菩提梢攙天峭壁闕
雲篆浩劫期我騰神尻埽空試鐫三百字留與好
事懸椎敲脩羅降雨助墨海餘潤立灑潮田磽江
深夜黑一揮手燭龍銜曜應相邀

羚羊峽　錢溥

白苧涼生函乍收峽川西近古端州兩山對挿青
霄立一水遥傾碧海流隔崦樵穿榕徑裏傍村漁

傲荻灘頭誰將十二參差玉吹作滿江楓露秋

羚羊峽　　吳尚質

羚羊西接古端城遠出長亭十里程溪澥尚涵包拯硯石涯曾渡馬援兵青山夾岸雙羅障綠水中流一泒平莫問前朝江上事月明深夜聽潮聲

包公祠　　僉事李　香分宜

端溪溪上榕檜森宋守祠堂存到今孝肅千年想遺像清風一硯懷人心海隅嶺表遙通道異代同方愧盍簪仰止奔趨薦蘋藻夕陽秋草古城陰

羚羊峽詩

包公井孝肅于端城内外鑿井七處民永賴之　區懷瑞

一脉源流幾穴成使君深澤遍端城霜凝碧甃銀牀淨日照寒泓玉鑑清光映冰壺侵座徹氣凌梧葉藉階平由來一硯清操勵遂使甘泉有令名

遊爛柯山宿蓮聖菴在羚峽中　戴　杜南海

烟際層巒知幾深棋聲隱隱落瑤林浴雲石濺流偏冷蒸日峯焦翠欲沈步怯欹崕幽未測杖拖絶巘杳難尋夜從野宿分僧榻夢入遊仙倚碧岑

蓮聖寺觀大水西下　沈用濟江南

鬱水西來萬壑奔倒翻塔影盪雲根中間一束高
腰峽直放驚濤出海門

有贈余以端谿綠石枕與蘄州竹簟皆佳物
也余既喜睡而得此二者不勝其樂奉呈
原父舍人聖俞直講附　歐陽修

端谿琢出缺月樣蘄州織成錦水紋呼兒置枕展
方簟赤日正午天無雲黃琉璃光綠玉潤瑩淨冷滑
無纖塵憶昨開封暫陳力屢乞殘骸避煩劇聖君
哀憐大臣憫察見衰病非虛飾犹蒙不使加罪去

特許遷官還舊職選材臨事不堪用見利無慙惟
苟得一從僦舍居城南官不坐曹門少客自然唯
與睡相宜以懶拕閒何愜適從來羸爾苦疲困況
此煩歊正炎赫少壯喘息人莫聽中年鼻鼾尤惡
聲癡兒掩耳謂雷作竈婦驚窺疑釜鳴蒼蠅蠛蠓
任緣撲詩書懶架拋縱橫神昏氣濁一如此言語
思慮何由清嘗聞李白好飲酒欲與鐺杓同生死
我今好睡又過之身與二物爲三爾江西得請在
旦暮收拾歸裝從此始終當卷簟攜枕去築室買

田清潁尾

題端州郡齋附　　知府包　拯合肥人

清心爲治本直道是身謀修幹終成棟精鋼不作鉤倉克燕雀喜草盡狐兎愁往牒有遺訓無貽來者羞

隆蔭堂　　宋狀元端州通判　黄公度蒲田

清樾纔十畝炎陬別一天華堂依怪石老木挿飛煙長夏絶無暑乗風幾欲仙心閒境自勝底處覓林泉

包公堂

華堂傳繪事昭代得儀型迹與莓苔古名爭蘭蒞馨清風無遠近喬木未彫零今日斲泥手依然瘦鶴形

包孝肅淸心堂

千里有餘刃一堂聊賞心庭虛延遠吹簷敞受繁陰休吏簾初下忘懷機自沈人間足塵土無路到淸襟

度羚羊峽　　朱學熙 濤遠

浦帆貪利涉乘夜度羚羊欲雨雲情重看山客思忙數聲寒狖嘯兩岸春花香瞬息崧臺道諸峯接渺茫

出羚羊峽望香爐諸峽山 中允 區大相 高明

香爐復羚峽信美正吾州伊昔投荒路今看擁上游啼猿千嶂雨楓落片帆秋作賦何年客偏憐風景幽

入羚羊峽 孝廉 區懷瑞 高明

霜波一葉清雲峭幾花明苔蘚皆秋色松篁作雨

聲杯傾巖翠下帆掛海鷗迎何事塵途險虛將湍瀨驚

下羚羊峽　和康世

迴船赴危石急棹下澄潭嶺火連秋霽雲帆半夕嵐菱香曲鏡發桂影夜珠涵莫解騷人佩新詩已盍簪

度羚羊峽　羅絃貞南海

夜度羚羊峽中流急浪催歌厓秋靄合峭壁夕陽開映月珠胎見巢雲翡翠來猶疑落星渚臨汎在

崧臺

夜次羚羊峽口　郎中歐大任順德

端溪泊舟處今夕待秋風落葉江波上啼猿峽雨中曙將催榜枻涼已到梧桐不用津人識藤簑自釣翁

遡端溪尋峽山寺　通判區大樞高明

石藏太古寺雲想幾重圍紺壁支香錫紅泉浣衲衣空餘雙樹影不見一僧歸却聽新鐘梵迢迢來翠微

還至端州驛前與高六別處 續檢 張說 唐朝人

舊館分江口淒然望落暉相逢傳旅食臨別換征衣昔記山川是今傷人代非往來皆此路生死不同歸

羚羊峽記

詩選後冊　　香山陳蘭芝拂霞輯梓

羚羊峽　　國朝尚書王士正山左

逆流入西江已闖高峽中何年神羊跡靈奧開鴻濛灘江梜牂牁日夜來向東怒流會端州奔湊朝祝融萬仞束洪濤大哉造化功龍從雲雷窟黯澹蛟鼉宮更聞溪中石價與瑤琨同當年貢天家千指勞人工鑿行九地底下與水府通微軀一不戒崩墜誰能窮尤物古所歎念此心忡忡

羚山寺

古寺四月中尚有木棉花殷紅照羚羊苔壁何紛葩下有束江亭俯臨硯洲沙牂牁萬里來遠勢如修蛇高峽扼其衝天險逾褒斜寺當兩峽口石徑交啥岈紅泉尚分飛竹筧通坳窪西望端州城七星莽周遮明當陟其巔舉手搴匏瓜

羚羊峽　　梁佩蘭

交廣咽喉路中流見峽迎果然天設險不似地空平日月雙厓峽波濤一線行濟川心獨苦秋色爲

淒清

羚山寺聽泉

高峽名泉出聲聲繞寺西帶鐘分斷壑飛月到前溪玉乳疑天落鋼瓶欲自携平生冰雪意今夕在招提

舟過羚羊峽望鼎湖　佘錫純

兩崖霜葉一江風不定閒身似轉蓬水束衆流分上下天開雙峽貫西東近看野燒明高嶺遥想松門隱遠空鼎湖有慶雲寺且看法堂新講席歸舟應爲訪

休公

舟出羚羊峽望鼎湖山　汪後來白岸

大荛相向開湍流邈如帶夾岸有漁家施罛徐擊汰峽竟廣川清豁然天地大西望青芙蓉鬱鬱倚天外蒼莽閟神物白雲時覆葢疋練亙山椒雷雨輙交會艸樹凝碧藹萬彙噏和泰峰阜抱崚嶒山貌其中行坎兒激箭射飛鱗回頭驚下瀨

舟出羚羊峽

峽路雲全截篷窗雨或開有龍皆付水無量亦持

杯峭壁懸奇鬼旋渦走巨雷丹青圖未了轉側已颰催

羚山寺

雨後天從峽口開停舟人立翠微隈桂林日落排雲去鬱水春寒卷霧來未有閒身居木石可無清詠答風雷巖前恍惚聞仙樂便向松臺過釣臺

羚羊峽歌

太史粵秀山長杭世駿仁和

羚羊峽峙端江濤山高高兮水深深山高不見衆木搖樠槮但見哀猿跳擲啼愁霆水深不見碧湨

橫鱣鱏但見㪅子擯落栫澱涔佛圖仙觀亦何有遠自太古春愔愔扁舟乘曉泝空濶支頤太息收孤衾桂以膏自煎象以齒自焚含珠遭杈大璞剖金錢截尾權文禽如神巧匠出鄉里日思推刃眞難諶是誰作俑石製研墨海酣飽金壺斟金星石末探未足䶂磯雀瓦紛搜爭遠從洮河近黃海劚掘已徧青霄岑巒荒也復破天巧靈胡高掌穿元霹磨刀霍霍剸石髓東西坑洞窮雕鎪丁丁逸響徹天外十里如奏邱中琴分肌劈理恣剜剔礱剖

孕腹觀懷㛄瀫淘水府抉地尸山靈含痛愁悲吟
腰絙縋入大壑底累夕不獲瞻辰參雲腴累百不
得一瘢痕餘潤猶滲淫花靑蕉白火輪赤重之無
異雙南金雲中不少大手筆助寫仙篆抒靈襟惜
哉無緣伴子墨輦送九陌娛朝簪我聞地有三千
六百軸輻輻相湊支嶔崟玲瓏瘦骨露豁閜驚濤
擊撞洪淋淋猛伐劇愁地脈絕頹然阤落誰能任
嗚呼申甫不世出安知愛道非天心炰山封水古
有禁孰能入告披丹忱　聖朝寶人不寶石深剶

巖壁垂來今猙獰鬼斧不敢劈眞官臥守防闚臨
茲山稍得蘇元氣膚寸雲出蒸甘霖金烏踆其陽
寒兎蹲其陰沐浴日月發光怪定能爲國生璆琳
歸眞返樸有至理耕稷安穩弭災祲　皇帝聖壽
一萬歲遠與高峽永永無虧侵

過墨硯沙有懷包孝肅在羚羊峽西口　黃　璞

去年曾探沉香浦今日重過墨硯沙廉吏有心皆
水石高風無處不煙霞語有映帶魚窺暖日朝吹浪鶴
立迴汀晚啄花天地亦知貞潔苦浮沙長與後人

嗟

端溪竹枝詞古學試作　李峯

紅泉高掛曲灣灣鑿石生涯羚峽間郎今賣硯江湖去朝來怕見望夫山

閱江樓下水溶溶西湖西水日流東水流東去幾時返疎雨黃昏愁煞儂

端州閱江樓在羚峽西口　陳晚成

牂牁之江千里來羚羊峽口一線開長波鼓盪氣不洩沙邊吼怒成風雷五月六月西潦至端州古

城畫常閉即今水落洲渚高急流尚作奔揚勢誰飛傑構臨江隈下有孤石名崧臺崇基崢嶸山岳立古格詰屈蛟螭迴百道文牕浮木末四樓角立何軒豁曲閣周流複道長高廊四注空階潤猶憶登樓髮尚鬈樓前親見海龍朝萬乘旌旃屯北郭千官車馬聚寒潮二十年來重繫舸淚滴闌干獨愁我白雲飛盡蒼梧深滿目寒山日西墮

端州閱江樓（金陵亦有閱江樓）　羅天尺

閱江名與江南並一代興亡在眼前王氣舊京淮

水繞藩封殘局峽山連春城洶湧搖孤堞白日黿

鼉聲暮烟誰是登臨闗氣象自來詩筆幾人傳

題望夫石在肇慶羚羊峽山上　名媛　劉祖滿

陟彼崔嵬望藁砧愁容無古復無今一峯屹立如

人影萬劫難移匪石心螺髻蓬飛青草亂蛾眉煤

畫綠苔侵歸帆數遍窮消息時聽清猿兩岸唫

端州閱江樓　廪膳生　陳　官　香山

五十名州望豁然牂牁萬里注樓前天西鎖鑰長

如此世外狂瀾任斷連兩粤江山供評騭百年與

廢幾風煙憑誰更撰金陵記借取金陵王氣傳江南

閱江樓明太祖命宋濂作記

羚羊峽　　太史朱彝尊秀水

泠泠高峽水際曉煙光微一聞征撓發宿鳥皆驚飛浦樹旣迢迢山雲亦依依谿廻修竹靜日出行人稀雙崖信奇峻屹立如重圍獲猻相吽嘯水石湛清輝遂令遊子心萬里亦忘歸林棲如何得願息漢陰磯

羚羊峽記

硯文選　香山陳蘭芝拂霞輯梓

端硯賦　孝廉 區懷瑞

硯之美者有端谿之綠暈紫璞焉其璞非石非甎若琨若鑌體經德之瑟栗抱元始之貞醇函文炳於丹隅發物采於山珍滋淩陰之藻澤翕元英而吐雲汨以涴澶不測之浩淵苞以僇嶠[illegible]之嶙峋其淵則黔灕盤激交邑奔射崩嵐流雲千里一息渤兮沸雪湛兮渟碧漩湍合沓每無潮汐嶂巘

矗束層厓複壁直濴凝於峽之下巖其巖若虬螭蛟鼉之所窟宅也又若巨靈五丁之所据摭也嶷穴蝸盤蜂房蠣積或引或偪或張或匿昒昧䨟𪆁不辨咫尺忽空洞以濩廓羗啚響而擬蹟躬跧伏而循負中悅悖以增惕恒魚貫而猨援曹不知其所適宛靈氛之滕閉燦金砂與玉液乃有裁雲之侶規月之倫或束桂燎或命魚鐙揮段氏之掾運鋇鋘之斤剖有禺之秘寶出銀浦之潛珉盪鑢稿泐浣滌郛陳瑩緻渾成不皸不皴在脂遜膩著息

流津霏靡濡龢不沁不墳精芭迸溜千古如新瑕
不奸瑜質有其文洞空爲鑑清越其音都衆妙而
無擅儼太璞之初分至其錯落點綴絲沈元璧虹
合裔蒸星光暉衛間壘相宣不可枚計鴝目羊肝
膠以鳳喙均圓正而朗析洵神工之繪麗豈瓊枝
之寸朽亦豹斑之所貴故以陬隅蘊結翔溢天衢
配艮三具漸惠六書籍彼綺縠匪彼琲珠寵光文
几鄭重璠璵登玉堂之華選應上方之膺需於是
副墨之子聞而頌之曰維乾有緯煥文明兮維坤

有靈璞而貞兮寫德圖心元象興兮端之紫瑰其夙稱兮永敷翰藻躋闕庭兮

端石圖賦當湖陸若涵文學別號端石崇正己巳從其尊人廉石公來守端州州產佳石適符其號爰繪圖卷顧予賦之予腹笥既枵祭獺無所才枯筆拙殊坫斯圖賦曰　　　　陳詩教

天傾西北聖人闕焉煉厥五色以次星躔隕仍化石散布林泉指不易屈人誰舍旃爾其膚寸觸雲羣玉煥采秦鐸末驅支錢難買巨靈之掌孤孽愚公之心曷改斯眞鉅觀實兼山海若夫夙著簡編

雜登園圃磊砢支奇請得而數則有禹書職貢孔
硯爲田訪支機于槎泛灑醉墨而花沿施漿得婦
煮石基仙因望夫而立稿攻責友以求全亦有醉
籍平泉綳歸艮嶽礪齒彌堅點頭類覺篇竝鶴以
雙淸華依花而增握石丈非迂巧匠待斲實繁有
徒不次可擢然而入難濟勝地不同風惟韓山其
堪語苦雞犬之或蒙于是有端石公子者性堅介
石道訪崆峒從公于邁來此粤中顧瞻崧石厥號
斯同爰列圖以自況次五嶽而居雄醉鄉花史見

而笑曰昔有陸賈説佗爰至指石爲盟褁花畢事既則陸績來守鬱林廉舟載石以迄于今貽爾子孫先生鼎足一硯不持以蘇閭屬君今爲此毋乃太貪收之一掬不費幽探公子乃肅然變色而作曰若誠井蛙而獨余詬石不能言人惟求舊千古流風今其或又試相于彤庶幾不謬米芾不云乎曰秀曰透曰皺曰瘦

宋包孝肅公新祠記　　參議　張　詡南海

端之名宦每以宋包孝肅公爲首稱而公之善政

每以清正爲本觀其自賦詩云清心爲治本直道是身謀可知矣按史公立朝剛毅貴戚宦官爲之歛手平居無私書故人親黨皆絕之至比其笑爲黃河清又相目爲閻羅包老雖古之遺直弗過也雖貴自奉如布衣時遺戒後亂出仕有犯贓者生不得歸本家死不得附祖葬雖古之眞清弗過也故其守端也往往以直清著端產土硯前守緣貢悉取數十倍以遺權貴公命製者纔足貢數皆本乎直中來也及官滿而歸一硯不持皆本乎清中

來也往是地方千里民樂耕桑水蛋山猺趨庭嚮
化端之父老至今傳誦之不衰祭法曰法施於民
則祀之若公者非其人耶端舊有祠以祀公在郡
署儀門之左宋熙寧中郡守蔣續新建其後修廢
不一皇明混一之九十年爲成化乙酉知郡事黃
瑜始疏入祀典歲春秋饗以少牢之禮又四十年
爲宏治甲子總督都憲潘公以祠限郡署內凡東
西往來瞻謁者弗之便也乃委郡守黃侯於郡署
外之西百步許相地而改祠焉僉憲許公實贊襄

之告成之日黃侯徵詡文以記詡竊嘗嘆夫今昔生民之不幸也莫甚於官吏之貪亦莫甚於政刑之弗平蓋貪則浚民膏血而凋瘁其本矣政刑弗平則賦歛繁而下疲於供應法網密而民無所措手足矣生意沮而廉恥喪禮讓衰而盜賊起此職之由也又竊嘗怪夫世之貪夫佞士專苞苴總貨寶脂韋澳涊趨炎附勢以爭憐取寵爲得計縱富敵郿塢貴窮公卿不旋踵禍敗相繼卒之身名俱喪間有幸而免者亦貽殃於子孫其視公之清風

直道浩然天地之間尸祝俎豆名流百世之遠得失相去奚啻霄壤哉然則救其儆當若何是故惟直可以塞邪枉之路惟清可以澄貪虐之源昔舜命伯夷爲秩宗曰直哉惟清夫交神明且不能外是而他求焉則以之而正心治人孰謂其不可哉。此我都憲公注意乎是祠之遷也豈但寓懷賢之意而已耶將俾食祿與大官遊而道出于茲土者造祠登拜之頃覩面貌之煥然瞻遺像之如在肅然興其仰止之心勃然篤其思齊之志殆見播清

風而秉直道濟濟乎其人也則於世道端有賴焉
都憲名蕃字廷芳崇德人僉憲名暄字景輝開化
人黄侯名顒字伯望莆田人觀其好德可以知其
政矣祠經始於是年正月六日落成則五月朔日
也宏治十八年歲在己丑蒲月

按史載孝肅爲人峭直剛毅惡吏苛刻爲務敦厚
雖嫉惡如仇而未嘗不推以忠恕與人不苟合不
僞詞色以悦人平生無私書及知開封府日貴戚
宦官爲之歛手吏民不敢欺童稚婦女亦知其名
京師爲之語曰關節不到有閻羅包老以其笑比
黄河清云時仁宗無嗣及爲御史中丞極言東宮
虚位日久天下以爲憂夫萬物皆有根本太子者
天下之根本也根本不立禍莫大焉帝曰卿欲誰

誰孝肅言臣非才備位所以乞預建儲君者爲宗
廟萬世計爾臣年七十且無子非邀後福也帝曰
善當卽
議之

羚羊峽記

硯詩選上冊　香山陳蘭芝拂霞輯梓

端州紫石歌　唐協律郎李賀

端州石工巧如神踏天磨刀割紫雲傭刓抱水含滿唇暗灑萇宏冷血痕紗帷晝暖墨花春輕漚漂沫松麝薰乾膩薄重立脚匀數寸光秋無日昬圓毫促點聲靜新孔硯寬頑何足云硯巖俱在爛柯峯下

謝寇十一惠端硯　宋陳無巳後山

端溪四山下龍淵鬱積中州清淑氣金聲玉骨石

爲容江河屈流雲作使滑如女膚色馬肝夜半神
光際天地諸天散花百神喜知有聖人當出世沒
人投深索千丈探頷適遭龍伯睡轆轤拖出萬人
賀千歲之藏一朝致琢爲時翰供翰墨十襲包藏
百金貴北行萬日更衆目寇卿好事不計費南鄰
居士卿之孫豐悴相從不爲異似憐陶瓦磨竈煤
輟贈不減前人志人言寒士莫作事鬼奪客偷天
破碎龜玉韞櫝與無同錦衾還客棄佳惠衆所欲
得當有緣天獨於予可無意敢書細字注蟲魚要

傳華嚴八十偈

遺樊茂實硯後刻　　張無垢

端溪古硯天下奇紫花夜半吐虹霓不隨凡石追時好眞與日月爭光輝韞藏久矣不亂用惟恐翰墨汚染之樊子文章有餘地汪汪萬頃誰能窺贈君此硯無輕棄經史妙處無發輝飛流濺沫徧天下要使咳唾皆珠璣

召還追端州昔遊作　　唐同平章事李紳　亳州

天將南北分寒燠北被羔裘南卉服寒氣凝爲逆

黨驕炎蒸結作蟲虺毒周王止化惟荆蠻漢武鑿
遂通孱顔南標銅柱限荒徼五嶺從兹窮險艱衡
山截斷炎方北迴雁峯南瘴煙黑萬壑奔蕩溢作
瀧湍飛浪激如繩直千崖傍聳猿嘯悲丹蛇元虺
潛蛟螭瀧夫擬楫劈高浪瞥忽沉浮如電隨嶺頭
刺竹蒙籠啓火析紅蕉焰燒日嶺上泉分南北流
行人照水愁傷骨陰森石路盤縈紆雨寒日燠常
斯須瘴雲暫卷火山外蒼茫海氣窮番禺鷓鴣猿
鳥聲相續椎髻嘵呼同戚促百處谿灘異雨晴四

時雷電迷昏旭魚腸雁足望緘封地遠三江嶺萬
重魚躍豈能通遠峽雁飛難渡瘴江東雲蒸地熱
無霜霰桃李冬花匪時變天際長垂飲澗虹簷前
不去銜泥鷰幸逢雷雨盪妖昏提挈非歡出海門
西日眼明看少長北風身醒辨寒温賈生謫去因
前席痛哭書成竟何益物忌忠良表是非朝驅絳
灌爲讐敵明皇聖德異文皇不使無辜困鬼方漢
日傳臣終委棄如今衰叟重輝光高明白日恩深
海齒髮雖殘壯心在空媿駑駘異一元無令朽骨

嶄千載獨憶端山嵐氣閃巖峒深處蘊璨璀

端溪采硯歌　黎羽人

裔雲搖根走深谷巖父冲冲鑿瑤玉移得艮田自兎畊筆花萬丈棲鸜鵒媧天擦手濕雲濃秦皇鞭痕疑向東磴然不數未央瓦神仙都下獰龍宮探來片片皆奇寶虫頭蝕斷紅霞老寒氣呵蒸平湧泉火痣如烘温不燥羚羊峽口琢磨家自言蕉葉勝梅花千緡莫惜買歸去晴窓潑墨浮煙斜

遺俞安中端硯刻銘　朱元暉

惟端有溪孕石惟夥茲乃下巖舉無其比色奪芝英温堅玉理以貽安中是亦成美

端石銘　　徐渭會稽

端石之嘉戞墨有聲如蠏跋沙斯乃然耶翩翩公子夢筆生花

鸜鵒之眸有無不足求人且病眸爲石之疵

端石𧊒硯銘

頷則燕而虎爲頭眶則𧊒而鸜鵒爲之眸彼飛而而食肉此飛而飲於流墨卿耳何足以侯

無眼端石銘

鸜鵒之目偶端石或取以驗眞或指以爲疾我則不然問果落墨不落墨

馬策之端硯銘

寶端紫鸜鵒睛此俗見孰不能此端紫之鸜鵒以麞除麋崑刀削玉

小端稠墨提翡翠之削金毫屢閣而不染赧難爲乎苦吟

五硯銘　　知府陸鏊平湖

抜深淵其來再輔朱丹茲文在雜山牘而不驚羣
蠹魚而無礙此端之良也孝肅藏焉我有志焉而
未之逮　黑硯
亦元亦白宜朱及紫嘘潤作霖雲烟滿紙動之斯
和惟我與爾　白硯
物忌盈成民亦勞止潑墨濡毫十目所視石不甚周好鸜
鴝眼
上
一微塵內現大光明匪膩而潤不琢而成長享爾
令名　隻眼鸜鴝硯

海若之能涵也積而不盈谷王之善下也佚而有成夫民猶水也東四南北惟上所使而罔不樂就于天下之平吾惡知其所以然于彼端坑四水歸元硯

升恆研銘

陽陰不眦照臨靡忒明炳千秋衆正是式

陸使君風硯銘　推官　陶奭齡會稽

置之峥泓以春容用之則周雲龍從沛元澤於無窮是爲君子之德故其形以風

二十八宿端硯銘　曹徵庸平湖

織女支機隧爲元石使者得之砥礪寧極犀牛之
函斗玉以飾神鬼護阿副在奎壁星昴日中應龍
竊逸追逋孔嚴棄遺我室我室靜虛房櫳如栻當
山之嵴流水在側花開柳舒罥雉雊麥爾來何隣
奇文秘笈鹿床之南焦尾之北箕股解衣信臂張
翼頵楢參和心手咸適事畢而退還守鈍嘿勿令
傖父軫捩亢突汲㫚井水磨折角罣寧危而碎謝
婁郡德

贈端溪圓硯　　杜挺之

雪壓古寺深中有臥病客訪之語久清饑馬齧庭栢案頭巒溪硯其狀若圓璧指此欲爲贈而將助吟席非意予敢貪既拒頗不懌大出楮中有素一作昔許當自擇強持慰勤心歸以示朋戚哂曰豈其然爲汲寒泉滌滌彼僞飾物紙乾見頑石清晨走髯奴無厭願求易拜賜遂如初明月懷吞蝕微分鸜目瑩尚漬墨花碧詞答謂我愚悔復料已逆明日未央朝執手笑啞啞

羚羊峽記

硯詩選下冊　香山陳蘭芝拂霞輯梓

端硯詩　蘇軾

披雲離北巖度嶺入中夏重藉剪楚茅方函斲英
櫝騷壇意莫逆匠石語少之字參匪至勞運斤如帶防
毀銙𥗋句少四字觀隅整同厦津津剖馬肝索索
模羊骭氣逼松滋豪姻聯雪濤姹登登却蹣跚飲
水何裀閒守墨面宜黔含貞口終啞靜惟有壽焉
玷尚可磨也魯史記獲麟晉帖題裹鮓供給列唐

文護持等商彝肖形空愛纖風字仍嫌哆斮觀七八評咸本六一寫退然敢摩肩信矣俱出跨始知尹公他不媢王孫賈銘詩與器傳篆刻當碑打嚴韻拾子遺微才任聊且

自然端硯銘　蘇　軾

其色馬肝其聲磬其文水中月眞寶石也而其德則正其形天合其於人也畧是故可使而不可役也

端石硯銘　蘇　軾

千夫挽綆百夫運斤篝火下縋以出斯珍一噓而

液歲久愈新誰其似之我懷斯人與墨爲入玉靈

之食與墨爲出陰鑑之液懿矣茲石君子之側匪

以況物維以觀德

子瞻尚書惠涵星硯月石風林屏賦十二韻

以謝龍尾溪硯以有金星爲貴　太史范成大石湖

端溪千仞涵明星號山太古藏陰靈蘇公贈我此

二寶使我坐臥瞻雲屏我觀天地間有物皆流形

或從清空入幽谷中夜隕石翻階蓂齊諧志怪不

能狀欲說但恐同優伶公遊浙江探禹穴長嘯宇

宙臨滄溟手攀天河弄星月醉落大筆還徵醒故

分星月入我室光照窗戶風生庭長林偃絕壁晚

色寒青冥似聞洪濤卷萬木直幹不折當風霆乎

雲欲落雪夜久孤燈熒報贈愧無青玉案苦吟徒

使神鬼聽

次韻范純父涵星硯月石風林屏詩

蘇　軾

月次於房歷三星斗牛不神箕獨靈簸搖桑榆盡

西靡影落蘇子硯與屏天二與我兩厭事孰居無
事爲此形與君持槖待帷幄同列温室觀堯莫自
憐太史牛馬走伎等卜祝均倡伶欲留衣冠掛神
武便擊雲水歸南溟陶泓不稱管城沐醉石可助
平泉醒故持二物與夫子欲使妙質留天庭但令
滋液到枯槁勿遣光景生晦冥上書掛名豈待我
獨立自可當雷霆我時醉眠風林下夜與漁火同
青熒撫物懷人應獨嘆作詩寄子誰當聽

龍尾石硯寄猶子遠龍尾坑名　蘇軾

皎皎穿雲月靑靑出水荷文章工點黼音攸艸書勢黼黼相連也

忠義老研磨偉節何須怒寛饒要少和吾衰安用此寄與小東坡自注遠爲人類予○紀先生云竟不出硯字古人詠物方見手筆一二比形五六比德

洗硯　武榜　汪後來白岸

經宿成陳迹人間少至文手披三峽霧魚食一池雲不厭惟閒事難忘是所聞官休無負廓持此代耕耘又鷺鷥硯詩云硯田方一寸白鳥亦栖遲毛羽寒如此收成儉可知分明瑕不掩翻以病傳奇愼爾絲絲頂縱横筆墨時

銘硯此宋紫端也吾粤中故自罕覯今入贗說老坑硯之輙弗顧嘗特鬻之京師亦弗售歸題一絶銘之聊以自貽也　孝廉　何　邵　順德

白琥黄琮價匪輕世人元識紫端名如何少見還多怪北去南來無限情

端溪採硯歌同孝廉何章民明經李佳玉賦　孝廉　羅天尺　順德

蛟龍爾何不為山川守秘奥峽雲斲盡坐枯槁毋乃盛世星聚賁文明山川不敢愛其寶我遊雙峽觀東坑東坑淵渟冠水巖巖口寶氣射天紫口有

黄龍火焮毁光涵大官請旨得開禁官採兵扞無人問壯丁冬涸腰雙斧綆曳蛇行到康子嚴名焚脂光洞石齒齒山氣冰人半僵死割得溪雲盡石髓鬼神晝哭潛蛟徙得石何艱價不貲賣與文人當鼎彝風雲會合書制詞一字直可千秋垂嗚呼噫嘻負趨何時無大力嶺南之寶豈獨石

以端石研寄餉諸太史襄七繫以長古名錦秀水

縣人

去年獻璞不得價東歸過别金馬門搜囊有石類

鳳咮憐爾無緣覯　至尊急送點黐同硯艸（東坡寄研詩）
不隨我註魚蝦老墨卿悍拒非其儔（已未曾以研餉太史未收）
頑鈍難充玉堂寶我既被刖君遭棄棄置原非
主者意得喪從來不足論文章本是江湖事南方
轀匵人不知太史天上書制詞雀臺瓦古水乾涸
元雲散盡中書禿忽憶羚羊綠玉磚肌膚柔滑鮫
綃薄萬里精靈暗裏通（壬戌太史對予友蘇珥云時憶此研）前何倨
傲後何恭經刖之脛難逐至負趨端藉蛟龍宮我
歌白華以娛毋無文於君復何有竹帛勳名羣所

從不張讒邪妬君尸裝成玳匣等蒲車送爾承明館閣春曾應應草求賢詔待聘璠璵尚席珍

鷺鷥硯詩贈吳子鍾 潘華蒼歸自端州郡制軍幕出硯相餉中具鷺鷥形張明府闔華佘廣文語山梁茂才靈長見而奇之寵以詩歌予自顧硯田久荒恐負此文會用贈友姪吳子鍾爲玉堂左劵因繫以詩寄勉勵意兼呈乃翁珍上

玉屏峰下峽羚羊飈雪絲絲列幾行費盡文人秋後思稻田難寫是江鄉

幕府贈來同側理只應長伴玉堂仙趨庭想爾承詩教好寫賓王振羽篇

全山長贈予端石四片歸斵爲硯一以[illegible]吳

元治一以贈陸世貴留其二以自娛詩以

代銘并寄山長端州　　太史杭世駿仁和

高峽兮峰青椓余杙兮山陘高峽兮水碧濯余足

兮湏春峽有石兮琀磬波淙瀼兮坑西東磨刀割

兮峽雲紫鸜之鵒之兮睛活不死片片兮壓輕裝

或矩以句兮或橢以長傾余愛兮贈夙好寶其二

兮送老雨闉兮風扃删七緯兮寫十一經嗟人生

兮孰如汝壽數石交兮獨汝余厚

硯石考

嘉靖志有紫白綠紫者尤良高要硯坑在羚羊峽之東口下巖北壁南壁曰中巖北壁南壁曰上巖上巖背曰龍巖唐取之所出下分路稍東曰半邊山諸巖西南沿溪而上曰蚌坑其石以下巖爲上中巖龍巖半邊山次之上巖又次之蚌巖最下蓋石性貴閡色貴青紫眼貴翠綠圓正有瞳子惟下巖有之乃若性枯燥色黃褐眼赤黃者下品也硯坑之外尚有黃坑石新坑石小湘峽石後瀝山石皆不及故下巖水底石價十倍於南壁南壁石價十倍於中巖北壁半邊南諸巖石價倍於中巖南壁半邊北諸巖龍巖及中巖南壁石價倍於上巖上巖石價倍於小湘小湘石價倍蚌坑後瀝硯譜云硯色深紫襯手而潤扣之其聲清遠有青綠紋鸜鵒眼上也色赤呵之乃潤有紫紋鸜鵒眼次也色青紫側視之有碎星點如沙中雲母乾而少潤下也眼之品六曰鸜鵒曰鸜哥曰雀[illegible]曰雞[illegible]曰

箇兒曰緑荳其類自別又有子石在大石中[illegible]者
識山之脉理鑿一竅自然有圓石青紫色者坎爲
硯可直千金而眼非所論矣學士劉定之與舉人
許仁評硯書云活眼勝淚眼淚眼勝死眼活眼圓
明曆暈或暈惟一點間色而已又云上眼勝中眼
中眼勝下眼上眼在硯池之上墨不及中眼墨所
及下眼在池底昔人論端硯未及此也有宋包拯
陶弼治端溪皆不持一硯清風凜然國朝永樂宣
德中曾遣内侍採取費不啻百千所獲鎻碎倜適
於用乃竟封塞巖穴以至于今葢聖代之美事也
前有某吏捶殺數工而需百硯者嗟嗟硯亦民害
哉

博物志云硯譜載天下之硯四十餘品以青州紅
絲石爲第一端州斧柯山石爲第二歙州龍尾石爲
第三

歐陽修硯譜云端石山端溪色理瑩潤本以子石
爲上子石者在大石中生葢精石也而流俗傳訛

遂以紫石爲上又以貯水不耗爲佳有鸜鵒眼爲貴眼石病也然惟北巖石則有之端石非徒重於流俗有司歲以爲貢亦在他硯上然十無一二發墨者但充翫好而已

蘇易簡文房墨譜云端溪硯水中石色青山半石色紫山頂石尤潤如猪肝色者佳

東軒筆錄魏泰曰端溪有三種曰巖[illegible]曰西坑曰後磨石色深紫襯手而潤叩之清遠有聲緑圓小鸜鵒眼乃巖石也其次色亦赤呵之乃潤鸜鵒色紫綫慢而大此乃西坑石也其下青紫色向明側視有碎星光點如沙中雲母乾而小潤謂之後磨石西坑硯三當巖石之一後磨三當西坑之一其品可知

東坡筆錄云黄黑相間翳睛在内晶瑩可愛謂之活眼四傍浸漬不甚青明謂之淚眼形體略具内外皆白殊無光彩謂之死眼活勝淚淚勝死死勝無

文房四寶云端溪石有白赤黄點者謂之鸜鵒眼
脉理黄者謂之金線文其山號斧柯昔人採石者
先以中年祭之不爾
則雷電失石所在
邵氏後錄云端石如德人每過於厚或廉於財不
能底滯歙石如俊人輒顛倒失之輕而遇事風生
元不一厭
足人意
宛委餘編云柳公權蓄硯以青州石末爲第一絳
州者次之後始重端歙臨洮及好事者用銅雀臺
瓦爲硯至有稱未央宮瓦者然皆不及端歙次之
宋高宗云端硯之有眼病也所取惟一八純紫玉
者
洞天清錄趙希鵠云端溪下巖舊坑卵石黑如漆
細潤如玉眼中有暈或六七眼相連排星斗異形
又一種卵石去膔方得材色青黑細如玉有花點
如筋頭大其點別是碧玉精潤與石質不同或有
排點如聚皆叩之無聲磨亦無聲　南唐時已

卷十四　硯石考

難得出巖舊坑石紫如新坡脫細[illegible]玉作[illegible]如
小綠豆純綠色而無暈或有綠縧紋如線此種亦
外有黃膘包絡叩之無聲磨亦無聲已上硯久用
鋒芒不退中巖新坑色淡紫眼如鸜鵒眼大重而
緊小其中如瞳人狀叩之老者有聲嫩者微聲磨
之微聲久用則芒退其上巖新坑皆色灰紫而麄
燥眼大如雄雞眼叩之璫然磨墨[illegible]作鋸聲久
用鋒之光如鏡面不堪用又有一種[illegible]黎溪類
端者表淡清裏深紫而帶紅有極細潤者間有金
線或黃脉直截如界行行相間者號紫袍金帶然
不發墨愈用愈光而頑硬一種[illegible]沉墨者色深黑
質麄燥或微有小眼黯淡不明尤爲下矣此辨論
甚精而微與高
宗所記不合
金星石出德慶其黑如漆而密排金星堅潤如元
玉最能發墨出歙龍尾硯土萬曆初尚見之貢亦
不昂其後墨漸不如而質亦枯燥今德慶以[illegible]陽
若脉禁工采取市遂絕跡端硯者但知有宕

嶺海名勝記

香山陳蘭芝增輯

宁影皆

鼎湖山志 卷十五 圖

鼎湖山圖

慶雲寺
三寶殿

鼎湖山志 卷十五 圖 一

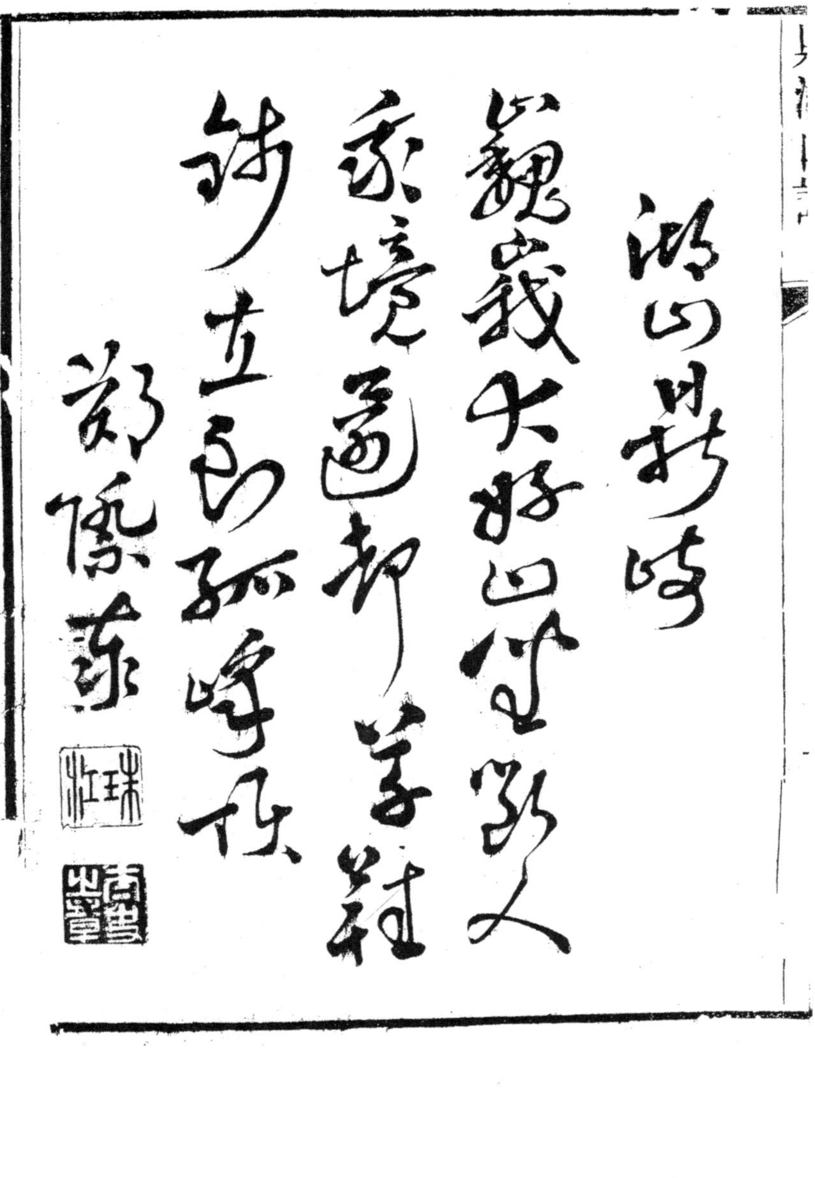

鼎湖山記

序類

序

香山陳蘭芝拂霞輯梓

鼎湖山志八卷跡公大師之所輯也始予在桂未識跡公讀其集想見其爲人旣予在端未識鼎湖也讀其志而想見其爲山及夫晤跡公陟鼎湖則夫靈悟超脫峭蒨深秀之致皆與予所想見者吻合故知默存之妙與實歷等葢予之遊是山也從五羊還泊舟峽口天色薄暮春雨

作急自麓至椒十餘里從筍輿中領畧其大槩入丈室與跡公茗話昏黑下山宿舟中明旦發矣回睇蒼黛如隔弱水然後知天下事無虛實眞幻一切平等未由分別當未遊時展卷披圖神注心往如入山也當其遊時撥雲挹翠輿飛目縱如閱志也筇屐之所至者少而暫紙墨之所留者多而久必待聽疎鐘於鳳嶺眺飛瀑于龍潭而後爲識鼎湖也者則天下之遊鼎湖者寡矣操是志也而人置一編則天下之遊鼎湖

者多矣卽以予驗之入山而形遊者之暫不若向之閲志而神遊者之常也昔周穆王時西極有化人來王執化人之袪騰而入化人之宮其宮出雲雨之上而不知下之據若屯雲焉居數十年王求還化人移之身若隕虛則猶嚮者所坐之處酒未寒肴未乾化人曰吾與王神遊也形奚動哉鼎湖之山擬于化人之宮而以跡公之志爲化人之袪把卷讀之日閲一過日遊一徧矣是虛是實是幻是眞請問大師作璧分別

康熙五十六年歲次丁酉仲春

賜進士及第

經筵講官吏部左侍郎兼管翰林院掌院學士事

奉

命巡撫廣西改授兵部左侍郎兼都察院右副都

御史陳元龍撰

序

佛氏之言曰堂上有活佛又曰眞佛内裏坐審

能善事活佛識取眞佛則佛矣又何佛之可求

孑離襄而孤吾　節母太淑人以胎教教我稍
長太淑人以身教教我及登仕籍太淑人以心
教教我誠堂上之活佛哉年來迎養於嶽臺之
官舍齋居蔬食晨昏禮誦六十餘年如一日爲
人子者欲豐其甘旨少休息之則詔之曰事佛
吾志也善養吾志勝口體之奉什伯矣予受命
而出以活佛之故見佛則敬見事佛之徒則敬
公私舉措無忘養志之言嘗舟過高峽聞有鼎
湖之勝維舟陟岸行水石間數里乃達登禮畢

遍觀殿閣儀像壇幢絕如寶山也惟

準提龕座未極莊嚴因更而新之還憩下院院方

有事於土木復助而成之歸以告母母曰是眞

能養志也戊子冬跡公上人受衆敦請入主法

席禪律兼舉賞罰嚴明遇有過僁不少寬假正

法方興羣邪側目有盜常住一抔土者懼其不

利於巳也合衆口以爍金公不爲辨予廉得其

情信之公論奸宄竄伏而後卽安歸以告母母

曰是眞能養志也事旣定公歸大通適予于役

在五羊因郊送　督學使崑來樊姻翁先生復

命還　京偕過禪室坐談移時公乃出其所著鼎

湖山志屬予總修予弗獲辭䄂其艸而歸將成

厥美白太淑人太淑人曰是眞能養志也勉之

哉乃鳩工焉集思廣益不遺餘力微顯闡幽曲

盡物情公無媿於佛矣予亦頗慰於活佛矣志

既成弁以一言庶世之事佛者當知有堂上之

活佛性中之眞佛焉可以事君可以事親夫然

後可以事佛矣時康熙歲次庚寅榴月穀旦

賜進士出身廣東分巡肇高廉羅道按察使司僉事加三級天中丁易薰沐譔

序

蓋聞爲仁爲智示象高深積德積刑寓形流峙故在山在水皆情性之見端而一邱一壑亦經綸之餘事也然地待人傳若鍾靈之有託則言因境立斯緣感而益彰此志鼎湖者所爲樂成於今日乎原夫三台鼎刿湖以虛涵一經上寺由慶顯獅蹲象伏一疊巘之奇觀來鳳飛鸞

示群巒之幻影遙通▢闐孤城入畫以參差邇
接㕒㕒高峽爭流而磅礴架瓊梯於震旦絡寶
筏於迷津其所由來亘云舊矣於是看山客至
或拄芴以凝眸泛壁人歸每扣舷而寄想息塵
勞於軒冕林塘之借勝偏多締禪悅於烟霞耳
目之取怡自遠顧假迢迢覺路通塞攸殊即此
寂寂化城替隆迭變不有所志皆將隨境而湮
其或猶輿夫且閱人而待忽遇夢松之胄秉節
遙臨擬成悟石之緣聞鐘屢過惟我　學翁丁

老寅臺夙具淨因更多孝感靈蕙茂對桓分蒼蔔之林壽果證成花放優曇之鉢唱徵音於貝葉經繙鹿女函中颺悲德於金幢法授鴿王座下社逢惠遠句索新詩院接參寥悟徵舊夢爰就跡公開士相觀手錄宏篇備採皇輿於登僧臘疑文必闕允推信史之編年校字如讐迫定閒門之敲月永垂勝覽悉著洪裁葢茲山自歷刧以來谷變陵遷出没改松雲之路而此地爲衆魔所伏狐憑鼠匿[illegible]栝危花雨之場俄還龍

樹之舊觀俱藉鴛摩 㮣 宿願是誰之賜無忘毋
訓於北堂惟伊之功莫墜佛光于西崦則湖山
並永豈止碑在頭陀而水月同參已見道存觀
察請今日編摩塔記共結千花俟他時響答溪
聲平分一笑瀛海賈棠題

鼎湖山記　卷十五　序　六

鼎湖山記

總論

鼎湖山總論

香山陳蘭芝撰梓

考道書所載海內名山爲洞天者二十有四爲福地者三十有六後世好道之士往往深信其言謂天下名山盡乎是矣孰知宇宙之大山澤之奇孕靈毓秀何地無之苟非其人不敢輕以相假寧埋沒於荒榛斷梗中爲鬼神之所訶護虎豹龍蛇之窟宅彼造物者非故爲祕之也所以愼之重之以

鼎湖山誌　　七

待時節之至時節至矣然後應運崛興因人建立其視洞天福地不啻過之豈第如道書所云當今車書一統幅幀萬里名山大澤星羅棋布輿圖所載猶恐或遺粤稽邃古相傳軒轅鑄鼎遺事其地有二一楚一粤相去二千餘里世遠人遐不可致辯或辯之曰黃帝鑄鼎於荆山龍迎於君山粤之鼎湖恐或妄也或曰鼎湖中峯圓秀兩山角立左右山麓諸峯三岐別出望之若鼎峙焉谷中有湖鼎之實也或曰是山世絕頂有湖巨鱗潛焉天將

雨湖先出雲傳曰鼎湖[illegible]之譌也或曰史稱軒轅
少子二禺君嘗隱居於中宿彼此相去二百餘里
彼皆信之此獨疑之非通論也其說未知孰是姑
闕疑焉粤之鼎湖山在端水之下游去肇慶府治
四十餘里高千有餘仞中爲白雲古刹昔盧祖會
下智常禪師分化於此當時佛法初興高僧類聚
環山四面皆爲招提人各一區凡三十有六至今
龍潭飛瀑湼槃臺三昧泉聖僧橋羅漢市遺跡尚
存遵白雲而東三陟峻嶺兩渡駛流深入谷中四

西皆山環如拱璧中間地勢殺險成夷左右羣峯
辟易匍匐留此一席以待法王之輿自開闢以來
天作地藏人跡罕至閒有至者輒爲獰虎所逐雖
樵夫牧豎亦且目爲畏途名曰虎窩相戒不敢逼
視其地向屬上迪村梁氏世業梁氏先世仕於明
官至别駕其歿也子孫卜葬是山既穿壙將窆矣
是夕夢金甲神標而叱之曰天是佛天地是佛地
非君有也墓宅去此不遠詣彼當得佳城明發葬
者如夢所指遂往扦焉至明萬歷間憨山清祖應

化嶺南金山長老迎住白雲一日山行深入谷中
心賞兹山峯巒環抱外比内附狀若蓮花眞佛地
也因與更名爲蓮花峯爲授記曰不久當有福慧
大人闡化於此紀之以詩有蓮花瓣瓣湧滄溟及
夜深說法有龍聽之句時雲頂棲師翁晦跡稠中
參憨祖於曹溪祖一見器之知其時節未至不欲
遽爲印可勸令行脚送以偈曰汝持一滴曹溪水
遍灑諸方五味禪莫道老憨能說法而今不值半
文錢棲翁旣承激發遂腰包度嶺升雲棲之堂入

博山之室二家法要領畧無遺密受記莂於博山

衣鉢南歸韜光於廣州白雲之蒲澗人鮮知者然

鼎湖山靈已斫額望之虛席待之久矣廸村梁氏

雖世守鼎湖常以山深地僻難爲耕鑿委諸草莽

不紀歲年最後長者梁少川崇信頗篤於崇正癸

酉歲始入山誅茆建蓮花菴與善友十有四人共

結淨社來往山中同志無幾不免有土曠人稀之

歎是時象林在公本鼉陽朱氏子初字子仁結髮

好道常有脱俗出塵之想發足叅方遠尋良導路

過高峽寄跡於廣利之茶亭孝廉劉起相吹噓與
少川輩邂逅相得邀入山中同住在公許之留相
與併力墾土種松栽竹漸有可觀改菴名爲慶雲
未幾出家時至聞棲師翁得心印於博山歸隱蒲
澗在公欲往師之少川輩助以貲斧遂謁棲翁得
度是年甲戌在公從蒲澗過夏少川募貲庀材改
創菴宇一棟三楹中供佛幢左憩善侶右居匠石
土竈茆廚悉從草創是冬在公還山度歲少川輩
奉爲居亭券其地而歸之乙亥秋棲翁往新州禮

國恩祖宅道經廣利在公偕少𠩄諸子往延入山
勸請駐錫棲翁以蒲澗爲辭心實許之臨别出淨
財數十緡令先備埏埴以待後緣在公住山夙心
未了别衆出方念此山無主與衆懇請棲翁住持
至次年丙子夏偕遠近善信買舟裹糧徑造蒲澗
勸轉法輪棲翁允諾遂以五月二十二日入山據
室是歲之臘登壇傳戒緇素皈依時有五色雲現
于峯頂遠近共覩適與前名符合因更菴爲寺榜
山門爲雲頂安立序職揭示規條兼行雲棲博山

之道不忘本也次年秋在公竟從初願出遊烟水歸隱西來數年還山省覲紺宇珠林煥然一新矣棲翁住持慶雲凡二十有三載前後得度受具弟子千有餘人籌室幾滿法幢遽傾戊戌之夏忽以微病示寂一衆號咷如喪考妣追慕莫及勸請在公繼主法席領衆匡徒談宗講教高步雲頂之巔別唱雪關之曲掀翻窠舊撞破烟樓過量大人超方出格非門外漢所得而思議也在公歿後山中法屬次第相承梅砰湛公東湖荚公象林空公芻

盧圓公善繼善述多所建明後來振起自不乏人創業誠難守成不易擴而克之神而明之雖百世可知也夫鼎湖之爲名山也非一日矣天造草昧先傳鑄鼎之文佛法南來首列涅槃之座迨至今日然後蓮峯授記現作慶雲雲頂中興沛爲法雨今之崇樓廣殿昔之茂林豐草也今之雲水駢闐昔之烟霞出沒也今之晨鐘暮磬昔之溪聲松韻也昔之所無今則有之今之所有後或無之中間出處隱顯之跡必有主之者存焉莫爲之前雖美

不彰莫爲之後雖盛不傳名山勝地世出世間譬
諸晴暘升天隨時顯晦當其鑄鼎於軒轅也如扶
桑之浴日天光發新有無莫辨其權輿於白雲也
如寅賓之出日羲車發軔照燭無疆其堂構於慶
雲也如中天之杲日萬象森羅容光必照彼昧而
不知者負三竿之朝曝遂謂當中穴一隙之微暉
等諸全量何怪乎索洞天於斷簡求福地於殘編
遂謂天下無名山也不亦惑乎庾嶺以南其爲洞
天者一爲福地者二予嘗東遊羅浮北上中宿陶

公山在海外僅一過焉往者泥於道書之言按圖索驥及至其地見與聞殊孰若鼎湖一區羣峯環遶不邇市城别有天地山以幽深爲勝水以淸泠爲勝僧以禪律爲勝門庭以高峻爲勝三尺童子莫不聞名而欣慕焉方諸寰中名勝奚啻倍蓰而什伯哉本山向未有志蓋前人所見者大欲其不立文字也竊恐過現遺事日久無稽爰述巔末總而論之以補道書之缺謂不卽文字也可不離文字也亦可由是仰觀俯察爲星野疆域志遠探近

取爲山川形勝志崇佛居僧爲殿閣堂寮志溯源經始爲創建緣起志規畫變通爲新舊沿革志木本水源爲開山主法志光前啓後爲繼席宏化志禁過防非爲清規軌範志高風懿行爲耆碩人物志崇德報功爲檀信外護志名言雅韻爲登臨題詠志著述表揚爲藝文碑碣志志凡十二挈領提綱折衷羣言據聞述見思取信於將來庶無慙於往哲云爾

星野疆域第一

大易之言曰在天成象在地成形方以類聚物以
羣分此星野疆域之所由昉也葢自有虞氏璿璣
玉衡以齊七政夏后氏乎圭告成而正九州後之
仰觀俯察者咸謂通都鉅邑各有邊陲喬嶽名山
上應列宿雖方里之城函丈之室莫不屬於分野
統於分星正之以經界別之以藩籬由是災祥之
徵彼我之見紛然起矣鼎湖則不然六合爲一家
八荒爲一闥萬象森羅一法所印視彼横生畛域
者譬如有人割截虗空欲其離異收歸自巳豈可

得耶雖然如是雲月總同溪山各別門庭廣大緇素分明西溪水草他家苗稼亦居山而牧牛者所當知也爲星野疆域志

星野考

按鼎湖山地在肇慶府高要縣境內考天文家言端州分野曰鶉首分星曰牛女星土曰揚州星宮曰磨蝎星緯曰熒惑九星所屬曰權星三台所屬曰司命山澤之氣上應於天星野所占附於郡縣經緯躔次日月薄蝕彗孛飛流雲物災祥咸徵兆

焉雖然佛法所鍾天龍擁護吉祥示現氛祲潛銷

太史所占天官所載猶是井觀而管測也

疆域考

按輿圖志鼎湖西至肇慶府治高要附郭縣四十里又西至臺坑村爲德慶州界八十里東至大山堯山爲廣州府三水縣界九十里南至思勞都爲東安縣界一百里北至竈坑口爲四會縣界一百二十里東南至高明縣界五十里西南至東安縣界一百里東北至大州爲四會縣界九十里西北

至新招村爲廣寧縣界一百四十里此山所屬於郡縣之大界也東至虎山外菩提壇西至山後三寶峯菩提坳南至白象嶺北至青獅嶺以四水分流爲界相內外此山所屬於伽藍之大界也又浮圖殿爲集僧羯磨之地去殿外三尺爲戒場外相此山所攝於僧伽之小界也由是淨地有界攝衣有界一皆本於律部若以大乘律之則以大圓覺爲伽藍來去自由本無邊際疆域之名可以不立始從實相指陳使雲水往來知道里之遠近省伽

行道得依止以安居云爾

氣候附

鼎湖山高而谷深四面無縫八風不動盛夏清涼隆冬暄燠風雨往來頃刻聚散陰晴上下遠近不齊忽而雲日蔽虧忽而晴暘洞徹忽而霧蔚霞蒸忽而虹銷雨霽二六時中千變萬化不可名邇方春百卉爭妍羣芳競秀至秋則籬菊垂金庭梅綻玉四時供養不缺香花十里溪山總同雲月意謂人傑地靈百昌生遂風和氣厚萬類昭蘇榮枯代

謝之數固難同於下界也

月令 附

慶雲立教宗律竝行安居布薩悉從竺土自臘月十六日至四月望日爲春時四月十六日至八月望日爲夏時八月十六日至臘月望日爲冬時冬期結於十月之朔解於正月之望夏期結於四月十六日解於七月望日爲前安居結於五月十六日解於八月望日爲後安居布薩於前半月之望爲白月十五日布薩於後半月之晦爲黑月十五

呂大約歲有三時時有四月僧臘一週方受一歲

至若朔望祝延令節慶讚一遵昭代正朔僧臘世

臘竝行不悖也他如元夕張燈寒食禁火五月剪

蒲七夕乞巧世俗成風習焉不察住山脫俗不敢

隨流惟結夏有功聽僧消遣中秋玩月重九登高

雖涉世緣無妨獵較至冬復從所務禪板邊衣線

下大有生涯山中無歷日寒盡不知年正好應時

及節也

土產

易曰本乎天者親上本乎地者親下凡物之生乘火風之運行而動者爲陽禽鳥飛翔本乎天也故親上禀山川之深厚而静者爲陰走獸之穴處草木之叢生本乎地也故親下鼎湖山居物表氣接寰區中間土産一切如常飛潛動植之倫皆見聞之所同有不具述焉考邑志所傳謂山多佳茗以龍口爲最勝汲龍泉烹之香色殊常竊謂茶性清潔如幽人之高尚宜於烟霞不宜塵坌均草木耳産於名山瀹以清泉則氣味深遠移植入間火焦

水濁則味薄而氣索然所謂遷乎其地不能爲良物性宜然亦陰陽之氣有以致之也向使山中老衲舍其眞樂失其故我去泉石而入城市其不爲味薄而氣索者幾希矣世界之大山川所產蠢動含靈皆有佛性何獨於鼎湖惟能不遷於人者而後能自適其天此良禽之所以擇木而棲幽蘭不出空谷也鼎湖又有弔鐘花甚奇彩

山川形勝第二

昔人有言山不在高有仙則名水不在深有龍則

靈孰知山而高水而深仙爲大仙龍則猶龍名聞靈異總屬前塵形勝流傳等諸土苴假使僧繇爲之圖畫崔灝爲之留題謝靈運隨山刋木李供奉就地安名其於鼎湖一角眞山無加於萬一是故標指得月月不在指按圖索驥驥不在圖後之尋幽探勝者當與咫尺湖山相見於風雲縹緲之外庶幾遇之不識此山眞面目只緣身在此山中超方之士正好高高著眼爲山川形勝志

鼎湖山嶺考

鼎湖山 按邑志山在水坑都高千餘仞周百里屹然鼎峙爲端州巨鎭山頂有湖四時不竭天將雨湖先出雲或云上有龍湫深不可測旱則禱之能致雨云一名頂湖一名天湖一名雲頂慶雲寺屏幛也石徑紆迴林木森鬱攀躋莫及鮮有至者

鳳來山 山脈來鼎湖相去十餘里形如飛鳳上爲三寶峯鳳之首也左爲青獅嶺右爲白象嶺鳳兩翅也中爲蓮花洞鳳之腹也慶雲寺建此一名飛鵞嶺亦名蓮花峯地屬上迪村梁氏世業捨入慶雲四面松竹皆屬常住

三寶峯 慶雲後山竝列如串珠端巖峻極爲寺之屏几舊名三台峯建寺後乃更今名

青獅嶺　白象嶺　象迴嶺　百丈嶺

白石嶺　飛鵞嶺　伏虎岡　天龍嶺

鼎湖巖洞

先覺巖　阿摩巖　蓮花洞　飛泉洞

水簾洞

鼎湖水泉

天湖　浴龍池　飛水潭　龍泉

龍潭　三昧潭　鷹打潭

鼎湖名勝

湼槃臺在白雲寺下山勢峭峻攀援乃至石平如掌鐫題八字曰正法眼藏湼槃妙心相傳大鑑高弟智常禪師降龍於此下有龍潭深不可測

獅子石在慶雲山外踞溪下游作返擲勢寺之捍門也

仙棋石在三昧潭下一石兀立上平如掌中有方石徑數尺旁列圓石可坐數人相傳昔有仙人對奕於此爛柯之遺跡云

石肯臺在慶雲寺後衆石皆仰一石獨俛如點頭然石旁有臺今廢

菩提壇爲壇者三一在慶雲山外溪水之旁一在山前去寺不遠一在山後東西兩山分界之所皆種菩提誌佛地也日久成陰遊者常憩其下

羅漢市在白雲寺南彌望荆榛唯此一邱細草蒙茸無復荒穢相傳向者白雲僧盛時諸菴三十有六山中所需貿遷於聚落之居人日久成市至今地猶濯濯然其遺跡也

釣魚臺在白雲寺右一石平坦屹立溪流古樹濃陰覆蔭石上可坐數人

羅漢橋亦名聖僧橋近白雲寺相傳寺僧一日早起見橋上有僧數人形狀魁偉𩔖擔濯足橋下寺僧遥見急回披衣出迎則寂無人跡葢聖僧示現云

袈裟田在百丈嶺下田形方幅狀若袈裟故名

大科田在白雲寺下深谷中雖有町畦無復耕耨中爲小菴已廢

丹竈在鼎湖山中石形如爐旁有石臼相傳黄帝鑄鼎故處事不可考

東坑谷入去白雲二里行水石間可入別有天地人跡罕至

鼎湖殿宇

大雄寶殿　護法殿　浮圖殿

鼎湖樓閣

毘盧閣　七佛樓　大悲樓　準提閣

鐘樓　鼓樓　栴檀樓　檀越樓

鼎湖堂寮

禪堂　淨業堂　法堂　普供堂

雙樹堂　金剛壇　宗堂　開山初代影堂

開山二代影堂　懇賢堂　嘉客堂　雲來堂

老堂　息心堂　禪喜堂　如幻堂

慶喜堂　得我堂　化主寮　雲寮

巡照寮　柴寮　製茶寮　貯糧寮

附近諸菴

雲棲菴　蓮菴　東菴　白雲菴

般若菴　大科田菴　通華菴　平延菴

美芝菴　憩菴　化城菴　樹菴

傳警諸菴念佛銘

一句阿彌陀念念心不絕莫愁念念生只要念念切佛以無緣慈悲願曷休歇衆生念念淨如磁石吸鐵感應道相交父子天性悅豁然解轉身生佛無可說善惡既不思淨穢豈分別我心本不生今

亦何曾滅佛境如見前紅爐飛片雪東土小釋迦

兩口無一舌

鼎湖山記

文類　　香山陳蘭芝拂霞輯梓

開山建寺記　　洪天擢

端谿之水來自桂林象郡滙諸流委蛇入海山之蜿蜒磅礴亦因之扶輿靈淑王氣發祥轉輪利生不忘靈山付囑當必有高人禪匠應運誕興作法門之津梁者出焉距郡治一由旬許有鼎湖山按郡志名天湖山最高峰頂有大龍湫與雁宕爭奇邐迤而下有湼槃石六祖高弟智常禪師入定處

鐫有正法眼藏涅槃妙心八大字筆理遒古漫滅
殆唐人爲之也循涅槃石而東數百武三台鼎立
環旋擁出蓮峰中平若掌則棲壑大師之慶雲禪
院在焉昔智藥三藏經曹谿謂水與西天無異而
山似西天之寶林山余皈依大師受菩薩戒周行
殿廊楹廡竊嘆慶雲刹土殊似我蓮池祖師雲棲
道場也惟我蓮祖師之範衆也嚴淨尸羅首崇梵
網大師遵之爰是防範戒體如護明珠惟我蓮祖
師之攝機也標指樂邦盛宏淨土大師遵之爰是

策勳清泰如望家鄉至若五時衍教一雨普霑則
我蓮祖師不以淨而廢教也大師遵之爰是廣購
華梵藏本而性相兼研闡揚諦理融液醍醐又若
一心絕待發明單傳則我蓮祖師不以淨而抑禪
也大師遵之爰是兼提是誰公案而禪淨雙修圓
悟無生峥嶸角虎嗟乎象季陵彝狂解聖證嶺南
邊國歸信者希處世不知有因果之徵在道不知
有毘尼之制况能厭生死求生淨土耶又何况能
信自心直下承當者故余額之曰嶺表雲棲眞苦

海津梁長夜明炬法門領袖舍師而誰師髫年鬄染煙水百城餐法乳於憨山老人圓具戒於寄萍師翁領宗旨于博山和尚向上大事固亦披露囊藏終不宵得少爲足弟子斤斤繩墨一唯安養是歸者則親授念佛三昧及毘尼衣鉢于我蓮祖師得其髓也先是鼎湖一山灌莽極目大師高徒在犙禪師于崇正癸酉秋杖笠經此見其山水幽勝由是構菴居焉丙子夏與山主少川梁君及諸檀越請大師住持一時緇白歸向杞梓丹青頓成名

藍門以內正殿供佛三尊崇所本也前爲護法殿右爲法堂左爲洪誓殿又折而又旋躡層級而登爲祖堂禪堂庫房復從而上之爲龍泉精舍爲檀越堂爲闞房爲栴檀林爲金剛壇爲日觀軒爲雙樹堂爲大師之方丈爲西廳中爲舍利塔殿爲淨業堂供阿彌陀佛志所歸也爲影堂左折而下爲華藏閣供毗盧遮那如來及三大士像由極樂入華藏也爲準提閣爲七佛樓爲大悲樓爲息心堂爲禪喜堂爲印經堂爲慶喜堂爲客堂爲齋堂爲

鐘鼓樓號令晨昏也其餘房室靡不布置周詳重重攝入若帝綱之連珠他若香積有寮沐浴有所諸職寮舍各各全完安常住不置田虞其長貪妨道白毫所照卒無缺供斯亦奇矣剎背倚鳳山諸峰迴互映帶曰嘯天龍曰獅子峰曰飛鷲嶺曰伏虎岡曰象廻嶺曰袈裟田曰浴龍池漩澓飛流筧引涓涓以供儕衆潔冽甘芳大師禪觀之餘溢爲翰墨于諸景咸有題詠茲不遑載大師諱道邱字離際棲壑其號也俗姓柯廣州之順德人其操履

行脚及得戒弟子詳載别傳

鼎湖山慶雲寺記

李彥瑁

鼎湖山慶雲寺者嶺南名剎也地在端州下游羚羊峽之陰去府治三十餘里層巒疊嶂萬山環峙中有龍潭其水深碧世傳黄帝鑄鼎乘龍于此因以爲名僞耶眞耶姑存而勿論或曰是山也絶頂有湖故通志載爲頂湖天將雨湖先出雲故云雲頂寺曰慶雲蓋取諸此開是山者始於唐智常禪師師得法於曹谿歸隱白雲從之遊者人各一邱

招提凡三十有六至今三昧潭羅漢橋涅槃臺遺
跡尚存遵白雲而東數里許爲慶雲舊址巖壑盤
紆林藪蓊蔚常有獰虎守之俗名虎窩明萬歷間
有憨山大師者應化嶺南弟子金山迎住白雲過
此見諸峰羅列狀若蓮花遂更名爲蓮花峯曰後
當有大福慧人闡化於此紀之以詩有蓮花瓣瓣
湧蒼冥及夜深說法有龍聽之句其地則上迆村
居士梁少川故業少川崇信佛法頗篤于崇正癸
酉結茅山中號蓮花菴與友人陳淸波諸子爲蓮

社之遊未幾陽江朱子仁來客廣利久有出家之
志少川拉與共住後聞棲壑和尚得法於博山歸
住蒲潤子仁往謁得度更名宏贊字在慘是歲甲
戌在慘留蒲潤過夏少川募資除土疊石改建堂
宇一棟三楹傍作茅廚悉從草創至冬在慘還山
明年乙亥秋棲壑赴新州道經廣利在慘偕少川
諸人迎入共慶名山有主欲留久住棲壑辭以蒲
潤緣未了仍返廣州臨行出錢數十緡屬陳清波
令先備埏埴以待將來丙子夏在慘諸人再造蒲

潤懇請棲壑於五月到山是歲臘八開壇授具宏闡毘尼緇徒始集更菴爲慶雲寺乃分執事立規條兼行雲棲博山之道凡諸創建皆隨願順而行所無事首建佛殿山開次建宗堂其上建毘盧華藏閣左翼以準提閣閣下爲禪堂懸鐘板右翼以七佛樓樓下設庫司以蓄十方信施庫右爲禪喜堂堂之上爲大悲閣時間道日衆乃建法堂于大雄殿之左其前爲普供堂建客堂于護法堂之右其後爲洪誓殿殿右爲印經寮爲養老堂爲慶喜

堂次於山門左右建鐘鼓二樓其最上一層鑄鐵浮圖建殿以覆其上供　如來舍利右爲方丈影堂左爲淨業堂影堂右爲雙樹堂堂後有金剛壇壇右爲旃檀林爲日觀軒自浮圖香刹下至山門地分七級堂列五層左右輔以夾道夾道外左爲香積爲茶寮爲碓廠爲行寮其右爲檀越堂爲息心堂爲雲來堂爲浴室爲東司至順治戊戌殿堂制度次第落成主持者棲霞贊勷者則在懶也是歲之夏棲霞示寂計住山二十有三載前後皈依

受戒弟子數千人大衆共推在犙繼主法席犙乃

搆木人居於淨業堂之右秉教奉行一軌于師法

宗風由是益昌在犙歿序及法屬湛慈即今住持

也其奉法復與在犙無異凡二師未畢之願未竣

之工莫不歷歷修舉胥底于完美焉故鼎湖雖幽

奇特出甲於嶺南若不有慶雲寺之莊嚴壯麗掩

映焜燿于其閒必且終爲樵人牧豎之場矣亦孰

從而見其爲名勝哉然使頂湖慶雲得並成其爲

名勝者詎非棲壑師弟三人創承濟美之力也與

余自佐郡以迄爲守凡八年於兹數遊勝地每至皆流連徘徊而不忍去興念三人苦心結構既有功于佛法更有功於此山也因拾舊聞爲之疏其顛末命勒貞珉庶俾三人與鼎湖慶雲並垂不朽云

龍泉精舍碑記

提學　李　綺　江南人每試事畢必上寺宿三四夜

去端州四十餘里有山名鼎湖屹立下游高出雲表遥望羅浮東西角立於省會之左右考名山志

詳彼畧此常竊疑之豈天作地藏與佛法相爲表裏必待其人而後著乎鼎湖之東委蛇二十餘里山名蓮花洞萬峰環抱衆水交流谷中一區平夷寬曠洵佛地也崇正丙子歲棲壑禪師得法於博山衣鉢南還卜隱其中先時茅屋數椽僅蔽風雨漸次因緣輻輳金碧輝煌佛法大興龍象蹴蹋楼其山曰慶雲豈非道待人行時至事起耶予初筮仕作尉瓊山棲遲海外未常知有鼎湖之勝棲師之高也乙酉賓興奉命分考粵闈塲事告竣西遊

端水舟過高峽遥望鼎湖佳氣鬱葱倚天半壁意深谷中必有異人居焉思一登眺舟入遄征未遑也次年丙戌粤東亂作予避地山中深入鼎湖獲與棲師相遇一見如平生遂留數月寄跡于龍泉精舍舍爲慶雲别業旁有怪石狀若點頭石下有泉涓涓湧出春冬不竭用供茗飲清洌香美比羅浮卓錫泉或過之泉之四圍松竹交蔭坐臥其間盛夏不知有暑予初入山不免有風塵之色久則安之思終老焉未幾亂定别師下山臨岐眷眷猶

鼎湖山記

有再來之約戊子歲龍興端水子幸獲觀光奉命
督學粵東巡方較士道出高峽峽口維舟重尋舊
隱[illegible][illegible]陸却去車蓋徒步跣足行水石間不欲頓
改昔時面目以靴舄俗吏混瀆山靈也入山時適
棲師出定聞客至不自安曰何處俗漢頻來擾我
禪定及見予面乃大喜相視而笑無復蒲團土偶
之態握手共入龍泉精舍中間一草一木一泉一
石皆如故物無有異同惟精舍堂屋日久不修上
漏下濕不復向時爽塏耳踯躅久之朗詠唐人不

到山中人半載依然松下屋三間之句盤桓數日左右促行鞅鞅而別臨別出俸錢五十餘緡授寺中知事僧即日鳩工撤精舍而重新之予性喜幽居不慣束縛等宦途於逆旅視林泉如家舍棲師知我當促寺僧計日落成以俟客至有徒行跣足而來者非復今時俗吏矣

重修慶雲寺山門護殿記　巡撫　劉秉權　正紅旗人

智畧神武所以救民于亂政令教化所以牖民於善二者異用而相資其于治天下一也　世祖章

皇帝手闢中原立綱陳紀之暇閒召高僧與談佛乘尊禮潮州木陳禪師說法于是天下翕然嚮風知佛之爲教亦牖民于善之一道也我　平南王之鎮粵也二十年來所創立修建若曹谿大佛諸寺不下數十所而世子少保公都統公復推王意而廣之凡名山邃谷古剎梵宇遊轍所經悉令丕振鼓鐘綺繡相望端州鼎湖山慶雲寺先朝崇正閒棲壑禪師之所建也其地高秀平塏羣峰環衞清谿泠泠出篁竹閒最爲幽絕師大弟子在犙首結茅其上及

師駐錫福緣所輳不勞而集殿宇堂寮巨麗宏敞
蔚爲叢席無尺寸之田而常住僧數百戒德嚴峻
冠于諸方都統公以機務餘閒總轡登臨顧而樂
之猶惜山門促狹爰捐俸金千兩有奇命監寺僧
覺輿自護法殿左右齋堂客館咸去故維新翼以
鐘鼓二樓更築月臺爲外護備極壯觀始於庚戌
仲冬閱壬子夏而告竣以予謬撫綏是邦命爲之
記予深思之而益嘆王父子之明達治體得古大
臣之用心也昔太公以兵法事周武王號鷹揚之

師及受封于齊也三月而報政其治之之道不過
曰因其俗而已夫世風升降靡常居今反古事迂
而願遠因民之所趨而利導之若決泉原而放諸
江其歸易也今天下莫不知有尊信佛法往者東
粵適當干戈載戢之初民勞懼而思爲善王順其
所欲身爲之倡于政令教化之外别爲權衡以默
培其忠厚之心而潛銷殺伐之運此固太公丁公
所以治齊者而王父子實踐行之豈獨佐命之勳
戡亂之畧媲美前人而已哉予今表而出之鼎湖

心宗受印博山而淨土則紹雲棲行業精勤其徒
至今守其師範而不變遠近悅而歸之化民成俗
所必取者都統公之所喜不偶然也于是乎記

請棲和尚住持啟　　兩廣制軍　熊文燦

恭惟棲翁和尚蓮宗得髓花旨傳心戒定慧同歸
一貫禪淨律接利三根詢昏衢之炳炬濁海之澄
珠也某受命九重分符兩粤軍務盤錯禪理荒疎
渴聽雷音遥瞻雲岫入林有願迫事無閒茲啓向
者䂓師南海進勦香鑾奏凱東陲實憑斗聖圖惟

報稱建立道場卜勝地於星巖仍舊基爲水月莊

嚴佛土範鑄支天兩載經營一期成就金容烜赫

寶殿巍峩入境懸殊禪房闃寂欲圓妙果端藉高

僧屈指居亭匪公不可攢眉入社豈予所知敬泐

素魚拜將銀鹿天湖瀝浦相去幾何雲頂星峰能

來伊邇公肯振錫以臨予當埽逕而俟謹啓

復熊開府啓

恭惟某官靈山受莂澤國分符具有佛慈奉行天

討振興法社噓涷谷以回陽埽蕩魔軍鼓颸風而

振槁誠菩薩之應化以宰官而現身者也僧道邱山中麇鹿甕底醯雞思終老于一邱敢希榮于三顧側聞水月告成斗天示現一莖瑞草化爲丈六金身方寸福田包括三千世界假非大人機用曷由萬德圓彰相將扶杖往觀適值采薪中阻遽承寵召恭拜隆施明德難忘抽疾成癖欲逐雙鶯出谷無如二豎隨身方命之愆難逃鈇鉞容光之照乞鑒蓬蒿臨啟無量悚息之至

平南王請書

平南王尚致書于鼎湖山慶雲寺堂頭棲壑老和尚蓮座本藩薄德匪躬仰荷佛光謬膺天眷底定粤東分茅胙土念兹寵渥似屬前因爰慕大乘留心內典夙欽禪範親炙未能緣向年提師入粤屠戮稍多雖云火燄崑岡難分玉石然而血流漂杵恐干天和內返諸心夙夜自媿兹蠲吉日啟建道場報恩資有植福消冤緬維老和尚望高震旦道貫幽明恭迓俯臨證明功德仰祈振錫來降法筵俾人天歡喜功德圓隆本藩藉兹問道饒益有緣

幸甚幸甚專遣旗官某親傳來意艤舟奉迓夙候
啓程職守藩封未遑越境到日郊迎幸無見外

復平南王書

山衲道邱稽首復平藩殿下竊惟佛垂入涅法付
王臣以護持此道必藉有力大人故也今我王宿
秉願力不負所囑屢建殊勝道場山衲滿口讚羨
每恨老病弱質弗獲躬趨隨喜爲慊兹蒙鈞召敢
不恭赴獨慮草野頹齡進退不便恐辱王命爲畏
坐此違慢萬罪奚逃伏乞原情曲施慈宥厚賜拜

受深感王恩容將辦供上獻三尊命僧隨啓經懺
法筵用祝我王萬福肅此復上不勝竦息

棲壑禪師垂訓

寓言十九卮言日出蓋立說之無方鳥死鳴哀人
死言善信心聲之有本是故祇樹傳心止須覿面
相呈破顔一笑娑羅示寂不妨末後囑累遺敎千
言
穴壁得燈縱光影分明究屬鄰家之燭奉公典鑰
雖黄白充牣終非囊橐之金是故有本之學如滃

衣濯冠委蛇退食不失晏嬰面目鶩外之徒如披
青拖紫逢場作戲無非優孟衣冠
鑽燧逢煙少懈則爲不然之枯木握珠取水稍遠
則爲無影之彈丸是故學道之士如過窓櫺之牛
首尾畢露見道之士如握空王之印毫髮無差
因揑目見月雖輪彩分明終是揑體成就從標指
得月須言詮解悟始能指外承當是故聰明卜度
如衆盲揣象千眞萬確究非本來全體倘遇作家
指點如闇人說路四通八達也須親到一回

沐猴而冠冠裂而猴見轉石壓草石去而草存是故矯飾外貌者如剪彩成花枝枝呈露究無生意拍盲禪定者如磨磚作鏡時時拂拭未見光明久潛而蟄者其發聲必宏助長而苗者其暵乾可待是故道貴深藏牡麝因臍香而貫禍以其露也道戒欲速蜉蝣方掘閲而促齡以其驟也

冰窖火坑雖極寒熱之苦不妨受用黑山鬼窟雖有沉寂之樂了無出期是故大人能向苦趣翻身獄底證三禪之果凡夫每從靜境躭著井蛙無一

隙之明

乎酒味淡能受五味之和太音希聲遂作衆聲之主是故澹泊高懷如醴泉甘露不屑與青州從事

頡頏聖賢淵默真禪如玉匣金徽豈肯與洛市胡琴權衡聲價

悟達踞座沉香竟招宿命之報龍山偶遺黄葉遂貽禪客之譏是故謙能受益風便之帆莫滿順潮之棹相將儉可安貧無底之鉢難盈有漏之巵可塞

食古不化飽編帙而作蠹魚煮字有靈合佛仙而成脉望是故口耳之學誇多鬬富如積粱肉於庖厨漸成臭腐性命之歸握要通微如養丹砂於鼎器轉見神奇

在虡洪鐘不爲蒿枝祕響其中虛也離弦金僕不以焚輪迂塗其體直也是故虛則容容則有功五石之瓠空其腹則有濟川之利直則方方而可任十圍之木從之繩遂成梁棟之材

飾狗尾以續貂貂且羞爲非類雜鉛鍮以範劍劍

乃因而不神是故干名譽者如撲燈之蛾暫趨勢燄不知其體之潛焦求利養者如啖厠之虫日求飫飽自忘其身之處穢

珀拾芥磁引針氣相召也笋作箋卵求夜時未至也是故緣未湊而强合者如夜璧投人將來按劍之怒交尚淺而言深者雖暮金謝客終賂竊鈇之嫌

截文錦而補裋褐見者必以爲偷衣裋褐以襲文錦識者咸嘉其儉是故去實取華者如百家書肆

縑緗富矣居然南面百城究無關於己有斂華就實者如專經老宿囊槖蕭然止有韋編三絶允不愧於師資

濁水不澄處龍蛇之莫辨淸流孔灼并鱗介而難容是故真交貴擇狐裘雖弊不可補以黃狗之皮泛交從恕一體無疵何必更事全瘢之索

居奇貨而入秦敢謂陽翟果智資章甫以適越未信宋賈誠愚是故有佛處不得住肩摩轂擊莫添錦上之花無佛處好稱尊土曠人稀且送雪中之

炭
威鳳覽輝而下枳棘非阿閣之巢獅子奮迅獨行
野干豈金毛之侶是故鵝王擇乳寧同野鴨爭食
於潢汙鶴性高軒羞與羣雞竝棲於塒桀
蹔念世緣紫陌紅塵入夢遊心淨土金臺寶座當
前是故吳道子作地獄變相自生恐怖趙松雪繪
西方勝境頓悟無生
造物小兒有記性無急性奪命使者有急性無記
性是故萬德莊嚴歷刧多生未了餘殘宿債無常

迅速再來七日不識無心道人一滴獅子乳迸酥酪成水漿九尾野狐涎變醍醐爲雜毒是故善記者善忘阿難結集前聞放下全無一字善忘者善記飲光埽除文字獨能領畧全提

佛磬問答

無心道人寓跡於人我山中時夜將半鐘寂鼓沉擁衾趺坐忽聞堂上咄咄有聲潛起察之乃佛與磬相爲問答磬問佛曰始予與子同生於山同出

於礦同入於爐鞲同聚處於僧伽藍子乃兀然尊
貴端坐居中爲衆所禮予則哀然侍側朝夕敲擊
受挫弗休豈造物者之有私耶抑世態之炎涼也
佛笑而語之曰子獨不聞忍辱之旨乎予始之爲
金也入大冶之門聚大火以煆之作模範以匡之
既成形矣然後授之良工缺者補之贅者斲之錐
以鑿之礪以攻之予於是時親受鉗鎚備嘗挫抑
有剝膚之災無怨尤之色自始至終兀然端坐人
禮我而我不喜人排我而我不搖蠡蝨撲緣不以

爲擾青蠅著糞不以爲污烈日炙背不以爲熱冰霰切肌不以爲寒疾雷撼山飈風折木不以爲恐怖四大非有五蘊皆空故能不生不滅不垢不淨不增不減天上天下唯我獨尊能忍故也今子反是既受命於爐冶矣處子之中而子不能容物圜子之外而子不可以通方予以子之同類也故引而置之左右庸玉汝於成也子乃不能忍隱一微擊之則硜硜然爲不平之鳴求其成佛不亦難乎無心道人竊聞斯語不覺失笑佛磬寂然追而述

之

慶雲十景徵詩引　東樵鶩

慶雲梵刹佛土莊嚴開闢至今登臨接踵筆花墨瀋豈乏品題粉壁籠紗未留文字顧兹名勝端藉表揚不有詠歌將虞湮没由是遇緣取景就地安名徵爲十詠合作一編得兔忘蹄直須出格畫蛇添足聊復效矉

湖山鼎峙

天作高山地隆艮止羣峰東俛一脈西來爰有湖

山實稱寶所龍湫百尺未雨而雲鳳嶠千峰藏山

于罄星巖石室藐等一卷瀑布水簾森羅萬象古

皇鑄鼎遠莫知之哲匠開爐艮以此也

峽水朝宗

百川東注滙作牂牁砥柱中流束爲羊峽西江吸

盡藏海同歸北面朝宗湖山作主如襟如帶相去

由旬爲屏爲藩不離左右登峰到頂杯水坳堂挹

彼注兹千江一月

憇菴環翠

瞻風雲頂遠隔塵寰假道化城上通寶所一菴臨
水凝碧搖藍萬木參天連柯拱葉雲來旦過恰好
盤桓日夕山遙於焉信宿超方衲子當下知歸居
亭主人也須具眼

小歇羣峰

亭名半山全山伊邇顏曰小歇大歇其誰四面環
峰勢如拱璧一谿流水聲類鳴珂谷響遙聞虛無
天籟松風可買抖擻客塵驄馬傳呼寧同埡澤泥
牛消息問取龍山

方池月印

山前隙地甃作方池雨後谿流蓄以平堰釜中鱗介收放靡遺沼上芙蕖卷舒自在砌環芳卉秋實春花圃植嘉蔬霜根雨甲山高月小明鏡當臺水靜魚閒方諸吐沫蒲團共坐不羨臨淵竹杖徐行何須顧影

曲徑雲封

羊腸九折鳥道千盤世路多艱化城須到初從委曲漸入夷平嶺上白雲不堪持贈天邊蒼狗曾無

去來遥待知音排雲直入毋煩地主埽徑相迎

龍潭飛瀑

龍卧澄潭瀑飛花雨湼槃臺畔先覺巖邊異地同名争奇較勝西山流水散若珠簾北嶺奔泉勢如疋練上爲鳥道下有龍湫兩處谿山更無差別今兹所指乃屬慶雲詞客留題不妨具眼

鳳嶺疎鐘

寺後一山屏開三面舊名來鳳或曰飛鵝合作芙蓉更稱蓮洞左爲獅嶺右號象峰虎踞龍盤地靈

人傑崇樓複閣碧瓦朱甍上界鳴鐘下方側耳聲
均晝夜響徹幽明夢宅獲聞塵心頓息

菩提花雨

菩提無樹花雨非香華藏樓西浮圖刹外一條直
路萬古通行碧甃雕欄香雲掩映奇葩異卉空色
繽紛嫩綠雨肥落紅風埽聞樨悟入自不乏人看
竹到來何須問主

壇院香風

如來滅度設利分身流入支那功推耶舍金輪負

鐵遺跡猶存雲頂開山化儀斯著靈珠四顆來自金峰寶墖七層範成鐵壁六時供養絡繹名花四衆翹勤莊嚴妙觀博山洮水煙裊雲幢雞舌龍涎芬芳貝葉風生殿角香滌塵襟法界聞薰人天歡喜

鼎湖山在慘禪師墖志銘

翰林院庶吉士　梁佩蘭　南海

明啟正閒博山無異和尚高風獨唱門庭孤峻洞宗爲之再振受其鉗錘者之諸方皆爲龍象而博

山堅持見過于師方堪承授之旨雖許可如雪關誾公終不付囑也雪關五王道場體博山遺意亦無所付囑其時機鋒相契爲諸方所傳仰者在吾粵則有鼎湖在參宏贊禪師師新會朱氏子父號碧衢嘗游陽江以才品爲士大夫所重因留居焉師生而頴悟有異凡童弱冠執二親喪因斷葷腥閱壇經有所感發遂矢志叅學端州上迪村有長者梁少川卜地于鼎湖蓮花洞將葬夢神人訶之曰蓮花洞是朱家地非爾所有及師至端州廣利

晤居士陳清波因與少川輩爲世外交少川聞師姓與夢符遂欣然施此地崇正癸酉師始刈棘縛茅創立精舍甲戌禮棲壑大師于蒲澗薙染受具服侍二年以己事未明乃請棲大師住鼎湖孤笠芒鞋度嶺而北遍參諸方時雪關禪師住杭之妙行師往依之侍立次雪關曰先師有垂語三則汝還委悉麽師曰請和尚舉示關曰不萌之艸爲甚能藏香象師曰好者畜生欲隱微露關曰古澗寒泉水作何色師曰五眼覷不得關曰徹底無依向

甚處安身立命師曰鋤却虛空帶活埋關曰放汝三十棒師便珍重次謁平窑徑山天童雲門諸尊宿莫不入室當機箭鋒相拄回覲雪關關問曰子曾見甚麽人來師曰某甲不見一人關曰眼何太高師曰和尚莫汚人好關曰還見老僧麽師曰若見和尚何異諸方關曰老僧今日欺汝不得也師曰爭敢冤屈和尚關曰三十棒自領出去師曰和尚莫全靠學人關便休時余集生中丞邀師住靜于杭之横山雪關囑之以偈曰禪如獅乳貴眞器

非器盛之成枉棄若箇男兒不丈夫脊梁挺起須
剅利聖凡截斷心如牆迸碎虛空連架隆活路生
機死得回此回見山不是醉宗乘教窩徹掀翻自
在縱橫何諱忌佛祖逢之遭罵訶男女誰家不魔
魅君臣賓主強安排自笑眞人眞無位者畔開名
書牯牛那邊却嬾騎金翅逆流洞水看波瀾一任
傷人添意氣黑狗今朝爛銀蹄石人昨夜懷胎出
癸未秋偕羅峯麗大師謁曹谿祖庭遂居英德之
西來山念戒律爲佛法綱領未法多逐狂禪而輕

鼎湖山志 卷三

戒律是猶不步而趨也乃研窮教義以扶正法首
疏四分戒本如釋四分律名義標釋海內宗之順
治戊戌棲大師遷化四衆奉師繼席鼎湖戒律精
嚴爲諸方推重棲霞竺一菴戍公與師書云展玩諸
著述窮徵發隱圓照無遺自非爛熟教乘冥通宗
趣未易及也白巖位中符公如書云棲大教如對
春風化日又如游龍宮奇珍異寶燦然盈目謂先
瀛山不現住世問則其人知欠頂門眼必也瀛山
雪關初開法地故位以是稱之雲岫巒公繼席瀛

山與書云先師法脉有九鼎一綫之憂巒實枯朽
無似不過守先人基業而已唯大法兄撐天孤骨
不偃時風真先師克家子也唯冀逆轉船頭以先
師法道自任真風扇于嶺南正所謂滔天白浪先
師靈骨猶存也其爲一時耆宿推許如此然自棲
大師承雲栖博山兩老人遺教以三學箝束後昆
不專竪拂棒喝師繼席亦復因之間有隨機指點
亦不以自見也康熙甲辰南海麻奢鄉有長者陳
公孺施地三十餘畝師建以爲寶象林採端州七

星巖白石造浮圖七級以藏所得廬山金輪峯舍利方石匠經始一夜石從巖頂隕下取以爲塔瑩潔如玉復取紅紋石以爲臺基石紋四合如一無豨差斷續之跡人共神之其地未建前每有祥光燭天及塔落成淸晨有紅蓮花現于檐前大七八尺光燄四射因名之曰瑞壇禪寺師往來兩山所成就者甚衆嶺海之間以得鼎湖戒爲重師性至孝每逢盂蘭日必盛供三寶以資父母冥福又常虔修大悲懺法感大士示現手執青紅蓮花頻放

白光四衆咸覩師年七十餘猶以夙願未酬往金陵寧波禮長干育王塔飾以珍寶都人聚觀讚歎丙寅四月八日師說戒畢告衆曰者回相見後相見不相逢衆未會五月朔日示微疾二十二日命敷具法堂師端坐大衆請曰願和尚久住世間師索筆書偈曰今年七十五生死如昨夢當處卽解脫錯會墮無窮衆曰未審還須通報諸方否復書偈曰生來不曾說死去何消聞我來由我去不許報訃音衆擬更請師已怡然示寂溯其生萬歷辛

亥世壽七十五坐夏五十三塔全身于鼎湖慶雲禪寺之右師生平以宏護正法爲己任孤高嚴重衲子憚之士大夫則重其直諒多聞樂與之交凡三坐道場得度者不可勝計傳法弟子慧弓爲上首所著梵網經畧疏心經添足準提會釋兜率龜鏡集觀音慈林集釋义摩那戒本歸戒要集沙彌律義要畧增註沙彌儀軌頌并著解惑編六道集溈山警策句釋木人剩稿并撰須彌世界之圖前後著述凡百有餘卷板藏浙江嘉興楞嚴寺行世

夫異量之才不世出中人以下未免資繩墨以匡
植之師之擔荷宗門而尤以戒律自任所以救世
也博山瀛山之風可仰而逾揚欲葢而彌彰者矣

銘曰

宗風西來　粤疆是即　爰及樗巖　廣州初譯
五嶺巍巍　斯爲佛國　曹溪發源　演于遷寂
萬派千江　皆其涓滴　偉哉吾師　孤高無敵
劍樹刀山　懸崖峭壁　示以梯航　任其自得
戒律精嚴　本根以植　如適萬里　先豐羽翼

飛而能至　固爲爾力　飛而不至　永終沉溺

三紀提持　度生千億　著書如林　人天是式

鼎湖之峯　荷鋤手闢　洞水滔滔　際天無極

鼎湖不置田約 開山初代立

夫舍家出家期登覺岸怖四生之苦趣厭三界之

無常六親之至愛旣辭五欲之深眈何有是以虛

妄之俗已棄眞實之法應歸去鄙悋懷開廓遠志

幻身莫惜正念宜存休餐邪命之饈甘作非佛之

子不見世尊舍金輪寶位乞食檀門脫珍御龍衣

蔽形割截典型具在榜樣儼然若不依他誠非釋種爾乃好心離俗發足超方胡不爲道孜孜而乃憂貧切切勤求方便廣置田園常恐苦我以饑寒動輙措懐于粟帛將謂家豐所貯歲歉無虞綢繆牖戸於未陰雨之天免役形骸於彼然脊之地曾不思當初一念爲著何來大事未明諸緣安繫旣身命財而輕視奚衣食睡之足云况先佛記決不吾欺汝若修行則如來白毫一分所照受用不盡終不勞汝枉作安排妄生籌量如其懈怠濫厠僧

倫縱令富積千倉止益兒孫業累分房分稅食酒
食葷造地獄𠍶尤惹人間唾罵遠觀覆轍𡨋可酸
心故我鼎湖慶雲寺自甲戌年開創以來本無田
產所給皆藉十方從無儲集日用不虧益信佛言
有據爲此諄諄特行嚴約誓遵佛制不置田園凡
我後昆深體斯意一心念道慎勿他圖自感龍天
懽喜洿祐維持倘不是依名爲敗教壞規滅法自
取沉淪嗚鼓攻之非吾徒也仰祈三寶證明天龍
昭鑒

鼎湖山記

儒詩

香山陳蘭芝拂霞輯梓

遊鼎湖山寺寄懷跡公和尚　宋廣業長洲觀察

粵江淼淼一千里庾嶺南來帆如駛舟泊端溪羅隱橋青峰突兀遥相峙峰有雲封頂有湖曾傳趙宋建浮屠朝來爲訪龍頭石鳥道盤紆入畫圖誰結林亭面硉矹山半清泉漱山骨綠樹層層翠作堆老衲相逢甜小歇山半有亭額曰小歇扶筇更上歷層巔寶殿珠宫繞瑞烟爭説佛光已久息還憑栖老續

鼎湖山詩　三

前緣山上有白雲寺頹廢已久本朝栖壑禪師重建栖公有孫年八十踞
坐高峰獅吼立脚根着地鼻撩天萬法如江一口
吸我來摳謁不見君誦君新句實超羣暮鐘送我
下山去回首峰頭盡白雲

癸巳小春舟泊鼎湖山下偕同行遊慶雲寺

訪跡公和尚不遇賦此奉懷

翠圍忍殿數峰幽定放天人出一頭葱嶺宗風高
百丈曹溪正法豈千秋桂殘未得參無住茶熟何
時識趙州他日懷香來問道要聞開口喚裴休

秋日過鼎湖山寺訪跡公和尚即事四首

太守 宋志益 長洲

爲訪高僧一叩關籃輿侵曉便登山行來碧嶂丹崖裏坐向蒼藤翠竹間頓覺塵心消物外偶從簿領得餘閒琳宮百尺瞻雲頂曲徑縈迴取次攀

層層殿宇湧虛空金碧光浮積翠中香度諸天飄桂子聲傳萬壑響松風煙霞杳靄仙靈宅龍象莊嚴兜率宮開闢當年非偶爾令人千載仰棲公

南宗衣鉢鼎湖傳派衍孫枝七葉鮮詩句淸眞超

象罔鬚眉皓白老臞禪方池月朗留心印古洞雲深護法筵八十師翁姝矍鑠逍遥即是地行仙

相從一笑話從容雨雪空山憶舊踪香積飯分雲子細清冷泉試茗花濃龍潭駐策看飛瀑鳳嶺回車聽晚鐘從此心期托方外往來常過碧芙蓉

飛水潭觀瀑

層崖複澗斷行迹鼓勇探奇忘路仄遥看瀑布挂秋空直下龍潭幾千尺神龍潛藏渺何許即今苦旱方待汝何不竟挾此泉飛遍灑人間作霖雨

雲頂上春

脊梁豎起慶雲中龍象仝登最上峯纔揷一莖周

梵刹溪聲山色幾重重

鼎湖築關房上春

雲頂新秋築小房脊梁豎起露堂堂眉間別具摩

醯眼觸處逢渠絶覆藏

蓮華洞

四望蓮峯涌揷天寰中洞古尚依然龍吟虎嘯皆

清籟石徑苔生滿地錢

慶雲頂

捘下雲頭好看山高低峯頂絕躋攀翻身撥出虛
空骨雲自開來水自潺

獅子峯

踞地翻空露爪牙驚羣不動更吒沙弄來幾出金
毛上眼底迷麻看轉差

伏虎岡

伏虎巖前早已降獻花猿鳥不相妨錫飛響應空
山谷月映寒潭徹底光

袈裟田

袈裟曾效此田衣日用犂耕自不饑清淨乞求能活命脂膏消落法身肥

浴龍池

金軀曾借龍池浴洗出塵中特達人奪得驪珠頭角露神通些小莫能陳

飛鵝嶺

飛鵝嶺上翠微深極目煙波萬木陰趕起一羣飛不散依依還在綠森森

嘯天龍

俱胝一指笑天龍童子循塗沒路通拈過司南針一轉穿山透地巧施工

鳳來山

雙鳳來儀擁翠微好音和雅樂雍熙太平無象眞淸泰山靜猶然上古時

象迴嶺

馴象回塗不著鈎得優遊處且優遊逢人嬾說三三話白䑓從敎上柴頭

祝棲老和尚七十有一　兵備道伍珥

我歲乙酉夏師年丙戌春所爭九個月同作七旬人老宦曾何補名僧自有眞鼎湖山月白爲照刦灰塵

客岡州送棲壑和尚還鼎湖

昔日從師斷二愚別來原只在須臾肉身喜見生菩薩法座前稱老腐儒滿月一簾天在水香風萬里露成珠憑師試展琉璃臂入我岡城立雪圖

祝棲壑老和尚七十初度　學憲王應華

鼎湖深處即西方壽佛由來不可量度盡世間方

滿願吾師一念與天長

天湖飛水潭　　太守　冼國幹　南海

十里潺湲溪決決一泓洗盡南中熱沿源攀陟四

無人壽藤惟石相頡頡巑岏聳立插天寒迸激奔

騰信奇絕何人開鑿歛神功剖破太華剛一鉠蜒

蜿跳躍白虹垂萬馬驕嘶未銜鐵泉客波心淚泣

珠峨眉天半晴飛雪俯臨窈窅碧無垠怒濤逼注

蛟龍穴墜石崩雲聞見亂嵐根巖骨擬摧裂入樹

悲風六月號猛吽一聲山鬼咽草露松膏晝不乾玉礫金砂瑩可別冰雹噴薄撲衣巾目駴心搖不可說手掬清泠澆殘偏枯渴沁潤肝脾徹一瓢浥注鼎中茶綠波湧沸恣飽歠劃然長歗不知暑仙漿瑞露遜甘洌想見山空夜悄時渟渟泠浸天湖月

頂湖樵唱

太守　王　瑩

青山欲盡頭漭蒼煙水稠時聞采樵者自唱還自酬遺響飄空際山深巖徑秋清風時灑灑白雲晚

悠悠芻蕘未可棄梁棟應此求

遊鼎湖慶雲禪寺　明經　梁登亂

靜與湖山面目期蒲團堅坐看來癡泉傾斷岸奔流急雲過幽溪得路遲何處曉鐘迴谷口一痕秋月挂松枝主僧可有雲山意為解昌黎夜半衣

鼎湖山上作

隆冬誰與到蓬萊日午禪扉鎖未開山上苦寒禁不得開門時有白雲來

遊鼎湖贈跡公和尚　分巡道　丁易

透迤取路入深山襟帶飄然得偶閒松徑盤迴風
謖謖林亭掩映水潺潺帷暫去觀雲出杖錫移
時共鶴還更到上方凴閣望此身已在翠微間

踏遍山光已落暉招提寂寂坐忘機林間白石孤
雲起天外朱霞一鳥歸薄宦止嘗蠶峽水閒情時
扣遠公扉清宵暫假維摩榻深省晨鐘起着衣

前題次韻　鹽道　賈棠

天南名勝鼎湖山一棹來遊竟日閒灌木緣崖陰
窅窅懸泉噴石韻潺潺墨名儒行爲常住宦境禪

心是大還不向蘇門聽長嘯詩成明月掛松間

詩才那似謝乎暉袖染香風已息機勝友聯吟渾不倦高僧傳偈竟忘歸樹頭雲過留空閣。池上花開護短扉。倘得公餘期再到金飈初動拂秋衣

宿鼎湖山寺　潘之騮石城

勝遊春欲暮半日到禪堂深樹啼幽鳥。飛泉掛夕陽。坐聽仙梵起眠近竹窻涼不盡攀躋意松風吹夢長

過訪跡公和尚作　吳懷黃山

維舟入空谷寺古一僧閒榻上青松覆窻前碧水
環詩篇渾似謝書法宛如顔何日尋煙雨從師住
此山
坐久炊香飯園蔬旋剪新探奇得古井說法失今
人髪白心猶赤門空性本眞相逢非意外一笑悟
前因

前題　　吳　柯高凉

輕舟煙渚泊雲幻落霞蒸徑曲依新竹松蒼絡古
藤。論詩無俗客揮塵有高僧爲說鼎湖勝扶筇共

一登

舟泊羅隱溪寄跡公　　主事　李來章　中州

鼎湖巨江約十里路從羅隱溪頭起停帆不暇客
去急一札爲寄剡溪紙空山寂寞猿鶴哀深谿蕭
條魑魅喜山門龍象伏阿誰法壇瓶鉢留彼美予
居伊洛雖殊途文采風流今有此深憂渺地滿荆
榛欲爲名山樹杞梓跳梁侮弄伎終窮瞋目踋趺
犖誇止中流一柱砥狂瀾大業千秋垂暮齒

遊鼎湖躍龍潭　　梁　登

何年龍在碧潭居龍去潭留示不殊神物已從雲氣隱。澄瀾空照月明孤。浮殘花片疑遺甲浸冷星丸擬戲珠活水自應重變化錦鱗頭角養成無

三昧潭　　邑庠　梁志宏

澄徹深清斷俗緣精微何有不通禪到來塵垢都消盡靜坐眞如已了然何事苦撈潭底月斷教黎破性中天分明一鉢明心水始信三乘不是佉

遊白雲寺

梵宮高寄鼎湖巔隔岸紅塵路杳然勝地每多僧

作佛山深常有樹参天白雲入戸尋幽舍明月當
庭伴老禪聞道昔年龍聽法躍龍潭在此山前

鼎湖樵唱　　縣尹黎近

荷擔行歌萬水秋一聲輕過白雲流腔翻明月棋
初罷調入清風曲未休枝上喚醒巢鶴夢花邊驚
破野猿愁山中何處無梁棟試問吳剛曾識否

鼎湖濯雲　　梁應材

拔地千峰聳碧岑白雲繚繞鎖重林迎風影散諸
峯淨照日光搖萬壑深寂寂仙壇凝晚翠蕭蕭天

籟起秋陰靈湫瀲灩神龍躍幾向寰中霈雨霖

客鼎湖呈方丈和尚　茂才何　綍　順德

不夢亦不覺山空月復清誰能此山上垂手月中行萬象恍然露一心安所生何期方丈外容我聽鐘聲

題鼎湖十景　翰林院兼兵科鄭際泰　順德

巍峩大好山坐斷人我境還却草鞵錢直到孤峯頂　湖山鼎峙

要覓蹵羊蹤須識蹵羊氣洞水接渟沱流出西來

意

峽水朝宗

日入山路遙息肩問樵豎指點綠陰中閒雲自來

去

憩菴環翠

山呈淸淨身溪掉廣長舌空谷來足音見聞暫休

歇

小歇羣峯

古鏡住空界波光搖淺隄不勞旁指注得免已忘

蹄

方池月印

頹惟住山翁鑿破靑峯壁搴雲補太虛遂與紅塵

隔

曲逕雲封

潛龍睡未醒狂龍驚欲起猛然風雨聲瀉下天河水

龍潭飛瀑

華鱷吼蒲牢古佛倩傳語可是鳳鳴岡聲聲諧律呂

鳳嶺疎鐘

菩提本無樹選佛且逢塲誰能花雨外領畧木犀香

菩提花雨

壒影空金界香風繞法筵聞塵歸寂寞鼻孔得撩天

壒院香風

登鼎湖寺　羅大鯤

直從天際路層折入鐘聲危瀑當牕散虛雲引石平林喧歸鶴亂艸淺落花輕。不到祇園地安知隔世情

初春夜訪跡公和尚於鼎湖山寺同賦

督學 樊澤達宜賓

遠公臥處白雲深有客籃輿度碧岑細草叢篁春徑裏。淡煙斜日古榕陰。半山小憩林中趣絶頂高吟世外音慣向餘閒覓幽賞薜蘿原不礙纓簪

紆迴曲澗虎溪清晩飯禪房更有情磬歇上方僧

止靜燈明複道客經行木樨暗送簷前馥水鸛空
傳谷口聲八十老翁能健步笑談携手到三更
寺門屐齒滑蒼苔鐘鼓頻喧客又回把袂重尋閒
歲月來遊再上好樓臺松邊倚杖崖千尺水涘留
人石幾堆山徑清深蛇虎絕古堤乘月夜歸來

前題　　訓導　佘錫純　順德

萬松飛瀑水聲深谷口傳呼應遠岑古寺僧歸行
鳥道文昌星迴散春陰閒雲渡海原無力。石竅含
風自有音。不是終南迴俗駕羞將荷服對華簪

纔入寒山萬慮清朝簪蹔脱稱閒情上方日落看雲變幽澗月明聞水行長洩乾坤唯草色久留林木是風聲高僧不作蓮花漏春鳥由來會報更

初舒柳葉緑如苕誰遣南宗長老回鐘磬每驚出谷鳥天花長覆講經臺片雲漏月開青嶺寒瀑爭流起白堆後騎休催歸去早春光留待使星來

前題　華與昌 錫山

雨花點點著輕煙支遁山前賦百篇出定文章傳彩筆談經鼓吹叶絲絃瀑流萬壑禪機靜翠滴千

峯刹影圓莫道等閒名勝地高僧今在鼎湖邊

前題　　方偉男清漳

勝遊偏值濛濛雨萬壑松杉結淡煙別殿鐘聲猶帶溼春堦花氣正爭妍得瞻律教空三乘載捧文章了萬緣賴有生公能說法祖庭家學待誰傳

前題　　吴廷儀廣陵

不倦登臨興同遊謁遠公山深人自古交淡意偏濃草色浮煙碧花光蘸雨紅傳燈方讀罷始覺世緣空

前題　　武榜解元　方曰廣　番禺

同遊縱步躡丹梯古木叢篁鳥盡啼四面浮塵歸淨界半峯清梵有禪棲瀑飛斷澗寒成色雲度虛巖白漸齊歌罷采薇山送晚芙蓉池畔夕陽西

寄呈跡公和尚一律　　虞文璇　丹陽

去年曾上白雲間不見高僧杖錫還知有遠公開白社却慚靈運未登山泉奔複道風猶冷日落層巖鳥自閒欲證千江明月句先書貝葉寄禪關

奉酬跡公和尚見贈原韻

倣廬遥在練湖濱自到炎州幾度春粤嶺千重雲黯淡端江一泒月綸淪但須勝友如蒼叟那許閒心似野賓昨日竺仙傳偈至詩緣可結豈無因

生成情性愛山林底事漂零淚滿襟未遇空教悲獻玉論交誰不重分金浮萍海上原無定明月松間自有陰願向瞿曇求慧劍破除煩惱作禪心

遊鼎湖

兩廣制府　吴興祚

江上艤扁舟來尋古寺幽日高山徑暖泉近客衣秋問道應忘世聞香已破愁未吟新句穩檻外暮

雲浮

遊白雲寺不果

欲窮遊覽興詎負白雲遊只爲徑多仄還因雨未

收蒼茫巖岫杳想像室廬幽且返江邊棹心期空

逗留

鼎湖十景

萬丈孤峰秀揷天乘龍仙去事茫然山頭朶朶慈

雲現靈鷲分明在眼前　湖山鼎峙

誰遣天丁鑿石開洪濤十里吼奔雷羚羊化作千

堆石願聽生公上講臺　峽水朝宗

江邊竹樹結芳蘩院宇寥寥一徑通杯渡已教登彼岸香風吹客到花宮　憩菴環翠

亂山蒼翠路透迤且上孤亭坐片時俯聽泉聲流不盡箇中清味少人知　少歇羣峯

莫笑方池水不深清漣正可滌煩襟天邊波底一輪月印澈禪心空古今　方池月印

石徑盤迴上碧峰雲生幽谷自重重此身漸覺來天路脚蹋青青百尺松　曲徑雲封

懸泉一道掛銀河激石層層捲白波淸冷自來無

暑氣老僧相對坐山河　龍潭飛瀑

殿宇巍峩遠幻塵山前山後植松筠鯨音初動雲

光暮便覺脩然物外身　鳳嶺疎鐘

香烟繚繞護蓮臺雲靜空庭鳥自來仙梵忽從巖

岫出繽紛花雨點蒼苔　菩提花雨

自心佛法本無他證得西來意若何千古白雲封

一墖松風習習晚來多　塔院香風

遊鼎湖　同知鄺森

羣峰成馬飲一舩自龍蟠洞闢蓮花片天留法界寬烟霞涵樹杪鐘磬徹雲端勝地人初到高吟歎鉅觀

葱翠堆難劃陰陰萬木森看雲趺野衲兜食聚山禽石倚松門靜泉分竹院深肝腸氷雪似早已滌塵襟

遊鼎湖贈新方丈兩山和尚　梁麟生　順德

鼎湖又見一燈新接席南華此最眞龍影潛來孤鉢水雨花飛作萬山春排天門戶遊初到立座稜

猊拜漸匀出遇三牛不相識仍應歸作賣柴人

重陽後一日集東皐賞菊約遊鼎湖觀瀑先東兩山和尚

杯觴猶戀小重陽東郭雲淙路未忘勸酒不嫌花影瘦洗心差愛瀑聲長地餘松栢懷孤節天播風雷憶上方願乞湖僧巖下榻斷除烟火傷清凉

陳拂霞隱居卉木寺將二載陡爾雅興勃發欲重遊鼎湖賦詩奉送　潘泰 順德

棲遲禪院動經春又向飛潭洗俗塵鼎湖勝境頗多唯飛水潭

爲最聲若雷霆狀如玉龍晝夜不絕野鶴山猿休見誚去官仍是舊遊人曾爲齊布別駕

當年策杖戀寒雲默對山靈到夜分六度登臨曾不厭予曾遊鼎湖六次憑君重爲致殷勤

蒼松怪石畫圖眞棲谿開山萬古新棲谿長老號一簇木犀吹澗道聞香應更悟前因

鼎湖聽泉　茂才陳　官香山

忽爾山靈四面開天幾旋轉心悠哉有泉聽到無泉處還向靑松頂上來

潘昂斯客端州詩以懷之端州多嘉魚

客中休嘆食無魚丙穴嘉鱗乳不如借問閱江樓畔月何人裁寄廣州書

飛瀑天湖共溯洄水雲心跡未全灰不知代啟山靈否爲道吟魂夜半來時訂重遊鼎湖因事未能偕往故云

遊鼎湖宿慶雲寺　譚湘

翠連天外擁芙蓉遙隔紅塵第幾峰亭立半山雲九折堂開雙樹月千重。瀑花到枕渾如雨松影蟠空欲化龍。深夜世間誰獨醒十年夢破一聲鐘

覽外孫馮學勝遊鼎湖詩作此示之兼柬端溪山長何報之

孝廉 羅天尺 順德

聖學在從遊青山詎爾隱峽盡天湖開山長示眞蘊路折蛇曲行寺迥鐘聲引急步失名花撥蔓得香菌瀑注泉欲奔雲移山忽近氣足勢不驕形換機始斂僧逢話勝長歸興促風緊應獲樊遲善莫被仲由哂

鼎湖山偕習能弛雁諸上人採茶

孝廉 楊錫震 香山

茗僻恣清遊情於世外投猿吟雲脚遠僧住石林
幽桑苧翁何去東溪錄尚留攀岩看峭瀑或恐遇
三牛

重遊鼎湖呈跡公　汪後來白岸

石磴紆迴入杳冥疎鐘先愛隔松聽瀑遮銀漢橫
天白山合蓮花抜地青別去夢爲千里客重來僧
老一函經樓頭西下牂牁急笑指歸禽拂翠屏

鼎湖山記

禪餘草　　香山陳蘭芝拂霞輯梓

遊浴龍池　　雲頂

探幽窮澗底盡處瀉寒流梯磴爭奇絶捫蘿上石樓山花香易采野果棘難求雨過侵衣溼還山日未休

入關漫作

蒼蒼雲木萬山秋一入禪關念總休已信此身俱是幻寧知何物更堪求鳳鳴谷響心原寂竹翠花

黃境自幽不二門開誰薦得淨名爭肯按牛頭

贈雁水堂李煙客曾宅師諸公結社叅究四

首

般舟三昧舍安逸吾佛翹勤七日立猛然截斷小

胡床一個蒲團何待七

白馬青牛隨去住西竺先生何所遇唯然一貫自

銷融萬象之中身獨露

女大須婚男大娶團欒誰解無生句眼底眉毛始

放開脚頭早跨三台步

手握木蛇曹氏女道人本色無刀斧嘉州大像喫

黃蓮陜府鐵牛滿口苦

新創雲頂山房

不風流處也風流占得湖山雲頂頭若問雲山何

境界門前有水到端州

鼎湖山居　　草堂

佛祖真宗絶掩藏溪聲不斷爲宣揚叢蘭抽蕊點

山徑。壘嶂排雲護草堂。鄰老病虛頻夜醒行童癡

重慣時忘人來欲借無縫塔爲道好皮莫刨瘡

素雲晴鎖萬峯秋丹嶂危居一比邱活得百年猶
是氣悟無少法不如漚鷃鵬休互嗤高下椿菌何
須論短修敎意宗乘莫我識砂鍋蔬熟笑無油
鳥韻花香春自鬧窓閒林寂道如宜一條榔㮚逢
溪度半卷楞嚴倚樹披高下隨平田有在乎黃忽
畧馬何爲菩提妙法非空色緣念未忘被物羈
數擬出山訪故人松門觀鶴每逡巡自閒白社荷
衣老不是黃農木食民秋夜小亭懷蜆子西風磐
石夢驢脣眞成獨往空千古一抹溪光姓字淪

太虛終本無明晦萬象都來一鏡空松塢晝淸人
倚樹。岩臺秋好月和風。總休計彼居迷悟不必從
予較達窮聽徹溪聲千疊響只今道與太峰崇
傍崖築屋遠層城滿甕蓮花物外情漁父莫知幽
澗趣樵童安辨隱人名輕霜草榭芳桐老。暴雨松
坡紫菌生。一笑古今成夢事幾回禪起獨經行
事得無心理自圓松聲艸色現成禪石頭何意硬
成佛鰲足空聞直柱天月被雲遮光不下水因槎
礙溜難前一時塵剎俱空去誰辨中間與二邊

鼎湖山志 卷十五 僧詩 完

天地未應同我濶何妨山裏石巖巖嬾隨雲水出
人世樂愛烟蘿住草菴。撼木風生饑虎怒釀花酒
熟老猴酣。閒閒較歷娑婆國無似枯禪百不諳
世上人誰識渾金聊携鉼錫入荒岑拓來瘦地三
餘畝苦得虛齋兩半尋壅有疑情勞面壁苦無閒
步訪山陰悟迷由汝無多事獨自盤桓朗夕吟
寂寂寥寥似可依坦然尚覺去時非碧光匝嶺客
塵斷翠色盈軒道意微風怒晚林摧敝葉。月憐秋
冷爲長暉。坐來竹露成珠顆猶自聽泉未掩扉

毁譽不干欣厭盡塵緣終省到茅齋嚼苗辨藥神

應暢臨水觀經意自佳暖谷護花雲裊裊疎林飫

果鳥喈喈滄桑任變寰中事一榻高眠萬慮埋

半兼禪律半耕樵自昔携筇不限橋活句每從苦

究得光陰多爲嬾磨消白翻遠岫銜花去黑起深

潭怒雨飄故我住山忘寵辱一龕高臥傲神堯

秪許閒雲伴拂衣逍遥物外與誰歸落花滿澗思

樵藥寒日半山歌采薇入戶青猿依磬定出林黄

鳥破烟飛人間世事多如幻六代繁華今已非

望鼎湖　　憨山

遙望鼎湖山縹緲白雲中懸巖瀑布飛玉龍桂寒空昔有神人居想像顏如童朝起遊蒼梧暮宿歸崆峒長驅白鹿車往來乘天風餐霞飲朝露服氣吞長虹我欲從之遊歷覽周八紘長揖謝塵世至樂無終窮

鼎湖白雲寺

蒼梧西望鼎湖東黃帝飛昇湖已空環珮自歸金闕後仙靈常在白雲中青山地擁蓮華藏紺殿天

開釋梵宮倚杖獨依空界立側身恍惚御泠風

寒雨連宵黯不開四天雲擁湟槃臺風雷似欲乘

龍去簫管如聞跨鶴來海國千秋留勝跡乾坤終

古落塵埃登臨莫問飛仙事一嘯高空萬壑哀

端州慶雲院懐制府大司馬陳公二首

花宮高倚七星旁門對江流萬里長桂樹婆娑寒

自影珠璣錯落夜生光山圍城郭森如戟月照庭

除白似霜回首蓬萊天際遠不堪道路滿甘棠

天南此地聚星辰八座堂開氣象新百二河山供

帶礪三千禮樂起經綸慶雲猶若垂天翼甘雨還
餘大澤春麟閣勳名誰第一蠻夷心勒老儒臣

化城院二首

山色有朝昏榕陰閒古道多少往來人紅塵空浩
浩

鑿井自高原土深水難得施工極盡時淵泉流不
息

題蓮花洞

黃帝乘龍去不還白雲依舊自年年隨風帶月和

天籟時伴幽人枕石眠

鬧籃誰肯急抽身自古青山隔市塵莫謂此中無路入落花流水是知津

歷盡風波總是非此心久已習忘機翻身直入千峰裏坐看閒雲白晝飛

寄雲棲大師

長眉鶴髮久棲雲麈尾時揮繞鹿羣遙寄旃檀香一瓣想師拈對法王焚

題蓮華洞詩

蓮花瓣瓣湧滄溟寶殿高寒傍七星白晝雲封無

犬吠夜深說法有龍聽

送棲翁偈　　　　　　　　　　傅　山

棲禪嶺表稱耆舊鎮海明珠誰不有栲栳相傳古

及今誰是拏雲護浪手肉髻深藏知幾秋光明普

照四神洲旋聞返見辨端的喫飯穿衣得自由果

若沾嘗些子味蹭蹬如癡亦如醉逢人嬾話目前

機正好隨羣與逐隊何緣跋涉博山來洞水潮聲

莫浪猜脚跟踏著家山路白汗通身帶活埋

禮雲頂先老和尚墖　　傳聚

巍巍傑出鼎湖巔墖影全收落正偏金鎖骨連芳草碧鉢盂香滿雨花鮮山眉有慶雲封容月面常光寂照圓終古深恩難報畣瓣香聊供我師前

歸鼎湖作　　元覺

吾道原無住斯行亦偶然片帆懸渡口孤棹入湖天山色留前古谿聲送暮年江心應有月松際幾時圓

祝草堂和尚示生

鼎湖山誌

高豎瀛山幟一枝百千龍象擁龐眉法流慈嶺今
宗匠道重花山老律師定水有天通皓月眞空無
地著須彌等閒笑向稠中問七步周行是阿誰

龍泉　　元　海

重巖古樹下玉井吐靈泉風節有無韻星輝上下
天淸香分石火恬澹伴僧禪終是東流去從龍歸

大川

飛水潭

吼日呈金練懸空飛雪花菖蒲滋古壁水鳥浴寒

沙滌慮忘蒸暑窮源穿落霞去天如咫尺誰與椄
星槎

旃檀林

瑞像從年古瑤臺散夕陰水流雙樹淺紗暗一燈
深羣毿低牕牖諸天接梵音時來携素友坐石靜
披襟

金剛壇

靈臺方丈後石逕避松開鳥自依林轉雲從何處
來山色暝猶幻猿聲靜愈哀皈心寄跡士百怪莫

能回

過白雲寺禮憨祖像

新秋解制後每叩白雲扉愛此前朝樹涼生拂祖衣酌泉薦澗芷侍榻辨鬚眉何處明真實曹谿定所歸

哭棲老和尚 戊戌六月示寂

七十三年示現身今朝消息遣誰親寒光一道貫牛斗夜雨千山泣鬼神掇士爲香寧媿我傳燈續燄屬何人吾師末後提持處六月亢陽雪正新

遊鼎湖作　　元旻天藏

十里争源到虎谿鐘聲遥隔數峰西旋登曲徑諸天近回視塵寰下界低經閣半開依石構浮屠七級與雲齊山靈何用栽田食時有銜花舊鳥啼

湖山鼎峙

鼎成龍去尚遺蹤萬古煙霞翠色封好似桃源隔人世誰知深谷有禪叢

峽水朝宗

胖舸萬里自西來右繞湖山百折廻峽頂雲連湖

上月鴻濛一片未曾開

方池月印

月臺下湛方池水水色瑩明月一函禪客到來閒

覩影豁然一悟罷南參

曲徑雲封

羊腸九折路如斯谷口雲封薄暮時上界不聞塵

世事銜花靈鳥豈容知

龍潭飛瀑

飛瀑泠泠下碧湫誰將疋練挂崖頭分明示作廣

長舌晝夜宣揚卒未休

鳳嶺疎鐘

虎谿未到乍聞鐘猶隔雲林知幾重靜裏一聲開性地無勞招手已相逢

菩提花雨

菩提無樹鏡非臺何處天花自散來莫怪空生空默默木人無舌語如雷

墖院香風

浮圖七級湧危峰舍利流光瑞靄濃一陣異香風

送至儼然靈鷲會邊逢

遊飛水潭

石巘侵雲磴道碕相將登眺思依依林深異鳥一聲逸潭靜神龍三日歸風故冷吹秋景薄水當斜挂晚煙微巖臺寂歷禪心見得句何疑不妙機

指月樓頌　開詷

吾師初無此山志偶爾誅茅聊靜寄豈知山岳本有靈閟全福地歸朱氏吾師之師棲大師和師一興成梵寺殿閣參差華洞閒軒牕盡日明蒼翠晨

鼓暮鐘演妙音石猊雲龍紛道意見聞何獨自忘
機禪誦成羣皆法器更加山鳥啼無時黄鳥鷓鴣
撩禪思洌泉淙淙處處流鮮卉名花清四季青松
况植已成叢團匝精藍轉深邃長年無事不知閒
經行宴坐恣情肆城郭悠悠千萬人幾人曾見此
幽致吾生有涯豈不然及時無負此天賜人閒乞
得瓦木貲急架虛樓在空地樓成頂禮稟吾師題
名指月標殊義以此樓隨山面東月出徧樓無廻
避遍樓是月始應知片情依著翻鈍置是故今承

師大慈特地煩師重指示指月樓名名此樓此樓
指月月皆自此月無私照此樓此樓此月指相委
請君坐攝耳根聽吾爲細言樓邊事樓前樓左六
七株長松撐天倚空際松濤風鼓透宵鳴咸池廣
樂眞何啻樓中分月滿松梢松梢得月樓添瑞于
時不許白雲橫獨前一峰欹如醉磁鑪沉水裊煙
絲酌上鶯兒欲生翅吾於樓樂復何如昨宵樓步
掉雙臂

三昧潭 與諸子同遊作

崕削谽谺空太險不因吾汝豈稱奇道心臨水淡然妙臺石承趺眞所宜幽鳥窺人棲樹靜靈虵聞法起潭漪日斜殊欲無歸去千載空令憶智師

癸酉初夏過鼎湖　元理

衆磴松陰盡翠巖紺殿開千峰雨新霽一笠我方來雲護仙壇石聲喧布水臺天湖丹鼎在時有妙香回

詠舍利殿新菊　圓能

菊綻蓮峰寶墖前分明別出獻金仙根棲淨土非

凡種骨傲秋霜絶世妍疎影玲瓏宜晚節閒情舒卷自天然東籬長作煙霞伴肎讓陶公三徑先

遊天湖作　　詹澄

寶葢垂金地高深物外家削成遲日月囊括剩煙霞石乳分渠正松風落磴斜胞胎休作觀樓閣在蓮花

徑轉天俱側谿迴地復長到門方識寺選石忽聞香清梵三更徹浮烟幾點蒼且留飛水步一滴見甘涼

時欲觀飛水并遊白雲寺不果

步樊長文孝廉遊鼎湖詩　一機六代住持

浮生閒未得隨步陟湖峰徑曲疑無地山深何許松花開明遠嶠谿響閒疎鐘正好逢僧話高春逼暮容

何處堪乘興湖山暮有年猨獨登嶺頂髩鬅到天邊日高僧夢覺林靜磬聲全孰不欣斯隱其如世念堅

山居

經年不出戶一榻日高眠有相非關我無心莫問

禪山花開復落牕月鈌還圓新構茆齋起雲來占半邊

世情諳已熟長揖入山林道遠無人問詩成只自吟三生圓澤石一調伯牙琴盡付東流去沉埋直至今

我愛山居好柴門慣不開一菴藏衆壑三徑矗多梅跡晦名何有心空境亦灰庸知今日事仁主重高才

媿難羣衆壑孤德嘆無鄰閒寂潛幽鳥疎慵稱嬾

人睡高三丈日坐老一閒身莫問滄桑變桃花亦

笑秦

無才堪世重癖性好山居臥久不知道禪餘亦讀

書我嘗高斗室誰又大門閭自埽門前雪他霜莫

管渠

衆如不入數奚用更求容隻影潛深壑孤瓢挂別

峰不聞兒女哭但見虎狼踪亦似華林覺相依大

小空

吾道從來隻胸襟苦莫雙曲非關寡和自是不同

腔臥有雲爲席門無客吠猺夜深詩茗罷孤影對

殘釭

鄰山昨有信遲我上高峰古道由今日單丁策短

筇行人不到處得地曼潛龍迴顧來時路雲封已

幾重

謾道吾生拙吾生拙最宜住山不記歲飽食熟眠

時靜到全無事閒來亦賦詩笑渠忘入路徒自哭

多岐

此身多苦嬾久不到人間只見山居樂都忘鬢已

班工夫閒裏得人我靜中删若個癡獃子家園日往還

特立非關傲孤情亦自憐每慙居衆外爭敢越人前拙以性情稟廉從祖父傳空山經久住大似小神仙

何處尋文豹漫天霧未開步隨山犬入雲傷杖頭來豁徑茆多塞。松門雪滿堆。晴光應有待期與汝登臺

天湖十四景　　傳檀

折路騰空

終日騰空不識空恰如折路可相通一回踏破空消息笑殺當年列御風

曲泉尋海

環流激石欲如何迢遞朝宗借道過把斷要津堪一笑笑君歸路尚蹉跎

虎谿煙鎖

此谿誰以虎爲名漠漠籠煙萬樹平迷盡幾多飛鳥路道人來往不曾驚

鳳嶺雲過

參差疊嶂稱飛鳳寧倩閒雲作羽儀世界洞然如許闊浮雲何礙去來時

石埨凌霄

造就無縫曾塌地展開有相便凌霄祖翁基址堅牢甚雨驟風狂不動搖

袈裟布地

伽棃誰印幻規模散作平田撩亂鋪空費耕犂多少力可能動著一絲無

碧潭龍舞

潭澄龍躍誰曾見潭隱龍潛又若何偶向空潭呈伎倆莫疑頭角慣興波

瀑澗猿啼

啼猿飛瀑各成聲若個無情若有情縱是知音徒側耳自然唱和許誰評

鷲山暮雨

道是飛鷲却嬾飛堆堆終日只忘機黃昏一任猖狂雨豈爲漂流亂羽衣

壁嶂晡雲

層崕絕谷客踪稀斜日晴雲織翠微壁立已無棲泊處憑虛點綴信天機

石徑行僧

本地風光得自由逍遥杖笠下丹邱脚跟穩踏凌虛徑路滑何須怕石頭

松陰踞客

徙几迎賓嫌檢束松陰箕踞見天眞尋常薪水煨鐺去恬澹何曾擾主人

宵臺澹月

一箇蒲團深夜坐輕風淡月正相應直饒淡到無
痕處頑石知他肯未曾

龍井疎星

歷歷源頭不偶然時人徒向井觀天豈知清淺隨
流處印出明珠顆顆圓

初住鼎湖述懷呈諸方同學　東樵鷲七代住持

先師寄囑曾書紳只許住山不爲人默存牢記三
十臘褁足不思求轉身祖庭旦過頻來客自甘長

作伽藍民舠廬去後音響寂寳華玉座生塵埃天
龍八部增惆悵衆中不辨主與賓我住鶩潭睡方
足快哉四體由屈伸三竿紅日出東海門前剝啄
聲何頻披衣倒屣出見客客來申請殊殷勤乃云
山中二千指衆指行籌輿輪均無繩自縛縛將去
捨却蜜果甘酸辛脚打行纏腰匾擔二時鐘板隨
僧倫毘尼細行謹繩檢詠諸不復依天真從前文
字皆綺語本來面目新日新無口匏瓜無法語有
緣針芥有來因朝住山晚爲人師訓半違還半遵

倒行逆施已如此日暮塗窮勿復云莫讚嘆莫嘲
瞋大家扶起破沙盆代與如來轉法輪

己丑初春十二夜樊學院悔菴舟過鼎湖見
訪以公事促程不容下榻乘月出山留題
而別賦和四韻用志方外之遊
住山不覺此山深鳴鳥時聞惠好音袖裏八行懸
齋約江干雙節快幽尋風兼花氣迎歸院月竝蓮
燈送出林。從此祇園有甘樹春光何處不淸陰
脫畧形骸忘主賓逍遙鵬鷃自相親三年兩試巡

方使萬壑千巖訪道人恰好山高先得月懸知雪後早生春題詩留在三生石不待籠紗字字新
天上卿雲任往還夕陽斜月去留閒春宵不費千金買竹院容偷半日閒小歇亭皋供緩步促程驛吏候重關淸風攝入奚囊裏化作松濤出萬山
百丈嶺頭啼鷓鴣攀藤乘月下天湖雪山鷲嶺應如此。劍閣蠶叢得似無。一徑松杉排鹵簿。數聲猿鶴代傳呼。何由借得僧繇筆寫作谿橋送客圖

飛水潭觀瀑

白鳳啄氷翔碧落玉龍帶雪下瑤臺天花不斷四時雨地軸長奔萬壑雷。茗椀試將新石乳山衣濕透古莓苔。重來記得曾遊處顧影澄潭日幾回

尋黃帝鑄鼎故處

咫尺卿雲近鼎湖尋思往事入虛無七星光接三台座九轉煙銷八卦爐夢到華胥羞白髮歸從赤水想玄珠頑金躍冶知多少終古無人作範模

遊飛水潭與諸子同賦限韻

病軀未去心先去筋力無加却有加七尺烏藤伴

形影一條白練入烟霞靈湫鎮日傾盆雨頑石當
陽散寶花莫道銀河隔人世迷津何處不通槎
山色谿聲無遠近林光潭影互交加密雲觸石成
疎雨。孤鷺迎風散落霞。坐久三衣疑浣雪憑高雙
眼易生花青猿也羨臨淵樂隔水呼兒上斷槎

山中書懷

役盡聰明博得癡蹉跎筋力陡然衰晚圍革帶朝
移孔左策藤枝右傍籬鳩食鶉衣甘我拙鯨吞虹
飲任人爲扁舟擬逐華亭後歸向鴛潭理釣絲

火宅何堪再補茅濁河不用更投醪吟詩我欲通
羣怨讀易誰能玩象爻深夜風簷鳴蛤蚙。虛堂月
牖挂蠨蛸。靜觀物理須休歇莫漫逢人強解嘲
靜坐不知西日斜竹風和影互交加唾餘乍見蒸
成菌齒落都忘飯有沙蟲語喚醒憨布袋鐘聲催
起破袈裟悄然悟得無生旨緊閉松寮禮法華
銷磨白髮半酸辛潦倒紅塵媿隱淪老似鷄巢空
偃蹇病來獅子只嚬呻夢中不辨誰爲主醒後那
堪舉似人一盞殘燈伴孤榻酸風吹㫒破頭巾

松影依𢜏東復西何堪鐘鼓促晨雞問天不語頻
搔首面壁無言暗噬臍勁草偃風柔繞指高花和
雪踏成泥閒將歸計問童子笑我詩囊不住携
拚取深山換淺山水邊林下屋三間蒲團有脚行
藏便鐘板無聲夢寐閒靜對亭陰迴暮景飽餐麤
糲駐衰顏緘書先報鄰翁道淨埽茅堂待我還

偕諸子集小歇亭啖荔

千尺懸崖七尺藤自來自去自躋登禪心對景枯
難得歸計逢人說不能水鏡豈堪呈白髮荔香寧

免致蒼蠅憑高四望增惆悵大地茫茫一個僧

慶雲寺十詠

湖山鼎峙

湖光百里路千重鼎足東南見此峰函蓋乾坤歸

大冶莫愁金石不銷鎔

峽水朝宗

山前流水接牂牁峽口無風也自波閒上慶雲高

處望江河日下更如何

憇庵環翠

暫息勞生樹下身光陰送盡往來人行雲流水無
蹤跡翠竹黄花自主賓

小歇羣峰

碧嶂丹崖儼畫屏烟霞深處見孤亭好從小歇尋
眞歇莫戀寒巖異草青

方池月印

高懸古鏡慶雲邊印破山中水底天月落池空人
定後不知何處別方圓

曲徑雲封

[illegible]

山前山後更藏山石路雲深戶不關却恐雲隨風
雨去獨留曲徑待僧還

龍潭飛瀑

雲淨谿喧雨歇時閒來觀瀑策雙眉一條白練從
何去龍臥澄潭只自知

鳳嶺疎鐘

鳳嶠鐘聲出白雲更無一字可呈君洪音敲落西
山日借問下方聞未聞

菩提花雨

菩提有路好登臨三笑如何一笑深不用靈山求直指蒲團長在雜花林

襘院香風

風旛動處百花香寶襘重重見瑞光鼻觀全空無入處木樨花下笑人忪

禮先老和尚影

昔日全身藏不住一朝獨露被人知而今只著由人拜拜到天崩地爛時

鼎湖山白雲茶銘

此茶產於白雲山之巔根盤崔嵬柯籠烟霧沆瀣朝零月華宵度春後雨前抽新謝故蓓蕾蠏目之萌依俙雀舌之吐採弗後時製也合度烹新啜温宜目適腑清芬入脣煩襟亦漱解醒比梅羹之和佐讀代熊丸之苦賞此清供可以朝暮

明光禄卿嶺南郭蕐周先生著

嶺海名勝記

香山後學陳蘭芝增輯

弎峽

三峽記

峽文

嶺南三峽形勝論　　香山陳蘭芝拂霞輯梓

光祿寺卿郭棐番禺

粤有三峽當韶廣之交山水奇偉然竊嘗論之昔者聖人繫坤象而曰地勢坤蓋以廣大之積磅礴蘊隆因而險易異情縱橫異槩天人相因之理其事不一非勢不足以盡之也何言之南越雖遜在荆陽之裔土而紀山海者番禺之桂始刳爲舟則南越之通於中國帝世而已然矣錯繡雄峙不遜

中州漢書曰番禺其一　郡會也葢有由然古昔聖王相陰陽觀流泉以土圭土其地而制其域於是以地準天以天測地量人分其塗數保章審其分野縣鄙有形寒暑有別同道德布法令而又式閭表里繁其文出雲致雨大其報因勝考勢因土辨宜且過而思哀爲之致守塚之家者毋非重人事承天施相其道於資生云爾君子曰不觀於古罔察於今撫茲輿圖雖曰古南海地也而求諸聖王體國經野之意詎或異歟今日者登高以望湟溪

陽山之關而以形勝稱者始辨越秀之陽之爲方位正也一相陰陽之道也天官書曰日月五星起揚粤斗牛之炎故分野包青齊而接鄒魯則知牛女之墟而與奎婁合體者一以天測地之道也者周武王疆理南海莫不通貢謂之藩服則吾廣之疆域也氣候也風俗也歲時也物產也不必誇南服之雄管領州有十縣有七十八其都邑嘉氣和洽草木繇條學術坊表之倫名物象數之備與班孟堅所稱犀象瑇瑁珠璣銀銅果布之湊者毋乃

邈不相屬歟曰氣運三十歲一小變百年中變五
百載大變物行久而必變也理有固然事有必至
又何疑於風俗之同歲時之布而區區因土辨宜
也哉由是顧瞻白雲疊巘湞水稽天牲玉沈貍以
虔以肅登朝漢之臺而弗厪當陽用命者當無有
矣歐陽修曰向之憑恃險阻剗削消磨百年之間
漠然徒見山高而水清由此觀之剗削盡而仁義
施歷年愈久大道益行迄今闤無異市家無異書
易象春秋絜量魯國一皆繁文報功懷古生哀之

道也昔郭璞望氣靈洲識南海之盛審夫地理磅
礴蘊隆光華孰掩焉然細讀吳處默傳曰廣南包
帶山海珍異所出因怪古今人紀厥形勝往往畧
人物而詳財賦禹貢一書實權輿焉其故何也豈
非有天下國家者因其山川表裏而藉其方物租
税如韓愈所謂出貢賦以供天地宗廟百神之祀
者哉班固曰番禺負山阻險南北東西數千里由
今日觀之向之以爲險阻者今則鏑以鳴之名以
命之器以象之石以平之矢其文德無遠弗屆豈

與侗守先矩罔達時宜而謞謞治亂之因爲安危
也耶語有之曰升東嶽而知衆山之峛崺也浮滄
海而知江河之惡沱也瞻彼三峽峻嶺崔嵬綠波
澄湛天光開祀燕爲朱艸蔚爲人文韶則張曲江
之相業余忠襄之戰勛廣則陳文恭之理學黃文
裕之淹博蕩蕩休風竝驅洙泗比肩鳬繹正不必
秦關百二之爲足尚也已

三峽記 中宿峽

詩類 香山陳蘭芝拂霞輯梓

中宿峽 參議黎民表從化

中宿之山如積鐵兩岸臨江不容窄迴波撇漩恐

行人峭石驚湍難挂席土風雖惡山水奇丹檐絳

宇横江湄福庭七十傳孔記儀尊千載經秦時猿

猴喜客擲山果木魅窺人攢翠屑陽開陰閉在頃

刻神凄氣凜令心悲我游萬里常經此歲月崩奔

逾四紀寶玉應留沈宋詩黄鍾不見軒轅子矯首

塵蹤欲臥遊此山安得軒窓裏

中宿峽　　光禄寺卿　郭　棐　番禺

中宿之勝何雄哉獅臺屹向青天開傍峙兩山森列戟中拖一水如犇雷石林琪樹紛交互翠巘丹梯宛相顧上有軒轅帝子宮風月朝朝還暮暮我欲攀蘿遊上方雨花四散飄天香璇題總列葳蕤仗青鳥勻妝翡翠裳傳言仙跡多茫昧猶有禺山至今在梵王古殿尚依然化樂高臺遥相對釣魚石畔江水瀰金鱗百尺人不知天風浩浩吹波立

就中躍出雙蛟螭路轉和光㧓磴入飛翠繞空沾袂濕直窮絶頂望神州船頭簫鼓催程急揭來倚杖憇全清臺名欲住不住仍含情遠聞雲外松濤響蕭蕭瑟瑟和鸞鳴榴花五月鋪紅蕋石乳千條流玉髓往擷其秀啜其精露華浥我凉如洗嘻吁登眺何其勞虹橋百丈丹霄高令人到此滌塵慮頓覺功利輕鴻毛明月在天照清夜斗酒篇詩自傾瀉洞猿水犀莫號嘷玉環金鎖知有無

中宿峽口

方朝番禺

峽口波濤壯居人不滿村衆山風落木深洞月歸猿水并星河瀉雲兼石壁翻千秋追帝子如可夢精魂

中宿峽　文學　梁麟生　順德

兩郡當分天設險雙崖相倚地成關已難臨水求金鎖更欲憑誰說玉環過影無多憐日月賸人不盡是江山軒轅帝子依稀在貝闕珠宮縹緲間　次作

一聯云石立雲端琼刹出月沉洞户夜猿歸妙

中宿峽　太史　杭世駿　仁和

江流無直波造化妙融結凝此秋一灣知幾翠屏
折叢蘆窈然青危石蠢爾凸豈愁頑蛟蹲到寺漸
奔泄羣峰㟓構接高蹠忽踏裂虹梁軼天半壘石
補空缺千夫挽長茭哀過啼猿切迢迢孤篷眠況
有萬里別

清遠舟中望對山野烧

赤龍破陣膽氣豪金鎖狂掣誰能操衙衙上天飛
更墮蛩蟺屈走蟠蝍嶆蜚廉助虐嘘毒燄決討欲
盡山中毛荒厓榛薉已淨埽深穴蟲蟻將安逃須

臾金餅閃峰背冉冉推上扶搖高圓珠挂空忩攏
磨勾惹鱗爪伸爬搔高天厚地兩狡獪炎光娥影
交相鏖阿房烈炬眼未覩陸渾澀體牙頻聱百蟲
將軍忍坐視燋爛神鬼紛譁號嗟此茶蓼非難嫮
汝何蝱蝱不憚勞摩牙磨礲吐赤舌瘐骨豈足當
饞饕一冬枉爲孏農役八蜡不得霑牲醪江舩無
燈短篷黑不顧獨客心煩忉風迴梔轉立翠壁望
而不見目屢蒿手中有酒不能嘆汪然溢淚徒沾
袍

韶州至淸遠道中雜詩　檢討潘耒吳江

湞陽峽百里兩崖狀如門江流日漱齧崩剝露危根空中頤霤削骨立龍虎蹲孤舟出其下凜然悽心魂石戴萬篙眼壁縈千牽痕溯流行良難下峽如星奔灘急波易駛林深景常昏奇峰遞迎送百千互卑尊或肖天榜挂或疑鐵騎屯心賞不暇接目眩難具論古來投荒人鬱結聲長吞壯觀有如此何必非君恩未爲投荒者慰卽九死南荒吾不恨意

軒轅帝子讀書臺歌送門人岑兆葵赴中宿

山長之聘兼呈清遠魯恆庵明府

孝廉　羅天尺　順德

嶺南三峽首二禺得名乃在軒轅初帝子分居南北峽高樓共讀天南書後來十九稱福地千里飛來延祥寺山靈亦肯作附庸直接衣冠南海氣豈意清猿嘯玉環花阡空葬碧雲閒徑裡笛材無容問山中桂樹少人扳年來飛鳥中牟至擔簦人盡歌三異特將經義授門生都講經師豈有二岑生吾門立雪人文筆學殖將大醇休傳西蜀牢愁賦

合作山暉侍讀臣此中尚有臺經史將何讀此中大有人簡編將何錄五經百子撰後儒太古以前讀何書庖羲一畫涵萬象古今意義包無餘嗚呼古今意義包無餘腐遷管見何其愚乃言删斷自唐虞問之魯叟豈予迂花阡在南關出陳岩野雪聲堂集

自中宿峽至韶陽作

玉屏中劈峽江分水底鐘聲扣白雲好掃仙源待歸客題詩先報二禺君

七十二峯相對青洞猿啼罷鳳凰鳴君臣兄弟齊

三峽詩

吹笛送我香爐峽裏行
石馬朝西石鼓東曹娘廟口峽門通太平任唱牽
船曲人在軥軥杙閣中
萬人城蹟鎖荒烟霸業鴻圖盡惘然獅子眠羊千
古在巳無人爲說樓船
十里湞陽是要津兩崖皺瘦競嶙峋南來北去紛
如織只少南宮一個人
彈子磯多虎豹羣應聲鏜鞳兩崖聞怪來我獨耽
幽寂愛向高峰弄紫芬

舊濛裏隔新濛裏十里灘聲鬪險長莫怪青山加靚麗荆州從事郭公鄉

郡傳翠蹕紀南巡舊駐重華帝子春咫尺韶陽稱古驛詩題丁卯後無人

中宿峽

孝廉 張錦麟 順德

寒潮罷相送蒼峽來相迎嵯峩八九峯秀色不可名長灣湛深碧照映浮華甍白雲閒不收濕翠無陰晴高風振林谷中有飛瀑聲靈區失登眺一别千里情横篙走礧石路與潛犀爭遲速能幾何舟

三峽記

師自貪程鵶磯暝投泊回首荒烟平

中宿峽　　州判陳蘭芝香山

三峽樓臺老杜吟未聞飛寺掛嶔深緣山亦有吹笙者不及軒轅帝子音

詩類　　　　香山陳蘭芝拂霞輯梓

大廟峽　　　　尚書王士正山左

夜泊黃石磯急雨如萬弩朝過大廟峽怪石蹲潟虎靈祠出叢最薄飛甍粲可數美人珥明璫侍者拾翠羽春蘭與秋菊無絕此終古落帆薦溪毛蘋花媚中渚神光乍陰陽朝雲無處所欲去更徘徊桄榔颯飛雨

大廟峽寄黃庭表太史

出峽復入峽舟行多苦辛青山蠻徼外黄帽越溪濵迢遞經寒雪飄零惜好春佛桑花下酒應憶北歸人

十五夜峽口對月寄廣州諸故人

峽口今宵月其如客思何離離見珠斗穆穆展金波故壘餘蕭勃殘山弔尉佗珠江猶一水相望似秋河

大廟峽　杭世駿

亭午泊中宿已信江路陿斜陽弄曛黄迤入大廟

峽澓濆幾泒衝巑嵲兩峰夾横厓窺客舟仰首黑

雲壓頗疑蛟龍宫石柱顛倒插怪石巧遮攔層遞

儼置闠緣坡被菅茅過嶺叫鵯鶋冬江風景殊喜

值我來恰舟師仄足行背纜貼山脇捷如倒飲猿

肩臂自相接須臾下平岡出險才一霎平生慕飛

仙焉得終日挾

大廟峽曉起　　羅天尺

廣河三峽遁相迎戍鼓通宵夢裡聲擁被自貪餘

暖臥推篷先問過途名篙吞石鷩灘風急纜卷秋

毫棧路橫此地漫言征役苦騎驢還要雪中行

大廟峽　張錦麟

一日始一峽香爐屹中央英英虞夫人廟貌留崇岡長年來刑牲賈客爲陳觴稜威耀存歿玉佩時徜徉神叢風肅然靈旗亦飄颺半帆不得挂衆挽緣石梁歌聲太酸苦日淡無全光崎嶇絕壁間豈惟胃垂堂貧賤宜苦辛念女心惻傷

碧落洞在英德下十五里幽趣絕倫○附　蘇軾

槎牙亂峯合晃蕩絕壁橫遥知紫翠間古來仙釋

并陽崖射朝日高處連玉京陰谷叩白月夢中遊
化城果然石門開中有銀河傾幽龕入窈窕別戶
穿虛明泉流下珠琲乳滴交緌纓我行畏人知恐
爲仙者迎小語輒響答空山自雷驚策杖歸去來
治具煩方平碧落洞石如霓旌羽蓋狀旁有小洞號雲華深不可測石壁上刻唐宋名
人題咏
甚多

清遠舟中寄耘老附

小寒初度梅花嶺萬壑千巖背人境清遠聊爲泛
宅行一夢分明墮鄉井覺來滿眼是湖山鴨綠波

搖鳳凰影海陵居士無雲梯歲晚結廬穎水湄山
腰自懸蒼玉珮野馬不受黄金羈門前車蓋獵獵
走咲倚清流數鬟絲汀洲相見春風起白蘋吹花
散煙水萬里飄蓬未得歸目斷滄浪泪如洗北雁
南來遺素書苦言大浸沒我廬清齋十日不然鼎
曲突往往巢鼃魚今年玉粒賤如水青銅欲買囊
已虛人生百年如寄耳七十朱顏能有幾有子休
論賢與愚倪生枉欲帶經鋤天南看取東坡叟可
是平生廢讀書

碧落洞　　宋殿中丞　許彥先

崖卷層霄瀾溪穿碧玉橫銀河一泒水終日瀉天聲玉峯㓟不盡滿空碧琅玕太始藏靈氣廖廖五月寒。金石略首取此章

大廟峽　續檢　　太史　朱彝尊秀水

連山何迢迢迢迢夕陽外我行曾幾時虛舟入青靄崖傾斷車箱廟古陰松檜遥見靈旗翻微風響青籟川光與天容上下如衣帶纍纍白石明宵宵浮雲晦日夕故鄉心山川渺吳會

吳山多透迤粵山獨嶄巖壁立千仞餘洞壑俯窮嵌子午見日月朝夕鳴松杉大風一以至蕭瑟吹江帆懸崖答長嘯空翠濕征衫側聞飛仙度遠見浮雲銜何當劚靈藥坐惜無長鑱

碧落洞　　宋節度使　蘇　緘　晉江

此洞誰疎鑿難窮造化原地開疑屈室巖透若天昏蘇色高低路樵聲裏外村雲嵐青欲滴煙壁翠堪捫一帶雜泉急千枝石乳繁鼠飛猶白晝虎笑近黃昏老木吟風韻。枯厓滲雨痕。屢遊心靡倦不

到目常存衆景能兼有炎方可獨尊碧瀾秋寸寸
寧負羽皇皇

三峽記

三峽記湞陽峽

詩類　　香山陳蘭芝拂霞輯梓

雨入湞陽峽　　王士正

野泊開頭早重陰入峽寒側過釣魚石逆上牯牛灘雨逼驚瀧失雲從大壑看十年經劍閣轉見路行難

湞陽峽湞山南漢主築萬人城即此

峭帆入皋石絕壁太古色山川方出雲白日轉昏黑浩浩一水逝蒼蒼兩崖逼雄雷地中奮坤軸倏

頃仄十步一盤渦下視窈難測云中穴蛟蜃呀呷
擇人食牯牛尤險絕艱虞萬夫力石棧緣秋毫百
丈牽江直慘慘鷓鴣啼猿猱不遑息尚憶符韶州
架閣擬巴僰事往逾百年遺踪半湮沕陵谷一俯
仰感歎情何極

湞陽峽　杭世駿

湞水從西來苦被山勢縛兩厓峙蒼深巨石亘綿
絡猛力不得騁出坎仍踔躍縱橫漫睛沙漸復展
肩膊坡陀排劍鋒十步九咋嵭豈煩靈胡劈頗費

鬼斧削川涂信知艱妙景本不惡盤渦篙力微轉瞬幾錯愕驚波濺篷窗因險轉得樂慄魂久始寧且就沙際泊

滇陽峽　　張錦麟

上有萬仞壁下有千重灘江流驟束縛潄激無停瀾篙石相撞舂穴竅鑱巢攢彎環路疑塞百里氣屈盤棧危見虎跡樹古無猿攀怪禽時驚啼墜葉紛爛斑噴沫濺篷窓風急衣裳單平生遠遊志豈得辭路難賦詩慰征魂因之報平安

湞陽峽　張九齡

行舟傷越岑窈窕越溪深水闇先秋冷山晴當晝陰重林間五色對壁聳千尋惜此生遐遠誰知造化心

湞陽峽追次曲江韻　進士　韓　海　番禺

相對碧嶔岑南來路漸深水吞湞武窄天夾廣韶陰蛟屈凌崖轉龍頭冒險尋黃花多陸賈先讐越裝心

湞陽峽　太史　朱彝尊　秀水

三峽記

詩類　　　香山陳蘭芝拂霞輯梓

彈子磯　　　黎民表

兹嶺何綿亘孤根下杳冥雲光盪鳥背水氣雜龍腥蜀道攢爲閣廬山疊作屏定知人靜後風雨語精靈

彈子磯　　　王士正

神禹刋九山百粤所不詳蠻夷暨流蔡遺跡葢荒唐此磯始何代峻極蟠穹蒼下臨萬丈潭蛟螭多

伏藏黑鷹巢其顚下瞰時飛颼石壁不可梯錯雜
互文章鐫鑱復穿漏鬼工肆皴皺想當開鑿時巨
刃摩天揚安得挾仙靈白日凌飛梁

彈子磯　庶吉士　張尚瑗　吳江

競秀英州山臨江多俯瞰觀音與彈磯巉絕奇尤
占劃然千仞壁削出長天塹鴻濛開闢時鬼斧安
施鑿蚪柯縷絡之蒙茸紛碧紺乳竇小於拳纍然
不容甂相傳廣明賊彈落金丸陷雄非天山矢險
異蜀門劍但見灘流駛湍急不可纜懷古夫如何

寒風江湛湛漁洋南來志云彈子磯懸崖千仞如洞如一人斧鑿鐫鑱擬於鬼神詩中亦可互證廣

明賊未詳

彈子磯　杭世駿

數峰臥未起一峰蹶然興團團欲珠規瀲瀲經玉繩遂令一卷石乃得彈子稱堅刃削積鐵壁立不可升刻畫出衆皺細路生榛艿壓江始訶黑窺艦俄愁崩輕猱不敢踏何況摩霄鷹晨檝淩浩渺萬象資憑陵擡頭憚險艱履薄增淩兢臥思飛仙才興至何難登袖中蝌蚪字挈攫工鐫縢諦觀仍蕩

蕩大笑同蒼蠅

彈子磯　　張錦麟

一峯削其半巨壁何巍巍孤撑勢欲落雲氣無所依騰猨怯下飲吽嘯聞煙霏拖舟出其下亂石彌彎碕急流困牽挽若是不可磯揪篷望絕頂樹老霜葉稀托根既失所安得盈尺圍獨愛增巢鷹俾翮盤天飛一生只自獵永與羅網違二物感余懷逍遥玩淸暉

三峽記

詩類　　香山陳蘭芝拂霞輯梓

觀音巖　　王士正

粤山無寸膚斯巖益厜㕒其下蟠水府其上排雲霓洞穴豁天半十丈臨江涯騎危躡虛空險絶緣鉤梯白日忽晝晦疑逢魍與魎金獸佩腰間火鈴前後隨蝙蝠如白鵶鍾乳皆倒垂羃𤯝掩洞門狖猵神所爲暗瀑響陰壑尋丈安可知灑落深潭中如弩齊發機佛座雲霧生濛濛沾人衣遠江上明

月闌干拂參旗歸舟意惝怳絕景誰能追

觀音巖　　杭世駿

山根豁閜誰所開一綫上可通崔嵬盤蝸邪行負殼立脩蛇倒蜺穿空來闍黎好事斲澀磴架屋危厓俯圓鏡妙蓮花湧踏層波月寫金容悵孤映雲山遮迴幾重青峭壁爲門不用扃檻外縈殘香篆影巖中流出木魚聲清風留客開蘿幌他日重游吾或儻不逢溪叟釣寒雲頻見村姬搖急槳兩厓相望整愁新何物長途結淨因思搴雪色芬陀利

繡上天衣自少塵

觀音巖

同知李文藻山左

曉至觀音巖檥舟試屧脚洞門呀然闢攝衣躡重鑰白日忽昏夜明鐙僅微爝拊楯山鼠飛唾地谷神諾屢祈迷所向踏石畏朽索一竅開絶頂俯瞰得寥廓奔瀧圍佛几來朝萬青崿形肖靡不有獅象龍鳳鶴鍾乳當檐垂旛蓋倒蓮蕚輪囷寫毫光珠玉飾簾幕造物施供養萬古無銷鑠耄衲導我下具茗半山閣軒豁遊大廈息定與磅礴拂蘚睇

三峽志　卷十五　觀音岩　七

高壁文字爭寄託韓蘇所未到此景遂寂寞再下出洞口乃見飴山作南遊爲美莊川巖入詩槖磨勒得此三南山連碧落惝怳新城篇片石誰爲鑿回舟更仰首萬仞一斧削皴緲尺寸異渲染朱綠錯五丁猶夙聞何人布丹雘下有蛟螭蟠上絕猿猱玃松桂挂石稜飛鳥偶附著對此一長嘯逌然滿崖壑卻悔初來時峭帆疾于鶚夜夜蓬島夢年年文書縛山英留奇勝及歸踐昔約烟霞浮篷窗兒女亦駭愕行廚問薪米將爲十日泊

觀音巖　　張尚瑗 吳江

巨靈施崑刀劈破青玉筍千里插江面削平如概準群岡互起伏離立車連軫獨此琨瑤屏截肪無粟疹頂矗日黯黯趾沉波泯泯一綫裂石罅虛中駕闌楯香華鬘陀像須洞棲谷牝淒風颯然來猱玃度必賈安得立三分言從伯昏瞀王漁洋賦此題中云騎危躡虛空險絕緣鈎梯此云一線裂石罅虛中駕蘭楯可以互證想見左右石壁危闌駕壑此巖未易登也

觀音巖　　孝廉 鄭世元

粤山山山奇兹巖益奇絶嵌空有神功壁立淬寒鐵晻哼山精藏靈秀貞宰洩赤日萬古陰江霧晝常結飛樓騎危駕石隙透微穴拾級如盤螺堂隍忽開列僧梵響出雲鍾乳倒垂雪南思羅浮佳北與大庾别目謀靚斯奇殊使覊心悦

觀音巖　張錦麟

英州山水區勝矚此稱絶削成千仞壁一綫中迸裂縣蘿翠髯髻陰洞黑眣眝石角鈎人衣躋踵迷窈折齋厨一星燭冷談半明滅冥摉歷扶闌跼步

不敢濶紆回出枝撑始覺雙眸豁清嬴二緇叜宴
坐虛白室心將水月閑法爲沙禽說小立聞幽泉
泠泠響巖穴窗前嵐嶺秀鳥底香雲泄欲去更裴
回江風轉騷屑

觀音巖

副車馮步崑鴈門

巨石亘今古峭壁摩青蒼下瞰潭萬丈白晝蛟龍
藏巖竇恣穿漏呼吸雲飛揚凌空步危梯陟險登
虛梁入洞轉昏黑星星燈火光咫尺不辨人驚逢
魑與魅鐘乳垂半空儼如華蓋張運斤豈人力鬼

斧開文章我想造物者蟠結始洪荒闢此詭奇狀
直欲排天閶佛座蓮花臺日落鐘磬塲窓櫺出烟
露江水奔茫茫人生苦行役道路阻且長他年願
結屋來住靈巖傍

觀音巖　　趙執信益都

艤舟仰崇巖不雨露自滴躡級凌空行導火捫星
入屢轉失向背絶頂得開闢佛座積香烟出戸孤
雲直輪囷青蓮花百丈燭江色前見萬巑岏爭頭
刺天碧非惟閲幽峭亦復豁胸臆安得桓子野臨

波共長笛金石略首取此章

三峽志卷十五　藝文志　下

明光禄卿嶺南郭棐周先生著

嶺海名勝記

香山後學陳蘭芝增輯

韓非子

九成臺記

文類　　香山陳蘭芝拂霞輯梓

九成臺銘　韶太守狄咸新作九成臺玉局散吏蘇軾爲之銘曰

宋學士　蘇　軾

自秦并天下滅禮樂韶之不作蓋三千三百二十有三年矣其器存其人亡則韶既已隱矣而況人器兩亡而不傳雖然韶則亡矣而有不亡者存蓋嘗與日月寒暑晦明風雨並行乎天地之間世無南郭子綦則耳未嘗聞地籟也而況得聞天籟使

耳得聞天籟則凡有形有聲者皆吾羽毛干戚管磬匏絃嘗試與子登夫韶石之上舜峰之下望蒼梧之渺莽九疑之聯綿覽觀山川之吐吞草木之俯仰鳥獸之鳴號衆族之呼吸往來唱和非有度數而均節自成者非韶之大全乎上方立極以安天下人和而氣應氣應而樂作則夫所謂簫韶九成來鳳凰而舞百獸者旣已燦然畢陳於前矣

九成臺記　陳奇謀

余嘗博考宇內山水弔古追風慨然欲縱觀皇王

以前勝址至韶治之有九成臺斯又故虞帝南巡所歌風舊跡也阜財解愠遐哉有深思乎萬歷之己丑余奉命來守是邦會郡務久墜殫心而整頓匝兩月而始暇觀風爰偕同曹劉君承範呂君艮佐黃君華秀相與登眺其上則見嶒崒雲表下俯城雉瞰山臨水青翠照人而江上舳艫之聲時聞於琅風松瀑其井盧而托處者夫又轔轔相望也此何必滅滕王黃鶴諸樓哉已而覽志何以名則昉諸蘇文忠公席上銘而歌之者然其間寖復寖

廢代異時殊志所載詳矣靡遂而喙云迄世廟初
有唐公升者始勒子瞻之文碑其上而甍瓦更新
迺歲齧而又漸以圯矣余顧謂兩君曰臺爲我主
而令隳於闤闠暮烟之中於地主何辭因相與議
修創而獨躊於應募無從者惟是我兩賢寮捐俸
是賴而友邑令長曲江劉文芳樂昌邱一鵬英德
蘇大用仁化謝一豸翁源陳文熙乳源林文豐亦
靡不相率而和之至下逮郡文學許調元慶元兩
兄弟者亦驩然出四棟而輸爲楹也豈有虞氏之

風至今能動人心乎哉嘻余於臺有辭矣由是鳩
工聚財品畫經制上架以重樓八窻洞朗渺渺可
受烟霞額曰空中樓閣其莌天之境界乎臺制面
東月出而當樓之中斯冰壺映徹月到天心處也
不妨取康節句矣而樓之上額復曰雲裏帝城蓋
又爲虞氏之遺而取唐人語相肖也至其蒼崖白
雲江流湍悍寓目寥曠若增而勝昔人之不鑒賞
青山緑水而有味乎烟水雲山者余於是臺亦云
若廣袤豐殺一踵舊基不加侈麗惟中設簾幃屏

案而時時供縉紳賢豪長者遊是舉也寮長不愛其財士民不私其力蓋不閲月而功卒用成余前謂有虞氏之風至今尚能鼓動人心也嗣是務暇郎與二三寅儕挈衣舒嘯問以江鱗村釀佐之因而采民風發民隱以勗勤我平日勤卹之不逮毋徒爲章華銅雀之鉅觀也者且也貽諸後而千古簫韶遞有遺響如眺滕王而悵帝子步黃鶴而想羽衣太守事也太守責也儻曰勞民傷財飾觀美睹沾沾騁遊佚而博愉快則余不斂郎不敢比宋

子瞻氏之後塵而敢希晉風流之庾亮乎哉劉君呂君黃君僉曰然落成走筆記之

韶州濂溪書院記　朱熹

秦漢以來士不知學言天者遺人而天無用語人者不及天而人無本專下學者不知上達而滯於形器心上達者不務下學而溺於空虛優於治己者或不足於及人而隨世以就功名者又未必自其本而推之也夫如是是以天理不明而人欲熾道學不傳而異端起人挾其私智以馳騖於世者

不至老死則不止而終莫悟其非也宋興九疑之下春陵之墟有濂溪先生者作然後天理明而道學之傳復續蓋有以闡太極陰陽五行之奥而天下之爲中正仁義者得以知其所自來言聖學之有要而下學者知勝私復禮之可以馴致於上達明天下之有本而言治者知誠心端身可以舉而措之天下其所以上接洙泗千歲之統下啟河洛百世之傳者脈絡分明而規模宏遠矣是以人欲自是而不得肆異端自是而不得騁蓋自孟氏旣

沒而歷選諸儒授受之次以論其開創興復汎掃
平一之功信未有高焉者也先生熙寧中嘗爲廣
南東路提點刑獄公事而治於韶洗冤澤物其兆
足以行矣而以病去乾道庚寅知州事周侯舜元
仰止遺烈慨然永懷始作祠堂於州學講堂之東
序而以河南二程先生配焉後十年教授廖君德
明至故祠頹已摧剝而香火之奉亦惰弗供明年
乃增廣而作新之像設儼然列坐有序月旦望率
諸生拜謁歲春秋釋奠之明日則以三獻之禮禮

焉而猶以爲未也則又日取三先生之書以授諸生曰熟讀精思而力行之則其進而登此堂也不異乎親炙之矣又明年以書來告曰韶有舜風士多愿慤少浮華可與進於道者蓋有張文獻余襄公之遺烈焉然前賢既遠而未有先生君子之教以啟迪於其後雖有名世大賢來官其地亦未有能樞衣請業而得其學之傳者此周侯之所爲惓惓焉者而德明所以奉承於後而不敢怠也今既訖事而德明亦將終更以去矣夫子幸而予之一

言庶幾乎有以卒成周侯之志也是亦德明之願而諸生之幸也廖君嘗以其學講於熹者故不復辭而輒爲著先生倡明道學之功以示韶人使因是而知所以用力之方又記其作興本末於此使來者有所攷核焉

重修九成臺記　　黄文煒

昔有虞氏南巡奏樂兹土閲今四千餘載而九成一臺久而彌新蓋帝德廣運有所以淪浹人心者感慕奮興而不能已此祀典所由起也臺舊名聞

韶自宋靖國初年狄公蘇公更名作銘以來其間築而圮圮而復修者數矣迨　國朝唐太守因舊制而式廓之構以層樓周以欄檻又增築省月之軒而是臺遂爲一郡巨觀屈指又歷四紀風摧雨浥將復有傾圮之患丙午冬文煒來是邦與寮佐登臺憑眺不特萬家煙景四社書聲盡入耳目而貂蟬筆峰拱其北芙蓉蓮花鎻其南諸山旋繞如玉環亙武潆洄若錦帶遠近十景皆一覽而得之可謂曠如者矣至四時之鳥語蟲吟各舒天籟水

流花放自成文章兼以漁師舟子擊楫歌呼于化
日光天之下即謂鳴球餘韻舞羽休風猶留于九
成臺畔可也韶郡舊有虞帝祠在皇岡之麓𡗝毀
而虞帝之主屢遷于梵宇神祠春秋享祀訖無常
所因竊病之夫太守之職固以修舉廢墜爲務頃
者學校城闉衢路已稍稍就緒況敬祀皇神爲民
祈福以助宣我　聖朝雍熙雅化又曷可以怠于
是召郡中縉紳議所以祀帝者僉謂臺名九成誌
古遺蹟有虞氏靈爽實式憑之卽是臺以妥以祀

或者揮薰絃而解民慍恍惚聲聞于層霄朗月中以庇佑韶人乎文煒曰然遂捐俸命旅鳩工易其榱梁之朽腐者榱櫨瓦甓增其殘缺而屏幛壁落之漫漶不鮮者赤白之今而後崇祀于臺庶乎重華之來享也夫

南山十詠序　　劉仲湛

韶陽郡山水於五嶺爲勝繄郡城而南幾千步於一郡復秀絕秀之中鳴絃峰稱最觀其盤青峭壁排虛而起下壓巨流上摩層霄周視崢嶸森如導

衞世傳大舜南狩援琴於兹因而名焉故於其南
建亭曰薫風亭下則有涵暉谷淩煙嶂並載圖牒
近歲又遷　先師之廟居於其址像殿齋廬之外
復立三亭一閣一堂一院以爲學者講習宴息之
所其爽塏幽致則控帶巖壑韜映雲霞縱妙極毫
素未能圖寫其彷彿矧蕪詞蔓語一聯一詠而欲
模狀哉是以文於石題於板前後鱗次中的者益
寡惟今古渤海含人篆勒廟垣有江聲瀉洙泗山
色似龜蒙之句比興切至得風雅深旨其餘衆則

若九牛在目不遇庖刃也主上應元符之歲仲湛以佐著作局來守是郡郡僻事簡閒得與僚友遊賞其下既而歎曰物之奮奇蓄異雖在朝市不遇知音者則必與夫碌碌同棄況其遐遠者乎暇日因用古體賦成十章刻之石壁庶以洩玆山之久憤且使觀而詠之者識桑林之音耳宋元符四年吉旦朝奉郎祕書丞知軍州兼管內勸農事武威尉劉仲湛述

遊南山序

唐御史 元 結

嘗謂陰陽精氣結爲山嶽者則爲勝爲異爲奧爲閟故萬嶺交峙而嵩華辨其方羣嶽効靈而瀛壺挍其類是知仙居靈宅其必有靈乎鳴絃山名之北址果業之東阜高不百仞廣纔千畝層巖石室幽谷靈洞殊景異觀秀絕奇偉雖瀑流之下盧峰懸磴之躋丹嶠路遠莫覩餘不知其倫擬焉按寺記云昔有方士於是山鍊金變形羽服登仙故石室丹竈至今存焉觀其東嶺削成石瑩如玉岡巒峭竦巇壁重複捫藟而升如造雲根縹緲嬋娟似霞

衣可攀眞氣勝而塵累捐五蘊破而淸機閑蕩然放懐如兩翼之已生赤城之可接噫境變志先若符契之協從也下臨長川澄波吐瀾煙霞久收飛鳥不喧杳渺逶迤流注無間西通巨壑連嶂如屏林靄朝翠巖光晝淸篠簜藏輝松杉下冥虛豁寂寥涵風有聲緣嶺未極劃開洞門黛容崢嶸詭狀輪囷疑伏龍怪鎭合煙雲又有古木倒傍絶壁盤根綱絡桂落空碧崩崖傍傾援逕下仄羽人幽會此焉瑤席搏翠壁而直上軋崎嶇於紫氣雙巘屹

以中斷奔屏𡏖而成室涵孕精爽澄凝氣源信列
仙之攸居豈塵俗之所止哉嗚呼鶴駕一去鳳簫
響絶荆榛蔽路危磴敗滅跡留人境而舉世莫知
地聯精剎而羣遊莫至吁又何怪乎其晦藏也元
和丙申歲秋八月余以膠鬲之困寓居精舍再從
兄昭肅時假玆邑政便於人務簡多暇與當寺僧
智㨗日探道源㨗亦好古饕奇之士也因語故實
緬想羽客之元風以爲靈跡神蹤精誠必復乃操
刃持畚履險通幽梯絶棧而歷巉崖排蒙蘢而登

杳藹時更千稔而神居祕躅粲然皆睹嗟乎芝田元圃豈遠乎哉天之與人氣通則合客有顧咨而諗予者哉或應之曰天之運否泰相濟故善利稱德下民昏墊人之道行藏有數故棘津蓬累時惟鷹揚靈物必通道在斯著不然何荒阻千祀勃焉而興乃爲銘曰鑿石通道兮援木枝仰攀洞口兮踐欹危奔龍伏虎兮勢狀奇林欑峰倚兮蟠雲螭下臨陰谷兮神以慄嵌巇巇兮洞無極老松蕭瑟兮生遠風興雲沛沛兮煙霧黑懸巖排空兮色噴

黛堅根綱絡兮層霄外披霓解帶兮羽翼生下眺
遙江兮人青靄世道紛綸兮何足謂朝爲榮華兮
夕顛頓不如幽谷兮閲仙經冀浮邱兮整煙轡我
窺丹竈兮坐山腹衆峰參差兮隱雲族鑿仙嶺兮
望瑶臺朝霞照海兮錦綺開信赤松之所升降王
喬之所往來道或用晦兮靈物斯潛殷道未昌兮
說築傅巖紛予感此兮勒銘雲根山既不朽兮與
名長存陳蘭芝曰昌黎論唐代文人首及元結

虞泉小記

方信孺

韶之西北有山聯綿如屏幛是爲皇岡虞帝祠奠其麓提刑使廖君德明既作新之有泉出祠東崖甚甘而潔與他泉異余仲夏有事祠下徜徉林間因謂是泉幸與虞祠相始終而名獨未得與舜峯韶石並著雖泉之不造亦好事者之責於是命匠刻石名之曰虞泉

大湧泉記

宋開國公　余　靖曲江

嶠南溪山之勝曲江稱最然其絕境多在遠郊徙州治以跨二江百餘載矣亭榭池館面高臨深前

創後續不逾雉堞耳目所詣不爲難能尚書外郎
杜君梃之之爲守也獄無冤私賦役以時事舉條
領民用休息近郭勝槩亡不周覽溹濟湞水越長
亭得湧泉焉始其出喧囂入杳靄層巒曲澗嵐碧
相照澗極崖平泉源在焉横岡屈盤隱若伏獸疏
窪爲沼泉出石罅大若濤湧細如鼎沸久旱不竭
經冬常滿南方瘴暑酷如炎焚暫息泉上寒竦毛
骨梃之乘間一來唫酌永日自非嘉賓無預兹賞
旁有精廬因泉得名於是知事僧謀於衆曰古之

君子必觀於水蓋有道焉習氏之石千載若存蓋
有遇焉今太守適意水石而露坐泉旁雖曠澹自
適豈吾人之所安也乃募金伐材搆亭泉心貫之
飛梁虹橫波際翼以堂室備賓遊之憩外營碓磑
爲民事之觀挺之暇則造焉以滌煩慮旣罷郡歸
闕且半載靖與後太守潘伯恭南康倅李仲求共
涉泉亭一飯一啜不同於俗皆當時之事乃書名
屋壁以誌其遊後一月又書亭之始以寓仲求請
模石而書之因歎曰韶處嶺阸雜產五金四方之

民聚而遊手牒訴紛拏稱倍他郡挺之以誠應物
庭無事日自適於山水間乃知爲政自有體也斯
遊斯景書之其無愧挺之名植伯恭名夙仲求名
定

九成臺記

詩類上冊　香山陳蘭芝拂霞輯梓

武溪深　溪源發自楚南郴州繞宜章南流入樂昌又流百里經韶府治西南與湞水合古名虎溪唐改今名孔平仲句云簫韶有遺韻流入武溪中昔馬援南征其門人袁寄生善吹笛援作歌以和之名曰武溪深

漢　馬援

滔滔武溪一何深鳥飛不渡獸不敢臨嗟哉武溪何毒淫

陪王司馬登逍遥臺

唐　張九齡

嘗聞薛公淚非直雍門琴竄逐留遺跡悲凉見此

心府中因暇裕江上幸招尋人事已成古風流獨至今閒情多感歎淸景暫登臨無復甘棠在空餘蔓草深晴光送遠目勝氣入幽襟水去朝滄海春來換碧林賦懷湘浦弔碑想漢川沉曾是陪遊日徒爲梁父吟

道遙臺在韶州隋薛道衡建

韶陽早秋　　　　　許渾

宋玉含悽夢亦驚芙蓉山響一猿聲陰雲迎雨枕先潤夜電引雷窗暫明暗惜水花飄廣檻遠愁風葉下高城西歸萬里未千里應到故園春草生

韶石山

宋 楊萬里

新隆寺後看韶石三三兩兩略依稀金坑津頭看韶石十十五五不整齊一來望韶亭上看九韶八音堆一案金鐘大鏞浮水涯玉琴瑤琴倚天半堯時文物也粗疎禮樂猶帶洪荒餘茅茨殿上揺土鼓葦葉聲外無笙竽黄熊郎君走川嶽傾取后夔摉禮樂嶧山桐樹夜半鳴泗水石頭清晝躍山祇川后爭獻珍姚家制作初一新帝思南嶽來時巡宮琛殿寶皆駿奔曲江清澈碧瓊軟海上孤尖翠

屏展天顔有喜后夔知一曲雲韶供亞飯帝登九
疑忘却歸不知斑盡湘筍枝后夔一脛跛莫隨坐
委衆樂江之湄儀鳳舞獸㛙無跡獨留一猴守其
側至今喚作獅子石雨淋日炙爛不得洞庭張樂
已莓苔犍爲護磬亦塵埃不如九韶故無恙戛擊
尚可起冬雷何時九秋霜月裏來聽瀟湘瑟聲美
曲中莫道不見人江上數峯是誰子

韶石山　　　　宋　余　靖

世務嘗喧囂物外有眞賞結友探勝槩放情諧素

想韶石南國鎮靈蹤傳自曩雙闕倚天秀一逕彜
雲上長江遠縈帶衆巒疑負襁千里眇平視高形
羅惟象日影避崑崙鰲頭冠方丈青螺佛髻高羣
玉仙都傚霞城晴煜爚桃浮春浩蕩仰攀霄漢近
俯瞰神魂悅淵深流如織巖虛動成響造化與眞
質妙畫胡能傚賤子生海隅逢辰辱朝獎靡成彜
鼎勳甘從岩壑往驚禽戀故林困驥畏覊鞅兹遊
得幽深同懷樂清曠世言帝有虞朔南聲教廣丹
穴卜巡幸翠華臨蒼莽簫韶曾此奏鐘石無遺象

但覺薰風存條然天籟爽姬公著治典歷代所遵
仗九野奠山川萬靈通肸蠁醫閭與吳嶽半列戎
夷壤四時迎氣祠猶煩禮官掌竟是祝融區彙物
資含養來儀威鳳居樂育菁莪長膚寸起咸霖崇
高一方仰躋之佐衡霍無慚公侯享韶石山在城北四十里相
傳舜奏樂於此奇石峰有三十六名曰左闕曰右
闕曰侍石曰左毬門曰右毬門曰駱駝曰三峯曰
鳳閣曰大香爐曰太平曰馬鞍曰寶蓋曰奏樂曰
樓閣曰新婦曰獅子曰小香爐曰虹蜺曰石臼曰
石硯曰石帽曰石桃曰羅僊曰上魚鱗曰下魚鱗
曰石倉曰石廩曰石田曰二使部之山多奇而韶
石爲最雙闕又爲韶石之絕奇者梃拔百餘仞旁
有香爐花瓶二石狀皆瓌異餘不可勝紀逶迤而

東爲曲紅岡
諸詩載志

韶石山

明　劉啓綸

雲根闢大荒溟溟誰探討南廵奏韶樂睎陽何杲杲戛之淨而宣夔龍經箏掃托出英皇魂娟娟瀰碧草玉笋尖纖立龍孫在縈抱磊落丈夫情懷古歌吟浩帝輦幾迴來懸望愁如擣鳳去四千年横肅孤月皓湘江流自開相對不能道晴陰倏忽移時被嵐烟惱因此石居人拂衣爲其早乘鹿歸韶山孔聖貴懷寶

芙蓉山 府城西對河石室數處漢康容得道處　鍾元鼎

芙蓉插青漢寶刹結中林曲繞紅如帶紆迴地自金凉泉分細路晴日亂遙岑官閣諸天外禪龕萬壑陰真言馱海馬淸話雜山禽脫粟乾坤大飛砂歲月深藤蘿牽窈窕松竹助蕭森浩蕩觀空去憑陵出世心

九成臺

城上高臺臺上樓樓前落日滿汀洲坐來突兀四山出看去滄浪二水流天畔有時疑鳳吹人間無

復想龍遊徘徊惟見殘碑在讀罷脩然萬古愁

皇岡山 城北三里連接貂蟬石繞出筆峯之後高峻端整儼如屏障舊傳舜南巡奏樂於此因祀舜於皇岡之麓名其水曰皇潭泉曰虞泉山頂舊有翠華亭在焉祠下有舜峯寺郎祀舜齋 學解 縉 吉水沐之地唐韓愈有詩 士

韶樂步上皇岡望翠華千里來尋故相家曲江南畔夕陽斜釣天此日開

遊芙蓉山 李鳳章

岧嶤峯峙曲江湄古木蕭疎石徑欹攬勝欲騎黄鶴至尋仙還與白雲期雙流還合千帆過萬壑爭

趨一塔擠自昔江山誰領畧煙霞猶覆洗丹池

送魏二十四司直充嶺南掌選崔郎中判官

兼寄韋韶州　　　　杜甫

選曹分五嶺使者歷三湘才美膺推薦君行佐紀綱佳聲斯共遠雅節在周防明白山濤鑒嫌疑陸賈裝故人湖外少春日嶺南長憑報韶州牧新詩昨寄將

九成臺記

詩類下冊　　香山陳蘭芝拂霞軒梓

次韶州　　明　歐大任

臘月渡湞水繫舟韶石間山高連漢徼樹遠接秦關禹甸通諸粤堯封盡百蠻九成臺下路猶想翠華還

同鄺別駕中伯蔡山人子畊幼子邦理登九成臺　　黎民表

芙蓉秀色半晴陰影入空江百尺深紫閣倒垂星

宿象。碧天吹落鳳鸞音。烽塵正屬談兵日雲路誰

爲出世心風景故園猶想像丹梯吾肯倦登臨

九成臺　　吳旦

碧玉闌干壓故基虞王曾此駐旌旗風泉尚帶絃

琴曲谷鳥猶呈羽鳳儀二女不來雲黯黯重華何

處草離離郡城北望山如戟落日微茫似九疑

韶石　國朝尚書王士正山左

昔聞韶石奇今覩韶石狀奇峯削凡體斗絕各雄

長怪石走中流牙角怒相向峽逼春湍豪撞春力

頽抗雙闕屹東西毬門始誰刱其旁有阿閣靈鳳
昔來睍傳聞帝南巡九成奏崖障后夔不可作疇
與辨眞妄颸搖翠龍駕髣髴鈎陳仗陶唐今復見
臨風重瞻仰

將之韶州留别黄開乾　　梁麟生

丈夫壯遊苦不早誰甘獨守空山老惜君早孤獨
一身高堂有毋垂六旬我身無累輕如芥及今不
遊更何待芙蓉山色九成臺馬蹄不出庾關外君
聞我行酌我酒酒闌徘徊重握手爲言臘凍魚負

九成臺詩

氷縕袍之外君何有嗚呼囊空褎僦何足言看君寥寂歸柴門君家高館淹留久回首池亭應斷魂君不見露臺金人辭漢去將下露臺淚如雨金鑄金人心是金況我與君原有心芙蓉山與九成臺相對

韶石山

嶺南名勝傳韶石想像八風今似昔梁生昨駕舟楫來將按輿圖訪陳跡途中積雪一尺深乘馬乘車行不得入春三日天氣清好鳥喚人時一鳴暖棄僦裘裌孤策問人取道北城行北城行行四十

里不見簫韶見遺址大小香爐春蘚青上下魚鱗
暮烟紫長嘯一聲天地愁滿林葉振如清秋老僧
招手共探討三十六峰同一邱三十六峰盡奇絕
上揷天門愛雙闕芙蓉不算是峰巒下瞰貂蟬如
蟻蛭因思虞帝南巡時左鍾右鼓遙相隨一就高
岑陳大雅至今名郡仍因之夏夔之才久不作曹
部伶倫都寂寞欲向王庭召太常對坐坡陁共商
礭廿年耳目蒙氛埃遙憶薰絃此亦開今日暫酬
風日美明朝還上九成臺

韶石

太史　杭世駿仁和

治定作樂肇自黃羲簫韶九成繼堯咸池浮磬未
貢玉環不來叶所擊拊者世儒莫知函胡之音僻
在南陲亦艮其趾迤而邑而天雞夜應風水汨之
帝南巡狩稅駕㕓㕓象緯周圜乾坤恢夷張樂廣
野鼓萬物機簴業崇牙翠旄金支彈五絃琴歌南
風詩方嶽畢朝環聽忘疲神人胥悅鳳凰來儀此
石發響韻流山坻蒼梧一去三妃未隨此石喑伏
擯落荒碕閱四千載　至人乘離有蠛虱臣輕舺

暫維流眄崇阿神游帝期欲補韶簫而忘其辭松陰偃蓋蘿條罥衣迢迢古歡悠悠我思滄波曷極白雲自飛

月夜登九成臺　學正　陳王猷　海陽

溪流一帶女牆隈月白瑤堦虞帝臺武水聲中琴瑟柎皇岡重見鳳凰來

韶音洞　自注在粤東韶州　太史　吳　光　歸安

探奇尋古嶠巘竇臨清瀨空谷響易奔萬竅咸竽籟苔蘚映崩壁竹栢翳叢薈冬夏鳴瑟商昏旦變

明靄睠邈蒼梧巡逶遲翠華邁驂虬紛巉嵯羽存

森晻藹攬袂南薰亭天風動衣帶月皓清湘流雲

空九疑外抗緬千載前躊躇發深嘅

韶石 同知 李文藻山左

灣頭至平圃上水一日程左右皆韶石刺眼紛崢

嶸相對如故人彌嘆造物靈記我初來時見此心

神驚欲以告弟妹兼示濟南生謂周書昌據舷就片紙

持筆圖其形有客見大笑謂我畫竹萌鹿鹿七年

來絕景寤寐縈重至幸天霽惟恐眼不明溪路互

曲折山形俄變更横側各異態隨人爲呼名東西屹雙闕仙子白玉京縹緲靡不有十二樓五城帝樂昔何音諸石皆立聽

英德南山

緣江開屏風古色照清洌城南距一里岸西徑再折矗矗爭人立重重成陣列片片蓬島雲寸寸粱州鐵藍黛染難似雨露洗逾潔根深及鼇負顚齊儼斧截長不過豐碑短亦超小碣塊方出矩度質膩少皴裂鐫猶假梯梯書如題綽楔羣真頻降遊

五丁幾時掣過客咤奇異造物偶施設微低當古
寺佛座跨一埒寺南鳴弦峯百丈高巀嵲欲高未
高際石壁更峭絕琳瑯闢生面金蓮聚前哲嘉祐
棧路記完好無刓缺故蹟應可尋橋梁須補綴捨
舟避峽險行者將大恱又有十咏刻北宋所表揭
聖廟與書院亭閣紛更迭如何委榛莽弦誦變蟬
咽平生于金石舊聞快拾掇苟能裨史事詞翰畧
工拙緣枝登鳥巢攀磴仰猱穴剷剔手黏蘚諦審
眼增纈强記待筆錄偶忘又埽刷俄頃數上下日

夕忍疲茶旁有枯僧隨容㾓衣百結佛宇亦就圮

勝地太蕭屑惟有山水好終古不湮滅

韶石

孝廉 張錦麟 順德

浮山沒寒溪逃石傍荒岸韶陽供客眼雄獨此其

冠㨾排四九峯石山三十六峯物象呈變幻圖經不待借

指點名可按尚嫌太高寒嵐靄凝不散日華頼相

照丹翠紛絢爛巍然見雙闕桀立倚天半削成疑

鬼工其下平若案兒孫丈人行遠視不可亂攀援

絕鉤梯萬古樵跡斷傳聞雪衣仙對坐十昏旦凌

虛窓周覽愛此尚留徧悵望無由升凡骨自悲歎

望九成臺

欲覔虞舜渺無緣雙闕浮光落眼前萬疊芙蓉爭繞郭芙蓉韶陽山名千尋樓閣迥臨川雲山韶頀應長在瘴海魚龍已寂然獨有江湖憔悴客幾回搔首聽鈞天

舜祠翠華亭廣東通志翠華亭在皇岡山　王士正山左續檢

㝹鬲南巡蹟重華事有無雨痕上斑竹雲氣接蒼梧儀鳳何年逝啼鵑歲又徂不勝懐古意江色日

荒蕪

翠華亭 續檢　　梁麟生

瘦馬輕車路折迴翠華無迹見黃埃禽聲尚學傳

呼出山影還排鹵簿來地受條風冬草綠僧知時

祭寺門開亭下有舜峯寺祀舜齋沐之地慣聞鼓瑟湘江水流入

皇潭夜夜哀

九成臺 續檢　　陸世楷 河南

韶陽城頭望韶石三十六峯森劍戟連雲斷壁拱

貂蟬筆峯落處開平川平川閒做鳳凰止皇岡歲

奉重華軌重華南幸葬九疑不聞鑾輿復巡此韶
州之名始貞觀譌傳先代朝衣冠蠻歌猺舞競巫
祝豈有仙樂留雲端自從文獻通上國車書禮樂
雄南極燕譽亭邊雀舫聯逍遙臺下軒車織別有
高臺號九成誰其創者狄咸英政通人和百廢舉
時時臨眺怡幽情聞韶舊地久寂寞臺畔清音不
復作移來城上自何年畫棟朱甍誇傑閣此臺原
是武溪亭芙蓉半壁如雲屏殘碑數幅未磨滅書
法直敵蘇公銘武溪源從蔚嶺出三瀧聲震飛湍

疾石室書巖自古今亭臺轉眼多荒佚往事興衰
且莫論但看隹氣變朝昏雲横鐵甕藏墉雉星動
牙旗薇市門千門百市稱都會嶺南福地斯爲最
降幡一片出湘江樓船南下瞻紅旆十五年來生
聚殷山城絃管日紛紛褒公故宅神如在風度危
樓鑑自分危樓雙峙浮雲裏唐宋勳名誰可擬山
川淸淑氣漸開鬱葱屢見人文起人文聚散亦有
時昔何濟濟今蚩蚩春風畊遍將軍壘夜月吟虛
丞相祠我登此臺重嘆息亂餘何暇論文墨只今

九成臺志　卷十五　詩　三

嶺海皆伏戎百室盈寧寧易得先憂後樂古人心
念此榮枯感更深願携汝水瘡痍衆來聽薰風解
愠琴

潭州送韋員外迢牧韶州　杜甫

炎海韶州牧風流漢署郎分符先令望同舍有輝
光白首多年疾秋天昨夜凉洞庭無過雁書疏莫
相忘

韶石山　蘇軾

雙闕浮雲照短亭至今猿鳥嘯青冥君王自此南

廵狩再使魚龍舞洞庭

遊南山　　趙執信 益都

積雨連江郭不知青翠濃寺門隱深竹石路遶疎鐘北客驚春早南山爲我容應尋讀易子持杖歴雲峯

九成臺記　卷五　詩　卷○

明光禄卿嶺南郭棐周先生著

嶺海名勝記

香山後學陳蘭芝增輯

珠池

珠池記

香山陳蘭芝拂霞輯梓

珠池記

類書曰珠出廣東廉州珠池者四曰楊梅曰青鶯曰平江曰永安出雷州者一曰樂民實皆海面島嶼環圍故稱池云按樂民池卽對樂池在雷州府遂溪縣西南一百五十里第八都樂民千戶所城西海內又曰樂民池今攷雷廉珠池六烏泥池與永安所相近或者卽係永安池而

其湖記

斷綱池又其別名也烏泥池至平江池四里平江池至楊梅池九十里楊梅池至青鶯池六十五里青鶯池至斷綱池一百九十里斷綱池西至烏泥池二百八十里東抵永安所西抵白龍城爲珠池海界

珠池記

文類

珠池說

香山陳蘭芝拂霞輯梓

古越志珠有九品大五分以上至一寸八分分爲八品有光彩一邊平似覆釜者名璫珠璫珠之次爲走珠走珠之次爲滑珠滑珠之次爲螺珂珠螺珂之次爲官兩珠官兩珠之次爲稅珠稅珠之次爲蔥符珠嶺南雜記珠池在廉州海中取珠人泊舟海港數十聯絡乘天氣晴爽萬里無雲駛舟至

珠[illegible]

珠池以鐵物墜網海底用鐵撥撥蚌滿網舉而入舟舟滿登岸取而剖之所得多屬凡珠偶或一舟得寶珠即有片雲如墨俄頃風波陡作舉而棄之始免覆溺然羣舟中不識寶珠在何舟必盡棄乃已皆空手而返否則片板無存矣其蚌圓而底平與內蚌不類舊志萩園雜記大海珠池蜑人没水取蚌剖而得珠取法以大船環池石懸大絚別以小繩繫諸腰没水氣迫則撼繩人覺乃絞取緣大絚以上前志所載如此永樂初人没水多葬魚腹

中或絞繩上僅繫手足存耳最後法以木柱板口兩角墜石用麻繩絞作兜如囊狀繩繫船兩旁惟乘風行駛兜重則蚌滿然取蚌剖珠千萬中不得一顆所費巨萬得不償失嶺海見聞云蚌聞雷而孕望月而胎珠中秋蚌始胎中秋無月則蚌無胎凡秋夕海色空明天半有珠霞光起蚌曬珠也天生神物毋容以人力假借矣

採珠說

明雷州司李歐陽保曰珠者饑不可食寒不可衣

雖精光陸離要不過爲簪珥飾無關重輕昔孟嘗
爲合浦守能令去珠復還千古詡爲盛事余謂珠
一物也安知去還殆當日民誦其廉特假此以神
其說而未必實有是事往者開採命下貂璫豺虎
虓虓海上民不聊生設慣盜渠魁乘風飈起千百
連艅勢難究詰可爲寒心曷若爲民請命盡弛珠
禁雷陽受福薒無量已余謂前明閹豎肆虐雷廉
公私科歛敲膚吸髓百餘年元氣未復　聖朝永
除太監採珠之害雷廉之民昔罹水火今永登衽

席其受福寧有涯哉明時復雷府對樂珠池罷採碑記節畧云萬歷二十八年庚子命太監李鳳抵雷採珠與廉州畫海爲界調民船四百有奇商船稱是供役千餘人押船守港兵二千六百支糧四千餘石旗仗什物咸備費帑四千餘金而餽遺之私不與焉計所獲珠不滿百兩且商船作姦勾通外夷幾至釀成大禍賴李太監老成仁厚人也以狀聞詔罷採雷民懽呼稱萬歲○瓊山陳實宏治壬戌進士官臺諫當逆閹劉瑾用事家居數年常杜門不出瑾敗起授江南道御史時太監趙蘭守珠池雷廉以採珠騷動嘉靖改元實首劾之風裁凜然後南海方獻夫欲獻媚貂璫適王守仁招撫田州不滿桂萼意上疏薦廉州太監張賜資性淳良恬淡寡慾廉與龍州交趾賓州思恩田等州接壤賜久居其地熟習夷情可用爲總鎮兩廣太監二公皆粵人一劾一薦君子小人之用心如陰陽晝夜之相反如此以上俱增入

宋建隆三年壬戌南漢大寶五年劉鋹音敞宮殿悉以珍珠瑇瑁爲飾合浦置媚川都定珠課開珠市開寶五年壬申夏五月丙寅詔罷嶺南採珠初劉鋹以珠結鞍勒爲戲龍之狀極精巧以獻帝謂左右曰鋹能以彼工巧移於治國至滅亡哉乃命罷採珠按自南漢置媚川都而珠禁益嚴廉民如罹湯火至是罷之昭主德也

還珠賦　　唐中書侍郎　令狐楚

物之多兮珠爲珍通其貨而濟乎人纔披沙以品

耀俄錯彩以璘玢避無厭之心去之他境歸克儉之政還乎舊津由是觀德孰云無神相彼南州昔無廉吏富其潤屋貪以敗類孤漢主析圭之恩奪蒼梧易未之利濫源既啟真質斯闕從於舊而不瑕諒天眄兮有自孟君來止惠政潛施欲不欲之欲爲無爲之爲不召其珠珠無脛而至不移其俗俗如影之隨爾其狀也掩星彩迷瑤月燦燦離離與波逶迤乍入潭心時依浦口驚泉客之初泣疑馮夷之始剖依於仁里天亦何言富彼貪夫神之

所否沙下兮泥間韜光兮自開暎百華之皎皎雜
魚目之䱸䱸豈比黃帝之使象罔元珠乃得藺生
之詭秦主荆玉斯還由是發潤洲蘋增輝崖草水
容益媚澤氣彌好州實效珍地寧愛寶隱見諒符
乎龍躍虧全非係乎蚌老豈惟彰太守之深仁所
以表天子之至道觀夫采耀外炫英華內含飾君
之履兮豈不可照君之車兮豈不堪猶未遭於采
拾尚見滯於江潭雖舊史之錄與前賢之談終恩
入掬以騰價求得書紳而勵貪於惟明時不貴異

物徒飾表者招累而握珍者難屈是珍也居下流而委棄歷終歲而堙鬱望高鑒兮暗投幸餘光之恍惚

白雲照春海賦　　唐同平章事　姜公輔　廉州

白雲溶溶摇曳乎春海之中紛紛層漢皎潔長空細影參差匝微明於日域輕文燐亂分炯晃於仙宫始而乾門闢陽光積乃縹緲以從龍遂輕盈而拂石出窮巒以高翥跨横海而遠摭故海映雲而自春雲照海而生白或杲杲以積素或沉沉以凝

碧圓虛乍啟均瑞色而周流蜃氣初收與淸光而
激射雲信無心而舒卷海寧有志於潮汐彼則澄
源紀地此乃泛跡流天影觸浪以時動形隨風而
屢遷入洪波而並躍對綠水而相鮮時維孤嶼水
朗長汀雲淨辨宮闕於三山總妍華於一鏡臨瓊
樹而昭晰覆瑤臺而縈映鳥頡頏以追飛魚從容
以涵泳莫不各得其適咸悅乎性登乎爽塏望茲
雲海雲則連錦霞以離披海則蓄玫瑰之翠彩色
莫尚乎潔白歲何芳於首春惟春色也嘉夫藻麗

惟白雲也賞以淸貞可臨流於是日縱觀美於斯辰彼美之子顧曰無倫揚桂檝棹靑蘋心遙遙於極浦望遠遠乎通津雲兮片玉之人

移廉州謝表　　宋學士蘇　軾眉山

使命遠臨初聞喪膽詔詞溫厚頓返驚魂拜望闕庭喜溢顏面否極泰遇雖物理之常然昔棄今收豈廢餘之敢望撫膺自問揮淚無從中謝伏念臣屢以狂愚疊罹罪譴荷先帝之厚德寬蕭律之重誅投彼遐荒暫逃鼎鑊風波萬里歎衰病以何堪

烟瘴五年幸喘息之猶在憐之者謂之已甚嫉之者恨其太輕考圖經止曰海隅其風土疑非人世食有并日衣無禦冬凄涼百端顛躓萬狀恍如醉夢已無意於生還詎料優容許承恩而近徙豈云僥倖實慶遭逢茲蓋伏遇皇帝陛下道本生知性由天縱舊勞於外爰及小人之依堪疑誤家多難鑒於先帝之德奉聖母之慈訓擇正人而與居凡有嘉謀出於睿斷憫臣以孤忠寡援察臣以衆忌招愆許以更新庶使改過天地有造化之大不能

使人之再生父母有鞠育之恩不能全身于必死報期碎首言豈渝心處嶺以南漸近衣冠之族渡海而北遙瞻日月之光没齒敢更求榮餘生但知安命臣無任云云

颶風賦南越志熙安間多颶風颶者具四方之風也常以五六月發未至時雞犬爲之不鳴又嶺表錄秋夏間有暈如虹謂之颶母見之必有飄風

仲秋之夕客有叩門指雲物而告予曰海氣甚惡非祲非祥斷霓飲海而北指赤雲夾日而南翔此颶之漸也子盍備之語未卒庭戸肅然槁葉蔌蔌

玚池記

鸞鳥疾呼怖獸辟易怨野馬塵埃也出莊子之決驟矯退
飛之六鷁宋六鷁退飛水鳥也遇迅風而退襲土囊土囊風袋也而暴
怒掠衆竅之叱吸予乃入室而坐歛袵變色客曰
未也此颶之先驅爾少焉排戶破牖殞瓦擗屋礧
擊巨石揉㧞喬木勢翻渤澥響振坤軸疑屏翳之
赫怒執陽侯即河伯而將戮鼓千尺之清瀾翻百仞
之陵谷吞泥沙於一卷落崩崖於再觸列萬馬而
並騖潰千車而爭逐虎豹讋駭鯨鯢犇蹙類鉅鹿
之戰趙將李齊也漢文帝云每飲食意未嘗不在鉅鹿殷聲呼之動地似

昆陽之役東漢光武以三千騎破尋邑軍百萬舉百萬於一覆予亦一作作爲之股慄毛聳索氣側足夜栭𣔻而九徙晝命龜而三卜筮三日而後息也父老來唁酒漿羅列勞來僮僕懼定而說理草木之旣偃葺軒檻之已折補茅屋之鏬漏塞牆垣之隤缺已而山林寂然海波不興動者自止鳴者自停湛天宇之蒼蒼流孤月之熒熒忽悟且歎莫知所營嗚呼小大出於相形憂喜因於相遇昔之飄然者若爲巨耶吹萬不同莊子齊物篇吹萬不同而使其自己也果足怖耶蟻之緣也吹

則墜蚋之集也呵則舉夫噓呵曾不能以振物而施之二蟲則甚懼鵬水擊而三千搏扶搖而九萬彼視吾之惴慄亦爾汝之相莞均大塊之噫氣奚巨細之足辯陋耳目之不廣爲外物之所變且夫萬象起滅衆怪耀眩求髣髴於過耳視空中之飛電則向之所謂可懼者實耶虛耶惜吾知之晚也

伏波將軍廟記　　　　　袁　潭

陰氣復回必發爲震霆神功湮淪必騰爲光怪祟功茂績久翳則增明其漢伏波路公之謂乎初武

帝有事於邊庭公以右北平太守從驃騎直擣金山斬首捕敵二千七百級以功封邳離侯南越尉趙陀之死也越王有歸漢之志元鼎四年詔以諫大夫終軍宣辭於南越公以衛尉將兵屯於桂陽明年以衛尉爲伏波將軍討呂嘉之叛公自桂陽下匯水與樓船將軍楊僕會兵俱至番禺越人乃城守僕方力攻縱火焚城西公遣使賜印以招徠之越人素聞伏波名於是悉城來降不煩一陣遂開九郡飲馬於儋耳焚舟於瓊山示弗復用兵所

以宣暢王靈威加海宇德被黎庶者固宜紀之太常銘之鍾鼎有聞於無窮而血食於後世矣惜乎太史公不爲立傳其事則旣見於他文固以可惜東漢建武馬公文淵討女子側貳之亂亦命之曰伏波蓋追前所已成之勳託之名以驚動羣聽耶文淵長驅苦戰安靖五溪足以繼公無愧而謂復出於上不可也公開九郡於其初文淵破二女於其後其功同其名譽同其有德於遠人又同則其血食於此方宜其無異也海濱之祠不載其創立

之年後世亦莫知爲誰中間嘗請於朝錫之
記事者始以爲公俄有以爲文淵者其後有識之
士考訂遺跡建别廟以祀公再請於朝亦命以王
爵公於是與文淵並駕無餘恨矣紹興四年提點
刑獄公事青社董公弅按行諸部南抵於海涉鯨
波宣上德意往返叩二祠悵然念公祠宇蕞陋獨
在一隅不足以侈神靈而昭示無窮思撤而新之
以語知軍州事九江陶公堯夫公乃手爲規畫委
兵馬監押開封趙公价董其役以七月一日聚工

落成于十有二月十有七日二廟一新重門雙峙
庭宇寥豁廟貌修潔增廣於舊數倍旣成以圖來
公命宋臺袁潭爲之記潭曰自古有志於功名之
士或阨於下位至沒世而無聞十常八九功名不
如意而不克終幸而功適成於當時可傳於後世
又或不幸以疑似掩其名不暴白於人耳目天下
事其不可必如此然而士患志不立不患功不成
功患不及於民不患不傳於人公之聲稱幾滅矣
一旦暴白千載之下如霆凌空如劍衝斗翳而增

明終莫能掩天下事可必者勉之其不可必者聽之以待考古之士有若董公倡之陶公和之忠勇義士莫不聞風而振起亦足以補太史公之闕云

還珠亭記　　李駿

合浦古郡也今爲縣隸廉州府舊有亭曰還珠葢以表孟嘗之異政也亭在今府治東北還珠嶺下屢經兵火漫不可識景泰五年郡守江右李君逊始構地於稍南而作新之既建亭其中又立祠其後工力費用皆措置有方民悉欣然趨事無有怨咨也已

咨經始於是歲之冬、落成於明年之夏適予按部斯郡遂以記請予惟州郡守吏秩不貴於諸侯而勢等爾諸侯始封其地大者不過五百里小者僅百里而已今郡地至於千里州猶不下數百里俗之登耗政之巨細金穀之出納教化之張弛皆懸於長吏之賢否以故擇吏者愼之方漢室旣東政尚督責當時之爲郡者卒皆䘏於貨寶專務誅求由是含胎孕珠之蚌亦皆苦之而徙於他境爲政之弊一至於此尚何望其有所建明哉獨孟君之來也去其害而興其利通其政而和其民禮樂教化之具畢修愆伏凌苦之灾不降由是人無瘥札物無疵癘雖池中產珠之蚌嘗徙於他境者亦皆感之而復還夫以無知之微物且然矧民吾同胞者在當時宜無不被其惠愛矣民無不被其惠愛凡政之懸於郡長者在當時亦無不建明矣若孟君者誠可爲東漢守吏之最而足以師表百世者也今去孟君幾千百年而人之思孟君者同於一日則知善政之感於人心殆千載一時而未嘗有

所閒也今李君能因民心之所同而復新斯亭以示勸因表其義以勵俗則其爲政亦未必不取法於孟君焉

重修廉州大雲寺序　林長存

道書云世界有三十六洞天七十二福地惟粵東之羅浮居其一而餘不與焉余于庚戌春叱馭之官過大庾嶺流覽全粵諸名勝如安期生之於白雲浮邱丈之於浮邱以及觀音巖飛來寺諸峰曲曲幽奇不減諸洞而靈之六峰山尤其最勝者邑

居山之麓兵燹之後滿目蒿萊昔日之瓊閣瑤宮今日而遊雲荒草矣昔日之寶洲金界今日而斷梗荒榛矣花宮仙梵盡委于石窟飛灰者不知凡幾其有歸然僅存如魯靈光者則有大雲寺寺建於邑之西枕六峰而峙其勝雖在城市隱若山林焉特以雨剝霜摧風號露吸簷牙聳而毀落廊腰折而傾頽鳥啄罘罳空堂寂若菭侵戺贔斷碣荒涼遙遙數千祀之功德竟付之衰草寒烟其不惻然而心悸者無有也余嘗從朔望拜　先師之廟未也已

而過其門仰視榱楹危然欲絕不勝喟然歎曰是豈無布給孤之金而爲興復之舉者乎沈吟者久之茲有居僧惺悟大發願力竭蹶圖功遂慨然曰願復作清涼臺弗惜布廣長舌望門持鉢不能無藉於優婆塞優婆彝者也爰挾短疏乞余弁數言以徧告諸檀那長者以爲梵釋天龍余思佛氏之說在昔傅奕韓退之歐陽修諸公相與詆之以其說近誣而失於正余亦經生何敢娓娓狥香火情而佞佛也雖然陳眉公有云西方之教可翊經而

行宗門易之旨也譯受書之法也偈贊詩之叶也戒律禮之衛也果報春秋之賞罰也甚矣佛氏之教而翊經而行也其翊經者以翊世也余亦有翊世婆心故慫慂而爲是舉亦悟惺讙瑜中醉夢哉若謂娓娓狗香火情而佞佛余蓋非然也

征南碑記　　　　僉事　田汝成

皇帝承運文敷武謐宇內熙皥百靈薦祉乃坐明堂朝羣辟按圖數貢至於交南曰兹邦不庭二十有餘稔曷往詰之使臣韶車將發會安南逋臣揑

曰臣南裔黎氏之嫡裔也國有長蛇封豕曰莫登
庸者實簒黎氏逐臣草莽惟陛下憐察皇帝曰蕞
爾小邦干犯天紀其往討之乃命兵部左侍郎蔡
公經安遠侯柳公珣經畧邊務蔡公簡委賢豪參
謀畫策而左叅政翁君萬達實總其機乃圖山川
發間諜探要領峙芻粟礪矛鏑選偏裨練卒乘義
問昭乎日星威靈抗乎風霆交人聞之大懼登庸
吐欵奉表而言曰臣黎氏之陪隷也黎氏式微國
亂無統臣荷皇靈削芟草竊乃有寧宇黎氏天絕

屬纊之晨倉皇解佩印而委之臣曰爾權掌國事

其請命於朝以聽所立臣恐駭逃匿國人周章索

之左推右輓責以大義曰南國無主是不共天朝

也不受君命是蕩析黎氏使不血食也臣不得已

勉從夷俗護理五年而犬馬之齒耋矣復以屬臣

之子方瀛嘉靖十一年再嘗遣使欵關而關令嚴

肅無由達方物已敝不敢移封題宛然臣父子旦

夕稽首北望曰天監在茲黎氏不請而屬臣臣又

不請而屬臣之子死罪死罪復更何言第黎氏亡

而國人謬爲擁戴避跡無所謹以土地人民之數咸簿錄之獻闕下事聞皇帝曰咈哉豈其挾詐以緩我師其往覈之乃命兵部尚書毛公伯温節制六省咸寧侯仇公鸞統握諸軍勑曰如登庸父子束手歸命則待以不死違卽征之毛公蔡公協志同心乃部署兩廣勁旅分爲三路副總兵張君經將中軍翁君萬達監之參將李君榮將左軍副使鄭君宗古監之都指揮白君泫將右軍僉事李君文鳳監之又部署滇南勁旅亦分爲三路都指揮

胡君紹將中軍副使鮑君象賢監之都指揮方君
策將左軍副使鄭君騶監之都指揮王君立將右
軍副使張君綱監之而幕府遂穆一應進止機宜
則惟翁君萬達與焉交人聞之益大懼時莫方瀛
已死登庸率從子文明及部目四十二人乞降僉
議以爲自古降儀或牽羊以表順或舁櫬以請誅
必彷彿於斯乃合儀式登庸頓首唯命乃啟鎮南
關藁龍輿張黃幄陳兵衛登庸徒跣囚首白組繫
頸稽顙而言曰陪臣登庸斧鑕遊魂也皇天不懸
朱也巳

首藁街以延殘喘臣聞命以來魂魄飄喪復更何
言觳觫之狀繪圖不足以爲獻割心不能以自明
謹上土地軍民籍請奉正朔永爲藩臣惟陛下哀
之又奉黎氏侵欽州合浦四峒地先朝所賜金印
以獻臣昧死言不勝隕越僉議以爲其辭順其儀
恭其衷無僞違卽征之天之命也服而舍之天之
量也爲解組而遣之按兵不進以狀聞皇帝曰嗚
呼皇天以予一人撫鞠四海匪威力是憑匪玉帛
山河是愛惟蒼生塗炭是憂黎氏守職無狀衆叛

親携馴至天絕莫氏宣力此方安堵朕亦嘉之其
革王爵削安南國爲安南都統使司授登庸爲都
統使世掌其土以共王命詔至諸軍解嚴南國歡
呼稱萬歲是役也君子以爲莫登庸繫組以請死
也歸地以贖罪也詩曰畏天之威于時保之其得
不死也宜哉當兵事之始也汝成以藩僚分守左
江悉厥顚末茲逢神武不殺而交南底定乃述而
銘之曰粵有交州蕞爾瀛介三代之隆擯於荒外
嬴秦畧遠乃闢其疆聲教漸被歷漢而唐五季紛

紜曲氏竊據至宋而驕乃煩邊慮大明受祚陳氏
奉寶皇祖嘉之俾守舊封季犛賊逆毒蔓雕題文
皇征之掊戮鯨鯢索繼於陳絕不可得爰建省垣
約以繩墨黎利再叛詐擁陳後宣廟慈宏包荒四
宥錫爵給印樹爲藩封三葉而墮仍覆厥宗莫氏
承之諸夷允懷不請而禪於義則乖皇帝赫怒渙
號征師如雷如電岳立海馳緯武經文維兩司馬
矯矯元侯從天而下司馬有令既嚴既明翊用翁
君廉信以匡鋪敦義勇鷹搏虎奔朱鍪日麗元甲

雲屯藉令戡之倏如畦耨載鞫載詢蓄武不究交
人聞之喙喙嘽嘽傾窠舉落俯愬仰干蓬跣縶組
匍匐而進順效牽羊請同舁櫬匪寇匪篡庶幾有
辭皇帝憐之遂以德來乃削其爵而舁世官比於
內吏輯我龍編交人驩呼曰父毋且完我婦子築
我室廬赫赫天威聯曉而在瀸瀸天恩含哺以戴
如春之育如海之容訓爾子孫惟王之供虞格苗
民淹於七旬交人來欵曾不浹辰商伐鬼方三年
而服宰割交州曾不遺鏃我紀其事勒之貞珉伏

波銅柱又何足云翁君萬達潮州人後爲尚書

珠池記

詩類

香山陳蘭芝拂霞輯梓

聞喬禹功換左藏 禹功先知欽州 蘇軾

今年果起故將軍幽夢凊詩信有神馬革褁尸眞細事虎頭食肉更何人陣雲冷壓黄茆瘴。羽扇斜揮白葛巾。痛飲從今有幾日西軒月色夜來新 東坡先贈禹功詩云老去同君兩憔悴犯夜醉歸人不避明年定起故將軍未肯先誅霸陵尉葢禹功知欽州時嘗欲以文換武故有此句其後果換左藏又作詩云今年果起故將軍葢謂前言之驗也

歐陽晦夫畫茆庵 晦夫歐陽永叔子

寂寞王子猷回船剡溪路迢遙戴安道雪夕誰與度倒披王公氅半掩袁安戶應調折絃琴自和撚鬚句

歐陽晦夫遺接䍦琴枕　蘇軾

携兒過嶺今七年遠途更著黎衣冠白頭穿林要藤帽赤脚渡水愁花縵不愁古人驚絕倒但使俚俗相恬安見君合浦如夢寐挽鬚握手俱洗瀾妻縫接䍦霧縠細兒送琴枕冰徽寒無絃且寄謫令意倒載猶作山公看晉山簡爲荆州習氏有池館每出嬉遊輒醉名之日高陽

池童兒謠曰山公出何許往至高陽池日暮倒載歸酩酊無所知時時能騎馬倒著白接䍦我醉歸酩酊無所知時時能騎馬倒著白接䍦

懷汝陰六一老歐陽永叔自號六一居士汝陰潁州也永叔嘗官潁州 眉宇秀發如春巒羽衣鶴氅古仙伯岌岌兩柱扶霜紈白接䍦巾至今畫像作此服凜如退之加渥丹魏泰之製也

東軒雜錄晏公一日見韓愈畫像語坐客曰此貌大類歐陽修安知非愈後身也詩云顏如渥丹

邇來前輩皆鬼錄我亦帶脫巾欹寬作詩頗作六一語往往亦帶梅公酸梅公聖俞也歐陽晦夫六一公子聖俞其友也公因其子及其父並及其父之友古人交情往往如是

廉州龍眼質味殊絕可敵荔枝粵東龍眼以南海十二葉

者爲上黃殼次之青皮又次之

蘇軾

龍眼與荔枝異出同父祖端如柑與橘未易相可否異哉西海濱琪樹羅元圃纍纍似桃李一一流膏乳坐疑星隕空又似珠還浦圖經未嘗說玉食遠莫數獨有皺皮生弄色映琱俎蠻荒非汝辱幸免妃子汙叶韻文甫切音武

餅笙庚辰八月二十二日劉幾仲餞飲聞笙簫聲杳若在雲霄間抑揚往返粗中音節徐而察之則出於雙餅水火相慱自然吟嘯蓋食頃而已座客驚嘆得未曾有請作餅笙詩記之　按年譜元符三年也據尺牘知以是年八月二十九日去廉

孤松吟風細泠泠獨繭長繅女媧笙神仙傳園客養蠶成五色獨蠒繅之經月不絕記明堂位篇云女媧之笙簧陋哉石鼎逢彌明蚯蚓竅作蒼蠅聲韓集道士軒轅彌明與師服侯喜作石鼎聯句彌明云時於蚯蚓竅微作蒼蠅聲餅中宮商自相賡昭文無虧亦無成莊子內篇有成與虧昭文氏之鼓琴也無成與虧昭文氏之不鼓琴也東坡醉熟呼不醒但云作勞吾耳鳴晉書記石勒在田中每聞鞞鐸之聲歸告其母母曰作勞耳鳴非不祥徵也

留別廉州張左藏　蘇軾

編萑音桓小草斷之有白漿以苴猪音諸墐塗以塗之小餅如

嚼月中有酥與飴懸知合浦人長誦東坡詩好在真一酒爲我醉宗資東坡眞一酒詩序云於此有物名日眞一遠遊先生方治此道而飲此酒

寄子瞻自珠崖移合浦　宋端州守郭祥正

君恩浩蕩似陽春海外移來住海濱莫向沙邊弄明月夜深無數採珠人

山海巖　宋廉州守陶弼

靈邑西巖古洞天我來方信海爲田無名不入州圖載有路空聞野老傳此日登山人採蚌當時飯

馬客留錢顔公會記麻姑說三變系桑是果然

潮月亭

角聲吹送小單于薄霧稀星乍有無坐看月從潮上出水晶盤裏夜明珠

孟太守祠太守諱嘗　府尹饒秉鑑

當代臨民日賢聲世共傳化行千里郡珠返九重淵祠舊人猶仰庭空雀自喧樞衣重瞻拜懷古思悠然太守貪則珠去廉則珠還及嘗至各池珠皆還

珠池歎　廉州平江青鶯楊梅烏泥斷網等池雷州樂民池皆產珠地也先朝率十

五六年或十年一採間得美珠邇者三年再採所得皆碎小藩臬有司並受詰責不知此物鍾秀毓奇生息甚難冥冥中有鬼神呵護不容以人力強求者每次費舟筏兵夫以萬計死亡無算而頑悍之民因緣爲盜沿海騷擾今雷廉凋敝已極將有他虞大爲寒心余承乏攝此任倘議復採當效賈生痛哭疏聞於朝必不以無益害有益也

參議　顧夢圭

漢家嬪嬙無麗飾南海逍遙養臬客昭陽新寵鬭新妝照乘之珠苦難得孟嘗美政襲黃班今人反怨珠來還璽書三年兩次降驪龍赤蚌皆愁須往時中官泣合浦巧徵橫索如豺虎中官肆虐去復

來誰訴邊荒無限苦野老村童不着褌四山戎馬夜紛紛竹房無瓦鉼無粟猶折山花迓使君

採珠行

先大父少司馬公之總制兩粵也疏罷採珠禐中官柄廉人至今尸祝之兆珂來守是邦故老猶談採珠中官作威狀咸頌先大父德不衰兆珂不敏不克承先志懼承平日久未悉中官惡燄仍踵前轍爲民害爰系以詞不計工拙也

林兆珂

水府鮫人室漢皐神女遊上燭玉繩於中夜下弄日月於橫流或蝍恩而灑淚或解佩而潛留七乐胎璣産巨蚌河宗獻寶朝陽侯重淵深抱驪龍睡

赤水空驚象罔求赤水重淵何徵茫投珠抵璧自虞唐漢家神武威荒服豈以珍珠問越裳武皇守肝垂南顧節鉞之權寄貂璫太清明月薄蟾蜍詔書南下大徵珠歲發金錢三百萬渤澥横天尾舳艫倏忽狂飈吹浪起帆檣舵折舟欲圮哀哀呼天天不聞十萬壯丁半生死死者常葬魚腹間生者無語摧心肝羣驅爭赴黿鼉窟那顧安流與急瀾蛟龍厲齒驕相向積血化爲海水丹恨不涸之遂海戍縱往死地死猶寬今秋天半有朱霞萬死一

生報國家九品奇珍供內府共誇天寶與物華瓌
琊未動後宮色千村萬落盡傷嗟內使恣睢人側
目自稱天子作爪牙供億千般民力竭豈知慾壑
正無涯我祖白東勑中官九重天子變龍顔詔下
明光罷開採貂璫土色返長安吁嗟乎以人易珠
人不見用原疏語啾啾唧唧水猶寒太守孟嘗應額手
但願明珠永不還海上人占中秋月朗天半有朱霞是年產珠必旺

還珠書院落成　國朝府尹　張珆美

短檻深亭傍水濱清風拂榻淨無塵別將手眼開

生面靜對雲山卜德鄰藜火宵分天地色珠光夜映廟廊珍絃歌造士昇平世柳汁袍邊綠更新

珠池篇贈房師廉州司馬耐菴莊先生北上引見

孝廉　羅天尺　順德

南海古稱珠玉鄉光生日月爲火房蚨蠪養胎吐光怪大能照乘小明瑠內藴眞陰有靈氣寶光自能識貪吏天吳一夜海水移蛟人盡化窮民淚當今孟嘗爲我師廉州持節分虎符誓心自飲貪泉水贈客爲書荔子圖使君來作珠宮長明珠一一

歸象罔撤去任懸黿[illegible]衆探來更向羅天滂珠江
萬頃廣州東珠崕咫尺瓊州中燭天夜夜[illegible]牛斗
五色迷目安能窮我本漁人持魚目暗中品題混
千斛天水斂光漾韓潮聲價增華耀楚璞使君持
我比池珠媚川自愛淸光殊獻之明堂不得價毀
光斂影仍江湖今年天上月將滿使君名入山公
欸嶺外氷銜見一條天下淸官來五管自愧不能
稱記事隨公內府書元秘又恨不能聯五星上焉
天下貢文明羡公胎珠本如月同月圓兮不同缺

珠池記　卷十五　詩　三十六

他年懸向白雲端更望台光照東粤

珠池夜泛同樊明府　武榜　汪後來

秋入平江夕霧消人同衛玠倚欄橈龍宮未探長圓月蛟室先呈一片綃縱遇漢皐心已死曾征交趾謗空招天涯莫道無珍寶自是明庭耳目遥

珠池曲送芸墅張司馬　澳門同知　何夢瑶　南海州牧

南方有珠池池珠胎應月月色揚素輝可玩不可掇

採珠珠吐光不[illegible]但願採珠人

嘗

憶從孟嘗來池珠去復聚珠還能幾時誰遣孟嘗

去

莫唱珠池曲願作珠池珠相隨不相離繫君紅羅

襦

還珠亭　　胡廷梁

報國孤臣嶺海遊鮫人連夜轉東流非關新舊分

離合却以清污認去留繡閫乍披金瀲灩碧欄[illegible]

鎖月沉浮百年憑弔氷心客猶化寒光繞畫樓

西樵歷史文化文獻叢書

增補嶺海名勝志（八）

（明）郭棐 編
（清）陳蘭芝 增輯

廣西師範大學出版社
GUANGXI NORMAL UNIVERSITY PRESS
·桂林·

明光禄卿崌南郭篤周先生著

嶺海名勝記

香山後學陳蘭芝增輯

縣

梅

公像
卷十 像
廣東人民圖書館圖書

唐玄宗贈司徒制

正大廈者柱石之力昌帝業者輔相之臣生則俟其雄名歿乃稱其盛德餙終未允於人望加贈實存乎國章故中書令張九齡維嶽降神濟川作相開元之際寅亮成功讜言定其社稷先覺合於蓍龜永懷賢弼可謂大臣竹帛猶存樵蘇必禁爰從八命之秩更進三台之位可贈司徒

梅嶺記

香山陳蘭芝拂雲輯梓

梅嶺曲江祠記

謹考梅嶺本名臺嶺在南雄府北三十里卽百粵五嶺之一也一曰東嶠以其當五嶺之東也上有橫浦關卽古入關之路也漢初高帝以將軍梅鋗統兵駐此故名梅嶺後令裨將庾勝戍守復名庾嶺初則山形嵲屼行路崎嶇雨暘多艱商旅告困唐開元四年[illegible]供奉右拾遺張九齡開鑿成路行

[illegible]嶺記

者自後無[illegible]之歎於是立祠嶺上以祀曲江公報德也念功也其北有白猿洞又北有霹靂泉其下長浦之水出焉其東四十里有小庾嶺見謝靈運嶺表賦皆東嶠之形勝也曲江公既開嶺路而往來輪蹄行李之使絡繹不絕宋嘉祐癸卯轉運蔡抗與祥刑江西兄挺陶甓各砌其境署其表曰梅關國朝正統丙寅知府鄭述砌路九十餘里補植松梅成化巳丑巡撫陳濂行知府江璞修砌正德甲戌方伯吳廷舉屬府增植松梅萬五千餘株

而一路蒼翠蓊鬱輿馬輻輳益有以演曲江之澤于無斁云謹綴碑銘咏歌作梅嶺曲江祠記

文類

梅嶺銘　蘇銑

石巖嵬兮山崖崖嶔崟岝崿兮相蔽虧槎崒峗兮莽芊芊噫茲路兮不記年大聖作兮萬物覩惠吾人兮道復古役斯來兮力其成石既攻兮山可平懷荒服兮[illegible]上京遷百商兮重九譯車屯軌兮馬齊跡招孔[illegible]俫齒革伊[illegible]之光兮將永永而

梅[illegible]詩

無數陸蘭[illegible]嶺雖以梅鋗得名今方多種梅矣鋗肇慶人封侯爵

開[illegible]大庾嶺路碑陰記　大學士　邱　濬　瓊山

嶺南自秦入中國歷兩漢三國南北朝以至于唐八百八十八年丞相張文獻公始鍾光岳全氣而生于曲江之湞時唐高宗咸亨四年癸酉也公生七歲卽知屬文十三以書干廣州刺史王方慶是時已爲張燕公所知年三十五登進士第授校書郎蓋公長于武后時不欲仕女主卽至中宗復辟之三年始出也乎宗卽位之初又策道侔伊呂科

爲左拾遺內供奉開元四年承詔開大庾嶺路唐書地里志謂開路在十七年非也當以公序文是年爲是燕公於開元十三年薦公可備顧問明年燕公卒𢀸宗思其言召公爲秘書少監集賢院學士知院事會賜渤海詔書命無足爲者召公爲之被詔輒成遷工部侍郎知制誥尋遷中書侍郎是歲又拜同中書門下平章事又進中書令與李林甫裴耀卿並相林甫無學術見公文雅爲𢀸宗所知內忌之竟爲所傾而罷公在相位甫三年耳

俄以周子諒事出爲荆州長史卒年六十有八公之氣節文章治功相業著在信史百世共知自公生後大嶺以南山川熾熾有光氣士生是邦比仕於中州不爲海內士大夫所鄙夷者以有公也凡生嶺海之間與夫宦游于斯土者經公所生之鄉行公所闢之路而不知所以起敬起慕眞非夫哉予生嶺海極南之徼在公既薨之後六百又八十年甫知讀書即得韶州所刻千秋金鑑錄讀之已灼知其爲僞既而即史攷之史臣僅著其名而不

載其言意其遺文必具也求之偏方下邑無所謂曲江集者年二十七始道此上京師游太學徧求之兩京藏書家亦無有也三十四登進士第選讀書中秘見曲江集列名館閣群書目中然末天之中卷帙克棟檢尋良艱計求諸掌故凡積十有六寒暑至成化已丑始得之乃并與余襄公武溪集手自錄出是歲丁內艱南還道韶適鄉友涂暐景旻倅是郡因話及之留刻于郡齋公之遺文至是始傳于人[illegible]竊觀集中有公所作開大庾路序而

蘇銑爲之銘意公此文當時必有碑刻歲久傾圮磨滅今蹤迹如故而遺刻不存豈非大缺典歟每遇士夫之官廣南勢力可爲者輙爲浼其伐石鐫文以復當時之舊諾之而食言者多矣今上卽位之三年嶺北袁君慶祥由秋官屬擢廣東按察司僉事奉勅提督雄韶等府兵備臨行別予予復申前語君曰諾哉又明年以書抵予謂近得碑石於英山磨礲已就將求善書者錄公序文及蘇氏之銘刻諸其陽屬予一言識其陰於乎天地大勢起

自西北而趨於東南大庾嶺分衡岳之一支東出橫亘江廣之間自此之南以極于海島奇材珍貨出焉戰國以前未始通中國也秦時始謫徙中原民戍五嶺漢武帝始遣將分路下南粵樓船將軍楊僕出豫章下湞水疑即此途也然序文謂嶺東路廢人苦峻極行徑夤緣數里重林之表千丈層崖之下意者大嶺迤東舊別有一途公既登朝始建議相山谷之宜革坂險之故以開茲路也歟茲路既開然後五嶺以南之人才出矣財貨通矣中

朝之聲教日被矣遐陬之風俗日變矣公之功於是爲大矣後之人循其途而履其迹息肩于古松之陰寓目于新亭之下讀公之遺文想公之風度豈徒若吾人望峴山而思羊叔子哉萬世之後亦有過洛水而歌大禹如昔人者已雖然公之功固大而著矣然使千載之下往來之人臨公遺跡而知開鑿之功眞出於公無疑傳誦感戴於無窮蓋亦有賴於斯碑之重建焉僉事君之功亦不可以不紀也君字德徵額之雩都人其家去此百里而遠

藎在嶺之北也君在太學時常建言國計大有補于時用是名聞遠近今持憲節於嶺南聲譽藉藉以起其進藎未可量也予雖家嶺之南然去此幾二千里年踰公薨之歲始見知于當宁而月薄西山無能爲矣所以追前人之芳躅而振發其聲華者不無望於嶺南北後來之俊彥而於僉憲君藎惓惓焉予也幼有志尚友古人而於鄉袞尤所注意今年七十有二矣將歸首邱素願乃酬豈非平生一快事哉不勝欣幸勉爲書之畀以刻焉

開路六難議　　府尹　胡永成

其一事又可以兩利本府既是南安之人以開路必強烏逕之民以塞路而平昔以載䭾爲業者須盡數逐遣而後利可盡歸于南安不然小明裏之路雖開無益也然則烏逕之民奚罪焉其二必將本府原設太平橋改建下流一二里間方可濟事蓋橋不改則關防無所私鹽盛行軍餉日耗國計轉虛且百年成規一旦改作數千金之費無從而出也其三必須別處保昌料價蓋烏逕牙塩及沿

河塩店不下一二百户因此塩利歲納牙稅銀千
兩抵補前料設使橋既下移塩往西行此輩俱不
獲利又豈肯虚賠前稅勢必泒于保昌之民昌民
方困于虚糧又復以此加之是安人受利雄人受
害本府所不忍也其四必須奏設巡檢衙門於佛
嶺尖峰以司盤詰蓋烏逕庾嶺有路則平田紅梅
巡司並設建置之意微矣今查此路西通湖廣北
通江西南通廣東若巡司不設則姦細交通得以
自由萬一生變咎將誰歸其五山川邱陵國險所

係其佛嶺南瀧李漊凹等處既係懸厓絶壁則路徑擅難輕開聞知正德間四川夔州地方新開塩路後聞于朝將守土官吏抵罪夫此路一開不過南安塩牙店家倍專其利而已至于軍餉全無干係萬一事體非宜本府先任其責是又有所畏而不敢也其六行塩之地河必深廣路必平曠本府東河固小較之西河深廣頗過之梅關一帶固非曠野較之佛嶺南瀧平曠頗過之千百年來水陸通行公私俱便今乃率爾告開新路恐求利未得

而先有開路之費商人本心殆不然矣況沿途俱係納粮田地而以爲人馬通衢居民甚不心願某忝守土若棄地與人以成其登隴之望亦恐得罪于民也議允事遂寢

張文獻公祠記　　翁　甫

古記曰唐丞相始興縣伯贈司徒張文獻公有祠在南雄州學甫謹按國志公生始興清化鄉縣有丞相戸公子孫在焉十世孫唐輔元祐間嘗貴矣唐無雄州始興隷曲江故天下謂曲江公云祠在

講堂之東褊且狹有像古甚殆做甫至拜祠瞻像退而嘆曰非所以嚴公也與學子謀闢宮稍廣之命工更摹公像而櫝其故既奉乃奠諗于衆曰公忠于君孝于親其教化在人心功烈在史冊無以記爲也然人可學而能也其不可學而能者識安祿山必叛請誅之以絕後患此公之天資有過人者唐有國三百年開元天寶之際其盛極矣漁陽發難海內麋起蜩螗沸羹迄于唐亡明皇不以一胡雛首易天下豈非腥德彰聞之驗天欲豢祿山

以啄唐祚乎雖公其若之何自古儒人之衞世其
投機也微而契效也遠知者畏愚者忽不幸如公
言而不用天下受其明患極害然後拊膺頓足悔
恨而追思之幸而用人不過曰勸唐室誅一胡雛
耳何足載哉亦孰知治亂得失之所終歸重若彼
哉因是知儒者以一言福生民利後世者固有矣
世猶以儒言爲任爲𡡉爲不悉事情此甫之所爲
重嘆也甫來典教是邦獲奉公祀而覩其遺風故
樂爲此邦之人道公故云

張文獻公祠記

監察御史　黃國用　盧陵

盱江高侯世助筮仕始興逾二年政成民裕可議制乃按圖志慨然懷古曰維古在昔維茲邑僻維山川明麗用篤生閒人勝茲邑張文獻公其人也史謂生有榮號沒見奉祀而鄉先生沒可祭於社公不當祭法歟今累閱世紀爰乏專祠實爲邑缺典實遺小子責遂詢諸老長得公書堂遺址沒爲寺者闢地去穢撤故宇而新之構堂八楹設主其中以歲春秋仲月祀侯慮曰祠須需世世祀也弗

需今可祀也乃節縮輿隸金二十兩貿民田八畝
割廢寺田一十畝歲賦之以供祠費白于郡君伍
公翼之弗尼提學歐陽公實尸之謂侯曰兹舉而
傳傳奚若託諸石永也時國用待罪蓮塘高侯將
公命檄爲識之嘗讀唐史有感於君臣遭際之艱
矣公自左拾遺以至爲中書令中間若奏記姚元
之之疏千秋金鑑之獻與夫奏開梅嶺路議復河
南水屯其學政有如此者沮守珪仙客之拜相知
林甫祿山異日必爲社稷憂其明哲有如此者而

最其大焉者如不奉廢三子之詔叱官奴牛貴兒之請其言曰太子天下本本不可輕搖凛然萬世之經也論者謂其識高而見明慮遠而憂大爲唐家一代大本豈其微哉夫何明皇信任未久而擯斥之奄及非大有所拂於其心固不偶然矣及其綦也閒關蜀道追悲公之先見遣使弔祭立祠曲江奉少牢以祀之繫亦晚矣信乎上下之交良維艱哉公去今歷千三百餘年所而高侯仰止景行之心勤勤懇懇兹固崇德象賢翊我皇風載祀冈

達式恭彝典仕於此邑者宦業師焉士於此邑者
德業師焉風俗有不厚哉桐鄉之祀朱邑羅池之
祀子厚侯其知是誼也夫獨念昔狄梁公之祠李
邕紀之馮元以爲愧色顧愚荒落何敢爲公記哉
雖然公之初得貶荆州者以薦御史周子諒故也
用無似使命嶺表亦以朋友之誼爾生平大致安
敢望公眉睫而偶爾一節庶幾公之影響焉紀固
不敢辭高侯名輔世佐其字江西廣昌人以儒業
起家其在雄郡嘗新文廟表貞媛清册籍寺田以

得士民之心蜚譽于當道他日固當有記之者茲可畧至其祭田坵叚佃人姓名俱當附鐫于碑陰以訓夫來者

張文獻公祠記

尚書 何維栢 南海

梅嶺重修曲江公祠者何重報也勸也初嶺路未闢廣人皆取道樂昌連陽而入水陸紆僻山復層巒絕壁鳥道巉嶫行者病之開元四年公爲左拾遺上議奉命滋茲土履險相宜殫慮布畫於是鑿重闢爲周行車馬駢達風氣流通實嶺海內外無

疆之休夫公之治嶺也猶禹之治水也因勢利導
不自爲能昔人觀河洛曰微禹吾其魚乎至今嶺
路之行思公之功而不忘者以公之利民遠也公
祠建于元人迨我明嘗修之歲久漫漶不治日就
傾圮嘉靖甲辰公仲弟殿中公裔孫惠安淨峰公
奉命總督南土過謁愀然曰守土之責也欲新之
迺爲文以告明年郡侯某以其事白淨峯公可之
又白顴臺某公某按院某公某暨守廵某公某某
公某咸可之於是經工理財考度定制圮者興之

敞者易之卑者崇之隘者廓之堂宇窿邃門廡森翼赫爲具瞻過者樂而觀之是役也董厥事者某某相厥成者某某工肇自丙午夏越丁未仲冬某日落成周侯某與某貳張子某將淨峯公命俾予記之某公鄉人也素仰公義不當辭迺爲之言曰公爲唐代名臣文章相業炳燿史冊如抑守珪之濫賞罷仙客之實封上千秋金鑑錄其風謇諤爲大臣典謨其最重而難者則寢惠妃之謀叱貴兒之請國本賴以不搖至於請誅祿山以絕後患憂

深言切惜明皇不悟遂至乘輿播遷四海受毒雖曲江一祭亦已晚矣公之卓見忠猷繫國家安危類如此及以直道見黜安義達命不少介戚若公者孔子所謂大臣以道事君不可則止者也庾嶺介江廣要津四方之學者往來于兹謁公祠瞻遺像志摛藻者仰其文章事功烈者慕其相業尚操節者思其風度安社稷者鑒其先識以直道見斥者慰其安義以奸邪被逐者懼其靈耿仁者淑其利澤貪夫媿其穢跡是祠之建實所以昭報勸而

[illegible]

廣風教也詩曰周道如砥其直如矢君子所履小人所視信乎公之道宜於天下後世矣是爲記

庾嶺嫗說

郭棐番禺

通志載大庾嶺有老嫗自汴洛來居嶺上盧多遜南遷時度嶺憩其家嫗頗能言多遜因問之則曰我中州士族有子居官亦顯爲宰相盧多遜挾私竄以死多遜中懷毒螫當犯法禁我且留此嶺俟其過嫗不識多遜而多遜此行甚窘因倉皇避去嗟嗟世言仕路窄此之謂也臨川嫗之呼猶固足

寒安石之膽而冠萊公之燕羊適以重丁謂之愧若萊公者不尤優與

張文獻公文集序

雍正之十二年移守粤之韶郡韶故唐丞相張曲江公故里拜公於風度樓下其裔孫出公之文集授予不禁躍然驚喜如饑渴者之於飲食也蓋自就傅以來聞先生之風悠然神往間一覩其製作郎奉爲赤文綠字常以未見全帙爲恨今乃得讀其書而益想見其爲人巍然若泰岱之峙層霄而

出雲致雨也凝然若松栢之貫四時而不改柯易
葉也信乎古大臣有不朽之德業者。必有不朽之
文章唐虞謨訓出於稷契鎬京文爲作於姬公惟
其人可重而其言益傳然使其言之不文而欲必
其行之之遠也栁又難矣降自三代而下卿相大
夫勲業非不爛如也文詞非不炳蔚也然或優於
此者絀於彼又或飾於外者窳於中求如公之卽
性情爲文章卽文章爲事業正未能數數覯也夫
國家有道之日君志淸明則臣子無所忌諱若開

元之末堂陛倦勤羣陰蔽日苟非守道骨鯁之臣
未有不隱嘿以冀自全者惟公則險夷一節通塞
無間迄今讀諫疏諸篇而如見其披肝而瀝血焉
讀劾奏諸篇而如見其鋤奸而嫉惡焉即頌賦章
什一一皆忠君愛國之心所感觸發洩言微而旨
遠也其金鑑一書論者以世遠年湮疑其眞僞相
叅而中閒之反覆於盛衰治忽之理親賢遠佞之
幾考是非於旣往驗成敗於將來何莫非古大臣
之因事納言臣隣弼直之意也哉宜乎百世而後

慨慕興起流連三復而不能置也已。公之裔孫有感於予屬數言以弁簡首予謝之曰公之事功昭昭史册著於前而傳於後豈待是集而始顯者乎公之文章忠義凝結精誠流露人心風敎之所攸關其寶氣光華糞土所不能銷蝕兵燹所不能泯没又奚待固陋之辭闡微奥而宣大義乎惟是予自少而壯仰止典型抱憾於古今人之不相見而一旦慰其夙願過公之里居瞻公之遺像讀公之全書沐其流風餘韻而恍然親炙休光亦竊欲挂

姓氏於簡末以誌私淑之意焉耳而猥以序云乎哉昔雍正乙卯年秋月知韶州事桐城姚孔鋅撰

張文獻公集元序

余不佞猥承觀察南韶之命自章貢度梅關甫入關門而文獻張公之祠適在道左下車展謁徘徊景企者久之嶺上故鑱叢鳥道今則廓爾莊衢山川風氣豁露有時其得與楚豫聲敎共躋平康者固公所闢也踰嶺登舟道經始興則公實生於此其不稱始興而稱曲江者謂始興故曲江地也

及由湞水入韶陽則見風度樓巋然　學宮之前
與余忠襄之風采樓並峙左右兩公之合祠亦在
焉雖屢閱滄桑而靈光仍自無恙豈非正人精爽
與古今文教相維於不敝也哉余攬轡之暇與中
州曾旅菴先生簡公舊集得公詩若文若干卷因
相與裒而刻之公之相業載在史冊者班班可考
不僅以其詩若文即以文論而詔誥之文典以則
奏對之文莊以肅碑頌之文詳以贍書答之文婉
以摯此則文之大槩也即以詩論而郊廟之詩粹

以穆應制之詩宏以麗賦咏之詩遠以澹酬贈之詩深以篤此則詩之大槩也今試正襟盥讀有一語不從忠君愛國起念者乎有一語不從秉道嫉邪起見者乎有一語不從士氣民生起議者乎吾以爲公之詩若文固卽公相業之所從發抒者也讀其集可以見其人卽其人可以知其心徵其心因以論其世夫至徵心而論世而公之相業抑更有難焉者矣夫公之時何時也當開元初載內難甫平唐天子方勵精圖治故姚宋得盡言而無所

諱燕許諸公亦賡颺一堂之上以黼黻太平迨其
後胡雛啓鴟張之漸宮姬釀燕啄之謀河湟制使
遽拜納言肘腋巨奸陰操國柄而主心從此怠矣
而公猶以一片血誠獨立于羣陰姤蝕之會其維
挽甚艱而其心亦較苦然猶觸事敷言托物寄咏
政如黄鐘大吕聞者賞爲元音大貝天球望者知
爲法物方諸燕許諸公寧多讓焉卽質諸姚宋諸
公又寧多讓焉若夫金鑑一書千古傳爲盛事而
其中眞僞參半亦千古所積爲疑端大都金鑑不

必眞而獻金鑑之心則一出于血誠之噴薄至于借羽扇以明心公之心亦更苦矣荆州一麾讜論忠言亦遂絕響卒至幽薊烽傳馬嵬血濺淋鈴一曲祇堪悲夜雨而咽凄風已矣江瀆酹奠何益哉然則是集也公一身之進退備于此開元之治亂亦備於此可以論人可以論世所關于名教文治又豈淺鮮哉因與一時同事守令諸君子共襄剞劂刻成當藏之風度樓中俾公之相業文心與帽峯峉岫並垂不朽是則余采風意也敬以復旅菴

旅菴其許之乎謹序旹順治丁酉春王正月欽差整飭南韶兵備道廣東按察司副使東萊後學周日燦序

張曲江公文集序

吾讀曲江公集而不敢以文人待之也善夫崔融之對憲宗曰人皆以天寶十五年祿山起兵范陽是理亂分時臣以爲開元二十四年罷賢相張九齡任奸臣李林甫理亂自此分矣人主統御方宇豈不久安長治是期乃疎其可畏親其所暱躬蹈

危亡而不覺不亦可哀也哉考唐自明皇踐祚之始號多賢相大約姚崇尚通宋璟尚法張貞嘉尚吏張說尚文李元紘杜暹尚儉韓休與曲江公獨尚直然而爲姚宋諸賢易爲曲江公難葢明皇初平禍亂當其宵旰厲精諸賢鞠躬盡瘁左提右挈適符願治之心如芥投珀如磁應針勢處其順迨中年海內富安上意漸侈內荒於色外惑於讒行政用人多有乖戾曲江公仍蹇蹇諤諤責以所難縱幾炳於先防微杜漸然投之倦勤之後冰炭不

八固靡足怪况羣小之緝緝翩翩媒孽於其際乎

至馬嵬兵變蜀道淋鈴乃回思讜言曲江遣祭奚

益乎夫宰相國家柱石賢奸進退爲理亂消長之

原開元初用姚宋諸賢則治開元中至天寶末棄

公而用李林甫之徒則亂瞭如指掌明皇英主也

靡不有初鮮克有終寧不知慮及哉憚鯁直之弼

違喜脂韋之迎合遂湊夷而至于此也是公之在

唐一身爲安危所繫弗徒以文重也明矣然吾讀

公各體文詳贍有度處置得宜行間炳炳麟麟皆

相業之所見開元之盛殆有由然及讀其憂讒畏譏之作凜凜不可以終日荆州一貶侵尋至於天寶之衰而天下遂幾不可爲矣豈待范陽鼙鼓識者乃爲寒心哉。公集自前朝邱文莊在館閣羣書中錄出始有傳書　國初東萊周公分臬南韶重刻於郡然尚多殘缺今公之裔孫振文兄弟始出家藏善本重剞劂之舉墜緒而振遺徽豈徒以文章膏馥沾丐後賢哉亦俾有志思以自鏡立身能如公與姚宋諸賢。則措人國家於磐石否則固寵

保位如林甫之徒則敗人金甌而身亦與之俱糜
君人者亦知用人如開元之始則如此用人如天
寶之末則如彼於是受逆耳獎批鱗而奸諛讒佞
胥禦魑魅不亦可爲扆黼萬年之龜鑑哉。海曾遊
曲江拜公祠從公宗人瞻公像舟過武溪望公墓
三歎公竭其鯁直請殺祿山於守珪軍令不行之
日而曲突徙薪謀弗獲用致令李郭武臣以爛額
焦頭爲上客也因太息而序公集以應振文兄弟
之請旹雍正十二年歲在甲寅季冬大寒日番禺

後學韓海拜序

曲江集元序

古今說者咸曰唐相張文獻公嶺南第一流人物也嗟乎公之人物豈但超出嶺南而已哉蓋自三代以至於唐人才之生盛在江北開元天寶以前南士未有以科第顯者而公首以道侔伊呂科進未有以詞翰顯者而公首掌制誥內供奉未有以相業顯者而公首相乎宗公薨後四十餘年浙士始有陸敬輿閩士始有歐陽行周又二百四十餘

年江西之士始有歐陽永叔王介甫諸人起於易代之後由是以觀公非但超出嶺南蓋江以南第一流人物也公之風度先知見重於玄宗氣節功業著在信史播揚於天下後世唐三百年賢相前稱房杜後稱姚宋胡明仲謂姚非宋比可與宋齊名者公也由是以觀公又非但超出江南乃有唐一代第一流人物也然公聲名燁燁在人口耳非直以其相業在當時且甚有文名史稱其七歲知屬文張說謂其爲後出詞人之冠又與徐堅評其

文如輕縑素練實濟時用柳宗元亦謂其能以比興兼著述予生公六百餘年之後慕公之爲人童穉時嘗得韶郡所刻金鑑錄讀之灼知其僞有志求公全集刻梓以行世自來　京師游太學入官翰林每遇藏書家輒訪求之竟不可得蓋餘二十年矣歲己丑始得公曲江集於館閣羣書中手自抄錄僅成帙聞先妣太宜人喪因携南歸期免喪後自備梓刻之道韶適友人五羊涂君暐倅郡偶語及之太守毘陵蘇君韡同知莆田方君新謂公

此集乃韶之文獻請留刻郡齋嗟乎公之相業世孰不知其文則不盡知也矧是集藏館閣中舉世無繇而見苟非爲鄉後進者表而出之天下後世安知其終不泯泯也哉是以不揆愚陋僭書其首成化九年龍集癸巳仲春初吉翰林院侍講學士瓊臺邱濬敘

梅嶺記

詩五言古　香山陳蘭芝拂霞輯梓

遊始興道館　唐沈佺期

紫臺高不極青嶂千仞餘壇邊逢藥銚洞裏閱仙書庭舞經鶴池遊被濯魚稍昏蕤葉歛欲暝槿花疎徒教斧柯爛含日不凌虛

早發大庾嶺　宋之問

晨躋大庾險驛鞍馳復息霧露晝未開浩途不可測嵥起華夷界信爲造化力歇安問徒旅鄉關在

西北出門怨別家登嶺恨辭國自惟曷忠孝斯罪
懵所得皇明頗照洗廷議日紛惑兄弟遠淪居妻
子成異域羽翮傷已毀童幼憐未識踟蹰戀比顧
亭午睎霽色春暖陰梅花瘴回陽鳥翼含沙緣澗
聚吻草依林植適蠻悲疾首懷罪淚沾臆感謝鴛
鷺朝勤修魑魅職生還儻非遠誓擬酬恩德

喜度庾嶺　　　　　張　說

東漢興唐歷南河復禹謀寧知瘴癘地生入帝皇
州雷雨蘇蟲蟄春陽放鸞鳩洄沿炎河畔登降粤

山陬嶺路分中夏州源得上流見花便獨笑看草
即忘憂自始居重譯天星已再周鄉關絕歸望親
戚不相求棄杖枯還植窮鱗涸更浮道消黄鶴去
運啓白駒留江妾晨炊黍津童夜檣舟盛明良可
遇應返洛城遊

自始興谿夜上赴嶺　張九齡

常蓄名山意兹爲世網牽征途屢及此初服已非
然日落青巖際谿行緑篠邊去舟乗月後歸鳥息
人前數曲迷幽嶂連圻觸暗泉深林風緒結遥夜

曲情懸非梗胡爲泛無膏亦自煎不知于役者相樂在何年

二弟宰南海見群雁南因成詠寄

鴻雁自北來嗷嗷度烟景嘗懷稻粱惠豈憚江山永小大每相從羽毛當自整雙鳧侶晨泛獨鶴參宵警爲我更南飛因書至梅嶺

逢南中使因寄嶺外故人　盧綸

見說南來處蒼梧接桂林過秋天更暖邊海日長陰巴路緣雲斷蠻鄉入洞深信迴人自說夢到月

應沉碧水通春色青山寄遠心炎方難久客爲爾
一霑襟

餞宋八充彭中丞判官之嶺外

高適

覩君濟時畧使我氣塡膺長策竟不用高才徒見
稱一朝已知達累日詔書徵羽檄忽然動風飈誰
敢凌舉鞭陟嶺障屈指冐炎蒸北燕送馳驛南人
思飲氷彼邦本倔強習俗多驕矜翠羽千平法黄
金撓直繩若將除害馬愼勿信蒼蠅魑魅寧無患

忠貞適有憑猿啼山不斷鳶跕路難登海岸出交
阯江城連始興綉衣當節制幕府盛威稜勿憚九
疑險須令百越澄立談多感激行李即嚴凝離別
胡爲者雲霄遲爾昇

張曲江鐵像詩　宋　唐　庚

開元太平久錯處非一拍就令乏賢人何至相仙
客直道既離喪曲江遂疎斥汲黯用後薪賈生罷
前席金鑑束高閣鉄胎空數尺妖冶難形容英表
艮彷彿摩挲許國姿尚想立朝色同時反棄置異

代長歎息

曲江祠　　宋餘杭令　任溥

山川淸淑氣鍾爲賢與艮卓哉文獻公壯歲登廟堂一朝見疎斥奸讒遠披猖誰知宰相職進退關存亡胡羯忽騷動鼙鼓驚漁陽昭昭金鑑錄日月同輝光允宜千載下竹帛長留芳

謁張丞相祠　　明布政　蘇葵

堂堂曲江公山川氣攸萃忠節貫日星時艱惜遭際當庭覩奸諛明明見肝肺天不假上方長安乃

鼎沸鑾輿遠播遷神器幾乎墜一時豈無八十九
甘泄泄李唐業數傳賢相公獨最廟食宜千秋芳
名應萬世摳衣謁公祠起敬復起畏治績並夔龍
爲公一揮涕我幸遇皇明不比公之季寸階可樹
勳不在公之位借得公之位願爲公永誓丹心照
天地前光後無愧

謁張文獻公祠得讀金鑑錄　王偁

停舟曲江滸弔古謁遺祠巖巖始興公遺澤芬在
斯堂傾風雨萃碑斷蘚苔滋芳春奠行旅落日歸

文狸唐宮替無事衡鑑方獨持弼諧展嘉猷讜論
非詭隨雝雝朝陽鳳粲粲補袞絲側聞臥病後九
廟煙塵飛漁陽突騎來中華混羣尼信哉砥柱力
用舍同安危昭陵鐵馬空仙李祚九疑維餘蘭菊
存千秋恆若兹我來薦微誠再拜當前墀顧瞻廟
貌閒風度猶可希武溪何茫茫筆峰亦巍巍只今
相業隆孰與前修期臨風一長嘆山雨來霏霏

謁張丞相祠　　　　黎民懷

季冬風日凄于役遡燕闕舊疆遵五嶺雄圖肇百

梅嶺詩

越還顧天井隅回互秦山別關門凝紫烟隴梅欺芳雪翼翼曲江祠羙墻訪遺哲豈伊宏詞選風度自殊絕再陟承明盧文武見彰設洋洋白羽揮煌煌金鑑晰拜相啓江南鑿嶺神功揭唐歷彌千禩高名齊稷契茫茫撫鴻輿地靈由人傑

謁張丞相祠

明翰林庶吉士　梁有譽　順德

開元治平日英賢忩游衍夫君匡屯器憂國持先見詎憖伊呂科實冠東南彥朝直承明盧夕下金華殿楚臣傷江楓漢女悲團扇而君復何爲含情

賦海燕玉泉一以閉微徼市朝變欃槍亘中天長
虵〈蛇〉劒鑱甸金根入蜀年空餘淚如霰我本慷慨士
懷古歲方晏野烟羃歷起祠樹何葱蒨搴杜寄芳
情掇蘋羞野薦高芬誰復嗣舊葉遙奔箭唯留千
載名來哲同興羡

大庾嶺

國朝尚書　王士正

五嶺界百粵東嶠實大庾西衡北豫章嵯峨此終
古黄屋敢自娛僭僞緣秦楚魋結慕漢德再世除
險阻六代及五季紛紜不足數昨者滇閩亂此嶺

煩師旅我來兵銷後叢薄無豺虎絕頂眺南溟波濤如可覩白雲左右飛危徑穿一縷回首望中原佳氣溢橫浦

梅嶺外舟行望南韶諸山　黄子雲

出關青不斷天地日偪窄連峯塞東南顯晦錯朝夕峭摩層穹心窟壓厚坤脉壁面劈洪荒獰色向人射義陽迴六轡照見靈斧迹輪囷長鯨鬣嵌空老龍脊血埋霓影紅蘚蝕銅花碧寫景奇可匹老杜入蜀鉄堂峽諸詠

飛仙閣　女皇補天後狠藉五色石哀壑慘光晶沆

漭元雲積乳竇濺瀑絲一泓耿幽白中峰石扇開直下雷聲割枯杉皮復尅臥栢腹全坼落日風泠泠山鬼攝人魄下土徑絶蹤邈與人境隔我行踰千里邱壑與轉劇逝將凌紫崕逍遥鍊金液將見丹霞山矣此意恐未然一身有驅迫扁舟轉瞬過回首巳夙昔

度庾嶺　　孝廉　張錦麟　順德

連山塞天南鄉路忽中斷侵宵改行裝披曉逐征伴荒岡帶畦畛複磴隱叢灌時聞石泉鳴還見嵐

煙散雙厓俄束體一綫隘青漢積陰風泠泠蒙啓
昧昏旦一初疑墜潭井旋倚架閣棧先春驛梅飄逈
客洞猨喚仰登無健步斗下怯回看情隨南渚禽
去異北來雁川途倦方長徒軫越鄉歎

梅嶺記

詩七言古　　香山陳蘭芝拂霞輯梓

度庾關　　蘇葵

庾關前庾關後馬蹄蹩躠行人瘦寒梅樹老不開
花怪石岩深有虛竇我曾掉鞅從關右十年不歸
路如舊不應雙鬢漸滄浪愧見山靈行逗遛吁噫
嘻關路險關路艱盤旋百折青雲間曲江祠廟官
道左流泉漱石聲潺潺遊人過日公莫笑鼎彛勲
名今古難

題宋人嶺梅圖　學院　曹仁虎

紇干山雀破午夢荆扉剝啄傳魚函故人寄示梅花卷千樹萬樹圍重巖恍疑置身大庾嶺丹崖碧嶂高巉巉山中臘後花信早雨雪幾日飛霏霰此時枝頭忽破蕚冰魂不畏春寒嚴斷雲高低望杳靄落月遠近迷暫嵒清香未容俗客到冷蕊時有幽禽鴿整斜疎密各有態紛紛桃李皆卑凡人家幾曲最清絕三間矮屋臨空嵌花南水北妙結構墻角隱隱羅松杉疎籬還看枳樹縛仄徑別見苔

垣塹危峯千尋石齒齒曲澗一道波黯黯霜天角
斷夜欲曉彷彿翠羽相呢喃吾聞華光善禪理落
筆生意窮毫纖後來能事數吳鎮梅花菴主親題
劖此圖宋代推好手欵識惜少冰條銜當年曾入
格天閣金題玉躞深藏緘權門勢燄詎足久歲月
一去如驚飇雲烟過眼盡可歎名畫零落歸山嵒
孤芳寂寞幸無恙寶繪疑有神明監長與幽人伴
晨夕珍愛不啻千球琳晴窗棐几時展翫芸香細
藝防梅黴生平雅抱泉石志頗覺與俗殊酸醎探

幽嗜癖不知饜有似染指貪夫饞年來蘇臺作客久虎山橋下抽輕帆崦東崦西香雪裏時曳笻杖披春衫舊遊回首隔夢寐開圖一笑潛吟歗此中坐臥艮不惡便擬歸隱携長鑱暗香疎影足吟嘯三徑自把黃茅芟題詩聊作息壤約漫拈禿管揮秋毫

大庾嶺觀膠西八歲童子宋世勳所書雁迴人遠四大字碑歌　順德　孝廉羅天尺

庾嶺岞崿肩太行紫駝馳碑十石強梅花疊字浮

寒香贔屭高栖層關旁我來彳亍捫蘚看讀罷舌
橋聲色揚書者膠西八歲郎大如擘窠堅欃槍食
牛之氣不尋常勢可撼岳聲排墻雁迴人遠四字
張曲江公後生輝光太平請纓無越王磨崕膽氣
此其當呼吸帝座通文昌我欲高吟驚老蒼四言
可敵詩千章袖手閣筆心怖惶恍如索靖逢歐陽
海天一線增低昂關上舊有海天一線碑負趨大力誰國良
褁同石鼓登明堂坐臥十日眞無方要津未可安
胡牀

梅關雨後見月　續撿　宋男爵　李昂英　番禺

濃嵐四合凍雲凝水墨連屏鬬崛奇衝雨此行風景別滿山翠滴水簾垂松翁偃蓋巖隈立猿女穿蘿洞裏泣無塵明鏡忽玲瓏匣向迥遭紫翠中地有仙家雲母石天然上界水晶宮通宵如晝千溪白梅花不管濕冰魄隨車十里雪香來多謝花神好看客

梅嶺記

詩五言律　　香山陳蘭芝拂霞輯梓

度大庾嶺　　唐　宋之問

度嶺方辭國停軺一望家魂隨南翥鳥淚盡北枝花山雨初含霽江雲曉變霞但令歸有日不敢恨長沙

陽月南飛雁傳聞至北廻我行殊未已何日復歸來江靜潮初落林昏瘴不開明朝望鄉處應見嶺頭梅

度大庾嶺　張祜

萬里南邊客辛勤嶺路遥溪行逢水弩野店避山魈瘴海須求藥貪泉莫舉瓢但能堅志義白日甚昭昭

掛角寺贈明上人　宋　張士遜

靈蹤遺幾載卓錫在高岑妙法歸何地清泉流至今菩花生細細雲葉映沉沉桂魄皎清夜分明六祖心　相傳梁晉時飛來寺自吳中飛來觸梅嶺缺去一角今為掛角寺

嶺下　明尚書　何維栢　南海

梅關山色舊蒲石未寒盟古木堪垂釣江門好濯纓片雲浮世界孤月澹滄溟八極神遊遠悠悠得此生

度梅嶺　　尚書陳紹儒南海

入望山門逈長征日月遥雄城臨百粤嶺路鑿前朝古洞猶猿嘯遺松但鳥嬌不堪行役意歸夢武溪橋

河洲辭返棹嶺路候征鞍地以橫分險山從直北寒野梅香可嗅猿洞沓難攀惟有賢祠鶴千秋明

羽翰

度大庾嶺　縣尹畢于楨南海

古廟儼松杉遺容想佩環黄樞聲烜赫金鑑淚汍瀾臣節丹心壯時危蜀道難千秋松頂鶴猶自傍

梅關

前題　同知唐守明番禺

嶺毙千里外相對且含杯横浦初含凍庾關欲放梅粤雲傾望杳海燕際天來共向賢祠拜相期入

鳳臺因爲李林甫所嫉曲江思歸作海燕詩

前題　　光祿寺卿　郭棐　番禺

相才千古重乃與四賢班忠自披金鑑時猶孌玉環羯奴先失䜌蜀駕可須還萬禩孤臣淚猶凝松栢間

前題　　御史　姚光泮　南海

梅關開鳥道疏鑿是誰功一統秦封拓千秋禹貢通人文標嶺嶠相業薄雲空仰止高祠下其如去騎匆

前題　　光祿寺丞　王學曾　南海

一年頻度嶺三謁曲江祠風度乾坤壯精誠金石
移梅開千樹白雲鎖萬山垂莫道庾關險皇途更
有岐

度大庾嶺　翰林檢討　區大相　高明

關河誰設險道路至今平花樹迷秦戍風雲捲漢
旌梯懸滄海日樓望尉佗城慎德今皇事樓舡罷
遠征

度嶺謁曲江廟　蘇景熙　順德

斯人不可見遺像肅青山似綴星辰履如趨鵷鷺

班蘋蘩嚴俎豆伏臘儼容顏廟食千秋事高風未易攀

過熊飛嶺　知州陳艮珍南海

曲徑千回轉盤雲疊嶺重馬疲愁峻阪日夕下高春斷塹流衰屮崩崖過古松十年曾到此石上有行踪

度梅嶺謁張丞相祠　孝廉羅天尺順德

風度眞何媿臺闕祀典崇邱梁開相業梅庾失英雄大雅陳詩得華風鑿嶺通謫仙曾不識長笛怨

何窮

度大庾嶺　　縣尹葉燮吳江

千里連峰匝紆迴出萬尋險分南服界雄見越王心鴻雁謀何苦熊羆氣轉深高松陰夾路風過助長吟

十月度嶺不見梅開詩以促之　姚天典

瘦影因寒逼芳心欲待誰吟狂驢背候律叶小春時入夢無人覺含香有蝶知徘徊勞老眼幽興獨歸遲

梅嶺記

詩七言律　香山陳蘭芝拂霞輯梓

度大庾嶺　唐　沈佺期

天長地濶隴頭分去國離家見白雲洛浦風烟無
用說崇山瘴癘不堪聞南浮漲海人何處北望衡
陽雁幾群兩地江山萬餘里何時重謁聖明君

前題　曹　松

百花成實未成歸未必歸心與志違但把壺觴資
逸詠盡交風景入清機半川陰霧藏高木一道晴

蜺雜落暉遊子馬前芳草合鷓鴣啼歇又南飛

吡馭樓　　宋　余　靖曲江

山巔層構與雲平賢者新題吡馭名爲要澄清歸治道不辭艱險表忠誠南枝初見梅林秀九折遥思劍棧横若使當時嫌遠宦海隅那得有歡聲

來雁亭

南方舊說無燕雁歲序嚴凝亦暫來天外每隨寒雨過春前先逐暖風回人稀弋射矰休避俗厭魚餐網莫猜況是弟兄封境接登臨因此幾徘徊

通越亭

行盡章江庾水濱南踰梅館陟嶙峋城中紹祚千年聖海外占風九譯人嶠嶺古來稱絕徼梯山從此識通津輿深輦盡無虛歲徒說周朝白雉馴

度嶺寄子由　　蘇　軾

七年來往我何堪又試曹溪一勺甘夢裏似曾遷海外醉中不覺到江南波生濯足鳴空澗霧繞征衣滴翠嵐誰遣山雞忽驚喜半巖花雨落毿毿

咏金鑑錄　　明太守　江　璞

梅嶺詩　三八

翠華西出鶴南飛仕國猶安去國危誅逆若從先

事見磨崖何那頌功碑君臣遇合原非異世代興

亡可盡知惟有舊時金鑑在至今留作哲人規

謁文獻張公祠　　狀元　倫以訓　南海

峻嶺擎雲濕碧川先生風度故依然勲名史外孤

蹤遠文獻江南萬古先金鑑未磨天護寶爐峰不

動日烘烟堂堂廟宇江湖拜欲寫孤忠媿遠天

前題　　尚書　黃　佐　香山

蹇蹇王臣起海涯荆州南去為誰家鼓鼙塵裏青

螺違鷹隼風前紫燕斜揭日聲華垂宇宙格天英
采在雲霞十年舊路生秋草長憶寒梅遶樹花

前題　布政蘇　葵　順德

不是開元願治時可憐金鼎有危機諸人未識胡
兒相一語翻招漢主疑花鳥曲江供白首風塵靈
武換朱衣古今用舍多堪慨聊奠祠前酒一巵

前題　尚書吳廷舉　蒼梧

肩輿緩緩度雲封已見星河燦碧空午夜脚頭驚
亂板歲寒心事寄喬松靜依僧榻眠眞穩高視人

寰夢亦雄行廢本來吾有命伯寮徒爾惱天公
嶺海如公百世師雲封我得拜新祠玉環恩愛終
無策金鑑謀猷始見奇斧鑿賢勞山徑闢往來尸
祝禮文宜老松挺節風霜外想像明堂正色時

謁張文獻公祠　　尚書　陳紹儒　南海

何代闢山今相祠丹青歷歷表南陲開元人物多
文獻庾塞風雲幾夢思疏刺胡雛宗社計詩題海
燕哲臣悲夔龍寂寞金胎舊臺榭輝輝鶴樹枝

前題　　按察使　侯　緘　臨海

開元相業嶺南祠從此胡塵向內吹正氣迴隨花
萼謝英風長繫草茅思中書腹劍容仙客戚里金
刀護祿兒一曲霓裳兵四海九原可作豈勝悲

入嶺後作　副使　王大用

洞口歸來偶發興玲瓏巖畔仍留題久知春事足
花鳥近喜山城無鼓鼙仙翁已乘玉龍去野衲猶
結茅齋栖烟霞深處人跡絶我欲從之路轉迷

過梅嶺　尚書　葉夢熊　歸善

連年書劍過梅山山上梅花識客顏縹緲洞雲元

不改驅馳入世未應閒爲文敢謂堪題柱建節寧誇獨出關爲語峰頭舊猿鶴肯將名利擾區寰

過梅嶺　　　　　　　　　　　　　　鹽運使張廷臣南海

三十年餘此度過鴻名峻嶺共嵯峨使星南指風霜異驛騎北歸金鼓多松幹猶存巢野鶴梅花折盡長烟蘿往來名利滔滔逝頫仰乾坤一浩歌

前題　　　　　　　　　　　　　　光祿寺卿郭棐番禺

嶺上松杉接碧空紛紛木葉下丹楓越王經畧烽塵外丞相祠堂霄漢中日落棲烏分古樹天高飛

旆遡流風凭輿幾度頻來往猶憶含香侍紫宮

丞相巍祠聳嶺丫老成風度逈無加立朝忠著千秋鑑制虜幾先一草麻羯鼓只聞胡部樂馬嵬方奠曲江沙萬年唐社悲歸燕獨有公碑長歲華

前題　　梁有貞番禺

鑿空穿嶠路逶迤下馬臨堦謁相祠華國文章鐫琬琰立朝明哲謝台司幽州背叛憐先識蜀道追思悔後時千載丹青猶炳煥白雲長護嶺梅枝

前題　　文學　梁紹裘

名相當年誰伯仲杜房姚宋若爲儔韶陽俎豆瞻依切唐代儀刑感慨收功在梅關標絶巘忠垂金鑑照千秋古今嶺表多賢俊請看南邦第一流

過梅嶺　鹽運使鄧于蕃 南海

重關複嶺削天開丞相曾經啓闢來萬里車書通絶域千秋祠廟倚高臺雲封鳥道從天下風響松濤盡日哀文獻未亡丰度在令人臨眺重徘徊

前題　黄在裘

風度誰如宰相隆爕調經濟亮天工關通巧鑿重

巒險血食崇祠萬世功春早梅花過驛使日高馳
道掛晴虹猶思入谷瞻依地金鑑精誠感慨同

前題　　　　　　　　郭　棨番禺

懸蘿攀磴出芳林敬謁人龍再整簪寶刹飛時山
磬落玉猿啼處嶺雲深知多丰度標黄閣賸有文
章照紫岑自愧年來頻仰止不知經世復何心

前題　　　　　　　　游　朴

風度樓高入碧霄開元相業此遺標獨憂宗社堪
誰托一去荆州竟莫招仙客未除金鑑燭胡兒不

斷玉環妖君王空有西川念嶺外孤臣骨已銷

過梅嶺　　縣尹黄　鏊

家在梅關曲水陽宫祠北望五雲鄉[illegible]絲綸上鑑比黄金日月光老向故山焚諫草澤存遺笏是甘棠自從海燕吟成後風度誰如入建章

前題　　縣尹馮紹京　順德

丞相遺祠倚嶺岐古松蒼檜蔭參差千年靈淑鍾光岳一代勳名勒鼎彝金鑑若懸龍扆照玉環何至馬嵬悲開元舊事如追憶羽扇清風是表儀

秋日梅關謁張文獻祠　　給諫　胡　定　保昌

素節登臨悵鉅公當年運會幾曾通石巖易拓千尋路金鑑難開尺五衷藻吐輕縑留雅韻梅橫瘦影見孤忠雲間嶺廟南州壯長使英豪氣似虹

大庾嶺南北枝梅　　廩膳生　陳　官　香山

陽和初破何方早透入征衫散碧雯南北春隨孤嶺別炎涼天以一花分驛亭客況同歸夢岐路仙香各住雲待寄故人書未就遲遲相對立斜曛

張文獻公祠　　同知　李文藻　山左

招提竹樹嶺頭分丞相祠堂海內聞羽扇人人想風度梅花歲歲薦清芬春晴簾入雙飛燕地迥階生萬壑雲不獨鄉邦感爲德開元功業本無羣

讀張曲江白羽扇賦有感帝以白羽扇賜九齡齡作扇賦報謝賦中暗有規諷　巡撫陳瓚雷州

焚香開卷自低徊扇賦當年逸思來微物重承天子意婉詞深寓相臣才定知秋到將無用却愛林間得自回風度千秋誰得似危樓窓牖爲君開是時漸用李林甫楊國忠輩以致亂

孝廉 楊錫震 香山

大庾嶺

絕頂遥看一綫霓隴梅深處見丹梯千巖滴溜隨雲下萬木摇光逐日低開鑿幾勞通雁使嶮巇無復雜猿啼豪吟獨立層霄上掃石閒將姓字題

張文獻公祠

崔嵬祠宇聳千尋漠漠寒山影半陰風度千年留赤舄文章一字重兼金堦前古栢標新幹門外殘碑想舊霖我亦客遊經萬里幾回翹首五雲深

謁張文獻公廟

佘錫純

千秋事業知誰繼忠介文康兩不如地啟洪荒通日月功分疏鑿一車書高風尚想巖松後野衲猶沾廟食餘有祭田百畝 三載浪遊慚白首每吟春燕憶閒居 曲江爲李義府所忌作海燕詩以思歸

度梅嶺　張行懿太倉

拔起危峰萬仞雄勢臨百粵獨南中人從丹壁千盤上路入青天一箭通古碣尚留唐相迹荒祠誰祀越王功只今四海梯航日早見征車度曉風

梅嶺　御史粵秀山長杭世駿仁和

絕險誰教一綫通雄關橫截嶺西東攙天路逈盤蛇細披地峯奇去雁空戍艸亂侵蕭勃壘陣雲遙墮尉陀宫荒祠一拜張丞相疏鑿眞能邁禹功

入梅嶺寄懷都中梁式章區允洪馮達天梁崇一龎沂東吳念中李山陟黃彬度諸公

羅天尺

獻書度嶺長安去萬里重來鬢欲華歸夢獨尋羸子國入關仍作日南花攀躋絕壑如緣蟻歛翮中林笑倦鴉寄語京華舊知已一杯吾自有生涯

梅嶺記　卷上　[illegible]

梅嶺記

五言絶句　香山陳蘭芝拂霞輯梓

過梅嶺　黎貞

自出梅關外江山非故鄉夢魂不怕遠夜夜到隋宫叶

七言絶句

放鉢石　章得象

石上曾經轉鉢盂石邊南北路崎嶇行人見石空嗟嘆還識當年意也無

過梅嶺　汪廣洋

春來長憶出秦關寒擁貂裘馬上還今日入關春更煖殘花紅白草斕斑

過梅嶺　張詡

六旬七次度梅關回首梅關想歲闌衰病似難供跋涉寸心覺比舊時丹

張文獻公　宋阜陵

鹿入深宮花解愁牛登高鼎餗覆休當時若聽履霜語豈到峨眉山盡頭

庾嶺雲封寺即掛角寺　太史　杭世駿

一角誰移海外蹤飛來仍掛最高峯雲頭試向山僧問𨚫下白雲封幾重

度梅嶺增補　宋男爵　李昴英番禺

征輿六月度梅關大地清涼樹影班行客不須梅止渴流泉到耳冷潺潺

鑿通危石張文獻勘破禪關盧祖師奇事已堪誇北客樹花先暖亦南枝

贈嶺上老人　蘇　軾嵋山

鶴骨霜髯心已灰青松合抱手親栽問翁大庾嶺
頭住曾見南遷幾箇回

梅嶺記

曲江文選　香山陳蘭芝拂霞輯梓

龍池聖德頌　同平章事張九齡始興

臣聞昔者𠂔德升聞皇天眷命元聖有作上帝何言必見意於休徵不忩象於幽贊惟兹降鑒若曰專精道周萬物者其神充功濟生人者其祥大粤若古始肇有君臣巢燧之前寂寞無紀書契而後煥炳可觀若乃鬼神睢盱品彙紛錯性命未正吉凶不定而太昊氏將通其德則河爲之出圖人食

未粒鳥獸是茹時不耕稼器無耒耜而神農氏將
教其本則天爲之雨粟蚩尤不道炎帝不制銅鐵
鑄兵豺狼横厲而軒轅氏將禁其暴則天爲之降
予女洪水方割下人昏墊堯德莫能弭其灾舜功
不能除其害而夏后氏將底其績則洛爲之出書
自兹以還殆三千歲矣其間木火更王雲物告符
有若狼銜鈎魚躍舟素靈哭黄星見豈不以湯德
有慙武善未盡漢道既雜魏方亦偏唯以一至之
應且爲興王之兆則未有天錫眞符聖受明命遠

與大禹相續超與上皇比崇如我國家之盛者焉
洪惟龍池蓋天之所以祚聖卽今上卜居之舊眞
京師爽塏之所傍無竇澤中勿濫泉非常而靈液
涓流無幾而神池浸廣榮光休氣若烟若雲所未
嘗有則此之出淸可以鑑而深不見底麟介瑰詭
於物其中時莫知其所然日徒見其有異中宗採
識者之議壓王氣而來遊聖上處或躍之時出飛
龍而合應臨淄始封也邸第在焉上黨歷試也靈
符紹至天其以是永命我唐圖象丁寧有所底止

其若茲也夫成數有時而否至理無代而亡固在乎大聖之生乘運而作鼓天下之動安天下之危故將順成功自古之啓佑也如彼克定多難自天之叶贊也如此初中宗韋氏后黨窺隙大盜狃於得志羣慝起而擅權若綴旒然當此時也天與若不取鬼謀或不協則我祖宗之業無乃將墜而億兆之命亦猶倒懸聖上赑之提劍而起雷霆一奮祅沴以清內難旣衰外虞有謐推戴太上照臨萬邦實天之爲與人更始系皇統維乾綱決綻補壞

蕩瑕滌穢而乃闕典咸備舊章悉舉處窮盡達在
困必通品物資以再生寰區爲之一變然後返華
僞於朴還澆漓於淳以大道爲原以至仁爲根動
推是心以御於事人見德而興行神享誠而介福
故不在於刑罰不在於禱請大造裁成糸猷允塞
有如陽春播澤觸類皆滋太山起雲無遠不徧雖
昆蟲草木與蠻貊要荒樂其所生安其所習在牛
羊而勿踐有干戈而載戢又況於衣冠華夏禮樂
家邦而不刑於斯須不久於漸漬者也夫然何敎

非德何化非非經何能事之不舉何醇精之未極周溥洋溢於穆緝熙至於太和莫不允若體侔天地之大事出皇王之表豈擎跽曲拳盡禮極力將用彥聖不啻其口所能稱誦於吾君所可殆庶於至德且往者之有開也天感精以敬聖聖敬命以奉天此誠有元則欽明文思及兹報本必嚴祇齋栗靈慶以屬之神化以答之與初相明其徵乃著絲綸先兆非篤信歟由是言之統天者人合符者聖而差德序命殊尤卓絶豈多乎哉至如古之興王

必有所感五帝更尚五運旁通土者黄中之精於
金爲王水者善利之物於土爲配苟膺期而有來
必合德而爲表是則然矣天其或者亦以阜育群
化發揮茂祉始告以聖有明徵終成乎帝之神册
因其立象之本會以相乘之數則載代六百歷紀
千年變而通之胡可量也宗子宗正卿褒信郡王
璆等若干人伯父伯兄仲叔季弟聚族相與詣闕
上言天意昭著固已久矣人事符合亦云至矣而
一德是建太階既平靈臺靈沼赫赫明明天之爲

大雖莫能名皇王之鎬豈無頌聲上初克讓抑而未許至於累請乃曰俞哉史臣因敢獻頌曰

茫茲元昊載凝載薄在帝庖犧繼天而作浩浩洪水包山襄陵舜亦命禹夏氏以興龍圖龜書二王是膺湯武已下夫何足徵

右元命

於鑠巨唐乘運而起纘禹之迹系堯之紀五聖在天丕命曾孫高視河洛同符混元亦有黃龍出於靈沼明明穆穆天子之表

右聖德

倬彼東井昭章于天沉精降液下爲靈泉靈泉有泚其深無底泌之洋洋其甘如醴清德之鑑柔道之體洪源濬規實天之啓

右靈泉

濯濯靈泉洞冥皇祇滋液流衍化爲神池曰止曰行惟聖之作匪鱣匪鮪惟龍之躍植物斯生動物斯樂天眼有見會是不涸

右神池

靈有休氣紛紛郁郁如山之包如雲之簇潛龍在下瞻烏斯屋兆云其吉周爰咨詢旣契我龜又叶我人鎬雖舊京其命維新

右休氣

蜿蜿黄龍神池自出靈化恍惚噴雲沃日告帝之符其儀孔吉或潛于泉或見于田與時順動亦應乎天克配我皇無得稱焉

右黄龍

開元正歷握乾符頌并序　　張九齡

臣伏見景寅制書以開元歷握乾符垂示天下幸甚其沙門乑偘等所言益部耆舊傳洛下閎改顓頊歷推校最爲精密而曰後八百歲其歷差一日當有聖人定之到于今歷果有差聖果有定誠非常之嘉應曠代之靈符不可得而聞也臣誠歡誠喜臣聞天道先聖而啓期聖人後天而奉時不當乎天心不在歷數不登乎聖道不合元符乑命定而王者應幽數起而明者察故洛下宏極其數而知來耆舊傳尚其占而示後我皇帝無思而感自

然乎同儕乎倘等幸會而言豈云素慮非人事也非神道也天固已儲祥以俟時積分以差日出入數代多歷年所疇人極力不能課其祥上林雜候亦莫徵其失則明天意以後聖期期數未臻乃藏於密聖證將至如應如響彼幽深之何有此會通之不謀所以下叶黃鍾上稽乎象以和六氣以合三光復其見心間不容髮斗樞且運而況於人時元氣已調而況於月令於戲天下之動日用不知昆蟲草木生者自遂麟鳳龜龍靈者自瑞蠻夷戎

狄遠無不至山川鬼神幽罔不消此聖人所以定天下之象通天下之志天人之道備也昔者河出圖洛出書自時厥後符命非一空文而無應其殆乎人爲實錄而有徵焉用乎龍負則洛下閎者此其神乎不然是何見之明也夫聖有時而不作物無聖而不覩仲尼感時於鳳鳥古人嘆壽於清河皆傷於不達而恨於難見我后受成命重光乎文武累聖而無窮殊祥而無數彼哀命之者曾不得而朝聞凡今之人誠何幸而目覩由是觀之當其

來運唐虞之屋可封非其有時孔孟之徒不遇此千載之會也萬物豈知其謝生於天乎兆人亦云忘力於帝乎微臣荷寵靈揚休命則臣子之志在於盡美而惟天之大終莫能名不勝區區敢獻頌曰

於皇惟后受命于天時來于今兆是厥先既定乃日允叶斯年赫赫光明應于上糸

荔枝賦并序

張九齡

南海郡出荔枝焉每至季夏其實乃熟狀甚瓌瑰

味特甘滋百果之中無一可比余往在西掖嘗盛稱之諸公莫之知而固未之信唯舍人彭城劉侯弱年遷累經于南海一聞斯談倍復喜歎以爲甘旨之極也又謂龍眼凡果而與荔枝齊名魏文帝方引蒲桃及龍眼相比是時二方不通傳聞之大謬也每相顧閑議欲爲賦述而世務卒卒此志莫就及理郡暇日追敘往心夫物以不知而輕味以無比而疑遠不可驗終然永屈況士有未效之用而身在無譽之間苟無深知與彼亦何以異也因

道揚其實遂作此賦菓之美者厥有荔枝雖受氣
於震方實稟精於火離乃作酸於此裔爰負陽以
從宜蒙休和之所播涉寒暑而匪虧下合圍以擢
本傍蔭畝而抱規紫紋紺理黛葉緗枝蓊鬱而霮
霴環合而棼纚如葢之張如帷之垂雲烟沃若孔
翠于斯靈根所盤不高不卑陋下澤之沮洳惡層
崕之嶮巇彼前志之或妄何側生之見庛爾其勾
芒在辰凱風入律肇允含滋芬敷謐溢緑穗靡靡
青英苾苾不豐其華但甘其實如有意乎敦本故

徵文而妙質蔕菂房而攢萃皮龍麟以駢比膚玉英而含津色江萍以吐日朱苞剖明璫出冏然數寸猶不可疋未玉齒而殆銷雖瓊漿而可歃彼衆味之有五此甘滋之不一伊醇淑之無準非精言之能悉聞者歡而竦企見者訏而驚仡心恚可以蠲忿口爽可以忘疾且欲神於醴露何比數之湘橘㩦蒲桃之見擬亦古人之深疾若乃卑軒洞開嘉賓四會時當燠煜客或煩憒而斯果在焉莫不心悛而體怢信雕盤之仙液實玳瑁之綺繢有終

食於累百愈益氣而治內故無厭於所甘雖不貪而必愛沉美李而莫取浮甘瓜而自退豈一座之所榮冠四時之爲最夫其貴可以薦宗廟其珍可以羞王公亭十里而莫致門九重兮曷通山五嶠兮白雲江千里兮清楓何斯美之獨遠嗟爾命之不工每被銷於凡口罕獲知於貴躬柿可稱乎梁侯梨何幸乎張公亦因人之所遇孰能辨乎其中哉

勑處分十道朝集使　張九齡

勑朝集使等朕恭已承天守文繼位布一心於兆庶明四目於萬方恒恐道或未周物不遂性旁求俊乂共理黎元於玆群辟寧不我副凡今政要略有四端衣食本於桑農禮義興於學校流亡出於不足爭訟由於無恥故先王務其三時將以厚生也脩其五教將以惇俗也有國有家同知此義不患不知患在不行爾且長吏數改政教屢移在官當先爲國理人各揚其職不當冒榮干進苟利其身澆俗不可不革淳風不可不長近令刺史在任

四考方遷實欲始終其情黜陟斯繫必若縣得良
宰萬戶息肩州有賢牧千里解帶仁政不遙行之
則是皆能勵節朕復何憂且如浮逃客戶所在安
輯征鎮人家每事憂恤倉儲唯實賦役唯均鰥寡
撫存盜賊禁止郵驛無弊姦訛不生念茲八事朕
常屢想嗟爾庶尹可不用心卿等還州遞相勸勉
遵此王度恤彼下人敬順天常無違月令夫星列
躔次土分區域休咎之徵惟人所感善必知主惡
亦有由每至歲成當加賞罰宜知朕意並即好去

南郊赦書　　張九齡

門下朕獲主三靈于今一紀聽政中昃每不敢康
觀書一夜將求諸道而頃年已來每思至理或遠
人勿卒或嗣歲不登淳朴未還惕厲斯在爲人上
而懋德奉天明以畏威故祝史正辭必期於陳信
郊邱備禮將俟於昇平今宗廟降靈克開厥後乾
坤交泰保合太和麟鳳龜龍𠂭符黄瑞之祉蠻夷
戎狄梯山航海之琛莫不日月以聞道路相屬顧
惟不德當兹休運欽若昭報疇咨故實所以今年

獻春恭祠后土季秋吉日追崇九廟採必先於會
經稽肆類於虞典爰因長至欽謁上乎告受命之
元符昭嚴配之成績大典云備至誠克展諸侯駿
奔來於穆之相百神受職率咸秩之文六變已陳
三獻斯畢葢春秋之大事莫先乎祀王者之盛禮
莫重於郊柴燎克終感慶罔極豈予一人之福亦
爾萬邦之賴宜因咸和之際俾承厚下之澤可大
赦天下嗚呼君臣一體休戚共焉朕欽承天命躬
傳大寶葢憑累祖餘業得一之符亦由羣公舊勳

不二之力永言繄賴其敢忘之自武德已來實封功臣知政宰輔有身無人故而亡官實封子孫淪屈者所由勘責具狀以聞存者可籌其官榮逝者當錄其胤嗣使幽明同慶知有令辰

東封赦書　張九齡

門下朕聞天監唯后后克奉天旣合德以受命亦推功而復始厥初作者七十二君道洽跡著時至符出皆用事于介邱作中於上帝人神之望葢有以塞之皇王之序固可得而言之朕接統千歲承

光五葉惟祖宗之德在人惟天地之靈作主往有
內難幽贊而集大勳間無外虞守成而纘舊服未
嘗不乾乾終日思與公卿大夫上下叶心聿求至
理引我列聖其庶乎馨香今九有大寧羣氓樂業
時必敬授而不奪物亦順成而無夭懋建皇極幸
致太和聚乃幽遐率由咸被戎狄不軌唯文告而
來庭鱗鳳已臻將覺悟而在藪以故凡百執事亟
言大封顧惟不德初欲勿議伏以先聖儲祉與天
同功荷傳符以在今敢侑神而無報大節斯在朕

何讓焉遂奉遵高祖太宗之業憲章乾符之典時邁東土柴告岱宗精意上達肸蠁來應信宿行事雲物呈祥登降之禮斯畢嚴配之誠獲展百神羣望莫不懷柔四方諸侯莫不來慶斯事天下之介福邦家之耿光也無窮之休祉豈獨在予非常之惠澤宜其逮下可大赦天下朕躬陟天門宿齋日觀時屬嚴冬雪候初夜風寒朕因露立祈恩誓欲代人當咎俯仰之際頓首霜飈奠獻之辰變同韶景誠荷上天垂祐亦賴靈山吐祥詩云無德不報

宜封太山神爲天齊王禮秩加三公一等宜令所管崇飾祠廟環山十里禁其採樵給近山二十戶復以奉神祠卒土之內賜酺七日止於村坊宴樂不得聚斂煩勞其節文有未霑及者所司比類奏聞其封祀有數處行事者從一處赦敕書日行五百里主者施行

聖應圖贊并序　張九齡

臣聞啓聖者天也宜有以覺悟受命者聖也必有以明徵故神不言而可知時將至而先兆當陛下

龍潛上黨也或託類於雲物或效靈於卜筮意者
天之丁寧垂象唯恐後時又以潞水之泓深山鹿
之捷走馳騎是獲厲流不濡非力所能以明或躍
乾之上體時在九四神道幽贊聖期密邇自後而
占何著明其若此蓋天福海內地降聖跡以瑞非
常之后以决如神之策至于再三明必信耳有郡
椽崔弼時其從行見龍騎先馳謂河流可涉亦既
數步遽已滅頂不沉也安足以驗飛無兆也於何
以昭聖事來自久命常惟新臣不勝至願謹爲聖

龍之或躍泉有可深神亦成象化爲背禽凌厲是

獲明命則忱如彼從椽焉能不沉

圖遂獻贊曰

爲信安王獻聖眞圖表　張九齡

臣言臣一昨扈從西狩岐陽時以有年事因農隙

整六軍之衆脩大田之禮戍卒是訓威武載揚屬

草淺獸肥霜清氣殺招虞人以卽鹿命荆州而起

鳥陛下親御弧矢紆駕林衡曾不合圍取其背者

雖有逸羣之狡走險之捷而飛黃騁轡縈紼如組

緣沉縱鏑宛轉若神必命中於前期皆應絃而絕
倒其餘變態不測神妙無窮非臣瞽言所能模狀
既而備獻禽之禮虔薦寢之誠教人以孝自天作
則此外效獲畢賜懿親兼禁羽騎無犯宿麥是行
也典禮斯備仁恩允洽三令惟肅七德以宣魏武
何階亦紀功於猛獸周文差擬將比義於飛熊臣
忝籍宗枝幸陪鑾輅竊觀神武冠絕古今以爲載
之空言不若圖之故事向所述聖今皆寫眞雖天
顏不違而丹青莫擬徒極愚思庶好萬一謹一一

梢(?)儆(?)詞

陳伏深戰汗臣誠惶誠恐謹言

論教皇太子狀　　張九齡

右臣伏以皇太子是天下之本爲國之貳今則睿質漸長猶在深宫所與近習者未必皆正人端士安於逸樂久則性成是以古者明王恐其若此雖在赤子先之以教必使耆儒碩德爲之師保故大戴禮云周成王在襁褓之中太公爲之太師教之順也周公爲之太傅傅其德義召公爲之太保保其身體是故成王能聖周道用康秦始皇使趙高

傅其太子胡亥因教之以獄所習者非斬劓人則夷人之三族也胡亥即位秦氏以亡則明人之性情莫不由習若近正人聞正事雖欲爲惡固已不忍若親近細人不聞教論縱欲行善猶未知所適此必然也胡越之少生則聲同長則語異蓋聲者天然語者所習習於胡則胡習於越則越故知成於所習不可不愼臣伏願詳擇典故徵用名賢執經勸學朝夕從事俾皇太子得於所習天下幸甚謹奉狀以聞謹狀

上姚令公書　　張九齡

日月左拾遺張九齡謹奏記紫微令梁公閣下公登廟堂運天下者久矣人之情僞事之得失所更參矣非曲學之說小子之慮所能損益亦已明矣然而意有不盡未可息區區之懷或以見容亦猶用九九之術以此道也忍弃之乎今君侯秉天下之鈞爲聖朝之佐大見信用日渴太平千載一時胡可遇也而君侯旣遇非常之主已踐難得之機加以明若鏡中運如掌上有形必察無往不臻朝

暮羲軒之時何云伊呂而已際會易失功業垂成而舉朝之衆傾心前人之弊未盡往往擬議愚用惜焉何者任人當才爲政大體與之共理無出此途而曩之用才非無知人之鑒其所以失溺在緣情之舉夫見勢則附俗人之所能也與不妄受志士之所難也君侯察其苟附及不輕受就而厚之因而用之則禽息之首爲知己而必碎豫讓之身感國士而能漆至於合如市道廉公之門客虛盈勢比雀羅廷尉之交情貴賤初則許之以死狥體

面俱柔終乃背之而飽飛身名已遂小人恒態不可不察自君侯職相國之重持用人之權而淺中弱植之徒已延頸企踵而至諂親戚以求譽媚賓客以取容面結笑言談生羽翼萬事至廣千變難知其間豈不有才所失在於無恥君侯或棄其所短收其所長人且不知深旨之若斯便謂盡私於此輩其有議者則曰不識宰相無以得遷不因交游無以求進明主在上君侯爲相安得此言猶出其口某所以爲君侯至惜也且人可誠慼難可戶

說爲君侯之計謝媒介之徒卽雖有所長一皆沮抑專謀選衆之舉息彼訕上之失禍生有胎亦不可忽嗚呼古人有言禦寒莫若重裘止謗莫如自脩脩之至極何謗不息勿曰無害其禍將大夫長才廣度珠潛璧匿無先容以求達雖後時而自寧今豈無之何近何遠但問於其類人焉廋哉雖不識之有何不可是知女不私人可以爲婦矣士不苟進可以爲臣矣此君侯之度內耳寧用小人之說爲固知山藏海納言之無咎下情上達氣用和

洽是以不敢默默而已也顧無以人故而廢其言以傷君侯之明此至願也幸甚幸甚

與李讓侍御書　張九齡

李公足下夫心以義持公爲時出雖冥冥入窮神之奧鬼莫我窺而恂恂自衆人之口通者誰惑何則我有獨見之明物無浮言之信亦猶太阿之劍犀角不足齒其鋒高山之松霜霰不能渝其操斯豈非愛惡則物之相背而終始則我之不移且如明公義貫心靈人推正直遂乃雄飛淸憲高步等

夷向若見不決於明濟不兼於物終然獨善而已何自致之若是乎如此則明公獨運之機以獲當人之利固人情之可怨何橫議之能干昨所造次下風求爲從者亦望心與道合申一言而取容人以義圖輕千駟而脫屣則不意制以形骸之外拘於牙齒之間蓋下愼閉門而公奚惜意夫國家所以歷試官序推擇士林雖因時買利之夫猶能變節而服義亡軀之意奚遽生疑此亦人言亦何害歲寒之取效然明公所以不容左右誠非克堪固

當別有嚶鳴如爲蛇足而以爲家屬在彼用防未
然旣明公之慮極精微亦下官之心懷感激何者
至如中朝著姓連姻華族及夫委以鈞軸綜其條
流而朝廷豈可南求儋耳之酋北取旄頭之虜必
佇異方之任乃無內顧之私者耶故知事在是非
公無遠近昔如奚祁之舉子不避其親齊人之爲
盜固在於楚是以爲善在己執一心之旣定詭道
從時乃千人之所指然下官所以勤勤自致其功
靡他正以居本海隅始無朝望昔遇光華啟旦朝

制旁求諛登射策之科忝職藏書之閣又屬朝廷
尚義端士相趨復以無依見容不得弃置所以遲
迴城闕感激身名未甘田里之平人所慕君親之
大義而才能不急時用無施俸猶擬於侏儒擧未
優於儲峙所以飢寒在慮扶持增遙而慈親在堂
如日將暮遂乃甘心附麗乘便歸寧不然則命非
飲氷幸安中土又安能崎嶇執事之末還無一級
且二年願明公審圖彼人向者何爲嗚呼忠信獲
戾古人之言惟教義之所矜乃譏嫌之見及恨不

能隳肝嘗膽狥知己以求申而飲氣吞聲負當年而歎息庭闈眷戀行路屏營斯薄宦之所嬰念勞生之有役望美高傳何嗟及矣炯炯式微心爲誰矣慱當側聽妙選用息鄙心心之有懷言不能盡某再拜

請行郊禮疏　張九齡

伏以天者百神之君王者受命之極自古繼統之主必有郊配之義蓋敬天命而昭聖功也故於郊之義惟祀之典則不以德澤未洽年穀弗登凡事

之故而闕其禮孝經云昔者周公郊祀后稷以配

天帝斯謂成王幼冲周公居攝猶用其禮明不暫

廢漢丞相匡衡亦云帝王之大事莫重乎郊祀董

仲舒又云不郊而祭山川失祭之序逆於禮正故

春秋非之臣愚以爲匡衡仲舒古之知禮者皆謂

郊之爲祭所宜先也伏惟陛下紹休聖緒明命維

新御極以來于今五載旣光太平之業未行大報

之禮竊考經傳義或未通今百穀嘉生羣類咸若

戎夏內附兵革用寧將用鑄劍爲農泥金封禪用

木紀 卷

彰功德之美允答神祇之心能事畢行光耀帝載況郊祀常典猶闕其儀有若怠於事天誠恐莫由盡人伏望以迎日之至展焚柴之禮升紫壇陳禾席定天位明大道則聖朝典則盛世儀文亦云咸備可謂無遺矣

請誅祿山疏　張九齡

伏以春生秋殺蒼天之大權罰罪賞功聖人之巨柄倘時令不中何由萬物化成苟彰癉失宜尤難三軍立績是以用命而成固宜嘉勳失律而逃更

當懲戒今節度張守珪有部將安祿山狼子野心
獸面逆毛既非類而偷生敢恃勇以輕進爲賊敗
衂挫我銳氣必正法乎軍中庶章威于閫外茲其
執送京師請行刑典豈守珪之故爾緩刑是威福
之未敢擅便列上其罪留中不行皆云殺此將謂
赦之雖陛下之宏仁恐奸徒之漏網故穰苴出軍
必誅莊賈孫武教戰亦斬宮嬪守珪所奏非虛祿
山不宜免死況形相已逆肝膽多邪稍縱不誅終
生大亂夫陽者發生之道陰者肅殺之義必肅殺
每貫已

而后能發生者勢也苟秋肅不行適爲姑息之惠欲發生而必須肅殺者時也惟春恩欲遍無存養奸之弊係非細故臣切大憂是以率直犯顔望行天怒深聽守珪之奏立斬祿山之叛斯逆一懲底寧萬邦天下幸甚國家幸甚

陪王司馬宴王少府東閣序　張九齡

夫道行與廢命也非謀之不臧命通與塞時也豈力之爲弊古之君子推其分養其和仲尼得之以紘歌傅說因之以版築至若詩有怨刺之作騷有

愁思之文求之微言匪云大雅王六官志其大者
司馬公引而申之謫居何心不欲賈生之投弔窮
愁非我安用虞卿之著書嘗以風月在懷江山爲
事簿領何廢形勝不辜旣好樂而無荒亦上同而
不混迨乎倚層閣憑華軒川澤清明上懸秋景岑
嶺迴合下帶溪流聯草樹而心搖際烟氛而目盡
茲邦枕倚是日登臨豈子虛之過詫誠仲宣之信
美物色起殊鄉之感誰則無情而道術得異人之
資吾方有適於是旨酒時獻清談間發歌滄浪以

放言詠蟋蟀而傷儉蓋古人之作者豈異於斯焉賦詩以揚其美

景龍觀山亭集送密縣高贊府序

張九齡

景龍東山初主第一也始其置金牓築鳳臺窮土木之功極崗巒之勢議與盤石同體造化較力何其壯哉自吾君茅茨不剪采椽不斲旣抑華而務實將設教以垂範以故平陽化焉罷歌舞於其地麻姑見者變桑田於此時所謂長女之宮鬱爲列

仙之館其後嘗有好事以爲勝遊今日芳辰携手
接袂往往而在秖取樂焉高十官雌伏都畿星言
至止聞殊庭之可尚召嘉客以相歡徒觀其匠幽
奇宅爽塏十里九版豈惟梁氏之作千巖萬壑宛
是吳中之事青林脩聳而垂綵綠蘿蒙籠以結陰
清流若鏡下照金沙之底雜花如錦傍緣鋪茵之
崖則可以藻飾形神揮斥氛滓相顧風塵之表無
負雲霄之槩旣而東主西賓酒酣樂闋聚必有散
匪伊麋鹿之羣往而不返固亦山林之弊高公乃

振衣而起舉盃有屬却計送人出長安之東道退思征馬向洛陽之南阡雖暫勞於州縣迫如簿領方欲厭於承明資其騫躍夫如是相知意氣何恨仳離盍賦詩焉以贈行者

歲除陪王司馬登薛公逍遙臺序臺在部州

張九齡

故郡城有荒臺焉雖層宇落構而遺制巋然邑老相傳斯則薛公道衡之所憩也薛公不容隋季出守海隅豈作臺榭以崇奢葢因邱陵而視遠必有

以清滌孤憤舒嘯佳辰寄文翰以相宣仰風流而
未泯今司馬公英達好古清譽滿時迹有忤於貴
臣道未行於明主以長沙下國同賈誼之謫居六
安遠郡無桓譚之不樂嘗以爲仁不異遠必敷政
以愛人窮當益堅已坦懷而樂地屬府庭閑暇江
浦清明南土陽和覺寒氛之向盡東郊候曖愛春
色之先來於是命輕舸以乘流邇高臺而降望越
荒堞披古道躋隱嶙而三休俯芊綿而四極其遠
則煙連井墟指甌貊以南馳雲合山川距荆吳而

北走其近則深谿見底鱗介之所出没喬林夾岸羽毛之所翺翔悠哉薛公無不寄也意神期之可接陟彼峻隅想風景之不殊剪爲茂草司馬公又以爲峴山故事感羊祜以興言湘水遺風懷屈原而可作況登高能賦得無述焉某實小人受教君子雖羲之樂會稽之士自與許詢而仲舉禮豫章之人復招徐孺是日也羣英在焉猥惟陋才忝陪下列祇命爲序請各言詩

開鑿大庾嶺路序　　　　張九齡

先天二載龍集癸丑我皇帝御宇之明年也理内及外窮幽極遠日月普燭舟車運行無不求其所寧易其所弊者也初嶺東廢路人苦峻極行逕寅緣數里重林之表飛梁嶫巘千丈層崖之半顛躋用惕漸絶其元故以載則曾不容軌以運則負之以背而海外諸國日以通商齒革羽毛之殷魚鹽蜃蛤之利上足以備府庫之用下足以贍江淮之求而越人緜力薄財夫負妻戴勞亦久矣不虞一朝而見恤者也不有聖政其何以臻兹乎開元四

載冬十有一月俾使臣左拾遺內供奉張九齡飲
氷載懷執藝是度緣磴道披灌叢相其山谷之宜
革其坂險之故歲已農隙人斯子來役匪逾時成
者不日則已坦坦而方五軌闐闐而走四通轉輸
以之化勞高深爲之失險於是乎鐻耳貫胸之類
珠琛絕賮之人有宿有息如京如坻寧與夫越裳
白雉之時尉佗翠鳥之獻語重九譯數上千雙若
斯而已哉凡趨徒役者聚而議曰慮始者功百而
變常樂成者利十而易業一隅何幸二者盡就況

啓而未通通而未有斯事之盛皆我國家氵澤寖
遠絶垠胥洎古所不載寧可默而無述也盍刊石
立紀以貽來裔是以追之琢之樹之不朽

獅子贊序　　張九齡

夫德之所感者深物之所懷者遠中國有聖古候
而自來四夷不王征伐而難致故絶域有來貢役
與諸侯有不入苞茅舉其大凡不在遐邇頊有至
自南海厥繇西極獻其方物而獅子在焉爾雅所
謂狻猊如虥猫食虎豹今之所見信然絶猛者也

其天骨雄詭材力傑異得金精之剛爲毛群之特
仡立不動巳九牛相去眈視且瞋則百獸皆伏所
以肉視犀象孩撫熊羆其餘瑣細不置牙齒我天
子示柔遠之義國無不庭有服猛之威物無難制
故其受羈紲伏閑皂時馴而無用鋒莫可當然吾
君所存義不謂此葢蠻夷君長歲時貢獻或殊瞡
絕賷實於内府或異獸奇禽擾於外囿皆其覲禮
若中國之贄幣所不辭讓明異方之臣妾此則非
有利物之心充耳目之翫好以爲懷柔之道示天

地之含容不其然歟固無德而稱也義異㚖犬豈勞召公之訓美同赤豹何關韓侯之詩凡我侍臣爲之贊曰

祭張燕公文　　張九齡

維年月朔日族子秘書少監集賢院學士某謹以清酌少牢之奠敢昭告于燕國公之靈惟公應有期之運降不世之英坦高軌以明道謹大節而立誠懸鏡待人虛舟濟物妙用無數精心惟一明未朕而先覩聽有餘而每黜猶豹變而成文嘗鳳鳴

而中律故能羽翼聖后丹青元化陳皐陶之謨謀
盡仲山之夙夜道因慮於文武業維永於王霸綢
繆恩渥荏苒代謝國重元輔門承下嫁實大我之
宗盟與人君之姻婭天蓋福善地益華宗赫赫爲
豈祥降而惠終人亡令則國失良相學墮司南文
尹巖巖比崇不享黃髮如何穹旻道長而運短
殞宗匠惟國華之見奪何天道之弗諒迨惟小子
夙荷深期一顧增價二紀及玆非駑駘之足數葢
枝葉以見貽洎剖符於外臺承徽琴於舊舘屢行

號而身贖空匍匐而心斷跡旣拘於彛憲情未展於哀欸朝章猥及傳名斯入想德輝而不見望仁里而徒泣樹所歎而猶存人具瞻而永戢盡繐帳之今感哀烏衣之往集庶羞雖薄冀享厥誠尊靈斯降是嘉平生已矣萬古纒綿五情追悲緒於離筵結巨恨於幽明伏惟尚饗

故開府儀同三司行尚書左丞相燕國公贈

太師張公墓誌銘并序　張九齡

大唐有天下一百一十三年開元十有八載龍集

庚午冬十二月戊申開府儀同三司行尚書左丞

相燕國公薨于位享年六十四嗚呼哀哉皇帝悼

焉素服舉哀廢朝三日乃下制贈太師益師傅之

舊恩禮有加也詔葬先遠喪事有日又特賜御詞

誄章琬琰公義有忘身之勇忠爲社稷之衞文武

可憲之政公侯作扞之勲皆已昭昭於天文雖與

日月爭光可矣

公諱說范陽方城人晉司空杜武公之裔孫周通

道館學士諱弋府君之曾孫慶州都督諱恪府君

之孫贈丹州刺史刑部尚書諱隲府君之季子自
上世積慶及公而祥發神明所存道德爲樞生以
寧濟幼而休祥鷹揚虎視英偉磊落越在諸生之
中已有絶雲霓之望矣初天后稱制舉郡國賢良
公時大知名拔乎其萃者也起家太子校書迄于
左丞相官政四十有一而人臣之位極矣尚書國
之理本公悉更之中書朝之樞密公亟掌之休聲
與偕升降數四守正而見逐者一遇坎而左遷者
二其餘總戎於外爲國作藩所平除者惟幽并秉

節鉞而已至若三登左右丞相三作中書令唐興已來朝佐莫比蓋聖賢之運有會師臣之道欲行人雖求多我每餘地馨香之發敷聞自久宜其翊戴聖后師範百寮功烈過於如神德聲出於咸一此固與版築屠釣作合之類亦大異也公志乎遠而性高亮未嘗自異會節乃有立何所不可體道以爲宗旣定國於一言亦保身之雅其於經理世務雜以軍國決事如流應物如響紛綸輻輳其猶指掌及夫先聖微旨稽古未傳鈌文必補墜

禮咸甄與經籍爲笙篁於朝廷爲粉澤固不可詳
而載也始公之從事實以懿文而風雅陵夷已數
百年矣時多吏議擯落文人庸引雕蟲沮我勝氣
邸明有聦子雲不爲乃未知宗匠所作王霸盡在
及公大用激昂後來天將以公爲木鐸矣斯文豈
喪而今也則亡嗚呼克生以輔時而臣道不究致
用以利物而人將安仰上撫床以念往下輟相而
哀至復見之於公焉太常議行謚曰文貞二十年
秋八月甲申遷窆之於萬安山之陽燕國夫人元氏

祔焉夫人故尚書右丞相武陵公懷慎之女也動爲軌範皆可師訓及公之貴連姻帝室雖處榮盛若非在已內執謙下外睦親疎古之賢明未始兼有開元十九年三月壬戌薨于東都康俗里第享年六十四長子均中書舍人次曰垍駙馬都尉衛尉卿季曰椒符寶郎泣血在疚皆我之有後也嗚呼乎堂永閟何事春秋幽篆斯在亦云不朽而已

銘曰

天有容命滋液百寶時無大賢誰與明道我公允

叶我德孔昭翰飛戾天羽儀清朝功遂身謝名由實美言而有立古無不死南山之下詔葬于兹後之與歸誰我太師

故河南少尹竇府君墓碑銘并序

張九齡

序曰正其身君子所以慎德敏於行吉人所以寡辭或道之或處之是亦正命命之將行利有攸往則行不家至而人勸言不面命而事濟不爲跡而實以阜蕃不沽名而聲以遹駿夫如是者存乎其

人故河南少尹竇公蓋有之矣公諱某扶風平陵人自後魏大將軍侍中永富公至烈考瀛州刺史贈刑部尚書莘國公六葉矣皆增華鄉族見重公朝四國于蕃四方于宣龍旂成祀六轡耳耳公所謂盛德必祀承簡子之始大積善餘慶是僖伯之有後故生則靈知長而純固既白而受采亦黃以通中天假不器之性人服自然之理而况於文雅緣飾志業孔脩引伸足以長人動用足以利物既學從政其歸簡易形有方殊道以一貫人致一意

而已我乃萬目盡張故其始也以明經上第授彭
州參軍事詢謀郡將器異甚厚所遇森然其言固
矣如山之爲始於覆簣如江之導終以方舟於是
累遷至於薛王友贊善大夫燕王築館以待士漢
儲立苑以招賓當其推擇莫匪賢俊議者惟允而
公在焉然猶韞匵隋和十城空其價踡跼驥騄千
里未之騁及其用也再入尚書郎遂爲洛陽令三
臺雅望一時精選舊章資以彌綸利器呈於盤錯
出宰百里實推三河其賦政則必反於其身亦旣

誠信被之於物是爲惠懷故雖二州餘弊憸巧而難理五郡尤劇權顧而多姦莫不可使由之令自求之善處中於下耩能合遊刃至於釐擧風俗之謬裁正人倫之經務勸衣食之原調均經賦之事本爲已任無間人言故視事踰四年通而不倦道德在百姓久而益彰非夫明允宣和優柔博約自我之不忒爲人之攸塈亦曷由臻兹厥有洛陽所謂賢令者則周紆王渙孔明祝良公實績之誰其似之屬天子建中都營新邑資爾亞尹俾其董司

朝選其人公首斯舉以故稍遷河中少尹且有後
命廢府而復遷河南焉以公之歸從人之望官則
改次政無易方以佐理王都以表則天下而年不
克祚位不光寵遇暴疾而卒悲夫是歲有唐開元
之九載春秋五十有六公以孝友爲體一變而廸
忠信以明恕爲用再變而致循良故所行無擇所
事無巧有恒其德終且温温不伐其功昭然赫赫
所以遺愛固結必在何武之去稱誦斯深惟恐子
產之死已而神道欺而不福物情喪其所賴人之

不幸今也云亡及喪之西歸則人吏致哀道路相屬得人心如此冬十一月塟于北原後之人或者將遊於斯歎於斯彼其與歸我乃不朽矣其子八人長曰某次曰某家有六岳之德里以高陽之名夙構閔凶能哀傷以殆滅匪革其道懼功伐之不傳俾予爲文以敘孝子之志銘曰

綿綿瓜瓞少康遺烈靈則長兮莫莫葛藟王孫承祀世其昌兮而我實績如金如玉載揚光兮咨亞尹之德柔嘉惟則揚令聞兮惟别駕之功邦國不

空甿胥咏兮不競不絿不剛不柔以成政兮德之攸好神之所勞實降祥兮有美無度曷不肯胙今則亡兮我著名節俾無泯滅惠無疆兮

進金鑑錄表　　張九齡

開元某年日月具官臣張九齡恭遇千秋聖節臣誠歡誠忭稽首頓首謹撰次前代事跡一編名曰金鑑錄進呈者伏以帝王有道之長惟學乃獲臣子無窮之愛非古不陳况鑑往可以昭來而求聞所以集事當華渚虹流之日罄彤庭虎拜之忱雖

聖主之學能自得師在昔人之言以古爲鑑俯効
愚衷于千慮仰資睿覽于九重恭惟聖德日新神
功天授致治斯唐虞爲盛撥亂于湯武有光篤孝
弟之常經兼問察之大智誠不世出之主而際大
有爲之期者也頃者時維八月節届千秋嵩傳殿
閣之呼祥開蒼籙神獻江心之鏡質瑩丹砂凡在
羣工俱陳寶玩乃如孤陋獨守前聞學本愧于面
墻志猶存乎納牖謂寶鏡上方自有僅正衣冠而
古訓方冊斯存明徵保定爰勤搜校輙効編摩陶

鎔天地之鑪鼓鑄帝王之範等百世而往治忽具
在于目前遡三代以來法戒如指諸掌上丹青炳
矣毫髮瞭然念微臣徒抱區區之誠自甘芹藿倘
明主益廣謙謙之度不廢芻蕘觀保民致治之方
一展卷而妍媸自別卽長生久視之術歷萬年而
名壽無疆蓋華封之祝無事于三而文皇所寶尚
存其一伏願置諸几席比于韋絃鑒成憲以爲貞
符並寶鼎元龜之瑞舉遐荒而登壽域罷金函玉
檢之封臣無任瞻天仰聖踴躍感戴之至謹以所

撰千秋金鑑錄十章五卷隨表上進以聞

勑突厥可汗書　張九齡

勑兒突厥可汗道路既遠使命復稀近日已來音信斷絕朕每多懸念想所知之與兒情義既深庶事無間父子之國直往直來何異一家眞無別也蘇農賀勒處剌達干等去歲將馬其數倍多又有諸蕃馬來亦是兒所發遣往者先可汗在日每年納馬不過三四千匹馬既無多物亦易辦此度所納前後一萬四千緣兒初立可汗朕又結爲父子

恩義相及不可却迴所以總留計物五十萬匹兼屬國家大禮並放天下租庸用度無窮非特和市緣此馬價通容稍遲處剌達干未還不是故爲留滯念悉此意當復寬心今見續續市易不久望了即當發遣迴日非賒在此還如當家去住亦何異也此後將馬來納必不可多還如先可汗時約有定准來使交易發遣易爲事須久長不是限隔今故令趙惠琮往并有少信物別具委曲至宜領取秋氣漸冷兒及平章事並平安好遣書指不多及

梅嶺記

曲江樂章選　香山陳蘭芝拂霞輯梓

奉和聖製早渡蒲津關　張九齡

魏武中流處軒皇問道迴長堤春樹發高掌曙雲
開龍負王舟渡人占仙氣來汀津會日月天仗役
風雷東嶺重關盡西馳萬國陪還聞股肱郡元首
咏康哉

奉和聖製同二相南出雀鼠谷

設險諸侯地承平聖主巡東君朝二月南旆擁三

枎偵詩

屐寒出重關盡年隨行漏新瑞雲叢捧日芳樹曲

迎春舞咏先馳道恩華及從臣汾川花鳥意併奉

屬車塵

奉和聖製次瓊岳韻

山祗亦望幸雲雨見靈心岳館逢朝霽關門解宿

陰咸京天上近清渭日邊臨我武因冬狩何言是

郇禽

奉和聖製送尚書燕國公赴朔方

宗臣事有征廟算在休兵天與三台座人當萬里

城朔南方偃革河陽蹔揚旌寵錫從仙禁光華出
漢京山川勤遠畧原隰軫皇情爲奏薰琴唱仍題
寶劍名聞風六郡勇計日五戎平山甫歸應疾留
侯功復成歌鐘旋可望枕席豈難行四牡何時入
吾君憶履聲

奉和聖製早登太行山率爾言志

孟月攝提貞乘時我后征晨嚴九折度暮戒六軍
行日御馳中道風師卷太清戈鋋林表出組練雪
間明動植希皇豫高深奏睿情陪遊七聖列望幸

百神迎氣色煙猶喜恩光草尚榮旦罘稱萬歲今
此復同聲

奉和吏部崔尚書雨後大明朝堂望南山

迢遞終南頂朝朝閶闔前揭來靑綺外高在翠微
先雙鳳褰爲闕羣龍儼若仙還知到𥝠浦更是謁
甘泉夜雨塵初滅秋空月正懸詭容紛入望霽色
宛城妍東極華陰踐西彌嶓冢連奔峰出嶺外瀑
水落雲邊漢帝宮將苑商君陌與阡林間鋪近甸
煙靄遶晴川旣庶仁斯及分憂政已宣山公啓事

罷吉甫頌聲傳濟濟金門步洋洋玉樹篇徒歌雖有屬淸越豈同年

和姚令公從幸温湯喜雪

萬乘飛黃馬千金狐白裘正逢銀霰積宜向玉京遊瑞色鋪馳道花文拂綵旒還聞吉甫頌不共郢歌儔

和崔尚書喜雨

積陽雖有晦經月未爲災上念人天重先祈雲漢迴仁心及草木號令起風雷照爛陰霞上交紛瑞

雨來三辰破黍稷四達屏氛埃池溜因添滿林芳

爲酒開聽中聲滴瀝空處影徘徊惠澤成豐歲昌

言發上才無論驗石鼓不是御雲臺直頌皇恩浹

崇朝遍九垓

和許給事直夜簡諸公

未央鐘漏晚仙宇藹沉沉武衞千廬合嚴扃萬戸

深左掖知天近南窓見月臨樹搖金掌露庭徙玉

樓陰他日聞更直中宵屬所欽聲華大國寶夙夜

近臣心逸興乘高閣雄飛在禁林寧思竊朴者情

發爲知音

贈澧陽韋明府

君有百鍊刃堪斷七重犀誰開太阿匣持割武城雞竟與尚書佩還應天子提何時遇操宰當使玉如泥

酬王六霽後書懷見示

雲雨俱行罷江天已洞開炎氛霽後滅邊緒望中來作驥君垂耳爲魚我曝鰓更憐湘水賦還是洛陽才

梅嶺記　卷十　樂章　八

九月九日登龍山

郡庭常窘東涼野求昭曠楚客凜秋時桓公舊臺上淸明風日好歷落江山望極遠何蕭條中留坐惆悵東彌夏首濶西拒荆門壯夷險雖異時古今豈殊狀先賢渺不接故老猶可訪投弔傷昔人揮斤感前匠自爲本疎散未始忘幽尚際會非有欲往來是無妄爲邦復多幸去國殊遷放且泛籬下菊還令郢中唱灌園亦何爲於陵乃逃相

登郡城南樓

閑閣幸無事登樓聊永日雲霞千里開洲渚萬形出澹澹澄江漫飛飛度鳥疾邑人半艫艦津樹多楓橘感別時已屢憑眺情非一遠懷不我同孤興與誰悉平生本單緒邂逅承優秩謬忝爲邦寄多慙理人術駑鈆雖自勉倉廩素非實陳力倘無效謝病從芝术

登樓望西山

城樓枕南浦日夕顧西山山宛宛鸞鶴處高高烟霧間仙井今猶在洪崖久不還金編惟我授羽駕亦

誰攀簷際千峰遠雲中一鳥閑縱觀窮水國遊思遍人寰勿復塵埃事歸來且閉關

登荆州城望江

滔滔大江水天地相終始經閱幾世人復歎誰家子東望何悠悠西來晝夜流歲月旣如此爲心那不愁 與大江流日夜同感

與生公遊石窟山

探秘孰云遠忘懷復爾同日尋高深意宛是神仙中躋險遘靈室詭制非人功潛洞黝無底殊庭忽

似夢豈如武安鑿自若茅山通造物㫐有寄嬉遊

洒愜衷猶希宴玉液從此昇雲空咄咄共携手泠

然且馭風

始興南山下有林泉常卜居焉荆州卧病有

懐此地

出處各有在何者爲陸沉幸無迫賤事聊可袪迷

襟世路少夷坦孟門未嶇嶔多慙入火術常惕履

冰心十跌不自保萬全焉可尋行行念歸路眇眇

惜光陰浮生如過隙先達巳吾箴敢忘邱山施亦

梅嶺巳　卷十　樂章　牛

云年病侵力衰在所養時謝良不任但憶舊棲息
願言遂窺臨雲間目孤秀山下面清深蘿蔦自爲
幄風泉何必琴歸此老吾老過當日千金

郡內閑齋

郡閣晝常掩庭蕪日復滋簷風落鳥毳窓葉掛蟲
絲拙病宦情少羈閑秋氣悲理人無異績爲郡但
經時唯有江湖意沉冥空在兹

晨坐齋中偶而成咏

寒露潔秋空遥山紛在矚孤頂乍脩聳微雲復相

續人兹賞地遍鳥亦愛林旭結念憑幽遠撫躬曷覊束仰霄謝逸翰臨路嗟疲足徂歲方睽携歸心亟躑躅休閑償有素豈負南山曲

感遇

感遇詩正字古奥曲江藴藉本原同出嗣宗而精神面目各别所以千古

蘭葉春葳蕤桂華秋皎潔欣欣此生意自爾爲佳節誰知林棲者聞風坐相悦草木有本心何求美人折

草木有本心何求美人折想見君子立品即昌黎不采而佩于蘭何傷意

幽林歸獨卧滯慮洗孤清持此謝高鳥因之傳遠情日夕懷空意人誰感至精飛沉理自隔何所慰

[illegible]

吾誠託言見思君之誠也

魚遊樂深池鳥棲欲高枝嗟爾蟒蝣羽薨薨亦何爲有生豈不化所感奚若斯神理日微滅吾心安得知浩嘆楊朱子徒然泣路岐千秋烱戒

孤鴻海上來池潢不敢顧側見雙翠鳥巢在三珠樹矯矯珍木巔得無金丸懼美服患人指高明逼神惡今我遊冥冥弋者何所慕末二句本楊子語改篡爲慕自此始

吳越數千里夢寐今夕見形骸非我親衾枕即鄉縣化蝶猶不識川魚安可羨海上有仙山歸期覺

神變

西日下山隱北風乘夕流燕雀感昏旦簷楹呼疋儔鴻鵠雖自遠哀音非所求貴人棄疵賤下士嘗殷憂衆情累外物怨已忩內脩感歎長如此使我心悠悠學道人每坐此病

江南有丹橘經冬猶綠林豈伊地氣暖自有歲寒心可以薦嘉客柰何阻重深運命推所遇循環不可尋徒言樹桃李此木豈無陰衆人不知徒取目前之色足以悅人永日徒離憂臨風懷蹇修美人何處所孤客空悠

悠青鳥跂不至朱鷩誰云浮夜分起躑躅時逝曷淹留

抱影吟中夜誰聞此嘆息美人適異方庭樹含幽色白雲愁不見滄海飛無翼鳳凰一朝來竹花斯可食

漢上有游女求思安可得袖中一札書欲寄雙飛翼冥冥愁不見耿耿徒緘憶紫蘭秀空蹊皓露奪幽色馨香歲欲晚感嘆情何極白雲在南山日暮長太息言欲就白雲歸臥則又不能忍然于君所以長太息也游女指君猶楚詞美人

我有異鄉憶宛在雲溶溶憑此目不覯要之心所
鍾但欲附高鳥安敢攀飛龍至精無感遇悲惋塡
心胸歸來扣寂寞人願天豈從
閉門跡群化憑林結所思嘯歎此寒木疇昔乃芳
甤朝陽鳳安在日暮蟬獨悲浩思極中夜深嗟欲
待誰所懷誠已矣既往不可追鼎食非吾事雲山
嘗我期胡越方杳杳車馬何遲遲天壤一何異幽
嘿臥簾帷

奉和聖製幸晉陽宮

隋季失天策萬方罹凶殘皇祖稱義旗三靈皆獲
安聖朝將申錫王業成艱難盜移未改命歷在終
履端彼汾惟帝鄉雄都信鬱盤三月朔巡狩羣后
陪清鑾霸跡在沛庭舊儀覩漢官唐風思何深舜
典敷更寬尸蒙枌榆復邑爭牛酒歡纏惟翦商後
豈獸微禹歎三后既在天萬年斯不刊尊祖實我
皇天文皆仰觀

梅嶺記

曲江口號選　香山陳蘭芝輯梓

餞王尚書出邊　張九齡

漢相推人傑殷宗伐鬼方還聞出將重坐見卽戎良上策應爲豫中權且用光令申兵氣倍威懾虜魂亡樹比公孫大城如道濟長夏雲登隴首秋露怯遼陽武德舒宸睠文思餞樂章感恩身既許激節膽猶嘗祖帳傾朝列軍麾駐道傍詩人何所詠尚父欲鷹揚

送竇校書見餞得雲中辨江樹

江水連天色天涯淨野氛微明岍傍樹凌亂渚前雲舉棹形隨轉登艫意漸分渺茲從此去空復惜離群

東湖臨泛餞王司馬

南土秋雖半東湖草未黃聊乘風日好來泛芰荷香蘭棹每勞速菱歌不厭長忽懷京洛去難與共清光

餞陳學士還江南同用徵字

荷篠旋江澳銜杯餞霸陵別前林鳥息歸處海煙凝風土鄉情接雲山客念憑聖朝岩穴選應待鶴書徵

送宛句趙少府

解巾行作吏樽酒謝離居脩竹含淸景華池澹碧虛地將幽興愜人與舊遊疎林下紛相送多逢長者車

送韋城李少府

送客南昌尉離亭西候春野花看欲盡林鳥聽猶

新别酒靑門路歸軒白馬津相知無遠近萬里尚爲鄰

送廣州周判官

海郡雄蠻落津亭壯越臺城隅百雉映水曲萬家開里樹桄榔出時禽翡翠來觀風猶未盡早晚使車迴

郡江南上别孫侍郎

雲嶂天涯盡川途海縣窮何言此地僻忽與故人同身負邦君弩情紆御史驄王程不我駐離思逐

秋風

江上使風呈裴宣州

江路與天連風帆何淼然遥林浪出沒孤舫鳥聯翩常自千鈞重深思萬事捐報恩非狗禄還逐賈人船

將至洛陽有懷趙二

湘浦多深林青冥晝結陰獨無謝客賞況復賈生心草色雖云發天光或未臨江潭非所遇爲爾白頭吟

自湘水南行

落日催行舫逶迤洲渚間雖云有物役乘此更休閑暝色生前浦濤暉發近山中流澹容與唯愛鳥飛還

初入湘中有喜

征鞍窮郢路歸棹入湘流望鳥唯貪疾聞猿亦罷愁兩邊楓作岸數處橘爲洲却計從來憶翻疑夢裏遊

商洛山行懷古

園綺値秦末嘉遁此山阿陳迹向千古荒途始一過碩人久淪謝喬木自森羅故事昔嘗覽遺風今豈訛泌泉空活活樵叟獨皤皤是處淸暉滿從中幽興多長懷赤松意復憶紫芝歌避世辭軒冕逢時解薜蘿盛明今在運吾道竟如何

耒陽溪夜行

乘夕棹歸舟緣源路轉幽月明看嶺樹風靜聽溪流嵐氣船間入霜華衣上浮猿聲雖此夜不是別家愁

赴使瀧峽

谿路日幽深寒空入兩嶔霜清百丈水風落萬重林夕鳥聯歸翼秋猿斷去心別離多遠思況乃歲方陰

湖口望廬山瀑布水

萬丈洪泉落迢迢半紫芬蒓飛下雜樹洒落出重雲日照虹蜺見天清風雨聞靈山多秀色空水共氤氳

經江寧覽舊跡至邗武

南國更數世北湖方十洲天淸華林苑日晏景陽樓果下迴仙騎津傍駐綵旒鳧鷺喧鳳管荷芰鬭龍舟七子結詩賦千人和棹謳應言在鎬樂不讓橫汾秋風俗因紆慢江山成易由駒王信不武孫叔是無謀佳氣日將厭霸功誰與脩桑田東海變麋鹿姑蘇遊否運爭三國康時劣九州山雖幕府在館豈豫章留水淀還相閱菱歌亦故遒雄圖不足問唯想事風流

出爲豫章郡途次盧山東巖下

茲山鎮何所乃在澄湖陰下有蛟螭伏上與虹蜺
尋靈仙未始曠窟宅何其深雙闕出雲峙三宮入
煙沉攀崕猶昔境種杏非舊林想像終古跡惆悵
獨往心紛吾嬰世網數載忝朝簪孤根自靡託量
力況不任多謝周身防常恐横議侵豈匪鵷鴻列
惕如泉壑臨迨茲刺江郡來此滌塵襟有趣逢樵
客忘懷狎野禽棲閒義未果用拙歡在今願言答
休命歸事邱中琴

南還以詩代書贈京都舊寮

舊宦晨昏闕遵尊義取斯窮愁年貌改寂歷爾胡
爲不諂訶多忤無容禮益卑微生尚何有遠跡固
其宜思擾梁山曲情遙越鳥枝故園從海上良友
邈天涯雲雨歎一別川原勞載馳上塹伯樂顧中
負叔牙知去國誠寥落經途弊險巇歲逢霜雪苦
林屬蕙蘭萎欲贈幽芳歇行悲舊賞移一從關作
限兩見月戚規苒苒窮年籥行行盡路岐征鞍稅
北渚歸帆指南垂樹晚猶葱蒨江寒尚渺瀰士風
從楚別山水入湘奇石瀨相奔觸煙林更蔽虧層

崕夾洞浦輕舸泛澄漪松篠行皆傷禽魚動輒隨
惜哉邊地隔不與故人窺疇昔陪鴛鷺朝陽振羽
儀來音雖寂寞棲景每逶迤朝罷冥塵事賓來話
酒卮邀歡逐芳草結興選華池及此風成歎何時
露可披自憐無用者誰念有情離望美音容闊懷
賢夢想疲因聲達霄漢持拙守東陂

初發道中贈王司馬兼寄諸公

昔歲嘗陳力中年退屏居承顏方弄鳥放性或觀
魚會是安疵拙誠非議卷舒林園事益簡烟月賞

恒餘不意棲愚谷無階奉詔書湛恩均大造弱植
愧空虛肅命趨仙闕僑裝撫傳車念行開祖帳憐
别降題輿誰謂風期許叨延禮數除義沾投分末
情及解携初追餞扶江界光輝燭里閭子雲應寂
寞公緒爲吹噓景物春來異音容日向疎川原行
稍穩鐘鼓聽猶徐林隔王公鞏雲迷班氏廬戀親
爲委咽思德更躊躇狥義當由此懷安乃闕如願
酬明主惠行矣豈徒歟

夏日奉使南海在道中作

緬然萬里路赫曦三伏時飛走逃深林流爍恐生

疵行李豈無苦而我方自怡肅事誠在公拜慶遂

及私展力慚淺效銜恩感深慈且欲湯火蹈况無

鬼神欺朝發高山阿夕濟長江湄秋瘴寧我毒夏

水胡不夷信知道存者但問心所之呂梁有出入

乃覺非虛詞

湞陽峽

行舟傍越岑窈窕越溪深水闇先秋冷山晴當晝

陰重林間五色對壁聳千尋惜此生遐遠誰知造

化心

春江晚景

江林皆秀發雲日復相鮮征路那逢此春心益渺

然興來祇自得佳處莫能傳薄暮津亭下餘花滿

客船

與王六履震廣州津亭曉望

明發臨前渚潮來淨遠空水紋天上碧日氣海邊

紅景物紛爲異人情賴此同乘桴自有適非欲破

長風

彭蠡湖上洑

沿涉經大湖湖流多行洑決晨趨北渚逗浦已西日所適雖淹曠中流且閑逸瑰詭良復多感見乃非一廬山直陽㳫孤石當陰術一水雲際飛數峰湖心出象類何交糺形言豈深悉且知皆自然高下無相恤

奉使自藍田玉山南行

征驂入雲壑始憶步金門通籍微軀幸歸途明主恩匪唯徇行役兼得慰晨昏是節暑云熾紛吾心

所尊海縣且悠緬山郵日駿奔徒知惡囂事未暇

息陰論嶢武經陳迹衡湘指故園水聞南澗險烟

望北林繁遠靄千巖合幽聲百籟喧陰泉夏猶凍

陽景晝方曔懿此高深極徒令夢想存盛明期有

報長往復奚言

使還都湘東作

倉庚昨歸候陽鳥今去時感物遽如此勞生安可

思養眞無上格圖進豈前期廿節往來苦壯容離

别衰盛明非不遇弱操自云私孤檝淸川渚征衣

寒露滋風朝津樹落日夕嶺猿悲牽役而無悔坐
愁祇自怡當須報恩已終爾謝塵緇

旅宿淮陽亭口號

日暮荒亭上悠悠旅思多故鄉臨桂水今夜眇星
河暗草霜華發空亭鴈影過興來誰與晤勞者自
爲歌

望月懷遠詩

海上生明月天涯共此時情人怨遥夜竟夕起相
思滅燭憐光滿披衣覺露滋不堪盈手贈還寢夢

佳期

故刑部李尚書荆谷山集會

嘗聞繼老聃身退道彌毓結宇倚靑壁疏泉噴碧潭苔石隨人古煙花寄酒酣山光紛向夕歸興杜城南

三月三日申王園亭宴集

稽亭追往事睢苑勝前聞飛閣凌芳樹華池落綵雲藉草人留酌銜花鳥赴羣向來同賞處惟恨碧林曛

驪山下逍遥公舊居遊集

君子體淸尚歸處有兼資雖然經濟日無忘幽棲時卜居舊何所休澣嘗來兹岑寂罕人至高深獲我思松澗聆遺風蘭林覺餘滋往事誠已矣道存猶可追遺子後黃金作歌先紫芝明德有自來奕世皆秉彝豈與皤溪老凬起周太師我心希碩人逮此問元龜怊悵旣懷遠沉吟亦省私已云寵祿過況在華髮衰軒蓋有迷復邱壑無磷緇感物重所懷何但止足斯

祠紫蓋山經玉泉山寺

指塗躋楚望策馬傍荆岑稍稍松篁入泠泠澗谷深觀奇逐幽映歷險忘嶇嶔上界投佛影中天揚梵音焚香懺往昔禮足誓來今靈異若有對聖先其可尋高僧聞逝者遠俗是初心蘚剎經行處猿啼燕坐林歸眞已寂滅留迹豈埋沉法地自茲廣何云千萬金

冬中至玉泉山寺屬窮陰氷閉崖谷無景及仲春行縣復往焉故有此作

靈境信幽絶芳時重暄妍再來及兹勝一遇非無緣萬木柔可結千花敷欲然松間鳴好鳥林下流淸泉石壁間精舍金光照法筵眞空本自寂假有聊相宜復此灰心者仍追巢頂禪簡書雖有畏身世亦俱捐

在郡秋懷

秋風入前林蕭颼鳴高枝寂寞遊子思寤歎何人知臣成名不立志存歲已馳五十而無聞古人深所疵平生去外飾直道如不羈未得操割效忽復

寒暑移物情自古然身退毀亦隨悠悠滄江渚望望白雲涯路下霜且降澤中草離披蘭艾若不分安用馨香爲

庭蕪生白露歲候感遐心策蹇慙遠逸巢枝思故林小人恐致冦終日如臨深魚鳥好自逸池籠安所欽掛冠東都門採蕨南山岑議道誠愧昔覽分還愜今無然憂成老空爾白頭吟

初秋憶金均兩弟

江渚秋風至他鄉離别心孤雲愁自遠一葉感何

深憂喜嘗同域飛鳴忽異林青山西北望堪作白頭吟

敘懷

弱歲讀羣史抗迹追古人被褐有懷玉佩印從負薪志合豈兄弟道行無賤貧孤根亦何賴感激此爲鄰言志同不妨道路各別道行貧賤亦樂也

雜詩

孤桐亦胡爲百尺傷無枝踈陰不自覆脩幹欲何施高岡地復逈弱植風屢吹凡鳥已相噪鳳凰安

得知喻小人在朝而君子應善藏也

蘿蔦必有託風霜不能落酷在蘭將蕙甘從葵與藿運命雖爲宰寒暑自迴薄悠悠天地間委順無不樂

良辰不可遇心賞更蹉跎終日塊然坐有時勞者歌庭前攬芳蕙江上託微波路遠無能達憂情空復多欲以精誠達君而無路可通也以上三章皆比體

湘水弔靈妃斑竹爲情緒漢水訪遊女解佩無誰與同心不可見異路空延佇浦上青楓林津傷白

沙渚行吟至落日坐望祇愁予神物亦豈孤佳期竟何許

木直幾自寇石堅亦他攻何言為用薄而與火膏同物累有固然誰能取徑通纖纖良田草靡靡唯從風日夜沐甘澤春秋等芳叢生性苟不夭香臭誰為中道家貴至柔儒生何固窮終始行一意無乃過愚公

讀書巖中寄沈郎中

素有巖泉僻全無車馬音溪流通海曲洞豁敞軒

陰石几漁舟傷沙灣鷗鷺臨仙禽胡不至野鶴恒
自吟慮定時觀易泉深閒撫琴眞有清涼處不令
炎熱侵寄語吾知已同來賞此心

奉和聖製途次陝州作

馳道當河陝陳詩問國風川原三晉別襟帶兩京
同後殿函關盡前旌塞路通行看洛陽陌光景麗
天中

登總持寺閣

香閣起崔嵬高高沙板開攀躋千仞上紛詭萬形

來草閒商君陌雲重漢后臺山從函谷斷川向斗
城迴林裏春容變天邊客思催登臨信爲美懷遠
獨悠哉

晚憩王少府東閣

披軒肆流覽雲壑見深重空水秋彌淨林煙晚更
濃坐隅分洞府簷際列羣峰窈窕生幽意參差多
異容還慚大隱跡空想列仙蹤賴此昇攀處蕭條
得所從

折楊柳

纖纖折楊柳持此寄情人一枝何足貴憐是故園春遲景那能久流芳不及新更愁征戍客容鬢老邊塵

巫山高

巫山與天近煙景常青熒此中楚王夢夢得神女靈神女去已久雲雨空冥冥唯有巴猿嘯哀音不可聽

照鏡見白髮

宿昔青雲志蹉跎白髮年誰知明鏡裡形影自相

梅嶺記

憐

明光禄卿嶺南郭棐周先生著

嶺海名勝記

香山後學陳蘭芝增輯

內韓

藍關圖

藍關
卷十
圖
二

雲橫秦嶺家
何在雪擁藍
關馬不前

白岍汪後來書

大顛像

大顛小傳

師姓楊氏初居羅浮山後歸潮陽韓昌黎云潮州有一老僧號大顛頗聰明識道理故自山延至州郭留十數日實能外形骸以理自勝不爲事物侵亂細察其胸中實無滯礙者也

韓山祠記

香山陳蘭芝拂霞輯梓

韓山祠記

謹按韓昌黎者有唐一代大儒也蘇子瞻稱其文起八代之衰道濟天下之溺忠犯人主之怒勇奪三軍之帥誠知言哉其所著原道原性諸篇深有契于孔孟傳心大指能發前賢所未發其與董楊王並稱爲儒何愧色焉公初爲監察御史論宮市謫令陽山大有德于士民陽山人感之生子多以

韓名者入爲考功郎中遷刑部侍郎諫迎佛骨貶潮州刺史至則除苛政驅鱷魚延趙德督鄉校潮人始知向于正學謂非公建斿啓鑰之力與官終吏部侍郎尚論者或以公與柳州並稱竊觀公以正柳以奇公以誠柳以譎所存自不同也或又以公與蘇長公並稱然竊觀公闢佛老蘇文則雜于佛老所詣又不同也然則謂公爲聖賢之學可也茲掇居潮所注厝列于篇而以陽山行履可考見者附焉作韓山祠記

韓山祠記

文類

香山陳蘭芝拂霞輯梓

唐書本傳

宋　祁

韓愈字退之鄧州南陽人七世祖茂有功於後魏封安定王父仲卿爲武昌令有美政既去縣人刻石頌德終祕書郎愈生三歲而孤隨伯兄會貶官嶺表會卒嫂鄭鞠之愈自知讀書日記數千言比長盡能通六經百家學擢進士第會董晉爲宣武節度使表署觀察推官晉卒愈從喪出不四日汴

軍亂乃去依武寧節度使張建封建封辟府推官操行堅正鯁言無所忌調四門博士遷監察御史上疏極論宫市德宗怒貶陽山令有愛在民民生子多以其姓字之改江陵法曹叅軍元和初權知國子博士分司東都三歲爲眞改都官員外郎即拜河南令遷職方員外郎華陰令柳澗有辠前刺史劾奏之未報而刺史罷澗諷百姓遮索軍頓役直後刺史惡之按其獄貶澗房州司馬愈過華以爲刺史陰相黨上疏治之既御史覆問得澗贓再

貶封溪尉愈坐是復爲博士旣才高數黜官又下

遷乃作進學解以自諭執政覽之奇其才改比部

郎中史館修撰轉考功知制誥進中書舍人初憲

宗將平蔡命御史中丞裴度使諸軍按視及還具

言賊可滅與宰相議不合愈亦奏言淮西連年侵

掠得不償費其敗可立而待然未可知者在陛下

斷與不斷耳執政不喜會有人詆愈在江陵時爲

裴均所厚均子鍔素無狀愈爲文章字命鍔謗語

囂暴由是改太子右庶子及度以宰相節度彰義

韓山祠祀　卷十　唐書本傳　三

軍宣慰淮西奏愈行軍司馬愈請乘遽先入汴說韓宏使協力元濟平遷刑部侍郎憲宗遣使者往鳳翔迎佛骨入禁中三日乃送佛祠王公士庶奔走膜唄至爲夷法灼體膚委珍貝騰沓要路愈聞惡之乃上表極諫帝大怒持示宰相將抵以死裴度崔群曰愈言訐牾罪之誠宜然非內懷至忠安能及此願少寬假以來諫爭帝曰愈言我奉佛太過猶可容至謂東漢奉佛以後天子咸夭促言何乖剌耶愈人臣狂妄敢爾固不可赦於是中外駭

懼雖戚里諸貴亦爲愈言乃貶潮州刺史旣至潮
以表哀謝帝頗感悔欲復用之持示宰相曰愈前
所論是大愛朕然不當言天子事佛乃年促耳皇
甫鎛素忌愈直卽奏言愈終狂疏可且內移乃改
袁州刺史初愈至潮問民疾苦皆曰惡溪有鱷魚
食民畜產且盡民以是窮數日愈自往視令其屬
秦濟以一羊一豕投谿水而祝之是夕暴風震電
起溪中數日水盡涸西徙六十里自是潮無鱷魚
患袁人以男女爲隸過期不贖則沒入之愈至悉

計庸得贖所没歸之父母七百餘人因與約禁其爲隸召拜國子祭酒轉兵部侍郎鎭州亂殺田宏正而立王廷湊詔愈宣撫旣行衆皆危之元稹言韓愈可惜穆宗亦悔詔愈度事從宜無必入愈曰安有受君命而滯留自顧遂疾驅入廷湊嚴兵迓之甲士陳庭旣坐廷湊曰所以紛紛者乃此士卒也愈大聲曰天子以公爲有將帥材故賜以節豈意同賊反邪語未終士前奮曰先太師爲國擊朱滔血衣猶在此軍何負朝廷乃以爲賊乎愈曰以

爲爾不記先太師也若猶記之固善且爲逆與順
利害不能遠引古事但以天寶來禍福爲爾等明
之安祿山史思明李希烈梁崇義朱滔朱泚吳元
濟李師道有若子若孫在乎亦有居官者乎衆曰
無愈曰田公以魏博六州歸朝廷官中書令父子
受旗節劉悟李祐皆大鎭此爾軍所共聞也衆曰
宏正刻故此軍不安愈曰然爾曹害田公又殘其
家矣復何道衆乃讙曰侍郎語是廷湊恐衆心動
遽麾退因泣謂愈曰今欲廷湊何所爲愈曰神策

六軍之將如牛元翼比者不少但朝廷顧大體不可棄之公久圍之何也廷湊曰卽出之愈曰若爾則無事矣會元翼亦潰圍出廷湊不追愈歸奏其語帝大悅轉吏部侍郎時宰相李逢吉惡李紳欲逐之遂以愈爲京兆尹兼御史大夫特詔不臺參而除紳中丞紳果劾奏愈愈以詔自解其後文刺紛然宰相以臺府不協遂罷愈爲兵部侍郎而出紳江西觀察使紳見帝得留愈亦復爲吏部侍郎長慶四年卒年五十七贈禮部尚書謚曰文愈性

明銳不詭隨與人交終始不少變成就後進士往往知名經愈指授皆稱韓門弟子愈官顯稍謝遣凡內外親若交友無後者爲嫁遣孤女而卹其家嫂鄭喪爲服期以報每言文章自漢司馬相如太史公劉向揚雄後作者不世出故愈深探本元卓然樹立成一家言其原道原性師說等數十篇皆奧衍閎深與孟軻揚雄相表裏而佐佑六經云至它文造端置辭要爲不襲蹈前人者然惟愈爲之沛然若有餘至其徒李翺李漢皇甫湜從而效之

遽不及遠甚從愈遊者若孟郊張籍亦皆自名於
時贊曰唐興承五代剖分王政不綱文弊質窮䖃
俚混并天下已定治荒剔蠹討究儒術以興典憲
薰醲涵浸殆百餘年其後文章稍稍可述至貞元
元和間愈遂以六經之文爲諸儒倡障隄末流反
刓以樸剗僞以眞然愈之才自視司馬遷揚雄至
班固以下不論也當其所得粹然一出於正刊落
陳言橫騖別驅汪洋大肆要之無牴牾聖人者其
道蓋自比孟軻以荀況揚雄爲未淳寧不信然至

進諫陳謀排難卹孤矯拂媮末皇皇於仁義可謂篤道君子矣自晉訖隋老佛顯行聖道不斷如帶諸儒倚天下正議助爲怪神愈獨喟然引聖爭四海之惑雖蒙訕笑跲而復奮始若未之信卒大顯於時昔孟軻拒楊墨去孔子才二百年愈排二家乃去千餘歲撥衰反正功與齊而力倍之所以過況雄爲不少矣自愈沒其言大行學者仰之如泰山北斗云

論佛骨表　　韓愈

臣某言伏以佛者夷狄之一法耳自後漢時流入中國上古未嘗有也昔者黃帝在位百年年百一十歲少昊在位八十年年百歲顓頊在位七十九年年九十八歲帝嚳在位七十年年百五歲帝堯在位九十八年年百一十八歲帝舜及禹年皆百歲此時天下太平百姓安樂壽考然而中國未有佛也其後殷湯亦年百歲湯孫太戊在位七十五年武丁在位五十九年書史不言其年壽所極推其年數蓋亦俱不減百歲周文王年九十七歲武

王年九十三歲穆王在位百年此時佛法亦未入中國非因事佛而致然也漢明帝時始有佛法明帝在位纔十八年耳其後亂亡相繼運祚不長宋齊梁陳元魏已下事佛漸謹年代尤促惟梁武帝在位四十八年前後三度捨身施佛宗廟之祭不用牲牢晝日一食止於菜果其後竟爲侯景所逼餓死臺城國亦尋滅事佛求福乃更得禍由此觀之佛不足事亦可知矣高祖始受隋禪則議除之當時群臣材識不遠不能深知先王之道古今之

韓卜神詁

宜推闡聖明以救斯弊其事遂止臣竊伏惟睿聖文武皇帝陛下神聖英武數千百年已來未有倫比卽位之初卽不許度人爲僧尼道士又不許創立寺觀臣常以爲高祖之志必行於陛下之手今縱未能卽行豈可恣之轉令盛也今聞陛下令群僧迎佛骨於鳳翔御樓以觀舁入大內又令諸寺遞迎供養臣雖至愚必知陛下不惑於佛作此崇奉以祈福祥也直以年豐人樂徇人之心爲京都士庶設詭異之觀戲翫之具耳安有聖明若此而

肯信此等事哉然百姓愚冥易惑難曉苟見陛下如此將謂眞心事佛皆云天子大聖猶一心敬信百姓何人豈合更惜身命焚頂燒指百十爲群解衣散錢自朝至暮轉相倣效惟恐後時老少奔波棄其業次若不卽加禁遏更歷諸寺斷臂臠身以爲供養者傷風敗俗傳笑四方非細事也夫佛本夷狄之人與中國言語不通衣服殊製口不言先王之法言身不服先王之法服不知君臣之義父子之情假如其身至今尚在奉其國命來朝京師

陛下容而接之不過宣政一見禮賓一設賜衣一襲衞而出之於境不令惑衆也况其身死已久枯朽之骨凶穢之餘豈宜令入宮禁孔子曰敬鬼神而遠之古之諸侯行弔於其國尚令巫祝先以桃茢祓除不祥然後進弔今無故取朽穢之物親臨觀之巫祝不先桃茢不用群臣不言其非御史不舉其失臣實耻之乞以此骨付之有司投諸水火永絕根本斷天下之疑絕後代之惑使天下之人知大聖人之所作爲出於尋常萬萬也豈不盛哉

豈不快哉佛如有靈能作禍祟凡有殃咎宜加臣身上天鑒臨臣不怨悔無任感激懇悃之至謹奉表以聞

驅鱷魚文　韓愈

維年月日潮州刺史韓愈使軍事衙推秦濟以羊一豬一投惡谿之潭水以與鱷魚食而告之曰昔先王既有天下烈山澤罔繩擉刃以除蟲蛇惡物爲民害者驅而出之四海之外及後王德薄不能遠有則江漢之閒尚皆棄之以與蠻夷楚越況潮

嶺海之間去京師萬里哉鱷魚之涵淹卵育於此亦固其所今天子嗣唐位神聖慈武四海之外六合之內皆撫而有之況禹跡所揜楊州之近地刺史縣令之所治出貢賦以供天地宗廟百神之祀之壤者哉鱷魚其不可與刺史雜處此土也刺史受天子命守此土治此民而鱷魚睅然不安谿潭據處食民畜熊豕鹿麞以肥其身以種其子孫與刺史亢拒争爲長雄刺史雖駑弱亦安肯爲鱷魚低首下心爲民吏羞以偷活於此耶且承天子命

以來爲吏固其勢不得不與鱷魚辨鱷魚有知其
聽刺史言潮之州大海在其南鯨鵬之大蝦蟹之
細無不容歸以生以食鱷魚朝發而夕至也今與
鱷魚約盡三日其率醜類南徙于海以避天子之
命吏三日不能至五日五日不能至七日七日不
能是終不肯徙也是不有刺史聽從其言也不然
則是鱷魚冥頑不靈刺史雖有言不聞不知也夫
傲天子之命吏不聽其言不徙以避之與冥頑不
靈而爲民物害者皆可殺刺史則選材技吏民操

强弓毒矢以與鱷魚從事必盡殺乃止其無悔

潮州刺史謝表　　韓　愈

臣某言臣以狂妄戇愚不識禮度上表陳佛骨事言涉不敬正名定罪萬死猶輕陛下哀臣愚忠恕臣狂直謂臣言雖可罪心亦無他特屈刑章以臣爲潮州刺史旣免刑誅又獲祿食聖恩宏大天地莫量破腦刳心豈足爲謝臣某誠惶誠恐頓首頓首臣以正月十四日蒙恩除潮州刺史卽日奔馳上道經涉嶺海水陸萬里以今月二十五日到州

上訖與官吏百姓相見具言朝廷治平天子神聖
威武慈仁子養億兆人庶無有親疎遠邇雖在萬
里之外嶺海之陬待之一如畿甸之間輦轂之下
有善必聞有惡必見早朝晚罷兢兢業業惟恐四
海之內天地之中一物不得其所故遣刺史面問
百姓疾苦苟有不便得以上陳國家憲章完具爲
治日久守令承奉詔條違犯者鮮雖在蠻荒無不
安泰聞臣所稱聖德惟知鼓舞讙呼不勞施爲坐
以無事臣某誠惶誠恐頓首頓首臣所領州在廣

府極東界上去廣州雖云纔二千里然來往動皆
經月過海口下惡水濤瀧壯猛難計程期颶風鰐
魚患禍不測州南近界漲海連天毒霧瘴氛日夕
發作臣少多病年纔五十髮白齒落理不久長加
以罪犯至重所處又極遠惡憂惶慙悸死亡無日
單立一身朝無親黨居蠻夷之地與魑魅爲群苟
非陛下哀而念之誰肯爲臣言者臣受性愚陋人
事多所不通惟酷好學問文章未嘗一日暫廢實
爲時輩所見推許臣於當時之文亦未有過人者

至於論述陛下功德與詩書相表裏作爲歌詩薦
之郊廟紀泰山之封鏤白玉之牒鋪張對天之閎
休揚厲無前之偉蹟編之乎詩書之策而無愧措
之乎天地之間而無虧雖使古人復生臣亦未肯
多讓伏以大唐受命有天下四海之內莫不臣妾
南北東西地各萬里自天寶之後政治少懈文致
未優武尅不剛孽臣姦隸蠹居棊處搖毒自防外
順內悖父死子代以祖以孫如古諸侯自擅其地
不貢不朝六七十年四聖傳序以至陛下陛下卽

位以來躬親聽斷旋乾轉坤關機闔開雷厲風飛
日月清照天戈所麾莫不寧順大宇之下生息理
極高祖創制天下其功大矣而治未太平也太宗
太平矣而大功所立咸在高祖之代非如陛下承
天寶之後接因循之餘六七十年之外赫然興起
南面指麾而致此巍巍之治功也宜定樂章以告
神明東巡泰山奏功皇天具著顯庸明示德意使
永永年代服我成烈當此之際所謂千載一時不
可逢之嘉會而臣負罪嬰舋自拘海島戚戚嗟嗟

日與死迫曾不得奏薄伎於從官之內隸御之間窮思畢精以贖罪過懷痛窮天死不閉目瞻望宸極魂神飛去伏惟皇帝陛下天地父母哀而憐之無任感恩戀闕慚惶懇迫之至謹附表陳謝以聞

潮州請置鄉校牒　　韓　愈

孔子曰道之以政齊之以刑則民免而無耻不如以德禮爲先而輔以政刑也夫欲用德禮未有不由學校師弟子者此州學廢日久進士明經百十年間不聞有業成貢於王庭試於有司者人吏目

不識鄉飲酒之禮或未嘗聞鹿鳴之歌忠孝之行不勸亦縣之恥也夫十室之邑必有忠信今此州戶萬有餘豈無庶幾者邪刺史縣令不躬為之師里閭後生無所從學爾趙德秀才沈雅專靜頗通經有文章能知先王之道論說且排異端而宗孔氏可以為師矣請攝海陽縣尉為衙推官專勾當州學以督生徒興豈弟之風刺史出己俸百千以為舉本收其贏餘以給學生廚饌

燕喜亭記

韓　愈

太原王宏中在連州與學佛人景常元慧游異日
從二人者行於其居之後邱荒之間上高而望得
異處焉斬茅而嘉樹列發石而清泉激輦糞壤燔
椔翳却立而視之出者突然成邱陷者呀然成谷
窪者爲池而缺者爲洞若有鬼神異物陰來相之
自是宏中與二人者晨往而夕忘歸焉乃立屋以
避風雨寒暑既成愈請名之其邱曰竢德之邱蔽
於古而顯於今有竢之道也其石之谷曰謙受之
谷瀑曰振鷺之瀑谷言德瀑言容也其土谷曰黃

金之谷瀑曰秩秩之瀑谷言容瀑言德也洞曰寒居之洞志其入時也池曰君子之池虚以鍾其美盈以出其惡也泉之源曰天澤之泉出高而施下也合而名之以屋曰燕喜之亭取詩所謂魯侯燕喜者頌也於是州民之老聞而相與觀焉曰吾州之山水名天下然而無與燕喜者比經營於其側者相接也而莫直其地凡天作而地藏之以遺其人乎宏中自吏部郎貶秩而來次其道途所經自藍田入商洛涉淅湍臨漢水升峴首以望方城出

荆門下岷江過洞庭上湘水行衡山之下繇郴踰嶺蜿狖所家魚龍所宮極幽遐瑰詭之觀宜其於山水飫聞而厭見也今其意乃若不足傳曰智者樂水仁者樂山宏中之德與其所好可謂協矣智以謀之仁以居之吾知其去是而羽儀於天朝也不遠矣遂刻石以記

潮州韓文公廟碑　　蘇軾

匹夫而爲百世師一言而爲天下法是皆有以參天地之化關盛衰之運其生也有自來其逝也有

所爲矣故申呂自嶽降而傅說爲列星古今所傳不可誣也孟子曰吾善養浩然之氣是氣也寓於尋常之中而塞乎天地之間卒然遇之則王公失其貴晉楚失其富良平失其智賁育失其勇儀秦失其辯是孰使之然哉其必有不依形而立不恃力而行不待生而存不隨死而亡者矣故在天爲星辰在地爲河嶽幽則爲鬼神而明則復爲人此理之常無足怪者自東漢以來道喪文弊異端並起歷唐貞觀開元之盛輔以房杜姚宋而不能救

獨韓文公起布衣談笑而麾之天下靡然從公復歸于正蓋三百年於此矣文起八代之衰而道濟天下之溺忠犯人主之怒而勇奪三軍之帥此豈非參天地關盛衰浩然而獨存者乎蓋嘗論天人之辨以謂人無所不至惟天不容僞智可以欺王公不可以欺豚魚力可以得天下不可以得匹夫匹婦之心故公之精誠能開衡山之雲而不能回憲宗之惑能訓鱷魚之暴而不能弭皇甫鎛李逢吉之謗能信於南海之民廟食百世而不能使其

身一日安於朝廷之上葢其所能者天也其所不能者人也始潮人未知學公命進士趙德爲之師自是潮之士皆篤於文行延及齊民至于今號稱易治信乎孔子之言君子學道則愛人而小人學道則易使也潮人之事公也飲食必祭水旱疾疫凡有求必禱焉而廟在刺史公堂之後民以出入爲艱前守欲請諸朝作新廟不果元祐五年朝散郎王君滌來守是邦凡所以養士治民者一以公爲師民既悅服則出令曰願新公廟者聽民讙趨

之卜地於州城南七里期年而廟成或曰公去國
萬里而謫于潮不能一歲而歸沒而有知其不眷
戀于潮也審矣軾曰不然公之神在天下者如水
之在地中無所往而不在也而潮人獨信之深思
之至焄蒿悽愴若或見之譬如鑿井得泉而曰水
專在是豈理也哉元豐七年詔封公昌黎伯故榜
曰昌黎伯韓文公之廟潮人請書其事于石因爲
作詩以遺之使歌以祀公其詞曰公昔騎龍白雲
鄉手決雲漢分天章天孫爲織雲錦裳飄然乘風

來帝旁下臯濁世掃粃糠西游咸池略扶桑草木衣被昭回光追逐李杜參翶翔汗流籍湜走且僵滅没倒景不可望作書詆佛譏君王要觀南海窺衡湘歷舜九疑弔英皇祝融先驅海若藏約束鮫鱷如驅羊鈞天無人帝悲傷謳吟下招遣巫陽犦牲雞卜羞我觴於粲荔丹與蕉黄公不少留我涕滂翩然被髮下大荒

韓山書院記　　吳澄

孟子而後儒之知道葢鮮矣西漢諸儒文頗近古

賈太傅司馬太史卓然者也徐考其言論識趣大
率無非鞅秦之緒餘於道竟何如哉降自東漢晉
不惟道喪而其文亦弊歷唐中書昌黎韓子追蹤
西漢之文以合於三代而原道之作直以堯舜禹
湯文武周孔之道傳至孟軻而止是又爲文而有
見於道也豈三代以下文人所能及哉○嘗因論佛
骨事謫潮刺史其後潮人立廟以祀宋元祐間廟
徙州城之南七里遠淳祐初又於廟所設城南書
莊俾學者居焉遊焉皇元奄有此土屋毀於兵

元甲申韓山書院重興卽廟之舊址爲先聖燕居
先師兖郕沂鄒四國公侍而韓子之專祠附唐時
先聖配祀獨一顔子諸儒推孟子之傳由曾子上
接孔氏其言本諸韓子送王塤序於是配孔子者
四祠韓而繼一聖四師之後也固宜然書院僅復
規模隘陋營繕多缺前守擬更造不果至順辛未
夏太守王侯至偕其長阿里涉其貳暗都賴哈蠻
協謀命山長陳文子計其費乃撤舊構新韓祠燕
居位置相直寬袤齊等後有池廣十丈許畚土實

之建堂其上扁曰原道兩廡闢齋舍館諸生日食之供有庖蔵租之入有廩教官之寢處祭器之閟藏一一備具宏敞壯偉倍加於前五月經始九月落成海陽縣忻都實董其役越明年山長陳文子將以潮士之意來請記予謂書院之肇基也以韓子之有見於道也書院之增脩也以王侯之有志於教也潮之士如之何必也學韓子之學業精行完進而爲賢則奚翅貢於王庭如韓牒所期而已由是學四先師之學道明德立駸駸而聖則又奚

翅篤於文行如蘇碑所褒而已不然學於書院昔猶夫人今猶夫人欲與趙德並且不可是爲深有負於君師之作養又何望其高睨先聖之閫奧乎陳文子曰潮城之東隔水有山公平日憇息之地手種木尚存潮人稱其木爲韓木山爲韓山後取城東之韓山以號城南之書院云

原道堂記　鄒守益

聖人之道盡其性而已矣性也者天地萬物一體者也充其一體之量而無弗愛焉謂之仁裁成輔

相而各適其宜焉謂之義故君臣父子昭其倫也冠昏朝聘昭其儀也車服旂旐昭其政也蚕桑畝畝昭其養也詩書禮樂昭其文也斗斛權衡昭其用也夫是以仁育義肅四達而不悖天得以清地得以寧禽獸得以畜草木得以繁大哉聖人盡性之學乎由此以治民堯舜湯武之爲君也由此以事君伊傅周召之爲臣也由此以範後孔顔曾孟子之爲師也聖學不明而老與佛之徒乘其廢壞而入之自以爲道德自以爲性命而藐視仁義若

有所不屑者故其爲教外倫理蔑禮法遺棄事物以得罪于聖門後之儒者蒐獵綴緝以求宣暢先王之典則又多其辭說繁其儀文而未能反身而誠以詖詖行或乃陷于孑孑煦煦以爲二氏所哂甚者至于靜言而庸違之賊仁與義而莫之省憂也嗚呼聖道何由而興乎蘇soft虞由陳君原習自太常卿貳謫署海陽之教事惻惻然思進諸士于道而士猶舊習未釋也默自思曰潮之所尊信莫如韓子韓子之學固闢佛老以閑聖道者也牖叩

而祛蔽其在兹乎乃請于前郡守山陰王抱深以爲然始與郡丞蕭君世科郡倅陳君願計貲庸而授厥事既先後代去功未用就今郡守莆田邱君其仁繼至亟謀諸郡丞劉君秉鑑力圖厥終胥相葺祠宇復侵田以樹風聲鼎建原道堂闢齋舍以居諸士相與洗濯而新之未幾陳君量移廣信以僉浙臬具書徵記惓焉以嘉惠潮之多士嗟乎陳君之愛于潮者勤矣爾多士其勤于自愛乎陟降斯堂顧名而思義勿惑于異端之空寂勿溺于俗

學之泛濫穀然充惻隱羞惡之良以達諸家國天
下曰富貴曰貧賤曰夷狄曰患難不使須臾離焉
夫是之謂志道夫是之謂據德夫是之謂盡性以
至於命庶以無負爾陳君且以無忘爾韓子

韓祠錄序　　　　王　思

潮州祠韓文公舊矣而祠未有錄也有之自太守
談君敬仲始然其彙次出二守葉君叔理而未暇
正也正之自今二守林君利正始錄凡三卷首以
史傳及公論佛骨表諸篇使嚮往於公者即此可

以論其世云爾於戲自孟子歿聖學久無所統宗
天下之言仁義者不入於老則入於佛將使流爲
人欲之歸矣公承漢晉風靡之後獨知推尊孟氏
以接于堯舜禹湯文武周公孔子之緒且斷斷然
而爲軻之死不得其傳其正人心闢邪說所繫豈
曰小哉顧當其時屢斥而益奮篤信而不移必冀
先王道義由此而傳是誠亦聖人之徒矣百世之
下尸而祝之不但報公以文學忠信爲潮人開先
而已也繼公以來潮之名宦莫不有祠如濂溪先

韓山司已　卷十　原道堂記　二

生不敢槩論至於劉忠定公以忤章惇貶趙忠簡公以忤秦檜貶丞相陸公秀夫與陳宜中不合貶三君子之偉節直與秋霜爭嚴至今談其事猶足以起凌厲之想而增之氣可謂能立懦矣然潮人之慕之皆不若慕公之甚也豈非與志於忠烈者於正學或有未能信能明夫於學則忠烈固由此出歟或者謂公潮州謝表嫌於自售愚竊以爲不然夫人當至情迫切之時必呼天呼父母君猶天也父母也臣子獲罪於君父所賴以察其心者亦

惟君父而已於此而不用其誠不幾於薄待其君乎惟望君至切而情哀不復有纖毫矯飾於其閒殆與臣罪當誅天王聖明之語同義故必論公之心然後知公善處君臣之際而人之悻悻終日淺矣以思之愚豈能窺公之萬一閒嘗讀公之書有所警發乃從而爲之辭談君名倫蜀人葉君名性林君名庭模皆三山人是舉也蓋有崇正之道而海陽令東滙杜君元吉實相焉

韓木贊

王大寶

潮東山有亭唐韓文公遊覽所也亭隅有木蚪榦鱗文葉長而傍稜著草類更滋蕃遇春則華或紅或白簇簇附枝如桃狀而小每值士試春官邦人以卜登第之祥其來舊矣紹聖四年丁丑開盛傾城賞之未幾捷報三人葢比前數多也繼是榜不乏人繁稀如之最盛者崇寧五年宣和六年也今不花十有五載人材未遇或時運適然未可知爾大寶嘗讀蘇端明爲公廟碑論能不能有天人之辨竊觀公植之木能兆化機爲一方瑞夫豈容僞

殆其善敎之道發造物而藏諸用使潮人思慕于萬年莫之厭者矣碑何以不書未盛也盛而無妄邦人誠之誠而不書天下後世曷然之夫鳥獸草木之奇符於前事謂之瑞簫韶儀鳳周畝嘉禾各以類應公刺是邦命師訓業綿綿厥後三百餘年士風日盛效祥於木理之宜然若乃術業荒忽惟瑞之證叔世妄誕者之爲君子鄙之爲之贊曰召公之棠孔明之栢旣詠勿剪且歌愛惜瞻彼韓木是封是沃匪木之瀆德化惟服化隆而孚華繁以

符邦人勵之此理匪誣

題藍關圖後

大學士 邱濬瓊山

世傳韓文公姪孫湘有異術公命之作詩見志湘詩有能開頃刻花之句公試驗之湘倐忽間出異花一叢上有金字一聯云雲橫秦嶺家何在雪擁藍關馬不前公初不曉其所謂後公坐言佛骨事左遷潮州刺史道次藍關值雪忽見湘至公始悟向之詩意遂足成篇好事者因而繪爲藍關圖今封給事中吳興張先生得之寄來京師示其子給

事中靖之靖之間屬予題跋公從子老成生子二
曰湘曰滂湘登進士第爲大理丞滂未仕而死初
公南謫時湘年二十七滂年十九皆從公以行觀
公宿曾口示湘詩及在袁州作滂墓志可見而此
詩末句所謂遠來者蓋公旣行而湘始追及于此
而深有意之言亦不過感歎之意焉耳竊意或者
因是言又見世之所傳仙人有韓湘子者遂附會
而爲此說歟抑主異教者陰欲破公正論而故爲
此以張大其事如學佛者圖公拜大顚像歟況公

之貶在憲宗元和己亥又四年爲穆宗長慶癸卯湘始登第豈湘旣學仙而又出仕歟其事特出於小說家史傳不載及註公詩者皆不之取其有無葢不可知也然觀此圖得以見古人當閒關流離之際而剛大正直之氣不少沮而爲其子姪者又皆能奔走周旋無異平時如此然則作此者非獨精於繪事且能因古人之言而得其貌又能使觀者因貌而得古人之心良可加重先輩謂公體貌豐肥此圖得之誠非苟作也雖然詩爲有聲畫畫

爲無聲詩詩與畫等耳昔公以詩示其姪孫今先生以畫示其子一以明己之意一以起子之志皆有深意也靖之其尚因而興起以求文公之意於數百載之上庶幾稱乃尊示以此圖之意

書百牛圖後　　邱濬

獸有百而畜於家者六惟牛最有功於世於農用以耕於祀用以牲於宴用以享於器與室之成用以釁於戎於畋於輓運用以駕迨其斃也其革用以甲以胄以履以帶以朴以冒鼓以貫編以箙箭

以包干戈以緣席褥以鞍若轡馬其煮而凝之以爲膠其用而敗者以醫其筋若骨若角若蹄則用以弓以觿若簪導其他雜器用之者甚衆下至臭穢之遺亦用以滋五穀無一棄焉者嗚呼牛之有功於世也其大且多如此非但家畜之不如而百獸亦無與之肩者豈但獸哉人之生也無益於時卒也無用於後尚亦有愧之哉好事者繪爲百牛圖狀牛之形與其牧及其水草牧放之處齕飲踶觸臥起搔鳴奔鬭游行之趣殆且十百狀可謂曲

盡其情態者矣其意亦猶昔人以耕桑爲圖欲世之高閑富貴之士居於清幽安樂之地觀於此其有以知稼穡之艱難也歟雖然耕而稼穡牛之一事也抑孰知牛之功之大且多如此哉潮陽有韓君實敷自謂文公之後以此圖求予跋一言予故述牛之功有益於世也如此而又系之以詩詩曰我本農家子童年曾作牧倒騎牛背上簑笠吹横竹老大客京國久不見此畜忽然觀斯圖心若有所觸泛觀天下物無物似牛犢既以駕犁耙又用

轉車轂爲我運百貨爲我生百穀論功固莫比論苦亦良酷云胡世上人甘心肆口腹旣然食其力何忍食其肉水陸珍萬品物物可克欲孟子有遺言不忍其觳觫

萬世文字之祖論作示韓山書院諸生

尚書　葉夢熊　歸善

聖人所以先天下而立極於無窮者亦惟會道之精而已矣夫道果有始乎始而無始道未嘗祕也道果有終乎終而無終道未嘗息也而其精則具

於人心之初通於天地貫于古今極于始終之變而未有窮然不可以無所寄而不得不寄之於文文者則根於無言呈于有象所以載道而行之也聖人者出則爲斯道之主而會其精於一心夫是以發之而爲文法天下傳後世人見道之不廢于天下後世者聖人爲之也而不知其至文之所寄也人見聖人之寄斯道者文也而不知其至精之所會也天不息而道亦不息而聖人之文亦不息噫此其所爲萬世文字之祖也且夫道之在天下

也以爲出於天地矣謂其原也而所以居天地之
先者孰主張是以爲出于聖人矣謂其至也而所
以爲聖人之精者孰綱維是原矣必有大原是謂
生天生地爲化之始至矣必有極至是謂生人生
物爲理之先渾渾然爾矣沌沌然爾矣無意無象
然爾矣初何有於道之名也道且未有其名亦何
有於文字也故文字者已非道之初矣然而聖人
未生道在天地聖人旣生道在聖人聖人者天之
所生以爲斯文計也天地之心也生民之命也萬

世之太平也均之係焉故文之不可以已也當伏
羲氏之作也天垂象見吉凶聖人則之以通神明
之德以類萬物之情始于一畫而已有象而無言
也有數而無文也列之而八推之而六十四極之
而千萬以至於無算非有異也卽其一焉者也渾
渾者至是而啓矣沌沌者至是而闢矣意象之無
者至是而露矣夫聖人何心于一畫哉天不愛道
河出圖洛出書造化且不秘也况聖人乎自是而
精一之文出焉十六字所以開心學之傳也自是

而爲湯銘武範焉建中建極亦心學也是故潔淨精微易教也窮其一之變矣疏通知遠書教也彰其一之用矣和柔惇厚詩教也道其一之情矣恭儉莊敬禮教也綜其一之紀矣屬辭比事春秋教也正其一之分矣始之一畫文非畧也固所以爲萬殊之宗詳之六經文非繁也固所以爲一之著作之于伏羲此心之精也前乎千百世之既往非此無以開其始述之于列聖此心之精也後乎千百世之將來非此無以要其終何者其一畫在天

爲變化之始在人爲未發之中若鑑之未照也若
太阿之未出匣也不見其錯綜往來酬酢纖悉之
動所謂無體之文也繇是而萬化行焉性情發焉
洪鐘叩而聲揚矣璞玉啓而光煥矣所謂成章之
文也天下人心之所同也萬世人心之所同也聖
人會其天下萬世之文之精而立人極于上而文
章之盛由此以傳之無窮此其所以爲文字之祖
也是故堯舜傳之禹禹傳之湯湯傳之文武周公
周公傳之孔子而至于孟子均之會道之極也均

之具經世之文也達而在上則謨訓典章詩歌篇帙燦然灼然非有加于一畫之初也窮而在下則刪述修正著爲經傳炳炳然以教萬世亦非有損于一畫之初也外是而戰國策則亂世之文矣太元書則衰世之文矣中說續經之作則僭世之文矣要之其精蘊不足于內也故其文不可以爲法求之唐則原道一篇其庶幾乎然而博愛之語未得其眞亦未足以與於斯文也求之宋則濟濟盛矣周子之太極通書實與大易之旨相爲表裏而

程子定性書易傳序則所以發明之一畫之微至于朱蔡之易學張子之西銘亦何莫而非羽翼乎斯文也哉是故尚論古今之文字伏羲其祖也文王衍之周公彖之孔子繫之繩其祖武者也顔曾思孟諸子之文則無忝乃祖者也而焚于秦註于漢決裂于唐祖脈如綫矣大明于宋使如綫之緒復續則有功于祖德者乎噫亦有本焉所謂吾心之精是也易有太極而吾心即太極也吾之心通于天地則天地之文會于我也貫于古今則古今之

文會于我也求之不覩不聞之中以觀其未發作何氣象則一畫之妙且渾然在我矣精之莫見莫顯之際以觀其衆動百爲之化則一畫之變且恢然在我矣文思而曰欽也文明而曰塞也緝熙敬止文之所以爲文也知此可以論于文字之外矣

韓山祠記

韓公詩選　　香山陳蘭芝拂霞輯梓

縣齋有懷此及下二章初貶陽山令時作○五古　韓　愈

少小尚奇偉平生足悲吒猶嫌子夏儒肯學樊遲稼事業窺臯稷文章蔑曹謝濯纓起江湖綴珮雜蘭麝悠悠指長道去去策高駕誰爲傾國媒自許連城價初隨計吏貢屢入澤宮射雖免十上勞何能一戰霸人情忌殊異世路多權詐蹉跎顏遂低摧折氣愈下冶長信非罪侯生或遭罵懷書出皇

都銜淚渡清灞身將老寂寞志欲死閑暇朝食不盈腸冬衣纔掩骼軍書既頻召戎馬乃連跨大梁從相公彭城赴僕射弓箭圍狐兎絲竹羅酒肉兩府變荒凉三年就休假求官去東洛犯雪過西華塵埃紫陌春風雨靈臺夜名聲荷朋友援引乏姻婭雖陪彤庭臣詎縱靑冥靶寒空聳危闕曉色曜脩架捐軀辰在丁鎩翮時方蜡投荒誠職分領邑幸寬赦湖波翻日車嶺石坼天罅毒霧恆熏晝炎風每燒夏雷威固已加颶勢仍相借氣象杳難測

聲音吁可怕夷言聽未慣越俗循猶乍指摘兩憎
嫌睢盱互猜訝秖緣恩未報豈謂生足籍嗣皇新
繼明率土日流化惟思滌瑕垢長去事桑柘斸嵩
開雲扃壓潁抗風榭禾麥種滿地梨棗栽繞舍兒
童稍長成雀鼠得驅嚇官租日輸納村酒時邀迓
閑愛老農愚歸弄小女姹如今便可爾何用畢婚
嫁

縣齋讀書

出宰山水縣讀書松桂林蕭條捐末事邂逅得初

心哀狖醒俗耳清泉潔塵襟詩成有共賦酒熟無孤斟青竹時默釣白雲日幽尋南方本多毒北客恆懼侵謫譴甘自守滯留愧難任投章類縞帶佇答逾兼金

瀧吏瀧在韶州

南行逾六旬始下樂昌瀧險惡不可狀船石相舂撞往問瀧頭吏潮州尚幾里行當何時至土風復何似瀧吏垂手笑官何問之愚譬官居京邑何由知東吳東吳游宦鄉官知自有由潮州底處所有

罪乃竄流儂幸無負犯何由到而知官今行自到
那遽妄問爲不虞卒見困汗出媿且駭吏曰聊戲
官儂嘗使往罷嶺南大抵同官去道苦遼下此三
千里有州始名潮惡溪瘴毒聚雷電常洶洶鱷魚
大于船牙眼怖殺儂州南數十里有海無天地颶
風有時作掀簸眞（同訛）差事聖人于天下于物無不容
比聞此州囚亦有生還儂官無嫌此州固罪人所
徙官當明時來事不待說委官不自謹慎宜即引
分往胡爲此水邊神色久戃慌颩大缾甖小所任

自有宜官胡不自量滿溢以取斯工農雖小人事商君二十
業各有守不知官在朝有益國家不得無虱其間六篇以仁義禮樂爲虱官曰六虱成俗兵必大
不武亦不文仁義飾其躬巧姦敗羣倫叩頭謝吏敗
言始慙今更差歷官二十餘國恩並未酬凡吏之
所訶嗟實頗有之不卽金木誅敢不識恩私潮州
雖云遠雖惡不可過于身實已多敢不持自賀借吏
言以規諷自嘲亦自寬解也從
古樂府得來韓詩中之別調

經岳陽樓別竇司直原註竇庠時以武昌幕權岳州

洞庭九州間厥大誰與讓南匯羣崖水北注河奔

放瀦爲七百里吞納各殊狀自古澄不清環混無
歸向炎風日摟攬幽怪多冗長軒然大波起宇宙
隘而妨巍峩拔嵩華騰踔較健壯聲音一何宏轟
輵車萬兩猶疑帝軒轅張樂就空曠蛟螭露筍簴
縞練吹組帳鬼神非人世節奏頗跌踼陽施見跨二句分
上下景狀
麗陰閉感悽愴朝過宜春口極北鉠堤障夜纜巴
芮水涯也
陵州鼓芮纜可傍星河盡涵泳俯仰迷下上餘纜
怒不已喧聒鳴甕盎明登岳陽樓輝煥朝日亮飛
廉戢其威清晏息纖纊泓澄湛凝緑物影巧相况

江豚時出戲驚波忽蕩瀁時當冬之孟隙竅縮寒
漲前臨指近岸側坐渺難望滌濯神魂醒幽懷舒
以暢主人孩童舊握手乍忻悵憐我竄逐歸相見
得無恙開筵交履舄爛漫倒家釀杯行無留停高
柱送清唱中盤進橙栗投擲傾脯醬歡窮悲心生
婉孌不能忘念昔始讀書志欲干霸王屠龍破千本莊子
金爲藝亦云亢愛才不擇行觸事得讒謗前年出
官由此禍最无妄公卿採虛名擢拜識天仗姦猜
畏彈射斥逐恣欺誑新恩移府庭逼側廁諸將吁

嗟苦鶩緩但懼失宜當追思南渡時魚腹甘所葬嚴程迫風帆劈箭入高浪顛沉在須臾忠鯁誰復諒生還眞可喜尅已自懲創庶從今日後麤識得與喪事多改前好趣有獲新尚誓耕十畝田不取萬乘相細君知蠶織稚子已能餉行當挂其冠生死君一訪前四段陽開陰闔入實司直後見忠直被謗而以追思南渡數語挽轉前半筆力矯然

薦士

周詩三百篇雅麗理訓誥會經聖人手議論安敢

到五言出漢時蘇李首更號東都漸瀰漫泒別百
川導建安能者七卓犖變風操逶迤抵晉宋氣象
失却陶公性所不近也
日凋耗中間數鮑謝比近最清奥齊梁及陳隋衆
作等蟬噪搜春摘花卉沿襲傷剽盜國朝盛文章
卓見
子昂始高蹈勃興得李杜萬類困陵暴後來相繼
生亦各臻閫奥有窮者孟郊受材實雄驁冥觀洞
二語昌黎自狀其詩
古今象外逐幽好横空盤硬語妥帖力排奡敷柔
肆紆餘奮猛卷海潦榮華肖天秀捷疾逾響報行
身踐規矩甘辱恥媚竈孟軻分邪正眸子看瞭眊

杳然粹而清可以鎮浮躁酸寒溧陽尉五十幾何（言去耄）

（幾何）耄孜孜營甘旨辛苦久所冐俗流知者誰指注競

嘲傲聖皇索遺逸耄士日登造廟堂有賢相愛遇（謂鄭餘慶）

均覆燾況承歸與張二公迭嗟悼青冥送吹噓强（歸登張建封）

箭射魯縞胡爲久無成使以歸期告霜風破佳菊（知而不舉也）

嘉節迫吹帽念將決焉去感物增戀嫪彼微水中（以下）

荇尚煩左右芼魯侯國至小廟鼎猶納郜幸當擇（皆用比例）

珉玉寧有棄珪瑁悠悠我之思擾擾風中纛上言

愧無路日夜惟心禱鶴翎不天生變化在啄菢（鳥伏卵曰）通

波非難圖尺地易可漕（拖）善善不汲汲後時徒悔懊（水轉日漕）
救死具八珍不如一簞犒微詩公勿誚愷悌神所
勞此薦孟東野於鄭餘慶也盛稱東野之詩謂可上承李杜東野不足以當而公愛才之心幾比於吐哺握髮矣

駑驥

駑駘誠齷齪市者何其稠力小可易制價微良易
酬渴飲一斗水飢食一束芻嘶鳴當大路志氣若
有餘騏驥生絕域自矜無匹儔牽驅入市門行者
不爲留借問價幾何黃金比嵩邱借問行幾何咫

尺視九州飢食玉山禾渴飲醴泉流問誰能爲御曠世不可求惟昔穆天子乘之極遐遊王良執其即指穆天子見西王母事轡造父挾其輈因言天外事茫惚使人愁駑駘謂猶淳于髡訊孟子意騏驥餓死余爾羞有能必見用有德必見收孰云時與命通塞皆自由騏驥不敢言低徊但垂頭人皆劣騏驥共以駑駘優喟余獨興歎才命不同謀寄詩同心子爲我商聲謳唐本有贈歐陽詹字詹集有答韓十八駑驥吟知此詩爲歐陽作也小才得志傲晛高賢古今一轍豈獨歐陽詹耶

調張籍

李杜文章在光焰萬丈長不知羣兒愚那用故謗傷蚍蜉撼大樹可笑不自量伊我生其後舉頸遙相望夜夢多見之晝思反微茫徒觀斧鑿痕不矚言未見其源治水航想當施手時巨刃磨天揚垠崖劃崩豁乾坤擺雷硠惟此兩夫子家居率荒涼帝欲長吟哦故遺起且僵翦翎送籠中使看百鳥翔平生千萬篇金薤垂琳琅仙官勅六丁雷電下取將流落人間者太山一豪芒我願生兩翅捕逐出八荒精誠東坡所云追逐李杜者於此見之忽交通百怪入我腸刺手拔鯨牙舉瓢酌天漿騰

身跨汗漫不著織女襄顧語地上友經營無太忙音氣與也

乞君飛霞珮與我高頡頏言生平願學者惟在李杜故夢寐見之更冀生羽翼以追逐之見籍有志於古亦當以此爲正宗無用岐趨也元微之尊杜而抑李昌黎則李杜並尊各有見地至謂群兒愚指微之魏道輔之言未可援引沈德潛評

陳蘭芝曰吳綠蔭咏杜詩云風雅變聲成信史封章遺恨失拘儒平生稷契無人識未許青蓮說並驅何西池讀歷朝詩有云香山直率無餘味吏部奇橫非正聲獨有青蓮擅千古未應子美得齊名又云觀於海者難爲水若問源頭天上來識得江門爲正泒始知金竹是高才謂詩至白沙高出千古胡金竹繼之此非予阿好之言萬世自有定論云說者謂杜詩一片憂國愛民之心不知太白具一雙慧眼乍識汾陽於檻車之中而再造唐室所以楊克恭有讀唐書李白傳詩云汾陽微日無人

卓山補詩

識獨有青蓮賞最真再造唐家緣救免可知卓見出詩人是忠君愛國孰有過於青蓮者乎卽少陵亦謂白也詩無敵其心早已遜讓李之七律可誦者少杜之七絶少唱歎之音各有所短要之李詩出於天才自然醇粹無斧鑿痕故謂之仙杜詩雄壯工夫雕鏤故謂之聖仍依昌黎俱奉爲依歸爲是猶之制藝中金陳一才一學一放一檢不能偏廢也李杜軒輊爲古今聚訟故特詳之

秋懷　韓愈

離離挂空悲慼慼抱虛警露泫秋樹高蟲弔寒夜永斂退就新懦趨營悼前猛歸愚識夷塗汲古得修綆名浮犹有恥味薄真自幸庶幾遺悔尤卽此是幽屏此卽今是昨非意

今晨不成起端坐盡日景蟲鳴室幽幽月吐窻冋
同喪懷若迷方浮念劇含梗塵埃慵伺候文字浪
馳騁尚須勉其頑王事有朝請前漢書吳王濞使人爲秋請春曰朝
秋日請○二
章頗近謝公

將赴潮陽道經衡嶽謁廟遂宿嶽寺題門樓
在長沙湘南
縣南○七古　韓　愈

五嶽祭秩皆三公四方環鎮嵩當中火維地荒足
妖怪天假神柄專其雄噴雲泄霧藏半腹雖有絕
頂誰能窮我來正逢秋雨節陰氣晦昧無淸風潛

（東坡所謂力能開衡山之雲也）

心默禱若有應豈非正直能感通須臾靜掃衆峰
出仰見突兀撐青空紫蓋連延接天柱石廩騰擲
堆祝融森然動魄下馬拜松柏一逕趨靈宮粉牆
丹柱動光彩鬼物圖畫塡青紅升階傴僂薦脯酒
欲以菲薄明其衷廟令老人識神意睢盱偵伺能
鞠躬手持盃珓導我擲云此最吉餘難同竄逐蠻
荒幸不死衣食纔足甘長終侯王將相望久絕神
縱欲福難爲功夜投佛寺上高閣星月掩映雲朣
朦猿鳴鐘動不知曙杲杲寒日生于東

八月十五夜贈張功曹名署爲讒言所中貶縣令南方順宗即位徙掾江陵

纖雲四卷天無河清風吹空月舒波沙平水息聲影絶一盃相屬君當歌君歌聲酸辭且苦不能聽終淚如雨洞庭連天九疑高蛟龍出沒猩鼯號十生九死到官所幽居默默如藏逃下牀畏蛇食畏藥海氣溼蟄熏腥臊昨者州前搥大鼓嗣皇繼聖登夔臯赦書一日行萬里罪從大辟皆除死遷者追迴流者還滌瑕蕩垢朝清班州家申名使家抑

以下皆功曹歌

觀察使作主

坎軻秪得移荆蠻判司卑官不堪說未免捶楚塵唐時參軍簿尉有過上官得捶楚之
埃間同時輩流多上道天路幽險難追攀君歌且以下韓公之歌
休聽我歌我歌今與君殊科一年明月今宵多人
生由命非由他有酒不飲奈明何

寒食日出遊張十一院長見示病中憶花九篇寒食日出遊夜歸因以投贈

李花開發君始病我往看君花轉盛走馬城西惆
悵歸不見千林雪相映爾來又見飛與梨交開紅
白如爭競可憐物色阻攜手空展霜縑吟九詠紛
紛落盡泥與塵不共新粧比端正桐華最晚今已

繫君不強起時難更闗山遠别固其理寸步難見
始知命憶昔與君同貶官夜渡洞庭看斗柄豈料
生還得一處引袖拭淚悲且慶各言生死兩追隨
直置心親無貌敬念君又署南荒吏路指鬼門幽
且夐三公盡是知音人曷不薦賢陛下聖囊空甑
倒誰救之我今一食日還併自然憂氣損天和安
得康強保天性斷鶴兩翅鳴何哀縶驥四足氣空
横今聞寒食行野外緑楊市岍蒲生迸宋玉庭邊
不見人輕淚參差魚動鏡自嗟孤賤足瑕疵特見

放縱荷寬政飲洒寧嫌觥底深題詩尚倚筆鋒勁
明宵故欲相就醉有月莫辭當火令

次同冠峽 五律 韓愈

今日是何朝天晴物色饒落英千尺墮遊絲百丈
飄泄乳交巖脉懸流揭浪標無心思嶺北猿鳥莫
相撩

祖席

淮南悲落木而我亦傷秋況與故人別那堪羈宦
愁榮華今異路風雨昔同憂莫以宜春遠江山多

勝遊大歷以下無人解此用筆矣昌黎高超邁俗五言近體中運以古風筆力英氣逼人云

酒中留上襄陽李相公 七律　韓愈

濁水汙泥清路塵還曾同制掌絲綸眼穿長訝雙魚斷耳熱何辭數爵頻銀燭未消窗外曙金釵半醉座添香知公不久歸鈞軸應許閒官寄病身公之嶽嶽而忽作此明麗之句如廣平之賦梅花不礙心似鐵也

藍關示姪孫湘 藍關在惠州龍川縣○湘字清夫

一封朝奏九重天夕貶潮陽路八千欲爲聖明除弊事肯將衰朽惜殘年雲橫秦嶺家何在雪擁藍

關馬不前知汝濟來應有意好收吾骨葬江邊

方伯海曰釋所謂法即儒所謂道儒言心言性釋亦言心言性儒言不顯之德至於無聲無臭釋亦言冥悟之妙至於無有言語文字儒言施濟釋亦言普度儒言物我一體釋亦言無人我相儒言無意必固我釋亦言去智亡機儒言寂感釋亦言寂感儒言殀壽不貳爲順受釋亦言涅槃爲功德儒言情通萬物而無情心普萬類而無心釋亦言不捨之施勿照之明但儒尊德性必由道問學故能經紀人物贊參天地上半截工夫全憑下半截做出體用俱足釋氏亦說心說性直把心性歸於槁寂無用之鄉無下半截工夫并上半截工夫亦謬盖儒者凡事皆是踏實不同釋氏路虛也陳蘭芝曰程子謂彼之所有吾儒已有之彼之所有吾儒之所無吾不敢信云吾儒之所無如喚獅象召虎魚入水火貫金石之類昌黎一生闢佛敦倫聖人之徒與

韓山祠記名人詩

寄韓潮州愈　　賈島

此心曾與木蘭舟直到天南潮水頭隔嶺篇章来

華岳出關書信過瀧流峯懸驛路殘雲斷海浸城

根老樹秋一夕瘴烟風捲盡月明初上浪西樓

韓公讀書臺　　廖輔

屼突巉巖宿靄收先生居此堪藏脩洞口清風滌

塵俗胷中妙劑驅蜃樓石觸水簾宛如昔琴横玉

韵今何留碧窓埒掩人莫到啼鳥落花春復秋

北風吹雪路漫漫萬里潮陽有謫官戀闕疲驂前却后吹沙饑鱷暴將安當年葉上詩應驗此日江邊骨未寒一表至今猶赫烈中流萬古障狂瀾

燕喜亭詩　張瑄

故亭只在郡城東與客登臨感慨同千載雄文推吏部一時高致想宏中江湖素抱憂君志岩石今看破賊功莫嘆壯圖銷歇易連昌宮樹幾秋風

前題　龔雲從

昔賢一去鶩搖落千載空留喜燕亭曾有文章碑

古道誰將烟雨泣山靈海陽幾見桑田變鰲石還
依野草青更向卧龍高處望天風萬丈月泠泠

韓祠　　　　　　　　　　　　張廷臣

夾江篁竹護群峰曾是名賢偶寄蹤宫市諫書鳴
似鳳窮荒文采見猶龍雲涵樹色侵塵榻風送灘
聲雜暮鐘釣石書臺仍是舊何人鼓棹遠過從

賴明府召飲于韓臺偕區廣文觀競渡

光祿寺卿　郭　棐　番禺

丹標鼉鼓競韶華戊宰開筵傍釣沙群槳凌風江

浴日中流擊楫浪生花休因錦纜爭先渡須剖藻籬作大家我欲垂綸珠海去笑看飛鶩帶流霞

韓祠懷古

唐守祠前江水綠懷賢堂上晚霞紅一封諫草離天闕萬古文章滿粤東樹影扶疎栖老鶴風聲迢遞送飛鴻瓣香來拜書亭下勝景依稀似洛中

府尹 何士鰲

前題

獨步江頭古釣臺江深雨急半蒿萊逐臣追憶公前度簉守眞慚我後來水没魚蝦清更好山浮嵐

翠勢猶嵬空階佇立無爲語誰是匾郎舊雋才

前題　　　　　　　　　　　潮州知府邱齊雲麻城

薛薛秋深橡木陰千年廟貌枕高岑可憐南海分符日長是當年諫佛心驅鱷瘴江餘王氣探珠天水有知音潮陽莫道非殊寵難得韓山自古今

前題　　　　　　　　　　　黄在衮

古廟荒臺入望迷孤城遼曠萬山西沉沉晚樹連雲歇漠漠寒烟與鷺齊沙岸漫蒸溟海氣江峯愁絶遠臣栖滄桑異代猶如此潦倒何妨一杖藜

前題　　　黄　鏊

千仞峯頭一鳳翔昌黎風裁冠諸曹佛經忍亂垂裳治宮市何辭綴簡散斗星高只今遺有甘棠

韓祠懷古　　　縣尹　馮紹京　順德

昌黎曾構讀書臺窓對連陽八面開謫宦身離天闕遠問奇人載麴車來池中洗硯波成墨帳下凝煙色亦煨山斗至今人共仰粤東文采逈昭回

韓公釣魚臺　　　周　璉

臺下滄波若掌平先生曾此適幽情清風明月依然在誰復持竿繼令名

韓祠　　　　黃　衷

靑史鴻名太嶽高品題不但稱詩豪平津道遠三書罷古賦詞華二鳥遭自有神明扶信義不煩瀧吏訴波濤隴西門下誠多意滴酒叢祠感鬢毛

讀鱷魚文示門人梁用藏用藏梁文康公初字也　　檢討　陳獻章　新會

刺史文章天下無海中靈物識之乎如何皇甫兼

逢吉不及潮州一鱷魚

韓文公廟　同知李文藻山左

何事歎南食千秋薦苾芬辭朝佛骨表為郡鱷魚文枯木仍留姓穹碑與紀勳通經憐趙德生死附青雲

拜顛師像

祇為韓夫子低頭拜大顛留衣至今著書簡已荒烟儀覯區生最為師趙德賢海陬無與語三子竟能傳

嶺上韓祠上首廟 祠在郡內

斯人共元氣名蹟劇紛紛地幻藍關雪山連衡岳雲諸州爭立廟八代竟無文幾日潮陽守東南盡屬君

羊蹄嶺

蒙密松爲障回旋徑似螺兒輕青草滑衣濕白雲多宧堠遥相應洋帆靜不波淸時南徼外瞻眺意如何

謁韓文公廟

文學 梁學儀 順德

一代文章獨起衰百年廟貌不勝思臨風正得吾
師日抗疏還憐火佛時花落九天餘宦況煙迷古
篆認苔碑八千潮路勞遷謫大道從來世共疑

韓山書院歌贈許子遜山長公名廷𡾋蘇州孝廉曾令閩中
孝廉羅天尺順德

舊歲龍公守潮郡遺我韓山士子訓百頁裝潢繪
作圖千首詩歌流雅韻當年韓公上諫書欲燒佛
骨張吾儒貶來瘴江興道術天亦遂爾歎明珠八
代文風衰獨起原道山堂餘舊址天祟書院今

林矛　朝丹穫修廢圮購來四庫二酉書麗之持
節湖東隅休祥不數進烏詔忠古還應走鱷魚湘
子橋邊偶飛蓋龍公雖去斯文在前人之事後人
師受請湖州主乞佩書院亭名文章有神臭味通虎皮
自裹來粵東雲滿羅浮珠滿海豈無畸士出其中
驅車懷刺遂過我臣少不如今漸老羊公之鶴葉
公龍所見不如所聞可高軒不遇感知音登臺夜
夜彈素琴況公鯁直古遺愛一紙野鶴關人心公有
野鶴吟去　潮陽得公勝趙德問難執經能解惑文
官作也

錄一卷且卑之宰相三書有慙色笑予卧病龍江
南註書空自老松杉知已相過不相見十年懷抱
終長緘何時載酒山陰棹共看三陽承四教解衣
留别話千秋大道論心不論貌

覽韓昌黎所寫右丞白鸜鵒賦草書石刻歌

因寄龍使君植爲霖呈郭掌教

潘子手持鸜鵒賦得自郭公稱奇異展卷急讀走
蛟螭斗大昌黎艸書字憶昔書[奏]貶潮州中毒冒
險[艱]瀧流驅鱷放虵偶乘暇賦寫鸜鵒消羇[心]胸

中杈枒氣強倔一時十指爭迸出不悔能言進謫
官豈愛聰明學念佛敗絹流落化羊城龍公購得
鐫廟楹龍虎跳躍鬼神護墻壁勢挾風雷崩公文
如潮起八代詩歌兀奡古無對散爲餘綺燦陸離
神勇猶堪道義配潮人用作迎神歌堅比欃槍大
擘窠笑他主第彈一曲宛如洲上鼓三撾從來百
物聚以類珠玉無脛能自至龍公刻石郭公搨千
古文章通一氣尺也天南獨立無所師感公拜郊
雲龍馳欲扳椽木坐廡下壘蹟陡見神魂飛露盥

香薰忘寢食手摹衣畫日不一奕奕精神尺幅中我從呼之公定出

潮陽竹枝詞 古學試作 文學 陳鳴鶴 海陽

一泒山川盡姓韓巍峩祠宇昔賢壇輪囷鐵榦溜霜雨科卜常將橡木看

謁韓文公廟 侍讀學士 孫致彌 嘉定

揔角誦公文不啻編三絕半世味公道無能劍一吷維公不朽姿薄雲貫虹晲謗傷與誇衒兩者均蠓蠛氛氳一瓣香萬古應同爇舉舉何未生□□云

景行切潮陽謫宦匾偶然鴻爪雪藉此滌炎瘴海濱斗杓揭湖流漾清泒峰勢環飛岊江山銜明德臨眺心神潡白雲飄檐楹恍憶靈旗掣公之行道只在倫常日用不特謗傷者可嗤即誇衒者亦見之未眞也讀原道篇自得次章并其弟子表之明其鎔冶人才有功後學

史公識尊聖世家表弟子後雖未敢側義在可竊比濟濟伊洛徒游揚復羅李韓門數入室若籍湜服喜唐宋兩朝史附傳共編記匹夫百世師坡言得之矣配禹尚非誇傳軻又何訾荒荒海水南明

珠孕天水過化迻成材廟食芳蘋芷蚪枝侍郎木

檜楷同薿薿

韓山謁文公廟　孝廉　葉適　惠陽

古木危巒瞰海濱山川名姓屬羈臣鱷魚徙去潮

波淨橡樹遺來手澤新（文公手植橡樹潮人以花卜科甲盛衰）步雪

鶴隨仙子跡（謂湘子會至潮今有湘子橋）留衣曾覆老僧身（謂大

顛）南遷往事傳當日翻笑猜疑起後人

謁韓祠　爵里未詳　陳天生

早誦喬文炳日光此時瞻拜肅冠裳澄江月

廟在王局碑殘藉未荒[illegible]有靈傳海國同[illegible]無
力謫潮陽唐人太息南人[illegible]山[illegible]於今姓字長

藍關謁韓文公祠在惠州龍川縣　葉沃

不惜殘年疏一封諫時激切謫從容陽春亦到八
千里凍雪難摧萬仞峰中國自來無佛法南方從
此有仙踪鱷魚馴去潮波息始信吾儒道[illegible]窮

讀韓昌黎諫迎佛骨表　吳鏌

維持正學力全痛道統師承在匹夫佞骨世應無
活佛格心君只有眞儒雲開衡岳山靈感鱷化韓

江海若驅八代衰能振起封章難省一人愚

藍關謁韓文公祠　　譚湘

颯颯西風白日寒荒祠遺像肅衣冠雲迷鄉國身千里雪滿藍關山老一官肝膽抱[illegible]天[illegible]問古今到處路行難徘徊獨立松楸下蒼[illegible]不忍看

白鶴峰圖

卷十一 圖

西湖圖
東新桥
惠州城

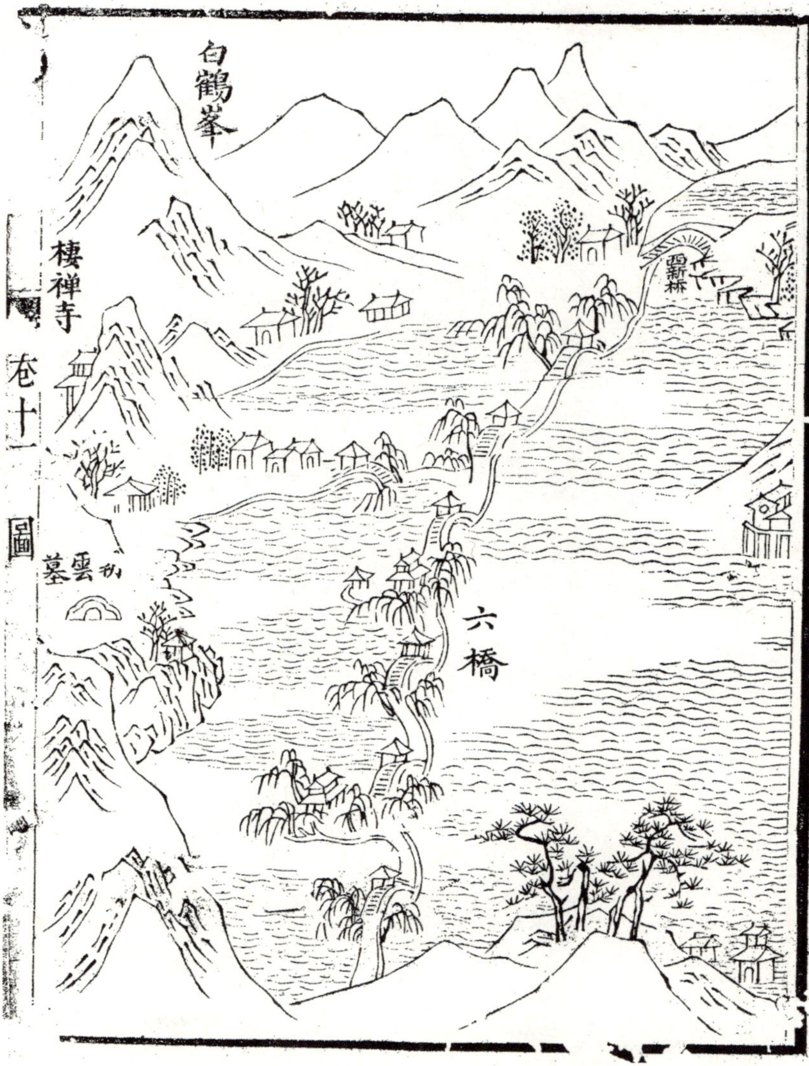
白鶴峯
棲禪寺
卷十一
圖
朝雲墓
六橋
西新橋

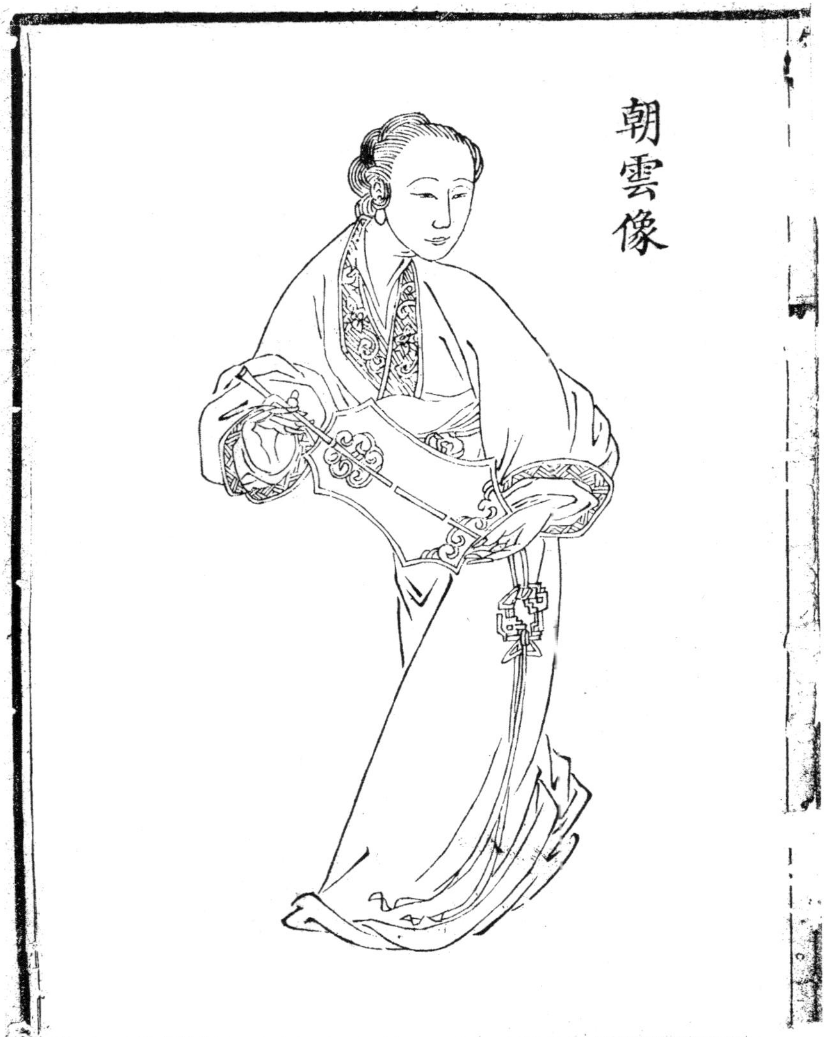
朝雲像

蕉文忠像
卷十一 像讚 一

蘇文忠像讚

嵋山開祥俊傑文章琳瑯金蘧紫薇玉堂羅浮蒼蒼赤壁茫茫流風餘韻百世不忘

祭酒胡　儼讚

鶴峯記

香山陳蘭芝拂霞輯梓

白鶴峰記

謹按白鶴峯在惠郡城西五里峯巒秀拔其下有梅花村宋蘇文忠公謫惠時卜居於此蕭然一室左圖右書以少子過自隨居三年惟吟咏自樂其意念泊如也維公立朝大節儼然爲一世表儀其磊磊落落如高山大川其炳炳烺烺如青天白日君子有所恃而不恐小人有所畏而不爲其吐而

爲詞排山倒海驚動一世眞千載文人之雄也其安寘于惠時所至人敬之如神明親之如父母凡一言一咏世莫不競相珍重後徙昌化儋人咸信而從之豈聲音笑貌所可強而致哉公之言曰英偉奇佚之士不容於世也久矣自今觀之孔北海盛孝章猶在世而向之譏評者與草木同腐已久嗟嗟斯言其殆有感而發與要之公氣節岩岩固與北海孝章相等埒而其文章則度越二子遠甚兹裒其居惠諸作并以昌化者附焉作鶴峯記

鶴峰記

香山陳蘭芝拂霞輯梓

文類

文忠公傳

蘇軾字子瞻一字和仲眉山人生十年父洵游學四方母程氏親授以書聞古今成敗輒能語其要母嘗讀范滂傳慨然太息公請曰軾若爲滂母亦許之否乎程曰汝能爲滂吾顧不能爲滂母邪比冠博通經史屬文日數千言嘉祐二年試禮部進士歐陽修得公刑賞忠厚論驚喜擢寘第二復以

春秋對義居第一殿試中乙科後以書見修修語梅聖俞曰吾當避此人出一頭地五年試福昌主簿歐陽公以才識兼茂薦之秘閣試六論文義粲然復對制策入三等自宋初以來制策入三等惟吳育與公而已除大理評事簽書鳳翔府判官治平二年入判登聞鼓院英宗自藩邸聞其名欲以唐故事召入翰林知制誥宰相韓琦曰軾遠大器也異日自當大用今不可驟軾聞之曰韓公可謂愛人以德矣尋直史館會父卒服除熙寧二年還

朝時上欲用軾王安石執政素惡其議論異已阻
之時安石剏行新法公上書論其不便安石滋怒
遂請外通判杭州歷知湖州上表以謝又以事不
便民者不敢言以詩托諷言事者摘其語以爲訕
謗逮赴御史獄欲寘之死鍜錬久之不決上獨憐
之以黃州團練副使安置築室於東坡自號東坡
居士後居常州哲宗卽位復知登州至登召爲禮
部郎中元祐元年公以七品服入侍延和卽賜銀
緋遷中書舍人尋除翰林學士二年兼侍讀宣仁

后召對便殿后曰卿官至此乃先帝意也先帝每
誦卿文章必曰奇才奇才未及進用卿耳軾不覺
哭失聲宣仁后與哲宗亦泣已而命坐賜茶徹御
前金蓮燭送歸院三年權知禮部貢舉四年數以
論事爲當軸者所恨請外拜龍圖閣學士知杭州
後召爲吏部尚書未幾召兼侍讀是歲哲宗親祀
南郊公爲鹵簿使導駕入太廟有整肅儀衛之奏
尋遷禮部兼端明殿翰林侍讀兩學士爲禮部尚
書八年以兩學士出知定州坐掌內外制日草呂

惠卿降官制言者託以譏斥先朝紹聖初遂以本官知英州尋降一官未至貶寧遠軍節度副使安置惠州以少子過自隨居三年泊然無所芥蔕人無賢愚皆得其懽心疾病者畀之藥殞斃者納之竁又率衆爲東新西新二橋以濟病涉者惠人愛敬之四年大臣以流竄者爲未足也復以瓊州別駕安置昌化軍昌化故儋耳地非人所居藥餌皆無有初至僦官屋有司猶謂不可軾遂買地築室儋人運甓畚土助之獨與幼子過著書爲樂徽宗

立赦還初徙廉州改舒州團練副使再徙永已乃
復朝奉郎提舉成都玉局觀公自元祐以來未嘗
以歲課乞遷故官止於此勳上輕車都尉封武功
縣開國伯食邑九百戶建中靖國元年請老以本
官致仕卒于常州年六十六公嘗述先志成易傳
作論語說尚書傳又東坡集四十卷後集二十卷
奏議十五卷內制十卷外制三卷和陶詩四卷傳
于世軾弟轍亦以文齊名一時文人黃庭堅晁補
之秦觀張耒陳師道皆師事之其三子邁迨過俱

善屬文高宗即位贈太師謚文忠以其孫符爲禮部尚書

到惠州謝表　　蘇軾

先奉告命落兩職追一官以承議郎知英州軍州事續奉告命責授臣寧遠軍節度副使惠州安置已於今月二日到惠州公參訖者仁聖曲全本欲畀之民社群言交擊必將致之死亡尚荷寬恩止投荒服臣軾中謝伏念臣性資褊淺學術荒唐但信不移之愚遂成難赦之𠎝迹其狂妄久合誅夷

方尚口乃窮之時蓋擢髮莫數其罪豈謂天幸得存此生此蓋伏遇皇帝陛下以大有爲之資行不忍人之政湯網開其三面舜干舞于兩階念臣奉事有年少加憐愍知臣老死無日不足誅鋤明降德音許全餘息故使厩饋之馬猶獲蓋帷轂觫之牛得違刀几臣敢不服膺嚴訓託命至仁洗心自新没齒無怨但以瘴癘之地魑魅爲鄰衰疾交攻無復首邱之望精誠未泯空餘結草之忠

到昌化軍謝表

蘇　軾

今年四月十七日奉被告命責授臣瓊州別駕昌化軍安置臣尋於當月十九日起離惠州至七月二日已至昌化軍訖者並鬼門而東騖浮瘴海以南遷生無還期死有餘責臣軾中謝伏念臣頃緣際會偶竊寵榮曾無毫髮之能而有邱山之罪宜三黜而未已跨萬里以獨來恩重命輕咎深責淺此葢伏遇皇帝陛下堯文炳煥湯德寬仁赫日月之照臨廓天地之覆育譬之蠕動稍賜矜憐俾就窮途以安餘命而臣孤老無託瘴癘交攻子孫慟

哭於江邊以爲死別魑魅逢迎於海上寧許生還念報德之何時悼此心之未已俯伏流涕不知所云

沉香山子賦　　蘇軾

古者以芸爲香以蘭爲芬以鬱鬯爲祼以脂蕭爲焚以椒爲塗以蕙爲薰杜蘅帶屈菖蒲薦文麝多忌而本羶蘇合若薌而實葷嗟吾知之幾何爲六塵之所分方根塵之起滅常顛倒其天君每求似於髣髴或鼻勞而妄聞獨沉水爲近正可以配薝

匐而並云矧儋崖之異產實超然而不群既金堅而玉潤亦鶴骨以龍筋惟膏液之內足故把握而兼斤顧占城之枯朽宜爨釜而燎蚊宛彼小山巉然可欣如太華之倚天象小孤之插雲往壽子之生朝以寫我之老懃子方面壁以終日豈亦歸田而自耘幸置此於几席養幽芳於帨帉無一往之發烈有無窮之氤氲蓋非獨以飲東坡之壽亦所以食黎人之芹也

濁醪有妙理賦 神聖功用無捷於酒 蘇軾

酒勿嫌濁人當取醇失亦憂心於昨夢信妙理之凝神渾盎盎以無聲始從味入杳冥冥其似道徑得天眞伊人之生以酒爲命常因旣醉之適方識此心之正稻米無知豈解窮理麴蘗有毒安能發性乃知神物之自然蓋與天工而相並得時行道我則師齊相之飲醇遠害全身我則學徐公之中聖湛若秋露穆如春風疑宿雲之解駮漏朝日之暾紅初體栗之失去旋眼花之掃空酷愛孟生知其中之有趣猶嫌白老不頌德而言功兀爾坐忘浩

然天縱如如不動而體無礙了了常知而心不用坐中客滿惟憂百榼之空身後名輕但覺一杯之重今夫明月之珠不可以襦夜光之璧不可以餔芻豢飽我而不我覺布衣燠我而不我娛音如惟此君獨遊萬物之表葢天下不可一日而無在醉常醒孰是狂人之藥得意忘味始知至道之腴又何必一石亦醉罔問州閭五斗解酲不問妻妾結襪廷中觀廷尉之度量脫韡殿上夸謫仙之敏捷陽醉逷地常陋王式之褊嗚嗚仰天每譏楊惲之狹

我欲眠而君且去有琴何妨[illegible]皆勸而我不聞其誰敢接殊不知人之齊聖匪昏之如古者晤語必旅之於獨醒者汨羅之道也屢舞者高陽之徒歟惡蔣濟而射木人又何狷淺殺王敦而取金印亦自狂疎故我內全其天外寓於酒濁者以飲吾僕清者以酌吾友吾方眫於渺莽之野而汲於清泠之淵以釀此醪然後舉窪樽而酌大斗

桂酒頌并序　　　　蘇　軾

禮曰喪有疾飲酒食肉必有草木之滋焉薑桂

之謂也古者非喪食不徹薑桂楚辭曰奠桂酒兮椒漿是桂可以爲酒也本草桂有小毒而菌桂牡桂皆無毒大畧皆主溫中利肝肺氣殺三蟲輕身堅骨養神發色使常如童子療心腹冷疾爲百藥先無所慴畏陶隱居云仙經服三桂以葱涕合雲母蒸爲水而孫思邈亦云久服可行水上此輕身之效也吾謫居海上法當數飲酒以禦瘴而嶺無酒禁有隱者以桂酒方授吾釀成而玉色香味超然非人間物也東坡先生

曰酒天祿也其[illegible][illegible]美惡也以兆主人之吉凶吾得此豈非天哉故爲之頌以遺後之有道而居夷者其法葢刻石置之羅浮鐵橋之下非忘世求道者莫至焉其詞曰

中原百國東南傾流膏輸液歸南溟祝融司方發其英沐日浴月百寶生水娠黃金山空青丹砂晨暾珠夜明百卉甘辛角芳馨旃檀沉木迺公卿大夫芝蘭士薰蘅桂君獨立冬鮮榮無所懾畏時靡爭釀爲我醪醇而清甘各一不壞醉不醒輔安五神

代三彭肌膚渥丹身毛輕冷然風飛躡水行誰其傳者疑方平教我常作醉中醒

廣州資福寺羅漢閣碑　蘇軾

衆生以愛故入生死由於愛境有逆有順而生喜怒造種種業展轉六趣至千萬刧本所從來唯在一愛更無餘病佛大醫王對病爲藥惟有一捨更無餘藥常以此藥而治此病如水救火應手當滅云何衆生不滅此病是導師過非衆生咎何以故衆生所愛無過身體[illegible]有疾割肉刺血初無難

[illegible]

色若復鄰人從其[illegible][illegible]一爪一髮終不可得有二

導師其一清淨不入諸相能知衆生生死之本能

使衆生了然見知不生不死出輪迴處是處安樂

堪永依怙無異父母支體可捨而况財物其一導

師以有爲心行有爲法縱不求利卽自求名譬如

鄰人求乞爪髮終不可得而况肌肉以此觀之愛

吝不捨是導師過設如有人無故取米投坑穽中

見者皆恨若以此米施諸鳥雀見者皆喜鳥雀無

知受我此施何異坑穽而人自然有喜有愠如使

三

導師有心有爲則此施者與棄何異以此觀之愛
吝不捨非衆生咎四方之民皆以勤苦而得衣食
所得毫末其苦無量獨此南越嶺海之民貿遷重
寶坐獲富樂得之也易享之也愧是故其人以愧
故捨海道幽險死生之間曾不容髮而況飄墮羅
利鬼國呼號神天佛菩薩僧以脫須臾當此之時
身非己有而況財物實同糞土是故其人以懼故
捨愧懼二法助發善心是故越人輕施樂捨甲於
四方東莞古邑蒼[illegible]寺有老比邱祖堂其名未

嘗戒也而律自嚴[illegible]嘗求也而人自施人之施堂如物在衡損益銖黍了然覺知堂之受施如水涵影雖千萬過無一留者堂以是故創作五百大阿羅漢嚴淨寶閣涌地千柱浮空三成壯麗之極實冠南越東坡居士見聞隨喜而説偈言

五百大士栖此城南珠大貝皆東傾衆心回春栢再榮鐵林東萊閣乃成寶骨未到先通靈赤蛇白壁珠夜明三十襲吉誰敢爭詹簷飛空俯日星海波不搖颶無聲大風徐來韻流鈴一洗瘴霧冰雪

清人無南北壽且寧

與僧契順語　　蘇　軾

余謫居惠州嶺海隔絕諸子不聞余耗憂愁無聊蘇州定惠縣學佛者卓契順謂邁曰子何憂之甚惠州不在天上行卽到耳當爲子持書問之契順涉江渡嶺徒行露宿僵仆瘴霧黧面蠒足以至惠州得書徑還余問其所求答曰契順惟無所求故來惠州若有求者當走都下矣苦問不已乃曰昔蔡明遠鄱陽一校頃魯公絕粮江淮之間明遠

載米以周之魯公[illegible]其意遺以尺書天下至今知有明遠也今契順雖無米與公然區區萬里之勤倘可以援明遠例得數字乎余欣然許之爲書淵明歸去來辭以遺之庶幾契順託此文以不朽也嗚呼若契順者庶幾巢谷之儔與

西新橋記　　宋通判　許　騫　惠州

環惠皆水也左右雙江右並長湖江以東爲橋湖以北爲堤皆往來之衝捨斯二者弗濟乃若自湖以西不過禱祀遊賞者往焉樵蘇者往焉雖一葦

可航也亦不築堤建橋意者導湖山之勝據登覽之會以成此邦之偉觀耶橋故千柱橫跨一湖雨潦推擠弗支弗永紹聖二年冬僧希固築進兩岸而隄之東坡蘇公捐腰犀以倡其役黄門公遺金錢以助其費炎州無堅植迺市石架木爲巨橋椽泥丈餘固其址於下架飛閣九間壯其勢於上堅完宏偉觀者咨歎而西新之名遂爲南州甲閱歲浸久所謂頂椿者屹如砥柱不可動撟葢其度材用功不苟如此自淳熙癸卯郡嘗一脩不數歲而

圮紹熙壬子縣亦再脩不旋踵而壞夫其材若功已不逮昔遠甚陋併以其舊植遺廡撤去之豈不甚可惜哉紹熙甲寅夏六月栝蒼林公復由文思院轄來鎮兹土下車之初首謁祠宇慨然曰是豐湖之望而先賢遺蹟也可廢乎顧急於民瘼未暇治也越明年政成化洽上下恬熙治東新橋以濟病涉既成始因農隙募工畚土益堤高廣咸五尺既培既實又明年春命伐石而經始焉先實拳石於泥以平其坎壓以松板板之上甃爲水門五雖

舫可同盤結互拱聯附參錯湊理綜密旣崇且夷
覆以危宇翼以扶欄飛敞軒豁萬象畢集西則梵
宇祠宫崔嵬輝煥東則城市井邑空濛掩映南北
則峯巒洲渚隨境獻狀俯仰則禽魚飛泳水天互
明環湖山之景如在几席間父老雲集士女龢會
更相告語皆曰目所未睹而徘徊遊宴不知幾旦
暮也會公將還朝邦人德其賜不忍捨去請鶱書
諸石以慰去思鶱曰是固當書也何敢以固陋辭
竊聞橋隄之役郡政之一也昔之守不能獨任其

事而二蘇公實爲之今睎之可愧也已然坡公之詠新橋有後人勿忘今之語其望深矣抑未有續其緒何哉夫川原陵谷土木之變無窮要其廢興葢自有數而存乎人蘇公之橋以紹聖丙子六月或當其壞而莫興者數未至也迨今慶元丙辰整整百年矣而公乃新之亦以六月告畢葢有不約而符者窮則變變則久兹以石繼木而蘄於不朽者豈偶然哉葢公以當朝偉望屈臨遠服踵數十載不可支吾之後阨窮愁歎莫極莫紓天矜遠甿

而公實來靡痌不瘳靡僵不植民物浹和山川增明橋之更革皆與政通宜其光前垂後與蘇公齊驅並駕於百載之間也嗚呼橋則堅矣美矣繼今以往又未知數之底止也此邦水菑不時或潦齧而燹阤則尚賴後之人念締搠之艱難以時補苴而脩治之使永永不墮則善矣橋舊名豐樂坡公名曰西新今題坡公爲正其脩十一丈五尺廣二丈一尺崇三尋有三尺而亭之廣袤與橋等木石工匠之縻皆出諸帑廪之餘而民不知也莅役者

兵郭滌督護者都獄掾黃鑾圭河源簿蔡槐因併誌以詔來者云

第一江山亭記　吳高

三山李公叔玉由地官員外郎來守惠郡政通人和暇日於後圃邱莽間升高而望得異處焉斬茅而嘉樹列發石而清泉激廼壁廼塗却立而覩出者突然而高夷者坦然而平若有神秘一旦顯露公乃穴其墻如甕牖山勢坡坨江流環繞呈奇獻秀於几席令人應答不暇花木障錦禽鳥喧簧春

以融梅雨弄晴荷香清暑夏以澄翠黛卓玉銀簷
委波秋以揚風松傲霜雪梅飄香冬以凝若夫風
雨晦明雲烟開斂倐忽變化氣象萬千此舉其槩
縷不盡也公退角巾鶴氅偕賓僚文士商確古今
詢問民隱已而一觴一詠吹洞簫而作水龍吟撫
焦桐而歌猗蘭操但見風帆浪楫之往來白沙翠
竹之掩映漁歌樵唱村墟市廛或遠或近或有或
無山川勝槩入我襟袖無日而非我有公甚樂之
名其亭爲第一江山構二小亭東曰方舟客坐亭

上如在舟中東西南北信所之也西曰方壺公之居有方壺樓蓬萊方丈如在目前不忘桑梓也間謂予曰願爲記之夫自有天地即有江山謂之第一何葢群峰雖多而羅浮象嶺山之秀者磅礴之氣於焉而止則群山皆拱揖而退讓矣萬壑爭流而合江西湖水之秀者其清淑之氣於焉而聚則衆水皆縈廻而趨就矣謂之第一固宜昔者宋陳文惠公守郡愛山水之美建野吏亭於城隅亭廢碑存公無乃野吏是慕乎公悚然曰吾才不逮古

人而催科政拙名予爲拙吏可乎衆皆大笑遂書于壁

重建蘇文忠公祠堂記　　元　邢世衡

延祐丙辰之冬廣東僉憲長安張公世榮行部潮惠治所官僚祖道東門外憲使亞中晚兒赤公曰惠之白鶴蘇文忠公實寓焉適在東履惟先賢遺躅是堙是懼公今行予無憾白鶴矣公曰唯越明年春抵惠陽時暇公命佐史皮叔寶邢世衡王繼祖偕有事于祠目隳宇露垣高壤隱肘集郡募

屬謀曰公大節震天下而此焉祠規制若是湫隘後公而來者得無慨然於斯首捐月俸郡之官屬咸志樂助厥工惟傭厥材孔良圯者葺廢者補夷壞劇鬱屋東西偏扁德有鄰思無邪存舊也公於是過人遠矣嗟夫賢之所在固國人所甚寶也屈建之於楚范會之於晉臧文仲之於魯言綱行槼雖其人差品不同彼其謀議之臣叔孫豹趙武之徒使於四方應對諸侯而各賢其國之賢爲足矜於天下至若寓公放臣殊方絕域非有一日之雅

素施之澤而能使其人思之不忘且社而稷之其得此於人蓋有自而何必生于其間然後爲足稱於天下哉。若眉山蘇公初以疏萬言格新法斥京卞輙用輙斥雖不能救弊伸當時而公以此終身名後世矣夷居萬里颶海孤航猶不能厭悒者之心杜讒人之口飽惠州飯和淵明詩遥瞻玉堂如在天上而邁往之氣匪躬之節直自不替而彌厲者以禍福不動其心趣舍素定故也夫道體本周遍心境固無外非滯一偏局一隅之謂惟其道居

斯樂非其道雖弗居也君子之於抵巇處心益如
此然則公所謂無往而不樂者不能無惑乎物外
之說其視世之相溺情貴富往來熱中而喪守者
其亦遠矣特惜其平生所最重者三人益公魯連
留侯悉著于篇無以致其尊慕之意則往往歸之
仙而獨不能長生久視以觀蔡氏之亡也嘗誦其
凌虛臺記謂物之成敗相尋於無窮爲不可恃而
世有足恃者不繫凌虛之存亡迨今觀之圜山翠
矗合江豐湖碧瀲猶昔曩之華榱綺疏詒池豪沼

蕩爲浮漚鞠爲茂草欲問其搆鑿處而遺老無在者公留郡四年遷新居纔百日耳到今鶴峯配姓以傳兹堂之設垂數百年如祠之初而張公能植世教出人意表殫思畢精建補完好以致其高山景行之思庸新美吏民趨嚮俾蕪廢之墟一旦爲瑰特之觀邦之人感化承志方蕆祀于無巳請文勒珉於是乎始則世之足恃以公之所存雖百世可知也其迎送神之詞曰岷峨巉天中巴江氣澤攸鍾賢相望公攜伯季照四方前掩嚴李司馬揚

壘摩遷固挾騷莊大音斯完諧咸章三四神君翼東皇策成殿上驚貂瑠躋之西掖置玉堂色難臭腐飡楓香疏詆新法排貛郎天關虎豹眠邛羊鄙氏之子首謗傷群慝角啄森開張妙聲不聞蓬萊宮笙鍾酣谷樂未央九疑聯綿江蒼茫羅浮山下眞吾鄉靈連蜷兮聊翺翔桂醑湛兮不滿觴華表鶴歸民不忘宣和貴人幾墟黃一時之屈伸者長千秋萬古日月光虔州賊焚刧惠陽登祠見公像羅拜而去不敢傷其薪木

重修蘇文忠公祠堂記　楊載鳴

惠州故有東坡先生祠在白鶴峯之上先生以紹
聖初謫惠又二年而卜築于兹以居居無何再徙
昌化留其家以行惠人以先生之眷眷此邦也即
其居建祠祀焉峯北臨長江羣山在矚曠林平野
逶靡映帶烟濤雲日光景變化故惠之父老兒童
歲時遊歌於此其守吏與其學士大夫之宴息必
之乎此而行部之使四方之賓客過而謁者未嘗
不極目興懷於此也葢惠之爲郡以先生重而環
城之境兹峯實當其最勝宜與先生之風相爲無

窮也嘉靖乙卯冬載鳴移官來惠拜瞻于祠祠屋久且敝時判郡豐城吳君晉方有意新之于是相與省度其工而堂之前昔爲有鄰堂者因之其西偏爲東坡書院後人益稱憑虛閣娛江亭者則更曰思無邪齋來問所視存舊也又濬硃池墨沼於榛莽中越明年夏六月而成吳君謂載鳴宜有記或曰先生始以能文章起西蜀遂擅名天下既而以正言受主知忤柄人意乞外去方其下于理又致之死者數矣賴天子憐察薄譴齊安顛頓摧詘

徊翔中外葢久矣猶不能平心和俗全其身以有爲將所謂順而止之趨時義者非耶嗟乎此豈所以論先生哉夫臣無二心天之制也以此效於君亦以此終其身未之有改也先生自許於韓富諸公而慕范孟博之慷慨自童孺時已然其讜言大節葢天性也故苟利於國不恤其身苟可行其言不潔其名夫身與名之不邺而皇邺其他哉當是時士大夫回面改步鑽隙抵巇者凡幾變矣而先生以素所挾持者立其間是故一斥于黄再斥于

杭已而于潁于英于惠連輙斥至海外甚矣瀕屢死而不悔竟轗軻以終其身語曰衆人之容易志士之所難先生固有所不能與紹聖無論荆公之初則忤温公則又忤其所如不合亦非苟然而已也先生在惠羮藜含糗日與田夫野老相親狎夷愉恬默世莫得而測之其學不純師而一險夷同死生超然遊其身於物之外要其有自得者可謂偉烈大丈夫矣先生始寓合江繼嘉祐凡四遷而得居此蓋窘矣而其餘力足以及惠人後數百歲

流澤往往而在今載鳴以罪至賴上仁聖安居而祿食不能一有爲自稱蹇葢嘗名其署之堂曰仰蘇以志其媿每過白鶴輙低徊嘅慕不能去乃今敢附名斯文哉惟後之人尚友先生而思其放流名迹能使人稱嗟至今所以措之乎天地之間而無愧者何如庶幾知一時榮寵智力爲寄遺而登兹峯也可以曠然而視矣吳君爲郡勤勤於治行其飭是祠亦可見其志焉

西湖賦　　庚熙

粤稽梁化載于方輿星分牛女之次地宅祝融之墟羅維浮高聳乎百隩石硠傑峙乎南隅實爲越之沃野咸稱漢之名區橫溪之流走碧沙而遠瀉水簾之瀑激白石而長驅或由新村而澎湃或自天螺而折紆諸水於焉渟蓄西湖由之深瀦汪洋兮千頃而無似廣袤兮十里而有餘城傍湖東兮城之所以立也湖在城西兮湖之所以名歟天下西湖古今勝境一著於杭一標於潁錢塘十里莫窮汝陰羣山無影惟此惠郡堪輿比隆湖面寬宏水

澄清而鏡若湖流長遠波委曲而繩同山以水而作態水以山而爲容水繞乎山處處山光搖荇藻山依乎水時時水影開芙蓉四面奇呈一時佳儁千山環展繡屏一水平鋪錦幟青攢雲髻增姿翠擁黛眉添致花容鬪艶兮似脂粉之頻施霞彩爭絢兮類綺羅之互衣村烟裊態兮如舞袖之飄揚好鳥弄聲兮比歌喉之圓媚嬋娟幽雅恍若婉變閨媛艶冶妖韶儼若靚粧名妓故西湖之美難名惟西子之佳堪擬爾乃纖濃有緻點綴無窮遠近

六橋虹橫碧落東西雙塔筆插蒼穹水浴亭臺四圍滉瀁波浮洲嶼一抹青葱漱玉灘前激珍珠而噴石水簾洞裏瀉錦線而飛空且也寺觀星羅道僧雲合仙宮境勝金鰲玉蝀輝煌寶刹光生桂柱芝栭叢沓虛聲梵唄雲中縹緲韻相連暮鼓晨鐘風外鏗鍧音似答當其春也風光韶秀景物暄妍兩岸桃夭弄色長堤新柳學眠遷樹鶯歌宛轉争花綵蝶翩翻當其夏也青陽已歸朱明方接舊紅半褪杏花新碧纔添藤菜又見荷葉榴枝火焰欲

燒空梅子金丸堪貯餞及乎斗杓指亥納日餞寅
楓如丹穴橘似朱輪展來遊兮折齒花飄素兮絢
銀黃菊芬芳舒英而作客飛鴻嘹嚦啣葦而來賓
及乎栗烈飄風窮陰杀節林中飈吐兮籟冷水上
瀾翻兮銀白蒼松作勢以攖霜翠竹矜筠而欺雪
若夫四垂冲淡爲湖之朝翠藍深積埋山頂白練
横拖繫塔腰幾隊鷗皃浥露華而濯濯數行鶴陣
趂風勢以迢迢一望微濛爲湖之暮樵歸半逕爭
先漁唱豐湖暗度晶宮波底星光錯落虛涵荔浦

枝頭月魄分明初吐鴻濛漸啟為湖之晴山寺蒼

茲兮凝晚靄江風馥郁兮度花汀郭外油車聽提

壺之呼喚隄邊蛋艇喜柳帶之逢迎淅瀝斜侵為

湖之雨珠顆顆兮的皪而走荷盤線條條兮嘈雜

而喧燕語雲峰頓變幻其形江樹深藏失其處此

固比鄒曲之櫂而尤佳較輞川之圖而更愈者也

所以遊人不盡遊興非常或招朋而拾翠或載酒

而搴芳或持一拂而觀縞衣之舞或携雙柑而聽

金羽之簧或採蓮而放畫舫或看竹而泛詩航或

尋菊於別塢或探梅於幽鄉舉桂檝兮牽菱荇迴
鷁首兮衝鴛鴦錦帆旣張木蘭徐逝逐鷗羣以爲
朋折荷葉以爲觶擷藤菜以爲羹採菱實以爲餌
魚烹白小漆眼銀體味無如泉酌姚坑氷玉醍醐
淸不啻題詩而動杳冥彈琴而鑰靈閟尋三品石
而賞其貞登六如亭而叩其義泛豐湖而想鱷魚
之踪望楊山而美驪珠之戲寄托乎寰區遐舉乎
嶺澨遨遊乎太虛逍遙乎性始誠不知身之爲身
世之爲世寧可動以王侯焚以榮愧也哉雖然人

因地傑地以人靈湖以陳文惠而顯又以蘇文忠而名留正宋卿卜築水簾而湖勝中離薛侃講學豐山而湖與濂溪文山新建立祠於東嶽而湖盛三賢嘗遊西湖子中龍塘復所奮跡於惠陽而湖榮至若真空之證果紫清之飛昇皆足爲湖山之光寵遊覽之典型不然峰巒美擅溪澗妙呈亦泰岱一石之奇巧渤海一勺之澄泓耳曾足與杭潁而較重輕

討春夢磯東坡謫惠時出遊山半途遇雨頭戴蓬笠足穿木屐犬亦吠之有一老婦見而笑曰想學士殿上金蓮燭送歸院時豈不是一塲春夢耶子瞻亦大笑八

呼爲春夢婆　梁無技

因作春夢檄

粤以陰陽定位晝夜以分歷象成文春秋代謝太皞爲司春之帝變律能調巫陽作掌夢之官離魂可召洎日國寖衰而高唐作偪遂致睡鄉多故夕擾靈臺夜氣不存時迷戍鼓淸溪有月難平蕉鹿之殃角枕生雲莫救邯鄲之禍蟻城校獵鼠穴乘車神女何心漫作陽臺之雨阿甄無主淹爲洛水之魂此非二竪爲災原以三彭揖盜今我南樵子者孔氏之徒漆園之侶木鷄養氣曾窺紀渻之談

秋水觀心已悟濠梁之樂梅花擬魄尚嫌白雪無
光皓月爲胸翻笑空潭有影是豈識想繽紛游魂
縹緲者哉爾乃夜城陰賊定裏穿窬肓出南柯豈
是天潢之譜支流殷氏徒爲傳築之媒此猶爾祖
之嘉名先人之盛烈也不謂叔季殘支流爲異類
乘春風而入幙聽玉漏以窺簾或招之而不來或
麾之而不去或託妖姬而獻媚或爲鬼物以形媸
非吉非凶爲眞爲幻刑當寂滅訊豈容占今我不
錄其過少逭其辜爾亟率爾同儕適彼樂土鳳凰

臺上醉罷葡萄雲母窗前賞殘芍藥賣釵小玉長眠鸚鵡之聲奪篋秦宮任睡氍毹之月倘或無分去就坐鬧時宜我則廣集文臣雄張武士吳鉤燕七行侵太白之光子墨客卿坐奪銀河之影將尋君於罔象之國討爾於亾何之鄉誠恐玉石俱焚莫辨熊羆魍魎雷霆所至難分朝暮春秋爾其圖之毋爲後悔陳蘭芝曰粵東張文宗考古學曾出過擬陶侃討蘇峻檄古文所選檄文亦甚少今特錄一式於此黃文裕六藝流别云檄尺二書所以徵兵也始於戰國張儀檄楚若有急則揷雞羽以示疾謂之羽檄陳彼惡謂此德慰曉百姓使視聽皦然明白故以檄名

鶴峰記　卷十一　春夢檄　完

天泉書院記 續檢 尚書 葉夢熊 歸善

夫道在天地亘古今一聖愚昭昭若揭日月而行何後世紛紛多岐也混沌一氣相忘無言至孔子正學大明當其時羣弟子互相辨質曾無異說以詫奇行恠孟氏遠紹不傳之緒自謂守先王以待後學異端角立辭而闢之雖目爲好辨不辭寥寥千載至宋諸儒多所發明顧濂洛關閩先說亦不能盡一學者各守其師說以求指歸如紫陽幔亭鵞湖白鹿彬彬盛矣明興統一道眞則河東餘干

新會餘姚毅然以斯道爲己任後學羣起而宗之
雖自分門別户要以升堂入奥而止今寓内人士
猶然各守其説而不背촒道固不假名言乃轍近
非獨異端亂道卽吾儒各執其是不有明辨使後
學將奚主也鼎石周公少講聖賢之學多所解悟
正慮夫後世之多岐也惟闡明道一之旨往督學
齊魯日引諸生爲談説理道亹亹誨之不倦齊魯
翕然化之頃以叅藩入粤餘兩年所復引諸生談
説如齊魯按部至惠公暇卽徧遊羅浮西湖諸形

勝聚十校弟子爲之辨晰而四方聞者亦莫不負笈至生徒聚者日益衆戶外屨受敎屨常滿諸生患絃誦無所咸願假館庶幾得一造就以告於郡邑大夫乃允諸生之請爲相地西湖之北湖光拍天一碧萬頃望之若天然故曰天泉剏講院居之爲堂五楹旁列號舍庖湢備具復置田百畝贍四方來學者諸生欣然樂羣公於是設條規擇博士之賢者爲之督率月凡會者四方期登堂進諸生辨質疑難諸所陳說講義彙而成編名曰道一不

佞獲受而卒業先啟發答問纚纚非一歸之大要
惟求反之於一而已古今聖愚同歸一致公之學
固已識其大哉郡邑大夫以不佞宜一言以記其
盛余謂宋諸賢講學直將與霄壤相終始粵自元
公以提點至文成以軍旅至其流風餘韻粵人士
至今服習尸祝之公固元公之裔文成之鄉人也
粵人士服習公不異兩公則百世尸祝之何疑西
湖去江門相距非遙茲院且將與碧玉樓後先輝
映也使後有聞者知斯道之明自天泉始天泉之

鶴峰誌

名於世自周公始哉公名應治號鼎石浙江鄞縣

人庚辰進士

鶴峰記

香山陳蘭芝拂霞輯梓

西湖

隋文帝開皇十一年廢梁化郡置循州郎今惠州府治也

西湖爲郡之勝覽長五里許繞郡城西自南亘西湖水北源出横槎合衆山之水滙爲湖○全湖大勢記云○西湖者豐鱷二湖之會也三大溪之流北曰横槎西曰水簾西北一新村一天螺坑至西新橋合合三大溪溪水滙因是溪化爲湖廣袤十餘里汪洋千頃波光若練故道横槎趨拱北橋入東江水簾趨大通橋至西新橋與新村天螺坑會穿城注秀水湖入西江國初改築新城塞故道奪秀水之流注百官池鑿象嶺脉封土而橋之以達鐘樓入西江先民惡其土曠失險蓄之令勿洩故稱湖焉湖之浸以負郭西也于是湖名西云西湖諸山之脉皆宗白雲

雲嶂白雲嶂去郭一百三十里高千丈廣二百里奇後擁銀瓶前邐長沙重岡複嶺峭削侵漢纍纍而翔舞者逾十斷而嶒萃于麻庄峽度周遝而復聳巨巒巒之北出爲黃峒山爲下庄逕爲馬峒爲窖舉爲觀田爲大張塘爲大路頭爲登雲爲元妙觀山咸左曰郡之左臂巒之東出爲石硃爲大嶺爲望天螺爲佛子凹爲飛鵞嶺山咸右曰郡之右臂巒之正出爲花嶂爲宋坑逕爲㭎山爲吳家嶂爲林家峰爲雷家碇爲豐山爲芳華洲爲伏草坪穿湖隆起爲金龜嘴入城山咸東北曰郡之中龍左山之條叠貫臂外由元妙觀爲欽樂驛爲厲壇爲車園穿湖爲皇華亭逆拱北而上以捍橫槎之流謂之左護右山之條叠連背外由石硃爲大石壁爲石家嶺爲小石壁爲湯園山爲飛鵞後峰爲牛墳爲南隱與沙子步對峙以捍聚賢堂銀岡小派之流謂之外右護故道循山川壇穿劉園謝宅中出民侵故道而湖之于是水趨南隱出焉又由飛

鷲後峰分枝伏草坪穿湖入城爲養濟院爲軍器局爲銀岡峰爲子西嶺爲沙子步臨江而峙以捍水簾新村天螺之流謂之內右護中龍之幹由金龜嘴入城爲嶺東分司爲郡治爲象嶺象嶺介銀岡郡治而蟠以捍新村螺坑之流是謂中之盡脉夫臂左則湖右臂右則湖左龍中則介湖之心是以湖當元妙觀飛鷲嶺豐山明月灣之間故堤拱北堤南隱堤鐘樓然後三溪之水匆洩咸蓄聚而湖成讖諱書謂鱷湖平出公卿意者會水乃所以聚氣耶郡城三面濵江一面臨湖以爲險陶魯過之望湖而嘆曰向使此壤不湖萬兵可屯爲受敵之地秀蓄謂階文設險謂預武兩利湖其有焉然後知湖果不可廢如此唐漢亡考迨宋陳堯佐之守惠也政通物和人得以時嬉遊于是湖之以文惠顯紹聖間蘇文忠捐金錢則姓其堤朝雲瘞則六如其亭是故湖得錢埒也實肇自蘇子紹興間留正張宋卿卜築水簾于是湖漸以勝聞中州嘉靖

初周敦頤文天祥王守仁祠于東岳之巔乙酉祠王度自是過郡使者爭趨謁之因以棹菱狎鷺癸卯中離薛侃講學豐山四方名人接踵相與擁翠淩波勝遊相望當事者雅慕子瞻之勝亭臺鶴列湖由是爲郡之勝昔人比之杭潁云

西湖山水

白雲嶂 西湖諸山之脉所宗

黃尚山 横槎之水出焉東爲官田楊公起元墓在焉

半逕 在黃尚山之東多草木採樵者于此半逕樵歸卽此

㭌山 青翠高聳横若掛㭌故名又謂之天馬山誥軸山上有瑤池石樓巖壁峭立

豐山 從林家峰雷家碇衍脉鎭麗湖邊

孤山在湖之西南四面皆水薛侃登高嘆曰此山令前後二堤不牽巋然錢塘之孤山故後以孤山目之

披雲島在西村即西新園樹木多蔭前漾湖光中有留書樓浩然亭放生池今俱廢

黃塘分椈山之脉枕湖邊所謂西關黃塘社也

浮碧渚四面皆水湖中小邱也舊有集虛堂今廢爲曾守約墓

荔浦在小西門外荔樹叢生中有書室蓮池島渚如杭之孤山所謂荔浦晴光即此

石埭山峭石壁立中有流泉濺沫若飛簾亦謂之飛簾洞湖水自此出焉振衣山頂天馬秀峰在眉睫間向有復泉觴咏寒淥三亭今俱廢

飛鵝嶺四面皆水源自石埭山發西南而東遶嶺折而過大通橋入西湖勢若飛鵝昔有仙

人乘木鷲至因立州故郡名鷲城喬木秀發

子西嶺在沙子步宋博士唐庚謫惠居此因以名山有子西故居

象嶺脉由金寵嘴入城外介銀岡內連郡治在隔江峯巒湖中可望象嶺雲飛郎此

韶華石在榜山

三台石在文星塔下瞰惠陽江陳希文詩三王石屹似三台石下潺潺水九迴又曰三品石方邦望隴日光籠三品石郎此

清醒泉從榜山衍脉在高田中多樹木太守欽乘甘公覡役大通橋令皂卒汲飲嘆曰此泉不入世味宜名清醒泉七夕有用磁器汲貯年餘味如新地近姚氏墓俗呼爲姚屋坑泉

集鷗渚在大通橋前顧太守言建忘機其上

橫槎溪湖之源也從黃嵩山縈迴紆曲而達于湖溪中有流杯灣玉環潭遊龍潭潭前爲遊龍山有葉太保墓

水簾洞亦湖源也在飛鵝嶺西南水簾飛瀑即此○詩云飛流千尺桂晴空絕壁霏微入望中有客欲追河朔飲怳疑身在水晶宫

菱溪在西城下灣曲而深多菱芡

桃花源源從紅花嶂望天螺而出近石埭山多桃花谷口甚小有類淵明記中景象故名

豐湖介元妙觀永福寺之前橫槎源朝豐源滙處豐湖漁唱即此○有詩云春到江頭細雨霏西湖烟景望中微山藏古寺疎鐘度樹隱人家獨鳥飛新水魚龍驚渺漠大堤桃李競芳菲天寒不置習池酒日夕長橋策馬歸

鱷湖在豐山前昔有神鱷居此亦曰鱷潭漲決通湖皆潦惟此不波

碧水關因城垣甃石爲門引湖流入百官池而注之江關下可通舟自城内遊湖卽于此登舟關右數步有水館宋陳仲舉建

菩薩泉在鱷湖邊永福寺山門外

朝豐源從新村嶺觀榜橋出注鱷湖由烟霞橋滙豐湖

放生池在永福寺前東波寓惠所築

西子池在六如亭前

歸雲洞在豐山前宋太守陳仲舉曾建亭于此

荷花浦近平湖堤東宋太守陳偁命種荷于此

蕁浦在棲禪寺前之右

湖內橋堤

平湖堤在朝京門外宋陳太守仲舉築

鐘樓堤在郡治內以通西湖之流而注之江

公卿橋在郡內百官池左以其水自西湖出錄之

近秀橋在西湖門外近秀水故名初西湖水入秀水湖注西江後改注百官池乃甃石爲橋以通秀水湖

蘇公堤在湖之左岸起介湖心紹聖三年蘇軾出上所賜金錢築焉

陳公堤在黃塘前宋太守仲舉陳公築甃石門通源水注湖橋以木萬歷二年太守李畿嗣

重築以石爲橋

甘公堤在小黃塘前正德間太守欽宋甘公重築

南隱堤初無考宣德間太守陳顏復修正德間太守方良節重修嘉靖戊戌司李方邦望增築之

鐵陵橋在南隱堤中

西新橋爲第一橋屢作屢壞棲禪院僧希固築進兩岸爲飛閣九間盡用石鹽木堅若鐵石榜曰西新橋紹聖三年六月畢功

拱北橋爲第二橋在平湖堤上宋郡守陳偁築堤二百丈奇旁植竹曰竹逕堤中構石橋洩橫槎水人呼曰陳公橋

烟霞橋爲第三橋在永福寺前之左鱷流出焉

迎仙橋爲第四橋在元妙觀前之左通芳華洲逍遥堂舊呼爲三眼橋○陳運有詩云逍遥堂上逈超然五色雲中迓列仙幾度芳華洲上望玉簫吹徹洞中天

明聖橋爲第五橋在陳公堤中舊橋以木後太守姚公題曰明聖太守李公修堤以石爲之○陳運有詩云明聖微茫報曉鐘禪棲于此証南宗何人釣罷前溪月長嘯天南第一峰

大通橋爲第六橋在甘公堤中舊名圓通又名廣濟石埭之源從出而入于大湖○陳運有詩云源有桃花澗有蒲儵然一望恍蓬壺忘機亭上群鷗集堪作人間水墨圖

東新橋在城之東多壞廢以小舟渡羅浮道士鄧守安始作浮橋以四十舟爲二十舫鐵鎖石矴隨水漲落榜曰東新橋○王孫蕙有詩云驅石相傳到海東而今虹影駕長空佛山鐵作

慈航鎖庾嶺材經魯匠工花徑河陽朝暮裏琴聲輿頌往來中解犀尚有蘇亭在惠愛寧敎墜古風

湖內院祠塔

惠陽書院在永福寺右雍正七年惠守簡民吳公篤意造士拆西廂鼎建○詩云一鏡平湖水文明萬古長石渠新卷帙祿閣舊縹緗地發聖賢氣門羅將相香遙知百世後永頌作人章

天泉書院在元妙觀左萬歷丁酉爲守道周公鼎石講道建

景賢祠在準提閣左祀唐張錫宋周敦頤陳鵬飛蘇軾楊萬里唐庚陳炎升吳潛文天祥羅從彥明何眞王守仁

殷公祠爲巡撫殷公正茂平寇建

三靈祠在碧水關之左今爲金花娘娘廟

石神祠在豐山右半嵌石壁爲垣

表忠祠在泗洲塔前祀靖難御史王度州判劉簡

溫公祠在棲禪寺左

文星塔在湖之北三台石上萬歷二十三年建其建塔第二日湖西北方有慶雲見

萬壽塔在湖西北山今廢爲利參議墓

泗洲塔在西山之上棲禪寺後向有超然亭避雨亭俱廢雁塔斜暉卽此○詩云十里鈴音起鏡湖依稀天際見浮圖雲連過雁橫濤漢魚帶輕烟入碧蘆卓筆書空侵蝃蝀洞門蘸水入

蘼蕪遥鶩突兀三千丈欲踏丹梯作步趨

湖内亭臺

澄心亭在元妙東明嘉靖丙辰通判吳晉建後改爲崇報祠○詩云亭水悠悠亭木蒼晝閒人靜復焚香雲山在目心偏寂鷗鳥無言機自忘青案方尊成吏隱北窗清夢到羲皇風花雪月休題品兀坐空嗟塵世忙

迎恩亭在拱北橋中太守陳顔建

豐渚亭在豐山左向東北面豐湖象嶺

古榕亭在横槎精舍之左山湖之西嘉靖二十五年知府吳至建

湖光亭近碧水關有石坊曰水天一色○詩云湖光亭畔漫行行爲愛臨風百慮淸日映波

心天上下雲連樹色晝陰晴凭欄剩得垂綸趣撫景懸知乞鑑情吟罷輿闌歸去也可人啼鳥兩三聲

六如亭 東坡公侍妾朝雲臨逝誦金剛經偈曰一切有爲法如夢幻泡影如雲亦如電應作如是觀坡公以題其墓後人因而立亭○六如亭望棲禪寺梨花詩云亭亭玉質倚新粧門掩花宮出隔牆一院白雲長伴影半簾微雨欲沉香消除翠黛三千色壓盡金釵十二行自是維摩愛天女故教西域洩春光

湖心亭 在豐湖書院之前左在攬勝亭之前右○詩云剩有湖心柳飄飄向小亭水遥天共白草染地長青塔影疑懸筆燈光似落星醉逢堤上客問我幾時醒

孤嶼亭 在永福寺前

留雲亭在圓通菴左卽湖山樓舊址踞峙山頂俯瞰一切今爲攬勝亭○詩云孤與鬱嵯峨閒亭共嘯歌水空霞影散風靜蓼花過岸柳啼烏盡庭梧落月多相看娛悅意持贈復如何

芳芷亭忘機亭二亭俱久廢今演武塲卽其址

釣魚臺在明聖橋前

平遠臺惠大記曰在豐湖西臺極峻高湖山一覽無遺

熙春臺近泗洲塔前又名涵清亭

洗心臺順治丙申姚操仲築于水簾洞臺上有飛流下注于泉如拷鐘伐鼓聲四時不竭登之能令人塵積滌盡心骨冷然

湖內樓閣

御書樓提臣王文雄邀賜御書曰今代麒麟閣何人第一功君王自神武駕馭必英雄提

臣文雄摹刊于石供

奉豐湖書院之上

望湖樓在平湖堤邊今改爲關帝廟

平湖樓即西新橋之飛閣也宋紹聖中建

潛珍閣在龍塘上宋瓊州安撫使李思純之別墅高下數十畝草木花果無所不有東坡有

李氏潛

珍閣銘

松風閣在萬松逕前有仙人採藥于此

文昌閣在豐山中永福寺後楊復所講道處今在豐湖書院之左○有張萱懐復所詩一首

云泒别支分自古今盱江源本可追尋浮雲鬖

鬆隨高下流水潆洄認淺深丹陛便堪長棒日

觀峰記

蒼生何必別爲霖六橋月上

光千頃一幅瀟湘見此心

紫清閣即元妙觀前殿故址康熙三十一年王守瑛建殿宇供華陽眞人像

準提閣在景賢祠右山門有瑞開禪院扁額○詩云傍湖深淺得山情入望江峰次第評飛鶴雲間衝雨至斜帆天際泛烟輕簷齊孤塔聞僧語入定千家有磬聲魚鳥不須驚釣弋曹溪

一滴證無生

湖內軒榭

挹驪軒在小黃塘

試茶軒在南隱堤上金吾李將軍建

觀魚榭在小黃塘前李學一建

落霞榭在碧水關右甘太守欽采建

湖内堂舍

逍遥堂在芳華洲淳趙太守汝馭建

横槎精舍在半逕葉宫保楊少宰讀書處○詩云野色影湖光行藏付一航按琴看鶴舞把酒對鷗嘗景外塵寰遠吟邊島嶼長昔人曾市隱誰道是眞狂

湖内寺觀墓

圓通菴在黄塘社之左中供六祖像今爲黄塘祀黄塘晩鐘即此

鐵陵菴近南隱堤中有南隱草堂

敬佛菴近迴龍寺

元妙觀在湖之北初建于唐天寶七年舊號朝元後改開元至後唐燬復興于宋咸平初祥符九年賜號天慶元貞二年改復名妙歲久又壞至寶和中道士鄒葆光力新之南渡後燬元至治二年道士吳慈㥚募化重修洪武十五年永樂元年宣德中相繼重修○按道家重元始一元郎吾儒太極象妙之門實本于此特改爲元非僅避廟諱

起龍菴在拱北橋邊

古榕寺在永福寺之右寺前有甘泉宜茶郎古榕亭舊址○詩云古木參雲亭倚山春風入座轉幽閒野花任彼時開落倦鳥依人自往還杯引海霞紅映酒簾垂庭草碧連環不須杖履登雲谷天下奇觀在此間

西竹林寺在半逕下

永福寺在豐山前臨鱷湖右爲坡公放生池野寺嵐煙郎此○詩云民物涵春便解顏爲循阡陌到禪關一簾水影一簾竹半面湖光半面山下界紅塵空擾擾上方諸佛自閒閒蕭然雞犬知何處疑有
避秦人未還

棲禪寺原在孤山今改建泗洲塔前洪武間併于永福天啟間郡守徐銘興復之○詩云雨
在時時黑春歸處處青山
回失小寺湖盡得孤亭

迴龍寺在文星塔下左瞰江潏水流有聲斷岸千尺爲葉太保建內供眞空禪師像○詩云
枕江結幽寺出郭逐閒僧徑曲鐘聲轉堂虛塔影層鳥啼疎葉樹猿引附枝藤徒自戀清境棲
心恐
未能

棲霞寺在下郭寺後岡有太守吳騫收無主棺骸掩埋名叒孤處

朝雲墓東坡先生侍妾曰朝雲字子霞姓王氏錢塘人敏而好學事先生二十有三年忠敬若一紹聖三年七月壬辰卒於惠州年三十四八月庚申葬之西湖之上棲禪山寺之東生子遯未期而夭葢從比邱尼義冲學佛法亦粗識大意且死誦金剛經四句偈以絶坡銘曰浮屠是瞻伽藍是依如汝宿心惟佛之歸○詩云歌扇飄零艶骨枯芳魂終與逐臣俱一園犀帶仍沉粤十二飛雲不住巫夢幻尚能參內典死生同是寄西湖柳綿芳草天涯盡吹入豐橋影自孤○集古七絶云身前身後思茫茫秋菊春蘭各吐芳慚愧情人遠相訪為郎憔悴却羞郎

湖內洲灘灣園潤島

芳華洲在元妙觀前俗呼為守爐砂

漱玉灘在元妙觀後今為陳姓聚落○詩云噴沫流渦碎玉攢粼粼白浪囓秋灘閒來坐石

相看久常得
濤聲入夢寒

明月灣在城北隅宋陳太守仲舉建其勢紆迴數十丈灣環如月舊多桃李方春爛熟○詩云沙廵浦轉荻花灣罷釣閒吟夜看山明月半峰秋露冷櫓聲咿啞和歌還

桃園在元妙觀後今爲兵民雜居桃園日暖即此

花島在圓通菴之右

點翠洲近景賢祠前後改建風亭○詩云中流已見綠蘋浮沙際還看碧草稠一似携來京兆筆間將黛色洒芳洲

菖蒲澗在萬松逕前相傳有老人採蒲于此牧者與俱忽失所在

西湖物產

白鶴通身皆白朱喙如鷺鷥羣集洲渚舟近則飛夜半齊鳴聲徹雲霄

青粧與白鶴無異獨羽毛皆淺青色其性好靜臨水照影移晷不動

水鷗浮湖水上輕漾如漚形色似鴿喙脚甚長羣飛耀日聽動梟聲即沉水遠起他處

鴛鴦多宿洲穴中其色杏黃色有文彩紅頭翠頸翅尾俱黑喙掌俱紅并遊蓮荇間

翡翠有二種其一體輕毛厚色皆嫩綠長喙鮮紅好立蓼花上名爲宮翠其一體大毛薄色皆微黑嘗掠水面上能沉水啄魚名爲魚翠

鷓鴣四山皆有春夏則棲樹間秋冬潛藏松草飛必向南鳴必夕陽嗜食半夏

水晶魚長不滿寸大不過分味甚甘美八九月間惟西新橋鐵陵橋三靈祠前有之唐子西呼爲白小俗呼爲白飯魚○詩云二年遵海濵開眼即浩渺謂當飽長鯨餬口但白小百尾不

滿尺烹煮等芹蓼咀嚼何所得鱗鬣空紛擾向
來巨魚戲海面橫孤嶠噞喁噴飛沫白雨散晴
曉終然不省錄從事此微渺短長本相形南北
無定表泰山不爲多毫末亦非小詞雄兩月讀
理足三語妙人生一漚潑誰作千
歲調安能蹲會稽坐待朞年釣

鬬龍魚 淵中多有大如兩指身有五彩蝦鬚燕
尾鬬則竟日不倦但陰雨則伏而不動

荷花 在荷花浦望湖樓之前四五月卽盛開香聞
數里月夜扁舟香襲衣裾碧筩吸酒尤爲韻
事
云

菱芰 有赤紅黑三色其實堅䩕
如雕胡較別處獨香美

芡實 俗呼爲雞頭蓮五六月生紫花向日結苞外
有青刺中有白實味甘滑較他處倍肥大

荔枝 出荔浦其一殼帶紫者香美爲最謂之陳家
紫其一殼青者呼爲綠羅衣又小而紅者名

火山味亦甜爽昔人以爲不減
梧州火山今荔浦樹已鑿鑿矣

龍眼 彭云荔枝龍眼熟樑食如水晶珠清香甜美冷然善也東坡說閩越人高荔枝而下龍眼吾爲評之荔枝如食蝤蛑大蟹斫雪流膏一啖可飽龍眼如食彭越石蟹嚼嚙久之了無所得然酒闌口爽饜飽之餘則咂啄之味石蟹有時勝蝤蛑也

楊梅 西湖楊梅爲最東坡詩云羅浮山下四時春盧橘楊梅次第新

山芋 東坡嘗以山芋作玉糝羹詩云香似龍涎仍釅白味如牛乳更全清莫將北海金虀膾輕比西湖玉糝羹芋宜肥水西湖瀦水故瀕湖墝地芋大而肥

藤菜 山麓水傷皆有引蔓而生甘美柔滑可作羹東坡詩云豐湖有藤菜似可敵蓴羹

蓴菜 山蓴浦葉似鳧葵浮水上花黃白色子黑宜拌鯽魚作羹相傳宋太守陳偁載此種來今

則間有
之耳

佛桑 西湖山陵堤塍寺觀園亭皆植佛桑有五色大紅者爲第一東坡詩云涓涓泣露紫含笑焰焰燒空紅佛桑

白菖蒲 亦曰石菖蒲澗邊溪蓀也根小節密者爲上能治風殺蟲辟邪驅魅

草菊 生叢草之中狀若甘菊甘亦如之有紅紫藍黃白五色重九採以裝枕能明目

臙脂花 生四五月間一莖數十朶狀類瑞香其汁染物宛若臙脂

草杜鵑花 山石間多有之花似蛺蝶臨風飛舞上下翩翻亦草木中之嫵媚者

鶴峰記

詩四言古　香山陳蘭芝拂霞輯梓

江郊并引○惠州歸善縣治之北數百步抵江少西有盤石小潭可以垂釣作江郊詩云　蘇軾

江郊葱曨雲水蒨絢碕岸斗入洄潭輪轉先生悅之布席開燕初日下照潛鱗俯見意釣忘魚樂此竿綫優哉悠哉玩物之變

和時運丁丑二月十四日白鶴峯新居成自嘉祐寺遷入詠淵明時運詩云斯晨斯夕言息其廬似爲余發也乃次其韻長子邁與余别三年矣挈携諸孫萬里遠至

老朽憂患之餘不能無欣然　蘇軾

我卜我居居非一朝龜不吾欺食此江郊廢井已塞喬木干霄昔人伊何誰其裔苗下有碧潭可飲可濯江山千里供我遐矚木固無脛瓦豈有足陶匠自至嘯歌相樂我視此邦如洙如沂邦人勸我老矣安歸自我幽獨倚門或揮豈無親友雲散莫追旦朝丁丁誰款我廬子孫遠至笑話紛如翦髮垂髫覆此匏壺三年一夢乃復見余

龍山補亡　丙子九日客有言龍山之會風吹孟嘉帽落桓溫使孫盛爲文嘲之

嘉作解嘲辭致超逸四座驚嘆恨今世不見其文因戲爲補之

征西天府重九令節駕言龍山宴凱群哲壺歌雅奏緩帶輕帢胡爲中觴一笑粲發梗柟競秀榆柳獨脫驥騄交鶩駑蹇先蹶楚狂醉亂隕幘莫覺戍服四首枯顱茁髮惟明將軍度量豁達容此下士顛倒冠韈牢夫揚觶兕觥舉罰請歌相鼠以侑此爵

孟嘉解嘲　　蘇軾

吾聞君子蹈常履素晦明風雨不改其度平生郎

壑散髮箕踞隧車天全顛沛何懼腰適忘帶足適忘履不知有我帽復奚數流水莫繫浮雲暫寓飄然隨風非去非取我冠明月珮服寶璐不纓而結不簪而附歌詩寧擇請歌相鼠罰此陋人俾出童羖

鶴峰記

詩五言古

和移居并引○余去歲三月自水東嘉祐寺遷居合江樓迨今一年多病寡歡頗懷水東之樂也得歸善縣後隙地數畝父老云古白鶴觀也意欣然欲居之乃和此詩

蘇軾

昔我初來時水東有幽室晨與烏鵲朝暮與牛羊夕誰令遷近市日有造請役歌呼雜閭巷鼓角鳴枕席出門無所詣樂事非夙昔病瘦獨彌年束薪誰與析

洄潭轉碕岍我作江郊詩今爲一壘岷此地乃得之葺爲無邪齋思我無所思古觀廢已久白鶴歸何時我豈丁令威千歲復還兹江山朝福地古人不吾欺

和歸田園居六首　三月四日遊白水山佛迹岩沐浴于湯泉晞髮于懸瀑之下浩歌而歸肩輿卻行以與客言不覺至水北荔枝浦上晚日葱曨竹陰蕭然時荔子纍纍如芡實矣有父老八十五指以告余曰及是可食公能携酒來遊乎意忻然許之歸臥既覺聞兒子過誦淵明歸田園居詩六首乃悉次其韻始余在廣陵和淵明飲酒二十首今復爲此要當盡和其詩乃已耳今書以寄妙總大士叅寥子

環州多白水際海皆蒼山以彼無盡景寓我有限
年東家著孔邱西家著顔淵市爲不二價農爲不
爭田周公與管蔡恨不茅三間我飽一飯足薇蕨
補食前門生餽薪米救我廚無烟斗酒與隻雞酣
歌餞華顛禽魚豈知道我適物自閑悠悠未必爾
聊樂我所然
窮猿旣投林疲馬初解鞅心空飽新得境熟夢餘
想江鷗漸馴集蜒叟已還往南池緣錢生北嶺紫
笋長提壺豈解飲好語時見廣春江有佳句我醉

墮渺莽

新浴覺身輕新沐感髮稀風乎懸瀑下却行詠而

歸仰觀江搖山俯見月在衣步從父老語有約吾

敢違老人八十餘不識城市娱造物偶遺漏同儕

盡邱墟

平生不渡江水北有幽居手插荔枝子合抱三百

株莫言陳家紫甘冷恐不如君來坐樹下飽食携

其餘歸舍遺兒子懷抱不可虛有酒持飲我不問

錢有無

坐倚朱藤杖行歌紫芝曲不逢商山翁見此野老足願同荔枝社長作雞黍局教我同光塵月固不勝燭霜飈散氛祲廓然似朝旭

昔我在廣陵悵望桑陌長吟飲酒詩頗獲一笑適當時己放浪朝坐夕不夕矧今長閑人一劫展過隙江山互隱見出沒爲我役斜川追淵明東皋友王績詩成竟何爲六博本無益

再和孫志皋

人衆者勝天天定亦勝人鄧通豈不富郭解安得

貧驚飛賀廈燕走散入幕賓醉眠中山酒結夢南
柯姻寵辱能幾何悲歡浩無垠回視人間世了無
一事眞灑掃古玉局香火通帝閶我室思無邪我
堂德有鄰所至爲鄉里事賢友其仁之子富經術
蔚如井大春蜿蟺楚南極淑氣生此民唱高和自
寡非我誰當親譬彼嶰谷竹篛裁待伶倫俗學吁
可鄙紙繒配芻銀聊將調癡鬼亦復爭華新願子
事篤實浮言掃譫諄窮通付造物得喪理本均期
子如太倉會當發陳陳

遷居 吾紹聖元年十月二日至惠州寓合江樓是月十八日遷于嘉祐寺二年三月十九日復遷于合江樓三年四月二十日復歸于嘉祐寺時方卜築白鶴峰之上新居成庶幾其少安乎

前年家水東回首夕陽麗去年家水西濕面春雨東西兩無擇緣盡我輒逝今年復東徙舊館聊一憩已買白鶴峰規作終老計長江在此戶雪浪舞吾砌青山滿墻頭鬖髿幾雲髻雖慙抱朴子金鼎陋蟬蛻猶賢柳柳州廟俎薦丹荔吾生本無待俯仰了此世念念自成劫塵塵各有際下觀生物

息相吹等蛟蚋

贈龍光長老 東坡過龍光求大竹作肩輿得兩竿

斫得龍光竹兩竿持歸嶺北萬人看竹中一滴曹溪水漲起西江十八灘

和貧士七首 余遷惠州一年衣食漸窘重九俯邇尊俎蕭然乃和淵明貧士詩七首以寄許下高安宜興諸子姪并令過同作

長庚與殘月耿耿如相依以我旦暮心惜此須臾明歸俗子不自悼顧憂斯人饑堂堂誰有此千駟暉青天無古今誰知織鳥飛我欲作九原獨與淵

良可悲
夷齊恥周粟高歌誦虞軒產祿彼何人能致綺與
園古來避世士死灰或餘烟末路益可羞朱墨手
自研淵明初亦仕絃歌本誠言不樂乃徑歸視世
羞獨賢
誰謂淵明貧尚有一素琴心閒手自適寄此無窮
音佳辰愛重九芳菊起自尋疎巾歎虛漉塵爵笑
空斟忽餉三萬錢顏生良足欽思送酒家保勿違
故人心

人皆有耳目夫子曠與妻弱毫寫萬象水鏡無停

酬閑居惜重九感此歲月周端如孔北海只有尊

空憂二子不並世高風兩無儔我後五百年清夢

未易求

芙蓉襍金菊枝葉長闌杆遥憐退朝人饑酒出大

官豈知江海上落英亦可飡典衣作重陽徂歲慘

將寒無衣栗我膚無酒聾我顏貧居眞可嘆二事

長相關

老詹亦白髮惠州太守詹範相對垂霜蓬賦詩殊有味涉

世非所工杖藜山谷間狀類渤海龔半道要我飲
意與王宏同有酒可自至不須遣麗通門生與兒
子杖履聊相從
我家六兒子流落三四州辛苦更不識今與農圃
儔買田帶脩竹築室依清流未能遣一力分汝薪
水憂坐念北歸日此勞未易酬我獨遺以安鹿門
有前脩

上元夜　　　　蘇　軾

前年侍玉輦端門萬枝燈璧月挂罜罳珠星綴觚

棱去年中山府老病亦宵興牙旗穿夜市鐵馬響
春氷今年江海上雲房寄山僧亦復舉膏火松間
見層層散策桄榔林林疎月鬅鬙使君置酒罷簫
鼓轉松陵狂生來索酒一舉啜數升浩歌出門去
我亦歸瞢騰

東新橋　　蘇　軾

群鯨貫鐵索背負横空霓首搖翻雪江尾插崩雲
谿機牙任信縮漲落隨高低輣艫卷巨索青蛟挂
長堤奔舟免狂觸脫筏防撞擠一橋何足云謹傳

廣東西父老有不識喜笑爭攀躋魚龍亦驚迅雷
電生馬蹄嗟此病涉久公私困留稽姦民食此險
出没如鳧鷖似賣失船壺如去登樓梯不期百年
來幾人隕沙泥豈知濤瀾上安若堂與閨往來無
晨夜醉病休扶携使君飲我言妙割無牛雞不云
二子勞歎我捐腰犀我亦壽使君一言聽扶藜常
當脩未壞勿使後噬臍

西新橋　　蘇軾

昔橋本千柱桂湖如斷霓浮梁陷積淖破板隨奔

谿笑看遠岓没坐覺孤城低聊因三農隙稍進百
步堤炎州無堅植潦水輕推擠千年誰在者鐵柱
羅浮西獨有石鹽水白蟻不敢躋似開銅騰峰如
鑿鐵馬蹄岌岌類鞭石山川非會稽嗟我久閣筆
不書紙尾鷺蕭然無尺箠欲構飛空梯百夫下一
杙椓此百尺泥探囊賴故侯寶錢出金閨父老喜
雲集簞壺無空携三日飲不散殺盡西村雞似聞
百歲前海近湖有犀那知陵谷變枯瀆生茭藜後
來勿忘今冬涉水過臍

丙子重九　　蘇軾

三年瘴海上越嶠眞我家登山作重九蠻菊秋未花唯有黄茄浪堆壠生均窊蜒酒𧄍衆毒酸甜如梨楂何以侑一罇隣翁餽蠹蛇亦復強取醉歡謠襍悲嗟今年吁惡歲僵仆如亂麻此會我雖健狂風卷朝霞使我如霜月孤光挂天涯西湖不欲往暮樹號寒鴉

窮途不擇友過眼如亂雲餘子誰復數坐閲兩使君共飲去年堂俯看秋水紋此水與此人相追兩

沄沄老去各休息造物嗟長勤佳哉此令節不惜
與子分何以娛我客游魚在清濆水師三百指鉄
網欲掩群獲多雖一快買放尤可欣此樂眞不朽
明年我歸耘

白鶴山新居鑿井四十尺遇盤石石盡乃得

泉　　　　　　　　　　　蘇　軾

海國困烝溽新居利高寒以彼陟降勞易此寢處
乾但苦江路峻常慚汲腰酸矻矻煩四夫磽磽斵
層巒彌旬得尋丈下有青石盤終日但迸火何時

見飛瀾豐我粲與醪利汝榷與鑽山石有時盡我意殊未闌今朝僮僕喜黃土復可摶晨餅得雪乳暮甕渟冰湍我生類如此何適不艱難一勺亦天賜曲肱有餘歡

遷居之夕聞鄰舍兒誦書欣然而作

幽居亂蛙黽生理半人禽跫然已可喜况聞弦誦音兒聲自圓美誰家兩青衿且欣習齊咻未敢笑越吟九齡喜韶石姜子家日南吾道無南北安知不生今海濶尚挂斗天高欲横參荆榛短墻缺燈

火破屋深引書與相和置酒仍獨斟可以侑我醉

琅然如玉琴

食檳榔　　　　蘇　軾

月照無枝林夜棟立萬礎玅眇雲間扇蔭此九月

暑上有垂房子下繞絳刺禦風欺紫鳳卵雨暗蒼

龍乳裂包一墮地還以皮自煮北客初未諳勸食

俗難阻中虛畏泄氣始嚼或半吐吸津得微甘着

齒隨亦苦面目太嚴冷滋味絶媚嫵誅彭勳可策

推轂勇宜賈瘴風作堅頑導利時有補藥儲固可

易象乎巳　卷十一　五言古　芑

上黨天下脊遼東真井底玄泉傾海腴白露灑天

人叅

小圃五咏

蘇軾

語

牛舌不餉人一斛肯多與乃知見本偏但可酬惡

思梅林嚥飢念黃獨娶杂何曾經中收此困羈旅

看膏盡鉦漏歷數老眼怕少睡竟使赤砦勞渴酒

一粒腸胃為所傾盤雷殷膨脝覆藿腐亭午書燈

爾果餘詎用許老生失膏渠便腹委肢骸日暎過

醴靈苗此孕毓肩股（一作肢）或具體移根到羅浮越水灌清泚地殊風雨隔臭味終祖禰青桱綴紫萼圓實墮紅米窮年生意足黃土手自啟上藥無炮炙齕齧盡根柢開心定魂魄憂恚何足洗糜身輔吾生（一作軀）既食首重稽

地黃

地黃飼老馬可使光鑒人吾聞樂天語喻馬施之身我衰正伏櫪垂耳氣不振移栽附沃壤蕃茂爭新春沉水得稺根重湯養陳新投以東阿清和以

北海醇崖蜜助甘冷山薑發芳辛融爲寒食餳嚥作瑞露珍丹田自宿火渴肺還生津願餉內熱子一洗胸中塵

枸杞

神藥不自閟羅生滿山澤日有牛羊憂歲有野火厄越俗不好事過眼等茭棘青荑春自長絳珠爛莫摘短籬護新植紫筍生卧節根莖與花實收拾無棄物大將乎吾釁小則餉我客似聞朱明洞中有千歲質靈尨或夜吠可見不可索仙人倘許我

借杖扶衰疾

甘菊

越山春始寒霜菊晚愈好朝來出細粟稍覺芳歲老孤根蔭長松獨秀無衆草晨光雖照耀秋雨半摧倒先生卧不出黄葉紛可掃無人送酒壺空腹嚼珠寶香風入牙頰楚些發天藻新蕙蔚已滿宿根寒不槁揚揚弄芳蝶生死何足道頗訝昌黎公一作恨爾生不早翁

薏苡

伏波飯薏苡禦瘴傳神良能除五溪毒不救讒言
傷讒言風雨過瘴癘久亦亡兩俱不足治但愛草
木長草木各有宜珍產駢南荒絳囊懸荔支雪粉
剖桄榔不謂蓬荻姿中有藥與糧舂爲芡珠圓炊
作菰米香子美拾橡栗黃精誑空腸今吾獨何者
玉粒照座光

形贈影　　蘇　軾

天地有常運日月無間時孰居無事中作止推行
之細察我與汝相因以成兹忽然乘物化豈與生

滅期夢時我方寂偃然無所思胡爲有哀樂輒復
隨漣洏我舞汝凌亂相應不少疑還將醉時語答
我夢中辭

影答形　蘇軾

丹青寫君容常恐畫師拙我依月燈出相肖兩奇
絕妍媸一作形本在君我豈相媢悦君如火上烟火
盡君乃別我如鏡中像鏡壞我不滅雖云附陰晴
了不受寒熱無心但因物萬變豈有竭醉醒皆夢
耳未用議優劣

詠湯泉公注在白水山　蘇軾

積火焚大槐蓄油燒武庫驚然丞相井疑浣將軍布自憐耳目隘未測陰陽故鬱攸火山裂觱沸湯泉注豈惟湯獸駭坐使癡兒怖安能長魚鱉僅可燖狐兎山中惟木客戸外時芒屨雖無傾城浴幸免亡國汙莊子雜篇水中有火乃焚大槐博物志積油萬石則自然生火昔晉泰武中武庫積油所致又臨邛火井諸葛丞相往視之後火轉盛異苑亦云聖證論梁冀衣布有垢則洗之於火後漢梁冀傳帝曰此跋扈將軍也列子周穆王大征西戎西戎獻火浣之布浣之必投於火布則火色垢則布色出火而振之皓然疑乎雪十洲記炎州在南海中有火林山山中有獸大如鼠毛長

三四寸取其尾績以爲布也名曰火浣布左傳哀
三年司鐸火子服景伯命濟濡帷幕鬱攸從之注
鬱攸火氣也山海經注火山國雖經霖雨火常烈
魏書崑崙之墟有炎火之山詩小雅觱沸檻泉吳
越春秋越有木客村勾踐使工人伐木欲以獻吳
久不得歸工人憂思作木客吟後人因以名其地
驪山華淸宮有溫
泉卽貴妃浴處

五色雀 按寰宇記云惠州產鸓鵡碧雞韓日
纘曰楊文懿云山海經南禺之山有
鳳凰鵷雛意羅浮是耶羅浮有鳳凰谷云
志所稱五色雀鐘鸏皆鳳屬也宋眞宗時
遣內侍醮祭五色雀翔集齋所有貴人至
則先集竺法眞登羅浮山疏云鐘鸏一名
越王鳥狀如鳶口勾末可受二升許南人
以爲酒爵珍于文螺不踐地不飲江湖不
唼百草不餌蟲魚惟噉木葉糞似薰陸
香然則五色雀近乎智越王鳥近乎仁

蘇軾

燦燦五色羽炎方鳳之徒青黄縞元服翼衛兩緌朱惠然此燦者來集竹與梧鏘鳴如玉珮意欲相嬉娛韓退之丹穴五色羽其名爲鳳凰詩小雅瞻彼烏爰止于誰之屋國風惠然肯來又見此粲者詩疏鳳凰非梧桐不棲非竹實不食左傳莊二十二年鳳凰于飛和鳴鏘鏘番禺雜編五色雀一名音聲鳥每樂作有聲如鼓者塤者笛者版者滿山嘈囋久而自罷○按公五色雀引海南有五色雀常以兩絳者爲長進止必隨焉俗謂之鳳凰云久旱而見輒雨潦則反是吾卜居儋耳城南嘗一至庭下今日又見之進士黎子雲及其弟威家旣去吾舉酒祝之曰若爲吾來者當再集也已而果然

崔峿詩

器之好譚禪不喜游山山中筍出戲語器之

可同參玉版長老冷齋夜話先生邀器之食筍味勝問此何名東

坡曰即玉版也此老師善說法器之

乃悟其爲戲坡公大笑作偈云云

叢林眞百丈法嗣有橫枝不怕石頭路來參玉版

師聊憑栢樹子與問籜龍兒瓦礫猶能說此君那

不知百丈山名懷海禪師所居○玉版橫

枝竹筍也禪家旁出者謂之橫枝

鶴峰記

詩七言古　香山陳蘭芝拂霞輯梓

寓居合江樓　蘇軾

海山葱曨氣佳哉二江合處朱樓開蓬萊方丈應不遠肯爲蘇子浮江來江風初凉睡正美樓上啼鴉呼我起我今身世兩相違西流白日東流水樓中老人日清新天下豈有癡仙人三山咫尺不歸去一杯付與羅浮春予家釀酒名羅浮春

松風亭下梅花盛開

鶴峰記　　　　　　　　　　　　　　　五

春風嶺上淮南村昔年梅花曾斷魂豈知流落復
相見蠻風蛋雨愁黃昏長條半落荔枝浦老樹獨
秀桄榔園豈惟幽光留夜色直恐冷艷排冬温松
風亭下荆棘裏兩株玉蕊明朝暾海南仙雲嬌墮
砌月下縞衣來扣門酒醒夢覺起繞樹妙意有在
終無言先生獨飲勿嘆息幸有落月窺淸尊

梅花落復次前韻　　　　　　　　蘇　軾

玉妃謫墮烟雨村先生作詩與招魂人間草木非
我對奔月偶挂成幽昏闇香入戸尋短夢青子綴

枝留小園披衣連夜喚客飲雪膚滿地聊相溫松
明照坐愁不睡井花入腹清而暾先生年來六十
化道眼已入不二門多情好事眞習氣惜花未忍
終無言留連一物吾過矣笑領百罰空罍尊

四月十一日初食荔枝　　蘇　軾

南村諸楊北村盧白花青葉冬不枯垂黃綴紫烟
雨裏特與荔枝爲先驅海山仙人絳羅襦紅紗中
單白玉膚不須更待妃子笑風骨自是傾城姝不
知天公有意無遺此尤物生海隅雲山得伴松檜

老霜雪自困楂梨篦先生洗戔酌桂醑氷盤薦此頳虬珠似開江鰠斫玉柱更洗河豚烹腹腴我生涉世本爲口一官久已輕蓴鱸人間何者非夢幻南來萬里眞良圖

荔支歎　蘇軾

十里一置飛塵灰五里一堠兵火催顛坑仆谷相枕藉知是荔支龍眼來飛車跨山鶻橫海風枝露葉如新採宮中美人一破顏驚塵濺血流千載永元荔支來交州天寶歲貢取之涪至今欲食林甫

肉無人舉觴酹伯游我願天宮憐赤子莫生尤物

爲瘡痏君不見武夷谿邊粟粒芽前丁後蔡相籠

加爭新買寵各出意今年鬬品充官茶吾君所乏

豈此物致養口體何陋耶洛陽相君忠孝家可憐

亦進姚黃花

鶴峰記

詩五言律　　香山陳蘭芝拂霞輯梓

新年五首　　蘇軾

曉雨暗人日春愁連上元水生挑菜渚烟濕落梅村。小市人歸盡。孤舟鶴踢翻。猶堪慰寂寞漁火亂黄昏

北渚集群鷺新年何所之盡歸喬水寺分占結巢枝生物會有役謀身各及時何當禁畢弋看引雪衣兒

觀峰記　三

海國空自暖春山無限淸氷谿結瘴雨雪菌到江
城更待輕雷發先催凍筍生豐湖有藤菜似可敵
蓴羹
小邑浮橋外青山石岸東茶槍燒後有麥浪水前
空萬戸不禁酒三年眞識翁結茅來此住歲晚有
誰同
荔子幾時熟花頭今已繁探春先揀樹。買夏欲論
園。居士常携客參軍許扣門明年更有味懷抱帶
諸孫

潭

翠壁下無路何年雷雨穿光搖巖上寺深到影中天我欲然犀看龍應抱寶眠誰能孤石上危坐試

僧禪

江月五首并引○嶺南氣候不常吾嘗云菊花開時乃重陽涼天佳月即中秋不須以日月爲斷也今歲九月殘暑方退既望之後月出愈遲然予嘗夜起登合江樓或與客遊豐湖入栖禪寺扣羅浮道院登逍遥堂逮曉乃歸杜子美云四更山吐月殘夜水明樓此殆古今絶唱也因其句作五首仍以殘夜水明樓爲韻

一更山吐月玉塔臥微瀾正似西湖上涌金門外

看氷輪橫海濶。香霧入樓寒。停鞭且莫去照我一杯殘

二更山吐月幽人方獨夜可憐人與月夜夜江樓下風枝久未停露草不可藉歸來掩關卧喞喞蟲夜話

三更山吐月栖鳥亦驚起起尋夢中游清絕正如此驅雲掃衆宿俯仰迷空水幸可飲我牛不須違洗耳

四更山吐月皎皎爲誰明幽人赴我約坐待玉繩

横野橋多斷板。山寺有微行。今夕定何夕，夢中遊
化城
五更山吐月，窗迥室幽幽。玉鈎還挂戶，江練郤明
樓。星河澹欲曉，鼓角冷知秋。不眠翻五詠，淸切變
蠻謳

食荔枝并引 ○惠州太守東堂祠故相陳文惠公，堂下有公手植荔枝一株，郡人謂將軍樹。今歲大熟，嘗啖之餘，下逮吏卒，其高不可致者，縱猿取之。

丞相祠堂下，將軍大樹旁。炎雲駢火實，瑞露酌天
漿。爛紫垂先熟，高紅挂遠揚。分甘徧鈴下，也到黑

鶴嶺詩

衣郎

得循州趙司馬書因寄　　蘇　軾

瘴海寄雙魚中宵達我居兩行燈下淚。一紙嶺南書。地說炎蒸極人稱老病餘慇懃報賈傅莫放酒杯疎

詩七言律　　香山陳蘭芝拂霞輯梓

惠潮二守同訪新居　　蘇　軾

數畝蓬蒿古縣陰曉窻清快夜堂深也知卜築非
眞宅聊欲踟趺看此心聞道携壺問奇字更因登
木助徽音相娛北戶江千頃直下都無地可臨
共惜相從一寸陰酒盃雖淺意殊深且同月下三
人飲莫作天涯萬里心東嶺近開松菊徑南堂初
絕斧斤音知君善頌如張老猶望携壺更一臨

舟行至清遠見顧秀才極談惠州風物之美

到處聚觀香案吏此邦宜着玉堂仙江雲漠漠桂

花濕梅雨翛翛荔子燃聞道黃柑常抵鵲不容朱

橘更論錢恰從神武來宏景便向羅浮覔稚川

十月二日初到惠州　蘇軾

髣髴曾遊豈夢中欣然雞犬識新豐吏民驚怪果

何事父老相携迎此翁蘇武豈知還漠北管寧眞

欲老遼東嶺南萬戸皆春色會有幽人客寓公

汲江煎茶　蘇軾

活水還須活火烹自臨釣石汲深清一瓢貯月歸春甕小杓分江入夜缾雪乳已翻煎處脚松風忽作瀉時聲枯腸未易禁三盌坐數山城長短更

朝雲詩并引○世謂樂天有鬻駱馬放楊柳枝詞嘉其主老病不忍去也然夢得有詩云春盡絮飛留不得隨風好去落誰家樂天亦云病與樂天相伴住春隨樊子一時歸則是樊素竟去也予家有數妾四五年相繼辭去獨朝雲者隨予南遷因讀樂天集戲作此詩朝雲姓王氏錢塘人嘗隨沙尼念佛嘗有子曰幹兒未期而夭云

不似楊枝别樂天恰如通德伴伶乎阿奴絡秀不同老天女維摩總解禪經卷藥爐新活計舞衫歌

扇舊因緣丹成逐我三山去不作巫陽雲雨仙

眞一酒并引○米麥水三一而已此東坡先生眞一酒也

撥雪披雲得乳泓蜜蠭又欲醉先生稻垂麥仰陰陽足器潔泉新表裏清曉日着顔紅有暈春風入髓散無聲人間眞一東坡老與作青州從事名

贈王子直秀才　蘇軾

萬里雲山一破裘杖端閑挂百錢遊五車書已留兒讀二頃田應爲鶴謀水底笙歌蛙兩部山中奴婢橘千頭幅巾我欲相隨去海上何人識故侯

連江雨漲　　蘇軾

越井岡頭雲出山牂牁江上水如天牀牀避漏幽人屋浦浦移家蜑子船龍卷魚蝦并雨落人隨雞犬上墻眠祇應樓下平堦水長記先生過嶺年

急雨瀟瀟作晚涼臥聞榕葉響長廊微明燈火耿殘夢半濕簾帷浥舊香高浪隱牀吹甕盎闇風驚樹擺琳瑯先生不出晴無用留向空堦滴夜長

桄榔杖寄張文潛　　蘇軾

睡起風清酒在亡身隨殘夢兩茫茫江邊曳杖桄

榔瘦林下夀苗華撥香獨步倘逢峋嶁佘遠來莫恨曲江張遥知魯國眞男子獨憶平生盛孝章

和子由白髮詩　附子由詩　蘇軾

羽蟲見月爭翾翻我亦散髮虛明軒千梳冷快肌骨醒風露氣入霜蓬根起舞三人漫相屬停杯一問終無言曲肱薤簟有佳處夢覺璚樓空斷魂轍有白髮近二十年矣然止百餘莖不增不減虔州道人王正彥教令拔去以眞水火養之恐不復生週歲不見豈眞不生耶子瞻兄示我月中梳頭詩戲次來韻言拔白之驗

水上有車車自翻懸流如線垂前軒霜蓬已枯不

再綠有客勸我抽其根根莖一去紫茸茁珍重已

試幽人言紛紛華髮不足道當返六十過去魂

白鶴峯新居成過翟秀才　蘇軾

林行婆家初閉戸翟夫子舍尚留關連娟缺月黃

昏後縹緲新居紫翠間繫悶豈無羅帶水割愁還

有劍鋩山中原北望無歸日鄰火村春自往還

悼朝雲詩紹聖元年十一月戲作朝雲詩三

年七月五日朝雲病亡於惠州葬

之栖禪寺松林中東南直大聖塔予旣銘

其墓且和前詩以自解朝雲始不識字晩

忽學書粗有楷法葢嘗從泗上比邱尼義

冲學佛亦畧聞大義且死誦金剛經四句

偈而絕　蘇軾

苗而不秀豈其天不使童烏與我乎駐景恨無千歲藥贈行惟有小乘禪傷心一念償前債彈指三生斷後緣歸臥竹根無遠近夜燈勤禮塔中仙

示過之子過公　蘇軾

春鴻社燕巧相違白鶴峯頭玉板扉石建方欣洗牏厠姜龐不解嘆蠨蛸一龕京口嗟春夢萬炬錢塘憶夜歸合浦買珠無復有當年笑我泣牛衣

鶴峯記

香山陳蘭芝拂霞輯梓

歌

郎中張萱博羅

西湖歌

九洲之內三西湖真山真水真畫圖錢塘明聖果不妄二高三竺神仙都汝陰勺水胡爲爾歐陽太守移家至續遊不是老門生安得標名在人耳惠州西湖嶺之東標名亦自東坡公紹聖已非元祐日惠州豈與杭州同東坡寓惠凡三禩有詩一百七十二空將藤菜敵蓴羹江月纔留二百字公寓惠咏

西湖者止有新年詩云豐湖有藤菜似可敵蓴羹又江月五首小序曰夜起登合江樓與客遊西湖入棲禪寺叩羅浮道院登逍遙堂迨曉乃歸公之遊咏西湖者止此耳而首篇則曰正似西湖上湧金門外看湧金錢塘之門也即此五首亦非專爲西湖而作此外詠西湖者殆不能概見矣　萬里投荒白髮臣棲棲數口合江濱却爲湖中了公事故令嶺外苦行吟行吟豈是湖山主不放西湖入佳句逐臣幸飽惠州飯敢向湖山添口語東坡東坡眞可悲磨蝎長逢紹聖時脫離刀几全餘息公到惠謝表語領略湖山不在詩公在惠時有掃除湖山習氣不吟詩之句之靈更有說東坡先生果奇絕前知後有西園公

能爲東坡補其缺世間清福人最難清福無過湖
與山錢塘汝陰久占斷羅浮亦已窮躋攀且留惠
州一幅畫付與西園細描寫公有別後西湖付與誰句西園老
矣可若何年來亦是行吟者生長西湖六十年半
農半圃半漁船持蠏鱟英東坡語烟雨際黑甜軟飽
東坡語水雲邊一片蒲帆五石瓠六如荒碣三橋路
峰頭白鶴幾時還月下芳魂何處渡竹岸楊隄秋
正新三三兩兩歌採菱城頭日落不歸去篝燈遠
近如流螢永福寺前鐘一動臨風短笛漁三弄輪

篙撒網携答箵網得銀梭爭笑鬨漱玉灘橫水不
波蓼花深處荷花多燭龍燒焰射寒玉瀲灔化作
金叵羅孤棹最宜孤月上水鳥無聲秋沆瀣入在
氷壺琴一彈永夜衆山皆答響園公更喜雨中遊
荷聲淅瀝櫓聲柔烟鬟今已沐西子畫槳何須載
莫愁萬頃烟波湖一曲入濯其纓我濯足結茆嬾
住羅浮山却向西湖伴幽獨西湖幽獨好誰論可
是東坡宿種根爲問西湖千載後有人能否補西
園

鶴峯記

名人詩　　香山陳蘭芝拂霞輯梓

遊西湖　　宋提舉楊萬里

三處西湖一色秋錢塘潁水及羅浮東坡原是西湖長不到羅浮便得休

前題　　明孔少娥

西湖西子兩相儔湖面偏宜點翠洲一段芳華描不就芳華湖中洲名月灣宛轉似眉頭湖中有明月灣

湖上遊春　　王烌

更牵畫舫繞長堤豐樂橋頭塔院西荒墓朝雲封

碧落疎林暮雨打黃鸝隔年艸腐留螢火異代梁

空落燕泥人散酒闌聞歎息從來花木解含悽

羅浮縹緲思無窮湖寺西南一徑通周雅不妨歌

湛露舜絃先已變薰風東山絲竹何能繼北海樽

罍幸不空佳客漫勞頻折柬重遊預訂月明中

永福寺在西湖邊　郎中張萱博羅

湖頭雨過樹如薺落日祇林一杖藜漁唱半歸孤

嶼外鐘聲已過斷橋西浮生始覺迷初地往事誰

堪問舊題尚喜中天臺百尺可容元度獨攀躋先生朝雲墓絶句詩云只埋紅粉不埋名千載瑤姬愴客情念盡金剛隨逝水豐湖吞咽未曾平亦雅亦逸

謁東坡廟　僉事　施　儒　歸安

白鶴峯頭拜長公自驚身世亦飄蓬乾坤隨在都無預治亂相遭幸不同仙桂雲深猶賸馥佛桑春遠，尚餘紅暫時羈旅名山水道德寧論達與窮

前題　府尹王大用　莆田

白鶴坡仙俱不返峯頭芳樹寒颸颸重瞻廟貌感

異代因憶峩眉悲素秋五嶺未有絲髮補十年獨
抱瘝曠羞雅歌斜日有心事目送𧆛江天際流

謁東坡廟　潘昜　博羅

秋日來登江上亭風雲接地晝冥冥經年去鶴不
復返當午晴山他自青道屬艱難悲積瘴興隨遷
逐渺滄溟峰頭愴恨瞻遺像澤畔何勞悵獨醒

前題　修撰　陳謹　閩縣

玉署詞章百代雄惠陽人士仰文忠金蓮曾撤宮
中燭白鶴長浮水上峯池沼春雲生麗藻祠堂日

暮鎖垂虹憐予同是飄零客欲賦招魂媿未工

前題　　　　　　　　　　通判吳　晉豐城

㟝山正氣公獨抱百歷艱辛亦自甘天下奇才來

嶺海蜀西夫子化東南詞林早覺馳芳譽名祀爭

傳作美談白鶴峰前遺像在荆公對此亦須慙

前題　　　　　　　　　　通判吳　晉

四載公歸朝帝闕千年祠立在天涯英靈想像空

山寂廟貌凄凉落日斜漫賦卜居憐屈子朗吟秋

水憶張華當時得副生還願已慚江南十萬家

前題　　　　　　　　光祿寺卿郭　棐番禺

百代詞華起蜀中千年正氣仰流風御前夜撤金
蓮燭海外春來白鶴峯日食荔枝三百顆時吟江
月五更鐘披雲撥雪曹騰醉不問青霄有漸鴻

朝雲集古詩　　　　翰林典籍孫　蕡順德

家住錢塘東復東偶來江外寄行踪三湘愁鬢逢
秋色半壁殘燈照病容艷骨已成蘭麝土露華偏
濕蕊珠宮分明記得還家夢一路寒山萬木中
妾本錢塘江上住雙垂別淚越江邊鶴歸華表添
新塚燕蹴飛花落舞筵野草怕霜霜怕日月光如

水水如天人間俯仰成今古只是當時已惘然
三生石上舊精魂化作陽臺一段雲詞客有靈應
識我碧山如畫又逢君花邊古木翔金雀竹裡香
雲冷翠裙莫向西湖歌此曲清明時節雨紛紛
東望望春春可憐江籬漠漠荇田田遶籬野菜飛
黃蝶糝徑楊花鋪白氈雲近蓬萊長五色鶴歸華
表已千年夢回明月生南浦淚血染成紅杜鵑
浮雲漠漠草離離淚濕春衫鬢脚垂秋水爲神玉
爲骨芙蓉如面柳如眉鐘隨野艇回孤棹蟬曳殘

聲過別枝青塚路邊南雁盡問君何事到天涯
身前身後事茫茫惱斷蘇州刺史腸猴帶玉環歸
後洞君騎白馬傍垂楊鶴羣長遶三珠樹花氣渾
如百和香慚媿情人遠相訪爲郎憔悴却羞郎
孤月無情掛翠巒金爐香燼漏聲殘雲收雨散知
何處髩亂釵横特地寒去日漸多來日少別時容
易見時難明朝有約誰先到青鳥殷勤爲探看
杏花疎雨立黃昏金屋無人見淚痕短髩欲星愁
有効此身雖異性常存關門不鎖寒溪水環珮空

歸月夜魂倚枉尋思倍惆悵夜寒皺玉倩誰温

萬紫千紅總是春登臨一度一思君舞低楊柳樓

心月香濕梨花夢裡雲風景蒼蒼多少恨陰蟲切

切不堪聞思君今夜腸應斷書破羊欣白練裙

零落殘雲倍黯然一身憔悴對花眠南園綠草飛

蝴蝶落日空山怨杜鵑天若有情天亦老月如無

恨月長圓此聲腸斷非今日風景依稀似去年

寓白鶴峯蘇文忠故居追和原韻

張尚瑗

洪波涌嶒屹其陰城所麗邐迤萬家烟俯矚毫末
細環山蒙絡之勢欲挾俱逝倏忽風雨來危闌不
可慦旅懷困蒸暑息肩艮得計肅瞻大蘇像摳衣
拜階砌循州文字祖鑾風變椎髻飽飯和陶詩一
切看委蛻眇末敢希蹤竭來饜新荔緬維天人姿
謫降偶塵世騎麟遊大荒鳴鶴矯空際愈愧休明
時竟無鼓吹製

謁東坡祠　　推官　王　爌　天台

視草曾分玉陛春老成隨地寄征輪空山古刹餘

三適野渡長橋見二新絕代文章藏石室千年香火護江神臨湘敢作招魂賦同是飄零萬里人

野吏亭 宋咸平初州守陳堯佐建在西湖上　闕　名　惠守

野吏厭公堂開軒出郡牆殘花依帝國斜日尉陀鄉 尉陀令龍川時曾建宅於此　疊巘分諸粤重城截古荒耕桑巒聚落煙火漢封疆雲勢飄蓬島天形壓夜郎扁舟閒得侶嘉樹遠成行梅雨千林暮春風百艸香人家浮浩淼鳥道沒青蒼爽塏增魂健虛明覺景涼他年重回首牢落媿甘棠 東坡曾題壁

觀[illegible]記　十六

白水山佛跡巖湯泉　泉熱不可濯東熱西寒在博羅東北十里博羅宰經彥宋建亭于其上　葉春芳

誰將巨蹢躡炎方印得奇蹤路渺茫淵瀉峰頭漂似雪境開泉眼湧如湯祇園不憚遙飛錫黍谷寧知凍曉霜爲怪比邱紛到處溪流還現白毫光

湖上望羅浮　新建伯　王守仁　餘姚

遙矚羅浮岬若連兩山厓巘石橋縣　志書作鐵橋　赤芝瑤草爭迎日翠栢蒼松不記年　松栢徑大有至七八尺者　島泛蓬萊初碇石穴潛句曲遠生烟岩岩氣槩凌霄漢

詎愧名高七洞天道書載羅浮爲天下第七洞天福地○陽明慕羅浮西湖之勝故爾來遊又與增城湛尚書甘泉交厚其增江謁祖祠詩載在羅浮志亦載廣東通志茲不錄

湖上送春

尚書　葉夢熊　歸善

春歸何處可追尋無限思量託短吟西苑觀魚桃浪淺南區巢飲杏林深豐臺別墅翻新閧瀟碧高齋集素心撫景不禁傷往事紛紛清淚暗沾襟

惜春無計到西湖綠艸如茵夾岸鋪莫帳繁華輸北院且圖欣賞勝東隅榴花似火燒山寺荷葉如錢泛酒罏鳥亦多情解人意隔林兩兩喚提壺

偕同社窮泛湖源　葉維楊

橫槎一望白雲間曲曲清溪曲曲山縱目長塘懸怪石快心半逕瀉澄灣鶴田拂翠苗初熟魚艇高歌釣自閒千頃浮光從此發扁舟引勝不知還先生沉香浦絕句詩云宦橐有香沉水去臣心如水抱香清江山不助長留潔今古何因不愛名亦可傳誦

西湖四首　魏浣初

玉局文心絕代無天教到處領西湖不緣浪跡頻遷謫爭得蠻鄉入畫圖秋色斷橋連嶂起寒鴉古

木一亭孤羅浮道士今何在月出山空似可呼
六如亭畔寶幢層宛似雷峰見慣曾四面亂山霞
捧日一邱斜島樹交藤且停歌吹携壺泛不用騶
從野服登訪到棲禪有遺寺佛龕燈火伴荒僧
平沙如席縠紋鋪炎瘴懸知此地無蛋艇微芒銜
菡萏鑾謳淸切起菰蒲仍將淺黛描西子便擬孤
山喚老逋士雅風流民俗儉笙歌安得使君蘇
宛轉垂虹鎖逆潮淙淙閘水瀉新橋移山偶出先
生手解帶原忘學士腰難得種桃拋萬核須教插

柳裊千條他時明聖橋頭望一種春心兩處描

西湖十二景詩

豐湖漁唱 湖在豐山之下故名或曰魚蝦菱芡之利可以阜民以其功而名之時有小艇舉網施罾依稀如畫漁歌互答響徹汀洲聊附二絕以答滄浪

清響遥隨湖水波賣魚沽酒即高歌四邊也有禪林梵不及漁歌天籟多

湖光瀲灧拍長天水落煙橫醉欲眠何處蓼蒲舟隱隱晚風流響夕陽前

小艇依寒渚清謳向晚風往來蘆影畔斷續月明

中得意閒收網忘機任轉蓬一聲欸乃罷獨坐水天空

浩蕩漁家樂平湖景色澄清歌迴浦應餘響入雲凝夜靜星垂釣天空月墜晉乘舟隨意棹波面掠寒燈

半逕樵歸在黃崗山之東草木叢茂忿民樵採腰鐮而往荷薪而歸魚貫桃殘

紅日樵歌喚起白雲

遍拾白雲荷一肩相逢半逕笑聲喧歸來湖上斜陽早閒對漁舟枕草眠

惠陽十萬家採薪皆此處荷葉葢頭歸知是前山雨好鳥如有情對人相慰語明日仍復來山靈不厭汝

野寺嵐煙　即永福寺以離郡治頗遠清幽冲淡曙色清暉殘霞暮靄異態奇妍北苑之畫難工右丞之詩莫狀聊附一章以描遠翠

平湖如練翠重重縹緲寒光野寺鐘市上黃塵吹不到煙霞橋外白雲封

水簾飛瀑　在石硤山中肇青玉而走白虹噴沫如簾潺潺震響激跳潛鱗燦燦連珠光驚飛狖以水石之相喧為耳目之清賞附詩以和鏗鏘

石作石房水作簾蒼崖深處奏氷絃不緣有本源泉裕焉得西湖萬頃漣

瀉影偏涵月浮槎却任雲玉盤飛雪遠碧澗瀑銀勻路隱行踪杳。峰高落葉聞。汲泉烹茗坐風度雨花分

一道珠簾水長懸蒼翠間冷風吹白日。急雨響空山。石瀨林端齒潭清鏡裡顏探奇欣共賦臨發復忘還

雁塔斜暉卽泗洲塔也雁塔之說以塔爲文筆冀其應瑞叶祥之意塔勢既高

景色遂覺澹遠斜陽在頂暮靄搖金返照入湖殘霞凝紫附詩三首以紀清暉

驅霓勢欲盡寒潭叠嶂連溪數樹杉倚檻雲霞紛

可掇隔江鈴鐸戰方酣百年髗骨依燈火雙笏忠

魂護淨藍我欲起將多寶定辯才何處問同叅

浮圖孤峭揷雲煙金碧輝煌夕照邊倒影入湖翻

彩筆凌空書破鏡中天

倒景入湖塔影長湖光梟梟動斜陽不知自起浮

圖日幾度金烏下復翔

荔浦晴光 在小西門外中有書室蓮池島渚如杭之孤山荔枝熟時日光照浦

葱蒨綠陰楚楚爛斑紅實纍纍燦然錦屏繡障也彔斟桂醑席設芳茵附詩一章如

親玉

膚

絳羅仙子出蓬瀛處處爭傳珍異名誰似湖邊風景好碧波宕漾遠含情

桃園日暖在玄妙觀後想當年芳菲春日燦爛朝霞亦勝概也邇者元都觀裡已無劉郎武陵溪邊猶傳漁子懐斯佳勝可乏品題聊附二詩如霏紅雨

紅雨霏霏映日斜湖邊春色武陵家幽清一派橫槎水何處花源問已差

春光欲老日初晴觀裡紅霞一片明莫怨種花人

鶴峰詩（殘）

去後至今芳樹尚含情

象嶺雲飛在郡治西北隅西湖望之若屏障焉常有雲氣飄忽往來出岫而裊

晴空變化萬狀過雨而開錦繡卷舒無窮聊附二詩以記變態

崚嶒秀傑自羅浮性與白雲作應求飛到嶺邊雲不去湖光添得數峰秋

來去峰頭不定蹤翩翩隨雨又隨風天涯有客停驂住多少鄉愁悵望中

黃塘晚鐘即在豐湖書院之右以其在湖之隅林木蓊蔚鐘聲一動幽韻泠然

佛燈初上一聲颯沓于湖心漁火猶明半夜淒清于渡口可無一絕以破攢眉

鏳鉉響出古精藍月冷碧空拖暝嵐何事扁舟湖
上客聞聲相對不能談

榜嶺春霖 上有瑤池石樓登其巔郡中勝概一覽無遺時方春日倍覺宜人煙雨空濛彷彿詩中之畫雲山隱現依稀畫中之詩澤潤芳郊春回繡陌聊附一絕以贊化工

化工圖畫異塵寰無意安排致自閒纔遣東風吹
雨過便成一幅米家山

蘇堤玩月 蘇堤之名惟杭爲盛東坡公寓惠出上所賜金錢給僧希固築堤則惠亦有蘇堤矣堤亘于湖之曠處天心月到空明身入氷壺水面金波璀璨景同瑤

島水天一色上下寒光

附詠一章以消良夜

菸菸水月漾湖天人在蘇堤千頃邊多少管窺誇

見月可知月在此間圓

西新避暑在蘇堤中內有飛閣九間垂陽修竹稠疊綠陰可以避暑當流火爍金之時不可無瀟洒清凉之境雖飛甍久圮猶傳河朔之杯灌水無存尚作竹林之想附詩一首以紀清飈

堤邊修竹間垂楊嫩綠繁陰夏景芳飛閣窓開無暑到蟬聲喚起滿湖凉

初冬張叅戎葉太僕攜妓招同萬伯文梁元

珍鄧伯喬李煙客飲湖心亭

歲貢 歐必元 順德

霞光山色夕陽天簫鼓中流載畫舡賓客醉時聽
玉漏梁塵飛處落金鈿驚看節序黃花後坐對尊
罍綺檻前燈火背城明月夜斷橋堤柳鎖寒煙

謁葉太保墓太保名夢熊公省志傳出自余筆

新塚纍纍傍郭陰松楸湖上鬱森森生前已拚封
侯骨公爲巡撫時多戰功死後誰憐報國心紀傳自知慚馬
史經遊時或助龍吟功臣敢謂恩波淺落日澄潭

鶴峰詞

烟水深

循州雜咏

惠陽元自古循州地控龍江據上遊欲紀名山爭勝跡片帆西下訪羅浮

西風淒斷到黃昏新舊遺阡灑淚痕已向麒麟愁往哲更從青艸弔香魂葉太保夢熊墓在西湖與朝雲墓相望

先朝三疏足千秋學士高蹤尚可求倘過山前騎鶴去月明人倚合江樓蘇東坡

夫君山斗大名齊寶筏當年可度迷一自慈航東

去後誰言吾道不關西 歸善楊侍郎起元制藝入百二名家

經朝雲墓

一片青山掩玉容月明湖上想仙蹤行雲縱得如神女白鶴元非十二峯

孤墳無地不凄凉吳越何曾隔異鄉妬殺風流蘇小小夢魂知不到錢塘

謁蘇祠後偶讀離騷經有感 李時行

物性畏剽到人情忌孤蹇蘭以香就焚膏因明自滅潔躬能取尤高才終見遠鄭衛登中堂韶英聽

斯緩潏流趨靡靡誰復察區欵靈均多遺悲漁父
有先見皎皎明月珠溘矣沉湘沅至人孰矛樞俯
俯能自遣無爲以爲寶隨時任舒卷

朝雲墓　　編修　史申義　江都

散盡坭金蛺蝶裊雲藍小袖劇憐君傷心白鶴峰
前路一樹榕陰蓋古墳　一女子而死於萬里之外亦可傷矣此首語澹而神
遠

題惠州吳太守西湖載酒尋梅圖

官似梅花不染塵尋春聊作放衙人羅浮休羡師

雄店纔過蘇堤便是春

春淺西湖浪未高輕舟尋路別林皋揚州少却麻姑酒一樹梅花笑水曹

春夢婆　楊震青

蘧廬身世寄南遷春去春來斷夢邊如幻未離莊叟蝶有生還說老婆禪青衫淚盡艱危日白髮情餘落莫天亦似淮陰逢漂母姓名同恨不曾傳

白鶴峰以下四首古學試作　何多學

玉局文章擬孟韓江流石閣瀉奔湍天開海國垂

儀範瞻拜千秋識鳳鸞

西湖柳枝詞　　潘定瀾

湖山四面遶江樓却捲閒簾月一鈎扶展欲從堤畔過輕輕柳絮拂眉頭

一鑑洋洋宛在西天光直與水光齊陰濃柳暗黃塘寺只望朝雲古墓低

六如亭畔六橋西柳色青青望轉迷幾度踏春人倦後頻呼小艇繞深溪王漁洋云竹枝泛詠風土柳枝專詠柳

西湖八景　　孝廉　楊仕熙

樓頭宸翰

莽蒼覘王氣將軍有賜書龍蛇動巍壁鸞鵠下宸居龍并弓槖渥能分天縱餘攀摹欲投筆北望一躊躇

嶺上樵蘇

腰鐮何歷歷指點向崔嵬村婦晨炊火。山翁晩市回。世途窮物力。生計託林隈。芳草牛羊路求芻若個來

晨鐘敲夢

衛岬詩 三

勞機原不了一棒卽南能夜氣淸如畫塵心淨到

僧是誰醒未得于我警全憑莫向朱門去朱門隔

數層

暮鳥投林

榕陰間鎭日穩坐釣魚磯矯首看歸鳥浮生悟息

機晦明隨候變行止約心微物理誰能格方知靜

者稀

野港觀漁

非汝亦知樂幽棲見性天幾翻吹碧荇一氣下深

淵向暖晴依日沉幾靜脫筌我心時共躍相對兩悠然

水亭玩月

銀漢疑曾到金波匝四邊檻開塵外地人倚鏡中天宛在一方水如乘八月船從來誇嘯館先得較誰圓

石橋春漲

春雨連朝下長虹浪欲吞斷涯如割野小水亦爭門未病行人涉空懷學士恩不知犀解日濺夢幾

消魂

竹塢朝煙

邱壑林深處招提日上遲共驚彡豹霧誰辨鳳凰枝晻曖豈常蔽此君何可離終當豁晴旭會見拂雲時

六如亭東坡公侍妾朝雲臨逝誦金剛經偈曰一切有爲法如夢幻泡影如雲亦如電應作如是觀坡公以題其墓後人因而立亭

君本錢唐蘇小隣遠從嶺表事遷臣江樓殘月甘同夢野寺凄風不效顰一樹梨花留素影數聲杜

宇憶青春携樽今日新亭上獨見如如誦偈人

合竹洲在蘇村上五里昔有一嫗偕女採薪因衆憇石上嫗見石崕壁立數仞下深淵水勢洶湧漫謂衆曰若等有能從此下者當以吾女爲之婦俄一少年騰身而躍浮江而上如平常然嫗且驚且喜明日少年造其廬欲迎女歸女翁大怒不許論辯久之不決翁不得已令少年截竹長數尺許剖爲二從石上投其一于江移時再投其一翁矢之曰若二竹合流爲一以女歸汝不然勿復言頃之風起水湧不覺流泊中洲合爲完竹翁曰此天也即與爲婚後人名其洲曰合竹洲石曰睹婦石

合竹有緣洲畔合野花無主石邊開人生匹偶皆前定何用溝中葉作媒

朝雲墓　闕名

夜月三更泣杜鵑六如亭畔草芊芊廿年箕箒隨遷謫四句金剛了俗緣秀水自從留姓氏眉山無復覓嬋娟雖然老病憐形影不比先春別樂天

前題　闕名

少學邱尼欲悟彡而今依舊傍棲禪夜來梵磬敲殘月荒塚無人艸自芊

過蘇學士故居　孝廉　車騰芳　番禺

湖山偏爲謫臣靈碧樹蒼崖舊有亭春睡尚依孤

月冷坡公在惠有爲報先生春睡足之句閒吟長寄一峰青憂詩每

警鳥啼夜清況還同鶴在汀欲拜簪裾遺像在半

龕燈射艸堂星

詞客千年跡未衰角巾鶴氅此歸來兩宮恩重留

賢相仁宗語太后曰朕爲子孫擢此賢相五嶺情深愛賦才去國心

期同水月居人歌泣遍蒿萊六如亭在應南望杜

宇春風幾樹開

遊惠州西湖　同知李文藻山左

握臂邀誰共抽身得暫遊我懷蘇玉局人道小杭

州古色看秋草閒情付海鷗六如亭畔樹長對合

江流

合江樓東坡曾寓此

朱樓城上鬱嵯峨異代登臨興若何野吏亭空同

落日棲禪院近感凌波地形章貢雙流似雲氣蓬

萊左股多羅浮無數川岩開紫翠到今處處有東坡

白鶴峯四首

瓣香獨向古城隅德有鄰堂手埽除白鶴何時歸

舊郭青山千載號新居井留雪乳冰湍在池是研

朱點墨餘太息趨庭學詩者斜川一帙竟何如

幾回談笑過西鄰數畝爲園浩蕩春枸杞人蔆移

小圃橘花荔子出重闉求方釀酒招吳陸破戒題

詩與惠循喜劇諸孫來萬里垂髫恰見夢中人東坡

在惠圃

種五藥

洄潭碕岸認詩痕冷淡依然白板門有弟遙傳詩

帙到無人長護藥鑪温斲殘山骨空留井落盡梅

花尚有郵杯土西湖經宿草寒鴉啼處晚烟昏

謫仙合得住蓬萊四百峯邊紫翠開時政何人居

鼎鬲殊方隨地有樓臺力營荼圃春將老睡美藤
牀禍又胎祓命無端渡瓊海乘潮夢裏幾回來

六如亭

吟時捧硯醉時扶二十三年事大蘇生長錢唐莫
相憶南邦猶得葬西湖
長對浮圖在水涯孤墳無樹着寒鴉瀕危解誦金
剛偈一代達人王子霞
已脫杭州舊舞裙羌麗石建共辛勤松風亭下荒
涼甚惟有梅花配細君

循州道中望羅浮

四百餘峯到碧空仙衣處處舞東風孤帆三日惠州路都在羅浮山色中不言山高而高自見風流瀟灑想自老杜咏泰山詩齊魯青未了脫出

朝雲墓　學正　何大佐香山

楊枝駱馬事紛紛宦海相隨意獨殷兩處西湖生死地一塲春夢色空墳豈同艷骨埋金鎖應共瑤姬化彩雲此去巖嵋千萬里芳魂會遶魏城君

豐湖秋月　孝廉　葉　適惠陽

微微秋渚印銀蟾一片空明萬丈兼紅葉落疎山影瘦白雲飛盡塔峯尖沿堤詩舫頻移棹傍水瓊樓不下簾最愛六橋光霽夜當年風韻想蘇髯

朝雲墓　文學　梁麟生　順德

二十三年戀世塵看經初悟白蓮身難將學海留天女空闢湖山葬美人魂夢長依孤野寺額梅分點六橋春墓前芳草如青塚不是當歌亦愴神

坡公宅

半壁紗籠舊墨痕孤臣遺跡此長存許追野吏爲

知己一謫天涯亦主恩無恙江山連近郭宅邊有亭太守王子千題其額曰江山無恙千秋亭榭立黃昏鶴峰正對朝雲墓空院深宵莫掩門

棲禪寺

湖上高峰峰上寺金銀宮闕總如斯人從下界聞鐘早路入青冥到院遲訪道未成腰不計還家仍是賣柴時壁書不羨籠紗貴已附朝雲集古詩孫西菴集古詩書在壁間

遊豐湖

偶值山翁語白雲坡公堤上坐宵分最憐羣籟沾

沉後三院鐘聲隔島聞三院謂棲賢黃塘永福三寺

春夢婆　孝廉何邵順德

負瓢歌裏識坡仙欸祗東風笑語邊幽恨偶爲遷

謫慰芳名已借品題傳六如更證朝雲偈四大眞

空佛印禪還憶林婆賒酒夜青裙白髮總堪憐

惠州西湖　郎中麥佑香山

十里湖光接曉晴六橋春色鎖層城自將豐鰐分

中外應與錢塘作弟兄古寺寒烟浮寶塔長隄新

柳囀金鶯不知誰是西湖長便欲芳樽薦杜蘅
聞道坡公被謫時烟波乘興每相隨帶從學士腰
頻解堤合癡仙姓永垂嶺上孤雲隣叟共天涯芳
草侍兒知何堪寂歷荒亭下自注湖邊有六如亭朝雲墓在焉埋
沒香魂剩舊碑

豐湖弔朝雲墓用蘇學士悼朝雲元韻

名媛　謝方端　陽春

蕭颯松風欲暮天香墳寂寂憶當年柳堤久斷金
剛偈湖上曾叅學士禪萬里投荒依故主六橋無

路續前緣幽魂若踐蘇公約明月三山伴作仙

合江樓　　闕名

重構嵯峨百尺樓攢峯如畫望中收兩江瀠澓東西合百沼迴環上下浮翠翠烟嵐濃復淡雙雙鷗鳥去還留凭欄極目知形勝砥柱天南第一流

朝雲墓　　文學　孫龍順德

烟嵐如黛草痕荒冷寂歌亭伴夕陽一代孤臣投嶺海千秋艷骨死文章梨花無主難醒夢柳絮拖魂尚帶香極目四山誰擱恨東風吹淚洒湖光

登白鶴峯望六如亭　副將　胡高德順德

尋鶴尋歸白鶴峰，靜中閒眺興偏濃。雲封古洞初眠虎，竹舞幽亭欲化龍。寂寞一坵梅葬骨，融和三月雪消容。樵夫對語山中事，不覺前溪送晚鐘。

朝雲墓　長壽　釋大汕石蓮

星霜消粉黛，風雨瘞桃花。越國魂無主，巫山夢斷家。何人弔青塚，獨自老黃沙。惟有蘇堤月，還來照浣紗。

朝雲浙人

表忠祠　祀靖難時御史王度。度與方孝孺誓同生死，後俱族滅。洪熙時，州判劉簡

全家死于交趾冦難俱歸善人祠在西湖　明狀元　林大欽潮陽

表忠祠下拜冠裳北望春雲幾夕陽廟食不慚尊俎豆路碑留得好文章江山有色長靈秀草木無知也感傷百十年前雙眼孔幾人生死爲綱常

朝雲墓集古補遺　孫　賛

遠上寒山石徑斜宮前楊柳寺前花紅顏未老巳先斷莫怨東風當自嗟

紫烟衣上繡春雲一樹繁花對古墳辛苦無歡容不理半緣修道半緣君

與君畧約說杭州山外青山樓外樓屈指別來經

幾載愁心一倍長離憂

欲寫愁腸愧不才依稀猶記妙高臺問余別恨知

多少巴蜀雪消春水來

過惠陽小蘇先生故居 輙以言事忤帝宰相希旨安置循州雖僧廬道室皆不許入僦居民舍撰龍川縣志蜀中同鄉人巢谷年七十三徒步訪二蘇至循輙驚喜曰子非今世人也

陳蘭芝 香山州判

難兄已謫古循州直道誰知有子由一室便垂忠

鯁迹千秋惟怨佞臣謀峨嵋閒氣衝霄漢翰墨流

鶴峰訛　李

香染海陬此去大蘇居不遠清風恰似二禺邱

文獻樵

西樵歷史文化文獻叢書

增補嶺海名勝志（三）

（明）郭棐 編
（清）陳蘭芝 增輯

广西师范大学出版社
GUANGXI NORMAL UNIVERSITY PRESS
·桂林·

明光禄卿嶺南郭蒐周先生著

嶺海名勝記

香山後學陳蘭芝增輯

海珠

海珠圖

李忠簡祠

卷三
圖
二
慈度寺

海珠

誰把摩尼珠擲向滄

須臾收斂鎮江城[illegible]

人海不去

吳榮光題

海珠記　卷三　像　三

李文溪像

文溪公冠帶像讚

夫何若目之營然憂世志也若冠之崱然撑天墜也若笏之奮然擊佞賊也若綬之縈然縋賊壘也若愷悌之藹然顧民惠也若視之瞠然從師義也若神之淵然文思致也嗚呼此非文溪先生之行義文藝卓然流光於百世也乎

甘泉湛若水讚

海珠記

香山陳蘭芝拂霞輯梓

海珠記

謹按粤江之水滙於城南而白雲山勢蜿蜒飛來萃靈於此中有海珠石是爲珠江世傳其先有賈胡沉珠於淵俄化爲石故一名沉珠浦僧鑒義又言昔人從異國來得珠徑寸舟歸日珠飛入海是夜光怪呈露因名海珠豈其然乎舊志云南漢大寶年創慈度寺蓋二十四寺之一歲久寺圮宋寶

祐四年李忠簡公捐貲與僧鑒建叢林於珠石上在雁翅城之外越臺之前實省會之正印也登其上則滄波澄空天籟振響重簷隱碧遠山送青星光銀漢低回雲影珠輝蕩漾僧歸烟外月隨雙槳徘徊漁釣江心風逐孤篷上下簪紳過客揖文溪之像而仰止高山鉛槧遊人詫射江之奇而依稀清夢此誠擅一方之靈秀已浮梁王文鳳云天地儲此所以朿扶輿清淑之氣而孕毓廣之英賢于以資世用有味乎其言之哉　江山如故英賢代興各鑄偉詞作海珠記

文類

海珠慈度寺記

海珠慈度寺舊在州東舊志載南漢大寶間始創合南海寳之林等二十八寺列于郡之四方以應列宿自東之慈度寺至南之地藏等十四寺則番禺縣地今慈度寺乃番禺東南十四寺之一也歲久頽圮宋寶祐間文溪李昴英捐財與僧鑒義徙創江心海珠石請舊額扁之侍郎王埜書寺有文溪祠堂石刻遺像迹寺志所載王侍郎書寺有文溪祠堂石刻遺像則宋人祠公于海

海珠記

珠山有足徵矣元大德間元帥羅璧捐俸重脩國朝洪武二十四年清理佛教寺爲叢林歸併僧衆舊傳昔賈胡墜摩尼珠於海化此石故名予則以爲不然石之生於江心如金山焦山臯磯江心之類是石圓秀如珠且廣人稱江河爲海故名之如此址廣十餘丈餘四面環匯皆水林木森蔚殿宇列布雖潮滂巨浸不能没詞人墨客多泛舟此遊而餞行者亦往往之焉郡志舊八景有越臺秋月今易爲海珠秋月亦一景也宣德間寺毁閫帥程瑒脩之

命遊方僧以居然去留無定寺復日圮正統間憲
使蕪湖郭公始命光孝寺擇僧明通住持而贍僧
田土已逸失過半矣然寺居江心四時之間未免
上爲風雨所淩下爲江濤所嚙故寺爲易毀明通
見寺日敝廼捐已貲訴募緣之鏹市堅財鼎建佛
殿三門周圍廊廡石基墻壁於成化八年以次俱
完見管常住田增城縣寄庄四頃七十畝零本縣
三十一畝零肇慶府高要縣樟村都寄庄魚塞一
所土名大步頭大步尾低演三箽汪拽木汪揀諫

繕婆灣裏滘等處共稅一頃四十九畝伍分國朝洪武二十四年歸併逸失者茲不及贅宋徙建寺事具寶祐五年僧鑒義記今鼎建寺事具肇慶府學教授浮梁王文鳳記

海珠慈度寺記　　僧鑒義

大塊開鑿元氣流行穹窿雄大之爲山宏廣博厚之爲地凸凹爲岡阜潤濕爲水澤羣分類聚各安其生海若山靈威神輔德嘗觀杭之飛來峰廣之飛來殿五羊化石南康殞星皆名勝之處佛菩薩

化居也昔人從異國來得珠徑寸舟歸日珠飛入海無所尋覓是夜此處光惟呈露因名海珠洲寶祐四年郡人文溪李探花諱昴英施財創寺於其上奉佛安僧請額海珠慈度寺立爲里乙住持院在南海之外越臺之前船之望壄實州治之正印西江之水澎湃漩澓而回瀾東海之潮奔趨洶湧而收浪緣樹排秀遠山送青漁舟半夜見星燈而明滅譙樓將曉聞畫角以悲鳴慨嘆昏迷其誰能悟月皎金波搖蕩星光銀漢低垂補陀瑞象玉毫

增輝兜率紺容妙相顯露僧和梵唄鍾扣鯨音穗
石福地其名四馳寺底而雲衲四集遂置田土名
荒谷下潤朗下麻涌下疆黃泥凹東街田地黃泥
欝種子田官田峒等田提舉常平司撥渡額名河
南北上渡下渡窖頭橫水等渡以充晨夕香燈之
用帥閫又撥蛋民邱三林六二郭二兒孫一十余
人永遠充本寺洒掃之役此皆係常住利便之事
且有三者幻生塵象中幻居塵境上實非久處是
亦本乎有本無今有已有還無斯佛語也雲峰祖

師曰從緣而得者始終成壞不從緣而得者歷刼常存命工鐫石以紀歲月後昆當鑒是無忝也旹寶祐五年良日記

重建海珠慈度寺記

王文鳳

夫世事之廢興莫不有關乎天人者焉關乎天者在乎運之復關乎人者在乎人之得故中庸曰其人存則其政舉殆以此也匪特爲政者爲然而佛氏之教崇寂寞外倫理雖與政異而所以廢興之者則未嘗有所異焉廣之海珠石在邦南大江之

中清奇圓瑩若浮印然蓋天地之儲此所以固東
大扶輿淸淑之秀而孕毓廣之英賢以資世用者
也上古無寺宋寶祐間李左史昴英捐貲與僧鑒
義構此仍扁南漢慈度舊額於上不逸舊也時以
左史之建故常平爲置田土以贍緇衆撥渡額以
充香火閫帥僉蛋丁以備洒掃而寺之興可謂盛
而得人矣其事具見僧鑒義記元大德間復毁得
元帥羅璧爲之重脩迨我太祖高皇帝肇造華夏
春煦秋翕萬象維新嶺海生靈咸賫長育而山林

雲衲亦賴生成洪武辛未清理佛教寺爲叢林時歸併今順德縣北水堡隆興寺田四頃零二畝白藤堡鎮康村國壽寺寄庄新會縣田二頃一十二畝一分巴由都紫泥堡瑞雲山隆興寺田七頃五十五畝九分是時寺可謂盛矣迨宣德間寺毀都閫帥程公瑒飭之俾雲遊僧居之去止無定而寺日就敝而歸併三寺之田亦遂亡矣正統間憲使蕪湖郭公智乃命光孝寺都綱擇行僧住持而明通始膺是命既至乃朝夕祗懼恐負上人之托乃

鈀梳補葺數月之間庶幾少成所入之租惟寺之舊增城縣田四頃七十畝番禺縣田三十畝肇慶高要之塘塞一頃四十九畝内而贍寺之衆外而供雲水之游與夫旛幢法具之器香燈果供之儀罔不悉備而賓客之至樂然如歸又莫不咸稱昔之廢今之興寺之得人乎天順五年明通復與通判黄諫創處遠樓於寺之後登眺者偉焉第寺處江心荐歷年久風浪四衝隨葺隨損明通乃與其徒明昇議曰修葺之工日多不足以支風雨苟非

重建則殿廡將壓於是罄衣鉢之資會常住之入爲不足乃廣化衆緣之錙市堅良之木於成化四年始工至八年訖工凡佛殿三門兩廊方丈廚庫之室俱煥然一新周圍石基墻壁俱甃砌完固以次莊嚴佛像彩飾殿廊爛然俱備明通俗姓黎南海之西南金紫堡人自幼莊重不與羣兒嬉惟學禮佛父母知其爲出塵器遂於正統二年禮光孝寺副都綱慧俊爲師明通外貌椁樸內性明了凡於言下多有領悟師甚器之在寺戒行頗嚴法衆

敬慕故其來住持也始則勤補葺之勞終則成鼎建之力其視世之據勢位顧廢興而有作者曾幾何人乎故曰人存政舉者此也兹是功之成明通朝夕祝頌之暇靜居丈室必求所以契夫道者予作一轉語以助倘有解焉則西方功果盡在是矣語曰水去心常靜潮來夢不驚坐看波底月道果自圓成庶幾諦聽用勉將來故記

文溪先生傳　　戴璟

李昴英字俊明番禺人少雋潁絶人寶慶丙戌試

春官知貢舉鄒應龍欲置第一時方諒陰或曰上
始即位宜崇帝王之學遂擢王會龍書義第一昴
英第三人調汀州推官郡守陳孝嚴鷙悍不恤其
下江閩寇相挻郡無壁壘力請增陴浚湟以備不
虞會守虐殺兵校昴英爭不聽徑棄官歸亟出郡
郊倅貳偕士民數百邀而留之曰環境皆盜公忍
棄吾民乎洎回悍兵王寶已閉關將殺守吏士民
擁之入昴英開諭諸賊乃得解既而朱積寶合磜
寇攻城設備待之調左翼軍合民兵討賊面授方

略躬督戰相持五日戰二十餘合賊敗功聞於朝
特遷大學正乙未催鋒戍卒叛昴英出諭賊甫縋
城羣兇露刃森立毅然不爲動從容諭禍福賊退
事聞除大理司直主管經撫司機宜文字後與之
平賊以昴英有贊畫功召除大學博士賜對上奏
數千言極剴切上賜金酬其直尋召試館職除校
書郎兼沂王府教授遷著作郎兼屯田郎官首言
天變狎至。所以仁愛人君也人言交進所以忠愛
人君也天惟不言故告戒寓於災異臣當盡言故

論諫出於憂危天變不足畏人言不足恤此王安
石所以誤先朝者今災沴頻仍言路壅遏當開心
聽言以弭天變上意嚮納壽丁父艱既終喪累召
不起杜範入相首薦爲監司以吏部郎官召丐祠
不允丙午赴闕上言請正史嵩之罪以伸杜範劉
漢弼徐元杰之寃又言陛下於定國本猶未決去
權姦猶未勇宮媼閹門猶未斥絶是皆爲更化之
累上謂宰相曰李昴英南人無黨中外畏憚之除
兼侍講益感知遇知無不言抗疏乞早正儲貳言

瀚珖詩

極懇切又極言史嵩之包藏禍心乃誤國巨姦賊

民巨蠹疏三上語益切上爲動容以抗疏與在外

差遣俱辭不赴人咸謂有唐子方劉器之之風徐

清叟叅大政力薦之上思其賢起家除直寶謨閣

江西提刑兼知贛州劾貪決滯一道肅然課治最

召除大宗正卿赴闕兼國史編修實錄院檢討上

殿疏極言時事既奏左右皆側目有西大一之幸

又抗疏之上嘉納除兼侍講擢龍圖閣侍制吏部

侍郎封開國男董盧二閹竊弄威福昴英乃直前

敷奏疏入不報又再疏之不報上屢有大用意竟
爲憸雙尼焉遂歸卒謚忠簡平居溫然接物至於
臨大節雖鼎鑊在前不慴也

李文溪先生傳　　姚虞

公名昴英字俊明別號文溪廣之番禺人其先家
乘國史未詳父奉直大夫諱天棐有隱德母夫人
黎氏有娠夢大星降庭未幾公應期而生弱冠登
上第洪平齋徐梅埜諸公異其才以爲南方間氣
調推汀州平反清讞民無寃者時守陳孝嚴鷙悍

刻下遄致變作公委身蕩平之端平乙未戍卒亂
由惠州直趨番禺承平日久人不知兵守帥曾治
鳳航海潛去公與崔清獻公提兵討賊一道生靈
賴以安全事聞入朝理皇以膽畧褒美首上疏言
畏天變恤人言追斥王安石叛經之罪風紀凜然
提舉閩粤貪吏望風解印蓋氣節之悚人也如此
淳祐初杜公範入相與劉侍御漢弼徐祭酒元杰
時稱爲三賢僉庭薦公公至抗言時事一曰定國
本二曰去權奸三曰斥絕宫媪閹寺尤奮激論列

伸三賢暴卒之冤士論壯之上嘗從容謂宰執曰
李昴英南人無黨進秩兼講筵公益自感勵知無
不言劾奏史嵩之奸譎貪殘罪浮四凶宜遠竄荒
裔疏三上廼出嵩之於外時陳韡趙與𥲅輩夤緣
爲孽公力詆之至引上裾奏不納旨與外遣三學
生用李師中送唐介韻餞之有庾嶺梅花清似玉
一番香要一番寒之句輿論傳誦然公之忠鯁出
於天性未幾遷直寶謨進大宗正卿貳冢宰志在
格心時宰側目竟以世議迫阨不容其高公亦莫

海珠記　卷三　傳　七

之顧也若其廬墓卓行積倉惠民孝弟之化及於
崗酋嗜殺之殃止於鄉帥尤有出人情守官之道
之外者及歸田賦詩抱道自樂湛然若終身焉謂
爲立身制行大節足以廉頑而立懦是耶非耶卒
之前數日忽一夕大星殞旣而公沒識者謂公之
辰繫於天固異云所著書文凡二十卷行於世名
文溪集

論曰嶺之南儁士奇人亦多矣唐宋而下莫重張
文獻公九齡崔清獻公與之立朝造粵皆有異勲

由今觀李忠簡公班于二公之間豈其軒輊哉善乎文文山評之曰崔公天人文溪崔公榛人崔公不可作已願見文溪嗚呼文山振古人傑其爲評亦心服於文溪可以觀公之平生矣士有懷琬琰而含輝光者亦何可泯哉

李忠簡公海珠祠像記　尚書　湛若水　增城

正德十有三年三月之望庠生甘生劉生陳生拜進其言于憲副汪公曰學相朝紀時維小子罔聞知嘗交于李忠簡公文溪之孫庠生達元獲講其

世葢公世系在譜牒勛業在國史文藝在本集罔
敢有攸述仰惟公之懿德大節發身鼎科立朝以
正追斥安石乞正儲貳去嵩之奸引裾抗疏列盧
董二宦落職而不悔曰忠喪其親築室終制于墓
若終其身累詔不起曰孝乞歸制服心淸獻之喪
立師傅之道曰義幕於汀奮身諭賊以其守免贊
閫淸獻縋城入諭賊壘出白刃下却擢鋒之變而
遠之廣郊曰勇提舉於閩捐俸賑饑活人之命守
贛置常平罷官酤嚴保伍以爲民安曰惠屢進屢

辭蚤能以其身退曰廉夫斯六行者君子之所以立身也忠簡備焉足爲生人之表固宜里置血食焉以彰鄉先生之道況海珠公之築也而下帷之地也其寺田公之所置守也其祠置洪漕使從邦人之請公也乃反忘本而浮屠焉徒據甚非所以繼往而示來也仰惟明公風化是務復菊坡祠於南庠增飾文山祠於五坡學相朝紀等誠不揣冒昧以言惟明公其圖之公曰鉉職也何辭乃撤其居而新之肖其像而妥靈焉數百載之廢墜一朝

而復於是陳侍御言扁顏之毛侍御鳳請典祀之黃僉憲昭申董之劉憲副伯秀資助之王僉憲大用設門役以守之魏太守廷楫先後贊襄之番禺王知縣澄經營之祠以地主寺以祠存復舊也汪公曰事已不可無記記必於湛子或謂觀吏部霍進士韜亦曰必於湛子若水曰義也吾不可辭郭太保總戎勛曰子其無辭焉吾謹有供麗牲之碑督市舶牛太監榮至則曰復舊以明義也因爲加飭之嗚呼茲非忠簡公六美之實先得乎人心之

同然而能起人心於百世之下不期同而同然者乎祠成公儼然臨之在上於是奸邪之臣觀之將愧其忠薄子觀之將愧其孝師友操戈者觀之將愧其義懦怯於難者觀之將愧其勇殘剎之吏觀之將愧其惠貪進而無耻者觀之將愧其廉而後之忍心於廢興者觀之將愧修復之諸君子也愧之何如脩之而已然則是祠也其立教之本歟因爲迎送神辭三章俾歲祀而被之樂歌鼓之舞之以盡神

悵靈蹇兮多脩服六美兮就儔燦雲漢兮以爲章招箕尾兮與同遊旣容嫺兮多姱永貞則兮服休靈不來兮予愁悵獨立兮中洲 右一

靈之來兮駕乎武乘北風兮下土先朱鳥兮前驅左蒼龍兮驂白虎薦溪毛兮乎尊明德馨兮篕簠呼天吳兮緫於紛江靈兮起舞 右二

目窅窅兮西沉雲冥冥兮霾陰四無畔兮莫杭靈胡去兮駸駸悵獨立兮容與羌神往兮形存猗神往兮乎武服兩驂兮入寒門瞻雲錦兮悅

象將天飛兮莫予遺言慨莫聞兮孑顧馮夷鼓兮闐闐右三

右迎送神辭三章二章章八句一章章十有二句

文溪祠記　尚書黃佐香山

吾廣帶海陸爲郡山奥川豁古稱珍饒於捲握若別出堪輿然故其民素樂淸曠而恬仕進五方俗糅肇泰謫徙惟首邱之懷徼福覬萬一免癘故其民素崇滛祀而畧廟祏今之登仕版者里靑紫肩

相摩雖有場駒漸逐陸鴻以去先哲遯跡半空谷
巫鬼每竊宮其間屬者莊渠子視學乃盡撤之於
是日盧爲俎豆之居矣宋吏部侍郎兼龍圖學士
李忠簡公學以靜得道以時措羅江皆嘗結廬焉
蓋其立朝大節與日俱烈者素養寔不出巖居川
觀之外攷諸職方所紀如飛雲庵文溪小隱見面
亭今入於蕪如海珠精舍至正德中始脩復之烏
呼公鉅人也相去二百年聲光若一日而景蹟尚
若此後公死者宜何如也公之子若孫家番禺石

壁最蕃建家廟三台岡下有石刻遺像巋然與公
所書自贊獨存風儀手澤見者竦敬然祠甚湫隘
顧舊勝當踞岡顛有司甫欲改祀公村氓溺巫鬼
乃曲謀持不行鄉進士江君宇招君宗廣陳君中
誠方君茂夫馮君徽吳君允裕趙君鶴隨過焉齋
咨涕洟曰邪正倒置忍恣視邪於是言之督學大
夫蕭公公慨然曰崇奉名賢釐正風俗吾事也卽
檄郡别駕莫君相文學譚君珩往加貢飭以遷祀
公俾公子若孫得歲脩其常事夫佐之生去公二

百餘年恆越宇宙而寤寐之雖井邑與公殊然經公蕪迹則必翦茀瞻望跂見其景光而況於公之鄉人耶而況於公之子若孫耶是故祟巫鬼而忍隳公祀者不可謂仁弗堂以構而黷公祀者不可謂孝詩曰民之秉彛好是懿德烏呼可不敬乎公之七世孫判柳州翺俾佐記其成佐不佞故從而爲之辭

海珠寺賦古學試作　　進士韓海番禺

廣之爲州也。西北擁夫嵯峨。東南割夫潮汐。山皆

攢玉而疊屏水尤涵鏡以浮璧會百粤之汪洋活
三山之命脈郭近則洲渚視等蓬瀛地迴則魚梵
亦歸空寂況仙人城畔煙波綺麗雜潸昌華苑邊
心目蒼茫不隔蓋程旣通弱水之三千而寺亦勝
南朝之八百溯牂牁之發源經滇黔而竟委滙奔
瀉爲渟潫化淸虛於渣滓繞粉堞而灣環浸雲根
於淸泚北則臺聳越王南則宅浮楊子江邊翡翠
成墟波底珊瑚鬧市木翔宮殿青鴦先見梯航白
雉則見驚波歕欲浮石函胡形陂陀而岡阜勢蔓

海珠詩　十一

衍以膏腴仰作蓮蓬出水圓爲月魄凝珠怒蛟齧
兮基益勁大浸汨兮勢愈孤仰慕前賢尚爾清標
玉立欣逢長者遂令淨土金鋪一龕燈火兩岸菰
蒲梵响逐江雲而縹緲禪心觀水月於跏趺周遭
譙櫓尸牖圭窬守用射潮強弩環懸挂日雕弧嗡
蠔光而上甓闢雲路以通衢因高增勝八望成圖
五色闌干長浮蜃氣八窗風月總印氷壺睛是龍
堂閃爍雨疑貝闕虛無前睇極虎門而獅石迴瞻
窮八桂與蒼梧匪獨右帶花洲之繚繞而左纓穗

石之縈紆。若乃津亭綺合。雲帆錦舒。千官祖餞。百
舸旌旗。感風雲兮龍虎。會望郭李兮神仙。如或先
或後。不疾不徐。朱冑腰弓。朱雀肅水犀之隊。黃頭
擁櫂。黃龍護金橐之儲。則貴遊之炙手可熱。而勝
地亦過眼成虛。亦何知有美人蘭杜。下士菰蘆。泣
青衫於司馬。怨紅粉於啼鳥。春艸銷魂。即醴陵之
南浦。風波失所。亦嵇阮之黃壚。離恨証空王而不
滅。淚痕乾東海以仍餘。至於銷永夏。結閒緣。橈蕩
瀁。舫洄沿。古榕陰密。白石磯連。浣紫綃于鶴渚。垂

海珠詩　十八

赤脚于鮫淵笑魯望泛松陵之宅嗤東坡扣赤壁之舷莫不聽徹潮音共淸神于玉磬滌除塵慮同皈命于金仙葢此中之一樓一閣藏世界之三千大千卜晝固佳卜夜尤美萬籟息諸緣弭浸銀河浮玉壘拉風姨招月姊上下兩輪瓊瑤萬里濯濯兮魚龍不夢灩灩兮鷺鷗咸喜上客旣弭棹而徘徊老衲亦憑闌而徙倚枯禪已破樂境仍饒端陽綺節七夕良宵一江金管五夜瓊簫鵝黃嫩酒鴨綠新潮鷁舫艶素馨燈火龍舟奪絳帛彩標蛋女

泊來簇一灣之茉莉玉娥過去飄十里之蘭椒則
大地共歡其遊冶而諸天自闕其泬寥分明十笏
維摩之清淨依稀五城樓閣之孤超若乃暮鼓蒼
涼晨鐘汨沒朗禪燈於蚌蛤之胎挺佛國於黿鼉
之窟三江砥柱兮奔騰一鏡鼇峰兮突兀鮫蜃之
天開擴牛女之躔排突風煙朝暮兮離奇宮闕金
銀兮恍惚朝朝紅海上之輪冉冉白人間之髮我
尋苦海兮慈航人渡迷津兮寶筏招提之不動如
如王霸之廢興卒卒悟檻邊潮長兮潮消歎江上

月盈兮月缺奚暇弔黃纛之帝制消沉與白龍之雄圖倏忽

海珠寺賦 古學試作　孝廉車騰芳番禺

今夫海珠之爲寺也創建何人歷年幾百星墮名區珠浮水澤天當牛女光連九曜之鄉地坼東南精滙重離之脉乃鬱結於一拳遂因依而作宅縹緲化人之室碧海非遥做深學士之臺紅塵永隔於是樹藹千尋垣周百雉翠宇雕甍丹楹碧甩稜似雀而摩空金作花而布地天圍島嶼雲籠多寶

之宫水淩樓臺香散千花之寺勢蟠以鬱地幻而
紺蘚積祇園之路花飛貝葉之書更有層樓新構
傑閣淩虚神端居而穆穆僧禮拜而如如贔屭乎
上連帝閣之閶闔下俯馮夷之幽居爾乃登臨有
路睇覽無餘西連香浦東瞰扶胥南臨花渡北控
鶴舒蔚天南之勝槩壯都會之鴻圖近則花藥城
邊舸艦廻翔於海市遠則琵琶洲上浮圖雙峙於
仙都當夫密雲層布陰雨連綿雄風擣岸濁浪排
天僧定禪而閉戸香入夜而無煙更寂戍樓之鼓

海珠池　卷三　賦　三

歌停唱女之船有若鮫起龍翔驟挾風雷而上下
鯨呿鼇攫鷩回氣象之萬千至若宿雨消晴風起
煙水如油明霞散綺岍柳茁兮欲舒巖花明兮放
媚錦棹發其輕颺遊人紛其麇至又若清秋夜爽
葭蒼菼紫玉兎徐湧於東溟銀河橫亘於箕尾琉
璃萬頃耀金碧以光芒冰雪一輪映亭臺而清泚
人住冰壺之鏡水調歌殘舟移靈漢之槎竹枝謳
起當斯時也孰不目窮終夜競繁會於三城棹擊
空明望美人兮萬里嗟乎昌華雲逝輦路風飄五

季之臺池已沼百年之歌舞全銷而獨海屋長存
不淺蓬萊之水靈光宛在依然漢景之朝曠千年
而獨峙歷萬刦而常超今則陸靜烽煙瀾安溟渤
浪淘偏霸之氛風清烏彝之穴窮荒重譯帆檣駕
海以頻來別港一綸鷗鷺狎人而出沒僧燃渡水
之燈人叩禪關之月則有望重繡衣名高節鉞政
理人和之暇偶駐襜帷省耕觀稼之餘暫停簪笏
既歡讌于賓僚爰擕才於翰墨斯時也固將珠呈
其媚獻蚌胎龍頷之光華寧僅寺慶其奇誇鷲嶺

龍宫之超忽已哉。

海珠記

詩五言古　香山陳蘭芝拂霞輯梓

遊海珠寺

布政使查應兆長洲

大嶺迢迢來千里縱奔放神龍天外翔望海汲溟
渤光吐頦下珠苑苑波心漾孤砥一何微盤凝一
何壯晨昏潮汐生浮聲訖不蕩日月涵中過合璧
氣斯耶規制豈人謀渾淪出天匠幾時置蘭若守
宛無得喪數間石室虛四面開屏障煙雲含太清
晴景呈異狀估舶日經遊魚鳥亦相向吁嗟拳石

多獨當嶺海曠諒哉五羊跡標勝百粵上

遊海珠寺　知州　陳良珍　南海

金界擁鰲波中流屹幽勝樓臺駕烟虛雲石相隱
眈夜寂蓮燈幽日出禪扉靜波光入榱題濤聲混
鍾磬境寂機事忘慮澹厰心屏仰見三島近俯瞰
十州迴殷勤對惠休陶然發觴咏

謁李忠簡公祠　侍郎　陳璉　東莞

宋朝名碩彥卜築紺園幽濤洒琴書潤珠擎棟宇
浮下帷脩素業通藉贊皇猷不作南人黨長懸社

稷憂封章歸白簡高隱戀菟裘風采千人失遺祠
萬古留波光揺寶樹雲影拂滄洲地擬壺中勝帆
從鏡裏游儀形空歲月蕉荔自春秋縱有懷湘賦
巫陽不可求

謁李忠簡公祠　　尚書　湛若水　增城

峥嶸起孤根四面無人儕云是文溪築當作李公
墩屹立波中流以墩肖於人廢興無定主此事亦
迷淪萬物理固然自餘可紛紛瞻像遶三匝感慨
復何云藤蘿附高木得意凌青雲惟有夕陽鴉江

水自冬春

謁李忠簡公祠

僉事　曾世昌　南海

海珠漾秋月，郊墟薦新涼。我携二三子，駕彼江心航。殺貯山笋蕨，壺列新抽漿。舉杯邀明月，明月來我傍。海珠意中會，飄飄羽衣香。大斗醉復酌，溟渤誰蔛量。醉拍浩歌放，東壁光寒芒。滔滔大江水，宇宙同歸藏。類彼東坡老，赤壁遊徜徉。面仰文溪翁，萬仞騰鸞凰。風霆共流止，星斗争燿煌。美人在何許，咫尺成天荒。歌成欲誰寄，寫之寄盤岡。規規事

爲末不齒君子行豪岩本吾事勿哂點也狂

謁李忠簡祠　　御史鄭洛書莆田

有祠東海上簪笏儼生榮問此爲誰歟忠簡李先生昔爲宋朝彥史誌留其名讀書遺故處香火妥精英天吳護飛宇孤嶼永不傾不見乘駒人空聞流水聲流水不復返海月遞來明思欲扳前駕悽惻獨馳情

謁李忠簡祠　　文學甘學南海

江水送明月哲人今何之新祠江上石天鑿留誰

依書聲付秋浪鷗鳥如當時古木流濃陰孰忍殘
其枝我來酌江水一歃與我思平生願學心撫景
心成痴

謁李忠簡公祠　　李春芳

孤嶼浮滄海四面無人鄰煙飛晝夜濕潮聲往來
吞此地古有聞文溪李公墩我欲發長歌浩浩清
海門哲人去已遠遺像今猶存瓣香前致詞流泒
同淵源醉以語紅日莫使近西村漁郎多晚網沽
得酒盈樽

謁李忠簡公祠　　南海　參政　侯國治

江上蒞珠宮前脩曾卜築重瞻祠像新間氣鍾南服鼎甲早致身正言清輦轂引裾去奸回排難全郡牧縋城散群兇萬家再造福趨闕屢抗章拂衣返嵩谷心與秋鶴飛節竝凌霜竹奕奕紹家聲振蕃公族遺廟敞雲根故國存喬木環宇曉峯青映堦烟水綠千禩仰高風流峙長清淑

海珠石　　山人　陳晚成

汎廣倦邅迴陵高苦奔峭江中得孤嶼足以雄登

眺西睇蒼梧雲東望羅浮嶠遥天落峰影遠水明
殘照五羊古都會往事堪憑弔中原時逐鹿一隅
常虎嘯尢泥横浦關左纛炎州徼趙劉及何冼異
曲元同調各自一時豪寧貽千載誚茲邱隔城市
興亡非所召如何游衍地繁盛乖年少遺碑卧苔
蘚壁壘環頹廟東風吹古臺歸潮鳴石竅鷦咏對
同人臨流成一笑驪領君所探魚竿吾欲釣

海珠記

詩七言古　香山陳蘭芝拂霞輯梓

遊海珠寺　副使江　源番禺

有寺有寺名海珠，長江萬里島嶼孤。問渠造作幾何年，粵省天地開闢初。水晶宮殿何超忽，誰謂驚濤能濺佛。奔流赴海渡虎門，巨浪翻崖撼蛟窟。昔予靈海三十秋，東林天竺俱曾遊。雖然風物頗相似，何如此景河之洲。樓臺倒影涵虛空，近水雲吞遠山色。朝鐘暮鼓兩岸聞，北市南村一水隔。少年

登眺數十遭海天空濶目力勞興來濃墨寫東壁

詩狂直欲吞緇曹每逢勝賞即傾盞或共山僧話

塵外但不肯留大顛衣也不解輸子瞻帶有時煮

茗汲深濤有時濯足依巖磝有時放歌據石坐有

時著屐踏莎行老年累月不一出船司邀我恣遊

遨人生行樂貴及時況逢海不揚波日

謁李忠簡公祠　　文學　梁紹裘　南海

五嶺多賢哲如公復幾人母娠夢星降庭止彌月

孔釋貽麒麟共言間氣鍾吾粵共看甲第懸蒼旻

司理臨汀仰淸讞平反闔郡無寃民郡侯鷙悍變
始生委身弭變啇民迍爾時惠陽戍卒敢倡亂脅
力崔公討其叛海國生靈甫阽危拯於湯火平大
難事聞理宗詔褒美從此英猷胥漢起批鱗抗節
動鬼神安石叛經應愧死提舉風裁甌越閒貪黷
解印亡歸山乃知節槩褫其魄聲名藉藉傳江闗
範公弼公與杰公淳祐三賢意氣同引公登朝佐
時政海內延頸還休風公乃抗疏定國本閹尹宮
娃尤切懇奮斥奸回不顧身疊疊讜言堪補袞帝

眷方殷進兼秩感君知遇多論列孤鳴朝鳳奈若
何至引帝裾還見絕庾嶺梅花香復寒遂使僉壬
居禁闥未幾少宰懸銓衡矢志沃心勵臣節權奸
側目寧久淹豈知宋社成阢隉遠引高棲球獨戞
化及峒酋謝殘殺遂初志物樂天眞雅咏長吟照
華札哲人既萎喪典刑廟貌空留依淨剎我來三
匝想像公之孤標彷彿砥柱中流振衣坐溟渤丈
六金身知是誰苦海波濤叵汩没吁嗟乎張文獻
崔淸獻徽猷煒煒搖列傳如公鼎立在其中千秋

百世開生面棲神未必滄波祠星辰河岳終難變
國家元氣凌鴻濛道德文章奪化工至人本是無
名我三世如來空不空

陳蘭芝曰謹按宋時李文溪讀書海珠後人即其
地創表賢祠祀之而珠江增光焰氣萬丈地以人
重洵然哉時張鎮孫輩於此結龍頭會有挽長弓
射江之夢鎮孫果中咸淳辛未狀元其科名赫赫
彪顯矣然不得與文溪並祀豈非以國變時不伏
節於羊城而草草死於梅嶺耶嗟嗟君子可不思
自植哉鎮孫原南海人至明
代改閉順德藉歸於順云

海珠記

詩五言律　香山陳蘭芝拂霞輯梓

遊海珠寺　宋學士蘇軾眉州

朝市日已遠此身良自如三杯軟飽後一枕黑甜餘蒲澗疎鐘。曉黃灣落木初天涯未覺遠處處各樵漁

前題　明布政徐章浙江

盤石臨江上樓臺駕海隅車塵應不到鷗鳥自相呼勢壓蓬萊島光涵合浦珠中流如砥柱潮水幾

盈虛

遊海珠寺　　副使陳　騏南海

古剎峙寒流虛明面面幽魚龍波底見天地鏡中浮簷響風晨鐸僧歸月下舟濯纓歌一曲餘興付滄洲

前題　　縣尹黃　瑜香山

古寺臨珠石高僧住鏡天波環中印度岸達上乘禪鯨吼通鮫室漁歌雜象筵市塵飛不到沽酒白鷗邊

遊海珠寺　　尚書　湛若水　增城

孤根分穗石樹影帶城隄泛泛星槎外荒荒日馭西兩崖烟火斷一嘯海雲迷便欲依僧寺終同野鶴栖

前題　　進士　林繼臯　福建

海上明珠寺奇峯突地浮飛來傳外國壁立屹中流縱望聯三極高吟徹十洲此間棲隱足何必學天遊

前題　　叅議　徐九臯　浙江

桂海飄靈鷲鯨波出化城潮平天共遠岸逈月孤明客以五羊至地分三島清歸依知不染夷衍得無生

遊海珠寺　尚書黃　佐香山

上上憑虛亭東風南浦生八窗洞吟目兩岸蜚嘯聲天空白浪逈日近青霞明放懷鶯燕外一壺宜醉傾

步屧響金鰲江靈訝太豪四圍雲境界萬頃烟波濤鴈外日光濶鷗邊天宇高蛟龍助詩興飜雨上

蘅皐

珠江別親友

祖帳循珠浦離杯對玉輪分襟移鷁首鼓棹動龍鱗劍氣千年合風期萬里親祇應開閤待今有漢平津

海珠寺讌李凉溪崔南駝二鴻臚鄉友

巡按御史　孫永思　山西

慈航今利涉始識海珠宮鷲嶺中流出鯨波四望通松亭籠曙色鐵笛戞雲空莫惜相逢飲奇遊屬

此中

金象𠎝蛟室江流達海門上方無陸路四壁有潮痕香霧飛珠樹松花墮玉尊漁歌相聽處萍水不須論

叢林邀二妙恣意水雲扃曲度璃宮靜盃摇佛日明孤樓江浩浩兩岸樹冥冥莫向煙波望夕陽愁易生

回舟雲日暮江靜俯星河列炬交波影鳴簫雜棹歌孤煙發島嶼雙蓋下藤蘿萬頃平如掌疑從天

上過

遊海珠寺　　參政　皇甫濂　姑蘇

古寺江心出明珠不暗投亭空含靄色檻外蕩清流日落千山紫潮平兩岸浮客遊逢勝地且復醉金甌

前題　　主事　李時行　南海

島嶼中流出憑空結蜃樓浪翻沙際月楓落海門秋照水禪燈寂棲雲祇樹幽坐看神女見清夜弄珠遊

遊海珠寺　郎中陳元珂福建

澤國饒形勝六鰲擁寶車海中開世界蛟室雜禪居檻外元無地潮來併是虛更憐明月夜雲水自眞如

前題　提舉顧起經長洲

碧海珠爲寺金沙蜃結樓樹光團水月潮勢任沉浮室儘鮫人住舟多漁浦留證公相宴語錯比石家鷗

前題　通判鄺夢琰南海

勝日來登憩珠江一倚蓬地幽偏隱寺僧老善談
農野水通諸瀆。湖山露數峯。清吟應不寐星月夜
堂空

塵譁何擾擾一笑喜逢僧茶話留賓榻。蓮經照佛
燈。寶山居勝地星水透層氷有分詩緣裡何勞白
眼憎

遊海珠寺　　叅政　郭大治　番禺

一水雲連寺三花日抱亭洞龍噓氣白。巢鶴下空
青。寶樹披丹壑珠光映藏經徘徊歸棹晚孤月入

疎櫺

遊海珠寺　郎中　倫以詵

神人驅石立湧出水晶宮弱水無人到蓬山有路通潮聲喧極浦海色淨遙空解障頹瀾勢江流一柱中

天作南州鎮蓬山第一宮乎珠窺象罔滄海澹鴻濛佛法魚龍聽禪心水月空滿前風景勝盡入倚闌中

客遊維桂檝僧定掩柴扃倚檻看雲起登樓待月

明。弄珠逢漢女。投璧禮紆冥。歲歲送人處。無端離
思生。
樓閣重重麗。雲扉開霧扃。南來連紫水。東去渺朱
明。過客探奇勝。山僧話窈冥。何人識道者。此地學
無生。
雄扼長江勢。千年鎖更扃。海兼天共湧。珠與月爭
明。岸草連雲遠。汀花雜樹冥。維舟莫歸去。坐待晚
潮生。
海上芙蓉國。空門夜不扃。異人驅石古。神女弄珠

海珠詩　　　　　　　　　　　　詩

明跨鶴眞凌漢燃犀肯照冥雲根終古在豈是島中生

遊海珠寺　　　　　　　知州吳旦南海

地控鮫人室天回象帝宮寶花紛映水香閣迥臨空刹影江鴻觸鍾聲海霧籠戒珠長不滅靈景夜昭融

海珠贈別　　　　　　　郎中歐大任順德

漸過三城遠猿啼幾萬重夜禪江上月海梵雪前鍾林白鷺馴鴿天寒起毒龍思君蘿幌夕高臥紫

雲峰

海珠贈別　　　　　　叅議黎民表從化

靈氣方予媲。眞緣子獨深。片雲凝野思。明月寄遐心。羅網鴻飛急。烟霄鶴去沉。瑤臺知不遠。何日一追尋。

海珠贈別　　　　　　知府倫文順德

酌別珠江上。憑虛一檻空。海天添浩思。花鳥送行踪。興好催詩急。情深覺酒濃。何人溪畔女。一舸出芙蓉。

遊海珠寺

承德郎　劉　格　從化

赤水于珠在乾坤此蚌胎五羊餘王氣萬蜃息氛埃。檀海眞源在慈雲佛殿開白鷗看不厭爭拂釣船來

前題

知州　陳良珍　南海

隱映雙林出微茫紺殿浮梵燈籠海霧。法鼓動江流。倚檻風雲入登臺天地秋塵纓如可濯來伴四禪遊

前題

山人　鄧時雨　從化

彌棹尋江寺禪房坐夜闌杯停山吐月境寂海生寒樹影中流見魚燈隔浦看禪心如欲證聊此得盤桓

遊海珠寺　光祿寺卿郭棐番禺

地屼江心寺天成嶺外雄珠明三寶霧花送一帆風弔古情逾劇凭高眼自空倚闌一回首天際日初紅

前題　文學梁紹裘南海

何年棲覺樹此地傲滄波三悟超空界群生溺愛

海珠詩　　三

河石龍餘讚歎瑤島謾經過何似心珠妙圓明照

大羅

遊海珠寺　　長史　佘光裕　順德

步武珠臺上依稀傍紫宫花明三島近烟没五雲

通山色青涵渚江流碧浸空酒闌歌未罷孤月上

梧桐

雅愛江中寺初秋物色清波平魚網下風動客帆

輕劍氣衝星落珠光抱月明相携今夜酒喜得伴

群英

海珠寺別歐楨伯　　光祿署丞　潘光統　順德

龍宮開海上獨客晚經過老衲寒初破靈花雨後多心空無色相院靜有檀那乎度期將至臨風聽棹歌

蘭槳乘流汎偏憐萍梗蹤鴻鳴寒磧月霜送夜船鍾交豈時情改年驚伏臘逢分襟在明發何地更相從

海珠　　同知　郭棨　番禺

排浪來孤艇看花到水濱射龍誰入夢葚鳥自依

人入望青雲色牽情黃木津惠休情不淺留我賞

冰輪

遊海珠寺　　翰林檢討　劉克正　從化

玲瓏光四壁寶刹兀中流佛燈明嶺樹漁笛起沙

鷗山聳連雲出江空帶月浮登臨追勝賞疑是武

陵遊

前題　　進士縣尹　謝與思　番禺

碧樹明秋靄清飈度晚鐘迴流漂組練列嶂削芙

蓉漁唱喧堪聽鷗盟靜欲從却憐星聚處珠已採

驪龍

遊海珠寺　　　　推官　王思賢　楊州

爲探驪龍窟來遊鷟鸑宮兩厓津渡濶一棹水雲通鼊火侵漁浦爐烟繞雁空坐來頻極目山色有無中

客到水心寺僧開竹裡門凭欄看倒影移席破苔痕遠樹依城堞晴帆盪酒尊幾年江海上萍跡不勝論

曲徑通幽處迢遙水國晴爭關塵切斷法海夜珠

明自覺機心息誰同客思清斜陽飛鳥外片片彩霞生

問奇來草閣把酒渡蓮河雲護莊嚴界風吹欸乃歌臨流看水鳥適意在烟蘿。別去勞相憶何年復此過

謁李忠簡公祠　尚書錢溥華亭

祠宇開珠石懷風愜夙遊禪林依萬刼文藻重千秋几靜潮聲潤天清蜃氣收。遺碑鐫德譽江海此長流

謁李忠簡公祠　布政使　吴廷舉　蒼梧

石自螭宫出祠疑蜃閣成江花臨岸發蘭槳㩄波平杖屨東山望瞻依北斗情風裁歸太史不朽是家聲

前題　尚書　翁萬達　潮州

古寺江心石高名大宋聞窓含香浦月簾捲越城雲峙樹凝秋色江鷗下夕羣。菊湖祠不遠千載共遺芬　菊湖建崔與之祠處在廉泉今圮

前題　陳惟順

一珠浮海濵雙栢拂蒼旻忠簡前朝謚春秋今代禋讀書驚澤國諭賊救斯民萬古芳聲在應同宇宙春

謁李忠簡公祠　布衣　陳　觀　南海

昔賢卜築處開檻俯江流旭日波心沐碧雲天際浮縹緗遺世業忠孝足貽謀欲遂摳衣願年年此繫舟

前題　知州　梁有貞　番禺

畫棟接花宮名賢想像中前朝瞻令德異代仰高

風古木指簷。碧滄波浴日。紀衣冠看後裔蘋藻薦
何窮
有宋遭中葉南溟起哲人生平多節槩在位以經
綸事業光編簡儀刑肅縉紳。千秋一祠宇遺像儼
江濱

前題　　同知林萬韶番禺

寶剎滄浪裏波光瞰海門宋臣遺像肅山斗望高
存抗疏權奸日雄文嶺表傳憑欄瞻仰後返照落
前村

珠江五日同盧禖夫　汪後來 番禺

招魂歌欲絕競渡暮爭迴潮自天中發香從鏡裏來遊人紛醒醉野鶴獨徘徊荔子紅如火高懸照刦灰

珠江曉發　孝廉 車騰芳 番禺

萬里自茲始輕帆颶素波遠山雲出岫高樹鳥鳴柯故國風霜少他宵旅夢多梅花臨水驛香趂野航過

海珠　郎中 何喬遠 晉江

海國入扶桑南天極望長一拳浮石嶼四面至風檣維艇如瓜步登樓似岳陽無因隨化鳥羽翼忽遊翔

前題　　文學　張鳴韶　順德

清津開水國天際見孤洲漫指羊爲石。還看蜃作樓。波濤元浩刼身勢亦虛舟坐久忘醒醉漁歌浪唱酬

海珠寺　　梁　隆　順德

片石擘飛閣臨江起巨鼇黃塵蕭寺少白浪海門

高人語喧蛟室潮聲亂梵璇狂瀾誰建柱屹立撼波濤

海珠寺　　州判陳蘭芝香山

蓬萊剛一點底柱自中流鐘應波聲撼僧栖蜃氣浮水雲消霸業身世盡虛舟最羡江心月臨空伴客遊

海珠記

五言排律　　香山陳蘭芝拂霞輯梓

遊海珠寺　　叅議王洣天台

浮石通潮候，乎珠照海濆。江心旋地軸，嶺外轉河文。粤秀天中斷，羅浮月半分。山城荒遠嶼，水府隔重棼。陰雨驪龍出，長風白鶴群。委輸輕百折，回斡重三軍。遠接扶桑日，長留析木雲。阜鄉無陸路，天塹限塵氛。獨試三蹻術，遥尋五德耘。巨鰲眞一見，精衛豈多聞。樹坐珊瑚碧，瀾觀促縠紋。坤區深蜃

海珠詩　　四三

宅佛閣隱鼉藪飛鷁風回急鳴榔響過紛洪濤驚
匼匝積氣悞氤氳漱滌厓餘骨牢籠石露齦清磯
濯塵足古碣表崇勳碧髓清煎茗丹爐淨靄芸天
吳供海月仙子舞湘裙送客開文座吟詩盡夕曛
五雲來彷彿九曜望殷勤北斗銀河落青霄玉霧
氾鄉心憐赤雁萍跡碍朱垠水面三光合春深萬
象欣探龍懷一顆掣鯉得千斤飛錫眞誰躡乘桴
未足云鳴騶又城市流水自沄沄

遊海珠寺

布政使張　祜　鉛山

海神鞭巨石珠顆媚清瀆屹立狂瀾柱奇呈粵水
文鯨鰲疑獨跨潮汐自中分梵刹涵空碧炎熇絕
亂棼蜃樓天外影鳧鳥鏡中羣星麗瀛洲侶營團
細柳軍高春穿返照孤嶼閣輕雲淨遠澄江練全
消紫陌氛蛋船趨夜泛沙坦望春耘古木凌風出
疎鐘隔岸聞汲瀾分瀝液俯靜皺眉紋香篆晴凝
靄譙門曉軋蕤曇花飛聞寂貝葉貯繽紛浪遠聲
猶隱春融氣自氳苔衣平綴錦石骨厲森鄰風檗
殊方勝珉瑤永世勳漁燈寒傍竹僧定暖歆芸小

海珠記　卷三　五言排律　　三

醉輕塵鞅清歌陋茜裙昀勷思慗憇登眺幾斜曛興逸還敲詠愁來忽倦勤幻塵虛上界仙泒遡遙沵足躡天無際神遊地有垠冥茫傳雁杳撥刺戲鱗欣盛集開塵榻蕪詞藉郢斤方壺眞足訝蓬島復何云一嘯忘羈旅寒漪帶雨沄

遊海珠寺　　　　副使顧　言　杭州

海波吞不盡孤嶼斷中流夜靜潮聲急鷄鳴日氣浮曉鐘開岸火煙月弄沙鷗樓閣依雙樹星辰動十洲何年曾度鉢今日已添籌炎嶺多時客風帆

一葉舟登臨無限意迴首白雲稠

前題

郎中　歐大任　順德

江逵前朝寺山開故國樓胡床還對月楚客自悲秋葉落禪房冷鐘鳴旅雁稠僧逢大小朗地即鳳麟洲酒爲攢眉去言從灌頂酬寂寥師講後幻滅祖燈留旛影閑宵梵潮聲急溟流袁宏將訪道相約過羅浮

海珠餞別

知州　梁有貞　番禺

驄馬去還鳴江邊候雁聲筵開佛殿逈人重帝庭

名持斧威閩嶠懸旌入薊城埋輪看意氣攬轡見
澄清鵰鶚霜空擊風雲海岱迎。才華高柱下獻納
在承明翠幰翻祇樹深杯別浦蘅。迂疎愧知已慷
慨望君行天路青霄隔能無故國情

海珠記

詩七言律　　香山陳蘭芝拂霞輯梓

贈海珠僧湛　　宋男爵李昴英番禺

也曾勘破到風幡坐得形枯鬢早班衲子指爲眞
鉄漢江神幻出小金山華亭浪急翻船入葱嶺雲
深挈屨還香燼未寒行道處蕭森翠竹護禪關

贈海珠寺僧　　明光祿寺丞李伯震德慶

海上禪扉記昔遊黃金鰲背倚清秋天花影覆盤
陀石舍利光生杜若洲足底潮聲來合浦望中雲

氣棲羅浮老僧不管人間事閒對滄浪數白鷗

海珠　　叅政　何楚英　番禺

萬古江心一化城雪崖如柱自天成闌干夜泊星辰濕瀲滟浦寒通水月明下界蛟龍蟠霧窟上方鐘磬雜潮聲島夷貢賦年年入文德由來闓太平

海珠飲餞　　編修　沈濤

簫鼓從天落海壖水晶宮殿集群仙畫船停櫓隨潮上金鼎烘醪信手傳寶笈聖恩憑使節錦囊行色借詩篇匆匆不盡陽關意西望文洲路幾千

海珠寺　尚書林廷玉福建

馮夷波底策鯨鰲六翮寒風捲雪濤玉鏡汪涵山月小瓊臺搖動海天高洲中樹色浮琳刹背上苔衣長綠毫忽聽天風雲外起還疑仙子奏瑯璈

當日何人解釣鰲至今形勝擁風濤相離碧海無多遠突出滄波幾丈高身世居諸歸洸蕩眼眶雲物入絲毫子登望望無消息訝聽泉聲似玉璈

前題　張琮

金鰲背上會詩仙醉墨揮飛濕彩旃貝闕瓠稜飄

海日畫廊繚繞枕江煙虎頭門遠通諸國雁翅城

高障百川向晚笙歌猶未徹驪龍和月抱珠眠

澤媚川明湅霧消海珠冬日似春朝石潭龍女潛

吹笛氷室蛟人出獻綃樹色兩分南北岸江流一

帶古今潮天生此景通寰宇會送諸番盡入朝

夢崔清獻坐床上李忠簡坐床下野服搭颯而予參其間　陳獻章新會檢討

清獻堂堂四百春夢中眉宇識天人報君西蜀青

油幕老我東籬白葛巾萬里歸心長短賦九天辭

表十三陳南風欲理增江棹也借青山卜墓鄰

宋史記中堪列傳菊坡門下豈無人彈文驚世頻
登閣散髮從師懶著巾嶺海一星元屬李古今全
華總歸陳山齋夢破公何在夜半歌聲徹四鄰

海珠飲餞　　御史　林廷選　福建

載酒乘流濯我纓每於送客寄閒情海中寶地一
珠小檻外澄江雙練明夜月頻窺鮫女泪曉風長
送梵鍾聲片帆借得凉飈便且作蓬萊閬苑行

海珠寺　　都指揮使　王　清　濟寧

何年神物抱珠遊遺向滄浪第一洲五色化成金

世界六鰲擎出寶香樓光涵蛟室星辰動影落龍
宮日月浮萬古團團天地裏磬聲敲徹海門秋

海珠寺　　給事　許天錫福建

冠山浮動小金鰲擁出蓬壺控巨濤沙渚南來遺
讖在海門東望暮潮高芳洲碧艸連蒼靄上界青
蓮吐白毫醉臥中流呼不起欲招王子奏仙璈

前題　　尚書　戴　縉南海

島嶼如珠鎖碧瀾天然勝槩鏡中看旃林雨過石
壇淨粵海風生水殿寒鷗鷺亦知窺色相魚龍長

爲護闌干蓬萊東望仙凡隔欲訪金丹乏羽翰

前題　　　　　知府　曹　琚　桂陽

度嶺南來見此宮一拳臺榭海天空雨餘水面魚翻白浪靜江心日映紅遠樹周遭層漢外孤山砥礪倒流中人間何處尋蓬島此日登臨賦落虹

前題　　　　　巡按御史　王　昊　衡陽

五羊江上海珠寺四面玻璃接遠宮合浦雨來雲井黑扶桑日出蜃樓紅曉鐘暮鼓乎虛外雲影天光蕩漾中携手重來淸興發欲乘鵬翮駕秋空

海珠宴集　　僉事　王　宏

曉日東風到上方半空樓閣午天長白雲已去僧猶定黃鳥飛來客不妨蓬島幻成仙境界海珠生出水中央叨陪我愧諸公晚不飲寧辭醉一觴

當頭日出滿東方一望乾坤萬里長霄漢有情燕地濶煙雲何處海天茫道逢姬孔心如醉夢想黃虞夜未央最是老懷題不盡欲傾南海一吞觴

前題　　戶部員外　丁致祥　椒山

南粤江山秀此鍾東西極目海門通掌擎兕卒水

雲裏僧住輞川圖畫中蜃氣樓臺浮世界佛龕燈火照龍宮舟航來往抛梭急笑殺長廊面壁翁

海珠飲餞　　國子監典藉張　直南海

潮汐奔流西復東萬年天地不終窮孤根滄海眞盤結一柱金山無異同僧榻鳥中閑歲月漁㮚波底動蛟龍弱流三萬知何處且得滄浪一盪胷

碧流遶遶梵王宮倒影分明接遠空兩岸煙籠新柳暗一江風戰落花紅魚商竟在遊延外鱗介應多瀲灧中歌酒送行無日歇幾人能得上層穹

海珠　通政司叅議張詡番禺

中間一座歸禪宮四面如山浪拍空雲影遙連村樹碧波光長映佛燈紅依稀蓬島移塵外焯灼金山在眼中閱盡興亡知幾代誰能回首問蒼穹

中流砥柱差堪擬滄海遺珠亦浪猜隱約龍宮開棟宇分明弱水隔蓬萊詩人錯咏金山寺佛子惟知般若臺來往莫言風浪惡禪林自有渡僧盃

前題　僉事師夔江西

暇日尋幽到海珠上方風景自然殊水因潮汐分

高下山爲煙雲忽有無萬里飄零舟一葉半生潦倒酒千壺與君坐對松蘿月身世渾疑入畫圖

前題　　大學士梁　儲　順德

是誰驅石到江心天爲羊城鎮古今歲月不隨人共老鶯花寧藉我登臨詩情肯與珠爭麗樂意還同海共深恠得蘭橈歸去晚貪看寒雨遍山林

前題　　叅議　王　億　鳳陽

卷石龍蟠海噴珠雲天倒影地應殊林開梵宇清光映香逐曇花俗翳無點破江心浮蜃氣浪遊仙

子醉蓬壺潮生潮落人今古造化難更此畫圖

海珠寺　　尚書　霍韜　南海

有山何處坐巢由水滿南溟地軸浮青史半篇閑老眼泰山千仞一江舟枯坭花蔦隨風雨在處光陰幾轉流垂洒珠江亭墨汗不知今又幾千秋

前題　　郎中　林應聰　莆田

九日拏舟江上寺炎荒到此始知秋蓬萊寂寂風塵迥溟海茫茫日月浮兩岸帆檣縻越樹數聲雞犬出滄洲昇平何處非行樂肯向尊前作楚囚

前題　　　　參議　倫以諒　南海

千江月色瀉煙流萬里長空紫氣浮入夜濤聲長似畫烈雲花影不知秋石床鶴叫回塵夢海寺風生逼酒籌回首南溟星斗落筆端雲錦爛江樓兩岸秋風吹白蘋三城煙火隔紅塵天涯寒菊雙蓬鬢海上青樽幾故人謀國計從窮處拙倦遊心向暮年眞羅浮東去扶桑近黃木灣頭好問津

海珠飲餞　　　　御史　駱用卿　餘姚

海珠春曉樹成煙華節亭邊水作田百粤月隨驄

馬足一江潮送綉衣船了無議論留人世剩有詩章耀海天此去京華千萬里臺端趨拜又何年

樓臺倒影勢孤懸疑是南溟出水蓮雲宿空濛方丈地潮生虛白四圍天無多石逕移禪杖剩有僲家泊釣船會濯塵纓遊月窟幾回淸夢月娟娟

海珠　知府　趙善鳴　順德

渺渺煙波焰佛燈迴瀾光浸海雲生濤聲入座淸饒几客子維舟靜愛僧兩岸樓臺隨景見四洲帆影與時更此中妙在應無住正是禪家第一層

泛泛仙槎偶此來光涵四面水瀠迴推開東閣收江月分得南溟入酒盃境界離人真可愛魚龍吹浪莫輕猜兩涯烟火聲相接嘯我中流是島萊

前題　　布政　屠　僑

萍踪浩渺海南行海上珠宮一顆明兩岸瓊華如赤野中流樹影奪增城龍淵不競舟來往鰲極常隨潮落生風物可占清世事猶餘合浦聚晶英

靈洲應遜海珠雄圓折波流萬頃中世路無端窮嶺海人間元自有方蓬奇觀極目雲濤迥長笑一

聲天地空酌水江心酹明月文溪千古樹淸風

前題　　　　尚書李　遂豐城

亭開面面水雲圍海國風烟入望微山梢潮聲依岸靜江流天影帶晴輝行吟澤畔忘人我流水聲中洗是非待月漸看蟾兎上乘槎共泛斗牛歸

雨後海珠登眺　　　　尚書黃　佐香山

珠江煙水碧濛濛錦石琪花不易逢三島樓臺開日月二儀風雨動魚龍浮雲荏苒團秋扇野樹依微亂晚峯越女未知摇落早輕舟何處採芙蓉

海珠山下寒潮生擊鼓放船君欲行釃酒千巡谷鳥轉粤城十月江花明碧雞金馬在何處遊子孤臣俱有情此去登臨不同賞倚樓詩句向誰成

前題　　刑部郎中　王漸逵　番禺

三山失爲擢鰲極騎刼傳聞遺一洲羊城相對亦海市珠宫未必非蜃樓寒光切逼南斗避靈怪恍忽天吳愁醉來一榻倚雲逕榆花滿空楓葉秋

南風忽阻江上舟欲行不行還自留煙雨獨迷遊子夢海潮多長故鄉愁冥鴻幾點客懷杳孤磬一

聲梵宇幽共對芳樽拚一醉莫言吾土倦登樓

雨後海珠登眺　尚書　毛伯温　吉水

筵開共酌蘭陵酒病起初登海寺臺兩岸鐘聲聞不斷半江雲氣去還來虛堂晝永禪心寂碧日潮平賈舶迴莫道炎荒近多事諸君原是濟川才

前題　巡按御史　姚　虞　浙江

萬頃波光一片瓊千年樓閣逈深情水清鏡現三天象金刹珠涵四面明樹杪亭雲高鳥憩石牙旋沫晚潮平臨流掃石題詩暮返照歸林彩鷁輕

獨立空亭天一涯江煙初散落洲沙壯遊不倦登山屐野興何妨泛海槎萬頃乾坤浮石榻四時島嶼列瓊華芳樽爛熳滄溟水笑倚雲樓月已斜

前題　　都御史　李義壯　番禺

夢回殘月轉長廊何處僧歸半夜航水色不隨山色改風聲偏助雨聲狂依依鵜鶘棲林樾個個芙蓉隔石塘幽興杳然從此遠不堪漁笛起滄浪

半畝高亭百尺强坐來天地自生凉朝臨爽氣南山近夜浣銀河北斗長立馬來牛原並逐濁涇清

渭不同行十年窓下羲皇夢肯放輕塵到石塘

海珠登眺　推官　徐元春　浙江

天開萬頃光明鏡印我如來古佛心水月定中空色相煙花象外失浮沉淸時狐兎蠻荒盡秋日魚龍禹穴深嶺海茫茫隔塵世不堪回首憶朝簪

前題　副使　趙崇信　順德

紅槿黃蓮開渡頭煙花不減到瀛洲人間絶勝風塵隔石上長懸歲月流時事不關僧對語瀟湘無夢夜乘舟兼葭汎汎生寒溜紅日遠天鐘鼓浮

前題　　　　尚書　何維栢　南海

渺渺長江秋水清，況逢江上雨新晴。同來淨土消塵暑，閒坐中天看月明。語罷光風孤榻靜，酒闌深夜一肱橫。蹉跎吾道成何事，華髮年來白數莖。

閒雲遠水澹孤淸，古寺疎鐘報晚晴。樹杪秋聲聞淅瀝，波心月色湛虛明。中天靜倚樓臺迥，午夜遙看斗柄橫。更與同心期白首，艸堂寒菊茁霜莖。

前題　　　　主事　何孟倫　新會

玻璃滉漾浴晴空，突出中流見梵宮。綠蔭周遭煙

樹杳黃灣迢遞海潮通光涵南極搖星緯影動波
心起臥龍回首滄江明月上滿天秋色磬聲中
招提古樹隔江城江上潮聲雜櫓聲絃月乍窺潭
底見微風不動鏡中行雲連琪樹青蕪合雨逼春
江綠漲平萬頃瑤光漫無際水天涵映夜珠明
乘月誰將獨夜舟偶尋幽勝得芳洲青連溟樹四
時景綠泛微風兩岸秋地隔飛塵無俗客僧閑作
伴有盟鷗何時更遂滄洲約山色湖光共白頭
綠樹微濛兩岸分樓臺隱映隔江津機心自息鷗

盟我俗客不來月是賔臨水清秋開罨畫濯纓深
夜動星辰文溪逝水東流遠猶有餘波屬後人

海珠登眺　　　舉人　許　烱　新會

樓閣參差映碧空六鰲擎出蕋珠宮微茫煙浪無
人到咫尺蓬萊有路通縹緲乘槎觀日月依稀浮
海駕蛟龍黃灣東去銀河湧障盡狂瀾是此中
萬頃玻璃浴化城龍宮隱隱送鐘聲寺從寶鏡光
中見人在氷壺影裏行錦水連天斜日照白雲滿
地暮潮平他時載酒清秋夜更醉波心看月明

未羨山陰雪夜舟越王城外有瀛洲千尋浪捲四時雨八面風生六月秋蕩槳客來先起鶴渡盃僧過不驚鷗憑虛縱目雲霄近北望長安天際頭

三島樓臺一水分桃花隱映武陵津洲偹糸圃斷來往門對靑山作主賓日暖海雲浮棟宇夜深燈火亂星辰淸風明月無拘束盡付漁舟吹笛人

海珠登眺　　兩廣制軍張　泉江西

珠宮瀟洒泛摩尼玉鏡氷壺此更奇濤湧海門標砥柱星垂鼇背隱蛟螭千帆影亂浮生景萬井煙

飛太古時適向孤亭會眞意空雲瓶水自依依

前題　　　　　　　　　　　　布政張鏊南昌

瓊筵佳節上鰲峰帝遣佳人劇臥龍萬里碧空飛

蜿蟺一枝紅錦奪芙蓉山含宿雨嵐光潤澤涀晴

雲晝景濃陽氣動天簫皷振醉歸城闕遍歌鍾

前題　　　　　　　　　　　　御史童漢臣杭州

島嶼春開綠海斜金蓮刼外擁龍華窓懸日月看

流水鳥逐帆檣送落霞芳艸還迎塵內騎清波長

照苑中花越王臺上樓雖好此地登臨興更嘉

龍宫掩映碧波寒七樹三花白玉壇泛海遥看一珠小八門始覺四天寬危瀾面面迎青嶂曲磴年年濯錦湍東望蓬萊千里外置身還擬學鵬摶

海珠登眺

總兵　王　寵　廣東

雅愛珠江景物名更於何處問蓬瀛文溪作哲天留瑞神女遺珠地獻靈遠水生風增野意秋山春樹寫圖屏豪來未盡登臨趣寒雨重遊樹遠旌

前題

都司　陳大綸　山陰

禪林列祖大江中樹影鐘聲四望通薄劣已甘昔

事棄芳樽招幸故人同石尤向晚衝濤白海若乘
流逆棹紅從此挂帆煙水渺明朝回首思無窮

前題　　　　　　給事　張　益　豐城

江心孤嶼啟珠宫隱隱蓬萊蕩漾中紫氣氤氲香
殿靜黄雲隔絶寶林空驚風疑有天花落臨水看
殘海日紅欲問禪房聊借榻蕭然無處覓支公
水連南海浸丹邱盡日禪林寄勝遊四面雲霞朝
暮起一江潮汐古今流客來奏鼓驚蛟室酒散迴
舟渡蜃樓青鎖烏臺遲退食故憐此日到瀛洲

海珠登眺　　　　　　　　御史曾　佩吉安

水濶波心曲檻斜遠帆秋練帶飛霞喜從佳境同

仙侶謾感殊方對物華何處煙村閒艸屋幾船漁

火臥江沙相逢勝會人千里留擬芳蹤赤壁誇

四望憑虛水若環客檣遊舫幾曾灣閑收煙月無

邊趣看到蓬瀛不盡山共訝豸冠開閣意乍憐梟

舄托雲關年來隨處滄浪濯欲采芙蓉興未慳

前題　　　　　　　　　　叅政吳國倫興國

海寺飄颻巨浪中凌虛一葦信長風六螭漫駕金

銀闕孤鶩疑投碣石宮坐久曇花天上墜望來烟水日南空君今莫訝珠還早此地還應合浦同

雨後海珠登眺　兩廣軍門　劉堯誨　湖廣

四水中央積翠浮微茫烟樹隔芳洲天花初落登壇雨性海猶遲到岸舟勝地恰曾爲後會幻身端是續前遊憑高何處鄉關晚落日西風自白頭

前題　兩廣軍門　吳文華　連江

海天霽雨並仙舟珠寺波心影四流疑出龍頷成紺宇還誰鷲嶺結丹邱隔江樓閣高低見繞檻星

辰上下浮漫把壹尊聊寓目南溟氛氣坐中收

前題　　布政　岑萬　順德

秀色東南海欲浮李公墩上一維舟潮平水漫鷗
鵁石樹杪雲生翡翠樓野釋向人揮短麈紅塵滿
眼隔長洲登瀛自是殊風致黄木灣前漁笛秋
扶胥雨霽鶴初回秋水清風梵宇臺遷客誰憐遊
海曲憑虛吾欲入天台人間錦瑟寧須鼓江上芙
蓉獨未開珍重臨風數杯酒歸期先約隴頭梅
北望遲迴白玉京東書孤劍赴江城暮雲芳樹渾

無極秋水蒹葭空復清綠野未須頻繾綣東山猶
自策勳名諸公衮衮爲元輔禮樂無勞魯兩生

秋日海珠餞湯方伯鳳麓 大學士 趙志皐 蘭溪

何年明月吐重淵一水蒼茫四接天縹緲樓臺環
島嶼迴遭城郭隔風烟山靑兩岸晚雲碧樹倒中
流落照懸醉倚乎堂正空濶不堪簫鼓促離筵
嶺外深秋木未霜江城送客又重陽花開喜見涯
邊菊帆駛愁生海上航高閣幾番酬荔酒故鄉何
處佩萸囊不應此際違知己古樹蒼烟正渺茫

夏日珠江宴集　　郎中　黄持衡　番禺

雁翅城邊小雨垂高臺面面海風吹潮奔徤馬排金刹雲鴐殘虹吸玉池鮫室鳴機勞素女龍宫聽法舞馮夷酒闌僧定禪關暮皷枕洪濤縱所之

前題　　司務　趙鶴隨　南海

江心珠石起孤根擘出金蓮敞法門圓月肖形常作侶青山如帶若爲垣競奇蓬島仍依郭差勝湖西更傍村海藏龍宫託靈賜五雲呈瑞見朝暾

前題　　僉事　賀　逕　江西

明珠幻出水晶宫縹緲瓊臺萬頃中綠岸屏開煙
拂曙青天鳥度鏡浮空星槎不逐江帆動波印常
迴海日紅碧水黄塵相咫尺樊籠偏愧紫芝公
耽奇曾訪到瀛邱停艦重來汗漫遊日轉琅玕濤
磬發香飄蘭若彩雲流孤亭几席湖中景萬井煙
風漢外樓寒玉無塵僧共話恍疑身世在仙洲

前題　　　　　　　　　　　　李時行

花宫寂寂俯中流四望風煙入早秋赤日浮光搖
海樹青山倒影射江樓梵鐘漁篴時相和去鳥歸

雲各自由淸興每從方外得不因尊酒重淹留

夏日海珠宴集　　博士　吳世良

夜月僧眠依貝闕曉雲龍出倚繩床曇花照海潮

浮錦白足懸江杯作舫不數大金楊子勝分明藥

石火山光追思十載覊塵網覺海衲含蓮葉芳

海心金刹潮高下天外青山景有無漁帶筲箵歌

夜月僧閑鷗鷺出秋蘆傳燈巨浸琳爲館洗鉢滄

溟石作徒中歲王維神五蘊餘光試約坐團蒲

海珠　　副使　游　朴　福建

滄江特立蕊珠宮萬頃雲濤擁護中貝闕直分員嶠勝蚌光爭抗越城雄烟消兩岸橫春練潮送千帆捲暮空一曲滄浪歌自和不將清管托悲風

海珠　　參議　周應治　鄞縣

離奇諸石鎮江湄慈度空門印度遺蜃市漫成人世夢孤蟬驚破曉天曦潮通合浦光長媚春接丹厓景自遲浩渺滄冥幾萬里會看重譯進波斯

海珠　　知府　陳國華　直隸

片石磯頭祇樹林摩尼何代此鋪金浪花遙濺天

花界梵闕幽通貝闕濤樹老蒼堦知佛臘山蟠碧水見禪心迷川寶筏應堪渡不向沉淪苦海深

海珠餞別　給事　岑用賓　南海

狂瀾東注象溟雄砥柱天南在此中曉日梵宮鎖萬刼秋光祖席送孤蓬萍蹤冉冉隨流水雲樹茫茫接太空捧檄不須重悵望從來清白是家風

一官遲暮詎稱雄行李圖書一篋中老驥自能諳去路來鴻何日慰飄蓬鵲橋天上添秋興漁笛灣頭響暮空惜別且拚今夕醉翩翩旌斾欲乘風

酣歌古寺意偏雄南北分携在眼中滿目秋光何
憏澹無邊雲樹對飛蓬芙蓉江上仙舟遠白鷺洲
前旅夢空把袂臨岐情不極魚書莫惜寄東風

前題　　縣尹黃志尹　番禺

暫把綸竿俯碧濤故山回首隔雲林煙霞與有巢
由癖猿鶴盟同歲月深在野久忘彈鋏念臨淵因
起羨魚心晚潮逆浪兼天湧眞怕人間果陸沉

客途秋月帶愁看此夜憑虛慰所歡玉宇四空涵
古刹澄波千頃漾旃檀羿娥有影歸溟渤和璧無

因碎激湍竊慶卑栖眞得地一區門外即江干

海珠　　山人　鄧時雨　從化

盈盈一水隔塵寰聞道摩尼化此山翠竹蕭疎開紺殿綠蘿垂蔭護禪關未能聽法諸天到且得逢僧半日閒慙愧昔賢燈火地至今功德滿人間

海珠餞別　　光祿寺卿　郭棐　番禺

珠水微茫映碧天暮雲離緒共蕭然曇花芳繞金銀氣貝葉青連罨畫船華髮別堪千里外疎翎謾向五雲邊倚樯回眺情何劇腸斷羊城綠樹烟

千頃滄波漾碧空萬行烟樹鬱蘢葱樓臺晻映虹
光外城闕參差雁翅中巨石自撐江浪白飛濤晴
浴海門紅乘槎若問蓬萊水黃木灣頭有路通

和何許二前輩壁韻四首

蜃樓崒屼倚蒼空下瞰馮夷碧玉宮珠樹三千塵
不染畫闌十二路相通蘭臺客往曾鳴鳳芸館八
傳昔射龍千載源流知有屬是誰清夢度江中
紅塵飛斷郎仙城潮打江涯觸磬聲寶尼珠光從
海接菩提樹影伴僧行香分綺席風旛動月滿瑤

波水鏡平况有主賓成二美不妨拚飲到天明
錦纜牙檣何處舟採將杜若過芳洲引雛江燕還
憐暑近檻芙蓉忽報秋習静最宜松下鶴忘機愛
侶水邊鷗醉看明月歸來晚一棹歌聲古渡頭
白石清江遠俗塵紫雲蒼霧擁通津遊遨不斷南
城興尊酒常多北海賓汀沚渚凫暄麗日雪兒銀
管對芳晨文溪溪水年年碧歌濯於今慶有人

縣尹杜　漸番禺

海珠

息偃頻來借上方曉瞻晴旭棒扶桑烟消黛色横

明鏡風漾波光上畫廊海濶直疑天地小僧閒眞
覺世人忙生平自此塵襟滌願友山間白石羊
屹屹中流開梵宇盈盈一水隔人間驪龍去矣珠
仍在罔象求之意自閒雲氣抹成秋色淡漁船爭
趂晚潮還何爲身墮塵中老不共禪棲海上山

海珠同章崑岡節推宴分賦　區　高明　益知州

碧海珠光日夜浮百年天地此奇遊花宮遠映三
山樹水國寒凝四序秋雨過欲明雲外岫蜃來忽
結海中樓爲躭佳勝依仙侶向晚還淹島上舟

前題　左長史 佘光裕 順德

珠樹蒼蒼覆石臺十年遊走又重來江中樓閣雲
霄合島上烟霞晝夜開登岸未成觀海賦泛舟深
愧濟川才鄉關望斷愁無賴日暮停杯思轉哀

前題　同知 楊茂先 番禺

何年滄海一驪珠湧出靈區入畫圖上界樓臺臨
絶島中流烟樹隔平蕪尋僧載酒潮初上譚劍酣
歌晚更娛尊俎不妨頻秉燭角聲吹徹起城烏

元夜命酌終南山水天錬師於海珠信宿賦

庠生 梁紹裘 南海

此

共道珠江鉅且圓何如罔象得遺乎驪龍戲去浮波上神女擎來獻佛前屹立狂瀾標億劫平開勝槩入諸天乾坤幻境渾如此弱水三山恰並傳

自性本來無執著爲仙爲釋更爲儒乍看卓錫依珠寺須信栖神上玉都苦海波濤原浩浩覺城色相本無無大千世界河沙數盡入如來一黍珠

石龍浩劫度何年島嶼中流别有天燈火冲霄歡海若星河留月醉神仙國開極樂吾能到夢入華

海珠詩

胥尔覺先一顆摩尼眇珠黍三千世界本完全

海珠　　同知郭槃番禺

銀海光針寶鏡浮梵宫深鬱起瓊樓神光暖護摩尼室靈樹長生聚窟州上界蒼茫元氣合中流突屼水雲浮馮虛我欲乘風去直跨金鼇絕頂頭

祖席　　主事楊瑞雲南海

兩岸風花赴綵筵共憑水寺一流連大江波漾驪珠色滄海僧留梵宇烟冠蓋並酣瓊島宴魚龍亦識使君船野人醉倒歌鐘夜漫借雙林半榻眠

珠寺依依蜃氣蒸相逢海內幾賓朋中流亭榭雲
隨動四顧蒼茫檻可憑石壁千年留賦筆松花盡
日伴閒僧酒闌烟暝天風起萬里離愁爲汝增

誰堪行客日匆匆話別天涯酒正濃萬頃波濤浮
古寺兩崖雲樹度疎鐘潮生滄海催飛鷁天轉延
津看躍龍南北地懸瞻望切好憑振雁寄行蹤

海珠遠眺　　黃在裘

蓮花如蔕石鼇擎燦燦珠光海上明東眺扶桑看
浴日西迎鬱水拱神京森森古木巢孤鶴滾滾洪

濤吼巨鯨天闢南州鍾此勝何人不動濯纓情

海珠　黃在裘

明珠的的現中流萬里蓬瀛指掌收吞吐鯨波浮海日參差帆影過江樓氣蒸龍蜃摩尼出磬落禪宮澤國幽羽鶴翩翩翩空外度碧天寒露湛清秋

前題　縣尹　馮紹京　順德

何年神女弄珠來蜿蜒靈光照法臺四壁潮聲相噴薄諸天雲影自徘徊波心猶有驪龍認刹裏常聞象教開秦帝不須東望幸此間疑是小蓬萊

庠生李時郁　南海

前題

雙鳧凌風海上山空中樓閣有無間清秋擊鼓馮夷舞白日弄珠神女還淡淡雲霞懸寶地洽洽鐘磬出入寰塵心自覺銷來盡共擬移尊更一扳

海珠送別王少叅陞任貴州憲副

陳堂

一自分携別舊京中間消息斷鴻聲錦江正憶同看劍珠海翻爲獨送行嶺外棠陰雲已合天涯銅柱月常明聖朝勳業今猶古肯向王孫怨草生

海珠送董都閫

將軍三十已登壇英妙承恩衆所懽粤海樓船開瘴癘中朝新命出金鑾横戈萬里旌旗閃拔劍三杯氣色寒此日昇平何以報明時知有寸心丹

夜泊海珠寺　歐大章

野寺鐘聲接五羊扁舟晚泊近僧堂天空海濶孤鴻夜烟暝猿啼幾樹霜漁火乍明山月墜征旗低拂海雲長飄蓬歲晚猶爲客何事天涯望故鄉

晚由南濠出海珠

山城蕭瑟已深秌旅客乘潮恣勝遊千里青山霞外斷半輪明月海中浮蒹葭白雁迷寒渚古木蒼烟隱郡樓莫向溪頭問漁父百年天地一虛舟

前題　　知府　姚光泮　南海

綺榭璇房帶碧流蒼茫天地一浮漚尊開坐瞰魚龍窟簾捲潮生雁鶩秋縹緲樓臺開睥睨依微雲樹映滄洲風塵世態原無定好向滄波問釣儔

海珠秋月

清秋珠海瘴雲空露湛蒹葭夜正中一鑑光懸天

上下萬山晴映水西東岧嶤銀闕涵江樹浩蕩璚波漾晩風載酒臨流人似玉却疑飛度廣寒宮

秋日集海珠寺　檢討區大相高明

烟波縹緲散花臺祇苑初傳鸚鵡杯島上一珠懸法乘江中雙樹辨如來林開碧嶂孤城轉水合青天兩岸迴已泛仙槎逊苦海欲乘靈氣望蓬萊清凉紺殿水雲開碧石晴江素練迴似有法王驅象至豈無神女弄珠來栖禪鶴下驚飛錫聽偈龍歸引渡杯日暮天花何處落幽香長繞譯經臺

秋日集海珠寺　　縣尹　鄧良佐　從化

扶光寒射海東紅砥柱中流起梵宮粤徼千年留
壯麗江波萬派盡浮空依微樹色當窓見隱約禪
房有路通解道摩尼知是否乾坤清氣滿鴻濛

前題　　庠生　劉克治　從化

古刹何年據上游扁舟乘興竟淹留千秋雲物懸
孤島萬里乾坤到十洲水怪然犀光見底天吳如
蜃幻爲樓酒闌莫漫愁昏黑明月先來掌上投

前題　　縣尹　李需光　南海

萬頃波涵碧海澄龍宮珠放耀仙城光浮五色瓊樓出幻化諸天貝闕擎寶磬漫敲春晝永梵音長逐晚潮生我來拂塵逢僧話四面光風愜素情

秋日集海珠寺　太學生　潘豫之　順德

雪後移舟江上臺潮聲聽處興悠哉風生蕭寺隨鐘去月過佗城逐雁來僧向中宵親洗鉢人從何處渡浮杯可憐日夜東流急不念馳光白髮催

前題　馮樹勲

凝紫亭前江可憐暫移官舸弄朱絃西風蘆葦隔

林鳥秋水蒹葭何處蟬孺子繫船吹宿火漁翁拋
網破暝烟美人有約垂楊陌吾欲停橈探木蓮

前題　　　　　　　　　　　　　　何郎登　順德

何處氛埃一點無法堂清夜月明孤磬聲喜得隨
風度偕伴非爲避世圖滄海微茫超上界高樓縹
緲即仙都浮空出石靈鰲在不必由來問賈胡

謁李忠簡公祠詩　　　　　　　　尚書李　質　德慶

傳臚早已擅英聲疏草忠勳答聖明解組獨懸歸
梓里下帷曾憶駐蓬瀛雲霞一片祠宮色伏臘千

年俎豆情海內共推瞻北斗高風何但重鄉評

謁海珠李忠簡公祠　　叅政　李　晟南海

行祠築傍蕊珠宮砥柱狂瀾障海東一代才猷光

竹帛千秋文藻陋雕虫丹心抗疏孤忠在黑髮還

家大隱同祀典由來南國重芳名誰復步長風

前題　　侍郎　游居敬南平

江寺祠宮亦壯哉表賢千古見風裁紫雲山色當

窻出黃木潮光入座來夜靜蛟螭吟海府天清鸞

雁下瑤臺臨流不盡瞻依思清獻祠宮得共陪

前題　　　　侍郎黄　東南海

沐日滄波面面賒想從鰲背駐靈槎陰晴盡借漁人景雲水偏宜野衲家月鏡東西浮殿壁風帆下上掠窓紗文溪精舍隨長刼夢寐儀形鬓早華

前題　　　　布政侯　緘臨海

寒雨冥冥海上臺雪濤面面拍天開千年薦藻趨祠屋此夕開筵坐石苔龍樹烟霞依四壁虎溪冠蓋集群才焚香共對心如洗寂寞臨厓雁鶩哀

前題　　　　尚書王　縝東莞

珠江江上李公墩松檜森森廟貌存文藻先朝推鼎甲勲名千載照乾坤身扶黃屋興炎祚疏伏青蒲動至尊却憶梅花相贈句遺行猶荷有殊恩

前題　　　封郎中　吳尚質　高要

樹色依微豁遠眸千年形勝冠南州檻前烟水紅塵斷天外雲霞紫氣浮景仰高賢曾拂土竭來海客一維舟經綸社稷重回首竹鶴蕭然故國秋

前題　　　國子監典藉　張　直　南海

寺以文溪始有名團圞太極本天成忽看新刹憑

虛扃翻記前遊處遠亭鵰背日高籠樹影鯉魚風
起遞鐘聲誰云不是瀛洲景那得金盤海上擎

謁忠簡公祠餞長子用賓赴池郡二首

岑　萬

江間片石最稱雄蓮宇璇房島嶼中別酒却緣催
解纜老懷渾似逐飛蓬風隨烏鵲涼生袂雨洗銀
河色映空期汝策名原不細文溪吾土有高風
臨流仗劍是英雄綺席青尊一水中送汝雲霄天
萬里念予衰朽鬢雙蓬可人秋色還長晝極目征

帆掛遠空莫憚九華山路險但携琴鶴曉凌風

謁李忠簡公祠　　兵部主事　李時行　南海

勝地遥臨粤海東烟波深處倣龍宮到來自覺群喧息坐久能令萬慮空隔座影移蒼檜日入簾香透綠荷風先賢曾此談經久遊客瞻依感慨同

前題　　岑用賓

人物文溪奕世雄讀書臺倚大江中名祠佛宇空塵迹古往今來類轉蓬送別冠裳成勝會濟川舟楫泝遥空佳期况復逢仙夕牛渚星河挹緒風

前題　　知府　陳　遷　南海

名賢祠傍海東湄尸祝分明奕世思抗疏昔曾留
御榻詔歸猶有贈行詩遺編尚遺流風護麗藻重
鐫舊勣碑旭日當窗光凜烈還如端笏立朝時

前題　　郎中　歐大任　順德

宋家遺直廟臨滄異代人來奠桂漿杖履舊隨江
祖石几筵猶在鄭公鄉瑣牕島霧沾書帶畫閣汀
雲護笏囊惆悵梅花清似玉海門東下引扶桑

前題　　縣尹　黃志尹　番禺

龍圖遺像背禪堂具見丹心的嚮陽四面洪濤涵
正氣一庭明月自清光生膺男爵無餘祿殁著賢
聲有抗章血食萬年香火地繩家名世代成行

謁李忠簡公祠　　鹽運使張廷臣番禺

雲根古寺立中流會是名賢舊此遊匆匆天人長
在望堂堂廟貌幾經秋山容隔岸青如護波瀫環
堦翠欲浮風景不殊凝睡久乾坤間氣到今留

前題　　山人鄧時雨從化

萬頃滄波上下浮天開奇勝郎丹邱三朝俎豆威

儀在異代勳名竹帛收日上海門騰紫氣風生洲渚散清秋瞻依砥柱中流地弭棹雲房竟日留

前題　　知州　謝元光　番禺

東南間氣屬名賢岳降生申豈偶然抗疏精忠霜雪肅匡時勳烈日星懸梅花數詠明清節珠海千濤壯大篇廟貌堂堂雙樹裏春秋蘋藻自年年

前題　　縣尹　陳三俊　南海

嶺表滄桑不計年珠江風景故依然孤忠節氣知能幾一代文章孰敢先御榻抗言如尚在梅花詩

游琅詩　卷

句至今傳慚余後學摳衣日想像高標海國前

謁李忠簡公祠　光祿寺卿　郭棐　番禺

一代人龍起海東頓令千載仰高風祗今南宋遺編在猶述當年補袞功白簡繡裳明旭日雁聲秋色滿晴空亦知地勝因人傑同矶江流砥柱中

前題　縣尹　杜漸　番禺

前哲高風播海壖祠堂瞻拜愜遐心東南秀氣干星象文武才名振古今萬頃春潮迴砥柱九重時祀到訶林文溪千載清流在不共珠江較淺深

前題　　叅議陳　堂南海

文溪祠下水如天四面波光照几筵屹立中流成砥柱遺風千載肅官聯蘋蘩不盡英賢淚𤣥納猶存琬琰編出處如公誰得似莫邪干將事空傳

前題　　縣尹黃　鏊番禺

長江千頃一珠浮祇樹曇花墅色幽初地半分詞客座春濤雙繞謫仙樓鰲擎砥柱雲霄出鯤化重溟日月悠北斗泰山時入望潮回猶未解蘭舟

前題　　同知鄧于蕃南海

珠宮屹立湧江心宋相祠前古木陰異代文章歸
國史千年香火接禪林清香尚帶寒梅色久遠猶
傳玉翰音獨步海天遙縱目依然閒氣鬱森森

謁李忠簡公祠　副使　陳大猷　南海

扁舟遙泛寶珠圓柱砥中流別有天萬頃琉璃涵
日月千秋祠宇肅忠賢先朝正氣孤風凜昭代崇
恩奕世綿睇望地圍東去盡日隨征雁破蒼煙
垂紳端笏偉人哉瞻拜人依釣艇來千仞羽儀翔
百粵萬年英氣燭三台酣聽榜枻歌漁父醒續離

騷劣楚才閱世瞰流心百折滄桑何處不堪哀

前題　　　知府　姚光泮　南海

明珠江上吐驪龍一點光凝學士容四面波濤涵

世澤千年燈火伴僧鐘孤標兀峙流中砥正氣長

浮檻外峰景物不殊人已遠幸從蕭寺挹遺蹤

滄溟迴合斷塵紅祠宇岧嶤出鏡中異代至今還

俎豆蘮聲終古薄雲空抗章獨正巖廊色討亂誰

如社稷功一自科名誇宋室頓令五嶺日增崇

前題　　　主事　楊瑞雲　南海

滄江萬頃一珠浮燈火長爲學士留絕代文章推大雅千年砥柱在中流風清瑤島僧鐘出岈夾桃花水榭幽潮去潮來人事改還同清獻表南洲

謁李忠簡公祠　副使　金　節　番禺

曾聞燈火寄丹邱廟食珠江砥柱流宇宙獨存清節在如來長護玉香浮半空臺島開初地萬禩簪裳憶壯猷欲薦藻蘋滄海隔西風吹送一輕舟

前題　進士　盧龍雲　南海

科名前代探花郎早毓星精耀海方忠赤有心懸

疏艸勲猷何意在旂常提戈自障鯨波險請劍寧
辭鳥道長遺像清高瞻拜肅珠江猶自勝桐鄉

前題忠簡爲崔清獻門人　縣尹馮紹京順德

烟帳遺踪此地留先生丰望重南州菊披門下傳
心印淳祐朝中展壯猷正氣直凌霄漢上清風長
對海門秋表賢堂上瞻遺像猶有龍光射斗牛

前題　縣尹王原校番禺

嚮陽堂上儼光儀多感龍頭締會奇道泒至清清
獻授心源虛白白沙知縋城偉績千年重食邑殊

恩異代思故里雲仍能世講至今淑艾有餘私

謁李忠簡公祠　　縣尹鄧良佐從化

廟貌森嚴俎豆新前朝冠冕識南人孤忠獨抗雲霄志百折猶存社稷身麟閣千秋爭想像龍門一代許攀麟江邊何物堪持薦欲駕扁舟采白蘋

前題　　張鳴韶順德

高臺晴倚玉芙蓉灝氣遥連海上峯名第先朝留翰墨芳傳昭代見儀容重溟日麗文長在斷壁雲深蘚自封千載衣冠還此地滿天波影吼魚龍

前題　　　　庠生　朱士讚　清遠

兀兀中流白石粼後生何敢望清塵艱危不避牽裾疏天地常存報主身一代詞華收太史萬年燈火薦芳蘋菊披門下推多士衣鉢如公問幾人

玉署詞章絕學難先生千古此登壇風裁何處霜同肅權貴於今骨尚寒珠寺拷鐘鳴夜月越江飛浪障東瀾哲人回首瞻依在步武誰彈柱後冠

前題　　　　庠生　李奇標　南海

表賢祠逈絕塵埃四望雲烟曙色開節義孤忠超

宋室文章德政耀中台天堦雨過蒼苔潤梵宇風清鳥雀來爼豆至今遺像肅青霄白日一登臺

謁李忠簡公祠　　　　　庠生　區慶雲　南海

片石崚嶒一鑑中古祠猶爲昔賢封入間白鶴何年到海上青騾有路通修禊薦蘋仍越俗登壇揮翰已齊風萃乎世業升霄近翹望闢門氣鬱葱

海珠寺　　　　　國朝進士　佘象斗　順德

蒼淞巨海作神州一島巍然踞上游兩岸人家觀日出千帆番船逐潮流衣冠尚想先民舊臺榭空

餘古木留暮雨瀟瀟城角起滿江紅葉總悲秋

登海珠樓　　　孝廉陳　份順德

秋衫輕拂破秋烟高閣凭欄思渺然鐘動衲歸臨海寺日斜人渡販花船樹隨地盡山無主水到天回塔有權惆悵仲宣南國老一聲江笛五雲邊雄壯極似盛唐

宿海珠寺　　　汪後來白岸

星影平沉石勢孤一聲鐘定對跏趺三江水滙浮金粟五嶺雲溶瀉玉壺白識花田飛蛺蝶紅知海

市列珊瑚樓船西下繁華盡莫向滄茫說霸圖

海珠　任　埈

千頃江光佛界收萍漚一點聚中流圜生青草疑鮫室煥起丹霞似蜃樓水霧開時幡影繞浪花濺處磬聲浮還嗟老衲袈裟地戈甲排雲在上頭

前題　陳宗德

驪龍眠抱寶光浮一顆摩尼印祖洲海月照澄金粟界天風吹定水晶樓芙蓉西浦呼鸞鶴黃木南灣指女牛潮汐古今還晝夜梵經長對海幢秋

海珠夜月　廩膳生陳官香山

十千世界藏樓閣，一顆珠光透碧空。月缺月圓容易了，潮消潮長幾人同。混茫兵氣排雲窟，海珠寺今爲營。斷續歌塵接蜃宮。擬到廣寒尋素影，架橋直跨海門東。

續檢

同諸子遊海珠寺謁李忠簡公次文康公韻　給諫贈尚書謚忠愍陳邦彦順德

江流不轉蓋臣心，先代遺蹤閱古今。地借招提留

間氣人瞻北斗樞登臨明珠照處天南北寒玉香
時雪淺深自是星精垂越海漫將名勝擬東林

海珠寺今爲營堆　御史粤秀山長杭世駿仁和

萬里濤瀾控制長江空晴湧一珠黄潮穿鰲極初
昂首月透龍堂漸放光鐵銃長苔眠古堞木棉吹
絮過廻廊老僧不管金湯險四大虛空作道場

海珠記

詩　　香山陳蘭芝拂霞輯梓

海珠五言聯句

雨洗江天碧倫以諒稜層紫氣浮坐中閑眼界霍韜

身外一虛舟屹立中天柱長江萬里流梁焯與入

無言妙霍韜簫鼓何處秋以諒

海珠五言集句　　御史汪言臣四川

肅舲出郊際江文通覽物眷彌重謝靈運挂席拾海月

謝朓涉江采芙蓉十九首青青河畔艸古樂府鬱鬱澗

底松左太冲　桂水日千里江文通　臨流怨莫從謝宣遠

海珠寺七言集句　通判黃學準南海

竹房遙閉上方幽劉長卿　先劈崑崙一派流許渾

應有禪僧飛錫渡李孜　更疑神女弄珠遊孟浩然

光涵蛟室星辰動王清　水接扶桑日月浮韓永熙

身世直超人境外楊東里　數聲漁唱起滄洲劉因

二

浮雲流水自相隨朱放　問我來時總不知元微之

綠樹碧簷相掩映吳融　玉樓金殿影參差盧綸

佳人拾翠春相問杜子美　江女笙簫報始催楊廉夫

安得便乘雙翼去元好門　白頭吟望苦低垂杜子美

海珠寺　光祿寺卿郭棐番禺

危亭突兀戴鰲頭元張翥　形勝先推第一洲龍大淵

山色遙連秦樹晚韓翃　磬聲敲徹海門秋王清

樓臺倒浸參差影楊茂　客舫隨潮上下浮趙紳

坐待滄江明月上杜本　更疑神女弄珠遊孟浩然

二

金碧玲瓏殿宇開元祝孟獻　登雲遠上妙高臺宋魏澹

儈依玉鑑光中住元蘇紳　人泛仙槎海上來宋申屠駉

四面濤聲驚鶴夢明俞僩　一天秋色帶潮回明蔣忠

蕊珠宮裏笙歌鬧唐曹唐　不惜千金奉酒盃唐吳融

三

玉女何年遊碧落宋劉子翬　腕前推下水晶珠唐李白

光涵蛟室星辰動明王清　影落龍宮歲月疎元張翥

萬頃寒波凝素練唐陳旅　一天星斗湛冰壺唐岑羲

鳳城回首三千里元艾芳　腸斷飛鴻月色孤明李夢陽

四

百越風烟接巨鰲 章碣 還應此地種仙桃 譚用之

靈潭浪息蛟鼉出 黄翰 宫殿風微燕雀高 杜甫

千尋寶刹含秋色 陳元輿 萬壑松聲雜晚濤 李翰

詞客倚闌看不厭 道退 詩成珠玉在揮毫 杜甫

五

芙蓉簾幕颺秋紅 陳雲嶠 鰲背雄蟠紫翠峯 萬端

樓閣光涵龍伯府 張表 露華偏濕蕋珠宫 戎昱

逢僧且了三生話 袁經 絶壁遥知四面空 郭鄂

我欲放歌乘小艇 嚴正學 恍疑身在畫圖中 道退

六

危樓高架泬寥天殷堯藩　砥柱中流不計年楊茂

孑鶴夜深和月舞劉咸　驪龍春暖抱珠眠譚用之

江波渺渺青烟合張伯玉　雲樹森森紫殿連黄翰

六鑿塵根俱洗盡申屠駉　懸知此地是神仙裴璀

七

仙人掌上玉芙蓉王建　徙倚闌干四面通曾子國

窓裏日光飛野馬韓偓　江邊鐘鼓振蛟龍鄭谷

雲連瀛海三千界劉昌　身在仙宮第幾重韓愈

我欲尋源訪仙隱劉靜修　未知何日得相從白居易

八

金鰲屹立負禪宮道遐　碧水澄潭映遠空沈佺期

幽洞烟横春艸綠司馬𦊅　扶桑日漲海門紅張靈受

山川晻映蒼茫外徐紘　星斗光涵玉鏡中孫原貞

正是滄浪濯纓處胡宿　此心期與故人同郎士元

九

花裏尋師到杏壇錢起　城頭旭日照闌干薛逢

光摇蛟室通銀海金幼孜　影襍驪珠浸碧湍汪翰

海珠寺　卷三　七言集古　全

海珠詩

烟外驛樓紅隱隱 韋莊 塢中蝸殼白漫漫 許渾

往來未欲奇張翰 王初 却傍漁郎把釣竿 許渾

十

六龍擎此寶珠山 程恩 路入松花第一灣 文天祥

天襯樓臺歸苑外 韓偓 風飄鐘磬落人間 楊公濟

嫦娥擁出瑤池鏡 嚴維 龍伯來登舍利壇 高鑑

極目乾坤凝望處 王溥 海頭潮落有僧還 高鑑

舟泊海珠寺晚眺　　胡廷梁 順德

幾人相憶在江樓 杜荀崔 水濶深知世界浮 羅隱

柳色未饒秦地綠李白　白雲猶似漢時秋岑參

天香月色同僧室劉長卿　楓葉蘆花並客舟許渾

且喜江山得康樂錢起　浴鳧飛鷺晚悠悠杜甫

五言絕句

海珠　　叅議王偐鳳陽

閑入招提景白雲占半窩紅塵飛不到翠竹舞風多

風靜修巖榻雲籠薜氏窩乎譚渾不厭落日亂山多

海珠詩

海珠　舉人　王廷翰　瓊山

天水浮金印雲山作畫圖禪鐘驚鶴夢雲影落曇蕪

海珠七言絶句　尚書　霍韜　南海

青山屹對清江流水色天光山色浮盤石孤根千古樹暫隨高處繫來舟

迴隨花萼映同流一色丹青幾萬秋珍重探芳遊冶子好將圖樣別囊收

秋興盈襟寄短籬許將天外老松知盤桓何處層

崖頂不踏入間野艸離

層山山外有雲浮山脚飄飄又幾秋看到這場千

古約莫須身世是天遊

海珠　　　　　　　　庠生　甘　學　南海

面面秋丹映水流忘言孤坐白雲浮丹青模我閑

遊走又向江亭一住舟

宜男芳晚樹中流不羡芙蓉老托秋霜雪自榮無

一語是誰剛遣畫圖收

落黄無語向東籬晉室淵明托所知笑殺丹青空

模影好花今伴莫離離

老樹連雲翠欲浮春風吹我訪僧舟江湖有念無

人共不是當年范蠡遊

秋日自珠江過石門二首　　郭　棐

十年重覯珠江寺碧玉樓頭接太虛爲問樓居諸

學士龍頭高會近何如

望入秋江意儘寬江頭風景足盤桓偶因送客牽

詩興一路吟秋過石門

乙未冬珠江餞金持甫梁文燦友人北上

王學會

二妙銜寒棹北征，那堪江上別離情。幸逢聖主詢民瘼，爲報瘡痍尚未平。

天開孤島屹中流，誰聽明珠莫暗投。把酒別君君努力，江湖廊廟足深憂。

珠海竹枝詞　李文藻

雁翅城邊湧怒濤，外洋水長蛋船高。莫言昨夜南風急，今日登盤有海蠔。

誰跨鯨鯢斬斷虹，海波飛立陣雲空。閣婆眞蠟船

收澳知是來朝起颶風

榕樹陰陰集暮鴉竹深人靜似仙家芭蕉小苑垂

雙實茉莉南州壓萬花

小閣開簾望遠岑熡風晴日囀幽禽背江流水清

無底較比春愁一樣深

海氣空濛日夜浮山城纔雨便成秋馮唐頭白懷

多感倚徧天南百尺樓

海珠七言排律

餞別詩　　陸萬鍾

何年幻出蓝珠宮海淨天開一鑑空席上水光浮

睥睨簾前山色度青葱雲霞明滅帆檣外魚鳥游

翔指顧中使者才情元不淺將軍意氣雅能同供

張偉餞存交誼樽俎雄談見武功無限離心嗟浪

泊新詞忍聽大江東睥睨邪視又城堞也

陳蘭芝曰太史杭堇浦嶺南集云連日出遊諸名勝甚適因寄故鄉袁子才諸朋好詩中極言山水秀麗寺廟清幽後簡齋果於蒲月來粤食鮮荔諸大吏聞之日造其門屢延宴會簡齋厭繁連夜潛入羅浮次早旅館門首車馬猶塞途粤中名士亦至學憲李雨村鐫其詩集清新雋逸不亞庾鮑惜其板攜去云錄遊嶺南詩二首併選錄其文

作嶺南遊留别隨園　袁　枚

海珠詩 [cut off at page edge]

數年遊屐未曾停又作珠江萬里行老驥不知筋力減閒雲祇覺往來輕天涯禽向寧無伴謂霞裳海外韓蘇合有名寄語羅浮丹灶客早教仙蝶下山迎

從古繁華說嶺南及時領略我猶堪尋梅或有三更夢飲水何妨一勺貪未卜花船惟綺麗可知仙荔正紅酣武夷峯色匡廬瀑歸路還思次第探

袁太史珠江文選

香山陳蘭芝拂霞輯梓

錢塘太史袁枚

長沙弔賈誼賦

歲在丙辰子春秋二十有一於役粵西路出長沙感賈生之弔屈平也亦爲文以弔賈生其詞曰何蒼蒼者之不自珍其靈氣兮代紛紛而俊英前者既不用而流亡兮後者又不用而梃生惟吾夫子之於君臣兮淚如秋霖而不可止前既哭其治安兮後又哭其愛子爲人臣而竭其忠兮爲人師而

殉之以死君固黄農虞夏之故人兮行宛曼于先
王不知漢家之自有制度兮乃嘐嘐然一則曰禮
樂二則曰明堂夫固要君以堯舜兮豈知其謙讓
而猶未遑彼絳灌之戢戢兮召儒生而愐東向見
夫子而吠所怪兮以弱冠而氣凌其上曰丁我躬
而未諧夫入世兮未免負孤姿而抱絶狀當七國
之妖氛將發兮彼社稷臣無一語徙申申其排余
兮余又見木索箠笞而憐汝孫兩愛而莫知所爲
兮終不知千古之孰爲龍而孰爲鼠彼俗儒之寡

識兮謂宜交驩夫要津使詭遇而獲獸兮吾又恐
孟軻之笑人聖賢每汶汶而蹇屯兮歷萬祀而不
知其故也吾獨悲吾夫子兮爲其知而不遇也明
珠耀于懷袖兮忽中道而置之淑女歡于衾席兮
媵妒譖而棄之夫既干將之出匣兮胡不淬清水
而試之蒙召見於宣室兮泣鬼神于前席蓀拳拳
而托長沙王兮終不忍使先生之獨受此卑濕欲
嘉遯乎山椒兮感君王之恩重圖劾忠于晚節兮
鵩鳥又知而來送已之薄命固甘心兮又累梁王

而使之翺鞚傷爲傳之無狀兮自賢人之忠愛也三十三而化去兮恐終非哭泣之爲害也彼顔淵之樂道兮亦時命之不長賢者不忍其言之驗兮宜其身先七國而亡悞鳳凰爲鴂鴃兮覽德輝而竟去駟玉虯以上升兮知九州之不可以久駐逝者旣蕭曼以雲征兮名獨留乎此處亂曰瀟湘之春水浩浩兮有美一人涉遠道兮忽見芳艸生君之廟兮咨嗟涕洟感年少兮

山問　　袁枚

隨園先生倉山結隣住一十有一載年方四旬山神怪之不能無言乃面先生而問曰余託體爲山與混沌俱所見隱士百千萬餘如先生與人人殊山實惑焉願布區區昔巢由之號稱首隱也吾見其蓬累而行耦俱無猜心忘顙顙與天往來先生則早登金門身踐玉堂臨岐矩步指會規翔撤金蓮爲婚燭含鷄舌作星郎夫豈蒲衣石戸之徜徉者乎其次鴟夷泛舟赤松辟穀蜀市青盲東海黄鵠是有所託而龍蟠非無所爲而雌伏先生又治

潙玉詩　二二

比吳公表薦葛龔吏澤如春民望如風聽琴者願
展伯牙之指觀射者思彎飛衞之弓譬如四時之序
方春方夏而並非秋冬之成功再其次原憲以甕
牖語人於陵則谿刻自處瞿鉶披裘東郭織屨爲
聾嚾筋因瘠守圍避菀就枯索居孤露或能薄而
閉關或足躄而却步先生又軥錄其躬斧藻其德
髮若植竿瞳如點漆音響遏雲眉間容尺山立時
行揚休玉色誦東方之四十萬言奪戴憑之五十
餘席可以坐而謀起而决備君子之九能傲明廷

之三揖是又非煢魂曠枯冥行坎窞者之所能髣
髴是以後乎先生者方且縹纓天闕持衡要津觝
項交跖魁群冠倫竊杜銓之文資其解褐疑蘇秦
之名原是古人前乎先生者方且豨膏棘軸赴選
里鄉魋顏曷鼻僵仆巖廊希飛蟲之弋獲忘日暮
而途長先生胡爲乎有冠不彈無雪早臥髮長心
短退勇進惰雉膏不食匏瓜空大袖巧手而看拙
匠之傷沉慈航而閱千帆之過秋蛇赴穴竟失其
節雄雞司晨不鳴何闖曷不就明夷之占吉而答

玉女之洪鈞乎先生曰若山神所言可以語下未
可以語上也徒論其理未曉其象也則獨不見夫
麋鹿乎厥角嶷嶷野心濯濯騎之者身顛牽之者
足躅此石隱之流非我也又不見夫舞象乎黃帔
而蹲載寶而朝一浴之外無時逍遙此朱紱之困
非我也惟夫駃騠蒲梢騄耳駼騊對天長嘶顧影
自豪非不知近㦸槊和鑾鑣非不能登天閑舞簫
韶然其所愛者則在乎渥洼之水黃池之沙崑崙
洗鬛瑤臺銜花固不能久齕乎芻豆而覊豢夫王

家余實慕之是耶非耶且夫君子之立身也才欲其大志欲其小能欲其多事欲其少故名成而身樂心安而境好其處世也居前必令人輕居後必令人軒故湖上不賣魚山中不鬻薪當今堯舜醺夔樹龍言禮明樂備雲動雷屯家家鶴膝處處瑤琨來未必有我去未必無人不少北山南仲戴星鞅掌只少康衢華封鼓琴擊壤不少塹人伎曲霑項漸襟只少執鉞司艸治粟縫衽與其摶幣扶翼知尋布肘㬥若勇夫重閉聖人不手與其王孫

自厲執鐸將趣曷若中年病忘養空而游我是以
立身乎黠癡之半食飲乎清濁之閒神劍小割慶
雲偶鮮堇父一蘇而不上下彬十擲而仍韃周鼎
著倕而齕其指楚焞改卜而全其天竹素供奉烟
雲周旋逢衣涉帶糟邱老焉是旣不愧夫鶺鴒之
宿志而亦何愁乎胡老之華顚至于没世無稱君
子所恥是有命焉何病乎已且夏四百年商六百
年豈無其人自徤自賢卒皆爲而無考事而無傳
我獨何人而獨憔然山神聞之氷襟而出踞孤而

歌曰山之高不如子之超山之靈不如子之明將子無悶吾失吾問收雲反風請與子終

答大中丞莊滋圃推命書中丞名有恭　袁　枚

公以撫軍之尊而手書勤勤求馬叟推命僕心大不喜焉夫命孔子之所不知也馬叟何人其聖於孔子乎而能知也子曰不知命無以爲君子知命知其不可知者而已知其不可知故無所可知者不惑也堯之時皋夔隆貴人不言其命達共驩流放人不言其命窮及西伯戡黎紂無以自解乃歎

口我生不有命在天非唐虞時無命而桀紂時有命也理不足而後求諸數也公生　堯舜之世身爲皐夔理宜顯貴理宜平善何嫌何疑而欲數之求古之神于命者首稱唐李虛中然虛中餌金丹疽發背亡其於知命果何如也世之人村氓里媪尼屯已極偶一啼求之冀異日亨嘉當亦人情所應有乃往往貧賤之人轉不爲此而愈顯貴者則愈爲之併愈信葬禁宅忌之說此無他射黃金注者外重則內惑故也然藉此爲趨避計則方寸中

乍氷乍火何以稱職任事勤施於四方耶且彼言
吉歟公如命何彼言凶歟公如命何倘吉可趨凶
可避是無命也不必知也吉不可趨凶不可避是
有命也知如不知也福善禍淫者天也求之于命
是無天也賞善罰惡者君也求之于命是無君也
古大橈定支干毫無義意猶之一二三四紀數名
云爾一二三四無可推則甲乙子丑亦無可推費
補之言一時生一人一日生十二人以卒歲計之
只四千三百二十人以一甲子計之只二十五萬

九千二百人今一郡中戶口不下數百萬則年月
日時同者多矣又何貧賤富貴之紛紛乎文文山
贈朱斗南序宋景濂祿命論亦稱命只五十一萬
八千而四柱盡矣餘皆雷同古所稱知命者郗文
公楚昭王皆以不知知知之天道遠人道邇捨人而
言天大半恍惚凡一切時日小數陰陽禨家愈神
奇則愈受禍史冊中如郭璞郭曆輩何可勝數然
天下無業之氓太多不得已托九流禨技以謀其
生當亦先王所不禁仁人君子妄言妄聽優俳畜

之亦無所爲非若竟倚奉如神而且有抑抑求教之意則此輩無識或借此喝鄉閭誣諉公事覥然與士大夫抗禮是則王制所謂假鬼神時日以惑衆者殺可也易稱樂天知命子思稱居易以俟命孟子稱修身以立命陸贄稱君相造命孔子則罕言命公之命亦知之俟之立之造之罕言之而已何必推爲

答洪華峯書　袁枚

頃接手書讀古文及詩嘆足下才健氣猛抱萬夫

之稟而又新學笥河學士之學一點一畫一從今書駁駁落落如得斷簡于蒼崖石壁間僕初不能識徐測以意考之書方始得其音義足下眞古之人歟雖然僕與足下皆今之人非古之人也生今反古聖人所戒然而古有當反者有不當反者假作篆籀寧不溯所由來此古字之當反者也既作行楷何忽變其面目此古字之不當反者也足下作楷法而以從爲𨑒以夏爲夓此在冷唐人碑中容或見之而在歐虞諸大家所必無者也韓昌黎

云欲作文必先識字所謂識者正識其宜古宜今之義非謂捃摭一二忍富不禁而亟亟暴章之今南海碑尚存昌黎書法班班可考三代上重文不重字保氏所掌原無異同自秦失其道斯邈之徒紛然造作漢儒寫經竟有賄蘭臺令史以偷合其私文者故叔重進說文伯喈刊石經垂爲令甲原非得已卒之篆變隷隷變楷楷變行行變草風氣所趨日就簡便使許蔡生于今日亦難執所刊定以相拘閡孔子曰麻冕禮也今也純儉吾從衆以

聖人之尊冠冕之重尚且從時足下爲唐宋以後
之文而作唐宋以前之字是猶短衣楚製而猶席
地摶飯捧魯人之梡蕨不已悖乎且夫古字之與
今字固有分而古俗之與今俗亦宜辨如寫雙爲
雙今俗也誤也若以娭爲嬉則古俗矣庸何傷乎
寫裏爲裡今俗也誤也若以迻爲移則古俗矣庸
何傷乎足下厭故喜新必欲泥古以相恫喝勢必
讀穆天子傳寫長寶爲㐬瓚讀詛楚文寫親戚爲
親𢨋讀書愈多矜奇愈甚他日對策　王庭諸衡

文官必無好古如笥河者少見多怪徒遭駁放顏元孫最辨字體而于祿字書首言說文難據宋子京最精小學亦嘗哂楊備模倣古文尚書釋文人呼怪物足下之病得毋相類且足下文果傳耶雖字畫小差而後之人必有爲之考據字書校正重刊者足下文果不傳耶雖筆筆古法而後之人必無因此相欽肯當作字書讀者足下不古其文而徒古其字抑末也上笥河學士一百十韻搜盡僻字僕尤不以爲然詩重性情不重該博古之訓也

然而知足下詩不足以爲博何也古無類書志書韻書故三都兩京各矜繁富今三書備矣登時闌入無所不可過後自讀亦不省識即識之亦復何用韓魏公稱王荆公頗識難字荆公終身以爲恨中庸曰人之爲道而遠人不可以爲道然則人之爲詩而遠人獨可以爲詩乎要知五味六咊十二食非不多也而工于爲易牙者不盡調也本草九千九百種非不備也而精于爲俞跗者不盡用也畫鬼魅易畫人物難足下能思其故而有得焉則

于道也進矣

宋論　　　　袁枚

宋之病不病于小人而病于君子不病于君子之少而病于君子之多不病于君子之私而病于君子之公易曰君子道長小人道消孔子曰道二仁與不仁而已矣三代漢唐惟有君子爲朋專攻小人嘗惧不勝未有君子與君子自相攻而置小人于度外者也有之者自宋始宋君子太多故意見雜出而各自以爲是其自信太堅故躬自薄而厚

責于人其居心太公故厚于責君子而薄于責小人夫國事蘩蘩然非一人所治也一人了了然非獨力所支也古之君子知其如此故人之有技若己有之人之彥聖其心好之非其類者鋤而去之推其心非以便乎己也期有濟于吾君吾百姓而便己之形迹亦受之而不辭當其時豈無意見學術與吾爲異者乎要在審其大畧其小降心以相從耳又豈無仇怨之積怙權之譏側目于其側者乎要在除君之惡惟力是視而不顧其後焉耳此

古大臣道也宋之君子則不然以相爭爲公以乞
退爲高以責備賢者爲春秋法以釋有罪爲犯而
不校是故歐公攻狄青唐介攻彥博伊川東坡互
相攻者君子也攻君子之人亦君子也王曾欲誅
丁謂楊億救之太后欲竄蔡確范純仁救之所救
者小人也救小人之人則非小人也嗟乎君子小
人昭昭然判若氷炭猶慮人主狃而不察況自相
淆混反眼如不相識而欲人主能識之乎孔子曰
吾未見好仁者惡不仁者葢不於惡之之嚴不足

以見好之之切劉向曰日雖暗明于星之光君子雖非賢于小人之是宋之君子皆汶汶而不察也且刻覈太至必有不肖之心應之富公欲誅高仲謀希文曰恐朝廷手滑日後吾輩亦不免富公自河北歸中夜旁皇嘆曰希文真聖人也夫希文爲宰相刑賞天下惟其當耳不應爲日後吾輩計富公深識力定亦不應怵于利害而悔持前日之法當宣仁時司馬當國熙豐小人眈眈虎視乘間欲發形迹已露諸君子不以此時聯同人之歡行大

之決而乃洛蜀互爭代人自攻過矣其進調停之
說者又知調停小人而不知調停君子何也今有
鄉民掩廬盜賊環伺其家不磨刀外向而惟鬧夫
妻反目父子責善盜賊聞之寧不大快古者召公
求去周公留之廉頗不悅藺相如下之蕭曹不同
道而相和丙魏不同術而相薦唐元宗將幸洛陽
太廟災宋璟奏天災宜停巡幸姚崇曰太廟乃符
堅舊材故壞無害于行璟遂無言以璟之剛知崇
之諛而不復爭者不肯以小妨大而傷賢者之心

爲國故也宋則不然臣爭于朝而洛蜀分儒爭于野而朱陸分欲國無亡得乎

答尹似村書　　袁　枚

書來怪僕背宋儒解論語若欲關其户而奪之氣者僕頗不謂然孔子之道大而博當時不違如愚者顏氏子而已有若宰我智足以知聖人終有得失趨庭如子思私淑如孟軻博雅如馬鄭俱有得失豈有千載後奉一宋儒而遽謂孔子之道盡是哉易曰仁者見之謂之仁知者見之謂之知孟子

曰夫道若大路然豈難知哉苟其得雖滄浪之童子歌之而心通苟其失雖亞聖之顔回瞻之而在後宋儒雖賢終在顔曾以下僕雖不肖或較童子有餘安見宋儒盡是而僕盡非也西漢傳經各有師承各自講解以相授受最爲近古東漢好名何休鄭元趙岐之流始爲箋註門戶僨興然猶在名物象數間耳未有空談心性而不許後人衆一議者也中庸曰博學之審問之書曰好問則裕自用則小使宋儒而果賢也有不審問者乎有肯自用

者乎若一聞異己者而卽怒是婞佷木強者耳烏乎賢今有將鬻貨至長安者雖五尺之童適市聽其擇價取庸而問路可也有賤丈夫焉龍斷而把持之以爲非出乎已不可淸明之吏必嚴禁之今之仁義道德貨也聖賢長安也周孔之書路之昭昭者也漢唐晉宋諸儒皆可以擇價取庸而問路者也必欲抹摋一切而惟宋儒是歸是亦田儓市儈之把持者而已矣古之人往往有始願不及此而後人報之已過者關忠武忠于漢室此其志也

豈料後之隆以帝稱哉宋儒闡宣周孔此其志也豈今後之乖爲令甲哉且安知其著書時不望後世賢人君子爲之補過拾遺去其非存其是以求合聖人之道乎自時文興制科立大全須遵之者貴悖之者賤然後束縛天下之耳目聰明使如僧誦經伶度曲而後止此非宋儒過尊宋儒者之過也今天下有二病焉庸庸者習當隸舊猶且不暇何能別有發明其長才秀民又多苟且涉獵而不肯冐不韙以深造凡此者皆非尊儒也尊功令也

功令之與宋儒則亦有分矣僕幼時墨守宋學聞
講義畧有異同輙掩耳而走及長讀書漸多入理
漸深方悔爲古人所囿足下亦宜早自省毋硜硜抱硜
宋儒作狹見謏聞之迂士并毋若僕聞道太晚致
索解人不得

再與戢園書　　袁　枚

第二書論宋儒得失論正而氣和方知前札未盡
招人之疑然朋友切磋不嫌往復僕以爲後之貶
宋儒者皆講學而欲爭其席者也僕非講學者于

宋儒乎何爭然胸中之是非不尊宋儒宜辨尊宋儒尤宜辨事父母事君且幾諫矣而況古之人乎足下所引宋儒謬悞者數端皆昔人陳言不必再摘吾以此知足下之心得者少也就中所稱格物宜兼窒欲一語僕又非足下而是宋儒夫聖賢學問自有條次所貴乎格物者如人行路必先問程途郵驛當問路時雖至愎者有何成見雖至貪者有何越思而何欲之可窒乎窒欲卽正心誠意也若格物之功已兼窒欲則誠意正心爲贅語矣要

知聖賢格物之時未嘗非誠意正心時也亦未嘗非修身齊家時也恐其悞誠悞正悞修悞齊故格物以致其知耳若必待其理窮知致而始正心誠意修身齊家也固已晚矣天下有心不正意不誠家不齊身不修而囂囂然曰吾方格物吾方致知之人哉然則大學曰而后曰必先者其行文之道如是讀者不可泥也王文成格庭前竹七日不悟生疾遂求良知而詆宋儒不知物有本末大學已明言之文成不格其本而格其末于宋儒何尤若

謂有宋儒而死節者多則與孩童之見無異史册所載死難之人或出于武夫悍卒或出于匹夫匹婦其人皆耳不聞宋儒名目不覩宋儒書者也而何得以爲宋儒功也人動稱六朝爲放達不知説禮家如賀循表準范平摯虞輩精深該博劉超鍾雅于蘇峻上殿時猶授孝經論語劉阿稱不束帶不敢荅兒之呼其實學如彼其實行如此乃不能與宋儒一較伯仲吾之所不解者一也六朝尊蔣帝至於南郊晉魏尊康成至於王弼一詆而死今

蔣侯無廟學者不知康成爲何人而其鬼亦不靈此僕之所不解者二也古無詩韻毛詩周易靡不含嚼宮商周顒陸祠偶創一家之韻數傳失眞唐人班爲功令以一天下之音而宋儒竟遵之以叶文王周公之詩此僕之所不解者三也時會所趨氣運所關功令所束習俗所囿但順其當然而不必叩其所以然則僕與老子之辨息矣其第一書云夫人至獲罪於孔子乃幾幾獲罪於天矣亦𦐂

卜式司馬相如贊　袁枚

易曰知幾其神乎幾者一人知之衆人不知也衆人不知則雖千百世後亦不知當日之能知之者爲何人也而其人既已知之矣見幾而作矣則所存乎史册間者不過其迹而已推其迹以得其心吾于卜式司馬相如有獨契焉當武帝時中國耗矣帝之雄心未已此楊可告緡之事所必有者也法網密矣帝之猜心未已此淮南賓客之誅所必有者也卜式知家財之難保而先輸之于官郎陳平之裸而刺船也相如知仕宦之難爲而愛閒多

病卽子房之善藏其用也帝知其無可告之緡則轉以黃金賜之知其有未盡之才則且于遺稿求之似要福也而不知其避禍似避禍也而不知其要福以武帝之雄猜落兩人度內而不悟而其忠愛之心持正之氣則未嘗不一白于朝廷又能各因其分以立言而仍不蹈批鱗之忌式官已尊寵已固故有烹宏羊天乃雨之言何其犯也相如官尚卑貲尚淺故僅有諫獵之章奏雅之賦何其婉也嗟乎使式戀其財而不獻必爲郭解之徒而相

如仕宦不止又安知不爲壽王主父之續乎讀史至此爲發其覆而又笑世之鄙卜式而薄相如者眞淺士矣故爲之贊其詞曰

天之生才代不絕賢何建元五十四年而竟寂然此如驕陽當天百草萎焉或陷于法或遯乎田陷法遯田名皆不宣一式一長卿獨察機先毀家家存病身身全一信乎君而以危言讜論著一忘乎世而以高文典册傳較之汲生之戇曼倩之仙竟別開一徑而無愧色于其間嗚呼欲知入先論世

如二公如其智如其智

書王荆公文集後　　袁　枚

荆公上仁宗書通識治體幾乎王佐之才何以新法一行天下大病讀其度支廳壁記而後嘆其心術之謬也夫財者先王以之養人聚人而非以之制人也今其言曰苟不理財則閭巷之賤人皆可以擅取與之利以與人主爭黔首而放其無穹之欲然則荆公之所以理財者其意不過奪賤人取與之權與之爭黔首而非爲養人聚人計也是乃

商賈角富之見心術先乖其作用安得不悖三代
聖人無理財之官但求足民不求足國其時黔首
熙熙譬之臧獲婢妾仰食於家主然所以畜之者
恃有恩意德教維繫其間不徒恃才力以相制也
後世秦隋兩朝專求足國不求足民卒之與爭黔
首陳涉竇建德之流貧民乎富民乎夫物之不齊
物之情也民之有貧富猶壽之短長造物亦無如
何先王因物付物使之強不陵弱衆不暴寡而已
春秋時阡陌未開豪強未并孔門弟子業已富者

自富貧者自貧而聖人身爲之師亦不聞裒多益寡損子貢以助顏淵勸子華使養原憲者何也宋室之貧在納幣郊費冗員諸病荆公不揣其本弊弊然以賒貸取羸考其所獲不逮桑孔而民怨則過之以利爲利不以義爲利爭黔首反失黔首悲夫陳蘭芝曰宋太祖懲五季藩鎮之亂而杯酒釋兵權大郡止設兵五五十名後世勢弱屢受契丹金遼之欺舞歲納金幣數百萬府庫空虛荆公長家國務財用而行青苗悖聖人百姓足君孰與不足四語遂亂宋室殊堪痛恨

書柳子天說後　袁枚

柳子曰天地大果蓏也元氣大癰痔也陰陽大草木也烏能賞功而罰禍乎袁子曰天地有功禍而無賞罰賞罰者有心之用也功禍者無心之值也漢高所居五色雲起諸葛將薨大星墜地是天地有功禍也漢高何德而興諸葛奚罪而亡是天地無賞罰也雷擊嬰兒電焚草木以有知之威罪無知之物其威是也其所以用威者非也國政不修兵荒水旱以有惑之辟殃無辜之氓其罰是也其所以行罰者非也然則天之于人猶人之于蟻乎

遺肉于地聚者百族負焉而趨隆焉而居利其身肥其子孫人之功而非賞也傾烈火沃沸湯卵傾巢覆浮屍百萬人之禍而非罰也彼蟻者豈無善惡功罪呌號呼切曰辨論于人之側者乎而人無見聞也天則大矣龍虵虎豹蠻夷蟲豸鬼魅皆如人之呼籲呌號于其下而天無見聞也人與蟻得遊于天之下而人爲蟻禍福人與天俱托于氣運之中而天爲人禍福有時人爲天所禍福而并及于蟻有時天地爲氣運所禍福而並及于人

祭莊滋圃中丞文

袁枚

嗚呼惟公之貴吾不知其所以遂惟公之災吾不知其所由來隆隆者求而公優游易折者剛而公安詳公之行事伊誰勿思公之本末惟我能知公貢于粵游學京師三十年來金躍飈馳如祥雲之升海夾日以飛其間但兩顛兩起而竟以輕烟過目而不可復追我少公年實惟兩載丁巳長安瞯公丰采度實我容能實我甲假宅道南相優相狎張飲雞社再盟再歃明年京兆同登賢書明年禮

闈同翔天衢　帝策仲舒擢爲第一回顧終軍亦許簪筆凡公所有則我不無得我相於公亦不孤西淸宵宴東觀晨趨人之視之兩劍雙珠小刼昆明爲懽未渫我宰江左公留燕闕從此乖分乏階獵級或旬日之閒而周歷三臺或三十年而早麾旌節非予小子之早遯先藏幾乎腰笏負韊而向公屈膝一臨浙水兩巡吳門南擣湘流東灑河源酬知急而立功自喜慮聽瑩而卮言勿聞太定似愎過靜如昏網疎糾慝風希揚仁民譽民毀萬口

狺狺余雖不能執塗人以代曉而要其養體于大
宅志于醇嗚呼噫嘻可告鬼神我嫌公之夷姤公
嫌我之疎俊雖隣不覿雖親不近參知政事將離
於南交淡而成蕉老而甘訪我空谷穿雲停驂抱
我幼女絮語喃喃公戲我笑我臥公談已握手于
白門復開尊于吳下道兩人之齒未莫分襟而悲
吒何圖此酒即是離觴何圖此別萬種滄桑家入
搜羅身歸獄市簿責八輩聲經三褫罪淺　恩深
雷收電止解金木之纆身忽紆青而拖紫雖霜盡

以春來終形存而心死果八閩之再臨竟九泉之
已矣嗚呼胡不早終赫然相公胡不少待大福將
再不早不遲天實爲之菈菈人事萬古如斯哀哉
尚饗

與沈大宗伯論選詩第一書　袁　枚

聞别裁中獨不選王次回詩以爲豔體不足垂教
僕又疑焉夫關雎即豔詩也以求淑女之故至於
展轉反側使文王生于今遇先生危矣哉易曰一
陰一陽之謂道又曰有夫婦然後有父子陰陽夫

婦豔詩之祖也傳鶉觚善言兒女之情而臺閣生風其人君子也沈約事兩朝彷彿有綺語之懺其人小人也次回才藻艷絕阮亭集中時時竊之先生最尊阮亭不容都不考也選詩之道與作史同一代人才其應傳者皆宜列傳無庸拘見而狹取之宋人謂蔡琰失節范史不當置列女中此陋說也夫列女者猶云女之列傳云爾非必貞烈之謂或賢或才或關係國家皆可列傳猶之傳公卿不必盡死難也詩之奇平豔朴皆可采取亦不必盡

莊語也杜少陵聖于詩者豈屑爲王楊盧駱哉然尊四子以爲萬古江河矣黃山谷奥於詩者也豈屑爲楊劉哉然尊西崑以爲一朝郛郭矣宣尼至聖而亦取滄浪童子之詩所以然者非古人心虛往往舍己從人亦非古人愛博故意濫收之蓋實見詩之道大而遠如地之有八音天之有萬竅擇其善鳴者而賞其鳴足矣不必尊宮商而賤角羽進金石而棄絃匏也且夫古人成名各就其詣之所極原不必兼衆體而論詩者則不可不兼收之

以相題之所宜卽以唐論廟堂典重沈宋所宜也使郊島爲之則陋矣山水閒適王孟所宜也使溫李爲之則靡矣邊風塞雲名山古跡李杜所宜也使王孟爲之則薄矣撞萬石之鐘鬬百韻之險韓孟所宜也使韋柳爲之則弱矣傷往悼來感時記事張王元白所宜也使錢劉爲之則仄矣題香襟當舞所絃工吹師低徊容與溫李冬郎所宜也使韓孟爲之則亢矣天地閒不能一日無諸題則古今來不可一日無諸詩人學焉而各得其性之所

近要在用其所長而藏己之所短則可護其所短而毀人之所長則不可豔詩宮體自是詩家一格孔子不刪鄭衛之詩而先生獨刪次回之詩不已過乎至於盧仝李賀險怪一流似亦不必擯斥兩家所祖從大招天問來與易之龍戰詩之天妹同波異瀾非臆撰也一集中不特豔體宜收卽險體亦宜收然後詩之體備而選之道全謹以鄙意私於先生願與門下諸賢共詳之也

魯肅論　　袁枚

孫權以荆州資劉備肅勸之荆州不還權深爲肅病或曰肅心不忘漢故資蛟龍以雲雨或曰是肅之失計公瑾在必不爲此是二說者皆不明天下之大計而熟籌夫當日之形勢者也肅果忠于漢則去孫歸劉可矣何必懷二心以事君若以爲失計則當日之深于爲吳而得計者莫如肅淺于爲吳而失計者莫如呂蒙陸遜惜乎孫權之智短量小而不能用也三國時最強者操耳赤壁之戰權能獨力以破曹乎抑合力于劉以共破曹乎荆州

得矣權能兼取蜀以獨立乎抑終不免于依艸附
木以自立乎孔明之謀蜀也先結孫權而後攻魏
魯肅之謀吳也先結劉備而後攻魏魏可滅操可
誅天下事未可量也魏未可滅操未可誅而唇齒
已固外難不侵大丈夫將三分鼎足南面而稱帝
耳安肯受人封拜屈節一朝局促如轅下駒哉英
雄所見大抵同也惟孫權見不及此然後襲取荆
州通稣于魏而從此稱臣質子無虛日矣亦惟昭
烈見不及此然後因荆州之故而白帝稱兵一敗

嘔血矣不特此也曹操據形勝之地擁百萬之衆又得孫權爲之外應宜若無所郤顧者然趙儼襄陽之役不肯窮追關公勸留之爲權害操深然其說權請擒關自效操發露其奏射以示關而使之走夫以操之強猶欲學戰國兩利而俱存之說使自樹其敵而以區區之吳乃欲外絕蜀援孤軍當操不已悖乎力不能當操勢不得不稱臣旣稱臣勢不得不納貢而受封爵心有所不甘又不得不詭詞阿諛而陰爲反覆邪貞一匹夫耳敢于稱詔

倨傲坐車自若而權以江東兩世之王業至于俯首都亭羣臣流涕此皆伯符父子之所傷心于地下而魯肅之所逆料者也得十荆州足償其辱否肅之言曰宜相輔協與之同仇曰總括九州先成帝業權雖有負此言然黄初以後魏好不繼蜀使仍通事到無可奈何終不出肅之所料而徒然掛叛名于魏國竊尊號于暮年先王之姊妹不終合肥之號令不遠自埋自揖形同狐鼠不用良謀祇取辱焉古者虞假道而偕虢亡韓魏肘而智伯滅，

陳涉不聽張耳陳餘立六國後以敗馬超受曹公反間離韓以敗權不能效韓魏張陳之謀而甘心于虞公陳涉馬超之下悞矣且權絶蜀好之後其不亡于魏者幸也蜀修關公之怨伐吳吳求救于魏劉華勸襲之賴魏主不從以免出兵後魏僞助討備仍欲襲之賴陸遜收兵以免及至鍾會伐蜀吳不力救遂致兩亡此皆曰後之明驗也然則知此者孔明子敬而外無人乎曰史稱曹操方作書聞權以荆州資劉備不覺筆落于手夫荆州已非

曹有矣以一家物與一家與操何與而乃駭然震驚者正恐魯肅之計行兩雄相倚而天下難爭故也嗚呼操之才所以終出孫劉上哉

宋儒論　　袁　枚

古今來尊之者而不虞其過者孔子一人而已其他則尊之者畧溢其分則攻之者必損其眞過尊者迂過攻者妄此吾宋儒之論之所以作也今有飛隼集于高墉天下之善射者皆操弓挾矢而至非射隼也射其集于高墉也不知隼果高射之亦

何傷于隼然必以高墉爲惟隼所居而不敢一窺其巔則又悞矣夫宋儒之講學而談心性者際其時也氣運爲之也今之尊宋儒者亦際其時也氣運爲之也是何也漢後儒者有兩家一箋註一文章爲箋註者非無考据之功而附會不已爲文章者非無潤色之功而靡曼不已于是宋之儒舍其器而求諸道以異乎漢儒舍其華而求諸實以異乎魏晉隋唐之儒又目擊夫佛老家譸張幽渺而聖人之精旨微言反有所閟而未宣於是入虎

穴探虎子闖二氏之室儀神易貌而心性之學出焉夫創天下之所無者未有不爲天下之所尊者也古無箋註故鄭馬尊古無詞賦策論故鄒枚鼂董尊古無圖太極而談心性者則宋儒安得不尊然而箋註帖括明經之科變矣詞賦策論進士之科變矣元仁宗以經義取士以程朱爲式則至今猶未變也明祖開國又首聘婺之四先生勸須朱註以取士而宋學從此大昌易所謂窮則變變則通正此之謂吾故曰宋儒之講學人之尊宋儒者

皆際其時也氣運爲之也雖然講學在宋儒可任
今不可尊宋儒可尊宋儒而薄漢唐之儒則不可
不尊宋儒可毁宋儒則不可又何也曰孔子之道
若大海然萬壑之所朝宗也漢晉唐宋諸儒皆覾
海赴海者也其註疏家海中之舟楫桅篷也其文
章家海中之雲烟艸樹也其講學家赴海者之郵
驛路程也路程至宋定矣盡矣但少一行者耳未
之能行惟恐有聞何暇再爲之貌其迹而拾其瀋
乎有源而無流溝井之水也有本而無末槁暴之

本也安得不考名物象數于漢儒不討論潤色于晉唐之儒乎若夫仁者見之謂之仁智者見之謂之智豪傑之士雖無文王猶興學者果能望道有見殊途同歸當亦宋儒所深望又何必乘閒抵隙摘其過没其功耽耽然妬其兩廡之餐而思攫之也然則宋儒之於聖道其果至矣乎曰難言也觀高堅前後仰鑽之歎則知顏淵之于孔子有閒矣觀性命誠明迂遠之說則知思孟之于顏閔又有閒矣此無他生知學知困知之次第終不可泯而

可語上不可語上之說夫子已明言之宋儒雖賢其能在顏閔上哉其能符聖心而毫釐不失哉後世學者未必能勝宋儒亦未必不如宋儒要惟是其言而不必迂拘墨守非其言而不必菲薄詆呵則所以論宋儒者定矣所以論漢唐魏晉諸儒者亦定矣

記富察中丞四事選一　　袁枚

東粵近海南諸夷中國兩戒之守以廣州虎門爲限乾隆八年紅毛國伐呂宋勝之俘五百人午其

泉順帆泊虎門粤東大駭總督策楞召布政託公曰外夷交攻揚兵我境勦之乎聽之乎于國體奚宜公曰當使進表稱貢獻所俘五百人請公處分策笑有愠色啃曰君直戲耳紅毛雖夷非癡人其肯以萬里全勝之師受驅使耶君言之君能之乎公曰不能固不敢言策愈愠曰君果能忿君所請公笑曰無多請也請飭印知縣楊參將聽指揮六日內復命印令者才而敏楊參將者修幹偉髯有將貌者也策許之公出召印令曰我欲使汝欽紅

毛國進表稱貢獻所俘五百人請制府處分印令
驚如策所云公曰汝直未思耳紅毛伐呂宋涉大
海數千里糧能足乎船漂浪擊風必損壞不於此
修篷櫓其能歸乎此如嬰兒寄食于人小加裁禁
立可餓殺何說之不能從制軍易吾言不問吾故
未以此意曉之印令大喜奮曰如公言足以辦矣
與叅將楊領百人短後衣持彈據獅子洋而營焉
密令米商閉戶過羅紅毛人來探告之曰中國無
他意慮奸民欺汝外夷以行濫物誘汝錢故來相

護耳紅毛人不解意去然望其炊烟漸縷縷希矣居亡何紅毛總兵求見坐定未言印令呵之曰中國久以虎門爲限條禁森嚴汝兩國交関不偃旗疾過乃揚兵于此大悖我制府性暴好用兵我等未敢遽白所以守此者欲斷汝糧餓死汝然後白制軍紅毛總兵意大沮目參將參將禁聲鬚髯怒張叱嗟而已總兵愈恐伏地請曰誠然糧盡然終非有心犯天朝也公幸赦之且敎之令微露其意紅毛人泣曰若然誠天幸也請代申此言令曰不

可吾爲汝告方伯大人方伯大人爲汝告制軍階級尚多通達尚難汝一旦失信則我等先爲汝獲罪故不敢也曰紅毛自具牒中請何如令爲不得已而強應曰可紅毛人抱弩負韊手加額匍伏進表貢所俘五百人乞制府處分策公大悅竟以五百人仍還呂宋而賞賜紅毛聽其還國越一年呂宋修怨于紅毛遣兵數千駐澳門揚言待紅毛來戰總督又詢公公曰此可一罵遣之也紅毛國小而強屢勝呂宋國大而弱屢敗以大國敗于小國

慮四隣輕送欲洒削其恥又不敢從海直下挑戰紅毛故逗遛我地自張虛聲公前將紅毛所俘五百人送還伊國恩甚大可仍命印令往道破彼情歸曲責直彼雖夷必無辭而退如公言呂宋兵船即日搖艣去

答沈大宗伯論詩第二書　　袁　枚

先生誚浙詩謂沿宋習敗唐風者自樊榭爲厲階枚浙人也亦雅憎浙詩樊榭短于七古凡集中此體數典而已索索然寡眞氣先生非之甚當然其

近體清妙於近今少偶先生詩論粹然尚復何說
然鄙意有未盡同者敢質之左右嘗謂詩有工拙
而無今古自葛天氏之歌至今日皆有工有拙未
必古人皆工今人皆拙即三百篇中頗有未工不
必學者不徒漢晉唐宋也今人詩有極工極宜學
者亦不徒漢晉唐宋也然格律莫備於古學者宗
師自有淵源至於性情遭際人人有我在焉不可
貌古人而襲之畏古人而拘之也今之鶯花豈古
之鶯花乎然而不得謂今無鶯花也今之絲竹豈

古之絲竹乎然而不得謂今無絲竹也天籟一日不斷則人籟一日不絕孟子曰今之樂猶古之樂樂卽詩也唐人學漢魏變漢魏宋學唐變唐其變也非有心於變也乃不得不變也使不變則不足以爲唐不足以爲宋也子孫之貌莫不本于祖父然變而美者有之變而醜者有之若必禁其不變則雖造物有所不能先生許唐人之變漢魏而獨不許宋人之變唐惑也且先生亦知唐人之自變其詩與宋人無與乎初盛一變中晚再變至皮陸

二家已浸淫乎宋氏矣風會所趨聰明所極有不期其然而然者故枚嘗謂變堯舜者湯武也然學堯舜者莫善于湯武也莫不善于燕噲變唐詩者宋元也然學唐詩者莫善于宋元莫不善于明七子何也當變而變其相傳者心也當變而不變其拘守者迹也鸚鵡能言而不能得其所以然夫非以迹乎哉大抵古之人先讀書而後作詩後之人先立門戶而後作詩唐宋分界之說宋元無有明初亦無有成宏後始有之其時議禮講學皆立門

戸以爲名高七子狃於此習遂皮傳盛唐撦撏自矜殊爲寡識然而某齋之排之則又已甚何也七子未嘗無佳詩卽公安竟陵亦然使掩姓氏偶舉其詞未必某齋不嘉與又或使七子湮沉無名則某齋必搜訪而存之無疑也惟其有意于摩壘奪幟乃不暇平心公論此亦門戸之見先生不喜樊榭詩而選則存之所見過某齋遠矣至所云詩貴温柔不可說盡又必關係人倫日用此數語有褒衣大袑氣象僕口不敢非先生而心不敢是先生

何也孔子之言戴經不足據也惟論語爲足據子曰可以興可以羣此指含蓄者言之如栢舟中谷是也曰可以觀可以怨此指說盡者言之如豔妻煽方處投畀豺虎之類是也曰邇之事父遠之事君此詩之有關係者也曰多識于鳥獸艸木之名此詩之無關係者也僕讀詩常折衷於孔子故持論不得不小異于先生計必不以爲僭

答袁蕙纕孝廉書　　袁　枚

時文之病天下久矣欲焚之者豈獨吾子哉雖然

如僕者焚之可耳吾子固不可也僕科第早又無衡鑑之任能决棄之幸也足下未成進士不可棄時文有親在不可不成進士古之科有甲乙有目今之科無甲乙無目其途甚隘古進士多至八百人今進士率三百人其進甚難以至難之術而就至狹之境士之低首降心知其不可而爲之者勢也勢非聖賢豪傑之所能免也知勢之不免而能擇其本末緩急而致吾力焉是則聖賢豪傑而已矣且子之捐科第絕時文將以蘄乎古之立言者

耶夫立言非古人意也所不得已也古人之意重仕不重隱貴立德功不貴立言孔子述而不作爲季氏宰韓愈下筆大慚卒以詞賦進毛義捧檄爲親屈歐曾皆科第中人此其證也子毓毓有志氣果仕可以行所學羞當世之公卿其次官一鄉可以具魚菽養其親爲古循吏較夫踽踽喔咿矜不可必之傳者宜誰先焉就使入世難合退而求息然後積萬卷以成一家言其時非獨心閒而力專也旣已磨礲乎世事閱歷乎山川馴習乎海內之

英豪則其耳目聞見必不沾沾如今已也夫士有
鄉黨自好之士文亦有鄉黨自好之文不可不察
也僕幼學今古文兩無所就不得已專乎今者一
年始成進士今雖棄今而專乎古者二十餘年終
未敢自以爲信也何也今人易悦古人難求故也
足下未能乎其所易者而遽欲能乎其所難者僕
亦未敢爲足下信也昔有未婚而憎其媒者或告
之曰子之憎媒子之所以婚遲也子之婚遲媒之
所以病子也子不能以憎媒故而勿婚則不如速

婚焉而絕媒氏僕勸吾子勿絕時文乃正所以深絕之也

答友人某論文書　　袁　枚

人必有所不能也而後有所能世之無所不能者世之一無所能者也和之弓垂之矢非古之能者乎垂非不能爲弓和非不能爲矢也然而可傳者一人一物而已也伯夷典禮則棄樂孔子學射則舍御分爲四科判爲六藝不以其所能者傲人不以其所不能者病已秦學不兼方漢亦然宋以後

人心不古喜多爲之沿其流而不溯其源夫是故雖能之而與夫不能者亦無以異也僕不敢自知天性所長而頗自知天性所短若箋註若歷律若星經地志若詞曲家言非吾能者决意絶之猶恨其多愛而少棄也學杜韓亦爲元白好韓柳亦爲徐庾汲汲顧影如恐不及方欲捐兩鶩以求其精而不謂足下之就其病而深之也足下來敎曰詩不如文文不如著書人必兼數者而後傳此悞也夫藝苟精雖承蜩畫筴亦傳藝苟不精雖兵農禮

樂亦不傳傳不傳以實求不以名取安在其兼不
兼也然僕意以爲專則精精則傳兼則不精不精
則不傳與足下異矣若謂詩文不如著書僕更不
謂然周秦以來作詩文者無萬數誠如尊言矣作
詩文者亦無萬數足下獨未知之乎擷藝文志未
必文集俱亡而著書獨在也僕疑足下於詩文之
甘苦尚未深歷故覺與我爭名者在在皆是而獨
震於考訂家瑣屑班駁以爲其傳較可必耶又疑
詩文之格調氣韻可一望而知而著書之利病非

搜輯萬卷不能得其癥結故足下渺視乎其所已知者而震驚乎其所未知者耶要知爲詩人爲文人談何容易入文苑入儒林足下亦宜早自擇寧從一而深造毋泛涉而兩失也嗟乎士君子意見不宜落第二義足下好著書僕好詩文此豈第一義哉古之人其傳也非能爲傳也乃不能爲不傳也何也使人謀傳我則易而我自謀其傳則難也僕與足下生盛世不能爲國家立萬里功活百姓又不能伏丹墀侃侃論天下事并不能爲游徼嗇

夫使鄉里敬之信之而乃欲争名於蠹簡中狹矣然僕竊喜自負者王荆公云徒說經而已者必不能說經僕固非徒爲詩文者也或與夫足下所引終身著書諸人其容有閒乎

協辦大學士吏部尚書孫文定公神道碑

袁　枚

公諱嘉淦字錫公一字懿齋故爲太原縣民自代遷興居邑之臨河里父天繡以俠聞殺人吏持之急公年十八與其兄日行三百里出奇計脱父于

海瑞 記 事

獄中康熙癸巳進士雍正元年公以檢討上封事
三曰親骨肉曰停捐納曰罷西兵
世宗壯之立召對授國子監司業遷祭酒再遷順
天府尹工部侍郎先是工部吏奏銷爲姦公須工
程科比而先以物價咨外省督撫臨期料覆披籍
而已吏相弔于家十年遷吏部侍郎仍兼祭酒事
薦教習某
世宗不用公爭益堅
世宗擲紙筆與之曰汝書保狀來公持筆欲下大

學士某呵曰汝敢動　御筆乎公方俉捧筆叩頭
世宗怒反縛置獄擬斬已而謂大學士某曰孫嘉
淦太戇然不愛錢可銀庫行走公出獄不抵家徑
趨庫所果親王疑公故大臣黜必嗛于懷不屑會
計事又聞蜚語謂公沽名其銀有縮無贏乃出不
意猝至庫視公公方抱持衡偃僂稱量與吏卒襍
坐勞苦均共問所收銀有不足乎曰某所收別置
一所請覆之王幸榷良久無絲毫縮贏如衡而止
王大奇之卽爲轉奏　上亦愈重公命署河東鹽

院　今上元年擢左都御史上三習一弊疏大旨以爲人君耳習于所聞則喜諛而惡直目習于所見則喜柔而惡剛心習于所是則喜從而惡違自是之根不拔則機伏于微而勢成于不可返黑白可以轉色東西可以易位臣願

皇上時時事事嘗存不敢自是之心引文王望道未見孔子可以無太過爲喻　天子嘉納之遷刑部尚書三年轉吏部尚書總督直隸直隸旗民襍處多豪強聞公往先聲讋服引水漑田開五百八

十支河使溝水通道道水通河河水通淀交注遞洩無所滯留晉州小兒被殺同村紀某衣汚豆汁有司悞爲血刑訊誣伏最後眞定府知府陳浩來白公而勾决之　旨已下公奏雪之又奏直省酒禁太嚴以日用飲食之故使天下騷非政體也弛之便一時解縲絏者三千餘人又奏給旗人屯田墾治古北口山海關外荒土數萬頃六年調湖廣總督前撫開橫嶺三洞議者以路太險欲棄之公曰此地于國家原無所可惜但諸苗俱入版圖

而獨留此巢穴或不逞者聚焉則震驚寶靖城綏
矣奏設叅將募兵鎮撫羣峒肅然調撫福建以前
訊糧道謝濟世事不實免九年冬補宗人府丞公
請老許之十四年　召補副都御史尋遷吏部尚
書協辦大學士公內峻外和相對者如登泰華坐
春風非不陽和熙熙貯在顔閒而業已將人置青
雲上雖有下界誣諉語不特不敢出于口亦并不
能生于心好靜坐退食之餘一經相對兩朝
聖人知公所學深能扶文運故命再督學五典鄉

兩總裁禮闈四任分校再領成均再任翰林掌院
教習庶吉士克經筵講官行走上書房又　命日
進經義一章纂毛詩折衷成復　命註易傳彖爻
甫畢而公病矣門下士卿貳百辟布列中外銘旌
歸送者縞素如雲朝爲之空彰益門内外車馬塡
塞數十里皆舉音以過喪　天子震悼　命皇子
奠酒謚文定公既負直聲屢躋屢起晚年物望愈
隆朝中畧有建白天下人咸曰得非孫公耶遂人
匪人僞奏疏一紙語甚悖託公所爲穹治經年裁

得主者名　天子知公忠無他腸寵遇益隆而公終不自安以爲捨他人而我假必其致之者有自自此食不甘寢不寐情懷忍忍一切所以補塞晏叅啓勿者彌口不宣即家庭間亦寂然無復聞知故所狀公者止于此甍時年七十二子孝愉蔭刑部主事葬　銘曰繁星爛宵卿月孤明峩冠盈朝儒者孤行穆穆孫公惟嶽降靈目營四海心醉六經摧剛爲柔惟誠故形三揖在下九奏在廷咸有欽式閣手仰成北鎮幽燕南臨荆楚如泰山雲

膚寸而雨　皇帝曰來卿學如古古聖有心交朕
與汝汝其發明朕爲汝主公晝夜額額精思探取
易極連藏詩窮齊魯脊夢孔周旦質堯禹每奏一
經黄封旁午孔明淡泊豈喜聲聞無如民愛溢美
紛紛以致名尸走索其門瀾語閴言直達九閽
帝曰徐之俾是究是陳鏡湼愈瑩絲漚愈純保一
个臣終始於恩惟予小子受知最早欲永功名金
石是考所聞者稀所書者少嗚呼恐太行山高不
如華表

答惠定宇書予時寓粵後定宇亦來粵　袁枚

來書懇懇以窮經爲勗慮僕好文章舍本而逐末者然比來見足下窮經太專正思有所獻替而教言忽來則是天使兩人切磋之意卒有明也夫德行本也文章末也六經者亦聖人之文章耳其本不在是也古之聖人德在心功業在世顧肯爲文章以自表著耶孔子道不行方雅言詩書禮以立教而其時無六經名六經之名起於莊周後世不得見聖人然後拾其遺文墜典強而名之曰經增其數曰六

曰九要皆後人之爲非聖人意也是故眞僞襍出
而醇駁互見也夫尊聖人安得不尊六經然尊之
者又非其本意也震其名而張之如托足權門者
以爲不居至高之地不足以躪轢他人之門戶此
近日窮經者之病蒙竊恥之古之文人孰非根柢
六經者要在明其大義而不以瑣屑爲功即如說
關雎鄙意以爲主孔子哀樂之旨足矣而說經者
必爭爲后妃作宮人作畢公作刺康王所作說明
堂鄙意以爲主孟子王者之堂足矣而說經者必

爭爲卽清廟卽靈臺必九室必四空必淸陽而玉
葉問其由來誰是秉關雎之筆而執明堂之斤者
乎其他說經大卒類此最甚者秦近君說堯典二
字至三萬餘言徐遵明㑏康成八寸策爲八十宗
曲說不已一闤之市是非麻起煩稱博引自賢自
信而卒之古人終不復生于彼乎于此乎如尋鬼
神搏虛而已僕方怪天生迂繆之才後先噂嗒擾
擾何休敢再拾其瀋而以吾附益之乎聞足下與
吳門諸士厭宋儒空虛故倡漢學以矯之意良是

也第不知宋學有弊漢學更有弊宋偏于形而上者故心性之說近元虛漢偏于形而下者故箋註之說多附會雖捨器不足以明道易不畫詩不歌無悟入處而畢竟樂師辨乎聲詩則北面而絃矣商祝辨乎喪禮則後主人而立矣藝成者貴乎德成者貴乎而况其援引妖讖臆造典故張其私說顯悖聖人箋註中尤難縷指宋儒廓清之功安可誣也僕齔齒未落卽受諸經賈孔註疏亦俱涉獵所以不敢如足下之念兹在兹者以爲六經之于

文章如山之崑崙河之星宿也善遊者必因其胚胎濫觴之所以周巡夫五嶽之崔巍江海之交滙而后足以盡山水之奇若矜矜然孤居獨處于崑崙星宿間而自以爲至足則亦未免爲塞外之鄉人而已矣試問今之世周孔復生其將抱六經而自足乎抑不能不將漢後二千年來之前言往行而多聞多見之乎夫人各有能不能而性亦有近有不近孔子不強顏閔以文學而足下乃強僕以說經倘僕不能知己知彼而亦爲以有易無之請

吾子其能合所學而相從否

答友人論文第一書　　袁　枚

客冬案古文七篇讀畢思有所獻替忽忽少暇
入春來歸妹于揚州從白寅婿勞不可去比來稍
閒敢白所懷以諍足下竊謂足下之為古文是也
足下之論古文非也足下之言曰古文之從甚廣
不得不貪多務博以求之此未為知古文也夫古
文者從之至掞者也唐以前無古文之名自韓柳
諸公出真文之不古而古文始名是古文者則今

文而言之也劃今之界不嚴則學古之詞不類韓則曰非三代兩漢之書不觀柳則曰惧其昧没而襍也廉之欲其節二公當漢晉之後其百家諸子未甚放紛猶且惧染於時今百家回冗又復作時藝弋科名如康昆崙彈琵琶久染淫俗非數十年不近樂器不能得正聲也深思而慎取之猶慮匆暇而乃狃于厖襍以自淆過矣蓋嘗論之古書愈少文愈古後書愈多文愈不古商書渾渾爾夏書噩噩爾作詩者不知有易作易者不知有詩下比

左穀以序事勝屈宋以詞賦勝莊列以論辨勝賈董以對策勝就一古文之中猶不肯合數家爲一家以累其朴茂之氣專精之神此豈其才力有所不足而歲月有所偏短哉荀子曰不獨則不誠不誠則不形天下事不徒文章然也鄭康成以禮啟詩故其說拘元次山好子書故其文碎蘇長公通禪理故其文蕩之數公者皆抱萬夫之稟者也偶有所襍其弊立見而況其下焉者乎今將登騷壇樹旗幟召海內方聞綴學之徒而談論角逐以震

耀乎口耳此非煩稱博引不可也郁鄅淳之見東阿王李鍇之遇梁武帝是也若夫傳一篇之工成一集之美閉戸覃思不蹈襲前人一字而卓然爲行遠計此其道誠不在是矣足下擅塩萊名居淮南之四衢四方之士于于焉來請謁或經或史或詩或文或性理或經濟或蟲魚箋註或陰陽星歷醫卜日呈其伎於左右足下不涉獵而遍覽焉幾懵乎爲酬應而又以好賢之心好勝之氣日習於諸往來者之咻染不覺耳目心胸嘗欲觀五都而

遊武庫然藉此多聞多見使人一談論一晉接舊
而詫于四方曰名士名士則可也竟從此以求古
文之眞而拒專門者之諫則不可也足下之答綿
莊曰散文多適用駢體多無用文選不足學此又
誤也夫高文典冊用相如飛書羽檄用枚皋文章
家各適其用若以經世而論則紙上陳言均爲無
用古之文不知所謂散與駢也尚書曰欽明文思
安安此散也而賓于四門納于大麓非其駢焉者
乎易曰潛龍勿用此散也而體仁足以長人嘉會

足以合禮非其駢焉者乎安得以其散者爲有用而駢者爲無用也足下云云蓋震于昌黎起八代之衰一語而不知八代未嘗衰也何也文章之道如夏殷周之立法窮則變變則通西京渾古至東京而漸漓一二文人不得不以奇數之窮通偶數之變及其縻蔓已甚豪傑代雄則又不屑雷同而必挽氣運以中興之徐庾韓柳亦如禹稷顏子易地則皆然者也然韓柳亦自知其難故鏤肝鉥腎奥博無涯涘或一兩字爲句或數十字爲句拗之

練之錯落之以求合乎古人但知其戛戛獨造而
不知其功苦其勢危也誤于不善學者而一瀉無
餘荟其詞駢則徵典隸事勢難不讀書其詞散則
言之無物亦足支持句讀音切吾嘗謂韓柳爲文中
五霸者此也然韓柳琢句時有六朝餘習皆宋人
之所不屑爲也雖其不屑爲亦復不能爲而古文
之道終焉且賢者之大患在乎有意立功名而文
人之大患在乎有心爲關係古之聖人兵農禮樂
工虞水火以至贊周易修春秋豈皆沾沾自喜哉

時至者爲之耳若欲冒天下難成之功必將爲深源之北征安石之新法欲著古今不朽之書必將召崔浩刋史災熙寧僞學之禁今天下文明已久矣聖道昌而異端息矣而于此有人焉褒衣大裙猶以孟軻韓愈自居世之人有不怪而嗤之者乎夫物相襍謂之文布帛菽粟文也珠玉錦繡亦文也其他濃雲震雷奇木怪石皆文也足下必以適用爲貴將使天地之大化工之巧其焉生布帛菽粟乎抑能使有用之布帛菽粟貴于無用之珠玉

錦繡乎一首一身耳目有用鬚眉無用足下其能存耳目而去鬚眉乎是亦不達于理矣韓退之晚列朝參朝廷有大著作多出其手如淮西碑順宗實錄等書以爲有絕大關係故傳之不衰而何以柳州一老窮兀困悴僅形容一石之寄一壑之幽偶作天說諸篇又多譎詭悖傲而不與經合然其名卒與韓峙而韓且推之畏之者何哉文之佳惡實不係乎有用與無用也即足下論文如射之有志可謂識所取舍者矣而何以每見足下于莊屈

之荒唐則愛之而誦之于程朱之語錄則尊之而遠之豈足下之行與言違哉蓋以理論則語錄爲精以文論則莊屈爲妙足下所愛在文而不在理則持論雖正有時而嗒然自忘若夫比事之科條薪米之雜記其有用更百倍于古文矣而足下不一肆業及之者何也三代後聖人不生文之與道離也久矣然文人學士必有所挾持以占地步故一則曰明道再則曰明道直是文章家習氣如此而推究作者之心都是道其所道未必果文王周

公孔子之道也夫道若大路然亦非待文章而后明者也仁義之人其言藹如則又不求合而合者若矜矜然認門面語爲眞諦而時時作學究塾師之狀則持論必庸而下筆多滯將終其身得人之得而不自得矣竊爲足下憂之綿莊文多說經絶不類選體而以之易足下者彼見足下筆氣近弱不宜散文故以六朝綿麗之體進非得已也足下不善用其短而拒之過堅僕愛足下過于綿莊安得不再爲忠告

答和觀察書　　袁枚

郵遞中接公手書讀三過殷然以天下爲己任數年來得此於上游極寡第書中稱德爲貴才爲賤是說也狂夫阻之公而不以天下爲己任也則廢才可矣公而以天下爲己任也則天下事何一非才所爲乎忠于君德也而所以忠之者才也孝于親德也而所以孝于親者才也孝而愚忠而愚才之不存而德亦亡古以天地人爲三才天之才見于風霆地之才見于生物人之才極于參贊其大

者爲聖賢爲豪傑其小者爲農夫爲工匠百畝之
田人所同也或食九人或食五人而才見焉冶埴
之事人所同也爲燕之鏄爲秦之廬而才見焉使
農一日不食人工一日不成器則子不能養其父
弟不能養其兄而顧囂囂然曰吾有德吾有德其
誰信之孔子論成人以勇藝居先而以思義授命
者次之論士以使于四方不辱君命者居先而以
稱孝稱弟者次之曰高陽氏有才子八人曰才難
曰如有周公之才之美若是乎才之重也降至戰

國縱横變詐似才之爲禍尤烈故孟子起而辨之曰若夫爲不善非其才之罪也孟子之意以爲能視者目之才也雖察秋毫不足爲目病而非禮之視非其才之罪也能食者口之才也雖辨淄澠不足爲口病而非禮之食非其才之罪也若因其視非禮而必矐目而盲之食非禮而必鉗口而噎之是則罪才賤才之説而非孔孟意矣駉之三篇曰斯馬斯才馬尚非才不可而况于人今天下非無德也然而有所謂僞德非無才也然而有所謂僞

才公與其貴此而賤彼也毋寧兩辨而求其眞校

謹覆

送望山相公入閣序　　袁　校

置一人爲九卿六曹之官其可不可不可得而知也置一相于九卿六曹之上而可不可天下之兒童走卒己知之矣是何也百官論才宰相論望才可表見于臨時望必積累于平日此三公之位之所以難也雖然養望難副望尤難今夫雲人皆知其能爲霖也然不過起于山中覆于一方則望之

者欲亦易饜若夫蓬蓬然起于泰華之阿彌漫于九天之表則望之者咸引領于無窮倘沛然作雨而亦區區霡霂已焉則又安貴乎垂天之雲哉枚弱冠遊京師聞論相者輙曰尹公尹公今枚年五十公才入閣然則公之望久矣望如公而何待于枚言亦惟望如公而枚又安得無言從來儒生之見往往與在位者相僢而馳非在位者之過也一旁觀一當局旁觀者好以太古迂遠之言靡切左右而勿度今所能行者陳之則不如其嘿而已也

夫大臣之道豈一定哉周公教成王所其無逸下
召公則教之以伴奐優游宋璟諫明皇毋幸東都
而姚崇則勸以東巡無害卒之召公大聖也姚崇
大賢也其若是何哉要在誘君心于當道而于已
不失其正而已矣唐陽城一諫官耳尚不肯爭細
事以累名宰相非諫官比也將朝夕坐論與社稷
同休戚者也行而世爲天下法則行焉言而世爲
天下則則言焉或時之未可勢之未宜則所貴乎
積誠悟主何閒責難而不在乎改一成法增一科

條也天下人信公之深愛公之切必揣摩而相告曰以公入相而未有所聞于人閒也其必嘉謨入告而不使外人知耶抑必重其身以有待而將大有造于將來耶如是十年天下之望公者未有旣也則公之望雖未副也而卒無損也所慮者矜報恩之迹急任事之名於其遠者大者或不敢探懷以取則旁引襍出而轉多瑣屑紛更之爲使天下望此而得彼望大而得小而　天子亦知其底蘊之已窮他日有言必厭而輕之矣平素之望也二

危乎以公之明必不出此而枚所以諓諓者恐
虛懷大甚竟忘其負荷之重若此而亦等于尋常
作相者之所爲又恐公一事一言必先立身于無
過之地而周旋曲折轉足以招人之疑不知過也
者愈避之而愈至者也古大臣但知有國不知有
身不知有身何知有過甚至機失謀乖猶戀戀而
不能已而況躬逢一德明良之盛也哉枚見天下
之人望公已甚而枚之望公又更甚于天下之人
故于公之入閣也陳所慮以規公亦書所見以質

公

虞東先生文集序　　　　袁　枚

文章始于六經而范史以說經者入儒林不入文苑似強爲區分然後世史家俱仍之而不變則亦有所不得已也大抵文人恃其逸氣不喜說經而其說經者又曰吾以明道云爾文則吾何屑焉自是而文與道離矣不知六經以道傳實以文傳易稱修詞詩稱詞輯論語稱爲命至于討論修飾而猶未□是豈聖人之溺于詞章哉葢以爲無形之

道也所以干言謂之文既已謂之文矣必使天下人矜尚悅繹而道始大明若言之不工使人聽而思臥則文不足以明道而適足以蔽道故文人而不說經可也說經而不能爲文不可也雖然藝之精者不兩能鄭馬無文章崔蔡無經解似亦非天所能強吾友虞東先生獨不然先生爲海內經師著詩解若干三禮劄記若干余初疑先生之未必屑爲文也乃記序論議駢體歌行靡不典麗可誦方知先生不以說經自畫者然猶不敢自是凡予必

所謂危者觖摘　二必削而投之亦非先生之謬
爲慊慊也葢實見夫修詞之道非止于至善不可
麗澤之義非朋友講習不可觀先生之深于文也
愈嘆先生之深于經也予與先生雖齊年孝廉以
宦轍故中道乖分年來設敎鍾山得時時過從予
有所疑必就先生請業而先生亦來其全稿而謀
焉白髮二叟如初下帷作諸生時致足樂也惜予
于經學少信多疑而才又短拙治詞章兀兀窮年
尚無涯涘勢不能執一經從先生而後而坐見先

生之取兩者而兼之也相遁已甚何太不廉耶先
文苑儒林從范氏而分者又將從先生而合耶是
黎答殷侍御云竊欲桂名經端自托不腐予于序
先生亦云

明光禄卿嶺南郭棐周先生著

嶺海名勝記

香山後學陳蘭芝增輯

丙形靈

靈洲山圖

望氣樓

卷四
圖
東坡庙

靈洲山

宝陀開四面，突兀水中央。峙隔塵何染，山高月自凉。閒僧長在定，老鶴已休糧。玉局人歸後，惟留姓字香。

劉大夏

靈洲山記

香山陳蘭芝佛霞輯梓

靈洲山記

謹按靈洲山在廣之會城西北七十里以靈氣所鍾故名而鬱水周遭環繞洵一方山川之勝爲五羊八景之一曰鰲峰聳翠見於名賢紀述燦如也其山根如鼎足漁舟往來欸乃風景幽勝詞人墨客道必登臨嘯歌其上宋方信孺有更須題作小金山之句後人因扁曰小金山云其西曰象嶺曰

三台其南曰鹿馬山曰鉢盂山下有菴則前僧栖禪處也其北爲讀書岡其上有寳陀院有超然妙高二臺祀宋蘇東坡其建臺院不知始自何年洪武成化中先後重新之表其坊曰鰲峰勝槩曰靈洲鬱水憲副徐文溥又創控海樓山下有泉曰太保泉有鎮黿塔寺背有龍潭深不可測歲旱鄉民禱之有應竊謂此山視潤洲之金山雖差小然海氣之所薰蒸潮汐之所吞吐日月雲霞之所照耀使客帆檣冠蓋之所眺覽則無殊焉況有蘇長公

妙高之臺表儀萬禩何可無紀耶作靈洲記

靈洲山記

文類

香山陳蘭芝拂霞輯梓

重修靈洲山寶陀寺記　倫以訓

寶陀寺在靈洲山之上靈洲在廣東會城西北七十里踞江中流嶺南英氣鍾於會城而幻秀於靈洲其溢而出者爲海珠奇觀相望郭璞占之曰南海盛衣冠之氣蓋後千古而言益徵寺當孔道予亟登覽焉廣基完藩高甍瞰江像設之嚴輝艷金碧窮其幽林陰而宇清陟其高樓觀詭傑擁綽楔

於青林之上佛者之徒曰吾師定禪之所守而輯之者也定禪在中三十一年矣告予以山中之故曰鬱水靈洲自古爲名山大川矣寺不知所始葢已見於番禺曼尉方公詩語其曰小金山諺云也成化癸卯中總鎮太監韋公重脩寺而請勅額焉鄉僉憲蘇公相成之都憲東山劉公卽超然堂正坡翁之祀古跡之存者則妙高之臺德雲之像其間異聞不可得而稽矣臺之外古之軒亭半荒矣老僧之重佛事飾像寫經發大誓願爲往來衆生

廣造福田往年都憲陳公金除谿寺田虛稅太保郭公鑿井疏泉今年總鎮王公捐財脩助山中人何敢利焉苟無飢渴願以無量飽滿濟衆生耳定禪又曰坡翁妙觀佛諦恨不留一偈山中猶有短章至今光顯今太史公來能無意乎太史公序九流百家極深洞微拜瞻坡翁遺像慨然遐思見其風烈太史公幸毋靳辭焉願秉貞石以待嗚呼予安敢擬坡翁哉顧嘗謂天下山川幽勝處不可無僧守之矧此地靈所關非徒以寄風物屬之人有

爭之者矣屬之官則闤市之矣二者毖靈之鑿也
惟僧守清淨寂滅之教無所與競於物凡一切世
界色相皆空無一物不可有乃至一無所有固宜
守此以俟千百世君子定禪乂能崇而固之且紀
以勤其詔嗣者予安敢無言乃銘其石曰自有天
地以有山川百經千緯磅礴互旋中流英氣南傾
海壖有洲中起萬靈萃脉群流逶趾百粵煉精鑄
此奇偉惟大雄氏來自西崑乘氣之盡以椌金輪
庶幾混沌毋捐厥眞恒河沙衆孰知佛力我遊江

湖但仰陳迹只見坡翁題詩于壁觀潮嚥海登樓欸星鍾聲煙空古木天青風檣往來孰利孰名既名爲寺孰興其廢惟有前賢風流百世我續銘詩爾功無墜

太保泉記　　徐志文

南海官溪一山屹于中流名曰小金山又曰靈洲曰鰲峰上有寶陀古刹下有超然妙高二臺中有東坡德雲遺像亦粤中勝槩之一也第高燥不可以井雖知其脉通于潮厥味頗鹹苦鑿者病焉正

德乙亥仲夏欽差鎮守兩廣征蠻將軍太保武定侯郭公世臣以公事自蒼梧下五羊經此勝而登焉住持定禪老衲以頃所言者白于太保太保以俯察其地脉睨視指其脉曰此穴可井而有美泉宜鑿之定禪如命由是泉水之出始則涓涓之微壅於沙石少則混混涌汲之不竭其味甘而洌洌而寒烹餁灌溉者異之咸曰此太保泉也屬志文宜記余惟井必有泉泉水之源也古今之泉知脉者幾何人哉若李德裕之喜惠山泉柳子厚之知

愚溪泉李錫變苦泉而爲甘泉皆知泉者也兹太保以神武而神知其泉脉甃而井之俾渴者以蘇枯者以潤功及於物豈小補耶然既知泉之脉而遡其源則知其國之脉而欲壽之於久安長治可想見矣雖然吾夫子繫蒙之大象曰山下出泉蒙君子以果行育德繫井之大象曰木上有水井君子以勞民勸相夫蒙之象言體也井之象言用也酌是泉者默契斯妙果育以發其蒙如山下出泉必行有漸勞勸以養其民如木上有水津潤上行

體用兼該內外一致懷溥博淵泉時出之心謹紇至末繘羸瓶之戒則成性存而道義出矣近而脩齊遠而治平大而澤被生民功施社稷皆由是而推之所資不旣多乎苟徒酌之而不契夫斯理之妙特求免其渴與酌而不知味者等耳惡在其爲酌泉耶余以是質諸太保曰然予先得我之所同然者遂爲之銘曰

嗟彼靈泉　湧于靈麓　其甘如飴　其潔如玉

娩美醴泉　絕勝甘谷　㨾厥生成　天一地六

既涵既濡　以潤以沃　不氷而寒　消此炎酷
勿幕有孚　厥功備足　往來井井　過者復續
施者受者　並蒙其福　仁哉太保　永享天祿

控海樓記　　徐文溥

會城南濱海而小金山又南會城凡瀧連蒼梧諸水之滙于南海者必由焉凡廷臣勑事事與夫部使者按視海之南始至則藩臬諸臣廷勞之反命則聯舟餞必于是焉而自海之外滿剌安南諸國執琛奉貢京師者必由焉夫江不甚廣而衆流之

滙合帆檣之往來弗能弗由則小金山之喉襟也若控制之焉爾小金山名曰鰲峰又曰靈洲兀立中四圍停淩樹木蕭森林鳥嚶咿山花綽灼宛然仙島也寺于山不知厥始山之根爲超然堂迤而北緣石磴而升爲牟尼殿殿之北石崖突起爲妙高臺像坡翁南有樓獨峙奉觀音大士像置硃案佛龕函名觀音閣閣之下爲石臺佛家爲伽藍座也嘉靖甲申之春文溥奉命吏南海二月九日薄暮抵焉葛巾芒屨謁坡翁妙高臺和留題韻既乃

此登所謂觀音閣者徘徊顧瞻巨浸渺然雲物縹緲舉集吾目乃知南海之勝小金山之勝以兹樓也明日命金利巡檢陸漢率邏卒數輩徹大士像龕函于南宗之殿丙子復登之則軒豁爽闓天光洞徹烱無碍矣乃移石座築花臺其前予甚樂顧謂定禪曰闇而明塞而通若去業而見性矣其兹樓之遇也乎吾且名曰控海樓定禪年甚高頗知山中故事曉文墨輒膜拜稽首謝曰若增一勝槩矣於是書而扁之俾凡登覽者豁然而聘望愀然

而興思則夫江湖廟堂之憂懷鄉思土之念自宦遊以至商旅夫孰不觸于目感于心乎若越裳翡翠重譯來遊繩繩相繼見我聖世控馭之極于大海之外而王會之廣豈三代之及乎肇登臨之偉觀皆茲樓之効也於戲美哉可名天下矣雖然岳陽洞庭之上而竹樓隅于城下非若控乎大海之南之勝也然無高平黃州以重之安知能傳乎哉姑爲茲樓下之

祭蘇東坡文　　王漸逵

嶺南後學生王漸逵謹以牲酌敬奠於東坡蘇老
先生之神曰惟先生孤忠大節雄文偉什載在史
冊流之今古雖童稚咸得知之然而先生立朝未
久得貶竄于我邦播于惠潮入于儋耳奔于廉崖
歷于嶷桂凌溟渤驚波濤衝茆瘴沃炎蒸而乃息
于鰲峰而休焉雖顛沛萬狀而先生之襟度活潑
冲容自得題咏不輟宛若朝著鳴珂天墀曳履者
眞貫天之英傑亘古之人豪也沒世之後雖英魂
還于故土歸于峩眉然而神之所之風雲之在天

如水之行地無往而不在況夫經歷遊覽而真得夫奇勝幽絶收之肝肺者其神尤有顧戀而不舍則先生之耿光精烈亦嘗照于兹土而弗釋者耶漸逵屢經遺像瞻仰高風振衣庭下徒切欽承兹具蕪詞少紓懷悃惟先生其鑒之

祭蘇東坡文　倫以諒

嘉靖丙戌七月四日南海倫以諒道宋學士蘇文忠公寓祠下乃采蘋薦酒跽陳而詞曰在昔趙宋天付多賢嗚呼文忠克承厥先詞章節義一世罕

肩受之天子如鵬斯鶱欲大陟之群咻滿前逐以公來于兹留連昔公未來江山閴然公旣來止吟咏以千凡厥留題終古則傳匪文則傳唯人是憐妙高之臺公像存焉梵宇之壯百代弗遷凡有過者孰弗拜瞻惟彼讒人乃如飛烟從風撲滅蕩盡微全失得一時榮辱萬年何以慰公芳名簡編矻靈洲閴于中原公昔安之今其舍旃烟霞蒼蒼群峰之巔亦有白石映彼流泉猿鶴秋清花木春妍公毋歸蜀奠此山川尚饗

妙高臺賦有序○昔宋東坡先生以直道南貶過小金山題詩禪寺云前世德雲今我是依希猶記妙高臺後人遂卽其地建臺祀先生像其中夫先生留題不過寓言以寄興乃其風節寔足振懦而起頑凡登斯臺者孰無仰止之思乎哉余戊寅入蜀遊峩山謁先生祠有慨焉旣而感竿瑟之弗投爰乃指雲山以言邁登臺俛仰觸景咨嗟弔古多懷含毫有作其詞曰

郭棐

登妙高之層臺兮覽江山之瓌麗仰端明之儀刑兮鬱芳烋于奕世昔委質於皇宋兮丁熙寧之叔季感紫宸之殊遇兮矢赤心于獻替沐金蓮之嘉寵兮富玉局之鴻製精何深而不探兮道何遠而

不詣猗慊慨以獨立兮殫經綸以匡濟政所鈌而必箴兮時所忌而孤貞慨新法之紛拏兮秉吾節之峥嶸詭字學以讜說兮慕魚頭之剛聲疏貿燈以甦困兮袪箕斂之横征協純心於君實兮裨雅意於方平既大言以謇諤兮亦小心而屏營披龍鱗而不撓兮貞鳳德以長鳴爰一麾於溟海兮類秋蓬之飄零陟庾嶺之巃嵸兮望石門而延跂歎兹遊之奇絶兮冠平生之所履睠靈洲之敞朗兮瞻神鼇之躍起嘉樹鬱以葼蒨兮乎鶴群而翔止

靈洲山志　卷四　妙高臺賦　二

嘆德雲之前身兮嗅馨麻於夢寐廓崇臺之磈礧兮迥撐天而屹地四水鬱以回環兮百靈拱而齊趾暐揮霍於鴻名兮允恢張乎正義遡茲臺之突兀兮原託根於靈洲勝不埒於衡嶽兮高不踰乎羅浮維先生之姱節兮矻砥柱于中流挺一代之奇才兮與百世之賢豪挹泉流以懷清兮盻神鼇而俯高鳥嚶嚶以相求兮風颯颯其蕭颼即物類亦有感兮矧義切於吾曹亘天地之洩靈兮信江山之有遭誶曰臺之妙兮妙在觀心靈山嵲屼兮

鬱水脊淪噫兹理兮流貫古今先生之風兮山高
水深臺之高兮高在樹節龍騰雲蒸兮虎嘯風冽
視王呂兮如鬼如蜮先生之氣兮雷轟電掣

靈洲山記

詩五言古　香山陳蘭芝拂霞輯梓

遊小金山　布政湯沐

登登復登登眼界足舒眺晴氣薰岩花幽聲動谷鳥遙青無數來新碧自成逓鰲嶺名亦嘉金山擬差小一經披仙題迴出塵土表老我到覺遲此興更不少

前題　尚書湛若水增城

久作金山期尺牘通山神兹晨乘雨來雲木閉禪

門不見妙高臺何處是德雲胡爲東坡老區區詑前身

遊小金山　府尹　陳　錫

維舟小金山忽見風幡動動靜要兩忘用處元非用一枕甜松根翛然亦無夢笑呼海鶴來歸去朱明洞

前題　尚書　霍　韜　南海

五嶺來千山一山鎖其煙松枝掃碧落貞石貫重泉逈天一境界禪衣此盤旋不撓松之勁不磷石

之堅堅勁入變通令德崇斯全

前題　　給事　王希文南海

大金在京口小金來粵江金名有大小產皆國之
良兌澤久淬礪離炎百煉鋼屹立柱中流上映天
日光鑄爲雙雄劍誅奸留上方剌繫久易鉠神功
宜善藏飄然化雙龍跳躍出大荒暮宿若木西朝
遊浴扶桑時伴回仙飛萬刦妖魔降偶來看故盧
雲山空蒼蒼過者千萬人視此皆尋常大器不世
用神物肯處囊天地無邊極此當與氐昴翺翺駕

兩袖二鶴貼雲翔

遊小金山

大學士 趙志皐 蘭谿

屹屹江上山泠泠四傍水凌晨訪蘭橈恍兹度楊子緣磴躡層雲逶練圍翠紫樓閣半虛空鐘磬隔城市徙倚問南溟蒼茫只一指法殿禮能師高臺揖坡史禪房花木深兩過淨無滓兩岍互鳴榔定僧原寂止白鶴久不歸聽經鼉未起巖壑自長松江濤浦淸耳絶鉢誰流傳前身漫非是豈乏往來人春風惟杖履

靈洲山記

詩七言古

香山陳蘭芝彿霞輯梓

叅政　祝　華

遊小金山

鰲峰勝景臨江沙超然虛敞如官衙週遭一泒功德水鬱律幾本優曇花衣冠儼若長公像欄檻疑是叅寥家摩挲老眼認碑刻淋漓滿壁棲墨鴉後先作者多妙筆英華發處皆奇葩緩步重上妙高臺新泉又煮雷鳴茶有太保泉故云大雄中殿鎮大士有鐘可扣鼓可撾塵眼淨洗覺心快詩興頓癢難手

爬翻思彌月坐官舫孤懷長顯莫吁嗟今朝恣意
且登覽西山落日明殘霞

遊小金山步韻　　　　　　　　　參政　左　唐

鰲峰水秀臨江沙青蕉綠樹如排衙登門宛見東
坡面水中之月空中花海角天涯遷謫客泰山北
斗文章家香火慇懃惟老宿夕陽慘淡棲寒鴉寶
陀觪翰驚千古絢爛五色分春葩釣名深淸處處
有分江貯月誰烹茶我來拈詩尋往跡雷門柏持
布鼓撾流連好景未恐去縱橫技癢寧堪爬妙高

臺上一回首弔古思鄉空嘆嗟嶺南風土殊不惡便欲借此飡流霞

望靈洲山寺　孝廉　車騰芳　番禺

昔年曾放京江渡過眼金山空一顧今來鼓棹向靈洲仙山彷彿江南路欝江煙水繞亭臺突起東南㐌軸迴水潤牂牁留砥柱山浮島嶼是蓬萊嵯峨磴道盤千嶂瞬息煙雲看萬狀超然臺上望空青水色山光相蕩瀁往事茫茫發浩歌樓船戰艦几經過縱橫萬刼成今古剩有青山幾翠多孤峯

獨上星辰近昴首高天聊一問前度蘇公去不回

風流落漠堪誰印坐久遥聞拍浪風偶然吟笑驚

蛟龍惺惺雙眼渾無寐隱几長聽五夜鐘

靈洲山記

詩五言律　　香山陳蘭芝拂霞輯梓

遊小金山　　巡按吳麟

觀風驚晚歲弔古一停舟晝靜亭逾迥江空山若浮乾坤留勝地節序肅高秋未盡瞻依興南迴擬

再遊

前題　　給事中許天錫

江心名刹小眺覽得週遭鳥拂尋僧棹龍吟濺佛濤地偏春自靜潮落暮臺高明日羊城裏塵埃車

馬勞

登棲霞閣　通政司叅政　倫以諒

爲愛鰲峰勝靈洲閣影蟠東南觀欲盡天地若爲寬。雲樹閑清晝。江帆亂激湍。山川迂歲月風雨又凭欄

前題　主事　王漸逵

直上棲霞閣。飄然興獨殊。齊州看九點青壤失南區空暝翠欲墮月流寒、更逾帝閽在何處雙闕逼丹衢

靈洲和方棠陵韻

坡翁曾駐跡吾子復登樓今古棲賢地江山增勝流落日閑千舸長風鎖萬牛即看康世志寧作異鄉愁

遊小金山　　廉使　陳　卿

超然堂上客鳥語伴清吟四顧凝浮玉中流見小金早霞明野水。古木淡春陰。老僧幾百臘能道去來今

前題　　驛丞　張　倍

再到金山寺栖蟬已暮山野蘿縈古樹佛文建新壇風起波濤湧江空宇宙寬個中風景異來往幾人觀

遊小金山　金臺寺　僧宗學

閑上靈洲寺如登明鏡臺山環深似戟水遶綠於苔。窗挹嵐光靜。門迎曙色開。松風凉凍凍似帶雨聲來

前題　知州　曾貫

靈洲金作柱鬱水鏡爲鏻軼浪呑甌楚危樓入漢

秦。近窺狐兎窟高瞰蜃龍唇寂寞東坡老繁花空
復春

前題　　孝廉　陳紹文

舍舟投淨域振錫禮空林日月龍宮古烟霞鹿苑
深。慧禽傳谷韻覺路轉花陰何事蘇公宇巍然控
紫岑

前題　　孝廉知州　吳　旦

碧水流無極蒼山望不窮寶花飄象駕珠樹繞龍
宮二梵何年續三車此地雄心猿坐來刋知有

門中
返照到蘭舲龍宮喜暫停竹邊山氣紫蘋外水烟
青乍逆喧林鳥低飛出草螢高齋夜無寐聽誦法
華經

遊小金山　叅議　黎民表

叢林標雁地仙閣俯鱗洲一水瀠還去孤峰斷若
浮入聲霜院靜梵影月潭秋妙境非徒設安禪向
此求

泊靈州寶陀寺

荒亭圍樹色孤石纜雲根野水寒侵岸漁舟夜到門霜風閑共倚沙鳥靜聞喧不寐看山月秋光滿給園

宿小金山　主事　李時行

獨坐雙峰暮超然遠俗氛林疎微露月石峭暗藏雲清梵連漁唱飛鷗混鶴群茫茫天水際秋色逈難分

香閣臨滇水靈山控粵城雨深青蘚合潮長白雲平野鶴依人舞喦花對客清禪房獨欵梳惟有莫

鐘聽

小金山話别

珠江維别舸鬱水敞離觴錦瑟翻新調春花發暗香開襟情不極携手意難忘今夕同看月明朝各異鄉

前題　通判温新南海

古寺中流出烟波四面通金山樓控海石閣磴凌空繫艇登臨處披襟眺望雄斜陽催去棹回首白雲叢

前題　　　孝廉　辛紹佐　番禺

晚泊金山寺離情寄短吟一燈今夜話萬里故人心月小江先淡霜微酒自醺行行天欲曙鐘送海潮音

前題　　　知府　凃　鉉

寺入松陰古山浮水面輕頻登臺轉翠穩臥室生明禪意初能解鄉愁莫浪驚東坡留勝跡覽罷重餘情

前題　　　縣尹　丁一道

孤嶼波心屹依稀似潤州碧雲被高樹銀海襟飛樓鐘撼靈鼉宅。潮深浴鷺洲。江天空濶處回首思悠悠

小金山　布政　雷賀

爲愛金山寺欲尋逸興賒空青搖錫杖虛白映曇花古哲看題碣高僧憶飯麻蓬壺還入眺雅坐擬乘槎

錦石浮波上珠林墮鏡中樓臺連蜃市。鐘鼓徹龍宮。杯引三山月。窓開九嶼風。醉來疑入定一洗萬

緣空

諸天臨碧水孤舫寄丹邱江匝風烟靜雲蒸紫翠流金花窺宿鳥寳筏上輕鷗夢轉禪關外飄飄似十洲

河漢緇廬靜圖書彩鷁清禪燈聯野燒梵磬雜潮聲露散天花溢江團心印明偶緣躭閴寂翻欲厭塵纓

前題　　叅將　祝　明

旅泊雖無定乘閑是勝遊江湖與廊廟踪跡寄沉

浮白鶴空山寂金蓮寶炬收芳名亘今古何必負多愁

小金山話別　參將　鍾坤秀

海上金山寺東坡此舊遊芳名天地老淚跡古今浮孤鷺空中落殘烟望裏收江流自東去蕭瑟幾人愁

前題　祭酒　倫以訓

登臨興不極穗石此陽關鷲嶺雲孤起龍宮水四環潮生南浦月烟帶隔江山迢遞風帆急暮鐘僧

倚闌

江山一梵宇，塵外幾仙家。日抱黿鼉窟，水通星漢槎。虛臺橫碧落。細路轉丹霞。且莫催留滯，中泉好試茶。

勝地得時遇，要津良自閑。蓬萊非若海，砥柱迥迴瀾。鶴夢烟雲合，波光紫翠關。憑高秋思遠，江海路行艱。

去住一坡仙，風光故烱然。橘霜明四野。花雨暗諸天。石古生雲瘦，江分得月偏。坐空心已了，不語是

叅禪

小金山話別　　叅政　郭大治

言從西楚去更上小金山地僻群峯合天高一鳥還僧定空門裏人行脩竹間坡仙何處所如聽珮珊珊

小金山　　僉事　皇甫渙

憶昔金山寺重來海上遊亂帆飛遠近幽鳥自沉浮兩岸疎鐘度千村宿雨收東坡臺上望芳草不勝愁

前題　　副使　顧　言

鰲負分金島羊城第一關叢芳緣岸遶鬱水帶潮還梵靜魚龍寂臺空日月閒頻過方此眺惆悵在人寰

昔人傳鉢去誰更覓禪宗大海沉芳月疎林度曉鐘烟霞曲逕滿花雨講堂逢福地留靈跡浮生暫寄踪

前題　　通判　鄺夢琰

寺倚水雲心如藏萬嶂深窓幽辭路馬林淺宿沙

禽。暮舫歸村泊晨鐘扣梵音偶來詩景在詞翰墮球琳

小金山話別　郎中 倫以誅

古刹靈洲勝逢春景俗多共憐登眺樂無柰別離何細草兼花隱。輕雲帶雨過。忝禪非我事命酒一高歌

獨上妙高臺臺空孤鶴回江山自今古英俊豈塵埃天樂松濤過。雲屏露障開。坡仙有遺墨讀罷意徘徊

遊小金山　　員外　方肯堂

竹房僧幾換花徑客重尋劍拂天河近杯浮水殿深滄溟看鶴度風雨聽龍吟吾道烟波外臨流一照心

前題　　推官　吳榮錫

平生湖海客今喜閱滄瀛地勢東南盡霜炎嶺海分樓臺連島嶼詩賦薄空雲回首蓬萊近相將凌紫氛

前題　　生員　李時郁

夢入虎溪東宛然見遠公雲邊思馭鶴天外憶飛鴻不啓琅函秘無由悞法通禪心不可得秋月湛波中

望小金山　　林　烈

望望靈洲景迢迢過石門壯懷觀上國離思憶家園鳥語前山樹人烟遠岸村扁舟追李郭佳句落芳尊

謁蘇文忠公像　　唐守敬

長公不可作遺像在江皋耿直嬰時忌文章蓋世

豪。鶴鳴心獨遠鳳往夢偏勞却恠前身事依稀記妙高

靈洲晚眺

落日靈洲上夷猶縱火觀幾人留賦詠千古盛衣冠水自牂牁下山當紫翠盤微吟坐苔石頓覺野情寬

前題　　　　姚光泮

中流浮古刹縹緲隔塵寰四野烟霞合。千峰紫翠環。亭標乎圃勝。僧件白雲閑。堪笑青山外飛帆日

往還

謁蘇文忠公祠　　光祿寺卿郭棐番禺

潮湧金山寺，雲凝玉局祠。人隨天共遠。心與日俱馳。廟貌千年在。忠賜九陛知。只今滄海上猶誦寶陀詩

小金山送黎秘書還朝　　梁紹袠

魏闕瞻天近靈洲話別初引杯蘭氣合臨眺珮聲徐雅韻端明在高風秘閣餘由來芳草意桂席莫踟躕

前題　　　　　　　　　　　　　　叅政　黎邦琰　從化

絶壑疑無地捫蘿忽扣關禪心無寂寞流水共潺湲日氣銜山紫。花枝泣露斑。危橋齊木末時見老僧還

高臺聊賦别諸子更相從水落潮痕出。雲開樹影重。漁歌回曲浦。僧磬度雙峰。慣識江湖意無論去住踪

前題　　　　　　　　　　　　　　孝廉　孫兆葵

島嶼千年勝嵉盃獨上臺江從庾嶺下。山到石門

開貢艇依村口。漁家雜水隈。悠悠白日暮瀟洒絶

纖埃

小金山送黎秘書還朝　縣尹　梁　炫

靈峰佳氣鬱登覽出崔嵬水帶三城色。雲連百粵

遙。煙蘿迴曲逕。梵刹逼層霄。未盡參禪意張帆趁

晚潮

遊小金山　國朝　吳　鏌

望氣尋江寺瀠洄洲嶼平石門啣日影鬱水走潮

聲掃葉僧開徑穿林鹿引行佈金誰長者山亦冒

虛名
泛泛浮生寄飄然一葉輕江星漁火亂松露鶴巢驚似與青山約重來白髮生妙高臺上月心共證空明

靈洲山記

詩七言律　　香山陳蘭芝拂霞輯梓

送鑒師回金山寺　　宋探花開國男李昴英番禺

少年芹泮也儒冠底事緇袍染異端孤島一燈開佛屋長身七尺占僧壇鐘鳴魚叩隨緣過棹舞鷗飛取次看亭下聽經鼉在否石欄搖影碧波寒

遊小金山　　明尚書屠漏

靈峯載出碧芙蓉此是蓬瀛第幾峰風捲濤聲驚睡鶴日移臺影起潛龍四時客棹依禪榻兩岸人

家聽講鐘爲憶東坡辭翰在白雲深處散吟踪

遊小金山　　尚書　吳廷舉

天然秋水出芙蓉鷲嶺分支第幾峰曙影不來窗外馬漁歌喚起鉢中龍迴遭波潤三珠樹遠近村聞半夜鐘便作大金山亦得坡翁曾此寄仙踪

靈洲　　典籍　孫　蕡

金鰲露背出滄溟撑柱惟應倩巨靈坡老留題空斷碣德雲種栢滿幽庭天寒怖鴿依江渚夜靜靈鼉聽塔經畫舫圖書催入覲庾梅關北樹青青

遊小金山　　員外張戟南海

尋幽直上妙高臺雲鎖禪房撥不開深院有松棲老鶴古碑無字翳蒼苔水拖秋色連天遠風滚潮聲動地來我亦九霄雲路客隔花啼鳥莫相猜

前題　　提學陳選

小金山閣頂層空一水迴遭萬折東五載往來悲老馬百年登眺羨歸鴻樹擎翠靄飛晴雨帆逐春雲掛晚風再拜東坡祠下去瓣香心事幾人同

前題　　尚書霍韜

天上松風入耳來剔燈孤坐妙高臺水流自壯中流響塵夢都從午夢回勝覽幾人雙蠟屐隱憂隨日滿腔埃吟餘老鶴江天過疑亦山靈爲我陪

入眼浮漚見此臺嶺南佳致自天開何人兩屐松根出千載孤舟夢裡來梡石老龍三月睡高岡鳴鳳幾時回數株松插崔嵬頂添片白雲同往迴

落葉風吹暫掩關敲冰吟對老僧閒火融霜氣紅歸樹烟化泉聲白到山近砌竹爐茶正熟繞窓松徑鶴初還若令坡老重來日萬刧都同轉盼間

遊小金山　　大學士　方獻夫南海

萬丈青螺海氣盈畫工羞殺愧無能千年勝地留人跡半夜寒潮浸佛燈白鳥影低涼雨歇錦帆風急水雲輕十年待漏金門客不似鰲峰飽睡僧

前題　　提學　潘　府

秋深扶母上高臺羸得慈顏一日開道在千年追咏嘆官居十月賦歸來禪心到了空還寂仙鶴于今去不回世事盡隨流水遠金山祠宇獨崔嵬

前題　　尚書　黄　佐

妙高臺下鬱水流寶地祇林何太幽雨晴山向鏡中出潮長舟從天上遊鵬風忽送扶光曉蜃月猶含珠海秋一尊取醉掛帆去渺渺滄波飛白鷗

遊小金山　提學副使　林廷玉

深林葱蒨鎖危臺幾樹梅花獨自開水鳥載浮還載沒野雲飛去又飛來靈機我已能參透頹俗人誰爲挽回昨夜中天翹首望北辰居止見崔嵬

前題　順天府判　駱用卿　南海

誰知此地着東坡南海秋風一鶴過白髮無端隨

客老青苗有疏感時多細吟惠菊情如此靜和陶詩趣若何萬樹鰲峰陰落海不知仙到舞婆娑

前題　　　副使汪鋐

步入山門見鶴回宛然蓬島不須猜天花樸蔌窗前落潮水奔騰海上來繞榻白雲連草樹侵堦綠雨長莓苔坡翁行跡今猶在乘興豪吟到上臺

重遊小金山　　　僉事涂相

十年此地重臨日山水應嗤憲節遲白簡尚存當日意清風還繫越民思圍棋獨羨東山壯破膽應

知范老奇畫角數聲江海暮喜無烽火照旌旗

遊小金山　　叅政　鄒　虞

花隨秋水艷芙蓉景幻靈鰲背上峰人笑尋仙無玉洞僧談護法有金龍詩題興起三春酒舟發潮生午夜鐘坡老德雲前後句多應托此紀行踪

前題　　布政　張　祐

秋波分綠綉芙蓉幻出金鰲背上峯松頂月明巢野鶴石根雲濕起淵龍花飛優鉢經年寺潮落靈洲已暮鐘千載坡翁遺墨在艤舟先問去來踪

前題　　僉事　臧　相

禪扉寂寂鎖芙蓉牡蠣墻低薜荔封風入定衣藏燕鼠月明飛錫起魚龍春來江客偏貪睡日上山僧未打鐘試採蘋花拜坡老青袍白髮愧吾蹤

前題　　叅政　王　洙

秋江處處浸芙蓉水面亭臺更數峯佛國古稱淸淨海鮫宮夜舞蒼精龍渺然招我孤飛鶴偶爾尋僧一聽鐘惆悵妙高臺下路斷碑蔓草記行蹤

前題　　應天府尹　陳　錫

亭亭屹立據中流樓殿玲瓏境最幽賈客帆檣饒歲月禪宮花草自春秋景純讖諱言非幻坡老登臨跡尚留吟遍新題還北望不勝淸思繞皇州

遊小金山　僉事　李　偕

天設奇峰浩渺間篙師報道小金山望窮碧落臺千尺踏碎丹霞路幾彎松下苔磯留客坐月中蓮舸載僧還南遷嶺外無佳貺一拜蘇祠便解顏

前題　丁致祥

鳥紗側岸袂翩翩小雨初晴二月天載酒鰲峰僧

寺裏繫船坡老影堂前豪吟頓發丹山興勝賞偏
慳邃谷緣坐久不知蓮漏滴溟連雲水暮鐘傳

前題　　　　叅政　汪　思

寶陀郎是金山寺一試商歌入杳冥雨屽樓臺通
蜃氣滿江風雨帶龍腥短墻新草芊芊綠遠海遙
岑故故青幾度扁舟懷北固五羊書劍滯南溟

前題　　　　行人　馮　恩

坡翁僻愛金山好此處應教伯仲觀地絕四隅塵
世遠臺空一望海天寬峰涵秋月芙蓉削泉泪松

風碧玉寒我欲登舟乘興去臨行重向古碑看

棲霞閣靜人來少有客登臨望故鄉海角野人歌

曲遠天涯遊子問更長松移月轉雲初霽石漱泉

寒秋欲涼時近重陽不歸去登高孤負菊花黃

遊小金山　都御史甯杲

春戀一作拚醉名山未忍歸夜闌清籟遏清輝孤舟載月

風波穩遠島徵歌意氣微天上素娥依蛋女人閒

新曲付漁磯可憑一覺東坡夢譜作元裳與縞衣

烟霞四面鎖澄江嶺表奇觀古上方翡翠枝柯侵

碧落水晶宮殿照滄溟潮聲夜撼金鼇背蕉影斜
侵牡蠣牆醉倚危欄山月上蓼花深處聽鳴榔

前題　　叅政　倫以諒

妙高臺上靈峯月愛爾孤光盡夜看天上瓊樓歸
未得御前金炬不勝寒花開古寺香風合鴻度長
江雪影單蹤跡平生湖海外斷碑殘句為誰刊

前題　　祭酒　程文德

海山爛漫金芙蓉誰誇東海又三峰滄溟萬頃孽
孤柱雲霧中天起蟄龍入影倒空僧倚閣鼉聲帶

浪寺鳴鐘扁舟我亦重來往不是巫山雲雨踪

遊小金山　　副使　劉伯秀

靈洲擎出玉芙蓉信是蓬瀛第幾峰簾捲雕甍通燕雀浪翻白雪起魚龍風來竹逕喧簷鐸雨過松林急暮鐘却憶坡翁天下仰也從此地托遺踪

前題　　叅將　陳義

江水穿流衆脉通翠光垂彩淩虛空三千世界紅塵外十二樓臺寶鏡中祇樹影孤留晚照曇花香散遁春風我來似有三生約千載名山此日逢

前題　　提學　田汝成

夜宿諸天色界幽朝看涼雨坐靈洲玲瓏遠樹生秋色縹緲孤峰散客愁泉石靜憐雙鶴近茶瓜清愛一僧留莫言海外成飄泊長得閑雲伴我遊

高臺獨上不勝情偶邂同心逸興并石局共彈秋雨淨芒鞋雙踏曉雲輕禪通水月魚龍寂地擁天人色相明廊廟直須公等在東林吾已有深盟

前題　　主事　王漸逵

危樓曲逕自透迤獨挈筌蘅酒一巵宋室昔尊王

氏學鰲峯今拜長公祠燈涵蓮炬人歸晚楓冷林
皐鶴夢奇遙識此生如幻化登臨誰復問禪師

遊小金山　　參政　周　延

古刹崢嶸枕碧流披雲步月憶曾遊曇花近向樽
前落山色遙從島外收謾擬佛經參上乘閑將心
事托虛舟羈懷宦思雙相激欲傍邸園十畝秋

前題　　員外　趙善鳴

聞說蓬萊海上山秦皇漢武幾空還偶看鰲極千
峯外頓覺龍宮四水環影蘸樓臺天淡蕩手摩雲

漢袂翩翻誰知萬古神仙地都在吾人柱杖間

前題　　　　　　　　　　　參議　趙崇信

海上仙山花不凡點溪猶帶武陵丹雲深壁粉堪留墨雨長潮聲漫送寒幾度客懷牽世夢千年詩妙萃名山疎鐘靜聽爐烟裊何處遠公今又還

前題　　　　　　　　　　　主事　涂　瑾

靈洲勝境聳樓臺水遶禪房鎭日開佛印飛昇留偈在鴟夷尋樂泛舟回老龍蟠穴還深臥沙鳥思巢去復來眺覽鰲峰登絕頂白雲翹首亦巍巍

遊小金山　　孝廉　招于莘

登臺再拜東坡老醉眼睜看北斗標未信瘴鄉生白髮獨憐天下苦青苗寒雲島外橫孤鶴明月船頭憶洞簫幾度登臨重懷古清風吹送海邊潮

前題　　縣尹　張　球

乾坤幻出翠芙蓉奇絕靈鰲是此峯松翳九霄巢瑞鶴潭深千丈臥驪龍秋高香繞岩前菊夜半聲傳海上鐘莫謂妙高臺已古尚遺坡老舊遊蹤

前題　　縣尹　梁天錫

鰲聳青葱江上臺芙蓉環碧畫圖開日浮金影波心見蜃逐潮聲海角來坡老昔參禪性定奥靈今喜使舟回憑虛不盡登臨興北望天峯紫翠嵬

覽勝招提花蔓陁中流天設此靈波千峰列戟侵雲出五月浮槎載酒過落魄有懷添杞夢清平隨地聽康謌江湖廊廟心無别肎視東南海不波

前題　　副使　游居敬

靈洲巘嵲瞰江流春日同登亦勝遊細雨和烟林樹遠寒潮捲霧海雲收山腰古刹誰飛錫天際澄

波自放舟更上妙高臺碣在東坡遺跡未千秋

遊小金山 回文詩　　孝廉　何　津

囂塵隔斷雲邊寺偈語留僧伴客閑朝趁牧謌爭上道月分漁艇釣前灣潮來海水浮縑練竹笑風聲振珮環綃紫織人蛟室近地靈圓巧小金山

前題　　教授　麥　暢

昔年曾到金山寺今日誰移來此間風景不殊人事異乾坤未老客心閑一峰屹起中流柱兩岸迴遭負郭山何幸登臨携酒賞白雲深處笑開顔

前題　　文學　甘　學

長笑坡翁亦浪遊我來江上已空秋月移老樹蒼龍轉潮送寒雲白鷺浮竹逕有僧雙眼碧不壇無伴一碑幽古今勝事餘杯酒醉倚危樓搔白頭

前題　　廉使　陳　卿

妙高臺上隱疎鐘鶴夢初回偃蓋松老去手携鐵柱杖朝來足踏金芙蓉問禪留帶人安在覓紙題詩我未慵聞道山泉最清勝月團新柱故人封

前題　　驛丞　張　倍

尋幽直到小金山山色波光蕩漾間人世豈無眞
境界乾坤別是一塵寰老松偃仰蒼雲護古竹參
差碧水環久坐天邊雲起處閑看倦鳥却飛還

遊小金山　　僉事　馮　徽

暫繫蘭舟上古臺半襟離緒此中開步隨草履穿
雲上花引東風入座來鵬翅高張從北去川流一
泒自東回相期不盡登臨興還踏層空萬丈嵬

前題　　布政　應大猷

鰲峯突兀障中流吾輩登臨亦壯遊水國魚龍堤

畔起海天島嶼坐間收雲霞白晝封禪楊風雨無

端到客舟要識山中閑日月莫教人世紀春秋

靈洲爲别幾經年重到遲回一惘然醉放老懷驚

倦鳥笑看童子逐飛鳶江流活水原無碍洞隱高

僧久斷緣形在顔容非少壯身無白日是神仙

前題　　提學　余本

新月朣朦夜氣回誰家茅屋萬山隈忽憐寶火浮

丹鼎且取清光入酒杯桃李枝頭春漸滿溪山極

處勢皆來如何却起雙峰念醉倚流霞歌落梅

遊小金山　都御史何文經

靈洲洲上古亭臺，夾座江山四面開。詩思勃然佳興去，客情聊爾可人來。離筵酒餞須千舉，老衲禪參又幾回。遥想坡翁風致處，太山北斗正巍巍。

前題　僧定禪

靈洲鬱水湧芙蓉，鰲背芙蓉最上峰。祇樹慣棲留箭鶴，雲臺恒臥獻珠龍。香焚寶鼎長存火，經演琅函謾扣鐘。坡老昔年華翰在，高峯千古仰遺踪。

前題　僧秋月

天設靈鰲水面山遥青樹色疊雲寰樓臺突兀中流上圖畫分明咫尺間滄海魚龍爲我伴。青山猿鶴共誰閒。跏趺起坐無餘事秉筆題詩對月删

前題　　陳　範

金碧樓臺紫翠微磬聲敲徹送餘暉犬驚狂客雲間吠鶴引高僧澗底歸水月虛空眞性定風幡揺動悞禪機閒來到此躭吟興不管塵寰是與非

前題　　文學何　東

登臺拜謁憶當年官謫眞成一謫仙高世文章今

邈矣照人顔色尚依然每愁安石傳新法獨俵于
侁減役緍憂國一生乃如此夜歸徒得送金蓮

遊小金山　　知府　曹　逵

金鰲砥柱大江東一脉蜿蜒鬱水通滿地烟波浮
日月霎時雲雨起蛟龍凭欄頓覺詩懷逈控海應
知武畧雄千載風流蘇學士妙高今日弔遺踪
突兀中流見此山鬱葱佳氣隔塵寰鐘聲斷續重
雲外。帆影參差落照閒。殿角涼生僧睡穩松梢月
掛鶴歸閑尋幽喜入蓬萊境秉筆題詩夜未還

前題　　　　　　尚書　毛伯温

楊子江心千尺臺海隅重見金山開山水相似分南北魚龍深潛時往來茂林碍日群鴉集古松入雲雙鶴回乘興登臨一翹首天空雲静燕峯巍

前題　　　　　　謝邦信

小金山寺山氣幽山下長江帶寺流錦石蒼松常入夢。野袍芒屩恰宜秋。杜陵多難常憂世觸武無能自白頭回首昔遊已陳迹牙檣飛旆晩悠悠

前題　　　　　　文學　張　度

抗疏南來白髮新青苗未罷獨關心眼中世態雲無定臺下春波江自深金馬儀容空想像雪鴻飛跡已難尋荒碑讀罷三千字日暮遠山猿鶴吟

遊小金山　　提學　李　遜

誰家犬吠潮聲急獨有鰲峰枕石坡飛騎雲中雙鶴下碧梧窓外一僧過鐘隨野寺浮蘭若鼓絶山城入棹歌莫向磯頭尋赤壁妙高臺古逓滄波

前題　　都御史　吳桂芳

曾依京口望金山海上重逢亦巨觀仙掌高擎凌

萬派滄波東下見孤巒雲移蜃閣中流駐風送潮
聲四面寒此日登臨春洵美鄉心極目路漫漫

前題　　　　　　　　　　　　右布政　宋端儀

江心四起玉芙蓉海上孤飛鷲峰古樹巢深多
化鶴空潭睡穩有痴龍山僧說法熒宵蠟俗客維
舟聽晚鐘獨坐妙高窮勝覽雲坡彷彿記來蹤
靈洲鬱水隱層臺雲鎖虛堂晝不開歲月無心禪
已定江山有待我應來三峯鰲負烟波靜萬里槎
浮霄漢回便欲乘風凌羽翰不辭攀磴陟崔嵬

靈洲山志　卷四　七言律　巳

金山屹立障江流安得移來作此遊絕壑烟霞天際覽半空樓閣鏡中收紫芝瑤草長春境片月孤峰不繫舟試向山靈問仙跡人間一住幾千秋

遊小金山　　文學　陳　沂

超然矻柱漾中流地勝林深景最幽寺古脫凡多客到僧閑無事與天游遠山晴樹千年景活水長天一色秋惟有坡翁常戀此洞簫吹徹起江鷗

前題　　都御史　李義壯

一燈明滅江心寺夢裡孤蓬半夜雷歲月共憐人

易老江山應笑我重來平蕪濕月流螢度極浦隨潮旅雁迴起對滄洲意無限登臨休上妙高臺

前題　　尚書　王宏誨

薝蔔深林起翠霞迦陵開處動天花幽僧況是曹溪伴僻地常鄰洛里家落日樓臺閑鳥雀半窓榕竹淨塵沙年來豪逸聲尤著共說新詩似九華

諸天遙合翠蘿方共宿山齋掃石床淨竹不隨風葉舉法蓮長帶雨花香幽栖自與空禪併好興翻爲詩思忙却喜上人多愛客夜深披露點茶湯

遊小金山　吳學詩

天南幻出玉芙蓉下有靈津泣臥龍方外未佹圓澤夢人間非復德雲蹤春將朝槿留僧臈雲伴寒猿聽暮鐘我亦身前滯幽寂當時誰貌仰公容

前題　僉事　何元述

金山寤寐幾經年登覽多遺意惘然臺殿清虛依竹柳江天上下識魚鳶秖應吾輩酧清賞翻笑山僧斷俗緣幻化乾坤真一瞬何人乘鶴挾飛仙

前題　僧雲山

天裁一朶綉芙蓉樓閣層層絕頂峰啄木樹頭傳
信鳥獻珠堂上聽經龍三花香散盤陀石七宿光
騰梵唄鐘若問德雲坡老是更於何處覽仙踪

前題　　　　　　　　　　　司務　趙鶴隨

長安倦客幸歸舟笑上金鰲控海樓姓字未通僧
識面禪心無愧佛張眸坡翁玉帶留金界雲老圓
光射斗牛明日紅塵又城市郤隨鴻影度清秋

前題　　　　　　　　　　　文學　馬允承

清江兩岓夾芙蓉乑圃飛來第一峰赤壁月中看

過鶴白牛溪口嘆眠龍閑邊得句閑邊酒。意外傳燈意外鐘。千古老坡真影在可人何地詠吟踪

遊小金山　　主事　何孟倫

十二欄干俯碧流偶來乘興此追遊靈巖環瞰千山迴鬱水遙分一泒收雲共曇花閑梵鉢月將潭影納虛舟江涵竹樹蒼烟合海氣山嵐不斷秋

前題　　許烱

袠嵋遷客過仙城放浪雲山載酒行湘浦不忘思帝子漢庭相忌有公卿乎都花逐春風老赤壁人

同秋月明夢罷黃州孤鶴去又來古寺聽猿聲
先朝學士長沙客昔日行吟泗水濱天上星辰遊
下界江南草木識前身幾封感慨危明主萬里飄
零老逐臣。玉宇瓊樓不歸去石渠金馬是何人

前題　　通判　黃學準

泊棹登臺豪氣增東坡翻訝又前生巧開仙境山
無價斷隔凡塵水有情對語老鼉時出聽到門雙
鶴自梳翎遊回風靜斜陽渺北盡蓬萊分外淸
寶樹崢嶸映海天艤舟祠下拜高賢聲名宋室三

千字香火靈洲幾萬年秋盡獵旗思白羽夜深漁火訝金蓮幾回風雨喬松頂不是彭城亦黯然

遊小金山　　通判　陳堯典

振衣重上妙高臺朔氣初隨白雁來萬里壯懷江月皎一聲長嘯海雲開天邊倚劍星流彩花下裁詩鳥爲催沈醉凭闌狂興逸試將春信問寒梅

前題　　叅政　郭大治　番禺

重謁蘇臺感素秋江山不改昔年遊蕭蕭貝葉連青嶂漠漠楊花漾碧流紺宇祇應留古蹟瓊枝空

自老丹邱不勝仰止高山意赤壁金蓮思未休

前題　　文學　馮繼忠

獨上高臺縱遠眸微茫烟樹暗江流瀑聲亂瀉千岩雨雲氣寒生萬壑秋花好慣因人起舞僧閑不與世同憂相忘都是追遊輩明日江天更買舟

前題　　知州　蘇于汲

翠壁蒼林海上山天開仙島静塵寰樓臺半暝曇花落。珠樹交鳴貝葉飜。四面晴瀾迴地軸兩崖烟火隔乎闗詩成風雨窓中急龍鉢光浮刹影丹

遊小金山

縣尹　陳　道

怪石繁榕斷暑埃玉屏如水逐秋來波間日月輪邊轉。海上風雲鏡裏迴。傍晚鼋鼉窺席罷占沙鸂鶒背人開浮名愧爾汀邊鷺湛湛長江起暮哀

寶地珠林映遠空銀沙細浪影溶溶穿門葉散清江朗入院風光醉興濃梵塔曲盤當落日欄杆百尺送飛鴻長生習傍雲岩轉八徑漁樵忽謾逢

砥柱鯨波迴不群曉光春色隔溪分長公日月黃扉晚陀院秋風白髮紛山閣晴峰雲欲冷帆檣迷

望水空沄遺踪不逐風烟散隨處天涯可借君

前題　六榕寺　僧方祈

一簇青山碧玉環梵宮高據紫雲間榕臺有客浮杯訪淸世高人倚杖閑對境也能超百刼談空誰共破三關滄浪淨洗諸緣障貝葉昏昏不再翻

前題　孝廉　馮繼科

振衣重上妙高臺山鳥山花滿碧隈千古海雲成夢幻。一天明月送潮回。曾聞勁氣凌中岳始見文星耀上台笑我萍踪渾未定百年此地去還來

雲溪上詩

遊小金山　主事　李時行

靈峰獨立海中洲千古珠宮在上頭幾杵疎鐘深院靜。一聲啼鳥碧山幽。風搖草色映盤石雲帶松陰湛碧流謾敧竹扉清坐久閒心空自對沙鷗

前題　歐陽隨

天然突兀砥中流形勝誰誇海上洲漱石枕山蓬島景清風明月海門秋日翻貝葉僧房寂露滴松梢鶴夢幽佳勝頓牽人浪跡利名今古一虛舟

金山環繞碧溪流庾嶺南來第一洲任是風烟生

變態兀然江閣自春秋妙高臺上碑紋斷控海樓前淵水幽。遊遍臨流笑相問幾時過盡利名舟

前題　　欽差給事中　張　益

鰲石維舟入洞天門幽僧靜路迴旋山浮綠水開清界殿蔭蒼松起翠烟學士身移還肖像寶陀名定久安禪不殊京口堪登眺却憶江心第一泉

小金山上如蓬島控海樓高接碧霄日暮漁舟還泛泛風寒客鬓欲蕭蕭通禪老衲誰傳鉢作偈清聲每落潮明日五羊天外路那逢此地一逍遥

遊小金山

叅議　許公高

山如京口控江隈樹影鐘聲過客猜南海鯨波迴砥柱中天蜃氣擁樓臺渴思靈液泉頭試曠望晴烟島外開東去扶桑應未遠掛弓誰有古人才

妙高臺上倚青霄煩着人間覺漸消杯酒且便棲勝地舟檣爭覩趂新潮江烽海戍關心切劍水燕雲極目遙今夜坡仙應念客月明孤鶴下亭臯

前題

總兵　王　寵

去年菊節共登臺此日重遊菊正開笑接故人陪

杖屨細賡詩律倒樽罍。雲霞江上團虛綺花雨壇
前聽落梅樗散自知成浪迹君恩未報首重回

前題　　　　　　　　　　博士　吳　廣

飛崖突立巒中洲四壁霞光擁玉流須信叢林眞
別島始知塵世總浮漚。魚因聽偈頻依藻鳥為忘
機故近舟自笑烟霞終有分將誰騎鶴共遨遊

前題　　　　　　　　　　縣尹　鄒可張

搖落諸天客夢勞江湖應念廣寒高秋來步月闍
天籟夜去鳴鐘雜海濤蘭槳直須浮赤壁羽衣猶

欲度臨皐長公不獨雄文藻盛有風流裨雅騷

遊小金山　　李光宸

妙高臺古瞰江流計吏來登匪浪遊鬱水黿鼉川上奮寶陀巖岫檻前收鶯花浹叠催征㷰雲樹空濛送去舟篋裏長楊知有賦便應携向鳳凰樓

前題　　陳履

金鰲山上妙高臺遷客行祠傍水開此日炎方留勝蹟當年清禁羡奇才雲深古刹禪鐘靜。月上疎林老鶴迴。幾度臨風薦蘋藻不堪瞻眺重徘徊

小金山別李文軒潘肖逕二兒

尚書 葉夢熊

津頭相送意遲遲，伐鼓開帆傍醉時。別去青山惟有夢，愁來白髮漸成絲。築臺正擬江門住，仗劍何堪海國移。獨怪醒餘天際隔，峽雲汀柳轉淒其。

丙戌赴謫下雉過小金山謁蘇祠與諸季言別

王學曾

晩泊靈洲共舉杯，探奇重上妙高臺。且看往哲留青史，肯謂明時棄不才。棠棣風和增繾綣，庭萱日

麗重徘徊詰朝借問陽關路來往逢人問折梅

小金山謁蘇祠言別　　知州　梁有貞

相携同入蔚藍天金刹玲瓏闢四禪不盡潮聲流日夜何來山色抱雲烟尚疑過櫓驚僧定共喜聽鐘在客船叓上妙高臺一望令人猶憶長公賢

前題　　縣尹　黃志尹

金山京口舊稱奇鬱鬱靈洲但小之鰲冠烟霞吟興劇。蜃騰雄勝賞心馳。諸天慧日空王寺振古高風學士祠邊岈帆檣眞咫尺往還翹首有遺思

前題　　知州　陳良珍

黃葉蕭蕭覆淺苔秋風重到妙高臺雲連玉洞河山出水落金鰲殿閣開鳴磬恍疑天外度掛帆如自鏡中來三生話了山僧約月上東林尚未回

前題　　鹽運使　張廷臣

衣冠南北此儲祥一望超然攬八荒疊嶂北來宗嶺嶠澄江東去帶扶桑中流雲擁浮三島。繞纜風生送萬航。況是坡仙舊遊處妙高臺上儼餘芳

前題　　鄧時雨

彌棹來尋海上山且將尊酒破愁顔風濤已厭長途險烟水應投此地閑古寺晚鐘常斷續前溪流水任潺湲何當寂寞眞如境欲向禪林一叩關

前題　　文學　郭一喬

海上孤峯天作臺翩翩仙客泛舟來雲凝花氣侵巾舄風捲濤聲入酒杯征雁斜拖秋色遠疎鐘遥帶暮潮迴登高彩筆憑陵甚何待山中細雨催

金山謁東坡祠　　光祿寺卿　郭棐番禺

妙高臺上拜坡仙瑞草琪花憶昔年翰苑文章眞

北斗朝臺風節正中天青苗獨抗批鱗疏白髮何
辭瘴海烟回首思公倍惆悵洞簫吹徹五雲邊

小金山餞別趙寧宇憲使

妙高人上妙高臺蜀哲千秋此再來豈獨金蓮才
並擅總因瓊宇首重回開尊綠映青山色把袂欣
依玉樹堆今夕主賓拚一醉倩言譙鼓莫相催
十年豸繫霜臺重此日鸞呼竹院遊秋色照人偏
皎潔深杯到手肯淹留催花興劇還移席浮白情
深更繫舟醉裏多君憐赤子佇看雙鉞借前籌

小金山別憲長用前韻　　陳　堂

相送靈洲百尺臺蘇公猶自更重來才名並有西京賦法從今看北極回坐久青尊人共醉山深紅葉繡如堆憑高已厭悲秋客何況離亭去鷁催

鬱水迢迢秋自好那堪愴別憶同遊識韓自愧非無日借寇寧知不暫留潦倒尊前難判袂踟躕江上欲停舟重來更爲東人計早入明光一借籌

登小金山　　長史佘光裕

山腰古寺枕江流李郭相從晚泊舟一徑烟霞開

寶刹兩崖風雨護靈洲海天島嶼當空出澤國魚龍並日遊獨上妙高臺上望五雲深處是神州

小金山懷郭景純叅軍　　劉克治

蒼梧雲暗九峰疑砥柱孤高鬱水湄南海衣冠誰望氣宏農太守是吾師學仙已盡青囊秘委運唯應天化隨紫翠只今霄漢遠無勞賦筆擬湘離

小金山　　副使　游　朴

海珠突兀海中間遊客迴舟盡破顔西上更看雙砥柱北來驚喚小金山潮平鹿馬光相射浪下牂

峒勢欲還幾度沿洄心百折一邱思傍老僧閑

小金山　　孝廉　鍾維誠

妙高臺上訪禪關翠擁層巒喜勝攀琪樹蒼蒼環鬱水靈洲隱隱見鰲山孤僧林下春芽熟客子尊前秋露乾醉倚危樓俯滄海此身疑在五雲間

小金山　　縣尹　杜漸

似愛逃禪幾度臨水心虛檻倚長吟花開花謝成春夏潮長潮消無古今天末青山如北固海邊明月到東林超然境界非人世何處瀛洲更可尋

前題　　解元副使　袁炳

鬱水四涵金翡翠，靈洲高插玉芙蓉。霜烟客路悲秋籟，風雨禪林急暮鐘。高閣佛燈冥嶺樹，前村漁火亂江楓。憑軒我欲乘仙鶴，飛上金鰲第一峰。

萬里風烟開寶殿，九秋仙客扣禪關。僧移水鏡光中影，人在蓬萊海上山。丹灶暝深碁韻碎，石臺花落鳥聲閑。三生坐久江天晚，嘹喨孤鴻度遠灣。

妙高臺謁蘇學士祠　　胡雲容

雄文久已動楓宸，何意投荒越海濱。毋惜奇才淹

大用行庭勝地悟前身幾封慷慨危明主萬里飄
零老逐臣直道不容今古恨風流誰接後車塵

登小金山望斗南弟不至　知府龐嵩

石徑無塵古剎幽僧開方丈傍丹邱曇花堦下和
雲落山色波間抱日流出洞烟霞封寶殿懸崖星
斗護靈洲宦情羈思添離恨驄馬不來獨倚樓
海上仙都紫翠堆壯遊今夕復登臺金鈎露掖星
河轉玉麈斜揮瘴癘開石壁藤蘿留宿雨雲岩鐘
鼓没浮埃憑高一望風濤息不見官船蕩月來

小金山留別　　戸部員外　戴冠

鰲峯海上翠翩翩樓閣參差欝暮天到此都忘塵世裏醉餘聊臥佛床前卽看高會成眞夢却喜生逢是宿緣他日相逢更何地相思惟有一封傳

小金山　　馬文奇

兩度登臨信有盟可無詩句托塵纓謾因拔老尋踪跡不爲山僧隱姓名花鳥隔年渾記約江山今雨最知情何人更悟三生夢會向南宗一解經

前題　　參政　黎邦琰

十載驅馳念遠遊挂帆一日過靈洲蕭蕭烟樹青山暮逐逐鳧鷗碧岓秋傲世功名憐彩筆逢人意氣動吳鈎振衣獨上高臺望海色天風散客愁

小金山　縣尹　黃熬

寶陀宮宇跨靈洲四面波光抱寺流漁篴暮吹黃鶴月禪鐘曉報白雲秋山分鐵甕臨鮫室客爲青苗傍蜃樓竟日尋僧歸未得笛聲孤起木蘭舟

前題　主事　楊瑞雲

落落東南旅思曛淡烟古刹喜同君潮吞江漢帆

檣亂山瞰黿鼉日夜聞談笑天中驚過鳥陰晴杯裏轉行雲最愁兩岸靑靑柳醉倚春風傍席分

前題　博士　黃在裘

靈洲肆水石門前流入佗城到海邊潭伏魚龍騰斗氣寺環峰岫鎖蘿烟眞人王局苔痕古福地金光返照懸此日乘槎聊一泊妙門芳躅尚依然

前題　文學　李奇標

蓬萊佳勝冠南州此日經過屬暮秋隱隱鐘聲來絕巘滔滔流水遶靈洲寶陀殿上慈雲靜學士祠

前宿雨收縱賞不妨拚一醉月明霜冷滿危樓

嶺海飄飄幾度遊儒宗千載重南州金蓮曾被恩光寵寶地空餘幻迹留數畝松陰棲日月萬山嵐色映春秋慚予欲擬招魂賦偉矣高風孰與儔

登小金山

縣尹　鄒兆陽

古樹微風盡日吹招携欣過水雲坻身逢盛世何時暇屈傍名山不覺奇載酒數遊支遁室洞簫吹徹長公祠每縣巨刹當京口萬仞芙蓉可振衣

前題

縣尹　李霈光

靈洲屹峙瞰中流影湛晴波翠黛浮寶藏菩提紆歲月妙高燈火自春秋江容點綴千林暝景色蕭森萬樹稠莫倚飄蓬嗟白髮夜深仙鶴掠孤舟

前題　　縣尹　馮紹京

翠擁芙蓉萬疊來湞江牂水共縈迴能令南海衣冠盛常作皇家柱石才浪迹任隨方外境卜生休記妙高臺禪關靜坐談無始何處昆明不刼灰

前題　　太學生　梁子壽

奇峰面面接波光白馬曾開古道場老衲有靈隨

幻變端明無刼不徜徉烟函返照迷前渚。風起春潮送遠航。遼鶴不歸山寂寂獨憐殘碣背斜陽

小金山送蕭杲昆玉還朝　楊王休 南海

學士堂中挹斗杓銀燈火樹燦春潮江楓影合橫孤鶴海嶼雲閒徹洞簫論舊一尊驚綠鬢。憂時雙淚濕青苗。二難莫更嗟留滯殿裏金蓮燭未消

登小金山　庠生 朱士贊 淸遠

鐘鼓靈洲誰祀典風流學士爾坡仙金蓮曾撤御前燭赤壁常浮月下船疏草安危元耿耿炎荒山

斗自年年清風不與埋塵土白髮翩翩望儼然

晚泊小金山禪寺　梁有譽順德

梵王寶殿鬱重重萬疊烟花繞鷲峰珠樹獨棲夆圃鶴瑤壇長起法池龍繡櫺虛映江光入幾碣眞看野蘚封。直北彤雲瞻望逈江湖何用歎萍蹤

登小金山　馮樹勲

扁舟蕩槳可誰攀窺破禪林第一關日色莫疑金世界波光隨過寶陀山中流砥柱留眞跡滄海遺珠照俗顏自媿此身閒不得六經猶未了人間

宿靈洲山寺

國朝　庶常　梁佩蘭

此夜吟詩不肯休村前村後水中洲潮聲出海鳥歸樹月夜下山人上樓難得老僧時共語重憐良友不同遊忽看遠影生空思漠漠蒹葭一氣秋

望氣樓在靈洲山上晉郭璞至此謂南海有衣冠之氣即此

江　淵

樓飛孤嶼咽狂瀾佳氣南洲尚渺漫今古檻邊仍海國雲霞天外變衣冠渡江秋色紅歸樹遶寺嵐光翠出巒惆悵青囊無處覓乾坤空擬畫圖看

望氣樓　　歲貢　梁無枝　南海

郭公遺像倚青霄山上有廟坐見山川盛六朝鬱水夾江浮地絲石門飛月入天遥半窓燒影秋難掃滿閣松聲晝不消百里靈洲海西路趂雲初上木欄橈

望氣樓　　孝廉　陳　份　順德

昔人從此稱南海一個高樓縱望閒嶺表英華天日月眼前風物晉江山遠空墮影知帆過古寺寒聲報鶴還盛氣只今渾不散暮霞碧樹隔紅蠻

宿靈洲山寺同且石上人　孝廉　車騰芳　番禺

百丈嶒崚一鏡中丹梯沿路碧霄通天分牛女翔

朱鳥地坼東南瀉玉虹五夜窓涵歸島月三江潮

撼上樓風何期花底連床近吟斷霜鐘海日紅

靈洲山寺白杜鵑花　孝廉　羅天尺　順德

花鳥平章奈爾何美人披雪立山阿愁來白髮歸

應早老去傷春恨轉多新寡文君宜淨域獨眠謝

女損青蛾分明二月西風惡落盡朱顏在寶陀

遊靈峯山寶陀寺　太史　杭世駿　仁和

棹指靈洲路復東薄遊情味薄寒中荒江有徑皆逢竹古寺無霜亦醉楓起病正思尋贊老少陵大雲寺贊公房詩湯休起我病登臺强半爲蘇公十年喚醒金山夢拂蘚來鐫翠壁空余甲子歲遊京口金山亦在十月

靈洲山記

七言聯句　　香山陳蘭芝拂霞輯梓

王洙倫以諒王漸逵同登小金山聯句

遠公方丈雲山中時有濕翠飛天風鐵鎖關深白

晝靜石林水鬱仙槎通烟蘿故故走羲望竹閣遲

遲來磬鐘酒酣大笑賦歸去鼻觀一絲沙界空

妙高臺

宇宙才名蘇長公瓊樓歸去馭泠風柴邱葬穴餘

文藻赤壁金蓮俱幻空老樹多年猿鶴集殘碑一

片蘚苔封。高臺朗月共杯酒今古江山感慨中

五言排律

登小金山　　　　叅議　徐九皐

行椀巇𡺳水乘矯龘靈洲乍控滄溟濶鷩看仙嶼浮金鰲跂浪穩檀閣瞰雲幽泉湧中泠脉臺移𢌿圃陬御風思鑾鶴汎斗欲乘桴矯矯蘇夫子風期倘若儔

前題　　　　主事　梁有譽順德

長公不可作遺像見丰標臺棲丹邱月門臨滄海

潮一官空白首十載爲靑苗玉簡芳名紀瑤編綺
思饒感時眞慕賈著論每凌晁伊昔金蓮遇何年
斷梗飄投珠人共惜毀璧禍難銷舊蹟嗟夷漫荒
祠更寂寥砌閒衰艸積。牖暗暮雲彯。哀些難成調
忠魂詎可招丹靑猶藹藹松檜已蕭蕭漁火連江
暗。霜鐘振壑遥。旅懷多感激行矣寄長謡

七言排律

過小金山懷東坡　　郭棐

萬簇烟花繞蠣墻百年廟貌見風霜仙臺逈接丹

城月古樹傍臨玉井香想像立朝心磊落從知弼

主志軒昂感時著論凌晁賈對景談詩拉李黃紫

禁絲綸人豔羨青苗章疏世椎揚獨遊瓊海懷偏

壯追憶金蓮事可傷賦獻颶風欣得過吟同明月

幸知姜百巒沾化春流遠五嶺奇觀秋與長囷裏

嫺窮猶破券貶中思闕更回腸投珠黎水時同惜

埋玉蘭陵志莫償遂有芳聲傳古蹟因成巍宇照

朝陽砌間荒草吟虫遍祠上輕雲過雁翔麗壁丹

青猶閃鑠擎天松栢自葱蒼忠魂莫莫招難得哀

些悠悠恨未央地遶金山風浩蕩門窺滄海思汪洋客懷正爾增惆悵倚棹長歌赤壁章

五言絶句

遊小金山　　學士　黄　諫

行行上靈洲松杉隱樓閣坐聞野鳥歌天花雲中落

前題　　尚書　何維栢

月白𢪛鳥歸山空松子落知心千載人神交付溟漠

空空未必空有事本無事差失毫釐間作用逈不似

七言絶句

遊小金山　宋學士蘇軾

靈峯山上寶陀院白髮東坡又到來前世德雲今我是依稀猶記妙高臺

前題　盧摯

老子扁舟日暮回眼花不甚見如來憑誰揭取羅浮月掛向胥江玉鏡臺

前題　　宋番禺尉　方信孺

東南佳氣盛衣冠樓閣翬飛縹緲間疑是落星灣上見更須題作小金山

前題　　宋探花　李昴英

眼前無限往來舟射利干名不肯休少見人心如此寺屹然砥柱在中流

小金山上妙高臺上罷還須上一回惟得遊人心似水長江流入寺門來

前題　　學士　黃　諫

玉堂學士題詩去青眼郎官載酒來坐對白雲心似水夕陽吟弄雨花臺

登小金山　兩廣都御史陳金

一冬兩度過金山此處迎來此送還萬斛離愁何日盡海天明月幾回彎

前題　總兵張祐

偶爲尋僧上露臺無人不道有詩回野歌鉄笛知何處午夜潮生月到來

前題　僉事陳綱

鰲峰有夢頻相約鴻跡無緣媿未來珍重將軍愛奇絶買魚沽酒共登臺

前題　　主事張翊南海

小金山下暫維舟同向諸天汗漫遊回首唐虞千百載春雲一點太空浮

前題　　府尹陳錫

泯泯寒流寺下清亭亭孤月寂無聲個中妙得無端處便是南來最上乘

前題　　知州鄺岑

一到禪房詩便工山開圖畫水流淙將詩分付山僧去莫種桃花只種松

金山依國也依村雪滿亭臺酒滿尊更有名公詩墨在老僧日日不關門

寫出詩來字字工閑聽溪石瀉溪淙僧家好似詩家好一路梅花一路松

登小金山　　指揮　周　英

寺中蔥雪見家童半掃梅花半掃松惟問上人何處去袈裟掛月鉢藏龍

前題　　金臺寺僧僧宗學

鰲峰高插碧雲間楊子江心白浪灣今日我來登覽處方知天下兩金山

前題　　本寺住持僧定禪

鳳勑巍巍院宇深凌虛樓殿古猶今妙高臺上千秋月還照坡翁鐵石心

前題　　本寺住持僧宗輝

天聳奇峯屹一臺孤中島嶼即蓬萊巉岩怪石雲邊寺閑對坡仙日幾回

登小金山　　推官　方邦望

萬頃波濤湧翠微禪房淨啓謝朝暉傷心休問興亡事獨立崇岡一振衣

湯休愛客意何勤坐我蒲團石上雲水冷鼉鼉呼不起鯨音梵放有時聞

前題　　布政　翁大立

羅浮隱隱海門開鬱水韶川渺渺來不是乾坤存砥柱江空焉得起樓臺

東坡兩作金山客我是金山兩主人昨在京江今

入粤與公舉酒話前身

前題　和東坡韻　　狀元　陳　謹

白鶴仙踪今已遠德雲何處復歸來千年嶺表同

爲客逸想高風獨上臺

前題　　尚書　何維栢

北來南去未曾休草木蕭蕭自變秋惟有妙高臺

下石分明千古屼中流

前題　　給諫　蘇應旻

十年塵夢笑中過此日相携上寳陀莫訝山僧非

佛印也能傾倒醉東坡

登小金山　通判鄺夢琰

圖開眞境自神工背有青山面石淙夜梵驚回猿鶴夢月庭清夜落長松

晚過雲林半似村旋燒茶灶當清樽可人雪後溶溶月晴照山房與竹門

前題　副使王來賢

維舟欲覽金鰲勝雲水滄茫海色來百仞高峰雄砥柱千章古木護蓮臺

前題和東坡韻　　員外　方肯堂

金山石碣今傳古綠水青峰去復來千載清流流不盡江風松月自高臺

前題　　副使　金　節

凌屋獨上妙高臺學士祠前一笑開清風兀兀傍岩半山鳥吟風任去來

金山集古　　光祿寺卿　郭　棐　番禺

千古金山是寶山　虞　集　空門無鎖復無關　楊巨源

山涵水月光明裏　高　鑑　地簇樓臺島嶼間　徐　章

雲泉山詩

黃鶴含芝歸古洞 揭曼碩 紫雲拖影落虛壇 黃翰

靈觀閣上凭闌看 陳言 時有天風振佩環 俞僩

二

曾上蓬萊宮裏行 杜牧 倚闌無事倍傷情 錢起

巖花入暎新凝紫 王守仁 山色當樓若箇青 王臣

萬古乾坤限南北 王鏊 幾重樓閣自陰晴 邵曦

詩成一嘆無人會 元好問 閑向東風倒酒瓶 張籍

三

重重樓閣倚天開 金湜 四面驚濤捲雪堆 張昕

春事暗隨流水去 文天祥　夕陽又帶暮潮來 祝孟獻

月明古寺客初到 項斯　風靜寒塘花正開 劉滄

獨凭闌干意難寫 崔魯　不知身在妙高臺 申屠駉

四

爽氣朝來萬里清 錢起　水天一色玉空明 文天祥

山從翡翠簾前看 高駢　人踏金鰲背上行 蘇紳

塔影晴搖坤軸動 申屠駉　潮聲先自海門生 沈彡

妙高臺上登臨處 萬端　銀漢遥應倭鳳城 杜甫

靈洲山記　卷四　集古　宍九

西樵歷史文化文獻叢書

增補嶺海名勝志（四）

（明）郭棐 編
（清）陳蘭芝 增輯

廣西師範大學出版社
GUANGXI NORMAL UNIVERSITY PRESS
·桂林·

明光禄卿嶺南郭萬周先生著

嶺海名勝記

香山後學陳蘭芝增輯

丙

建

厓山圖

白浪堆
梅角渡
永福陵
厓門

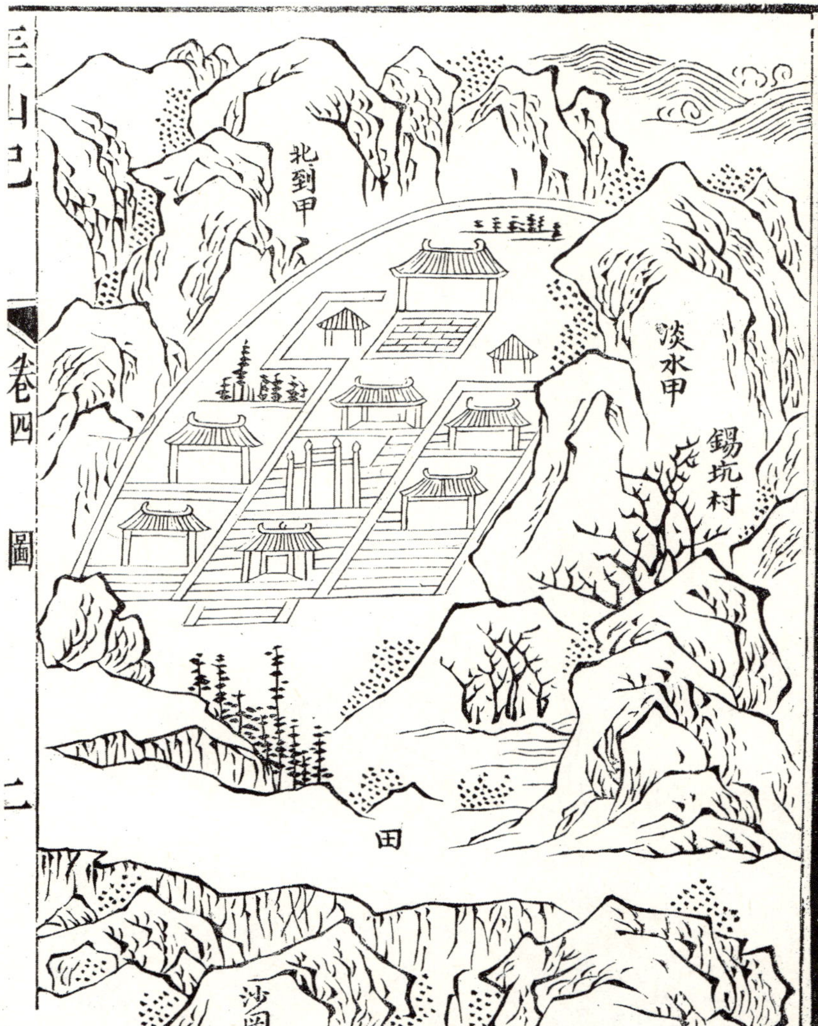
卷四
圖
二
北到甲
淡水甲
錫坑村
田
沙岡

沙村巡司
田
沙岡
橋

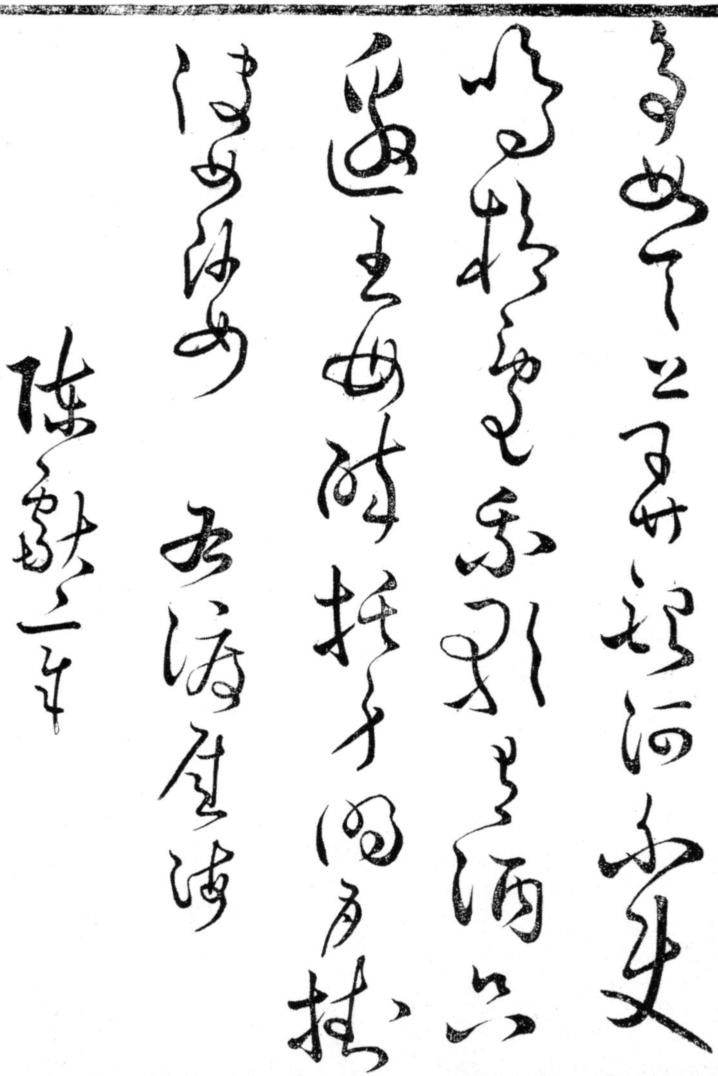

厓山志　卷四　圖　三

厓山詩

江水不寬似海水生
山雲無去一帆流孤舟獨
背潮飛去不堪家山白石
斜陽

晚步厓山

陳獻二字

楊太后像

楊太后像讚

深居黃屋嶺海馳逐間關至此趙氏一肉所行合道不撓物欲孫氏投江千古共肅女質爲美鳳冠章服廟食萬禩香烟芬馥

尚書何維栢讚

厓山記

厓山記

香山陳蘭芝輯梓

謹按厓山在新會縣南八十里鉅海中與湯瓶背山對峙如兩扉然故亦曰厓門乃會邑之咽喉潮汐之所出入也本秦義寧縣地晉恭帝隸新會縣隋改岡州唐貞觀中以義寧併入新會宋紹興中置厓山寨今爲白沙巡檢司宋季陸丞相秀夫張太傅世傑以此爲天險可據因奉幼主建宮居之

厓山誌

國亡君臣同蹈于海以死於呼北元能奪宋之天下而不能奪宋之人心一時同赴海者十餘萬衆此天地古今之大變非獨宋室君臣之遺恨也成化中方伯華容劉東山公大夏始建慈元殿白沙陳獻章爲之記僉憲鬱林陶魯建大忠祠以祀三忠一峰羅倫爲之記後僉憲武進徐紘疏上上賜名全節東所張詡爲之記宏正以來祠多圮塌嘉靖中提學副使退齋林雲同議修復總制蔡半洲經直指姚澤山虞力任之祠宇歸然足棲靈垂永

矣夫厓山自有天地以來屼峙鯨波舟楫所不至樵採所不及迨宋君臣建忠仗節於此乃得附名以傳不朽兹山洵亦有遭哉奇石山在厓山之北上有元書鎮國大將軍張宏範滅宋於此凡十有二字成化丙午御史徐瑁命工削去改書宋丞相陸秀夫死於此凡九字後白沙陳獻章語知縣丁積謂當書宋丞相陸秀夫負帝沉此石下積以告瑁瑁不能從竊謂如白沙先生所書刂君臣忠節胥備其有關于世教更大已作厓山記

厓山志　卷四　像　三

陸丞相像

厓山詩　三

陸丞相像贊　宋濂

身抱龍髯兮眼不見水鳳闕雖遐兮龍堂則邇玉雪皦如兮肯汚泥滓赤帝出海兮爾心不死

又　張詡

扛鼎之力含宏之量捧日南奔首居弼亮碧海蒼厓行朝草創玉笋垂紳大學勸講潤色絲綸王言敷暢時時從班飲泣北向大事頓非朝服陳狀一辱犬羊生不如喪蛟龍之窟臣主俱葬于社稷死義之攸當龍逢比干我心一樣皎如日臨巍乎嶽壯

文丞相像

文丞相像贊　　宋濂

才優德純山峙玉温重厚可以鎮俗仁恕可以澤民或陳經術而侍青坊或秉霜簡而立紫宸終受知于聖主宅右揆而相秦深沉有謀眞潞國之裔剛毅忠信誠絳侯之倫觀其屹立不倚正笏垂紳猶作懦夫之氣而褫邪佞之魂嗚呼此所謂邦家之重寶廊廟之大臣也與

又　　張詡

方鵰鷟之爭腐鼠也公則鴻冥于天池矣當施頭

之侵昴畢也公則鷹揚于帝廓矣夫趨利避害者人之恒情也而公則蹈害如飴焉好生惡死世之故態也而公則視死如歸焉所以浩然之氣塞兩間有騎龍搏虎之勇經濟之才葢一世有轟雷掣電之奇故能煉石以補青天之漏隻手以扶紅日之欹柰何蛟龍失水一旦困於螻蟻天不祚宋國事日入于非豈其才之不足乃天運之難支也於是乎從容就義若之以流離患難而弗恤慷慨捐軀加之以鼎鑊刀鋸而弗知嗚呼黄河可轉公心

不移泰山可動公誠不虧得非所謂萬人之傑百

世之師者與

張太傅像
卷四　像贊

張太傅像贊　　張詡

桓桓樞啓鷹揚虎視天步方艱提兵入衞焦山之戰赴水萬人得入死力詎非公眞腥風迫人請移龍駕背城一戰誰其沮者卞彪說降斷舌磔之日光玉潔忠肝義膽從龍入海力豈弗定髮短心長有才無命瓣香祝天颶風覆舟箕比之心屈胥之儔赤坎之陽堂封四尺公甫作詩垂示無極

崖山記

香山陳蘭芝拂霞輯梓

崖山形勝

崖山在新會縣南八十里廣州南二百三十里高四十餘丈周八十餘里延二十八里袤三十四里在大海中兩崖對峙其口如門中有一港曰崖門港文天祥曰自崖山至五羊眞形勝之國也

奇石山在崖山之北陸秀夫負宋幼主沉此石下

奇石山與厓山海旁有鉅石名鎖江石顧叔龍詩鐵纜江頭三片石是也

永福陵祥興元年九月壬午葬端宗于厓山陵曰永福按舊史言帝崩于碙州至香山殯馬南寶家葬壽星塘山中有陵迹五處莫知眞陵所在鄧光薦塡海錄則以爲葬厓山云

楊太后陵在厓山海濱時太后聞變赴海死世傑營葬莫辨其地云

宮涌村宋行宮三十之一所也進舟由此或謂官

船所泊故名

平章山太傅張世傑收兵至此爲颶覆舟而死在陽江縣西南七十里海陵山下此以下附錄

甲子門在海豐縣東二百里兩山夾石宋帝舟嘗次于此

梅蔚山在東莞縣西南二百里景炎丁丑帝舟次于此

井澳在香山縣南二百五十里海中橫琴山之下一名仙女澳景炎丁丑帝舟次于此

崖山誌

列傳

文丞相傳

文天祥字宋瑞又字履善吉水人美晳如玉顧盼燁然年甫弱冠理宗親柀進士第一考官王應麟奏曰是卷古誼若龜鑑忠肝如鐵石臣敢爲得人賀開慶初元兵大至宦官董宋臣說上遷都人莫敢議其非者天祥時入爲寧海軍節度判官上書乞斬宋臣以一人心不報卽自免歸後稍遷至刑部郎官宋臣復入爲都知天祥又上書極言其罪

亦不報出守瑞州改江西提刑遷尚書左司郎官累以臺論罷棲錢若水例致仕時年三十七咸淳九年起爲湖南提刑因見故相江萬里萬里素奇天祥志節語及國事愀然曰吾老矣世道之責其在君乎十年改知贛州德祐初江上報急詔天下勤王天祥捧詔涕泣遂起兵諸豪傑皆應有衆萬人事聞以江西提刑安撫使召入衛其友止之曰是何異驅群羊而搏猛虎天祥曰吾亦知其然也第國家養育臣庶三百餘年一旦有急徵天下兵

無一人一騎入關者吾深恨於此故不自量力而以身狥之庶天下忠臣義士將有聞風而起者義勝者謀立人衆者功濟如此則社稷猶可保也天祥性豪華平生自奉甚厚聲伎滿前至是痛自貶損罄家貲爲軍費每與賓佐語及時事輙流涕撫几言曰樂人之樂者憂人之憂食人之食者死人之事八月天祥提兵至臨安除知平江府時以丞相陳宜中未還朝不遣十月宜中至始遣之未幾除右丞相兼樞密使使如元軍議和與伯顏抗論

皐亭山伯顔怒拘之至鎭江天祥夜逃汎海至溫州端宗未立天祥上表勸進以觀文殿學士侍讀召至福州拜右丞相天祥收殘兵奔循州又明年三月進屯麗江浦六月入船澳端宗崩衞王繼立天祥上表自劾八月加少保信國公軍中疫且起兵士死者數百人天祥惟一子與其母皆死十一月進屯潮陽十二月趨南嶺鄒渢劉子俊又自江西起兵來元帥張宏範兵至潮陽天祥方飯五坡嶺宏範兵突至被執天祥吞腦子不死鄒渢自頸

死劉子俊陳龍復蕭明哲蕭資皆死杜滸被執以
憂死林琦張唐熊桂吳希奭陳子全兵敗被獲俱
死惟趙孟濚何時陳子敬遁唐栻之後梟林之後
滸範之從子也天祥見宏範不拜宏範以客禮見
之與俱入厓山使爲書招張世傑不可索之固乃
書零丁洋詩與之末云人生自古誰無死留取丹
心照汗靑宏範笑而置之厓山破軍中置酒大會
宏範曰國亡丞相忠孝盡矣能改心以事宋者事
皇上將不失爲宰相也天祥泣然出涕曰國亡不

能捄爲人臣者死有餘罪況敢逃其死而二其心乎宏範義之遣使護送至燕天祥不食八日不死即復食及至館人供張甚盛天祥不寢處坐達旦乃移兵馬司設卒守之丞相博羅等召見詰數端爲天祥罪天祥辨論不少貶博羅欲殺之元主及諸臣皆不可元主求才方急遣南官王績翁諭旨天祥曰國亡吾分一死矣倘緣寬假得以黄冠歸故鄉他日以方外備顧問可也若遽官之非直亡國大夫不可與圖存舉其平生而盡棄之將焉用

我績翁欲合南官留夢炎謝昌元等十人請釋天祥爲道士夢炎曰天祥出復號召江南置吾十人何地事遂已天祥留燕三年坐臥一小樓足不履地元主知不可屈議釋之有以天祥起兵江西事爲言者遂不果元主召入諭之曰汝何願對曰天祥受宋恩爲宰相安事二姓願賜一死足矣然又不忍遽麾之退言者力贊從其請乃卽刑天祥從容謂吏卒曰吾事畢矣南鄉拜而死俄有詔止之無及矣時有十義士者收屍葬都城外年四十七

衣帶中有贊曰孔曰成仁孟曰取義惟其義盡所以仁至讀聖賢書所學何事而今而後庶幾無媿信國初被俘時其夫人歐陽氏爲元將校所執將逼而辱之夫人曰吾有死耳義不以潔白之軀辱於賤卒夫吾天也夫旣執尚安所顧藉哉夫不負國我奚忍負夫遂自剄死信國聞之哭而祭之曰節婦不事二夫忠臣不事二主天地之間惟我與汝夫爲忠臣婦爲烈婦於呼可以立人紀矣

陸丞相傳

陸秀夫字君實楚州塩城人生三歲其父徙家鎮江幼有至性不伍羣兒戲稍長從其鄉孟先生學孟之門徒恒百餘獨重秀夫曰此非凡兒也景定元年登進士第李庭芝鎮淮南辟至幕中時天下稱得士多者以淮南爲第一秀夫才思清麗一時文人少能及之然性沉靜不自炫以求知僚吏至閤賓主驩語秀夫獨默然或時尊俎燕集矜莊終日寂無一語至察其事皆治庭芝益器之雖屢改官不使去已就幕三遷主管咸淳十年庭芝制置

淮東擢參議官益以才猷見重德祐元年邊事急
諸僚屬多亡者惟秀夫數人不去累擢至宗正少
卿兼權起居舍人二年正月以禮部侍郎使軍前
請和不就而返與蘇劉義追從二少帝于溫州召
陳宜中張世傑等皆至遂相與立端宗于福州秀
夫進端明殿學士僉書樞密院事與宜中議不合
宜中使言者劾罷之世傑讓宜中曰此如何時動
以臺諫論人宜中皇恐亟召還時君臣播越海濱
庶事疏略楊太后垂簾與群臣語猶自稱奴每時

節朝會秀夫儼然正笏立如治朝或時在行中凄然泣下以朝衣拭淚衣盡濕屬井澳颶帝以驚疾崩群臣皆欲散去秀夫曰度宗皇帝一子尚在將焉置之古人有以一旅一成中興者今百官有司皆具士卒數萬天若未欲絶宋此豈不可爲國耶又相與立弟昺嗣帝位時宜中往占城屢召不至乃拜秀夫爲左丞相與世傑共秉政世傑駐兵厓山秀夫外籌軍旅內調工役凡制度文章皆出其手雖匆遽流離中猶自書大學章句以勸講祥興

二年二月癸未張宏範等夾攻厓山世傑南北受敵兵遂大敗秀夫急赴帝舟度不能出杖劍驅妻子入海即朝服登舟奏曰國事至此陛下當爲國死遂抱帝投海中後宫嬪御及翰林學士劉鼎孫等多從死者浮尸十餘萬此誠宇宙之大變也夫秀夫豈不能爲陳宜中哉顧此一念耿耿之丹有不容自已者力不能挽宋之亡卒能負帝蹈海以死君臣大義皎如日星長照耀於厓山溟海之間萬禩下猶有生氣視宜中輩奚啻鳳麟之於鴟梟

耶予讀公及文山傳未嘗不潸然下涕而肅然仰止也

張太傅傳

張世傑范陽人金貞祐間河北盜起定興豪俠張柔聚族黨結隊伍慕義之士多從之世傑與焉金主以柔爲中都留守行元帥事柔使世傑戍杞世傑見金事日非元益强時勸柔歸正柔怒斥之將得罪世傑遂來歸爲呂文德小校累功至黃州武定諸軍都統制又以功轉十官加環衛歷知高郵

軍安東州度宗末呂文煥以襄陽降元命世傑將
五千人守郢元兵不得前遣人招之不聽元乃移
兵攻鄂德祐元年世傑提所部兵入衞道復饒州
乃入朝時方危急徵諸將勤王多不至獨世傑來
上下歎異自和州防禦使不數月累加至保康軍
承宣使總督府兵遣將四出取諸郡復諸城兵勢
頗振七月與劉師勇諸將出師焦山操戰艦名黃
鵠白鷂者凡萬餘艘每十艘爲一舫沉鐵碇於江
非有號令不得擅起碇示以必死元將阿朮分兵

厓山誌　　　三

兩翼以火矢夾射篷檣皆灼董文炳兵又合而擊之自寅至午師大敗投江溺死數萬人無一降者世傑奔圌山上疏請濟師不報擢龍神衛四廂都指揮使數月進沿江招討使改制置副使兼知江陰軍已而元兵至獨松關以世傑爲保康軍節度使知平江尋亦召入衛加檢校少保明年正月遂從二少帝入福州與衆共立端宗拜僉書樞密院事王世強導阿剌罕來攻世傑奉帝航海由泉州入廣復潮州明年唆都遣人招帝又遣孫安甫說

世傑世傑拘安甫不遣劉深來攻淺灣世傑兵敗

移帝居井澳深復來攻井澳世傑戰却之因徙硐

洲帝崩奉弟昺嗣帝位拜少傅樞密副使世傑以

硐洲不可居再徙厓山封越國公祥興二年正月

張宏範等兵至厓山或謂世傑曰北兵若塞海口

則我不能進退盍先據之卽不利猶可西走世傑

慮久在海上有離心動則必散乃曰頻年航海何

時已乎今須與決勝負悉焚行朝草市結大船千

餘作水砦爲死守計已而宏範果據海口樵汲道

絕茹乾飲鹹輒嘔泄兵大困世傑卒蘇劉義方興日大戰宏範者柔之子也柔既降元元還其舊職得便宜行事累封蔡國公恒媿世傑宏範以世傑故父部曲嘗至港外呼世傑與語舊世傑不往鍚韓在宏範軍中使二至招之世傑曰吾知降生且富貴但當爲主死耳因歷數古忠臣以答乃二月癸未宏範等攻厓山世傑敗走帝舟元兵薄中軍世傑斷維以十餘艦奪港去還收兵厓山復欲奉楊太后求趙氏後立之太后聞帝訃亦赴海死世

傑葬之海濱五月四日世傑舟抵平章港颶風作世傑瓣香祝天曰若天不欲吾復存趙氏則大風覆吾舟舟遂覆死焉於呼烈哉

劉鼎孫以下同盡節者

劉鼎孫字伯鎮江陵人第進士爲翰林學士從幸厓山與陸秀夫同心經畫國事不支秀夫抱帝赴海鼎孫亦驅家屬并輜重皆沉于海爲元兵所執榜掠無完膚一夕脫卒蹈海死其忠義亦秀夫之流云

流云

茅湘

茅湘京口人從端帝入海島爲兵部侍郎厓山兵敗丞相陸秀夫抱帝赴海湘與內翰劉鼎孫吏部侍郎趙樵樞密使高桂暨文武官并妻子俱隨帝赴海死史臣表其忠云

趙樵

趙樵爲吏部侍郎與茅湘等死于厓門之戰時湖南制置使張良烈提刑劉應龍起兵應厓山爲阿

里海涯所敗俱戰死于陣

高桂

高桂汴梁人從宋幼主爲樞密使與張世傑經營戎務厓門兵敗隨帝赴海死焉

蘇劉義

蘇劉義荆湖人景定初從呂文德鄂州戰陣有功轉十官四年復以守鄂功爲結州刺史劉義雖出呂氏乃心在王室推戴永嘉建植大功景炎新造拜檢校少保某軍節度使殿前指揮司司馬兼諸

路經制鎮撫大使廣東西策應大使遇張世傑用
事志不得展丁丑七月罷諸使免兼殿司帝在井
澳元劉深來襲陳宜中如占城劉義不以爲是擢
舟追之不及而返夜泊灣頭俄有天火飛集劉義
舟延燒衆舟幾盡祥興嗣立進開府儀同三司殿
前都指揮使厓山兵敗績與世傑同斷纜奔海洋
世傑既溺劉義旋爲麾下所殺文天祥謂劉義剛
躁不可近然能服義始終不失大節通志於祥興
二年春正月書張宏範襲厓山張世傑督蘇劉義

方興力戰禦之表其盡力於王事也

徐宗仁

徐宗仁永豐人淳祐中進士歷官國子監主簿開慶初伏闕上書言誤國之罪不誅則用兵之事不明累遷太府少卿兼侍講德祐初爲吏部侍郎權禮部尚書衛端宗走海上厓山兵敗知宋事不可爲赴海死焉

伍隆起

伍隆起新會人三世仕宋高祖珉高宗朝爲嶺

第十三將守南恩州卒于官子朝凱擇新會之文章里居焉生子之才之才仕至陽春縣尉之才生天麟授龍井塲提幹天麟生隆起值宋季世少帝舟次厓山隆起以祖父三世受祿于宋非死不能報於是率鄉民爲義兵捍衛先是元元帥張宏範已入廣州民咸附之隆起力戰累日不沮潛爲其下謝文子所殺以其首降元陸秀夫遣人收遺骸以木刻首續之葬于文逕口山後陸相生募得文子戮之祭隆起之墓故今人猶名其墳爲釘頭墳

村爲釘頭村云

陳烈婦傳

烈婦南海人也姓陳嬪于李宋季幼帝自閩入廣師次厓山烈婦遣其子佳往事焉臨別與之訣曰若勿以我故而貳其心也遂憤發赴水死聞者哀之禮部右侍郎掌國子監事東莞陳璉作精衛詞表其烈其詞曰東海有精衛啣石填海死海枯石復爛此恨何時已天目山崩王氣消北風夜退錢塘潮厓山新稱行在所萬里兵塵漲九霄南海有

烈婦能守陵毋節淚血滿衣裾泣與兒訣别萬古綱常日月明爾當盡忠吾盡節黄木灣頭風雨來扶胥海口浪如雷此時孤憤同精衛一墮滄溟竟不回滄溟之深有時竭烈婦之名應不滅

碑記

登西臺慟哭記　謝翱

始故人唐宰相魯公開府南越某以布衣從後明年别公漳水上後明年公以事過張睢陽及顔杲卿所常往來處悲歌慨慷卒不負其言而從之遊

今其詩具在可考也予恨死無以籍手見公而獨記別時語每一動念即於夢中尋之或山水池榭雲嵐草木與所別處及其時適相類則徘徊顧盼悲不敢泣又後三年過姑蘇姑蘇公初開府舊治也望夫差之臺而始哭公焉又後四年而哭於越臺又後五年及今而哭於子陵之臺先是一日與友人甲乙若丙約越宿而集午雨未止買榜江涘登岸謁子陵祠憩祠僧舍毀垣枯甃如入墟墓還與榜人治祭具須臾雨止登西臺設主于荒亭隅

再拜跪伏祝畢號而慟者三復再拜起又念予弱冠時往來必謁拜祠下其始至也侍先君焉今予且老江山人物睠焉若失復東望泣拜不已有雲從西南來滃浥渟鬱氣薄林木若相助以悲者乃以竹如意擊石作楚歌招之曰魂朝往兮何極莫歸來兮關水黑化爲朱鳥兮有味焉食歌闋竹石俱碎於是相向感唶復登東臺撫蒼石還憇於榜中榜人始驚予哭云適有邏舟之過也盍移避遂移榜中流舉酒相屬各賦詩以寫悲思薄莫雪作

風凜不可留登岸宿乙家夜復賦詩懷古明日益風雪别甲于江予與丙獨歸行三十里又越宿乃至其後甲以書及别時來言是日風帆怒駛逾久而後濟既濟疑有神陰相以著兹遊之偉予曰嗚呼阮步兵死空山無哭聲且千年矣若神之助固不可知然兹遊亦良偉其爲文辭因以達意亦誠可悲也已嘗欲倣太史公著季漢月表如楚秦之際今人有不盡知予心後之人必有知予者於此宜得書故紀之以附季漢事後時先君登臺後二

十六年也先君諱某字某登臺之歲在乙丑云

慈元廟碑　　翰林檢討　陳獻章　新會

世道升降久有任其責者君臣是也予少讀宋史惜宋之君臣當其盛時無精一學問以誠其身無先王政敎以新天下化本不立時措莫知雖有程明道兄弟不見用於時迹其所爲治不過漢唐之間仰視三代以前師傅一尊而王業盛歟歉旣出而世道亨之君臣何如也南渡之後惜其君非撥亂反正之主雖有其臣任之弗專邪議得以間之

大志弱而易撓大義隱而弗彰量敵玩讐國計日非往往坐失機會不能成恢復之功至於善惡不分用捨倒置刑賞失當怨懟生禍和議成而兵益衰歲幣多而民愈困如久病之人氣息奄奄以及度宗之世則不復惜爲之掩卷出涕不忍復觀之矣孔子曰人之生也直罔之生也幸而免斯言也其天下國家治亂之符驗歟宋室播遷慈元殿草創于邑之厓山宋亡之日陸丞相負少帝赴水死矣元師退張太傅復至厓山遇慈元后問帝所在

慟哭曰吾忍死萬里間關至此正爲趙氏一塊肉耳今無望矣投波而死是可哀也厓山近有大忠廟以祀文丞相陸丞相張太傅宏治辛亥冬十月今戶部侍郎前廣東右布政華容劉公大夏行部至邑與予泛舟厓門弔慈元故址始議立祠於大忠之上邑著姓趙思仁請具土木公韙之予贊其決曰祠成當爲公記之未幾公去爲都御史脩理黃河委其事府通判顧君叔龍甲寅冬祠成是役也一朝而集制命不由於有司所以立大閑愧頹

俗而輔名敎人心之所不容已也碑於祠中使來者有所觀感宏治已未夏予病小愈尚未堪筆硯以有督府鄧先生之命念慈元落落東山作祠之意久未聞於天下遽疾書之愧不能工也南海病夫陳獻章識

大忠祠記　狀元羅倫江右

君臣父子之倫天之經地之義人之秉彝也不可解於心孟子曰生我所欲所欲有甚於生者死我所惡所惡有甚於死者不可解於心也若宋丞相

文公天祥陸公秀夫樞密使張公世傑殺身成仁舍生取義參天地而獨立貫萬古而不往夫豈有爲而然哉不可解於心也北國禍宋盛矣遼橫於初富弼諸公折之金侵於中張鄭諸公死之韓岳諸公禦之元熾於終忠臣義士紛起而以死禦之三公者其大也元帥渡江自鄂入衞上下驚歎卞彪說降斷舌磔之以死自誓繼立二王力竭勢盡瓣香祝天颶風覆舟者樞密使張世傑也外籌軍旅內調工役正色行朝勸講大學抱帝赴海從死

十萬者丞相秀夫也起義贛州烏合萬餘鼓行赴難出使皐亭奮駡不屈被留元營鎭江亡歸開督南劍襲執五坡目擊厓山悲歌慷慨正氣塞天就囚燕獄從容南面而後死者丞相天祥也三公者其死不同其心一也一者何義之盡仁之至也嗚呼樂人之樂者憂人之憂食人之食者死人之事此公之所以爲心也君臣之禍未有盛於宋矣宋亡則中國沉矣春秋之義萬世之防在此也豈值興亡而已乎此公之所以爲心也宋以忠厚立國

禮義養士半食其報自時厥後合尊之子卒嗣大統陰易元祚已帝中華世主沙漠天之助宋踣而復起仁義何負於國哉先是倫謂陳公甫曰表異先賢敎德勸忠公甫以告僉憲陶君魯君慨然曰吾事也厓山宋亡處二百餘年莽爲邱墟甚非所以表異先賢敎德勸忠之意也乃相地建祠於行宮之旁以祀三公公甫題其額曰大忠立哀歌亭於西滸刻信國諸詩其下祠兩廡以勤王義士伍隆起祔焉買田若干頃復伍氏之後一人主之陶

君敏於爲政多邊功民賴之又出餘力脩廢典是

大有功於名教也防禦僉事林君錦提學僉事胡

君榮咸相厥成以公甫門人陳庸輩告紀成事烏

呼此祠成而忠義勸人極立此道明而中國尊外

國懼成化十三年歲次丁酉夏五月己卯新會縣

京山曹偉立石

重修厓山祠記　　林雲同

雲同往侍先僉事府君岡州三年風俗典故何嘗

不詳記之也而忠烈節槩凜凜乎百代猶存正氣

大海之涯巉石之巔又豈能頌刻忘哉穹祠麗碑與水俱深與山並峙樵孺販豎吁嗟而過不問同情況吾大夫士明經據禮尊王者哉嘗讀宋史至沉海事嗚呼自古治亂相因興亡相尋何可論數然未有淪于朔漠且盡于海悲夫不忍言也海上之行平常猶難之思以數十萬之衆間關慨復豈不左哉一成一旅中興之謀其固在兹乎幼主之抱焚香之祝南向之拜仁至義盡皦若白日三公之心全世祀以祠典也于厓門故也彼圭峰

何爲哉。余行部過之悲焉諏于衆如余所訐且備
言所以興所以移所以不之彼之此與彼所以壞
之因詳而覈余益悲益訐乃鄉太守趙善鳴氏以
狀請益詳益覈嗟夫以余所知少小耳今越二十
年遂變更如許是謂明經據禮尊王　者與維
時奉勅提督兩廣軍務兵部尚書兼右都御史蔡
公經具濟世之宏猷廓貞忠之壯志武畧文謨頽
興廢舉巡按廣東監察御史姚君虞才識濬明聿
敦禮義雲同歎而興曰茲非陽明之會鼎復之機

乎因具列厥繇曰。厓山乃宋君臣死難之地我皇
明宏治間翰林檢討陳公獻章議祀事僉事陶公
魯輩奉旨建立大忠祠祀文丞相天祥陸丞相秀
夫張太傅世傑又立全節廟以祀楊太后有司歲
詣致祭此誠崇忠義以正綱常順人心而興禮樂
其所關繫豈小小哉夫當大勢危急之秋慷慨激
烈既浩然以大海爲歸則其精神流寄天地間耿
耿不滅固知凄然皎然棲息兹土無疑矣。凡我司
存必須冒風波之險躬蘋藻之勤庶幾誠敬孚洽

冥靈顧歆也今乃於附廓圭峰山祠權宜行禮而彼厓山荒宇榛櫟荆莽豈所以仰體國家褒遂之鴻猷俯示黎庶瞻慕之遺跡哉參稽典禮允屬未宜又曰圭峰行祠起於某某推究弊源義當毀廢二公欣然嘉允語具在志中雲同遂筮日祭告檄有司以宜毀宜脩之狀知縣何廷仁毅然曰此守土責也率主簿孫從善教諭沃惟祿訓導陳鳳儀王天祈泛海相度所宜陳列周悉可之遂以孫從善專治工程而何尹總焉經始於壬寅四月二十

九日御史舒君遷嗣至雅重光明卒與風典聞斯舉曰休與其適當余心哉趣令成之乃於癸卯六月初五日卒工堂除庭序廊廡閌閬翼翼然新矣庵湢垣墉鐘鼓帷帳戢戢然飾矣而厓門之事論者嘖嘖異矣嗚呼天下之道二邪正而已矣人心之公二是非而已矣然或病於因循狃於阻格而卒無以遂其初心此今時通患也以三公之忠呼於塗之人有不翕然同詞者乎厓門之祠載在祀典舉而行之有不翕然同祠者乎顧越二百餘年

厓門志

而始創議於陳陶諸君子幾就湮没乃復新于今
吁可念也或者以涉海爲難然余嘗聞海濤洶盪
雷震電駭歲往祭告則風晴日朗安流不驚是三
公之靈氤氳下上曷其有極而惡險就易甘心違
制廢禮不亦惑耶嗚呼忠義在人根所性而有者
也故有感斯興有觸斯應其機甚神昔者聖人以
神道設教我國家褒賢獎貞極隆至渥要所以感
觸人心鼓舞群動非徒慰死者既往已也諸公拳
拳興復雲同小子敬任其責無亦恪遵聖制明經

據禮尊王　之意亦庶觀者有興焉耳。是役也費用金五百九十有餘取諸侵没祠田者一不以煩公帑今更立守祠别置祭田俱載諸碑陰俾後可考見云謹記

全節廟碑　張詡

全節廟在新會縣厓山之上宏治辛亥今兵部尚書華容劉公大夏爲廣東右布政使時建以祀宋楊太后者也于時廟額祀典未之請也庚申僉事武進徐公紘適分巡是邦也乃疏上。特賜今額而

祀典如祀歷代帝王于時新廟碑未之樹也甲子
右黍政慈谿王公綸適分守是邦也乃屬筆於詡
謹按后度宗之淑妃也當元兵之入寇也直擣臨
安一時帝后王臣盡爲俘虜獨后負其子益王昰
與廣王昺航海莽閩於是群臣請昰卽帝位冊后
爲太后昰崩復立昺奔厓山依二三大臣陸秀夫
輩臥薪甞膽爲宗社恢復圖旣而元兵進逼厓山
秀夫知事不可爲也負帝昺赴海死之而宋祚遂
移矣后聞之撫膺大慟曰我間關至此者正爲趙

氏一塊肉耳今無望矣亦赴海死焉惟宋三百年后妃之賢前稱高曹後稱向孟亦可以爲難矣然皆處常而能正者耳至於流離患難卓然能炳大義一君亡復立一君君亡而以身狥之其死也爲社稷死爲國家死爲綱常死爲謹內外辨華夷死所謂死有重於泰山者也其有功於世教也大矣豈非處變而不失其正者尤不易乎是雖丈夫子讀書說理道者事君則欺其君相國則賣其國專城則棄其城賊至則或開門或迎降甘心臣朔漠

而服左衽平時君以高爵厚祿待之謂何一旦視棄其君父如棄弁髦者葢亦多矣顧后薾然以坤柔之姿目或不知書而理道或不能出諸口及乎臨大變毅然視死如歸何哉盍亦求其故乎葢體道在率性而已矣性無不具者也故以婦人女子之質之美者往往所行不期與道合而自合如后之流是已性昏於蔽者也故丈夫子而不能率性者類爲物欲所蔽故無事則雍容委蛇談何容易至於小小得喪利害臨之於前而不喪志失守者

或寡矣況死生之際乎欺君賣國之流是已彼爲
禍水爲牝晨者又何怪乎然則我皇明全節之褒
元祀之享以爲后待者宜也非過也然自赴海後
二百餘年而得劉公始建廟又九年而得徐公始
請祀典又四年而得王公始徵文勒之金石歲閱
七世事更三賢然後慈元之廟貌俎豆后之流風
遺烈殆與厓山俱高海水俱長矣詡近輯厓山新
志載后事亦既詳矣復懼夫世之昧者或不知卒
性以爲道也僭爲之辭以爲王公復俾刻之系以

詩曰朗朗性天古謂明德明德克明不懼不惑有
龍失所嗟日之昃星月從之崩于海國謀豈弗滅
大命已革視死如蛻就義如食以扶天常以輔人
極以尊中國以攘朔漠堂堂丈夫破釜失色孰能
死生從容擁翟高曹向孟光昭史冊於赫后烈允
邁前蘐二百餘禩貞風淪落有嚴廟貌臣大夏作
有隆祀典臣紘建白帝曰俞哉宜屋宜秩歲享太
牢廟褒全節臣綸揚化用播金石臣詡操觚敬述
帝則先烈皇皇聖教赫赫五嶺以南雷厲風廓碑

于廟門垂示千億

修復厓山慈元殿大忠祠記　　湛若水

余弱冠游郡庠時則聞厓山宋亡之地而哀之然而未知所謂厓山者及壬子舉鄉會試報罷因棄去從白沙先生游游厓山始知所謂厓山矣而慈元太后全節殿其後文公陸公張公三忠廟其前則猶未知所謂行朝體制草昧固如是乎而疑之及余由翰林歷遷國子祭酒禮吏兵三部尚書皆在南京以近時則聞李侍御梭新會遷殿與廟于

圭峰廢寺之址徙以附廓便祀覽焉而異之未知所謂以神就人非地罔歆者及余致政南歸二年壬寅仲冬之廿再謁白沙先師墓遂因友人湯子雷復游厓山過是邑見同志舊知何邑尹治茲二年爰兼政教曰厓山修復乃督學林退齋公之卓見巡撫都憲蔡半洲公巡按侍御姚澤山公之斷制趙太守丹山公之倡議沃教諭君椎祿等之協贊而任其責者廷仁與孫主簿從善也經始於壬寅四月二十九日迄工於癸卯六月初五日然是

役也廢興之故匪輕歲月之迹宜紀前有白沙一峰東所諸先生之記非公之文莫克紹光焉及余至厓山則見慈元殿凛乎而在其上天忠祠爲四楹者二則退然而避于左歆官廳亦爲四楹者二則偃然而居于右於是君臣内外之制始明矣天冠地屨之義分矣來觀者而其秉彝人倫之心油然而生矣雖亡猶存矣考覽故迹目奇石則曰此陸公秀夫負幼帝赴海之地也目其前厓曰此楊太后聞幼帝赴海嘆無復望投波而死之地也望

兩山會合海口如門則曰此張公世傑瓣香祝天巨風覆舟而死處也北望燕雲俯悲宋祚曰兹非文相國天祥屢執不屈死節時乎而感慨之情忠義之氣勃然而興矣。由是追憾有宋立國之弱。舉措之乖議論之多高宗之渡武穆之禍和議之勝社稷之死奔逐之窮至於如此而令人握腕感憤痛哭而流涕者矣夫然後知殿廟之遷復而易制者大有補於名教而嘆諸君子之謀之善也。或曰遷復易制之善則吾旣聞命矣敢問三忠之爲忠也何爲也哉甘泉子曰三忠則何爲也哉無所爲而爲之者也夫三忠者不自知其爲忠不自欺其心而已焉者也知其爲忠而爲之則非三忠矣夫三忠者自盡自心自存自性知殺身而不知成仁知舍生而不知取義昔夫子稱殷有三仁焉曰人自靖自獻于先王若三忠者亦知自靖而不知自獻于先王者也自盡自忠於人何與焉是則三忠也已矣

厓山記

詩五言古　香山陳蘭芝拂霞輯梓

西臺哭所思　謝翱

殘年哭知己，白日下荒臺。淚落吳江水，隨潮到海回。故衣猶染碧，后土不憐才。未老山中客，唯應賦八哀。

厓山有感　翰林典籍孫蕡順德

厓山峙海門，廼宋沉國所。雙龍如九淵，義士赴强虜。妻子驅先淪，焚香亦何補。我來弔忠魂，但見淚

花舞底用璽發光凄其爲懷古

厓門窑椀歌雍正壬子厓門漁父下網得海底窑椀斑剝古拙宋帝昺沉海時物也黄子索得之孝廉羅天尺順德歸而見示因紀以詩

厓山晴亦陰雙門峙天闕河伯與海神悍怒護忠節蛋人泅重濤下網當寥泬網舉窑椀出海苔半纏結所利在得魚棄如瓦礫埒黄子見之驚識是宋朝物或云供奉器已被蛟龍嚙或云軍伍需曾沾國殤血頸深微暈青不平仍中凸入水質逾輕似鼎足偏鉠憶昔龍舸飛淵沉而瓦裂太保已潛

龍宏範空殘碣爾獨正氣鍾海若不能奪後出五
百年精衛若爲摯無乃傷慈元廟食百年絕陡出
備明器享堂左右刻用以薦馨香明德在古拙

厓山記

詩七言古　香山陳蘭芝拂霞輯梓

讀文山詩集　林景熙平陽

黑風夜撼天柱折，萬里飛塵九溟竭。誰欲扶之兩腕絶，英泪浪浪滿襟血。龍庭戈鋋皎如雪，孤臣生死早已決。綱常萬古懸日月，百年身世輕一髮。苦寒尚握蘇武節，垂盡猶存杲卿舌。膝不可下頭可截，白日不照吾忠切。哀鴻上訴天欲裂，一編千載虹光發。書生倚劍歌激烈，萬壑松聲助幽咽。世間

淚灑兒女別大丈夫心一寸鐵

讀文山詩集　　學士　解　縉　吉水

厓山雲寒海舟覆六載孤臣老燕獄東風杜宇三月三五陵望斷春蕪綠揚帆昔走儀眞船手持鰲柱擎南天閒關嶺海血灑檄回首家國隨飛煙六宮粉黛黃埃裏漢火無光吹不起全軀肯學褚淵生嚼舌甘爲杲卿死薊門草碧春淒淒高官不換西山薇哀吟一曲肝腸斷勁氣萬丈蛟龍飛當年恨殺葛嶺賊恨不剳心食其肉堂堂忠義行宇宙

白日青天照遺墨落花寒食風雨時展卷如對龍
虎姿再拜酹公金屈卮有酒不讀蘭亭詩

與李世卿同遊厓山　　檢討陳獻章新會

海風晝號山木折黑浪夜撼蒼厓裂有廟於此昭
臣節吾昔大書吾腦熱天冠地履中外別萬古不
使綱常滅角聲嗚嗚旗獵獵樓船將軍過擊楫楚
客傍觀默無說肝腸裏有三公鐵南山老人紅玉
頰笑坐松根待明月

次東山韻　　陳獻章

北窓一榻羲皇前青燈碧玉眠三年慈元落落吾所憐兩厓山高青閣天厓門之水常涓涓一碑今爲東山傳虛言不扶名教顛久病江湖落日前嗚呼此意誰與言嗚呼此意誰與言

厓山　　張詡

超然孤嶼滄海上奇石東南屹相向浪拍厓門兩扇開中間潮汐暗消長鯨波四面如連環無風白浪高於山形勝豈惟衣帶地風波未許天險攀德祐當年國步失四海腥塵蔽雲日孤兒寡婦共浮

溟奔走正當離亂日旋作行朝山海間結爲草市
數十間經幃勸講失緩急鎮江鐵石非機關衛王
齠齔纘皇圖太妃垂簾尸稱奴籌策兵戎惟世傑
潤色皇猷獨秀夫北船樂作師未出笑殺南軍兵
失律子母同爲魚鱉腥君臣俱葬蛟龍窟回首厓
山雲霧深英雄目擊淚盈襟只今來往任樵採芳
艸一陵何處尋
可憐漢燼不重炎寰宇腥風忽破漸滄海亢龍猶
駐蹕荒厓落月更垂簾虎頭將士時存幾牛角山

河日入尖龍馭中原知不返旄頭當宁倩誰殲群
雄捧日功何補竟歲奔波突不黔生死到頭寧有
別熊魚自古不能兼倉皇戰守終成拙瞬息存亡
豈假占戰敗孤兵探虎穴朝來隻手挽龍髯燕山
囚虜生寧詘柴市從容死不嫌楚玉幾人還免玷
元塵到此不教霑此心白日應同照大節秋霜未
比嚴砥柱要將東逝激還丹端爲積痾砭無才似
賈吾還弔有筆如杠史發潛香火大忠祠近設慈
元全節廟宜添

厓山記

詩五言律　　香山陳蘭芝拂霞輯梓

悼陸君實　　方回

亘古無斯事，于今有若人。龍綃同把手，鮫室共沉身。蹈海言能踐，憂天志不伸。曾微一坏土，魚腹瘞君臣。

前題　　方鳳

祚微方擁幼，勢極尚扶顛。鰲背舟中國，龍髯水底天。鞏存周已晚，蜀盡漢無年。獨有丹心皎，長依海

厓山詩　四

日懸

讀文山遺事　　給事 余 經 順德

魯連天下士誓不作秦民至死猶憂國臨危豈顧

身目中無宋土地下有孤臣劍履朝天去徘徊散

紫宸

厓山懷古　　叅政 吳國倫 興國

雙厓懸東海一水怒排空國難身何惜親征氣尚

雄魚龍吞玉璽麋鹿臥行宮舉目都遺恨蕭蕭起

颶風

王師二十萬海戰不曾歸獨有厓山石能憐宋事
非中原　禓南越寢朱衣辛苦諸賢佐荒祠倚
夕暉

千尺厓門浪前朝恨未平總無恢漢力猶有撼元
聲社稷餘三傑興亡自兩京至今東海日如吐赤
心明

興衰俱一夢延佇獨堪悲士失藏孤策厓懸滅宋
碑鎖江原自困航海復何之得死甘魚腹那堪塞
騎馳

從白沙先生遊厓山謁大忠祠作

長史　梁景行

忠祠奇石屼正氣大江流此日悲狂淚傷心覆御舟三仁心矢日一旅運逢秋千古厓山上哀猿處處愁

前題

國子助教　鄺夢琰　南海

忠義唯狥國英雄不愛生一心雪國恥百戰走元兵兀术呼天哭雲燕唾手平青衣讐未復黃閣議垂成

江海乾坤窄君王社稷輕秦奸不足責張相乃無情竟葬南溟骨誰懸北望情不須論始末都付史官評

前題　　　　　　　　僉事　戴嘉猷　績溪

風雨瀟瀟暮崖門繫客思生當天地變死出古今奇祠宇名昭揭英雄淚暗垂不堪濤震撼昏旦有餘悲

三忠祠　　　　　　　文學　陶　益　新會

白浪浮孤國青山託古祠英雄今尚爾塞馬竟何

之殘壘荒煙斷寒雲野逕垂因思岳武穆心事愈
凄其
文丞相祠　　文學許　燦新會
元氣昏帝閼龍馭避天驕壯士丹心在樓船王氣
消人間無故土海上失行朝慟哭燕山道黄冠歸
夢遙
陸丞相祠
滄溟方擊楫金屋尚垂簾國事關心苦朝衣浥淚
霑天涯扶日角水底抱龍髯廟貌猶生氣千秋肅

具瞻

張太傅祠

憶昔焦山戰人人不顧身孤臣空有淚九廟已無

神波浪飜天惡英雄厲鬼鄰海陵回首處故國已

迷津

厓山弔古　　黃在裘

突兀厓門峙奔濤晝夜喧艱危天不祚倉卒勢無

援海泊千帆入鑾烟列島屯杜鵑啼轉切潛涕弔

忠魂

三忠祠　　歐大任

乾坤何黲黷閩廣日凄迷塡海惟精衞啼山有子規三臣肝胆裂二曜震驚低一自哀歌後滄波恨不西

詩七言律　香山陳蘭芝拂霞輯梓

陸秀夫負帝入海圖　學士承旨姚璲洛陽

紫宸黃閣共樓船海氣昏昏日月偏赤縣已無行在所丹心猶數中興年身藏魚腹不見水手挽龍髯直上天板蕩純臣有如此流芳千古更無前

挽文信國　汪元量

孤臣血淚灑燕山此日從容就義難生愧夷齊尚周粟死同巡遠只唐官塵昏絕塞魂何在月滿通

衢骨未寒一死故知公所欠要留青史與人看

挽文丞相　翰林學士虞集 臨川

徒把金戈挽落暉南冠無柰北風吹子房本爲韓仇出。諸葛安知漢祚移。雲暗鼎湖龍去遠月明華表鶴歸遲何人更上新亭飲大不如前灑泪時

壓海焉能活壑舟燕臺從此築詩四雪霜萬里孤臣老光嶽千年正氣收諸葛未亡猶是漢。伯夷雖死不從周。古今成敗應難定天地無窮草木愁

讀文山集　黄性成

三百年來養士恩晚從科目得斯人崎嶇嶺海期年國零落氈毛萬里身諸葛未亡猶有漢包胥欲泣更無秦。挑燈慷慨歌梁甫鬓髮蕭森㦬鬼神

讀文丞相傳　甘　瑾

萬死元都泣楚冠南雲歸計路漫漫異時一旅興王易此日孤兒立國難樓櫓海門西日暗劍歌江介朔風寒九原痛憶遺編在千載奸諛掩面看

文丞相祠　林　光

雲水相看數百峰富田簑笠又從容湖山何處非

男子宇宙長堪着此翁祠廟星霜幾草莽人家門戶總春風憑誰細問興亡事烟兩霏微起暮鐘

讀文山集　太子賓客　胡　儼　南昌

二龍南去海茫茫社屋南來雁叫霜萬死搴旗還舉義千金脫險竟浮洋殘編剩有春秋筆國論猶傳政事堂志士悲歌多感慨古今唯識謝翺狂

前題　縣尹　鄺　岑　南海

眞金千煉文山老正氣堂堂宇宙中祓執潮陽生慷慨臨刑燕市死從容廬陵有水皆增色。龔勝雖

忠亦下風當日陸張同死國厓門香火萬年崇

厓山弔古　　翰林檢討陳獻章新會

信國諸臣近有碑一陵滄海尚堪疑荒山野水無

人到落日長風送客悲天地幾回人變鬼風波萬

里母將兒萋萋芳草慈元下邂逅漁樵問舊時

與廷實中秋來厓山之約

弄罷飛泉下玉臺青天何處首空回城中春雨君

高臥竹下茅亭客未來坐隔談鋒終日笑碑封丹

跡幾回開孤舟莫負秋來約同到厓門白浪堆

厓山弔古　　　　　　　　張　䳒　新會

漁翁知我閑無事拉我乘舟訪鼎湖野草閑花春寂寞。蠻烟瘴雨晝糢糊。磨厓共說張宏範把酒惟澆陸秀夫興廢由來總天命臨風何必更長吁

前題　　　　　　　　戴　璉　南海

紅蓼黄蘆兩岸秋當年曾此覆龍舟旗翻浪影三軍盡怒入湍聲萬古愁塵世幾回成蝶夢長江衣舊遶山陬停橈不用增悲慨楚廟西陵共一邱

厓山弔古　　　　　　　　敎諭林　壇　莆田

平生閲史思厓石今雨乘槎泛寶湖此處江山終慘淡當年天地大模糊由來全節一慈母畢竟眞忠三丈夫廟老碑荒寒草合鴉鳴日落總堪吁

前題　　縣尹　許　相　新會

南國遊魂悲帝子燕臺殘夢老孤臣誰知赤縣中興計猶屬黄冠後死身慷慨扶天曾入夢須臾滄海已揚塵遊人莫唱招魂曲風雨空山泣鬼神

前題　　大學士　方獻夫　南海

松栢森森蔭古祠幾回揮淚向江湄時來元運應

難論事去王圖已可知塊肉尚懸慈母恨瓣香不

斷老天疑客來若問興亡地波浪年年未有涯

厓山弔古　　　進士府尹李　翔

行朝誰更可登壇借手無人爲復韓全浙及時堪

決戰南溟何地再偏安死生已判綱常在慷慨徒

多事勢難千古英雄追恨處臨厓空帶怒濤看

前題　　　尚書黄　佐香山

誰扶黄屋此長征華夏尊崇萬古情百粤波濤非

帝宅兩厓風雨是天聲氣呑蛇蝎頻飛劍力盡驅

馳尚請纓再拜高祠回首地滿山松桂月微明
極目元氛晴帝畿樓船南去逐斜暉已無虎帳鳴
金柝秖有龍潭葬寶衣精衛何時填海滿蒼梧終
日見雲飛貞魂若化吳宮燕應是年年一度歸

前題　主事　王漸逵番禺

史筆重看紀宋書天王遙傍兩厓居千年尚蔓羌
人種一旅誰興夏后儲溟海落星應不返樓船浮
國欲何如空餘萬古英雄淚洒向岡州憶故墟
運當陽九古今逢數厄北元更倍凶位紹皇王應

有恨刼來天地亦旋空猖狂易著三忠廟成敗難禁一老翁欲向荒厓論往事怒濤奇石晝號風

南度君臣半已非遠從閩越更相依中原盡苦豺狼遍上帝應嗟歷數歸存趙程嬰心祗切安劉諸葛命多違行人莫上慈元望芳草凄凄怨夕暉

延鄜幽薊恃相強草草空驚創業荒敢謂越裳還作貢早憐荆楚已稱王虞淵自古悲潛日葛屨何人戒履霜否塞再開眞宰意似應天爲聖明祥

厓山弔古

副使　陳茂義慈谿

孤臣血淚滿朝衣百戰山河事已非金甲總隨黃霧散石門空想二華歸風生急峽濤聲怒廟枕荒岡樹影稀獨有英魂和海月至今猶抱六龍飛

前題　　廣東叅議　汪大受　直隸

汴梁風日尚春温潮過錢塘到海門青草夢魂迷鳳輦蒼厓鮫淚泣龍孫君臣已共舟旗仆祠廟空遺殿閣存殘水斷煙悲不定元庭回首又乾坤

前題　　廣東僉事　何元述　晉江

厓山振旅抗元兵卷土重來却認眞華夏陸沉甘

一死乾坤正氣屬三仁空餘風雨紓悲憤賴有春
秋薦藻蘋昔日奸諛俱已矣大忠千古照蒼旻

泛海星槎豈漫遊竭來登祭此山邱狂瀾奇石悲
今古節廟忠祠藹晃旒望望遠天孤鳥没離離霏
雨半江浮不堪此日傷心際滿目風雲海國秋

厓山弔古　巡按御史　王紹元　金谿

萬頃蒼茫一望平厓門點點繫深淸晚風吹雨欲
成陣孤嶼出雲猶作城玉殿虛無豺虎跡荒陵岑
寂蟪蛄聲忠魂未必東流盡時駕潮頭怒氣横

前題　　知州　李秉同　東莞

矗矗叢祠隱隱碑荒陵何處到今疑傷心嶺海浮征舸回首陳橋捲戰旗一木可能支大厦千金無計贖孤兒翠華黄屋空塵迹綠水青山似舊時

前題　　府尹　鄧文憲　新會

十萬貔貅共汨波運移無柰朔風何青山鎖霧含冤重白浪飄風灑淚多廟食更新今殿宇忠魂原照此山河厓門咫尺綱常地未許春深長薜蘿

前題　　孝廉　許炯　新會

中原殺氣隨風逐南粵樓船作帝宮十萬貔貅同
捧日一朝風雨盡從龍滄波渺渺英魂在禾黍離
離故國空千載神遊知不遠翠華搖落海門東
古祠牢落對行宮朝市荒凉夕照中玉璽久歸滄
海去銅駝空見碧苔封已無坏土藏遺劍猶有餘
民泣墮弓一曲雍門歌不盡滿山松栢起悲風

厓山弔古　進士　何孟倫　新會

航海東南計已窮逢厓今日運將終楓林雲散千
山黑瘴海龍歸百戰空慘結乎雲迷極浦淚隨寒

雨隕霜風悠悠今古興亡恨落日啼烏古殿鐘

前題　　主事　李時行　南海

風吹錦艦覆江濵回首神京半已塵蘇武豈能臣朔漠仲連寧肯帝嬴秦天邊星隕妖先見海上龍興讖未眞父老只今猶抱恨每逢寒食薦芳蘋

中原戰血灑腥膻宋祚逢厓事可憐禍勝六宮南度日仇深二帝北歸年奸諛誤國情堪憤闔廣圖安勢已偏千古忠魂消不得怒濤長咽海門天

前題　　知州　吳　旦　南海

輿圖盡屬一行宮忍見妖星墮海中陽厄九時元有運數逢奇處士無功山藏戰血應爲碧水出游魂半是虹欲弔英靈何限恨蕭蕭松栢起凄風

羌管胡琴一曲歌南人漸少北人多空聞杞女齊城哭不見昭王漢水過寶册有靈浮海島珠襦無主寄烟蘿千年留得孤忠在成敗休論柰爾何

誤國由來一字間上方無劍討神姦虞淵日入誰能取滄海龍游遂不還夜後蜀禽猶迸血秋來湘竹總成斑丹青俎豆幽明事一簇崇祠幾仞山

厓山弔古

主事　梁有譽　順德

殺氣空濛下赤霄，元氛捲地翠華遥。舟膠楚澤誰來問，魂溺湘潭詎可招。淚血歲添厓上蘚，靈風暮湧海邊潮。獨憐島樹猶含恨，不待秋來却盡凋。

誰悟當年讖已眞，沐杭回首總成塵。憤無勾踐三千士，死恨田横五百人。海上乾坤春夢短，厓前風雨客愁新。貞魂若作啼鵑去，葛嶺山頭哭萬廵。

鍊石銜沙昔日心，千年猶爲一沾襟。朔方駿没金甌鈌，滄海龍歸玉璽沉。雲斷野烏翻夕照，雨餘芳

樹鎖秋陰風光不似西湖景空使英雄感慨深

厓山弔古　南海　知州　陳良珍

南來無復帝王州航海頻年事已休鐵騎揚塵紛
羯鼓江豚吹浪覆龍舟三人尚殫回天力一旅焉
能爲國謀寂寞厓山終古恨斷煙衰草至今愁
倒海排山力不任趙家遺址獨沾襟悲風蓄恨江
濤惡苦霧含悽島樹陰百二雄圖歸草莽三千王
氣盡銷沉野烏呌斷荒山月厓上淒凉自古今
神州回首盡飄蓬萬疊樓船血戰紅銀海有靈悲

帝子銅駝無路訪行宮烽連草樹氛塵暗雲掩河山殺氣濃萬代忠魂多積憤杜鵑啼恨泣春風

草市荒涼對墓田南朝往事重堪憐金牌痛哭頒天上玉璽飄零葬海邊黃屋分崩淪島嶼翠華蕪沒泣腥膻傷心莫問祥興朔寂寂寒濤起暮煙

前題　　鄧時雨從化

厓海波濤萬派流宋家曾此覆王舟君臣空切强元齒天地誰堪社稷憂春盡杜鵑猶迸血時來社鼠亦深謀悠悠易代成悲感慷慨還憐國士愁

當年誰共戴祥輿秪道存孤計未能一旅不支徒
憤切三軍何事畏馮凌風翻巨舶衣冠盡月照寒
厓草木矜土宇中原無限地獨將瀕海造王陵

厓山弔古　　光祿寺卿郭棐番禺

宋家玉璽沉南海信國丹心黯北燕天地此時同
慘淡山河幾處不腥羶元陵千樹空啼鳥奇石三
峰起暮烟誰遣翠華來駐蹕金牌十二直堪憐
汴洛山河亦壯哉師班朔漠使人哀紫龍鱗甲逐
滄浪丹鳳樓臺空綠苔禁宇終天歸燕恨厓門千

古暮猿哀當時早用文山策未必鑾輿入海來

番禺　縣尹杜　漸

前題

宋主潛踪何處尋厓雲愁色晝陰陰若非塞北金牌急未必滇南玉璽沉千古英雄空有淚一時天地果何心邦家興廢渾常事海畔行吟感獨深

南海　縣尹黄　鏊

前題

風捲元氛海上來江流疑是漢池灰翠華寂寞蛟龍泣黄屋消沉烏雀哀萬騎忠魂何地散九重王氣自天開不須競逐中原鹿五百昌期指日回

厓山弔古　　袁昌祚

山河零落海爲池祀夏元圖一旅支島上不歸齊壯士天涯猶索趙孤兒藤蘿影掛深宮夢鷓鴣魂涵逝水悲千載腥風忠義恨補天端仗聖明時

前題　　曾仕鑑

草市行宮古木陰閩杭回首一沾襟雙龍北去金甌缺六馬南來玉璽沉嘗膽未消干隧憤攀髯無限鼎湖心凄涼莫問祥興事禾黍離離江水深

白鷳已沒黃龍去百二河山秖夕曛東海有波塡

帝女蒼梧無路怨湘妃厓前古木傳金柝海底鯨
鯢護寶衣惟有哀歌亭上月夜深猶伴旅魂飛
頻年航海計難成一旅扶天勢易傾雙匣久蕪冬
樹骨六更長罷夜鐘聲月衠南斗銅駝冷星隕東
溟鐵鎖輕不獨金牌堪洒淚汴京全盛杜鵑鳴
樓船載國沉滄海厓樹空棲萬古魂駐蹕有山仍
碧草藏舟無壑自黃昏酸風似咽田橫恨幽鳥如
鳴杵臼冤欲向客廬問興廢只今燕冀是中原

厓山弔古　　張同祁

江上徘徊未罷兵南來愁傍帝星明殊方合有興

王地異港翻摧大將營凍雨欲分洟泪色秋濤先

起珮環聲不緣孤憤間關盡夜夜能兼海氣征

朝事艱危轉見遭秪將哀此重揮豪肉緣趙氏孤

應切目滿遺弓遠自勞亂世君臣虛石畫青天龍

虎散旌旄只今窰竈滋苔蘚日落蒼茫寒暮濤

趙家諸將氣如虹多難能堪輦路中組練久虛軍

戍壘樓船俄卸帝王宮天亡血食傳先廟水戰身

殲仰數公大洗腥風承聖主不須含恨在江楓

前題　　郭槃

宋祚逢厓事總非至今啼鳥怨芳菲舟翻奇石空流水淚滴蒼梧黯夕暉將帥戰寒金虎旅相臣心戀衮龍衣大忠祠下滄溟月猶照孤鵬夜夜飛

厓山弔古　　潘光綋

辛苦驅馳瘴海濱逢厓遺恨欲沾巾田家義士寧臣漢魯仲高風不帝秦井澳旌旗空落日平章波浪尚愁人千秋噴薄凌霄漢猶是英雄氣未申

祥興國脉僅奄奄海上奔亡自景炎萬里何人歸

馬革九淵無地挽龍髯心存死難應千折事去焚
香更一拈盡瘁共憐三相國慈元依舊對宸嚴

前題　　　　洗堯相

江南無地著征輪痛哭秦庭合愴神一水滄茫沉
宋璽千秋戎馬暗元塵靈風尚湧厓門浪戰血猶
汚島樹春百折愁腸傷往事精忠千古自明湮

厓山弔古　　　　姚光泮

航海頻年勢已非可堪落日仆龍旂間關母子奔
危日痛哭君臣誓死時一代綱常完宇宙千年正

氣凜華夷臨厓指點前朝事雲物蕭蕭萬壑悲

前題　　訓導　秦嘉穀　桂林

百二山河亦壯哉一朝死解令人哀貔貅億麗埋魚腹珠履三千喪草萊千古忠魂光日月兩間義氣砥瀾洄當時不壞長城將未必金湯付燼灰

前題　　佘祖頤

中華冠履恨何窮當日乾坤黯淡中玉璽波沉王氣散銅駝月冷帝圖空寒厓風雨愁歸鶴故國松楸泣斷鴻一自翠華播落後忠魂長護紫龍宮

浮海　　丁此呂

竄謫寧知棄不才，飇風跨海亦雄哉。黏天浪擁千山合，劃地霆驅萬壑哀。隱見蛟鼉驕鬣陣，參差島嶼幻樓臺。壯遊敢忘君王賜，遮莫神州首重回。

泱泱海國大風哉，誰駕餘皇破浪來。烟雨溟濛孤鳥度，雲山隱映半帆開。總知涉世原如海，且酹驚濤數舉杯。咫尺可能凌弱水，蓬萊彷彿鬱崔嵬。

萬疊寒濤鼓蟄雷，憑虛俔覺夢中回。卽看蜃氣尊前湧，誰探驪珠頷下來。異代悲風嘶逝水，孤忠落

日點蒼苔行吟不是湘纍賦珍重鮫人莫浪猜
幾年浪說泛張槎此日翻疑海是家瘴癘千峰餐
欲盡風煙五嶺望彌賒漫懐麋鹿棲豐艸飽看魚
龍舞浪花飄泊此身何所定浮生吾已托無涯

厓山弔古　　同知鄧于蕃　南海

厓山駐蹕此何時滿地塵氛勢莫支賴有忠臣同
劾死空令戰士盡含悲慈元廟食依荒島幼帝行
宮傍海湄感慨興亡堪墮淚夕陽秋草對殘碑

前題　　梁逢登　番禺

玉輦南來戰血腥茫茫滄海總凋零怒濤似挾英魂奮烈氣如揚帝子靈山起暮雲空黯淡天垂霪雨自沉冥可憐景物非杭汴厓上啼鵑不忍聽

前題　縣尹李霈光 番禺

洪濤滾滾吼厓山萬古英魂瘞此間日抱孤忠翻淚赤波飄血淚點苔班元腥已掃龍猶泣宋憤長含璽未還弔魄只憑江上笛月明三弄水潺潺

前題　太學生潘豫之 順德

水國波濤晝自陰兩厓拱木鬱成林未論一旅與

王地獨憶三仁報主心赤羽不歸航海戍白鷴遥
共落星沉英雄從古多遺恨極目東流思不禁
駐蹕當年帝子魂鵑啼陵木不堪論翠華影没餘
雲樹黑氣煙沉向海門正笏朝衣誰勸講斷維祭
器竟先奔只今獨有厓前月長照荒林怨斷猿

大忠祠　　大學士　李東陽茶陵

國亡不廢君臣義莫道祥興是靖康奔走恥隨燕
道路死生惟著宋冠裳天南星斗空淪落水底魚
龍欲奮揚此恨到今猶不極厓山東下海茫茫

汴城杭國總邱墟三百年來此卜居海外河山非
漢有嶺南人物是周餘行宮草草慈元殿講幄勤
勤大學書辛苦相臣經國念有才無命欲何如

前題

北風吹浪覆龍舟溺盡江南二百州東海未填精
衞死西川無路杜鵑愁君臣忠憤三朝共元夏興
亡萬古讐若遣素王生此世也須重紀宋春秋

大忠祠　　翰林學士　吳　寬長洲

休指厓山弔戰塲忠魂早已過錢塘三仁可少文

丞相一死如前李侍郎毒霧漲天橫沴氣落星浮海散寒𩇕孤墳久矣無坏土新廟依然有瓣香

獨上高邱望大洋晚風吹淚濕衣裳何人忍恥偕降表當日臨危進講章海島全身惟叛相潭州無事却勤王史家未識留燕意便把祥興繫宋亡

前題　　翰林侍讀陸　銳崑山

英雄無地力難支風雨蛟龍窟屢移萬死尚提孤劍在五年空繫寸心悲翠華搖落流離日大學從容勸講時千古程嬰有遺恨晚來無奈颶風吹

大忠祠　　翰林侍講　劉　戩　安福

捧日扶天事已空樓船笳鼓海門風與邦一旅終無賴自靖三仁別有功今古綱常輕九鼎春秋冠佩走群公年來消盡英雄恨依舊窮廬是虜宮

前題　　翰林侍講　王　臣　廬陵

入間惡鳥棲金屋海上樓船駕颶風國破忠臣惟有死天亡卷土亦無功英雄俯仰成遺恨元氣分明託數公千古翔龍何處是愁雲日暮繞行宮

前題　　提學副使　夏　寅　華亭

六龍行擁萬貔貅雲斷蒼梧憶舜遊何處英魂愁
不散只今遺恨水東流亦知滄海非天塹要使厓
山異石頭元宋興亡俱已矣堂堂祠廟自春秋

前題　　　　　左衛經歷張　瓛吉水

厓山豈是興王地正氣徒聞烈士風二百年來和
誤國數千里外戰無功黃龍翔後人民改白鶴歸
來城郭空海上愁雲吹不散至今猶自繞行宮

前題　　　　　提學副使丁　璣川徒

諸老丹心懸落日樓船王氣逐秋風生如賣國榮

猶辱死得成仁敗亦功蹈海名高齊義士運籌人泣陸宣公厓山一片凄凉月誰遣啼鵑入故宮

謁文文山祠　尚書邊　貢歷城

丞相英靈迴未消絳帷燈火颯寒飈黄冠日月胡雲斷碧血山河龍馭遥花外子規燕市月水邊精衛浙江潮祠堂亦有西湖樹不遣南枝向北朝

大忠祠　僉事徐　紘武進

厓門陳迹久荒凉爭爲孤兒力主張草色近隨春雨綠林窓高並晚山蒼千年廟貌三臣祀萬古忠

魂一瓣香此日歸然人極在不知元宋孰興亡

前題　　僉事　陶　煦　秀水

自從塞馬飲錢唐社稷都來付一航萬里雄圖心耿耿千秋王氣水茫茫擎天捧日憐諸老虐寡欺孤笑彼狂元室今爲禾黍地古祠高對海山蒼

前題　　副使　江　源　番禺

斷港風煙駐帝舟汴杭城闕隔中州手扶赤日雄心在血灑滄溟正氣收九死未銷吞敵恨千年不共戴天讐大忠祠下東流水潮落潮生春復秋

大忠祠　　布政使陳　稶番禺

鳳艦龍舟一旦空至今遺恨水晶宫諸公謾有扶天力一旅難成逐鹿功此日有祠傳俎豆當時無地着英雄忠魂不化遼陽鶴常伴神龍碧海中

前題　　刑部尚書林　俊莆田

老迂不省興亡事落日漁樵話頗聽國土轉於南去蹙海風時帶北來腥三仁有死還生氣九廟無神莫乞靈天地不仁舟反覆千秋遺恨滿滄溟

前題　　叅政吳　高歸善

煙浪雲濤不盡頭夕陽殘壘總生愁英雄一去成
今古忠義千年貫斗牛楓葉蘆花秋瑟瑟龍舟鳳
艦水悠悠今逢海宇清寧日都把興亡付白鷗

前題　　左叅政　王　綸　慈溪

萬里間關來澤國幾人正笏立行朝元氛滿目山
河異越樹傷心輦路遙千古魂依厓嶠月一時淚
盡海門潮清祠奕奕奎光在過客無勞賦楚招

前題　　郭大治

翔龍殿上瑞光浮奇石峰前王氣收玉輦何緣歸

北極白鷴多恨逐東流行宮莽莽蒼苔合閣道青

青麋鹿遊莫問慈元當日事碧雲滄海不勝愁

大忠祠　周應治

國勢崩摧已阽亡提兵慷慨急勤王君臣蹈海仍

魚水士卒間關逐羊燕市陳尸萋草赤厓門湧

血駛流香忠魂耿耿空祠祀讀罷殘碑淚萬行

前題　副使陳履東莞

宋帝乘輿南狩日厓門山色鬱嶙峋擬憑冠履回

天步豈謂旌旗仆海濱周社詎令移九鼎商家猶

喜見三仁行朝故迹千年在異代瞻依倍愴神

前題　黄志尹

宋室沉淪事已終英雄陽九叵成功擎天力屈三仁仆卒士兵頹一旅空烏鳥有情餔寄子黔黎無計泣遺弓華夷仰止㕓厓石屹立洪濤逆浪中

厓門　孝廉　羅天尺　順德

悲歌不盡零丁水又見行宮徧野蒿王氣可憐殘夢短陰風猶自戰雲高兩間日月沉厓闕一代君臣盡海濤天輦南來今古似白鷴秋影尚哀號

厓[illegible]

厓門弔白鷴宋端宗宮中所愛養者端宗沉厓後白鷴亦赴海死

廪膳生陳官香山

也逐雙忠墮海門兩厓波浪逼天昏潔身應翼慈元璽化羽猶啣帝子魂啼血有鵑俱抱恨乘軒雖鶴亦慙恩子昂未老文溪仕千古人禽合細論

厓山記

詩七言絶　香山陳蘭芝拂霞輯梓

悼陸君實　宋燕

六鰲海上失乘輿天柱臣難隻手扶應有二妃魂
尚在至今何處望蒼梧

厓門懷古　黎本寧

海門潮至起波濤猶似當年擁萬艘義魄從龍歸
去後兩厓山色向天高

大忠祠　陳獻章

天地神祠此大忠百年舟楫亘誰同蒼厓不是無

春色吹盡斜陽一笛中

遊厓山

千尋鐵索鎖江雲南北當年一水分晚泊孤舟奇

石下兩厓風雨夜深聞

厓門懷古　黃佐

北風吹浪作龍樓疑是乾坤正氣浮聞說當年楊

太后閒關揮淚渡中流

宋室逢厓事可知燕臺猶夢整天欹黃冠不到江

南路長使遺民歎黍離
雲掩西湖王氣銷厓山回首紫宸朝露松似浥朝
衣淚不逐青梧日夜凋
兩厓形勝自天開奪港猶思捲土來千古海陵遺
恨在雪濤回望重堪哀
哀歌何處有荒亭野燒隨風訝隕星表暴尚遺徐
禮部斷厓無語向人青
南周不廢祥興朔西蜀仍開藝祖孫會與英雄消
積恨直從龍鳳定中原

詩

厓門弔古　　左長史　佘光裕　順德

白晝冥冥煙雨霏江山人事兩全非悲風落日寒

潮急獨有雲濤護寶衣

翠華歸去紫龍宫北騎長驅朔漠風萬古寃魂遺

恨在空餘鮫淚洒英雄

宋室逢厓王氣終鼉鼉窟作帝王宫江山故苑今

何在百二雄圖夕照中

滄海龍歸徹九冥堂堂正氣滿滄溟皇圖帝業俱

消索只有丹心照汗青

海上樓船戰血紅何能一旅補天工塵沙滿地風
波惡衰草殘烟斷晚鴻

匡山記

詩集古　　香山陳蘭芝拂霞輯梓

光祿寺卿　郭　棐　番禺

匡門二十首

帝子遠辭丹鳳闕王維　熊羆十萬建行臺文文山

鼎湖烟散暮天碧張寧　黄竹歌聲動地哀李商隱

春色已隨流水去白樂天　綺羅留作野花開李　遠

匡山咫尺斷千古文文山　風雨年年長綠苔張　籍

其二

翟羽鸞綃事已空弁陽翁　碧雲滄海思無窮韋應物

石麟埋沒藏秋草溫庭筠　黄屋驚塵捲朔風甘瑾
簫鼓尚陳今世廟許渾　野花無復趙王宫傳與礪
須知此恨消難得溫庭筠　惟有青山似洛中許渾

其三

黄塵輕拂建章臺李白　青雀西飛去不回李商隱
廢殿有基離黍合曹璉　寢園無主野棠開許渾
花間舊恨啼紅拂張蠙　巖畔古碑空綠苔許渾
日暮江南一回首薛能　子山新賦極悲哀韓翃

其四

帝子瀟湘去不還 李白 仙舟何處水潺潺 杜牧
清江碧石傷心麗 杜甫 碑蝕苔痕滿目斑 于準
飛鳥不知陵谷變 劉長卿 桐花落盡管絃閑 揭曼碩
須知駕鶴乘雲外 白居易 澗草巖芝豈復攀 樓幷

其五

紫泉宮殿鎖烟霞 李商隱 海燕西飛白日斜 許渾
玉輦今歸何處所 胡宿 錦帆應是到天涯 李商隱
眼看朝市成陵谷 韓偓 不是宸遊重物華 王維
只有多情桃李樹 元明善 春來還發舊時花 岑參

其六

九金神鼎重邱山 杜牧　何事飄零嶺海間 虞集

衣上緇塵元自化 元好問　河陽車駕不須還 文文山

落花寂寂乎壇靜 李羣玉　細草青青御路閑 劉長卿

滿眼波濤終古事 薛逢　至今遺恨水潺潺 司空圖

其七

宋家天子朝元閣 邵公高　西去荒涼舊路微 劉長卿

旅夢亂隨蝴蝶散 譚用之　遊魂潛逐杜鵑飛 張泌

金輿玉輦無蹤跡 李遠　荆棘銅駝有是非 岳正

舉目山河增感慨元明善　冷猿秋雁不勝悲嚴武

其八

谷口春殘黄鳥稀錢起　空山野水照殘暉韓愈
風吹花片依華表蘇紳　火入荒陵化寶衣劉禹錫
温室有泉山鳥浴郭瑞　野桃無主亂花飛胡曾
此時愁望情多少趙嘏　空聽鸞音月下歸王惲

其九

稠花亂蕊裹江濱杜子美　地迥難招自古魂韓偓
一望青山便惆悵劉滄　空餘金碧半塵昏許有壬

繡楹錦柱蛟龍泣趙子昂　古殿微風鳥雀喧黄　翰

鳳輦不來春欲暮王貞白　步虚空遶紫雲端邵公高

其十

城邊人倚夕陽樓韋莊　百感中來不自由杜　牧

行殿有基芳蕪合許渾　寢園無主野花愁郭　璘

鳥飛不盡暮天碧郭功甫　風響猶疑畫角秋曹　璉

此去寂寥尋舊蹟劉滄　一江秋水爲誰流白玉蟾

其十一

豈是丹臺歸路遥宋邕　鼎成龍駕上丹霄劉　滄

一聲洛水傳幽咽 宋邕 萬片香魂不可招 胡宿

春色豈隨亡國盡 薩天錫 海雲應逐野烟消 劉威

威儀文物今何在 陳廷言 碧水蒼蒼空寂寥 劉滄

其十二

寂寞寒江急暝流 權德輿 金陵王氣黯然收 許渾

行人莫問當年事 許渾 仙鶴空成萬古愁 宋邕

芝蓋不來雲杳杳 杜牧 寒鴉飛盡水悠悠 嚴維

湖山靡靡今猶在 趙子昂 故壘蕭蕭蘆荻秋 劉禹錫

其十三

千山紅樹萬山雲韋莊　霸業雄圖勢自分李頻

秋草自生宮殿處劉滄　麥孟誰洒大妃墳王叔閏

烟籠古木猿長嘯薩天錫　樹蘸蕪香鶴共聞陸龜蒙

莫惟臨風倍惆悵温庭筠　落花飛絮正紛紛陳上美

其十四

栗葉重重覆翠微項斯　况逢寒食欲沾衣韓偓

閣中帝子今何在王勃　芳草王孫暮不歸譚用之

紫氣已沉牛斗夜元好問　白雲應長越山薇許渾

欲奠忠魂何處問許渾　只今惟有鷓鴣飛李白

其十五

萬里蒹葭入薜蘿 許渾　黍苗無限獨悲歌 許渾

人間幾見桑田變 林士淵　天上曾聞玉輦過 刁筠

紫府有名同羽化 薛逢　荆榛無月泣銅駝 雅琥

可憐國破忠臣死 許渾　牧笛吹風起夜波 張喬

其十六

飛烟閑繞望春臺 杜牧　千里關山百戰來 吳融

金水河枯龍已去 元好問　碧霄笙吹鶴飛回 萬禮

江上小堂巢翡翠 杜子美　苑邊眞境闢蓬萊 韓琦

西樓悵望芳菲節韓偓　懷抱何時得好開杜子

其十七

帝子吹簫逐鳳凰白樂天　離宮秋樹獨蒼蒼皇甫曾
落花寂寂啼山鳥王維　衰草茫茫覆女墻林厚
金簇有若人拾得吳融　野蘆無主雁啣將高鐙
不堪吟罷重回首來鵬　遠目非春亦自傷李益

其十八

天王舟楫浮南海陳獻章　兩岸旌旗遶碧山李白
鳳鳥不來春寂寂仇仁近　白雲長在水潺潺許渾

花路暗迷香輦絕 崔塗 雨碑猶帶蘚苔斑 楊

相逢莫話金鑾事 安貧 華表千年鶴又還 道朗

其十九

紫宸宮殿入荒蕪 僧宗 麥秀漸漸徧故墟 胡宿

石室已燒丹竈火 文敏 碧天難挽紫雲車 西湖志餘

時人未識遼東鶴 雍陶 鴻寶誰傳篋裏書 胡宿

一自簫聲飛去後 李群玉 海南無處問諸孤 僧宗

其二十

萬木歸鴉亂夕曛 程本立 北風滿野亘乾坤 文文山

空傳虎旅鳴宵柝李商隱　惟有猿聲滿水

風景蒼蒼千古恨劉滄　陰蟲切切不堪聞皇甫冉

空門流水千年在文文山　好與人間洗戰氛劉京叔

明光禄卿嶺南郭棐周先生著

嶺海名勝記

香山後學陳蘭芝增輯

南海廟

南海廟志

南海廟記

香山陳蘭芝彿霞輯梓

葢予嘗登浴日之頂以觀南海之波其汪洋漭淼淵瀰滉瀁萬頃一碧茫無際涯初則暝色冲瀜海天相盪躍出清虛之外迸汎鴻濛之表灝氣喞白升天漸紅浴於海角而行於地中輪移水滏火燭山峰碧光搖岫赤焰騰空渾渾淪淪曈曈曨曨其山川自白雲縹緲而來若奔而止

其巔則曰亭歸然蒼翠蓊鬱其中有戚旂之岡勢若浮動雲霞之所鼕鼗潮汐之所吞吐魚龍之所出没賈舶漁舠之所凌厲千態萬狀鉅哉山海之奇觀也漢晉以來茫無可考唐天寶中始賜冊封爲廣利王此膺王號之始元和十二年刺史孔戣以歲大稔表稱神勳冊封爲廣利洪聖昭明威靈王昌黎韓愈作記以彰神之功而廟祀於是赫赫彪顯寓内莫不知南海之神之靈異矣其廟前有達奚司空像世傳梁晉通

中達磨禪師之季弟也來此謁王卒於坐間土
人神而祀之祠有波羅樹高二丈餘實大如斗
舊傳番人所樹有銅鼓徑大五尺其聲鏗鎗乃
馬援所遺我
明洪武三年遣使祭告自後
列聖御極使祭式虔又命司府官春秋秩祀無斁
豐碑縟典載於貞珉而藩臬大夫往來詞客登
遊其上多有題咏爰彙次之作南海廟記

南海廟志

南海廟圖

後堂
神堂
中堂
南海神祠

南海廟志 卷五 圖 三

南海廟志

勅詔類

宋加封南海洪聖廣利王勅

中書門下牒廣州南海廣利王牒奉勅四瀆淵
流歷代常祀物均蒙於善利禮未峻於徽稱載
考國章式崇王爵四瀆並褒封爲王其四海仍
增崇懿號宜封爲洪聖廣利王及令本處限勅
命到差官脩虔致祭牒至准勅故牒康定二年
十一月某日牒　右諫議大夫叅知政事王
右諫議大夫叅知政事晁　戶部侍郎平章事

章　右僕射兼門下侍郎平章事陳

宋加封昭順王牒

中書門下牒廣州南海洪聖廣利王牒奉勑易

載害盈益謙之旨蓋神道正直必有輔於教也

其有陰相吾民沮遏凶醜應荅明白不列美稱

曷以揚神之休南海廣利洪聖王惟王廟食尊

爵表於炎區年既遠矣唐韓愈記稱神次最貴

且有福禍之驗國家秩禮祀等尤高康定中朕

嘗增王徽名牲幣器數罔不稱是今轉運使釋

言廼者依潦狂悖暴集三水中流颶起舟留三日逮至城闉廣已守備火攻甚急大風還醱閉關渴飲澍雨而足變怪屢見賊懼西遯州人咸曰王其恤我者耶朕念顯靈佑順靡德不酬其加王以昭順之號神其歆茲顯寵萬有千載永庇南服宜特封南海洪聖廣利昭順王仍令本州差官往彼嚴潔致祭及仰製造牌額安掛牒至准勑故牒皇祐五年六月二十七日牒

大明欽賜封號詔

奉

天承運

皇帝詔曰自有元失馭羣雄鼎沸土宇分裂聲教

不同朕奮起布衣以安民爲念訓將練兵平定

華夷大統以正永惟爲治之道必本於禮考諸

祀典知五嶽五鎮四海四瀆之封起自唐世崇

名美號歷代有加在朕思之則有不然夫嶽鎮

海瀆皆高山廣水自天地開闢以至於今英靈

之氣萃而爲神必皆受命於

上帝幽微莫測豈國家封號之所可加瀆禮不經莫此爲甚至如忠臣烈士雖可加以封號亦惟當時爲宜夫禮所以明神人正名分不可以僭差今合依古定制凡嶽鎮海瀆並去其前代所封名號止以山水本名稱其神郡縣城隍神號一體改正歷代忠臣烈士亦依當時初封以爲實號後世溢美之稱皆與革去其孔子善明先王之要道爲天下師以濟後世非有功於一方一時者可比所有封爵宜仍其舊庶幾神人之

際名正言順於理爲當用稱朕以禮祀神之意
所有定到各各神號開列於後
一五嶽稱東嶽泰山之神南嶽衡山之神中嶽
嵩山之神西嶽華山之神北嶽恒山之神
一五鎮稱東鎮沂山之神南鎮會稽山之神中
鎮霍山之神西鎮吳山之神北鎮醫無閭山
之神
一四海稱東海之神南海之神西海之神北海
之神

一四瀆大淮之神南瀆大江之神西瀆大河之神北瀆大濟之神

一各處府州縣城隍之神某州城隍之神某縣城隍之神

一歷代忠臣烈士並依當時初封名爵稱之

一天下神祠無功於民不應祀典者卽係淫祠有司毋得致祭　於戲明則有禮樂幽則有鬼神其理旣同其分當正故玆詔示咸使聞知

洪武三年六月初三日詔

洪武三年祝文

維洪武三年歲次庚戌七月丁亥朔越十一日

丁酉典儀臣王禕今以中書省點差欽齎祝文

致祭於　南海之神

皇帝制曰生同

天地浩瀚之勢既維深淺之虚莫測古昔人君名

之曰海神而祀之於敬則誠於禮則宜自唐以

及近代皆以封號于因元君失馭四方鼎沸

起自布衣承
上天后土之祐百神之助削平暴亂以主中國職
當奉
天地享鬼神以依時式古法以治民今寰宇既淸
特脩祀儀因神有歷代之封號予起寒微詳之
再三畏不敢效葢觀神之所以生與穹壤同立
於世自來不知歲月幾何凡施爲造化人莫可
知其職必受命於
上天后土爲人君者何敢預焉予懼不敢加號特

以南海名其名依時祭祀　神其鑒知尚饗

康熙五十二年祝文

維康熙五十二年歲次癸巳七月庚申朔

皇帝遣都統馬雲霄致祭於

南海之神曰惟　神德協離明功高長養永資

廣利流潤炎荒朕纘受鴻圖撫臨區宇殫思

上理夙夜勤求惟日孜孜不遑暇逸兹御極

五十餘年適當六旬初届所幸四方寧謐百

姓乂安稼穡歲登風雨時若惟庶徵之協應

南海廟志

爰舉祀之虔修特差

式循舊典冀益贊雍熙之運尚永昭仁壽之

休俯鑒精忱用昭歆格

南海廟志

南海神

按道書南海君姓視名赤夫人姓翳名逸寥廟在波羅江上建自隋開皇年配以六侯曰助利侯達奚司空也曰助威侯社公司空也曰濟應侯巡海曹將軍也曰順應侯巡海提點使也曰輔靈侯王長世子也曰贊寧侯王次子也元時數遣使者奉錦幡銷金幡金銀香盒明洪武間定每歲春秋仲月壬日藩臬致祭我

國朝屢加封號頻年致告

廟内古物

波羅樹在南海神廟中波羅國番人所植故南海神廟又稱波羅廟扶胥江亦稱波羅江相傳波羅賈舶泊黄木灣一番人携波羅子二枚種於廟風帆忽舉衆番置之以去其人望且泣遂立化於山上後人漆其身加以衣冠稱之曰達奚司空

銅鼓在南海廟中銅鼓大小各一大者徑五尺高稱之中空無底釼垂四懸腰束而臍隆起旁有兩

耳通體作絡索連錢及水縠紋色微青豔若鋪翠
光景晶瑩邊際舊有六鼉今不存小者殺大者五
之一高稍亞之製類大者其四角舊有金蝦蟆五
爲番人所竊聲遂石色純綠作鷓鴣斑斜紋纖麗
隱若八卦　通志參補南海廟中銅鼓大者相傳
自海中浮至明嘉靖間海盜曾一本謀移去鐵索
忽斷不可舉乃已小者相傳得之濤洲銅鼓灘灘
水湍急春石底作銅鼓聲入夜輒有光怪一日水
涸銅鼓出焉相傳其鳴應潮自遭盜刼靈鼉殊缺

遂不復自鳴々傳銅鼓之大者舊雌雄各一今廟中所存者雄也其雌向遇風雷飛入獅子海中今雄鳴則其雌者輒相應二月十三日海神壽辰粤人擊之以娛神其音闛鞈鏗鎗若行雷隱隱鼓或以革掩底或積水甕中葢而擊之聲聞十餘里外叩鼃蛤其聲益遠　考古錄昔馬伏波征南以山溪易雨因製銅鼓粤人亦設雷廉至交阯濱海卑濕革鼓多痺緩不鳴無以振威故伏波始製銅爲之狀亦類鼓名曰駱越鼓

達奚司空像

題達奚司空像 達磨之季弟也兄弟三人同來中土獨司空未回祀之廟內至今猶存○司空隋時封助利侯共有六侯皆著靈應于海上者

兄爲生佛弟爲神天竺西來剩一身淡蕩風光容貌古南天俎豆未曾湮

姑蘇韓　雍題

文類

唐南海神廣利王廟碑　韓愈

海於天地間爲物最鉅自三代聖王莫不祀事考諸傳記而南海神次最貴在北東西三神河伯之上號爲祝融天寶中天子以爲古爵莫貴於公侯故海嶽之祝犧幣之數放而依之所以致崇極於大神今王亦爵也而禮海嶽尚循公侯之事虛王儀而不用非致崇極之意也由是冊尊南海神爲廣利王祝號祭式與次俱升因其故廟易而新之

今在廣州治之東南海道八十里扶胥之口黃木之灣常以立夏氣至命廣州刺史行事祠下事訖驛聞而刺史常節度五嶺諸軍仍觀察其郡邑於南方事無所不統地大以遠故常選用重人既貴而富且不習海事又當祀時海常多大風將往皆憂慼既進觀顧怖悸故常以疾爲辭而委事於其副其來已久故明宮齋廬上雨旁風無所蓋障牲酒瘠酸取具臨時水陸之品狠籍籩豆薦祼興俯不中儀式吏滋不供神不顧享盲風怪雨發作無

節人蒙其害元和十二年始詔用前尚書右丞國子祭酒魯國孔公爲廣州刺史兼御史大夫以莫南服公正直方嚴中心樂易祗慎所職治人以明事神以誠內外殫盡不爲表襮至州之明年將夏祝冊自京師至吏以時告公乃齋祓視冊誓羣有司曰冊有皇帝名乃上所自署其文曰嗣天子某謹遣官某敬祭其恭且嚴如是敢有不承明日吾將宿廟下以供晨事明日吏以風雨白不聽於是州府文武吏士凡百數交謁更諫皆揖而退公遂

陞舟風雨少弛櫂夫奏功雲陰解駁日光穿漏波
伏不興省牲之夕載暘載陰將事之夜天地開除
月星明槪五鼓旣作牽牛正中公乃盛服執笏以
入郎事文武賓屬俯首聽位各執其職牲肥酒香
罇爵淨潔降登有數神具醉飽海之百靈秘怪恍
惚畢出蜿蜿虵虵來亨飲食闔廟旋艫祥飈送颿
旗纛旄麾飛揚晻靄鐃鼓嘲轟高管噭譟武夫奮
棹工師唱和穹龜長魚踴躍後先乾端坤倪軒豁
呈露祀之之歲風灾熄滅人厭魚蟹五穀胥熟明

年祀歸又廣廟宮而大之治其庭壇砍作東西兩序齋庖之房百用具脩明年其時公又固往不懈益虔歲仍太和耋艾歌詠始公之至盡除他名之稅罷衣食於官之可去者四方之使不以貲交以身爲帥燕享有時賞與以節公藏私蓄上下與足於是免屬州負逋之緡錢二十有四萬米三萬二千斛賦金之州耗金一歲八百困不能償皆以丐之加西南守長之俸誅其尤無良不聽令者由是皆以自重愼法人士之落南不能歸者與流徙之

胄百廿八族用其才良而廪其無告者其女子可嫁與之錢財令無失時刑德並流方地數千里不識盜賊山行海宿不擇處所事神治人其可謂備至耳矣咸願刻廟石以著厥美而繫以詩乃作詩曰南海陰墟祝融之宅即祀于旁帝命南伯吏惰不躬正自令公明用享錫祐我家邦惟明天子惟慎厥使我公在官神人致喜海嶺之陬既足既濡胡不均宏俾執事樞公行勿遲公無遽歸匪我私公神人具依元和十五年十一月一日使持節潮

州諸軍事守袁州刺史韓愈撰

宋新脩廣利王廟碑銘　　裴麗澤

臣聞海所以能爲百谷王者以其善下故也能善其下故百川委輸歸往焉亦猶山不自高衆塵由是歸矣海不自大衆水所以宗焉是知不積衆塵無以崇其萬仞不積衆水何以成於四溟溟則海也以四夷分而言之謂之四海以大瀛總而言之謂之裨海其實一也炎荒之極南海在望洪濤瀾漫萬里無際風潮洶湧雲島相連浴日浮天乍合

乍散珊瑚生於波底蘭桂藂乎洲上其或天吳息
浪靈胥退濤彼蒼乃觴象牽犀揀金拾翠八千重
之水纍纍貫珠披萬頃之沙往往見寶自古交趾
七郡貢獻上國皆自海泝於江達於淮逾於洛至
於南河故礪砥砮丹羽毛齒革底貢無虛歲矣唐
天寶十載封爲廣利王被之冕服享以牢醴每歲
春秋致奠罔無闕焉自有唐將季也中朝多故戎
馬生郊竊號假名憑深恃險五嶺外郡遂爲劉氏
所據殆七十年故糸纁璣組包匭菁茅闕供於王

祭矣何暇禱祀嶽瀆耶嗚呼物不終否否極必泰
故我今皇帝受上帝之命庇下土之民協和萬邦
光被四表率土之內無遠弗屆金八十二鄙秦帝
威於四夷黃龍一雙約賓人來於萬里故望雲馳
奏向日傾心納貢藁街者日有所至史不絶書蠢
茲炎陬獨迷聲教阻絶我琛賮割剝我生民悉爲
淫刑濫行不道遂使人怨神怒衆叛親離民懷傒
后之心俗有後予之怨是則軒黃神聖猶亟戰於
阪泉帝堯聰明尚有征於丹浦弔民問罪可得行

之是以告社出兵鑿門命將王師纔舉如時雨之
降如大鵬之征徧海岱而會匪崇朝渡南溟而止
期瞬息圓月未再馳驛繼至則曰韶廣之壘今已
平矣渠魁之屬悉以擒矣下郡百餘所拓土千萬
里濱海舊地盡爲我有未翌日廣南道行營招討
都部署潘美陳露布俘僞漢主與官屬獻于闕下
夫高屋建瓴下坂走丸飛鴻之縱順風商飇之殞
槁葉奚如是之易也若非我應天廣運聖文神武
明道至德仁孝皇帝聖謨睿畧之感應曷能平盪

乎豈直標其銅柱俾馬援分於漢疆赤若走以長
纓覊尉佗獻於魏闕既而海外有截天下爲公由
是降德音覃霈澤繫囚未釋者俾其釋矣流人不
歸者咸使歸之汚俗濁而自淸亂法邪而復正化
獷土爲王土變桀民作堯民衆人熙熙沐皇風如
飲醇醴睹聖政若享太牢上曰彼民既蘇彼俗既
化廣利王之廟自阻隔以來寥寥莫睹今既復其
土地可使視其廟貌俾其重崇葺焉乃命中使往
蕆其事告帝王之旨敘克復之意蘋藻在薦盞斝

具陳酒一奠而海若齋淪祥風襲人嶽舞山轉若
來朝於百神樂再奏而大壑溟涬炎精不覺浪息
波停如恭聽於明命似律召呂疑谷應聲影像相
傳肹蠁如在林麓以之森聳山川爲之精明嗚呼
皇天無親惟德是輔陰靈不昧有感必通詎非濬
哲之君孰感靈長之德豈直揚清激濁梁簡文止
述於賦詞乖蠻隔夷謝惠連空陳於讚詠式揚巨
德宜樹豐碑虔奉綸言謹爲銘曰無皐東峙朱陵
南望極覽滄嶼渺覿洪浪鳳麟鎮其西炎洲奠其

上迴洑萬里堆疊千嶂滉滉瀁瀁汪汪洋洋源流地紀泒引天潢限六蠻於外服通七郡以來王仁惟利涉道乃靈長我后睿聖載復洪荒惟神正直克饗馨香靈胥之濤匪怒楊侯之波弗飏善下其德既濟其航千年萬禩永享烝嘗開寶六年大歲癸酉十月九日己丑山南西道節度掌書記將仕郎守右補闕柱國賜緋魚袋臣裴麗澤奉勑撰

重脩南海廟碑　章望之

天下之國蕃夷皆小中國之九州爲大然而海量

於九州中國之民受天地中和之氣故其爲與禮義同生死亦智矣哉天高矣而人窮其數地厚矣而人探其變舶海之人不一而莫能知其所濱潮汐之往來有期而莫能究其所發以海外之不可名是殆與天地同其大其生育秘異無有竭然則其神之所尸威靈豈不盛哉望祀山川之禮權輿於虞書夏商周悉嚴四望則坎壇而祭不先日月星辰之位爾他神莫之與隆及郊上帝大雩大禘又列享之後之世復卽嶽鎭海瀆之所廟而祭之

唐開元之禮纎悉具存凡茲廟制咸有殿堂像其
神南面而坐爵號爲王公神之冠服禮如其名今
其風流緒狀有儼然前日之餘殿之南又級土以
爲壇每歲五郊迎氣之日卽以其方脩其時享其
爲祭之具祭官及在位者詔奠拜興鈞從事於壇
尸殿像而無堂事其器用以古法是供而無降神
之樂禮之變豈一邪南海神祠舊隸廣州之域今
扶胥鎭之西曰東南道水陸之行里鈞八十號其
神曰洪聖廣利昭順王立夏之節天子前期致禮

冊文命郡縣官以時謹祀事犧牲器幣務從法式罔或不恭典刑其臨汝今之守是邦者常節制一道曰經畧安撫使兼治州焉其馭事大其統地夥朝廷必擇望人爲之位既高矣往往懈於事神失虔上意故海祠久之不葺先時此民與海中蕃夷四方之商賈雜居焉皇祐中廣源州蠻來爲寇民之被殺之餘流散殆盡後雖歸懷無復昔時之饒富及是嘉祐七年秋風雨調若五穀豐實人無疫癘海無颶風九縣旁十有五州無盜賊之侵民相

與語曰茲吾府帥政令公平之召亦南海大神之
賜遂入謁府廷曰海祠頽敗願輸吾貲新之用以
答神嘉貺公曰是吾心也不言吾且有命乃以屬
之番禺宰廟之屋三百餘間革者舉新之九月興
役明年五月事既府命縣曰其以牲酒告成於神
府帥者誰尚書左丞集賢院學士余公也公生始
興尤熟南俗嘗破廣源之寇又嘗爲帥桂林又嘗
以安撫使涖之廣桂一體也其恩德固已浸淫此
邦矣下車之日民自承風故令易孚而和易洽至

其他美甚多非廟文所宜及望之引避朝命南遊羅浮山目公之寬裕宜人知公之虔恪宜神因道廟下稽首海德作詩遺南人歌之詩曰伊神孔碩司海於南河伯之元嶽祇之叅誕惟厥靈風雨不揜德寔爭民民依以贍惟海洋洋允敷無外川谷攸同天地攸賴哀惟時大罄天爲對育物之無名兮其冲宜爾無盈兮古之天子以時望祀肇廟其旁越在後世冊以王爵衮冕有偉介珪是瑞太牢是犧嘉祐名元新宮旣績惟斯民之力惟令之職

惟元侯之德惟元侯之德由大君錫神休其無斁

四章章八句　治平四年十月一日武寧章望之譔

洪聖王事蹟記　程師孟

熙寧四年辛亥三月予自長樂移領玆州先是予嘗患夫嶺外之郡城郭不設廣爲東西兩路之會安危繫之而無城之害尤爲不細自智高之亂居民常懷兵燼之虞議築累年卒不果就予始至勇於必爲既奏可將以其年十月舉大築而粤地歲多霖潦或彌旬涉月而不休予謂以神之威靈其

所以惠於一方拯人之苦捷於影響妙應顯迹古今所傳朝廷所尊今城之作也庶能輔相以完其功是以內竭誠心蚤莫以禱故始於興役以終迄工之日無一朝之雨而落吾事遂成大利以銷狂獠偷窺竊發之萌使嶺海之民安於其居無復乎時之憂則神之有力於斯也不其偉乎府之東南八十里則岸大海蓋神之廟貌在焉五年壬子正月之十七日旦晝新城見於水中踰數刻不没海旁之民走觀者無不駭異夫惟神之宅兹土而愛

兹民也今平城之就有百年之安而無一日之驚
維神嘗推力陰爲之相卒克有成其將悅乎其心
而爲此者乎不然豈徒飾其變化之奇以驚民視
而玩威以累德哉予來之明年春而城之餘工將
竟也有嫉之者以訟於朝未幾予有荆渚之命將
行矣蕃漢之民欲予留也期相與謁神再拜焚叩
乞杯而卜之凡杯之驗以仰爲陽以覆爲陰遇陽
則吉而得陰則不祝而約曰留則仰不則覆葢屢
乞而屢仰然後皆拜如初以謝神賜衆出而語人

曰公留矣神且告我矣既而予果留先是予一夕夢俱訟者竝轡於涂見大第屹然類公府之爲者予郤馬旁立彼輙先馳及門則墜而仆於地予徐以進歷觀位序堂奧之美久之乃寤其後被旨躬禱東祠既入宛如夢之所見恍然幾若舊遊之可以尋也予遂知夫神之至靈有以照於無形於其得失之機而示予以其兆焉昔智高之入於州也日惟殺人以作威其戰鬭椎瘞之處則今所謂航海門之西數十步而止逮予爲城垦其顛以立神

像而祠之適在其地無少差焉經營之初不入於
慮豈神之意有使之然欲以是爲居以鎮不祥之
所而殄其殺氣之餘與斯民排蓄遏患於無窮者
邪予竊以謂神之爲德其高明幽妙葢隱於無而
不可易知至於接物則無閒於貴窮皆與之爲應
其迹赫然使人知所勸懼以予爲守四年於兹穀
登民阜寇盜衰息而瘴癘不作蒙神之助居多今
所書數事得於聞見之詳皆可傳者遂爲之傳程
師孟譔

加封南海神記　元　緯

皇祐壬辰夏獠儂猬二廣緯奉詔使嶠外門廣民皆稱道南海神事明年賊平輒以狀聞於朝上心咸焉召詞臣蔡襄作誥增王徽名且遣使奉將綈函就勒篇署致牲幣之祀今年春又敕中貴人乘傳加王冕九旒犀簪青纊充耳青衣五章朱裳四章革帶鉤鰈績祓素單大帶錦綬劍珮履韈并内出花九樹袿襹簪鐲署曰賜明順夫人又命道釋爲之會凡十夕旦以答王靈休冬十一月緯來謁

神祠伏念天子仁聖潔誠以依神康保於元元所以蕃錫之備厚宜有金石之刻鋪張光明使極天所冒知朝廷威靈變化之感噫嘻盛哉至和元年歲在敦牂十一月十一日庚戌記

南海廣利洪聖昭順威顯王記　陳　豐

南海王有功德於民威靈昭著傳記所載與故老所聞歷歷可考自唐以來褒封崇極隆名徽稱累增而未也天寶中冊尊爲廣利王牲幣祭式與爵命俱升元和十二年詔前尚書右丞孔公戣爲刺

史有惠政事神不懈益虔神所顧歆風災熄滅仍歲大熟韓昌黎爲之記爛然與日月爭光神之靈亦益著聖宋開基太祖皇帝遣中使修敬易故宫而新之冊祝惟謹仁宗康定改元之明年增封四海而王加號洪聖皇祐壬寅蠻獠猖二廣暴集三水中流颶作閉關渴飲雨降而足變恠驚異賊矍然若加兵頸上一夕遁去有司以狀聞上心感歎詔增昭順之號加冕旒簪導以答靈休元祐閒妖巫竊發新昌領衆數千來薄城下官吏登城望神

而禱是日晴霽忽大晦冥震風凌雨凝爲冰沍羣
盜戰慄至不能立足望城上甲兵無數怖畏顛沛
隨卽潰散雖八公山草木之助未若是之神速也
狀奏下太常擬定所增徽名禮官以爲王號加至
六字矣疑不可復加二聖特旨詔工部賜緡錢載
新祠宇於以顯神之賜太上皇御圖慨然南顧務
極崇奉紹興七年秋申加命秩度越元祐於是有
威顯之號寵數使蕃不以爲侈第恨無美名徽稱
以酬靈貺豈復計八字褒封耶左海遐陬颶風掀

鮫蛟鰐磨牙祝融司南彈壓百恠庇護南服俾瀕
海居民飽魚鰕厭稻粱舟行萬里僅如枕席上過
獲珠琲犀象之贏餘歛惠一方厚矣而京師頃年
旱暵異常裕陵遣使懇祈雨雪應不旋踵又何惠
澤溥博若是也黎弓毒矢嘯聚巖谷多樠大椊出
沒濤波弄兵未旬時旋即撲滅蔭獲捍禦而人不
知神之力冥漠之中陰賜多矣至於震風反𩆑霈
雨蘇湯見新城於水中出陰兵於城上飛鼠凝澌
變恠萬狀又何靈異顯著若是也曰者郴寇猖獗

軼連山南海牧長樂陳公偕部使者祓齋以請于祠下未幾賊徒膽落折北不支屬城安堵帖然無犬吠之警公之精誠感神如桴鼓影響之應神之威靈排難如摧枯拉朽之易皆當大書深刻以詔後人豐功乘一障在窮海之濱方托价藩栟幪而竊神庇居多不敢以蕪纇爲辭謹再拜而書之

南海廟達奚司空記　　許得已

達奚司空不知其世次終始或云梁普通中菩提達磨由南天竺國與其二弟航海而至司空其季

也道經扶胥之口巍廟謁王王留與共治司空不可起欲遂去揖死坐閒今其像猶故時所以見王之身有欲去而不得免之狀其傳宜若不誣番禺故都會也控引海外海外諸國賈胡歲具大舶齎重貨涉巨浸以輸中國當其天地晦冥鯨呿鼇擲驚發頃刻乘之以烈風雷雨之變舟人危懼顧無須臾死以號於神其聲未乾倏已晴霽舟行萬里如過席上人知王賜出於神之輔贊益如此故禱謝不絕至以疾癘水旱來請者履滿祠下祭法曰

有功於民則祀之神之血食於此其有功歟國家稱秩元祀舉王之祭祠以孟夏神顔其享因作迎神送神之辭以刻之石其辭曰神之來兮紛風馬之裔裔建雲罕之翻翻兮翳翩然之羽葢從王而降於庭兮藹萬靈之來會靈宮沉沉兮鏘瑽然之環珮犦牲薦酒兮左殺右截巫歌且舞兮神既飽醉神之去兮隱雷車之闐闐灑飛雨之冥冥兮森兵衞之戈鋋從王而返其宮兮紛潏湟以導前聲五嶽而震蕩兮勢呼吸乎百川飄不可追兮空留

豆籩民恭且畏兮何千萬年許得已撰

重脩南海廟記　　　　廖　顒

仰惟洪聖位冠四海尊配兩儀歷代人君悉嚴厥祀自唐之前邈不可考繇天寶之後則有稽焉宗工鉅儒如韓愈輩以大手筆刊諸琬琰昭示萬代王之徽稱瑤冊晃旒服章與夫功德威靈上以佐國下以濟民或禪大計或弭大盜或捄大菑或贊大役凡有祈禱應若桴鼓殊勲顯績巍巍堂堂何其盛哉矧夫滄溟之廣萬里無際欠伸風雷嘘吸

潮汐胡商越賈具萬斛之舟張起雲之帆轉如山之桅乘長風破巨浪往來迅速如履平地非恃王之陰祐曷克爾耶西南諸蕃三十餘國各輸珠賷輻輳五羊珍異之貨不可縷數閩浙舸船亦皆載而至歲補何啻千萬緡壓肆貿易繁夥富盛公私優裕繫王之力焉朱明之祀祭告謝報之禮御香祝冊以時頒上以欽崇可謂至矣古廟即扶胥之口又一在州城之西南隅故有東西二廟之稱天寶元和間增拓東廟庭壇迨我國朝藝祖臨御首

遣中使重加崇葺嘉祐中余靖常脩之元祐中蔣之奇奏請賜緡增葺兩廟范周安葺東廟於政和季陵葺西廟於紹興咸記於石厥後歲月寖久棟宇滋弊死木剝朽像設漫漶上下因循但支傾補漏而已振而興之理若有待然非誠心何以奉神非正己何以立事神罔常享享於克誠奉神而不誠其心可乎身正不令而行不正雖令不從立事而不正其己可乎吳興陶公定誠心正己本乎天寶厲操律貪鋤奸剔蠹所至有廉直聲持節初届

欸謁二祠延目周覽歎其有所未稱者更新之圖
匪我孰任於是節約官緡無纖介妄費出其奇羨
市材募工大興營繕役弗及民廼斵廼削廼塗廼
墍不扶而勉勿亟而辦隆其棟梁壯其柱石榱椽
欂櫨棖闑椐楔楯牖陛級瓴甋甗甓皆革去鼎取
像貌嚴整儀衛一新殿堂廊廡齋廬宿館山亭水
榭靡不宏邃又剏建風雷雨師之殿金碧交映光
彩盪目二祠皆然用副國家崇奉之意使瞻謁者
齋慄祗肅以旌王之功德靈顯後之來者倘有以

繼之則二祠嘗新而無替矣是役也經始於乾道丁亥冬十月初六日凡用功八十二日而告成父老恐公之去此以顒朴直取信鄉黨請書其事以紀歲月顒雖不敏敢不直書以告將來是歲十二月二十八日左朝奉大夫主管台崇道觀廖顒記

重脩南海神廟記　　陳大震

古者帝王巡狩方岳不至四海以四海在要荒之外不可得而至也周禮凡將事於四海山川校人飭黃駒而望祭焉祭以坎壇未有祠廟漢武帝雖

登之累浮大海欲求仙耳不在海也至隋文帝始命於近海立祠以巫一人知洒掃多植松栢南海祠於南海鎮即今之扶胥鎮距城八十里者也在武德貞觀之制則嶽鎮海須年別二祭以五郊迎氣之日祭之各於其所南海於廣州祠官以都督刺史望此祠祭之始也天寶十載封四海爲王南海曰廣利以三月十七日同時備禮此封爵之始也惟兹南海神次最貴元和閒刺史孔戣拓舊廟而大之又得韓愈碑爲之發揚祠禮之盛莫盛於

此時至宋康定加洪聖之號皇祐加昭順紹興加
威顯合為八字前乎紹興四海同封而異號及紹
興疆土乖離獨南海耳自天命歸於皇元至元十
三年乃入職方氏神始有會同之喜二十八年世
祖皇帝加以靈孚之號天使奉宣命馳驛萬里至
廣城官吏無不肅恪將致寵光於正祠開祠已廢
乃於城西別祠行禮焉同知總管府事趙公勝與
曰自隋唐歷宋踰七百年鎮之祠無不脩舉今廢
不治遺神之羞夫君所以養民神所以衞民君之

敬神正以民故食君之祿而不以君之所以敬神
者事神可乎乃捐俸脩之未備也三十年公陞宣
慰副使復脩之苟合矣已而被命僉都元帥府事
始得展其力乃於農隙募材鳩工入執宮功一木
一石之未良一斧一鑿之未精必更之使盡善乃
已大門三間橫二十二丈翼以兩廡從三十二丈
正殿歸然其中又演兩廡三十二丈至寢殿崇廣
如正殿明順夫人之所處也下至輿衛翼從悉有
寧宇又崇館以爲天使弭節之使雖祝使庖夫所

棲亦皆完好凡爲屋一百二十五間歷十餘年而後就吁公之勞心殫力而爲是者何也或謂公初涖職平海寇禱於神神克相之故殷殷於是又以上恩久任獲與斯民相安民亦知有上命予來經營乃克就緒大震約居二十年有田數畝在廟傍時勞耕者父老誇侈其事俾大震記之韓碑在前何敢穢珠玉側第公之功德踰於孔戣不書則後人何以稽故不得辭復有一於此初亦不能無惑張宣公拭嘗云川流山峙是其形也而人之也何

居氣之流通可以相接也而宇之也何居遂疑唐以王爵封神者未然也及觀家語云季康子問五帝之名孔子曰天有五行金木水火土分時化育以成萬物其神謂之五帝然則五行既可爲帝則四海之爲王又何慊乎立之祠而設之像亦靈星之尸之意幽爲神明爲人是或一理弁冕端委亦其爵秩之當然爾然乎不然必有能辨之者大德七年歲次癸卯四月朔旦承事郎前廣東道儒學提舉陳大震記

明勅祀南海神記　　徐九皋

洪武二年春正月四日羣臣來朝皇帝若曰朕自起義臨濠率衆渡江宅於金陵每獲城池必祭其境内山川於今十有五年罔敢或怠邇者命將出師中原底平嶽瀆海鎮悉在封域朕託天地祖宗之靈武功之成雖藉人力然山川之神默實相予况自古帝王之有天下莫不禮秩尊崇朕曷敢違於是親選敦朴廉潔之臣賜以衣冠俾齋沐端悚以俟遂以是月十五日授祝幣而遣焉臣九皋

承詔將事惟謹三月初三日祭於祠下威靈歆格
祀事孔明礱石鐫文用垂悠久惟神浤深廣博利
益南陲典禮既崇綱維斯在尚期風波寧謐福澤
生民是我聖天子之所望於神明者而亦神明祚
我邦家之靈驗也

重脩南海廟記　　徐宏

粵自唐虞既克受命配天享帝又必禋類於名山
大川嶽瀆之神所以表誠敬報本始也厥繇古矣
皇帝奉承天命奄有四海嶽瀆羣祀悉在境內所

至分遣殖臣遍走羣望以致恭肅法古道也中書平章廖公奉征南之命取兩浙破閩下廣遂定五嶺以南暨於海島萬里靡不臣服於是訪前聞稽祀典曰南海神祝融最貴位崇於東西北海三神河伯上自唐天寶中册以王爵加以廣利洪聖之號舊有廟在廣治東南八十里扶胥之口兵燹歷載廢壞不脩匪稱神居廼命中書椽高希賢董之以縣尹吳誠督工輸以没入之材役以貸青之氓易朽腐以堅貞飭昏漫以丹黝殿堂寢室載輝載

崇致齋有廬更衣有所廊廡庖舍脩列畢備迺洪武二年三月朝廷遣乎教院掌書徐九皋欽奉御署祝册香幣致祭於神廟初落成適與禮會征南公躬率寮屬致齋行禮用體皇上敬事神祇之意脯醢豆籩肴羞孔潔牲幣載虔旣陳旣獻神靈肹蠁風濤恬息歲卜豐稔公之南征副以叅政朱亮祖贊襄以省椽高希賢竭知殫力知無不爲故埋民事神咸盡其道公之功施社稷澤被生民不可殫述而此其一事爾耄倪士庶咸願播之文俾永

垂不朽遂序其槩刻石以紀

拱日亭記　　徐宏

出廣城東南八十里其山雄巒與諸峯特異逶迤磅礴下抵黄木之灣南海之神廟焉山之麓西南馳百許步有峯巍然突起盤盤屹立於洪波雪浪之中俯瞰蒼碧窺暘谷之混茫東際虎門觀尾閭之蕩潏舊建亭其上以浴日名屬戎壘在郊而亭以圮廢洪武二年春朝廷遣使致祭於神中書平章廖公率僚屬行禮祠下中書掾高公思齊以衆

賓從既訖事而過焉愛其境之勝也相與棉菩石
撫遺跡仰觀蒼茫北極遠睬則渺靄無際俄而朝
暾乍升波濤騰赤金鴉激電涵湧相射峊壑晃炫
精采翕忽魚龍海若鼓舞翔集若趨若湊若拱若
覿雖泰山日觀殆不過此乃復建亭其上重阿周
輔簷牙飛騫題其扁曰拱日蓋日爲陽宗人君之
象拱如衆星拱辰之拱君之登覽於是見衆水之
沄沄而東注也萬物之森森而既附也慨然動子
牟戀　闕食息不忘之心非但葵藿之傾而已也

則名亭之意其不深歟時同遊者鈞陽李宗伯東魯趙宗德五羊孫蕡古汴封蹟江左應遜督工則番禺令吳誠也閩中徐宏偕行遂文以紀

重脩南海神祠記　　余志

成化己丑歲志以秋官謫廣州倅涖事未浹旬都憲陳公念部下逃絶田土不清命志往理之事將竣又以增之城隍不飭復命志往築之陳公去都憲姑蘇韓公至又以南海神祠年久摧圮誠非重典之意謀於方伯江浦張公又命志易而新之會

其營構費夥百工浩瀚况增之城工未告復領是
責非易易以戚也然既有命罔敢辭又往以經營
之神祠據海一望天際混茫驚濤恠浪颶風陰霏
不時狂起摧山拔樹折柱破屋祠非完固烏足以
當之然欲一新以爲經久計非遠猷不可也先是
祠外牌門岸海以木爲之歲脩卽朽志則鞭石以
代之四柱擎天抗海門而雄嶺表八紘拱極捧瑞
日而出扶桑任風雨不能淩夷與神祠同其休美
此牌門一新也舊扁額以祝融於禮未宜一遵我

朝廷制刻以南海神祠表當代禮制之正鄙前古徽號之訛此扁額之新也牌基外道入海內道入祠與左右暨浴日亭逕路皆甃以石逶迤龍奔引天潢而分地紀盤迴虎踞控百粤而限諸夷此道路之新也大門翼翼尊南服而闢闔陰陽儀門將莫海邦而闡揚威福使望者起敬趨者肅恭此門戶之新也東西廊廡峻起而軒翔左右階級低昂而有殺此廊廡之新也拜香一亭恢廓規模可以容百執前後二殿奐然伊域足以妥神靈此殿

亭之新也乾之南神廚庖庫皆就法式潔牷牲薦品物之有其所此廚庫之新也坤之北齋堂一所齋房兩楹駐使節肅有事之得其地此齋所之新也他若昌黎碑記爛然與日月爭光歷代冊祝煥乎與雲漢增彩其事跡雖舊整而飭之又一新也祠宇既新百廢具舉所用一木條石寸土片瓦皆需金穀金穀出於官而不斂乎民工力役乎民而民樂趨事鳩工於庚寅之孟冬告備於辛卯之仲夏董督者義民湛文陳質也住持者羽士馮日祥

也總其綱者志也載瞻是祠一則以寓神靈而稱
雅觀一則以副都憲方伯公之美意二公美名與
祠同爲悠久茲祠又與天地相爲悠久也矣祠新
以後林麓倍生光彩山川頓爾清明嶺表晏然邊
陲肅靜雨暘時若海熟田豐居民飽魚蟹而飫稻
粱舟客順靈飈如歸袵席此又神靈所賜也不有
以記之後世無所考日祥礱石請志文而刻焉志
謂神之靈乃天地精英之氣所發豈人力之所能
耶前代封之以王爵配之以夫人是以人主之矣

蓋海之爲物甚鉅涵天載地默運化機神妙莫測
乃理之自然也何主之有哉且又配之以夫人必
其東西北海之子矣以海而有子則以神爲王宜
矣較之於理恐不然此予不能無惑也歷代祀典
掌之宗伯議之朝廷未能有辯而聞於上以正之
者泯泯棼棼相仍百世良可慨夫洪惟我朝初定
禮制去其舊號止稱南海之神一正前古之謬惜
其夫人之謚任言責者忽諸尤未革之也此又不
能不辯之矣夫以海而稱其爲神蓋以聖不可知

而名矣豈常人所可得知其妙耶予旣次第一新之制而復辯之以正言其所未盡者復運心思作歌形容神妙曰包涵天地兮其體克鴻蒙混沌兮其氣雄含宏廣大兮無不容稾籥亭毒兮成歲功潮汐吐納兮呼吸中日月磨盪兮眼界空鼉鼉吼兮聲音洪雷霆轟兮聽德聰遨遊滄溟兮駕虬龍凌駕羽淵兮追毒熊吹嘘萬物兮揚八風餌釣鯨鰲兮絲霓虹涵百靈以驅惟物兮怒浪之洶洶旋乾坤而轉輿軸兮旋飈以颯颯潤澤溥博兮施予

惟至公變化萬態兮妙用而無窮陰翊皇度兮國
泰時雍奠安邦人兮時和歲豐總百官兮衆水朝
宗均四海兮五嶽尊崇來祝頌兮振三呼之華封
享廟食兮亘萬古之典彤古今崇重兮其禮隆幽
明交感兮其氣通神靈之妙兮昭明而有融斯民
是賴兮天地而始終

南海廟賦

太僕寺丞　鍾夏嵩番禺

歲閼逢之貞吉簡元辰以東馳蹟扶胥之隥道仰
閟宮乎歸巘經牛女而分域鎮百越以封基隱巨

靈之奰贔貫長虹以蝼蛇邇淩兢之閶闔迥髣髴乎咸池路礐硎而如砥苑芳瑞之棽麗濯滄溟之灝漾挹曦赫於嵎峽雲霴靆以遠結隱槮櫹而陸離坌蹤蹱以緩步欻矘睇而中疑類神輸與鬼作叢幻化之瓌奇吁可畏哉其駭人也爾迺登高瞻眺埢垣嶺徼拱揖崟峇崱屴嶚巢嵾嵲嵂崒嵧嵘嶕嶢巉嵯崛岉磅礴霄漢蔽虧日月不霽以瀃負暄而烈徑崣嶘而嶆嵘峻嵌巖乎陂陀衍沃壤於奥藪下培塿以重藹蓊卉木以嶊嶉紛靃靡其森

羅神芝嘉穀靈葩丹藥垂條芘虒爍蘳猗難梗柟
楓梓波羅橘荔之屬樾幹而梂柯累章積仞合抱
連綿瀏莅㛦吸陵谷駊騀闇硆谺之飄聲儵㦊廩廩
其眩吪中有豸豹文彪勁蠷飛鼯山瀰野漫夭矯
轟㷓又訝乎蜩蛃之踁踱蘷魖之傀傀蝬貁麇麌
之羣鶬鸞鴽鷥之醜舉儦俟而貅徊觀於海者浸
涵天地潋灩江漢淊潗瀋濞溦洌混瀚瀾潙瀵澌
濤瀨激渙吐納吸呼潮汐淅淅淙尾閭以奔溜泊
埏垓而漫漶氣滃渟以霧綴波接天而疑岸經乎

泱漭之壄通乎蓬瀛之漾泛之無涯察之無象鱣
鰋鮰鮦鰝鱁鰿魧寶罔如陵介鼊如嶂江豚海狶
魚牛虎蛟難以殫形千態萬狀鯤鱦鱊鯞鱞鱧魦
鱝鰅鱺鮑鰂鸁黴魮鰩之種徼鉅衆駭不可量也
外則珊瑚瑇瑁贆蛔車渠鮫人之綃淵客之珠爛
陸熒巖麗川沃瀵旁唐玓瓅崔錯披專迺若獰飈
颮浪瞳朧掩光瀊洘泌瀄硶磤瀆滂霾巒溋谷鷊
霆颱霜禺黿䲉其發甝天吳奮乎周章水怪百出
山靈盡翔乃徐觀乎狻獸之恐懼與輕禽之頡頏

泬寥既清鴻濛式廓慶霱氤氲渤澥融熗扶桑騳
嵑㟝嵫碧熇蠓房如厔蜃嘘如閣見喬山之帝都
望仙子於廣莫飲沆瀣以永年拂纖𧝁而媌嫋終
朦朧以長盱鄙前王之臆度羌重譯以祝聖偉丹
鳥乎來儀摶羊角而鵬化瑞龍門之躨跜粱天潢
以邇極湓霅煋而颷蜚兹所以睢睢皇皇蒸蒸如
也爾乃歷乎壝瀕朱宇臨層殿闢閶戶作陰作陽
若瑤若瑪輻轤軮軋蠡齟齬齬水臬之所表正土
圭之所測序著卜之所辨機離輪之所營慮下剫

南海廟志　卷五　賦　　　　　　　　　　　四

旆以縝紛上龍蓯而旁午赫璀璨以迷眸流蚴蟉
而延佇被椒桂以苾芬響瑽瑢其鳴堵噲正横虹
而糾霓嵗奥凝嵐以結霧藻棁之翹翹璇櫨之膴
膴文楹之玭玭繪軒之訏訏柍桭金碧以瓌瓏黈
艭丹堊而騰蓊穹窿窈窱以宨寥蠖濩蜵蜎乎容
與斗宿施於上熒光爥天而列炬殷靁應其鏗鍧
怪銅鼙之在虡忽縹緲以來窺森鬼神之攸芋屐
欃槍搴長離走屏翳撫馮夷豐霳擊靂飛廉獻颸
燭龍夙燗纖阿盱睢肆靈媧之鼓舞列裔皇乎踵

隨棫厲鮀於山麓溺旱魃於瀰澌信王威之顯灼
雩衆變之披離朝吾行於暘嶼求韓蘇乎故碑詠
清風以曠興訪古哲而諏咨認先公之手墨追遐
軌之不覊擬扁舟之逸約陟羅浮之嶔巇冲予褱
其感慨悲昔是而今非春與秋其代序指長天以
爲期又遊覽乎貞珉之華藻與百禩之章儀徵前
言之洽識維蠲德以昭禔肇徽號之旣正質冲漠
以無疑綀綸祠之淑旦禮壬林乎孔時奏嚴鼓以
閶鞈齊象服之攸宜播祥烟之醃馤鏘珮玉以葳

蕤登降獻其明潔鑠虩覆乎如茨穌雨暘以彳化
物阜滋乎丕丕殿濱隅以永鞏休邦國於允釐矧
皇朿之虔格禱嶙祉於昌期神歆馨以配命感協
氣乎淸彜紹前星之炳耀襲寶祚以重熙建乾坤
之徵兆攄六經以登辭鴻典錫以報睨澤㴟涌而
滲漓肹蠁漫乎洋溢靈浸徹乎幽微亘宇宙以彌
極與大明而長祇維仙岑之奥宅曰祝融之所司
彼廟貌之矗鬱豈徒壯海山之繪絺而已哉復系
以歌曰砐硪硉矹踞鰲極兮岭巆峋嶙水澓泐兮

三精烱霱葆神宮兮湛恩汪濊潝沖瀜兮蔚紫葱
翠靄霮霸兮參乎肇化機潛沕兮肅肅敫敫龍駕
遊兮磑磑翼翼景物鳩兮儲祥沍祜福南土兮嘉
禋禮虔餘慶溥兮鏗鏘樂石滌灋芳兮手披雲漢握瑤璜兮

冊祭南海神記　　唐　李邕

我皇乘時龍臨大寶三十載矣洪水鑠於元古大
澤浸於有截恢復五運更名三辰以爲海者沖融
浮天汗漫吐氣載萬有朝百川屢效休徵之應未
崇封建之典逮天寶十載三月庚子冊爲廣利王

明盛禮也分命義王府長史范陽張九章奉玉簡金字之冊將璧環幣帛之貺拖毳衣繡潔牲正辭神理居歆佇百福而上達帝道惟永視九嬴而咸乂洋洋乎未始有也初張公作宰南海亟遷右職惠化未泯琴堂尚存人挹子奇之風時美相如之使議政之老惟見子孫左書之史俱垂班白風疑郊倏鱗雜歡迎詠舊德於江下觀慈君於鷁首咸謂愷悌君子令問不忘者歟夫典冊光揚德貴周洽信美不著古人所慚敢舉其凡以記於石

南海神祠碑記　　黎羽人

禮曰天子祭天下名山大川五嶽視三公四瀆視諸侯諸侯祭名山大川之在其地者避黎氏之居板橋也本南海之嶼藉祝融之庥庇乘風潮而往來雖甚震撼無或傾沮出雲雨澤時和年豐波濤流宕汰其害氣無有疾癘停毓祥淑人物暢抜靡不賴焉是故四業之民歲時奔走惟南海之神是托是賴神廟在廣州治之東南海道八十里板橋更在神廟之南凡奉瓣香賽謁則必渡海而後得

詣于廟往返必竟一日板橋更立爲神祠當大南
岡之下古道之衝所以便祈祝其來舊矣一曰板
橋人家抱山而環水地勢由三老七星峰至南岡
蜿蜒而過古之善爲青烏術者教立祠宇而傍鑿
二井以鎮洩其氣脉俾於焉停聚爲居者利避黎
氏初本單傳今數世繁衍千丁衣冠代起皆以此
理固宜然羽人按以古者之制南海神次最貴在
唐册尊爲王避國家以人神異道不仍其稱然記
有恆典則視諸侯禮也避黎氏雖代顯而有大功

於朝爵不過諸侯又非若古者受社分封建國之地以爲恒祀得無淫僭然羽人之先入有園居卽在祠側今且家焉羽人雖生于五羊然歲時伏臘必歸而祀於祖因獲隨諸父兄後肅誠會祀於神見夫祈者必應禱者必福神冕服端凝居然王者之儀而匹夫匹婦苟竭誠長跪舉酒拜叩燒燭獻楮顒若望之神容色凜然酡醉故莫不敬畏魏恭簡爲督學使者時以是爲淫祠欲毀之方召工役撤垣壁遽報恭簡去位而止今祠柱猶有鋸痕深

八寸許又翙人之弟遂璧瑱以修祠飭榜匠某竊

匿色料去忽若冥冥中有擊之者昏悶沉痛亟輸

誠來還之請罪百叩乃蘇若是者皆神之威靈顯

赫使非宜祀則豈能然夫以天子之尊侯王之貴

覲聘有儀式會同有時侯無或敢褻且瀆者然華

封人得以祝堯罪人得以泣禹祝網者得以受解

于湯老而釣者得載而見之于武然則以神之尊

不遺卑賤鑒而享之宜也今齊魯之間皆祀泰山

元君往往立爲行宮其地邇畿輔太常宗伯不以

爲禁又何疑于是故神而致福則宜祠祠而歲久
則必宜於修飭崇正已卯遂塈實偕諸兄弟募工
易祠垣以磚使可堅久拓爲廚所使齋獻地規度
仍舊則以師青烏家之遺意毋敢增殺弁俊而羽
人曾於萬歷已未之夏爲父病禱之神請以身代
旣而父愈羽人亦竟以得寬於罪譴至於南北往
返瀕危獲免皆信爲神力因肅誠齋潔爲文勒石
用彰休貺且垂告後人俾勉強爲善以迓神福而
系以詩使歌之以樂神焉其詩曰絳節兮雲霓飄

搖氣蒸山兮神乘潮持地兮生子居天一兮空輪何軌帝儵兮禪代避求福兮同彼泰岱神謂避兮無傷迎明王兮壺漿蕉萎兮蘆萄貴爲王侯兮不吐避食唯善爲馨兮誠信是實南山巍巍兮春波灝灝蛟龍黿鼉兮虬螭神駕兮霧靄光瀰而參差晃旒兮龍袞植鍕觀歎兮扶嵒黃木灣兮露花之濱去復來兮福避善人

送三峯歸南海序　續檢　狀元羅　倫江西

南海之涘有三峯焉蟠踞廣博意氣端重色如頳

玉者兩峯也風骨巉巖氣度軒豁如神人異僧使人望而敬之者南峯也娟好靚秀如素女静姝遠之可愛而近之不可狎者東峯也烟消霞斂風淸日明陰陽和暢萬景嫵媚眉睫間一接佳氣則精爽飛動神情怡悦及夫雲霧歘起雷電晦明則神没鬼出駭目驚心倏忽萬狀此三峯之所同也兩峯在東而容君彥昭有之兩峯在玉樓之西易君德元有之東峯在魁江之上陳君秉常有之三峯之外在番禺者何氏有矩峯在東莞者林氏有熙

峯三峯高出白雲九曜石鼓大奚諸山皆俛伏其下不敢抗視五峯脉脊皆自崑崙崑崙在白沙南世傳頴川白龍所宮天下文明則見海南諸山崑崙最高蒙泉潤澤可被千里屯雲膚寸可雨天下與羅浮相望群峯列岫層巒叠巘凡出崑崙者皆磊落奇詭特異衆觀雖跨州超邑横河絶海而端巖拱抱尊面崑崙如弟子之服先師無違背者武夷之西雲谷之東蔡氏有九峯胡氏有五峯成二山之偉觀此五峯者不亦重白沙崑崙之偉觀乎

客有好奇者曰子知南海之崑崙矣知西海之崑崙乎吾能言之其大蟠天地其高蔽日月閬風之苑玄圃之墟宮天帝而館神人其八中國者北紀則嵩華恒岱南紀則岷峨衡廬小天下塊三山坏五湖者皆崑崙之支脉爲之也子欲盡天下之大觀吾與子其俱往三峯主人同聲曰諾吾將由南海之崑崙陟西海之崑崙矣遂仗劍長歌浩然而散

海賦

木華

南海廟志 卷

昔在帝嬀臣唐之代天綱浡潏爲凋爲瘵洪濤瀾汗萬里無際長波涾㴸迆涎八裔於是乎禹也乃鏟臨崖之阜陸決陂潢而相沷啓龍門之岝嶺墾陵巒而嶄鑿羣山既略百川潛渫泱漭澹濘騰波赴勢江河既導萬穴俱流掎拔五嶽竭涸九州瀝滴滲淫薈蔚雲霧涓流泱瀼莫不來注於廓靈海長爲委輸其爲廣也其爲怪也宜其爲大也爾其爲狀也則乃浟湙瀲灩浮天無岸浺瀜沆瀁渺瀰泼漫波如連山乍合乍散噓噏百川洗滌淮漢襄

陵廣舃漻藹浩汗若乃大明摭轡於金樞之穴翔陽逸駭於扶桑之津彯沙礐石蕩颾島濱於是鼓怒溢浪揚浮更相觸摶飛沫起濤狀如天輪膠戾而激轉又似地軸挺拔而爭迴岑嶺飛騰而反覆五嶽鼓舞而相磓渭濆淪而滀潔鬱沏迭而隆頹盤盂激而成窟消沸濼而爲魁潤泊柏而迆颺磊匒匌而相豗驚浪雷奔駭水迸集開合解會瀼瀼溼溼葩華踧沑頊濘潗㵒若乃霾曀潛銷莫振莫竦輕塵不飛纖蘿不動猶尚呀呷餘波獨湧澎濞

灪礹硍磊山壟爾其枝岐潭淪渤蕩成汜乖蠻隔
夷迴互萬里若乃偏荒速告王命急宣飛駿鼓檝
汎海淩山於是候勁風揭百尺維長綃挂帆席望
濤遠決冏然鳥逝鷸如驚鳧之失侶倏如六龍之
所掣一越三千不終朝而濟所屆若其負穢臨深
虛誓愆祈則有海童邀路馬銜當蹊天吳乍見而
髣髴蝄像暫曉而閃屍羣妖遘迕眇䀨冶夷決帆
摧橦戕風起惡廓如靈變惚怳幽暮氣似天霄靉
靅雲布黮昱絶電百色妖露呵嗽掩鬱矆睒無度

飛澇相磢激勢相沏崩雲屑雨浤浤汩汩踸踔湛
濼沸潰渝溢濯泲濩渭蕩雲沃日於是舟人漁子
徂南極東或屑沒於黿鼉之穴或挂罥於岑嶅之
峯或掣掣洩洩於裸人之國或汎汎悠悠於黑齒
之邦或乃萍流而浮轉或因歸風以自反徒識觀
怪之多駭乃不悟所歷之近遠爾其大量也則南
澰朱崖北灑天墟東演析木西薄青徐經途瀴溟
萬萬有餘吐雲霓含龍魚隱鯤鱗潛靈居豈徒積
太顛之寶貝與隋侯之明珠將世之所收者常聞

所未名者若無且希世之所聞惡審其名故可仿
像其色霧霸其形爾其水府之內極深之庭則有
崇島巨鼇峌峴孤亭擘洪波指太清竭磐石棲百
靈颺凱風而南逝廣莫至而北征其垠則有天琛
水怪鮫人之室瑕石詭暉鱗甲異質若乃雲錦散
文於沙汭之際綾羅被光於螺蚌之節繁采揚華
萬色隱鮮陽冰不冶陰火潛然熺炭重燔吹烱九
泉朱爔綠煙腰眇蟬蜎珊瑚琥珀羣產接連車渠
馬瑙全積如山魚則橫海之鯨突扤孤遊戞巖嶅

偃高濤茹鱗甲吞龍舟噏波則洪漣踧蹜吹澇則
百川倒流或乃蹭蹬窮波陸死鹽田巨鱗插雲鬐
鬣刺天顱骨成嶽流膏爲淵若乃巖坻之隈沙石
之嶔毛翼產鷇剖卵成禽梟雛䴎褷鶴子淋滲羣
飛侶浴戲廣浮深翔霧連軒洩洩淫淫翻動成雷
擾翰爲林更相叫嘯詭色殊音若乃三光既淸天
地融朗不汎陽侯乘蹻絕往覿安期於蓬萊見喬
山之帝像羣仙縹眇餐玉淸涯履阜鄉之留舄被
羽翮之襂纚翔天沼戲窮溟甄有形於無欲永悠

悠以長生且其爲器也包乾之奧括坤之區惟神是宅亦祗是廬何奇不有何怪不儲茫茫積流含形內虛曠哉坎德卑以自居宏往納來以宗以都品物類生何有何無藩按李翰林謂爲未成而然王弇州謂賦首即移作九河亦可俞氏則以爲首尾都作渾淪之勢自是特識其水勢之浩汗道里之遼遠物產之瑰奇則於中幅約分三層以寫之

送區册歸南海序　韓愈

陽山天下之窮處也陸有邱陵之險虎豹之虞江流悍急横波之石廉利侔劍戟舟上下失勢破碎

淪溺者往往有之縣郭無居民官無丞尉夾江荒茅篁竹之閒小吏十餘家皆鳥言夷面始至言語不通畫地爲字然後可告以出租賦奉期約是以賓客遊從之士無所爲而至道透人情愈待罪於斯且半歲矣有區生者誓言相好自南海挐舟而來升自賓階儀觀甚偉坐與之語文義卓然莊周云逃空虛者聞人足跫然而喜矣况如斯人者豈易得哉入吾室聞詩書仁義之説欣然喜若有志於其閒也與之翳嘉林坐石磯投竿而漁陶然以樂遺

外聲利而不厭乎貧賤也歲之初吉歸拜其親酒壺既傾序以志别沈歸愚曰惟有志有守故能窮境定交首句乃通篇發議

送鄭尚書序名權字復常　韓　愈

嶺之南其州七十其二十二隸嶺南節度府其四十餘分四府府各置帥然獨嶺南節度爲大府大府始至四府必使其佐啓問起居謝守地不得即賀以爲禮歲時必遣賀問致水土物大帥府或道過其府府帥必戎服左握刀右屬弓矢帕首袴韡迎郊及既至大府帥先入據館帥守屏若將趨入

拜庭之爲者大府與之爲讓至一再乃敢改服以賓主見適位執爵皆興拜不許乃止虔若小侯之事大國有大事諮而後行隷府之州離府遠者三千里懸隔山海使必數月而後能至蠻夷悍輕易怨以變其南州皆岸大海多洲島颿風一日踔數千里漫瀾不見蹤跡控御失所依險阻結黨仇機毒矢以待將吏撞搪呼號以相和應蜂屯蟻雜不可爬梳好則人怒則獸故常薄其征入簡節而疏目時有所遺漏不究切之長養以兒子至紛不可

治乃草薙而禽獮之盡根株痛斷乃止其海外雜
國若躭浮羅流求毛人夷亶之州林邑扶南眞臘
于陀利之屬東南際天地以萬數（括山海經）或時候風
潮朝貢蠻胡賈人舶交海中（已上俱要學其造句法）若嶺南
帥得其人則一邊盡治不相寇盜殺無風魚之災
水旱癘毒之患外國之貨日至珠香象犀玳瑁奇
物溢於中國不可勝用故選帥常重於他鎭非有
文武威風知大體可畏信者則不幸往往有事長
慶三年四月以工部尚書鄭公爲刑部尚書兼御

史大夫往踐其任鄭公常以節鎮襄陽又帥滄景德隸歷河南尹華州刺史皆有功德可稱道入朝爲金吾將軍散騎常侍工部侍郎尚書家屬百八無數畝之宅僦屋以居可謂貴而能貧爲仁者不富之效也及是命朝廷莫不悅將行公卿大夫士苟能詩者咸相率爲詩以美朝政以慰公南行之思韻必來字者所以視公成政而來歸疾也首敘其權之大足以有爲次敘關係之重勉以處置之宜在言外末規其廉視其成政而來歸筆極雅健古奧錯綜法度嚴整此文沈歸愚所最賞者上章專敘本處此章專敘去處格法不同

南海廟志

五言古詩　香山陳蘭芝拂霞輯梓

觀海詩　唐張說

乘桴入南海海曠不可臨茫茫失方輿混混如重陰雲山相出没天地互浮沉萬里無涯際云何測廣深潮波自盈縮安得會虚心

玉簡　明叅議張詡番禺

尒圭兮禹錫金簡兮帝賜彼玉簡兮奚自南海神廟兮百世是祀

玉硯

藍田之產兮崑崗之出兮銅雀之妃兮龍尾之匹兮

南海神靈　都御史吳桂芳新建

海邦會屯運烝民罹寇羅東夷肆憑陵哨卒復揚波樓船暗溟渤烽火連城阿堂堂粵國都一振無誰何曰余鎮循惠銜命事征倭皇靈幸遠冒島醜方倒戈遂移東向師緜繹如江河烈日天助怒雨風神爲呵鋒合不移晷逆子成幺魔俘獻八百許

焚馘無遺艖收兵禮海若張燕臨層峨山花向人
笑好鳥當筵歌始識干紀者敗亡疾於梭爲語嶺
海人履順全天和

南海神祠　　尚書王士正山左

茫茫百粤閒衆水歸扶胥下滙波羅江日夜相灌
輸嵯峨兩虎門衛此陽侯居神宫壓滄溟潮汐在
階除我駕萬斛舟乘風但斯須飛廉送旄麾龍伯
爲前驅百靈何蜿蜒穹竈與長魚將命肅牲醴來
格神所愉振衣浴日亭遥見三足烏咫尺疑樊桐

覽彼天帝都

謁南海神廟

庶吉士 梁佩蘭 南海

粵服分四瀆典禮崇百王卦位乘南離鶉鳥翔朱方吐納秘日月氣化生乎黃地絕太始垠天啟鴻濛光肅雝臨宮庭瞻拜空彷徨

二

吉日祀孔虔節序當孟冬神光乍離合海色深曈曨重爐翼彤雲古壁飈靈風翠旗四飛揚如出珠貝宮拂我珊瑚枝長釣得白龍俯仰失宇宙造化

誰能窮

乎黄歌用楊龜山此日不再得韻送馬生歸

南海續檢　　狀元羅倫江西

乎黄浩無極滄溟忽枯桑况乃幺麼生浮雲度虚
蒼聚散倏忽間惜此分陰光方寸渺六合太極丸
陰陽氣機乘出入寂感無邊方存亡繫摻舍泰山
遠毫芒冰淵視臨履安此終然臧利劍一人腹慾
火肺肝戕雲子委塵泥至寶珍粃糠襟裾衣牛馬
四大空昻藏包羞含遺臭焉能復流芳咨爾媚學

子有欲斯無剛及時醒大夢盡夜馳徬徨仁宅固
云廣義路亦已長居由聖所與曠舍成荒莊馬生
南海來玉質披天章脫跡露軒冕游心聲教場謙
受若虛谷忘悔同牽羊顓師學干祿顏回誠坐忘
毫釐謬千里先幾宜自强寒雪立未消朔風上歸
航脊梁爾鉄硬一擔挑綱常仰視白日舊萬古何
當忘負茲彼綿力盡然我心傷行邁勵無斁罔念
聖作狂

南海廟志

七言古詩

香山陳蘭芝拂霞輯梓

題南海廟

提舉　楊萬里　吉水人

羅浮山如萬石鍾一股萬走如渴龍雷奔電邁遮
不住直抵海濱無去處貝闕蜃樓吐絳霞舉頭仰
戴祝融家珠宮玉室水精殿萬靈一日朝兩衙青
山四圍作城郭海濤半浸青山脚客來莫上浴日
亭夜半日出君始驚青山缺處如玉玦潮頭飛來
打雙闕晴天無雲奔碎雪天下都無此奇絕大海

更在小海東西廟不如東廟雄南來若不到東廟
西京未覩建章宮海神喜我着綺語爲我改容收
霧雨乾坤軒豁未能許小試日光穿漏句

銅鼓短歌　　張詡

銅鼓之形如樸滿銅鼓之聲響春雷舊聞俚獠鑄
爲此蝦蟇十二棲周回又聞小兒見蛙怪蠻酋荒
塚中悲啼陰風晝雨作光怪乘濤鼓浪天昏迷鎮
海將軍聞之怒叱令小鬼爲護持海不揚波在今
日坐令萬國來航梯

波羅蜜果

南海廟前波羅蜜靈根元自西域持扶疎聳抜如青蓋結爲碩果何纍纍金刀剖之索蜜漬一片入口沉痾離我聞楚王渡江得萍實剖而食之甜如蜜當初不是兒童謡孔子縱聖焉能識波羅雖珍誰汝嘉年年結果不開花想當移來天上槎曾否見識於張華波羅蜜波羅蜜伊誰作貢獻皇家

浴日亭　李秉同

黄木灣頭古野亭亭虚俯檻吞滄溟扶桑遥報日

將起洪轟海底魚龍驚細濯咸池眞皎潔不比尋常乍明滅悠悠煥照徧垓埏風簷蔀屋皆澄澈昔唐最重虞淵功塵埃洗盡依舊紅會得何須赤繩繫自有擎手回蒼穹夸父鄧林徒擾擾魯陽三舍應未了吾人見說寡君須豈知線量終縹渺狂夫彖背獻至尊烈士曝書遺兒孫世事浮雲只如此我愛古來銘浴盤亭去波羅猶咫尺廟神相對遙相憶朝捧清光蕩祲氛暮繞餘輝江震擊效靈宣秘護濠城蛟騰鳳舞黃河清果然義馭寅賓旭萬

國山河屬大明

波羅蜜　　教授　李元春

南方有此波羅蜜人所厭棄鬼神惜大如瓶笙身
拳攣長如囊枕針歷刺天西故是來處遙天南亦
有能相識君不見北人不夢象南人何處夢駱駝
蜀犬吠月越吠雪識與不識吾奈何

南海神廟銅鼓歌　　庶吉士　梁佩蘭

龍宮一夜蛟鼉舞南海廟巫扣銅鼓南海廟神廣
利王割據四海南海方銅鼓置在王廟左莊嚴鼓

縣四小鎖大巫一扣潮水平小巫一扣江水清二
月望日王生日鼓聲掌人拜出入相傳鼓是漢伏
波平蠻得自蠻犀馱至今鼓身滿黽鈕黽形剝爛
似蒼狗銅氣蝕盡不覺腥鼓皮凹凸生古青周圍
五尺背與面年月製造字不見更傳此鼓原雌雄
男律女呂音和同鬼神痛哭洩造化哀訴雷公撤
河下獨留一鼓歆廟前撞破世代千餘年當今
皇帝新卽位遣官祀王用王禮王靈震疊搖靈旛
彤雲赤日生祀壇銅鼓無人忽聲起鼓沉鼓響塞

天地須臾祀畢官欲回動着銅鼓驚龍媒四時海
激吼風雨重恐銅鼓又飛去

南海神廟古木棉花歌

君不見南方古木狀最奇木棉珍木天下知祝融
廟前更特出突兀磊砢無卑枝尊如冠蓋貴人高
在上其下低頭莫能仰鬢眉足發人慷慨丰骨端
爲世倚仗挺如節烈正士生成人百折不肯摧其
身眼看霜雪曠陰景獨與造化廻陽春幻如陀羅
百千臂一臂一燈照金地海底深扶紫貝闕天中

直貫長虹氣亘如十二芙蓉城仙人手把虹霓旌
徘徊入太微驂駕朝紫庭整如三軍野宿烟竈暮
赤羽江淮列無數紛如北客韎鞨衣模糊猩血疑
著碧眼胡木道乘五行水滋而土植其根爲金堅
其容爲火色炎炎天地無乎黄纖離出照明四方
元離之極麗于日君子用以懿文德文德含文章
天下稱至文南人實占之靄然見卿雲二月花蔽
虧樹樹枝相逞東風總不言遊人亂紅影海王宴
日當花開蝦蟇銅鼓聲如雷夫人看花出王殿花

光正掩龍宫扇王宴自有期花開自有時欲識此花種何年鼉趺半折唐朝碑

南海神祠古木棉花歌　山人　陳晚成

祝融帝子天人傑凡材不敢宫前列挺生奇樹號木棉特立南州持絳節拔地孤根自攫拏排空直幹無旋折生氣長資渤澥寬老鱗不受冰霜裂青春二月當艷陽觀者千人皆嘆絶繁英貫日下無陰麗色燒天炙能熱堂堂正正勢莫當密密疎疎隨所設落瓣全鋪細艸青飛鬚欲滿游絲纈似聞

昨日銅鼓鳴海神黼黻朝天闕玉女三千笑口開
電光一夜枝頭掣受命扶桑捧日車旌旗片片裁
虹蜺六龍戰勝各歸來髭髯盡化乎黃血不爾花
紅何太烈君不見四照之枝不可尋赤松渺矣火
井深爲君歲歲呈丹心

扶胥歌送王阮亭宫詹祭告南海事竣還都

兼呈徐健菴彭羨門王黃湄朱竹垞諸公

扶胥之口水所歸青山浮出如無依長波際天不
可極白日夜半揚其暉東風吹上木棉樹片片盡

作紅霞飛南海之神紱冕古瓊樓玉殿開朱扉前
駕赤虬後文螭左驅天吳右馮夷虹蜺架道雨師
灑蛟龍夾轂瞻旌旗九重秩禮來南紀誰持玉節
魚洋子天上連宵動使星世間久矣傳詩史歸舟
暫泊珠江南問奇訪古多所探都將十載相思夢
并作江城半月談唐詩三變猶堪把明詩三變風
斯下落落乾坤得數公盡掃榛蕪歸大雅羨門子
竹垞生與君意氣遥相傾徐公淵博能下士黃湄
忼慨多秦聲我抱區區君所察來時更枉羣公札

南海廟志　詩

山陽叔夜懶何堪吳下阿蒙目猶刮送君有作兼

羣公鳳凰今已飛梧桐和鳴律呂賴公等且放野

鶴閒雲中

南海神祠古木棉花歌　明經　梁無技　南海

太初天地屬鴻濛以水生木開天東水國滄茫分

四裔祝融獨鎮南離位木棉花是祝融栽木棉花

向南離開木棉花開海雲艷一治一亂木棉見君

不見昨夜老龍戰浪失驪珠江中啖影風雨颯沓

奔鯨魚又不見青帝行春百丈彩虹駕金莖酌露

傾入仙掌空中瀉二月望日落花晨海王生日海市貧天使南來賽海神木棉花染氍毹新稽首酹酒祝融君百穀草木待澤勤及時紅雨膏莫屯龍母海藏多金銀紅玉滿盞斟氤氳龍女文章繡古春黼黻太平樂王民賴爾木棉持地力長共炎方守春色

浴日亭觀日出歌　　梁無技

君不見海外雲霞未散鴻濛天扶桑國土萬里懸海水汩汩蛟龍眠羲和御日海底旋日出海底象

萬千日出似浴光未全浴日孤亭峙雲邊祝融廟
右黃灣前半夜天雞鳴海烟天東一泒紅波連須
臾化作赤綃萬丈空中纏忽如干將出冶濯靈泉
忽如龍女金盤特地捧出驪珠圓龍王赤髯持火
鞭龍母寶扇花光妍海市百寶風滿船樓臺五色
相澄鮮我時默默高踞孤亭巔欲留大化還太氵
二儀既判水火先萬象森立如蟬聯古今聖人在
位離照燃午夜安得長如年嗚呼午夜安得長如年

銅鼓歌

番禺孝廉車騰芳

五嶺以南多銅鼓其形怪異其音古製作傳聞自
漢年旹越諸酋相耀武維時天上飛欃星瘴海年
年蜃氣腥蠻夷大長自箕踞笑指村村銅鼓鳴伏
波南下蠻烟靜日南萬里波如鏡銅柱功成銅鼓
來變作和聲洽神聽我聞瀧州舊有銅鼓灣又聞
士人掘得自靈山神物千年不久伏雷轟電掣出
人間土花剝蝕青苔綠螭文蝌蚪光離陸鬼神呵
護至今存留得清音在黃木黃木灣頭百谷王珠
爲宮兮貝爲堂穹窿突兀兩銅鼓雄鳴雌應如宮

商海王誕日晴春媚木棉花開紅照地廟中銅鼓

鏘鏘鳴大聲小聲鈞奏起初鳴閶闔吹仙風再鳴

日出扶桑紅三鳴海怪騎鯨出魚龍戲舞朝祝融

祝融之神奠南紀秉離火兮司坎水離坎之精銅

鼓成銅鼓鳴兮南服寧

馬伏波銅鼓歌　　謝子昇

憶昔漢世定南交交南萬里開荒裔徼側再叛文

淵來旌麾南指屯海澨鐙仗戈矛鈴鐸笳間以鐃

角張軍勢軍中日夜資刁斗更有銅鼓範金製詭

質奇模聲淵淵將士聞聲凜節制一鼓偏裨皆成
列步伍無譁肅堅銳再鼓軍聲如哮虎刀槊耀日
爭摩厲霹靂走空豈雷霆草木震動風雲蔽旌旗
獵獵鼓鏜鏜萬馬行空陰霾霽倒海排山度南關
聲徹九天下九地但聞鼓讙戰馬馳交人不戰奔
且殪一自薏苡遭謗讒雲臺已矣壺頭逝此鼓埋
没遂千年異物由來鬼神衛土花剝蝕沙礫侵圜
體何曾見虧蔽光芒騰上動日月草木含輝山川
麗風雨震盪疑有聲大澤深山虎豹蹶白日光氣

相吐吞黑月陰吼蛟龍捩乃有農氓耕山麓鏗爾
者誰羣驚揭光怪閃閃眞陸離此鼓遂不終淪閉
爰施濯洗更沭薰花紋團團相連綴外佚內弇古
體殊蝌蚪周遭蛙黽緜叩以凡木喑無聲瓦缶何
殊交睥睨知音聱聵曰我知蜀桐蜀桐汝可掣一
叩再叩遂發越皇皇厥聲走羣癘吁嗟乎此鼓凡
木叩之輒不鳴自來神物有神契時賈只知贗骨
董誰識魏晉以前置人珍此鼓以古物我珍此鼓
有別諦當日文淵征不庭此鼓策勳當誰儷屈伸

進退若有神此鼓三軍命所繫文淵藉此鼓成功至今異域中原隸梯山重譯來獻琛鱗介衣裳化蒙翳吁嗟乎文淵之功不可泯夫我乃欲此古劂

扶胥送別 以下續梓 御史 何宏

扶桑夜赤天雞鳴劍光射天河漢傾虎門流火亂星浴鰲柱蕩空雙眼明何人忽起煙霞想蓦被一葉東南往衝金裂玉魚龍愁飛入羅浮豁山賞羅浮酒熟春如海應是人間歲華改葛洪酒畔倘相逢爲問蟠桃幾千歲

浴日亭觀日出歌　　郭秉中

觀日不登羅浮山無以見日之大凡觀日不臨章
拱亭無以見日之小明我來中夜不及寢恭敬導
引殊兢兢牂牁之洋淼無際驚濤怒颶交呑噬潮
雞始聲日未沉獅子洋東雲忽霽塊火之大如車
輪廻翔光怪燭星辰將出未出各有態凴高指顧
搖心神由紅而黃分兩色萬里無塵風蕩滌半暈
始飛光曈曈鴻濛一氣隨開闢火雲齊燒天海紅
神光照耀龍王宮龍王徘徊不敢寐潮頭十丈皆

朝東日生本於木其體妙陰陽水火互相濟精明
發其光人或見於旦人或見於晝何如中夜時一
眞見初剖海王宴日開宮扇蝦蟇銅鼓震金殿茫
茫天地本無窮流水流光去如箭王宴自有期日
出自有時願識此日歸何所陽明之谷爲咸池

南海神祠古木棉花歌　　僧見性

千丈珊瑚是木棉花開紅比朝霞鮮天南樹樹皆
烽火不及攀枝花可憐南海池前十餘樹祝融旌
節花中駐燭龍銜出似金盤火鳳巢來成絳羽收

香一一立花鬚吐授紛紛飲花乳參天古榦事盤
拏花時無葉爭紛葩白綴枝枝蝴蝶藹紅燒朵朵
芙蓉砂受命炎州麗無匹太陽烈氣成嘉實扶桑
久已摧爲薪獨有此花孳日出高高交映波羅東
雨露曾分扶荔宮扶持赤帝南溟上吐納丹心大
火中二月花開三月葉半天飛落人爭接東風亂
剪猩紅絨兒女拾來柔可摺正及春祠百穀王神
霞不使馬蹄蹀還憐飛絮白如霜織爲緤布作衣
裳銀釵叩罷雙銅鼓歲歲看花水殿旁

浴日亭眺望　歲貢　歐必元　順德

孤山蕞莫海上來扶桑日擁金銀臺洪濤拍天杳無極黃木灣頭遶幾廻千峰萬嶺凝雲霧何年驅石秦皇路北望崑崙帝子之朝昇西接羅浮仙人之夜度海上徐生去不還徒令伯跡滿空山氣雄直探黿鼉窟勢巨遙凌虎豹關閒來眺望空復爾碧瑯蒼翠參差起折若木之華揖江濱之珥古道蓬萊清且淺乾坤巨鎮皆如此

謁南海神廟　查愼行　海寧

姚侯送我遊黃灣澄江一道晴無瀾黃昏到岍天色變徹夜震撼號驚湍平明謁海神雲氣解鮫光斑爛殿中擊銅鼓聲落海外迎潮還巡簷繞廊看古碣手剔碧蘚青苔斑或欹或仆或屹立節角劖殺形模殘煌煌　御書碑迥出唐宋元明間浴日孤亭表其右七十二級直上窮躋攀不知榑桑出地幾千丈頓覺東西南北四望無遮攔驪龍吐珠蛟歕涎陽烏擊水鼇移山祝融分位當炎躔萬象呈露秋毫端紫霞紅浪上下兩摩盪中有萬點

風檣竿星流電掣到廟下一一椎髻垂花鬘吾
皇膏澤被百蠻遠人畢至邇者安自從計臣榷筦
變新法鹽筴纖悉多歸官廣川大澤禁漁獵網漏
魚鼈孳生慳問神受封今幾代蒿目豈不知時艱
國家大事必祭告謂是正直靡欺謾幽明肹蠁一
氣旋憂樂當與民相關曷不草綠章爲民請命
恩宜須但使方隅獲沾山海利神亦坐享血食無
慙顏

南海祠下短述 續檢　陳獻章

虎門千頃雪翻騰中有長鯨鼓鬣行看弄漁舟過白日欲抛塵土住滄溟江西不得誇彭蠡李白何須醉洞庭天際有山皆古色水邊無樹不秋聲一春桃李風吹盡萬里乾坤雨洗清畫舫乘空書卷白晴霞映水布衣明不辭海上兒童識亦有祠前老樹精歲歲放歌來此地晚年偏喜不簪纓

南海廟志

五言律詩　香山陳蘭芝拂霞輯梓

望海　始興伯張九齡曲江

海上生明月天涯共此時情人怨遙夜竟夕起相思滅燭憐光滿披衣覺露滋不堪盈手贈還寢夢佳期

汎海　楊衡

泛棹若流萍桂寒山更青望雲生碧落看日下滄溟潮盡收珠蚌沙閑拾翠翎自趨龍戟下直爲頌

芳馨

汎海　　賈島

此别天涯遠孤舟汎海中夜行常認火帆去每因風蠻國人多富炎方語不同雁飛難度嶺書信若爲通

汎海　　唐庚

建國今陳迹遊人昔賦詩廢臺樛女後遺井鮑姑時客去通星漢僧來度月支憑君黃木口爲問海神碑

汎海　　　　　　　　　　　　　　僉事臧　相河南

春舸隨潮入江流帶浪渾橋危牛度水葉暗樹藏村古木廟門閉空臺鷰雀昏昔賢名氏在惆悵不堪論

汎海　　　　　　　　　　　　　　縣尹李　愷惠安

坐見東山遠豈知去路長三洲王子國孤廟海神鄉濯足歌堪聽施罛調易忘登臨空有嘆周覽出南邦

二

振衣千仞岡夕照隔滄浪山鳥鳴初下江花藹且香楊帆歸汐暮拾月御風光慼慼抱幽想悠然鶴在梁

三

扶桑景未光凰鳳馭朝陽南土夢千里美人在一方清晨出畦圃白露沾衣裳蚤作常如此農家歲事忙

四

登高望不極逝者總如且隔岸亡牛馬臨川廣戶

盧消盈自古昔來往見居諸欲濟舟無楫如何涉

太虛

五

夜至子之半羲輪魄載生殘星當曲牖微月照高

亭暘谷浴朝影金雞唱曉更達人還覰寤魄未脫

塵纓

汎海　　僉事皇甫涣吳江

曉照開東暝波濤滔日紅水天渾一色雲霧洗長

空亭適餘輝及山明曲徑通桂尊聊對景憂國且

論戎

汎海　　　　　　　　　　　　　　　參將 鍾坤秀 宜山

眺望江亭上鯨波吐日紅帆飛雲影外人在鳥聲中海岸千峯出夷航萬國通一尊聊寄興十乘啓元戎

汎海　　　　　　　　　　　　　　　李時郁

明星猶未啓霞彩忽流紅海日生夜半天雞聞空中長風翻鸛鶴怒浪舞螭龍驅石何年事無勞到海東

汎海　　　　祝　明

獨上江亭望扶桑日已紅光涵滄海外影射碧波中雲淨千峯出潮平萬派通凭欄意無盡乘霽且臨戎

登浴日亭　　國朝尚書　王士正　山左

乘槎興不盡復欲帆南溟夕次扶胥口朝登浴日亭島夷紛破碎天水倒空青一望穷寥廓眞看小洞庭

黃木灣望浴日亭　　御史　杭世駿　仁和

遥下舟中拜心儀浴日亭曦光終古白海氣一重青烏立旌麾肅龍歸草樹腥山川眞浩蕩愁望轉忪惺

浴日亭　　孝廉　胡亦常　順德

夜色赴高亭烏輪躍渺冥寒趨暘谷轉潮湧海門青元氣迴羣物神功動百靈寅賓職羲仲翹首帝堯庭

觀海同梁一峰崇簡作　　譚　湘

心目竟何有蒼茫萬象涵天難分上下地盡失東

南泉泒原歸一微塵揚已三彡虛曾作賦千古重澄潭

木棉花

佗羅千萬臂伸屈欲摩空天地二三月江山一半紅孤高巢火鳳錯落嫁春風漫擬珊瑚貢仙人碧海東（起句象形以枝幹言比說以下以花言或正說或比說足開人胸臆擧趾亦大方詠物詩眞不落次）

枕上偶憶舊遊南海廟故友林暕

檢討　陳獻章

子覺饒英氣攜書話此宫清祠無厲鬼大水有眞
龍過客窺諸葛論詩病長公往來三十載美惡併
成空

送翰林張司馬南海勒碑相國杜　甫製文
冠冕通南極文章落上台詔從三殿去碑到百蠻
開野館濃花發春帆細雨來不知滄海上天遣幾
時迴

南海廟志

七言律詩　　香山陳蘭芝拂霞輯梓

汎海　　唐　曹松

傾騰漢界沃諸蠻，立望何如畫此看。無地不同分覺遠，共天無別始知寬。文魮隔霧朝含磬，老蚌凌波夜吐丹。萬狀千形皆得意，長鯨嘯月海波寒。

汎海　　薛緯

一派江流萬古情，幾多榮辱在潮聲。將軍戰艦樓船重，馬援歸裝薏苡輕。世路但驚秦鹿死，干戈誰

擢漢蛇生如今四海銷鼙鼓南越無勞陸賈行

汎海　　宋　楊萬里

南海水爲四海魁扶胥絶境信奇哉日從若木梢頭轉潮到占城國裏回最愛五更紅浪沸忽吹萬里紫霞開天宫管領詩人眼銀漢星槎借一來

汎海　　宋學士　劉克莊　莆田

歸客飄然一葉身尚能飛屐陟嶙峋危亭下瞰嵎夷宅積水上通河漢津叱馭爲臣前有志乘槎從我更無人暮年筆力全衰退甘與韓蘇作後塵

汎海　明　張詡

江湖信有滄溟大天地長留此廟新一代碑文韓愈古千年封號本朝眞波羅影外迎初祖銅鼓聲中格遠人十雨五風誰是主願昭靈貺荅皇仁

汎海　陳紀

舊言河漢海相連今此窮探始信然萬頃碧鋪渾是水半輪紅上始知天一舟上下乾坤運兩軸東西日月旋安得靈槎三萬丈徑從陽馭執先鞭

遊南海廟　布政使　王大用

平生不識波羅樹畫舫來過廣利祠浴日亭空吞
渤澥倚天劍在走蛟螭漁人欸欸鷗相狎芳草萋
萋春自知獨立望洋三嘆息涓埃未補聖明時

汎海　　布政使屠僑寧波

祝融廟貌俯滋洋神在四方名獨彰萬頃與天南
去合百靈乘月夜來翔風雲秘惟傾諸島雨暵彖
機巽上蒼今古神功書不盡惟人感召有芬芳

二

珠宮貝闕出塵寰萬里登臨浩淼間黃木灣前繞

有地虎頭門外漸無山危亭蘇碣雲常翳古殿韓
碑蘚未斑愧我空懷明德薦焚香載拜悵然還

汎海　　　按察使張　祐　鉛山

碧天秋霽浩無垠廟貎扶胥控海濱萬里風濤初
到客半山烟月晚歸人地僻荒徼皆稱狄沠入南
溟合有神清夜齋居不成夢喜聞蘑蔔隔囂塵

浴日亭　　　大學士方獻夫　南海

舉目扶桑影在東崦嵫西去尚無窮秖堪羲馭乾
乾力更有湯盤日日功玉宇清明通蝃蝀金衣光

彩散龍宫閒來偶坐危亭上萬化樞機入手中

南海廟　　監察御史　倫以諒　南海

謾遊久抱扶胥夢多病來登廣利宫龍勢東迤溟渤遠虎頭南去越裳通擎天柱立煙光淨浴日亭高海氣空一笑江山如有意波羅風雨駐歸篷

波羅海神廟用周鼎石少參韻　　王　儼

金碧莊嚴海若宫洪濛肇判仰神功靈鼇不動三山鎮巨浸無波九譯通磨蘚細看唐代碣建標遥憶漢時銅經營我亦巡方使涓滴何能效此衷

謁南海神廟　周應治

貝闕崔嵬海若宮萬靈鼓舞頌神功地當南極坤維盡派入東溟越譯通一代文章韓愈碣千秋事業馬援銅慚余博望乘槎者未有涓埃答聖衷

寓南海祠　林　光

祠廟星霜九百周野人衰病久淹留乾坤息息藏眞念雲水依依謝勝遊布被夢恬南海月綈袍坐老虎門秋慇懃拾貯波羅子怕有行人一艤舟

扶胥偶作

風疑颶颶常猶豫天入南溟本自清慣見黃灣紅

日上忽催銅鼓遠山明沉沉懶舉烟霞筆每每妨

搖海嶽精向老臨流還袖手極留青眼在長纓

扶胥口偶作　　通判　鍾　昕　番禺

凌風同上祝融邱海島春濤豁醉眸山色封嵐青

嶂没潮聲帶月碧天浮高亭樹隱花陰鳥古石苔

斑竹徑湫望斷羅浮空有約黃灣須擬泛扁舟

扶胥口偶作　　主事　王漸逵

雲磴霏微紫翠環清秋載酒一憑闌江山對客還

如識風雨欺人故着寒地軸半隨南極盡海潮多趂暮天寬却從浴日亭邊望絶勝羅浮夜半看

扶胥口偶作　　鍾渤

浪漫黄灣曉泊舟誰驅風雨送蕭颼半年陰曀爭回首一脉陽春正轉頭諸老有詩聲藉藉青山無語思悠悠憑君更倒滄溟水一洗蒼生萬斛愁

扶胥口偶作　　光禄寺卿郭棐番禺

乾坤滄海功同大廟貌文章此更神碑有昌黎千古壯雨餘羅樹萬家春雲邊銅鼓聲初動天外金

輪色轉新此日負暄心獨切涓埃渾未答皇仁

偕林素禺大守尊丈遊波羅廟用東坡韻

臨風幾憶青羅境携手今遊黃木灣五馬光增靈錫地六鰲雄鎮寶珠山東坡麗藻雲藏石吏部雄文日壯顏海底珊瑚不須訪但看碑刻碧苔間

謁謝南海神登浴日亭　楊瑞雲

入望寒光萬里餘釣舟隱隱浪燈疎山河亦有陽回處天地何當日浴初千丈長鯨翻浪紫三更高閣聽雞舒野人乍識扶桑勝願作滄江一老漁

謁謝南海神登浴日亭　　增城　進士　劉維嵩

紫氣黃灣洶鬱葱，幾年齋祓答神功。川光瀲灩浮雲外，廟貌森嚴古檜中。獨上危亭觀浴日，却驚身世似乘風。乾坤萬里渾無礙，目極扶桑興不窮。

謁謝南海神登浴日亭　　李需光

湏戢潮平海效靈，清森祠宇鎮南溟。五更日湧搖金碧，三島烟消列翠屏。浩浩洪恩覃澥渤，洋洋禋祀享明庭。一尊寄傲滄波裏，浴日亭寒酒未醒。

浴日亭別題另起　　宋學士　蘇軾

劍氣崢嶸夜挿天瑞光明滅到黃灣坐看暘谷浮金暈。遥想錢塘湧雪山。已覺滄涼蘇病骨更煩沆(音骯)瀣(音械)洗衰顏忽驚馬動行人起飛上千峯紫翠間

浴日亭 步東坡韻 劉克莊

亭傍喬木拂雲天亭下高梔泊晚灣白是張騫曾泛之水青疑徐福所求山羊城隔霧愁回首鯨浸收風喜見顏却笑金烏并玉兎辛勤出沒雪濤間

浴日亭 張詡

赤日初出扶胥口長風爲掃黃木灣試問漁翁釣

南海何如孔子登東山已有佳山藏白首豈無大
藥駐紅顏亭前撞着純陽子指點蓬萊水月間

○浴日亭　布政使徐　奇　浦城

遠上黃灣浴日亭四山雲氣接滄溟風回島嶼潮
初長日出扶胥雨乍晴南海祠前春樹綠東坡碑
上碧苔生我來不是閒登眺祇奉明禋仰聖靈

浴日亭步東坡韻　檢討陳獻章　新會

殘月無光水拍天漁舟數點落前灣赤騰空洞昨
宵日翠展蒼茫何處山顧影未須悲鶴髮負暄可

以獻龍顔誰能手抱陽和去散入千崖萬壑間

二

蚤春約我扶胥口今日進舟黄木灣使君已去漫留諾水國獨吟空見山老向烟波眞得地晚來風日更開顔明朝去覔南川子與話平生水石間

浴日亭

尚書霍韜南海

灝氣冥騰烘碧天滄浪直浸到黄灣一丸漱出混沌子萬國遥瞻若木山儘把晨星埋海角便從暘谷見天顔廻旋覰破乎虛竅閶闔分明咫尺間

浴日亭　　主事　王漸逵

潮平風定水如天，遥傍鷗鳧共一灣。溟渤絢霞初浴日，蜃鰲嘘氣盡成山。買魚沽酒動秋興，掃石題詩醒客顔。却嘆長公名獨累，漫將踪跡泊人間。

浴日亭　　郎中　林應驄　莆田

獨客南來萬里天，樓船四月下黄灣。濯纓却值潮頭雨，晞髮還登海上山。安得長繩羈白日，更尋絶景破愁顔。摩挲醉眼看碑碣，惆悵韓蘇二老閒。

二

年來去住付青天船好灣時便一灣名落醉鄉非

病酒杖扶吟骨只應山依人白鳥忘機事滿地紅

花助笑顏扶木東邊知不遠夢槎吾已到其間

浴日亭　　監察御史陳　言福建

曉望東南半壁天大明先到大江灣龍蛇動盪扶

桑木烏鳥翱翔嶺嶠山國手洗光歸帝力野人曝

背悅心顏南遷學士英華在深愧塵蹤亦此間

浴日亭　　副使徐文溥開化

孤雲渺渺接長天石上危亭水一灣碧浪翻空吞

曉日暝烟度鳥落秋山百年江海憐癯骨萬里風
霜憶壯顏惆悵當時南竄客摩挲碑石翠微間

浴日亭　禮部儒士甘　學番禺

曉練涵虛浩浩天銀河失却見黃灣一珠誰彈蒼
龍夢隻手陽生碧落山玉碗影浮烏鳥度錦鱗春
醉桃花顏幾回稚子滄浪外撒盡星辰爛漫間

浴日亭　縣尹彭　遇南海

彌明道士羅浮來夜半重登浴日臺山月影隨藤
杖去菊花香伴酒盃開鯉魚風落南溟小鐵狗雲

深扎嶺鬼莫謂韓蘇人已遠手碑猶自未封苔

浴日亭　　　　監察御史　龔懋賢　內江

海上虛無又一天飛來雲閣落黃灣驚看水底還生日不數蓬萊更有山塵臥幾年新具眼浪游今夕一開顏何時了得君王事渾跡滄波釣艇間

浴日亭　　　　林時東

落落晨星沒遠天騰騰金浪滿黃灣無時可滯升空日萬撼難搖抱海山天遠未須扶赤手霞紅不覺上蒼顏知他造化煩誰力無限陽和宇宙間

扶胥書事用前韻

扶胥幾許頻聲意黄木空流水一灣何處此杯偏放手百年青眼細看山浮生向老輸箝口黑髮逢秋未腆顔多謝波羅數株樹也能相候水雲間

浴日亭次東坡韻時諸生從予論學因示之　周應治

冲虛靈瑩性中天湛若曦陽照碧灣祇爲塵埃迷覺路卻將斤斧伐牛山一中滌淨皆堯舜四勿淘成便孔顔識取吾心眞日景靜看子夜隱微間

浴日亭和前韻　秦嘉穀

靈明如日麗中天內照昭然見遠灣物欲詎能遮
覺路斧斤難以伐牛山敦仁順逆皆佳境知命窮
通總笑顔幻體雖居人世上本來却是出人間

浴日亭　　　副使　陸萬鍾　華亭

萬頃滄波連碧天棹歌聲裏識黄灣支離謾倚一
卷石縹緲似見三神山清尊喜共開笑口初旭乍
看浮醉顔劃然長嘯煙樹杪猶疑海上非人間

二

萬里南來共一天孤亭杯酒酹前灣試看曉度扶

桑日且喜春回若木山湖海幾人憐壯志風塵此會破愁顔唫餘並指東溟外家在峰陰柳色間

浴日亭　　縣尹贈叅政　郭大治　番禺

金暈微茫漾碧天火龍先已躍黄灣瑞騰銀海三千界影徹羅浮四百山一任風光屯蝶影但傾葵藿獻龍顔凭高我欲噓陽德光照千涯萬壑間

浴日亭　　山人　鄧時雨

踏上孤亭望大荒金烏濯曜起扶桑東分島嶼三山出南盡波濤百粵長極浦漁舟隨出没半空人

南海廟志　卷五　七言律詩　三

語落滄浪危欄徙倚星辰近指顧明霞暎水光

浴日亭　　光禄寺卿　郭　棐番禺

金輪飛出海東頭晻映滄波島嶼浮黃木灣光天上下白雲山色日沉浮人依蜃氣披寒翠花逐蟾光促酒籌聞説當年韓吏部一碑千古壯南州

二

金烏初照扶胥口赤焰先騰黃木灣瀲灔晨光全射海絪緼丹景半昕山三秋爽氣澄天色萬里長風壯客顔遥憶舊隨雙闕直日華端捧殿中間

浴日亭　　訓導　曾　唯

海外塵區別有天依稀蓬島落黄灣滄溟萬里開金鏡羲馭孤輪湧雪山曝背未能酬壯志望洋端可洗衰顔登亭漫興渾無際極目扶桑指顧間

浴日亭　　黎士瞻　高要

海不揚波上下天八荒祥氣集黄灣何殊日觀和仙觀不減東山與泰山隨寓眇躬皆樂地但逢真境便開顔徘徊笑倚闌干外覽遍天涯海角間

浴日亭　　教授　李元春

浴日亭高勢接天水晶宮殿映黃灣不因疊奉明
禋事焉得重登大海山初讀韓碑深景仰再歌蘇
詠益開顏等閑識得湯盤義浩氣絪縕塞兩間

賫奉至波羅同大宗伯忠翁謁南海神祠

楊王休

駈馳王事出都城手奉(同捧)天書謁上卿帝日照來
川嶽靖相星明處海山青楚天霞霽扶桑近漢苑
文光北斗明主聖相賢今際會南溟應見泰階平

宿南海廟

國朝孝廉　陳份　順德

木棉花落野烏啼停檝扶胥日欲低萬里水鄉窮
地軸五更潮信報天雞棹頭曉日隨波長廟裏封
碑有　御題銅鼓一聲風雨急魚龍飛出虎門西

登浴日亭步東坡原韻　巡撫　周人驥

浩渺煙波接曉天祇將祀事駐江灣潮來彝船千
颿水春隱羊城幾點山銅鼓殿高追往蹟達奚祠
古謁生顏朝暾乍湧扶桑表五嶺風光指顧間

登浴日亭步東坡韻　正主考　周龍官　江蘇

扶胥閒道壯南天二虎潮平黃木灣目極洪濤千

古日亭收杳靄百重山欣依陽煦游清宇幸少氷霜益頳顔且向春風一柱杖置身金暈翠巖間

雨後馮大中丞招同人謁南海祠登浴日亭

望海郎事　山人陳晩成

千秋吏部文章在三月中丞節鉞來廟壓平湖諸島没天横峯影海門開布衣未敢辭高宴赤舃無嫌踏野苔南國禹功元不到安流須仗濟川才

登浴日亭　廩膳生陳官　香山

木棉花繫木蘭橈繡闥飛甍入望遥白髮人間徒

冉冉紅輪江上自朝朝南天鶉火長銷雪北渚奔
鯨動拜潮我欲凌風叩閶闔金雞聲裏度雲霄

南海七言排律　張詡

百里雷聲日夜諠虎頭門外水連天分明水國三
千界隱約龍宮十萬椽鮫室蜃樓胥夾輔江神河
伯總承宣日華朝吐乾坤外寶氣光生甲子海中山名
前玉樹珊瑚多似米洞庭彭蠡小如棬共期九老
丹霄上還訪三神弱水邊眼孔果從眞處得丹青
浪有世間傳海旁撞着安期老問我乘桴住海年

南海廟志

南海廟志

五言絶句　　香山陳蘭芝拂霞輯梓

謁南海神祠　　給事中吳仕偉宣平

萬方無帝力一海仰神功今日登堂拜相忘造化中

二

瑞日騰滄海祥光遍九垓誰施磨洗力萬古絶塵埃

七言絶句

謁南海神祠　　劉克莊

一陣東風掃曀霾天光海色豁然開何須更網珊瑚樹秪讀韓碑也合來

二

暘谷扶桑指顧間馮夷得信報平安爲言博望乘槎至莫作師襄擊磬看

三

前祭京師奉祝詞尊嚴不比百神祠臺家今歲籌邊急黃帕封香已過時

謁南海神祠　　　　　　　　御史鄧公甫錢唐

南海峯頭古廟深靈威赫赫晝長陰千年祀典龍章在一炷香烟了此心

二

滄海金浮一鏡圓天開此眼照無邊朝朝蕩漾亭前水驚起魚龍更不眠

謁南海神祠　　　　　　　　縣尉方信孺莆田

宮闕參差海上開吐吞波浪起風雷英靈萬古扶宗社奚醜區區何足摧

二

亭倚蓬萊幾許高下臨無地有驚濤坡仙想得江山助八語端爲天下豪

浴日亭　張祐

海門千丈鍾神宮萬壑奔趨碧鑑空曦日扶桑天尺五老龍應詫火珠紅

浴日亭　尚書　湛若水　增城

九十東溟一老翁扶胥歌罷水連空世間不管乘除事月落潮生收釣筒　陳蘭芝曰甘泉爲白沙高弟詩有與造化爲推遷意

西樵歷史文化文獻叢書

增補嶺海名勝志（九）

（明）郭棐 編

（清）陳蘭芝 增輯

廣西師范大學出版社
GUANGXI NORMAL UNIVERSITY PRESS
·桂林·

明光禄卿嶺南郭蔿周先生著

嶺海名勝記

香山後學陳蘭芝增輯

彭

曹

曹溪圖

馬鞍山
化人亭
御經閣
御碑
御碑
拜石亭
萬人井
羅漢樓
空林门
曹溪門
城隍庙
茶亭
土地庙
嶺南第一山
天王嶺
避难石
砵盂山

象嶺
龍王井
二賢閣
六祖堂
宝蓋山
飛錫橋
坐石
方丈
諸天殿
普庵殿
伽藍
禪堂
韋馱殿
香積
观音堂
選僧堂
說法堂
五祖堂
延壽堂
闽王庙
東來橋
观音橋
温水石
香炉山
羅漢山
天王嶺

寶洞

南宗開寶地智藥識泉香青嶂千重裏燈傳萬禩長

眉山蘇轍

六祖像

六祖像讚

達摩西來衣盋傳流金刹曹洞故土新州南宗之主壇經箕裘吾儒孟子法力貫休光炎萬古至今罕儔

嵋山蘇　軾讚

曹溪志畧

香山陳蘭芝撰

曹溪記

葢聞淨土總稱佛界名山多屬僧居滇有靈鷲蜀有峩嵋誌公卓錫於潛山長者布金於祇樹所繇來遡矣粵在五嶺之表舊多旃檀之林若兹曹溪最稱名勝自能公演化以來與黃梅並峙宇內入其境者浥水聞馨登其壇者觀菩悟性頓承北指蔚爲南宗葢衣鉢之傳自達師始之能公止之其

傳其止孰窺其秘耶然稽青原而下若南岳臨濟雲門曹峒之徒咸不失師門宗旨又孰謂其無傳哉摩詰柳州以及賓客各爲鑒師碑稱其有得於性命之際嗟嗟師居寶林以澄其性曹溪得師以永其傳地靈人傑不兩相成與予嘗登師法壇凭高眺遠見其融結瓌奇形勢踔絶甲於嶺嶠與靈鷲三峩並雄爭勝洵天造地設有所待而授者迨宋蘇子瞻余安道登高有咏後諸名公繼而留題篇章璀璨與雲霞相掩映已玆著於篇然此特可

覩能公之象耳至其精神心性之奥備載壇經今
觀其書矣啻萬言要之皆由自性透悟悟發於性
而貫於道則與聖門至命盡性之學何以異耶其
一謁黃梅而卽覺焉悟可知已因併識之以諗觀
者

曹溪形勝

寶山寺東北一里遠自庾嶺蜿蜒融結狀類寶蓋故名

象嶺寺主山勢止形昂坡陀蹲伏陳亞仙謂生龍白象蓋指此乎

香爐山寺正南狀如爐

羅漢嶺香爐山左右諸峰磊落有羅漢拱立之狀

招隱巖一名石寶山在寺西北巨石隆起巖竇可棲

馬鞍山寺西八里絕頂一石狀類馬鞍曹溪流其下

廻龍山寺西十里卽曹溪滙合湞江處昔智藥三藏嘗至此

曹溪源出攸嶺經黃巢庄西流三十里入濕水石至曹侯村過鎖龍石折而北流又折而東與濞水合溪水環曹侯村故名曹溪

濞溪源出木坪村流四十里環遶寺後至小象嶺與曹溪合

濕水石一名臥龍石寺東二里怪石橫亘水勢噴薄澎濞有聲

鎖龍石寺西一里當曹溪轉處一石橫偃故名鎖龍

卓錫泉在龍王廟下祖嘗引錫指石清泉逆出宋

蘇軾有銘

明通泉在象嶺下大旱不竭舊志云每卓錫泉涸寺僧持祖衣拜祝泉即通流故曰明通泉

拜石寺西天王嶺前祖嘗登石膜拜

坐石象嶺下祖嘗憩坐有遺跡云

避難石寺南三里世傳祖居寶林九月忽然心動即遁於前山惡黨至縱火焚之祖潛藏石穴中遂免

寶林寺梁天監元年建始天竺僧智藥泛舶來南海至曹溪口飲其水曰此

曹溪志畧　卷十一　形勝　四

中有勝地乃泝流曹溪語居民建寺後百七十年有無上法寶於此演化得道者如林宜名寶林時州牧侯敬中奏聞遂賜額寶林隋末兵火寺廢唐龍朔元年祖自黄梅南歸曹叔良重建梵宇延祖居之儀鳳改元祖旣祝髮復回曹溪時徒衆數百堂宇湫隘乃就陳亞仙求坐具地袈裟一展盡罩曹溪亞仙曰也知和尚法力廣大但祖宗邱墓具在幸望存留且斯地生龍白象巽時建寺可平天耳神龍元年改寶林爲中興寺三年勑韶州刺史重加崇飾賜額法泉寺宋天寶初王師平劉氏殘兵不靖塔廟焚毀會太宗即位頗增脩焉仍賜名南華今因之

花果院 祖遇山水勝處每登覽小憇遂成蘭若十三所統名花果院如庫前興雲寺石寶資聖寺曹崗常林寺演山寶興寺潭溪高泉寺大坪望雲寺楊梅崇雲寺回龍靈山寺高角厚峯寺其田鬱林寺蒼村東林寺社溪深峯寺是也

曹溪山志畧

重刻東菴昱微禪師所藏六祖傳

唐慧能姓盧氏新州人今新興縣是少孤貧流移南海鬻薪供母年二十四聞人誦金剛經有省乃往黄梅叅五祖忍大師忍使充薪水之役一日會衆傳法弟子神秀爲偈書壁間曰身是菩提樹心如明鏡臺時時勤拂拭勿使惹塵埃能不識字聞人誦之乃爲偈請人書其側曰菩提本無樹明鏡亦非臺本來無一物何處惹塵埃忍見之遂傳法於能

爲說金剛經至應無所住而生其心言下大悟曰
何期自性本自清淨何期自性本不生滅何期自
性本自具足何期自性本無動搖何期自性能生
萬物忍即以達摩所傳衣鉢授之且曰汝旣傳此
命如懸絲可速去恐人害汝因送之九江驛令上
船曰合是吾渡汝能謂曰迷時師度悟了自度忍
曰如是如是今佛法由汝大行矣南行度庾嶺果
有惡僧欲奪之者至廣州法性寺値印宗法師講
涅槃經因二僧論風旛義一曰風動一曰旛動議

語不已能進曰不是風動不是旛動仁者心動印
宗聞之悚然知其能也遂邀入室執弟子禮請衣
鉢出示告于衆曰此肉身菩薩也因爲立戒壇薙
髮爲僧時儀鳳元年正月十五日也又十六年居
曹溪寶林寺爲人師往來叅禮者常數千人武后
中宗降勑徵之能竟不奉詔遂送百衲袈裟及錢
帛等以供養常嘆曰七寶布施等恆河沙億劫脩
行盡大地罣不如無爲之運無碍也慈宏濟四生
大庇三有先天二年七月八日忽謂門人曰吾將

行矣至八月三日奄然而化有異香滿室白虹屬
地之祥門人以香埿塑其身置諸塔曰靈照之塔
其說布天下凡言禪皆本曹溪大鑒云有金剛經
解行世初能說法時南海僧志道往叅之請曰學
人覽涅槃經十餘年未明大意能曰汝何處未了
對曰諸行無常是生滅法生滅滅已寂滅爲樂於
此疑惑能反覆開釋又爲之偈有曰外現衆色象
一一音聲相平等如夢幻不起凡聖見不作涅槃
解二邊三際斷常應諸相用而不起用想分別一

切法不起分別想刼火燒海底風鼓山相擊眞常寂滅樂涅槃相如是志道遂有所得其所說皆此類也見世所傳六祖壇經後有徵公者居寺中頗能知佛法

僧徒傳

法嗣行思安成人劉氏子聞曹溪法席乃往叅禮問曰當何所爲卽不落階級祖曰汝曾作甚麽來曰聖諦亦不爲曰落何階級曰聖諦尚不爲何階級之有祖深器之一日謂思曰從上衣法雙行吾

受衣以來遭此多難況乎後代其爭必多衣卽留鎭山門汝當分化一方思旣得法歸住靑原山付法石頭謚宏濟禪師

懷讓金州杜氏子初謁嵩山安和尚安指詣曹溪祖問甚麼處來曰嵩山來曰甚麼物恁麼來讓無語經八載乃白祖曰某甲有箇會處曰作麼生曰說一物卽不中曰還假脩證否曰脩證則不無汙染卽不得曰秪此不汙染諸佛之所護念汝旣知是吾亦如是後居衡岳付法馬祖謚大慧禪師

元覺温州人戴氏子丱歲出家精天台止觀之妙法門與之策同詣曹溪繞祖三匝振錫而立祖曰大德自何方來生大我慢曰生死事大無常迅速曰何不體取無生了無速乎曰體卽無生了本無速祖曰如是如是覺方具威儀參禮須臾告辭祖曰返太速乎少留一宿時謂一宿覺後著證道歌

永嘉集謚無相禪師

法海曲江人初見六祖問卽心卽佛祖曰前念不生卽心後念不滅卽佛成一切相卽心離一切相

卽佛聽吾偈曰卽心名慧卽佛乃定定慧等持意
中清淨悟此法門由汝習性用本無生雙脩是正
海遂信受
法達豐城人念法華經三千部未知宗趣祖令念
至方便品曰止此經以因緣出世爲宗何者因緣
唯一大事一大事卽佛知見汝勿錯聽吾偈曰心
迷法華轉心悟轉法華誦經久不明與義作讐家
無念念卽正有念念成邪有無俱不計長御白牛
車達聞偈領悟

智通安豐人看楞伽經不會三身四智禮師求解祖曰三身者清淨法身汝之性也圓滿報身汝之智也千百億化身汝之行也若離本性別說三身卽名有身無智若悟三身無有自性卽名四智菩提通遂頓悟

智常貴溪人初禮大通示以本性猶如虛空反觀自性了無一物可見是名正見猶未決了師示以偈曰不見一法存無見大似浮雲遮日面不知一法守空知還如太虛生閃電此之知見瞥然興錯

認何曾解方便汝當一念自知非自己靈光常顯現常聞偈豁然

志道南海人初叅六祖問涅槃經云生滅滅已寂滅爲樂未審何身寂滅何身受樂祖曰佛爲一切迷人以常樂涅槃翻爲苦相終日馳求乃示涅槃眞樂刹那無有生相刹那無有滅相更無生滅可滅是則寂滅現前當現前時亦無現前之量乃謂常樂此樂無有受者亦無不受者更示以偈道踴躍作禮而退

智隍始叅五祖自謂正受結庵河北長坐二十餘年後遇乎策激勵遂叅曹溪祖愍其遠來便垂開決隍豁然契悟二十年所得心都無影響後回河北開化四衆

志誠泰和人初叅神秀秀令往曹溪質疑乃隨衆叅請祖曰今有盜法之人潛在此會誠出具陳其事祖曰汝師若爲示衆曰長令大衆住心觀靜長坐不臥曰住心觀靜是病非禪長坐拘身於理何益誠聞偈悔謝即誓依歸

𭥍策金華人游方河朔知智隍曾謁黃梅所得未
眞與論入定有心無心隍不語良久問嗣誰策曰
師曹溪曰六祖以何爲禪定曰祖云𭥍湛𭥍寂體
用如如五陰本空六塵非有不出不入不定不亂
禪性無住離住禪寂禪性無生離生禪想心如虛
空亦無虛空之量隍聞此説遂造曹溪祖意與策
冥符隍始開悟

神會襄陽人年十四爲沙彌謁六祖祖曰知識遠
來將木來否若有本則合識王曰以無住爲本見

即是主後祖授記云此子向後設有把茅蓋頭也
只成得箇知解宗徒祖滅後曹溪頓旨沈廢于荊
吳嵩岳漸門盛行於秦洛天寶間方定兩宗乃著
顯宗記
志徹江西人姓張名行昌少任俠爲北宗門徒行
刺揮刃不損驚仆悔謝即願出家祖令他日易形
而來後再至曹溪問涅槃經常無常義祖爲宣說
忽如醉醒祖曰汝今徹也宜名志徹禮謝而去
崛多三藏天竺人於六祖言下契悟後游五臺見

一僧結庵靜坐問曰奚爲曰觀靜曰觀者何人靜者何人僧茫然曰汝出誰門耶曰秀禪師曰我西域異道最下種者不墮此見兀然空坐於道何益僧却問師所師者何人曰我師六祖汝何不速往曹溪決其眞要僧卽往叅六祖崛多後不知所終

本靜絳州人幼披緇於曹溪之室受記司空山無相寺天寶三年遣使楊光庭採常春藤因造丈室禮問曰願和尚開示曰貧道隈山傍水無所用心光庭泣拜曰爲求佛耶問道耶若欲求佛卽心是

佛若欲求道無心是道庭具以所遇奏聞卽勑光
庭詔靜到京住白蓮亭謚大曉禪師
慧忠諸暨人姓冉氏自受心印居黨子谷肅宗上
元二年詔徵赴京居千福寺代宗臨御復迎止光
宅精藍時大耳三藏自云得他心通命忠試驗至
三問而藏罔測肅宗嘗問師在曹溪得何法忠對
曰陛下還見空中一片雲麽曰見曰釘釘着懸挂
着後謚大證禪師
匾擔山曉了傳記不載北宗門人忽雷澄撰塔記

署曰師住匾擔山號曉了六祖之嫡嗣也得無心之心了無相之相

曹溪志畧

文類

香山陳蘭芝拂霞輯梓

崇正皇帝御製壇經序

朕聞佛西方聖人也爲善不倦博濟無窮又曰佛弼也其能弼世敎而隆大行者也故周頌曰佛時仔肩示我顯德行是知佛爲弼訓無餘藴矣昔達磨遠歸東土不立文字直指人心見性成佛夫性天人一也文字爲心之畫而性融焉有善有惡有邪有正得其正則性善而言順得其邪則性惡而

言孔子思曰自誠明謂之性又曰誠者天之道不誠無物苟能於性上究其眞宗辨其善惡則聖賢地位何患乎不至耶故佛樂於爲善心無邪見性體圓明虛靈澹泊於空而不著空於相而離諸相所以成佛果而彌隆朕治道也若謂崇供養而求福田利己朕所不取焉越之南有禪和者盧慧能乃新州人也師於黃梅得衣鉢之傳究性宗之學隱於曹溪沒後其徒會其言傳爲壇經法寶其言正其性善大槩欲人循諸善道離諸惡趣與吾儒

窮理盡性自誠入聖之理而無殊矣因萬幾之暇製爲序命廷臣趙玉芝重加編錄鋟梓以傳爲見性入善之指南云故敘

六祖能禪師碑銘并序　唐尚書右丞　王維　藍田

無有可捨是達有源無空可住是知空本離寂非動乘化用常在百法而無得周萬物而不殆鼓柂海師不知菩提之行散花天女能變聲聞之身則知法本不生因心起見見無可取法則常如世之至人有證於此得無漏不盡漏度有爲非無爲者

其惟我曹溪禪師乎禪師俗姓盧氏嶺南新州人也名是虛假不生族姓之家法無中邊不居華夏之地善習表於兒戲利根發於童心不私其身臭味於耕桑之侶苟適其道羶行於蠻貊之鄉年若干事黃梅忍大師願竭其力即安於井臼素刳其心獲悟於稊稗每大師登座學衆盈庭中有三乘之根共聽一音之法禪師默然受教曾不起予退省其私迥超無我其有猶懷渴鹿之想尚求飛鳥之跡香飯未消弊衣仍覆皆曰升堂入室測海窺

天謂得黃帝之珠堪授法王之印大師心知獨得
謙而不鳴天何言哉聖與仁豈敢子曰賜也吾與
汝不如臨終遂密授以祖師袈裟謂之曰物忌獨
賢人惡出己予且死矣汝其行乎禪師遂懷寶迷
邦銷聲異域衆生爲淨土雜居止於編人世事是
度門混農商於勞侶如此積十六載南海有印宗
法師講湼槃經禪師聽於座下因問大義質以眞
乘既不能酬翻從請益乃歎曰化身菩薩在此色
身肉眼凡夫願開慧眼遂領徒屬盡詣禪居奉爲

挂衣親自削髮於是大興法雨普灑客塵乃敎人以忍曰忍者無生方得無我始於成初發心以爲敎首至於定無所入惠無所依大身過於十方本覺超於三世根塵不滅非色滅空行願無成卽凡成聖舉足下足長在道場是心是情同歸性海商人告倦自息化成窮子無疑直開寶藏其有不植德本難入頓門妄繫空花之狂曾非惠日之咎常歎曰七寶布施等恒河沙億刧脩行盡大地墨不如無爲之運無礙之慈宏濟四生大庇三有旣而

道德遍覆名聲普聞泉館卉服之人去聖歷劫塗身穿耳之國航海窮年皆願拭目於龍象之姿忘身於鯨鯢之口駢立於戶外趺坐於床前林是旃檀更無雜樹花惟薝蔔不嗅餘香皆以實歸多離妄執九重延想萬里馳誠思布髮以奉迎願乂手而作禮則天太后孝和皇帝並勑書勸諭徵赴京城禪師子牟之心敢忘鳳闕遠公之足不過虎溪固以此辭竟不奉詔遂送百衲袈裟及錢帛等供養天王厚禮獻玉衣於幻人女后宿因施金錢於

化佛尚德貴物異代同符至某載月日忽謂門人
曰吾將行矣俄而異香滿室白虹屬地飯食訖而
敷坐沭浴畢而更衣彈指不留水流燈焰全身永
謝薪盡火滅山崩川竭鳥哭猨啼諸人唱言人無
眼目列郡慟哭世且空虛某月日遷神於曹溪安
坐某所擇吉祥之地不待青烏變功德之林皆成
白鶴嗚呼大師至性淳一天姿貞素百福成相衆
妙會心經行宴息皆在正受談笑語言曾無戲論
故能五天重跡百越稽首脩蛇雄虺毒螫之氣銷

跳殳彎弓猜悍之風變畋漁悉罷蠱酖知非多絕
羶腥效桑門之食悉棄罟網襲稻田之衣永惟浮
圖之法實助皇王之化弟子曰神會遇師於晚景
聞道於中年廣量出於凡心利智踰於宿學雖未
後供樂最上乘先師所明有類獻珠之顧世人未
識猶多抱玉之悲謂余知道以頌見託偈曰
五蘊本空六塵非有終生倒計不知正受蓮花承
足楊枝生肘苟離身心孰爲休咎至人達觀與佛
齊功無心於有何處依空不着三界徒勞八風以

茲利智遂與宗通愍彼偏方不聞正法俯同惡類將興善業敎忍斷嗔脩慈捨獵世界一花祖宗六葉大開寶藏明示衣珠本源常在妄轍遂殊過動不動離俱不俱吾道如是道豈在吾道遍四生常依六趣有漏聖智無義章句六十二種一百八喻悉無所得應如是住

元和詔諡大鑒禪師碑　唐刺史柳宗元河東

扶風公廉問嶺南三年以佛氏第六祖未有稱號疏聞於上詔諡大鑒禪師塔曰靈照之塔元和十

年十月十三日下尚書祠部符到都府公命部吏
洎州司公掾告於其祠幢葢鍾鼓增山盈谷萬人
咸會若聞鬼神其時學者千有餘人莫不欣躍奮
勵如師復生則又感悼涕慕如師始亡因言曰自
有生物則好鬭奪相賊殺喪其本實悖乖淫流莫
克返於初孔子無大位没以餘言持世更楊墨黄
老益雜其術分裂而吾浮屠說後出推離還源合
所謂生而靜者梁氏好作有爲師達磨譏之空術
益顯六傳至大鑒始以能勞苦服役聽其言言希

以究師用感動遂受信具隱遁南海上人無聞知
又十六年度其可行乃居曹溪爲人師會學去來
嘗數千人其道以無爲爲有以空洞爲實以廣大
不蕩爲歸其教人始以性善終以性善不假耘鋤
本其靜矣中宗聞名使幸臣再徵不能致取其言
以爲心術其說具在今布之天下凡言禪皆本曹
溪大鑒去世百有六年凡治廣部而以名聞者以
十數莫能揭其號乃今告天子得大謚豐佐吾道
其可無辭公始立朝以儒重刺虔州都護安南由

海中大蠻夷連身毒之西浮船聽命咸被公德受
旂纛節戟來蒞南海屬國如林不殺不怒人畏無
噩允克光於有仁昭列大鑒莫如公宜其徒之老
乃易石於宇使來謁辭其辭曰達磨乾乾傳佛語
心六承其授大鑒是臨勁勞專默終揖於深抱其
信器行海之陰其道爰施在溪之曹龎合猥附不
夷其高傳告咸陳惟道之褒生而性善在物而具
荒流奔軼乃萬其趣匪思愈亂匪覺滋誤由師內
鑒咸獲於素不植乎根不耘乎苗中一外融有

孔昭在帝眞宗聘言於朝陰翊王度俾人逍遙越百有六祀號謚不紀由扶風公告今天子尚書既復大行乃誅光於南土其法再起厥徒萬億同悼齊喜惟師教所被洎扶風公所履咸戴天子天子休命嘉公德美溢於海夷浮圖是視師以仁傳公以仁理謁辭圖堅永亂不已

六祖大鑒禪師第二碑　唐尚書　劉禹錫

元和十一年某月日詔書追褒曹溪第六祖能公謚曰大鑒實廣州牧馬總以疏聞繇是可其奏尚

道以尊名同歸善善不隔異教一字之褒華夷允懐得其所故也馬公敬其事且謹始以垂後遂咨於文雄今柳州刺史河東柳君爲前碑後三年有僧道琳率其徒由曹溪來且曰願立第二碑學者志也惟如來滅後中五百歲而摩騰竺法蘭以經來華人始聞其言猶夫重昏之見曶爽後五百歲而達磨以法來華人始傳其心猶夫昧旦之覩白日自達磨六傳至大鑒如貫意珠有先後而無同異世之言眞宗者所謂頓門初達磨與佛衣俱來

得道傳付以爲眞印至大鑒置而不傳豈以是爲筌蹄耶芻狗耶將人之莫己若而不若置之耶吾不得而知也按大鑒生新州三十出家四十七年而歿既歿百有六年而謚始自蘄之東山從第五祖得授記以歸中宗使中貴人再徵不奉詔第以言爲貢上敬行之銘曰

至人之生無有種類同人者形出人者智蠢蠢南裔降生傑異父乾母坤獨肖元氣一言頓悟不踐初地五師相承授以寶器宴坐曹溪世號南宗學

徒爰來如水之東飲以妙藥差其瘖聾詔不能致許爲法雄去佛日遠羣言積億著空執有各走其域我立眞筌揭起南國無脩而脩無得而得能使學者還其天識如黑而迷仰見斗極得之自然竟不可傳口傳手付則礙於有留衣空堂得者天授

佛衣銘 并序　　劉禹錫

吾既爲僧琳撰曹溪第二碑且思所以辯六祖置衣不傳之旨作佛衣銘曰

佛言不行佛衣乃爭忽近貴遠古今常情尼父之

生土無一里夢奠之後履存千祀惟昔有梁如象之狂達磨救世來爲醫王以言不痊因物乃遷如執符節行乎復關民不知官望車而畏俗不知佛得衣爲貴壞色之衣道不在茲由之信道所以爲寶六祖未彰其出也微既還狼荒憬俗蚩蚩不有信器衆生曷歸是開便門非止傳衣初心有終傳豈無已物必歸盡衣胡久恃先終知終用乃不窮

卓錫泉銘 并序

宋學士 蘇軾 眉山

我道無阿衣於何有其用已陳孰非芻狗

六祖初住曹溪卓錫泉湧清涼滑甘贍足大衆逮
今數百年矣或時小竭則衆汲於山下今長老辨
公住山四歲泉日湧溢聞之嗟異爲作銘曰
祖師無心心外無學有來扣者雲湧泉落問何從
來初無所從若有從處來則有窮初轉法華集衆
湞水水性融會豈有無理引錫指石寒泉自冽衆
渴得飲如我說法云何至今有溢有枯泉無溢枯
溢其人乎辨來住此泉水洋洋烹煮濯羊手不病
汲肩不病負匏勺瓦盂莫知其故我不求水水則

許我訊於祖師有何不可

重脩法堂記　宋尚書余靖曲江始興公

孟子曰聖人者百世之師也蓋至聖之道高深廣博百世而下遺烈猶存賢者襲其規模學者窺其戶牖此其所以日鑽歲仰歸之無窮者也然而道之大者必久而後隆事之美者不一而能具昔者六祖大鑒禪師初傳信器歸隱海嶠混跡弋獵艱難備嘗及其建梵宮登師座敷陳眞覺開導人天其亦勤矣滅度已來四百餘載雖千燈繼照光徧

河沙而布金遺址筌蹄寂寞向非睿哲當天英材
接迹講求世務餘力佛乘曷能恢復宗風以續先
執者哉天禧四年前轉運使起居舍人陳絳上言
曹溪演法之地四方瞻仰歲入至豐僧徒至衆主
者不能均濟率多侵牟乞於名山僉選宿德俾其
舉揚宗旨招來學徒制詔曰可於是南陽賜紫僧
普遂首膺是命莊獻皇太后今皇帝親遣中貴人
詣山迎致信衣禁闈瞻禮遂師得於便座召對移
刻陛辭之日賜號智度禪師錫以藏經供器金帛

等當時恩顧莫與爲比歸作衣樓藏殿以示光寵
餘亦未遑開緝也遂師卽示中旨付荆湖南路博
訪高僧今長老緣師自南嶽雲臺山再當是選紹
光正念宣揚了義居者蒙潤來者如歸乃擊鍾而
謀曰嗣其業者爲之子也誨於人者爲之師也子
之克紹然後起家師之不嚴何以尊道此世敎之
所以壯堂構也日明月暗墻壍戶通因分別以見
塵緣視頑虛而識空性此梵剎之所以崇堂宇也
由是蓄羨餘廣購募窮山跨谷以求棟幹殫能極

藝以召匠石協定星之期觀大壯之象材得以呈其美工得以肆其功計廣以席度深以筵外像祇陀之居中施獅子之座尋聲至者圜立於前如渴飲河滿腹而去嗟乎聖不世出故微言易絕昔仲尼生於鄒魯去世未久而楊墨申韓各就其術爲異同之論以戕賊教化所賴荀孟大儒開陳仁義然後君臣上下大倫以篤夫子之道不絕如綫況其遠者乎如來生於西域萬里之外寂滅千歲教乃東被而語皆重譯書不同文故翻經著論得以

紛綸其說昏愚迷妄貪着福報淪家耗國棄實趨
權亦賴諸祖以實際理地密相付囑然後知佛不
外求見於自性造惡脩善俱同妄作所以遣空破
有不陷邪觀者宗乘維持之力也不然者天下嚮
嚮奔走有爲之果何能已乎初大鑒以諸佛大法
眼藏傳青原思思傳石頭遷如是展轉相傳至今
長老緣師爲十世矣佛教之來中國也達磨最後
諸祖出世各分宗派而曹溪之胄最衆乃知道在
乎要不在乎先後矣緣師興元南鄭人本府出家

受具得大乘之要於漢東祚師遂振錫至於南嶽
郡將邦伯悉欽其名乃於唐興南臺雲蓋三啓禪
師稱爲嶽中之冠及被朝旨乃克歸紹本統而肯
其基搆六祖之道由是中興矣前所謂必久而隆
不一而具者有待而然也緣師狀其事請辭鑿石
以圖不朽且予里閈所託故於辭爲備云康定二
年十二月日記

重脩南華寺碑記　　戶部侍郎劉繼文靈壁

南華寺韶郡古名刹也先是西國異僧道經曹溪

掬其水香覽其山秀遂揚言於衆曰後百七十年
當有無上法寶於此演法旣而惠能禪師起自新
州受法黃梅得衣鉢之傳還果說法斯地其徒稱
爲六祖適協僧期而寺從玆建矣自唐迄宋代有
詔褒莫可殫逮我明興　宣廟則有金書法華及
繡絨羅漢之賜　英廟則有金書華嚴及護持勅
書之賜　孝廟　世廟則有九蓮觀音與護持金
牌之賜而　憲廟御製壇經序文尤炳如日星學
士大夫咸服膺焉昭哉寺之爲國重也非他琳宮

梵宇俾第歲久就圮本來說法諸堂幽然無光而廻廊一帶蟲齧且盡寺駸駸非其舊且　憲廟序文建有碑亭　英廟勅書尚雜奚囊甚非所以妥神靈而崇國寶也直指程公觀風其地而有慨焉爲之遲回者久之適住持以脩理狀請之府府上之道道上之直指及余咸可其請委官勘計幽者更而爽之蠹者易而新之創　英廟勅書碑亭與憲廟序文東西並峙又稍廓　御經閣以廣經書圖籙之藏又更壇門外挹翠亭豎一石坊題曰嶺

南第一山以示雄瞻是役也經始於庚寅年十一月初二日落成於辛卯年閏三月十五日計費僅捐金一十七萬六千九百八十八兩而古刹煥然一新矣余因惟禪教固不得與吾儒並用乃其意未始不相發明也吾儒曰性善又曰人性上不加一物彼則云明心見性又曰離性無佛豈俱幻語耶惠能頓悟自性偈曰本來無一物何處惹塵埃因此遂得信具卓爲南宗元和間詔謚大鑒而揆厥本旨實默與吾儒合先正湛文簡有題云生若

逢仲尼吾國有顏子葢眞知曹溪法門矣且鷙桀之徒頑嚚之婦語以聖謨王法彼皆悍然不顧而一語之以禪家之因果則靡不降心而揖志焉惟恐不免於佛氏之收以庶幾於善之什一則禪教又自陰助吾儒者也故御製壇經序亦曰佛弼也謂能弼此教而隆大行此列聖褒崇本意也豈謂求福田利已而皈依之耶知列聖褒崇本意則今日脩葺之故可知已是役成而下使小夫愚婦益興起其爲善之心中使吾儒之徒因禪悟

性各自得其本來上則不惟永護　御珍而　列
聖彌成世教之意又至是而益光大矣倘所謂一
舉而三得者非耶向非直指公之目擊而決其議
亦安能不日而成若斯之速耶余幸贊直指而樂
觀其盛也故遂爲之記如此云直指公名達號信
吾清江人登萬歷丁丑科進士與議則分守嶺南
道左叅政李君得陽帶管分巡屯鹽道游君朴分
巡道僉事王君制韶州府陳知府奇謀黄推官華
秀而任勘督之勞者則同知劉承範也例得並書

刻壇經序

御史豐城李材

嘗考孔子有曰朝聞道夕死可矣又曰原始要終故知死生之說豈不以必聞道者乃不徒死不徒死者乃不爲虚生也乎嗟乎此非眞有見於性命之際者未易以語此也故子貢以夫子之文章可得而聞其言性與天道不可得而聞而世之學者復漫曰文章之所在卽性與天道之所在也此其所以曠數千年而聖人至命盡性之學卒以不盡聞於世也釋氏之爲學誠與儒異然以其不立文

字故牿亡晦蝕者少而宗傳因以不泯其發之慧達者亦間起而追繹之有以紹明其如綫之緒如六祖者其尤傑然者也今其書具在和生說法何啻萬有餘言總之俱從自性起用無一蔓語謂非眞有見於性命之際不可也新興自漢已入中國逮今二千餘禩藻雅猷伐世有其人求能脫然於世累超然有悟於性命以幾不畔於道者有其人乎吾是以有愧於其人因諸生之請也異色今王君道服刻而廣之庶因有悟者且有激云

重刻壇經序

參政　王民順　金谿

昔昌黎氏闢佛骨以正言持世而其後乃與大顛游至稱大顛能外形骸以理勝不爲事物所侵亂誠予之矣奚闢耶程明道蚤年冥意釋氏終乃排之甚力學者於是議韓而與程固然余謂釋氏豈能害人溺焉者之有害孔子曰攻乎異端斯害也已言溺也君子取其言爲吾道助而不溺焉以濟吾道之真何害之有顧世儒者疇不循迹詆佛及語心性靈徹處亦自不離法乘見解則昌黎氏始

而排終而入而不自知焉亡尤矣昔夫子論爲仁曰由己而孟氏發其蘊於存心養性之說曰夭壽不二脩身以俟之夫未明於死生之故則二矣二則雜雜則亂亂則惑於不可知將失其性之本然而不可以爲仁故曰朝聞道夕死可矣是性命之精也釋氏本指雖以出離生死誘人超刼然大要欲廓無礙一切破諸邪法妄相直從自心見性成佛證以聖賢性善爲己之譚無甚差別惟是棄絕倫物其究不可爲天下國家此君子所以辭而闢

之耳余亦目佛書然非其好至壇經則好之矣其言直截近理而本來無物尤標眞詮其荅刺史章直教人以孝義脩行勿須脩禪持戒又自不障佛魔與緇敎弗類故世亦有言曹溪儒者豈欺我哉曹溪生新州號六祖說法曹溪之上故云曹溪先是余爲新州令從見羅先生論學龍山寺寺卽六祖生身地廼取壇經刻之今年夏余分視韶陽過南華得縱觀曹溪之勝謁六祖像眉目儼然如生葢世所傳眞身也因檢篋中前所刻壇經復畀曲

江令張君履祥付之梓嗟夫壇經故自釋學者取
其是而不溺其非深於好者也是明道之所冥契
而昌黎之入而不自知焉也不然一禪耳固宜力
排如二君耳矣其好

法寶壇經序　　盧震香山

此丈夫天人師法寶也直指人心見性成佛無上
了義忍大師金剛經以前諸秘密藏重欲翻譯而
此固明白顯易不費詮解者矣人人有心人人可
以自明人人有性人人可以自見而其所以明之

見之者要在不思善不思惡口無言心無着先儒多謂壇經自闢頓門接引上根予直謂壇經嵩闢漸路普渡有情誠有如忍大師所謂依此偈修不墮惡道依此偈修有大利益者世人強分南北而宗風直揭中天大哉王言謂越南有禪和師黄梅得衣鉢究性宗與吾儒自誠入聖者相合信不誣也今其心印具在七葉之從聞思脩者苦無善本固於選佛塲中覔得憨山禪師所訂舊刻發懽喜心再付剞劂行之冀與十方有意致者共證之不

徒自侈吾家之有西方聖人也時崇正癸未上元日撰

壇經序

自達磨以心印傳二祖并楞伽四卷授之曰此如來心地要門至五祖易以金剛六祖遂從金剛悟入旣悟寘衣鉢不傳於是楞伽金剛皆爲絶學而壇經出矣壇經者楞伽金剛之註疏而闡圓頓秘密不絶之學如磨尼珠如吹毛劍苟非鈍根下器讀之鮮不决目洞胸涕汗交下者直指人心見性

成佛所謂教外別傳非與顧舊本漫滅余將謀重鋟之梓而憨頭陀業先之矣梓未竟予以入賀萬壽行頭陀扁舟破浪追及靈龕謂曹溪行脚僧可無爲壇經作一法施予時未及擬議曰即法施無踰頭陀苐爲讚歎如此時萬歷庚子春三月下浣

曹溪修行觀察視以幽題

初師往黃梅禮五祖祖應對契旨恐人害之着槽廠去後五祖至碓房見師腰石舂米語曰求道之人當如是乎龍朔元年師受衣鉢南歸石留黃梅明嘉靖間有粤人官於黃梅者遂移歸曹溪矣金石略載石高一尺寛近三寸王漁洋皇華紀聞言現在黃梅亦有腰石想是後來人再

造作
耳。

曹溪志畧

寶林原刊十八大阿羅漢頌

蘇東坡曰蜀金水張氏畫十八大阿羅漢軾謫居儋耳得之民間海南荒陋不類人世此畫何自至哉久逃空谷如見師友乃命過躬易其裝標設燈塗香果以禮之張氏以畫羅漢有名唐永益世擅其藝今成都僧敏行其孫也梵相奇古學術淵博蜀人皆曰此羅漢化生其家也軾外祖父程公少時游京師還遇蜀亂絶糧不能歸困臥[illegible]舍有

僧十八人往見之曰我公之邑人也各以[illegible]二百貸之公以是得歸竟不知僧所在公曰此阿羅漢也歲設大供四公年九十凡設二百餘供今軾雖不親覯其人而困厄九死之餘鳥言卉服之間乃獲此奇勝豈非希闊之遇也哉乃各即其體像而窮其思致以爲之頌

第一尊者結跏正坐蠻奴側立有鬼使者稽顙于前侍者取其書通之頌曰月明星稀孰在孰亡煌煌東方惟有啟明咨爾上座及阿闍黎代佛出世

惟大弟子

第二尊者合掌趺坐蠻奴捧櫝于前老人發之中有琉璃鉼貯舍利十數頌曰佛無滅生通塞在人牆壁瓦礫誰法非身尊者斂手不起于坐示有敬耳起心則那

第三尊者扶烏木養和正坐下有白沐猴獻果侍者執盤受之頌曰我非標人人莫吾識是雪衣者豈具眼隻方食知獻何愧於猿爲語柳子勿憎王孫

第四尊者側坐屈三指答胡人之問下有[illegible]奴捧函童子戲捕龜者頌曰彼問云何計數以對爲三爲七莫有知者雷動風行屈信指間汝觀明月在我指端

第五尊者臨淵濤抱膝而坐神女出水中蠻奴受其書頌曰形與道一道無不在天宮鬼府奚往而礙婉彼奇女躍于濤瀧神馬尻輿攝衣從之

第六尊者右手支頤左手拊稺獅子顧視侍者擇瓜而剖之頌曰手拊雛猊目視瓜獻甘芳之意若

達于面六塵並入心亦徧知卽此知者爲大摩尼

第七尊者臨水側坐有龍出焉吐珠其手中胡人

持短錫杖蠻奴捧鉢而立頌曰我以道眼爲傳法

宗爾以願力爲護法龍道成願滿見佛不怍盡取

玉函以畀思邈

第八尊者立膝而坐加肘其上侍者汲水過前有

神人涌出於地捧槃獻寶頌曰爾以捨來我以慈

受各獲其心寶則誰有視我如爾取與則同我爾

福德如四方空

第九尊者食已撲鉢持數珠誦咒而坐下一童子構火具茶又有理筒注水蓮池中者頌曰飯食已畢撲鉢而坐童子茗供吹籥發火我作佛事淵乎妙哉空山無人水流花開

第十尊者執經正坐有仙人侍女焚香于前頌曰飛仙玉潔侍女雲眇稽首炷香敢問致道我道大同有覺無脩豈不長生非我所求

第十一尊者趺坐焚香侍者拱手胡人捧函而立頌曰前聖後聖相喻以言口如布穀而意莫傳鼻

觀寂如諸根自例孰知此香一炷千偈

第十二尊者正坐入定枯木中其神騰出于上有大蟒出于其下頌曰默坐者形空飛者神二俱非是孰爲此身佛子何爲懷毒不已願解此相問誰縛爾

第十三尊者倚杖垂足側坐侍者捧函而立有虎過前有童子怖匿而竊窺之頌曰是與我同不噬其妃一念之差墮此髬髵導師悲愍爲爾鞾歎以爾猛烈復性不難

第十四尊者持鈴杵正坐誦呪侍者整衣□右胡人橫矩錫跪坐于左有虵一角若仰訴者頌曰彼髯而虬長跪自言特角亦來身移怨存以無言音誦無說法風止火滅無相仇者

第十五尊者須眉皆白袖手趺坐胡人拜伏于前蠻奴手持拄杖侍者合掌而立頌曰聞法最先事佛亦久㲃然衆中是亦長老薪水井臼老矣不能摧伏魔軍不戰而勝

第十六尊者橫如意趺坐下有童子發香篆侍者

注水花盆中頌曰盆花浮紅篆烟繚青無問無答
如意自横點瑟既希昭琴不鼓此間有曲可歌可
舞
第十七尊者臨水側坐仰觀飛鶴其一既下集矣
侍者以手拊之有童子提竹藍取果實投水中頌
曰引之浩茫與鶴皆翔藏之幽深與魚皆沉大阿
羅漢入佛三昧俯仰之間再拊海外
第十八尊者植拂支頤瞪目而坐下有二童子破
石榴以獻頌曰植拂支頤寂然跏趺尊者，浮物

曹溪記畧

之初耶聞之於佛及吾子思名不用處是心發時佛滅度後閻浮提衆生剛狠自用莫肯信入故諸賢聖皆隱不現獨以像顯遺言提引未悟而峩眉五臺廬山天台猶出光景變異使人了然見之軾家藏十八羅漢像每設茶供則化爲白乳或凝爲雪花桃李芍藥僅可指名或云羅漢慈悲深重急於接物故多現神變倘其然乎今於海南得此十八羅漢像以授子由弟使以時修敬遇夫婦生日輒設供以祈年集福并以前

所作頌寄之子由以二月二十日生其婦德陽郡夫人史氏以十一月十七日生是歲中元日題

茅坤評曰此等見解韓歐所不能及可謂絶世之文

六祖髮塔記 時儀鳳元年歲次丙子吾佛生日

佛祖興世信非偶然昔宋朝求那䟦陁三藏建茲戒壇預讖曰後當有肉身菩薩受戒於此梁天鑒元年又有梵僧智藥三藏航海而至自西竺持來菩提樹一株植於戒壇前且立碑云吾過後一百六十年當有肉身菩薩來此樹下開演上乘度無

量衆眞傳佛心印之法主也今能禪師正月八日
抵此因論風旛語而與宗法師說無上道宗踴躍
欣慶昔所未聞遂詰得法端由於十五日普會四
衆爲師祝髮二月八日集諸名德受具足戒既而
於菩提樹下開單傳宗旨一如昔讖法才遂募衆
緣建茲浮圖瘞禪師髮一旦落成八面嚴潔騰空
七層端如湧出偉歟禪師法力之厚彈指卽遂萬
古嘉猷巍然不磨聊敘梗槩以紀　法性寺講涅
槃經法師印宗　勸緣法性寺住持比邱法才仝立

曹溪志畧

五言古詩　　香山陳蘭芝拂霞輯梓

自衡陽至韶州謁能禪師　　唐宋之問

謫居竄炎壑孤帆淼不繫別家萬里餘流目三春
際猿啼山館曉虹飲江皋霽湘岸竹泉幽衡岑石
閟閉嶺嶂窮攀越風濤極沿濟吾師在韶陽欣此
得躬詣洗慮賓空寂香焚結精誓願以有漏軀聿
薰無生惠物用益冲曠心源日閑細伊我獲此途
游道迴晚計宗師信捨法擯落文史藝坐[illegible]羅浮

中尋異南海裔何辭禦魑魅自可乘炎瘴[illegible]首望舊鄉雲林浩虧蔽不作別離苦歸期多年歲

見六祖眞相　宋學士蘇軾眉州

云何見祖師要識眞來面亭亭塔中人問我何所見可憐明上座萬法了一電飲水旣自知指月無復眩我本脩行人三世積精煉中間一念失受此百年譴摳衣禮眞相感動淚雨霰借師錫端泉洗我綺語硯

望南華寺　宋丞相文天祥廬陵

北行近千里迷復忘西東行行至南華匆匆如夢中佛化知幾塵患乃與我同有形終歸滅不滅惟真空笑看曹溪水門前坐松風

遊南華寺

明尚書　湛若水　增城

大師天所生靈境地所啓白業入乔門下士超上智化身隨香煙落葉歸根蔕草木皆佛性雲日昭定慧生若逢仲尼吾國有顏子

二

應變意彌定到寺心頗動因知泥空着無□□大

用溪行得自身雲臥無塵夢覺聞隔嶺鍾应(?)迴

陰洞

遊南華寺　　提學副使　章　拯　蘭溪

韶陽多勝景詎得無異人曲江滙武溪寶林亦橫

陳巖巖大鑒師一語了諸塵云何無住心貽俗留

色身衣鉢等瓦礫傳者豈其眞我來試一勺愛此

青嶙峋乘月出白沙悠然詩興新

遊南華寺　　尚書　黄　佐　香山

維舟訪寶林策蹇登翠微晴坡無鳥聲雲霞隨客

衣寒威起層碧楓葉隨意飛山僧見行塵竹房開
半扉南能本無物金碧何榮輝風旛忽高下泠然
啓塵機雲春雜疎磬嵐影青四圍睠兹川原幽冥
心澹忘歸逃禪非我事且與邱樊違振纓一鳴鑾
皓月生苔磯

遊南華寺

提學副使周　瑯蘄水

崎嶇歷山谷窈窕經林邱廣川相縈帶梵境逈以
幽金光蕩松筠鍾磬雲間流苔痕交虎跡塔影沉
龍湫依依示化身鬱鬱祥煙浮撫念得深、有榮利

非所求八生異金石踪跡那久留安得逐□□衲從此事焚脩

二

弱齡事篇翰中年役纓冕世路浩紛馳潦倒嗟重趼適來偶公暇逐勝忘疲喘睠兹靈境幽登巔越層巘古殿隱松杉廻廊映苔蘚連岡宿雲霧環溪挹清淺福地啓𠀤宗圓經證前典悠悠累刼灰奕奕金身展試此塵慮消覺路應非緬浮榮竟何裨徒倚戚悲泫

遊南華寺　　提學副使　胡汝霖　四川

西方聖人者六代此開山道妙形神外名垂宇宙間定僧依福地游客慕禪關嶂擁屏千疊溪迴玉一灣登臨初不厭棲息豈知還笑被風塵染華簪漸欲斑

遊南華寺　　知府　陳大綸　宣化

今我篤眞游載入曹溪林佳景協清夏飛潛獲我心上有千年木一鳥懷其音下有千仞潭雙龍復潛吟暮夜神不寐萬籟含幽陰焚香攬予袂泒棲

曹溪志略

思不禁緬彼寂樂入其理尚可尋塵世豈六悠須
臾成古今因識無生理石門芳草深

遊南華寺　　給事　岑用賓　南海

能師空門聖弱歲慕眞詮廼舍負薪擔遠扣法王
禪登堂佛性現說偈契自然米熟得篩了上乘領
心傳衣鉢承正脉渡江歸南天默默脩功果僻隱
十六年削髮菩提下正覺度八緣卜築曹溪勝慧
日照八埏今兹餘千禩法澤愈昭宣我來恭頂禮
景仰遺像前眞性恍有悟靈根信無偏風淸孤月

白天籟在山川

遊南華寺

太學生　黎民懷　從化

閒從海上遊掛席遵韶石星驛鬱夫容應有彌須跡爐峰聳秀異龍門湛空碧中天據南華四境若完璧靈感寶林識名重開元額祥雲澹不飛古檜何翼翼象教亘千齡傳燈惟一夕不飮曹溪水世塵無由釋不悟明鏡臺本來那可譯師言不二門至乘無千百冥濛忞敖遊舍筏惟所適悠悠此溪流天地無與易

遊南華寺

鹽運使　張廷臣　番禺

一酌曹溪水地靈知佛國坐具展四山彌天普法力羣峯互蛇蜒二溪交環翼梵境逈以幽爭機涵峻極明鏡本無臺恒河胡可測龍蜕湫已平虎馴穴逾佪旃檀裊林巒十里丹艧飾上乘猶太虚寧着相與色寶林踰千年誰爲善知識聞鍾覺夙緣眞如非外得

遊南華寺

叅議　袁昌祚　東莞

溪山佳寶林初冬煦晴旭僧房夭蟜入佛殿稜層

屬言携方逸士覽勝紓清矚遥望芙蓉峰美人隔
江曲忽聞伯仲至紫嶂嘶驊騄神情洵超曠文采
何紛縟惠我荼粟芳舉杯引醽醁翹然命巾舄躡
磴雲霞觸聽泉豁幽抱付法思予躅本來自空寂
妙有原具足障言日以競眞諦誰能續與君且留
連晩就諸天宿

遊南華寺　　知府　陳奇謀秀水

乾坤一莽畳扶靈維奇哉五嶺多梵刹法界何崔
嵬群岫羅絶壁二溪遶曲隈竺僧卜兹土肅然貫

林開隻履既西去法印傳黃梅能者得其㧞衣來無塵埃結果符五葉空語傳八垓一朝返眞宅衣鉢幻成灰乍風忽已渺獨遺明鏡臺宰官居士者紛紛車騎來言尋祖眞義壇經響法雷伊余探靈境攝心重低徊慈雲紛晻靄慧日相昭回古今洵靈異眺鑒逸興催余希永嘉守石壁若爲裁

曹溪同跡公賦　　武信郎　汪後來　番禺

南天第一刹西來第六枝梁唐懸四世二百有餘期肉身兹演法智藥已前知夏熟王戎李秋垂大

谷梨金莖雲表露卓錫湧泉奇衣鉢爭何拙難磨
一偈訶龕園龍象建福地亞仙施智珠分滿月佛
火續重離苦海慈航渡枯株花雨滋聖相僧繇繪
壇經鳩什披溪流分泒遠源滙日灘灘藥自醫王
種教主大宗師

遊南華寺五言排律　參議　徐九皐餘姚

停驂寶林寺四望心悠然葱蒨回千嶂逶迤遶二
川飛甍凌象嶺幻塔出江煙桂露三秋冷松風萬
壑連菩提花欲發屈眴衲仍傳虎伏猶馴錫龍降

已蛻淵地偏眞出世禪定不知年北斗藤蘿外南溟杖履前探奇那可盡投跡豈無緣薜荔幽懷愜眞如俗理捐獨憐驄馬客不共大羅天

六祖法壇 五言排律　同知郭棐 番禺

寶刹鬱嶙峋停雲萬象新何時布金地重見雨花人鉢小龍堪馭壇空鴿自馴法界超塵累名香結淨因欲識空中趣寧同物外身三車何用演萬刼自迴輪罄聲雲外落僧語月邊論風幡知可悟臺鏡本無塵

曹溪志畧

七言古詩　香山陳蘭芝拂霞輯梓

遊南華寺　訓導黃器先翁源

名園縹緲尋給孤韶石磊落似硨磲靈鷲寶林皆飛走西域天竺東來儲剎土毫光萬里照鴈蕩靈湫寓梵書韶州之北舜張樂韶州之南佛結闍白象轔囷獸蟠地朱門灼爍金爲居香藤古樹曹溪口美室良田鷲嶺初諸天高閣鳴鍾磬半夜長廊擊木魚累朝受勅帝爲護八聖延光皇作譽法寶

螭文首天語虞書周誥錫當宁眷兹大鑒屬全智故來一人謂起予兄今紛紛學孔輩視爲月窟奔蟾蜍闕里沙門道非隔南華東魯近通渠三千萬億周儒穉縫掖袈裟互卷舒杏壇菀茂當蘭若作禮威儀比曳裾小子何當來懺悔跏趺踧踖復與與歎息孔廟蔑由至遙瞻曲阜帝農墟

南漢僞公主補鉢歌南華有南漢公主補鉢莊出貲耳錄

孝廉　羅天尺順德

西來本是無一物達摩之鉢胡爲哉大庾嶺頭爭

不動羯獠米熟歸黃梅紫金色吐毫光現馴龍法

水六時變漢家公主號平陽鳳輦來遊纖指玷指

痕觸處如初月上弦補完晦又缺女媧之石鍊不

成賜莊特代金條脫公主奉佛心何虔降王一去

失山川此莊萬古屬公主母乃佛力人爭傳我來

曹溪獨訪古守鉢人傳有猛虎誰知猛虎終無權

西來法器淪荒圃嶺南使者玉尺方能將色相還

空王一聲捶响鉢不見寶光飛滿南華殿書影云鉢後爲

魏提學捶碎

曹溪志畧

五言律詩　　香山陳蘭芝拂霞輯梓

贈仰山禪師　　張　喬

仰山因久住天下仰高名井邑身誰到。林泉性本清。野雲看處盡。江月定時明。髣髴曾相識今來隔幾生

贈仰山歸曹溪

曹溪山下路猿鳥重相親四海求𠂔理千峯繞定身異花天上墮。靈草雪中春。自惜經行處焚香禮

舊眞

同李秘校譚員外月華長老宿寶林道場

始興公　余　靖　曲江

祖堂留勝迹再宿此登臨雲月自明暗山川無古今谷聲猿嘯遠。泉脉虎跑深。共到忘言處休論佛與心

登塔

侍郎　黄　衷　南海

絕頂天門近雲霞上客衣蒼杉巢鶻徧。古路見人稀。偶與道心愜寧知塵事違大千何世界一點佛

燈微

遊南華寺　　參議　倫以諒　南海

遠來參六祖日晚望諸天衲子能留客山靈亦愛賢菩提原有種衣法可無傳試問曹溪水源流幾百年

遊南華寺　　參政　胡　璉

蘭若諸天逈頭陀一祖尊寶林依淨土金刹引名源優鉢何時見菩提豈在言湯休老禪客寂寞駐雲門

二

午夜招提客跏趺坐轉貪永懷三觀力未了十分談草樹音仍寂。茶蔬澹自甘。前身今忽悟瀟洒向瞿曇

遊南華寺　知府姚　鵬崇德

雨宿南華寺空堂夜半時塵勞無地着。鍾磬出雲遲。人寂僧歸定。風喧鳥亂枝。欲投香火社惟有樂天知

遊南華寺　御史李　遂豐城

妙有超三乘微塵徧八埏菩提何法相衣鉢是空筌悟從無住入訣匪夜深傳死骨遺神秀應知未解禪

遊南華寺

叅政　郭大治　番禺

寶林稱勝地紺鉢得眞傳一悟菩提法千春祇樹先象山青得月。溪水紫生烟。覽景憐春仲逢僧且問禪

登南華象嶺臺

尚書　何維栢　南海

春日多佳興同登象嶺臺路緣松澗入。詩向鴈聲

催。共說仙踪遠應知客夢回山僧閑詫笑廊廟未歸來

遊南華寺　　廉使　張元冲　紹興

菩提本來義風旛教外傳持齋常近肉依獵獨安禪月白千山曉。風清萬籟宣。客途聊假息幽夢亦栩然

遊南華寺　　王汝孝　東平

久慕曹溪勝焚香禮大千法門元不二空界果誰緣貝葉傳三昧。曇花照四禪。眞如清淨域何用謝

塵喧

遊南華寺　　副使劉　穩衡山

舊謁黃梅寺今登法寳堂風旛驚妙悟衣鉢嘆荒涼明鏡懸團影菩提散異香最憐沉苦海還欲駕慈航

曹溪觀盪水石還遇滄師邀酌　　知州吳　旦南海

山路少蹊徑行吟隨所之偶然閑坐處便是會心時石壁分泉卩雲過桂樹枝野僧邀共酌不覺忘

還期

曹溪　提學副使林如楚 候官

大士傳心印南宗最上乘如何千刼裏已少六朝僧竹院聞風鐸。花龕見夜燈。到來無一字面壁記吾曾

入南華深處

谷暗樹重重入稀見虎踪引泉僧荷鍤。聽鳥客扶笻。勾漏還堪問桃源似可逢莫愁歸路晚明月在西峯

卓錫泉

卓錫泉何處流傳事有無氣分金掌露。光射玉氷壺。鴈塔春陰薄。龍宮夜月孤。獨醒憐我在不必問醍醐

六祖眞相

雙林初示寂存者復誰眞定裏開金像空中湧月輪猶龍仍戳世。作鶴竟依人。有相皆成妄因何住色身

宿曹溪方丈

給事 岑用賓 南海

蘭若隱珠林窓虛月半陰僧開蓮閣曉。客戀草堂深。塔影連雲影。鍾音和梵音。溪流留演偈一切本無心

宿曹溪方丈　光祿寺卿郭棐番禺

一酌曹溪水冷然清客心野雲飛不定。江月影長陰。六葉藏珠鉢千秋見寶林悠然趺坐處幽鳥隔花吟

宿曹溪方丈　副使游朴福建

偶取曹溪水言尋不二門空傳無相偈誰識本來

存衣鉢眞塵物風旛亦寓言祇餘山上月流影倒

芳尊

宿曹溪方丈　黄在衮

鷲嶺從初刼忘言得證詮菩提留廣蔭卓錫受眞

傳花雨虛諸相靈光耀萬年慈航如可度從此滌

煩喧

自濛濾趨南華寺　衆議　袁昌祚　東莞

爲愛曹溪勝郵亭晩泊船行隨僧錫入坐想佛衣

傳樹色深園寺。山腰細引泉。眺游情不厭翻欲息

塵緣

六祖

作務初隨俗聞經已出家慧根超北秀香氣指南華法演雙林樹傳開五葉花竭來凝睇久不獨戀雲霞

二

靈骨千年在禪心一物無僧來勤洒掃客到靜傳呼古殿燈光續。層林塔影孤。秖緣觀自性聞者得醍醐

遊南華寺　　禮部主事梁孜順德

一入菩提境，飄然萬慮灰。歌從仙侶放，尊仗故人開。旛訣來何國，檀械秘法臺。禪居留信宿，幽夢繞雲隈。

二

翠華環四壁，絕勝隱巍宮。梵供青山響，鍾聲紫霧籠。虎跑曹水畔，猿嘯雨花叢。千里瞻依切，躋攀興未窮。

遊南華寺　　同知胡相盧陵

杖履入南華天高日未斜攤經翻貝葉搖麈着曇花佛土秋逾淨香臺夜復佳名山吾欲買不用苾芻賒

遊南華寺　禮部主事　梁鈫　順德

梵宇梁唐古偏餘問法宗疎煙籠古塔急雨散長松快意山中景攢眉夜半鍾塵途嗟擾擾吟望思無窮

南華謁六祖　縣尹　黎偉光　順德

自得黄梅偈南宗派獨傳法華開五葉衣鉢紹千

年來熱三更候身空萬刼前風幡不動處智月到今圓

曹溪雜詠　釋超岸

底事消閒日銜茅適性靈引泉通藥塢滴露寫茶經野鳥分中食巖花落淨瓶最憐秋雨後洗出數峰青

謁六祖禪師　續檢　歐必元

久坐但參禪風旛任往年欲知不二法別自有三天慧火乾坤盡皈心海月懸西來無所事何用七

燈傳

曹溪志畧

七言律詩　　香山陳蘭芝拂霞輯梓

題寶林禪院　　方干

山捧臺房郭遶山徑盤蒼翠到山巔巖中古井雖
通海竇裏陰雲不上天羅列象星依木末周廻萬
室在簷前我來可要歸禪老一寸寒灰已透禪

遊寶林　　始興公諡忠襄余靖曲江

浮生萬慮日營營同訪禪居耳目醒尋勝已窮煙
靄外談空應有鬼神聽松筠不變春長在風雨無

時地本靈便擬構庵來結社莫嫌頻此扣巖扃

遊寶林　　蘇軾

扁舟震澤定何時滿眼廬山覺又非春草池塘惠連夢上林鴻鴈子卿歸水香知是曹溪口眼淨同看古佛衣不向南華結香火此生何處是眞依

遊寶林　　指揮使王清濟寧

六祖山門何處尋曹溪長鎖白雲深千年佛骨空生死一點靈光自古今寶座香風搖燭影碧潭明月印禪心來游頓覺塵凡淨雨夜松臺聽梵音

遊寶林　　侍郎唐　冑瓊州

菩履償心豈偶然鶴林鷲嶺本同天山空水逝根原靜鳥韻松陰味總禪六授輪廻今九百一衣世界已三千來遊頓覺塵心淨獨坐空堂月正圓

遊寶林　　侍郎黃　衷南海

兩袖緇塵四十年曹溪暫爾放春船南朝只有松間寺西祖親傳刼后禪樂業畦人租茗圃隨緣老衲餉秔田片時閑自浮生得莫訝無衣與大顛

遊寶林　　張　玉鳳陽

繫馬松陰聽晚鐘諸天樓閣翠重重身遺南粤經千古道啓中原第六宗明鏡無臺塵自靜斷碑右字蘚還封老僧只管參禪坐直在白雲深處逢

遊寶林　郎中　王漸逵　番禺

鄉國兒時聞惠能廿年孤抱此登臨飛巒合巘涵糸境寶霧香花散夕陰大地河山歸震澤南宗支泒過雙林居入不解曹溪水只説春田灌溉深

宿南華効白沙體

曉起[illegible]興快一登三盃卯酒未央[illegible]天從勝地胡

三昧以與盧能共一燈雲外飛來世界杖頭今
處幾峻嶒却憐不用袈裟卜自解藤蓑自曲肱

宿南華　　尚書　何維栢　南海

南華路日別多時尚逐塵勞覺已非野寺蒼松虛
鶴夢洞門芳艸待人歸傳燈塔裡留僧偈說法堂
前有佛衣日暮肩輿獨乘興曇花琪樹正依依

宿南華　　知州　吴　旦

滿天涼露淨微飈向夜疎簾手自披明月故人千
里共白雲禪室九秋期齋鍾乍斷啼猿續塔火初

燃落雁知一與遠公談諦義欲投蓮社戀眞師

遊南華寺　　　　　　　　叅政　李得陽廣德

青山叠叠白雲浮草樹叢深古寺幽老衲不知今處去曹溪依舊遶村流當年傳法非衣鉢此日遺骸亦贅疣欲識本來眞面目白雲天際水悠悠

遊南華寺　　　　　　　　侍郎　楊起元歸善

來到師門謾說禪寶林今始識西天蒼蒼古木清因地泌泌春流帶福田錫水暗通香積裏孟龍長誦前千經一句渾無用使我具慚學童編

遊南華寺　　梁士楚番

樓船千里駐清灘，賓從相將禮法壇。出匣靈光生錫鉢，登臺佳氣遍旃檀。江留花影諸天靜，濤落松聲五月寒。此去萬緣俱息盡，青山隨處逐黄冠。

遊南華寺　　知府周啓祥海寧

天籟初收曉氣分，梵音縹緲入凝雲。花迎甘露含珠影，溪傍祇園瀉縠紋。谷口松蘿如有待，林端麋鹿自成羣。爲探寶地躭幽賞，欲向初禪辟世氛。

詣南華寶林謁六祖　　光祿寺卿郭棐番禺

崒堵巃嵸倚碧霄四山靈氣護仙寮雲邊㸃影𨻶金刹天外紅光度石橋客到鳴鍾羣籟應僧來說偈五花飄瓣香一縷心如見笑對菩提思泬寥

宿曹溪禪林

曹溪溪水發天馨偶向溪頭一濯纓寶樹春來爭荏苒紺流東去總清泠千山霽后舒𢑱覽五葉從前演法乘欲見本來真面目焚香中夜讀壇經

遊南華寺值雨　主事　楊瑞雲　南海

馬首㳂凉村復郵曹溪壇樹雨□□□菩提不改古

葉[illegible]吼[illegible]長從下界尊寺裡烟[illegible]陣合巖前鐘
鼓幾僧存千年我到談真偈猶有天香落酒尊

遊南華寺　　檢討　劉克正　從化

道在無生悟者稀遲來猶得款禪扉天開寶地出
龍象人自祇園傳鉢衣溪上雲霞常映帶山中蘭
若威芳菲勞勞塵土多年夢暫向空門學息機

遊南華寺　　塩運同知　鄧于蕃　南海

渡筏先登楚岸堤南宗衣鉢入曹溪千尋智海源
堪遡一[illegible]徑[illegible]金檢有書傳貝葉玉[illegible]無

影落菩提當々、多少叅禪侶寂寞花邊聽鳥啼

遊南華寺　　黃熬

黃梅一夕蚤傳燈寶刹宏開上乘僧明鏡非臺心
月峭風幡不運法雲澄芳溪暝渡古樹陰
穠獨鶴升安得霞蹤如尚子閒從[illegible][illegible]支藤

遊南華寺　　黃任衮

偶遊雙鷲思微茫梵落平堤慧日長石鼎搖青浮
貝動金砂含翠斷臺荒晴廻覺海探龍藏雪滿祇
室可是袈裟垂戶石幾人[illegible]度迷方

嶺海名勝記

香山陳蘭芝增輯

丹霞

丹霞勝畧

總序

香山陳蘭芝[illegible]輯梓

丹霞山紀勝序

造物有無盡之藏吾人有日新之境左國孟荀文之至善也而南華離騷特標靈異李杜王孟詩之至工也而東野昌谷別構新體天台鴈宕羅浮武夷山之至妙也而丹霞晚出更擅奇姿信知經史之外不乏異書岳鎮以還更多名嶠而尠見寡聞者局於所知藐畧其所不及知則陋矣丹霞山在

丹霞山畧

韶州仁化縣境韶之山多鋭削韶之石多空靈大約臨水以爲勝丹霞挺起江干聳削千丈遠望之如囷廩如層城周遭五色石圍之斑爛相錯如錦故名丹霞山形下窄上廣如攀蓮莖而上蓮房險隘處挽鉄絙以上頂乃寬平旁多懸巖石室禪房梵宇錯布其間環視旁峯皆笋抽笏立韶江一綫縈迴其下葢天下最奇勝處也自明以前山初無名人跡罕到乙酉後中州李鑑湖因其兄文定公丁外艱挈家避亂始闢是山亂定將還故里乃披

榛剷莽漸次成禪林乃迎雷峯山禔公主法席禔公以名孝廉出家道風冠於嶺表衲子浩歸游人至者接踵由是丹霞之勝聞天下矣造物之初二氣融結卽有是山而沉埋晦塞不知幾千萬年迄今始呈露若天作地藏待其人而開之者然豈不異哉鑑湖昆玉乃忠臣義士禔公則傑出禪師而鑑湖所以避地皆本之忠貞孝友之誠與他方度地誅茅者不同以奇人遇奇緣而開奇山適相稱也山故未有紀今仁化令陳君石峯政成之暇來

游是山愛峯巒之奇特樂禪宇之清幽企想名賢風規如昨乃標巖題谷作爲兹編與興公之賦天台康樂之詠石門高寄畧等余十年前嘗登是山出嶺匆匆未遑賦詩作紀綴名簡末有餘幸焉故樂爲序之聊補鴻爪集中之缺畧云爾康熙己卯冬吳江潘耒書于羊城寓舍

丹霞勝紀序

撰幽棲志著高僧傳非守土者事也雖然山川原隰覽勝選奇巖棲穴隱顯微闡幽於以補採風者

所未備亦未必非守土者責也故司馬子長乘傳問俗歷箕山涉九疑搜求往蹟以成全書而于政事人物得失大備謝太傅登山臨水絲竹自娛而一代蒼生屬望東山李鄴侯白樂天歐文忠文章政事卓越千古乃明聖湖邊一半勾留柳柳州元次山之於浯水西山披荆闢莽扳緣殆盡亦未聞其廢事失職玩物喪志也至今地以人重教化興起似山川靈秀感其知己表彰之意使千古鬱葱之氣發於一旦故潛爲之效異抒靈而遐陬僻壤

之區遂令膾炙人口以垂不朽仁化之有丹霞自
有天地來即有此山矣前此未之聞也闢之於李
公孝源成之於上德禔公其丹山碧水翠竹蒼松
未易描寫山周遭十里亭亭直上不附不倚而左
右前後數十里之峯巒聳秀若千軍萬隊各執儀
仗以相侍衛者向無徑可通李公孝源避亂其中
設層梯扳蘿薜夤緣以上自壬寅歲禔公旣有茲
山鑿石治道險者夷之陡者平之斜者石之溪澗
爲橋倚巖綴室而四方有力者佈金輸粟石室雲

房輝煌耀日遂成一大祇園鹿苑矣來往既便遊
侶漸多高僧習淨業者爭趨選佛勝場焉丁丑予
承乏斯土公餘流覽登臨發嘯聲震林皋援琴命
操衆山皆響每一停橈曳杖將簿書俗冒洗滌殆
盡雖坐案牘堆中輒瀟瀟有游刃之致然則江山
之助人非淺鮮也開士角子收拾遊人吟咏并布
金姓氏成帙而未有倫次也予乃搜羅彙集若山
水若建置若福田若高僧藝文書籍奇蹤分門別
類以成全書適濱陵吳子彤本寧鄉陶子奉長湘

潭劉子五原結伴來遊授以系訂不一月而脫稿
以登厥梨棗俾騷人墨客佛子仙徒披覽無遺如
設繪事于宗炳之室未必非臥遊者之一快也書
既竣凡十卷或告予曰子楚人其有慕於羊叔子
之峴山柳河東之西山諸勝者乎予曰紀山川雲
物以待探風之輶車守土者之責也若妄擬古人
焉則吾豈敢則吾豈敢時康熙三十八年歲次己
卯仲春月文林郎知仁化縣事嶷山陳　　奇石峯
氏撰

山水總序

天地菁淑之氣鬱而爲山川鍾而爲人物積而爲忠孝仙佛之奇特蓋地與人之相貺也久矣嶺南爲山水之奥區而韶爲最韶之屬邑其間稱佳山水者不一而足而仁之丹霞爲最山在仁化縣南距縣治十七里耳三峯特立如出天表而蜿蜒變化之勢未易名狀或擬之曰船又曰奮龍云山崛起自楓樹墺跳蹙雄俊透迤騰達左旋右奔十餘里亂山爭出歷奥過七如來峯乍起乍伏亦斷亦

連抵舵石上龍尾即人向所指爲船與龍者庶幾似之矣由龍尾而上三峯屹立屏障宏開將欲爲丹霞結穴寶珠峙其左海螺居其中長老倚其前皆峭削千仞而海螺峰則尤夭矯摩空不可仰視者也據絶頂而西跨仁化東控韶陽南襟湞水北繞曲江咸一望而收若北面立而臂指使也考其脈蓋由於庾嶺大約於盧山爲大宗而南岳則其鼻祖也其下爲綠玉潭爲錦溪乃一接桂陽之秀自城口發源泙渫而下過縣治而經於此一出於

七如來峯從楓樹堧分流左遶而曲江水則又從黃沙坑來合于長老峯後左遶而同入於江下韶陽與曹溪一滴相會則山水之相遭固不可謂不奇矣然丹霞之得峯者二十有奇其得巖者亦二十有奇得砦與石者四五井與泉者三四洞與關者一二峯之屬若寶塔若雲梯若天柱若雙髻若龍尾若金盆佛日獅子餤慧七如來或遠或近或向或背或如雲起或聳秀揷天或菁葱蓊鬱聽松則濤翻十里看竹則碧落千竿泠然善也巖之得

名最久者惟錦石是卽輿圖所載五色燦爛者是也而出米巖附焉他若天然篻竹海螺晚秀水簾片鱗艸懸舵盤大明雪岩夜光霧隱岩皆環繞三峯如狻猊張口齦齶逼霧養靜者或架木爲屋或竪石爲軒虛其中廓然有容二三耆衲將終老焉昔人常避亂於此謂與武陵桃源相似信然至若半砦香楓砦屯軍楊州諸砦或倚伏山下或羅列江干環衞而拱向之扼險奇堪稱外護然固有隸在丹霞者亦有不隸在丹霞者皆得以丹霞誌

之益分地者與人而得全者與天也則隸在丹霞者固爲丹霞之所有卽不隸在丹霞者亦何莫非丹霞之所有也乃若泉之出自寶珠者爲珠泉出自海螺者爲石乳泉出自篻竹者爲芳泉而天然晩秀龍井名焉其味甘其氣芳其色瑩洌可鑒蓋品泉之第一者也已而穿白猿雲洞出梦覺海山之關眺望飛來隱然垂纓絡者則觀音石也顯然露眉宇者則人面石也乃一鎮於枕席之內一鎮於數里之外皆𢧐業下流斯固形家之所謂爲鎖

丹霞山志　卷十二　山水總序　六

鑰爲門戸者也然則丹霞山豈非天地菁淑之氣所鬱結而成之者哉雖然自有山川以來而茲山具在乃其毓於湞陽者歷漢唐以迄于元明皆未嘗以丹霞顯而獨顯於昭代之初年其闢爲祖庭爲道場者自有緇流以來未嘗以丹霞著而獨著於文定公公開府虔州時以外艱逢亂買山於此奉母以居山川靈秀之區豈非孝友仙佛之地也哉是丹霞之待公以傳也夫豈偶然耶或謂丹霞爲燒木佛舊地不宜更襲以名葢李公南陽鄧州

人也古丹霞卽其故居公避亂於此而又以憂去
取丹霞示不忍忘本也故爲之序其大槩如此云
時康熙三十九年歲次庚辰廣東承宣布政使司
布政使會稽魯　超譔

開山嵩道人傳

嵩道人者故相李文定公別號也公諱永茂字孝
源籍河南鄧州登崇正丁丑榜進士知黎陽有神
君之頌壬午擢給事中號能直言極諫奉使留都
聞燕京之變一慟嘔血斗餘誓以身殉匡復乙酉

遷虔撫金陵再陷章貢以下在在失守公控制上
游隱若敵國湖東之師席卷撫建湖西之師電掃
吉臨旋値外艱遂以全疆委楊公廷麟而身治喪
嶺表未幾天興復陷公決策擁桂王監國宣麻入
輔屢奉璽裒之制公執義固辭戊子服闋趍朝拜
大學士七月病于蒼梧屬纊之際猶諄諄作駐蹕
虔州之語訃聞行在所百僚莫贖六典並崇梁木
既摧大厦遂覆於戲先民有言平居無犯顔敢諫
之士則臨難無仗節死義之臣公在諫垣一擊周

延儒論救熊開元姜採等再忤馬士英皆批龍鱗
履虎尾氣不少懾當國變家憂兩難自致之勢裁
度忠孝進退所宜無尺寸自詭於矩矱哀憤憂勞
殁而猶視豈可不謂行歸于周萬民之望哉舵石
翁曰公度嶺葬其尊人石雲卜廬於丹霞後十餘
年介弟鑒湖君捨之爲寺其于予別傳則開山檀
越也環丹霞之山洞壑以數十計公芒鞵草笠提
茶條杖子窮極幽奇凌崖直上所至輒規畫要害
具有戰守部署方略即險絶地募諸矯捷者俾搜

剔攀躋懸賞格以待之未嘗有尊貴不可犯之色飲啗無所擇語笑無所忌雖村嫗牧豎咸得其歡心予聞之父老所傳慨然識公將畧亦知公聞雞運甓時自摩厲欲有所用其材顧得年僅四十八天也輪王與世七寶斯現所謂主藏寶主兵寶蕭何韓信之儔葢其彷彿七寶隱而輪王謝矣夫天顧不祚明則將先奪其寶臣公豈能長歲月以與造物者相角耶公于丹霞絕賞雪巖之勝寺成予當構堂奉公於此庶幾伽藍右軍之遺義也又李

公諱克茂號鑑湖卽文定弟捨山建寺尋復出家於丹霞

丹霞山初主席禔禪師偈頌師番禺人禔郎是

正中偏

帶月携鋤下石門綠畦深淺半依村從來錯過田家樂依舊寒塘鳥雀喧

偏中正

綠楊處處解征鞍舊路新華盡日閒莫向河梁深水影蒲頭如雪只空彈

丹霞勝［略］

正中來

男兒仗劍走平原望望疆埸志氣存散盡千金功

未立英雄誰向此時論

偏中至

風流休問客鄉心高館銀燈酒滿斟今日相逢須

盡醉不堪重唱白頭吟

類墮

一雙孔雀立芳池歛啄飛鳴不自知無端照影頻

回顧卻似難如往日時

隨墮

岸柳江聲鎮日將五陵年少不還鄉漁人瞪目空相笑肯信人爲春事忙

尊貴墮

九重深鎖鳳樓寒御苑鶯啼華自殘盡說官家高帝座一羣獵馬出樓蘭

贈陸孝山太守誕日　陸公南雄太守好施與丹霞樓閣多爲創建

陸家片石足千年舉向丹山尚儼然坐卧庾關看霹靂虛空驚起笑從前

靈山一别刹塵迯錯認緣生直至今借得秋光似明鏡年年長照使君心

贈陸太守 後太守出家丹霞

鏽𠌫還他陸大夫南泉眞個赤須鬍含冰滿口不言水蕩漾寒潮知有無

示海幢雷峯兩山都寺旋庵

撑持門戶憐今日此道誰當遜昔賢冉冉流光吾已老歸山遲爾再三年

示雷峯監寺卽覺

聞鐘自信何人事廿載勞勞竟孫然監寺兒孫徧天下祖翁田地倩誰傳

丹霞角子莼禪師語録

師于康熙丁丑夏月在江西廬山棲賢禪寺受仁陽諸大護法暨闔山耆宿請住丹霞山别傳禪寺戊寅二月十五日入院山門大解脱門八字打開要入便入不用疑猜且作麽生入舉拄杖顧左右云大須照顧脚頭脚底伽藍錢穀豐盈僧行稠密猶是門庭建立邊事永鎮山門恒扶正法還古道

于名藍毋使妖魔外道得其方便全藉威神之力

佛殿若以三十二相得見如來是人行邪道不能見如來不以三十二相得見如來是人行邪道不能見如來且看新長老作麽生與釋迦老子相見良久云露

韋馱遠承遺囑護法安僧且道法作麽生護僧作麽生安舉香云如是而護是名眞護不如是護是名邪護

香積未轉法輪先轉食輪爲衆竭力彼此殷勤

三

祖堂祖禰不了累及兒孫兒孫不了累及祖禰二

俱有過且道過在什麽處不是同牀眠焉知被底

穿

據室據此室行此令直饒鶻眼龍睛不免向者裡

乞命卓拄杖一下

上堂拈護法疏云無量義海三昧門總在檀越筆

尖頭上花擘去也只將補衮調羹手撥轉如來正

法輪拈本山大衆疏云寃有頭債有主要得契券

分明者便是證據

指法座云者個箇十尋常要坐便坐任是須彌燈

王到者未免一回懡㦬遂陞座指香云此一瓣香

恭祝

今上皇帝聖壽萬歲萬歲萬萬歲伏願四海清平

萬民樂業此一瓣香奉爲滿朝文武闔國公卿本

省當道本府本邑宰官紳衿孝廉文學惟願常爲

國家柱石永作法苑金湯此一瓣香奉爲開山繼

席同門兄弟列位和尚惟願不忘本誓共作舟航

表率後昆流通正眼此一瓣香奉爲過去現在者

宿惟願人人達本各各明宗此一瓣香二十年前
早已薰他鼻孔今日未免重燒爇向爐中專申供
養即此堂上先師然公是老和尚用酬法乳之恩
斂衣就座上首白椎云法筵龍象衆當觀第一義
師卓拄杖云若論全提直須塞却咽喉放開一線
[illegible]有激揚作家禪客出衆相見僧問離棲賢石人
峯送出山門且道還有去相也無師豎拄杖云棒
頭有眼明如日進云長老峯迎歸丈室來相又作
麽生師云要識眞[illegible]火裏看進云只如不去不來

未審和尚在甚處爲人師卓拄杖一下進云恁麽
則雖提新祖令又是舊家風師云有煩闍黎贊揚
問熊峯一句無生曲節拍相催到于今法社荒涼
憑師力高提祖令又重新向上宗乘即不問遠客
還鄉事若何師云遠山青縹緲進云古人道有一
人不離家舍有一常在途中畢竟此人如何接待
師云近水碧潺湲進云聞聲悟道見色明心即今
鐘鳴鼓響緇素藹然且作麽生是明的心悟的道
師卓拄杖一下進云行船盡在把艄人師云何不

領話師乃卓拄杖云佛身充滿於法界普現一切羣生前隨緣赴感靡不周而恒處此菩提座大衆山僧承闔邑當道鄉紳孝廉文學暨本寺耆年大衲啓請繼住此山山僧念先人法席不顧道涼德薄謬膺重任遠從廬嶽泛蠡湖度庾嶺二千餘里長途跋涉特特而來既到此間卽今匡廬還有山僧麽若無作麽生説個恆處此座若有又明明已到此間當作麽生折合若折合得去始知無邊刹境自他不隔於毫端十世古今始終不離于當念

不是神通妙用亦非法爾如然倘涉遲疑便見白雲千里卓拄杖一下復云上來舉揚般若所有一毫之善用申回向伏願常爲法侶同嚴不二之風永作舟航共助無爲之化上首結椎云諦觀法王法法王法如是下座

中秋小叅

師云節届中秋清光溢目大衆還鑑賞得麽直饒盡力鑑賞也只鑑賞得者邊底那邊又作麽生以拄杖作圓相云會麽復卓拄杖云萬古碧潭空界

月再三撈摝自應知

早叅

師驀拈拄杖卓一卓顧左右云聞麽聞底不是聲復竪拄杖云見麽見底不見色滿耳滿眼非聲非色刹刹觀音塵塵彌勒會得便與古佛並肩會不得未免循墻摸壁卓拄杖一下云會麽莫把眞金錯認瓦礫

早叅

師云道不屬知不屬不知知是妄覺不知是無記

丹霞勝畧　　　　　　　　　　　　　　　　　　夫

今時人往往向知不知處和會殊不知知與不知

總屬意識邊事大衆離却意識一句又作麽生石

人把板雲中拍木女吹笙下碧霄卓拄杖一下云

參

丹霞勝畧

文類

香山陳蘭芝拂霞輯梓

藝文志

山號丹霞久結雲霞之侶臺名紫玉時聆金玉之音勝槩旣闢於聞人著述豈關乎細事言詮入妙渋覺範不妨以文字逃禪議論絕倫支道林乃得以才名出世然而聽鐘蓮社高人之逸致何多臨水東林太傅之遺音未墜凡兹文獻亟用表彰有俾山靈堪垂不朽者也作藝文志

丹霞山賦　凌玉京

緬維兩儀奠位川岳儲精百靈呵護佳勝攸名若夫仁陽之蕞爾共羡丹霞之崢嶸向雖淪於荆蓁今特著于簪纓豈遭逢有顯晦實洪鈞所秘客待時節而後興猶夫水以龍而深山以仙而靈此固輿造化之苞符俟機緣之輻輳而大闢百粵一雲林也繇是遐陬艷羡遜聽歡欣方其鼓棹韶石樂爾巑岏溯洄錦水愛兹澄湍矧夫地接楚澤脉衍西江泱漭濬天池之冽蜿蜒聯九疑之寬疊嶂崔

巍兮萬物兆潔齊之致層巒聳秀兮千嵒攡拱衛
之奇岡劈青蓮之九瓣麓連翠岫之千岐訝仙靈
之窟宅分鷲嶺之寶坻爾乃歲届重光扶輿現瑞
龍象幽尋謀與神會協衆志以疇躇集慧思以經
慮經始卜築定方正位閣閣橐橐兮偕百斯而鳩
力鎡鎡纍纍兮倒囊囷以齊施圖營建畧庀材肇
基疇址高而可閣疇坳坦而宜梯疇凭檻以穿複
道疇度澗以駕虹蜺疇眺半山而且憇疇延新月
而建簃工隨時以漸舉景俟德而修甃羌彼寶殿

兮翬飛而鳥革於此堂構兮鳳翥而龍𡕝樓臺軒
敞兮巀業承寶閣之麗棟宇㕘差兮鱗鱗翻碧藻
之椽碩畫匪程于一日宏緣式締乎大千豈非規
制逈異類别聯榜人固玩視其習而莫測其所以
然也至若頂禮眞如紺目澄紫金之聚皈依猊座
法幢懸寶鏡之涵圭組賁耀冠蓋盍簪跡擬曩年
鹿苑彩越當日優曇萃人天而忻悚偕緇素而和
南嘘吸想通帝座觀瞻望出人寰於是躋闌楯踄
嶔寄樞衣紫臺撫蒼翠而欲滴蹻步松徑虬矯髯

而欲飛觀鏡沼芙渠亭亭堪挹攬竹陂簷箬個個垂旋高低菱葑觸目神怡旣周遭而肆覿復賈勇而援梯仰御風而直上若登天而允宜海門纔躋峻嶺難窺匪紆健足莫克睥睨爰扶筇於峯嶂舍利之窣堵參天轉征駕於雪岩帝仙之眞儀互睋嘌嶌闢開山之神魄水簾記曩寓之名賢凡山所蘆葧布濩蟬聯觸類推竅莫可殫言更上一乘願君征邁龍天矯而昂脊鰲容與以浮戴虹跨天以爲梁鱗毬地而能載如游山陰道上應接不暇

丹霞勝

入丹䕶圖中筆墨難繪維是與未闌珊因而爽生
林籟盤跎芳徑滿眼葳蕤總莖裊葉高抗樛垂根
蔓鏁石落影臥谿芊芊散翠茸茸競綺羽族飛鳴
而跳躑毛群斂跡而潛翳展矚難罄其蘊遙睇罔
測其嶶胡能紀極究鮮聞知日有片鱗殊堪駐足
行叩淨扉汲泉絲玉烹茗相餉非仙非俗畸逕逶
迤磴級盤曲穛植陰翳瓜果時熟倘勿憚難舵盤
可宿翹瞻天表體勢豐隆俯視峼嶁萬岳朝宗則
有丹輝擁巘紫霧胥聚萬象霞光散芳葩於碧落

千尋綺繡纈瀲灧於晴空，炯如越女浣紗，縠浮景外。皓若巴娥濯錦，秀映寰中。紓絳霄之螮蝀，標赤幟於赮封。時而金烏轉午，羲轡弛馭。客曰：歸止，主曰：還故。思掞藻於江花，冀彤管以飛露。相欲問天吟，謝客之詩，抑或擲地，作孫公之賦。亂曰：丹霞山兮白雲莊，登寶闕兮禮梵王。度金繩兮駕慈航，法輪轉兮帝道昌。山輝川媚兮靈寶彰，四時遊衍兮道德長。紀詠鐫兮珠玉光，擘窠書兮姓名香。生有緣兮樂未央，錫我類兮吉且康。繄豈爲好兮文莫

丹霞叢書　卷廿二　賦　　廿

償、祈登高以作賦兮、佩大夫之鴻章、猗歟山並峻兮永無疆、

錦石巖賦　　吳鎮休寧

若乃高山之前曲水之側夙有靈巖佳名錦石本造化之生成非人工之可闢分日月之光華得煙雲之氣色時絢紫而流青亦凝朱而閒碧儼圖畫之常開顛虹霓之莫測認錦官而城殊謂桃源而路隔彩暈鮮妍兮豈媧皇煉就以補天繭絞班駁兮疑帝女見斯而停織春江遠映兮鄂君之繡被

如鋪夕照相輝兮海市之樓臺乍出况復嵐光點
綴樹影交加翠匀竹葉粉落藤花泉飛玉練礀藴
丹砂聲聲野鳥片片輕霞西王母之瑶池似否石
都尉之步障非耶于是解組高人低眉老衲以穴
爲龕依岩置榻避城郭之煩喧厭塵氛之雜遝伴
麋𪊨以優游與樵夫而問答亦有多才韻士博學
名儒胸吞二酉賦比三都躭謝公之逸興偶潘岳
之閒居慕幽奇而適意愛寂靜以攻書至如邃谷
生風疎鐘遞響石鼎茶香松梢月朗或聽漁歌而

披鶴氅試倚闌杆心恬目爽信仙境之非凡勞伊人之夢想惜題詠之無多每拈毫而技癢於斯時也其樂怡怡賦而不足繼之以詩其詩曰何代神工闢混茫幻成色界大文章仙山未許凡夫識丹穴偏宜集鳳凰又曰我欲閒吹子晉笙虛空來去御風行須知不是芙蓉國夢覺關前笑一聲

遊丹霞山賦　　吳壽潛　古歙

原夫八埏之內六合之中川瀆涵其流潤邱嶽衍其巃嵸景物效靈互陰陽而誕育草木挺異應寒

暑而菁蔥瀛海有神仙之域乾坤多幻化之宮思
汗漫而未得悵俯仰之孰從或侈異於圖說抑流
覽于書史曷能究陳不可勝紀曾無一朝之寓目
何有百年於彈指懟匪躬之鮮八翼緬窅途而思
萬里矧茲遇于寧歲奚不足暢情而爰止乃有古
虔上郡湞水名區秀襲南華舊接張公之地雄分
東粤實躔牛女之墟峯連娟以環郭波灩瀲而合
湶浛錦溪之靈水如繡縠而朝陽始炫攬廉石之
崇巘若鬟黛而夕靄將舒豈紀載之能述洵遊豫

而有餘、考丹霞其最勝、有釋氏之精廬、於是命牽芳桂、用挽沙棠、邀我素志、挈我同行、蕩蘆葦以流響、搴荇藻而來芳、或乍進而乍止、泝危灘于急湍、或時緩而時迅、遵遠漵於中央、豁空明之皎潔、漾倒景之青蒼、乘朝曦之未發、言興于役、聘中天之已麗、云止其鄉、爾乃舍行艫、携短策、穿園寮、拾層級、逶迤登頓、漸從樹杪以招呼、薜業紆迴、始就崖陰而喘息、足欲舉而不隨、氣屢伸而猶急、方攀一憩之亭、聊暫留而停屐、少焉復進、載興載奔、望霞

夔之隱現。神營靈刹。達霄關之峻極。化造天門。攖
浪千尋。若宮墻之卓立。天光一線。似窺管而微明。
度折葦之橋。聞風悲而松生。澗底近雨花之座。延
月色而桂滿亭陰。遂登紫玉之臺。似入青瑤之嶼。
鬱儀見而清明。纖阿停而延佇。聘千尺之虬枝。撫
百年之高樹。翠鳳巢以和鳴。蒼龍舞而爭怒。既篩
月而留雲。復敲風而吟露。特降欹坡。更循委路。覽
雙鏡而躋簟竹之巉巖。仰御風而控飛來之天柱。
先狐探而蟻緣。亦蛇行而鶴步。游鐵絙而空懸履

石屏而倒豎、初升天闕之階、忽到瀨門之處、別開化域以幽深、疑有仙居而遐慕、眼照紫以流黃、頂飛青而激素、神酣復醒、體頓若綿、忽忻忽怖、輒退輒前、肩相凭而欲倚、手難挽而強牽、蹲螺峰以休憩、度虹橋而蜿蜒、覩紫崿之散采、過碧澗而凝烟、偃仰雪巖之竇、憑凌珠岫之巔、八因地迴、景令志遷、若騁無垠之漠、如臨不測之淵、望三高其已極、藐四大而無邊、爾其酌大明之甘乳、尋淺碧之渟瀲、歷晚秀之幽宮、掬水簾之飛瀑、經冬而樹有餘

青歷寒而草多全綠烟靄靄以聯綃雲霏霏而切
玉今成龍象之林昔是猿猱之窟厓壁就撨壘以
支撑欄楯肖蝸房之盤曲忽晹晦之互分訝暄凄
之相屬片鱗獨起而谽谺龍尾稍垂而起伏實彌
習以彌懽殊移情而移目值霧合而杳冥就精藍
而共宿于焉聆祇園之梵唄聽傑閣之鐘聲促晨
興而群悦飯香積而維馨二客從余躡屐復行重
尋往蹟更暢幽情經去日之所歷咸忻接如故人
氣再賈而愈壯步雖險而若平覺勝境之自至駭

萬象之流形、度穿雲之閶閭、望化石之崢嶸、方臨半砦、或倚或崩、確磈岞峈、嶮巇嶇崟、抗危闗而趍趄、梯絕壁而逡巡、足僅容其半趾、背若負乎千鈞、心無故而自恐、目非眩而不明、有僧白首曳杖而迎、山風颼然、鈴鐸皆鳴、甫趍平陸、竟造乎室、如華屋之中開、儼敞扉之外闢、隆踰結棟、廣可陳席、蔭松篁而翳天、俯軒窻而藉石、見城郭之蟻封、眺人煙以塵積、忘昔者之疲勞、恍沉痾之頓釋、由是探龍爪之懸厓、跨贔屭之豐脊、聊藉草以優游、僅摩

肙而接膝視萬仞之陰森嗢童僕之聳立寒梅霏
玉而襲芬古木迎春而異色心澄靈液喜老衲之
說無生腹厭伊蒲快嘉賓之從合力峰巒四壁棋
布星羅前林煙開天清氣和乃振衣而遵磴道相
連袂而越坡陁直排青漢競墜琅玕之實高凌紫
極紛披金玉之柯乎猿緣羆熊或窺人而跳擲文鸞
寡鶴似迎客而嘯歌草長金星而若帶泉飛珠露
而如莎日遲遲而搖樹風臯臯以吹蘿誠賞心之
足樂嘅快意之何多又過霧澗次陟雲階一扉側

八、是爲洪厓、薛荔初分、有璇房之結構、軒楹乍啓、覺宇宙之宏開、奧室光通、于斜穴連甍勢接、于崇臺、推涼煖之殊節、豈氣候之相乖、天地寒燠、合四時而難辯、陰晴榮瘁、在一日而俱偕、淸籟悠悠、而自發、羣靈恍、接而徘徊、疑綵旂之紛集、訝羽蓋之飛來、魏道武云、爲昇眺之境、王元琳時有神明之懷、聊焉生高謝之志、其何溺于塵埃、緬思古人、弔乎往事、當日月之忽傾、悼滄桑之頓易、攀髯傷柱史之心、謂李文定公孝源 薙髮悲秺侯之裔、秦庭之哭無

由魏闕之思長繫特開造化于一時遂表靈奇于
百世用栖息以韜光與高深而遐契天實貺于斯
人將千秋而弗替若夫緣慳山水與鮮林邱向子
平之累不減司馬公之願難酬躋勝未能許掾因
而起嘆爲圖已晚宗子聊爾卧遊開道斲山康樂
實疲于力致登高陟險昌黎何爲而淚流嗟昔賢
之未達令歲月之阻修淳于寄身於螻蟻子瞻觸
緒于蛑蝣奚夢寐之不寤知哀樂之何由而吾二
三子得縱觀而遠賞洵樂志而忘憂排終身之積

慘暢晨夕之淹留倘再思夫今遇索往夢而奚求乃爲之歌曰駕雲螭兮乘天風挾飛仙兮游鴻濛悲古今之浩刧兮將焉窮孰與我尋佺期兮長相從

丹霞山記 　 李克茂 南陽

粤自洪濛旣降岳瀆用尊其他名山勝槩經世則一而顯晦各異譬如披褐懷瑾之士遇合有時莫不有天者存乎其間耳韶郡丹霞山在仁化治中綿亘逶迤方數十里高數千百仞卽余與梓里諸

君子今所託跡處也山下中上劃而爲三兩闗一
峽險自天設岩則有錦石天然篻竹大明艸縣水
簾晚秀海螺諸名稱卒皆離奇古恠或如龍盤虎
踞于上或如鳳舞蛟騰於前或如獅面螭形縣立
狰獰於十步之外凸凹不同吞吐異狀然石室星
錯實外虛中艮有俯納萬千之用且中山一帶長
松婆娑修篁掩映清泉瀑布飛玉噴珠幽賞之勝
令人應接不暇嗟乎此山當中原吳會之墟何終
南崆峒姑射匡廬天門姑蘇之不逮乃溯厥從前

遊屐鮮到贈賦無聞果太傅靈運罕其人哉何劃
采蔵光於數千百年之後也嗟乎物之遇合有時
是不能不重憶我先文定伯子矣伯子撫軍虔州
時于乙酉仲冬聞先大夫訃奔號踰嶺扶櫬南徙
抵仁化界上愴然曰兵燹載道時變靡窮當早厝
吾父于萬全吾自庾嶺至此萬山蜿蜒不絕其有
可以深藏者乎余一家其奉先靈而止於是焉於
是麻屨哀杖日涉百餘里凡雲峰峭壁崒嵂崱屴
登眺幾徧或守禦爲難或樵汲是艱一夕於邑太

學生周子長公文學生劉子望夫松濤崑玉茗槐夜話語及治東二十里有丹霞山生等會築精舍數楹讀書其上弟捫巖陟磴負濟勝者猶難焉伯子弟領之明旦輒以一舴艋邀諸子偕往至則一望辟易儼有劍閣之險攝衣而登約數十丈便崎嶇難犯伯子攀藤拊木以進手足交致力焉如是者數纔抵闢門闢門峭削直上高亦僅十仞內而扳緣路絕伯子竭數倍力迂迴盤折僅而登假入中山焉稍行經六祖堂天然巖里許入篻竹岩復

自篻竹巖折行半里許入石峽峽路不遠而羊腸且棘身難進伯子委紆而前若不有其難也峽盡忽見雄石陡峙是所謂霞關矣較前關高無慮十倍極目天半意駭心駭猶幸石稍豐下尚可受足伯子俯首約躬附石而上遂克躋焉霞關右出山背少可寓目伯子自左路過雲度南行登大明巖陟山之巔環望群山羅列若爲丹霞拱護而巃嵸突兀磟硁翕受終無有出丹霞之右也復北遊艸懸巖西遊水簾巖晚秀巖海螺巖已窮日之力矣

伯子餘勇可賈意艤津未倦蓋樂此不爲疲乎此丙戌重九日也是夕偕諸子宿中山之六祖堂堂有上人以默跏趺誦經伯子因有聽經此日當重九採蕨何人更一雙之句隨與諸子謀曰是山也有險足固有巖足屋有樵可採有泉可汲其亦避世之奧區乎倘得牛眠之處先人安厝吾烟霞之癖快足於是矣乃搜積俸百餘金購之而先嚴佳城卽卜於對岸石雲山之陽焉襄事既竣伯子入丹霞剪除荆棘鳩工重修關門曰此山之鍵也以

固吾圉耳而從入之路石可鑿者鑿而梯之不可鑿者梯之以木葢升天之無階而有階矣而凡我故舊風雨飄揺伯子胥與居處于山中焉嗟乎丹霞之山不自今日而始也乃閲乎無人寂寞者數千百歲矣自伯子至山而人人知有丹霞焉且人人丹霞是依賴焉是豈不有天者存乎其間哉顧余所甚悼者伯子以介石之行甘播越之苦蒼梧既駕賫志旋終不獲久有此山耳今先後同志來處此者如兩岐賀君亦若姚君丹鳴朱君羽明王

君若耶李君美生韓君樵谷張君厚吾甯君二酉
陳君文夢許君經宇李君暨余小子克茂兩姪灝
鴻甥唐運泰皆有室家僕婢無慮千百輩咸邀靈
此山以脫然於刦灰煨燼之外則兹山之造我流
人功寧紀極而平日所稱名勝於中原吳會之區
者正恐名公卿大夫冠蓋漸稀才子騷客吟咏亦
歇而幽人貞士高蹈遠引者亦不敢過而問焉則
終南崆峒姑射匡廬天門姑蘇今日以與丹霞較
其不遠抑又遠矣兹余小子奉先大夫遺囑扶櫬

北歸倘得修途無阻就窆先隴兩姪子䕶有寧宇歲時伏臘余不肖期以一瓢一衲重賦歸來與丹霞相終始俾野鳥飛花再識故人杖屨庶幾丹霞移文後之君子可以不作乎是爲記

遊丹霞記　　陶煊長沙

余嘗過泰岱者二過嵩山者四過衡岳者三非道路倥偬即風雨阻滯皆不成遊常有餘恨焉戊寅冬適有嶺南之役過訪仁化令陳石峯先生石峯余故友也既爲陶子下榻署中與劉子五原共朝

夕復十日留不令遽別語余曰丹霞仁化之奧區
佳山水在焉子躭遊癖不可以不至適吳子彤本
從江南來握手道故相得益歡乃於臘月十七日
買舟攜酒饌負襆被偕彤本五原暨兩郎君搏九
鳴九以遊記自南關登舟溪水一溝順流而下過
準提閣山下細泉涓涓流入江內謂爲湞水發源
里許一小洲浮水面上造浮圖一座塔影倒垂疑
破蛟窟而穿碧落矣舟行數里水亦數折抵官砦
山較大而屹然對峙者爲青雲砦舟人謂此中洞

鑿殊絶可容千人爲邑中諸砦之冠云自是漸入
佳境水聲時緩時急緩者爲澄潭亟者爲石瀨扣
舷而歌不覺豪興勃勃抵石母千峯層疊或如夏
雲起或如鳥獸立未可一二名狀者也遥見三峯
側出劉子指之曰是卽丹霞之長老海螺龍尾諸
峯也蜿蜒之勢炯炯心目間矣山頂飛泉日光盪
漾若銀屏白練精光射人十五里至錦溪赤石蒼
松兩岸互映水光烘染五色雜呈余曰似宋錦劉
子曰直似螺墊耳向傳此溪能搥竹作布今絶響

久矣稍下爲放生潭潭上石磴一線爲錦石巖路余數人捨舟徒步數十級入關門吳子氣喘甚少依北入爲鐵門徑幽折巖上水珠溜下若濛濛細雨倚門一小巖寬尺餘鐫出米巖三字昔年傳洞中日出米數升今止糠粃耳揀視之果然比徑險仄前臨深淵約千餘丈下視毛髮竪起僧人甃石爲欄杆巖凹出前爲軒後宏敞縱橫十餘丈頂平如幔中羅祀象教一矩梵刹莊嚴誠勝槩也右腋一巖差小題詠甚多頂上如普陀巖五色燦爛奪

目旁有仙人枕余撫摩久之笑謂彤本五原曰此
豈盧生睡熟耶老生出苦茗相嚮甚佳啜罷循原
路出至關門東折不數武爲夢覺關灌莽中扳石
而上巖可數尺石一圓洞坐其中如身依月窟耳
昔有僧修行於此曰吾數十年學道今始夢覺耶
故以名之然丹霞一座山實爲此公經始矣下石
磴東北側入則丹霞路仍浮小艇抵護生隄命家
人負褋被行山麓平衍寬可數畝雜種蔓菁芥藍
菁葱可愛從此松陰竹塢絕類輞川而梅花撲鼻

更令人心解神怡矣一徑穿雲仰視攫浪諸峯皆危岫巉巖渺不可攀步石磴層級而上路或東或西余數人亦忽先忽後至山腰坐一憩亭解衣揮汗良久復策杖行又里許見壁上尺丈大字皆遒勁可觀而法海慈航尤稱墨妙將達寺門擬直趨而入西南一逕忽見小桃一株正爛熳開余趣觀之數子亦隨至眺望攫浪諸峯則已與目齊矣適老僧數人從南華嶼來若相迓者指云此卽一線天往視之險隘不可久立而入五峯居其前劉子

曰吾兩遊此皆未曾至余曰桃源深處豈輕許子
置足耶三人相視大笑轉入山門內外皆石級西
折一平臺中秋看月最佳南渡葦橋過延月亭六
祖堂在焉由此層折而入佛殿廻合或重樓或平
地依勢規制不可勝紀北至篻竹巖登正氣閣閣
爲前儀部李鑑湖所建上奉關壯繆配祀其兄文
定公主徘徊松竹之間登雙鏡池敗荷香氣猶隱
隱襲人上飛來石路纔一線石上爲御風亭望海
山門直逼雲漢不敢仰視然皆鑿石梯置鐵索扶

曳而上賈勇以登尻高於頂稍下注輙怦怦不能已此則昔人所謂四山無路一門獨入者也到門坦夷徐步見錦溪船一葉浮耳北望仁化塔影直在衣袂間南行數十武逶迤而上向所謂三峯側出者皆身踞其巔矣獨長老峯無路可通眺望久之乃循大明巖探乳泉過雪巘精舍值古梅盛開若龍盤鳳舞惜無一樽暢飲徒令攢眉去耳登海螺絕頂舍利塔聳入雲霄遥矚遠山半在暮烟杳靄中問所謂攫浪諸峯則俱蹲伏脚下矣老僧聞

鐘聲促之且歸既下從方丈左過紫玉臺松針滿
徑滑不能支扶筇而上一抒登眺而返照已落石
壁是夜寓僧寮與角子和尚挑燈劇語商確山志
漏盡乃罷詰朝仍偕諸子從海山門入繞海螺峯
之下遍搜諸巘始晚秀而水簾而夜光罔不畢至
巖上水凍若簷簪倒垂見者驚以爲異東南行里
許山脊延亘爲虹橋虹橋右去爲片鱗巖蒼松藂
竹夾映道傍萬山環拱近而眉睫遠而天表皆可
一望而收其形狀百出劉子擬之如猿如獅如拳

如戟斜倚如美人之並肩奔突如渴馬之就泉如覆杯於几如巘巘北邙眞可謂善狀者矣過淺碧池行里許北至龍尾峯山骨稜稜尾尻畢露峯下爲龍爪巖彼呼此應聲息相聞然壁立千仞沓不可即相與趺坐其上俯視禺山朝陽倉囤諸峯如齊州九點耳吳子曰觀止矣爲返寶珠峯㝷艸縣巖以歸老僧自破且前爲致詞曰丹霞延袤數十里若霧隱之峭削龍爪之奇特洪巘之幽渺皆不可以不至君輩當爲十日留毋貽餘憾於山靈斯

爲遊之至樂者也余曰唯姑先爲之記

遊丹霞山記 下院在韶州府城郎會龍菴 廖燕 曲江

予遊丹霞至再矣茲歲己卯晉江蔡子雪髯來韶心艷丹霞甚強予再遊不得辭時友人李子宏聲男瀛從焉於是記之曰四月二十一日晚抵仁化江口次日由江口抵銅鶴峽望觀音石彷彿花冠瓔珞江水繞山三匝舟行忽遠忽近皆與像相値而像之正背側面望之無不極肖者是夜宿潼口二十三日舟轉潼口已近丹霞前山山下爲放生

潭水爲山光樹影倒映緼染皆作碧綠色故又名
綠玉潭是也仰觀層巒疊嶂羅列如畫疑無有不
知此中有勝地者而必俟之數千百年後人事遲
速之不可強亦猶是矣舟抵護生隄登岸沿隄修
竹圍繞左折至磴道曲折而登每至折處李子皷
拾片磁畫石上記磴數至半山亭稍憩又行夾路
松陰虧蔽不復知有暑氣路左石壁陡立右偏下
臨深壑竹樹間之望之不甚了了也臨關門倚闌
望衆山皆在趾下闃之下有小徑左折而行下臨

無底稍前兩壁夾立中露天光名一綫天以路險而止且欲登山未暇也李子畫石記磴數至此凡得四百一十九級云入關門右折爲葦橋橋下荷葉田田恨尚未花稍上即三巖高處爲李文定公故居今爲客堂僧迎入進茶畢循廊左行有泉一泓清徹甘洌爲芳泉上爲松嶺松數百皆大數圍聽松濤颼颼不忍去路側有巨石塞磵口爲飛來石前爲竹林巖是時笋新成竹粉籜初褪淨綠娟娟一碧無際林中爲正氣閣供漢壽亭侯像閣後

峭壁揷天右望隱隱見海山門如在天半予顧同
遊指曰明日從此上海螺巖衆頗有懼色然亦急
欲試之以將暮而止左折八一巖不甚深巖瀑霏
霏時濺客衣稍入則不能去丹霞之右路盡此而
山勢則殊未盡也復循松嶺上雙鏡池池因巨石
形勢鑿成內種荷花傍有小石几可坐啜荷香少
頃返客堂舊路由藏經閣後登紫玉臺領畧諸峯
形勢時有小鳥飛翔松杪紅綠異色僧云山多各
色鳥別山無之亦一奇也二十四日晨起復由松

嶺數折至絕壁下攀鐵鍊面壁而上至御風亭爲海山門之半小憩復上路益高而陡至海山門神稍定扶筇右行至海螺巖左轉爲龍王閣閣下有池泉涓涓出石隙池深濶不盈丈此豈龍潛之所耶抑龍爲神物得點水便可飛騰則此一勺之多亦可藏鱗伏甲也稍前爲雪巖望𣋡慧峯童子石與夫天臺緣蘿七如來諸峯歷歷可數而緣蘿庄則爲壽春萬子欲曙約予偕隱處也予夢寐不忘焉再左轉上舍利塔爲丹霞絕頂大抵此山從斗

母閣而望則可盡山之前面從紫玉臺而望則可盡山之左面從雪巖而望則可盡山之左右與背面焉惟此絕頂周遭遠眺杳無窮極而百千峯巒高下恠奇簇擁兹峯蓋山水之巨觀也隨下迤北渡虹橋嶺長如虹故名登頓數折至片鱗巖已倦而餒僧爲炊食山中諸巖多面西惟此巖南向軒敞而高爲此山之最勝者予周行審視覺前雪巖所見諸峯至此又成異觀蓋峯有定形特人行高低遠近莫定而峯形亦隨之而變况朝暮烟嵐變

幻不一而人之心目亦遂爲其所眩不復能自作主而遊者反以此而取快焉此惟善遊山者能知之去此又有朝陽巖禺山石室景絶勝以路險難行且將暮遂返至水簾巖明季逢康年曾挈家避難隱此薪爨烟壘猶存再折一𡾰西向時已薄暮東方霞起爛若五釆光射巖内林木閃爍巖名晚秀眞爲此𡾰寫照也急下山至海山門俯首下視神爲之戰身去鍊尚一二尺側身坐定先將右足踏磴然後徙左足始得扶鍊而下似上易而下難

者蓋上可面壁故無懼而下則不得不外望故也
蔡子曰此路宜畧斸寛以便遊屐予曰不然此山
之奇奇在險非此則無以見其奇且遊山豈厭奇
險耶甫至簷廊天忽大雨同遊且驚且喜凭欄看
山中雨景雲氣忽從欄外擁入一時對面不能見
物衣履欲濕寻亦幾飄飄欲乘雲飛去矣須臾忽
霽二十五日出關門復至山趾右行茶樹林底折
而東皆懸巖峭壁人言巘外聲應巘中歷石磴數
折入夢覺關瀑布從丹霞山頂飛下滴瀝有聲又

數武有瀑差小循瀑仰睇頭爲之眩有巘稍濶而隘巖側有墨書出米巖三字相傳曾有米出於此以給僧衆僧屋皆傍江就巘磊成稍進爲佛殿前有樓可以登眺隔壁又有一巖葢就此一巘截而爲二者軒豁宏敞較丹霞之巘更逾十倍巘頂有鱗甲浮起色如苔痕翡翠濶三尺有奇橫亘二巘而長逶迤夭矯宛然神龍飛掛其上特不見首尾耳巖得名錦石以此傍有石如榻名仙人床下臨深潭即仁化江也烟帆上下沙石雜錯對面金盆

獅子諸峯明媚相向身在畫中而畫外有畫寧復知此身在人間世耶日暮返山明日買舟而歸予遊丹霞至是凡三往返始則予一人獨遊再則爲古杭馮君彦衡拉予同遊至此則蔡李二子與予男并從者某共得五人而遊焉又始與再俱再宿而返此遊獨越四宿因得山之梗槩蔡子善畫擬作遊丹霞山圖予先記其畧如此時四月二十六日也

初遊丹霞記　　吳鎮

嶺南山水多奇讓羅浮爲第一恨塵事所羁不得
向梅花村問美人消息徒有夢魂縹緲常戀戀于
四百峯閒而已甲戌仲冬客從湞水來爲言韶州
之仁化有丹霞山者僻而幽足堪登眺惜廣輿闕
之獨以錦石名巖何此山之不幸也余遊興沛然
適子頤董君有城口之行相與泛舟泝流而上但
見淸波曲曲碧樹重重漁網參差樵歌斷續飛泉
噴雪峭壁生雲斯可謂舟依危石轉路入亂山行
矣噫嘻不經歷此亦不知唐人琢句之工也過觀

音石而眼門始開望中鬱鬱蒼蒼峯巒突兀如萬
朶青芙蓉勢欲插天幾錯認爲赤城舟子告余曰
此卽丹霞山也余詫異者久之俄而疊嶂凌虛人
聲互答奇葩吐豔埜鳥亂鳴董君命泊舟沙際挈
我微行石磴紆廻嵐光浮動竹葉凝陰照人顏色
俱碧馥馥香風襲袂顧老梅尚有殘花振衣欲往
則丹梯百丈足未進而趦趄矣忽半山亭外有老
衲跟蹌而前引籃輿以迓曰客何憊也請乘此以
登余曰不可夫遊山韻事也若以輿而代屐恐貽

笑于古人董君然其言遂捫蘿而上佇望琳宫檀閣半矗雲霄由曲徑以繞長廊轉經堂而穿丈室寒潭清澈可鑑鬚眉遠水彎環直流香積出紫玉臺之下過一葦橋之西或咏或歌且行且止緇衣前導樂何如之指千尋壁立者爲鐵索嶺懼不敢上僅攀緣至御風亭而少憇焉俯窺雙沼幽奇惜蓮衣褪盡未能見綽約新粧惟坐聽淙淙泉韻謖謖松聲耳於斯時也世務都忘塵氛不染攬輕霞而入袖愛空翠之流裾眞别有天地不在人間矣

無何夕陽西墜衆鳥飛還遂返乎舟中時已薄暮開樽對酌小醉而眠夢登于山之絕頂高吟謝眺驚人詩飄飄兮目曠神怡不知身在何處倏一僧從石洞中出笑語余曰子之遊樂乎此海螺峰也亟欲與言而山鐘響落空冥余因驚覺披衣起立四顧茫茫樹色含煙月華如水憶坡公神遊杳靄間之句令人慨然嗟乎夢雖異矣而遊境何在哉其眞遊耶其眞夢耶又安知向者羅浮之夢非遊而今者丹霞之遊非夢也欲質之董君亦醒乃曰

子豈靈運後身耶何嗜山水之心若此雖斯遊之不足期他年以續之可乎余因唯唯故篝燈搦管而記之

遊丹霞山記　　徐崇禮

有虞南巡揮絃韶石神禹奠土分域揚州是嶺外湞陽厥有丹霞山水不俟嬴秦位置象郡始入版圖也越三千年所得文定禔師方開生面按山足錦石巖唐人已多題咏此不難見是猶入門庭而不及堂奧豈浮屠智藥三藏一掬曹溪期盧祖于

百七十年後地以人著耶康熙辛未余奉　璽書視榷相江籌策之暇挈韶陽太守陳公景白仁化令李君琳山捫蘿攀磴索恠探奇大都如王季重所謂造化小兒糠粃中物前人指武彝不得並此殆非爲山靈直訣用賦一律以志勝概謝靈運守永嘉開山伐木窮極登臨龍湫雁蕩失之几案余庶免後之視今謂當面錯過也爰泐諸石

遊丹霞記　　蔡琦三韓

余遊丹霞而始信世之山水雖非有情然而遊覽

無緣不可必至是故古之好事者雖意中嚮往嘗
其機遇不偶往往托之夢寐或付之枕上臥遊雖
以鑿山通道好奇如康樂其人卒不得開天台雁
宕之勝況其他乎不然則浮江淮探禹穴歷崆峒
過涿鹿亦非異事何太史公每舉以自多耶已巳
之秋余謬膺榷韶之　命而韶郡越在嶺表或者
以跋涉爲慮然我聞其襟山帶江六祖之南華在
焉私喜竊自語以爲簿書計會之餘當得一至其
處瞻禮祖像因觀袈裟所覆若何佳麗煩我祖師

顯示法力如此而未聞所謂丹霞也於是負勑而
南登泰岱渡黃河涉楊子道錢塘上釣臺泛彭蠡
過匡廬踰梅嶺其間如金山焦山之孤危靈巖𠂔
墓之秀麗靈隱天竺之森羅東林西林之幽渺遊
玩所及每自以爲天下瑰偉之觀約畧具是豈復
有所謂丹霞也者在其意中耶及至韶而丹霞之
名始得索其圖視之果有異焉乃於八月之吉挈
聲聲與竹音相應如秋蟬之夜鳴者茅竹園也又
數十步見其石臺甚光潔因石鑿池兩相對照有

芰荷清芬宜濯手聲聲徹水底如巨魚之鼓浪者
雙鏡池也其上石磴陟絶壁萬壑浮于目前心𢥞
而神動緣鐵索而登若千餘丈踰此則皆松竹夾
路旋遶而上曰海螺峯極目千里萬山環擁清流
滉瀁與白雲相映㑌石森然或如人狀或如鳥獸
禽魚狀或如昆蟲狀皆伏於此山之下周行四望
變幻不測旁有雪巖靜而有聲石乳泉出焉細流
涓涓而下飲之甚甘天地冷然又二三里峯巒盡
異蒼苔滿壁人迹迸絶日色若隱若見爲通天巖

崇山客嶺所障矣撫石一卧寐不成夢步至楓樹
嘆呼童酌酒與友人暢敘遊興而鳥飛上下依人
衣裾旋舞不去當此之際仰天長嘯聊以達狂士
之胸懷耳斯時但聞泉聲淙淙野蘭馥馥山中新
月已皎然照人矣嗟乎東有韶石西有廉石下有
錦巖數千百年之上天下皆得遊覽於其間而名
傳于不朽其峯之奇特巖之深邃石之怪異木之
蒼古有若丹霞者哉而丹霞之名不聞于古不見
知于天下祇與頑山窮谷棄于天地間非浮屠擇

而棲之卽至于今猶湮没而不傳耳嗟乎以此山不見知于天下徒見知于浮屠之中不更可悲哉于是爲之記時戊寅季夏也

遊丹霞山記　　　　丁世俊

丹霞粤東之名山也形勝甲于嶺左諸郡去韶陽百里由仁化江口泝流而上又四十里余于乙亥榷務告竣舟過其境同諸君子遊焉至其麓仰見浮青疊翠巖谷窅篠難以形狀舍舟從陸由月波堤淺沙細路縈紆委折將里許有茅屋數楹容少

憩由是以往皆山徑溪澗草木秀蔚藤蘿幽翳中道有艸亭又可少休爾進則蜿蜒盤旋僅容二人側身並行下臨千尺懸巖攀磴而上可一里許天然戶牖迴閉中外拾級進山門過接衆處復緩步渡葦橋升大殿殿左有紫玉臺修廣容數人席地坐俯矚初歷羣峯皆森布趾下殿右爲藥師閣方丈靖廣香積廚隨老人峯之高低起伏延緣凹凸石壁環抱迥越人境藥王閣之後有石澗方半畝深數丈寒暑晴陰淙淙泉響不絕空谷相應如扣

絃聲予遂張琴而和焉又有松園虬龍蒼髯老幹叅天數百株接以修竹園篔簹萬個琅琅然無鳳亦韻穿林而去聳立巍樓中奉關壯繆侯像憑前檻遠眺目窮百里拓後牖則別有天列簷際其垂嵒下可穴處百餘竈書別有天之左而上過石蓮花池時杪秋蓮房猶可採擷敗荷注露珠攀槎枒穿石竇躡足而上可數十丈有方弓地一亭歸然顏曰步雲迴眺諸僧舍松竹又在趾下邈乎不可接矣仰看峭壁危巢矗天斗立無徑可通而窮幽

攬勝之志未饜余疑而問長老曰猶可更上一層
乎長老曰山脊有鐵索磴數百丈可援而上余亦
奮勇爲諸君倡磴盡至關門傴而入頂則平原曠
野延袤數百畝灌木鳴禽天然殊勝長松古栢雄
長其間有四時花果可耕可樵鑿小石室一二僧
居之時總鎮高君登科韶陽郡守陳君廷策南雄
郡守羅君衍嗣仁化縣令孫君卓乳源縣令馬君
遴相與攀緪而上踞其巔嵐光雲氣瞬息變幻千
山萬壑城郭會郡咸俯伏羅列於下洵仙靈之窟

宅非吸露飡霞人不足以涉此予無寸長遭際聖明獲膺蕩節與諸君子共茲欣賞爲幸多矣然斯遊也非権務告竣弗暇及也非共事同方相與有成諸君子不忍恝然判袂握手與百里之外不能也于是返就僧室而息焉次日登舟仍至仁化江口而別推篷濡頴聊記一時勝事庶藉諸君子令名與茲山並傳不朽云其從我而遊有琴者金子吾昜喬丹青劉子子純周子子遜而江子素先善吟咏皆雅流可記者也

丹霞山舍利塔碑記　　釋定性

惟一堅密身一切塵中現地水火風生老病死九不淨觀皆舍利種也自如來以八斛四斗見異而塔廟幾遍宇內葢以衆生狹劣非有神變不信不尊故大法東被用是伏外道動世王雪往業發夙慧則如來以金剛不壞之同智示此金剛不壞之殊形即以此金剛不壞之殊形開衆生金剛不壞之同智予未覺像正之有差別也阿育王八萬四千塔震旦得十三隋文帝八十一州塔粤東得二

以粵東視震旦以震旦視南閻浮提皆存乎見少
況以韶陽之仁化視粵東乎丁未夏舍利出於盧
山之棲賢禪院時長老石鑒覞公以千粒獻古岡
善男子方雲停請爲建塔遂卜吉於海螺巖上江
山環擁秀絕一區製仿育王編以赤石下闢爲基
者縱廣五丈高一尺次上爲臺縱廣三丈五尺高
一尺五寸復次爲臺石闌周之縱廣二丈四尺高
三尺乃置壇座縱廣一丈三尺高四尺壇四面面
各一丈高一丈三尺面正鐫釋迦牟尼如來左文

殊師利右普賢後爲觀世音三大士像其上鐵露
盤十重高一丈三尺冠以鎏金寶珠高三尺七寸
鐵繩縆之叶謀於丁未之秋葬舍利於壬子之春
墖成於甲寅之冬閱時則八年計費金一千八百
有奇韶府廣文所施亦韶陽創獲之觀也予聞之
舍利所在不徒啟信生悟將以福國佑民嶺表道
埸曹溪雲門領袖天下其餘梵刹實繁豈無建立
自明以來佛法不競叢席多廢群一闡提不知舍
利爲何物往往置窣堵波培護地勢亦用形家言

耳淩江北境或耕田而得古鉼中有如麻如菽五色璀璨野人醫之不入棄去是夜大雷電以風厥明並土而失如有物掬之者豈非古墳夷爲平田人既貿貿遂使天龍鬼神因之獨擅此三年以近事也予故詳其始末勒之貞珉俾有目之流知所恭敬圍繞以諸華香而散其處則丹霞奉如來金剛不壞之殊形開衆生金剛不壞之同智塵塵堅牢一從此入福國佑民始爲最勝即停雲財法二施與本有三身等於如來金剛不壞其敢矜有爲

功德以誇來者是噲也勸發之初惟海幢阿字無長老迴導於內外護之間者爲海幢解虎錫都寺經始于樂說辯首座訖工則勤修引直歲轉輸督鑄則石吼震監院諸効奔走於是役者不槩及

丹霞地藏殿記　　釋樂說

予以庚戌春至肇慶太守史公庸菴發地藏閣之願約韶州太守馬公子貞共成之閱辛亥秋九月落成惟諸佛大菩薩間出于世皆爲三界衆生三界之穢至地獄盡矣衆生之惡業至墮地獄盡矣

地藏菩薩以正眼普觀一切衆生本覺妙明與諸佛無二特以妄想積習爲見所遷七趣升沉輪轉不已一若性有善惡而不知性無善惡善惡無性升沉無業淨穢無地苦樂無人浮雲在空亂起亂滅幻人現影非實非虛當下一見卽還本妙是故以地獄爲道場以惡衆生爲件侶以度所難度空所難空爲佛事也二公出作王臣不可捨諸政刑孤行德禮特于聽斷之下得情勿喜哀矜所被桁楊桎梏共鼓薰風則于菩薩莊嚴供養亦有同聲

之感乎登斯殿繹斯義仁人君子待諸惡業衆生有教無絶有憫無怒暫時岐路畢竟歸家卽生之殺之總爲指迷之導師俾知寶所若吾儕比邱稟三聚淨戒行菩薩道餓鬼畜生隨類而布慈雲隨人而指淨月不獨奉地藏爲標準其益知所先務矣

丹霞新建韋馱殿碑記　　釋樂說

初結丹霞時卜建婁至閣於大雄寶殿之前七年未有檀越康熙戊申中秋勤修引直歲夢中若有迓

新伽藍至其地立刹竿六丈有奇覺佪竊喜謂當
有福我者已酉秋予謁制府大司馬周公於端水
以茲閣請公許之發府金五百爲助一年之後實
爲一年之前嘉夢是踐則公于丹霞三生之緣殆
未可以思議測也是歲嘉平工師平水度地閣之
基高下相去二丈予乃構爲三重迴廊通殿直抵
長老峰如與衆生同一悲佪明窓曲闌俯瞰錦溪
石塘諸峰疊翠可拾如與諸佛同一慈攝左右翼
以小樓亦三重下廊下達上廊上達葢茲山淑詭

之觀至此止矣按此忍土須彌山半有四王天四王各有八將韋將軍特三十二將之一隸南天王下護念正法切如眼目當於賢刧千佛最後成等正覺然且不舍天大將軍身舉九百九十九佛之法輪盡護之而後已乃知應身大士接物利生卽佛果非其所急何也時無遲速位無尊卑法輪轉處有主有伴究其本懷寧爲伴不爲主寧遲無速寧卑無尊而婁至如來實與拘留孫佛同時成道韋將軍與婁至如來同時得名同時得位惟公文

武忠孝克相邦家綏靖交廣於震旦亦爲南天而以大司馬兼大將軍秉鉞之重慈護萬民等視一子與諸大士接物利生各暢本懷丹霞正法無相而見婁至寶閣無作而成甫入境之先示已發心之兆此中誰爲鑄形誰爲漏影多刧且無先後一念自具古今予方哲於賢刧最後補處行菩薩道不斷作佛公於此舉宜有嘿契而忘言者爾

準提閣記　　釋樂說

諸大菩薩深達衆生習氣數見不鮮於是有互出

之奇爲相續不可盡之勢以變其耳目者一其心
志釋迦如來導人往生有彌勒內院淨琉璃國極
樂世界自慈恩教微修兜率勝業者絕少東方則
無聞焉惟無量光佛刹攝受最久文殊師利普賢
地藏各有靈跡而觀世音獨於此土有深重緣準
提菩薩近百餘年前稍知趨向今則遍宇內仰威
神幾與普陀競爽夫以大士願力不爲衆生早出
而機感乃在三千年後豈所謂聖人不能違時亦
以夢夢群黎有數見不鮮之習故不辭後起以作

其欲竭之氣歟丹霞旣奉菩薩像兩載未有閣歲在戊申春南雄陸使君孝山以學使者馮公蒼心淨檀八十金至卽自捐七十金故司李今萊陽令萬公松溪瀕行留一百金而南海令陳公試庵于初夏遠寄三百五十金始克集事及冬而成卜地則長老峰之左肩右臨法堂與藥師閣平出而高顯過之江山層疊之秀一攬可盡也菩薩爲毘盧遮那法身流出若以長老峰表現於此左方屈伸十八臂慈威並用攄高臨下顯密互融法爾本然

事非有作惟此度門有主有伴菩薩不求護持而諸檀越示有祈嚮誦秘密咒持淸淨齋建寶嚴閣奉不思議像使已信者未信者將信者知有此事同入準提三摩地中等歸解脫此諸檀越卽菩薩多生眷屬亦各有互出之奇爲相續不可盡之勢者皆蓮華藏海全潮不可作一漚觀也

大悲閣記　　釋樂說

吾山建置有合而言者義歸於總總有別別有同有異一事而衆爲成爲異中同以一人成一事爲

大觀勝畧　　　　　　詩

別中異大悲之閣成於督學使者侯公鈞菴此始爲別者也大悲菩薩千手千眼觀世音之變也丹霞之大悲閣奉觀世音而不具變曰千手千眼出于大悲大悲出于觀世音舉觀世音而大悲具舉大悲千手千眼具矣公涖官造士與人及物仁心爲質經緯之以文而一本於道德其於予往來論佛乘取其理之可信耳矣其理旣信無不見理理旣已見不可更見千手千眼中不見觀世音觀世音眼中不見大悲大悲閣中不見千手千眼則二

殊勝四不思議十四施無畏三十二應有此事無作此事者未有此事已有此事不得已而言具皆添足也索正眼於千手眼內索千手眼于一手眼內索正眼於一手眼千手眼外有正非眼有索非正文殊曰我真文殊無二文殊然我今者非無文殊於其中間實無是非二相吾以爲公信理迴向是閣成於公像成於若海江公別中異異中同不各爲記其所以記明夫不具變則異中異也

丹霞山兜率閣記

洗欣

慈氏如來當次補釋迦佛處爾時祗桓遺法弟子皆于龍華樹下得道諸天於龍華會上護法亦不異祗桓如人王傳位太子則百官萬民無不傳者釋尊教人發願上生第四天即未立致植此勝因亦于下生獲果皆舊人非新人也丹霞初欲建兜率閣山陰吳公梅梁何公鳴玉聞之忻然請爲主者梅梁別主慈氏鳴玉別主諸天而共主是閣閣成涵禔比邱諗於衆曰佛眞法身猶若虛空應物現形如水中月慈氏如來不動道塲而於吾浙有

大因緣其現身義烏則傅大士其現身奉化則布袋和尚皆浙產也戴逵以精思妙手作慈氏像威靈最著其子顒爲江夷造觀世音積歲不就髣髴若有人語夷於慈氏有緣顒從其指易之應手而成此山陰產也蘇子瞻夢遊西湖見有榜曰彌勒下生朗月處天而在西湖者見西湖之月月不偏於西湖西湖有全月今兩公山陰之產所勸導者皆同地而予亦杭人西湖之異於錦石溪審矣錦溪之月與西湖之月不異西湖之月與鑒湖之月

不異一切月天上之月不異惟予與諸公植勝因於慈氏如來如來知之而未嘗同未嘗異也所謂諸天與遺法弟子皆三會中伴侶而未嘗别未嘗共未嘗舊未嘗新也有欲見四天上及見龍華樹下者乎無過於此

華藏莊嚴閣記　　釋古泯

別傳之寺倚長老峰據座而雄視右壁如列步障左如袈裟之展勢欲斷而仍連群石跳脱而下有巨石南向曰紫玉臺喬松百許如冠劍丈夫擁立

而嚴衞跨一澗曰寶珠峰玉臺之右有壁如舒一
臂華藏莊嚴閣直袈裟展幅之際前爲香積左之
前爲藏閣並於右爲淨琉璃諸閣丹霞樓觀十數
而巖是閣也高無上上無上或謂毘盧遮那如來
於三身無上疑有適得其位置者此非如來所自
爲位置也法身於一切身不見異而能使一切身
各不見同使法身自見其異於一切身中而曰法
身法身耳卽至高至上已與一切身爲類矣大中
丞劉公鎭撫東粤至化所被予無以擬諸其形容

公未嘗以貴驕人不大聲以色驕人不以德驕人
若置之一切人中亦不見異而文武吏士一切人
輸寫智力各不見同蓋於古一个臣有神似者以
其不爲高不爲上而爲至高至上毘盧遮那於佛
身至高至上華藏莊嚴閣於別傳樓觀亦至高至
上眞有適得其位置者公未嘗有意位置此閣然
不得不以此閣爲位置亦毘盧性海不見身而身
見不見世而世見之一端也閣始于庚戌秋九月
竣於辛亥夏四月兩成三楹闢土之半結石爲臺

而下成乃就右爲石級始抵于上成級皆搆步廊覆之

丹霞山新建山門記　　釋角子

丹霞之山所謂八方無路一門深入者也入此門者縣梯而登望者得奇涉者得危予以昔賢辟地殆于設險以守今爲道場所與入正大平易而已矣歲丙午南雄陸孝山使君捐俸成之於是梯以木者磴以石可雙輿並進也磴道之上爲平臺臺有門門上有樓門有內外二重外者俯見拾級于

前內者仰見拾級于後磴之勢依于石之壁立者壁立者之勢邐迤負緣不能以一向是故外爲門一向內爲門一向爲樓一向樓之廣狹壹依于壁立者之勢橫斜凹凸得異于自然之中而不覺其異斯其所以異也使君治南雄當往來之衝庾關峻險民亦勞止一切爲正大平易與斯人以安十餘年如一日今推其餘以安吾山苦行之僧樂遊之客喘息減半慮無不誦使君德者使君天才英絕其來吾山賦詩妙天下烟雲迴合與江山之氣

相深皆因物賦形得自然之異不以危見奇門之成其可以見丹霞之風乎猗嗟此使君之風也

建丹霞雪巖石室供關帝呂祖碑記

探花右翼鎮　高登科

天下諸菩薩神道皆當誠敬奉事禮拜不忘香火永遠者也而又何擇焉雖然儒釋道分爲三教而人之跂嚮好尚亦各有所宗余獨感義高千古威振華夷如關帝君者從幼迄今入廟瞻像尤凜凜然起敬起畏葢余天性也邇年官署閒暇喜養靜

凝神默坐斗室室中懸呂祖畫像焚香供奉又增
余一天性也韶屬仁化縣山號丹霞其奇特超忽
靈秀變幻名勝之狀未更僕數自褆師建刹來以
人事補天工在在經營處處點綴而勝者益勝凡
四方高僧多馳驟雲集苦心潛修其中洵爲清淨
道場而足接踵曹溪者哉是故縉紳士大夫咸遊
覽觀眺或詩或序或記或畫以傳其名勝者亦往
往而是余鎮南韶十餘載矣不敢效放達之所爲
雖心慕之而每登臨不果焉康熙乙亥年秋月同

關部丁公郡守陳公始知丹霞一時目擊之下種種名勝合之詩合之序合之記與合之畫艮不誣也而顧登顛步武曲折四望窮原竟委惟所稱雪巖一地位居正離前朝後擁左拱右仰奇峰恠石層巒疊翠或如怒馬之奔騰或如波濤踊躍或如劍戟之森嚴或如樓臺之巍莪悉羅列於雪巖之前後左右焉余徘徊久之彌嘆息觀止而不能去遂不禁穆然曰余素性敬關帝近奉呂祖思立像而禮事之此眞其所也乃商于常住雪巖可建造

以供仙神乎應之曰可謂神固護佛者也仙亦不悖於佛者也余即述素性敬關帝近奉呂祖雪巖既可建造以供仙神而關帝與呂祖仙神可並列而並供乎又應之曰可謂仙與神雖殊途而實同歸者也爰捐俸資命匠氏隨山形勢加斧鑿功建石室三間中裝關帝呂祖之像於其上一切四壁六窓龕座几案角門露柱階陀欄楯咸以石爲取其固也俶載于康熙丁丑年二月吉日告竣于子月吉日董斯事者誰寺中曉事僧古喻也其人誠

信即以石室之供事付之再屈一僧以相佐也雖然不有香火何以供奉不置產業何有香火復捐俸資買租田八十畝歲入國課外歲餘贏貯爲逐月長明香油及帝祖昇誕芳辰朔望時節設齋上供之資餘給守僧二人每歲衣食無缺焉使不饕餮于丹霞之常住永遠計也更囑常住後之繼古喻而爲守僧者必皆如古喻其人也惟常住而任焉其無忽勒記于石欲垂悠久云爾或曰噫雪巖有靈可以不朽矣

新建丹霞別傳寺記　焦祈年

聖天子右文講學雅意隆儒蓋以止邪於未形起教於微渺俾天下一歸於惇龐仁壽之域而後已兩粵爲南服地道里遼遠山川阻深號稱難治非得心膂大臣彈壓之不足惠和其下於是親政之年妙簡賢能臨軒策命而光祿大夫周公首膺秉鉞重寄公至未閱月政修事舉海波不揚文安於職武效於圉四民五兵歌舞醉飽於光天化日之內而深山窮谷草木亦爲向榮猗歟盛業哉公性

和而行方不通私謁其以方外見者拒不納所以肅體統衞名教也去夏六月涵禔開士因周公閱兵曾入其山與語大悅於是禔公從丹霞來謁公於和門公以賓禮相延四方之士驚而告語以爲宿緣冥契不介而孚豈知公之見取乎禔公非牽於福田之說也禔公少而習儒擩管爲詩文名著於粵弱冠登賢書將有大用於世不謂其棄初服披緇入山甘與麋鹿爲羣箕子就朝鮮猶爲周陳洪範叔孫顯於漢定禮綿蕞蔚爲制作之宗獨非

其人歟夫一介之士苟存心於濟物隨時隨地所謂止邪起敎雖佛老亦能之公不奪其志卽其所欲致力者嘉與經營若殿閣經藏之資鳩材庀工俱捐清俸爲諸文武倡使丹霞一坐具地别闢三千極樂世界若天造地設者豈特山水之靈乎禔公非高賢不與談非正人不謀面隱居以來戒行兩淨宗說雙通未嘗苟且向人索檀波羅密而獨見禮於周公如謝安石王逸少輩與道林道安遠法師遊俱取入於天機之外而不可以世法議推

周公之意在於潤群生濟萬物一夫不得其所若己推而內之溝中而以丹霞爲符劵耳吾聞燕趙多奇士南粤有秀民周公發跡於燕而匡濟著豐功禔公生長於粤而振奇多異采然則賢豪之所樹立應求不得而泯𨚗像服不得而拘爲今日之昌黎今日之大顛可矣寺成立石於紫玉臺以紀其勝緣其諸文武若總戎司道若郡守若叅府僚佐皆聞風樂助例得與書

丹霞勝槩 奎

丹霞勝畧

儒詩

香山陳蘭芝拂霞輯梓

丹霞山居

大學士李永茂中州

雲半結廬夜授經流泉細細曉來聽天空但立千
羣竹月落猶餘數點星鴈陣南飛歸故國螺川西
望恨街亭三岩一出秋容老慚愧閒身泛水萍
倚杖鋤茶續陸經喈喈野鳥傍林聽客來共踏花
間露老去徒憐鬢上星未闢八州開幕府空勞午
夢立新亭曾緣多病覔方藥却熱應須瀚海萍

花謝花開逐歲經松風松雨四時聽長閒獨賦關
山月小集俄占太史星丹詔一陽瞻鳳輦提書萬
里發虓亭孤臣强揾朝昏淚高要峽邊頌野萍

量泉　李克茂

抉得新泉迸玉漿持將升勺細思量出蒙先養兼
天力生一鄖同百谷王栽樹成陰皆冷洌採山作
峬厚隄防不教飛去興霖雨且蓄澄清待雪霜夜
靜時來松月景春深半落嶺梅香名發由彼金焦
涸汲少何須江海長無路飲牛邀逸許誰容花鳥

僞奇莊相期竟日一千步便足道人三萬塲寄語
夢婆休駭嘆臣心如水自泱泱

登岸憩園寮循海螺墩東行上夢覺關歷三
井至錦石巖　　茅兆儒 錢塘

登山忌在躁進鋭退亦速劉生甫及岸飛步入林
麓相招憩園寮從僧覓筇竹沿溪繞長林梯雲磴
盤曲云誰履禪關猶然夢方熟遊仙何必枕（岩前片石名仙人枕）
踞石且觀瀑（岩頂飛瀑千尺注爲三井）幽巖纈如錦奇妙
幻心目文理疑鬼工紺赤間深綠憑闌臨百仞江

舟瞰如鷲靈區數百年錦石二字爲宋元祐年題來遊最淸福題字滿懸崖懷傷不多讀

臺北從法堂下尋芳泉由泉右行過松嶺跨澗而臥者爲飛來石石東爲竹林巖巖上有泉依泉而楹者爲山主李鑒湖先生精舍由林右過碁盤石度小石梁梁下石澗深不可測而飛泉下注問其處曰錦石頂也向余坐仙人楊上仰觀懸泉千尺飛濺襟袖者非此也耶

冷然松下泉色味果芳洌蒼然澗邊石斑駁更奇
絕遙望竹中人端居傍岩穴塵縈脫如屣抗志守
完節片石坐窺天竹下有窺天望海石千竿夜吟月我度石
梁去獨木縛朽篾飛步木動搖旁觀爲咋舌隔澗
招同遊回看盡神慴笑我忘命徒無端爲險涉平
生濟勝具已愧老而拙茲遊較勝人自喜猶便捷
歡呼崖底深遠聽泉流咽欲更恣幽探淩空路難
越坐拾澗中花誰能返塵轍

從海螺右遶歷晚秀水簾草懸諸岩卽文定

公招同諸故人棲止處

造物生此峯千載委榛莽中丞若巨靈開擘憑孤掌岩阿鬱深秀栖遯從俛仰豈知桃花源乃在雲霞上陰晴簷瀑飛冬夏瑤華長雲中置雞犬招攜聚吾黨高岩卉木繁深洞日月朗至今几榻閒令人發遐想

自峰頂下歷松徑過虹橋坐片鱗岩搠水石上俯視七如來焰慧諸峰若在地底

桐花滿徑開一望徧山白白盡忽青來長松立千

百誰命此虹橋人行伏龍脊如何一片鱗𩨂若垂天翼當年龍贔屭百靈盡辟易遂使七如來束身就阡陌元風法輪轉刦火金臺拆浩浩此珠林蓮花開淨域

望觀音石　　劉法寬

風高難定白雲蹤月鏡孤懸似在胷土木自然非法相星辰何幸傍慈容人隨見地看殊變獨現虛空在幾重想復亦多山水癖立身天際閱諸峰

青龍頂玩月有懷禔公和尚

夜上平臺好月圓幾人坐卧聽松泉四圍露影低
犖岫一代風流隔萬川未息塵肩難永逸將來佳
會恐虛懸淸宵不寐春時候焉得連牀似舊年

方丈

南雄太守　陸世楷　嘉興

精舍新開祇樹林翠屏當戶晝陰陰閒經錫杖苔
痕破静擁繩牀草色深雪滿空山誰斷臂塵清午
夜獨傳心一燈幽室千年在衣裡明珠好自尋

藥師閣

解帶相携話曲欄高山覿面幾回看閣後即墨池
禔公岩

花落三春雨丹閣風生五夏寒鶴影依稀歸殿側經聲迢遞出林端六窻靜掩獮猴繫半榻蕭然客夢安

舍利從廬山棲賢迎至

寂然雙樹有餘哀聖塚誰從震旦開劍戟叢中還應現旃檀林裏自飛來獨驚五色傳衣祴不覺全身入鏡臺遙望祥光高幾許碧峰千仞共崔嵬

六祖堂

菩提樹下好安禪客夢常依石几邊一榻豈曾因

我設七燈應喜爲師懸衣行歷刼無紛競鉢付三
更孰後先獨惜庭梅開又謝枯花消息向誰傳

伽藍殿

漢業空餘百尺樓到頭何處說封侯銷殘往事香
千縷冷盡雄心茗一甌漫道山中無晉魏須知天
壤有春秋禪關是處神靈護聽到晨鐘萬慮休

遊丹霞山

絕壑幽崖睇盼窮又從地穴現天宮一龕佛火朝
還暮半枕仙牀雨更風斧鑿不嫌傷混沌品題終

自遜玲瓏頑山忽入文人手幻出精藍似畫工

由韶陽陸行至丹霞途中 郎事 沈皡日 當塗

出郭屏區緣逍遥步江畔齋心謝歸舟載驅上高岸滃雲冒前峰雨氣不可散愛此溪壑幽誰言登頓倦

平川漸戍磧改轍登前岡仰視浮雲馳俯瞰飛鳥翔柔柯難就蔭風雨沾衣裳層巒更無極佇望心徬徨

錦石衣帶水隔此數仞峰連岡亘無隙百里障崇

墉峰曲路亦敞豁然開心胸夕陽渡前溪荷鋤歸山農

重遊丹霞紀事

黑雲吹霧散江風青花金勒行匆匆韶陽古道春草瘦出門回首雲萬重身入萬重雲氣碧迴身衣作玻璃色崩岸欲坼紫錢沉籃輿左右呼犍卒古梅高檜猶如昨松間金碧增飛閣丹霞老人降堦迓一時獅象皆欣躍雨聲不絶語不停幽蘭自笑草自青坐久甃髯簾外走千山濃綠上雲屏

竹坡宛似當時綠暮雲薄靄籠青玉老樹嘯風作龍聲鼉鼉吹浪入松屋落日信步歸山房白雲拂袖生虛堂老人敬客出舍利璇室瑶華發寶光

登舟入丹霞　陳殿桂　海昌

韶陽還郡日有約到丹邱地爲傳燈闢人同指月流語聞天地小。身識古今浮。暮色催寒景炊烟起舵樓

野宿

登臨君踐約我得共盤桓沙逼灘聲淺。江昏暮氣

寒。丹楓青鳥外。碧樹白雲端。野渚篷牕靜挑燈入夜闌

停舟

載欣登岸近還恐到山遲幽徑忘艱阻新堤任委蛇沙明江勢濶。樹暗嶺容崎。此去祇園内齋心得遠期

園寮

剪棘鋤山土町畦上下平冬葵含霧嫩石粟受霜輕引澗通晨灌穿雲向夕耕昔人開創力只此見

經營

關門

路僻蒼苔滑山深竹樹幽依松修險棧。疊石起危樓。佛土仙能到天門鬼不留可知成鳥道翻翼亦生愁

紫玉臺

有石皆成嶺無松不見雲曲闌圍處絶峭壁轉時分路與星辰接。遊同鸞鶴群。西山綿邈地江影澹

斜曛

松林

夕陽松樹下曲徑勢交横白鶴還巢夜。春禽不喚晴。月來皆藻影風定亦濤聲趺坐隨坡穩悠然澹世情

望半岩頂

山頂何寥濶遙遙別有峰江心圍路盡龍脊引人通窮睇雲迷壑投思境絕空共臨高衍處茅屋隱嵱嵷

下海山門

至此渾難住將行未敢行短衣隨磴穩。長袖逐風輕。苔滑艱雙屐峰危入九崢草根枯坐久猶覺旅魂驚

宿丹山

山中無刻漏江上有鼉更細縷焚蒼朮孤燈映水晶星光搖樹冷。嵐氣入窓清。高枕眞無事關心花落聲

早起

宿火披衣處香烟到竹門雞鳴沉遠梦鐘動響蒼

垠河漢清將没雲霞出尚昏日高僧未起今識是空言

丹霞和韻　　趙永懷長沙

奮龍起伏聳三峰丹霞諸峰以長老海螺寶珠爲最羅列群巒若附從天地愛奇生幻境山川爭秀變常容人來上界探靈跡僧去他年訪舊蹤正欲穿林求一憩一憩亭在半山忽看雲破落疎鐘

松影迢迢竹影清池開雙鏡照人行千岩驟雨驚猿出一逕斜陽晒鶴迎山到最高還有路鳥飛不

上絶無聲塵心至此難容處萬派丹青湧化城
烟浮螺黛翠微連幽澗香隨路蜿蜒先我山頭入
忽小入門石下帽猶偏道邊旋摘無名果有果似栗近人
取名石栗座上還生有相蓮步步換形看不盡此時深
趣向誰傳
諸天蘿壁盡蕭然一坐蒲團了宿緣我入名山嗟
往事僧逢過客說當年無粮養鶴仙供米有竈烹
茶自引泉放眼雲霞心已醉此中不用杖頭錢山中
有出米岩

遠世塵氛念已消御風寧更畏嚴飈人行陡壁泉
偏滑樹影懸崖路覺遙三界梵音通帝座一聲清
嘯答參寥水簾洞口看飛瀑匹練穿雲駕玉橋
不盡峰巒興不窮翠屏霞壁擁珠宮雲鋪應識下
方雨日落還生上谷風幾斷芒鞋因凸凹更尋月
窟透玲瓏自從夢覺瞿曇後化域頻開役鬼工
行到千岩萬壑深果然山水有清音梅花香壓僧
頭雪舍利光明佛面金文字常存今古蹟袈裟獨
憶去來心探幽尚恐留遺憾再約雲峰次第尋

遊丹霞　　陶煊長沙

羅列驚看畫裏峰曉烟輕破一舟從溪凝寒碧新過雨嶺出天邊舊有容黄葉往來如待客白雲廻合想遺蹤懷𥛉公和尚也招提未到心先醉松影迢迢度午鐘

繞屋香薰古戒壇傍岩龍口接飛湍字磨碣石蒼苔古路轉天梯白日寒阮籍湧悲途頓盡昌黎應有淚闌干攀蘿躡鎖偏餘勇直到高峰絶頂看

螺峰千仞絶塵氛所見眞堪慰所聞地接海天看

在掌宗開南北似張軍霜風石栗香猶在晴日梅
花雪不分碧落漸通雲漸變此中山水有奇文
平生有夢忽如醒禮塔孤峰路下經舍利光中涵
日月雁王影裏出辰星鐘傳下界諸天靜石鏤端
嚴古佛型滿地葉堆霜徑滑獨悲蒲柳望秋零

董子頤先生偕遊丹霞值日暮不及登海螺

岩　　　　吳　鎮休寧

雅人致自佳況抱烟霞癖鼓枻入清江山水恣遊
歷伊余臥荒村新知猶夙昔策杖偶相從共探幽

奇蹟岩岫一何深竹陰垂磵碧樹靜雲不流嵐蒸
翠欲滴到來心境閒俯仰隨所適谷口石爲關疑
自五丁闢過此見樓臺洵是仙靈宅達士時抱琴
高僧屢卓錫紺宇淨無塵默坐神俱寂禪房曲徑
通花草間紅白猿鶴亦忘機嘯嘆依香積照影寒
池清聞鐘思慮釋覽勝繞迴廊緇衣拱而立相與
渡橋西笑指千仞壁乃名鐵索崖可望不可即屼
嵂海山門丹梯百餘尺我欲御風行何由生羽翼
衆鳥漸飛還煙暝日將夕轉步出深松羣動皆棲

息初月解迎人流光到蘿薜

錦水灘聲

幾曲清溪水潺潺韻不同波光流碎月雪浪捲寒風杜若沿洲綠桃花夾岸紅仙源何處是隔浦問漁翁

紫臺爽氣

夙慕談經處尋幽策杖來晴光浮畫棟爽氣入丹臺異草和煙發寒花向日開寧知塵世裏別有小蓬萊

僻陋晨鐘

層樓百尺仿佛在瑤京自得空中趣誰耽物外
情穎窗紅日近。繞檻白雲輕。默倚心方寂疏鐘過
耳鳴

丹梯鐵索

鳥道何由闢螺岩不易登蹇虛攀鐵索冒險踏蒼
藤面壁心猶恐乘風力未能孤亭聊止步轉眼失
山僧

竹坡烟雨

昔是棲賢地今成竹萬竿綠陰連曲徑翠色映層巒漠漠春烟靄霏霏暮雨寒何須問潑墨儼在畫中看

鱗岩秋月

碧落迥無塵清光滿片鱗眼中山色好天上月華新莫問吹笙客應來跨鶴人何當隨伴去夜夜到銀津

舵石朝暾

海角升初日烟光没遠天萬峰含曙色百卉逞幽

妍瀑影雲根落風聲竹塢傳遥觀奇絶處怪石向空懸

虹橋擁翠

碧樹嵐光滿虹橋景色多仙人應淬劍織女漫停梭遠翠生岩岫。輕烟散薜蘿。從教天咫尺未許渡星河

螺頂浮圖

塯起諸天近峰高四望遥陰崖留積雪絶頂出層霄鳥向鈴邊度。雲從樹裏飄。幽人常到此不待鶴

書招

紀遊丹霞山寺

步入丹霞處處幽宛然身在畫中遊纔燒柏子來香座又聽松風上石樓清磬一聲山寺午白雲千片竹房秋嶺南亦有神仙窟何必乘鸞向十洲

寄丹霞角子禪師師自廬山棲賢寺駐錫兹山

陳大鵬新田

十年邱壑願夢想到廬山何意棲賢錫重飛紫玉關攜柑鶯語滑椅逕石苔斑白社如能續扶笻自

往還
魚磬諸天靜深山轉法華茶香凝穀雨寒具襍松
花雲起穿窓白。泉飛帶月斜。鹿門予未卜搔首一
長嗟
不識曹溪偈今賡惠遠詩鳴鐘山欲撼得句佛先
知花暗黃梅雨經翻洗墨池憑欄須有約莫問夜
何其
冬杪家君招同吳彤本陶奉長劉五原三先
生遊丹霞命與扶九家弟分賦丹霞十二

景之六　陳大鶴新田

朝朝拄頰看山來爽氣偏多聚此臺翠色沾衣嵐欲滴萬峰屏障一時開紫臺爽氣

江流曲曲捲危湍岸草汀沙帶月寒一自雨花溪漲後廣長舌本是豐干錦水灘聲

寶珠應向髻中藏舍利光生照上方今日纔來峰頂立莫將色相誤空王螺頂浮圖

路入山深徑轉斜亂峰疊疊暮雲遮廣陵火樹無消息留與諸天散彩花虹橋疊翠

蒼翠篔簹高士村曉烟如黛護龍孫昨宵一夜淋
鈴雨洗出湘妃萬古痕　竹坡烟雨
白衣宰相老柴扉種就虬龍待鶴歸坐久濤聲來
絶巘擬成鱗鬣駕雲飛　松澗濤風

丹霞十二景之六　　陳大鴻　新田

雙池劃出碧田田亭上香風襲晚烟我欲題名小
天目瀲波石鏡湧青蓮　雙沼荷花
天梯世路兩相宜努力凌霄頗自怡携得驚人謝
眺句欲將痛哭問昌黎　鉄索丹梯

泉聲淅瀝浸流沙屑玉飛珠映日斜活火蘭膏承

瀑至眠雲共試石花茶 乳泉春溜

又見峰頭日漸高舵盤石上捩輕舠山中尚有長

年老欲駕罡風泛海濤 舵石朝暾

梵王宮裏度朝昏寂寞香風淨耳根最是五更殘

月後一聲天樂響雲門 傑閣晨鐘

片鱗岩點石花斑啓戶秋烟擁髻鬟午夜猿聲清

嘯冷月華已遍萬重山 片鱗秋月

丹霞集唐三景　　凌玉京

錦江春色逐人來水碧沙明兩岸苔灘響忽高何

處雨分明百里遠帆開錦水灘聲

筍過東家作竹林繚坡秋斷草烟深千崖萬嶺相

縈鬱風雨時時龍一吟竹坡烟雨

山間乳竇流清泉凝碧池頭奏管弦浩蕩深謀噴

江海浣花春水膩魚箋乳泉水溜

紫臺爽氣　羅鳳威

閒來牽袂笑登臨天朗臺空愜素心風使松聲入

玉磬花容鳥語和瑤琴襲人翠色山間迥快我奇

談石上吟遊歷竟能忘日永豁開胸次任浮沉

螺頂浮圖

天開圖畫湧螺紋七寶靈光遍法雲夕照明霞高上下午吹嵐影見繽紛胎成舍利蓮花放幻出優曇貝葉薰佛骨當年歸淨土化城千古氣氤氳

初遊丹霞贈角子禪師　周命圭衡陽

盧阜安禪久南華受法深峯因尊長老道可見天心日月依窓碧雲烟拔地陰我來聞震鼓頓欲起龍吟

遊丹霞山　周篆松陵

彩雲千萬簇冉冉夾朝暾絕壁紅如染平坡翠欲翻人空傳閬苑世竟有祇園竹徑蟠松磴森森折到門

匆匆遊未徧若箇肯言還峽剩虹橋迥岩餘錦石斑夢魂依法界緣分落人間寄語籬邊菊開時再入山

與門人凌澹兮張子材登獅子岩　劉獻臣

徑轉雲迷杖奚童叩石扉風生猿共嘯霞帶鶴孤

飛一水浮秋色千峯競翠微夜來銀漢近與子摘

星歸

遊丹霞贈樂說方丈　　　蕭繼昌古滇

李公闢丹霞造物既雨粟非大慧力人曷敢踵芳

躅吾師幸西來琳公生靄肅譬之平陽相不撓鄭

侯獄相携陟螺岩扳磴舌爲縮絕頂果與區群鷲

紛起伏日觀凌蓬萊星泉濺珠玉流雲松脚寒過

雨石髮沐韶江繞斜指衡陽盪遠目重華不可還

似聞靈均哭我名任馬牛我姓已麋鹿自飽青精
飯深眷維摩宿矧感百年遐不殊一日速會當畢
尚平結茅制龍毒師德懋諸天師教揚九服願分
琉璃光鼠肝滌塵俗

別傳寺

別有傳燈旨給孤勞布金不因滄海力誰見白雲
心花雨天中落。松風人外深要知無限泪長聽梵
王音

長老峰

大雲勝略 全

不涉滄桑恨幽然此息機蘿盤千丈髮。苔綉六銖衣。侍嶺兒孫似看人歲月非籛鏗空欲問無語對斜暉

紫玉堂

臺豈西來者乾坤信手移虬松蟠古幹鳳菓結奇枝帆小林中見。鐘高峽外知更憐立清曉烟渾雪迷離

虹橋

石髮開雲幙松鬟護月闌高僧天是竺隱士谷多

盤遊倦鳥聲寂坐深人影寒廣陵元夕步只向幻中看

別傳寺　李夢鸞鐵嶺

琳宮通帝座龍象白雲邊邱壑怪如此乾坤疑偶然優曇開洞卉香積引山泉頓使塵囂絕安能置輞川

舍利塔

飛鳥無巢跡琳琅插杳冥粵浮諸郡紫楚送數峰青疎磬藏幽壁孤帆露遠汀神州烟九點欲噢下

方醒

省家君于仁化雨過丹霞水迅舟駛不得上岸寄角子和尚　劉述羲（湘潭）

自來楚客慣悲愁況復秋容望裏收雨捲螺峰天欲墜濤生谷口舵真浮（山有海螺岩舵盤石）閉門茶熟渾無事擊鉢詩成獨倚樓喜著幽棲雲物志掃苔題遍萬山頭（山志出家君手撰）

同袁仁止遊丹霞留贈角子和尚　劉伯宗（巴陵）

愛山今遂看山遊疊疊奇峰曲曲流不負棹行千里路等閒銷去十年愁曠懷喜得偕禽慶好句終須遜惠休螺頂依岩期結屋他時白社許淹留

丹霞山溪　副榜　衛金章

一道奔流急青山遶數重烏屯沙上石人在水邊峰落日青杉冷新秋野靄濃前灣更空濶迢遞到疏鐘

薄暮仁化放舟夜抵丹霞山下

挂席背斜陽亂流倒山影江靄生茫濛嶺雲翳昏

瞑遵渚折回灣燒燭導前艇篙工怯宵征詎爲發
豪猛龍蛇大澤藏鸛鶴高林警窈冥飄海桴勢遣
群物屏星辰隱見閒天地杳孤迥暗崖泄奔湍夜
氣積陰冷棲泊烟水深已近招提境

由方丈右轉上海山門海山門丹霞山最高處緣鐵索乃可上

飛樓倚嶔岑環迴覺路塞四望窮躋攀斗絶石痕
闢窺天剛半綫拔地乃千尺鬼斧鑿何年儼有巨
靈跖鵰鶚駭嵯峨猱玃防仄窄當兹歛心魂直上
緣登陟鉄絙右鈎梯手攬參足力左顧窅然深澒

洞矄以黑納趾踵外垂高尻面内廹神人御風行中道尚棲息崖中有御風亭況在塵世間寧有次仲翮我幸及其巔餘喘定顏色出險憑虛無扶筇恣遊歷下視蹲群峰凌亂此一擲尻考平聲山脊骨盡處也○秦時有王次仲者始皇徵之不至大怒詔檻車送之次仲化爲大鳥飛去落二翮於山見地輿記

丹霞山樂說上人院坐雨　廖　燕

高齋添客坐鐙影隔長林一雨催春盡千峯落磬深○雹奔岩石火寒逼艸蟲吟莫厭通宵語平生祗此心

丹霞山訪頋來上人　汪後來

拄杖聲相應蹣跚兩脚同老依爲性命病且養鴻蒙易作天人想難埋國士風似添長老石無語立當中丹霞方丈有奇石名長老峯

登海螺峰

鐵鎖亘丹梯入門天轉低巖花留蛺蝶。山果落螬螬。僧煮風前雪人騎雨後霓孤高何用下一哭薄昌黎

丹霞步月

千巖冰雪裏中夜一人醒有影松蕭瘦無言天杳冥靜方知石性動卽覺泉靈得得過橋去疑非日所經

宿雪岩

雪巘留信宿絕頂候初暘一片梅花色融爲舍利光何因成障礙有夢卽荒唐親見頻垂手雲端立象王

錦石岩在丹霞之半別一境也　給諫　鄭際泰　順德

錦溪之水深瀰瀰錦溪之石光陸離水石交輝炫

五色雲波日影紛相披溪流宛轉帶岩壑危崖絶
壁多靈奇初從險磴上巉峭竹樹搖曳天參差千
盤鳥道若無路一關獨踞雲霞低側身石罅失故
步回頭忽訝烟光迷米岩轉處見飛瀑珍珠百斛
驚飇吹再過懸岩歷深洞幽泉落鏡涵清漪踏破
青蒼見平麓方登錦石升天梯岩内嶒竑儼堂陛
佛像云是蕭梁時磨崖題遍騷人字塵封蛛絡多
殘碑頂懸纍纍看雜錯紺珠綠玉間玻璃眞如瑟
瑟光絢爛又若蜂房咸倒垂翡翠斑剝不可數碑

磲瑪瑙無如斯疑是女媧昔曾煉補天已足多留遺石牀山跡互寒燠瓌瑰變幻非人爲憑欄四眺駭猿鶴千仞萬仞臨傾危回撥藤蘿尋夢覺谽谺穴竇當嶔崟夢覺關在山門左徑多荆榛天然一小石屋圓窗如月亦非人造昔有僧修行于此數年忽一日大笑曰吾半生睡過今日方夢覺也天然月窟俯萬壑流光飛靄侵須眉下瞰川陸列城舍渾如蟻垤爭奔馳凌空一嘯增嘆息世間化域多有之三山九島復何異少見多恠誠爲宜一身蜉蝣寄天地有若芥子仰須彌歸舟瞑息轉成想疑空疑夢匪所

思一聲清磬落天際中心自得知者誰

由半嵓歷龍爪岩洪岩諸勝

曉露猶未晞山厨飥脫粟長褐苦攀緣短衣矜結
束出寺見晨光千峰聳群玉路入連山岑屐聲響
幽谷谷幽杳沉深嵐氣朝騰逺巘崿降復升岡巒
起仍伏邐迤穿雲烟宛轉通林麓歷澗始輕捷履
棧方趦趄仰視百尺梯峭壁駭麋鹿乍陟息已微
半登心益肅屢止達闗門展轉氣乃續少憩仍復
前尋異縱遐矚寒林葉未凋松風自謖謖取道窮

幽岩憑凌依石屋半砦視龍爪似腰還在腹俯仰
得淸曠逍遥媚幽獨邱阜瞰蟻封城郭望烟簇危
岫翳茗柯平坡帶修竹棲遲愜素懷談笑謝塵俗
須更探洪厓景物换新目軒窻延空明徑路亦紆
曲新篁振琅玕落英散芳馥濕翠頓流雲寒玉激
飛瀑氣候藹冬春斗箕應南北六合仰天維萬有
分地軸朝暉爛霞錦夕陰綴烟縠商韻發林泉靈
芬萃草木會挾飛仙遊豈惟幽隱卜顧我得暇豫
欣然騁所欲人生展懷抱得意乃自足百歲幾盡

歡彭殤等局促勝境難再逢恨不學秉燭後來者誰與攬兹當有觸

遊丹霞

登臨欲盡探奇峰賈勇無勞杖策從到岸漸看同幻境入山方喜見眞容千層丹碧開雲氣一路青蒼引客蹤多少塵心何處滅飛來天半幾聲鐘

初來心境覺俱淸好友偕遊勝獨行花雨影中三界別烟霞堆裏一僧迎眼前處處變山態足下時時聞水聲身到上方纔少憩俯看千仞壓孤城

峰巒起伏總相連眞若遊龍勢蜿蜒絶壁陡分天
忽漏深林長翳日疑偏畫圖難寫人間筆詩賦應
枯舌本蓮豈是五丁開化域祇園猶未百年傳一線天山之勝境也
屢憩方登說法壇幾經露壑與風湍花開向客冬
偏煖樹密藏猿夏亦寒帝座可通疑不遠世塵郍
得更相干老僧尚指天門路鉄鎖盤空仰首看緣鉄索而上始達海山門
滿空但覺萃霞氛縱有天風亦不聞濟勝敢誇過

許椽題詩祇愧遜叅軍旋登螺頂諸峰小折到虹腰萬泒分却擬御風探碧落可能舉手摘星文

遊霧隱崖　岩與丹霞相對由別傳寺門左過一線天轉折上下或崇岡或長嶺或平田或溪逕或峭壁或飛澗約二里許路雖不遠而險仄居多屢憩始至其下復躡危梯數丈梯鑿石壁爲磴僅容半足横履之方可上側即絕壑萬仞至此心目手足皆兢兢不敢少縱亦不敢下視一失足則千古之恨在轉瞬百年之身將不可問矣上即崖也儼然石室而堂廡天設不寒不燥氣候如初春予與友人至此時雖窮冬因登跻之勞汗流浹背坐定少寧喘息憑空一望丹霞之全身畢現歷歷俱在指顧間而四山重叠遠近高下如青螺之在盤匜雲霞親人又如良朋嘉客迭相往來

眞令人應接不暇洵棲靈之勝境當不知作第幾洞天也上有清泉芳芬勝於他處雖亢旱不竭老僧云每朝氣騰發旭日初升萬山宿霧皆聚於崖內故名

仄逕躋攀路欲迷幽岩初見與雲齊身輕難說追猿鳥力怯方知任杖藜忽過茂林穿絕巘又從危岫下平畦紆廻窄步頻揮汗始接丹霄百尺梯

側身斂氣跐危岩甫入關門已隔凡奧室天然成戶牖層簷多半倚松杉俯臨谷口溪聲出坐看山腰日影銜更向白雲頭上望一僧開徑荷長鑱

丹霞山步韻　兩廣制府　吳興祚

石梁劍闕斷還連新築雙隄路蜿蜒金界開時天恰半珠衣覆處地無偏孤峰儼示輪王相九品中分寶座蓮紺宇輝煌成不日掌光從此與燈傳

丹霞歌

孝廉　羅天尺　順德

浮山風雨羅山合天南之秀盡此峯何意西南千百里丹霞競秀矗蒼穹蓬蒿自蔽千百載名號不列洞天中漁樵巢居猿猱穴儼與不求聞達高人同混沌鑿破山靈泣開創遂有舵石翁舵石翁手持鬼斧力鬪天工海螺墩上別傳寺錦巖伐木開

鴻濛上視翠嶂如屛列千尋鐵索梯天通當前萬
頃湧雲海下有蓮花九瓣佛當空一瓣一尊釋迦
容更有青童合掌朝巑東千峰萬壑如獅象環衛
拱立叅魚鐘舵石揮斥衆獅象身充化主募王公
布金分置金輪殿解帶横築堤長虹天公不敢匿
秘奥遂與蓬萊左股爭奇蹤憶我卄年客韶石猛
欲策杖躋芙蓉緣慳似有移文責宛如弱水隔斷
聲淙淙今觀丹霞幽景記臥遊十日揩雙瞳忽夢
四百仙告我自稱我是勾漏洪丹砂萬里曾乞令

不用隻手闢鼇叢舵石舵石爾有掀天抜地之奇功力爲佛子開花宫千古袈裟有程濟何不老佛相隨緬甸中

海山門　　孝廉　張錦麟　順德

巖前村小山圍裹翠壁丹崖高砐硪雷磓月斧肆鐫劖雨没烟蘿中豁開若凡若聖足怡悦芝草琅玕紛婀娜倒垂泄乳滴衣袂玉笏瑤篸交璨瑳白鴒樸樸如殷雷布水轟轟劇飛笴蛇行巇折出幽晦跨閣縈樓才怗妥危梯下瞰怯扶闌撒手縣崖

誰曰可從洞右仄行有飛梯出于壁外閣道空懸兩翼爲楯檻承之高臺指點

鍊形地鑿石爲函骨連鎖靈官羽使不得逢九蜕

神丹誰贈我老衲肅客小禪室一榻辟雲常熾火

荒寒自厭出無計枉向煙霞結趺坐安知有客抱

仙心特枉行帆倚蘭栧羅浮石室七十二欲往不

成計空左兹遊偶遂天付與莫更回頭嫌謫墮到

難試誦羽皇銘異日爲期恐難果

恭和學憲吳頡雲老夫子丹霞紀遊

進士　翁張憲　順德

借得五丁力名山境盡開飛泉奔疊石佳氣結層臺庾嶺脉遥接南陽名易猜屐痕輕印處省識謝公來南陽古有丹霞爲燒木佛勝地

似入桃源境尋幽不厭深竹坡留鳳舞松磵起龍吟自昔傳飛錫何人爲布金晚鐘來寺天外應潮音

登高須造極濟勝敢辭難鐵綆相牽引螺峯遶鬱盤雲深衣欲濕風定骨猶寒欲繪海山景歸懸四壁看

丹霞勝畧

僧詩

香山釋澹歸今釋

喜雄州陸刺史孝山入山　釋涵禔

世榮詎不慕所貴維物外但識電火機何辭金印大古者不賤目偶與水雲會今賢有奇情往返丹山旆丹山指二千居食恆依賴感激發微言欲解東坡帶萬彙自乾坤焉有函無蓋起喚陸大夫庭株落寒籟搖搖空影中相對豈夢事縱使百千刧春光今夕在陸公諱世楷號孝山浙江嘉興府平湖人南雄府太守澹泊寧靜一介不

荀士民頌之丹霞初開百凡拮据賴公分任其勞
後先創造傾囊出槖一無所吝公事之暇輒杖笠
入山與禔公爲蓮社之遊唱和甚多后禮禔老和
尚受菩薩戒法名金亘字悟石葢意爲南泉會下
陸亘大夫
再來云

望長老峯

萬丈孤危在目前亭亭不與衆山緣但看八面無
行地想見中峯直到天遠近雲巒供恠石淺深沙
磧繞晴川寳華玉座當空倚路滑還他長老禪

紫玉臺

左控重關拱上台擎空仙掌向陽開影分白日臨

深壑玉斷丹邱作露臺絕巘流雲當北嶂亂峯吹
雨度東來石留古篆何年事暮轉寒飈楓葉哀

過錦岩

峭絕雲屏松逕斂大岩疎壑石離奇旁無宿地僧
歸少門對西江日到遲瞻仰金容疑近古指麾靈
鷲定何時杖頭舉處無多路歎息人閒鐘梵稀

奉和陸孝山沈融谷遊丹霞原韻　　釋樂說

春雨不欲霽山行良亦難使君超方意視若秋旻

覔舍舟戒輿徒岩岫增波瀾度溪逾九曲陟巘仍
千盤白雲墮澗底忽亘前林端我歸尚先期百丈
爭高灘積風蕩烟靄骨與神俱寒荒村入鴻濛曠
懷成古歡策杖愧未同念之不能餐
更解到山維隨流待嘉客夕嵐下天風雲暗水生
白候人落沙頭聯騎見山脊相對慰泥塗素蕘延
儆席軫公山水情衝寒色彌憚此中亦有路登頓
倍險窄方舟蹴浪花篙齒嚙墮石炬火列長隄江
影亂明滅荒園且假榻風景半疇昔幽夢舒勞筋

徐理登山展

鐘聲發朝爽豁落天門開當年危絶梯磴道升崇臺萬古一石梁設險疑天台有人闢廣路窮子忻歸來峭壁兩相讓山勢無雄猜使君五鳳樓及此分餘材凌空得壯觀過隙歸纖埃雙堤隱豐林樹色何佳哉我無雨露功茅鐮儆蒿萊爲公建德標紫金共崔嵬

炷香繞清磬攝齊過方丈吾師惟樸衷深靜各相向沉候來朝霞意氣自清壯微言徐引伸亹亹生

跌宕庭戶雖蕭森霽色起疏暘爲道貴日損知公
淡無尚如來有遺身五色紛異狀顧惟同體疑仰
瞻一惆悵不見淨琉璃雲歸春亦放
前來越三載締搆咨重遊探岩獲清池倚松結飛
樓洩雲高未散碧影交雙眸插草故難竟分衛何
當周我如負山蚊經營胥長憂淨名遣一鉢七日
香俱浮新田三百畝子粒登深秋妙嚴十八臂傑
閣開重邱誰爲法長城七載如同舟豈無出塵士
一宿非其謀念此各有當吾亦安吾求

螺巘不可陟爲雨無常傾好客不可留爲官有常
程疾雷走山腰疑與蛟龍爭我心得誰安冷風瘖
孤槃勝遊未易齊山靈失逢迎不因跋涉勞何由
見深情老人有別緒一語連三更人生會如夢一
夢談無生兩公近道姿春日聞秋聲來朝復衝泥
一念猶硜硜
送別在何所言從護生隄我方理扁舟千峯一時
迷籃輿下白雲玉臺爲之低溯流上窰塘指點前
游蹊北風吹別恨雨色仍凄凄欲別不能言滿口

無端倪吾儕具勝情矯首輕丹梯形役徒相牽戕身任雲霓何時各無事倚杖聽黄鸝迴船復三歎錦水東流西物外寄所懷渺與孤峯齊虚堂聞决溜過膝思扶犂

初入丹霞

何處晴巒聳梵宫杖頭遥指隔寒空石關深隱千峯日華蓋低垂萬壑風花落層崖香雨散雲沉蒼樹碧烟叢幸隨龍象同高步一會靈山信異同

望長老峯

孤高迴出青霄上萬岫千山落暮鴉自有鶴翎垂石髮還將雲影作袈裟峯邊晚翠停寒月天外殘陽起夕霞曠刼胷懷今日事十年魂夢未全賖

登海螺巖

深山更有山深處萬道洪崖鳥道通古洞梅花同雪白傍巖楓葉染霜紅千峯隱映斜陽裏一雁低徊薄霧中此日從師何所有烟寒樹老日空濛

龍王閣

半巖深鎖一重樓檻外山光靜入眸霧捲疎簾香

篆落波澄寒日錦鱗浮細風谷口爲雲少薄雨池邊出石幽還待春霖看潤澤莫愁寥寂碧峰頭

繞海螺巖

閒隨杖笠繞晴川翹首螺城天際懸長短蒼藤穿暗石淺深丹嶂落寒泉谿花踐踏雲移處麥飯團圞鳥宿邊歷歷溪山逢舊路疎鐘入外佛燈前

初入丹霞　　釋角子

此山先住人先住今古還他長老知寶几高臨嵐嶽靜香幢繚繞海雲隨孤峰壁立霜天迥萬壑晴

陰鐘梵暹丹梯有路從登陟撥草瞻風應爲誰 起句

令人耐想

收句拗

望長老峰

溪山雲月古今同長老分明異別峰突屼倚空青

嶂外崢嶸無路碧烟重石影自臨松頂月江聲只

接下方鐘亭亭曉夕惟瞻仰舉目群巒未易從

篻竹坡

何年栽竹竟成陰搖落誰云換古今月色來侵寒

鵲影風聲吹入夜猿心綠條抽笋含霜嫩黃葉迎

春宵露深殿掩疎鐘入定後閒隨高步一微吟

奉和籀書周大士　　釋古義

登臨皆俊逸談笑見英豪載酒非躭飲捫蘿不憚勞沿崖疑路險開眼覺天高斟酌長松下前堤盡種桃

商宮憐古調白髮怕臨流欹枕三巖石尋源一葉舟。夜寒驚北斗。吟咏浿西樓。共看丹山月新弦欲上鉤

俯止推英絕才華冠世雄多君眞法喜憐我寄詩

筒買隱慚支遁高懷見庾公閒身天際外心眼覺
虛空
莫笑鶉衣結寒來便負瞰桂枝香欲動陽焰影頻
翻冷眼曾空世忘機亦灌園寥寥泉石下有客到
蓬門
宗炳風流在尋僧到上方逍遥盤石上靜對菊花
香慧日虹橋映秋風錦水涼幸逢高士過笑傲興
偏長
白雲横谷口暮鳥不知還樹影侵階綠。苔錢點石

斑。扶筇過竹院倦眼厭塵寰莫負片鱗月何時更

入山

望長老峰　　釋古泯

長老峯尊覺表靈憑高一望勢亭亭芙蓉幾瓣藏

衣鉢螺髻長青入窈冥半頂有香難着脚比肩無

伴亦忘形閒來坐待中天月下界沉沉夢未醒

晚步松嶺　　釋俱非

萬叠寒濤挂薜蘿夕陽倒影入銀河幹臨千岫枯

榮外綠蔭長林雨露多野鶴有心栖不住閒雲無

意去還過從師策錫層巘下霜夜鐘殘月滿坡

芳泉

寒泉峯半聽潾潾出洞縈紆帶碧雲青落梧桐翻石溴絲騰瑶甕激龍文暮烟乍合源誰覓晨雨初晴響自分閒步獨尋人定後一池清冷夜深聞

登海螺巘

青螺出海鎮南陲今古何人下口吹九地任看峯盡處四天休訝月明時空中雨付龍王湧腦後風敎長老知慚愧杖藜虛跨跳到無行地不須疑

望長老峯　　釋枯吟

蕩漢摩雲接上方須彌何事獨稱王頂門不鑿通天路足下能開選佛場喜得羣峯同法侶常將大地作禪牀眞風浩浩誰堪比惟有山高與水長

紫玉臺

崇臺蒼翠映晴空好鳥窺人啄落紅紫玉松篁疑畫裏別傳山水占南中擁雲坐上三竿日乘月行吟萬壑風勝槩盡歸襟帶下登臨一會許誰同

登海螺巖　　釋古汝

青螺不住海門東倒卓爲巖插碧空留得江雲侵
淵白尚餘蜃氣雜霜紅鐘聲過處落危石雪意開
時度軟風俯視千山烟樹遠未知誰臥石樓中

望長老峯　　釋記汝

山中長老何年住寶髻雲衣自儼然孤岫遠分靈
鷲脉諸峯羣繞石頭禪啣花鳥宿青螺上撥草人
來黄葉邊終古攀躋誰得似一時翹首欲窺天

紫玉臺

相陪龍象上高臺下界羣巒拱上台紅日背山移

午食白雲沈石冷蒼苔幾家城郭千山外一鏡江河萬派回讀罷豐碑餘夕照隔林獻果見猿來

紫玉臺　釋雪木

承露青霄倚翠岑夕陽憑望彩雲深上方木葉落空谷下界人家響暮砧息影樹邊窺鶴去扶笻石畔聽猿吟玉臺古籀年年在梅柳榮枯任古今

篻竹坡

翠葉離離映半空差池雲影自成叢每憐勁節留哀壑翻笑高梧怯朔風解籜無聲烟未散拔梢有

勢露還濃行人且莫嗟搖落孤韻長存霜雪中

龍王閣

龍王高閣傍巖隈霽色應爲此日開布雨每從池上起爲雲多是石頭來窓中坐見星河轉林下遥聞塞雁回幽興獨尋流水住暮潭寒栗擬風雷

紫玉臺　　釋古鄺

紫雲截作石匡牀獨坐何人小八荒滿目空青山雨薄一林寒翠谷風長寫將孤韻憑流水剩作閒情餞夕陽斜月半峯疎磬裏此中有語却相忘

遶丹霞山　釋古理

一望巍峩逼梵天奇峯怪石水雲連倒垂古木風聲亂獨呌寒花鳥語圓側逕每難憑杖履細泉時復應山川不因師到誰能到回首塵勞一悄然

望長老峯　釋更涉

攀躋不及畫難成俯仰儀容儼典型霜月晴高初定夜石泉流響六時經丹峯幻出青螺髻寶几誰憑紫玉屏任去古今還底事一回瞻睇夢全醒

紫玉臺

高臺矗矗到無塵大地風烟淨不聞松氣鮮新昨
夜雨竹光深淺下方雲看西江水兩杯瀉望北林
巒幾雁羣金錫獨搖天外影更無人處自朝曛

繞丹霞山　釋慧則

偶隨錫繞丹霞望入南湖野興賒洞壑高低俱
石骨溪橋深淺只霜花赤城絕漢侵雲直綠玉澄
潭映日斜言息松陰還送目幾聲樵唱逐歸鴉

紫玉臺　釋古賢

籒篆何年鐫此岑爲探奇跡到雲林烟霞舒卷但

朝夕日月往來空古今風掠竹梢飛鳳墮雨翻松籟卧龍吟閒趺石上心無事臺自高高澗自深

紫玉臺　釋傳論

崔嵬百尺倚雲平搖落寒光擬九成隔浦雁回三楚影磨崖人認六朝名苔侵冷露虫書古竹引凉風石榻清臺畔坐餘僧舍晚一林松月夜猿情

紫玉臺　釋古燈

紫玉臺高俯百川烟霞骨相自超然回看大地全無地肯信諸天尚有天佳句也隨殘雪冷幽情還

逐暮雲添片帆江上風波疾輸與山中枕石眠

望長老峯

毘盧頂上絶行踪此老峯高望不窮寒木參天雲影外瀑泉漱石雨聲中幾人瞻仰懷先德特地低徊見大雄欲上上方爭未易何時振錫一凌空

龍王閣　　釋古翼

龍王高閣倚巖開萬疊奇峯覿面來雲濕牕櫺疑布雨風吹庭樹似行雷曉聽長老宣高法夜見羣螺獻異瑰靜守名山藏變化莫歸滄海夜吟哀

法堂　釋仞千

畫棟朱楹儆翠岑迢迢烟水到來親門當曉日啣山影座擁香雲隱玉輪古柏愈深千嶂色碧桃初烡一簾春可堪往事重追憶寒夜泠泠立雪人

紫玉臺

石觜何人鐫玉臺松杉歲歲老巖隈一林霜月猿聲冷千古烟霞鶴夢回白社有緣酬惠遠文章無價慰宗雷登高更莫勞雙眼多少閒情付刼灰

燈前喜三一恕庵入棲賢　釋古輪

多年曾此會峽寺話來頻笠雪銜寒晚林花放早春湖光岳色動雲霽月華新不少相逢意窮山遇故人

送別歸丹霞

林間同聚復何期擬向梅花雪雁飛三峽淵邊寒折柳片雲天際趁征衣舟輕章水乘春曉路轉庾關入翠微歸到故山逢舊識爲言他日復相依師不識字作詩衝口而出倩人作書書就師仍一字不辨也但訛處卽疑轉質他人點畫錯處無不確中二詩全無故實直寫性靈而老健眞率竟在初盛之間雖非本山之作亦附刻于此五原識

竹坡烟雨　釋積山

舊竹低垂新竹高淡烟疎雨晚蕭騷筍根稚子窺泉脉林下閒人罷桔槔綠玉倚簷摇翠幌泠雲和夢濕緗袍何堪更憶瀟湘夜剔盡寒燈聽百勞

竹坡烟雨　釋古機

千丈懸崖倚碧空半坡綠竹淡烟中篩殘夜月餘疎影摇翠春光共一叢細雨濛濛迷宿鳥微涼陣陣引清風七賢踪跡歸何處長見猗猗梵宇東

乳泉春溜

一泓清泠從中出萬派洪波亦此分洒向碧天飛作雨結成幻影欲爲雲品泉自得三春勝落澗誰當午夜聞最是深山更深處幽人煮茗細論文

螺頂浮圖　　釋福嵩

螺盤窣堵逼天齊遠近羣巒伏拜低面面藤蘿縣日月層層花蔓結雲霓珠垂碧漢搖光彩色璨清江映紫泥下界何人頻仰止回頭自是出塵迷

紫臺爽氣　　釋寂誠

拳石何年闢橫斜小逕開嵐光千頃碧樹色半林

聞夕陽流正忿夜靜夢中分不盡長江去蒼茫隔

丹霞環錦水兩岸見波紋石激千山響灘聲十里

錦水灘聲　擢一擘

來清

輕。合巒書棋歌敵。峯孤夜月明。聽水無限意幽磬晚

山靜雲烟閒秋風作雨聲詠鐘催很急。溪梵接濤

松澗濤風

歸來

徑開坐入雲生秋狂吟花滿臺松風吹不盡山鳥又

水雲

虹橋環翠

紅塵飛不到草木自幽森翠積羣峯染青分衆壑陰杖拖雲影斷屐印蘚痕深夕照西山外虹橋鴐

碧岑

次劉五原見寄韻 續檢　　釋角子

松梢挂白月潭下影微微汲水烹新茗裁雲補舊衣空山縣竹榻竟夕倚柴扉寄語宗居士何妨拂

釣磯

渴想青蓮甚每承閬苑詩相期緣有待先遣夢通
知應念三生石曾開雙鏡池荷花昨夜放懷抱益
悽其

初秋劉石臺舟過丹霞水漲溯流見懷次韻

寒巖古木動高秋望入雲端意莫收一宿未能傾
契濶三生何處話沉浮擬將艮夜深投轄却憶淸
風獨拚樓何事豪吟歸興促空餘明月照峯頭

丹霞勝畧

詞

香山陳蘭芝拂霞輯梓

錦石巖 調金縷曲

馬倫

十里梅花路正鬧紅一舸東風錦江容與何事尋春江上去別有神仙宮府看紫翠迎人欲舞一樣西川難織就訝天孫幻出眞奇處佳山水情興足飛龍百尺晴天雨驚老龍夜半歸來道人知否曲曲闌干空倚遍身在畫圖影霧看上下漁舟無數九轉靈丹堪換骨想鐵橋千尺難飛度棋一局

了殘暮

紫臺爽氣 調青玉案 陳世英 新田

琳宮一片清涼地愛竹樹濃陰翳軟翠流丹圍石
砌露朝烟夕月晴雲煖總可成幽致 蒲團竹杖
隨時至白社青門有同契莫笑風塵稱俗吏堨來
登眺雨花香裡此日誠非易

錦水灘聲 調驀山溪

澄溪如繡曲曲環流遠桂檝蕩揉藍看沙面素痕
清淺四圍丹碧空影漾琉璃新漲落珍珠濺風起

濤聲捲　亂飛晴雪寒色驚人眼誰促阿香車向
波底殷殷輕輾凌窓騁目似覺浣塵心聽逸響堪
留戀泉石情難遣

竹坡烟雨調青衫濕

何時得到篔簹谷斯地有琅玕渭川千畝瀟湘萬
个難比深山　溟濛一碧聲能戛石影欲藏巒憑
凌高閣千層濕翠總做清寒

丹梯鐵索調百尺樓

何日鑿鴻濛寒鐵盤千丈不羡陶公八翼生膽爲

探幽壯　翹首望青雲更在青雲上直欲乘風謁
帝京手挽飛仙降
片鱗秋月　調江月晃重山　釋崧齡
絕巘千層縹緲晴空萬里澄鮮憑高獨立覺蕭然
青天外長嘯挾飛仙　濯露松梢珠滴排空桂影
氷圓好餐沆瀣俗塵捐潺湲處一道瀉紅泉
覔董舜民于江干已放舟下韶陽矣悵然作
此以寄　調臨江仙
佳客已從凌水下長吟欲寄微風雙江橫插翠芙

簪詩情遲速異人影淺深同　莫遣明年今歲約參差春燕秋鴻小亭幽處共談空碧曈黃葉外赤腳錦溪中

壽羅綉九長者　為丹霞施田檀越　調鳳凰臺上憶吹簫

香積傳餐淨名持鉢一時四座俱周讓寶田歲入無盡春秋配與微塵甲子增減刼粒粒全收休提起南山砕礫東海浮漚　行籌團圝相喚做白石仙人爭肯低頭種北洲粳米方寸平疇為探溪流發處拈不出非發非流絕知是長空萬古風月扁

舟

三巖梅花再開志喜 調東風第一枝

蜡索西谿燈連鄧尉一花誰定遲速多情自喜多

才憐人賞心難足丹霞至後有開斷寒枝重續想

巡簷待我歸來笑解秀眉雙蹙 一瓣瓣細鐫香

玉一線線瀒攢金粟深勻點點檀紅巧勝飛飛蕚

綠氷霜妙用故抑勒嶺南松竹儘唱殘白雪高歌

再鼓陽春一曲

明光禄卿嶺南郭棐周先生著

嶺海名勝記

香山後學陳蘭芝增輯

鳳度樓

風度樓記

文類　　香山陳蘭芝拂霞輯梓

重修風度樓記　　何嘉元

粤之治有韶聖帝之聲容在焉韶之都有樓賢相之風度存焉非斯人曷名斯樓有斯樓如覩斯人也天之篤生文獻張先生也江嶺以南文章相業先生闢之忠讜朝端人主敬憚丰裁不獨當時重之於致政猶思之於既歿猶永思之後人仰止芳徽溯九重褒美著爲萬古風鑑風度樓所爲昉也

自古身邇黄扉道隆弼直代有其人在唐則貞觀開元爲尤盛史論詳矣先生身處其中時則倍難道則兼美有房姚之才而不矜風度勝也具魏宋之直而不激風度優也諸如遠諂躁進純厚非同寅協恭之風度乎逃廢興上金鑑錄非陳善納誨之風度乎識林甫之爲國憂論祿山之爲外變非正色立朝之風度乎以先生之賢固宜補衮銘勳凌煙圖象詎讒壬見妬忠義莫容宰輔遂罹疎擯之阨嶺表徒奠老成之觴展轉追思流涕不置也

噫何及哉先生明哲南歸身名俱泰彤管垂休迄
今千百世後策馬驅車越嶺至止或典闈入告必
曰知人辨物有文獻懿軌也巡方問俗必曰秉直
嫉邪有文獻聲教也奉使往來則曰觸姦察佞有
文獻遺鑑也校士育才則曰揚扢風雅有文獻體
裁也續食計偕則曰實濟時用有文獻桀武也下
逮游人俠客利賈行商莫不曰開鑿天工有文獻
盛德終不可諼也樓建邑治之東左右學校前峙
蓮岳後拱筆峯固文教標準亦仕宦模楷非僅岳

陽蘭亭倂都邑之雄觀畫錦滕閣紀登眺之壯游
亡也多歷年所漸成蠹圯暨荻而丹雘之後起者
諒有同心康熙癸亥季夏閏元奉命掌教斯土因
自慰曰典型在望其爲尚友之資乎比至而亭臺
如故榱桷蕭然甍簷半壩風雨不蔽難爲瞻睇矣
元憮而慨畢而思倘得間上請復葺是所願也未
幾而郡侯下車發政卽有修舉廢墜之行且邑有
神君毅然經始不憚重繁鳩工於癸亥菊月告竣
於甲子六月朽者更而瘻者立楹者堊而棁者藻

煌煌若還舊觀也亡何乙丑孟秋之望樓鼓方撾
祖龍肆虐下延環堵上迄層臺流赤亘天飛虹掩
月雖佛圖澄難爲噴酒滅火之功劉江陵莫試叩
首反風之效豈但咸陽楹棟悉付烟烽即石骨粼
粼大半毀鑠斯時也悵勝槩千年消磨一旦又以
時詘舉羸必欲營而新之不知幾春秋矣何期刺
史唐公握算在腔布楷在目遂筮吉中秋下浣當
非常之舉不煩一帑不役一民僅以募緣稍資其
後纔兩閱月拔地而成倚天而就問其穹窿則視

前加仞問其廣狹則址限四達之衝莫可增裨問其亭閣則環向敞軒涵盡江山嵐翠問其甞繕則層折其振丹綠其飾以檻以欄以櫺以楯以壁以楣以榭以砌皆出人意表勝十倍昔矣登斯樓也咸謂文獻公道當一厄而旋泰益以嘆重建者之良工苦心迅若神運也使韶曲諸士惓前烈之不磨思奮興之有自從此而刻志董帷膏然丙夜則風度樓且與青藜石渠閣輝垂不朽矣所謂守先待後非太守誰與歸爲之綜其顛末鎸以不諼前

後攬戒者太守襄平唐公也贊畧者别駕江夏吳公也措畫者邑侯聞喜秦公也董事者孝廉崑圃陳君元躍吳君明經蔡子侯綬廖生韡英文學黄生遜廖生燕生陳生陛也紀勝者邑博南海何嘉元也

韶州張文獻公祠記

元　曾三省

開元宰相張文獻公者唐韶州人也萬年風度而長存億世鄉祠之無愧宜乎建義之士於其遺跡故躅荒塋舊業有一日之必葺也夫韶郡文獻之

生孔子曰才難何與上下古今通融宇宙尚論乎古之人古之人而眞知生才之不易司馬公通鑑一千三百六十有二年英君誼辟如漢高祖唐太宗直數百年而一見大臣宰相至蕭曹丙魏房杜姚宋尚矣究其事業刀筆歉於詩書刑政昧於禮樂惟中州人物淸寧深厚之合凝扶輿淸淑之鬱積而若此則夫服嶺以南得一張文獻公何其靈傑之至此也高志遠識載之新舊唐書至孝純誠天地爲之明格此天下之士萬世之人傑也乾坤

不息精神不忘固無有係廟宇之有無像祠之興替祠堂之屋三間風度之樓百尺此自邦侯郡佐之所宣風鄉黨里閭之所欽德不可得而廢也奈何搖落之日深摧頹之歲異士大夫來任是邦自至元己卯總管張侯榮元貞丙申總管張侯傑嘗修建之後來者往往視祠事爲不切里之人子推纔舉羨不之乎瞿曇之室則奔走於老氏之宮後生晚輩不知風度之爲何名文獻之爲何義豈學殖將落及此乎抑倡義之風少衰也延祐丁巳春

黄君佑由廣東憲椽來提韶幕一日慨然喜曰祠
其有興乎祠以人興西華張果卿眞其人也前尹
番禺興新繕舊百廢具舉今授來韶其集此無難
也且郡國諸張同承一族宗家誼事肯讓他人郎
而謀之曾無難色謂君佑既經其始盍相與亟其
成兩賢一心千夫畢力乃隆舊址搆新堂兩廡翬
飛一亭筆立鐵胎顯飾之如玉祭器不假而成陳
黝堊碧丹塈次甃磩祠門闢張垣壁崇繞凡所以
昭嚴事而肅觀瞻者靡不臻至乃復諗於衆曰祠

固哉矣風度奈何昔者負棟之柱如六鰲今者鰲
骨枯而山欲壓於是掖而起之如瘻斯立除朽豎
堅忽若神運重簷風雨之深入各增二而三之南
北西東爲簷十二各書風度二字於其上以壁以
梯以闌以楯巍乎偉哉立四達之通衢復九韶之
壯觀斯民俛仰而駭矚故老徘徊而咨嗟不圖今
日之至於斯也是役也二公捐俸而率先之官長
次之同寅僚屬下至仕族大家莫不獻義財致用
物不煩公帑不苦民役不踰時而工訖事於此見

二公之爲政於此知文運之將興君佑旣書千古
作程四字冠于亭復以書來請記斯祠斯樓前賢
記之多矣公之道德功名忠誠孝行由之天下著
之萬世况其桑梓之間宜無待於記也謹記與修
之歲月以寫二公之盛心君佑名晉其先世浮光
仕武陽因家焉本路提控案牘兼照磨承發架閣
果卿名昕承務郎本路推官同寅知事袁亨字通
甫通州人德星聚文獻之邦其風度皆有得於文
獻公者

張文獻公神道碑　　徐浩

有唐既受命在太宗時有若梁公房鄭公魏衛公
李格於皇天在高宗時有若梁公狄格於上帝在
中宗時有若平陽王敬漢陽王張扶陽王桓南陽
王袁博陵王崔光復宗社在明皇時有若梁公姚
廣平公宋燕公始興公二張中興王業夫以天柱
將傾大盜方起一振綱紀再闡皇猷始興公爲之
公諱九齡字子壽一名博物其先范陽方城人軒
轅建國弦弧受氏艮位爲帝師華才稱王佐或相

韓五葉或佐漢七貂代有大賢時稱盛族四代祖
諱守禮隋鍾離郡塗山令曾祖諱君政皇朝韶州
別駕終於官舍因爲土著姓大父諱子胄越州剡
縣令烈考諱　愈新州索盧縣丞贈太常卿廣州
都督皆藴德葆光力行未舉地積高而成嶽雲久
蓄而作霖是生我公蔚爲人傑弱不好弄七歲能
文居太常府君憂柴毁骨立家庭甘棠數株連理
王公方慶出牧廣州時年十三上書路左燕公過
嶺一見文章並深提拂厚爲禮敬弱冠鄉試進士

考功郎沈佺期尤所激揚一舉高第時有下等謗
議上聞中書令李公當代詞宗詔令重試再拔其
萃擢秘書省校書郎應道侔伊呂科對策第二等
遷左拾遺封章直言不協時宰拂衣告歸太夫人
在堂承順左右孝養之至閭里化焉始興北嶺峭
險巉絶大庾南谷坦然平易公乃獻狀詔委開通
會不浹時行可方軌特拜右補闕尋遷禮部司勳
二員外郎加朝散大夫超中書舍人封曲江縣男
轉爲太常少卿出爲冀州刺史以庭闈在遠表請

罷官改洪州都督徙桂州都督攝御史中丞嶺南按察兼選補使黜免貪吏引伸正人任艮登能亮賢勞事澤被膏雨令行祥風屬燕公薨斯文將喪擢秘書少監集賢院學士副知院事時屬朋黨頗將排擯窮棲歲餘深不得意渤海王武藝違我王命思絶其詞中書奏章不惬上意命公改作援筆立成上甚嘉焉卽拜尚書工部侍郎兼知制誥扈從北巡使司后土命工撰赦對御爲文凡十三紙初爲藁進上曰比以卿爲儒學之士不知有王佐

之大今日得卿當以經術濟朕累乞歸養上深勉
之焉遷公弟九皐九章官近州伏臘賜告給驛歸
寧遷中書侍郎丁內憂中使慰問賜絹三百疋奔
喪南歸附葬先塋毁無圖生嗌不容粒白雀黃犬
號噪庭塋素鳩紫芝巢植廬隴孝之至者將有感
乎既卒哭復遣中使起公本官同中書門下平章
事口敕敦諭不許爲辭聞命號咷使者逼迫及至
闕下懇乞終喪手詔有曰不有至孝誰能盡忠墨
縗之義不行蒼生之望安在朕以非常用賢曷云

嘗禮哀訴即宜斷賜甲第一區御馬一匹尋遷中書令集賢學士知院事修國史初公作相也奏擇元戎皆取良吏不許入奏罷嘗戰諸軍兵省年支賜諛臣纔議事竟不行明年公奏籍田躬耕禮節加金紫光祿大夫進封始興伯又明年千秋節公卿皆進寶鏡公上千秋金鑑錄五卷述帝王興衰以爲鑒戒公直氣鯁詞有死無二彰善癉惡見義不回范陽節度薛王奏前太子索甲二千領上極震怒謂其不臣顧問於公曰子弄父兵其罪當笞

況元良國本豈可動搖上因涕泣遂寢其奏武惠
妃離間儲君將立其子使中謁者私於公曰若有
廢也必有興焉公遂叱之曰宮闈之言何得輒出
御史大夫李公商隱太府卿裴公伷先不禮中官
皆忤上旨必在殊譴公全庇焉幽州節度張守珪
緣降兩蕃斬屈突干將拜侍中凉州節度牛僊客
以省軍用將拜尚書並觸鱗固爭竟不奉詔平盧
將安祿山入朝奏事見於廟堂以爲必亂中原上
曰卿無以王衍知石勒此何足言無何祿山用兵

敗張守珪請按軍令留中不行公進諫曰穰苴出
軍必誅莊賈孫子行令亦斬宮嬪守珪所奏非虛
祿山不當免死再三懇請上竟不從及卒明皇追
歎曰公殁後不復聞忠讜言發中使至韶州弔祭
其先見之明有如此者學究精義文繇徵旨或有
興托或有諷諫後之作者所宗仰焉上表論事多
機密人皆削藁人莫得知嘗以致君堯舜齊名管
樂行之在我何必古人由是去循資格置採訪使
收拔幽滯引進直言野無遺賢朝無鈌政百揆時

序庶工允釐同儕見嫉內寵潛搆罷公爲尚書右
丞相初不介意居之坦然執憲者索公所用劾奏
權臣豕冠得罪借以爲累貶荆州長史公三歲爲
相萬邦底寧而善惡太分背憎者衆虞機密發投
杼生疑百犬吠聲衆狙皆怒每讀韓非孤憤涕泣
沾襟開元二十八年春請拜掃南歸五月七日遘
疾薨於韶州曲江之私第享年六十三皇上震悼
贈荆州大都督有司謚行曰文獻公越來歲孟冬
葬於洪義里武臨原近於先塋禮也夫人桂陽郡

夫人譚氏循州司馬府君誨之子也淑愼宜家齊
莊刑國珮環有節纂組皆工幼作女儀長爲內則
太夫人樂在南國不欲北轅克勤奉養深得婦禮
至德二年十月六日終於私第春秋七十有七同
塋異穴卜兆從宜公仲弟九皐宋襄廣三州刺史
採訪節度經畧等使殿中監季弟九章溫吉曹等
州刺史鴻臚卿腰金拖紫三虎爲榮立德行政二
馮推美嗣子拯居喪以孝聞立身以行著陷在寇
逆不受僞官及收復兩京特制拜朝散大夫太子

右贊善大夫孫藏器河南府壽安尉永保先業克
凜義方侄抗殿中侍御史文吏雅才清公賢操以
兄拯早世姪藏器幼孤未建豐碑乃刻樂石用展
猶子之慕庶揚世父之美浩義深知巳建以文章
禮接同人惠兼甥舅薄技効德無愧其辭銘曰鳳
生丹穴鵬翥南溟天垂粹氣地發精靈傑生我公
揚於王庭甫稱降神說表奇星學究經術文高宗
匠再掌司言爰立作相忠義柱石謀猷帷帳王綱
允釐帝采惟亮退居右揆出守南荆黄鶴緝翼青

蠅營營不瞑猶視雖歿如生昭昭令名千古作程

風度樓記

香山陳蘭芝拂霞輯梓

修韶州府儒學記　尚書祀聖廟　羅欽順　江西

學校之敎所以明倫理育人才厚風化隆治道自古帝王君臨天下必以此爲先務焉而凡爲民師亦皆預有其責其祗其怠而興廢係之矣凡敎之所以興必由於表率之端循誘之善勸戒之明固無待乎其外然而廟貌之顯設堂宇之崇峙齋舍之分列乃學者陟降瞻依之地藏修遊息之所所完

且美則其居之也安而志不容於不篤故興修之舉誠亦有資於教事不遂槩以末節視也然其所望於學者豈徒藝焉而已哉夫學所以學爲人也人之所以爲人仁而已矣四端五典萬事萬物無一不統於仁故孔門教人以求仁爲第一義凡古聖賢經傳其言累千萬計無非所以發明是理博學而慎擇之審問而精思之明諸心體諸身積之厚而推之善其仁至於不可勝用然後爲學之成不此之求而徒事空言以致利達則其志亦陋矣

夫安能爲有無於斯世哉韶爲嶺南名郡在唐有
張文獻公在宋有余襄公皆其人物之表表者郡
故有學自宋景德開創迄今垂五百年中間屢壞
屢修而其頽弊莫如頃年之甚葢郡嘗爲猺寇所
踐蹂繼以師旅之供給公私匱乏而修葺不時無
怪乎其然也嘉靖初九溪周侯敘以前大理正起
自謫籍來守是邦急民之難一意撫循爰及期年
民用蘇息而歲復大稔喟然嘆曰廟學之修此其
時哉昔寺僧以因果誑人事發當入其銀四百兩

遂以給諸費不足則議毁諸淫祠通融以益之以白督府右都御史張公嵿巡按御史謝君珊涂君敬皆報如議於是涓日興事若大成殿及大成門及櫺星門若明倫堂皆撤而新之若兩廡若兩齋以及號舍之類則皆因而葺之又新作堂二曰會講曰習禮祠二以祀名宦鄉賢門一以表泮宮殿中塑加精兩廡仍用木主經始于嘉靖改年壬午之冬落成于三年甲申之夏材良工善計必經久輪奐之美迥軼舊觀於是師生共與謀曰茲學之

新凡以爲吾徒計爾顧其費省而功倍非吾侯詳
於理勤於督視未易臻兹盍紀其成功刻之石以
示永遠郡佐臨江符侯錫聞而韙之樂贊其成以
余嘗涖南雍有一日之長具書及事狀遣訓導張
杞芳來請記余聞周侯往以忠說獲罪賢名已振
一時及起而涖韶政有以宜其民爲士者亦皆樂
從其敎至于修舉廢墮其成績又章章如此不賢
而能之乎然學既一新第不知諸生之所以學者
何也誠能遺其近小之圖而勵其遠大之志由吾

之說以底于學之成處也德足以重其鄉黨也道有以周于用風俗之厚治化之隆皆能有補於其閒則其卓然爲一代之偉人也必矣伊周顔孟猶將可及矧其鄉先正乎哉余旣嘉周侯之功又感符侯之書能達其意遂不辭而爲之記且因以致丁寧於其學者計亦諸君之所樂聞而不厭也杞芳歸矣持是說也以往殆不虛此行乎

余襄公神道碑附錄　歐陽修

始興襄公旣葬於曲江之明年其子仲荀走於亳

以來告曰余氏世爲閩人五代之際逃亂於韶自
曾高以來晦迹嘉遯至於博士府君始有祿仕而
公繼之以大曲江僻在嶺表自始興張文獻公有
聲於唐爲賢相至公復出爲宋名臣蓋余徙韶歷
四世始有顯仕而曲江寂寥三百年然後再有聞
人惟公位登天臺正秩三品遂有爵土開國鄉州
以繼美前哲而爲韶人榮至於褒䘏贈謚始終之
寵盛大蓋褒有詔䘏有物贈有誥而行謚考功有
議有狀合而誌之以閟諸幽有銘可謂備矣惟是

螭首龜趺揭於墓隧以表見於後世而昭示其子孫者宜有辭而闕焉敢以爲請按余氏韶州曲江人曾祖諱從祖諱榮皆隱不仕父諱慶太常博士累贈太常少卿公諱靖字安道官至朝散大夫守工部尚書充集賢院學士知廣州軍州事兼廣南東路兵馬都鈐轄經畧按撫使柱國始興郡開國公食邑三千六百戶食實封二百戶治平元年自廣朝京師六月癸亥以疾薨於金陵天子惻然輟視朝一日賻以粟帛贈刑部尚書謚曰襄明年七

月乙酉返葬於曲江之龍歸鄉成家山之原公爲
人質重剛勁而言語恂恂不見喜怒自少博學强
記至於歷代史記雜家小說陰陽律歷外暨浮屠
老子之書無所不通天聖二年舉進士爲贑縣尉
以書判拔萃改將作監丞知新建縣再遷祕書丞
刋較二史充集賢較理天章閣待制范公仲淹以
言事觸宰相得罪諫官御史不敢言公疏論之坐
貶監筠州酒稅移泰州已而天子感悟亟復用范
公而因之以被斥者皆召還惟公以便親乞知英

州遷太常博士丁母憂服除遂遷爲集賢較理同判太常禮院景祐慶歷之間天下怠於久安吏習因循多失職及趙元昊以夏叛師出久無功縣官財屈而民重困天子赫然思拯頹弊以修百度既已更用二三大賢又增置諫官四員使言天下事公其一人也即改右正言供職公感激奮勵遇事輒言無所迴避姦諛權倖屏息畏之其補益多矣然亦不勝其忌嫉也慶歷四年元昊納誓請和將加封冊契丹以兵臨境上遣使言爲中國討賊請

止册與和朝廷患之欲聽重絶夏人而兵不得息
不聽生事北邊議未決公獨以謂中國厭兵久矣
此契丹之所幸一日使吾息兵養勇非其利也故
用此以撓我耳是不可聽朝廷雖是公言然猶留
夏册不遣而假公諫議大夫以報公從十餘騎馳
出居庸關相見於九十九泉從容坐帳中辨折往
復數十卒屈其議取其要領而還朝廷遂發夏册
臣元昊西師既解嚴而北邊亦無事是歲以公知
制誥史館修譔而契丹卒自攻元昊明年使來告

捷又以公往報坐習彼語出知吉州怨家因之中
以事左遷將作少監分司南京公怡然還鄉里杜
門謝賓客絶人事凡六年天子每思之欲用者數
矣大臣有不喜者第遷光祿少卿於家又以爲雅
州刺史壽州兵馬鈐轄辭不拜皇祐二年祀明堂
覃恩遷衛尉卿明年知虔州丁父憂去官而蠻賊
智高陷邕州連破嶺南州縣圍廣州乃即廬中
爲祕書監知潭州即日疾馳在道改知桂州
路經畧安撫使公奏曰賊在東而徙臣西

非臣志也天子嘉之卽詔公經制廣州而智高復
西走邕州自智高初起交趾請出兵助討賊詔不
許公以謂智高交趾叛者宜聽出兵毋阻其善意
累疏論之不報至是公曰邕州與交趾接境今不
納必忿而反助智高乃以便宜趣交趾會兵又募
儂黃諸姓皆縻以職與之誓約使聽節制或疑其
不可用公曰使不與智高合足矣及智高入邕州
遂無外援既而宣撫使狄靑會公兵敗賊於歸仁
智高走入峒邕州平公請復終喪不許諸將

風度樓已

卷十二　神道碑　九

以智高尚在請留公廣西委以後事遷給事中諫
官御史列疏言公功多而賞薄再遷尚書工部侍
郎留廣西逾年撫緝完復嶺海肅然又遣人入特
磨襲取智高母及其弟一人俘於京師斬之拜集
賢院學士而徙知潭州又徙青州再遷吏部侍郎
嘉祐五年交趾寇邕州殺伍巡簡天子以謂恩信
著於嶺外而爲交趾所畏者公也驛召以爲廣西
體量安撫使悉發荆湖兵以從公至則移檄交趾
召其臣費嘉祐詰責之嘉祐皇恐對曰種落犯邊

罪當死願歸取首惡以獻卽械五人送欽州斬於
界上公還邕人遮道留之不得明年以尚書左丞
知廣州英宗卽位遷工部尚書代還道病卒享年
六十五公經制五管前後十九年凡治六州所至
有惠愛雖在兵間手不釋卷有文集二十卷奏議
五卷三史刋誤四十卷娶林氏封魯郡夫人子男
三人伯莊殿中丞早卒仲荀今爲屯田員外郎叔
英大理評事女六人長適職方員外郎郭師愈次
適屯田員外郎孫邵次適宿州觀察度支使周熊

次適祕書省較書郎章惇裕次適越州上虞縣主簿張元潭一尚幼孫男七人嗣恭嗣昌皆大理評事嗣隆太常寺奉禮嗣徽嗣光嗣立嗣京未仕女五人銘曰余遷曲江仍世不顯奮自襄公有聲甚遠始興開國襲美於前兩賢相望三百年間偉哉襄公惟邦之直始登於朝官有言責左右獻納姦諛屏息慶歷之治實多補益逢時有事奔走南北功書史官名在異國出入艱勤咸有一德小人之讒公廢於里一方有警公起於家威行信結嶺海

幽遐公之在焉帝不南顧胡召其還殞於中路返匶來歸韶人負土伐石刻辭立於墓門以貽來世匪止韶人

濂溪書院記附錄

宋　楊大異醴陵

淳熙丙午春大異以廣東嘗平事蒙恩除憲時經師鐵庵方公來見曰吾不賀子之得遷而賀子得濂溪之官也濂溪自漕易憲在曲江十閱月而歸迄不復出矣先生暮年之事必有遺澤可考者而未之見也今五羊有書堂而韶陽獨闕焉天其有

待於子乎大異應之曰道猶元氣也有天地人物
處即有此道則當崇此學謹當與爲濂溪之徒者
其嗇之豈待得其官而後爲之哉是年冬至曲江
求諸文牘訪諸故家則咸無存焉惟有朱張二先
生作祠堂記所以原天人之理發圖書之奧昭如
日星越三日謁祠敝廬三間隘在後圃而會仙之
樓丹荔之堂乃雄峙左右因喟然歎曰豈有貪福
祥侈遊宴而輕吾道一至此乎翌日集郡僚與士
而言其故欲擇一爽勝地創爲書堂聚士以祀而

習之自太守而下皆欣然而作曰願效力惟所命
卽日相攸得地於帽峯之麓湘江之濱越月而成
右爲祠五間繼以講堂間亦如之左右爲兩齋皆
五間外爲三門總而翼之以室浚井闢池閈垣門
周幾二百彝廣植松竹閎壯甲一方不役之民而
速辦諸司相與佐之教養之需於是粗備旣成四
方來觀雖黃童白叟往來於閭閻城市鄉村間皆
曰吾濂溪先生祠也嗚呼先生去此其久矣其感
人如是哉豈非道在人心自有與天地相爲長久

居居栝

者乎八月既望迎先生像侑以二程朱張大合俊
士釋菜而告之曰太極者該天地人物而言之也
吾身雖物之一然太極之在吾身全體具足無有
虧欠自吾之父子兄弟日用飲食太極未嘗不在
焉須臾不可得而離也卽吾身而推之人物卽人
物而推之天地一理所通位天地育萬物而成位
乎其中矣秦漢以來學者或求之淺近或求之虛
寂淺近則爲申商虛寂則爲佛老惟先生卽太極
陰陽之妙善惡萬事之殊無有遠近幽深一以貫

之先生豈殊夫人哉亦不過以一己性分之本然體認得眞而已桂嶺峻天流而東者爲廣韶流而西者爲濂溪地如此此其近也先生在五羊踰半載曲江幾一年澤如是其深也先生圖書得二程而尊得朱張而明後來諸賢相與講論相繼之學如此其碩大光明也吾徒苐以此身之所嘗行者體而求之則極固在我有餘師矣苟舍夫理氣身心之切於我者而馳騖於曠蕩幽深之境或牵於勢利情欲之私則此極既離且無以爲生矣繼自今

其勿替引之則庶乎此道之脈可壽於無窮諸生曰然因記之石使來者有考焉若其興創之本末教養之條目別有記錄擇其疏於碑陰

風采樓記附錄　檢討陳獻章白沙

宋仁宗朝除四諫官其一人余襄公是也蔡君謨詩曰必有謀猷裨帝右更加風采動朝端宏治十年春郡守錢君鏞始作風采樓與唐張文獻風度樓相望襄公之十八世孫英走白沙徵文以表之夫自開闢達唐自唐達宋不知其幾千萬年吾瞻

於前泰山北斗曲江公一人而已耳吾瞻於後泰
山北斗公與菊坡二人而已耳噫士生於嶺表歷
兹年代之久而何其寥寥也然則公風采世人爭
先覩之爲快若鳳凰芝草不恒有於天下可知矣
如公之才得行公之志所謂障百川而東之回狂
瀾於既倒公固有之公有益於人國也大矣雖然
一諫官豈能盡公哉顔淵問爲邦孔子斟酌四代
禮樂告之顔淵處士也何與斯理耶居陋巷以致
其誠飲一瓢以求其志不遷不二以進於聖人用

則行舍則藏微顏子孔子作春秋之旨不聞於後世矣故後之求聖人者顏氏其的乎時乎顯則顯矣時乎晦則晦矣語默出處惟時夫豈苟哉英乎勉諸毋曰襄公可爲也聖人不可爲也元人會三省作余公祠記末云公三使契丹兩平蠻寇經制五官前後十年所至州郡有惠愛而公宏詞博學有拔萃之才忠言逆旨有諫臣之體運籌討賊有安邊之功論道經邦有廟堂之器昔人所謂異代九齡者信不誣矣後之賢者豈無希風烈而慕德業者乎

侯司空廟碑記 附錄　　李渤

客有遊曲江者始入境則望韶石之山旣至郡則

瞻張公之祠以謂吾部之美盡於此矣曾未知直
部之西北四十里有桂山之峻有侯公之偉余請
言其畧山之肇迹自荆山南走千餘里至於衡山
斗起爲炎帝國又自衡山南走千餘里至於桂山
鬱然爲祝融神區山之盤薄方廣幾八百餘里峻
極崇高幾五千仞青峯碧嶂雲霞所棲丹崖紫磴
神仙之宅山下之廟則司空侯公故家也公名安
都字師成本末具南史工隸書能鼓琴長於五言
詩善騎射爲邑里豪雄陳武帝時強梗數起惟與

公定計稱爲侯鄎未嘗名平侯景擒王僧辯破徐
嗣徽刺齊將降蕭孜所向必尅其智勇之大畧如
此始封富川縣子次授南徐州刺史又進爵爲侯
進號平南將軍改封曲江縣公又加開府儀同三
司又遷司空又進爵爲淸遠郡公又加侍中征北
大將軍其功烈之盛如此始武帝崩朝議未知所
立公獨翼戴臨川王是爲文帝何其壯哉文武之
士雲集門下何其富哉公起布衣提義衆乘風雲
之會依日月之光位極人臣勳書竹帛眞所謂豪

傑之士也侯師成以功烈爲陳將軍張子壽以德業爲唐宰相韶之曲江眞所謂將相之鄉也惜乎功大主疑盛名之下難乎其終而子壽最爲稱顯也余嘗東遊泰山西登華嶽南覯衡廬顧未有以過韶之桂山而不列祀五嶽者葢其遠在南裔自古帝王耳目之所不接故也到今里中習俗風流慷慨猶存時或旱澇四遠來祈未旋輒應公之族有登進士第者名晉升字德昭託予記之予旣作記又作迎神送神之詩以遺其鄉人使歲時祈報

得以長言而歌之歌曰天作高山兮去天幾何翠
岫巉巉兮與天相摩紫桂千龠兮上拂金波飛瀑
萬丈兮倒傾銀河宅靈氣兮鬱嵯峩降生司空兮
此山之阿入拔臺城兮親提義戈百射百中兮戰
功居多爵位崇高兮人誰我過威名震主兮莫予
敢訶齋中會客兮舉趾逶迤擘牋點翰兮掉頭吟
哦昔時閭巷兮今已張羅當年富貴兮恍若南柯
哀江南兮淚滂沱弔故里兮影婆娑空餘古祠兮
白雲東坡緬想陳迹兮凊風荔羅奠桂酒兮伐鳴

纙折瑤草兮席輕莎靈紛起兮舞傞傞首紅帊兮
足繡韡神之來兮揚玉珂芳菲菲兮離芰荷神之
云兮朱顏酡杳冥冥兮駕蛟鼉西風瑟瑟兮吹黍
禾暮雨瀟瀟兮濕釣蓑此方之氣兮神人以和此
方之物兮天無薦瘥我作此詩兮匪商之那俾爾
遺俗兮慵慨而歌

風度樓記

古體詩　香山陳蘭芝拂霞輯梓

張相國九齡　杜甫

相國生南紀金璞無留礦仙鶴下人間獨立霜毛
整矯然江海思復與雲路永寂寞想土階未遑等
箕潁上君白玉堂倚君金華省碣石歲崢嶸天地
日蛙蠅退食吟大庭何心記榛梗骨警畏曩哲鬒
變負人獍雖蒙換蟬冠右地恧多幸敢忘二疏歸
痛迫蘇耽井紫綬映暮年荊州謝所領庾公興不

淺黃霸鎮毎靜賔客引調同諷詠在務屏詩罷地
有餘篇終語淸省一陽發陰管淑氣含公鼎乃知
君子心用才文章境散帙起翠螭倚薄巫盧並綺
麗爭暉擁牋誄任昉騁自成一家則未闕隻字警
千秋滄海南名繫朱鳥影歸老守故林戀闕悄延
頸波濤艮史筆兼絶大庾嶺向時禮數隔制作難
上請再讀徐孺碑猶思理烟艇

夏日登風度樓懐張文獻公　吳鉷

儼對寶山坐凜然風度樓暑消韶石雨涼入曲江

秋日月懸金鑑簪裾侍玉旒文章氣奪帥伊呂道相侔鷹隼心無競鵷鸞世寡儔公思歸作海燕詩有鷹隼莫相猜句終妨蜜口佞預識赤心憂俎豆亘今古河山仰斗牛推輪開大雅芳躅在炎州

聞余安道左遷 附 泉州太守 蔡襄 仙遊人

南方之強君子居卓然安道襟韻孤詞科判等屢得携呀然鼓熖天地爐三年待詔處京邑斗粟不足榮妻孥耳聞心慮朝家事螭頭北奏帝曰都較書計課當敘進麗賦集仙來顯途詰墨未乾尋已

奪不奪不爲君子儒前日希文坐言事手提敕誥
東南趨希文鯁亮素少與失勢誰能肯相扶蘄然
安道生頭角氣虹萬丈橫天衢臣靖腹中有屈語
舉隘不避蕭斧誅使臣仲淹在廷列日獻陛下之
嘉謨刺史榮官雖顯寄奈何一郡卷不舒言非出
位固當罪隨漕扁舟盡室俱炎陬此去數千里槖
中狼藉惟蠹書高官長佩叢闕下千百其羣歌爾
愚吾知萬世凜凜英風敦懦夫

風度樓記

今體詩　　香山陳蘭芝拂霞輯梓

讀張曲江公金鑑錄有感　　蘇軾

遠泝淵源曲水東猶存文獻舊家風江南作相何人始嶺表孤忠獨我公豈特魏房姚宋上直追天保卷阿中幸將篋鑑當前照半百痴迷頓破蒙

平圃張文獻公故居　　尚書　王士正山左

平圃在曲江平圃驛

扣舷聊騁望川上浩煙波往往奇峰出行行松石多人言故相宅遥指曲江過太息開元後爭傳得

寶歌 開元閒宏農野得寶改元天寶遂作宏農得寶歌

張文獻公祠　王士正

峽寺重雲裏人瞻丞相祠開元如宿昔風度想當時羽扇三秋恨淋鈴萬古悲何來雙海燕猶自入簾帷 曲江公與李林甫同列度其巧譎慮終不免爲海燕詩以致意

張文獻公祠　提學 惠士奇 江南

海燕辭巢日何曾戀舊痕南州一麾去北闕幾人存蕃將頻蒙寵胡雛竟負恩凄涼謫仙怨空向曲中論 自注劇談錄玄宗幸蜀次雒後下馬望長安嗚咽流涕謂高力士曰吾用九齡之言不至

此因上馬嵬長笛吹之有司旋録成譜名謫仙怨○即少陵所云受諫無今日臨危憶古人也公歸南州而李林甫牛仙客用事矣北闕尚有人乎幾人存婉言之也

謁張文獻祠　　同知徐志岩德清

曲江風度遠流徽姚宋同心日並暉金鑑果能陳黼座玉環何事繫羅衣貶官荆豫緣持正遣祭邱墳爲見機古廟肅瞻松栢下藹然遺像見依稀行五

志仙人徐遐周詩曰若逢山下鬼環上繫羅衣即馬嵬之讖也三四見信用曲江必無六軍不行之禍矣

張文獻公祠　　王攄太倉

祠堂突兀𮟏江開瞻弃空餘海燕哀只道主由金
鏡致豈知兵爲玉環來文章自昔傳徐碣香火常
新傍舜臺風度依然憑想像停舟一薦渚蘋回人元

咏太白有承恩金馬詔失意玉環
詞句人以爲工此更說得關係

風度樓　　文學　梁麟生　順德

高高欄檻立蒼茫往事逢人話夕陽金鑑著成臣
志苦玉堂春盡燕巢荒樓臺不用生前賜風度誰
能沒後忘莫問開元舊宮殿冷烟深竹閉連昌唐音

舟泊韶陽　　訓導　佘錫純　順德

幾片紅霞散夕光看花還擬一徊陽舟過峽口憐

天少地盡南方覺水長風度有樓空鎖雨鷓鴣無

籍亦徵粮衣冠豈似江湖樂一櫂煙波學漫郎

登曲江風度樓懷張文獻公　杭世駿仁和太史

張公風度見無由梓里懷思尚此樓過客登臨當

落日晴山風氣接深秋高城木禿炊烟出古縣江

空閣影浮幾點亂鴉啼不歇似聞遺恨失黃虬

風度樓　孝廉羅天尺順德

鷹隼相猜海燕哀瞻懷風度此登臺千秋金鑑終

何用博得巴陵一祭來

重修風度樓成　何嘉元

巍巍直節著三唐輪奐重開有烈光風度儼留天
子眷几筵猶續老成觴千秋事業江山闢一代文
章館閣揚燭影照餘黌舍月恍披金鑑在黌堂

韶陽張文獻祠　孝廉張錦麟順德

高位偃經綸憂危報國身不逢離亂日誰憶老成
人家祭來中使祠垣近卜鄰飄飄泥滓燕終戀玉
堂

余忠襄公　以下附　明　湛若水

武溪溪水深欲往隔雲津美人在何許風采空遺音憂思滿南北托之被絃琴惟有江門石可以寫吾心　甘泉爲白沙高弟收句故云

余襄公祠　王偁

寂寞孤城野水濱亂餘猶見幾家存女墻落日埋秋草官樹啼烏集暮雲百戰徒聞存國步孤忠誰復弔英魂夜來遺廟荒庭月長逐悲笳不忍聞

前題　王洙

瓣香時過曲江干古廟遺容再拜看天聖年間眞
諫議芙蓉山下舊衣冠忠良獨際三公會流落同
歸一寸丹天地無窮悲感在晚風疎雨自漫漫

西樵歷史文化文獻叢書

增補嶺海名勝志（五）

（明）郭棐 編
（清）陳蘭芝 增輯

广西师范大学出版社
GUANGXI NORMAL UNIVERSITY PRESS
・桂林・

明光禄卿嶺南郭菶周先生著

嶺海名勝記

香山後學陳蘭芝增輯

浮邱山

浮邱山圖

紫烟楼
珊瑚井

浮邱山
大雅堂

浮邱井

僊井冷二傍海涯丈人曾此鍊丹砂高坵尚有晴霞氣一勺能分碧月華藥市僧歸初汲露洞天龍去半浮苹幾回欲覓朱明路挹袖軒中日易斜

梁無技

浮邱記

浮邱記

香山陳蘭芝攈輯梓

謹按浮邱者羅浮朱明之門戶也世傳周靈王時有浮邱公偕王子晉遊嵩山公後遊羅浮於茲得道故名浮邱云晉葛稚川爲勾漏令道出廣州棲息於此今有珊瑚井乃稚川煉丹處也晉以來千餘年靈蹟閟而弗彰至宋蔣之奇尋幽訪勝飾而大之爲挹袖軒而仙景始著迨我朝仁宣昭肅僖

繼盛海隅喁喁風時則瀫陽趙先生由翰苑爲粵廉訪明刑彰敎直枉察寃道化大行開社浮邱名堂曰大雅招縉紳鄉彥結社其中觴咏往還篇章璀璨翩翩然超出風塵之表乃奉浮葛二仙像爲祠祀之捐俸刱修不遺餘力今先生借籌溫樹時惓惓不忘舊履庸非千古盛事哉嗟夫山川精靈必待名賢以顯若梅嶺以張陽山以韓小金白鶴以蘇而茲邱以先生均與宇宙同不朽江山洵有遭與因採摭事實并諸題咏綴于篇作浮邱記

浮邱記

文類　　香山陳蘭芝拂霞輯梓

浮邱社記　　大學士趙志皐蘭谿

粤會城西郭門外一里許有浮邱山傳爲浮邱丈人得道地按志浮邱爲羅浮朱明門户先在海中今相距四里宋初百二十歲老人陳崇藝言兒時及見山根艤船滄海桑田之說非耶浮邱公不知何許人列仙傳載周靈王太子晉吹笙作鳳凰鳴洛間浮邱公偕以上嵩高山浮邱公爲嵩人

浮邱詩

高山夫神仙好遊海上羅浮居海外爲朷化丹多霞舉士山非浮邱公棲遊地耶又按志晉葛求爲勾漏令出廣州刺史鄧嶽留之鍊丹羅浮或謂浮邱云下有珊瑚鍊丹井海神獻珊瑚名之大約可考者宋熙寧中蔣之奇以集賢殿脩撰來知廣州去宋初不遠滄海變遷未久卽其地建朱明觀于上中有珉琄亭挹袖軒樓觀松篁參差掩映四時觴詠不數百年盡廢爲民址余休沐出西郭門外見脩坰廣野翳林茂竹平畦櫛比淵沼

鑑開圍墅鄰次雲氣冉冉墮馬首又接海上沆瀣之色蒼茫不可狀駐葢流目者久之思爲冠履憩息之所曾生士鑑爲余訪浮邱繪圖以進余乃從黎內史民表往觀之質之志皆合屹然平土中起石阜若培塿然上有井深三四尺許即丹井軒亭樓觀俱湮没鞠爲榛莽蓊然林木在焉黎內史曰靈蹤眞氣闇鬱弗彰久矣盍圖之於是謀之劉大叅經緯樾署南海縣吳郡判應雷以海壖駐節廢地易■官修復舊勝鄉之薦紳先生諸大學皆

浮邱山志　卷五　記　三

慫慂[illegible]成其事於是誅茆治地諏日與工海需舊有樓[illegible]敞可觀海移置邱之右樓前有池臨池爲閣池[illegible]橋外取徑以進繚垣設門一竚延矚海野邱上有盤錯如蓋樹下爲亭邱前爲軒軒稍前爲珊瑚井淪於池甃石覆亭中爲堂堂之後爲館祠浮葛二仙人館側爲舍居守者飛甍連坒綺窓交疏穠綠成陰瀦水涵碧宛然一洞府別境也夫浮邱鍾孕靈淑孤稜海上郎所稱璚島窟宅胡大塊不終秘之俾數百年淹于塵坌汗萊中豈二仙

去山固弗靈耶抑滄桑之變有常數海屋老人所主大塊弗能違而靈洲之氣盤鬱不散尚有待於人耶結構既成諸公謂名之余惟粵中自國初五先生富才情暢吟詠結社南園風起人士好爲古詩歌文詞又多倣倘自許玩時撫景輙唱和以陶寫其意薦紳先生解組歸田類不問生計惟賦詩脩歲時之會洋洋篇詠遍溢里中社於斯以續南園遺事固宜竊食兹土者無沉迷簿領以霽夕塵纓俗駕之暇徜徉容與雅歌畣響寄傲

浮邱記　四

興戀焉埃壒之外其籍有禪哉於是顏之曰
社後之言社者舉浮邱猶今談香山洛社不
與不其盛與是役也余與劉大叅吳郡判葢經始
之方伯李君江湯君仰王君元敬憲長趙君可懷
大叅周君之屏憲副張君堯年劉君應麒朱君東
光少叅漆君彬劉君倬王君來賢僉憲沈君植張
君友舜張君克家薛君夢雷叅戒李君金都閫萬
君達甫成君大儒慕君學太守周君啟祥同知周
希尹提舉聶有功南海知縣周文卿署番禺知縣

侯邦治番禺知縣江宗棐東莞知縣楊寅秋照磨楊延德知事楊鎮斷事徐元臣各輸俸約百數十金以閏夏首事不數月而落成總戎黃君應甲卒刱朱明館事鄉薦紳先生諸文學競捐貲爲軒亭館榭不能盡紀董役者吏目金濂典史鍾崇也諸公屬余記其事遂攄其實書之

浮邱大雅堂記　郭子直

五嶺以南山川奇秀襟帶瀛海羅浮峙其中爲道書七洞天五羊濵海浮邱山在五羊城西移朱明

浮邱詩 五

仙跡名賢霞棲蠖伏有乘羽化者有〼脩煉

更隱而盤桓者皆足爲茲山重至于仙風道

章節槩兼有而嗣興斯其人詎非鍾仙靈之

稟應昌期之運後天而誕啟者乎瀫陽先生以名

世碩德近侍承明古所謂避世金馬門者坐忤柄

臣出爲嶺表觀察用刑行法一本於平察粵中利

病於諸司之職陰以相之民之受利有不知誰之

賜者休沐之暇開社浮邱與諸大夫文學吟咏其

中庶幾陳詩以觀風乎堂名大雅別離騷之怨也

先生在粤久纖芥不形大直若詘𠍴然浮邱山中
權者不能怒忌者不敢妬熸然不滓仆而益光葢
天將以大先生之受而亦兹山若有所待非偶然
已夫五百年而興者聖賢也兹山亦然以今揆之
自浮邱丈人而來五百餘年而安期生賣藥于海
上白雲安期岩在浮邱之北仙跡所止當不外此
又五百年而葛穉川煉丹有井焉又五百年而宋
蔣之奇始張大之井曰珊瑚軒曰挹袖皆其故名
汨没于闤闠茀艸不翦樵牧之所遨遊仙靈

氣閟而不張至于今又五百年矣先生志期繼其所興建若仙都然語在先生記中乃知昌期會若有默符世稱先生爲仙吏非耶先生歸居三洞再入承明夢寐不忘兹山而學士大夫名儒氓庶咸稱述先生之德鄣大雅堂爲祠尸而祝之余表曰山斗具瞻外有亭曰留舄云先生世以兹山爲湯沐若天有以留之者召伯甘棠庚桑畏壘無以方也像成甫越月玉芝產堂柱下衆咸稱異紀之圖頌易曰天地泰艸木蕃斯先生大用之符

也先生名世間出以直道斡宇內以文學表中朝斯文之統行將攸寄獨兹山之興廢係哉嗟夫山川之在天下不槩見於圖經者甚衆宦轍所歷與艸木鳥獸同湮滅者數矣余至嶺南潮陽韓山以愈祀小金白鶴以軾祀二公唐宋名賢擯逐嶺外今粵人伏臘思之先生出處與二公埒兹祠鼎而三之乃知先生在朝廷則朝廷重在山川則山川重自先生之祠浮邱則兹山不復以列仙重而以先生重矣陳郡守于喬歐虞部楨伯陳黎㵎明佐

謂余先生門人宜有記以昭示粵人余丕俗爲記

學士趙公像記　　葉春及

詩有六義雅居一焉其有大小則體以爲區別君子聲詩卒大雅大雅也者風匪雅則流賦匪雅則濫比匪雅則離興匪雅則固頌匪雅則誠矯而不經大雅則兼之矣古者四方所采咸綜萃於史官瀫陽趙公旣典其職侍上講幃至君臣父子未嘗不反覆之也會宰相棄素冠諸臣摩厲以進章不下公直起居則執簡請宰相不悅旣以摩厲之罪

罪諸臣公率同列入謁滋不悅而東粤之命下矣公曰臣舊職在詩而新命以軍旅臣不敢違賴上神武桴鼓寂於嶺海臣得以其間治詩請無廢業曾生士鑑進浮邱圖乃作浮邱社浮邱者朱明門戶故在海中始於浮邱公繼則稚川集賢修撰蔣公觀之當熙寧之世沒於民五百餘年至趙公乃復語在公所爲記國初五先生攻吟咏社於南園故東粤好辭縉紳先生解組歸不問家人產惟賦詩修歲時之會故社以續南園吏茲土者無沉滑

程石休沐之暇與二三大夫文學之士御祥容與雅歌賡載慠焉儃僈以游塵埃之外則公所稱述云爾嗟嗟其節峻其道大其節峻故方正而不容其道大故挫銳而和同其周公之東乎昔屈原以辭令見幸及其遷逐大放厥辭遠遊之賦亦將托乘上浮仍羽人於丹邱朝王喬而夕韓衆矣惜文肆質鼞抱忿悁之節無濡忍之意離騷天問九歌九章諸篇軼宕怪神怨懟激烈大雅謂何舍王喬而從彭咸之居陽侯與遊而違言於韓衆何本末

不相副也方公出西郭門長垌廣野翳林修竹雲
冉冉墮馬首駐葢流眄非行吟澤畔時耶然無憔
悴枯槁祉成左浮邱右稚川海上仙人將盡致之
潄正陽而含朝霞玉色頩矣所與學士大夫載歌
廣哉熙熙乎優游中正無纖介不平之態於屈原
何如也屈原居風雅之變朱子揆厥所由未嘗北
學中國周公仲尼之道公夙昔焉雖有風雨無攺
几几大雅不羣有本故耳世談道者往往雕蟲鏤
賦公特藉以爲名豈惟孫膚碩而不沾沾[illegible]畢以

浮邱記　卷五　像記　乙

混世何莫學詩實則鬲法孔子蜻蜓蚍蜉燕異鳶魚胡爲而去取也獨怪宋玉輩北面屈原相對谷嗟無能舒其鬱邑蓋原自謂得路雖女嬃之詈靈氛之占曾不足以回其車而何有於玉輩若公學正道純主盟壇坫取前矛而先登一時豪傑爭執鞭弭共相馳逐則公於　宏矣於是以大雅明堂樹儀的明向往也公歸遂像其中登堂吟咏儼公之我臨焉今公入佐聖君行周公之道續文王之化播大雅於天下吾粤首被公化他日定詩以繫

趙公胡不可也初曾生屬余記之宿諸六載公門人郭公來督學中命不敢負第策下駟雖聆公誨奈何侮主齊盟郭公大雅嗣音宋玉安足云也

浮邱朱明館記　黎民表

廣州治城之右有石窿然而起曰浮邱山蓋山水之所經流也山舊有觀曰朱明以祠浮邱葛洪二仙而莫詳所自始按劉向列仙傳稱浮邱公道王子喬於嵩山上昇而一統志以爲浮邱伯姓李氏寔一人也是時南海猶在荒服之外乃有其遺跡

浮山記

豈飛行所至耶或曰兹山舊在海中沿澥上下如
所謂三神山者域外之談存而不議可也惟洪以
高資從其故人來叅廣州軍事留滯甚久相傳兹
山乃其棲息之地故南宋沈懷遠羅浮山記云朱
明者羅浮之門戶蓋洪至羅浮築四菴以居南曰
朱明洞後人并以治城所居通曰朱明耳門戶者
言階此以入羅浮也抑取茅君內傳便門地道之
義與迹洪平生篤信黃白之說其著論謂堯舜周
孔非不欲爲焦勞胼胝不暇爲耳至外篇又極言

脩身繕性之理政治風俗之變埶然思所以拯救之意洪固有所托而避者豈湛溺若是哉即洪不爲神仙其博學強記保身全名以著述見於後世亦百世之師也是宜粤人尸而祝之也今經千百年其煉丹之井猶存而觀已圮爲民居矣萬歷戊寅瀫水趙公以太史氏出爲觀察使披閲郡乘謂茲山表著嶺外匪惟仙靈之窟宅而已亟圖修復之會民表謝事南歸公偕往觀焉因命屬吏董其事以隙地易于編氓以廢館之積材長石即工公

偕藩臬諸大夫咸出俸金助之爲堂室若干楹而赭其門曰浮邱社語詳公所撰記粵之人士復醵金以築斯館而總戎皖城黃公持節適至因令戲下具材興事浹旬告竣公携賓從落之登樓而觀崇山奠其後洪波盪其前却俯闤闠視窮髮曠如奧如咸在几席亦游觀之盛美也非公能有斯樂乎惟公之涖吾粵也略徽纆踈桎拲明清單辭民不用寃聽政之暇登進白屋許與推挹虛往實歸甲和聲詩霑溉于鯷海矣昔高固徵瑞於五羊步

隲愜基於篁竹吳隱之堅酌水之操宋廣平革茅屋之陋吾粵人頂而戴之猶一日也矧公以雅道倡哉今天子神聖寤寐舊學公將凌乘景風返于帝所吾粵人即公之所遊矚者若峴山漢水有去後之思焉史稱列仙之儒癯然在山澤之中是亦可以挹公之典刑而遡循良之風矣斯館也固所以風也豈徒飾神怪而侈游物哉公諱志臯字汝邁戊辰進士及第婺之著姓也

浮邱山題辭

陳召倫

浮邱詩　三

南海浮邱實門羅浮羅浮南岳佐命也羅浮列洞勝首朱明浮邱之精廬亦曰朱明云周顯王時楚庭文治開先五羊穗石浮邱並稱靈境番禺雜記浮邱在水中吳尹所居卽浮邱丈人得道處觀啟明館宇非一晉關中侯葛洪好讀異書游嵩岳辟地廣州辟叅軍遂停廣州尋羅浮息浮邱著書抱朴子自托文儒晚食邑句容年八十一而逝今邱中珊瑚井卽葛井也宋初百二十歲人陳崇藝者言兒時見浮邱山足舟船數千山四畔篙痕宛在

今去水四里餘藝苑幽奇嘗記之熙寧中經畧蔣之奇建挹袖軒取左挹浮邱袖語元至元增脩雲堂取浮邱自白雲來白雲羅浮之西麓也國朝天順壬午學士黃公諫判廣州鐫題山水名勝闢址飾廬以翔以詠時則寶衢雲術士人車馬衣冠登頓賞勝于斯海內益知有浮邱焉嘉靖壬午貨于民閒光塵墟莽行路惜之是未覩夫鉅麗者也今垂六十年萬歷庚辰觀察太史趙公志皐拓新一旦廣輪名物煥興若有數存焉余嘗[illegible]覩古今山

川性分之所適也道術世會之所乘也士之人脩六藝觀九流折中取舍非漫無所短長夫然後能通萬方之畧通方云者秉要執本範圍曲成者也南面股肱胥焉取裁非棄仁去禮獨任清虛者然也猗乎南海山川古今詮浮邱者非一家歐陽徐潘吳萊淵潁皆其著者均之四海名流說禪雅尚彼美茲邱七百年前漭瀁波間猶今之海珠慈度也滄桑代變堙爲平陸陽德留春而磐石巋然此豈非天地流行之氣融結不息地道來自西北駿

龐完固戲蔽金湯西麓乎藩邦雄勝之全者也詎曰偶然葢天監離南巡遂百昌遠徵羲叔之命近符乎有道之長天人合發斯其可譜也哉况有其舉之而又表之以洛社焉廣之以風雅焉使人本之經發之情止乎禮義而懷其舊俗者也視造靈洞虛之諄諄乎著論也何啻千里哉儒閒居得黎中秘民表遺所賦篇什感之因紀其事併系之以詩用告來者

玉芝長春賦

光祿寺少卿　　梁番禺

瀫陽趙先生以戊子歲來觀察于粤明年貞度督百年利病而興革之士民蒙曠蕩之澤有不知其所以然者暇則搜剔浮邱遺跡廓而闢焉爲紫烟樓舠大雅堂濬稚川丹井集諸薦紳大夫文學結社其中一觴一咏陶然嗒然若與世相忘然而先生具經世才世自不能舍之也一日大雅堂詹產芝數本紫黃白三色備焉未幾而先生膺大拜晉宅元揆茲芝非其先旌與考之瑞令記云食芝延年與眞人同論衡云芝草一年三花食之令人

眉壽度世然則大雅堂簷之芝豈直爲先生八相之徵實應眉壽無疆之兆也敬撰玉芝長春賦一篇以代輿頌其辭曰

夫何玉芝之瓌瑋兮產浮山之仙窟紋百結以呈彩兮華五色而絢日暐三秀之奇姿兮異九畹之姱質當大雅之前楹兮挺靈華之芳植戞亭亭於物表兮歙沆瀣而特立爾其條風應候瑤草萼英漱露華而荏苒附飈馭以揚馨允備四時之氣遹含百草之精耀赤蓋紫光之秀檀龍鳥鳳翥之形

孕瑤光之星而現瑞表甘泉之產而𥂕鬯迨其蟃
蜮載鳴朱柯毓秀流乎芬於瑤島浥金精于玉竇
葩吐茂苑之濱鶂鳴甤賓之候莖婀娜以成叢色
縹緲而鋪繡紗軒韓之宮以耀采超玉鼎之歌而
居右乃若雲翹舞日楓葉飄烟渚蓮謝而徊鷺苑
槐縟而鳴蟬猗丹芝之灼灼兀芳萼以孤妍既婉
變而翔五鳳亦雜沓而耒羣仙洵君子之所珍可
服食而延年肆夫東壁風嚴西園霜肅寒氣淒其
㪅發衆芳萎于乎谷美茲芝之挺秀凌顥氣而馥

郁綻娟娟之瓊蕊轉翩翩之華轂視百草不易其
操冠群芳而立于獨巘上淸之嘉卉偉君子之芳
躅維君子之葆眞兮步瀛洲之上斿柄憲節於穗
臺兮敞紫烟之層樓披瑤闕之琅玕兮振紫霄之
琳球睠飛鳥之來集兮應三鱣之嘉庥輔聖皇於
紫極兮輯泰瑞於蒼璆殫心于九陛之贊襄兮功
成柎八極而翺遊左拍肩於洪崖兮右挹袖於浮
邱度日月其何筭兮縣八千歲之春秋

浮邱賦　劉定正

浮邱詩

猗粵城之佳麗騁遊覽乎西閩得仙聖之遺址忻
往躅之未淪達城市而咫步委林莽與埃塵爾其
渾沌初開海岳相附扶輿南極迴環趨赴萬嶺倒
奔長江左顧培塿降勢逶迤展步羅浮朱明此焉
作戸靈氣鬱毓神物呵護浮邱道得而乘雲抱朴
丹成而駕霧餘廢井兮江濆競舟航兮津渡睨營
痕兮恍惚變海田兮朝暮匪陳叟之長年孰諸聞
於往故惟前哲之有作蔣大夫之好奇倚邱阿而
結宇寄名勝於芳圻閱人世之幾何淪委棄於邇

時乃有玉署高賢金門隱吏承嘉惠兮外臺薄佳辰兮南湓厭簿領之煩猥思宴閑之高致考土方于故堞痛靈墟之久廢命軒篤兮城隅俯郊原兮諦視覽川隴之相屬見園池之交媚巨石起而林藏曠野夷而草翠洽乎契於心神徵圖書之匪僞爰詢故老學士先生僉云靈秘有待而與於是易自民址授以官程稽謀考卜相度經營依城面水暎帶林菁徙飛樓于江浦出丹井於池泓絶横塘而駕虹冠鰲頂而建亭祠列仙於别館創堂宇於

前楹公私鼓躍而捐助工役不日而告成華詹紛
而綺錯飛棟舉而雲仍儼仙都與洞府象翬飛而
鳥驚起廢墜於旬時表往哲之令名集賓朋而嘯
咏追洛下之耆英試登高而極目睇千里之茵平
暮潮湧而江白返照入而霞明好風移别墅之芳
淡煙籠遠山之青見遊魚於澄沼起孤鶩於寒汀
市塵邇而不到林鳥悅而和鳴或招携而散累或
送别而遐征遲笙鶴于山頭臨清流而濯纓莫不
酣歌慷慨流盼嬰情感廢興之有期同不免乎山

靈惟賢人之好古貽勝事於兹行毵亭構之斯在
流管絃而頌聲誰能煉丹砂兮輕舉齊天地兮久
生庶吾黨之多賢吾以結鷗鷺之長盟

脩砌浮邱大街碑記

夏令曰九月除道又曰營室之中土功其始先王
于居民日用之細衆心所欲爲者皆曲體之而著
爲令所以厚民生長教化美風俗也我浮邱大街
爲車蓋往來之衝通達仙景之路歲久不修石蝕
而齲溝淤而洼高下不一傾頽攲側行者苦之歲

丙申有李紳士始其事同井各士助集其成四方好義者復引而伸之費金數百更月而告竣因請序于余余怪乎人己公私大小之辨久矣財者萬物所由生而致用各别或坐擁贏餘罔知理義不抜爲我之毛空擅兼人之力又或大厦華軒窮奢極侈筵向花開歌翻月起是遵何道哉然猶足以樂餘閒娛歲月至若裝點繁華鋪陳街市浪遊不過數日糜費何止萬千而博歡買笑無非鄉里少年桑村監子如蜃樓海市一旦烟消甚無謂也夫

財之爲用古以濟人今則奉己濟人則公奉己則私而所成之德大小從此而分余于是役有以見夫民生厚教化淳風俗美其所以仰答聖天子涵煦之深百年之久者由此其選也是皆余所樂書也于是乎言撫粤使者李士楨撰時康熙某某年仲夏

浮邱記

詩五言古　　香山陳蘭芝拂霞輯梓

秋日劉學憲約遊浮邱　大學士趙志皐蘭谿

金風旋素節野外欲披襟連鑣縱清目飛蓋逐繁陰逕轉通方沼窓疏嵌嶔岑邱亭宜小坐穹閣稱登臨灌木結翠幄脩篁奏鳴琴託遊慕霞舉寄傲遠塵侵更喜皁棲客清談發商音汲泉芳乳進憑軒桑落斟曠情凌青漢爽氣逼疎林予亦徜蕩者浮雲任升沉羽化非我事投簪任宿心良晨遇嘉

賞聊以振高吟

菊月遊浮邱　　黎民懷　從化

久釋樊籠累養拙甘龍蠖九秋興攀陟挹袖諧所托丹至撫虛館紫烟尚浮閣始欣羣動息暫與世緣薄玉管促飛鸞朱羽時鳴雀平巒收夕霏遠流洑歸壑淸宴美芹粟華年嘻萬蕚豈乏登高懷所愧正述作悠哉濇忘歸况此成大藥

春日集浮邱社　　叅政　陳萬言　南海

傳聞王子晉笙鶴訪浮邱邂逅葛仙令相期汗漫

遊雙鳬應難繫丹砂信可求滄桑千刼火天地一
虚舟我是陳崇藝餐霞幾百秋城隅蕩春水沙邊
種橘洲深谷變高岸傑閣雄南州結構者誰子金
門一隱侯曾侍玉皇宴早登淸廟球偃蹇似方朔
詩書富鄴侯黃閣待調爕靑山任去留翻然遺勝
景付此方外儔悲鳴立仗馬商聲歌飯牛此邱二
三月黃鸝聲啁啾倦鳥投林樂冥鴻無弋憂因憶
壯年苦枕戈眠戍樓
聞道浮邱伯淹留葛令車坡仙遺石後泰尉築壇

餘未闢朱明洞先尋水竹居古松猶駐鶴丹井已生魚晉代空豸理流塵暗翠輿銅駝委荆棘鐵騎滿郊墟遊岳偕禽慶全身擬大疏雲霄雙舄遠芝术一邱鋤勾漏應難覓桑田尚未淤不逢天上使難辨石間書太史持龍節南方建隼旟臨關占氣色入幕引冠裾淨土參禪寂眞宮聽步虛城隅經草創勝事借吹嘘眺覽通冥浸風謠變里閭台階歸有日吟望正愁予

春日浮邱　　廷評　梁桂臣　順德

仙都挺靈島宛自羅浮移天迴紫烟閣洞啓朱明
屏山以浮邱名井記葛洪遺仙跡久蕪没勝事逢
今兹結伴訪丹壑探幽凌翠微春光屬點蕩草樹
鬱芳菲游覽歷瑶圃命酌臨華池魚鳥性自得泉
石色争飛耳目非人境雲霞生客衣緬邈神霄上
如聆笙鶴歸共欣濠濮賞載詠遊仙辭久謝樊籠
累將從汗漫期

春日社集浮邱别墅即事　運使　張廷臣　番禺

名園開緑野淑景接浮邱風暖千花麗春深萬木

稠遙峰藏霧豹環沼戲沙鷗淸適壺中樂逍遙物外遊論文仍授簡把酒更臨流棋局消長晝漁謌破晚愁鶴翀依碧落鳳舉集瀛洲地以劉郎勝丹曾葛令留仙家千日醉海屋萬年籌談笑忘歸晚白雲天際頭

馮石門見示春日張芸墅司馬邀同諸子登長壽寺藏經閣望浮邱下憇半帆亭佳什次韻奉和

進士　何夢瑶　南海

君詩如春雲凌風恣縹緲誰能同高騫俯視塵寰

小茅齋噴霞箋午枕香夢繞如歷浮邱上螺髻髮
一繚半帆信可慰孤亭蔭寒篠何人立高閣迥出
萬象表馮張兩司馬冥搜刮青杳鶴氅天際翔玉
樹風前皎快茲臥遊暢頗似夢食飽昔誦昌黎句
疑義今始了信非李與杜誰足當二鳥千秋此嗣
響高唱入雲杪笑彼寒號蟲妄謂鷇鳳少豈知撼
大樹蚍蜉徒擾擾從君乞霞佩和鳴共騰矯

寄題田侍制廣州西園　宋開國公爵　余　靖　曲江

善政偏修舉增完池館清地含春氣早月影暮潮

生石有羣星象九曜石花多外國名與民同雉兎邀

客醉蓬瀛翰墨資吟興雲泉適一作稱野情鎮應持

左蟹快欲鱠長鯨積靄藏樓閣馴鷗識旆旌甘棠

留美蔭高倚越王城

浮邱記

詩七言古　香山陳蘭芝拂霞輯梓

浮邱山　張詡

我聞羅浮朱明失門戶浮邱丈人作杯渡浮來一住三千年至今靈蹤尚儼然葛洪丹竈在何許歸來白石試爛煮赤松未來欽洞門學士詩壇今尚存自從學士歸天府人物空然一環堵我來緬想眞仙風欲拉幽人闢舊踪載酒張琴時一至高歌擊碎鐵如意

春日浮邱雅集　　黎民懷從化

金銀樓閣空中起，一丈珊瑚明井底。披荆開徑者爲誰，今代風流趙太史。國初詞客五先生，春色南園艸尚青。開元遺響久不作，千金靈脩空復情。維揚李君供奉儔，汪淪高雅來同遊。曉汎滄浪尋白社，暮携羽扇仍丹邱。嗟嗟盛事輕千里，吳下機雲非我擬。未論丹砂變紫荷，且向梅花操綠綺。雕盤翠釜媿仙厨，滿地凉雲蔭碧虛。酒闌我欲驂鸞去，與至隨君駕鹿車。

奉葛浮二仙祀朱明館　　張廷臣

蓬萊幾萬里乘風麗炎洲廓落蟠大洞峿嶁闢浮邱浮邱故是神仙宅燒鉛煉汞餘眞跡何年井上獻珊瑚此日峰前留劍舄朱明門戸鬱重開中天積翠列亭臺共觀丹青傳儼雅恍如仙馭復徘徊嵩陽乎鶴翔穹昊勾漏丹砂還却老詞客相將賦紫烟高人延竚荐瑤草子晉吹笙去不還碧桃明月滿空山雲路相逢應大噱滄桑幾度閱人間

西郊浮邱寺觀午時蓮　　明經　王　昺番禺

君不見圖澄幻術施奇咒鉢底花開頃刻就又不
見靈徹雕鏤運匠心滴滴含風催玉漏須知巧極
是人工何如武夷曲澗東機緘未易向人啟芳心
纔吐日當中白如冰玉小如指葉罕根浮埿不滓
君平賣卜正垂簾黑甜夢破人方起我聞地支之
數午爲陽陽舒陰慘本其常又聞五行之位午屬
火水生火發奚不可太息濂溪空註圖二五精蘊
發所無此花獨禀天地正作說不及胡爲乎白晝
已過陰霾沍皎皎澄懷終莫吐從來顯晦貴因時

肯與木槿爭朝暮吁嗟蓂階蓂莢又何年晦朔不爽至今傳我欲移根歸太液重華相映際中天其英日旦則出水面當午則開過午則合縮下水底竟日而觀乃見其靈

浮邱記

詩五言律　　香山陳蘭芝拂霞輯梓

懷趙太史　　　知府梁　构南海

朱明開洞戶巨浸判鴻濛山是浮邱伯遊追太史公聽笙懷遠別挹袖昔相逢翹首天邊望回看紫氣雄

一別師雄後鑾坡隔粵臺隱淪棲藥市。仙客在蓬萊。劍履星辰上。文章瑰琰才。山前桃李樹春到競先開

浮丘詩

入浮邱社　　張廷臣

得遂蓴鱸願。言從汗漫遊。衣冠猶白社。樓閣卽丹邱。萬井虹初霽。千峰翠欲流。忘形隨杖履。天地一虛舟

浮邱宴集　　霍尚守

七日留仙島。相看歎轉蓬。瑤池寒色滿。丹井紫煙叢。何處來山簡。高懷並孟公。笙歌天上落。輿劇月明中

浮邱記

詩七言律　　香山陳蘭芝拂霞輯梓

黎內史瑤石約遊浮邱　大學士　趙志臯蘭谿

仙人吹鳳去山中縹緲神邱有路通渤澥已非珊井在莓苔深掩石壇空移官愧比西湖長策杖欣逢北海翁謾道長安佳氣鬱扶揺還擬問鴻濛

道人日下返仙都覓勝重來建福區羽服恍翩天外鶴靈苗猶吐澗中蒲圖開九老香山社觀敞千秋剡曲湖亦恠窮途悲阮籍願資身世住蓬壺

中秋後二日燕集得花字

秋鈞爽氣爲誰賒落日開軒坐晚霞已喜星辰還左席況來瀛島訪仙家林霏吐没雲間月庭際淒涼雨後花但得留連河朔飲那知身世泊天涯

和趙瀫陽太史答黎瑶石内史偕遊浮邱之作　知府陳遷南海

岧嶤高閣倚雲中下有丹泉一竅通曉起登臺飛翠入夜來看月碧山空天邊紫氣歸神鼎世上糸機悞塞翁笑被松蘿迷出處坐窮今古見鴻濛

一自驂鸞出上都南來蹤跡遠塵區山中舊有千年藥石上新栽九節蒲直向宸居回劒履豈因靈地滯江湖君王此日虛前席莫更尋仙傍玉壺

前題

光祿寺卿番禺郭　棐

仙臺縹緲碧雲中遥指蓬萊一徑通珊井源深丹自伏紫烟樓古月當空羅天鶴識浮邱丈陂水龍知抱朴翁靈氣千年渾未散又從今雨見鴻濛紫烟樓峙九霄中十二闌干四望通珠樹萬行長挺秀露華千綴遠明空飛騰舊拉羅浮侶結構新

浮邱詩　三

頫太史翁最羡清風如閬道獨携琴鶴化顥蒙

石室飛虹壯粤都玉樓金琯敞名區巖松棲老千

秋鶴澗草青團九節蒲風澄月朗宜蓮社水綠蘋

芳似鑑湖不是玉皇香案吏誰能到此問蓬壺

袖拂烟霞出紫都宏開朱觀作仙區寰中日月隨

青竹杖底龍鸞結綠蒲玉女三漿噓伏火金鼇百

煉躍重湖年來元氣誰斟酌只藉先生白玉壺

和趙瀫陽太史答黎瑶石內史偕遊浮邱之

作　吳國光 新安

樓臺隱映翠微中縹緲朱明一徑通煉藥仙歸丹井在吹笙人去鶴亭空何年洛社耆英會當代詞壇太史翁躡屩追遊翻自笑欲憑飛鳥問鴻濛

古邱浮傍越王都百尺瓊樓水一區日麗林原蟠紫氣春長巖壑自青蒲濯鱗謾說遺仙檢挹袖何如訪剡湖莫訝滄洲違侍從金門回首即蓬壺

前題　　鄭人達

郭外壽山一逕幽聯翩青騎出林陬洞門薜合雲長抱池館花深月自留古堞雉連餘霸氣仙人龍

去尚靈湫昨朝把酒薰芳草轉眼流年是舊遊

和趙瀫陽太史答黎瑤石內史偕遊浮邱之

作　　　　　　　　　　訓導　秦嘉穀　桂林

久聞西廓浮邱社暇日停驂爛漫遊丹井泉源清

若鑑秀軒草色綠如油聽笙步入朱明戶採藥圻

逢葛稚流何用別尋方外樂人間此地是丹邱

前題　　　　　　　　　　　何郎登　順德

行行出郭到邱中舊路猶然一線通鶴化不知丹

灶冷靈光常照碧池空群公自是香山老太史何

慚司馬翁授簡獨慚詩未就片雲頭上雨濛濛

古來謾道越王都西有仙人宅一區不問何年騎白鶴空傳九節長青蒲山中到客渾如夢池上啣杯卽泛湖何幸遙隨淸賞地悠悠身世共三壺

趙太史招遊浮邱山和韻　叅議黎民表　從化

委珮朝來出漢宮暫將蹤跡托冥鴻掃門曾識登龍客采藥今爲負局翁嶺外素琴隨一鶴斗間文劍化雙虹周南不用嗟留滯矯首燕臺氣鬱葱

解印南歸問五湖昔遊風月未曾孤閒携天祿靑

藜杖來坐仙人白玉壺碧海蓬萊今又淺丹砂勾
漏豈全無前身恐是浮邱伯勝事重逢蔣大夫

趙太史招遊浮邱山和韻　尚書　陳紹儒　南海

珥筆司存籍漢宮祝融春望幾歸鴻金蓮正待蘇
知頴珠樹猶攀葛稚翁日色琪壇仍瑞鶴江光璇
圃帶晴虹憑闌謾道天南北兮極輝輝紫氣葱
珠浦人歸亦鑑湖兮亭猶傍赤城孤雲根共指維
蘭鷁井幹同看載玉壺滄海環潮寒吐納朱明佳
氣入虛無仙靈皎皎多詞賦誰似文園蜀大夫

前題　　光禄寺卿郭棐番禺

早佩璚琚侍漢宫何來南海侶冥鴻知從珠浦探奇士爲訪丹砂覔稚翁琅館人爭誇白鳳玉堂曾自對青虹懸知即拜燕臺召望氣天門正鬱葱

委珮凌風下五湖白雲珠水與非孤行携一鶴隨青杖坐握三花映玉壺舄度紫烟今亦昔砂留丹井有還無重來人識浮邱伯作賦何辭漢大夫

遊浮邱呈趙太史　　黎民懷

縹緲池上鳳毛稀漫向朱明啟石扉霧隱瑤臺仙

掌接風傳珠樹紫鸞飛青尊蕭瑟迎秋氣彩筆憑
陵對落暉莫道周南留滯久受釐今已憶皇闈

遊浮邱呈趙太史　陳宏乘南海

芳郊十里帶溪山仙吏情兼水石閒詎但丹砂垂
世外却移予圃在人間平蕪莽莽孤烟斷落日蒼
蒼獨鶴還何事桃源重借問暫來此地遠塵寰

前題　太學生　潘豫之順德

仙吏停驂問桂蘩新營樓榭半浮空山留鳥篆逢
王烈井有丹砂認葛洪鳳管何來邀夜月羽車無

迹付東風誰言弱水人難到此去蓬山路易通

前題　　劉堯佐番禺

海上丹邱一徑通千年仙跡未冥濛珊瑚井後丹光在玳瑁亭高鳳吹空倚檻蒼烟浮叠嶂開尊紫氣隱簾櫳玉堂仙吏新篇滿已副名山石室中

前題　　何孫謀香山

靈源誰爲闢空寥路入雲林一逕遙謾道蓬萊隔清淺已看樓閣鬱岧嶤玉堂仙吏紆蒼珮紫氣真人下絳霄莫謂鳳笙堪共聽預聞鈞樂待知韶

遊浮邱呈趙太史　孝廉　梁兆電　順德

委佩由來下粤東尋眞洞裏啟鴻濛蒼龍時向赤霄起丹井源還玉澗通自合藏書勞太史且從挹袖問仙翁蓬瀛不是三山隔却恐乘鸞向碧空

前題　知縣　劉模　南海

長夏鶯啼社樹陰舊遊人遠碧苔深丹邱未了探幺興翰碣長存訪舊心天濶塞鴻嗟少過月明坡夢或追尋有懷無奈江烟暝目極滄茫不斷吟

仙跡多年世已忘增脩贏得共徜徉推窓復覩烟

光紫倚檻遥瞻岳色蒼瀫水霏微連寶婺蓬壺隱
見近扶桑乾坤勝絶開吟社靈傑相依歲月長

前題　　知府　陳　遷　南海

幾回托乘赤松遊南國才名羨倚樓川岳尚留宫
錦色烟光長帶玉堂秋天連紫閣三山近水接瑶
池一葉浮此日金鑾徵太史白雲芳艸卧羊裘

前題　　參議　黎民表　從化

蒼然星象望中收想像仙人駕彩虬獨鶴不知春
事晚清溪長共白雲流塵途已息莊周馬物外誰

追葛令遊惆悵王孫歸去後鸕鷀𪆟鵜滿汀洲

浮邱社懷趙太史　　知縣　鄒可張　南海

靈境初看紫氣浮那堪星旆去悠悠虛堂晝靜琴聲在野徑苔深鶴跡留抱郭春輝藏萬樹長江流水自千秋最憐浮葛祠前月轉覺清光上鳳樓

前題　　郎中　歐大任　順德

學士承恩已賜麻十年曾向此飡霞歌因南國蘩生桂種豈東陵五色瓜海上至今留玉舄洞中猶自貯丹砂懷君欲折江梅寄春在羅浮萬樹花

前題　　　　參政　陳萬言　南海

公暇鳴鑣郭外行池塘春艸夢初醒構堂臨水豈
無意浴鷺遊絲俱有情仙聽尊前談葛令行吟花
下序諸生浮邱勝事千年在湯沐依然趙尉城

前題　　　　通判　鄭用淵　順德

鑾坡視艸玉堂仙爲訪浮邱下粤天丹井潮通滄
海月紫烟樓瞰碧池蓮晴花恍映宮袍色雅社猶
傳白雪篇遥想遊踪頻眺望台星今在五雲邉

前題　　　　縣丞　黃志尹　番禺

逸客尊開晚沐堂堂前薺桂走相董美人怜伴青
春去彩筆空懸白晝長識面獨慚歌下里知音誰
與究全唐雙溪三洞名山在杖屨遨遊自一方

浮邱社懷趙太史　　運使張廷臣番禺

林樾蔚森古洞天玉堂風度自依然仙家再闢丹
邱勝嶺表仍傳白雪篇新月雲容浮沼外夕陽山
色落簷前紫烟樓上頻回首何限文光北斗邊
岧嶢西郭小瀛洲爲憶詞垣使節留日上亭臺棠
樹蔭風迴霄漢雁書秋暫從𤅢水移新棹重入鑾

披憶舊遊海內文章兼氣節至今名滿鳳凰樓

前題　　知州　梁有貞　番禺

自公多暇此堂開休沐時時結駟來金馬故瞻仙
是客鐵冠遙出豸爲臺紬書東觀迴君召奇跡西
林憶史才幽賞雅懷還着我不知何處望三台

前題　　縣尹　陳三俊　南海

聞道仙踪自昔年苕封丹竈久茫然何期太史來
南國詎爲朱明闢洞天大雅堂高留鳥在紫烟樓
迥射光懸野人不倦登臨興遙望台星繞弓邊

浮邱社懷趙大史　大理寺正　梁柱臣　順德

葛洪丹井久蕪沒浮邱羽人不可攀萬里冥搜待仙吏千秋霹靂出人間地開糸圃非凡界客是蓬萊最上班獨立池臺挹遺韻天風吹髩放歌還

前題　光祿寺卿　郭棐　番禺

雙鳧行依燕闕日孤臺留倚粵王城山川尚借旌麾色樓閣長懸磬鐸聲避暑壺觴仍惜別向陽花木總含情看來豈是糸都觀千樹桃華自種成

前題　叅議　陳堂　南海

坐向江頭擁翠微美人天上隔音徽曾於海國勞
軒蓋猶自東人頌袞衣洞入朱明蓬島在名高大
雅和歌稀故山亦有同林鳥不共翶翔帝里飛

前題　縣尹黃鍪番禺

仙客青牛早度關迴車即入侍天顏登龍尚憶聞
三昧窺豹空慚見一班雲鏁傳岩看雨作春留葛
井有丹還江湖萬里頻翹首山斗應從夢裏攀

前題　縣尹杜漸番禺

金銀樓閣紫烟浮赤烏仙蹤寄上頭社闢維堂人

浮邱詩　三八

去遠秋深乎圃客來遊衮衣未斷公歸恨別墅能
忘世治憂懷舊定懸清夜夢迢迢潄水到浮邱

浮邱社懷趙大史　知州　謝元光　番禺

仙邱寂寞寄遙天金馬南馳豈偶然紫府片時開
艸徑滄江三變已桑田融融春色遷鶯裏焯焯祥
光北斗邊老我丹砂慚未就登臨長誦白雲篇

前題　庠生　梁紹裘　順德

浮邱眞境久堙蕪古徑重開蔣大夫樓挹山光臨
睥睨窓含靈氣接虛無中朝大雅風流遠千載高

賢勝事俱遂使至尊勞顧問忍分廊廟與江湖

白社孤樓引望頻于今學士掌絲綸洞雲尚帶宫袍色峰日猶懸館閣春鶴馭飈輪仙客逈鑾坡天闕帝臣親江南處處多芳樹得似甘棠覆縉紳

前題　　知府　姚光泮　南海

倚郭仙邱一石懸苔封雲鎖幾何年不因嶺徼迎霜節誰爲清都闢洞天星漢巳回金馬使樓臺猶擁玉堂烟山前况有棠千樹贏得春風海上先

晚沐堂依水竹開飄飄風景卽蓬萊江山一觀千

年勝台斗翹瞻萬里嵬蒼節寒仍亭外栢塔華光
薄洞中梅舊遊仙客芳踪在悵憶江城日幾迴

浮邱社懷趙太史　經歷陳宏釆南海

誰闢郊原野逕通清虛時沐此堂中千年籙授神
仙秘一代名高太史風自向赤霄歸玉舄長留紫
氣護琳宮幾回杖履探眞訣尺五遥瞻托暮鴻

前題　翰林檢討區大相高明

背郭樓成到碧虛何人堪作上頭居金砂久秘神
仙籙玉笥新藏太史書漢署幾年違侍從洛陽三

入待公車酒闌却憶瀛洲侶黄鵠天風萬里餘
紫氣朝來滿近關千秋名勝在人間盃前霞繞盧
敖杖海上濤飛葛令山珠樹豈曾吟落葉丹砂聊
得駐春顔玉笙吹罷邀明月又見孤城一鶴還

奉浮葛二仙入祀朱明舘　鄒可張

五穗城西一玉壺浮來仙石隱蓁蕪岩頭凫舄空
雲霧天際鸞笙半有無井注丹泉森玉樹鶴乘香
篆趂清都八珍不入祠前祀直采羅浮九節蒲

前題　黄志上

浮葛仙翁去不回空遺◯像粵江隈嵩山此日歸

陳迹勾漏何年變刼灰天上朋游聯劍舃人間香

火共亭臺崇賢忽動幽栖想柰蛻塵緣未有媒

奉浮葛二仙入祀朱明館　鄧時雨

仙踪到處表名山留得蓬壺在世間金骨再逢生

羽翼珠宮重到寄躋攀滄桑不盡嗟千刼歲月從

前足大還矯首朱明受眞訣却因靈境扣◯關

前題　郭棐

跨鶴並遊滄海曲乘鸞直上碧雲寰海門珊井餘

千刼勾漏丹砂出九還新傍朱明開洞府却誇蓬島在人間藥爐汞火知長伏願丐餘馨一駐顏

前題　黄鏊

何年仙客馭烟霞祠宇今傳海上家井有珊瑚浮紫氣人從勾漏負丹砂春風㷆入三花樹夜月光涵五色車帳望美墻還一笑叱羊誰自隱金華

浮邱景紫烟樓　鄒可張

巀嶪山樓接上台朱簾高傍紫烟開丹梯百尺元無暑玉舄雙留不染苔劉張宮墻飛燕盡□翯雉

堞野猿哀何如勝地留仙跡曠世頻逈上公來

浮邱景挹袖軒

亭迴玉樹翠攢空髣髴層霄五柞宮梟鳥何年留石磴鸞笙此夕入簾櫳消煩漫汲投龍井解愠還歌挹袖風欹枕詩成如卧雪倦從河朔濫郫筒

浮邱石　　參議　周應治

得道丈人身世遠獨留磐石草離離篙痕明滅今非昔丹井眞訛信復疑澗隱神龍眠未穩軒迎仙袖挹偏宜浮塵變幻渾無着曾似懸虛駕六螭

浮邱石　知府 陳國華

叢薄周遭野逕開何年蓬島石飛來似經勾漏丹砂火豈是昆明黑刼灰片片浮雲封曲磴蕭蕭落木點荒臺神仙羽化笙歌逈但見洪濤天際迴

陳叅藩曾侍御招同陳道襄郭篤周二憲副浮邱雅集　唐守敬

仙邱迤邐碧林隈太史當年結社來金液漸銷丹井在彩蚪新映畫堂開千江月度朱明館四壁春浮綠玉醅誰似大夫能作賦却憐風雨更臺

浮邱社集　冼[illegible][illegible]

勾漏移家憩此山丹砂曾煉駐仙顔聽笙却忘千年幻負局應憐一日閑紫氣遥蒸龍獨遠白雲長護鶴初還投簪總爲林泉癖擲管猶慙見豹班

浮邱景珊瑚井　知府陳遷南海

鈴鈴金策下人寰密竹繁花掩映閒坐客詩題金谷勝江津龍臥野雲閒邱中猿鶴隨車蓋天際笙歌雜佩環丹井尚留當日汞銀床風雨長苔班

浮邱景大雅堂

曾持憲節訪諸天綴玉聯珠詩百篇喜得邱中同
白首莫因桑落怨長年功成獨上三層閣仙去空
遺五色烟風雅舊傳金馬客相思多在斗牛邊

浮邱景朱明館

采藥閒來往白雲螂螂消息隔嚣氛遠尋丹竈金
銀色誤入仙家雞犬羣月落九霄聞鶴唳春深五
鬣長龍文烟霞滿地無人掃共托芳尊對夕曛

前題　鄭用淵

淑氣初回物候新浮邱倚杖謾行春池邊㕘照還

留客洞口輕風遠送入竹下題詩堪遣興花間載

酒可怡神傳杯不覺斜陽暮白首襟期老更真

朱明館　黃志尹

遲日携醪選勝遊扶筇重上紫烟樓靈區未識羣

仙蛻佳致先從一覽收南望郎今輸白雉西瞻無

復度青牛臨池共享昇平醉不記張衡有四愁

前題　潘元翰

浮邱挹袖倣高臺秋杪登臨共舉杯濤籟似聆笙

韻杳白雲如伴鶴飛迴仙翁已去留丹井詞客遲

歸步紫苔秋色娛人多逸興尊前詩景不須催

前題　張廷臣

郭西臺榭薄烟霄曾遡朱明海上潮一自緱山糸鶴去幾年珠浦白雲遙春風把酒臨青嶂斜日懷仙倚畫橋不用逢人說鉛汞碧桃花下聽吹簫

前題　畢于佃

綠樹春穠黃鳥啼仙山映帶曲池西譚糸擬見丹砂就籍草翻憐玉液攜容與鳧鷖芳渚集參差樓閣暮雲齊朱明此去蓬瀛近不似桃源路易迷

尋芳偶過粤城西珊井丹邱舊有題綠樹可人春自麗青林迎曙鳥頻啼浮邱紫氣三山上葛令仙風五嶺西最是懷賢心未已一尊邀月手重携

訪浮邱用趙太史韻　陳　堂

浮邱佳氣鬱葱葱中有林塘四望通野色蒼茫菩逕小秋聲搖落玉壺空平生吏隱慚金馬此日蓬萊想葛翁回首羅浮天咫尺白雲何處託飛鴻相逢休暇採芙蓉因識仙人杖履蹤寂寞秪緣滄海變蘼蕪猶自白雲封松聲十里疑笙籟月色千

門起暮鐘一自飛鳧天上去空餘芳草綠茸茸

初秋社中諸丈過浮邱別墅

梧桐一葉忽驚秋漫有高人事遠遊本爲薜蘿成吏隱豈緣車馬重林邱開尊不厭平原酒倚檻常看剡曲舟猶幸聖明容懶散白雲相對日悠悠

秋日登浮邱臺

浮邱山上有高臺榻石酣歌坐綠苔豈爲悲秋同作客秖緣探勝共啣杯孤亭丹井清相映黃鵠仙翁去不回一葉風濤雲外起却疑笙籟自天來

秋日登浮邱臺　郭棐

春暇相隨訪泬寥五雲樓觀鬱岧嶤虛堂白晝聞天籟深洞青林濕露標海上丹砂何日就岩前烟樹此相招閒來我欲跨孑鶴直上仙都度石橋

前題　姚光泮

遲日尋芳恣勝遊翩翩冠蓋集丹邱千年紫氣關前王萬樹春光坐裏收拚醉不妨頻徙几披襟偏喜共臨流習池金谷秪陳迹行樂應從此地求

前題　區大相

丹上何年大藥成蒼茫島樹近東瀛烟霞似挹浮
邱袖風竹疑調子晉笙仙去壇荒丹井在客來雲
起毒龍迎憑誰共拾金光草十二樓中近五城
礀戸靈泉閟泬寥仙人樓閣五雲遥崑邱望去珠
爲樹蓬島移來玉作橋往日丹砂無客覓他時黄
鶴待誰招飛雲亦有昇眞路縹緲如逢絳節朝

浮邱玩月　　蔡季鵬南海

朱明古洞饒三島逈出人間破俗顔孤樹捧雲飛
鳥倦野塘流水躍魚閒丱門深鎖仙人杖石室空

藏大史環醉脱白綸歌白石顧携明月上靑山

浮邱井　孝廉　陳份　順德

甃跡依微冷石壇一園秋月戀重欄絕憐似我淸

成隘已覺離人味近寒汞火煉殘留野燒晚花開

傍著黄冠銅瓶玉綆無消息夜半吹簫跨紫鸞

萬壽寺萬壽果寺在浮邱旁　太史　杭世駿　仁和

五百冥靈豈是奇梵宫眞見萬年枝影烘瑞日排

仙掌葉度薰風集羽旗歷刧已超龍漢外植根想

在葛盧時野人芹曝思同獻仰答高天雨露私

浮邱記

詩五言絶　　香山陳蘭芝拂霞輯梓

浮邱八景　　歐大任

冥冥洞壑青，漠漠山烟紫。仙人駟蒼虬，忽向神霄起。

右紫烟樓

賜沐有金錢，載酒西園暮。豈生沈隱侯，郊居白門賦。

右晚沐堂

漲海珊瑚洲，潮來通石井。汲之鍊藥成，丹光一一雲頂。

右珊瑚井

浮邱詩 ……（卷首欄外殘字）

桂樹淹淮客椒邱寄楚辭風流滄海上何羨習家池 右大雅堂

飛仙辭阜鄉玉舄留斯亭所飡蒲九節磵上至今青 右留舄亭

浮邱白雲麓西開朱明户丹梯曾未遥縹緲昇眞路 右朱明館

珠浦三十里璇房一萬年河車功已畢來此學游仙 右挹袖軒

吹笙伊洛來鳳鸞猶可遇儻得浮邱公接上崧高

去
右聽笙亭

浮邱八景　黃志尹

高樓生紫烟遍繞琅玕樹一出西郭門彷彿函關路
右紫烟樓

冠蓋息塵鞅晚登休沐堂漁樵無旦暮竟日得徜徉
右晚沐堂

池畔珊瑚井井水通潮汐潮見珊瑚波汐見珊瑚石
右珊瑚井

大雅久不作正聲今在茲虞廷賡歌日山斗起遐

浮岡詩

思

右大雅堂

六合併於秦仙蹤從此去遺亭亦儼然玉舄知何

處

右留舄亭

一從歸粵社仙館日投閒咫尺羅浮路丹梯尚可

攀

右朱明館

渺渺蓬萊山茫茫今古宙洪厓曾否來謾挹浮邱

袖

右挹袖軒

王子浮邱侶羅浮宇內山鳳笙來往處笙響落人

間

右聽笙亭

浮邱八景　謝元光

背廓危樓起樓頭生紫烟夕陽頻眺望知有葛洪仙

右紫烟樓

公餘聊出郭冠蓋狎群鷗觴詠移清晝何如物外遊

右晚沐堂

再闢丹邱府珊瑚井自如靈源同沆瀣不見紫霞裾

右珊瑚井

大雅何寥廓宗工慶有歸虞廷賡喜起仙苑借清輝

右大雅堂

羽客凌風去幽亭白晝間仙踪塵外寄玉舄憶人間

右留舄亭

朱明仙窟宅半戶啓浮邱偃息飡霞子依稀似十洲

右朱明館

滄海浮來石脩然自一邱驂鸞雲上客曾此縱遨遊

右杷袖軒

王子遊伊洛笙吹作鳳鳴一朝來海上應有羽衣迎

右聽笙亭

浮邱八景　郭棐

碧落何迢遥紫烟亦縹緲仙人騎鶴來相揖雲霄表

右紫煙樓

塵鞅聊息肩晚風吹萊竹却憶蓬瀛遊金錢曾賜沐

右晚沐堂

珊井何年鑿仙源通海潮舊傳丹氣伏猶見紫霞飄

右珊瑚井

周雅久寥寂虹光今陸離賡歌知有待梧鳥自鳴時

右大雅堂

昔自凌空至今仍傍井留應驂鸞鶴去獻瑞蓬萊

浮丘詩 吳

洲 右留舄亭

朱明開絳宇蜚蓋日翔遊倚闌一翹首岧嵽見羅

浮 右朱明館

拍肩識雲氣挹袖見風標丹爐千萬禩瑞彩自騰

霄 右挹袖軒

誰吹碧鸞笙響徹珠江水便欲隨浮邱鞭麟餐玉

蕊 右聽笙亭

浮邱八景 陳堂

縹緲百尺樓憑高逼星斗日夜紫烟浮當是函關

不　右紫烟樓

浮邱有艸堂是誰曾曳履晚來休沐時惟見舄几

几　右晚沐堂

珊瑚亦名井井泉淸且洌煮石自何年至今猶未

竭　右珊瑚井

大雅久不作何人繼遺響洋洋太史音寄在周南

上　右大雅堂

嶺海有蓬萊神仙名藉藉今日非秦時安得空留

舄　右留舄亭

浮邱詩……异

小有朱明洞二仙浮葛跡遺像落人間冉冉烟霞

碧

右朱明館

昔人乘鶴去雙袖可誰裛淸風松下來何如飡五

粒

右挹袖軒

一邱八蘼蕪掃石猶堪坐颯颯松風聲疑有吹笙

過

右聽笙亭

浮邱八景　杜漸

仙子愛樓居虬縣曾此駐仙去樓依然紫烟長擁

護

右紫烟樓

瀛洲有一士稅駕浮山麓自賀主恩深日暮得休沐

右晚沐堂

窺井見珊瑚汲之成羽化海氣遙潛通泉潮相上下

右珊瑚井

周轍日以東大雅復誰作詞客九天來一振明堂鐸

右大雅堂

有客昇阜鄉空餘雙玉舄亭下懷仙跡吾將煑白石

右留舄亭

叅差四百峰何處其門戸山館敞朱明群眞尋有

路　右朱明館

曾偕勾漏令并挹洪厓子彳壇紫氣深滿袖仙風

起　右挹袖軒

步月上浮邱絶勝遊伊洛雲裏玉笙寒併逐松濤

落　右聽笙亭

浮邱八景　鄧艮佐

青靄翳前林縹緲暮烟紫知有絳節迎蒼虬亦霄

起　右紫烟樓

紺珠開羽景良可拾金光有時飛玉管暇沐得徜

徉

右晚沐堂

玉澗瀉寒㲹一泓清以洌功成九轉深靈蹤隱寥沈

右珊瑚井

周南來太史吏隱亦滄洲荆榛自兹闢遺韻藉千秋

右大雅堂

飛仙度空寥時逢驅雲轡赤玉今有無惟餘石蘚字

右留烏亭

放情御連翩羅浮堪躡屩磵戶啓朱明乎雲霏洞壑

右朱明觀

浮邱詩

服食斵松苓托志事丹經相與期汗漫因之凌紫冥

右挹袖軒

誰爲駕鶴遊鳳笙流餘響緱山路非遥静嘯豁塵想

右聽笙亭

浮邱八景　劉克治

吾聞飡霞客往往好居樓下上隨紫烟彈璈控紫虬

右紫烟樓

誰來物外遊披寫事幽討高眺烟霞中相將拾瑤艸

右晚沐堂

聊汲珊瑚井淸泠通潮汐我欲采蟾肪因之鍊玉液右珊瑚井

洞古烟雲𡡉園深蘭杜芳昔聞神仙宅今爲學士堂右大雅堂

種棗旣如瓜留舄乃赤玉不辨古苔字或恐是仙籙右留舄亭

霞裾來海上芝葢下雲中借問此阿誰云是浮邱公右挹袖軒

伊洛吹笙者鸞鳴八紫冥連翩凌峻岳只許鶴同

浮邱詩

聽右聽笙亭

何處駕麟車步虚聲未息且浮九霞觴共攬羅浮色

右朱明館

浮邱記

詩七言絶　　香山陳蘭芝拂霞輯梓

浮邱八景　　劉介齡

丹爐烈焰紫烟浮，光映仙人十二樓。疑入天台訪奇勝，赤霞城闕石梁秋。右紫烟樓

學士初開晩沐堂，塵纓曾擬濯滄浪。瀛洲此日風流在，相慶彈冠意氣揚。右晩沐堂

八功泉水自麻姑，煉藥燒丹定有無。不見浮邱傳勝蹟，至今丹井號珊瑚。右珊瑚井

宮錦仙人選勝遊招邀詞客集仙邱熙朝大雅斯

文在不數西京翰墨流　右大雅堂

金鼎方成九轉丹便驂鸞鶴謁瑤壇紅塵笑脫一

雙舄留作人間勝事看　右留舄亭

境入羅浮仙子都朱明聊爾認前途問津若遇浮

邱伯遥指紅雲碧海隅　右朱明館

仙客鸞驂海嶠翔翩翩雙袖帶天香朱明笑挹滄

霞侶九轉靈砂氏驗方　右挹袖軒

仙子吹笙醉碧桃鳳聲嘹喨遍林臯何人竊向浮

邱聽傳得雲和曲調高右聽笙亭

浮邱八景　張廷臣

紫翠光凝澤國秋勝遊多向小瀛洲凭闌笑傲烟霄上可是仙家十二樓右紫烟樓

休沐夷猶涉近郊碧簷文沼影相交西山爽氣誰携酒十里長松帶鶴巢右晚沐堂

仙島遥傳海若通當年獻寶蕊珠宫至今玉檻清池上猶自晶熒徹碧空右珊瑚井

天敞仙都儼玉堂停驂曾是挹餘芳瓊芝柱石新

呈瑞大雅風流入建章　右大雅堂

水竹蒼蒼擁夕曛小亭倒影綠波紋空山何處尋仙跡矯首天邊一片雲　右留鳥亭

雙鶴高飛薄太清羅浮東去是蓬瀛丹砂未就滄洲晚孤館采芳空復情　右朱明館

鶴氅飄飄不可留馭風隨處訪丹邱蓬萊此去無多路遲爾相將汗漫遊　右挹袖軒

玉笙清轉隔飛霞繚嶺浮山總是家鶴影悠悠丹井閟滿臺新月汎桃花　右聽笙亭

浮邱八景　　梁桂臣

縹緲飛樓凌紫烟水光山色自年年月明笙鶴群仙過雲鎖朱明一洞天　右紫烟樓

仙客蓬萊侍直還晚憐休沐得仙山聊堪吏隱人間世欲賦郊居未擬閑　右晚沐堂

珊瑚洲上葛仙井秋入銀床寒渫清玉液煉成丹竈冷竹梧羃歷綠烟生　右珊瑚井

詞臣高唱栢梁臺爲采風謡海上來載酒名山開雅社賦成誰不羨仙才　右大雅堂

有客何來自上方曾留雙舄此徜徉仙踪去住元無定時見飛鳧入帝鄉　右留舄亭

羅浮門戶闢朱明紫氣靈風散化城此去昇眞知有路飡霞誰許學無生　右朱明館

羽衣仙袂去飄飄池上幽軒對泬寥何日功成飛舄上浮邱天路笑相邀　右挹袖軒

王子吹笙學鳳鳴緱山仙侶坐相迎自從一入嵩高去林壑長留靈籟聲　右聽笙亭

浮邱八景　　鄧時雨

傑閣凌空入紫烟星辰森護列簷前鳥飛天外千山盡一眺乾坤俯八埏　右紫烟樓

金馬詞臣出案章手開靈境日徜徉春風爛漫開桃李絕勝當年綠野堂　右晚沐堂

仙翁煉得九眞成異域珊瑚海上孳井冽尚甘遺甃在涓涓猶許汲深清　右珊瑚井

太史藏書開石室超然雲構傍丹邱追思雅頌成周日海內爭誇共唱酬　右大雅堂

眞人上界驂鸞去雙舄曾遺向此山莫道皐鄉非

昔日蓬萊淸淺又人間　右留舄亭

羅浮山下是朱明一入朱明紫氣生羽景洞中開

日月玉笙吹送隔林聲　右朱明館

縹緲雲中若有聲恍疑王子學吹笙孤亭寂寞浮

舄畔千載猶傳伊洛名　右聽笙亭

浩謌天地自何年幽敞高軒紫翠邊五月林塘梅

雨過香風先動一池蓮　右梠袖軒

浮邱八景　楊瑞雲

白雲西下做層樓樓上仙人丹井留千載九還傳

火候輕烟長傍紫霞流　右紫烟樓

羅浮東望鬱蒼蒼西帶淵瀉天共長石似瓊瑤水似玉幾回休沐到斯堂　右晚沐堂

泠泠玉乳鏡中浮長帶江潮日夜流分到三門成大海珊瑚能得幾人收　右珊瑚井

當年客振銀魚入彩筆東南五色開泚水泠泠棠樹下細聽風雅起高臺　右大雅堂

何年跨鶴下浮邱滿地清風水石秋遺下仙人雙舃在孤亭長共白雲流　右留舃亭

神仙本住朱明洞來往三城跨五手千載浮邱池館在依依雲樹湛滄浪　右朱明館

仙客翩翩不可期幾回御鶴住芳陂雲邊笑挹浮邱伯更與洪厓共舉卮　右挹袖軒

翩翩羽客下蓬瀛吹動仙簧夜二更亭畔珊瑚橋畔月得逢學士此聽笙　右聽笙亭

浮邱八景　楊茂先

縹緲仙家十二樓丹爐伏火紫烟浮函關路隔知多少眞氣渾如在上頭　右紫烟樓

東風吹暖到江城晚向滄浪一濯纓却憶山陰修禊日飛觴流水不勝情　右晚沐堂

一泓澄徹絶塵埃誰引仙家玉液來石畔珊瑚何處是寒泉清浸碧池隈　右珊瑚井

學士金鼇嶺外遊堂開仙境似瀛洲鴻篇大雅追千古逸夜文光射斗牛　右大雅堂

跨鶴何年別此山雙雙玉舄落人間孤亭夜静松濤響疑是仙踪步月還　右留舄亭

別是朱明一洞天金芝之瑤草尚依然羅浮門戶深

如許靈迹曾傳葛稚川　右朱明館

清秋明月滿闌干羽袖翩翩帶露寒可是二仙攜手處天香吹散落瑤壇　右挹袖軒

烟霞深處舊稱靈散步尋眞憇小亭夜半笙聲天外落恍疑王子馭雲軿　右聽笙亭

浮邱八景　黃鍪

跨鶴仙人馭紫烟玉樓西構二雲邊孤鶱半倚青藜閣太乙清輝夜夜燃　右紫烟樓

劍佩雙栖紫禁垣一朝拜命出天門沉香亭下東

流水得濯塵纓是主恩　右晚沐堂

珊瑚深汲赤砂清活水輕涵玉樹明葛令有丹成九轉何勞仙掌注金莖　右珊瑚井

丹臺瑤室敞詞壇筆掃文星宇宙寒堂構落成仍補衮金蓮學士在長安　右大雅堂

玉舄憑陵漢苑霜何年留此跨仙羊即看几几居東土猶似翩翩出阜鄉　右留舄亭

羅浮門戶有朱明峭傍芙蓉十里城紫氣絳霞相掩映月中王子漫吹笙　右朱明館

衣拂青霄五色雲書傳尸檢一函文山中忽遇浮邱伯幾挹輕袪手未分 右挹袖軒

笙歌吹散洞門霞縹緲仙人海上家聽罷雲林歌一曲翻驚嵩岳種三花 右聽笙亭

浮邱八景　　姚光泮

樓閣岧嶢倚洞天烟光流紫擁簷前憑高謾覓昇真路荏苒雲間有鶴翩 右紫烟樓

虚堂暇沐野塵空景色風光儼畫中一自星辰回鄭履依然佳勝與人同 右晚沐堂

泉湧珊瑚浸碧池葛洪丹煉已多時幾回淸淺今猶在酌水何如憶隱之　右珊瑚井

大雅遙從海上鳴一時南國重連城請看彩筆留題處長共山光薄太淸　右大雅堂

仙郎天上佐飛龍曾向丹邱寄遠踪留得亭前雙玉舄白雲長護紫霞封　右留舄亭

松蘿葱鬱翠如屏戸敞朱明晝不扃回首靈遊滄海日依依時有羽車停　右朱明館

紫氣氤氳襲翠微璚花名亭自芳菲尋幽散步雲

[illegible]袖軒

林裏挹得仙風滿袖歸

鳳笙吹徹上高山縹緲聲流碧落間夜靜疎林淸籟度却疑仙傍月中還　右聽笙亭

浮邱八景　陳大猷

一眺危樓倚碧空山川形勝入鴻濛遠看漠漠烟雲外紫氣長連八極中　右紫烟樓

丹邱開闢郭西天太史高名北斗懸晚沐賜錢今日事公餘應見主恩偏　右晚沐堂

珊[illegible]白退荒涓滴擎來玉作漿脩煉舊曾聞

僧寂問客會過舊虎谿

粤吟

老人星照老人峰瑞應延年取次逢遊粤[illegible]憂多

瘴癘昌黎三至却猶誇龍星在南極老人秋分見於丙節粤東老人峯在羅浮

壽紀坡仙六十六文章海外更稱奇八年嶺海如

鄉井坡公詩海南萬里眞吾鄉傍雞窠老小兒

聞說仙家好粤遊軒轅集王體靚皆非粤人修仙不用鑄

何姑服食唯雲母[illegible]事葛洪枉算籌安期服昌

羅什譯成[illegible]語禪宗維

明光禄卿嶺南郭蔿周先生著

嶺海名勝記

香山後學陳蘭芝增輯

丙集粵

西樵山記　卷六　圖　一

金鉞峰
浦口峰
木鄧井
碧玉洞
無薬井
觀翠岩
鳌岩
亭子
山居
龙井
璘峰
玉峰
紫帷峰
大嶒峰
白山峰
騂牛峰
黄旗峰
翠微石室
紫雲峰
翠雲峰
太尉峰
鷄鎮峰
獅子峰
驄馬峰
獅子洞
丫髻峰
旋峰

西樵山志 卷六 圖 二
吉水峰
天鎮峰
百鍊峰
石牌峰
赤球峰
御屏峰
双魚陂
天湖
琵琶峰
大仙峰
石泉洞
双馬峰
鉢子峰
馬鞍峰
龙泉峰
紗帽峰
寶蓋峰
鷓鴣峰
見日台
胡琴峰
金鐘峰
大科峰
雷垅峰
天柱峰
小科峰
碧雲峰
五指石
上閣
臨翠台
雲谷書院
聚雲峰
九曲池
騰雲峰
龙爪峰
寶峰
第二關
冰壺峰
敬亭
蜘蛛峰
獅腦峰
寶林洞
講亭
玲瓏岩
玉泉精舍
福老峰
聚仙峰
噴玉岩
九龙洞
独醒台
玉溪
挂笏台
通天岩
蓬萊岩
雲谷第一關
紫姑林
釣台
仙掌峰
双荔峰
大鷄冠峰
紫姑峰
鎮頭峰
小鷄冠峰
西坑
石仙席

象峰
幡子峯
大良峰
崔膝峰
朗廣洞
大蓋峰
雲端峰
白雲峰
觀音岩
鐵泉峯
巖
燕巢峰
雲路峰
白雲洞
三鎮峰
韓公祠
葫芦峰
芝卯
石門洞
仙宸臺
大燕峰
龟峰
鳳凰峯
鼓石
玉案峰
鳳皇岩
玉稟峰
白石峰
雀子峰
碧梧岺
帽子峰

西樵山

樵雲千仞兀揷著旻雲木森〻雲石稜〻是宜樂只以遊我心

霍韜

西樵山誌　三

西樵山記

香山陳蘭芝攄霞輯梓

西樵山記

謹按西樵山南海之望而羅浮之佐也乾坤靈秀之氣萃於東南獨鍾於茲山挺起七十二峯週圍四十餘里與羅浮競雄勝於海上唐末曹夢徵氏結廬以居我明趙伯貞氏于焉棲息缺一段又云然羅浮之奇秀以諸仙勝西樵之奇秀以諸賢勝仙者之淸虛無心於時賢者之道術有

益於世以斯而譚孰爲軒輕哉昔人詠嵩高而曰維嶽降神生甫及申予於西樵方文襄霍文敏諸公亦云作西樵記

西樵山記

西樵形勝　香山陳蘭芝拂霞輯梓

峯巒

大科峯　樵山之主峯也亦稱第一峯巑岏巇嶫群峯皆拱列於前峯頂有臺登之萬里山川一盼在目

小科峯　在大科峯之東南其巔有石高矗而平

虎頭峯　在大科峯東北

胡琴峯　在虎頭峯東

聚雲峯　在小科峯之南

騰雲峯在聚雲峯東南有五鼓石

獅腦峯在石鼓下多礦舊有禁

丫髻峯二峯並峙如雙髻然故名丫髻峯

驄馬峯前有恠石崢嶸如馬鬣然

碧雲峯望之若垂天之雲

獅子峯在碧雲東南勢極雄峻

旋峯峰勢回旋若鸞搏鳳翥

黃雲峯在碧雲之北

紫雲峯狀如卓筆在蛇頭峯東

白山峯在紫雲北

翠雲峯一名小貴

太尉峯在紫雲北

雞鎮峯在太尉峯東

黃旂峯在雞鎮東北

牛眠峯在黃旂東北

浦日峯峰枕江浦隔岸有石洞幽深叵測

右大科峯之東凡二十一峯

天峯在大科南如虎躍然亦名祥雲峯

龍爪峯　控天峯之右

蜘蛛峯　在天峯之南北爲九曲溪雲谷之水經焉

紫姑峯　石林岜嶨奇削而秀上有紫姑石壇亦名玉女峯

大雞冠峯　孤峯聳秀巨石層疊若樓閣然遥瞰海門水天一色

小雞冠峯　環峙如屏

荔枝峯　雙巒圓秀如荔枝然

雷壇峯　標奇挺秀狀若游龍上有雷壇旱禱輒應

福老峯　山巒秀拔

寶峯　翠色拂雲

聚仙峯 世傳群仙降集於此遠眺大江

雀子峯 鳥道縈廻西有鑼鼓石石鳴有兵兆云

鎮頭峯 山多石三面峭屼勢不可登上有絫石如城

玉案峯 峯巔奇曠東望巨海日華流影則躍金沉

仙掌峯 奇削秀麗上有異人跡

右大科峯之南凡十五峯

金鍾峯 在雷壇東北山巔有石如金鍾

鷓鴣峯 昔多鷓鴣故名

鐵泉峯 在鷓鴣峯之北

西樵山志　三

大艮峯在鐵泉西北

雲路峯在雷壇北

三鎮峯在雲路北

燕巢峯在三鎮東峯多古木望之翠色蔚然

鳳凰峯在三鎮西

帽子峯峯圓秀奇削亦名帽子嶺

白石峯在鳳凰西北其形如虎有石鍊百丈鎖之

玉廩峯在白石下其麓多礦亦名禾倉峯

大燕峯在白石東北

壺盧峯在大燕北其下有峯蜿蟺如蔓長百餘仞延於平野

雲端峯在壺盧北

火蓋峯在雲端西北

長庚峯曲折延綿南麓一邱崛起純石而赤狀若覆釜是爲芝邱

白雲峯一名雞抱峯在長庚之北其下峭壁泉石多奇

蟠子峯峯勢飛動其徑如懸蛇然

右大科峯之西凡十八峯

紗帽峯在大科北

大仙峯在紗帽峯北

鉢子峯在大仙東

琵琶峯在龍泉北

馬鞍峯在鉢子東北兩邊迢邐百餘仞接鷓鴣嶺

龍泉峯峯出紫石細潤可碑可硯

雙馬峯兩峯並奔而並馳故名其下有雙魚陂

石排峯其傍有梅花溪

御屏峯石壁峭立若𡿨𡿨然

金釵峯蒼翠屹然望之如巨公貴人其上爲翳門關下爲觀山市

珠峯在金釵南

玉峯在珠峯逾潭而東

紫帽峯南望白山若虎從空而下

百煉峯勢極雄峻作漁人舉綱狀亦名八稜峯

鶴騰峯峯形曲折若鶴搏飛

象峯形如巨象險不可升

天鎮峯在八稜北黛色凌空絕壁千仞

吉水峯在天鎮峯下前臨曲水修竹茂林波光暎映

右大科峯之北凡十八峯

按西樵之峯七十有二從霍茲芳氏所志志其

大者云稽諸順德周學心氏前誌則爲峯凡九十有六其列名與新志互異者共有二十八峯曰無名峯屹立於雷壇雲路之間居大科之南曰烏利峯在雲谷之右曰洞門峯在金鍾之前曰甲拆峯在龍蟠峯南曰茅洲峯在帽峯南下曰歸象峯在大雞冠峯左曰塔峯與寶峯相連曰龍蟠峯在塔峯之南曰鳳冠峯在塔峯之西曰大龜峯在玉廩峯西與小龜峯連曰高州峯在雙燕峯西曰紫芝峯與蘆仁峯連曰火計峯

在高州峯北曰烏石峯與巖背峯連曰磊石峯
在廣朗洞之南曰學堂峯在雙魚峯西曰瓜峯
在金鍾峯北曰蒲澗峯與碧雲峯連以澗多葛
蒲而名曰獨立峯在天鎭峯北曰沈老峯在三
老峯下曰嵬峩峯與大科動石相連曰小獅峯
與大獅峯相連曰雲路峯在牛眠峯北有翳門
闕前諸峯者雖次於七十二峯然皆天造地設
之奇也故錄之以備考云

巖洞

噴玉巖在蜘蛛峯之東雲谷第一關之內石室高廣可容百人中岩有甘泉翁石榻其東岩曰東齋西岩曰西齋即水簾房也岩頂鳴泉飛灑若珠簾玉箔倚檻可挹前多古樹挺翠浮青洵奇觀云世傳烏利眞人曾修煉岩中後飛昇去故岩一名烏利云

雲谷巖在雲谷書院之左小科峯下泉翁登之曰可望南海云

鐵泉巖在烟霞洞前岩穴深窈不可測有好奇者秉燭把深入莫窮其際中有石乳石筍石燕山民常取之

錦巖在鐵泉岩下烟霞洞之前石室五色光彩傍有一石室尤雅致南海霍傑嘗讀書其中衣敝履穿或絶粒十餘日無飢色居三載不倦其亦高士與後居民以岩奉佛祀云

觀翠巖在碧雲峯北度二石橋沿溪而入飛泉縹緲石崖崚嶒方文襄公亭其下

漱玉巖在金釵峯東玉湖瀦其上泉聲琮琤如玉方文襄公有清虚亭

觀音巖在白雲洞戶石閣懸空壁間現一石長尺餘金色熒煌像類觀音山下望之儼然一名羅漢岩

仙隱巖在玉廪峯牛團鎭之間其下即石門洞門內藏石室前枕寒潭地僻景幽險不可到若與世隔

龍躍巖在寶峯南石室爽塏下臨玉池松林蒼蔚每當風候若萬龍吟躍其間故名亦名蓬萊岩

通天巖在九龍洞中岩穴有門上通攀石崎嶇而上直繞山巔而出

玲瓏巖在九龍洞中石室奇峭竅竇相通由竅而升宛轉曲折穿出其上石閣高敞旁列桄

西樵[illegible]

石如

獅

講學巖在九龍洞玲瓏岩之左石室平曠湛文簡公每遊九龍坐講其中故名

七星巖在九龍洞蜘蛛峯西即西坑也圓峯羅列若七星然其色如丹云

鳳凰巖在鳳凰坑中二石室峩然並列石乳垂玉泉流飛翠景殊幽雅

碧梧巖在鳳凰坑口石室方丈流泉瀉其中稱奇境云

珠璧巖在小雞冠峯半峭壁凌空左畔有石梯可攀緣而上直登絕頂

按舊志巖之勝尚有遺者曰兩明巖在天泉洞口之外獨度橋之南曰老虎巖在紫姑峯之半横深六七丈屼一巨石其形如虎故名曰臥龍

巖在樂堯庄西北曰龍穴巖在四峯洗硯池之東昔有高僧於此坐定曰水簾巖在錦巖之左曰洗耳巖在石泉洞前謹錄以備考

白雲洞在白雲峯西麓由白雲寺故址入白雲溪水石多奇沿溪渡石橋屈折至洞口捫磴而登石墀平坦容數十人洞傍曲水逶迤可流杯層厓飛泉點滴如撲珠日光燭之璀璨奪目中峙一巨石曰洗心石左壁有石室歷石梯十餘級始至其上戶牖畢具中構石榻臥見飛泉洞外危橋崢嶸石林環帶殊極清勝嘉靖中何僉憲中行欲闢拓未果子亮始修而廓之萬歷中大學士趙濲陽公志皐即洞前構亭曰雲瀑橋曰滌心景益增勝

石門洞在玉廪峯北兩峯夾峙列石如門其中石室高敞盛夏不炎惟石靈泉交峙疊出上

攀鳥道可
至仙隱岩

九龍洞在龍爪峯南老石崛起如龍者九頭角崢
天蟜神奇有飛騰狀泉聲琤琮可聽洞口
幽雅可流觴焉一名湛子洞
以文簡公嘗講學于此云

垂虹洞在雲端峯西北雲端泉飛瀉其左石子泉
飛瀉其右望之儼然雙虹下垂故名亦名
廣朗洞以舊
有廣朗閣也

石泉洞在鉢子峯北松竹蕭森泉石
幽勝方文襄公有石泉書院

寶林洞在寶峯西四峯環列萬木昂霄望之
雲霞蓊鬱霍文敏公有四峯書院

煙霞洞在雷壇峯北兩山翼立如垣蒼翠盤鬱洞
口有飛泉焉湛文簡公卜居于此即其前
爲大科
書院

獅子洞在獅子峯下徑路嶔崟人跡罕至山民掘地常獲王碗疑爲前代僭王佗隱輩宴遊之所

雲谷洞在天峯下蜘蛛峯亘其前大科小科諸峯峙其左雞冠紫姑諸峯峙其右層巒複嶂上有雙泉高數十仞飛瀉谷中爲西樵第一洞湛文簡公當二泉間爲書院景致清絶海上望之若圖畫然谷外有石關三獅腦峯半曰雲谷第一關蜘蛛之北曰雲谷第二關其西北曰雲谷上關相距各半里登盡三關始至谷口

碧玉洞在珠坑外北倚金釵峯南倚珠峯玉峯兩崖對峙中擘一泉飛流縹緲望之玉色玲瓏泉下有消凡石石畔有流杯池洞岩石宇軒豁可栖前爲蒲澗蒲多一節九寸附石而生洞口有㸦石兀立如柱其下淵然成湖石徑巑巇不可置足後有石壁一徑可循而下瀑泉飛射

隔山若玉茀境在幽僻人無知者隆慶中霍君尚守闢之洞始著名云

按新志爲洞凡十而舊志所遺者曰左天泉洞在雲谷左瀑布深處最幽之地也曰右天泉洞在雲谷右瀑布深處峭壁若門泉水泠泠出其下亦奇境也曰水簾洞洞内有噴玉巖泉飛如簾故名其曰小朱明洞曰小朱陵洞及大有洞天皆自其題門齋言之未可卽名其爲洞也

泉

天泉在大科南出天峯左曰左天泉出天峯右曰右天泉雙瀑下流皎若銀漢合於雲谷口注

九曲溪有左瀑右瀑二亭

白雲泉出廣朗洞口瀑布三級逶迤百餘仞雲花洶湧態狀奇絶下級奔瀉白雲洞中喧豗震山聲聞數里

水簾泉出雲谷九曲溪繞蜘蛛峯奔噴玉巖飛瀑如簾近百餘尺泉下有潄玉臺洗耳石貯玉池其南爲玉溪溪下泉石益佳

九龍泉出寶峯南渡涯穿石繚繞九龍洞口作淸淺流飛瀉于西阬

雙泉出大科峯北兩泉相距丈許並注石池上有臺曰麗澤

西竺泉源接雙泉飛瀑皎皎奔赴寶鴨池

瀉錢泉寶鴨池西石澗飛流聲若瀉錢三折爲雙魚陂舊有漁溪岡觀泉亭泉穿陂注天湖

西樵山記

泉之左兩峯並馳若馬赴飲一名飲馬泉

雀子泉出雀子峯之南下注洗甲坑

鳳凰泉源發雲路方井中掠鳳凰岩而下過碧梧岩下注石池聆之渢渢如擊鼓

深坑泉上接鳳凰之流深二百餘仞

龍泉出龍泉之下西注石子田

鐵泉出烟霞洞口至錦岩散落如簾南穿石梁錚錚出鐵溪

石子泉合鐵泉龍泉之流斗折而西奔注廣朗洞下有流杯池

雲端泉出雲端之石井左飛瀑數十仞亦名垂虹泉

烏石泉源發鄧阮横流烏石岡半壁間注廣朗洞

石門泉出大燕峯奔赴石門庄潆洄曲折景態多奇泉水凊冷可掬

翠巖泉出碧雲石井會諸池之水迸作飛瀑珊珊落層崖若璚瑤下注

紫雲泉出紫雲溪遶白山峯合翠岩泉瀦而爲潭潭水清冽有石梯可下

伏虎泉源發白山峯石潭中溢流深溪繞伏虎臺飛瀉而下狀如玉柱方文襄公有愛瀑軒

珠度泉出珠度阬循澗西北奔注天湖

漱玉泉出玉湖飛墜石澗澗上可流觴雨後泉響如雷

小雲泉出白雲峯西北飛樸如雪合流白雲溪

象泉出象峯瀠流蟠子天鎮兩峯閒泉所注處湍激若瀧奇石嶙峋可愛

御屏泉出御屏峯垂瀑如豎劒下注山椒坑

百煉泉出百煉峯東飛瀉山外高數十仞

獅子泉出獅子洞飛瀑高懸下注達石江

碧玉泉自天湖穿石梁出珠阬經無底井滙而成潭瀉碧玉洞中瀑布千尺十里外望之噴雪翻濤飄飄出層巒表其奇勝爲諸泉冠

右泉二十七新志所載而舊志稱三十二泉列以左右二天泉爲西樵第一泉云其曰懸錘石泉在白水坑外曰嵛泉在四峯院外曰寶鴨泉在大槽山夫九十六峯之間流泉三十有二如銀河之落九天洵奇觀哉

石

講臺石在雲谷之左小科之半峯方三丈許光圓平正甘泉翁常坐其上講學諸生從之翁畫一圈以象太極亦名太極石

仰眠石在雲谷之前仰眠峯之頂數丈平曠遊人憩息于此

洞賓石在碧雲峯西畔石廣方丈脫然浮峭石表一指撳之動若轉輪世傳呂洞賓所置嘉靖中山民慮石爲祟錮之

仙帽石在九曲溪口形如笠大數百圍文敏公刻其旁曰霍子笠其孫若楨闢其下爲遊玩之所

仙席石在雞冠峯下有痕如席世傳群仙宴會于其上

紫姑石在荔枝峯東北石絶奇秀世傳紫姑修煉之處

鼓石在玉案峯西北以形名烟霞洞亦有鼓石則以聲名

香爐石在白雲洞前高三十餘仞狀類香爐下峭上平

弄霞石在廣朗洞後石奇古可宴曾舍人仕鑑葬父廬于此

雲門石夾斷于雲谷上關之外其形如門

五指石在雷壇峯後狀甚雄偉森列如指一名群玉壇

神女石在碧雲峯南高二十仞絶肖人形若望遠狀居人有見緋衣女子時出石下者正德中雷擊其石怪始息云

蟠龍石在石泉洞後方文襄公常遊息于此有與鹿亭

仙人石在碧玉洞左石凡三狀絶端秀洞中望之若人衣冠立雲霄表

砥柱石在碧玉洞口屹立溪澗中高百尺其頂圓削如華表

休息石在金釵嶺北兩石對峙如門行人多休息于此

白人石在御屏峯北壁色如鐵中起白石儼若人形故名

飛來石在山椒阮世傳自肇慶飛來

㦸劒石在太尉峯北狀如劒飛揷峭厓歲久不墜

虎石在雞鎭峯東猙獰如虎下有石室土人呼爲虎岩

横磴石在獅子洞外長百尋

仙留石在聚仙臺後廣平若案萬歷中霍君尚守從寶峯後移置于此

按新志載石凡二十志其奇者也乃講臺仰眠二石則探諸舊志云然舊所紀者又有天空海濶石枕泉石觀泉石觀瀾石洗耳石靜蹲石息耕石纍石動石壁立萬仞石白花瓶游鰲釣石掛鏡石浪傘石蝦行石竈卵石曬甲石下山虎石此皆新志未之及也竊謂樵石嶙峋瓌秀天造地設以壯百粤風氣一時名賢類聚其間天下仰高焉乃民間採礦狥小利而任意破碎郎名勝罔恤焉嗟嗟惜石者惜百姓骨髓也保石

者保百姓精脉也有位者其尚嚴禁之也

臺院亭閣

仰辰臺在玉廪峯甘泉翁大書刻石立爲朝聖之臺歲時縉紳山居者詣臺拜祝

見日臺在大科峯雞鳴見日日初出彩雲燦爛海天一色最爲奇觀九日遊人於此觴咏

通天臺在通天岩上即湛子洞

聚仙臺在聚仙峯世傳群仙會遇之所霍文敏公築臺曰敬臺亭曰敬亭坐其中竹籟松濤清韻交應俯瞰長江千里如帶

耦耕臺在廣朗洞湛子致政歸與湯九山耕于此

臨翠臺在寶峯南石臺天成高出林表有石刻曰寶峯勝處

西樵山記　古

拄笏臺在玲瓏岩前湛子解官歸築其上平敞可坐二十人

麗澤臺在大科書院之麓有雙泉焉

七友臺在雲谷書院之右

望沙臺在雷壇峯西巨石嵯峨正德中鄧德昌築

超然臺在雷壇後最高朗

萬竹臺在湛子洞尹萬竹居西樵時靜坐處

鳳凰臺在鳳凰峯前雙峯夾峙西眺澄江

伏虎臺在石泉洞有石如虎伏下臨飛瀑

方子釣臺在黃旗峯下有垂綸亭後有漢隱亭方文襄公所築

長春臺在御屏峯削壁之半沿石磴而登

披雲臺在白雲洞滌心橋東亭依削壁前瞰清溪南海何亮所築

逍遥臺在披雲臺南孤峭而奇高二十餘仭

何子讀書臺在石排峯何端恪公讀書于此

玉池釣臺在玉池中有石蒼古霍盎方題曰霍子讀書處

大科書院在烟霞洞湛文簡公爲編脩謝病講學之所毛御史鳳建太史坊于前

石泉書院在石泉洞方文襄公謝病講學之所堂曰沛然樓曰紫雲

四峯書院在寶林洞霍文敏公嘉靖初謝病始建精舍中有崇禮堂前爲環翠樓後爲臥雲樓總名曰四峯書院以合外四峯環列也

雲谷書院 嘉靖中湛文簡公建有察倫堂後併入白沙先生祠

鐵泉精舍 在鐵泉峯南郡司訓鄧德昌築

玉泉精舍 在噴玉岩右前有高軒下臨玉溪晴日憑欄山川滿目

天階精舍 在金釵峯北亭曰半雲文簡公建

廣朗閣 在廣朗洞中湛文簡公建閣後飛泉夾流其聲珊珊然可聽

二妙閣 在雲谷西阮湛文簡公與洪御史垣講學之所

嗚絃閣 在大科峯西有臺曰見易堂曰雲居麗太守嵩建

時時亭 在大科書院禮門內有呂太史碑文

懷沙亭 在湛子隱居後岡

峻潔亭在樂堯庄前

雙瀑亭在樂堯峯後

敬亭在四峯書院前

天湖亭在西樵書院天湖之上

憩雲亭在天峯庄巔

寒泉亭在龍井右洞後

西湖亭在小西湖中

右臺凡二十一書院四精舍三閣三亭九自其大者書之也天下名山皆爲黄冠緇流所占祇

輝煌於金碧何繇亳補於世教耶獨樵山爲賢
儒棲息之地故臺院亭館多詩書縹緗素業其
流風餘韻可想而挹焉萬歷中時宰忌講學毀
及院舍有司奉行急若風火而儒紳颯然喪氣
嗟嗟此豈值江陵之煽熖哉予時督蜀學凡大
益夔龍等書院皆不許所司拆卸片瓦今歸然
無恙也何吾粤獨流禍烈若是哉因有感而書
之

西樵山記

文類

香山陳蘭芝拂霞輯梓

禁西樵等處採石疏

平湖御史屠應坤

題爲地方遺患事臣奉命巡按兩廣博詢民間利病切見廣州府南海縣地方有西樵石岡松子岡大阬禾倉岡吉水王借岡等處新會縣鐵𡿜屏山等處先因鄉民在山鑿石後遂鑿得鉛礦姦民嗜利因投充各衙門私匠行頭名色辦納月錢每一名行頭報官影射私匠或五七十名或一百名一

月納銀一錢與行頭肥已行頭每月納銀三兩或五兩與各衙門私用事屬違法合行追問但積弊已久干碍人衆卽今各處奸民日益積多至二三千名以上或倚稱鄉宦勢要或詐冒各衙門匠役外以鑿石爲名內實鑿礦取利聚集多人必貽後患切聞此山初爲三五十人取石利用而已有司衙門或時脩理亦募民取石各奸乘機包攬官錢遂冒工匠名色自後官司雖無脩理猶按月納錢有司遂以得錢爲利頑民遂得借法爲奸其宜禁

絕一也土著豪民競其誇侈石砌堂基門墻之費有踰中人十家之產者有家已懸罄門猶磊石寧負官租以飾私室者民風日侈民用日窮其宜禁絕二也愚民取石千百爲聚上以發人墳墓下以踐民稼穡山上邱壠崩分頹露白骨委積山下稼苗碎石鹵水壅積淹壓生者無以資其養死者無以寧其魄爲千百頑民利爲千萬家良民害利小害大所宜禁絕三也廣州府隸省城背嶺面海左羅浮右西樵王借南服一撮聚也五嶺西起衡陽

東盡汀漳朱熹所云第三重案山也今亦神京案山也羅浮西樵王借又五嶺之門戸也不可損傷𡽪山岳氣完則人才生而天下治山岳損傷則人才不生而天下不治古者以山崩川竭爲不祥況自傷殘可乎所宜禁絕四也昔者頑民取石惟損民禾稼發民邱墓而已害猶小也今因石開礦則利愈大積之歲久則人愈多利愈大則爭趨者愈不可遏人愈多則犯法者愈不可制始者秪三五十人而已近年則三五千矣始者惟近山頑民竊

小利而已近年則四方有罪亡命者多歸之矣始
者惟擅伐平民墳墓樹株而已今則民有恃强姦
淫人家妻女者矣始者惟鬨礦場賽願聚師巫降
邪神夜聚飲酒猖狂而已今則聞有什伍爲耦要
刼於民家莫之禁矣蓋黨愈衆則志愈恣鑿山通
海群行攻刼患不可言官司雖行撲滅亦損傷不
小孰若蚤圖宜此禁絶五也臣巡聞此害即欲禁
治但干係各衙門私充匠役名色及權要利弊非
請旨嚴禁恐該管有司見近利而忽遠圖官豪之

家冒公法而啓後患則一　時禁令不能絶釁端爲此具本乞勅兵部會同都察院查例禁約如有奸民假稱官豪冒禁取利及有司衙門接受私匠月錢叅究治罪仍將先年各處奸猾投充匠役名色盡行禁絶及將鑿石路徑嚴法築塞庶奸民不得假名射利官屬不得因公濟私權貴不得餌賄兆釁預絶禍根　按西樵爲廣之望山一省氣脉所關其當封培而不當開鑿也明矣宏治十四年奸民始啓釁嘉靖四年巡按廣西御史屠公應坤奏禁

疏甚剴切後南海霍文敏公韜用禮復以開山取利遺患地方事理陳奏有旨都察院知道院咨移總督兩廣尚書姚公謨會同巡按御史涂公相勘明嚴禁久之復肆嘉靖七年順德區達復以開礦掘墳事理奏訴有旨都察院知道院咨移總督兩廣尚書王公守仁會同巡按御史邵公豳照山東河南嚴禁礦賊遺患地方事例將西樵山大阬巖松子岡王借岡鑿石處所嚴行封禁築塞各原銷除各匠名色遣官勒欽封二字于石厓嘉靖二十四年土豪

糾衆開鑿剷去欽封字面萬歷二年南海龐虔等以盜鑿欽封山場乞賜禁止以彌大患事理赴奏奉旨兵部知道部咨移總督兩廣侍郎殷公正茂勘禁而當事者禁之不嚴持之不力其防遂潰斯固山川之阨會也兹欲令行禁止必官毋狥情宦豪毋狥利而后可噫是可不早諭禁乎

初遊西樵記

尚書 湛若水 增城

宏治已未秋予與張博之鄧順之趙景鳳約遊西樵而五羊李子長者聞之偕李天秩候予鄧氏未

及面賦詩而去比予至鄧氏而諸與約者皆無在
矣獨與鄧誠之鴻張三君者乘月泛舟而西
詰旦抵山麓遂與三君者由斜徑扳躋而上登絕
岅履崇厓如乘雲步空中下視可悸相扶而前乃
過所謂鷖門闗者闗之內有泉潀然流石上泉夾
兩山之間山迴泉折注爲潭潭之深淵不可測相
傳謂嘗有好事者墜綫下之莫知其底云逾潭之
西又行數十步得瀑布泉飛流映空自以爲絕觀
矣諸君曰未也又却行西北轉數百步過山家數

處有泉泠泠觸目皆可念又前呀然而谷豁然而洞居人或散或聚或植鋤來觀𩨨𩨨然若有驚駭者將夕遂止于寶峯寺宿焉明日求所謂石燕岩者觀之石穴曖昧不可深入遂觀錦巖有泉由岩端紛飛而下穿林而東行二里許得一谷焉中虛而旁圜有三泉遶其側二十二峯倚其後予嘆曰此卜居勝處也順之鴻張往觀徜徉而不能去者久之噫亦奇矣予自少時已聞羅浮西樵之勝而談羅浮者多奇偉怪誕之稱令人緬思其境如在

天上而西樵獨無與焉丙辰春予與嘉魚李世卿遊羅浮登飛雲而縱觀夫所謂黃龍朱明之勝亦奇矣而西樵之景殆或倍之况予所得於西樵者十能一二也耶吾以是知天下之山水勝者不必名名者不必勝高者不必高深者不必深惟吾耳目之所得心志之所通而未始有窮焉由是以往殆將與夫造物者遊於無極則夫天地間高深上下之妙莫非吾之所有而與之相爲無窮也又豈直如西樵而已耶

石泉書院記

大學士方獻夫南海

西樵山西有山從肇慶來至南海鎮涌堡黄岡村渡江而東有石跡爲石頭村乃南而北綿延數十里邱垤連累無慮百數乃崛起而爲西樵周迴四十里有峯七十二奇秀峭拔面皆内向秀氣中蓄山巔如平地可居可田可井尤宜茗植焉山之主峯爲大科大科之北面中條頓伏而起爲紗帽峯右翼起爲鉢子峯叠下而爲石泉左翼起爲大仙峯亦數峯抱衛而下蜿蜒如蛇如龍然大科之右

臂爲小科爲紫雲峯峭秀特出峙于東乃伏爲石臺長近百尋如伏虎狀左臂爲雷壇峯爲鷓鴣嶺爲八稜峯巋然雄鎭峙于西乃伏而爲平岡前揖如案其地多丰石美泉故名石泉正德壬申方子爲吏部文選員外郎時謝病歸丁丑乃於此構紫雲樓沛然堂以居曰石泉精舍後廓新之恭貯欽賜書籍改稱書院斯邇也右邇白山碧雲村而左以雲端石牌村爲依雲表村擁其後寶鴨池觀翠巖在其兩腋間前有大路樵者遊者皆由焉路岐

爲石泉洞門乃適翳門闢而達于觀山市迴視之群峰翕合林木蓊鬱有風雲之狀山上大泉三一出大科北麓曰雙泉過雲表村爲西竺泉注于寳鴨池乃瀑布而下歷雙魚陂石牌村而東當書院前滙爲湖曰天湖亦名小鑑湖一出小科北麓合碧雲二泉注于觀翠岩又合紫雲溪過白山村伏虎臺亦瀑布而下匯于天湖一出珠度院歷銀瓶盤龍石而會于天湖諸山之泉皆歸之又有二小泉一出盤龍石側繞書院門而東甘冽香潔爲井

食焉一出後岡浮石亦清洌可食並流東澗入天
湖湖水出留虹橋過無底井從珠院飛瀉而下天
湖之上有亭有方子釣臺盤龍石下有與鹿亭伏
虎臺下有洗耳巖愛瀑軒觀翠巖有亭寶鴨池有
耕足窩皆方子遊適處也雷壇北下爲大科書院
湛子居焉前有鐵泉後有雲谷雷壇南下爲四峯
書院霍子居焉左有九龍洞七星巖烏利巖雞冠
峯紫姑峯龍爪峯聚仙峯右爲玉案峯仙掌峯境
皆勝焉夫三書院者鼎足而立予三人常來往講

學其間藏脩餘十年遭際嘉靖聖明御極應召而起咸獲登用今予忝厠内閣輔臣霍子爲太子少保禮部尚書入弼東宫湛子爲南京兵部尚書參贊機務同時並顯世所難也謂非兹山之靈使爾乎嗚呼物各有遭也山川之顯晦固有時也聞之父老云昔年兹山嵐霧罩覆其半昏旦莫辨近三十年來明淨秀露無復嵐霧掩焉謂非時乎非曰山之遭也曰予三人之遭也予三人者何以報山川之靈哉何以報山川之靈哉

大科書院記

侍郎　呂　柟　高陵

大科書院者甘泉湛先生西樵講學之地也西樵在廣東會城西南一百二十里爲峯七十有二大科乃其第一高峯云正德中權璫縱横忠良率遁匿山谷丁丑之歲先生守太史以毋夫人憂去服闋迺自增城挈家來隱西樵山中陟相原巘獲兹大科以爲此西樵之主峯盍可以卜居云陳謨曰西樵東峙而西北面故山勢東自玉泉岩雲谷而來南自雞冠峯聚仙臺而來東北自江浦黄旂峯

碧雲峯而來故大科群峯之中獨崇廣焉大科之下爲烟霞洞先生所注二禮處也其前爲仰止亭盍取仰大科峯而設自此亦可以登大科云烟霞之奥作崇經樓其前作茹芝堂又其前作正誼堂又其前作樂閣閣下爲門皆西北面門外矗石直立如雙扉拱開是爲石門大鼓石在茹芝堂之左自其左至于望沙臺皆萃嵂奇峯也金鍾石在石門之右北與鷓鴣嶺諸峯並峙大鼓石者山人以聲名也金鐘石者山人以形名也古者學設鐘鼓

以考業斯二石其天設乎己卯以後四方學者雲
集諸生乃作凝道堂三穩於石門之下亦西北面
左右有篠皆有館曰寅賓亦如堂面其南作進脩
齋北面齋篠皆有業館亦皆北面其北作敬義齋
館以對進脩齋制亦如之又作業館二於其前東
南面以與賓館相對乃作禮門于二館之中扁曰
大科書院於是毛侍御鳳命有司建太史石坊於
前有落星池池外有田田外爲烟霞洞門蓋坊非
先生之志故以烟霞表其先門云西有錦巖其北

有泉出落星池前西穿洞門而出以合巖背南來之泉下經錦岩林中爲水簾懸下四時不絕於是龍泉北經石子田而來垂虹泉南自雲端村而來皆先後入水簾之下會爲瀑布於廣朗洞並注石澗西樵之靈脉盡萃是矣石澗之北有樂堯庄乃先生偕門人躬耕處觀音岩在石澗西上下巉岩人不能至其麓有寶震寺而石澗則直出數百仞瀉觀音岩前衝擊響震下注寺左北流二里達諸吉水亦大科前之一奇觀也其雙泉發大科前麓

折而西北歷寶鴨瀑布而下西遶雙魚麓而北諸小泉皆歸之北穿石橋入天湖又大科東北諸泉會于觀翠巖遶伏虎臺直瀉石泉洞後並入天湖經無底井下注深谷東達于江大科之後麓則有三泉焉一發南麓瀑布而下經雲谷陰而東一發五指石東至雲谷陽而東一發北麓至雲谷北會二泉于九曲溪東過仙笠石至于玉泉岩爲水簾飛瀉而下入于江玉泉巖寬朗曠夷可望江門講學岩在九龍洞中與通天岩玲瓏岩柱笏臺相聯

植一泉西自寶峯八九龍環流講學岩外經七星岩丹崖千仞之中葢爲西樵最幽之處請記吕柟曰嗟乎自宋程張二氏發撝孔孟論仁之指其後教者罔或知授學者靡或肯求故斯學鮮矣甘泉先生之在大科豈獨優遊山水以避世哉近讀其大科訓規自諸生動靜食息之微性命舉業之道童僕薪水之細莫非據仁以陶鎔學者若能守之雖頑如石可軟懦如韋可強昏昧如醉夢可醒躁妄如猿猱可定殘忍如豺虎可慈昔爲先生禮闈

所取士每謁先生聞言斯懌覿容斯肅退未嘗不矯揉鈍質以免愧也今大科之士親受訓規其所得必有多於我者宜先生去年被徵大科士四五人輕萬里之遠易半年之程蔑科舉之利從先生而北來也諸君今次第且還西樵其常如先生之在大科乎幸勿以山水之佳空自適

都憲韓襄毅公祠記　　湛若水

都憲韓公有大德於樵樵舊無祠有祠樵之父老報公也山中父老召其子弟若孫叩之曰爾等試

云所宜奉養者誰先曰父祖爲先曰父若祖曷先
曰生我養我免我水火之患曰有不植爾桑而衣
爾不藝爾穀而食爾免金花之課脫爾錫蛇之苦
謂非爾父爾母爾祖乎非生爾養爾免水火者乎
於是子弟若孫皆感激進而問曰夫此爲誰曰此
韓公也成化而上吾樵茶租之征重矣金花之銀
錫蛇之酷極矣吾樵之民逃竄四散幾不免水火
矣賴都憲姑蘇韓公雍奏革之乃安居樂業此與
生我養我免於水火者等也歲食茶業與植桑衣

我藝穀食我者等也吾與爾等宜思所以報之無窮焉吾聞之祭繼養也祭之宜先遂相與詣甘泉子而問曰祀孰爲宜甘泉子曰祭法有之能捍大患者祀之能禦大災者祀之乃述其告子弟若孫之語甘泉子曰善哉言矣何必讀書皆出於父老同然之心矣於是父老子弟情發乎辭歌曰樵茶之根入于九原韓公植之澤我樵氓樵茶之標入于九霄韓公灌之雨露以饒父老曰祠祀無力則奈何甘泉子曰爾辦爾心吾助爾力曰幸雲路村

西有宮保霍文敏公義立宿賓館在社學之後高敞軒豁可以棲神昔者鄉人共捐社地斂少資以助若預爲今日設然而宿賓社學不妨兼之矣文敏公高義使其有知亦樂爲也乃相與告於公之弟宙山君公子進士勉衷遂卜七月二十二日迎神牌入奠告焉於是人人喜悅甘泉子乃爲出金四兩鄉人相傳取息爲每歲春秋二祀之供且爲記刻石以垂無窮焉作迎送神曲云緊神靈通兮無所不之神其來歆兮嶺海舊治叶 烹樵茶兮爇

香枝簫鼓繁兮北望跂跂馭風乘雲兮導之兩旗
鞭龍駕鶴兮來無遲遲右迎神神不鄙夷兮惠來飲
食雖無美酒嘉殽兮匪馨明德攄我遺思兮報我
罔極父母去我兮庶其無亟無使赤子兮以悲以
戚我儀思公兮歲歲來格右送神

雲谷書院存息堂箴　湛若水

人心之神儼乎天君胡不守爾宅而逐逐奔奔形
與神離他鄉莫知出入無時伊誰之爲匪出匪入
匪忘則執室爾天竅而不順帝之則匪鼻端之白

匪周天之息息與天通與天無極而存之乎呼吸一息之呼吾氣通天與天同舒草木蕃殷一息之吸天氣通吾與吾同翕龍蛇藏蟄靡吾靡天通爲一體形分氣梏皮膚爾汝一息一念一念一天是謂息存與天渾然是謂息至自息至刻至時至日至月至三月不違過此非我天行無遺

雲谷書院察倫堂銘　　湛若水

雲谷天章天峰之陽書院宏開察倫有堂曷察曷倫先察諸心匪行匪習由仁義行維昔親族克明

峻德五典愼徽濬哲允塞於變時雍五典克從曷
從以變萬心攸同此何以然人心卽天又何以然
天無二原痛癢相關泚顙汗顔赤子入井誰不惕
焉親義序列信生於心非由外鑠天靈天眞父子
生親君臣生義序別信生夫婦友弟道在感應萬
一各正其幾其微哲哉亞聖知幾哲人知幾其神
盡心盡性盡性盡倫萬古在後千古在前誰不同
天誰不同然敢告髦士同體斯義乃升斯堂德業
不匱

煙霞洞送楊少默序　　　　湛若水

楊少默遊烟霞洞一載將歸謁于甘泉子甘泉子曰嗚呼楊子一爾心毋支離爾學矣曷謂支離曰或偏則外或偏則內二者皆支離也人知偏外者之支離而未知偏內者之支離偏外故忘本忘本則跡偏內故惡物惡物則寂二者皆支離之疚也離也者離也貳而貳之也是故致一則一矣君子之學內外合一動靜合幾體用合原物我合體內外合一者德動靜合幾者神體用合原者道物

我合體者性堯曰執中舜禹曰精一禹傳之湯湯傳之文武周公周公傳之孔子曰一貫孔子傳之顔氏曰博約是故内外動静一矣體用物我一矣孔顔之後離而二之者漸矣千百餘年而後有周程故程子曰一原曰無閒周程之後離而二之者甚矣嗚呼一之者其誰乎是故内外分而動静判動静判而體用離體用離而物我閒夫天之生物一本也夫道一本者也知不二本又何有於内外故一之而後可以入道道無二也或曰楊子於子

之言契矣聞內外動靜體用物我之合一矣駸駸乎而之道矣吾子猶諄諄乎支離之戒也何居甘泉子曰傲慢遊淫之戒猶諄諄乎大聖龜山之於程子也晦翁之於延平也猶不能無惑於離索之後況其他乎夫適道者不貳其途雖萬里可至焉中道而貳之則雖千里能至之哉嗚呼楊子一爾心無二爾途矣

初遊西樵序

南海 霍韜 尚書

久矣予聞西樵之勝屢擬行遊于觀每鞅掌鉛槧

弗果正德甲戌秋會約好事者遊偶以事中止越二年春再約彭時可明卿甘于盤刻期來遊彼此參商弗克偕來人之行止不可必其同也有如此七月秋重約梁日孚及時可于盤決以必遊于盤閏約即至日孚後二日至時可竟弗至要約之不足憑人事遇合之不可必其幾也又如此買舟載糧直指西樵時颶風發作層巒雲迷駐二日乃遊時惟玉泉瀉千仞厓注于石池可浴時惟九龍洞石壁紆迴聳揷千仞屈突爲九嵓嵓龍口含石珠

澤水萬仞注于西阬時惟碧雲峯峯半浮石三立寄崖側時惟雞冠峯老石蒼松可詠以歌時惟雲谷群峯環立逸民可盤以居時惟石泉洞中居衍沃可樵可植時惟鐵泉巖雲草錯藂深不可極時惟紫雲峯錐尖削直勢不可攀時惟大科峯孤聳七十二峯登望中原亦奇觀也然屨嵒崕憑淵谷下上高深左半足卽墜爲溝壑塵且崕谷幽深日月所不經烏知蛇虺蝎毒不竊據于內以陰爲之主也是適意可人之境伏至可慮者又如此予將

足跡天下始于西樵試之於戲後有遊者其起深長之思哉

禱西樵山文　霍與瑕

昔漢初陸賈使粵說令粵王佗稱臣奉貢佗猶豫日挾賈遊至錦石山賈禱于山神許功成當以錦遍施峰巒神許之陰相厥成佗既受詔歸貢賈復祝神曰覆山以錦適爲人資不若遍植奇花千秋萬禩爲山揚輝神復許之遂植杜鵑花萬計三春燦爛如錦山遂以此得名其事備載誌記則山川

之靈能陰爲國家禔福昭昭矣兩粤自入皇明版章人文宣朗方軌中州而西樵爲兩粤名山正德以來名公棲止文章德業與周程韓范並驅是又神靈震耀光岳發祥不獨僅僅令一佗歸漢已也兹者粤東山海寇竊連年不靖大司馬督府殷公仗鉞耀武雖屢奏全功亦時有餘孽意者名山之祀典不舉而頑民之椎鑿不息耶山岳氣虧神明怨恫之故耶稽古有周將征伐必禱于名山大川我太祖高皇帝成祖文皇帝每有征討亦必告于

名山大川典章所存歷歷可考今東師尅日告捷某等非敢貪天功以爲神貺然陰佑默相神有攸司是用禱于七十二峯之神望震赫威靈佐除殘雪凱旋之日請于督府上功帝庭勅封茲山立廟時祭永禁採石錫海邦無疆之祐斯幽明永受其慶

大科峯見日臺記

霍尚守

西樵爲東粤鎮山週迴四十里其峯七十二大科峯巑岏岋嶫獨雄出七十二峯之表葢稱第一峰

云登其上群峯如拜如伏如拱如揖如侍衛參差森列皆若爲此峯而設者遙瞰長江波光晶晶而層巒遠岫隱見雲烟中東則有若羅浮若白雲若抱旂北則有若庾嶺若韶石若峽山若靈洲西則有若鼎湖若羚羊峽若黃山南則有若崑崙若皂帽若曹幕若雁山若圭峯萬黛侵霄宛然圖畫日陸南旋羅浮不障則雞鳴見日起海中彩雲絢爛水天一色其觀尤奇遊人多宿峯巔俟而觀之大司馬湛文簡公臺其上因以見日名云昔縉紳栖

山偫聖節元旦長至皆瞻拜于仰辰臺葢不敢以山林而忘君也後以仰辰臺徑迂而嶮移舉于此而大科峯巔遂爲祝聖地矣余聞之父老云山中舊約大科峯巔徑百尺人不得私剷損有罰禁至嚴也况斯臺之構盛典攸關所以保護之者視昔宜有加焉夫西樵之有大科譬則首也羣峰譬則肢也嘉靖末諸峯之礦奸民啓釁豪右濫觴遂使獅腦丫髻紫姑雞冠玉廩吉水諸峯日漸殘破西樵方患在四肢間獨大科挺然首出擁秀如昨臺

表其巔若端冕然此固全粤之望上而縉紳下而氓隷瞻其靈秀靡不愛惜而思保全之者第貪夫殉財弁髦大義一旦世遠禁弛或覬利而啓侵越之思甚而鋤鑿加焉卽鳴鼓而攻寘之于法以洩神人之忿而靈秀一損將何及乎省中縉紳恆以爲念屬余記之顧奔走未遑萬歷甲午秋杪余自三城還山山中父老亦詣余請輙紀其勝并申約焉勒石竪韓都憲祠中庶此臺與大科並全于永永云

西樵山賦

探花大學士陳子壯南海

扶輿南海精象四出有樵伊西維嶽屹崒紆體勢于祝融近曹幕之飛翥表江介以拆規落海溢而自措統沙洲之疏遠力盤溢而屈注金甌偃以中央菡萏蓴其竝吐巘崥岝崿鱗比雉連臚七十有二禮大科而君之高拂星鶉之羽長𦚧燭龍之視齊日觀於朱明泛東西之逸響嫋簫城之銑欒紛九疑而辨纛夌牂牁與溴渤嗡蜃灝乎三壺亘歸墟於潮汐開鼓颶於天吳一清渾其與剖儐目戰

而魂徂湞鬱涘其支曲江門隘以羣趨海青卑颯鴞隼卬呼荒荒旅聚獵獵津墟孳孳遨遨有揑周盧慨乎猺蜑之族馬入盧餘翮丕光而豢引豈數目之能虞爾其玉稟鐵泉雲谷雷壇雙魚九龍爪雞冠虎頭獅腦五色巑岏遜邇莫詔變蔚多端石則有錦其或爲珉斯潤孿拳奔駁劍笏千仞或周簷若笠或一指能震雲精瑤母金銀之宮嘗有妙穎秘棻鶴草仙髳萬年之挺不腐之叢珍禽靈獸集擾乎其中雖虞衡其一二等識界於蟻蠓驕

無人之射馳子方之驄無牝虛而不泬㵳潚瀑以
成栱疏搖空之雁蕩起架壑之枯艑最坎窅之蕪
底掛碧玉於雙高蟻蜷嵯而愁下輕白馬之橫濤
翻圭景於蒼涼撞畏隹而嘯號聳金鏞之特奏非
竽瑟之恆操若乃泉蒙百會廣老雙流神瀵聖水
之無異酈經陸品之失蒐媾石林而澌㵎潔白雲
於新湫咄磞礰其斷落往頂立而心抽前樹塞而
庨裏擁簾綃之朶朶耀璧鬒之零滑涙龕花而竝
篏潑颰瀏其太侮醎浽瀓又侵坐招搖乎雲中之

君寄一琴之婀娜曲曰秋風吹兮菌芝生藹裛沓兮颼輕盈君不留兮憺往還抗飛龍兮將安攀玉瀨噫其相和清枕延而再申騁越有而歸無切歲爨乎火薪厓烏利以噴玉甃木鄧之汾沄斯浻穆之幽夷紫姑又藐矣遐振晛丹砂之別館負羽化之涓塵揆人神之龐嵏峕炳靈乎哲神來增城之芠柞鼎方霍而嶙峋達滋潤于聖涯沛喬輿乎嘉靖有肆講而和易緣糾禮而軒耿博儒望于周程逢英君若崇璟斯既貫台辰之極式南北之領銀

章贇殊渥端君走庶尹固德璋所弗能檄高靈所
不得哂謝茵轂之瑨璘訂巖阿之逸叟翳壇宅之
郛郭羣武步於靈壽庯體理以無癯遺一老之台
斎恔俶紀其適然尤時壤之泰阜分顧渚以連畦
漑穜稑而廣畝原儦儦乎來牧道盈筐之子婦縱
雞牸於雲術於虎豹其絶凨通樵蒸於十郘弛鉦
猷之宵守歲三登而賜租人互歌而擊缶酹抱眞
之域指阮衡之閭强徵朝而探歷解嗽禮而稱書
笑南山之石爛胡東海以就逌數生初而無爲樂

緩喘之須臾須臾兮推遷相第兮簏居叩郭主兮
烟霞搴四峰兮榛蕪閒仰辰之珮響詫耘耔於天
湖臨阬斧之甬棧類劇骨而透膚殄氛雺之蒸蔽
欲山澤與俱汙日蚩奔而猶竄孰疆理之究圖遂
寒空菁兮積玉遵故邱兮絶浦亂采掇之心曲余
有躋高步于垂堂量宿春而彳亍窈霧交而烟局
方迴飈欻於層城薄閶風而一舍然赤熛使熿融
揮夔魌其閃嚇勝鰲頓之拍浮格河魁於夙夜鼎
眞圖之陸離屬拄傾而抵罅遲痓埋以兆褫嚮膚

寸而林下外宛委之匿儲班名紀於崧華乃爲頌
曰安居石巖巘秋旻兮飛瞻南國越無垠兮風捲
海立益見身兮合體備德燀彰明兮職貢梯航沃
若興兮中風禱孔又生申兮二儀旋轉惟所臻兮
際彼扶光合時禋兮廣舲載游華茂平兮日居月
諸沐浴乎千春兮

西樵山記

西樵山記　文類增補

嶺南集序

南海　州牧　何夢瑶

韓子遷潮文傳驅鱷范公帥粵錄著驂鸞此炎徼之藝林亦前修之筆苑也然志虞衡於桂海非無博物名篇而狀草木於南方未盡雅人深致必也珠池壁記既兼子史之長韶石詩豪復得江山之助登高作賦二樓風雨驚飛結社分題五子敦槃麇至斯足擅湖山宗主不愧遊居作詩酒總持無慚羈賦者也惟我堇浦先生㴽水詞宗玉堂仙從

紫霄翔步陸子春帝目隹人樂府徵歌元微之入呼才子賜元豐之金帶方笹清班焚學士之銀魚遽歸綠野蘇公堤畔遊從半曾國諸生謝傅山邊問字偏元亭高足於是名傾江左譽溢斗南會羊城有童蒙之求羣迎康節鷟湖重經師之選爭迓林宗噬肯來遊亦既覯止高懸腓澤誰其叩不能鳴甘撇皐比僕亦後而欲往顧慚形穢敢托神交爾乃仲舉停車便尋徐穉長公渡海即訪黎雲既把臂以入林遂倡予而和汝時則信陵公子頻開文

字之樽湘水詞人數與冠裳之會馮敬通文辭跌宕暫輟披吟陳曲逆門巷蕭條恒留車轍淸簾疏簟賭山果於僧寮香浦花田探驪珠於蛟室銀臺蠟燼時鬭尖叉銅鉢聲殘更調齒蹶以故水村山郭喧傳杜牧之詩紙械弓衣並寫蘭陵之集梓爲六卷價重三都笑顧鄙人盍作粃糠之導用陳渺見聊同糟粕之談竊惟言貴乎文孰謂詩非關學顏光祿鏤金錯彩詎乏行厨曹臨淄繡虎雕龍定饒經笥假令書窺半豹摛文肯讓班生如其腹果

西樵山記　卷六　序　三

五車厤物應逾惠子猥云名士只讀離騷豈有少陵但精文選若乃誤求杜若生吞謝眺之詩窃恐錯解蹲鴟笑破蕭嵩之口先生則琴箏五典肴饌百家瓠史芸編錯出春明坊裏玉韘金版探來宛委山中宜乎雲湧濤驅氣歷萬夫而上海涵地負音追正始之前譬之集千腋以成裘曾無襞積釀百花而作蜜難辨馨香此馮夷所爲面旋小巫於焉氣索者學其一也然而李善淹通僅稱書麓裴公宏博第號談林賦六合以娛人何能嫵媚讓河

南而標位尙待錯綜故知錦織明光苦無裁製饈
羅珍錯未易烹調人固不可無才言豈止乎有物
先生則學如不及才患其多如營建章之宮千門
齊闢似歷山陰之道萬壑爭流朱穆以專愚徒
工著論詆左思爲傖父祇解研都得意忘言還筌
蹄於竹素善師不陣輯鶩鸛於龍韜請看學足三
冬何若才高八斗然則爲仙爲鬼終見擯於劉安
宜栢宜桑究貽嗤於匠石此度量相越步趨無由
者才又其一也且夫文爲載道之言詩乃緣情而

作纏綿悱惻美人香草之篇敦厚溫柔陰雨谷風之什瓊樓玉宇心傷千里嬋娟劍閣瞿塘淚灑極天關塞自非太上詎易忘情僕本恨人誰能遣此烏啼永夜輒爲擁鼻之吟雨暗蕭晨每唱懊儂之曲矧乃秦川公子歲歲離家西鄂名流年年失職烏金塔畔花飛九品蓮臺黃木灣邊月淡半江菱艓問老夫之左蠹朝漢臺空弔詞客于南園抗風軒冷能無感慨止復淋漓白江州才擅歌行賦琵琶而愈妙李義山詞多寄託詠錦瑟以彌工君其

刺海上之船杳冥無際誰則聽洞庭之樂怠惑胥
忘小子何莫學乎先生其移我矣此則幺弦獨奏
衆音皆停者又情深而文明者也具此三長足堪
千古豈直橋名丁卯祇將清婉標奇體號西崑僅
以穠纖合度會見濂泉蒲澗地以人傳錦石浮邱
山因公重此日秘之甲帳珍同海外奇文他年副
在名山添入滄浪佳話惟是管窺無當蠡測何知
入明堂太室之中莫名其器覩西子南威之貌但
悦其姸剛値殺青敢辭塞白嚴詩之附工部方憂

攘臂而前滕閣之序昌黎竊喜桂名其上云爾嶺南後學何夢瑤撰

西樵山賦 古學試作 優貢 黃丹書 順德

宅離明之奧區聳扶輿之疊巘束三江之下流洩五嶺之餘藴雷雨鬱其潛藏草木森其萃尊含中洲之清淑風氣不殊望南海之衣冠菁華莫盡名並蓬萊左股角立于一西一東勝同中宿二禺雄峙乎或近或遠爾其谷分崖軫海立雲馳干青冥而建表裂地軸而蟠基巨靈一掌之擘夸娥二子

之移爛如花蕚披敷層層內向青似芙蓉倒挂簇
簇交垂湖影摇開螺髻烟鬟髩鬋天風吹動浮嵐
暝翠參差齊衡嶽之七十二峰敻乎上矣視天台
之萬八千丈庶其企而則試首路平半山之亭既乃
鼓勇乎大科之上騰神尻而遐躋隕雜花而極望
昏旦恍乎改觀陰陽倏其異狀青堆衆皺俯羅列
之兒孫黛染脩眉揷迴環之屏障晴雲擘絮須臾
蒼狗殊形曉日浮輪午夜天雞乍唱射千巖之紫
翠一氣蒸騰散萬壑之爛斑兩九摩盪蓋見日爲

此山之一巨觀而此峰又爲衆峰之丈人行也至若白雲洞古噴玉巘奇冰湍溢乎龍井神瀵涌于天池界道飛流點點濺衣晴雨涵空積水微微拂面凉颸酣萬谷之笙鐘響搖神魄唾九天之珠玉冷沁心脾羽客若來應鳴琴而和也山翁有約共倚杖而聽之乃有建谿之種顧渚之珍移來詩老植遍樵人愛護靈芽供千家之茗荈酌量生計代終歲之耕耘携箬籠於社前幾朝新火辨旗槍於雨後一椈春雲采茶歌似竹枝歌曉風殘月拾翠

女如桑下女縞袂青裙則見犬吠笆籬人炊茅屋
棚暗花明山重水複諸澗合爲一泉各村自成其
俗小西湖之雲樹遠帶團焦石泉洞之藤蘿斜侵
飛瀑年年寒食路旁飛盡杜鵑處處踏青岵畔開
殘躑躅此則選勝尋幽所由移情悅目者也惟夫
山川之融結郎物而存靈秀之毓鍾以人爲本釣
臺石冷今傳方子之居書院苔荒原是甘泉之館
披袍眞之宿草零露猶滋挹文敏之高蹤流風未
泯葢出雲降雨杼大造之菁英漱石枕流遂高人

之偃蹇無庸勒北山之移文自可賦淮南之招隱綜而論之其寅賔出日則泰山之秦觀越觀也其轟雷激電則匡廬之三峽五淵也其雞犬桑麻則仇池桃源之散布於中邊也其學舍精廬則鹿洞鵞湖之輝映於後先也嘗試携謝安之屐操伯牙之絃攙樵雲于谷口答樵唱于山巔納古今于方寸凌氣象之萬千獨立蒼茫此中不足爲外人道也無窮變幻吾又烏測其所由然哉

西樵山記

詩四言古　　香山陳蘭芝拂霞輯梓

贈魏太守考績十一月五日在樵作　　宫保尚書霍韜南海

采菊采菊于樵之眉手弄金英口銜金巵金英馨芬金巵剛而采菊英支蘸金剛巵持贈遠人薄慰遠思

二

采菊采菊于樵之巔菊英佩韋菊英佩弦菊英揷

髦菊英任肩采采菊英聊以永年持贈遠人聊慰

各天

三

采菊采菊于樵之側上有流雲側有兀石菊根千

齡菊華千日揷髮懷哉瞻天北極持贈遠人遠人

之德

四

采菊采菊于樵之下佩菊以歸薄言夙夜佩菊以

歸薄言繪畫我菊之英邈不以價持贈遠人作遠

別話

五

采菊采菊于樵之岨樵雲飛飛樵厓楚楚破樵雲蘩躡樵厓砢采樵采樵自我自我持贈遠人實獲我所

贈梁純禮還程鄉

樵厓流水練界碧天有客有客撫松尋源雲端之端大科之顛混混流泉源洪流綿泉流樵厓派別支沿派別支沿則誰與言

二

樵厓流水亦流砢磦流水石根流水石髓源洪流長綿綿瀰瀰汲彼源泉言餞吾子言餞吾子源泉之以言汲源泉來春之俟

三

樵厓流水亦帶流雲水流雲痕松蘸雲痕鶴爬松枝龍蹲松根采采松枝言贈遠人蹲蹲松根言來年春

四

樵厓流水則不可以仭言陟樵厓塗不以問萬仭言樵跬步之慎路口有崔嵬路半有眩暈陟此崔嵬過此眩暈萬仭言樵惟力之任

西樵山記

詩五言古　香山陳蘭芝拂霞輯梓

大科峰　尚書湛若水增城

大科高如何日月判來往朝日起三竿陰崖尚昧爽上有見日臺俯仰極高廣衆峯列週遭雲谷一開敞可以對育物東南正生長

登棲霞樓望金洲有感

宜棲烟霞表俯見金洲岡如珠出海面四野生輝光山色列屏障變化倏不常神理固叵測衆人視

驪黃維昔哲人過哦詩此水傍至今有遺響千載聲琅琅

烟霞洞贈李秉衷

抱病烟霞居緣深石徑莎不見交親至惟見白雲過初夏風雲會飛軒來大科洞門脩且深窈窕入烟蘿群彥翕然集讌飲酣且歌警發同文會言笑靡及他豈無欲君意未敢言琢磨不謂卽言旋白雲如子何賤軀凌晨風送子山之阿

汎樵湖

山人不下山山月五鈌圓今晨天氣清偶出翳門
巔仰天御風行俯見泊航川起我泛遊念捨舟登
畫船捩柁西湖側人往跡空傳勇度吉水流更泛
溪江頭遥觀雙瀑際廣朗懸層邱四子逸興發歌
聲落前洲舟奪百溪橋莫斷行人遊迤邐過黃江
芰荷不禁秋陸洲多菰菱采實償早收高湖兩洲
勝臨溪門巷幽九曲來閘邊閘低操其舵非爲閘
低故乘潮滿則然可爲盛滿戒滄溟澗如天寄語
趨時人勢迫母近前日暮西山蒼維舟蓼水傍東

望雲谷口風送泉聲長十里行水石三關禁不祥歸來濯足坐情景樂皆忘

大科峯示諸生兼告同志

聖人亦人爲諸子早辨志持此忠信資無遠不可至堯舜稱大聖其道孝悌耳孝悌誰不然鮮或見天理天理天所爲超然絶人僞夫誰能舉之聰明與睿知兹理何由臻執事自敬始

西樵山　　張詡

高哉西樵山足以抗天柱龍自曹幕來虎踞金甌

嶼蜿蜒百里餘登者盡傴僂樹作老龍吟水溜靈
禽語惟石肖人形壁立嶮絕所縈紆入山腰一望
田膴膴山居數百家環堵桑竹樹雞鳴日過中粤
歌聞相杵維時秋七月黃雲遍田野撫年歌豐年
沿村熟雞黍彷彿桃源人花木記寒暑山迴路幾
轉亭亭歸朱戸奇峰削不成見人欲飛去巖巖古
洞幽上有紅泉注和風吹簪纓步步覺容與應接
笑不暇一顧一延竚脫巾挂松梢放足潺湲處兩
袖搖天風幽懷浩無阻行行雲谷庄飽食滴石乳

東過烏利巖仙人有遺距靈跡恍莫測神境妙難

取再歷雙魚陂白日驚風雨振衣不見濕去天尺

五許誰云此山小一覽隘寰宇

雲谷謁石翁新祠奉呈泉翁暨同會諸公覽

教　　　主事王漸逵番禺

山川本非異有仙則以靈形勝匪所鍾有賢則以

名玆山秀磅礴屹立南海濱烏利著夅跡紫姑楊

其聲崇祠敞以構於今見先生倡道明東南嶺嶠

開人文耳目去支離靈根養元精可以繼往聖豈

與仙幻并後學詎何幸兩夢通幽誠啓我以溫顔
飲我以純眞求之不可見想像杳儀刑焚香肅再
拜長謝肆道恩徘徊不能去感此多良朋欲下此
山阿永言多陽春

九龍洞寫懷　　庠生　甘學　番禺

草木無愁色泉流去無津石磴封碧蘚古澗浮金
鱗百折通幽僻窮冬成芳春白雲不飛去寒暑投
嶙峋有庵可蒲團有菊堪齒唇我來未白首不見
葛仙人于今我何策卜築近天民天民不可見孰

與同藏珍明朝約湛子相與傾綸巾從兹結廬意
誓不思紅塵

歲暮宿錦巖偕鄧粤仁兄弟

雪夜三人心抱膝梅花林梅香不見影山谷衡門
深賡歌李太白寧怯巖寒侵豪氣凌斗杓孤輿千
仞岑舉聲叱山鬼驚起眠枝禽何如鄧二仲與我
雄一襟此地幾千古今作臥龍吟明發各乃別載
陽復相尋共期登大科再弄天風琴

登伏虎臺偕王鄧諸君　　尚書　何維栢　南海

乘高步石臺況復值佳節悠悠媚茲幽天空眞境
徹孤雲不可羈泉芳逞奇絕凉颸萬壑生佳氣千
峯冽矯首縱遐觀知心幾賢傑我與二三子靑山
有眞訣萬里秋色深相看共明月

登大科峯　　訓導　黃啓讓順德

杖策雲外遊弭服山泉賞磴道涉邅迴靑山協遐
想英英白雲生鬱鬱朱明象芳春流鸎鳴覽古心
逾壯東風扇陽和景色恣沆瀁若華萃炎洲璚枝
肅徂兩托養事邱園脩坂饒宿莽

天湖亭

參議　黎民表　從化

湖水何悠悠鯉魴何𥳑𥳑臨川無芳餌嘆息將奚爲昔人思釣國凌霞構重基風雲有消歇池館遂堙夷我行偶見此躑躅心爲悲曠士懷鵾起霞舉當有期不能啖蘋藻泛泛隨鳬鷺

登大科峯觀日出

炎洲孕靈秀海澳潛異蹤躋攀極巖嶮始窮七十峯却倚何睢盱競秀皆冲融駕肩朝群帝蛇伏騰飛龍一氣混溟渤萬有開鴻濛驟陟憂崎岨豁覽

披心胸石菌不可拾金沙或能逢終營菟裘居賞心冀來同

宿雲谷

朝從雲中遊暮投雲中宿烟嵐稍出没岡巒相迤屬層標下奔峭雙竇驚騰瀑朗月沉孤峯殘暉在林木迢迢浮雲征寥寥天宇肅攬衣不遑寐良夜欣秉燭動極歸有靜吾以觀其復天雞奏晨曦杖藜騁遐矚

雲谷謁白沙先生祠

玉臺借飛遯名山屢登踐泉壑閟霞蹤垣宮飾嘉
薦兩楹委林麓四壁帶苔蘚斂形隨化逝神理將
無變深衷懷若人山阿或遊衍淵機涵飛泳帝牖
滅聞見執鞭予已後升堂迹方忝茫然空所思浮
雲沒遙巘

遊西樵　　郎中　歐大任　順德

弱齡誦圖經雅志愛邱壑良朋訂遠遊名山赴幽
約杪秋天宇清始至諧夙諾心邁易躋攀步徤輕
崟㟧曉行陟諸峰周覽凌峻削皛皛游氛斂霏霏

寒氣薄霜木聳巘高風泉灑空落跡絕洞疑僑雲攢岫如幕寨蘿上松門臨坪出烟閣桂叢隱可招暫托幽人樂地遠聲總銷谷虛神更躍眷言懷昔賢來者視猶昨宵默得天游何用躭人爵畢婚非達言從此訪靈岳

西樵山　　黎民懷

掛席凌海濤良遊協朱夏玆山挺溟渤弁州出其下誅茅自成村選徑多賢社科峯鬱雲興龍泉日飛瀉淵澄起神鰲騰驤躍天馬仙人時往來吹笛

秋山夜一弄白雲飛再弄青鸞跨顧願那能諧泠風不可假緋烟斷長流海風凄高榭華年托松苓冥心湛杯斝

初入西樵　　大理寺正卿　梁桂臣　順德

夙昔慕遠壑招携展臨眺挂席得名山蒼翠落層嶠谽谺自吞呷巖穴深窅窱天清瀑布聞風集乎猿叫桂松遞暎鬱日月隱光曜盼衍朊絲邈扳崇復孤峭鼎鼎浮雲馳晶晶寒潭照捨舟作遊目早覺心魂妙况當振策遊探奇入蘿蔦緬懷麻源蹤

慨想蘇門嘯誰云世代殊引領冀同調

宿雲谷聽天泉瀑布

枕石山房夜翛然思不窮泉聲千樹杪雲臥九霄中暗谷長驚雨疎林不待風爽侵江月冷響徹海烟空練影飄蘭幄寒霏逼桂叢幽懷眞夢蝶塵世已冥鴻地即匡廬勝才憐謝客雄招携良不數岩壑此宵同

偕劉僉憲遊西樵　大學士　趙志臯蘭谿

赤輪躍東桑褰帷入西麓直矗躡高岑紆迴度幽

谷浮海四茫茫攢峰數六六林翳晝常陰雲深樹如沐碧水淨烟嵐懸崖倚茅屋老叟解逢迎兒童喜相逐卜築忘歲年問俗去寒燠朝出飡露華夕棲侶猿鹿指點說生涯山前茶可熟落日下横岡丁丁聞伐木

西樵山　　　　嵯使　張廷臣　番禺

紫翠峙金天扶輿擅神秀百里望侵雲千峰陟如族峻極逼中霄烟村環半岫嘉卉通仙靈文禽互䎘雊噴玉落秋聲雲谷涵晴繡迎旭接羅浮嵌空

恍靈鷲仙踪未易逢前修猶可覩豹霧隱嵓阿鴻

猷揭宇宙至今山中人依稀[illegible]延佇仰高風

松陰美清晝

曉下西樵至崇勝寺白山上人圓寂十餘年

矣屏間拙句舊跡猶在寺僧不相識逃詩

爲人盜去自大岡墟贖回同遊門人何挺

初失笑有作　孝廉　羅天尺　順德

曉下西樵峰晡至崇勝寺七十二峯西流水入雙

樹屋浮青篠烟屏剩看山句昔夢渺難尋新景向

前訴四大本無常三笑亦非悞欲覔放雲人空房

鎖烟霧

訓西樵何監州夢瑤小除日見懷原韵

御史粤秀山長杭世駿仁和

巖壑有異態松栢無凡姿其下多茯苓仙鶴時飛
飛扶輿鍾清淑一氣無偏私在物爲後彫於人爲
不覊何侯南邦獻靈秀天所貲樹骨典誥區下筆
無嘎咿萬卷訾盧殷專以供爲詩射策金殿裏牽
絲灘江湄廿載五改官剖竹守舊畿湛湛新雨露

爲民洗瘡痍土瘠征徭煩羸馬長酸嘶可憐飢鳳
凰那得瓊禾嘰投牒許乞身裝無片石隨一婢赤
雙脚一奴面目黧鳴鳩哺七子辛苦巢桑枝山田
四十雙不能救朝飢暇著活人書用以謀鹽醯處
方起廢疾往往應手治堆積宋清券可惜皆窮黎
大府走書幣請爲多士師稍捐藥市技仍樹文堂
麾課藝手腕脫說經襃冠危奥義洩元化高言豁
羣疑坐待諸生問那顧流俗嗤請觀國門懸皆其
所鑄辭我居東海濱與君勢久違快乘九江船五

西樵山集　卷六　五言古　三

兩南風吹摳衣趨末席執手承清輝寸心各有托
昭質兩不虧分申義自叶道契情亦怡隔巷白板
敲掖日通履綦喜申誓旦旦不議來施施風雅陳
正變世運推盛衰棋槊破趯悶談讌清飢疲麗製
足獻酬妙義供思維謔恃齒伶俐笑掀髯于慂窺
案蘸墨海遷坐據井檗呼茗聒童僕懷果招嫛婗
櫪喧屢促騎鐙爆忘燒衣蕭然一丈室濶袖龎兩
肩雖近五都市何異九里溪在西樵山衝寒櫂孤艇舍
我還茅茨西樵好山水絕壑淩丹梯圓峰挺蒼紫

鷟瀑飛珠璣花村一十三村村事鎡基原田跳穀
犬深塢啼竹雞風俗安樸野草木欣蕃滋一唱更
三歎君歌豈吾欺君集中有西樵紀遊樂府緬昔釣遊處古樹
闉荒祠荷鋤掘杞犬迹磬尋僧祗竹戶繞琴韻茅
檐飄酒旗山情老彌眷朝遊莫忘歸小除冬景佳
一室歡相依清醉糟床滴右牽黃羊刲殷勤祭竈
神尻高首復低釧童與驕孫醉飽安職司祐汝添
雛鳳保汝息吼獅染媚側室髮銜請比鄰卮油窗
靜眠食弄筆西南篋緘書綴新篇以報知己知上

言儆帯享有集符詅癡峨峨士安序譎詭多瑰琦
天聲震聾聵高睍追黃羲膽落千小兒縮頸不敢
窺嗚呼吾羇旅遑敢論是非因君鸞鶴音動我江
河悲粵海古詩國照耀天南陲其色朱孔陽其方
位在離珠貝出蛟蜃光怪時閃屍孔翠弄毛羽文
采矜葳蕤仰覩繼明治　王化被島夷宜有冠古
才椽筆舒紛披奈何世運降典刑日就隳一閧販
夫市三家邨塾師擾擾設壇坫各各雄品題往籍
東高閣先哲任詆諆么麿妄尊大牛鬼難端倪流

惡無汾澮薰蕆搴兩儀君也九折肱方書歷可稽
國手師俞跗內經翫黃岐醫俗等醫疾術異理則
齊三百二十味涼熱各有宜用瀉不用補夙昔君
所期巴豆生大黃力猛無留遺以彼下劣魔煩君
暴下之飲以三斗醋灑去六斗泥金丹換凡骨砭
石更熨肌庶幾五羊城其俗乃可醫試鐙好天氣
車馬紛交馳君如畏風燕一龕穩蟄棲屢招不肯
出引領日以幾往就季主卜布卦得朶頤耿三字國
藩有佳釀清辣燒津梨云自漂榆城枇客間關携

我亦穿重闉一奚提兩瓻鷃母香螺盃待子歡相持荒齋鬬險韻長日拙清思共煨吕字柴撥火銅梾提相向鐺脚坐撓酒青玻瓈招邀陳上舍封字華算四公子碁曹騰窮日夕跌蕩相娛嬉苔榻爲君下竹爐爲君支遊艇期屢誤都籃眞復齋不來爲爽諾能來毋稽遲報章雜詼嘲以當巾幗詒

西樵山記

詩七言古　香山陳蘭芝拂雲鈔輯　梓蔣信

雲谷書院

山翁愛雲甘藜藿更向空中闢雲閣左瀑右瀑飛繞堂朝朝暮暮岩花落月明開牖見花光飄飄幾度騎雲鶴三遷二妙倚朝暉歌聲舞影兩相依白頭我更閒雲在一榻惟應分翠微

噴玉巖　歐大任

天泉百道下晴潭淙淙西嶺霾烟嵐跳珠翻雪不

知數獨稱噴玉千丈巖噴玉天泉水源從山上起倏看閃電來半在青山裏灑流橫激濕行雲濺沫時驚過鳥群征飈萬里吹難斷皓月三更影不分初疑白鸞在樹出更疑寶劍倚天立寒氣颯颯猿狖號冷光泠泠山鬼泣左淥右射洗青空崩崕快瀉雙石拱幾見嵌崟下赤日遂令澒洞來悲風曾闖天台之南雁宕北絕巘飛泉削蒼壁偃蓋低飄萬樹松明霞側映五色石匡廬九叠屏風張銀河倒挂三石梁香爐鬱葱吐雲散瀑布天矯驚龍翔

台山盧岳遥相望我昔扁舟恣長往玉岩之水澄
我心歸來福地何蕭爽漱石枕流奚所營朝餐金
液暮赤英僊人招我彩雲裏便御茅龍朝太清

前題　　　　梁桂臣

層巒合沓嵐烟簇玉虹卧斷蒼山隩曉吸滄江百
尺瀾却向岩前濺飛瀑噴沫流珠下翠微千巖錯
落散明璣聲傳石竇逶迤轉白滿寒潭歷亂飛精
融夜洩氣慘冽萬古千秋長不竭初疑雲雨黯巫
陽轉訝梁園夜飛雪遥空隱隱半如雷坐令叠嶂

無氛埃直窺素練烟中起却似銀河天際來㶁濤
洶湧沸絕壑磵戸無風自揮霍觸石浮雲凍不翻
當窓木葉先秋落落葉亭亭亂晚霏絕憐空翠濕
人衣別有清流斷肌骨龍吟石上涓涓出紛披百
道下松門月明幾處翻蕭瑟竭來濯足茲山頭彷
彿如寄匡廬遊水簾石室無溽暑披襟兀坐清煩
憂下看埃溘一長嘯千山日暮斷猿愁

遊西樵山歌

光祿寺卿　郭　棐　番禺

七十二峯何峩峇俯視萬壑烟初消下有亘地瀠

洞之玉帶上有揷天巇嶫之瓊標云是羅浮向西
走忽然屹此崢宇宙鳥道嵯峨出半霄芝靈馥郁
開三秀九龍池畔日星懸飛燕窠邊紫翠連瀑水
千層鳴碧玉虹橋百尺鎖青烟吁嗟樵山何崒屼
手可捫天探月窟雞鳴半夜海生紅知是扶桑初
浴日中有高賢此棲霞沿溪手種碧桃花洞簫聲
寂乘鸞去遺得山歌唱採茶我來躋攀值初暑笑
問人龍讀書處奇峯冉冉出彤雲澗樹紛紛咽紅

此詩查郭集題下原有尋方
雨閣老讀書處今且照舊刻

西樵山詩

西樵謁湛文簡祠 卽甘泉 孝廉 楊錫震 香山

蓄軫西樵二十載尋幽輙悵幽期改首春氣候漸清和目極游龍披五朶其中高峻惟大科雷壇簇雨川歸海明霞與没自不常周覽羣峯如列壘笠石嵽嵲碧水清縹緲紫姑發光璀雲谷雲連鳥利巖繡壁百丈掛冰簾眞味撒向金池裏點點垂絲湛早蟾碧玉洞邊龍噴沫錦巘石上兎留尖徘徊遺像生悲感斯道蓁蕪日影潛緬想先生當熙世一揖江門訂深契靜中慎獨接薪傳 先生爲白沙高弟 濂

洛關閭盛斯世立朝碩畫勒鼎鐘杲杲中天離火
麗歸來偃仰倚南窗日對青山聊卒歲只今花鳥
鳴荒池黯澹寒雲積陰晴我來太息歎當年忽爾
山川變光霽狂瀾東障更爲誰無復相從探六藝

西樵歌寄答陸豐廣文馬受之馬住西樵山中

孝廉　羅天尺順德

就隱西樵曾有約七十二峯侶猿鶴塵闤一下十
餘年青山未踐昔年諾遥緘昨得廣文書誰言吏
隱勝山居割斷大科千尺瀑來䀨海市三鱓魚鱣

堂餉冷飯不足時憶樵峯日初旭霧開照見采茶
人杜鵑花裏歌蠻曲村烟處處出峰巒伏増流水
响潺湲松花酒熟人歸去吾自移家駕短轅

西樵山記

詩五言律　香山陳蘭芝拂霞輯梓

遊鐵泉精舍贈鄧順之　南海 參議 倫以諒

我愛鐵泉子迂疎不作家尊空方乞酒鼎沸旋沽茶囊貯春山藥樓深石徑花時携九節杖天外柱明霞

前題　主事 王漸逵

兩巖凌絕巘萬木鎖寒烟自合幽人卜應稱鄧子泉猿鶴能相守江山不負賢醉來還索筆聊紀洞

中年

訪石泉虛舘有感　　南海　主事　冼桂奇

草閣風煙舊重遊感慨深石泉何寂寞松竹自蕭森春入龍盤老門懸瀑布陰隔林啼鳥亂如喜故人臨

夜宿雲谷書院

樵嶺多時別南山喜對牀澄心令酒淡默坐太音忘月上梅花白雲飛谷口黃千秋存一息吾道有餘光

遊西樵夜宿浦口　叅議　黎民表　從化

近戍津亭暗，遥村獵火孤。秋風吹日夜，客思滿江湖。夢怯魚龍起，愁聽雁鶩呼。蒼茫問前路，吾已愧長途。

雲谷書院題壁

何年招隱處，綺構出林端。地因霞外僻，天到谷中寬。石磴蒼烟濕，雲門白雪寒。有約重檇手，高臨百八盤。

偕孫大叅遊西樵　布政使　鄒善　安福

蠔屐春來理乘閒陟上方雨餘山色潤風過鳥聲

長野老雲中下巖居世外藏何時重攬秀聲壤共

徜徉

遊西樵和鄒方伯　左叅政　孫光祖　慈谿

海上留仙島如從物外遊風回烟景換溪轉水聲

幽澗石和雲煑山茶帶露收門無催稅吏何處覔

丹邱

春日登西樵　僉事　霍與瑕　南海

天晚度山南荒邱歇小驂雨花封短砌烟樹鎖澄

潭邃閣盈新蘚遺書憶舊函童年庭訓地悽斷可

能堪宮保之子

月夜入西樵

陟陟衝雲路行行度石橋月光分樹影嵐氣合山

腰獨步乾坤靜浩歌海岳摇水晶仙界近應更到

層霄

海上望西樵山追懷方文襄霍文敏湛文簡

三先達二首　唐守敬

海上標名境岧嶢七十峰丹梯懸日月翠葢削芙

西樵山記　　卷

蓉隱霧窺文豹從雲憶臥龍只今飛嶠上靈氣護

龍蔥

岸識尋津處山經選勝遊烟霞縈望目年事逐奔

流先達名同峻幽攀興未休相將拾瑤草嘯傲白

雲秋

遊西樵　　郭棐

羅浮四百峰別有此龍蓯山光萬樹出嵐氣九霄

通花濕青蓮雨鶯啼紫邏風勝遊須縱賞況與惠

連同

四峯書院

璇房屹天際躡屐此相過曲徑回青嶂閑庭深綠莎泉聲清吹合山色夕陽多坐對雙菩樹懷賢發浩歌

石泉書院題壁　中書舍人　曾仕鑑　南海

洞古人何去樓空客自來松門烟外閉蒿徑水邊開雲淡蟠龍石風高伏虎臺多情王謝燕依舊暮飛回

遊九龍洞

　晃

亂峰紆一壑巖竇曲通天幘桂雲中樹杯行石上泉層崖斜日隱絕壁倒藤懸不是逃名者誰來問采荃

遊碧玉洞貽主人　縣尹　崔光玉　南海

遊人不到處勝地出如今巖與寒冬煥泉教白日陰塵蹤嘶石壁清坐見吾心寄語雲中客流霞合此斟

玉池釣臺贈主人　知縣　王原校　番禺

西樵成久別芳沼入睟新石出花遙映巖幽鳥故

馴林穿披鼇客月擁釣鰲人雅尚非嚴子寧終學隱淪

西樵遲蔡艮若　山人　陳晚成

朝起望山路雜花虧蔽之日暮有來人而非心所思子行亦不遠曰歸何乃遲清溪日澣濯猶恐衣裳緇樵上之花惟杜鵑爲更多

西樵道中　孝廉　羅天尺　順德

卽此通幽寺欹危草色分樹交常礙馬峰轉却疑雲引客猿携子穿林鹿作群看花人漸到吾欲勒

移文

遊九龍洞　汪後來

陡然山勢截石竇塞雲烟窟宅無人見鴻濛太古前幽光時一逗清嘯響相連我欲騎龍出龍飛直上天

西樵山記

詩七言律　香山陳蘭芝拂霞輯梓

早秋湖閣望西樵　宋眞人羅務光順德

半空翠色罩層阜欲訪名山夢寐勞綠水鏡平波
浪靜碧天雲掩洞門高桐飄小閣驚秋葉露滴疎
松望石濤碧玉峯邊多聖跡羣仙燕會任翱翔

遊西樵噴玉巖　宋男爵李昴英番禺

巨石崚嶒削碧天西樵奇勝豈虛傳水簾不捲四
時雨丹竈空凝萬古煙印石尚存鳥利跡問誰曾

識紫姑仙興來策杖登雲谷更借山僧半榻眠

遊西樵有懷廖平章　明典籍孫蕡順德

西樵山勢捲飛龍萬里扶桑海色通日麗錦巖開罨畫雨餘銀渚漾芙蓉紫荷車蔭仙人掌白鶴花明玉女峰上相朝元鳴玉佩三城佳氣鬱龍葱

九日西樵山下次友韻　少保之父方用中南海

欲借雲山半晌遊却憐伏枕傍漁舟空聞靈境千年勝孤負黃花九月秋擾擾紅塵身是寄遲遲白日世如浮嗟君高步招提裡彩筆留題最上頭

春日遊西樵　　謝　佑南海

春來且赴碧山期萬壑啼鶯待舉卮活水引龍歸後洞古松棲鶴上高枝看花得意流連舞坐竹隨陰次第移蹤跡往來元不定此心空有白雲知

前題　　尚書吴廷舉蒼梧

萬仞奇峰望轉賒迢迢仙逕削天斜龍牙突兀雲根筍雀舌崢嶸石罅茶繞澗古松山鶴宿傍林茅屋野人家傴衣直上最高頂雙袖飄飄拂紫霞

舟經西樵

青煙落日江濛濛百丈曳過樵嶺東萬里山河秋色裏滿船笳鼓浪聲中哀顏下照波濤日幽思長吟島嶼風却望蒼梧在何處東籬今負菊花叢

石泉洞紫雲樓成　大學士方獻夫南海

群峯擘翠小樓開指點空虛不易裁芳徑絕塵誰作侶白雲終日共啣杯林坳霧隱鶯聲遠屋角春深燕子來睡起開窗更何有澄江對雨幾縈迴

西樵山居落成

頻年卜築西樵下飛閣平臨碧漢頭一枕清虛宜

老夢孤心縹緲與誰儔凭欄時發吟風興開戸閒
爲得月謀當面北辰常在望焚香每拜主恩優

登大科峰

晚來偶發登臨興策杖高凌絶頂頭盡見百川歸
巨海却疑諸嶺在平邱拂雲天外觀何極選石松
根坐不休一枕借眠誰可共幾回飛夢到羅浮

遊觀翠巖用武夷韻

振衣誰上紫雲頭借濯瑤池萬古流蒲菊何心穿
石峭松梅得意倚岩幽層崕翠引千山障虛壑清

生六月秋九曲武夷何必問因君閑憶詠方舟

偕黃僉憲遊寶峰

空山十日想清輝兩笠欣同坐翠微論道我慚非白鹿好賢君已到緇衣禹周天下應難少沮溺于今敢厚非出處論心能不異溪山何用久因依

五日偕諸煉師登聚仙臺懷霍吏部

振衣千仞欲孤摶四顧風生五月寒偶憶題詩懷白社可憐樽酒對黃冠龍舟錦戰連珠海艾葉縣飄自夗盤城市山林風味別高人曾向靜中觀

送倫太史彥式鄧博士順之出西樵

茅屋樵巔蔭紫雯翳門松竹路難分迂愚自足烟霞癖清切能忘鵷鷺群每把功名悲斷瑟已將世事看浮雲空山病枕頻相憶一曲枯桐對晚曛

西樵山中寄懷霍宮保

抱病年來荷主知衡門從此許棲遲簞瓢敢謂希顏樂饑渴惟應繫禹思曉署絺脩佛骨表秋山沉醉菊花籬兩般得意君能會莫憶長鰍舊日時

四峰夜集　　宮保尚書　霍　韜　南海

山中鶴影因詩瘦樹底蟬聲起暮凉秋月不隨秋
氣改四峯眞有四明狂丹崖草色連雲翠碧澗松
花入夢香洗盡風塵翹眼望玉河淸水接天長

送大冡宰方叔賢應召出西樵

送君山外借相違滿眼風波岐路微塵世水從深
洞出玉簫霞自翳門歸藤床竹簟憐孤夢朱鶴嬌
鶯共曉暉莫向溪頭再惆悵滿天雲起白龍池

赴召出西樵道中別鄧順之

平猿黃鶴饒誰閑十月風驅雲出山擡首峽江叢

桂下倚天豐劍一囊閒北瞻北極紫薇座西出西樵翳門關寄語山靈鎖烟雨主人不久便應還

送少保大學士方公致政歸西樵

望斷樵山山上雲紫雲羌與白雲分春花春瀑自春色鳳出鳳歸誰鳳群我更稻粱慚鶴夢不堪湖海見鯨奔只今箕潁雖叢桂亦囿寰區沐舜薰

春日遊西樵　文學李孔脩順德

扶病涉江還上嶺寄情飛躍有高深翠濛烟樹微通路紅亂花枝正滿林禪語本無生處像聖功流

出靜中心暮春全好風壇在明日堪來屬杖尋

陪大學士方公登紫雲峰　庠生　甘　學　番禺

峰頂穿雲搭颯行十年回首度崚嶒夔龍天上歸來日猿鶴山中復舊盟漫說蓬萊仙客在未多靈谷故人登鴻冥畫幅安排外獨欠蘇公敲扇僧

送汪生出西樵

絕壁棲枝歌月明此身如寄一毛輕千年仙逕迷芳草六月芙蓉有醉英雲液馨香來院宇水聲絃管出崢嶸白頭莫問留題處已有文章借長卿

偕霍尹先遊噴玉巖

息履巖頭再振衣千秋回首憶同誰水聲不似當年響石壁猶存去日詩野老掃苔驚客暮山花棲鳥助春遲未知眞隱歸何處斜照欄干半謝時

春日遊西樵集古　參議　倫以諒　南海

東風攜手問桃花直入天台石徑斜紅杏枝頭聞犬吠寒山影裏見人家堤邊芳草含朝露天上珠簾捲曙霞笑殺仙凡風景異一杯流水汎胡麻

四峯夜集次霍宫詹韻　訓導　鄧德昌　順德

幾日幽懷消酷暑草亭一雨復生凉歌殘白石還
堪醉舞愛青山可著狂古洞烟霞迷鶴影翠岩花
露滴秋香相携杖屨不歸去十載西樵興正長

遊七星巖在九龍洞蜘蛛峯西 府尹 龐嵩南海

春風吹入翳門關處處青山可借閑二妙樓空庭
草合七星巖古石苔班酒逢知已寧辭醉詩值芳
辰自不慳翹首三垣天咫尺少微光映五雲間

宿四峯書院呈霍尹先 府尹 鄧文憲新會

深入西樵古洞天群峰遥望翠相連石橋流水三

千尺鐵榦梅花幾百年闌檻迴懸霄漢表夢魂頻
斷木犀前閑來欲與君爲侶卜築期分曲澗邊

西樵遣興　　　　　庠生　霍　任　南海

世情無柰多岐路拂袖峯頭望海槎風月滿空堪
自適松筠如畫敢相誇層巖縹緲仙留跡古洞幽
奇我借家身外浮雲寧有夢清吟惟對一籬花

西樵月夜感舊　　　　尚書　何維栢　南海

萬丈松風吹客衣月明山色望霏微石泉洞古春
長在雲谷天空鳥自飛此日登臨仙犬吠十年踪

跡主人非巖花似領無言意且向尊前一詠歸

春日偕諸弟姪遊西樵

采芳猶及暮春前路入桃源洞裏天幾片落花臨釣石數聲啼鳥破朝烟回看世界眞如幻每到林泉似有緣欲識舞雩童冠樂且隨花柳過前川

偕陳黃門崔民部陸孝廉遊西樵經梅花館

十年重約此登臨千里良朋來盍簪龍洞水從雲谷轉虎臺花護翠巖深論心夜對青山月覽勝朝探碧玉林偶過舊時虀粥處松梅猶傍草亭陰

遊西樵大科書院　　洪垣

七十峯青第一峯，得來隨意坐層穹。一塵不動山山見，萬局無私面面同。雲谷正收公亦隱，天臺有路孰能從。只因取次閑分別，偶過西頭又墮蹤。

初從甘泉遊樵　　霍敦

十載樵西勞夢寐，喜從杖屨一追遊。半空石閣不知暑，萬壑松濤長是秋。帽桶拂煙紅日近，屐牙印月紫雲浮。眼前景物無窮盡，山自開花水自流。

甘泉大科書院成奉賀

五百年來宇宙閒杏花深處正開壇一人巖古塵不到九曲亭高春自閒庭草翠交雲谷口仙桃紅擁翳門關樞衣直上烟霞頂笑領春風兩袖還

雨中過噴玉巖　參議　黎民表從化

噴玉岩前山翠飛千絲披拂近人衣青林忽亂蛟龍雨丹磴長連雪霰暉壺榼動隨高士屐桔槔爭息丈人機匡廬日暮何如此醉臥雲松未擬歸

尋烏利仙人舊跡

夢想仙人海上遊欲尋蹤跡漭林邱霓裳碧落飛

何處玉趾靑山此蹔留勾漏丹砂猶未就蓬萊雙
舄浪相求峯前明月參差夜應載鸞笙過十洲

雲路峯經李子長墓尚書霍韜葬之西樵山陽

墳前烏雀啄高枝過客能傳處士詩食肉未爲何
點累解醒終笑季倫癡荒山贏葬非遺俗流水浮
名尚有碑獨鶴不歸華表柱麒麟高塚幾纍纍

夜泊西樵浦口　郎中　歐大任　順德

浦口淸楓夕照遲天涯飄泊更何之船迎張翰因
同載笛遇王猷更一吹漁父每從醒客問海翁今

謝白鷴疑十年已共江潭遠豈傍啼猿怨竹枝

鐵泉精舍

巖前舊是子雲家門掩飛泉一道斜石室竟藏高士傳山園猶種故侯瓜虎看丹竈多年火樹挂詩瓢幾度花小草尚慚曾出洞至今啼鳥怨烟霞

曉登廣朗閣

廣朗坪前霽色鮮丹梯一望總堪憐雲端曲接千重嶺閣上重開萬里天遠樹暝懸滄海日空山秋臥鹿門烟風泉細灑琅玕在石上鐫名不記年

曉登玉廪峰

獨吹鐵笛一臨霞青玉壇邊散曉鴉洞逼金華羊是石嶺疑緱氏鶴爲花瀑前木客支茶竈雲裏仙都問酒家莫遣移文羞澗壑周顒眞欲老天涯

西樵山　　山人　鄧時雨　從化

與君略說西樵勝隱隱山藏幾萬家竹徑曉烟猶稼穡茗園春雨足生涯上方鐘磬僧初定幽壑蕭森路不賒窟宅仙虛還可問好携藜杖歷谽谺

西望神山控海濱諸峰羅列鬭嶙峋千盤磴道雲

門八十里烟村樹杪勻飛翠浮空仙徑晚亂紅開
遍錦岩春由來此地高寒最不見長安萬斛塵

西樵山　李光宸

遊龍高聳大觀峯四堡岩花映遠空銀渚長芳三
徑草玉巒不斷萬川風宮槐孤焰生爐裏日槿雙
芝長澗中天與此生棲遯與不妨疎散問崆峒

居西樵答同社諸君　僉事　霍與瑕　南海

閑倚晴窻物色熙三城音信近來稀忽驚趙璧隋
珠入疑是陽春白雪飛緣蘚有文封斷砌金蟬初

蜕振新衣太平此地眞詩社端爲諸君先啓扉

西樵山中寄懷龎郡公何侍御

斷魂芳草送春殘誰寄春詩自水南杏樹壇邊新雨澤梅花村裏舊雲庵明時天際翔威鳳野老山中憶去驂肯訂翳門關上約碧溪薇蕨有餘甘

樵居　知州　陳良珍　南海

關外森森碧樹圍巖泉谷霧晚霏霏明時敢爾輕朱紱野性春來戀翠微招侶每尋猿鶴伴看山聊製薜蘿衣他年倘遂幽棲計共闢樵雲種蕨薇

登見日臺

共倚層崖百尺巔紅輪如在掌中懸光摇紫翠千峰外明動蒼茫萬國前赤烏乍看飛粤海燭龍徐覺轉鈞天彤雲東望扶桑近擬欲操觚掛日邊

再遊西樵倚月樓

萬樹驚濤暝色幽放歌頻憶昔年遊牕開北斗經簷下夜静銀河入檻流谷口雲霞疎作雨山中風露逈如秋野人素有幽栖興一聽泉聲便倚樓

遊樵山分韻　　光禄寺卿　郭棐　番禺

天開圖畫出塵氛並列羅浮更不群潮勢全吞南
海月樓光半入北山雲桄榔樹色晴中見欸乃歌
聲靜裏聞便欲乘風跨黃鶴掀髯一問碧霞君
海上高峯勢莫朋幽栖猶記昔賢曾紅歸萬樹眞
如畫青入諸山盡可登飛燕窠中誰燕語濯龍池
上幾龍騰洞簫瑤草情何限但愧登高賦未能
碧山古寺飛霞處誰敞樓臺裊薜蘿一徑雲深龍
臥穩兩厓花落鳥聲多青天嵐湧層層樹白晝風
生灩灩波笑倚危闌一回首澹烟芳草思如何

西樵之山插霄漢七十二峯深翠微高臺花雨飛
晴晝絶嶺天風吹客衣紅樹枝頭雙蝶板縧蘿陰
下一漁磯相逢願結羊求侶笑向春風歌採薇

寄祁羨仲西樵山中　員外　葉春及　歸善

河上遊絲晴裊裊憶君尊酒惜年華西樵松桂還
秋色北塞風塵自暮笳落日帆檣惟縱飲避人閩
海且爲家憂時寄遠俱無賴腸斷朱明一片霞

西樵招隱和霍勉衷　知州　羅汝涇　南海

青眼乾坤淚一開小山作賦見高才漫生翻覆嗟

塵世且把行藏付酒杯仙嶠風迴鳴萬籟草堂月上映叢梅賞心任占西樵勝祇恐徵書天上來

玉池釣臺爲霍益方題　　　　叅議陳　堂南海

有客西樵傍玉池垂竿百尺弄青絲豈從彈鋏歌魚日眞似非熊釣渭時石湧波濤同莽蕩山圍蒼翠映漣漪憐余亦有探奇興何日臨流對酒巵

答霍益方登聚仙臺見寄

聞道西樵紫翠圍淸遊誰是謝乎暉蹉跎歲月甘吾懶生事園林未可非仙嶠雲深元縹緲瑤臺天

逈轉霏微高秋不減登臨興肯使尊前始願違

酬盧明府熙伯約遊西樵不果

秋來頻寄故人書擬向西樵導筍輿采藥飛仙期結侶乘風黃鶴可憑虛豈緣平子愁無賴遂使王猷興不如樗散謾勞禽慶約不應彈鋏嘆無車

遊西樵　　　　　　　　　　　同知郭棨南海

一望樵湖野水分奇峯巑岏絕纖氛巖光半落仙人石日影全遮玉女雲四月餘寒生几席九天空翠散氤氲乘風便欲凌飛翰漫向青霄訪道君

四峯書院

危巒巀嶪削芙蓉眞勝相傳是四峯暮雨晝迷糸
圃樹春雲猶護寶林鐘堂存舊壘飛雙燕岩落靈
泉浴九龍夜半仙人騎鶴過忽驚環珮響從容

雲谷書院

雲中樓閣倚天開勝日尋芳特地來四野蒼涼龍
去後一聲嘹喨鶴飛回岩懸古木籠朝靄石激湍
流噴晝雷却喜兹遊正奇絕百年能得幾徘徊

宿四峯書院

庠生周　舉　順德

舊時賢哲已難望感慨尊前淚滿行獨喜鳳雛成羽翰可能霄漢自翺翔松風愛客常隨袂山月窺人直上堂二十年前燈火地不妨孤劍倚藤床

石泉書院題壁　　庠生　方于夔南海

削嶺蕭蕭一草廬大夫曾此賦歸與三朝宦業惟憂國十載生涯祇著書露冷北山宏景夢花深西蜀子雲居清風奕葉看仍在誰復天湖學釣魚

偕段南海遊西樵　　少保都督　戚繼光登州

嶺外俄驚見赤城芙蓉千仞削天成高人世遠還

留墅古木春深只度鶯幕裏尊空緣結客床頭金盡未成名何時開徑來招隱長與求羊踐舊盟

白雲洞　　譚清海

西樵勝跡朝元洞萬丈丹梯紫翠連濯雨飛虹凌白日失雲孤劍揷青天靈姬玉瑟秋仍響仙客龍宮夜不眠五百年來應有會石門金簡向誰傳

元日白雲洞中貽主人　　孝廉　祁衍曾　東莞

去年元日夷山曲今日樵山仍自看削壁恍疑群笋見飛湍將並九溪寒侵壇細草春初動應節芳

尊誰與乾知爾層軒清亦足何如風磴坐雲端

遊白雲洞　　　　　　　　　　　進士盧龍雲南海

巖巖削壁倚天開冉冉輕雲逶邐來飛瀑分流成曲水石床含閏借蒼苔芳亭屢過登山屐懸磴時同避暑杯貪賞幽奇天忽晚漫從霞際戴星回

白雲洞呈韋曾諸君　　　　　郡庠生何亮南海

石室初開且放歌尊前詞賦有羊何窓含翠色秋崖靜門落寒聲夜瀑多旅雁帶霜來洞口海雲催雨過山阿相逢一笑眞非偶與劇誰揮住日戈

白雲洞贈何子明　　　　龐一德南海

古洞雲生故故幽懸泉況復帶雲流玉龍倒捲寒成雨海蜃何來氣結樓煉石只今傳玉女飛花幾度引漁舟高懷惟有何公子欲共岩阿一榻秋

遊白雲洞贈何子明　　　　庠生張鳴韶順德

岧嶢山色倚天開幽思雲中不易裁千尺懸厓藏窟宅半空飛瀑撼風雷爐烟遠帶晴霞落劍氣高凌北斗迴最愛草乎人獨暇問奇應擬更重來

四峯春集用杜韻

一入雲山境漸寬相逢意氣共追懽笑看花鳥頻呼酒迹渾漁樵不戴冠高閣霾嵐當晝合平林飛瀑入春寒百年幽思全無賴谷口棲遲祗獨看

霍益芳新開碧玉洞

斜逕逶迤通古洞天幽奇應並此山傳飛流直瀉千尋碧峭石危臨百尺懸攀桂我曾招隱士誅茅君自愛靈荃過逢共掃莓苔坐盤磴飛觴信有緣

白雲洞宴集呈主人　左長史　韋憲文　順德

洞主何年開勝地故人此日共清歌石爐縹緲香

烟積雲磴紆迴玉溜多鹿洞風花噲具美蘭亭觴

咏問如何嗟予未盡窮源意空嘆年華一擲梭

寄懷霍益方西樵山中　庠生　馬中奇　順德

西樵靈勝鎖諸天有客峯頭拾紫烟雷起仙壇長

作雨鶴棲松樹不知年捫蘿憶我呼尊倒抱病憑

君借榻眠一自風塵驅歲色青山遥望思翩翩

霍益芳招登聚仙臺　知州　鄧璿　南海

勝遊秋晚喜相招七十峰頭正泬寥暝壑漸分凉

月色高臺遥瞰大江潮凌虚擬着王喬履長嘯疑

聞弄玉簫何必三山尋幻化此身今已脱紛囂

西樵山　黄在衮

祇林樓閣赤霞封窈窕丹梯路幾重洞倚孽雲扶
日月山懸飛雨下芙蓉秋陰乍變中峯樹江色嘗
分上界鐘東嶺有僧何處問蓮花如是遠來蹤

前題　黄在裘

樵山迤邐宛飛龍形勝曾誇七十峰絶壁流雲開
罨畫平林過雨散芙蓉山前瀑噴千巖玉杖底風
迴萬壑鐘夙昔向平航雅尚幾將舒嘯倚長松

重陽前一日送歐楨伯遊西樵分韻得西字

黎民表

誰從雲路置丹梯海上諸峰盡覺低殘雪未消天柱外晴虹多挂竹林西金書鎮日烟霞護石髓何年澗谷迷寄語尚平須負笈琅玕千樹待幽棲

前題得壺字

歐大任

憶昨躋攀海嶠孤雲邊回首覓雙鳧玉岑飛瀑多清冷琳觀迎風半有無曾向中宵飡沆瀣誰同明月把茱萸蕭蕭山館談乎裏疑在仙人白玉壺

前題得初字　　梁岳

華館開樽夕照孤滿庭秋色菊花初坐談泉石心偏遠望八烟霞興轉舒古洞垂蘿臨翠巘雲門飛玉下淸虛拂衣便欲乘風去松桂陰中共結廬

前題得衣字　　黎民表

海上初逢尚子歸杖藜還擬息塵機玉叢雲暗仙遺履天柱峯高客振衣地接丹砂多氣色心隨羽鶴幾飜飛明朝欲采黃花去石磴西風落木稀

前題得峰字　　梁敬

牕前把酒說行蹤憶昔曾遊七十峰珠巘重重烟雨斷玉泉瑟瑟曉雲封百年世事詩成癖九日明朝興轉濃卜築擬臨秋澗裏潺湲天外撫孤松

前題得風字　潘光統

華館淹留歌伐木孤城砧杵度新鴻客談半夜當筵月誰共明朝落帽風雲谷秋深泉更白天湖霜冷葉初紅烟霞十里期難赴雅約何年得再同

前題得枝字　黎民懷

千峰迢路轉逶迤共說風光勝九疑石室倒聽雙

瀑下天門遥望五雲垂每憐白社曾爲客何事青山獨後期明日高臺一携手烟霞不負桂松枝

西樵山得松字　梁紹曾

南徼地形雄百粤西樵山勢聳諸峰年來塵夢迷泉石客有禪心倚澗松指點頓忘雲水隔依稀猶記翠微重茱萸擬向明朝把何日期君一杖筇

前題得門字　黄在素

十年每憶西樵勝華館逢君更細論物候幾從心外賞風霜遥落髩邊繁諸峯劍削排雲谷九曲虹

流斷石門何日杖藜谷歷覽松林蘿逕倒清樽

前題　得藜字　梁紹裘

茱萸節近漫招攜聞爾樵山遍勒題雲谷舊傳多

勝槩鶴岑今擬遂幽棲杜陵望岳情偏壯安石登

臨興獨稽明日黃花重泛酒共期丹嶠杖青藜

大科峯　探花大學士陳子壯南海

失却樵邱第几盤狂飈吹動海天寬只驚南國多

迴雁誰解西風有駐鸞村樹半沉雲咽響客衣遙

汎日分寒悵齊小魯何如此消與吳閶疋練看

大科峯觀日出　　歐必元

明河漸没見長空海上雞鳴日已紅地湧千峰元
氣裏天連諸水大荒中雲邊乍聽羅浮鳳曙後偏
驚碣石鴻更欲乘風到銀闕扶桑東望思何窮

聞白山上人將闢翠巖詩以速之

武榜　汪後來　白岸

住山猶欲遍西東老景生涯寂寞中一夕風雷開
窟宅千年神鬼護鴻濛白蓮未許成孤詠黃鵠何
期下太空豈有雨花飛作瀑巖前先照杜鵑紅

送方東上歸住西樵　梁麟生

託身應識市城難歸住名山夢漸安垂釣有磯先業在山上有方閣老釣臺種茶無稅國恩寬字多題石何妨瘦詩半呈僧亦任寒最羨月明門不掩峰峰翠色臥來看

春日同陳海六蘇瑞一陳聖取遊西樵宿馬家莊　孝廉羅天尺順德

策杖捫崖到夕曛大科峰下見雙扉半牀緗帙雲光濕滿地玉蘭瓊蕊飛茶市千山輸薄稅棋枰一

局見眞機分明居處仙家似多謝論心坐翠微

門前七十擬稱君下界囂喧寂不聞餉客茗分天

外瀑驕人樓占洞中雲評山古寺時停午看日高

峰夜始分咫尺翠巘重有約移家相傍事畊耘

過李子長先生墓鄉人以社日祭　譚湘

路入雲端草色鮮不緣展墓識先賢人同社稷千

秋祀道正江門一脉傳驚世畫圖猶在目垂蘿松

栢欲參天高風剩有殘碑在愁立空山起暮烟白沙

先生題李子長畫二絕云青山影裡人家少綠樹

陰中石徑微偶出洞門回首望白雲何處有柴扉

又谷靜山深樹幾叢溪邊白石可青笻詩中此景多相似只恐詩家似畫工此皆載在白沙集中

樵西題何友人瀾亭　　孝廉　陳　份　順德

尋常亭館東庄有難得清溪響到門帆影落窗知艇過水聲趨竇覺潮喧新調野鶴時臨砌舊種秋花漸滿園更架板橋通隔浦夜深沽酒過前村

謁李子長先生墓　　州牧　何夢瑤

石磴雲深鳥喚春孤墳寒食紙灰新九京容我彝高士三疾如公是古民死有名山堪葬骨生無奇服不驚人當時誰信流風遠歲歲蘋蘩采澗濱

人生不朽最難言好附青雲逐驥奔處士壟成王
失貴先生墳在社長存江門久巳垂千古雲路今
來是一村更有豐碑文字好村翁時爲拭苔痕

西樵山記

詩五言絶

烟霞洞送何邦仁北上　湛若水

有客來烟霞別我遊燕北送子以愁心徘徊瞻斗極

噴玉巖　梁焯

千載岩龍眠忽驚風雨聲起見天花爛草木山山青

前題　張希載

玉泉涓涓流恍如仙邃弄道人掬泉飲鷲破蛟龍夢

仙隱巖　　甘學

灑灑天花落巖扉隱絳霞瑤池春自漾疑是赤松家

過碧雲村

兩峯夾流水夕陽烟樹沉路逢採茶女笑我成山林

西樵山記

詩七言絕　香山陳蘭芝拂霞輯梓

舟望西樵感舊　檢討陳獻章

西風吹老錦岩春遺跡荒涼此水濱雲氣不遮西望眼前山剛對獨歸人

西樵山下暝鶴歸縞衣雙拂錦屏飛凄涼夜半孤舟客一聽遺音泪滿衣

西樵即事　李孔脩

奇花不盡留春久宿雨纔收見月新閣外凌雲高

西樵山詩

去鳥山中問道遠邀人

贈方叔賢歸西樵　新建伯　王守仁　餘姚

西樵山色遠依依東指江門石路微料得楚雲臺
上客久懸秋月待君歸

自是孤雲天際浮篋中枯藳豈相謀請君靜後看
羲畫曾有陳編一字否

休論寂寞與惺惺不妄由來即性情却笑殷勤諸
老子翻從知見覓虛靈

道體無爲只在人自行自往豈須隣坐中便是天

台路不用漁郎更問津

陽明贈方吏部歸西樵四首金山出示次韻

湛若水

西樵絕壁逈無依雲鎖千峯鳥道微居士往來誰是伴翳門關外一僧歸

太虛萬事片雲浮若有神明與道謀請君更看羲皇上曾有元初一畫否

一念正時便是惺要知念處也無情無情知見眞知見到了㮣前卽性靈

已許西樵作主人卜居雲外與天隣此山正在江
門路來往尋常不問津
　使安南回再入西樵
當時猿鶴許相依烟霧連山隱少微空谷獨留猿
鶴在岩扉長待主人歸
千秋雲谷還歸我三二求羊作近隣莫種桃花臨
水岸引人來問武陵津
　天泉
雙眺銀河落九天人言瀑布掛雲邊合流噴湏風

雷震驚起蛟龍不得眠

九曲溪

九曲涓涓始濫觴瀠流似我九迴腸江湖一念能忘得曲曲須傾一百缸

仰辰臺

仰辰臺上仰辰遊一曲歌聲徹九州感得聖恩深似海外臣早許作巢由

新卜廣朗洞

雲谷烟霞春尚淺北尋廣朗似清都縈紆石徑人

踪絕斷岸無橋俗亦無

漱玉巖　　方獻夫

漱玉岩前一浩歌玉花飛瀑濕披簑聽鶯不似聽泉好無限春心柰我何

小西湖在樵山上者

傍柳隨花過碧潯疎篷短艇泊溪陰披簑帶雨携琴去笑弄西湖春水深

天湖山上有湖可以泛舟

一泓遠接銀河流雲影天光日夜浮湖上有人空

釣坐此心原不爲魚謀

鐵泉懷鄧賁泉　　霍韜

雲端流水垂虹下繚繞堯庄沁石田回首鐵泉成

萬仞鐵泉春景爲誰妍

翠微蘸影鐵泉曉一遞流泉一遞西花落花開今

已邁可憐泉脉與雲齊

聽鐵泉和韻

求得知心只鹿麋鳳衰歌後更無詩黃雲紫水看

前哲誰濬涓涓一脉微

千年一脉涓涓渺孤鶴空山色色低東望兼葭隔烟渚更堪薇蕨問夷齊

出樵山以四峰教事付弟尹先二首

作聖工夫吾豈敢隙駒疾騁敢從容試將短髮照秋水比到去年又不同

山中稚子碧玉片未徹塵瑕可少容師表不知千載下太山喬嶽許誰同

出西樵留別諸子　　　甘　學

山上梅開白玉英一枝雲表鬱孤清異香祗恐隨

流水飄到人間又世情

再入西樵

西樵不見舊時花幾處樓臺幾處家曲徑偶逢僧笑我爲誰今又趁烟霞

天湖亭　冼桂奇

天湖依舊主人非寂寂樓臺映水湄山鳥不知人事改聞歌猶遶畫梁飛

通天臺

石臺有路可通天何事遊人自不前我欲御風凌

八表白雲揮手謝塵緣

西樵雜詠　　鍾景星東莞

白雲卷盡千峰外清逼山人懶下臺孽漢碧梧疎影月夜深留照鶴飛回促友還樵

勝日尋芳上翠岑鳥啼花落總春心杖藜到處有眞樂松嶺朝雲一逕深西樵道中

經方少保西樵山居　　何維栢

五龍深處相公家樓閣連空鎖暮霞門外久荒車馬道庭前猶放木犀花

紫雲樓雨夜書懷

夜坐西樵百尺樓忽驚風雨起春愁十年回首論心地寂寞寒燈數舊遊

經高士李子長墓　祁衍曾

不見高人李抱眞清風巢許必爲隣歲時伏臘村翁事芳草萋萋又一春

讀李子長墓碑碑宫保霍公勤　陳應昊

偃蹇烟霞兩鬢蓬幽貞憐爾振頹風大夫不勒當年石道蜕空歸草露中

經阮孝子墓　　鄭學醇

至孝如君世罕聞每於青史嘆遺文松楸冷落寒

山路刺史誰今是范雲

題霍益芳所移仙留石　　劉克治

一片雲根竹徑斜千秋長屬列仙家崢嶸疑是支

機石笙鶴同君醉弄霞

小西湖　　霍尚守

蕭蕭殘榭桄烟汀荒徑無人薜荔扃斷岸落花眠

鸊鵜層峰如障爲誰青

樵上呈長塘主人　　孝廉　陳　份　順德

漁郎不掩白雲關樵客長抛碧水灣何似閉門無少欠一條方沼半邊山山上有湖可以泛舟

西樵歌　　拔貢　陳世和　順德

三十二村邨一峯峯峯峯峯青削玉芙蓉歌聲唱出澆茶女幽礀杜鵑相映紅

西樵山記

西樵山記

霍會元文選　香山陳蘭芝拂霞輯梓

答彭仁卿 甲申秋九月十五日　霍韜

復拜閲手教及邸報五摺足仞愛念西樵旣無家書亦無一墨相及惟甚惟甚張桂方行事間有過者亦有萬世決不可易者幸勿漫觀彝倫繫天地元氣倫紀少差天地氣化息矣君子雖爲一時休戚計亦爲萬世綱常元氣計幸勿漫漫隨衆喋喋至望至望外爲拜悃舊知先生幸爲國家惜元氣

勿輕自相斧斤臣之于君猶子于父母父母偶有偏厚豈宜兄弟自鬩于牆貽家門之患又爲拜烱張桂方三先生士夫爲知己死朋友猶然况於君乎　主上天縱英武萬世罕儔死生從之可也然必因時納誨勿愧古人否則察微觀兆尤宜審慎若問生之行止幸爲語曰渭先髮白齒脫非向日壯淚狀又志多沉昏想亦非久留人間者倘得縉紳列位先生以必調元氣爲心方張桂三先生以誓死致命爲心韜也亦得首邱荒壟托言自靖則

百世之下或亦視此舉作一　小斷案也則生雖瞑
目泉下亦得冠巾與古人遊矣他尚何言他尚何
言纔有一辭疏待家人回乃併奏進不敢多䟽懼
瀆　天聽凡事非高明莫得調停前世敗轍幸與
諸同志慎講之此杞人之愚也

與朱貳守

家人回謂執事恠生於拜帖不書治生而書侍生
疑若傲慢不敬者此蓋執事未諒生之心而區區
之情亦有未徹於執事故也生於衣冠士類未嘗

敢慢况於當路君子乃敢傲慢之乎且傲凶德也君子不加諸身况敢加諸人乎况敢加諸當路君子乎執事宜諒區區之心矣生於拜帖惟廵撫則稱晩生或稱職方主事若廵按兩司列位先生則稱侍生於江老先生則稱門生同年則稱年生未嘗有稱治生者是豈傲慢列位君子鄙見葢以近世謟瀆成風士氣卑陋勢之所在則望風拜塵心有所求則俛首喪魄下以此事上上以此責下上下交相凌謟而士風喪矣夫天下之治亂係士風

士風淪喪望天下之治可以復古不亦難乎故不自揣力量之不足竊欲與諸君子共敦古道云爾故稱侍生不稱治生禮也非敢慢也夫治之云者馭而馴伏之云也可以施諸百姓而不可以加諸士夫侍之云者交相敬事之云也可以施之同儕而不可加諸降等生與列位執事同爲　帝室公臣可以交相敬而不可以交相馭也故稱侍生禮也非敢慢也或云士夫於父母衙門稱治生例也生謂古者封建法行故列國各君其士士夫生其

土壤雖聖如孔子亦敬其國之侯伯如父母禮也
今則封建變而郡縣侯伯變而守令輿圖萬萬里
有齒有髮有血有毛共仰　皇極孰敢有貳故我
　皇上天下父母也天下臣庶共宗共戴孰敢有
貳若鄉邦士夫又稱鄉邦之守令爲父母是天下
有貳也非別嫌明微之道也晚唐之季節度使擁
兵專地貢賦不入禆將悍卒知有鎭將而已不知
有唐室也爾時豪傑生其域中雖欲勿謂節度使
爲父母不可得也今天下一統全盛非唐季比也

若吾輩衣冠士類而又私相爲父母以涉二尊之嫌是乃所不敢也非敢慢也且謂之治者我得而服屬之者也謂之侍者我得而交遊之者也執事爲政設遇孔子有得人之問則將以所得服屬者而對乎抑將以所得交游者而對乎孟子曰齊人莫如我敬王蓋以古道敬齊王也生自謂不敢慢當路蓋以古道相敦非所以爲慢也若執事便道晝錦遇鄉邦守令亦以是禮處之是乃執事所以敬當路士夫相遇一以禮而不苟豈復有非辟之

干也乎此實士夫居鄉之達禮也非一人之私也昔者生之在部也見百官謁吏部則曲躬鼠拱投刺用摺帖見科道則屏氣生每喻之曰官爵之與死生孰輕重焉雖死猶不可如是況於保官爵又語吏部之相厚者曰若輩受人躬曲奔走受人非禮諂媚皆非人也若能居千年吏部乎豈可偶握熱柄遂使人盡喪良心也當時雖有嫉生之言者亦有謂生言是者凡若此者生豈傲慢吏部亦欲以古道相期也執事心古而行淳正生所欲與偕

行古道者敢布其腹心惟高明察焉無以爲慢兼
告貴寅列位先生勿訝生爲慢極荷極荷

上楊邃庵

恭惟老先生碩德重望天下注仰起佐　聖天子
所以慰答海內蒼赤來蘇之望者豈有涯極老先
生之謨畫日贊宥密者固非末學所能竊窺一二
千萬里之外然韜每中夜聳踴慶躍不寐者蓋幸
見老先生以數十年經綸蘊蓄一旦可盡見諸實
事非如世之士者徒抱負懇鬱才猷不及竟諸勛

業者比陳蘭芝曰伊川先生謂讀書一尺不如行一寸又非如世之士者徒負高位雖欲策勵勛業而才力不及者比是天將以太平事業遺我老先生之身而我　祖宗鴻謨舊章所以奠安元元綱維萬世者殆將振舉脩復而莫有遺恨也已是韜所以聳踴喜躍而竊幸之也宋朝士夫動擁虛名動多浮議其未見用人多以大器期之及其見用亦只如此而已矣嘗謂宋儒學問動思三代而致君圖治之效不及漢唐漢唐宰輔雖不知學猶能相其君以安中夏而制

四夷宋人則高拱浮談屈事於人竭民產以納歲
幣苟延旦夕之安履霜不戒卒覆中夏而后已若
此者可諉之天數可徒責徽欽而嘉祐康定以迄
元祐之諸君子可獨逃責乎夫所貴乎命世豪傑
爲能見兆未形而先幾預策以制數百年未易測
識之虞也況於事勢顯白有必至之危然猶瞶乎
莫覺者謂國有人也可乎宋朝士夫浮議甚於戰
國之橫議而流禍之烈甚於晉之清談顧未有命
世大儒起而掃之今之士夫動多掇拾其唾去之

說以噍嚼之此士習所以益卑政治所以益弛我
祖宗之舊章所以日益廢格民日益困財日益
匱大勢曰有不測之虞而當事君子莫或之省憂
也老先生際遇　聖明言無不聽謨無不達時幾
若此諒不輕易失之世傳三楊入閣極一時勛名
之盛不知三楊壞我太祖之法已多矣上下宴安
苟且度日卒貽正統之亂昔李林甫死然後祿山
反明皇卒鞭林甫屍謂其釀亂也三楊肉未寒郎
有土木之阨律以林甫之刑尙可辯說乎今欲圖

治非痛洗三楊以後之弊而上復　祖宗之舊不可也老臣出處　社稷是荷區區潔身一隅之小節則卑官下士之事而非所慕以爲榮也韜礪心多病魂夢無復燕薊之想矣惟念老先生必有仰贊　聖明者故敢附獻其狂愚舊進三劄錄頁倘可采一二亦芹人之忱也照恕狂鄙爲幸

復王陽明先生

過浙時不得走候楊州附啓又出燈下鹵潦殊甚諒照察不訝舟到臨淸得報知道旌又照映我南

隅生喜曰南荒自得寧息也自今年始也然收成效須滯先生在南服坐鎮三年方叔子曰　廟堂尤急必得先生八閣則默贊潛旋自非時輩所可望若居冢宰則轉移士習鼓動士風決大有可觀生謂我兩廣如倒懸望老先生以解方叔子云寧不恤兩廣且爲　廟堂憂方今在位君子只隨日圖爲自保以幸無苟訾而已大釁隱憂伏在不測發則不可禦而人莫之思也今有才望可此責者乃退托不肯負荷或爲世俗掛繫不肯猛勇斬截

只少持兩端而流弊所極遂不知其所終此於世
道泰否之機亦所未敢望以托也生輩智識淺迫
才器亦復偏滯兼之物望素輕言未出口而訾先
及矣故徒負耿耿不能有益此方叔子之見而生
亦謂爲然先生到南隅想不數月而地方可定又
將望先生歸佐　聖天子矣此今日輿論所屬望
也或謂先生張主學問有流禪之儆恐鼓天下後
學逞浮談不切實德而庸俗無知者起而攻爭焉
是亦世道淳漓之會前世敗轍不可不知也生曰

王老先生學問誠有過高者此賢知之過也然老
先生虛心無我聞一善言見一善行恐改從不早
也所慮者或及門之士面從心違或張主門戶曉
嘵自異啓流俗詆訾之隙如宋程朱門人然則遂
關涉世道耳然此皆老先生所熟計者生亦徒見
其贊且淺視先生也讀傳習錄多有未領者曾標
出一二期面請教未敢輕率萬惟勉副　聖天子
眷命早爲南邦了此積痛此我父母鄉土之望也
然後早歸　朝宁坐贊　宥密天下再沭唐虞之

澤矣

論王守仁功疏

伏遇聖明特起王守仁撫勦田州臣廣東人與賊隣壤備知各賊爲患命下之日竊爲守仁計曰前巡撫調三省兵若干萬軍餉支費若干萬殺死疫死民兵若干萬僅得田州安靖五十日自是而思恩叛矣弔巖賊出圍肇慶矣殺數千家矣日陳蘭芝先言巡撫費大而無功若守仁乘此大壞極敝之後雖合四省兵力支銀米數百萬勦平報級亦且曰天下大功

也而守仁不役一卒不費斗糧只宜揚聖德遂令稽首來服若八寨斷藤峽之賊又非田州思恩可比廣西在萬山之中土惡水迅氣習凶悍八寨賊洪武間所不能平斷藤峽賊成化初僅得討平餘孽復熾先言賊之難平以見守仁之功大今守仁沉機不露掩賊不備一舉蕩平百數十年虎豹窟穴掃而清之如拂塵然臣是以歎服守仁能體陛下之仁以懷綏思恩田州向化之民能體陛下之義以討服八寨斷藤峽梗化之賊謹按守仁撫剿得宜有八善焉

乘湖兵歸路之便則兵不調而自集一也因田州思恩效命之助則勞而不怨二也機出意外賊不及遁所誅者眞積年渠惡非往時濫殺報功者比三也因歸師以討逆賊無糧運之費四也不役民兵不索民馬一舉成功民不知擾五也平八寨斷藤峽則極惡者先誅其細小巢穴可漸施德化使去賊從良六也八寨不平則柳慶諸州未易綏靖八寨平則漸次撫勦兩廣之民可安生業七也昔韓雍雖平斷藤峽未及區畫其地爲經久之計今

守仁徙建城邑以鎮定之賊失其險化頑爲良得因勢順導之利八也或議守仁討八寨未奉詔命臣則曰昔吳楚攻梁景帝詔周亞夫救梁亞夫不奉詔而絕吳楚糧道卒平七國夫不奉詔大罪也景帝不以罪亞夫（古之人有行之者則不得以罪罪之矣）今守仁知田州思恩可以德懷遂納其降知八寨諸賊百年來未易服遂攻其不備而討平之雖無詔命先發後聞可也或又以爲不先奏聞而輒更置城邑臣則曰昔范仲淹守西邊欲築大順城慮夏人爭之

乃先具版築然後巡邊急速興工一月成城西夏聞而爭之已無及矣爾時仲淹若俟奏報豈不敗事今守仁旣平八寨乘此機會建置城邑招連逃之賊使之復業若撤兵而歸俟奏得旨方興版築使賊先得糾聚據險結寨以抗我師雖欲築城不可得矣此反言以見俟奏得旨之敝則不得不俟奏矣錢糧夫役固不仰足於戶部而以一肩分聖明南顧之憂不以爲功反以爲罪可乎傳曰閫以外將軍制之又曰大夫出疆苟可以安國家利社稷專之可也引傳以況証更妙

有便宜行事之旨乎守仁擒宸濠姦臣許泰等欲
掩其功揚言守仁初與賊同謀又謂宸濠金帛守
仁滿載以去當時閣臣亦忌守仁之功不爲辯白
臣謂守仁江西之功不白無以勸效忠之臣廣西
之功不白無以勸策勛之臣守仁大臣也豈以功
賞有無爲重輕哉第恐當時有功之人及守官立
功之人視此解體則在外鎮臣遂無所激勸矣不疏
無以勉勵衆人臣冐昧建言伏惟裁察陳蘭芝曰王伯安之功大矣極矣而
廷臣偏欲掩之者亦何心哉幸得霍公
諄諄爲之辨白眞陽明先生知已也

大禮疏附　　霍韜

謹按禮部會議大禮謂我皇上宜以孝宗爲父武宗爲兄興獻王爲叔別擇崇仁王爲興獻王後臣謂此議考之古禮則不合質之聖賢之道則不通揆之今日之事體則不順謹按儀禮喪服章云斬衰爲所後者又云爲人後者爲其父母報是於所後者葢無稱爲父母之說於本生父母又無改稱伯叔父母之云也若爲人後者宜謂所後者爲父母則經文宜直書曰所後父母豈不徑明易曉也

乃惟曰所後者云爾已矣者之云何外之之辭也於爲人後宜謂本生父母曰伯叔父母則經文宜直書曰爲人後者謂其父母曰伯叔父母其服報豈不徑明易曉也乃必曰其父母云爾已矣其之云何內之之辭也漢儒不明其義謬爲邪說曰爲人後者爲之子以誤後世果如其言則漢宣帝嘗爲昭帝後矣然昭帝叔祖也宣帝姪孫也則孫將謂祖爲父可乎唐宣宗嘗爲武宗後矣然武宗姪也宣宗叔也則叔反謂姪爲父可乎吳之諸樊餘

祭四兄弟以國相授葢迭相爲後矣曰爲人後者爲之子是兄弟自具高曾祖考也而可乎甚矣爲人後者爲之子之說背理也故曰考之古禮則不合者此也天下者天下之天下也非一人所得私也宋儒之告英宗乃曰仁宗於宗室衆多之間簡拔聖明授以大業陛下所以負扆端冕富有四海子子孫孫萬世相承皆先帝之德其意葢謂仁宗以天下授英宗則英宗宜舍本生父母以仁宗爲父也臣以聖賢之道觀焉昔舜爲天子皐陶爲士

瞽瞍殺人皐陶執之舜則竊負而逃是父母重天下輕也若宋儒之說惟其以天下相授受爲恩德之厚遂舍己之父母謂他人爲父母是父母輕天下重也聖賢之心固如是乎故曰求之聖賢之道則不通者此也孝宗賓天武宗嗣歷越十有六年于今矣孝宗在天之靈知有武宗爲之子也孝宗之心未嘗自謂無嗣也今之議者强欲皇上重爲孝宗之嗣何爲者哉議者謂皇上繼武宗之統以兄弟昭穆之同不得爲武宗之嗣猶宜爲孝宗之

子也臣則曰陛下爲孝宗之子矣誰爲武宗之子乎孝宗且有兩嗣子矣武宗煢無嗣子可乎孝宗有嗣神有於享矣武宗無嗣遂無所於享乎臣子於君父一也既不忍視孝宗之無嗣獨忍視武宗之無嗣乎若曰武宗以兄固得享弟之祀矣孝宗以伯獨不得享姪之祀乎既可越武宗直繼孝宗矣獨不可併越孝宗直繼憲祖乎皇上於孝宗也伯姪也猶子也於興獻也父子也天性也武宗無嗣無可奈何矣孝宗非無嗣者也今之議者乃欲

皇上不考興獻而考孝宗是孝宗本有嗣矣復強繼其嗣武宗固已無嗣復絕其統興獻亦無嗣矣是茲舉也於孝宗蓋無所益於武宗興獻不亦大有所損乎昔者皇上之在藩邸固以興獻爲父矣今之涖登大寶也復以孝宗爲父是一身兩父也天之生物也一本曾謂一人可以兩父也乎興獻寔天知有皇上爲之子也寧知今日皇上不得爲之子乎故曰揆之今日之事體則不順者此也臣下之爲此議也豈其爲謀不臧不忠於所職乎非

也其爲此議也其故有三一曰前代故事之拘也二曰不忘孝宗之德也三曰避迎合之嫌也夫爲人後者爲之子之說雖背理之甚然由漢迄今千有餘年惑人深矣哀帝誤此不得父定陶王英宗誤此不得父濮王曹魏倡此以誤天下程頤司馬光呂誨諸賢守此以誤後世今日臣子敢謂己之賢智有過程頤者乎有過司馬光諸賢者乎與其獨出意見以招物議也孰與謹守故事之無罪乎故曰前代故事之拘者此也孝宗御極十有九年

深仁厚澤在民深矣窮谷小民言及孝宗猶惻然興思不能已也况今大臣皆孝宗之所簡任小臣亦荷孝宗之甄陶感今思昔其忍忘乎孝宗之嗣武宗一人而止矣武宗無嗣孝宗一脉其止矣慈壽皇后中宮皇后煢形孑影將何以堪若舉朝臣子皆曰皇上宜以孝宗爲伯興獻爲父遂行尊封之典國母之來中宮皇后何禮相見慈壽皇后接見國母何禮相處萬一少有過差宮闈遂成間隙將置兩宮於何地當國大臣異日何顏見孝宗於

九天之上故爲大臣者寧拂陛下之孝心不敢背
孝宗之遺德寧誤陛下以非禮不敢失兩宫之歡
心其設心若是而已矣其忠於孝宗者如此其忍
不忠於陛下乎故曰不敢背孝宗之遺德者此也
韓琦相業宋世罕儔歐陽文章一代宗主議及濮
王典禮舉世非之甚至目爲迎合指爲奸邪加之
鈇鉞韓歐之在當時苟見不定雖刃未及身宜亦
毛寒骨悚矣今日臣子誰敢倡父與獻之説以取
獻諂迎合之罪自置其身於不韙之地乎夫避嫌

之事賢者不爲奈何今之士夫皆執守謙冲也故曰避迎合之嫌者此也然臣伏見陛下嘗考孝宗矣又伏見慈壽懿旨尊輿獻帝號矣則將如斯而已乎臣竊謂斯禮也天地之大經生人之大倫不可以毫髮差忒者也如或未當斟酌更之乃所以爲善也昔大舜已未善無所係吝舍已從人人有善不待勉強而取諸已舜之爲相固如此也其爲天子亦如此也陛下天縱聖德固不吝改過矣在朝大臣尤不吝改過者也然則如之何乃得其當

乎臣竊謂孝宗之視皇上姪也皇上強稱之曰考
竊恐在天之靈所不安也興獻之視皇上子也皇
上改稱之曰叔竊恐在天之靈亦所不安也孝宗
之嗣未嘗絶也強繼其嗣竊恐在天之靈尤所不
安也古者帝王之相繼也惟繼其統而已矣固不
屑屑於父子之稱也夫維繼其統也則不惟孝宗
之統不絶武宗之統亦不絶矣若惟繼其嗣也則
孝宗無乃有兩嗣武宗遂終無嗣亦遂無統乎甚
不可也然則如之何乃得其當乎臣竊謂皇上於

興獻王得正父子之名不絕天性之恩於國母之
迎得正天子之母之禮復於慈壽皇后中宮皇后
處之有其道事之盡其誠無少閒隙貽譏後世則
於尊崇典禮錯綜斟酌直運諸掌而已矣緣大禮
所在臣未敢擅議惟陛下博訪廷臣博訪天下儒
學之士俾各以所見各具疏進其言雖非不罪言
之雖是不賞杜迎合獻諂之嫌則臣子自不相枸
忌各盡其說陛下采納之廣自有大中之道矣萬
世綱常由此而正萬世大惑由此而解臣不勝甚幸

議祀薛瑄疏

該禮部覆題故禮部左侍郎薛瑄從祀孔子廟庭事宜奉　聖旨着臣等人各上議臣謹議上聞惟　聖明裁擇焉臣謹按歷代從祀孔庭之儒若孔門七十二賢則親炙聖化者也漢儒則蒐輯聖經者也唐儒則疏註聖經者也宋儒則闡明聖經者也再按漢若董仲舒唐若韓愈宋若程顥歐陽修於孔子之道或神會自得或深造篤詣行足以法言足以訓不區區訓詁者也薛瑄生當　聖朝

道學大明之時實能誦法孔子雖不能如七十二
子親炙孔門原其精神心術無頃刻不師孔子之
教雖不必如漢儒蒐輯遺經實自童丱至没齒無
頃刻忘聖經之言雖不必如唐儒宋儒疏註闡明
遺經觀其讀書錄平易親切非身心體驗不能及

臣謂薛瑄造詣弗及董仲舒而誠篤似之穎悟弗
及韓愈歐陽修而篤行過之粹精淵醇弗及程顥
而渾厚師之出處不瑕其操禍患不易其節賤貧
不移其介身爲世師言爲世訓動爲世式晦而彌

彰抑而彌顯久而彌光非眞誠積累之素不能也
臣故曰我　聖朝從祀之儒惟薛瑄無愧自瑄而
下或篤行高蹈而識度淺隘或高明超邁而滛於
佛老陰翊邪說明叛聖軌天資愈高陷溺愈深背
孔子中正之道未有聞故也薛瑄於孔子之道雖
未造其大實遵軌轍而不敢踰故曰從祀孔廟薛
瑄無愧再按宋臣誤列從祀得二人焉若司馬光
者質直忠信著於鄉閭祀於鄉邑可也宋朝舉以
從祀光於聖道實大背戾著資治通鑑尊崇荀況

於聖賢之伍荀況性惡之論名教罪人司馬光乃荀況之徒也又若陸九淵者詆太極圖與周敦頤異鵝湖辯論與朱熹異論子貢曾子之學與孔門異主張禪教則致書禪僧大闡禪宗則助瀾楊簡論辯機鋒聳動聾瞽真非聖人之徒也薛瑄則取其趨向純正畧其造詣未至舉列從祀以端士習於司馬光許祀於鄉陸九淵偶誤列祀合與改正則人不異趨士不異學正道大明　聖化洋溢於風教甚非小補也

海幢志

記序

創建海幢寺碑記

香山陳蘭芝佛霞輯梓

當郡城都會大河之南昔曰盧城今曰河南考古蹟葢萬松嶺福塲園地也舊有千秋寺址地頗曠相傳爲南漢所建久廢爲居民產前有僧光半池月募於長者郭龍岳稍加葺治成佛堂凖提堂各一顏曰海幢葢取效法於海幢比丘之義以比丘在昔能修習般若波羅密入百萬阿僧祇刦了無障礙

海幢志

故也乙未春長慶空老人應平靖兩藩請偶憩於
此樂其幽靜遂一寄跡尋返錫華首四衆思慕亡
何入滅皈禮諸檀越如大中丞李公瑞梧侍郎王
公園長總戎張公葵軒方伯曹公秋岳輩請主法
不可無人相率禮請其嫡嗣雷峰天和尚繼席和
尚癖於岩壑不逬而難於辭適阿公承心印受衣
缽囑囑以首座遂命主海幢院事事無鉅細悉禀
教焉公暨大法幢檛塗毒鼓吸西江而翻東海緇
素聞風四方雲集上而王公大人下而販夫稗子

莫不泥首皈命發大歡喜隨地布金因緣輻輳遂
於丙午之夏首建大殿廣七楹高三尋有咫矢棘
翬飛碧紺萬狀望若天半彩霞殿後右角則地藏
之閣聳峙巍峩八角鐘臺聲徹雲表逾年丁未平
南尚王就大殿二百餘武建四大天王殿金碧掩
映像設莊嚴見者竦然生敬入山門過天王殿左
右肅立爲韋馱伽藍兩殿更十餘武窗楹相間兩
翼森列者爲迴廊周折而整齊由是迤邐而行以
盡寺之右方稍近裏者爲叢現堂堂前棟宇相連

上下各五楹窓楹對啓上則香積厨其下則齋堂齋堂而右則大悲閣與藥師佛母堂參差並峙盎鼎足而三焉其俯而平揖而內向者則職事諸寮也退而稍後則有持福堂因地勢而建其地之址視前楹稍脊有加爲諸檀信尸祝之所枕斯堂後傑閣重廊連雲並卷者則庫司兩座以貯米鹽零雜又後爲彌陀院環院而拱列者若寮舍若閒房乃不可殫述而墻外彌望卒爲藝植圃圃之盡處爲普同塔圃之中區埏垣草屋斜散蕭踈宛然烟

村籬落景況令人軒冕之想都忘若僧光牟池月始基所建則今之禪堂客堂者是以其緊附右廊庇而存之而志不忘如是而海幢之壯麗不獨甲於粵東抑且雄視宇内土木之功亦云殫矣而後衞未聳則勢形不全侈觀者猶以爲病于是信施諸公群然而興乃就後方餘地築土成臺出地數尺周甃以石臺上建藏經閣廣九楹其高踰於大殿者三之一碧瓦朱甍侵霄爍漢叢林創建之盛至是蔑無以加矣非阿公廣種人天福何以叩而輒應

標指而成有若是哉比年以來余獲與公游每以
暇日遲公過署流連動以數日談宵分不輟汩汩
滔滔辨才無礙瞬目揚眉莫非機用所發其所以
爲人者徹底徹裏於無語句處截斷衆流眞令見
者喪身失命此上根之士所以歸之若鶩也嗟乎
古今所稱善知識者指不勝屈求其如公之福慧
具足有幾人哉余謂公之語錄文字無一不似大
慧而作用過之殆祖位中再來者公嘗語余後殿
功成請蕆事竣尋當退院一瓢一缽以行脚老寺

之本末子盍爲我記之余謂公能若是余當挂冠
以從相與翺翔於吳山越水間以行其素志今公
之願力既遂余乃請申前約可乎嘗聞自古聖賢
豪傑世出世閒無不具大智慧大力量其經營建
置往往非人所及因就公所述記其緣起之由創
造之跡以迄於落成之日者如此以視後之人俾
敬守焉若檀信姓氏捐修欵項及舖舍租課田產
坵段例得數目詳載於碑陰旹康熙十八年歲在
己未夏六月廣東提刑按察使司關中王　令頊

海幢志　卷六　碑記　五

首拜譔

海幢瘞鹿亭碑并銘

獵者獲麑麛無能爲哺先子憐之命牧奴哺以乳羊比數月壯且長嶄然露頭角而鹿矣飲齕寢訛與童豎伍若忘其鹿也戊申秋先子携來粤東巳酉秋七月先子抱病番禺之官舍逾月卧室牖外間䠞䠞足跡不輟如欲得食飼之則又弗視仰而嘘俛而嗅類乎人有所失及先子易簀之須忽悲鳴號跳聲盡而絶有是哉物之决也其感之深矣

然先子之愛鹿也不如子兹何以感之獨深是能蹈義以殉其所恩而以義終者也其亦不幸不得以恩終令痛其義者之無窮期也值送終大故無暇爲理相者命裹瘞海幢僧寺之東園聞者異焉有謂先子跨鹿遊者嗚呼先子厭棄一切飄然逝矣唯鹿馴良無復林性必其安步從容無走險決驟驚吾先子若是乎勞莫大焉越明年庚戌夏將扶櫬歸乃以酒果生芻過珠江而勞之感物理以攬涕增媿悳而徬徨封其塚而爲之銘銘曰

鹿受先德報德以身仙羊之石附麗其神壘土作塚彰著厥英匪啻仙客寔瑤光精呼曰伊尼諦聽梵音 昔

雍正八年歲在庚戌孟夏穀旦番禺令陸陽龐嶼撰

放鹿海幢記

按察 王 令

班龍仙子慣食野苹更披星臥雪與世浮沉焉一朝棄松毛來蕁煙火地余見甚憫之若糸雲譎太虛也不忍再爲樊籠居乃遺書馳送於海幢阿大

士云尚以斗室寸心坐余天地自念浮雲剪剪謏
隔仙溪不意與大聖遊者忽屏木石余之一見有
同病相憐之意願借空門一渦新綠分作仙糧半
片榕根裁爲星榻雖未可馭良亦堪摩莫教亂鸖
之羣閒許從牛之野引笻月邸好傳不死之芝角
挂煙嵐禁踏風塵之市聞經說諦師其留意焉又
作放鹿詩六章以紀其事云

海幢寺毘盧閣記

往余以乾隆甲子歲銜

恩命典廣東鄉試旣蕆事一日却騶從泛小艇珠江觀所聞海幢寺者因得識住持正目和尚率其徒朗如上人導余以遊遊竟則指殿西隙地告余曰此創寺祖阿字和尚所欲構爲毘盧閣而未遂者也於今六十餘年矣毘盧佛相已就今猶權供天王殿所言已其師弟皆若有不自得者余旣罷遊歸旋亦去粤越二十有三年朗上人書來以閣成告且乞余言以落之余念當代之有道德而能文章者不乏粤產其客遊海

幢如余者歲凡幾輩即余生平遊歷招提蘭若不下數十百處不獨一海幢顧眷眷以余爲方外交則獨有朗上人閣成乞言不以屬他人而特屬之數千里外二十年前偶有一面之余斯何爲者耶倘如佛氏言有所謂因緣者在耶余素不諳佛理顧嘗奉親命習楷法手書華嚴經一部因知華藏世界有所謂毘盧遮那如來者既而遊海幢則又知有所謂未成之毘盧閣者今則知海幢真有是毘盧閣者是不可不謂之

因緣也然吾目中固未嘗眞見有毘盧遮那如
來併未嘗眞見有供奉毘盧遮那如來之毘盧
閣則又不知於我乎因緣之畢竟何在也華嚴
言善財參彌勒瞻望寶閣不得其門彌勒乃從
外至彈指而閣開閣中即有億萬閣閣閣見彌
勒身閣閣見善財身非一非萬是萬是一以今
之毘盧閣況之孰爲眞耶孰爲幻耶夫以目見
爲眞以心見爲幻者有之以目見爲幻以心見
爲眞者有之以有心有目有見爲幻以無心無

目無見爲眞者亦有之此皆不可得而口說也
余則以爲無眞幻中生眞幻謂之因有眞幻中
復生眞幻謂之緣而實皆生於人之心旣生於
心因遂有不可辭之事亦遂有不容已之言然
則彌勒之有所謂閣而實未嘗有閣毘盧之本
未嘗有所謂閣而忽已有是閣余則目中未嘗
有彌勒閣并未嘗有毘盧閣然心中所忽有之
毘盧閣猶之心中所固有之彌勒閣心生有有
生因因生緣緣生事事生言事生於不可辭此

朗上人之所以成斯閣也言生於不容已此朗上人之所以乞余言以記斯閣也其眞耶其幻耶吾不得而知之矣他日或猶得及此暮齒復尋曩遊上人作彌勒彈指導余登閣同證妙義當各大歡喜然而即此一念復生後因矣是爲記

賜進士及第資政大夫內閣學士兼禮部侍郎提督江西學政仁和金甡譔文

麗南和尚六十壽序　　孝廉車騰芳番禺

將爲熊申鳥經鴟視虎顧之説以祈長生此道家言也佛氏之教不然彼以無生爲宗旨生且無矣何有於壽然吾聞無壽者相乃爲眞壽故歷億萬百千阿僧祇刼而迥然獨存是謂無上生是謂無上壽非大智慧其孰能語此雷峰麗公和尚爲洞宗十二世孫雲菴和尚之法嗣也師本名家子生有異質早悟夙因明出世法初入海幢謁雲公和尚見卽大奇之因留受業已而歷名山爲雲水遊住丹霞登絕頂面壁者十年四教三乘十函五部

浸淫融洪於儒者所讀之書悉見顛末喜爲詩觸境成吟匠心獨出而自流機趣久之胸中豁然若有所得乃始下山復入海幢時值慧公大唱南宗委師教授會海雲中經薄蝕法席久虛慧公偕師以來衆願懇留師也遂主席焉於是刹宇一新鼓鐘復振其受持四戒者頂香跣足而來希聞法旨者看花冒雨而來供養珠瓔者肩輿唱導而來而吾輩之結社聯吟摳衣折屐者于于焉渡虎溪而來也師則左支右頤菩團日不暇煖而忽忽已六

十矣於是緇素雲集合掌稽顙爲師祝大年也師曰嘻菸菸青海適自何來活活黃河銷歸何處何爲壽何爲非壽又烏知是啁啁而刁刁者乎師辭益堅衆請益力乃合詞而言曰師不聞乎人情所不能已者聖人弗禁今師以一身負荷世法時現比邱身則爲密室慧燈也時現維摩身則爲迷津智檝也時現宰官身則爲暮夜晨鐘也罔不願菩提不老寶月長輝以自壽壽人者師未能離斯世也願以世法祝師師所謂外形骸超世緣者形外

而性以凝緣空而生以固則以本來慧業共証不壞金剛具無上生証無上壽固其宜也且是月也一陽之始於爻爲初於卦爲復天地之運周而復始師今花甲初周矣於是而周亦於是而始自兹以往循之無窮則兕砵無非活水祇園遍植冥靈師且陶然於一瓶一砵日饌伊蒲上益慧命而下益色身也肯以其餘啖我乎請卽以此言爲岡陵之頌

海幢藏經閣記　　王令

遡珠江幢影丹樹層甍者海幢之藏經閣也宗風原以不立文字爲階五千陳言若向空標貝葉覩之何以作法乘無住耶阿大師發爲空中真吼故以廣大莊嚴擎之干霄爲洗濁天色障樓成索予記予因偕友揭雲凡三疊而上登斯樓也恍挾半空風雨叱咤陀城兼一望四空而煙江梅樹浮捲天末鐘聲梵唄清咽狂濤使人盡劈青塵豁然天漢真大觀也昔憨山云金莖丈六光接由旬性海迴波彩含舍利今也甃角冉驚飛棟霞與遠山出沒

甗甗同寶月俱翻憨山之言不其驗歟予因荻青一額以宏天塹顧久不覺鴻影嘘潮浦光挂樹遂題諸壁石而返

海幢讚佛古學試作 文學陳官香山

幢影結蜃樓簷風落花雨、百年王氣空、現此光明土、三千大衆生、看潮聽覺鼓、過去與未來、放下一無取、緣兀既非今、彼岸亦非古、秋老雁王歌、庭間鹿女舞、寶月一輪滿、直射虛靈府、願移海珠光、獻我維摩祖、

博山遺字記

此博山艤禪師之遺翰也博山於阿字禪師爲傳法阿字名今無廣東番禺萬氏子少孤貧依廣州天然是禪師度爲僧天然器之十七聽讀壇經叅明上座本來面目因緣七日聞猫聲通身汗下覺世界如壁走見天然天然時尚未起隔簾問曰半夜至此何爲師曰不思善不思惡止道得一半天然曰那一半灒師作猫聲而出天然曰此子叅得禪也時失學不知書而天生智慧能貫通三教信

筆注三祖信心銘耆宿遜不能及年十九踰嶺二
十二出山海關孝剩人可踰三年入關留都門又
二年回粵東再依天然於雷峰因晚課豁然見大
愚芝爲雲峰悅因緣作用見前覺從前功候至此
皆息作偈云手畫高旻枉自癡可憐積劫滯鬚眉
今年競渡過三日晚課隨人瞌睡遲走印雷峰許
之荅偈云忘醜憐兒老更癡歸來還汝舊鬚眉雷
峰佛法無多子蹉倒方知覺悟遲明年元旦遂舉
之首衆是年出世於海幢緇素雲集棟宇大新法

震南士康熙癸丑爲請藏北上甲寅春還過金陵
衆姓留之寓報恩寺一日有客過師曰師爲博山
嗣曾得山翰墨否師曰未逮客曰距此數武有從
容庵主僧字佛生其家有博山手書一大艸字筆
勢環結衆莫能省締視乃師之法名上又題云一
幅素紙兩條墨痕呼牛作馬旋乾轉坤識得斯人
眞面目便入維摩不二門後系博山老人手讚云
師往視果然問何故僧曰昔明天啓丙寅間博山
過此佛生之師曾爲山知隨乞書山書此且囑勿

損異日吾道大昌將在此字汝其遲之遂粘之壁上至今五十年矣師笑曰某在君家五十年今將別去何如僧曰諾明日遂以此幅歸師嗟乎圖讖之說古德不言然燈錄所載比比如二株嫩桂久昌昌如一花開五葉結果自然成如金雞解銜一粒粟供養十方羅漢僧如馬駒踏殺人此類不可勝數豈欺我乎易曰神而明之存乎其人禮曰待其人而後行蓋前人之所明即後人之所存後人之所行即前人之所待以道系論之師得法於天

然是天然得法於空隱獨空隱得法於博山𩕳師源流甚親而時不相及卽此字書在丙寅距師生之癸酉尚七年而博山何先知此且曰斯人面目斯人者何人乎不二門者阿字法門也師之名與字何適合而五十年後復見於此又何故乎豈非佛法之所謂不可思議吾儒之所謂先聖後聖若合符節者乎余生平不好與浮屠遊而獨傾心於天然與師天然與師亦深以余爲法喜交且記童時曾隨先君子後獲謁博山於龍眠之生生社至

今猶能言其事然則余於師之師弟子間豈非有緣今屬記此曷辭焉旹康熙十三年甲寅秋九月

上浣日

賜進士出身嘉議大夫

經筵日講官翰林院侍讀學士前內翰林秘書院侍讀司經局洗馬左春坊左中允左贊善內翰林國史院修譔秘書院編修宏文院檢討國史院庶吉士方孝標頓首拜譔

海幢志

偈頌

香山陳蘭芝拂霞輯梓

正中偏

樂説禪師

殘燈顧影不勝情坐斷寒光竹榻清毾㲪蒙頭纔

一覺下山幾處曉雞鳴

偏中正

瑟瑟西風衣帶輕笙歌蔟裏足清平酒樓無限如

泥醉郙𨜨識儂渠此日情

正中來

出門豈有重回頭客路如天生旅愁未到長安先

駐馬黄昏何事獨登樓

偏中至

潦倒茅茨不自移尋常烟水許誰知迢迢空谷無

人到嬴得溪風盡日吹

兼中到

到處生涯不共論一瓢多是寄前村閒煞五陵貴

公子醉騎白馬入長安

類墮

白雲影裏雁行斜迢遞關山路轉賒粱稻若教逢水國蘆花深處卽吾家

隨墮

聲色叢中活計長啾桃舞柳足清涼少年一段風流事肯向高堂守雪霜

尊貴墮

萬仞峯高不可躋白雲深處鷓鴣啼行行轉入溪聲渺步步頻移烟路迷

百丈再叅因緣

曾騎匹馬獵平原萬死難酬知己恩再勑深承明主意功勳誰共此時論

樂說禪師語錄

康熙丁巳臘月二十八日本山頭首諸職奉前住持天和尚命從教授寮請繼法席據室丈室端居曲彔高據遞代相承宛然流布別作生涯徒誇伎倆今此室中更不閉戶造車管甚塗轍合與不合尋常重門洞啓一物也無要與龍宮鬭富不是神通妙用亦非法爾如然畢竟何從置得卓拄杖云

若向者裏捉敗任奪驪龍頷珠設擬回頭承當早已白雲萬里

戊午元旦上堂拈香云此一瓣香名純一貞實恭惟

今上皇帝聖壽當當常住法身自然世道遐昌法輪常轉次拈香云此一瓣香名如意寶雲奉爲國王王子大臣百官紳衿士庶若僧若俗以至九有四生隨其志願各得滿足再拈香云此一瓣香遇貴卽貴遇賤卽賤不是龍涎亦非雞舌祇是個甚

麽圈套兒西天四七東土二三遞代提持互相頂
起直得眼底火似星流嘴邊沫如湯沸今日依樣
葫蘆信手拈來供養匡廬山長本師天然是和尚
用酬念緊箍兒咒之狠心歛衣就座維那白椎云
法筵龍象衆當觀第一義師云重闗門開六窓通
敞唱個山謠提條鐵棒不是知音徒勞瞻仰衆中
莫有滅狐種族者請出相見二僧齊出作禮師云
你者兩個猩猩恁麽出來早已不著便也一僧云
正是和尚見處次僧云來看猴王舞師云一得一

失進云者裏還有商量處麼師云問取他僧以手回指云窓外青山遠師云未夢見在進云片片梅花香白雪枝枝楊柳鬧黃鸝師云好詩句乃云赤體生成行者孫強加冠珮混梨園何時脫却籠兒去嘯月吟風面目存咦你者老孫休打妄想不見道竿木隨身逢場作戲良久喚大衆云汝等須知此處無當場之人現前無觀場之衆一個煊赫虛空亘古亘今未曾移易一絲毫不妨當場底當場觀場底觀場當場底旣是戲難道觀場底便不是

戲麽觀場底既是戲難道不觀場便不是戲麽誰
知盡蓮花海藏十方微塵清淨國土總是一大戲
場其中四聖六凡但具含靈總是演戲的人現作
三十二相八十種好時便唱個十力四無畏十八
不共法底曲子戴起花冠便唱個三賢十地四無
量心六波羅蜜底曲子圓却頂方却袍做個自了
漢便唱十二因緣苦集滅道底曲子現作人天勝
相便唱四禪八定五戒十善底曲子現作三途劣
相便唱貪瞋疾妬邪見我慢貢高底曲子曲本千

般變相萬種祇爲向此場外更無立命安身處以
此亘古亘今無有下塲時節你等觀諸世間最苦
最上莫如黃面老子祇克得個大淨欲要完結者
個壇塲少他一脚不得所以當日在菩提樹下明
星現時便自圓音高唱奇哉一切衆生具有如來
智慧德相引得無限人傳將去學將去都要唱個
大團圓作了塲至于最苦最劣莫如飲銅食鐵之
徒亦祇是個丑脚一朝被黑面老子逼拶將來欲
進無門欲出無路求生不得求死不能正好放身

命處叵耐他不自覺知所以調達從旁忍俊不禁便高呌云我在地獄中如三禪天樂雖則爲他點破爭奈令者些當塲觀塲底直下瓦解氷消連者戲塲幾乎被他推倒了若是别出一手眼另具一腔調則歷代據曲彔床阿師到做一個生脚却善解清唱我老孫曾有一偈贊他云分明拍拍别宫商不與時流較短長自有子期音外賞雙雙携手過河梁其餘勝劣諸種類總是些和伎之衆就如卽今者個塲中天然老漢五年於兹唱個沒字曲

時常提起箇籠兒要一切人都落在他圈套裡偶
撞着一箇半箇却被他熱瞞我老孫濫叨半個之
列且道酬恩則是報怨則是又前住持法兄老豆
皮宗從開山至退院足滿一十六年賣盡心肝招
破指爪入淨入穢現慈現威或高提或垂手直把
雪曲作巴歌唱又把巴歌作雪曲唱成了一部曲
喚作雲賞堂集中間不下數十萬言實不曾挂着
個元字脚我老孫于此多年也嘗被擡搦今日承
虛接響唾些野狐涎直將狗尾續他金貂要且無

痕跡代大匠斲不徒傷手還要斫一切人鼻孔直
敎當下打失不拔一毛現諸種種且道是戲場不
是戲場是眞面目不是眞面目如今人多向上場
時下場時分別其面目孰爲眞孰爲假三生六十
刼保你辨別不出縱辨別得亦非眞的你等要識
眞面目麽良久云眉毛八字打開鼻孔大頭向下
等閑關目完成不煩更唱哩囉結槌云諦觀法王
法法王法如是下座
上堂金佛可度爐木佛可度火泥佛可度水眞佛

終不向內裏坐何以故聽舉一絶作證雲想衣裳花想容春風拂檻露花濃若非群玉山頭現會向瑶臺月下逢

結冬上堂僧問選佛場中何者是佛師云錦水長流碧僧打圓相云且道者個是同是别師云丹山冬復青僧顧左右云大衆還有差别麽師云露柱爲汝辯取進云總是者個直放在紅爐裏師云墮落眉毛進云和尚爲什麽還有者個在師云秖爲汝有者個僧拈起袈裟云放下了師云好則好進

云全憑妙指發本清音師云不是不是進云也須
獻過僧問釋迦未降皇宮儒道國已治石鞏一枝
箭今日正好隨機接引師云穿却你鼻孔僧一喝
師亦喝進云大地衆生若動着一箭還射他一羣
師便打進云光明照世間慧劍定太平師云收取
好問佛卽是衆生衆生卽是佛除却佛與衆生覿
面事如何師云南山虎齩大虫進云今日結冬大
衆未有進出爲甚麽堂內不知堂外事師云祗爲
少點檢僧頓足一喝云某甲分中全無半句眉毛

上鼻孔裏二六時中與和尚是同是别師云錯過多少進云尋生喚作得空王無底載滿擎將歸師云却須仔細乃云丹山創結此冬期鑪鞲開張煆煉誰個個直饒生鐵鑄看來早已墮鬢眉大衆一期之内依佛所説以大圓覺爲伽藍身心安居平等性智未免分作兩橛不知從無始刼直至盡未來際其中四聖六凡若行若住若苦若樂從不曾頃刻出大圓覺外定俟期塲始安居平等性智尋常期前期後佛殿裏燒香山門前眺望山峙川流

烏黑鵠白便非平等性智麽然須直下倒斷若不如是僥他掩室摩竭杜口毘耶三處安居九年面壁總是掉棒打月未有親切處今日海幢結期不過應個時節兼承固山王大護法特設普齋爲結般若緣便是提撕等語汝等若向長連床上竪起脊梁鼓着眼睛與彼昏沈魔掉舉魔煩惱魔生死魔及諸聖境界魔對壘抵敵一回前一回却卽得一勝勝去早是個不唧𠺕漢倘要做個志氣丈夫便須如彼大將制敵于數千里外擒將于百萬軍

中動則旋乾轉坤靜則河淸海晏且得恁麽作畧
天下一任橫行如或未然且捉牛頭食艸去也驀
豎拄杖云恁麽也不得不恁麽也不得恁麽不恁
麽總不得鯨吞海水盡恁麽也得不恁麽也得恁
麽不恁麽總得露出珊瑚枝咦者裏是甚麽所在
說得與不得擲拄杖下座
上堂牆壁土塊露柱燈籠還有佛法也無有則頑
然無靈無則法有少剩向者裏道得個親切句像
季道法庶幾有賴

上堂諸佛不出世祖師不西來佛法遍天下談乎
口不開恁麽則德山捧臨濟喝未免浪施金牛飯
趙州茶一任去取祇如日用措手不及時盞子撲
落地碟子却成了七片畢竟誵訛在甚麽處到者
裏莫道無事生事好

解制示衆僧出問師默然一僧復出問師亦默然
良久乃云沒傷偓漢據此曲彔只須一夜暴風疾
雨把條殘性命幾希累殺更有甚麽餘身心爲汝
等說佛法况是啼得血流無用處不如收拾過殘春

海幢志

儒釋詩 前冊　香山陳蘭芝拂霞輯梓

入海幢　按察王令 關中

一帆天外落入寺復尋舟月破琉璃影雲粲石鐸瀝捫蘭分雨氣卓錫湧江流日暮鐘聲起悠然古渡頭

海幢收風雨尋山不碍舟探梅披古木放鹿踏輕瀝塔影攜雲去江聲入寺流主人淸不竭涼月上峰頭

探奇烟水靜幢影過虛舟古殿棲三匝禪房聚一漚鐺雲和石煑海月帶山流踏破曹溪窟樞衣最上頭

題阿大師不落處

一芥撩獅窟精微未易窺慈雲心月遍法雨海風吹幻影生無住眞空淨有爲此間渾不落何處着

阿師

海幢八景

花田春曉

小圃烟初泛蒸霞半綠搴晴光惟淺淺幽韻自田田擷雨香低岸淘雲月滿天鍾聲原有約冷寺抱花眠

古寺桼雲

爲訪雲門寺幽棲未易尋、捫蘿連海氣抱月入峰心僧老烟中鶴。泉飛石上琴。禪房空影落天半聽潮音

珠江破月

寺咽山城暮花低覆海門星辰撩野動。雲液入波

翻。一水瀠珠影。千江鍊玉痕。風幢探碧落夜氣若

爲捫

飛泉卓錫

胍伏江雲過探流瀉玉鳧迸來山雨暗卓去海風

呼石咽煙初冷。泉憨月半㸌。尋源如未得一滴又

何須

海日吹霞

幢影扶桑外精芒射碧波鐘聲搖梵綺海氣撒江

鼉挾浪淘晴雨乘潮度遠莎驚鶖吹不定冉冉竟

如酡

江城夜雨

夜氣生風雨珠江鎖沉寥寺埋雲影暗。花壓露痕凋。佛火藏高閣。漁燈沒遠船。一聲清磬落秋水漲

河橋

石磴叢蘭

一徑逼幽梵晴煙破曉初虬雲分異種。風雨帶新鋤。倚石香生砌當軒綠照書拈來清淨意慧業只

如如

竹嶺幽鐘

重陰深翳處清響發幽遐度水尋殘月沿溪吠落花空叅仍有碍靜理自無遮撞破煙初曉寒林日已賒

昝公云山靜歲如閒市鬧烟塵閉予嘗坐松穴中半窓冉冉炎氛觸觸乃思禪房花木深之句不禁若握抱徂徠之緣也因挽橈渡江入海幢正浴佛日也時佛出水舍利炯炯阿大師曰公眞金粟同堂毘盧一室若否焉能輻輳如是乎師浴竟同予隨喜汲新泉云此卓錫處也視之脆過江雲飲之似松花吹雪頓令人沸目視遠能鑑雲霄外物因咏之拍手而就次逼雲舂而有破月叅雲之韻速爾鐘聲竹嶺清磬花房更沙彌拔以苦茗色照當軒香連茗砌薝海外奇花也沙彌云出自花田迄今幾百餘年矣細綠蓬蓬可銷晝永耳予適咏之八景咸出昔東坡贊浮山八景六韻成

帙寻之咏海幢者若携鐘聲深咽禪房曲折閒使花陰問答仙犬互驚予之不倫不次也草體乃書丹而返

題阿師水庵

劖碧圍幽境鐘聲水際生剩雲連石榻孤月起風鐺問渡雙鳧倚尋溪一葦横此中羸彼岸莫認片帆輕

大地誰拈著空蒼泛一螺因風流石磬載月問煙簑半偈魚龍隱諸天花雨馱何須尋破浪覺海自無波

一芥棲蘭若潮音壓海門鐘清波乍冷幢靜月空翻細雨魚燈暗深煙佛火屯還看雲水外研破碧天痕

再入海幢

小棹飛飛戛玉浮綠波聲裏一扁舟端從水國尋蘭若會向扶桑識海漚印破珠江雲自冷擁殘龍窟月空流雄談坐對花陰寂奚必勞勞問渡頭

劈破塵根上玉浮楊花低泛渡人舟千江水靜巢明月一鉢雲春煉幻漚殿倚松風吹落照樓叅佛

火咽清流擬將無著西來意拈向阿師拄杖頭

登藏經閣

千尋碧浪咽江城影逼危樓勢若傾佛頂慣巢霞外鶴松梢常泛雨中笙三山入海空溟澒一水臨軒古月平極目蓬瀛天外落凭欄此際看潮生

江中山影次阿師韻

山情愛潔水全收爲抱清光未易流松老幾隨千嶂落潭空時傍五雲浮未侵龍骨先評月欲弔湘魂故練秋千古遊人題不到獨饒幽韻賦江頭

斜陽低處一帆收突見林巒天際流山勢入江波
影暗雲英競渡濕光浮汀花間出銀河月水國平
分塞雁秋惟得炎洲探勝者翻從澄碧識峯頭

灘夢次阿師韻

夜入江洲月滿船江聲月色一帆懸應將空翠邀
人夢會有淸商伴我眠岸濶不妨雲薦渡灘深何
必雁垂天鄰舟爲若頻相喚起視飛泉迸石邊
十里灘風夜泊船寧如栩蝶夢中懸江湄漠漠烟
初度岸草萋萋月未眠山色擾人猿叫影秋聲咽

露水溶天舟人一宿清無寐移向雲巖古木邊
夜色蕭蕭伴客船毎逢山水夢相懸一灣清淺因
風度兩岸空蒼抱石眠剩有漁燈酣碧浪從教雁
字寫青天探來靜悟非關此會向沙洲古月邊
空灘有客繫歸船夢繞雙溪片月懸愛潔不妨松
下臥探幽好放石頭眠寒生沙外漁洲火響遍風
前蓼葉天一夕塵情銷已盡邯鄲應傍五雲邊

白雲之行次阿師集韻

踏破驪珠幻未安秪緣吹向碧江寒浮生有夢虛

留蝶隙影無垠擬弄丸越水謾沉三尺劍幽雲空
負九蓮冠維舟共訂晴巖約試問期生借羽翰
幻從何遣意何安飛向江頭問月寒似識漁歌驚
玉遂空悲雁影落金丸風波老我沙棠楫煙水留
人竹籜冠爲訂重巖翻舊迹白雲深處羽翰翰

遊海幢寺訪阿字禪師

尋幽咫尺泛星槎蘭若蒼茫水一涯花雨飄殘煙
樹渺松風吹徹海天霞禪心寂寂青山老幡影幢
幢夜月斜謾道塵緣銷已盡空林猶有五雲車

次方邵村諸子海幢唱和原韻并柬阿字禪師

夾岸香風搴芰露穿林皓月補松雲攤開法藏原無佛唾碎冰壺似有文爲念壽龍歸掌握憑他潮信說參軍諸君剩有奚囊句未許延州處士聞

溪山夢見闔禪月花雨今知點法雲誰信煙波傳羽檄空勞旅雁竊迴文行消弱水三千刼坐老奇峰百萬軍應有遊人頻答贈老僧端的不曾聞

舟中得阿師夜話

旅夜欣逢便識名得君爲我破愁城僧伽笑指雲
連水陸刎論心酒滿罍劍倚孤舟天地濶詩敲殘
月古今明看來世事皆萍迹羸得中流自在行

病中喜阿大師過訪

鄭重孤踪百難侵相逢何必更譚心拈來有相情
偏切話到無生意轉深片刻悲慈銷别恨千年風
雨慰長吟君歸遺我空潭月會向迷津渡遠岑

海幢訪阿字師　百字令

霞封煙鎖梵王宫浪捧千秋人傑夾岸飛紅全逐

水杜鵑抵死饒舌林擴潭空獅驕象勇化作千峰
雪畸人高臥松花滿地誰擷　我來踏破江雲金
沙亂擁見一燈明滅法喜堂中阿是主故放遊人
覺躃夜月鐘敲天風棒喝總是緣虛設先生微笑
金剛若也成鐵

海幢寺題壁　文學　潘鳳升　順德

珠海鐘聲日夜流紅綿綠死幾經秋錢王已去山
僧在更與誰吟十四州

輓阿大禪師　高日聰　膠東

都說珠林勝久知惠遠才與酣囊有錦禪定鏡無
臺山影雲中落江聲天際來仙城捧使節方幸與
徘徊
東籬採菊日勝侶入招提是日偕郭虹陽先生洞口未歸錫
壁間有舊題古榕依傑閣新竹護平畦曲徑幽尋
久登舟日已酉
聞道折蘆客剡溪興盡還笻枝辭鶴嶺屐齒度梅
關泉石雖成僻烟霞應駐顏那知權玉樹龍髯已
難攀

疑是傳聞誤西歸竟已眞頓能忘色相豈復戀風
塵花憶談經日石憐揮麈人獨餘蕭寺在皓月照
松筠

輓阿大禪師

曾於江上泛輕舟廿四橋邊識惠休洗鉢青蓮生
甓社校詩白雪落邗溝嶺頭風鶴十年夢天末雲
烟兩地愁昨過祇林忻道故已將心跡付浮漚
波瀾歷盡愛逃禪結社東林池上蓮正擬一燈傳
寶地豈知隻履赴鈞天江風故咽談經石海月長

懸卓錫泉自顧塵緣應未了飄蓬何處禮金仙

重遊海幢寺八首　　侍郎金　甡仁和

憶昔登初地重來宛隔塵迷茫一宿覺頹落百年身似欲趨神道終期傍法輪淨名標海住應與海幢親

方丈留虛席迎賓退院先年催渾忘老悟徹不談禪法乳定誰飲佛衣憑屢傳美他蕭灑意且祝緩生天時住持方化去退院僧領衆迎客

自起毘盧閣曾邀作記來倩人殊不免掠美更堪

哈妄語證明易私心懺悔纔鄭虔雖老去鴻爪印

香臺寺僧嘗請余作毘盧閣碑記

寶澂同年鄭學使虎文代作

未了圓通義能書方廣經華嚴樓閣現梵夾寶函

扃本爲報恩重無如供佛靈幾時歸法藏花雨應

流馨甡於戊申八月因母病寫華嚴經一部至

戊午四月始竣擬裝供毘盧閣道遠未致

佛骨精英聚荼毘舍利存分從阿育塔散在給孤

園法寶有時遇昔遊疑避吞但中崇奉意眞贋不

須論甲子到時即聞寺

有舍利今始見之

郭園尋舊址嘉卉總摧殘宜作鷴林植留將鷹爪

蘭拳枝依貝葉吐萼帶栴檀幾閱滄桑刼長資佛力安寺爲郭家園遺址今尚有鷹爪蘭一株

禪宗欲遷化有偈問𪚥哥我昔留元緒居然學法和家應憐夢鹿池每伴新鸎說戒勤來聽毋嬰江使羅甲子所放𪚥尚在

拄杖宜扶老隨身各有因助將一喝用賜出七旬人往復供投贈機緣驗舊新從今木上座玉帶可同珍寺僧以萬年藤拄杖見貽余亦以手扶筇竹杖留鎮山門

方邵村侍御汪漢翀水部暨諸同社招遊海

幢余以病不果往次向有夏司鹾韻

孝廉 楊錫震 香山

寺湧海門天上下龍歸龍去一堂雲涵來黄木灣頭影裂出珊瑚水底文共訝衙花翔異鳥相將揮麈退魔軍一聲縹緲羣公嘯何意詩人隔岸聞一水微茫兩岸分遠峰點點澹如雲客留此日金山帶詩敵當年薦福文鱗爪不歸劉夢得鬚眉似現鮑參軍獨憐病渴遲佳約幸遣琅琅戛玉聞得見赤髭人不易因之棹破一江雲波心珠弄東

海幢志　三

南坼地底金搖星斗文買暇豈須酬萬鎰驅勞寧用役千軍一時唱和空今古按入鸞笙到處聞

夏日同曾秩長過海幢訪雲庵和尚適圓音和尚歸自丹霞招遊五嶽　佘錫純順德

荔雨初消海日晴扁舟一路入鐘聲素冠客至悲風木予與秩長時同在憂服中白社僧歸見弟兄石爲有文虞世重萍因無土得身輕湯休許共名山侶昏嫁何須儗尚平

過海幢訪頫來大師

厭隨馬尾似京華共逐閒雲汎小槎門掩浪花同客冷竹圍鄰圃帶山斜樹無枝葉眞成傲鶴有林泉卽是家千里山門分講席一年羊石又丹霞

過海幢呈角子和尚

一徑陰森木槿紅覓閒剛到上方中遠山藏雨半牀日潮水入門滿院風天上有雲都是累江間無影不歸空何時得著緇衣去靑艸洲邊老此翁

海幢寺觀大藤峽藤鼓歌　順德孝廉羅天尺

艤舟海幢雲脚黑赤雲西流半沉日偶登高閣眺

海門海濤湍湃秋瑟瑟探幽尋勝意偏豪地藏閣
鬲藤鼓高老僧搖手囑勿啟風雨雜雜聲嘈嘈爲
言此鼓藤峽出遷置緣由尚可憶盤踞地稱三種
猺剽疾人傳五花賊羅旁之地萬歷年刼人笑聚
萬山巔峽水深深不可渡大藤浮出如乘船猺誇
此藤爲神物石角橫吹當觱篥星巖聲應石將軍
花肚寨傳盤古日豈意天兵天上來鐃歌朱鷺聲
如雷銕弩能飛不可用槽釘雞健胡爲哉蕩平天
馬設狠目神獻大藤出箐谷將軍截藤作三鼓鼓

椽圍幾一丈五霜氣時騰黑銕光洞空自作雷神
語用之鎮猺如伏波銅鼓藤鼓功不磨端州梧州
去其二廣州其一高嵯峨妖怪成精餘孽重都司
堂上鼓常動小聲格格大逢逢金戈摩擊潢池弄
紺殿空王號伏魔十夫力舁龍象馱移置千花明
鏡下照來三寶業緣多果然鼓藉天人力不平之
鳴鳴頓息善惡同歸一指禪恩仇忘却萬緣失我
聞僧語稱神奇依草附木信有之只今　聖人垂
裳廓廟上天地清寧涵萬象木鐸聲傳大雅音瑤

琴風溢南薰响况爾藤鼓爲妖聲盛世縱响無人聽四天肅肅梵音起天花法雨歸空冥

夜泊雞鴨河東海幢旭公

清晨發孤棹山水歷重重樹影忽浮寺江聲夜有鐘何人具雞黍有客笑龍鍾咫尺東林路無能問短節

冬日舟泊海幢寺本無上人到訪

聞鐘知日暮舟楫暫求安寺勢吞江濶潮聲迫歲殘人如沙鳥集月似海珠看不有支公錫窮途興

易闢

寄懷海幢麗南上人　孝廉 車騰芳 番禺

楊子峰頭月上徐寺後便是漢楊孚宅石橋烟水逼清虛禪床亦擁人間史貝葉長翻上界書兜硃香分竊食鳥吟燈光射溯潮魚年來多事車塵隔欲向山松度筍輿

同張明府甄陶游海幢寺　太史 杭世駿 浙江

羊城亦詩國秀句說湯休勝日躭禪味清尊散旅愁峕移孤艇去。潮挾大江流。百尺紅樓逈居然到

上頭法眞法一洪亮
三上人皆能詩

三門仍面郭溟漲到階彎縧借秋前樹。靑歸雨後
山雲移花漸瞑風起鶴應還不是雙旌動經床盡
日閒

短策煩師導長廊路屈盤靜諳禽語樂翠想竹光
寒馴鹿過經苑孤花覆石壇頻來應換骨不用一
九丹

試豎風旛義遲回到日斜涼陰宜借榻孤客已忘
家磨衲非無願留詩恐被譁山廚珍重意破費幾

團茶

慧輪上人見示阿字禪師乎法 師原禮拜雷峰天然和尚

宋廣業 長洲

雷峰門下固多才泒演光宣道藏開口似懸河無窒礙心如止水絕纖埃啓叅至理窮幽境普示顓蒙現聖胎塵世幾經緇涅後從知不昧是西來

海幢寺題壁

翁師鉤 順德

遠公拂几笑逢迎不減東林主客情白社座中慚我拙碧紗籠後更誰爭山依宄塚苔碑古地接花

田香雪淸空憶當年褉子宅荒蹤同證佛燈明

夏日同楊蘆溪劉展裘何球先遊海幢寺雨

中分賦

經年不到上方行此日同來萬慮淸翠竹引風吹

暑去黑雲移雨促詩成洗心近似臨珠海隔岸遥

瞻障粤城肯信法筵甘露洒天花如墜一聲聲

大雪日登海幢僧閣有懷漢楊孚

梁以壯

移洛蒼松影已虛危欄風冷意蕭疎雪姑此日空

翻羽綠瓦新禪竟變居嶺外共忘征棨始卸莊誰念得名初還他消長河圖數不似江潮易感予予爲漢章帝議郎嘗在洛陽移松栢種宅前冬雪盈樹人異之因目其地曰河南粵無雪而予之松栢獨有雪許渾詩河畔雪飛楊子宅海邊花發越王臺即此

海幢寺　龔鼎孳

鷲峯雲外敞層濤倚醉逃禪興亦豪鷗夢百年消竹院虎溪三笑出蘭皐沙明野翠侵簾入路細春林湧檻高淨業久忘桑下戀將離客思詎牢騷

贈本無上人主席海幢　楊震青南海

寶幢高擁海霞紅接席燈傳嶺東心契入天開
法眼力持龍象振宗風拈花早會眞如諦濟衆能
成自在功他日從師結蓮社珠江還與虎溪同

海幢寺　文學　陳官　香山

幢影落層臺江濤挾勢迴歌尋珠女去秋帶雁王
來綵瓦爲誰出南雲豈自開刼途資福地俺達太

非才尚王創建諸殿及臺堦博麗齊整雖金陵之承恩報恩西湖靈隱靜慈未之或過

壽海幢旭堂和尚　進士　翁張憲　順德

法門領袖近肩梨香帔逍遙擁稻畦力大自堪肩

象教垢離眞合証菩提三摩慧業脩曾早十笏祥光見有倪甲子難拘煩惱破華嚴常得靜參稽

夏日遊海幢登大悲閣望素馨田

太學生 譚 湘 順德

絲雲紺殿息塵緣斷續蟬嘶碧樹烟珠海潮聲通百粤美人香夢散諸天影空覇業河山寂白浸平疇夜月懸欲懺情根歸淨土夕陽忘趂渡江船

大雪日登海幢大悲閣有懷漢楊孝元先生

相傳此地楊孚宅冒雪登臨半日閒松已化龍歸

大海鶴隨飛錫戀空山滄桑多幻風塵外歲月消

磨宇宙間挾策更誰重出嶺十年心冷利名關

楊孚宅今改建海幢寺　太學生　黃　璞南海

訶林曾探虞翻苑宅訪楊孚彼岸滄臨水屋荒歸

隱後種松入老著書時衣冠始盛南天氣文運初

開嶺表師策杖與僧重懷古雪飛門外立空遲

海幢月夜與孚超莫秀才話舊

海幢住持　釋法一本無

松嶺月初上呼童掃石臺與君談世事多半悟禪

來學海無流俗文壇有剩才十年關痛癢時命轉相催

雨後集一瓣山房分賦山房在海幢內

芳林帶餘潤滿院喜初晴忽聽流鶯囀彌深求友情詩成吟一瓣茗罷話三生明日春歸去呼童掃落英

蓮花留一瓣香氣日初清地瘦苔痕薄風恬鳥道平斷雲橫舊宅殘雨下新城最好鵝黃蝶雙雙戀晚晴

山中秋日有懷南澗和尚

處暑經旬後山深蛩晩涼相思一條水吟斷九迴腸石罅叢蘭盛雲根引劍長好携雙蠟屐來共佩幽香

義鹿亭晩眺亭地便是楊孝元先生宅

獨立殘陽下孤亭動遠思烏鴉四五點朱槿兩三枝舊宅留芳節新詩入暮悲蕭蕭松韻寂空憶與遊時

雨中同會大師舟泛大通謁東樵老人遺像

東樵乃跡公號

古寺吞江潤門通早晩潮淋漓登彼岸同謁老東樵文字空塵刼虛堂剩笠瓢分明眞錦繡信筆註逍遙

月夜喜黃叵石趙元暉李孰元黃縉卿過集

海幢分賦兼懷楊孝元

月浸琉璃殿高賢興倍濃品題留舊宅微露溼疎鍾良會終難契春宵不易逢種松人去後惟有白雲封

海幢志

喜位中李先生過宿海幢

花田月初滿同鑑兩人心冷地相過少幽棲念至今愛山新結社憶竹舊成林又訂雷峰棹荷風蕩素襟

秋日登毘盧閣

珠幢深鎖古松杉面面窗開翠欲函梨苑流香千樹雪花津飛錦半江帆晴嵐散處諸天近明月光時萬慮芟幾度憑欄神獨聳儼然身世出塵凡

龍山雨夜有懷海幢諸子龍山寺在新興六祖所生故里

夜雨沉沉闇道微又添愁緒欲何依垂紅香荔橫
窓出湧翠蒼松破雹飛蓁莽已生千載地乾坤難
滅六傳衣東林勝事何須說虎背何年共息機

河南採茶詞

家家都向雨前忙恰似幽蘭帶霧揚雀舌滿籃何
足羨問郎聞妾指頭香

與諸子遊海珠兼呈主人

樹匝城根浪匝臺中流底柱核蓬萊大家偷得浮
生日無限詩情細剪裁

誰擲驪珠碧浪中角巾人去刹花宫何須更覓方
壺景一任登臨眼界空

海幢寺呈阿大師　續檢　查慎行

洞中衰復振泒衍白天公半是逃名客孥稱出世
雄雲幢標郭外香界湧南中塡海爲平地叅天起
梵宫歘成疑鬼運幻出儼神工穗石浮佳氣朝雲
拜下風五仙皆法護十力盡神通蹴踏諸方徧蹦
趺片席崇我來塵世隔師去影堂空法供瓶爐潔
齋厨菜豉豐映階笙竹翠耀眼木棉紅緣境他生

結留詩記此翁

儒釋詩後冊

訓將軍孝揚弟餞別海幢尚書王士正山左

元戎小隊到禪扉，踏閣攀林興不違。賦似江淹頻惜別，人如楚客送將歸。貝多樹下花沾席，瑇瑁潮邊雨濺衣。最是斑騅留不得，陸郎行處正芳菲。

海幢寺　王邦畿

離城呼小艇，隔岸過禪林。背地山形小，當門海氣深。鶴歸雲有夢，松去月無心。對此清閑意，寧忘

此吟

嶺上萬松在寺後非楊孚所植者　副將胡高德順德

未必經秦漢成叢結翠岑毎留歸鶴夢時答臥龍吟雪月明高節。風霜表勁心。許僧常掛衲斤斧莫交侵

初入海幢　釋如隱浙江

雲林潭柘昔曾遊靈隱寺康熙年間改爲雲林寺潭柘寺在京師西山上僧一千五百餘人半世枯禪海寺休東映萬山藏旭日西來千艇趁洋舟達摩祖由西域至粵自洋舶渡江而來台階杳遠僧行怯

古木陰深客思幽一切觀空從此悟阿師錫影在

層樓羅石湖日三四寺外五六寺中亦是作法臺揩洋舶皆宇內所無者故云

種柳　海幢住持釋法一本無

靈和情已逈來對佛堂蓮未解隨風舞應期伴日

眠年華因以記別恨謾相牽轉瞬春歸後祇園綠

染烟

種葵

苾蒭同此意喜近瓣山房受氣須憑土惟心肯背

陽物情隨宛轉吾道敢云常赤膽思傾切臨風向

典長

海幢長春花其種來自西域　釋心㬢承言

誰將天竺長生卉來伴東林習靜人三徑不虛千日色四時常吐十分春玉臺冶艷終成夢金谷繁華已化塵何似白蓮蓮社客心花相對各怡神

前題同韻　鄭慎齋

海外靈根逈絶倫嫣然留住嶺南春謾誇却老方中藥翻笑長生殿裏人秉燭細看憐昨夜聯僧相賞又經旬牡丹富貴終何用轉眼空成陌上塵

海幢寺　　同知李文藻山左

玻瓈畫舫泛珠江偶逐鐘聲到海幢樹挾波濤鳴殿宇山連城郭入樓窗遙來嶺嶠前生定暫憩禪林萬念降欲就上人求說法南華六祖是同邦

花地在大通寺旁花園樓臺數十栽花木爲業嶺南最幽趣處

爲圃何辭種樹勞洋花粤果滿江臯磁盆買去歸鈴閣畫鷁裝來犯碧濤事似張騫移苜蓿人如杜甫詠櫻桃鞓紅忽憶家園色平地樓臺一丈高

題黎氏新創南溪小築連近海幢左側內有二小山亭榭數十處

海幢志　卷六　名人詩　　一

爲幽趣

孝廉　陳份　順德

近寺還堪擬辟疆落花滿徑不知長隣鐘曉動鶴辭樹山月夜來雲覆堂鑿沼種魚橫釣艇避簷刪竹過僧牆獨嫌洞口人頻到一片苔烟破石牀

遊黎氏璞園同王日永僧本無玉峯家兄石湖小築

文學　羅天俊　順德

郎南溪

紅塵無此况圖畫儼成村徑倚鄰僧指山連郭老園西隣海幢寺舊爲郭老園　小樓吞海日。深樹鎖雲門。莫怪忘歸去春禽處處喧

輓正目和尚海幢四代住持　譚湘順德

廿年社事憶南皮，上乘能参早自知。空外水雲歸島嶼，意中蘭竹託襟期。和尚晚年酷好畫蘭竹，故云。驚秋黄葉風初落，入夜疎鐘月上遲。皓首東林儔侶寡，不勝惆悵渡江時。

曾將花雨散諸天，撒手全歸寂寞禪。法證大千空一切，燈傳七十有三年。光懸錫影虚明月，香滿詩心著白蓮。造化由來誰悟覺，菩提露滴葉聲圓。

贈海光大師入主海幢法席　師静室慈雲菴與予卉木寺谷

對　州判陳蘭芝（順德人）
塘

梵王宮殿鎮南天閎敞輝煌七座連金色映搖珠

海月慈雲飛度素馨田（二處海幢八景）毘盧閣上千山雨

義鹿亭中萬樹蟬福地若無師願力是公何以證

眞詮（天然和尚名函是初住錫海幢之長慶長老法嗣）

白雲山色入香臺門接曹溪水遠來廿八葉傳天

竺遠（釋典天竺氏傳廿八代至達摩祖始入中國留衣鉢）大千法說海幢開

魚龍泊岸聽清梵猿狙參師學辯才（俱出高僧傳）鐙火

萬龕明徹夜遊人錯認是黃梅

天花閒逐雪花飛楊孚宅中松頂常有雪　法雨時兼煙雨微海幢左側大通寺井中龍常噴煙雨　五百僧徒初請偈三千金界盡皈依藤音闍簷鷲神鼓寺內以大藤峽之藤爲鼓椽圍濶一丈五尺聲振百里

玉像莊嚴閉翠幃寺內玉石觀音高一丈六尺　最羨幽深思入社塵心未淨漫淸揮盧山慧遠禪師以書招陶淵明入蓮社而謝靈運亦欲入社師嫌其心雜以書止之先輩詩云遠公社事應容我但少塵心便姓陶

漱珠橋似虎溪橋一瓣山房悟寂寥遶徑苔痕雲外展滿簾花氣月中飄談傾半偈梅初熟緣結三生夢未消儘擬橫琴踞高閣夜深同聽海門潮

海幢志

橋在寺門左運臺麗

嶼爲正日和尚架

次和杭菫浦山長偕張惕菴明府遊海幢贈

本無諸上座　　文學　馮學勝　順德

海外探禪悦何曾異四休旛開全見道雲合不知

愁屋瓦林梢綠鐘聲水際流東坡如欲識白髮儼

盈頭

雪消揚子宅潮落荔枝灣不覺通幽徑居然詣鷲

山花隨田野供素馨田珠向海門還回首斜陽外何

當半日閒

汎舟至遊魚洲訪羅秀才精舍同過海幢寺

御史　杭世駿　仁和

豸本無上人

綏憂涉冬江弭棹遊魚洲層波覆緑蔭榕樹大蔽牛叢祠賽嬋媛蕙帳濃烟收民居抱清江俯瞰城郭幽欣此晴曦佳挈我烟水儔匪徒惜風景將以敦綢繆精廬深巷尾宛轉窮巖搜迷方信多誤艮久獲所投

我友氷雪姿寂寥抱冬心亦有三黎生共鼓風中琴精舍八九椽花藥羅堂襟樾以六枳籬劣許容

蘿侵向南柘水窗釣竹橫江滸突出梢雲枝潩淇森

招棲禽從容申襟契先後相窺臨齋鐘起隣梵命

策同幽尋

幽尋到山寺邪徑繚江口參差春浮陰飛墮不容

帚枯僧折幔幢樹底一招手佛屋可滌煩禪喜詎

嫌久茶聲續寒吟晷影側疎牖循廊玩苔碑坐樹

接林叟靈禽非生客馴鹿亦舊友揮手辭香林濕

翠猶在肘

海幢寺白石舍利塔歌　　汪後來

白石塔藏舍利舍利不來塔從何起舍利何來佛之髓佛不自舍利舍利自佛始舍利未生佛生巳舍利佛子生生舍利佛子死死生生死莫思議舍利利人非利己舍利無鼻舌眼耳上天下地猙獰猛獸喑啞羣魔任所使舍利青舍利黄舍利紅舍利紫舍利在中間四方諸佛胡爲爾舍利輝輝白石齒齒倒影射穿孤月輪層層吸盡西江水

壽海幢旭和尚和尚子族叔○續檢　羅天俊

一脉丹泉且莫誇予二世祖宋眞人務光子有煉丹井別開甘露王

無遮珠呈月夜滄江氣香接雷峯古院花頭不必
堪稱弟子白雲長爲補袈裟可能更續竹林輿玉
版禪黍共阮家

魏伯起舍人招過海幢避暑　吳鐄

四天花雨訪岩阿南北河分一鏡過我有招凉珠
滿握就中持贈古維摩

白蓮開遍荔珠紅杯渡重叅訪遠公坐冷水雲移
暑性松門吟斷一蟬風

過鹿塚續檢　佘錫純順德

好跨重雲逐屋星䆄前號躑淚長零依人愛似傳
書犬作墓哀同瘞鶴銘地隔瀧江歸獨遠身留樂
國夢頻醒塚在海幢後山孝思不肯遺微物還向荒坡結
小亭塚傍亭名鹿邱
陳廷楝招集海幅寺枕連海幢後山　杭世駿仁和御史
古寺藏山腹山人屐未經谿聲流梵唄竹色借園
屏小葉竹林障其門　妙悟花先笑清吟鳥作聽殷勤酬一
飯終日坐莎亭唐詩云遙知楊柳是門處似隔芙蓉無路通二句可爲海幅寺寫照
武司馬招遊梅氏園林在海幢左旁

薜荔牆圍碧草侵入門先覺樹蕭森携笻仄徑巖
苔滑放眼危臺海氣陰玉澗萍開飛急雨石牀花
動下幽禽多君着意耽清賞解識天涯獨客心

遊海幅寺 在海幢後山光孝分院 州判 陳蘭芝 香山

海幢苑外幾追尋僻寂梵宮古木森騾入芋園開
百畝偶翻經卷見多心雨過澗影千條玉日落湖
光萬頃金最喜山僧供客茗汲來清洌達摩涔 光孝寺有達摩泉

阿字禪師羅浮詩附錄

久得歸山意眞難說與人野燒圍嶺背耕犢破山唇異艸難求號仙花只耐春暫時高處望又見下方塵予以海幢山門畢工神氣虛耗厭極人事思就養羅浮入山登眺之樂吟弄烟雲焉自注據樹吾忘我過橋影待人突雲欺袖入側帽閃風頻高鳥晴啼爽長藤綠掛春氣徵忻厭念無力辨誰眞

尚有梅村地爲椽可耦耕身閒仙易得心苦事難成大屋懸長鐸低茅縛直繩兩般生趣味一笑問

溪聲

絮薄輕難煖山重靜更寒映花松户小得月夜樓寬。石咽聞溪響。峰奇徙榻看風爐長不斷沸水炙頻乾

洞隱千尋磴泉飛百道簾亂藤愁力盡急響覺神添樹曲盤無壤厓稜洗去尖幾多蒼翠色還向下方潛收句與杜少陵泰山詩齊魯青未了句相對照

異錫穿山骨芳膏迸石流藥苗香不到風力冷全收足下雲生嶺窓間樹挂猴未能成一宿五負此

林邱

易引孤笻去難名異鳥啼晴嵐初放嶺曲樹已呑

溪蟻穴藏青靄蜂房貼紫坭且將蝴蝶夢先寄石

樓西

薇老還能食花奇可揷瓶潭心龍氣黑僧面嶽形

青山大猺居密鬱多羽族靈洞天深寂寂星月滿

紫扃

斜陽明谷口金色忽離披病久骨先弱乍閒意便

宜窻窺入上嶺枕聽鳥呼兒更欲探奇去捫苔讀

古碑

飛雲頂午夜聽泉

峰頭午夜氣冥冥春樹千年萬壑平遠瀑飛奔當
杪下一回聽勝百回聽
吟猿歇後萬風收默對禪心徹夜流即使錦堂千
歲在也應歌舞罷秦樓
不尋歸路失人間靈鶴文鸞任往還一自葛洪烹
藥後更無人聽此聲閒
梅花庄上眼先明若箇人當絕壑行借問崑崙高

幾許崐崙高亦少人聽
漫撒珍珠落綺羅如今金谷恐無多天邊若得同
流水牛女經秋莫渡河
五色文禽出洞來七金山上版圖開秦皇漢武虛
勞甚錯聽昆明有刦灰
縱使神仙聽亦難難將此意與人看可憐易水無
端甚忽爲荆軻萬古寒
靈藥無根歲歲肥老人峰下長新薇王喬不帶神
仙骨空向山頭坐不歸

冷落無聲漸入懷不知身已被雲埋分明初愛聽
流水此意全非聽水隹
心無一事四山高火色驅寒助傲袍坐處始知行
處險靜時方覺動時勞

紅鳥

閒憑高閣見靈禽海底珊瑚上素襟萬樹春深濃
不密一聲清語出花林
啄盡櫻桃與紫芝入閒徒自識黃鸝我來一見分
明極恰好春當二月時